Lehrbuch Rechtspsychologie

Lehrbuch Rechtspsychologie

Thomas Bliesener, Friedrich Lösel, Klaus-Peter Dahle (Hrsg.)

Thomas Bliesener
Friedrich Lösel
Klaus-Peter Dahle
(Hrsg.)

Lehrbuch Rechtspsychologie

2., überarbeitete Auflage

Unter Mitarbeit von

Lea Babucke
Rainer Balloff
Andreas Beelmann
Verena Boxberg
Maike M. Breuer
Claudia Brockmann
Johann Endres
Werner Greve
Petra Hänert
Marie Joséphine Hamatschek
Ann-Sophie Haupt
Ronja Heintzsch
Dietmar Heubrock
Daniela Hosser
Cathleen Kappes
Günter Köhnken
Robert J. B. Lehmann
Norbert Nedopil
Merten Neumann
Sabine Nowara
Margit E. Oswald
Martin Rettenberger
Melanie S. Richter
Josef A. Rohmann
Farina Rühs
Joseph Salzgeber
Melanie Sauerland
Norbert Schalast
Stefanie Schmidt
Martin Schmucker
Siegfried Ludwig Sporer
Max Steller
Renate Volbert
Peter Wetzels
Helen Wyler

hogrefe

Prof. Dr. Thomas Bliesener
Kriminologisches Forschungsinstitut Niedersachsen e.V.
Lützerodestraße 9
30161 Hannover
Deutschland
E-Mail: Thomas.Bliesener@kfn.de

Prof. Dr. Klaus-Peter Dahle
Institut für Psychologie der Universität Hildesheim
Universitätsplatz 1
31141 Hildesheim
Deutschland
E-Mail: dahlek@uni-hildesheim.de

Prof. Dr. Dr. h.c. Friedrich Lösel
Universität Erlangen-Nürnberg
Nägelsbachstraße 49c
91054 Erlangen
Deutschland
E-Mail: friedrich.loesel@fau.de

Bibliografische Information der Deutschen Nationalbibliothek
Die Deutsche Nationalbibliothek verzeichnet diese Publikation in der Deutschen Nationalbibliografie; detaillierte bibliografische Daten sind im Internet über http://www.dnb.de abrufbar.

Anregungen und Zuschriften bitte an:
Hogrefe AG
Lektorat Psychologie
Länggass-Strasse 76
3012 Bern
Schweiz
Tel. +41 31 300 45 00
info@hogrefe.ch
www.hogrefe.ch

Lektorat: Dr. Susanne Lauri
Bearbeitung: Tobias Gaudin, Gießen
Herstellung: Daniel Berger
Umschlagabbildung: KTSDESIGN/SCIENCE PHOTO LIBRARY, GettyImages
Umschlaggestaltung: Claude Borer, Riehen
Satz: Claudia Wild, Konstanz
Druck und buchbinderische Verarbeitung: Multiprint Ltd., Kostinbrod
Printed in Bulgaria
Auf säurefreiem Papier gedruckt

2., überarbeitete Auflage 2023

(E-Book-ISBN_PDF 978-3-456-96116-3)
(E-Book-ISBN_EPUB 978-3-456-76116-9)
ISBN 978-3-456-86116-6
https://doi.org/10.1024/86116-000

Inhaltsverzeichnis

Vorwort zur zweiten Auflage

Seit dem Erscheinen der ersten Auflage dieses Lehrbuchs haben wir viele Rückmeldungen zu den Inhalten und zum Zuschnitt des Bandes erhalten und zahlreiche Diskussionen darüber geführt. Diese haben uns darin motiviert und bestärkt, das Lehrbuch in einer leicht modifizierten und aktualisierten Fassung erneut herauszugeben. Eine in Teilen neue Gestaltung wurde auch durch die zwischenzeitlichen gesellschaftlichen Veränderungen notwendig, haben sich doch für die Rechtspsychologie einige neue Phänomenbereiche ergeben, die eine genauere Betrachtung erfordern. So rückten mit der verstärkten Zuwanderung im Jahr 2015 und den Folgejahren Aspekte der kulturellen Diversität bei der rechtspsychologischen Diagnostik deutlich stärker in den Vordergrund. Auch der Umgang der Organe der Rechtspflege mit zugewanderten Personen und ihren unterschiedlichen kulturellen Hintergründen und Sozialisationserfahrungen erfordert Anpassungen. Diesen Themen haben wir neue Kapitel des Lehrbuchs gewidmet. Weitere neue Fragestellungen der Rechtspsychologie haben sich aus den Entwicklungen der Radikalisierung in unterschiedlichen Phänomenbereichen ergeben. Auch hierauf wird nun in der zweiten Auflage des Lehrbuchs eingegangen. Doch auch zum Umgang mit dem Rechtsbrecher im Allgemeinen haben sich neue Erkenntnisse und Entwicklungen ergeben, die in zwei neuen Kapiteln zu Vollzugslockerungen und zum Übergangsmanagement in dieser zweiten Auflage Berücksichtigung finden. Schließlich erschien es uns sinnvoll, diesem Band auch ein Kapitel zur Einführung in die Gerichtsbarkeit beizufügen, um eine strafprozessual nicht vorgebildete Leserschaft hier mit den Grundlagen vertraut zu machen.

Wir hoffen nun, dass wir einen Band zusammengestellt haben, der ebenso wie die erste Auflage eine weite und interessierte Leserschaft findet und sowohl einen umfassenden Einblick in das breite Spektrum der rechtspsychologischen Themen und Fragestellungen liefern kann, als auch die vertiefte Auseinandersetzung mit den verschiedenen Themen erlaubt, die ein professionelles Handeln im Bereich der Rechtspsychologie erfordert.

Auch diese zweite Auflage wäre ohne den enormen Einsatz weiterer Personen nicht zustande gekommen. Zunächst bedanken wir uns bei allen Autorinnen und Autoren, die sich den Mühen einer zeitnahen und gründlichen Aktualisierung ihres Beitrags unterzogen haben. Bedanken möchten wir uns auch bei Ann-Sophie Haupt, die ganz wesentliche redaktionelle Arbeiten bei der Zusammenstellung der verschiedenen Texte übernommen hat und sich nicht zuletzt auch wesentlich an der Aktualisierung eines Kapitels beteiligt hat. Schließlich geht unser Dank an Frau Lisa Maria Pilhofer und Frau Dr. Susanne Lauri vom Hogrefe Verlag für ihre geduldige, aber zugleich auch nachdrückliche Begleitung der Erstellung der zweiten Auflage dieses Lehrbuchs.

Die Herausgeber, im Dezember 2022

Vorwort zur ersten Auflage

Die Klärung psychologischer Fragen in einem forensischen Kontext ist eines der ältesten Anwendungsgebiete der wissenschaftlichen Psychologie. Gleichwohl hat die Rechtspsychologie neben den drei großen Anwendungsfächern der klinischen, pädagogischen und Arbeits-/Organisationspsychologie stets eher eine randständige Rolle eingenommen. Im Zuge einer in vielen Bereichen zu beobachtenden allgemeinen Psychologisierung der modernen Gesellschaft haben aber auch rechtspsychologische Themen mehr und mehr an Beachtung gewonnen, bis hin zu Fernsehserien mit Rechtspsychologen als Protagonisten. Diese Entwicklung begleitend wird heute, wie in vielen anderen Kontexten und Bereichen des öffentlichen Lebens, zunehmend ein Bedarf an wissenschaftlich begründeter psychologischer Expertise gesehen und eingefordert.

Die Themenfelder der modernen Rechtspsychologie sind breit. Sei es, dass es um den Wahrheitsgehalt der Aussage kindlicher Opfer sexuellen Missbrauchs, die Sicherung des Kindeswohls bei Trennung/Scheidung oder Adoption, die Beurteilung der Gefährlichkeit von Straftätern vor Haftentlassung, die Begleitung der Verhandlung von Sicherheitskräften mit Geiselnehmern, die Prävention von Diebstahlsdelikten im öffentlichen Raum oder den Einfluss von Stereotypen auf die richterliche Urteilsbildung geht. Im Fokus der Betrachtung steht weder nur der Rechtsbrecher noch das Verbrechensopfer. Psychologische Prozesse bei Beteiligten einer zivil- oder verwaltungsrechtlichen Entscheidung sind ebenso Gegenstand der Rechtspsychologie wie das Erleben und Verhalten nahezu aller Angehörigen der Institutionen der Rechtspflege (z. B. Polizei, Gerichte, Justizvollzug). Schließlich werden bspw. Fragen der Normtreue oder der Verbrechensfurcht unter rechtspsychologischen Gesichtspunkten auch bei Personen außerhalb des Justizsystems untersucht.

Vor dem Hintergrund der langen Tradition rechtspsychologischer Forschung und Erfahrung ist es heute kaum mehr möglich, alle Anwendungsfelder und Fragestellungen, Methoden und Lösungsansätze in aller Tiefe vorzustellen. Mit diesem Lehrbuch wird jedoch der Versuch unternommen, den derzeitigen theoretischen und empirischen Erkenntnisstand der Rechtspsychologie in einer anschaulichen und umfassenden Darstellung zu präsentieren. Besonderer Wert wird dabei auf die Systematik der Darstellung und die Herstellung der thematischen Bezüge der verschiedenen Fragestellungen, Anwendungsfelder und Lösungsansätze gelegt. Damit soll auch der Leserin und dem Leser, die oder der sich möglicherweise erstmalig mit rechtspsychologischen Fragen auseinandersetzt, der Blick für die Zusammenhänge des Faches ermöglicht werden.

Das vorliegende Lehrbuch hätte ohne die Hilfe weiterer Personen nicht fertiggestellt werden können. Der Dank geht zunächst an alle Autorinnen und Autoren, die sich den thematischen Vorgaben der Herausgeber unterzogen und einen Beitrag zu diesem Band geliefert haben. Dieser Dank ist verbunden mit einer Entschuldigung an all die Autorinnen und Autoren, die ihren Beitrag termingerecht geliefert haben und anschließend lange Zeit auf das Erscheinen des Lehrbuchs warten mussten. Ein ganz besonderer Dank gilt Frau Pascale Reinke, die eine wertvolle Hilfe in der Frühphase der Entstehung dieses Bandes dabei war, die einzelnen Texte zusammenzustellen und in enger Zusammenarbeit mit den einzelnen Autoren aufeinander abzustimmen. Weiterhin geht ein großer Dank an Frau Grit Kersten, die die Aufgabe der formalen Abstimmung stets mit großer Akribie und Zuverlässigkeit erledigt hat. Eventuell verbliebene formale Fehler sind selbstverständlich den nachlässigen Augen der Herausgeber anzulasten. Dem Huber Verlag, insbesondere Herrn Tino Heeg, danken die Herausgeber für die vertrauensvolle Betreuung der Lehrbucherstellung und die besondere Geduld, die sie dabei bewiesen haben.

Die Herausgeber, im Februar 2014

1 Entwicklung und Gegenstand der Rechtspsychologie

Thomas Bliesener und Friedrich Lösel

1.1 Gegenstand der Rechtspsychologie

Die Rechtspsychologie (im englischen Sprachraum „psychology and law" oder „legal psychology") umfasst „alle Anwendungen psychologischer Theorien, Methoden und Ergebnisse auf Probleme des Rechts" (Lösel & Bender, 1993, S. 590). Insbesondere seit der Monografie von Toch (1961) wird sie als eigenständiger Bereich der Angewandten Psychologie verstanden. Unter dem Oberbegriff der Rechtspsychologie werden Fragestellungen und Arbeiten oft in die beiden Kernbereiche der Forensischen Psychologie und der Kriminalpsychologie eingeteilt (vgl. z. B. Marbe, 1913, S. 22). Dabei befasst sich die Kriminalpsychologie im Wesentlichen mit der Beschreibung, Erklärung, Prognose, Prävention und Rehabilitation kriminellen oder – allgemeiner formuliert – dissozialen Verhaltens (vgl. Suhling & Greve, 2010). Die zentralen Themen der Forensischen Psychologie sind dagegen im Wesentlichen psychologische Fragestellungen, die sich in den verschiedenen Rechtsgebieten im Rahmen von Gerichtsverhandlungen oder verwaltungsrechtlichen Entscheidungen ergeben (Wegener, 1981).

Die Abgrenzung dieser beiden Teilbereiche und ihr Verhältnis zueinander wurden lange Zeit unterschiedlich aufgefasst. Noch Grossmann ordnete die Forensische Psychologie zusammen mit der Strafvollzugs- und der Polizeipsychologie der Kriminalpsychologie unter (Grossmann, 1971, S. 114), während Liebel und von Uslar (1975, S. 30) in der Forensischen und der Kriminalpsychologie eigenständige und gleichrangige Teilgebiete der Angewandten Psychologie sahen. Aus heutiger Sicht erscheint eine klare Trennung beider Bereiche angesichts der stetig zunehmenden Diversifizierung der Rechtspsychologie in weitere Themenfelder (z. B. Familienrecht, Asylrecht, Gerechtigkeitserleben, Opferschutz oder Polizeipsychologie) kaum noch angemessen. Eine eindeutige Aufteilung wird auch dadurch erschwert, dass sich einige rechtspsychologische Fragestellungen nicht hinreichend eindeutig nur einem der beiden traditionellen Bereiche zuordnen lassen (z. B. Gutachten zur Kriminalprognose). Auch aus diesen Gründen findet seit etwa Mitte der 1970er-Jahre im deutschen Sprachraum vermehrt der Begriff „Rechtspsychologie" Verwendung, um die Anwendungsgebiete der Psychologie zu beschreiben, die im Wesentlichen von der Forensischen und der Kriminalpsychologie geprägt werden (Haisch & Sporer, 1983; Lösel, 1989).

Die Beschäftigung der wissenschaftlichen Psychologie mit Fragestellungen der Rechtspsychologie war oft anlassbezogen. Die einschlägige empirische Forschung wurde überwiegend von Psychologen betrieben, die sich eher zeitweilig – z. B. aus Anlass eines Begutachtungsauftrags – mit rechtspsychologischen Fragen befassten. Die kontinuierliche Forschung an rechtspsychologischen Fragestellungen ist demgegenüber ein relativ neues Phänomen (Crombag, 1989).

1.2 Die Anfänge als Kriminalpsychologie

Historisch haben die beiden Kernbereiche der Rechtspsychologie unterschiedliche Ursprünge. Während die Forensische Psychologie aus der Anwendung experimenteller psychologischer Erkenntnisse auf die Rechtsprechung hervorgegangen ist, hat die Kriminalpsychologie als der Teilbereich der Psychologie, der sich mit der Persönlichkeit, den psychischen Prozessen und situativen Umständen von Straftätern vor, während und nach der Tat beschäftigt, ihren Ursprung in der „Erfahrungsseelenlehre" des „Verbrechers" (vgl. Greve, 2004). Der 1768 in Husum geborene Philosoph und Lehrer am Pädagogikum in Halle Johann Christian Gottlieb Schaumann veröffentlichte 1792 seine „Ideen zu einer Criminalpsychologie" und führte damit den Begriff in den wissenschaftlichen Diskurs ein (Schaumann, 1792). Wenngleich die Psychologie als eigenständige Wissenschaft zu der damaligen Zeit noch nicht existierte, entwickelte Schaumann in fünf veröffentlichten Briefen eine Konzeption zum Begriff, Zweck, Nutzen, zur Methode und Systematik der „Criminalpsychologie". Obwohl auch Heinroth (1833) einige Jahre später den Begriff der „Criminal-Psychologie" im Titel seiner Schrift führte und in den folgenden Jahren weitere Arbeiten zur „Criminalpsychologie" erschienen (Greve, 2004), setzte sich die Bezeichnung für das Forschungsfeld nicht durch. Stattdessen wurden kriminalpsychologische Untersuchungen und Fragestellungen der Kriminologie zugeordnet.

Als Begründer der Kriminologie gelten der Mailänder Jurist Beccaria (1738–1794) und der Turiner Arzt Lombroso (1835–1909; vgl. Schwind, 2002). Während Beccaria als ein erster Vertreter einer modernen und wissenschaftlich orientierten Kriminalpolitik betrachtet werden kann (Bliesener & Thomas, 2012), vertrat Lombroso 1887 die These, dass Verbrecher an äußeren Merkmalen („stigmata") erkennbar sind, und prüfte diese Annahme durch umfangreiche empirisch-biometrische Studien.[1] Der Begriff „Kriminologie" i. S. eines abgegrenzten Wissenschaftsgebiets geht allerdings auf den Italiener Garofalo zurück, der im Jahr 1885 seine Monografie *Criminologia* veröffentlichte (vgl. Schwind, 2002).

Am zeitweilig mehr oder weniger großen Verlust eines abgegrenzten eigenständigen Bereichs der Kriminalpsychologie zugunsten der Kriminologie änderte auch nichts, dass 1872 Krafft-Ebing seine *Grundzüge der Criminalpsychologie* veröffentlichte, in denen er auf der Grundlage des Strafgesetzbuchs des Deutschen Reiches auf die Entwicklung und Bedingungen der Zurechnungsfähigkeit von Angeklagten und Zeugen einging (Krafft-Ebing, 1872). Wenige Jahre später gab Gross (1898) ein Übersichtswerk zur „Criminalpsychologie" heraus, das sich zum einen mit der „psychischen Thätigkeit des Richters" und zum anderen mit der „psychischen Thätigkeit des Vernommenen" beschäftigte. Mit dieser thematischen Ausrichtung können beide Arbeiten eher als Frühwerke der Forensischen Psychologie betrachtet werden. Für die uneinheitliche Entwicklung der Kriminalpsychologie mag mitverantwortlich sein, dass sie bereits damals als ein interdisziplinärer Wissenschaftsbereich betrachtet wurde, in dem sich Juristen, Philosophen, Psychologen und Psychiater aus ihrer jeweiligen Perspektive mit den Erklärungen und Umständen der Kriminalität beschäftigten.

Als sich die Psychologie als eigenständige Disziplin etablierte, war die Kriminalpsychologie in 1904 auf dem ersten Kongress der Gesellschaft für experimentelle Psychologie (später Deutsche Gesellschaft für Psychologie) eines von elf Themen. Wenngleich sich die Kriminalpsychologie heute besonders mit den psychologischen Fragen und Problemen der Erklä-

1 Dieser anthropologische Ansatz des Verbrechers als ein spezifischer Menschentypus fand in Europa zunächst zahlreiche Anhänger, wurde jedoch später heftig kritisiert und nicht weiterverfolgt.

rung, Prognose, Prävention und Intervention von dissozialem (sozial inakzeptablem) Verhalten befasst (Lösel & Bender, 1993), hat sie ihren interdisziplinären Charakter mit engen Verknüpfungen zur Rechtswissenschaft, Kriminologie, Kriminalistik, Psychiatrie, Soziologie und anderen Disziplinen erhalten (Bliesener & Köhnken, 2005).

1.3 Die Anfänge der Forensischen Psychologie

William Stern war der erste Psychologe, der von einem Gericht als Gutachter hinzugezogen wurde (Mülberger, 1996). Ein Novum war aber auch, dass es in diesem Fall zur Anhörung eines jugendlichen Zeugen in einem Missbrauchsprozess kam, denn die Zeugnisfähigkeit von Kindern, Jugendlichen und auch Frauen galt zur damaligen Zeit als höchst fragwürdig. Diese Haltung fand bspw. in der Arbeit von Möbius (1900) „Über den physiologischen Schwachsinn des Weibes" ihre scheinbare wissenschaftliche Begründung. Im Jahr 1903 gründete Stern die Zeitschrift *Beiträge zur Psychologie der Aussage,* in der schwerpunktmäßig die Problematik der Zeugenaussagen von Kindern und Jugendlichen in Missbrauchsfällen behandelt wurde (Kühne, 1988). Dort wurde bereits eine Simulationsstudie aus dem kriminalistischen Seminar der Universität Berlin berichtet, in der die Seminarteilnehmer Zeugen einer gestellten Attacke geworden und anschließend zu diesem Vorfall befragt worden waren (Jaffa, 1903). Erstmals wurde hier auch der Einfluss nachträglicher irreführender Informationen durch einen vermeintlichen Zeitungsbericht über den Vorfall auf die Aussage untersucht, ohne dass jedoch die Bedeutsamkeit dieser Fehlerquelle hinreichend deutlich gemacht wurde.

Die Nachfrage nach psychologischer Expertise erschöpfte sich jedoch nicht nur in Fragen der Glaubwürdigkeit von Zeugen. Auch zu Fragen der Tatbestandsdiagnostik und der Täterpersönlichkeit wurden psychologische Sachverständige von den Gerichten angehört (Köhnken & Bliesener, 2005). Als erster Psychologe, der zur Frage der Tatbestandsdiagnostik herangezogen wurde, gilt Marbe, der im Jahr 1911 in Mülheim als Sachverständiger auftrat (Kühne, 1988). Bis in die 1930er-Jahre nahm die Nachfrage der deutschen Gerichte nach psychologischer Expertise zu, um dann jedoch bis zum Ende des Zweiten Weltkriegs einen erheblichen Bedeutungsverlust zu erfahren. Kriminalbiologie und Wehrpsychologie waren im sog. Dritten Reich wichtiger. Erst in den 1950er-Jahren lebte das Interesse der Gerichte an wissenschaftlich fundierten psychologischen Erkenntnissen allmählich wieder auf, führte zu einem erneuten „Aufblühen" (Lösel, 1989) und zu einer bis heute anhaltenden Wertschätzung seitens der Gerichtspraxis (Egg, 2011).

Ein Meilenstein für die Anerkennung der Forensischen Psychologie findet sich im Jahr 1954. Der 5. Strafsenat des Bundesgerichtshofs stand vor der Frage, ob sich die Möglichkeiten eines Sachverständigen außerhalb einer Hauptverhandlung in einer Strafsache wegen sexuellen Missbrauchs, die Glaubhaftigkeit einer Kinderaussage festzustellen, von denen des erkennenden Gerichts während der Hauptverhandlung unterscheiden. Um diese Frage zu beantworten, hörte der BGH-Senat sechs Sachverständige an, darunter zwei Psychologen (vgl. Steller & Böhm, 2006). Wie Undeutsch, einer der beiden psychologischen Sachverständigen, darlegte (Undeutsch, 1954, 1967), bejahte der Senat die „überlegenen Erkenntnismittel" des Sachverständigen und forderte die Hinzuziehung eines psychiatrischen oder psychologischen Experten in Missbrauchsfällen, wenn sich die Anklage allein oder hauptsächlich auf die Aussage eines kindlichen Opferzeugen stützt (BGHSt, 1955, 7, S. 82–86). Wenngleich es auch schon vor diesem Urteil eine rege Sachverständigenbeteiligung an Verfahren wegen sexuellen Missbrauchs an Kindern gab, wurde durch diese höchstrichterliche Entscheidung die Grundlage für die rechtspsychologische Begutachtung in Strafverfahren gelegt (Steller & Böhm, 2006).

Ein weiterer Meilenstein in der Beziehung zwischen Strafrecht und Psychologie war die Reform der Regelung zur Schuldfähigkeit in den 1960er-Jahren (vgl. Thomae & Schmidt, 1967). Der alte § 51 im Strafgesetzbuch wurde v. a.aufgrund psychologischer Expertise durch die §§ 20, 21 StGB abgelöst, in denen die tiefgreifende Bewusstseinsstörung neben der krankhaften seelischen Störung, dem Schwachsinn und der schweren anderen seelischen Abartigkeit als viertes Kriterium für eine eventuelle Beeinträchtigung der Einsichts- oder Steuerungsfähigkeit eingeführt wurde. Nicht wenige Juristen befürchteten damals einen Dammbruch der Exkulpationen, der aber nicht eingetreten ist (vgl. Bresser et al., 1991).

Nach diesen ersten Wegmarken fand Ende der 1990er-Jahre weitere rechtspsychologische Expertise Eingang in die Rechtsprechung. Im Dezember 1998 prüfte der 1. Strafsenat des BGH den Beweiswert der Polygrafie und kam nach Anhörung der psychologischen Sachverständigen zu einer negativen Entscheidung (1 StR 156/98). Angeregt durch Kontroversen um die Glaubhaftigkeitsbeurteilung nahm im Juli 1999 der 1. Strafsenat des BGH einen Revisionsfall zum Anlass, um Mindeststandards für die Glaubhaftigkeitsbegutachtung zu formulieren (BGHSt 45, 164), die für Sachverständige und erkennende Gerichte verbindlich sind (Steller & Böhm, 2006).

Natürlich sind fallbezogene Gerichtsurteile kein fachlich stichhaltiges Kriterium dafür, ob wissenschaftliche Erkenntnisse der psychologischen Forschung gültig sind. So gab und gibt es auch kritische Sichtweisen der primär am Einzelfall orientierten Forensischen Psychologie. Bereits Waller beklagte in seiner Rezension des Handbuchs der Forensischen Psychologie das Fehlen einer theoretischen Gesamtkonzeption. „Die Selbstdarstellung einer angewandten Disziplin darf sich nicht darin erschöpfen, ihr ‚Arbeitsfeld' auszubreiten und Handlungsanweisungen für die Bewältigung praktischer Fragestellungen zu geben" (Waller, 1970, S. 42; ähnlich Liebel & von Uslar, 1975).

Bei dieser Kritik ist aber Folgendes zu berücksichtigen: Wie in der Medizin, der Klinischen Psychologie und anderen lebenswissenschaftlichen Feldern ist die theorienorientierte Forschung v. a. auf allgemeine Hypothesen und Gruppenunterschiede bezogen. Dieser nomothetische Ansatz lässt sich nicht einfach auf idiografische Fragestellungen übertragen, da hier oft unterschiedliche theoretische Annahmen mehr oder weniger eklektisch kombiniert werden müssen. Es ist auch zu berücksichtigen, dass auch das jeweilige Rechtssystem Einfluss auf die Art des geforderten Wissens nimmt. Dies zeigt sich z. B. an der Rolle, die das deutsche Rechtssystem im Vergleich zum angloamerikanischen dem forensischen Sachverständigen zuweist. Die Aufgabe des forensischen Sachverständigen im angelsächsischen Rechtssystem besteht primär darin, den Prozessbeteiligten (Gericht, Geschworene, Staatsanwaltschaft, Verteidigung) empirische Befunde zu einem psychischen Prozess oder Sachverhalt zu vermitteln. Vor diesem Hintergrund werden bevorzugt Sachverständige geladen, die weit überwiegend einem nomothetisch-experimentalpsychologischen Ansatz verhaftet sind. Die Übertragung der vom Sachverständigen dargelegten Befundlage auf den konkreten zur Entscheidung anstehenden Fall obliegt dann jedoch dem Gericht bzw. den Geschworenen. Demgegenüber erwartet das deutsche Gericht vom Sachverständigen i. d. R. eine möglichst klare Beurteilung des Sachverhalts, die den idiografischen Besonderheiten des Einzelfalles Rechnung trägt (Köhnken, 2006). Dementsprechend wird eine allein auf einem nomothetischen Ansatz beruhende Sachverständigenaussage z. B. zur Kriminalprognose den Anforderungen des Gerichts nicht gerecht (Dahle, 2011).[2] Dass es

2 Gleichwohl gibt es auch im deutschen Rechtswesen die Beauftragung von psychologischen Sachverständigen zur Klärung einer nicht auf den Einzelfall bezogenen Frage; bspw. bei einer eventuellen Gefährdung des Wohles von Kindern und Jugendlichen durch (massen-)mediale Angebote.

auch in der internationalen Forensischen Psychologie an einer theoretischen Grundkonzeption mangelt und bei anderen Anwendungsfeldern der Psychologie ähnliche Probleme bestehen, zeigt, dass die besondere Rolle im Rechtssystem nicht der alleinige Grund für die oben genannten Theoriedefizite ist.

Während die Forensische Psychologie ihr Tätigkeitsfeld – wie der Name schon sagt – ursprünglich in der Bereitstellung psychologischer Expertise für die Rechtsprechung („in foro“) sah, werden heute forensisch-psychologische Begutachtungen z.B. auch in außergerichtlichen Verwaltungsverfahren veranlasst.[3]

1.4 Zusammenführung der Forensischen und der Kriminalpsychologie zur Rechtspsychologie

In den 1980er-Jahren wurden in „einem weitgefaßten Verständnis von Rechtspsychologie ... die beiden ‚Säulen‘ Forensische und Kriminalpsychologie unter einem Dach vereint“ (Lösel, 1992, S. 99). Eine Diskussionsgruppe des 33. Kongresses der Deutschen Gesellschaft für Psychologie (DGPs) in Mainz 1982 einigte sich darauf, den Oberbegriff „Rechtspsychologie“ als gemeinsamen Rahmen für die verschiedenen rechtspsychologischen Ansätze zu verwenden (Haisch & Sporer, 1983). Gefestigt wurde sie durch die Gründung der Fachgruppe Rechtspsychologie in der DGPs im Jahr 1984 sowie der Sektion Rechtspsychologie im Berufsverband Deutscher Psychologinnen und Psychologen (BDP) im Jahr 1985.

3 Für weitergehende Darstellungen hierzu wird auf Kury und Obergfell-Fuchs (2012), Lempp, Schütze und Köhnken (2003), Steller und Volbert (1997) oder auf Venzlaff und Foerster (2004) verwiesen.

1.5 Die internationale Entwicklung der Rechtspsychologie

Obwohl die Psychologie als empirische Wissenschaft mit Wilhelm Wundt ihre Anfänge in Deutschland hatte, war bereits die frühe Entwicklung des Faches international geprägt. Ähnliches gilt für die Rechtspsychologie. Bereits Ende des 19. und Anfang des 20. Jahrhunderts widmeten sich führende Fachvertreter *auch* forensisch-psychologischen Themen. James McKeen Cattell, der Begründer der Testpsychologie, befasste sich bereits 1895 in den USA mit der Genauigkeit von Erinnerungen in Zeugenaussagen. Wenig später griff Alfred Binet, der in Frankreich die Grundlagen der Intelligenzdiagnostik schuf, aussagepsychologische Fragen auf (Bartol & Bartol, 2005). Besonders einflussreich war der von Deutschland in die USA ausgewanderte Hugo Münsterberg, der als einer der Ersten die Bedeutung der angewandten und praktischen Psychologie erkannte. In seinem Buch *On the Witness Stand* (1908) forderte er die Berücksichtigung der Psychologie in rechtlichen Fragen und Verfahren. Dabei stieß er allerdings sowohl bei Juristen als auch innerhalb der primär grundlagenorientierten Psychologie auf Widerstand.

Neben den aussagepsychologischen Arbeiten wurden in den USA frühe Ansätze der Behandlung, insbesondere für junge Straftäter, entwickelt (z.B. Healy & Bronner, 1936). Die Studien von Sheldon und Eleonor Glueck befassten sich mit der Entwicklung, Erklärung und Prognose von Delinquenz. Sie waren zwar allgemein-kriminologisch ausgerichtet, doch spielten persönlichkeits-, entwicklungs- und familienpsychologische Konstrukte eine zentrale Rolle (z.B. Glueck & Glueck, 1930, 1950). Diese Forschung hatte auch einen wesentlichen Einfluss auf die deutsche Kriminalpsychologie und Kriminologie nach dem Zweiten Weltkrieg (vgl. Lösel, 1983).

Ein deutlicher internationaler Aufschwung der Rechtspsychologie als eigenständige Disziplin erfolgte in den 1970er-/80er-Jahren. Tapp

(1976) fasste diesen in einem Überblickaufsatz zusammen, der den Titel hatte *Psychology and Law: An Overture*. Bereits wenig später war die Rechtspsychologie so gut entwickelt, dass Monahan und Loftus (1982) ein „Crescendo" auf diesem Gebiet feststellten. Angesichts der oben genannten historischen Vorläufer in Europa handelte es sich de facto zwar eher um eine „Reprise" (Lösel, 1992), der international wichtige Einfluss der neueren angloamerikanischen Rechtspsychologie ist aber unbestritten.

Ähnlich wie in Deutschland (vgl. Lösel, 1989) gab es nun deutlich mehr empirisch-rechtspsychologische Forschungen und Publikationen. Neue Studiengänge zu *Psychology and Law, Legal Psychology, Forensic Psychology* etc. wurden eingerichtet, v.a. in Nordamerika und in Großbritannien. In den psychologischen Gesellschaften etlicher Länder gründete man Fachgruppen (Divisions) zur Forensischen Psychologie bzw. Rechtspsychologie, z.B. 1971 in Großbritannien und 1981 in den USA. Die *International Association of Applied Psychology* etablierte 1990 eine Division Psychology and Law und 1992 wurde die *European Association of Psychology and Law* (EAPL) in Nürnberg gegründet. Die nationalen und internationalen Vereinigungen führen seither regelmäßige Kongresse und Tagungen durch. Es etablierten sich neue Fachzeitschriften im Schnittbereich von Psychologie, Recht und Kriminologie.[4] Buchveröffentlichungen dokumentierten die zunehmende thematische Breite und praktische Relevanz der Rechtspsychologie (z.B. Bartol, 1983; Bliesener, Lösel & Köhnken, 2014; Farrington, Hawkins & Lloyd-Bostock, 1979; Kagehiro & Laufer, 1992; Wegener, Lösel & Haisch, 1989).

Zu dieser erfreulichen Entwicklung des Gebiets seit den 1980er-Jahren haben unterschiedliche Einflüsse beigetragen. Erstens steht sie natürlich mit der allgemeinen Ausdifferenzierung der Wissenschaften in Zusammenhang (vgl. Luhmann, 1981). Mit dem steilen Anstieg der Forschung in den modernen Gesellschaften ist eine zunehmende Spezialisierung einhergegangen. Dies gilt auch für die Psychologie.

Ein zweiter wichtiger Beitrag zum Aufschwung der Rechtspsychologie kam aus den Grundlagendisziplinen. Sowohl aus intrinsischen Motiven als auch im Wettbewerb um Drittmittel bemühten sich psychologische Forscher vermehrt, ihre Theorien und (experimentellen) Routinen an praxisrelevanten Themen zu überprüfen. Beispiele hierfür sind die kognitionspsychologischen Studien von Loftus (1979) zur Verfälschung von Wahrnehmung und Gedächtnis in Zeugenaussagen oder die entscheidungstheoretischen Forschungen, die sich auf die richterliche Urteilsbildung oder den Rational-Choice-Ansatz zur Kriminalitätserklärung übertragen ließen (vgl. Cornish & Clarke, 1989; Konecni & Ebbesen, 1979). Diese Anwendung, die zugleich eine realitätsnahe Prüfung von Grundlagenhypothesen ermöglicht, ist ein wesentliches Merkmal der starken Expansion der Psychologie, die durch ihre bio-psycho-soziale Vielfalt und klare empirische Orientierung gefördert wurde.

Ein dritter Faktor, der zur internationalen Expansion der Rechtspsychologie beitrug, dürfte in der gestiegenen hohen gesellschaftlichen Aufmerksamkeit für manche ihrer Themen liegen. Als Beispiele seien die Sexualdelikte und Jugendgewalt genannt. Durch die mediale Berichterstattung über spektakuläre Einzelfälle wurde hier nicht nur in vielen Ländern die Bevölkerung sensibilisiert, sondern die Politik und Justiz fragten nach mehr empirisch fundiertem Wissen, was sich zumindest teilweise auch in der Forschungsförderung niederschlug.

Damit hängt ein vierter wahrscheinlich bedeutsamer Einfluss zusammen: die zunehmend komplexeren Risikolagen in modernen Indust-

---

4 International z.B. Law and Human Behavior, Criminal Justice and Behavior, Psychology Crime and Law, Legal and Criminological Psychology, Psychology, Public Policy and Law, International Journal of Forensic Mental Health. Im deutschsprachigen Raum: Praxis der Rechtspsychologie, Forensische Psychiatrie, Psychologie und Kriminologie und Rechtspsychologie (s.a. González-Sala, Osca-Lluch, Gil & Ortega, 2017).

riegesellschaften. Zwar ist das Konzept der Risikogesellschaft v. a. auf wissenschaftlich-technisch produzierte Risiken zugeschnitten, doch betrifft es auch soziale Gefährdungslagen. Im Gegensatz zu Gefahren, auf deren Entstehung der Mensch wenig Einfluss hat (z. B. Blitzeinschläge), impliziert das Konzept des Risikos, dass es vom Menschen beeinflusst und im Prinzip durch sachgerechtes Handeln vermieden oder zumindest reduziert werden kann (Luhmann, 1991). Dementsprechend sind heute Maßnahmen zum „risk assessment" und „risk management" in vielen Lebensbereichen verbreitet, auch im Umgang mit Kriminalität und Straftätern. Diese Entwicklung trug wesentlich dazu bei, dass forensisch- und kriminalpsychologisches Wissen vermehrt nachgefragt wurde. Das gesellschaftliche Ziel der Risikovermeidung ist allerdings für die Rechtspsychologie nicht immer förderlich, denn es enthält auch unrealistische Erwartungen, die sich z. B. nach (seltenen) Fehlprognosen in Gefährlichkeitsgutachten in der öffentlichen Diskussion auch gegen die Disziplin wenden können.

Neben solchen grundsätzlichen Entwicklungen haben relativ triviale Phänomene die Rechtspsychologie attraktiv gemacht. So haben zahlreiche Filme und TV-Serien forensische Inhalte aufgegriffen und die Rechtspsychologie für junge Menschen interessant gemacht. Vor diesem Hintergrund ist es wichtig, unrealistische Erwartungen zu vermeiden, die mit der Rechtspsychologie verbunden sind, z. B. was die Erstellung von psychologischen Täterprofilen betrifft (vgl. Schmucker & Lösel, 2005). Tatsächlich ist die Rechtspsychologie außerordentlich vielfältig, wie der nächste Abschnitt zeigt. Sie ist auch in verschiedenen Ländern unterschiedlich akzentuiert. Während sich z. B. in Deutschland viele rechtspsychologische Praktiker*innen mit Begutachtungen befassen, steht z. B. in Großbritannien der Strafvollzug im Vordergrund. Beides sollte stärker zusammengeführt werden, damit mehr empirische Kenntnisse über Entwicklungen nach der Begutachtung gewonnen werden.

1.6 Themen der Rechtspsychologie

Rechtspsychologie umfasst „alle Anwendungen psychologischer Theorien, Methoden und Ergebnisse auf das Rechtswesen" (Lösel, 1989, S. 295). Diese Definition verzichtet auf die Festlegung von inhaltlichen Fragestellungen und Arbeitsaufgaben und verwendet den Bezug zum Rechtswesen als rahmendes Merkmal.[5] Die Fragestellungen und Aufgabenfelder der Rechtspsychologie sind nicht nur sehr vielfältig, sie unterliegen auch einer ständigen Diversifizierung. Zu den klassischen Bereichen zählen u. a.:

- forensisch-psychologische Begutachtung im Straf-, Zivil-, Sozial- und Verwaltungsrecht,
- Vernehmung von Zeug*innen und Beschuldigten,
- psychologische Täterermittlung,
- Polizeipsychologie
- Organisations- und Personalentwicklung in Polizei und Justizvollzug,
- psychologische Konzepte der Strafverfolgung/Operative Fallanalyse,
- Psychologie der Gerichtsverhandlung und außergerichtlichen Konfliktregelung/Mediation,
- prozedurale Gerechtigkeit und Restorative Justice,
- Prozessvorbereitung sensibler Zeug*innen,
- psychologische Aspekte der Viktimologie,
- richterliche Urteilsbildung,
- Erklärung kriminellen/abweichenden Verhaltens,
- personen- und situationsbezogene Kriminalprävention,

5 Einige der Forschungs- und Anwendungsfelder der Rechtspsychologie, die sich durchaus unter die oben genannten Bereiche subsumieren lassen, weisen allerdings nur einen indirekten Bezug zum Rechtswesen auf. Dies gilt bspw. für die Untersuchung des abweichenden Sozialverhaltens, bei dem kodifizierte Rechtsnormen nicht zwangsläufig verletzt sein müssen.

- behandlungsorientierte Diagnose bei Straftätern,
- Straftäterbehandlung und Resozialisierung.

In der Vergangenheit hat es unterschiedliche Versuche gegeben, diese Arten von Fragestellungen und Themenfeldern zu systematisieren. Haney (1980) unterschied innerhalb der Rechtspsychologie zwischen der Konzeption (1) einer Psychologie *im* Recht, (2) einer Psychologie *des* Rechts und (3) einer Konzeption Psychologie *und* Recht. Bei (1) wird die Psychologie als eine Hilfswissenschaft verstanden, die der Rechtspraxis dabei hilft, die eigenen Ziele zu erreichen. In Konzeption (2) lautet die Kernfrage, inwieweit und unter welchen Bedingungen das Recht die Internalisierung von Normen bestimmt und das Verhalten steuert. Unter (3) werden bspw. Verhaltensweisen, Einstellungen und Entscheidungen der im Rechtswesen tätigen Personen (Polizei, Justiz, Strafvollzug) untersucht.

Ein Modell einer „umfassenden Rechtspsychologie" hat Lösel (1989) vorgelegt. Wie in anderen Anwendungsgebieten der Psychologie geht es um *problemorientierte* Forschung. Auf drei Dimensionen unterscheidet das Modell (1) die Art der Probleme, die sich für die Rechtspsychologie stellen (Erklärung, Prognose und Intervention); (2) die Ebenen, auf denen die Probleme bestehen (Annahmen und Bedingungen von Rechtsnormen, Verhalten gegenüber Rechtsnormen und Anwendung von Rechtsnormen) sowie (3) die Rechtsgebiete, in denen diese Fragestellungen auftreten (Straf-, Zivil-, Familien-, Verkehrsrecht usw.). Nach Lösel ist dieses Modell insofern vereinfachend, als rechtspsychologische Problemstellungen oft mehrere Dimensionen betreffen (z. B. Prognose und Intervention). Es wird auch betont, dass die psychologische Forschung zu den meisten Rechtsbereichen weniger stark entwickelt ist als jene zu strafrechtlichen Themen. Rechtspsychologisch relevante Themen werden jedoch nicht nur innerhalb des eigenen Faches, sondern auch in anderen Teildisziplinen bearbeitet. Beispiele hierfür sind das (umstrittene) Stanford-Gefängnisexperiment und das Broken-Windows-Experiment (vgl. Zimbardo, 2007), die aus der Sozialpsychologie kamen, aber unmittelbaren Bezug zu kriminalpsychologischen und kriminologischen Fragestellungen hatten.

1.7 Aus-, Fort- und Weiterbildung in der Rechtspsychologie

Bereits in den Jahren 1850 bis 1871 hielt der Straf- und Völkerrechtler Berner an der Berliner Universität regelmäßig eine Vorlesung zur „Criminal-Psychologie".[6] Im Jahr 1900 hob Kraepelin in seinem Gutachten zur Verleihung des Titels eines außerordentlichen Professors in Aschaffenburg durch die Medizinische Fakultät der Universität Heidelberg dessen besondere Leistungen in seiner Vorlesung zur Criminalpsychologie hervor.[7] Diese beiden Beispiele zeigen eine bereits frühe, zumindest punktuelle Verankerung der Rechts- oder Kriminalpsychologie in der universitären Lehre der Rechtswissenschaft und Medizin. Auch in dem 1941 in Deutschland eingerichteten Diplomstudiengang Psychologie (Kury & Obergfell-Fuchs, 2012) fand zunächst nur eine sporadische Vermittlung rechtspsychologischer Inhalte und Methoden statt. Erst in den 1970er-/80er-Jahren entwickelten sich an einigen Instituten (z. B. in Berlin, Bonn, Bremen, Erlangen-Nürnberg, Gießen, Kiel, Konstanz und Würzburg) rechtspsychologische Curricula mit einem regelmäßigen Angebot. An diesen Orten konnte die Rechtspsychologie als viertes Anwendungsfach neben der Klinischen, Pädagogischen und Arbeits- und Organisationspsychologie oder als forschungsorientierte Vertiefung etabliert werden.

Mit der Einführung der neuen Bachelor- und Masterstudiengänge in Psychologie im Zuge der Bologna-Reformen wurde allerdings auch die

6 http://www.zpid.de/pub/psychologie-und-geschichte/0935-0179.1994.6_3-4_258-289.pdf

7 http://www.psychologie.uni-heidelberg.de/willkomm/cfg/instber-2a.html

Reform der Ausbildung in Psychotherapie notwendig. Die ersten Entwürfe eines sog. „Direktstudiums Psychotherapie“ ließen eine weitgehende Konzentration der Ausbildungsressourcen in diesen neuen Studiengang befürchten und führten zu einer erheblichen Beunruhigung innerhalb der nicht klinischen Anwendungsfächer. Nach langen und intensiven politischen Debatten trat am 01.09.2020 schließlich das Psychotherapeutengesetz (PsychThG) in Kraft, das nach einem polyvalenten Bachelorabschluss unterschiedliche Psychologie-Masterstudiengänge mit verschiedenen Schwerpunktsetzungen zulässt und damit auch Raum für eine rechtspsychologische Ausrichtung eröffnet. Durch die große Nachfrage der Studierenden ebenso getragen wie durch den Bedarf an rechtspsychologischer Expertise in der Praxis haben sich an verschiedenen Standorten neue Studienangebote mit rechtspsychologischem Schwerpunkt, vereinzelt auch rein rechtspsychologische Masterstudiengänge (Berlin, Bonn, Hildesheim, Konstanz und Mainz) entwickelt. Teilweise sind diese Angebote grundständig, zum anderen Teil werden sie berufsbegleitend angeboten (z. B. an der Psychologischen Hochschule Berlin). Neben den Universitäten tragen in jüngerer Zeit auch einige (private) Fachhochschulen mit einem rechtspsychologischen Lehrangebot zu dieser Entwicklung bei (Berlin, Hamburg und Heidelberg) und bieten einen spezialisierten Abschluss an. Daneben wird von Interessierten das rechtspsychologische Angebot im benachbarten Ausland genutzt, um einen spezialisierten rechtspsychologischen Abschluss zu erwerben (z. B. Maastricht).

Neben dem Ausbau der grundständigen rechtspsychologischen Ausbildung wurde in den 1980er-Jahren der Ruf nach einer postgradualen Weiterbildung laut. Auslöser waren u. a. systematisch-empirische Evaluationen forensisch-psychiatrischer und forensisch-psychologischer Sachverständigentätigkeit. Neben Missverständnissen und Kenntnisdefiziten hinsichtlich der gutachterlichen Rolle im Strafverfahren, der verschiedenen rechtlichen Fragestellungen, der erforderlichen Methoden und anderen Problemen zeigten sich handwerkliche Fehler in der Befunderhebung, intuitive Beurteilungsstrategien und ein häufig undurchsichtiger Gutachtenaufbau (Dahle, Bliesener, Gretenkord & Schwabe-Höllein, 2012).

Aus den Überlegungen rechtspsychologisch tätiger Hochschullehrer*innen zur Qualitätssicherung psychologisch-diagnostischer Sachverständigentätigkeit entstand die Konzeption einer postgradualen Weiterbildung. Im Jahr 1995 verabschiedeten die beiden psychologischen Dachverbände (BDP und DGPs) schließlich die „Ordnung für Weiterbildung in Rechtspsychologie“. Nicht zuletzt die Bologna-Reform des Studiums machte eine Anpassung notwendig, sodass 2013 eine neue Weiterbildungsordnung verabschiedet wurde (Föderation Deutscher Psychologenvereinigungen, 2013). Die Weiterbildung ist nun als mindestens dreijähriges berufsbegleitendes postgraduales Studium nach einem abgeschlossenen Psychologiestudium (Diplom oder Master) konzipiert. Sie hat einen Umfang von 400 Stunden und gliedert sich in einen theoretischen Grundlagenteil (240 Stunden) und einen praktischen Anwendungsteil. Der Theorieteil umfasst:

- die *rechtlichen Grundlagen* (u. a. Gesetzgebung und Institutionen der Rechtspflege, rechtspsychologisch relevantes materielles Recht und Verfahrensrecht, Aufgabe und Stellung des Sachverständigen im Gerichtsverfahren),
- *empirisch-psychologische Grundlagen* (u. a. Kriminalität und dissoziales Verhalten, psychologische Grundlagen der Kindeswohlgefährdung, Psychologie richterlicher Urteilsbildung, außergerichtliche Konfliktlösung),
- *Grundlagen relevanter Nachbarfächer* (u. a. Forensische Psychiatrie, Entwicklungspsychopathologie, Kriminologie),
- *Praxisgrundlagen* (Verfassen, Erstatten und Abrechnung rechtspsychologischer Gutachten und Stellungnahmen) und
- *gesellschaftliche und ethische Grundlagen* (u. a. psychosoziale Versorgung und Nachsorge

entlassener Rechtsbrecher, Öffentlichkeit und Massenmedien, ethische Aspekte der Rechtspsychologie).

Im Praxisteil werden die sachverständige Beurteilung des Täters im strafrechtlichen Haupt- und Vollstreckungsverfahren, die psychologische Tätigkeit im Straf- und Maßregelvollzug sowie die sachverständige Bearbeitung aussagepsychologischer, familienrechtlicher oder anderer rechtlicher Fragestellungen vermittelt. Dies erfolgt durch angeleitete Arbeit in kleinen Fachteams sowie in Form von Einzelsupervisionen. Die Weiterbildung führt zur Zertifizierung zur Fachpsychologin bzw. zum Fachpsychologen für Rechtspsychologie durch die Föderation Deutscher Psychologenvereinigungen.[8]

Parallel zur Reform der skizzierten föderativen Weiterbildung haben auch die Landes-Psychotherapeutenkammern einiger Bundesländer begonnen, Fortbildungscurricula zu entwickeln. Diese variieren zwischen den Bundesländern. Gemeinsam sind ihnen ein jeweiliges Grundlagenmodul (je nach Bundesland 40 bis 64 UE) und theoretische Spezialisierungsmodule (40 und 80 UE) mit jeweils einem zusätzlichen Praxismodul. Die Teilnahme an den Curricula ist an die Mitgliedschaft in der jeweiligen Landes-Psychotherapeutenkammer und damit an eine abgeschlossene Ausbildung zum psychologischen Psychotherapeuten oder zum Kinder- und Jugendlichen-Therapeuten geknüpft (Näheres bei Dahle et al., 2012).

Die tatsächliche fachliche Qualität der Zertifizierung zum Forensischen Sachverständigen durch die Landes-Psychotherapeutenkammern ist schwer einzuschätzen. Hinsichtlich Dauer, Umfang und Qualitätsmanagement bestehen aber geringere Anforderungen als in der Weiterbildung zum Fachpsychologen nach den Zertifizierungsvorgaben der Föderation.

8 https://zwpd.transmit.de/zwpd-dienstleistungen/zwpd-rechtspsychologie/zwpd-weiterbildung-rechtspsychologie

1.8 Perspektiven der Rechtspsychologie

Die Rechtspsychologie wird von den Studierenden sehr gut angenommen. Die Absolvierenden der rechtspsychologischen Schwerpunktabschlüsse werden von der Praxis nachgefragt. Die postgradualen Weiterbildungsangebote haben sich etabliert und tragen wesentlich zur Professionalisierung und Qualitätssicherung der Aufgabenerfüllung von Rechtspsychologinnen und Rechtspsychologen bei (Posten, Bliesener, Dahle & Orth, 2019).

Trotz dieser positiven Entwicklungen in der Lehre und ihrer Verankerung an verschiedenen Standorten muss die rechtspsychologische Forschung gestärkt werden. Nach wie vor besteht ein erheblicher Bedarf an empirischer Evidenz, z. B. zu Themen wie Gewalt, Sexualdelinquenz, Terrorismus, Kriminalprävention, Straftäterbehandlung (vgl. Lösel, 2007; Dahle, Greve, Hosser & Bliesener, 2020), insbesondere aber auch zu rechtspsychologischen Fragen jenseits des Strafrechts, z. B. zu familienrechtlichen oder asylrechtlichen Fragen. Während in der Medizin die Frage nach der Evidenzbasis von Maßnahmen obligatorisch ist, herrschen im Rechtswesen oft noch Glaubensbekenntnisse vor. Wenn man bedenkt, dass z. B. eine lange Delinquenzentwicklung eines jungen Menschen die Gesellschaft mehrere Millionen Euro kosten kann (Cohen & Piquero, 2009; s. a. Glaubitz et al., 2016), dann ist Forschung zur Prävention und Behandlung dringend erforderlich (Bliesener, 2010; Lösel, 2020; Lösel & Farrington, 2012).

Einschlägige Forschung ist auch nötig, weil in der Praxis viele Psycholog*innen mit rechtspsychologisch relevanten Aufgaben befasst sind. Es gibt aktuell ca. 450 zertifizierte Fachpsychologinnen und Fachpsychologen für Rechtspsychologie, die Zahl der ohne Zertifizierung gutachtlich Tätigen ist vielfach größer. Allein im Straf- und Maßregelvollzug dürften annähernd 1.000 Psycholog*innen beschäftigt sein. Noch wesentlich mehr sind zeitweise mit forensisch-

und kriminalpsychologischen Aufgaben befasst. All diese Fachvertreter*innen benötigen fundiertes Grundwissen und aktuelle empirische Evidenzen für ihre Arbeit. Die sich daraus ergebenden Bedarfe können nur einem Teil durch die wachsende internationale Forschung auf dem Gebiet der Rechtspsychologie (González-Sala et al., 2017) gedeckt werden. Viele Fragestellungen beziehen sich auf das deutsche Rechtssystem. Antworten aus internationalen Studien lassen sich oft nur sehr eingeschränkt ableiten.

Der wissenschaftliche Nachwuchs in der Rechtspsychologie ist wegen seiner soliden theoretischen, methodischen und statistischen Ausbildung für die empirisch-kriminologische Forschung besonders geeignet, doch bestehen hier begrenzte Perspektiven (vgl. Albrecht, Quensel & Sessar, 2012). Eine Professur an einer rechtswissenschaftlichen Fakultät ohne Jurastudium ist praktisch nicht möglich. Dadurch ist die deutsche Kriminologie weniger empirisch-interdisziplinär ausgerichtet und international gegenüber den angloamerikanischen Ländern im Hintertreffen. Dies ist auch eine Erschwernis für die Publikation in international anerkannten Zeitschriften, die in der Psychologie und Medizin ein wesentliches Erfolgskriterium darstellt. Gleichwohl sollte durchaus daran festgehalten werden.

Der oben beschriebene internationale Aufschwung des Fachs seit den 1980er-/90er-Jahren und der zweifellos bestehende gesellschaftliche Bedarf an forensisch- und kriminalpsychologischer Evidenz enthalten vielfältige Entwicklungschancen, die es offensiv zu nutzen gilt. Dazu gehören u. E. folgende Zielsetzungen und Strategien (vgl. Lösel, 2013):

- *Stärkung von Professuren für Rechtspsychologie* sowohl innerhalb der Psychologie als auch interdisziplinär in Kooperation mit Nachbardisziplinen wie Jura, Psychiatrie, Soziologie, Politikwissenschaften und Pädagogik,
- *vermehrte fachliche Verankerung innerhalb der Psychologie*, z. B. durch Kombination mit anderen Teildisziplinen wie der Psychodiagnostik, Differenziellen Psychologie, Sozialpsychologie, Entwicklungspsychologie und Klinischen Psychologie,
- *Vernetzung mit außeruniversitären Institutionen*, z. B. mit den Max-Planck-Instituten (insbesondere dem MPI zur Erforschung von Kriminalität, Sicherheit und Recht in Freiburg im Breisgau), dem Kriminologischen Forschungsinstitut Niedersachsen, der Kriminologischen Zentralstelle, den Kriminologischen Abteilungen des Bundeskriminalamts und der Landeskriminalämter sowie den Kriminologischen Diensten des Strafvollzugs in den Ländern,
- *integrative bio-psycho-soziale Mehrebenen-Forschung*, die neben den traditionellen sozial- und humanwissenschaftlichen Ansätzen auch neurowissenschaftliche Forschungen integriert,
- *adäquate Balance zwischen Wissenschaft und Praxis*, die sowohl die Notwendigkeiten der Gutachtenpraxis als auch der international konkurrenzfähigen Forschung in einem ausgewogenen Verhältnis erfüllt,
- *innerpsychologische Profilierung der anwendungsorientierten Forschung*, die den spezifischen Anforderungen der Rechtspsychologie sowie den oft unterschätzten Beiträgen der Problemlösung und Theorienprüfung im Alltag Rechnung trägt (vgl. Spiel, Lösel & Wittmann, 2009),
- *internationale Orientierung und Publikation*, die dem entspricht, was in der Psychologie insgesamt üblich ist, aber auch die durchaus bestehende Kompetenz der deutschsprachigen Rechtspsychologie in der internationalen „scientific community“ stärkt,
- *breite disziplinäre Ausrichtung* innerhalb der Rechtspsychologie, die sowohl das oben genannte Übergewicht strafrechtlicher Themen durch andere Forschungen reduziert, als auch Fixierungen auf aussagepsychologische und andere forensisch-diagnostische Themen vermeidet (vgl. Roesch, 1990),
- *Ausweitung der rechtspsychologischen Fortbildung*, die im Rahmen des zunehmend wichtigen lebenslangen Lernens die rechtspsy-

chologisch Tätigen „auf dem Laufenden" hält (Posten et al. 2019),

- *offensive Image-Pflege*, die die durchaus respektablen Forschungs- und Praxisleistungen der Rechtspsychologie nicht nur innerhalb der akademischen Welt, sondern auch in den Medien und der Gesellschaft sachgerecht vermittelt.

Wenn es gelingt, diese Ziele und Strategien in Wissenschaft und Praxis umzusetzen, wird sich die Rechtspsychologie weiterhin erfolgreich entwickeln. Dann werden vielleicht einschlägige Praktiker, Wissenschaftler*innen und auch Studierende in Abwandlung eines Buchtitels von Riegel (1978) zur Psychologie sagen: „Rechtspsychologie, mon amour".

1.9 Weiterführende Literatur

Roesch, R. (Ed.). (2022). *Routledge encyclopedia of psychology in the real world: Volume Psychology and Law*. London: Routledge.

Die Enzyklopädie liefert einen umfassenden Überblick über die verschiedenen aktuellen Themenstellungen der internationalen Rechtspsychologie.

Literatur

Albrecht, H.-J., Quensel, S. & Sessar, K. (2012). Freiburger Memorandum zur Lage der Kriminologie. *Monatsschrift für Kriminologie und Strafrechtsreform, 95*, 385–391. https://doi.org/10.1515/mks-2012-950601

Bartol, C. R. (1983). *Psychology and the American Law.* Belmont, CA: Wadsworth.

Bartol, C. R. & Bartol, A. M. (2005). History of forensic psychology. In I. B. Weiner & A. K. Hess (Eds.), *The handbook of forensic psychology* (pp. 1–27). Hoboken, NJ: Wiley.

BGHSt, Bundesgerichtshof. (1955). *Amtliche Sammlung 7* (S. 82–86).

Bliesener, T. (2010). Der Umgang mit jungen Mehrfach- und Intensivtätern – Probleme der Definition, Prävention und Intervention. *Bewährungshilfe, 57,* 357–371.

Bliesener, T. & Köhnken, G. (2005). Kriminalpsychologie. In D. Frey & C. Graf Hoyos (Hrsg.), *Psychologie in Gesellschaft, Kultur und Umwelt* (S. 11–17). Weinheim: Beltz.

Bliesener, T., Lösel, F. & Köhnken, G. (2014). *Lehrbuch der Rechtspsychologie*. Bern: Huber.

Bliesener, T. & Thomas, J. (2012). Wirkt Strafe, wenn sie der Tat auf dem Fuße folgt? Zur psychologisch-kriminologischen Evidenz des Beschleunigungsgebots. *Zeitschrift für Jugendkriminalrecht und Jugendhilfe, 23,* 382–389.

Bresser, P., Hortskotte, H., Krümpelmann, J., Lösel, F., Nedopil, N., Undeutsch, U. et al. (1991). Aktuelle Probleme in der Diagnostik der Schuldfähigkeit. In R. Egg (Hrsg.), *Brennpunkte der Rechtspsychologie* (S. 401–440). Bonn: Forum Verlag.

Cohen, M. & Piquero, A. (2009). New evidence on the monetary value of saving a high risk youth. *Journal of Quantitative Criminology, 25,* 25–49. https://doi.org/10.1007/s10940-008-9057-3

Cornish, D. B. & Clarke, R. V. (Eds.). (1989). *The reasoning criminal: Rational choice perspectives of offending.* New York: Springer.

Crombag, H. F. M. (1989). When law and psychology meet. In H. Wegener, F. Lösel & J. Haisch (Eds.), *Criminal behavior and the justice system* (pp. 1–13). Berlin: Springer.

Dahle, K.-P. (2011). Die Begutachtung der Gefährlichkeits- und Kriminalprognose des Rechtsbrechers. In K.-P. Dahle & R. Volbert (Hrsg.), *Forensisch-psychologische Diagnostik im Strafverfahren* (S. 67–114). Göttingen: Hogrefe.

Dahle, K.-P., Bliesener, T., Gretenkord, L. & Schwabe-Höllein, M. (2012). Qualitätssicherung in der Forensischen Psychologie: Die zertifizierte Weiterbildung zum Fachpsychologen für Rechtspsychologie BDP/DGPs. *Forensische Psychiatrie, Psychologie und Kriminologie, 6*, 250–257. https://doi.org/10.1007/s11757-012-0181-4

Dahle, K.-P., Greve, W., Hosser, D. & Bliesener, T. (2020). Das Gefängnis als Entwicklungsraum. Ein Plädoyer für eine erweiterte Perspektive auf den Justizvollzug. *Forensische Psychiatrie, Psychologie und Kriminologie, 14*, 1–19. https://doi.org/10.1007/s11757-019-00569-w

Egg, R. (2011). Forensic psychological assessment in the criminal justice system. Development and perspectives in Germany. In T. Bliesener, A. Beelmann & M. Stemmler (Eds.), *Antisocial behavior and Crime. Contributions of developmental and evaluation research to prevention and intervention* (pp. 261–274). Cambridge, MA: Hogrefe.

Farrington, D.P., Hawkins, K. & Lloyd-Bostock, S.M. (1979). *Psychology, law and legal processes*. London: Macmillan. https://doi.org/10.1007/978-1-349-04248-7

Föderation Deutscher Psychologenvereinigungen. (2013). Ordnung für die Weiterbildung in Rechtspsychologie der Föderation Deutscher Psychologenvereinigungen. *Psychologische Rundschau, 64,* 171–175.

Glaubitz, C., Steglich, F., Koch, M., Klodt, H., Klatt, T., Hausmann, B. et al. (2016). Was kostet Jugendkriminalität? Eine Annäherung. *Monatsschrift für Kriminologie und Strafrechtsreform, 99,* 123–139. https://doi.org/10.1515/mks-2016-990203

Glueck, S. & Glueck, E.T. (1930). *500 criminal careers*. New York: Knopf.

Glueck, S. & Glueck, E.T. (1950). *Unraveling juvenile delinquency*. Cambridge, MA: Harvard University Press.

González-Sala, F., Osca-Lluch, J., Gil, F.T. & Ortega, M.P. (2017). Characterization of legal psychology through psychology journals included in criminology & penology and law categories of Web of Science. *Anales de Psicología, 33* (2), 411.

Greve, Y. (2004). *Verbrechen und Krankheit. Die Entdeckung der „Criminalpsychologie" im 19. Jahrhundert*. Köln: Böhlau.

Gross, H. (1898). *Criminalpsychologie*. Graz: Leuschner & Lubensky's Universitäts-Buchhandlung.

Grossmann, H.-P. (1971). Die Tätigkeit des Psychologen auf dem Gebiet der Kriminalpsychologie. In H. Benesch & T. Dorsch (Hrsg.), *Berufsaufgaben und Praxis des Psychologen* (S. 114–119). Basel: Reinhard.

Haisch, J. & Sporer, S.L. (1983). Was ist und was leistet die deutschsprachige Rechtspsychologie? Bestimmung eines neuen Anwendungsfeldes. In A. Lüer (Hrsg.), *Bericht über den 33. Kongreß der Deutschen Gesellschaft für Psychologie in Mainz 1982* (S. 878–879). Göttingen: Hogrefe.

Haney, C. (1980). Psychology and legal change: On the limits of factual jurisprudence. *Law and Human Behavior, 4*, 147–199. https://doi.org/10.1007/BF01040317

Healy, W. & Bronner, A. (1936). *New light on delinquency and its treatment*. New Haven, CT: Yale University Press.

Heinroth, J.C. A. (1833). *Grundzüge der Criminal-Psychologie oder die Theorie des Bösen in ihrer Anwendung auf die Criminal-Rechtspflege*. Berlin: Dümmler.

Jaffa, S. (1903). Ein psychologisches Experiment im kriminalistischen Seminar der Universität Berlin. *Beiträge zur Psychologie der Aussage, 1,* 79–99.

Kagehiro, D.K. & Laufer, W.S. (Eds.). (1992). *Handbook of psychology and law*. New York: Springer. https://doi.org/10.1007/978-1-4757-4038-7

Köhnken, G. (2006). Zur Lage der Rechtspsychologie in Deutschland. In T. Fabian & S. Nowara (Hrsg.), *Neue Wege und Konzepte in der Rechtspsychologie* (S. 17–33). Münster: Lit.

Köhnken, G. & Bliesener, T. (2005). Forensische Psychologie. In D. Frey & C. Graf Hoyos (Hrsg.), Psychologie in Gesellschaft, Kultur und Umwelt (S. 3–10). Weinheim: Beltz.

Konecni, V.J. & Ebbesen, E.B. (Eds.). (1979). *The criminal justice system: A social psychological analysis*. San Francisco: Freeman.

Krafft-Ebing, K. von (1872). *Grundzüge der Criminalpsychologie auf Grundlage des Strafgesetzbuchs des deutschen Reichs für Aerzte und Juristen*. Erlangen: Enke.

Kühne, A. (1988). *Psychologie im Rechtswesen. Psychologische und psycho-diagnostische Fragestellungen bei Gericht*. Weinheim: Deutscher Studien Verlag.

Kury, H. & Obergfell-Fuchs, J. (2012). *Rechtspsychologie. Forensische Grundlagen und Begutachtung*. Stuttgart: Kohlhammer.

Lempp, R., Schütze, G. & Köhnken, G. (2003). *Forensische Psychiatrie und Psychologie des Kindes- und Jugendalters*. Darmstadt: Steinkopf. https://doi.org/10.1007/978-3-642-57383-5

Liebel, H. & Uslar, W. von (1975). *Forensische Psychologie*. Stuttgart: Kohlhammer.

Loftus, E.F. (1979). *Eyewitness testimony*. Cambridge, MA: Cambridge University Press.

Lösel, F. (Hrsg.). (1983). *Kriminalpsychologie: Grundlagen und Anwendungsbereiche*. Weinheim: Beltz.

Lösel, F. (1989). Zur neueren Entwicklung der Rechtspsychologie: Versuch einer Standortbestimmung. In W. Schönpflug (Hrsg.), *Bericht über den 36. Kongress der Deutschen Gesellschaft für Psychologie in Berlin 1988* (Bd. 2, S. 291–306). Göttingen: Hogrefe.

Lösel, F. (1992). Psychology and law: Overtures, crescendos, and reprises. In F. Lösel, D. Bender & T. Bliesener (Eds.), *Psychology and law: International perspectives* (pp. 3–21). Berlin, New York: de Gruyter. https://doi.org/10.1515/9783110879773

Lösel, F. (2007). Kriminologie und wissensbasierte Kriminalpolitik. In F. Lösel, D. Bender und J.-M. Jehle (Hrsg.), *Kriminologie und wissensbasierte Kri-*

minalpolitik: Entwicklungs- und Evaluationsforschung (S. 9–24). Godesberg: Forum Verlag.

Lösel, F. (2013). Kriminologie und Psychologie: Entwicklung und aktuelle Lage mit einem besonderen Bezug zu Deutschland. *Monatsschrift für Kriminologie und Strafrechtsreform, 96*, 153–163. https://doi.org/10.1515/mks-2013-962-308

Lösel, F. (2020). Entwicklungspfade der Straftäterbehandlung: skizzierte Wege und Evaluation der Zielerreichung. *Forensische Psychiatrie, Psychologie, Kriminologie, 14* (1), 35–49. https://doi.org/10.1007/s11757-020-00582-4

Lösel, F. & Bender, D. (1993). Rechtspsychologie. In A. Schorr (Hrsg.), *Handwörterbuch der Angewandten Psychologie* (S. 590–598). Bonn: Deutscher Psychologen Verlag.

Lösel, F. & Farrington, D.P. (2012). Direct protective and buffering protective factors in the development of youth violence. *American Journal of Preventive Medicine, 43* (2S1), 8–23. https://doi.org/10.1016/j.amepre.2012.04.029

Luhmann, N. (1981). *Ausdifferenzierung des Rechts: Beiträge zur Rechtssoziologie und Rechtstheorie.* Frankfurt a.M.: Suhrkamp.

Luhmann, N. (1991). *Soziologie des Risikos.* Berlin, New York: de Gruyter.

Marbe, K. (1913). *Grundzüge der forensischen Psychologie.* München: Beck.

Möbius, P.J. (1900). *Über den physiologischen Schwachsinn des Weibes.* Halle: Marhold.

Monahan, J. & Loftus, E. (1982). The psychology of law. *Annual Review of Psychology, 33*, 441–475. https://doi.org/10.1146/annurev.ps.33.020182.002301

Mülberger, A. (1996). Der Weg Marbes zur Angewandten Psychologie. In H. Gundlach (Hrsg.), *Untersuchungen zur Geschichte der Psychologie und Psychotechnik* (S. 117–126). München: Profil Verlag.

Münsterberg, H. (1908). *On the witness stand.* New York: Doubleday.

Posten, A.C., Bliesener, T., Dahle, K.P. & Orth, C. (2019). Fachgremium Rechtspsychologie: Zur Expertise forensischer Sachverständiger – Ein Positionspapier. *Psychologische Rundschau, 70*, 259–261. https://doi.org/10.1026/0033-3042/a000458

Riegel, K.F. (1978). *Psychology, mon amour: A countertext.* Boston, MA: Houghton Mifflin.

Roesch, R. (1990). From the editor. *Law and Human Behavior, 14*, 1–3. https://doi.org/10.1007/BF01055785

Schaumann, J.C.G. (1792). *Ideen zu einer Criminalpsychologie.* Halle: Gebauer.

Schmucker, M. & Lösel, F. (2005). Verbrechensaufklärung. In D. Frey & C. Graf Hoyos (Hrsg.), *Psychologie in Gesellschaft, Kultur und Umwelt* (S. 33–39). Weinheim: Beltz.

Schwind, H.-D. (2002). *Kriminologie. Eine praxisorientierte Einführung mit Beispielen* (12. Aufl.). Heidelberg: Kriminalistik Verlag.

Spiel, C., Lösel, F. & Wittmann, W.W. (2009). Transfer psychologischer Erkenntnisse – eine notwendige, jedoch schwierige Aufgabe. *Psychologische Rundschau, 60*, 257–258. https://doi.org/10.1026/0033-3042.60.4.257

Steller, M. & Böhm, C. (2006). Fünfzig Jahre Rechtsprechung des BGH zur Aussagepsychologie: Bilanz und Ausblick. In T. Fabian & S. Nowara (Hrsg.), *Neue Wege und Konzepte in der Rechtspsychologie* (S. 36–51). Münster: Lit.

Steller, M. & Volbert, R. (Hrsg.). (1997). *Psychologie im Strafverfahren.* Bern: Huber.

Suhling, S. & Greve, W. (2010). *Kriminalpsychologie kompakt.* Weinheim: Beltz.

Tapp, J.L. (1976). Psychology and law: An overture. *Annual Review of Psychology, 27*, 359–404. https://doi.org/10.1146/annurev.ps.27.020176.002043

Thomae, H. & Schmidt, H.-D. (1967). Psychologische Aspekte der Schuldfähigkeit. In U. Undeutsch (Hrsg.), *Handbuch der Psychologie* (Bd. 11: Forensische Psychologie, S. 326–396). Göttingen: Hogrefe.

Toch, H. (Ed.). (1961). *Legal and criminal psychology.* New York: Holt, Rinehart & Winston.

Undeutsch, U. (1954). *Die Entwicklung der gerichtspsychologischen Gutachtertätigkeit.* Göttingen: Hogrefe.

Undeutsch, U. (Hrsg.). (1967). Handbuch der Psychologie, Bd. 11: Forensische Psychologie. Göttingen: Hogrefe.

Venzlaff, U. & Foerster, K. (2004). *Psychiatrische Begutachtung.* München: Elsevier.

Waller, M. (1970). Pragmatismus – oder theoretische Abstinenz als Ausdruck des Selbstverständnisses von „Gehilfen"? – Kritische Bemerkungen. *Diagnostica, 16*, 42–50.

Wegener, H. (1981). *Einführung in die Forensische Psychologie.* Darmstadt: Wissenschaftliche Buchgesellschaft.

Wegener, H., Lösel, F. & Haisch, J. (Eds.). (1989). *Criminal behavior and the justice system: Psychological perspectives.* New York: Springer. https://doi.org/10.1007/978-3-642-86017-1

Zimbardo, P.G. (2007). *The Lucifer effect: Understanding how good people turn evil.* New York: Random House.

2 Erklärungsmodelle dissozialen Verhaltens

Thomas Bliesener

2.1 Einleitung

Als dissoziales oder auch antisoziales Verhalten werden Verhaltensweisen bezeichnet, die insoweit gegen soziale Normen verstoßen, dass sie als sozialschädlich bewertet werden. Das schließt bspw. schlechtes Benehmen (z.B. unangemessene Tischsitten) aus, reicht aber von bestimmten Formen der verbalen Aggression (z.B. Beleidigung, Cybermobbing) oder dem Missbrauch legaler Drogen über die Begehung mittelschwerer Straftaten (z.B. Einbruchdiebstahl) bis hin zu schwersten Angriffen gegen Leib und Leben. Diese Vielfalt und Bandbreite der dissozialen Verhaltensweisen stellen eine enorme Herausforderung für Erklärungsmodelle dar, die Grundlage für Maßnahmen der Prävention, Intervention und Kontrolle dissozialen Verhaltens liefern. Das heißt, es ist zu klären, was dissoziales Verhalten (dV) ist, wie es entsteht, welchen Bedingungsfaktoren es unterliegt bzw. wodurch es begünstigt oder verhindert wird, wie es sich im Laufe des Lebens entwickelt und auch durch welche Umstände und Prozesse dV in einer konkreten Situation ausgelöst werden kann.

In den Sozialwissenschaften sind bisher zahlreiche Theorien entwickelt worden, dV zu erklären. Dabei haben soziologische Theorien zunächst stärker soziostrukturelle Merkmale und Prozesse in den Vordergrund gerückt, während psychologische Theorien v.a. innerpsychische Prozesse untersucht haben. Kriminologische Modelle schließlich haben sich naturgemäß im Wesentlichen auf die Erklärung von Kriminalitätsphänomen beschränkt. Schnell wurde jedoch erkannt, dass der Gegenstand der Betrachtung einerseits weitgehende Überschneidungen aufweist und dass andererseits die verschiedenen Perspektiven wertvolle Beiträge zur Erklärung dVs liefern. Gleichwohl legen die verschiedenen Modelle unterschiedliche Schwerpunktsetzungen, z.B. hinsichtlich der Form des zu erklärenden dVs (z.B. Aggression) oder der Frage, ob eher langfristige Entwicklungen hin zu mehr oder minder stabilen Verhaltensmustern und -bereitschaften (z.B. i.S. einer Kriminalitätsneigung) im Vordergrund stehen oder die Auslösung des dVs in einer konkreten Situation betrachtet wird (z.B. die Aktualgenese einer Gewalttat). Insofern stehen die verschiedenen Theorien nicht immer in einem konkurrierenden Verhältnis, sondern thematisieren oft unterschiedliche Perspektiven und ergänzen sich gegenseitig.

Die Güte erfahrungswissenschaftlicher Theorie lässt sich an verschiedenen Kriterien festmachen (Gadenne, 1994). Theorien müssen logisch und inhaltlich konsistent sein, d.h., ihre Aussagen und die sich aus den Aussagen ergebenden Ableitungen zu den Relationen dieser Begriffe müssen widerspruchsfrei und inhaltlich stimmig sein. Die Theorie soll einen hohen Informationsgehalt haben, d.h., die Aussagen, die sich aus der Theorie ableiten lassen, bzw. der Umfang der Befunde eines Fachgebietes, die sich mit der Theorie vorhersagen und erklären lassen, soll möglichst hoch sein. Zugleich sollen die aus der Theorie abgeleiteten Vorhersagen (Hypothesen) empirisch prüfbar sein. Schließlich soll eine Theorie möglichst sparsam sein, d.h., sie soll mit möglichst wenigen und einfachen Annahmen möglichst viele Phänomene erklären.

Diese allgemeinen Gütekriterien lassen sich noch durch weitere Anforderungen zur praktischen Leistungsfähigkeit ergänzen: Die Erklärungskraft einer Theorie des dVs lässt sich dahingehend beurteilen, inwieweit es ihr gelingt, (historische) Entwicklungstrends in der Prävalenz dVs, die typischen Geschlechts- und Alterseffekte oder gesicherte geografische bzw. kulturelle Unterschiede zu erklären. Die Erklärungskraft ist dabei geringer, wenn sich eine Theorie dVs nur auf einzelne Verhaltenstypen bzw. Deliktgruppen (z. B. interpersonale Aggression, Eigentums- oder Sexualdelikte) oder spezifische Kontexte (z. B. Gewalt in der Familie) beschränkt. Ein entscheidendes Bewertungskriterium ist der Stand der empirischen Prüfung, d. h., inwieweit werden die theoretischen Aussagen durch empirische Befunde gestützt?

Textbox 2.1:
Übersicht der Erklärungsmodelle

Theorien zur Aggression
- Psychodynamisches Aggressionsmodell
- Frustrations-Aggressions-Theorie
- Behavioristische Lerntheorie
- Theorie sozialen Lernens
- Modell der sozialen Informationsverarbeitung
- Allgemeines Aggressionsmodell

Kriminalitätstheorien
- Anomietheorie
- Techniken der Neutralisierung
- Labeling Approach
- Kontrolltheorie
- Psychopathie
- Situational Action Theory

Integrative Erklärungsmodelle dissozialen Verhaltens
- Kumulation bio-psycho-sozialer Risikofaktoren
- Modell des integrierten kognitiv-dissozialen Potenzials

Die Prägnanz einer Theorie dVs lässt sich nach der Verallgemeinerbarkeit der theoretischen Aussagen (z. B. über historische Epochen, kulturelle Grenzen) sowie Art und Umfang der theoretischen Vorannahmen (Prämissen) bewerten, aber auch, inwieweit es einer Theorie gelingt, bewährte Ansätze verschiedener Theorien zu einem Gesamtmodell zu integrieren.

Die praktische Leistungsfähigkeit einer Theorie schließlich bestimmt sich u. a. danach, inwieweit Prognosen für zukünftige Entwicklungen (auf gesellschaftlicher, aber auch auf individueller Ebene, z. B. bei der Kriminalprognose, s. Kap. 25 in diesem Band) geleistet oder welche Aussagen und Empfehlungen für die Prävention und Intervention dVs (s. Kap. 27 und 28 in diesem Band) abgeleitet werden können.

In diesem Kapitel wird ein kurzer Überblick über einige der – auch historisch – bedeutsamsten Theorien zur Erklärung dVs gegeben (s. Textbox 2.1). Die Darstellung muss sich dabei aus Platzgründen auf die einflussreichsten Theorien und Modelle beschränken und manche „Neuformulierung" und „Spezifizierung", die sich im Laufe der Zeit entwickelt haben, vernachlässigen.

2.2 Theorien der Aggression

2.2.1 Psychodynamisches Aggressionsmodell

Freud ist bei seiner Theorie der Aggression von der Vorstellung der menschlichen Psyche als Energiesystem ausgegangen. Gespeist aus einer neurophysiologischen Erregung entsteht kontinuierlich Triebenergie (Freud, 2000); die Zunahme dieser Triebenergie ist mit „Unlust", einem aversiven Zustand, verbunden, wohingegen die Verringerung oder Abfuhr von Triebenergie zum „Lustgewinn" führt. Zunächst (etwa bis 1920) von einer monistischen Triebehre ausgehend, in der der Sexualtrieb die einzige Energiequelle darstellte, hat Freud unter dem Eindruck des Ersten Weltkrieges seine

Vorstellungen über die Entstehung von Aggression modifiziert. Er ging nun von zwei antagonistischen Trieben aus, dem Sexualtrieb (Eros) und dem Aggressions- oder Todestrieb (Thanatos). Während der Sexualtrieb dem Lebenserhalt und der Fortpflanzung dient, strebt der Todestrieb die Zerstörung organischen Lebens an. Um das eigene Leben zu erhalten, muss diese destruktive Energie von der eigenen Person weg nach außen gerichtet werden. Da diese Energie nach dem Konzept der Energieerhaltung nicht vernichtet, sondern lediglich abgeführt oder umgewandelt werden kann, muss die aggressive Triebenergie in unschädlicher Weise abgeführt werden, will man Aggression vermeiden. Dies könnte z. B. durch das Ausüben aggressiver Sportarten oder – gleichsam stellvertretend – durch das Beobachten aggressiver Modelle (z. B. bei Sportveranstaltungen, im Film) geschehen. Diese Abfuhr von Triebenergie wird als „Katharsis" bezeichnet.

Wenngleich das psychodynamische Modell der Triebenergie – eventuell aufgrund seiner Anschaulichkeit und seiner Analogie zum Dampfkessel – eine weite Verbreitung in der populären Diskussion um Aggressionsphänomene gefunden hat, ist die empirische Bestätigung des Modells mangelhaft. Ähnliches gilt auch für das Prinzip der Katharsis, das gerne im Zusammenhang mit einem vermeintlich aggressionsreduzierenden Effekt einer anstrengenden und energiezehrenden sportlichen Betätigung angeführt wird. Der Nachweis eines kathartischen Effekts durch sportliche Aktivität steht allerdings weitgehend aus (Geen & Qanty, 1977), wenngleich Sport über andere Mechanismen durchaus gewaltpräventive Wirkungen entfalten kann (s. a. Bliesener, 2017).

2.2.2 Frustrations-Aggressions-Theorie

Die Frustrations-Aggressions-Theorie wurde von der Gruppe um Dollard (Dollard, Doob, Miller, Mowrer & Sears, 1939) entwickelt. Sie lehnt sich einerseits eng an das Modell Freuds, versucht andererseits aber durch möglichst präzise Definitionen und durch die Fokussierung auf beobachtbares Verhalten einer behavioristischen Sichtweise zu entsprechen. In der ersten Fassung nahmen Dollard et al. (1939) zunächst an, dass Aggression immer die Folge einer Frustration ist. Umgekehrt setzten sie für das Auftreten von Aggression immer eine vorhergehende Frustration voraus. Eine Frustration liegt immer dann vor, wenn eine angeregte Verhaltenssequenz unterbrochen wird. Schon bald wurde klar, dass diese strenge Annahme der eineindeutigen Verknüpfung nicht haltbar ist. So kann bspw. aggressives Verhalten nach einer Frustration infolge von sozialer Kontrolle vorübergehend unterdrückt oder auf ein anderes Ziel gelenkt werden. Bereits 1941 wurde deshalb durch Miller eine Neuformulierung vorgelegt, in der die enge Verknüpfung zwischen Frustration und Aggression aufgegeben wurde (Miller, 1941). Nach dieser Reformulierung regt Frustration zu einer Vielzahl unterschiedlicher Reaktionen an, von denen eine Form die Aggression ist. Vor allem wurde nun einbezogen, dass das Auftreten offener Aggressionen weniger wahrscheinlich ist, wenn für das Verhalten eine Sanktion droht.

Allerdings wurde auch die grundsätzliche These, dass es einen kausalen Zusammenhang zwischen Frustration und Aggression gibt, infrage gestellt. Berkowitz (1989) hat bspw. die Auffassung vertreten, dass eine Frustration nur ein Spezialfall eines aversiven Ereignisses ist. Nach seiner Auffassung wird Aggression nicht durch eine Frustration, sondern durch aversive Ereignisse ausgelöst. In einem kognitiven neo-assoziativen Modell von Ärger und Aggression hat Berkowitz (2003) den Zusammenhang zwischen einem negativen Affekt und Aggression näher ausgeführt. Aversive Erlebnisse führen demnach zu einem negativen affektiven Zustand, der eines von zwei möglichen Reaktionssystemen (Aggression bzw. Flucht) auslöst. Diese Reaktionssysteme beinhalten assoziative Netzwerke aus emotionalen, kognitiven und motorischen Komponenten. Individuelle Lernerfahrungen und situative Einflüsse entscheiden darüber, welches Reaktionssystem und damit welche vorherrschenden Emotionen, kognitiven Prozesse und Handlungstendenzen aktiviert werden. Erst anschließend findet eine tiefere kognitive Verarbeitung und Kontrolle i.S. von Attributionen und Folgenabschätzungen statt.

Geen (1990) hat dagegen die beobachtete aggressionsfördernde Wirkung von Frustrationen darauf zurückgeführt, dass hierdurch das generelle Erregungsniveau gesteigert wird. Eine stärkere physiologische Erregung erhöht die Wahrscheinlichkeit, dass dominante Reaktionen ausgeführt werden. Sind aufgrund der individuellen Lerngeschichte aggressive Reaktionen gut gelernt oder werden in der jeweiligen Situation durch Hinweisreize nahegelegt, die mit aggressivem Verhalten assoziiert sind (z.B. Waffen), steigt die Wahrscheinlichkeit für aggressive Verhaltensreaktionen (Huesmann, Moise & Podolski, 1997).

2.2.3 Behavioristische Lerntheorie

Nach der behavioristischen Lerntheorie des operanten Konditionierens wird das Auftreten dVs durch die Verstärkungs- und Bestrafungsbedingungen in der Lerngeschichte eines Individuums bestimmt. Wird die Erfahrung gemacht, dass mit dV positive Zustände (z.B. Anerkennung in der Gruppe) erreicht (positive Verstärkung) oder unangenehme Zustände (z.B. Bedrohung durch andere) beendet werden können (negative Verstärkung), tritt dieses Verhalten in Zukunft häufiger auf. In der gleichen Weise kann unerwünschtes Verhalten allerdings auch wieder verlernt werden, wenn nämlich die ursprüngliche Verstärkung ausbleibt (Löschung) oder wenn das unerwünschte Verhalten bestraft wird (durch eine Übelzufügung oder den Entzug von positiven Reizen). Wenn das dV als unerwünschtes Verhalten sanktioniert wird, führt das jedoch nicht zwangsläufig zu einem Einstellen dVs. Der bzw. die Akteur*in lernt stattdessen anhand von Hinweisreizen zu unterscheiden, unter welchen situativen Bedingungen negative Konsequenzen drohen, z.B. weil das Verhalten von anderen beobachtet wird, bzw., wann „die Luft rein ist“ (Diskriminationslernen).

Eine andere Ursache für die geringe Wirksamkeit negativer Konsequenzen liegt in der zeitlichen Abfolge von Verstärkungen und Bestrafungen. In der Regel tritt eine positive Konsequenz unmittelbar nach dem Verhalten ein (z.B. der Erhalt der Beute bei einem Raub; s. 2.3.4), während die negativen Konsequenzen (z.B. die Bestrafung durch ein Gericht) nur eventuell und erst sehr viel später folgen (Bliesener & Thomas, 2012; s. **Abb. 2-1**). Unter diesen Umständen haben die unmittelbaren Konsequenzen im Allgemeinen eine deutlich stärkere Wirkung als die verzögert einsetzenden Folgen (Abramowitz & O’Leary, 1990).

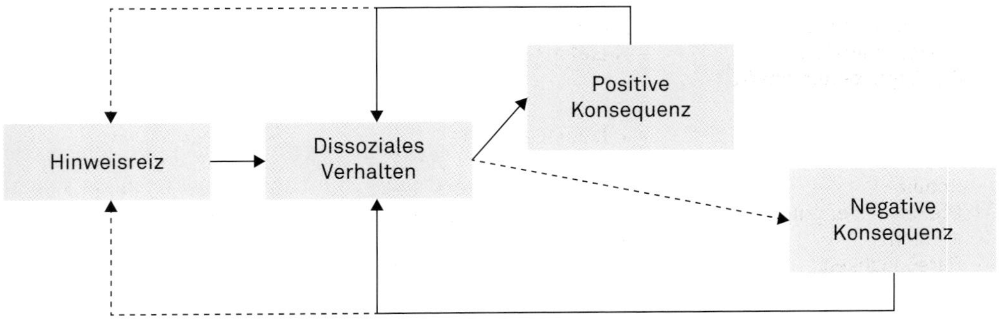

Abbildung 2-1: Auswirkung von Verstärkung und Bestrafung bei unterschiedlichem Zeitabstand.

Die streng behavioristischen Lerntheorien haben jedoch das Manko, dass menschliches Verhalten ohne Bezugnahme auf vermittelnde kognitive Prozesse nur in seltenen Fällen hinreichend zu erklären ist, die auch die grundsätzliche Wirkung verspäteter Sanktionen ermöglichen (Bliesener, 2014). Gleichwohl lassen sich die basalen Prinzipien des Lernens durch Verstärkung und Bestrafung auch in zahlreichen neueren Theorien wiederfinden (Mazur, 2006).

2.2.4 Theorie sozialen Lernens

Nach der Theorie des sozialen Lernens (Bandura, 1979, 1986) wird aggressives Verhalten in drei Phasen erworben und manifestiert, die jeweils durch gesellschaftliche Rahmenbedingungen bestimmt sind: (1) Prozesse und Bedingungen, die die individuelle Gewaltbereitschaft bestimmen und durch die aggressive Verhaltensmuster erworben werden; (2) Faktoren, die in einer konkreten Situation die Aggression auslösen oder die Bereitschaft dazu bestimmen; (3) Prozesse, die das ausgelöste aggressive Verhalten aufrechterhalten oder es stabilisieren (s. **Abb. 2-2**).

1. Erwerb aggressiver Verhaltensmuster: Bandura hat besonders die Bedeutung des Lernens durch Beobachtung von Modellen betont. Modelle, die aggressives Verhalten vorleben und damit Erfolg in der Weise haben, dass sie eigene Ziele erreichen und bekräftigt werden, vermitteln dieses Verhalten an eine*n Beobachter*in. Modelle, die durch aggressives Verhalten Konflikte zu lösen versuchen oder eigene Ziele zu erreichen anstreben, bieten sich nach Bandura v.a. in der Familie, dem (sub-)kulturellen Umfeld und den Medien. Dispositionelle Persönlichkeitsmerkmale (wie bspw. ein besonderer Erlebnishunger) fördern den Erwerb aggressiver Verhaltensmuster insofern, als sie u.a. den Kontakt zu problematischen Modellen begünstigen und auch die Aufmerksamkeit für diese Modelle regulieren.

Es liegen zahlreiche Belege für einen Zusammenhang zwischen den Gewalterfahrungen in der Herkunftsfamilie und späterer eigener Gewalt gegenüber dem bzw. der Partner*in und den eigenen Kindern vor (vgl. Lösel & Bender, 1997). Kinder, die von ihren Eltern misshandelt wurden oder Misshandlungen in der Familie erlebt haben, werden mit höherer Wahrscheinlichkeit auch gegenüber ihren eigenen Familienmitgliedern Gewalt ausüben. Aber auch außerhalb der Familie z.B. in der Nachbarschaft oder der Gleichaltrigengruppe wird aggressives Verhalten erworben. In schlecht organisierten Wohngegenden, in denen die soziale Kontrolle nicht greift, bieten sich im Alltag zahlreiche

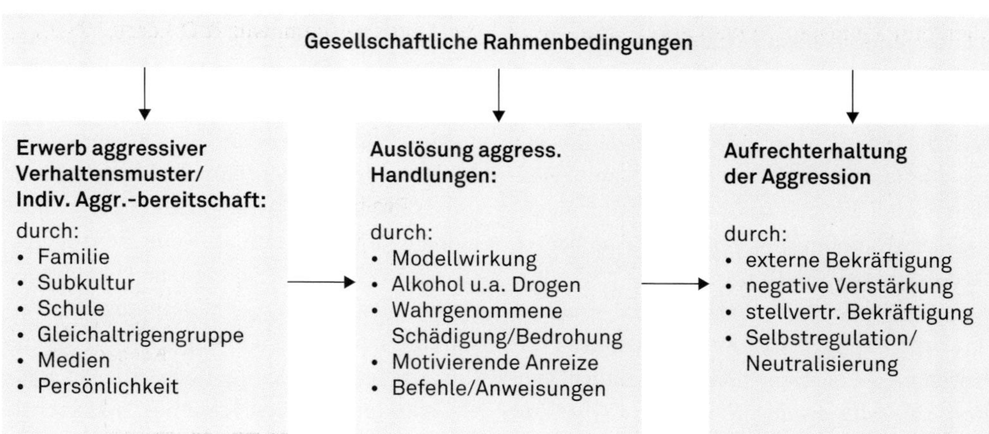

Abbildung 2-2: Das Modell des sozialen Lernens von Aggression nach Bandura (1979; modifiziert).

Modelle für dV (Thornberry, 1997). Zusätzlich übernimmt im Zuge der jugendtypischen Loslösung vom Elternhaus die Peergruppe mehr und mehr die Rolle des Vermittlers von Normen und Werten. Auch hinsichtlich emotionaler Befriedigung gewinnt sie an Bedeutung. Die Jugendlichen erfahren dort Anerkennung und das Gefühl der Zugehörigkeit. In manchen abweichenden Peergruppen wird jedoch gerade dV wie der Konsum illegaler Drogen, der Missbrauch legaler Drogen, Delinquenz und eine aggressive Selbstbehauptung besonders betont und vorgelebt (Baier, Rabold & Pfeiffer, 2010).

Weitere Modelle für dV liefern die Medien. Darstellungen mit teilweise massiven Gewalthandlungen finden sich bei fast allen Sendern bzw. Anbietern im Fernsehprogramm. Auch das Videoangebot hat zu erheblichen Teilen Gewalt-, Horror- oder pornografische Inhalte. Bei vielen Jugendlichen sind jedoch gerade indizierte Videofilme besonders beliebt. Dennoch fallen die nachgewiesenen direkten negativen Effekte der Gewalt in den Medien auf die Gewaltbereitschaft der kindlichen und jugendlichen Rezipienten eher mäßig aus (Staude-Müller, 2009). Obwohl Zuschauer*innen medial dargebotene komplexe Aggressionshandlungen (z. B. Kampfsporttechniken) i. d. R. nicht allein durch die Beobachtung erlernen, werden z. B. einfache Gebrauchstechniken von Waffen oder die zweckfremde Verwendung von Alltagsgegenständen als Waffen sehr wohl durch Beobachtung erlernt. Ebenso werden spektakuläre Taten nicht selten von „Trittbrettfahrern" nachgeahmt (Glogauer, 1993). Entscheidend sind jedoch die indirekten Effekte, indem die Konsument*innen lernen, dass Gewalt zum Ziel führen kann, sie sich an Gewalt gewöhnen, affektiv abstumpfen und Feindbilder aufbauen (Anderson et al., 2010; s. a. 2.2.6).

2. Auslösende Mechanismen für die Aggression: Ob erworbene aggressive Verhaltensweisen zur Anwendung kommen, hängt wesentlich von Merkmalen der jeweiligen Situation ab (Bandura, 1979). Ein tatsächlicher oder vermeintlicher Angriff, eine Bedrohung oder Provokation, eine Behinderung oder Benachteiligung können aggressives Verhalten auslösen. Ebenso fördern verschiedene Anreize, z. B. ein erhoffter materieller Gewinn (z. B. bei einem Raub) oder ein sozialer Vorteil (Statusgewinn in der Gruppe) Aggression und Gewalt. In Konfliktsituationen kann das Verhalten anderer enthemmend wirken, wenn bspw. ursprünglich weniger aggressionsbereite Mitläufer*innen bei gewalttätigen Auseinandersetzungen im Kontext von Massenveranstaltungen zu schwerem aggressivem Verhalten angeregt werden. Ebenso spielt der Konsum von Alkohol und anderen Drogen eine Rolle bei der Senkung der Handlungskontrolle. Nicht zuletzt können bekanntermaßen auch Befehle und Anweisungen aggressives Verhalten auslösen.

3. Mechanismen der Aufrechterhaltung von Gewalt und Aggression: Inwieweit harte Strafen Gewalt und Aggression unterdrücken, ist nach wie vor umstritten (Bliesener, 2014; Bliesener & Thomas, 2012; Nagin, Cullen & Jonson, 2009). Dennoch sind die Reaktionen nach der Tat bedeutsam für die weitere Aggressionsausübung. Wird die Tat nicht sanktioniert, bekräftigt dies das Verhalten. Dies gilt nicht nur für die justizielle Strafverfolgung, sondern auch für die Reaktion auf Aggressionen in der Familie und in der Schule. Die Bekräftigung kann im materiellen Gewinn (z. B. das entrissene Spielzeug) oder in der sozialen Anerkennung in der Clique liegen. Selbst wenn die Täter gefasst und bestraft werden, kann in der Gruppe eine Anerkennung als „Märtyrer" erfolgen. Die Beobachtungsstudien von Patterson (1982) zeigen zudem, dass Aggressionen auch negativ verstärkt werden können. Manche Eltern nehmen ihre Forderungen an die Kinder (z. B. das Zimmer aufzuräumen) zurück, wenn diese aggressiv oder tobsüchtig reagieren, und bekräftigen dadurch das Problemverhalten (negative Verstärkung). Auch die Wirkung stellvertretender Bekräftigung ist bekannt. Bleiben beobachtete Gewalttaten anderer folgenlos, werden sie leichter nachgeahmt. Ebenso wirkt das tatenlose Zusehen Dritter bei Aggressionen in der Öffentlichkeit auf die Täter häufig ermunternd und wird von ihnen als Billigung des Verhaltens erlebt (Paternoster & Piquero, 1995).

Neben den Einflüssen von außen sind selbstregulierende Mechanismen bei der Handlungsbewertung während oder nach der Gewaltausübung bedeutsam. Auch aggressives Verhalten wird vor dem Hintergrund verinnerlichter Normen und Standards bewertet. Werden diese internen Standards erfüllt, resultiert eine positive Selbstbewertung und das gewalttätige Verhalten wird bekräftigt. Umgekehrt können negative Gefühle (z.B. Scham) auftreten, wenn die Standards nicht erfüllt werden, die die Wahrscheinlichkeit für das Auftreten weiterer Aggressionen senken (Maruna & Ramsden, 2014). Positive und negative Affekte können vom Individuum aber auch aktiv verändert werden. Ist die Selbstkontrolle normal entwickelt, wird nach einer aggressiven Handlung Schuld erlebt, sodass von weiteren Aggressionen abgelassen wird. Aufkommende Gedanken der Schuld können dagegen durch Rationalisierungen und Rechtfertigungen des eigenen Handelns (s. Abschnitt 2.3.2) neutralisiert werden.

Bandura hat mit seinem Ansatz des sozialen Lernens ein breites Modell der Aggression vorgelegt, in das er auch die flankierenden Einflüsse biologischer Prozesse und gesellschaftlich-struktureller Rahmenbedingungen integriert. Dieses Modell war für die psychologische Betrachtung der Aggression und Gewalt ausgesprochen fruchtbar und hat eine Vielzahl theoretischer Überlegungen und empirischer Studien angeregt. So auch das nachfolgend vorgestellte Modell der sozialen Informationsverarbeitung, das stärker die kognitiven Prozesse in einer sozialen Situation thematisiert.

2.2.5 Modell der sozialen Informationsverarbeitung

Crick und Dodge machen in erster Linie Besonderheiten der Verarbeitung sozialer Informationen für Schwierigkeiten der sozialen Anpassung insbesondere für das Auftreten eines aggressiven Verhaltensstils in Kindheit und Jugend verantwortlich. Diese Verarbeitungsprozesse begleiten und bestimmen das Verhalten in sozialen Situationen (Crick & Dodge, 1994; Dodge & Schwartz, 1997). Nach dem Modell der sozialen Informationsverarbeitung („social information processing“, SIP) verarbeitet ein Individuum die in einer Interaktion mit anderen Personen gebotenen Informationen mit einer biologisch begrenzten Kapazität und vor dem Hintergrund der eigenen spezifischen Lernerfahrungen. Lemerise und Arsenio (2000) haben zusätzlich die Rolle von Emotionen betont. Demnach nehmen aktuelle Emotionen insofern auf die Informationsverarbeitung Einfluss, als sie z.B. die Wahrnehmung stimmungskongruenter Reizkonfigurationen erleichtern oder ihrer Interpretation eine entsprechende Richtung geben. Das resultierende situative Verhalten ist eine Funktion der zwischengeschalteten kognitiven Prozesse der Informationsverarbeitung, die sich in folgende Phasen differenzieren lassen:

1. Encodierung der Information: Zunächst werden externe Reize der Situation und interne Empfindungen der Person wahrgenommen und verarbeitet. Die Wahrnehmung und Encodierung dieser Reize ist durch die individuelle Verarbeitungskapazität beschränkt. Spezifische Lernerfahrungen und motivationale Besonderheiten (z.B. spezifische Interessen) führen zur Elaboration kognitiver Schemata, die die Wahrnehmung und Encodierung der situativen Reize selektiv beeinflussen können.

Für aggressiv auffällige Kinder und Jugendliche zeigen Studien, dass bei ihnen eine besondere Aufmerksamkeit für feindselige/aggressive Reize im situativen Kontext bzw. bei dem bzw. der Sozialpartner*in besteht (Cohen, Eckhardt & Schagat, 1998). So erinnern aggressiv auffällige Kinder aus einer zuvor beobachteten Spielszene häufiger aggressive Komponenten als unauffällige Altersgenossen (Dodge & Frame, 1982).

2. Interpretation der Situation: Aus der Tendenz des Menschen, den beobachteten äußeren und inneren Ereignissen Ursachen zuzuschreiben, resultiert, dass dem Verhalten eines Sozialpartners*einer Sozialpartnerin häufig eine Intention unterstellt wird. Situative Hinweise, die mit dem Erreichen eigener Ziele in Beziehung stehen, werden entsprechend interpretiert, ebenso werden die relevanten Kompetenzen des Sozialpartners*der Sozialpartnerin abgeschätzt.

Bei aggressiv auffälligen Kindern und Jugendlichen wird hier häufig eine schlechtere affektive Perspektivenübernahme, d.h. ein unzureichendes Erkennen der Gefühlslage eines Sozialpartners*einer Sozialpartnerin festgestellt. Auch die Deutung der Intentionen und Motive anderer gelingt weniger gut (Dodge, Price, Bachorowski & Newman, 1990). Typisch scheint jedoch v.a. die voreilige und unangemessene Unterstellung feindseliger Absichten bei dem*der Interaktionspartner*in („hostile attribution bias") zu sein (Orobio de Castro, Veerman, Koops, Bosch & Monshouwer, 2002).

3. Zielsetzung: Der Interpretation der Situation folgt im nächsten Schritt die Zielsetzung für den Ausgang der sozialen Interaktion. Bereits vorhandene Ziele können aufrechterhalten oder modifiziert werden, aber auch neue, bisher eventuell nicht erreichte Ziele können gesteckt werden. In dieser Phase haben insbesondere affektive Zustände des Individuums eine orientierende und regulierende Funktion. Aggressive Jugendliche fallen nach bisherigen Untersuchungen v.a. durch unangemessene, insbesondere antisoziale und egozentrische Ziele auf (Erdley & Asher, 1999).

4. Reaktionssuche: Sind die Ziele gesetzt, ruft das Individuum mögliche Reaktionen aus dem eigenen Verhaltensrepertoire ab. In Abhängigkeit von der Ähnlichkeit der vorliegenden Situationen mit den gespeicherten Repräsentationen vergangener Interaktionen und der Stärke der assoziativen Verknüpfungen dieser Repräsentationen werden mögliche Reaktionen aufgerufen. Nach bisherigen Untersuchungen verfügen aggressive Kinder und Jugendliche über weniger kompetente Lösungen, obwohl sie sich in der Anzahl der von ihnen entwickelten Handlungsalternativen nicht von unauffälligen Altersgenossen unterscheiden. Ihr Handlungsrepertoire ist jedoch durch mehr aggressive und impulsive Reaktionen geprägt (z.B. Bliesener & Lösel, 2001; Nas, Orobio de Castro & Koops, 2005). Zudem entwickeln sie häufiger besonders atypische oder skurrile Reaktionen (Ladd & Oden, 1979).

5. Handlungsauswahl und -bewertung: Bei diesem Schritt werden die möglichen Reaktionen bzgl. ihrer Effizienz und Angemessenheit bewertet. Dabei spielen Vorerfahrungen mit entsprechendem Verhalten, die subjektive Bewertung der aktuellen Situation, allgemeine Wirksamkeitserwartungen und das Wissen über Regeln des sozialen Umgangs eine entscheidende Rolle. Bei aggressiven Jugendlichen ist v.a. eine kurzsichtigere Folgenabschätzung festgestellt worden (Lösel, 1975; Gottfredson & Hirschi, 1990). Zudem wurden bei ihnen günstigere Annahmen bzgl. der eigenen Kompetenz zur Durchführung aggressiver Reaktionen und hinsichtlich der Konsequenzen dieses Verhaltens nachgewiesen (Anderson, Benjamin, Wood & Bonacci, 2006).

6. Handlungssteuerung: Schließlich wird die ausgewählte Handlungsalternative aktiviert. Die Kompetenz zur Handlungsausübung, Erwartungen über die Konsequenzen des Handelns und dispositionelle Selbstwirksamkeitsüberzeugungen (Mischel, 1984) bestimmen dann, ob die Handlungssequenz aufrechterhalten oder abgebrochen wird. Bei aggressiv-auffälligen Kindern konnten Dodge, Pettit, McClaskey und Brown (1986) bspw. deutlich geringere Verhaltenskompetenzen in sozialen Kontakten nachweisen.

Der Ausgang dieser Prozesse bestimmt die folgende Interaktion, die wiederum neue Verarbeitungsprozesse auslöst, sodass sich die soziale Informationsverarbeitung (SIP) in einem stetigen Zyklus wiederholt (s. **Abb. 2-3**). Dabei wird angenommen, dass die einzelnen Prozesse automatisiert ablaufen und nicht unter bewusster, reflektierender Kontrolle des Individuums stehen.

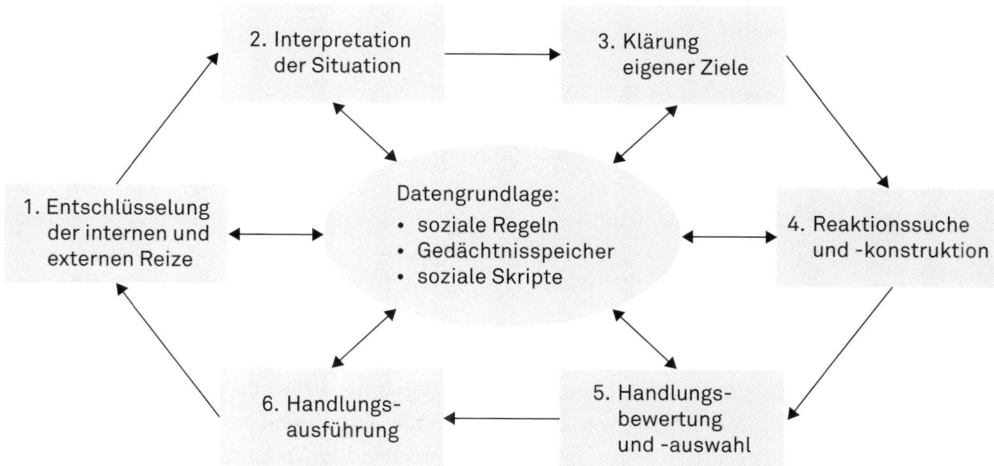

Abbildung 2-3: Modell der sozialen Informationsverarbeitung (nach Crick & Dodge, 1994; modifiziert).

Trotz der Fülle empirischer Befunde, die die Hypothesen des Modells zum SIP bei Kindern und Jugendlichen mit auffälligem Sozialverhalten stützen (vgl. Bliesener & Lösel, 2001; Lösel & Bliesener, 1999), sind die Ursachen der Defizite und Besonderheiten noch wenig geklärt. Zum einen werden biologische Einflüsse auf die grundlegenden kognitiven Funktionen vermutet. Zum anderen werden ungünstige elterliche Erziehungsstile verantwortlich gemacht, die sich als Folge unzureichender Erziehungskompetenzen in Verbindung mit besonderen familiären Belastungen herausbilden (Patterson & Stouthamer-Loeber, 1984). Für die aggressionsfördernden Interpretations- und Bewertungstendenzen scheinen aber besonders frühe Gewalterfahrungen in der Familie, nicht zuletzt aber auch aggressive und gewalttätige Modelle in den Medien bedeutsame Vermittler zu sein (Anderson & Bushman, 2002).

Das Modell des SIP leistet einen wichtigen Erklärungsbeitrag zur Aktualgenese aggressiven Verhaltens, d.h., warum eine Person in einer konkreten Situation aggressives Verhalten zeigt. Die Befundlage zu den Besonderheiten bei aggressiv-auffälligen Individuen ist breit und dennoch recht konsistent. Weniger belegt ist hingegen die Modellannahme der konsekutiven Stufenabfolge. Auch ist bspw. noch zu klären, ob aggressionsförderliche Verarbeitungsprozesse auf einer Stufe entsprechende Prozesse auf den folgenden Stufen begünstigen und welche Bedeutung beidseitige aggressionsförderliche Verarbeitungsprozesse bei Interaktionspartner*innen für eine eventuelle Eskalation der Situation haben.

2.2.6 Allgemeines Aggressionsmodell

Anderson und Bushman (2002) haben mit ihrem General Aggression Model (GAM) einen Versuch unternommen, verschiedene Theorien (soziale Lerntheorie, Erregungstransfertheorie, Netzwerktheorie) zu integrieren. Grundlage der Entstehung aggressiven Verhaltens sind ähnlich wie beim SIP die Wissensstrukturen des Individuums, dazu gehören Wahrnehmungs- und Personenschemata sowie Verhaltensskripte für unterschiedliche Situationen. Aggressive Schemata und Skripte werden durch soziales Lernen erworben und in assoziativen Netzwerken gespeichert. Durch eine häufige Aktivierung in sozialen Situationen wird ihre Verfügbarkeit verbessert und ihre assoziativen Strukturen werden verstärkt. In

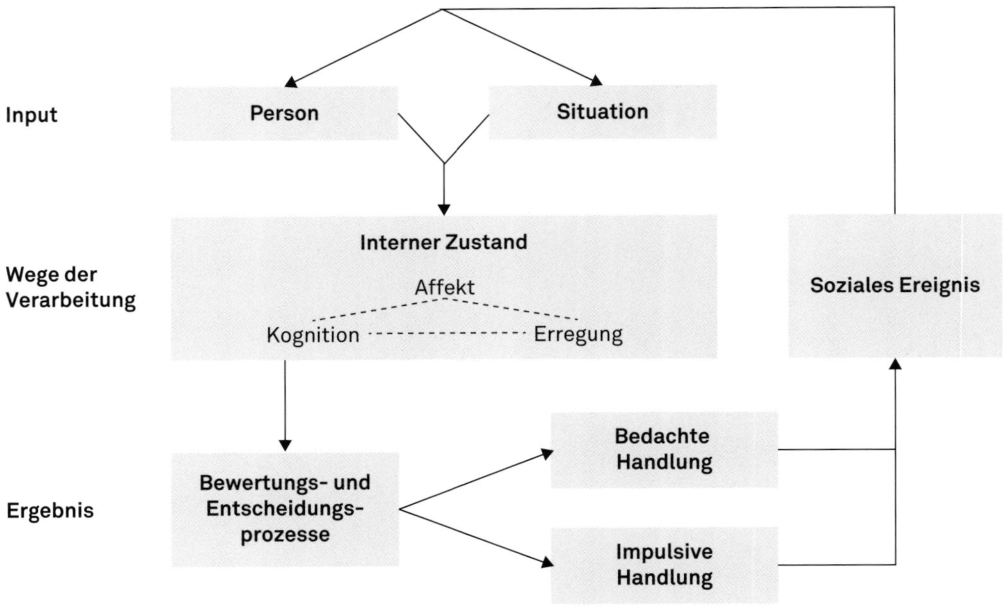

Abbildung 2-4: Das General Aggression Model (GAM) von Anderson und Bushman (2002; modifiziert).

der Wechselwirkung aus einer genetisch-biologischen Grundausstattung und dem sozialen Umfeld, in dem sich das Individuum bewegt, entwickeln sich interne kognitive und affektive Strukturen (z. B. Wahrnehmungsschemata, Einstellungen, Verhaltensskripte; Anderson et al., 2004). Diese Strukturen bestimmen das Erleben und Verhalten, prägen die Persönlichkeit und beeinflussen, welche Situationen bzw. welche sozialen Kontakte das Individuum zukünftig aufsucht (s. **Abb. 2-4**).

In der konkreten Situation interagieren personale Inputvariablen, d. h. die erwähnten aggressionsbezogenen kognitiv-affektiven Strukturen (Schemata, Einstellungen, Skripte), mit aggressionsbegünstigenden situativen Inputvariablen (aggressive Hinweisreize, aversive Erlebenszustände, Provokationen, Substanzintoxikationen). Aus dieser Wechselwirkung resultiert der interne Zustand der Person, der sich aus den Kognitionen (z. B. aggressiven Wissensstrukturen), dem Affekt (z. B. Ärger) und dem Grad der Erregung konstituiert. Diese drei Komponenten werden in einer automatischen Bewertung der konkreten sozialen Situation integriert. Das Ergebnis dieses Integrationsprozesses ist entweder eine spontane Handlung (z. B. eine aggressive Reaktion) oder – bei Aufwendung kognitiver Ressourcen (z. B. für die Berücksichtigung langfristiger Konsequenzen) – eine bedachte Handlung (z. B. das Verlassen der Situation).

Die Annahmen des GAM zum Einfluss situativer Merkmale (z. B. aggressiven Hinweisreizen oder aversiven Zuständen wie Hitze oder Schmerz) in ihrer Wechselwirkung mit personalen Faktoren (z. B. aggressiven Schemata oder aggressionsbejahenden Einstellungen) auf die Aggressionsausübung sind gut belegt. Weniger geklärt ist die Prozessabfolge des internen Zustands, insbesondere des Wechselspiels zwischen Kognition, Affekt und Arousal. Dies gilt auch für den Einfluss des internen Zustands auf die nachfolgenden Bewertungs- und Entscheidungsprozesse. Gleichwohl ergänzt das GAM die bisher vorliegenden Modelle zur Aktualgenese von dV in wertvoller Weise um situative Faktoren und deren Wechselwirkung mit Personenmerkmalen und innerpsychischen Prozessen.

2.3 Kriminalitätstheorien

Im Unterschied zu den bisher besprochenen eher psychologischen Ansätzen zur aggressiven Komponente des dVs steht im Fokus der folgenden Ansätze und Theorien, die stärker auch soziale und sozialstrukturelle Einflüsse in den Vordergrund rücken, das instrumentell deviante bzw. kriminelle Verhalten.

2.3.1 Anomietheorie

Der Begriff „Anomie" geht auf Durkheim (1893) zurück, der damit die soziale Desorganisation im Zusammenhang mit der frühindustriellen Arbeitsteilung beschrieb. Für Durkheim ist das Verbrechen eine normale Erscheinung, ja sogar ein Faktor der öffentlichen Gesundheit, da erst die Normübertretung die Norm verdeutlicht. Nicht Normverstöße und Verbrechen sind Zeichen einer kranken Gesellschaft, wohl aber deren extreme Schwankungen.

Basierend auf Durkheims Annahmen zur Anomie bezog später Merton (1957) (makro-)sozialstrukturelle Elemente der Gesellschaft in die Erklärung dVs ein. Die zentralen Elemente seiner Theorie sind die kulturelle Struktur (als Satz von normativen Werten und Zielen, die von den Mitgliedern einer Gesellschaft getragen werden) einerseits und die soziale Struktur (als Satz von sozialen Beziehungen, in die die Mitglieder einer Gesellschaft eingebunden sind) andererseits. Anomie entsteht, wenn die kulturellen Ziele und die sozialstrukturell bestimmte Verteilung der legitimen Mittel zur Zielerreichung auseinanderklaffen. Anomie ist also keine Eigenschaft der Person, sondern eine Bedingung der sozialen Umgebung. Die Diskrepanz zwischen den angestrebten Zielen und den verfügbaren Mitteln führt beim Individuum zu einer Desorientierung, die wiederum eine Anpassungsleistung erfordert. DV entsteht v. a. dann, wenn das Individuum an den kulturellen Zielen (z. B. Ansehen, Wohlstand) festhält, es die legalen institutionalisierten Mittel (z. B. Erwerbstätigkeit) ablehnt oder sie ihm nicht zur Verfügung stehen und nur der Einsatz illegaler Mittel (z. B. Raub) zum Ziel führt.

Der Anomietheorie Mertons ist allerdings u. a. vorzuhalten, dass sie rein deskriptiv ist und somit kaum Vorhersagen erlaubt, dass sie die Bedingungen für die Akzeptanz der Ziele und Mittel nicht genau definiert und dass, worauf Cloward und Ohlin (1960) hingewiesen haben, auch die Zugänge zu illegitimen Mitteln (z. B. Waffen) in der Gesellschaft durchaus unterschiedlich verteilt sind.

2.3.2 Techniken der Neutralisierung

Einen eher mikrosozialstrukturellen Ansatz haben Sykes und Matza (1957) mit ihrer Neutralisierungsthese verfolgt. Den Autoren fiel auf, dass auch delinquente Personen nach einem Normbruch negative Affekte (ein „schlechtes Gewissen") erleben oder sich echauffieren, wenn sie Opfer einer Straftat werden. Das lässt darauf schließen, dass auch die normabweichend handelnde Person gesellschaftliche Normen gelernt und internalisiert hat.

Die Neutralisierungsthese nimmt nun an, dass in der Interaktion mit anderen Personen kognitive Strategien gelernt werden, mit denen die nach einem selbst verübten Normbruch auftretenden negativen Affekte neutralisiert werden. Diese Techniken der Neutralisierung oder Rationalisierungen folgen einerseits eigenem dV und schützen vor Selbstvorwürfen, anderseits können sie auch einem dV vorausgehen und den Normbruch erleichtern.

Sykes und Matza haben verschiedene Techniken der Rechtfertigung dVs identifiziert:

1) *Ablehnung der Verantwortung:* Der Täter sieht sich selbst als Opfer. Die Umstände der Situation veranlassten ihn, sich so zu verhalten.

2) *Verneinung des Unrechts:* Der offensichtlich angerichtete Schaden des dVs wird verleugnet.
3) *Abwertung des Opfers:* Das Opfer wird abgewertet, schlechtgemacht und dadurch die Tat quasi von einem anderen Standpunkt aus in eine rechtmäßige Handlung umgewertet.
4) *Verdammung der Verdammenden:* Der Täter stellt heraus, dass diejenigen, die das Unrecht der eigenen Handlung festhalten, selbst häufig normverletzend handeln und damit kein Recht haben, zu richten.
5) *Berufung auf höhere Instanzen:* Die Tat wird als Mittel dargestellt, um Gerechtigkeit auf einem höheren Niveau herzustellen.
6) *Verteidigung der Notwendigkeit:* Die Handlung wird als einziger Ausweg bzw. einzige Lösung eines Problems dargestellt.
7) *Metapher des Hauptbuches:* Das dV wird als eine (erlaubte) Ausnahme in einer Reihe von normgerechten Taten deklariert.
8) *Euphemistischer Sprachgebrauch:* Die Tat und ihre Handlungen werden sprachlich schönfärberisch, verschleiernd oder verharmlosend dargestellt. Es werden Begriffe mit positiver Konnotation verwendet.

Der Ansatz von Sykes und Matza sagt allerdings nichts darüber aus, wie die sozialen Interaktionen beschaffen sein müssen, damit Neutralisierungstechniken gelernt und verinnerlicht werden. Auch der Zusammenhang zu (makro-) sozialstrukturellen und psychologischen Merkmalen bleibt unklar. Kritisch erscheint zudem, dass sich die verschiedenen Neutralisierungstechniken bisher empirisch nicht trennen lassen, dass unklar bleibt, welche Technik in welcher Situation zur Anwendung kommt und welche Stärke Neutralisierungstechniken einnehmen müssen, um internalisierte Normen zu neutralisieren (Lamnek, 2007). Gleichwohl verdeutlicht der Ansatz typische und in der Praxis häufig beobachtbare Argumentationsmuster bei dissozialen Personen und weist auf einen wichtigen Ansatzpunkt für die Prävention und Intervention bei dV hin.

2.3.3 Labeling Approach, Etikettierungsansatz

Anders als die bisher vorgestellten Ansätze sieht der Labeling Approach dV nicht als Verstoß gegen feste Normen, sondern als Ergebnis eines Zuschreibungsprozesses. Nach Tannenbaum (1953) ist die entscheidende Ursache für dV die soziale Reaktion der Umwelt auf den Normbruch. Der Labeling Approach betont, dass Normen durch gesellschaftliche Instanzen gesetzt und angewendet werden, wobei hier makrosoziologisch deutliche Unterschiede zwischen gesellschaftlichen Gruppen und Instanzen gesehen werden, die Normen durchzusetzen, die im eigenen Interesse liegen. Zudem werden Etikettierungs- und Zuschreibungsprozesse selektiv vorgenommen und richten sich eher gegen Angehörige von Minderheiten, wobei gesellschaftlich institutionalisierte Instanzen (z. B. Polizei, Justiz) eine hohe Etikettierungsmacht haben. Derartige formale Etikettierungen fördern weitere Zuschreibungsprozesse auf der Ebene des sozialen Nahraums (z. B. Familie, Schule, Arbeitgeber*in) und engen den Verhaltensspielraum der etikettierten Person im Bereich des normkonformen Verhaltens ein. Dies erhöht den Druck, sich erneut und auch in anderen Bereichen normabweichend (deviant) zu verhalten. Aus der Zuschreibung als Normabweichler*in und den wiederholt praktizierten Normverstößen resultiert schließlich die Übernahme des Bildes eines Normabweichlers*einer Normabweichlerin in das eigene Selbstbild (z. B. ich bin ein*e Kriminelle*r).

Lemert (1975) unterschied beim Etikettierungsprozess zwischen primärer und sekundärer Devianz. Auf eine primäre Devianz, die ganz unterschiedliche Ursachen haben kann, denen sich der Etikettierungsansatz allerdings kaum widmet, erfolgen Sanktionen und Zurückweisungen durch die Umwelt. Erst diese (formalen) Sanktionen (Etikettierungen) verstärken das dV, die deviante Rolle wird akzeptiert und das dV verfestigt sich (sekundäre Devianz; s. **Abb. 2-5**).

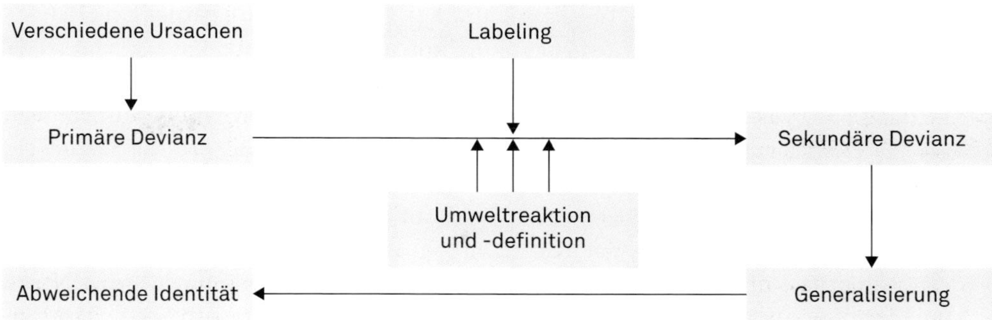

Abbildung 2-5: Schematische Darstellung der Entstehung sekundärer Devianz (modifiziert aus Lamnek, 2007).

Es ist sicher ein Verdienst des Labeling Approachs, den Blick auf die gesellschaftliche Relativität der Normsetzung und den Prozess der sozialen Zuschreibung der Devianz gerichtet zu haben. Es bleibt aber weitgehend unklar, welche sozialen, personalen oder situativen Bedingungen das Ausmaß der Etikettierung bestimmen. Der Ansatz bleibt auch eine Aussage schuldig, wie auf jede Form der Reaktion auf einen Normbruch und damit auf eine stigmatisierende Bewertung oder Definition verzichtet werden kann. Theoretisch zwar denkbar, erscheint ein solches Vorgehen praktisch doch kaum realisierbar. Der präventive Ertrag des Ansatzes ist somit gering. Gleichwohl findet der Grundgedanke der Vermeidung von Etikettierungen bspw. im Jugendstrafrecht (z. B. Ausschluss der Öffentlichkeit im Jugendstrafverfahren, Verzicht auf Registrierung der Sanktion im Zentralregister, s. Streng, 2020, Rn 593) seinen Niederschlag und hat auch darüber hinaus in der Praxis der Jugendhilfe und Strafrechtspflege eine außerordentlich hohe Verbreitung gefunden.

Die empirische Befundlage zum Labeling Approach ist eher inkonsistent (Lamnek, 2007); soweit Studien vorliegen, weisen diese eher auf die Vermittlung der Beziehung zwischen Etikettierung und Devianz über die Reduktion der Zugangs- und Teilhabechancen z. B. in Schule und Beruf hin (Bernburg & Krohn, 2003).

2.3.4 Kontrolltheorie

Gottfredson und Hirschi (1990) haben eine Theorie mit dem Anspruch vorgelegt, kriminelles Verhalten in seiner Gesamtheit zu erklären. Ihrer Ansicht nach wird kriminelles Verhalten aus Eigeninteresse begangen und dient der Bedürfnisbefriedigung. Sie gehen weiter davon aus, dass der Mensch rational handelt und seine Handlungen einer Kosten-Nutzen-Kalkulation unterzieht, die man folgendermaßen formalisieren kann:

Verhalten = F [Belohnung × p(Belohnung) – Sanktion × p(Sanktion)]

Nach Auffassung der Autoren hat kriminelles Verhalten die Eigenschaft, dass es einen sofortigen bzw. kurzfristigen Nutzen verspricht, dem allerdings langfristig hohe Kosten (Sanktionen und deren Folgen) gegenüberstehen. Kriminelles Verhalten wird begangen, um eine kurzfristige Bedürfnisbefriedigung mit geringem Aufwand zu erreichen. Daraus ergibt sich auch ein geringes Vorbereitungs- und Planungsverhalten und eine mäßige räumliche Distanz zwischen Aufenthalts- und Tatort bei den meisten Straftaten. Weiterhin entwickeln sie das Konzept der Selbstkontrolle als zentrales Merkmal kriminellen Verhaltens. Selbstkontrolle ist nach

Gottfredson und Hirschi (1990) die Fähigkeit, auf unmittelbare aufwandlose Befriedigung verzichten zu können, wenn sie langfristig negative Effekte bringt. Wird diese Selbstkontrolle unzureichend ausgebildet, ist die Bewertung des kurzfristigen Nutzens gegenüber den langfristigen Folgen dominant. Die Kurzzeitfolgen werden hoch bewertet, Langzeitkosten dagegen bagatellisiert.

Mangelnde Selbstkontrolle ist eine notwendige, jedoch keine hinreichende Voraussetzung für Kriminalität. Vielmehr können situative Bedingungen und individuelle Merkmale das Verhalten moderieren. Zudem manifestiert sich eine mangelnde Selbstkontrolle nicht nur in Kriminalität, sondern auch in anderen Verhaltensweisen, die eine ähnliche Struktur der Konsequenzen aufweisen (kurzfristiger Nutzen, langfristige Kosten). So sind Personen mit geringer Selbstkontrolle auch bei speziellen nicht kriminellen Handlungen auffällig (z.B. Rauchen, Trinken, Drogen, Glückspiel), zeigen eine risikoreichere Lebensführung, haben häufiger eine fehlende Ausdauer (z.B. in Ausbildung und Beruf), eine höhere Ich-Zentrierung und geringe Empathiefähigkeit, zeigen eine geringe Frustrationstoleranz und hohe Impulsivität und neigen bei Konflikten zu körperlichen Mitteln.

Den Ursprung einer mangelnden Selbstkontrolle sehen Gottfredson und Hirschi (1990; Hirschi & Gottfredson, 2001) in einer Wechselwirkung von Veranlagung und Erziehung. Selbstkontrolle oder die Fähigkeit, eine Bedürfnisbefriedigung aufschieben zu können, ist ein dispositioneller Bestandteil (Trait) der Persönlichkeit, der sich sehr früh im Leben ausbildet und stabilisiert. Eine hohe Selbstkontrolle wird besonders durch eine effektive familiäre Erziehung ausgebildet. Damit Erziehung dies leisten kann, muss sie den Autoren zufolge drei Prinzipien erfüllen:

1) die Beaufsichtigung des kindlichen Verhaltens,
2) die Fähigkeit, dV bei seinem Auftreten zu erkennen, und
3) ein effektives Bestrafen des dVs.

Die Realisierung dieser Prinzipien ist nach Gottfredson und Hirschi von (strukturellen) Merkmalen der Familie und individuellen Merkmalen des Kindes abhängig. So gelingt in großen Familien, in Alleinerziehenden-Familien oder in Familien, in denen beide Elternteile (voll) berufstätig sind, die Beaufsichtigung der Kinder häufig schlechter. Auf der Seite des Kindes spielen besonders das Alter und das Geschlecht eine Rolle. Die stetige Zunahme dVs bis ins späte Jugendalter und die nachfolgende erneute Abnahme und Stabilisierung auf niedrigem Niveau (Alter-Kriminalitäts-Kurve; s. Kap. 3 in diesem Band) erklären die Autoren damit, dass im Jugendalter bestimmte Bedürfnisse (z.B. soziale Anerkennung in der Gruppe, materielle Güter, Statussymbole) eine höhere Bedeutung gewinnen, sich gleichzeitig die Optionen für kriminelle Handlungen erweitern (z.B. Bandendelinquenz). Den Geschlechtsunterschied führen sie dagegen auf ein Wechselspiel zwischen angeborenen Unterschieden in der Selbstkontrolle mit einer stärker beaufsichtigenden Erziehung der Mädchen zurück.

Wenngleich die Kontrolltheorie zu einem der einflussreichsten Ansätze in der Kriminologie der letzten Jahre zählt, weist sie doch einige Schwächen auf. So kritisieren Wikström und Treiber (2007) z.B., dass die Autoren Selbstkontrolle nur vage als Trait oder als summarisches Konzept verschiedener Traits beschreiben, Ursprung, Aufbau, Struktur und Entwicklung dieser regulativen Instanz sowie ihre Rolle für die Handlungssteuerung jedoch kaum konkretisieren.

2.3.5 Psychopathie

Während die bisher vorgestellten Ansätze versuchen, eine Neigung zu aggressivem oder kriminellem Verhalten oder die Umsetzung einer entsprechenden Handlung in einer konkreten Situation zu erklären, fokussiert das Konstrukt der Psychopathie auf eine psychopathologische Störung, die durch dissoziales Verhalten charakterisiert ist. Das Konstrukt der Psychopathie geht auf Cleckley und sein Buch *The mask of sanity* (Cleckley, 1976) zurück. Psychopathen zeigen demnach Besonderheiten im affektiven, interpersonalen und allgemeinen Erleben und Verhalten. Im emotionalen Bereich zeichnen sie sich durch eine hohe Gewissens- und Verantwortungslosigkeit und Gefühlskälte sowie einen oberflächlichen Affekt aus. Im interpersonalen Umgang fallen sie durch einen glatten, oberflächlichen Charme, durch manipulatives Verhalten, durch oberflächliche Beziehungen und durch häufiges Lügen auf. Weiterhin imponieren sie durch einen hohen Reizhunger und eine Neigung zur Langeweile, einen oft parasitären Lebensstil, eine geringe Verhaltenskontrolle und hohe Impulsivität sowie das Fehlen realistischer, langfristiger Zukunftspläne und Lebensziele. Schließlich fallen sie bereits in der frühen Kindheit durch Verhaltensprobleme, später durch (Jugend-)Kriminalität, eine hohe kriminelle Flexibilität und die Verletzung von Bewährungsauflagen auf.

Aufgrund ihrer starken Neigung zu verschiedensten dissozialen Verhaltensweisen stellen sie eine Kerngruppe der Personen mit einer antisozialen Persönlichkeitsstörung (APS) dar (Blackburn, 2007; Neumann, Hare & Pardini, 2015). Aber nicht alle Personen mit einer APS sind Psychopathen. Nach Auffassung einiger Autor*innen gibt es andererseits auch Psychopathen, die kein strafrechtlich relevantes Verhalten zeigen (DeMatteo, Heilbrun & Marczyk, 2005). Im forensischen Bereich gelten sie gleichwohl als überrepräsentiert. Die Prävalenz der Psychopathie im forensischen Bereich wird bei 15–20 % gesehen (Hare, 1991), in bestimmten Deliktsbereichen auch deutlich höher (Cale, Lussier, McCuish & Corrado, 2015), während in der Bevölkerung von etwa 3–7 % ausgegangen wird (Boduszek, Debowska, McDermott, Willmott & Sharratt, 2021).

Als Ursachen der psychopathologischen Störung werden in genetisch (mit-)bestimmten neurobiologischen Besonderheiten auf der Ebene der Neurotransmitter, der Neuroendokrinologie, der kortikalen und subkortikalen Strukturen und der Konnektivität der Hirnareale gesehen (Glenn & Raine, 2008). Von diesen Besonderheiten wird angenommen, dass sie in der evolutionären Entwicklung des Menschen einen adaptiven Vorteil in feindseligen psychosozialen Umgebungen hatten (Ribeiro da Silva, Rijo & Salekin, 2015).

Zur Identifizierung von Psychopathen hat Hare (1991, 2003) eine Checkliste (*Psychopathy Checklist-Revised,* PCL-R) entwickelt. Es handelt sich um ein teilstandardisiertes Interviewverfahren auf der Basis von Aktendaten (Ermittlungsakten, Gefangenakten, Jugendhilfeakten etc.). Neben verschiedenen Interviewvarianten wurden in den vergangenen Jahren auch Selbstberichtsverfahren entwickelt (z. B. das *Kieler Psychopathie-Inventar*; KPI), die PCL-R gilt gleichwohl immer noch als Goldstandard.

Für den forensischen Kontext sind sie auch deshalb von Bedeutung, weil Psychopathen hohe Rückfallraten aufweisen (Rice, Harris & Cormier, 1992) und sie kaum von einer Behandlung zu profitieren scheinen, sondern im Gegenteil, dort erworbene Kompetenzen für weitere Straftaten zu nutzen wissen. Insofern ist das Vorliegen einer Psychopathie für den Umgang mit Straftätern und die Kriminalprognose (s. Kap. 25 in diesem Band) von hoher Relevanz.

2.3.6 Situational Action Theory

Einen hinsichtlich des zu erklärenden Phänomenbereichs sehr umfänglichen Ansatz hat Wikström mit seiner Situational Action Theory (SAT) vorgelegt (Wikström, 2010, 2015). Er betrachtet dissoziales (regelverletzendes) Verhalten als moralisches Handeln bzw. einen Verstoß gegen moralische Regeln und geht von einem Primat moralischer Kräfte aus: Kosten-Nutzen-Erwägungen schieben sich nur dann in den Vordergrund, wenn fragile persönliche Moralvorstellungen und ein problematisches moralisches Umfeld dies zulassen. Die Kernelemente der SAT sind 1) die Person, 2) das Setting, in dem

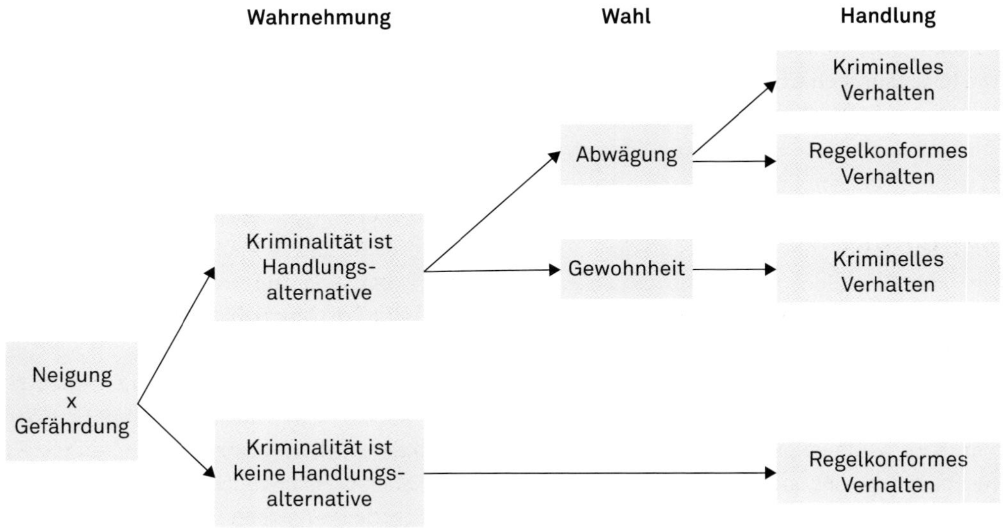

Abbildung 2-6: Die Stufen des Wahrnehmungs-Entscheidungs-Prozesses der SAT (übersetzt und modifiziert aus Wikström, 2010).

sich die Person befindet, bzw. der Teil der Umwelt, den sie wahrnimmt, 3) die Situation, die sich aus der Interaktion der Person mit dem Setting ergibt, und 4) die Handlung, die aus der Wahrnehmung der Handlungsalternativen und der nachfolgenden Wahlentscheidung resultiert (s. **Abb. 2-6**).

Personen unterscheiden sich aufgrund von z.B. Erfahrungen, psychischen Zuständen (z.B. Ärger), physiologischen Zuständen (z.B. Hunger) in ihrer Neigung, einen Regelverstoß als gangbare Handlungsalternative in einem konkreten Setting zu sehen. Settings hingegen variieren in dem Maß der Gefährdung, in dem sie Regelverstöße nahelegen oder anbieten (z.B. Tatgelegenheiten, Modelle). Die soziale Integration des Individuums, seine individuellen Entwicklungen und Veränderungen sind somit lediglich die Ursache für Veränderungen der Wechselwirkung von Neigung und Gefährdung. Diese Wechselwirkung zwischen der Neigung und der Gefährdung (die Situation) bestimmt dann, ob ein Regelverstoß bzw. eine kriminelle Handlung als Option gesehen wird. Kommt eine kriminelle Handlung als Verhaltensoption in Betracht, kann sie automatisiert bzw. gewohnheitsmäßig ausgeführt werden oder die Verhaltensoption wird einer rationalen und/oder moralischen Abwägung bzgl. ihrer Folgen unterzogen, dies gilt besonders in unvertrauten Situationen oder bei auftretenden Widersprüchen zwischen den eigenen Vorstellungen und den normativen Anforderungen des Settings (s. **Abb. 2-6**). Bei rationalen Abwägungen setzen interne Kontrollprozesse ein, die prüfen, ob den eigenen Moralvorstellungen auch dann zu folgen ist, wenn sie den Anforderungen des Settings (z.B. eine günstige Gelegenheit) entgegenstehen (s.a. Kap. 5 in diesem Band).

Die SAT liefert mehrere Ansätze für die Prävention. So legt sie bspw. nahe, bereits die Exposition des Individuums mit dem gefährdenden Setting (z.B. einer abweichenden Peergruppe) zu reduzieren oder an den Gefährdungen des jeweiligen Settings (z.B. den Tatgelegenheiten) anzusetzen oder die internen Kontrollprozesse dahingehend zu stärken, bei der Abwägung die langfristigen Konsequenzen des eigenen Handelns mit zu bedenken.

Die empirische Befundlage zur SAT ist überzeugend (Pauwels, Svensson & Hirtenlehner, 2018). Der Gegenstand der Theorie ist sehr breit angelegt, er reicht von regelverletzendem Verhalten im Bagatellbereich bis hin zu schwersten terroristischen Gewaltformen (Wikström & Bouhana, 2017).

2.4 Risikomodelle dissozialen Verhaltens

2.4.1 Kumulation bio-psycho-sozialer Risikofaktoren

Prospektive Längsschnittstudien, in denen die Entwicklung junger Menschen von der Kindheit bis ins Erwachsenenalter verfolgt wurde, zeigen, dass individuelle Entwicklungsverläufe und Unterschiede in der Entwicklung des Sozialverhaltens nur zu einem geringen Grade durch einzelne Faktoren oder Prozesse erklärt werden können. Vielmehr sind, so zeigen diese Studien zur Entwicklung dVs, sehr unterschiedliche psychologische, soziale und auch biologische Bedingungen und Mechanismen beteiligt (Hawkins et al., 1998; Lösel & Bender, 2006). Solche Bedingungen und Faktoren stellen für sich zwar jeweils keine hinreichende Bedingung für die Entwicklung dVs dar, sie tragen für sich genommen auch nur in geringer Weise zur Aufklärung von Unterschieden zwischen Entwicklungsverläufen bei und sind insofern nicht als Ursachen oder hinreichende Bedingungen zu verstehen. Sie erhöhen jedoch die Wahrscheinlichkeit für das Auftreten dVs und werden deshalb als Risikofaktoren bezeichnet.

Solche Risikofaktoren der Entwicklung dVs lassen sich in allen Altersstufen und nahezu allen Lebensbereichen identifizieren: z. B. in der Persönlichkeit, in der Familie, der Peergruppe, in der Schule bzw. Ausbildung ebenso wie im Freizeitverhalten (Übersichten bei Beelmann & Raabe, 2007; Connor, 2002; Lösel & Bender, 1997; Lösel & Bliesener, 2003). Einige Risikofaktoren entfalten ihre Wirkung sogar bereits in der vorgeburtlichen Phase, andere treten erst im Jugendalter auf (s. **Abb. 2-7**).

Wie die jüngere Forschung zeigt, sind solche Risikofaktoren jedoch nicht voneinander unabhängig, sondern sie bedingen und beeinflussen

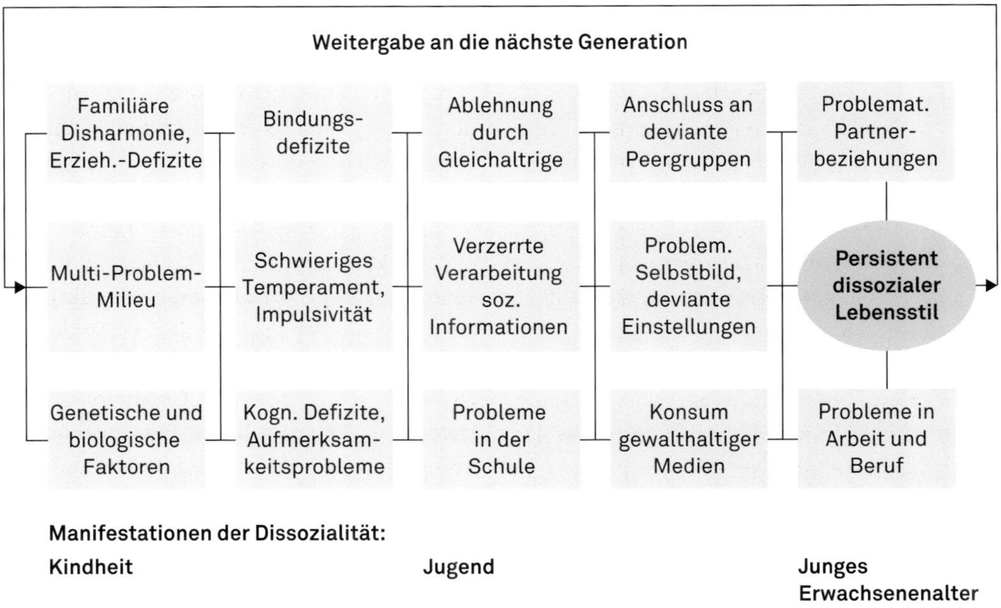

Abbildung 2-7: Bio-psycho-soziales Modell kumulativer Risikofaktoren (nach Lösel & Bender, 1997, modifiziert).

sich wechselseitig. Derartige Wechselwirkungen führen auch dazu, dass sich Risikofaktoren nicht gleichförmig verteilen, sondern die Risikobelastung individuell sehr unterschiedlich ausgestaltet sein kann und sich Risikofaktoren bei einzelnen Personen oder Personengruppen deutlich anhäufen können. Typisch für eine solche Risikokumulation ist das sog. Multi-Problem-Milieu, das durch eine Verdichtung von Risikofaktoren gekennzeichnet ist (u.a. schlechte finanzielle Ausstattung, geringe Bindung an schulische und berufliche Werte, geringe Strukturiertheit des familiären Lebens im Alltag, Alkohol- und Drogenmissbrauch, hohe Konflikthaftigkeit in der Familie, geringe Erziehungskompetenz der Eltern, Kriminalität und Devianz in der Nachbarschaft).

Gerade in der Kumulation von Belastungen, dem Aufeinandertreffen und der gegenseitigen Verstärkung von Risikofaktoren wird jedoch deren besonderes negatives Potenzial gesehen (Lösel & Bender, 2003). Bereits 1983 fand Bohman einen klaren Wechselwirkungseffekt zwischen genetischen Risiken und Risiken der sozialen Umwelt bei schwedischen Adoptivkindern (Bohman, 1983). Während frühe soziale Faktoren die Delinquenzrate im Erwachsenenalter von 3% auf 6% erhöhten und genetische Faktoren die Rate auf 12% steigerten, erreichte die Delinquenzrate bei Kombination beider Faktoren den Wert von 40%. Ähnliche Wechselwirkungen zwischen Merkmalen der Person und der Umwelt finden sich auch in anderen Studien (z.B. Lynam et al., 2001).

Vielfach werden die Effekte von Risikofaktoren auch durch organismische Variablen moderiert. Temperamentsmerkmale wie ein hohes Stimulationsbedürfnis, eine geringe Impulskontrolle und ein geringes Planungsverhalten des Kindes sind mit späterem dV assoziiert. Dieser Zusammenhang scheint aber für Jungen stärker zu sein als für Mädchen (Connor, 2002). Die Auswirkungen der Scheidung der Eltern, hier besonders der begleitenden Konflikte zwischen den Eltern, sind abhängig vom Alter und Geschlecht des Kindes. In der frühen und mittleren Kindheit haben Jungen ein höheres Risiko, externalisierende (aggressiv-ausagierende) Verhaltensweisen zu entwickeln als Mädchen, im Jugendalter scheinen dagegen Mädchen stärker gefährdet zu sein (Amato & Keith, 1991). Armut wiederum stellt einen Risikofaktor für beide Geschlechter dar und wird vermutlich vermittelt über eine allgemein höhere familiäre Belastung, eine geringere Erziehungskompetenz, aggressive Erziehungspraktiken sowie dissoziale Modelle in der Familie und im sozialen Umfeld. Ein Effekt der finanziellen Deprivation zeigt sich aber hauptsächlich in der Kindheit, während entsprechende Zusammenhänge im Jugendalter deutlich geringer ausfallen (Farrington, 1991).

2.4.1.1 Risikofaktoren

1. Biologische und genetische Risiken: Bereits pränatal sind genetische Dispositionen für die Temperamentsausbildung (z.B. Planungsverhalten und Handlungskontrolle; White et al., 1994), die kognitiven Kompetenzen (z.B. Aufmerksamkeitsleistungen und Problemlösefertigkeiten), aber auch die Stressbewältigung (z.B. Emotionsregulation und physiologische Reagibilität) weisend. Eine Drogen- und Alkoholabhängigkeit der Mutter ist ein weiterer gut belegter biologischer Risikofaktor (Guerri, 1998). Fehl- bzw. Unterernährung der Mutter oder umweltbedingte toxische Einflüsse auf das Ungeborene z.B. durch Blei (Burns, Baghurst, Sawyer, McMichael & Tong, 1999) beeinflussen die pränatale Entwicklung und bedingen Entwicklungsdefizite, die späteres dV begünstigen. Weiterhin sind auch Geburtskomplikationen (z.B. Sauerstoffunterversorgung, frühzeitige Geburt, geringes Geburtsgewicht) Risikofaktoren für ein späteres dV. Allerdings stehen Geburtskomplikationen auch in Verbindung mit biologischen und sozialen Risikofaktoren wie Fehlernährung, Substanzkonsum, Nichtinanspruchnahme von Vorsorgeuntersuchungen etc.

Ein maßgeblicher genetischer Risikofaktor, der mit dV im Zusammenhang steht, ist das Geschlecht. Weltweit fallen die Prävalenzen für die verschiedenen Formen dVs bei Jungen bzw. Männern in nahezu allen Altersstufen höher aus als bei Mädchen und Frauen, dies umso mehr, je schwerer die Form des dVs ist. Sie sind lediglich dann geringer, wenn man rein verbale oder verdeckte Formen der Aggression betrachtet. Diese höheren Prävalenzen der Aggression bei Jungen und Männern werden neben den biophysiologischen Unterschieden aber auch mit Unterschieden in der Sozialisation von Jungen und Mädchen erklärt, die sich in allen Kulturen finden lassen.

Genetische Risikofaktoren klären insgesamt bis zu 50 % der Unterschiede im dV zwischen Individuen auf (Rhee & Waldman, 2002). Gleichwohl spielen Wechselwirkungen zwischen der genetischen Disposition und den frühen Umweltbedingungen eine entscheidende Rolle (Cicchetti, 2007). Beispielsweise zeigen Tierstudien, dass das Fürsorgeverhalten von Rattenweibchen darüber entscheidet, ob ein bestimmtes Gen, das mit der späteren Stressresistenz in Zusammenhang steht, beim Nachwuchs aktiviert wird (Weaver et al., 2004). Wenngleich die Übertragbarkeit solcher Befunde auf den Menschen immer kritisch geprüft werden muss, weisen solche Befunde doch auf die grundsätzliche Existenz solcher Wechselwirkungen zwischen Anlage und Umwelt und die Möglichkeit hin, dass Teile der genetischen Ausstattung durch spezifische Umwelterfahrungen aktiviert werden (epigenetische Programmierung).

Viele der genannten genetischen und biologischen Risiken scheinen allerdings in intakten und sonst wenig problembelasteten Familien neutralisiert werden zu können, sodass sie kaum eine Wirkung entfalten. Diese Risiken beeinträchtigen die weitere Entwicklung allerdings dann besonders, wenn sie im weiteren Entwicklungsverlauf mit sozialen Risikofaktoren wie einer geringen Erziehungskompetenz oder einem ungünstigen Erziehungsverhalten interagieren (Hodgins, Kratzer & McNeil, 2002).

2. Familiäre Risiken: Familiäre Risiken treten im Jugendalter in Form von Konflikten, Gewalttätigkeit und Aggression in der Familie, problematischem Modellverhalten der Eltern, problematischen Erziehungsstilen und -praktiken der Eltern auf. Diese familiären Bedingungen erschweren den Aufbau einer stabilen Eltern-Kind-Bindung, was wiederum zur Folge hat, dass die elterliche Einflussnahme auf das kindliche (Problem-)Verhalten nur unzureichend gelingt. Schließlich begünstigen auch ein sehr autoritärer Erziehungsstil sowie überharte und entwürdigende Disziplinierungspraktiken die Entwicklung späteren dVs des Kindes (Patterson & Yoerger, 1993).

Dabei treten auch hier Wechselwirkungen mit dispositionellen Merkmalen des Kindes auf. Schwächen in der Erziehungskompetenz wirken sich v. a. bei Kindern aus, die eine erhöhte Aufmerksamkeit, Beaufsichtigung und Führung erfordern, weil sie besonders impulsiv, lebhaft, risikofreudig und erlebnishungrig sind und auf elterliche Disziplinierungsbemühungen nur wenig ansprechen (Schneider, Cavell & Hughes, 2003). Als besonders problematisch erweist sich jedoch, dass sich einige der genannten Risiken (wie z. B. geringe Erziehungskompetenz, familiäre Konflikte, unvollständige Familien, Armut, Substanzmissbrauch, Strukturlosigkeit in der Lebensführung, ein problematisches Wohnumfeld) in manchen Familien dramatisch häufen. Hier zeigen Untersuchungen, dass sich in diesem sog. „Multi-Problem-Milieu" die Effekte der Risiken gegenseitig verstärken und damit das Auftreten eines dVs erheblich steigern können (Hooper, Burchinal, Roberts, Zeisel & Neebe, 1998). Vor diesem Hintergrund ist auch die erhöhte Prävalenz dVs männlicher Jugendlicher und junger Männer mit Migrationshintergrund zu sehen. Neben vielen der beschriebenen familiären Risiken kommen bei ihnen noch migrationsspezifische Risikofaktoren (z. B. unzureichende Sprachkenntnisse, Verlust familiärer Bindungen durch den Migrationsprozess, Umstellung auf andere Kultur, Normen und Werte, Status- und Anerkennungsprobleme) hinzu (Bliesener, 2018, s. a. Kap. 10 in diesem Band).

3. Risikofaktoren auf individueller Ebene: Bereits oben wurden Merkmale des Temperaments wie die Impulskontrolle, das Planungsverhalten oder das Stimulationsbedürfnis (Erlebnishunger) angesprochen, für die eine genetische Disposition angenommen wird. Diese beschriebenen Temperamentsmerkmale in Verbindung mit einem hohen Aktivitätsgrad, einer hohen emotionalen Labilität, einer geringen Rhythmizität der biologischen Funktion (z. B. Stoffwechsel, Schlaf-wach-Rhythmus) und einer hohen Irritierbarkeit bzw. Ablenkbarkeit werden als „schwieriges Temperament" beschrieben. Dieses Bündel an Temperamentseigenschaften steht im Zusammenhang mit der Entwicklung dVs (Frick et al., 2003), es macht Kinder aber auch schwerer führbar und erfordert höhere Erziehungskompetenzen. Bei der Vermittlung zwischen den durch das jeweilige Umfeld geprägten situativen Anforderungen und der individuellen Anpassung hat die kognitiv-affektive Verarbeitung sozialer Informationen eine entscheidende Funktion (s. Abschnitt 2.2.5).

4. Gewalthaltige Medien: Die Auswirkungen gewalthaltiger filmischer Medienangebote (Fernsehen, Video/DVD, Kino etc.) sind seit Jahrzehnten intensiv untersucht worden. Trotz einer größtenteils methodisch bedingten Variabilität der einzelnen Befunde lässt sich in der Gesamtschau sicher feststellen, dass der Konsum gewalthaltiger filmischer Angebote bei Kindern und Jugendlichen aggressive Denk- und Verhaltensmuster fördert. Dies umso mehr, je leichter die Identifikation des Zuschauers*der Zuschauerin mit dem Aggressor (z. B. dem attraktiven Helden) fällt, wenn der Aggressor für sein Handeln bekräftigt wird, wenn sein Handeln (im Kampf gegen das Böse) gerechtfertigt erscheint und wenn die Konsequenzen für das Opfer (Leid, Schmerz) ausgeblendet werden (Kirsh, 2006; Staude-Müller, 2009). Allerdings fallen die Wirkungsbefunde regelmäßig umso niedriger aus, je unabhängiger vom Spielsetting die Situationen sind, in denen die Folgen des Konsums untersucht werden. Eine systematische Befundintegration von Savage und Yancey (2008) erbrachte so nur noch sehr geringe Auswirkungen des Konsums von Gewaltmedien auf strafrechtlich relevante Gewalttaten, insbesondere dann, wenn die grundsätzliche Aggressionsneigung und der sozioökonomische Status der Konsument*innen kontrolliert wurden. Gleichwohl gibt es Hinweise auf die konkrete Nachahmung von medial vermittelten Gewalthandlungen insbesondere hinsichtlich des Modus Operandi bei Straftätern (Surette, 2002).

Die Untersuchungen weisen zudem in die Richtung, dass auch hier Wechselwirkungen zwischen diesen medialen Angeboten und dispositionellen Merkmalen bestehen (Staude-Müller, Bliesener & Luthman, 2008). So scheinen insbesondere Kinder und Jugendliche mit einem erhöhten Stimulationsbedürfnis und unterdurchschnittlichen Aufmerksamkeitsleistungen von solchen Medienangeboten angezogen zu werden und sie auch deutlich intensiver zu nutzen (Slater, Henry, Swaim & Anderson, 2003). Gleichwohl belegen vorliegende Studien relativ konsistent auch bei nicht derart vorbelasteten Konsument*innen eine zumindest kurzfristige Steigerung aggressiven Verhaltens, aggressiver Kognitionsmuster, aggressiver Affekte und der physiologischen Erregung sowie eine Verringerung des Hilfeverhaltens.

5. Schule, Ausbildung und Zukunftsperspektiven: Probleme der Aufmerksamkeitssteuerung und Impulskontrolle sind häufig mit schulischen Leistungsproblemen und dem vermehrten Rückzug aus Leistungssituationen (Schulschwänzen; Farrington, 1989) verknüpft. Dieser Rückzug verstärkt jedoch die Leistungsprobleme, sodass sich daraus häufig ein Schul- bzw. Ausbildungsabbruch ergibt, der die Perspektiven auf dem Arbeitsmarkt und für die Gestaltung der eigenen Zukunft einschränkt und als bedeutsames Versagen erlebt wird. Auch eine geringe Bindung an die Schule und an schulische Werte insbesondere in bildungsfernen Familien erhöht die Wahrscheinlichkeit für Leistungsprobleme. In ähnlicher Weise tragen Sprachprobleme und die geringe Unterstützung schulisch-akademischer Werte durch die Eltern in vielen Familien mit Migrationshintergrund zu Leistungsproblemen, einer unzureichenden Integration und daraus resultierenden verminderten Zukunftschancen bei. Die infolgedessen erlebte Ausgrenzung, der Statusverlust und die geringe Aussicht auf eine Teilhabe an der Gesellschaft werfen häufig schwere Identitätskrisen auf und werden von Jugendlichen als Rechtfertigung für eigenes dV betrachtet. Verstärkt wird dies oft dadurch, dass der Rückzug aus der Schule und der schulischen Gemeinschaft durch die Anbindung an deviante Peergruppen kompensiert wird, die das dV bekräftigen (Dishion, Nelson & Yasui, 2005).

6. Peergruppen: Für viele Jugendliche zentral erscheint der Einfluss der Gleichaltrigengruppe (McCord & Conway, 2005). Hier werden abweichende Normen vermittelt, deviantes Verhalten erprobt und bekräftigt. Die häufige Ablehnung schulisch-beruflicher Werte in diesen Gruppen fördert zudem den Rückzug aus Leistungssituationen (z. B. durch Schulschwänzen), Leistungsprobleme und ein eventuelles Schulversagen (Davis, Byrd, Arnold, Auinger & Bocchini, 1999). Unstrukturierte Freizeitaktivitäten, der Konsum gewalthaltiger Medien sowie der frühe Konsum von Rauschmitteln unterstützen die Verfestigung dVs. In besonders enger Beziehung zu dV steht dabei der Alkohol.

Insbesondere Kinder und Jugendliche aus konfliktbeladenen Familien, Schulschwänzer*innen und Kinder und Jugendliche mit geringen sozialen Kompetenzen, geringer Impulskontrolle und hohem Stimulierungsbedürfnis schließen sich jedoch eher problematischen Peergruppen an, in denen dV einen hohen Stellenwert hat und untereinander bekräftigt wird (Cairns & Cairns, 1991). Diese Gruppen bevorzugen einen Lebensstil mit problematischem, altersunangemessenem Verhalten (früher Konsum psychoaktiver Substanzen, frühe sexuelle Aktivität, Verstöße gegen Jugendschutzbestimmungen etc.) sowie ein körperbetontes und aggressives Konfliktverhalten bis zur gewalttätigen Durchsetzung eigener Interessen (z. B. bei der Verteidigung von revierähnlichen Stadtteilen; Dishion et al., 2005; Lösel & Bliesener, 2003). Eine wichtige Rolle spielen solche devianten Peergruppen auch bei der Vermittlung von Argumentations- und Begründungsmustern für den Einsatz von Aggression und Gewalt (s. Abschnitt 2.3.2; Fritsche, 2003).

Die Gruppenbildung problembelasteter Jugendlicher begünstigt zum einen die Entwicklung eines persistent dissozialen Lebensstils, indem kognitive Muster und Schemata gelernt und aktiviert werden, die mit dV assoziiert sind, deviante Normen- und Wertesysteme aufgebaut werden und delinquentes und normabweichendes Verhalten gelernt und bekräftigt wird. Zum anderen erhöht sie aber auch das kurzfristige Potenzial für dV, indem durch die Gruppenbildung situative und motivationale Auslöser bereitgestellt werden (Farrington, 2003, s. Abschnitt 2.4.2). Situative Auslöser ergeben sich z. B. aus dem gewohnheitsmäßigen Aufenthalt der Gruppe in kriminalitätsgeneigten Settings („Chillen, wo was los ist"), motivationale Auslöser durch sich dort ergebende besondere (subjektive) Provokationssituationen.

7. Nachbarschaft und Gemeinde: Auch im weiteren Umfeld der Familie und der engeren Bezugsgruppe finden sich Risikofaktoren für dV. Sozialstrukturelle Analysen zeigen, dass insbesondere Armut, ethnische Heterogenität und bauliche Verwahrlosung bedeutsame Markiervariablen für kommunale Risikofaktoren darstellen (Hawkins et al., 1998). Weitere Marker wie etwa die Verfügbarkeit von Drogen und eine erhöhte Kriminalität und Gewalt in der Nachbarschaft deuten jedoch an, dass die negative Wirkung dieser Faktoren besonders durch die Desorganisation der Nachbarschaft vermittelt wird. Diese Desorganisation resultiert i. d. R. in einer unzureichenden Beaufsichtigung der Jugendlichengruppen. Sie führt aber auch zu einer Unterversorgung mit kind- und jugendgerechten Freizeitangeboten. Andererseits spielen ebenso die gewalttätigen Modelle im Umfeld eine entscheidende Rolle für den Erwerb und die Bekräftigung dVs bei Kindern und Jugendlichen.

Wenngleich keineswegs in allen Fällen dVs bedeutsame Verkettungen von Risikofaktoren feststellbar sind und in manchen Fällen massives dV auch scheinbar spontan und ohne eindeutige Auslöser oder eine vorhergehende gravierende Risikobelastung auftritt, handelt es sich um typische Entwicklungspfade, die bei der Mehrzahl der Kinder und Jugendlichen mit häufigem dV gut erkennbar sind. Dies gilt besonders für Kinder und Jugendliche, die bereits früh durch wiederholtes und schwerwiegendes dV (Auseinandersetzungen mit Körperverletzung, Einsatz von Waffen, Raubtaten, schwere Tierquälerei etc.) auffallen. Diese jugendlichen Intensivtäter weisen i.d.R. eine außerordentlich hohe Risikobelastung mit einer Kumulation von Entwicklungsrisiken in verschiedenen Lebensbereichen auf (frühe Verhaltensauffälligkeit, familiäre Mangelsituation, überforderte Eltern mit geringen Erziehungskompetenzen, Gewalt und Kriminalität im Umfeld, Schulversagen, Streunen, problematische Peergruppen usw.; Bliesener, 2010).

Wie die allgemeine Erfahrung zeigt, kommt es jedoch selbst bei einer Kumulation von mehreren Risikofaktoren in der Entwicklung von Kindern und Jugendlichen nicht in jedem Fall zur Ausbildung eines problematischen dVs oder zur Entwicklung einer anderen Auffälligkeit des Erlebens oder Verhaltens. Seltene, aber exemplarische Fälle zeigen, dass auch unter widrigsten Lebensumständen eine gute psychische Anpassung und eine Entwicklung frei von bedeutsamen Problemen des Sozialverhaltens gelingen kann (Lösel & Bliesener, 1994). Derartige Fälle lenken den Blick auf solche Bedingungen und Prozesse, die die Wirkung einzelner Risikofaktoren verhindern, abfedern oder kompensieren können. Diese Bedingungen und Prozesse werden als protektive oder Schutzfaktoren bezeichnet. Sie moderieren den Zusammenhang zwischen einer Risikobelastung und dem Problemverhalten, indem sie die Wirkung eines Risikofaktors abschwächen (Beelmann & Raabe, 2007).

2.4.1.2 Protektive Faktoren

Auch diese protektiven oder Schutzfaktoren finden sich in allen Lebensbereichen und allen Entwicklungsphasen des Menschen. Gleichwohl ist ihre Wirkungsweise in der Moderation einzelner Risikofaktoren aufgrund einiger konzeptioneller und methodischer Probleme bisher jedoch noch weniger geklärt. Dennoch liefern auch sie erfolgversprechende Ansätze für die Prävention (für einen Überblick: Bender & Lösel, 1997; Bliesener, 2017).

Auf der personalen Ebene haben sich folgende Faktoren als protektiv erwiesen:

1) eine ausreichende soziale Kompetenz, insbesondere eine ausreichende Empathiefähigkeit,
2) ausreichende kognitive Kompetenzen zur Lösung von Alltagsproblemen,
3) ein gutes Planungs- und Entscheidungsverhalten,
4) positive selbstbezogene Kognitionen sowie eine internale Kontrollüberzeugung,
5) positive Bewältigungserfahrungen,
6) ein einfaches Temperament, das den Umgang mit anderen und mit Alltagsproblemen erleichtert,
7) eine robuste Neurobiologie
8) sowie ein Glaube oder eine (spirituelle) Überzeugung von Sinnhaftigkeit und Struktur im Leben.

Auf der sozialen Ebene finden sich:

1) eine emotionale Bindung an eine zuverlässige Person (bei Jugendlichen kann dies auch eine Partnerschaft sein),
2) ausreichende soziale Unterstützung durch normkonforme Personen,
3) ein autoritativer (d.h. warmherziger und bestimmter) Erziehungsstil,
4) eine angemessene Beaufsichtigung durch die Eltern,
5) die vom Kind oder Jugendlichen erlebte Wertschätzung einer Begabung oder eines Hobbys,

6) eine hinreichende materielle Versorgung sowie die positive Bindung an eine Lehrkraft und die Schule.

Ähnlich wie bei den Risikofaktoren scheinen auch hier bedeutsame Wechselwirkungen aufzutreten und bestimmte Kombinationen in ihrer protektiven Funktion effektiver zu sein als andere (Criss, Pettit, Bates, Dodge & Lapp, 2002). Und ähnlich wie bei den Risikofaktoren entfalten wohl auch protektive Faktoren eventuell kumulative Wirkungen (Herrenkohl et al., 2003), deren Nachweis bisher allerdings nur selten gelungen ist (Stattin, Romelsjö & Stenbacka, 1996). Zudem können manche der genannten Faktoren, je nach Kombination mit anderen Merkmalen, sowohl eine Schutz- als auch umgekehrt eine Risikofunktion haben oder im Verlauf der Entwicklung ihre Funktion verlieren oder sogar ändern.

Insgesamt betrachtet, handelt es sich beim Modell kumulativer Risiken um einen sehr umfassenden Ansatz, der letztlich empirisch gewonnene Erkenntnisse zur Wirkung von Risiko- und Schutzfaktoren integriert oder zumindest integrieren kann. Allerdings integriert das Modell Faktoren auf sehr unterschiedlichen konzeptionellen Ebenen (z. B. eine pränatale Bleiintoxikation vs. deviante Einstellungsmuster in der Peergruppe). Die zu erklärende Variable (der dissoziale Lebensstil) ist recht breit angelegt, damit lässt das Modell keine differenziellen Aussagen zu, unter welchen Umständen (Risikokonstellationen) welche Formen dVs entwickelt werden. Auch lassen sich aus dem Modell bislang kaum Aussagen ableiten, wie hoch eine Risikobelastung sein muss, damit sich ein dissozialer Lebensstil entwickelt, und durch welche Art und Zahl von Schutzfaktoren eine spezifische Risikokonstellation neutralisiert werden kann. Schließlich erlaubt das Modell auch kaum eine Aussage zur Aktualgenese dVs und zum Einfluss situativer Variablen. Eine wesentliche Stärke ist jedoch, dass es eine große Fülle von Hinweisen für sinnvolle Ansätze der Prävention und Intervention bei dV liefert (s. Kap. 27 und 28 in diesem Band).

2.4.2 Modell des integrierten kognitiv-dissozialen Potenzials

Ein weiteres Wechselwirkungsmodell zum Aufbau eines dissozialen Lebensstils bzw. langfristigen kognitiv-dissozialen Potenzials hat auch Farrington (2004, 2008, 2020) vorgelegt. Das Modell des „integrated cognitive-antisocial potential" (ICAP) integriert ebenfalls verschiedene bio-psycho-soziale Risikofaktoren aus unterschiedlichen Lebensbereichen. Farrington hat das Modell aber um eine Erklärung der konkreten Ausübung dissozial-kriminellen Verhaltens ergänzt (s. **Abb. 2-8**). Demnach wird die konkrete Tatbegehung durch eine Wechselwirkung zwischen individuellen Merkmalen (dem aktuellen Grad des dissozialen Potenzials) und sozialen Faktoren (der Verfügbarkeit von Gelegenheiten und Opfern eines dVs) ausgelöst. Der aktuelle Grad des dissozialen Potenzials wird bestimmt durch motivierende Faktoren wie Langeweile, Ärger, Alkohol/Drogen oder Einflüsse der Peergruppe. Diese wiederum sind bestimmt durch aktuelle Besonderheiten der Lebenssituation (z. B. Konflikte in Partnerschaft, Beruf etc.).

Die Gelegenheitsstruktur für dV und die Verfügbarkeit von Opfern auf der anderen Seite ist abhängig von Routinehandlungen und Gewohnheiten der Person (z. B. dem häufigen „Rumhängen" bzw. Aufsuchen von „Problemgebieten"). Der Aufenthalt in günstigen Gelegenheitsstrukturen erhöht das aktuelle dissoziale Potenzial, wie umkehrt das aktuelle dissoziale Potenzial die Person motiviert, günstige Gelegenheiten zu suchen.

Ob es nun in einer konkreten Situation zur Ausübung dVs kommt, hängt von kognitiven Prozessen ab, bei denen subjektiv Kosten und Nutzen sowie die Wahrscheinlichkeit des Eintretens der Konsequenzen verschiedener Verhaltensalternativen überschlagen werden. Zur

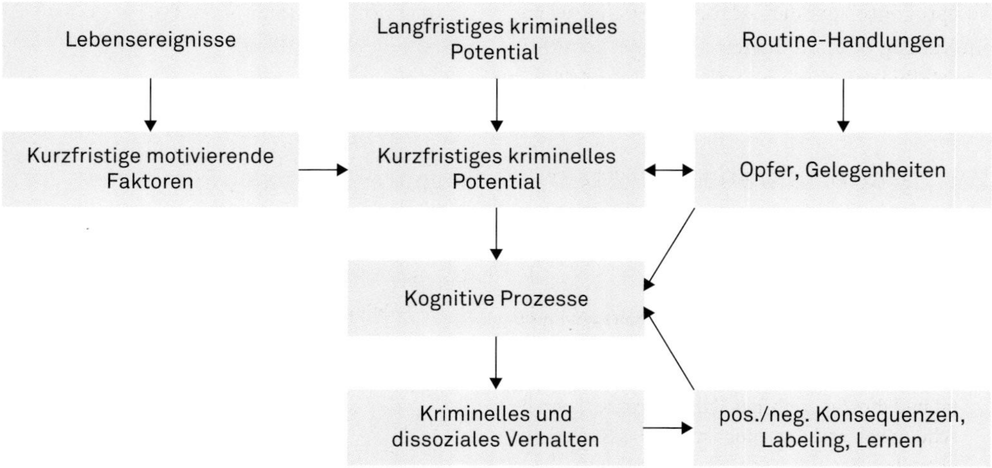

Abbildung 2-8: Erklärungsmodell für die Ausübung dissozial-kriminellen Verhaltens nach Farrington (2004, 2008, 2020; übersetzt und modifiziert).

Ausübung dVs kommt es aber nicht nur bei einer rational „günstigen" Kalkulation, das dV kann auch durch ein aktuell hohes dissoziales Potenzial (z. B. bei hohem Ärger oder unter Alkoholeinfluss) ausgelöst werden. Die erlebten Konsequenzen der Tat (z. B. Anerkennung in der Gruppe, Bestrafung) beeinflussen zukünftige kognitive Bewertungsprozesse oder wirken über die Etikettierung als Straftäter eventuell sogar auf das langfristige dissoziale Potenzial.

Kritisch betrachtet, gelten die Einwände gegenüber dem Modell kumulativer Risiken (2.4.1) auch hier. So bleibt unklar, welche Formen und Schwellenwerte z. B. motivierender Faktoren erreicht werden müssen, damit es zur Ausübung dVs kommt. Ebenso ist auch hier das Explanandum recht breit und lässt das Modell keine differenzierenden Aussagen zu unterschiedlichen Formen dVs zu. Gleichwohl ergänzt das ICAP-Modell das Risikomodell um wichtige Bedingungsfaktoren der Aktualgenese dVs und liefert weitere Ansatzpunkte für eine situative Kriminalprävention (s. Kap. 28 in diesem Band).

2.5 Fazit

Diese Übersicht macht deutlich, dass einfache (monokausale) Erklärungsmodelle nicht angemessen sind, um die Entwicklung dVs zu erklären. Wenngleich einfache klassische Theorien zur Aggression oder Kriminalität auf wichtige Bedingungsfaktoren und -prozesse aufmerksam gemacht haben, reichen sie i. d. R. nicht aus, um die vielfältigen Phänomene dVs in ihrer Entstehung und in ihrem oft differenziellen Auftreten zu erklären. Stattdessen haben sich Modelle bewährt, die biologische, psychologische, soziale und situative Faktoren und Prozesse integrieren. Die komplexen Wechselwirkungsannahmen zwischen Faktoren und Prozessen, die dV begünstigen oder eher hemmen, machen zum einen die Modelle für den Anwender „unübersichtlich", zum anderen scheinen sie eine beliebige Zahl von Erklärungsmustern und Ansatzpunkten für die Prävention und Intervention anzubieten. Umso wichtiger ist es deshalb, die jeweilige Relevanz und Bedeutung einzelner Faktoren und ihres Wechselspiels bei der Betrachtung eines konkreten Falles zu prüfen. Gleich, ob es sich bspw. um die retrospektive Erklärung eines massiven Gewaltvorfalles, die Risikoprognose vor eine Lockerungsentscheidung im Vollzug oder die Planung kriminalpräventiver Maßnahmen in einem Stadtteil handelt.

2.6 Weiterführende Literatur

Lamnek, S. (2007). *Theorien abweichenden Verhaltens.* München: Fink.

Der wiederholt aufgelegte Band liefert eine gute Orientierung und einen guten Überblick über die klassischen soziologischen Ansätze zur Kriminalität und ihre Querbezüge. Für die eigene theoretische Auseinandersetzung ist v.a. das Kapitel zur kritischen Bewertung sehr hilfreich.

Marsh, I. (2006). *Theories of crime.* London: Routledge.

Neben einer guten Einführung in verschiedene biologische, soziologische und psychologische Ansätze zur Kriminalitätsentstehung finden sich hier auch ausführliche Darstellungen der theoretischen und empirischen Literatur zur Kriminalität von Frauen und Angehörigen ethnischer Minderheiten.

Literatur

Abramowitz, A.J. & O'Leary, S.G. (1990). Effectiveness of delayed punishment in an applied setting. *Behavior Therapy, 21,* 231–239. https://doi.org/10.1016/S0005-7894(05)80279-5

Amato, P.R. & Keith, B. (1991). Parental divorce and the well-being of children: A meta-analysis. *Psychological Bulletin, 110,* 26–46. https://doi.org/10.1037/0033-2909.110.1.26

Anderson, C.A., Benjamin, A.J., Wood, P.K. & Bonacci, A.M. (2006). Development and testing of the Velicer attitudes toward violence scale: Evidence for a four-factor model. *Aggressive Behavior, 32,* 122–136. https://doi.org/10.1002/ab.20112

Anderson, C.A. & Bushman, B.J. (2002). Human aggression. *Annual Review of Psychology,* 53, 27–51. https://doi.org/10.1146/annurev.psych.53.100901.135231

Anderson, C.A., Carnagey, N.L., Flanagan, M., Benjamin, A.J., Eubanks, J. & Valentine, J.C. (2004). Violent video games: Specific effects of violent content on aggressive thoughts and behavior. *Advances in Experimental Social Psychology, 36,* 199–249. https://doi.org/10.1016/S0065-2601(04)36004-1

Anderson, C.A., Shibuya, A., Ihori, N., Swing, E.L., Bushman, B.J., Sakamoto, A. et al. (2010). Violent video game effects on aggression, empathy, and prosocial behavior in Eastern and Western countries: A meta-analytic review. *Psychiatric Bulletin, 136* (2), 151–173.

Baier, D., Rabold, S. & Pfeiffer, C. (2010). Peers und delinquentes Verhalten. In M. Harring, O. Böhm-Kasper, C. Rohlfs & C. Palentien (Hrsg.), *Freundschaften, Cliquen und Jugendkulturen* (S. 309–338). Wiesbaden: VS Verlag.

Bandura, A. (1979). The social learning perspective: Mechanisms of aggression. In H. Toch (Ed.), *Psychology of crime and criminal justice* (pp. 198–236). New York, NY: Holt, Rinehart & Winston.

Bandura, A. (1986). *Social foundations of thought and action. A social cognitive theory.* Englewood Cliffs, NJ: Prentice Hall.

Beelmann, A. & Raabe, T. (2007). *Dissoziales Verhalten bei Kindern und Jugendlichen. Erscheinungsformen, Entwicklung, Prävention und Intervention.* Göttingen: Hogrefe.

Bender, D. & Lösel, F. (1997). Risiko- und Schutzfaktoren in der Genese und der Bewältigung von Mißhandlung und Vernachlässigung. In U.T. Egle, S.O. Hoffmann & P. Joraschky (Hrsg.), *Sexueller Mißbrauch und Vernachlässigung* (S. 35–53). Stuttgart: Schattauer.

Berkowitz, L. (1989). Frustration-aggression-hypothesis: Examination and reformulation. *Psychological Bulletin, 106,* 59–73. https://doi.org/10.1037/0033-2909.106.1.59

Berkowitz, L. (2003). Affect, aggression, and antisocial behavior. In R.J. Davidson, K.R. Scherer & H.H. Goldsmith (Eds.), *Handbook of affective sciences* (pp. 804–823). Oxford: Oxford University Press.

Bernburg, J.G. & Krohn, M.D. (2003). Labeling, life chances, and adult crime: The direct and indirect effects of official intervention in adolescence on crime in early adulthood. *Criminology, 41,* 1287–1318. https://doi.org/10.1111/j.1745-9125.2003.tb01020.x

Blackburn, R. (2007). Personality disorder and psychopathy: Conceptual and empirical integration. *Psychology, Crime & Law, 13,* 7–18. https://doi.org/10.1080/10683160600869585

Bliesener, T. (2010). Der Umgang mit jungen Mehrfach- und Intensivtätern – Probleme der Definition, Prävention und Intervention. *Bewährungshilfe, 57,* 357–371.

Bliesener, T. (2014). Sanktionen und Sanktionswirkung. In W. Melzer, D. Hermann, U. Sandfuchs, M. Schäfer, W. Schuberth & P. Daschner (Hrsg.), *Handbuch Aggression, Gewalt und Kriminalität bei Kindern und Jugendlichen* (S. 92–96). Bad Heilbrunn: Klinkhardt.

Bliesener, T. (2017). Sport und Gewalt – Eine zwangsläufige Verbindung? In K. Vieweg (Hrsg.), *Festgabe Institut für Recht und Sport* (S. 411–421). Köln: Carl Heymanns.

Bliesener, T. (2018). *Ausländer- und Zuwandererkriminalität. Expertise im Auftrag des Sachverständigenrats deutscher Stiftungen für Integration und Migration für das Jahresgutachten 2019.* Verfügbar unter https://www.svr-migration.de/wp-content/uploads/2019/05/Bliesener_Expertise_Ausl%C3%A4nderkriminalit%C3%A4t_f%C3%BCr_SVR_Jahresgutachten.pdf

Bliesener, T. & Lösel, F. (2001). Social information processing in bullies, victims, and competent adolescents. In G. B. Traverso & L. Bagnoli (Eds.), *Psychology and law in a changing world* (pp. 65–85). London: Routledge.

Bliesener, T. & Thomas, J. (2012). Wirkt Strafe, wenn sie der Tat auf dem Fuße folgt? Zur psychologisch-kriminologischen Evidenz des Beschleunigungsgebots. *Zeitschrift für Jugendkriminalrecht und Jugendhilfe, 23,* 382–389.

Boduszek, D., Debowska, A., McDermott, D., Willmott, D. & Sharratt, K. (2021). Psychopathic Personality Traits Scale – Revised (PPTS-R): Empirical investigation of construct validity and dimensionality in a forensic and non-forensic sample. *Deviant Behavior,* 1–8. https://doi.org/10.1080/01639625.2021.1919496

Bohman, M. (1983). Alcoholism and crime: Studies of adoptees. *Substance and Alcohol Actions/Misuse, 4,* 137–147.

Burns, J. M., Baghurst, P. A., Sawyer, M. G., McMichael, A. J. & Tong, S. (1999). Lifetime low-level exposure to environmental lead and children's emotional and behavioral development at ages 11–13 years. *American Journal of Epidemiology, 149,* 740–749. https://doi.org/10.1093/oxfordjournals.aje.a009883

Cairns, R. B. & Cairns, B. D. (1991). Social cognition and social networks: A developmental perspective. In D. J. Pepler & K. H. Rubin (Eds.), *The development and treatment of childhood aggression* (pp. 249–276). Hillsdale, NJ: Erlbaum.

Cale, J., Lussier, P., McCuish, E. & Corrado, R. (2015). The prevalence of psychopathic personality disturbances among incarcerated yout: Comparing serious, chronic, violent and sex offenders. *Journal of Criminal Justice, 43* (4), 337–344. https://doi.org/10.1016/j.jcrimjus.2015.04.005

Cicchetti, D. (2007). Gene-environment interaction. *Development and Psychopathology, 19,* 957–959. https://doi.org/10.1017/S0954579407000466

Cleckley, H. (1976). *The mask of sanity.* St. Louis: Mosby.

Cloward, R. A. & Ohlin, L. E. (1960). *Delinquency and opportunity. A theory of delinquent gangs.* New York, NY: Free Press.

Cohen, D. J., Eckhardt, C. I. & Schagat, K. D. (1998). Attention allocation and habituation to anger-related stimuli during a visual search task. *Aggressive Behavior, 24,* 399–409. https://doi.org/10.1002/(SICI)1098-2337(1998)24:6<399::AID-AB1>3.0.CO;2-I

Connor, D. F. (2002). *Aggression and antisocial behavior in children and adolescents.* New York, NY: Guilford Press.

Crick, N. R. & Dodge, K. A. (1994). A review and reformulation of social information-processing mechanisms in children's social adjustment. *Psychological Bulletin, 115,* 74–101. https://doi.org/10.1037/0033-2909.115.1.74

Criss, M. M., Pettit, G. S., Bates, J. E., Dodge, K. A. & Lapp, A. L. (2002). Family adversity, positive peer relationships, and children's externalizing behavior: A longitudinal perspective on risk and resilience. *Child Development, 73,* 1220–1237. https://doi.org/10.1111/1467-8624.00468

Davis, T. C., Byrd, R. S., Arnold, C. L., Auinger, P. & Bocchini, J. A. (1999). Low literacy and violence among adolescents in a summer sports program. *Journal of Adolescent Health, 24,* 403–411. https://doi.org/10.1016/S1054-139X(98)00148-7

DeMatteo, D. & Heilbrun, K. & Marczyk, G. (2005). Psychopathy, risk of violence, and protective factors in a noninstitutionalized and noncriminal sample. *International Journal of Forensic Mental Health, 4,* 147–157. https://doi.org/10.1080/14999013.2005.10471220

Dishion, T. J., Nelson, S. E. & Yasui, M. (2005). Predicting early adolescent gang involvement from middle school adaptation. *Journal of Clinical Child and Adolescent Psychology, 34* (1), 62–73. https://doi.org/10.1207/s15374424jccp3401_6

Dodge, K. A. & Frame, C. L. (1982). Social cognitive biases and deficits in aggressive boys. *Child De-*

velopment, 53, 620–635. https://doi.org/10.2307/1129373

Dodge, K.A., Pettit, G.S., McClaskey, C.L. & Brown, M. (1986). Social competence in children. *Monographs of the Society for Research in Child Development, 51* (2), 1–85. https://doi.org/10.2307/1165906

Dodge, K.A., Price, J.M., Bachorowski, J.A. & Newman, J.P. (1990). Hostile attributional biases in severely aggressive adolescents. *Journal of Abnormal Psychology, 99*, 385–392. https://doi.org/10.1037/0021-843X.99.4.385

Dodge, K.A. & Schwartz, D. (1997). Social information processing mechanisms in aggressive behavior. In D.M. Stoff, J. Breiling & J.D. Maser (Eds.), *Handbook of antisocial behavior* (pp. 171–180). New York, NY: Wiley.

Dollard, J., Doob, L., Miller, N.E., Mowrer, O.H. & Sears, R.R. (1939). *Frustration and aggression.* New Haven, CT: Yale University Press. https://doi.org/10.1037/10022-000

Durkheim, E. (1893). *De la division du travail.* Paris: Presse universitaire de France.

Erdley, C.A. & Asher S.R. (1999). A social goals perspective on children's social competence. *Journal of Emotional and Behavioral Disorders, 7,* 156–167. https://doi.org/10.1177/106342669900700304

Farrington, D.P. (1989). Early predictors of adolescent aggression and adult violence. *Violence and Victims, 4,* 79–100. https://doi.org/10.1891/0886-6708.4.2.79

Farrington, D.P. (1991). Childhood aggression and adult violence: Early precursors and later-life outcomes. In D.J. Pepler & K.H. Rubin (Eds.), *The development and treatment of childhood aggression* (pp. 5–29). Hillsdale, NJ: Erlbaum.

Farrington, D.P. (2003). Developmental and life-course criminology: Key theoretical and empirical issues – the 2002 Sutherland award address. *Criminology, 41,* 221–255. https://doi.org/10.1111/j.1745-9125.2003.tb00987.x

Farrington, D.P. (2004). Criminological psychology in the twenty-first century. *Criminal Behaviour and Mental Health, 14,* 152–166. https://doi.org/10.1002/cbm.583

Farrington, D.P. (2008). The Integrated Cognitive Antisocial Potential (ICAP) Theory. In D.P. Farrington (Ed.), *Integrated developmental & life-course theories of offending* (pp. 73–92). New Brunswick, London: Transaction Publishers.

Farrington, D.P. (2020). The Integrated Cognitive Antisocial Potential (ICAP) Theory: Past, present, and future. *Journal of Developmental and Life-Course Criminology, 6* (2), 172–187. https://doi.org/10.1007/s40865-019-00112-9

Freud, S. (2000). *Psychologie des Unbewußten.* Frankfurt a.M.: Fischer.

Frick, P.J., Cornell, A.H., Bodin, S.D., Dane, H.A., Barry, C.T. & Loney, B.R. (2003). Callous-Unemotional traits and developmental pathways to severe aggressive and antisocial behavior. *Developmental Psychology, 39,* 246–260. https://doi.org/10.1037/0012-1649.39.2.246

Fritsche, I. (2003). *Entschuldigen, Rechtfertigen und die Verletzung sozialer Normen.* Weinheim: Beltz PVU.

Gadenne, V. (1994). Theoriebewertung. In T. Herrmann & H.W. Tack (Hrsg.), *Methodologische Grundlagen der Psychologie* (Enzyklopädie der Psychologie, B, Serie I, Bd. 1, S. 389–427). Göttingen: Hogrefe.

Geen, R.G. (1990). *Human aggression.* Milton Keynes: Open University Press.

Geen, R.G. & Qanty, M.B. (1977). The catharsis of aggression: An evaluation of a hypothesis. In L. Berkowitz (Ed.), *Advances in experimental social psychology* (Vol. 10, pp. 1–37). New York, NY: Academic Press.

Glenn, A. & Raine, A. (2008). The neurobiology of psychopathy. *Psychiatric Clinics of North America, 31,* 463–475. https://doi.org/10.1016/j.psc.2008.03.004

Glogauer, W. (1993). *Kriminalisierung von Kindern und Jugendlichen durch Medien.* Baden-Baden: Nomos.

Gottfredson, M.R. & Hirschi, T. (1990). *A general theory of crime.* Stanford, CA: Stanford University Press. https://doi.org/10.1515/9781503621794

Guerri, C. (1998). Neuroanatomical and neurophysiological mechanisms involved in central nervous system dysfunctions induced by prenatal alcohol exposure. *Alcoholism: Clinical and Experimental Research, 22,* 304–312. https://doi.org/10.1111/j.1530-0277.1998.tb03653.x

Hare, R.D. (1991). *The Hare Psychopathy Checklist – Revised.* Toronto: Multi-Health Systems.

Hare, R.D. (2003). *The Hare Psychopathy Checklist – Revised* (2nd ed.). Toronto: Multi-Health Systems.

Hawkins, J.D., Herrenkohl, T., Farrington, D.P., Brewer, D., Catalano, R.F. & Harachi, T.W. (1998). A review of predictors of youth violence. In R. Loeber & D.P. Farrington (Eds.), *Serious & violent juvenile offenders* (pp. 106–146). Thousand Oaks, CA: Sage Publications.

Herrenkohl, T.I., Hill, K.G., Chung, I.-J., Guo, J., Abbott, R.D. & Hawkins, J.D. (2003). Protective factors against serious violent behavior in adolescence: A prospective study of aggressive children. *Social Work Research, 27* (3), 179–191. https://doi.org/10.1093/swr/27.3.179

Hirschi, T. & Gottfredson, M.R. (2001). *A general theory of crime* [Reprint.]. Stanford, CA: Stanford University Press.

Hodgins, S., Kratzer, L. & McNeil, T.F. (2002). Are pre and perinatal factors related to the development of criminal offending? In R.R. Corrado, R. Roesch, S.D. Hart & J.K. Gierowski (Eds.), *Multi-problem violent youth: A foundation for comparative research on needs, interventions, and outcomes* (pp. 58–80). Amsterdam: IOS Press.

Hooper, S.R., Burchinal, M.R., Roberts, J.E., Zeisel, S. & Neebe, E.C. (1998). Social and family risk factors for infant development at one year: An application of the cumulative risk model. *Journal of Applied Developmental Psychology, 19* (1), 85–96. https://doi.org/10.1016/S0193-3973(99)80029-X

Huesmann, L.R., Moise, J.F. & Podolski, C.-L. (1997). The effects of media violence on the development of antisocial behavior. In D.M. Stoff, J. Breiling & J.D. Maser (Eds.), *Handbook of antisocial behavior* (pp. 181–193). New York, NY: John Wiley & Sons Inc.

Kirsh, S.J. (2006). *Children, adolescents, and media violence. A critical look at the research.* Thousand Oaks, CA: Sage Publications. https://doi.org/10.4135/9781452204253

Ladd, G.W. & Oden, S. (1979). The relationship between acceptance and children's ideas about helpfulness. *Child Development, 50,* 402–408. https://doi.org/10.2307/1129415

Lamnek, S. (2007). *Theorien abweichenden Verhaltens.* München: Fink.

Lemerise, E.A. & Arsenio W.F. (2000). An integrated model of emotion processes and cognition in social information processing. *Child Development, 71,* 107–118. https://doi.org/10.1111/1467-8624.00124

Lemert, E.M. (1975). Der Begriff der sekundären Devianz. In K. Lüderssen & F. Sack (Hrsg.), *Seminar: Abweichendes Verhalten I. Die selektiven Normen der Gesellschaft* (S. 433–476). Frankfurt a.M.: Springer.

Lösel, F. (1975). *Handlungskontrolle und Jugenddelinquenz.* Stuttgart: Enke.

Lösel, F. & Bender, D. (1997). Antisoziales Verhalten von Kindern und Jugendlichen. *Psycho. Zeitschrift für Psychiatrie, Neurologie, Psychotherapie, 23,* 22–25.

Lösel, F. & Bender, D. (2003). Protective factors and resilience. In D.P. Farrington & J.W. Coid (Eds.), *Early prevention of adult antisocial behaviour* (pp. 130–204). Cambridge: Cambridge University Press.

Lösel, F. & Bender, D. (2006). Von generellen Schutzfaktoren zu spezifischen protektiven Prozessen: Konzeptuelle Grundlagen und Ergebnisse der Resilienzforschung. In G. Opp, M. Fingerle & A. Freytag (Hrsg.), *Was Kinder stärkt. Erziehung zwischen Risiko und Resilienz* (S. 57–78). München: Reinhardt Verlag.

Lösel, F. & Bliesener, T. (1994). Some high-risk adolescents do not develop conduct problems: A study of protective factors. *International Journal of Behavioral Development, 17,* 753–777. https://doi.org/10.1177/016502549401700411

Lösel, F. & Bliesener, T. (1999). Aggressive conflict behavior and social information processing in juveniles. In H.I. Sagel-Grande & M.V. Polak (Eds.), *Models of conflict resolution* (pp. 61–78). Antwerpen: Maklu.

Lösel, F. & Bliesener, T. (2003). *Aggression und Delinquenz unter Jugendlichen – Untersuchungen von kognitiven und sozialen Bedingungen.* Neuwied: Luchterhand.

Lynam, D.R., Caspi, A., Moffitt, T.E., Wikström, P.-O.H., Loeber, R. & Novak, S. (2001). The interaction between impulsivity and neighborhood context on offending: The effects of impulsivity are stronger in poor neighborhoods. *Journal of Abnormal Psychology, 109,* 563–574. https://doi.org/10.1037/0021-843X.109.4.563

Maruna, S. & Ramsden, D. (2014). Living to tell the tale: Redemption narratives, shame management, and offender rehabilitation. In A. Lieblich, D.P. McAdams & R. Josselson (Eds.), *Healing plots: The narrative basis of psychotherapy; The narrative study of lives* (pp. 129–149). Washington, DC: American Psychological Association.

Mazur, J.E. (2006). *Lernen und Verhalten.* München: Pearson.

McCord, J. & Conway, K.P. (2005). *Co-offending and patterns of juvenile crime.* Zugriff am 5. August 2021 unter https://www.ojp.gov/pdffiles1/nij/210360.pdf

Merton, R.K. (1957). *Social theory and social structure.* New York: Free Press.

Miller, N.E. (1941). I. The frustration-aggression hypothesis. *Psychological Review, 48* (4), 337–342.

Mischel, W. (1984). Convergences and challenges in the search for consistency. *American Psychologist, 39,* 351–364. https://doi.org/10.1037/0003-066X.39.4.351

Nagin, D.S., Cullen, F.T. & Jonson, C.L. (2009). Imprisonment and reoffending. In M. Tonry (Ed.), *Crime and justice: An annual review of research* (Vol. 38, pp. 115–200). Chicago, IL: University of Chicago Press.

Nas, C.N., Orobio de Castro, B. & Koops, W. (2005). Social information processing in delinquent adolescents. *Psychology, Crime & Law, 11,* 363–375. https://doi.org/10.1080/10683160500255307

Neumann, C.S., Hare, R.D. & Pardini, D.A. (2015). Antisociality and the construct of psychopathy: Data from across the globe. *Journal of Personality, 83* (6), 678–692. https://doi.org/10.1111/jopy.12127

Orobio de Castro, B., Veerman, J.W., Koops, W., Bosch, J.D. & Monshouwer, H.J. (2002). Hostile attribution of intent and aggressive behavior: A meta-analysis. *Child Development, 73,* 916–934. https://doi.org/10.1111/1467-8624.00447

Paternoster, R. & Piquero, A. (1995). Reconceptualizing deterrence: An empirical test of personal and vicarious experiences. *Journal of Research in Crime and Delinquency, 32,* 251–286. https://doi.org/10.1177/0022427895032003001

Patterson, G.R. (1982). *Coercive family processes.* Eugene, OR: Castilia.

Patterson, G.R. & Stouthamer-Loeber, M. (1984). The correlation of family management practices and delinquency. *Child Development, 55,* 1299–1307. https://doi.org/10.2307/1129999

Patterson, G.R. & Yoerger, K. (1993). Developmental models for delinquent behavior. In S. Hodgins (Ed.), *Mental disorder and crime* (pp. 140–172). Newbury Park, CA: Sage.

Pauwels, L.J. R., Svensson, R. & Hirtenlehner, H. (2018). Testing Situational Action Theory: A narrative review of studies published between 2006 and 2015. *European Journal of Criminology, 15,* 32–55. https://doi.org/10.1177/1477370817732185

Rhee, S.H. & Waldman, I.D. (2002). Genetic and environmental influences on antisocial behavior: A meta-analysis of twin and adoption studies. *Psychological Bulletin, 128,* 490–529. https://doi.org/10.1037/0033-2909.128.3.490

Ribeiro da Silva, D., Rijo, D. & Salekin, R.T. (2015). The evolutionary roots of psychopathy. *Aggression and Violent Behavior, 21,* 85–96. https://doi.org/10.1016/j.avb.2015.01.006

Rice, M.E., Harris, G.T. & Cormier, C.A. (1992). An evaluation of a maximum security therapeutic community for psychopathy and other mentally disordered offenders. *Law and Human Behavior, 16* (4), 399–412. https://doi.org/10.1007/BF02352266

Savage, J. & Yancey, C. (2008). The effects of media violence exposure on criminal aggression: A meta-analysis. *Criminal Justice and Behavior, 35,* 772–791. https://doi.org/10.1177/0093854808316487

Schneider, W.J., Cavell, T.A. & Hughes, J.N. (2003). A sense of containment: Potential moderator of the relation between parenting practices and children's externalizing behaviors. *Development and Psychopathology, 15,* 95–117. https://doi.org/10.1017/S0954579403000063

Slater, M.D., Henry, K.L., Swaim, R.C. & Anderson, L.L. (2003). Violent media content and aggressiveness in adolescents. *Communication Research, 30,* 713–736. https://doi.org/10.1177/0093650203258281

Stattin, H., Romelsjö, A. & Stenbacka, M. (1996). Personal resources as modifiers of the risk for future criminality: An analysis of protecive factors in relation to 18-year-old boys. *British Journal of Criminology, 37,* 198–223. https://doi.org/10.1093/oxfordjournals.bjc.a014155

Staude-Müller, F. (2009). *Die Zusammenhänge von Computerspielgewalt und Aggressionsneigung: Längsschnittliche und experimentelle Betrachtung des Selektions- und Wirkungspfades.* Unveröffentlichte Dissertation, Christian-Albrechts-Universität zu Kiel.

Staude-Müller, F., Bliesener, T. & Luthman, S. (2008). Hostile and hardened? An experimental study on (de-)sensitization to violence and suffering through playing video games. *Swiss Journal of Psychology, 67,* 41–50. https://doi.org/10.1024/1421-0185.67.1.41

Streng, F. (2020). *Jugendstrafrecht* (5. Aufl.). Heidelberg: Müller.

Surette, R. (2002). Self-reported copycat crime among a population of serious and violent juvenile offenders. *Crime and Delinquency, 48,* 46–69. https://doi.org/10.1177/0011128702048001002

Sykes, G.M. & Matza, D. (1957). Techniques of neutralization. A theory of delinquency. *American Sociological Review, 22,* 664–670. https://doi.org/10.2307/2089195

Tannenbaum, F. (1953). *Crime and community.* London: Columbia University Press.

Thornberry, T.P. (1997). Membership in youth gangs and involvement in serious and violent offending. In R. Loeber & D.P. Farrington (Eds.), *Serious and violent juvenile offenders: Risk factors and successsful interventions* (pp. 147–166). Thousand Oaks, CA: Sage.

Weaver, I.C. G., Cervoni, N., Champagne, F.A., D'Alessio, A.C., Sharma, S., Seckl, J.R. et al. (2004). Epigenetic programming by maternal behavior. *Nature Neuroscience, 7* (8), 847–854. https://doi.org/10.1038/nn1276

Wikström, P.-O. H. (2010). Explaining crime as moral actions. In S. Hitlin & S. Vaisey (Eds.), *Handbook of the sociology of morality* (pp. 211–239). New York, NY: Springer.

Wikström, P. H. (2015). Situational Action Theory. *Monatsschrift für Kriminologie und Strafrechtsreform, 98,* 177–186. https://doi.org/10.1515/mks-2015-980302

Wikström, P.-O. H. & Bouhana, N. (2017). Analyzing radicalization and terrorism: A situational action theory. In G. LaFree & J.D. Freilich (Eds.), *The Handbook of the Criminology of Terrorism* (pp. 175–186). Chichester: Wiley-Blackwell.

Wikström, P.-O. H. & Treiber, K. (2007). The role of self-control in crime causation. Beyond Gottfredson and Hirschi's General Theory of Crime. *European Journal of Criminology, 4,* 237–264. https://doi.org/10.1177/1477370807074858

White, J.L., Moffitt, T.E., Caspi, A., Bartusch, D.J., Needles, D.J. & Stouthamer-Loeber, M. (1994). Measuring impulsivity and examining its relationship to delinquency. *Journal of Abnormal Psychology, 103,* 192–205. https://doi.org/10.1037/0021-843X.103.2.192

3 Jugenddelinquenz

Thomas Bliesener

3.1 Einleitung

Schwere Gewalttaten jugendlicher Täter schrecken immer wieder die mediale Öffentlichkeit auf und lassen das Bild einer stetig zunehmenden Gewaltbereitschaft der Jugend entstehen. Dagegen weist das Hellfeld der Polizeilichen Kriminalstatistik (Bundeskriminalamt, 2020) seit dem Maximum im Jahr 1998 mit über 300.000 jugendlichen Tatverdächtigen (TV) eine zunächst etwa gleichbleibende, seit 2005 aber deutliche Abnahme der tatverdächtigen Jugendlichen für die Gesamtkriminalität aus. Die Zahl hat sich bis in das Jahr 2020 mit etwas mehr als 160.000 nahezu halbiert. Bei der Gewaltkriminalität (Raub, Körperverletzung, Tötungsdelikte und Straftaten gegen die persönliche Freiheit) fallen die Zahlen deutlich geringer aus, aber auch hier zeigte sich von 2007 bis 2014 nahezu eine Halbierung der TV-Zahlen von über 43.000 auf gut 21.000 TV, seitdem stagniert die Zahl jugendlicher TV etwa auf diesem Niveau. Ähnliche Entwicklungen zeigen sich auch im Dunkelfeld. Wiederholte Befragungen von Schülerinnen und Schülern zeigen ganz ähnliche Verläufe (Baier, Krieg & Kliem, 2021; Boers & Schaerff, 2020). Auch der Eindruck einer qualitativen Erhöhung der Gewalt Jugendlicher durch schwere Gewaltmittel und gravierendere Gewaltfolgen kann empirisch nicht belegt werden. Dies gilt auch für den Lebensraum, in dem sich die meisten Jugendlichen einen wesentlichen Teil ihrer Zeit aufhalten, die Schule. Wenngleich sich die früheren vereinzelten schweren Gewaltvorfälle an deutschen Schulen („school shootings") tief in das kollektive Gedächtnis eingegraben haben, sind schwere Formen der Gewalt und Kriminalität an Schulen insbesondere unter Einsatz von Waffen nach wie vor seltene Ausnahmen (Lösel & Bliesener, 2003). Offizielle Statistiken zeigen, dass hier die Gewaltphänomene schon seit vielen Jahren stetig abnehmen. So vermeldet der Bundesverband der Versicherungen seit Ende der 1990er-Jahre ebenfalls ein stetiges Sinken der dort gemeldeten „Raufunfälle" an Schulen (Deutsche Gesetzliche Unfallversicherung, 2020).

Textbox 3.1:
Begriffsbestimmung Delinquenz

„Delinquenz" (von lat. „delinquere", „sich vergehen, sich verfehlen") bezeichnet ein von vorherrschenden sozialen Normen abweichendes Verhalten. Dies schließt kriminelles Verhalten, d.h. Handlungen mit strafrechtlichen Rechtsfolgen, ein, geht aber darüber hinaus und umfasst auch Verhaltensweisen mit geringem Unrechtsgehalt, die nicht von einer strafrechtlichen Sanktion betroffen sind (z.B. Schulschwänzen, Verstoß gegen Jugendschutzbestimmungen, Ordnungswidrigkeiten). Der Begriff wird häufig – aber nicht einheitlich – für das normverletzende Verhalten von Kindern und Jugendlichen verwendet.

Gleichwohl verlangen die Phänomene der Jugenddelinquenz aus mehreren Gründen eine ständige Aufmerksamkeit: zum einen, weil jeder delinquente Jugendliche möglicherweise am Anfang einer kriminellen Karriere steht. Zum zweiten gilt auch für delinquentes Verhalten, dass sich Fehlentwicklungen zu einem früheren Zeitpunkt leichter korrigieren lassen. Drittens können sich auch hinter dem Bild der sinkenden Gesamtkriminalität durchaus bedeutsame Verschiebungen und Zunahmen einzelner Deliktbereiche verbergen.

3.2 Merkmale der Jugenddelinquenz

Delinquentes Verhalten von Jugendlichen zeichnet sich durch drei Merkmale aus. Es ist ubiquitär, passager, aber ungleich verteilt (Boers, 2008, 2019). Ubiquitär (allgegenwärtig) ist es in der Hinsicht, dass nahezu jeder Jugendliche im Laufe seiner Entwicklung mindestens einen strafrechtlich relevanten Normverstoß begeht (Boers & Schaerff, 2020). In einer repräsentativen Befragung von männlichen Jugendlichen und Heranwachsenden (im Alter zwischen 13 und 21 Jahren; Brettfeld, Enzmann, Trunk & Wetzels, 2005) räumten 86,8 % ein, mindestens ein Delikt aus sechs verschiedenen Deliktgruppen begangen zu haben. Für den Zeitraum des letzten Jahres lag die Prävalenz bei 73,6 %. Nur knapp 12 % der begangenen Delikte hatten nach Angaben der Befragten einen Kontakt mit der Polizei zur Folge. In international vergleichenden Studien zeigen sich für andere Länder ähnlich hohe 12-Monats-Prävalenzen (Junger-Tas, Terlouw & Klein, 1994). Wie verschiedene deutsche und internationale Studien zeigen, wurde etwa ein Viertel der männlichen Jungerwachsenen bis zum Erreichen des 21. Lebensjahres schon einmal von der Polizei im Zusammenhang mit einer Straftat als Tatverdächtiger registriert (Thomas & Stelly, 2008).

Jugenddelinquenz ist zudem i. d. R. passager (vorübergehend). Für die allermeisten Jugendlichen sind strafrechtlich relevante Normverstöße ein normales und episodenhaftes Phänomen. Delinquentes Handeln stellt sich als eine sich selbst regulierende Erscheinung im Prozess der Normensozialisation dar (Boers, 2008). Wie Untersuchungen im Dunkelfeld zeigen, werden die verschiedenen Delikte meistens nur einmal oder gelegentlich begangen, finden sich überwiegend im Bereich der leichten Kriminalität (z. B. Ladendiebstahl, Diebstahl aus Automaten, Fahren ohne Führerschein), und dies i. d. R., ohne dass es zu einer polizeilichen Registrierung oder Reaktion der formellen Sozialkontrolle kommt.

Betrachtet man das delinquente Verhalten auf der individuellen Ebene, zeigt sich allerdings, dass die Delinquenzbelastung nicht gleich verteilt ist. Während die weitgehende Mehrzahl der Jugendlichen eher selten und nur vorübergehend bedeutsame Normverstöße begeht, entwickeln einige Jugendliche eine erhebliche Deliktbelastung. Beispielsweise fanden Dalteg und Levander (1998) in einer schwedischen Längsschnittstudie, dass sich eine Gruppe von 75 stark belasteten Jugendlichen in einem Zeitraum von 20 Jahren für insgesamt 12.000 Straftaten verantworten musste. Unter Berücksichtigung der Hell-Dunkelfeld-Relation ergaben sich daraus etwa 1.000 Straftaten pro Person. Seit Langem ist gut belegt, dass eine recht kleine Zahl von etwa 3–7 % der jugendlichen und heranwachsenden Straftäter für ein bis zwei Drittel der registrierten Straftaten ihrer Altersgruppe verantwortlich ist (Farrington, 1992). Auf diese sog. Gruppe der jungen Mehrfach- und Intensivtäter wird unten noch näher eingegangen.

Delinquentes Verhalten variiert in seiner Häufigkeit in systematischer Weise über das Alter hinweg. Nahezu gesetzmäßig zeigt sich in allen bisher untersuchten Kulturen und auch historisch sehr stabil ein typischer Verlauf der Delikthäufigkeit in Relation zum Alter, die sog. *Alters-Kriminalitäts-Kurve*. Danach steigt Kriminalitätsbelastung im Jugendalter zunächst recht schnell, erreicht bei männlichen Personen zwischen dem 16. und 20. Lebensjahr ihren Höhepunkt, fällt dann wieder kontinuierlich, zunächst schnell, später etwas langsamer. Bei den Mädchen und Frauen verläuft die Kurve dagegen sehr viel flacher und der Belastungsgipfel

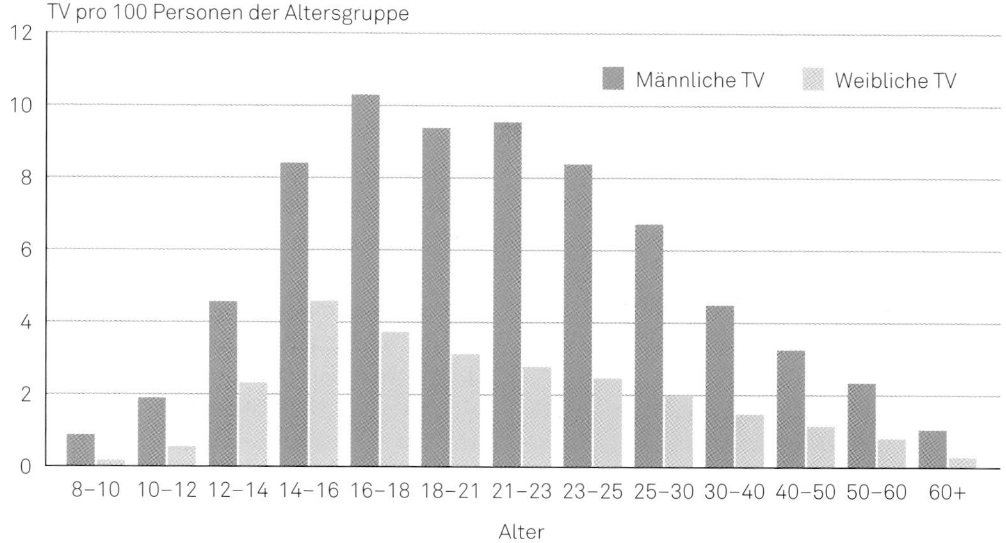

Abbildung 3-1: Alters-Kriminalitäts-Kurve im Hellfeld, dargestellt für Jungen und Männer bzw. Mädchen und Frauen anhand der Tatverdächtigenbelastungsszahlen für alle Straftaten (nach Bundeskriminalamt, 2009).

liegt zudem bereits in der Altersgruppe der 14- bis 16-Jährigen (s. **Abb. 3-1**).

Die Alters-Kriminalitäts-Kurve ist aber nicht nur geschlechtsabhängig, sie variiert auch in Abhängigkeit vom betrachteten Delikttypus. So liegt der Belastungsgipfel beim Ladendiebstahl zumeist weiter links, d.h. in der Altersgruppe der 14- bis 16-Jährigen, bei den Vermögens- und Fälschungsdelikten regelmäßig weiter rechts in der Altersgruppe der 21- bis 23-Jährigen. Wenngleich bei der Betrachtung des Hellfeldes, d.h. bei der polizeilich registrierten Kriminalität, durchaus auch mögliche Unterschiede in der Anzeigebereitschaft gegenüber einem jugendlichen bzw. erwachsenen Täter und Unterschiede in der Kontrolltätigkeit und im Ermittlungserfolg der Polizei bei jugendlichen gegenüber erwachsenen Tätern beachtet werden müssen, zeigt sich die Alters-Kriminalitäts-Kurve in ihrem typischen Verlauf auch im Dunkelfeld, d.h. z.B. in anonymen Umfragen zu eigenen Rechtsverletzungen. Die Alters-Kriminalitäts-Kurve findet aber auch eine Entsprechung auf der Seite der Opfer von Straftaten. Jugendliche und Heranwachsende sind nicht nur als Täter, sondern auch als Opfer überrepräsentiert. Straftaten junger Menschen richten sich oft gegen ebenfalls junge Menschen und gerade bei der schweren und gefährlichen Körperverletzung weisen die männlichen Jugendlichen und Heranwachsenden das höchste Viktimisierungsrisiko auf. Während Mädchen und junge Frauen erheblich höher gefährdet sind, Opfer eines Sexualdeliktes zu werden (Bundeskriminalamt, 2020).

3.3 Formen der Jugenddelinquenz

Jugendliche begehen ihre Delikte häufig spontan und ohne größere Planungs- oder Vorbereitungsanstrengungen. Nicht selten ist im delinquenten Verhalten der Versuch erkennbar, die Grenzen des eigenen Verhaltens auszutesten (Streng, 2003). Ein großer Teil der Delikte wird aus der Gruppe heraus begangen. Der ökonomische Vorteil spielt zwar bei den Diebstahlsdelikten oder der Leistungserschleichung (Beförderungserschleichung, Erschleichen des Zutritts zu Veranstaltungen) die zumeist vorherrschende Rolle; das deutlich häufigere Motiv ist es aber, die Anerkennung in der Gruppe der Altersgenossen zu erlangen (Dölling, 2007). Dies gilt für eine Reihe jugendtypischer Delikte wie z. B. illegale Downloads, Fahren ohne Fahrerlaubnis, besonders aber das „Graffiti-Sprayen" (Niebaum, 2003) ebenso wie für manche Raub- und Körperverletzungsdelikte.

Die häufigsten Delikte Jugendlicher im Hellfeld liegen im Bereich des Diebstahls, der Körperverletzung und der Sachbeschädigung. Den höchsten Anteil an allen Tatverdächtigen haben Jugendliche bei den Delikten Raub, Sachbeschädigung, schwerer Diebstahl, gefährliche und schwere Körperverletzung und bei den Verstößen gegen das Waffengesetz. Durch die Delikte Jugendlicher und Heranwachsender werden i. d. R. aber geringere Schäden angerichtet als durch vergleichbare Taten Erwachsener (Heinz, 2008). Bei den jugendtypischen Formen des Raubes (z. B. das sogenannte „Abziehen" von Wertgegenständen) werden i. d. R. nur selten höhere Schadenssummen erreicht. Umgekehrt gehören Überfälle auf Geldinstitute oder Geldtransporte mit teilweise hohen Schadenssummen zu den Raubdelikten, die weit überwiegend von Erwachsenen begangen werden. Ebenso sind auch bei den schwersten Gewalttaten, insbesondere den vorsätzlichen Tötungsdelikten Jugendliche und Heranwachsende deutlich unterrepräsentiert.

Die regelmäßig aufscheinende deutlich höhere Belastung der Jungen und jungen Männer zeigt sich insbesondere bei den Gewalttaten und bei vandalistischen Handlungen, hier werden die Taten zudem häufig aus der Gruppe heraus begangen (Dölling, 2007). Bei den Eigentumsdelikten (besonders Ladendiebstahl sowie Beförderungserschleichung) und beim Substanzmissbrauch sind die Geschlechtsunterschiede dagegen deutlich geringer (Lösel & Bliesener, 2003).

3.4 Weibliche Jugenddelinquenz

Die Kriminalitätsbelastung der Mädchen und Frauen liegt regelmäßig nur bei einem Bruchteil der ihrer männlichen Altersgenossen (Heinz, 2003). Der Anteil der weiblichen Tatverdächtigen an allen Tatverdächtigen liegt insgesamt bei einem Viertel (24,8 %). Der Anteil liegt bei den Strafunmündigen unter 14 Jahren zunächst höher (29,9 %), fällt dann recht kontinuierlich auf ein Minimum von 21,1 % in der Altersgruppe der 21- bis unter 25-Jährigen, um dann wieder auf das Ausgangsniveau von 29,9 % bei über 60-Jährigen zu steigen. Mädchen und Frauen fallen dabei noch stärker als Jungen und junge Männer im Bereich der Bagatelldelikte und leichten Straftaten auf. Zu den Delikten, bei denen weibliche Jugendliche und Heranwachsende am häufigsten als Tatverdächtige registriert werden, gehören der einfache Diebstahl, Betrugsdelikte (insbesondere Leistungserschleichung), aber auch die leichte Körperverletzung. Den höchsten Anteil haben weibliche Jugendliche beim Ladendiebstahl mit über 45 %, bei der Beförderungserschleichung (Fahren ohne Fahrschein) liegt ihr Anteil bei 39 % (Bundeskriminalamt, 2020).

Bei der Betrachtung des Dunkelfeldes fallen die Geschlechtsunterschiede teilweise noch geringer aus. Besonders bei einigen leichten Delikten (illegale Downloads, Ladendiebstahl) und nicht strafrechtlich sanktionierten Normverletzungen (Schulschwänzen, Drogenkonsum) weisen weibliche Jugendliche in manchen Befragungen sogar höhere Prävalenzen auf (Lösel & Bliesener, 2003). Demgegenüber bleiben die Geschlechtsunterschiede bei den Gewaltdelikten auch im Dunkelfeld erhalten. Die Gründe für diese unterschiedlichen Diskrepanzen zwischen Hell- und Dunkelfelddaten je nach Delikttypus bzw. Deliktschwere sind bisher noch nicht geklärt. Hinweise auf differenzielle Validitäten der Selbstberichte von Mädchen gegenüber Jungen gibt es bislang nicht (Köllisch & Oberwittler, 2004).

Betrachtet man die längerfristige Entwicklung der registrierten Kriminalität weiblicher Kinder und Jugendlicher anhand der Daten der PKS über die letzten Dekaden, zeigt sich ein Trend zur Annäherung der Geschlechteranteile. Dabei ist nicht auszuschließen, dass sich das Anzeigeverhalten gegenüber Tätern im Kindes- und Jugendalter differenziell für beide Geschlechter und zuungunsten der Mädchen verändern kann.

3.5 Jugendliche Mehrfach- und Intensivtäter

Aus den vorliegenden Befunden zur Inzidenz und Prävalenz der Delinquenz aus epidemiologischen Studien, Dunkelfelduntersuchungen und offiziellen Statistiken hat Moffitt (1993, 2003) ein Modell abgeleitet, in dem sie zwischen zwei prototypischen Formen der Delinquenz unterschieden hat:

- In der häufigeren Variante (dem auf die Adoleszenz beschränkten dissozialen Verhalten) treten jugendtypische Formen der Delinquenz vorübergehend im Jugendalter auf.
- Bei einigen wenigen Personen ist das Problemverhalten jedoch bereits in der Kindheit deutlich erkennbar und manifestiert sich zu einer dauerhaften Form dissozialen Verhaltens bis ins Erwachsenenalter (lebenslange Dissozialität).

Dieses Modell korrespondiert mit der polizeilichen Unterscheidung zwischen Jugendlichen mit einer vorübergehenden, jugendtypischen Delinquenz und den sog. Mehrfach-/Intensivtätern (MIT), die durch eine hohe Deliktthäufigkeit auffallen und bei denen die Gefahr gesehen wird, dass sie eine dauerhafte kriminelle Karriere entwickeln (Bliesener, 2010; Walsh, 2017). Diese Unterscheidung ist kriminalpolitisch durchaus vielversprechend, weil mit der Konzentration der Präventions-, Kontroll- und Sanktionsmaßnahmen auf eine kleine Gruppe hochaktiver Personen das gesamte Kriminalitätsaufkommen erheblich reduzierbar erscheint. Die Unterscheidung mag auch prototypisch sinnvoll erscheinen, sie erweist sich in der Praxis jedoch als problematisch (Naplava, 2018). Dies zunächst, weil eine frühe Differenzierung bisher nur unzureichend gelingt (Bliesener & Riesner, 2012; Walsh, 2018). Die definitorische Unschärfe des Begriffs „Mehrfach-/Intensivtäter" (MIT) wird auch darin deutlich, dass bundesweit kein einheitlicher Kriterienkatalog für junge MIT vorliegt. Gemeinhin wird zum MIT erklärt, wem mehr als fünf (gelegentlich auch zehn) Straftaten in einem Zeitraum von einem Jahr zur Last gelegt werden (Bindel-Kögel, 2009). Dieses rein quantitative Kriterium wird zumeist allein allerdings nicht als zweckmäßig betrachtet, da hier auch mehrere Bagatelldelikte (z. B. wiederholtes Fahren ohne Fahrschein) zu einer Klassifikation als MIT führen können (Gloss, 2007).[9] Zusätzliche Kriterien wie das Vorliegen mindestens eines Gewaltdelikts, eine rasche zeitliche Deliktfolge, eine hohe kriminelle Energie oder die Gefahr der Begehung weiterer Straftaten ergänzen deshalb häufig den Kriterienkatalog (Bliesener & Riesner, 2012; Riesner, Bliesener & Thomas, 2012).

Die Forschung zeigt allerdings auch, dass sich innerhalb der Straftäter mit einer hohen Deliktbelastung im Jugend- und Jungerwachsenenalter unterschiedliche Karriereverläufe finden lassen. Unter den Neuzugängen des Berliner Strafvollzuges fand Dahle (2005) in der Berliner CRIME-Studie drei prototypische Ver-

9 Gelegentlich wird allerdings auch zwischen Intensivtätern und Mehrfachtätern unterschieden. Während die wiederholte Tatbegehung den Mehrfachtäter klassifiziert, enthält die Definition des Intensivtäters auch die Begehung von Gewaltdelikten oder den Rechtsfrieden erheblich störende Straftaten. Der Begriff des Schwellentäters wird regional zusätzlich für mehrfachauffällige Täter verwendet, die das (i. d. R. dort höhere) Kriterium des Mehrfach- oder Intensivtäters (z. B. 10 Straftaten in den letzten 12 Monaten) noch nicht erfüllen.

läufe mit frühem Karrierebeginn: Bei den Jungaktiven (16 % der Stichprobe) entwickelte sich rasch eine hohe Deliktbelastung, die bereits vor dem Alter von 25 Jahren ihren Gipfel erreichte und danach stetig fiel. Die altersbegrenzten Intensivtäter (11 %) zeigten insgesamt eine deutlich stärkere Deliktbelastung. Bei ihnen wurde der Gipfel der Delinquenzentwicklung zudem erst zum Ende des dritten Lebensjahrzehnts erreicht und etwa in der Mitte des vierten Lebensjahrzehnts beendet. Die persistenten Intensivtäter (13 %) schließlich hatten die höchste und dauerhafte Deliktbelastung. Sie zeigten sich auch für etwa die Hälfte der schweren Gewalttaten der Stichprobe verantwortlich.

Der Abbruch einer kriminellen Karriere auch nach anfänglich hoher deliktischer Aktivität, den Dahle insbesondere bei seiner Gruppe der altersbegrenzten Intensivtäter zeigen konnte, findet sich als eine typische Verlaufsform „delinquenter Karrieren" auch in einer Reihe weiterer Studien (zu einer Übersicht s. Bliesener, 2011). In einer umfassenden Untersuchung zur Rückfälligkeit von Gewaltstraftätern konnte Harrendorf (2007) zudem zeigen, dass auch für die Gruppe der Gewalttäter ein Karriereabbruch häufig bereits in jungen Jahren zu verzeichnen ist, dies gilt besonders für Raubtäter. Vor dem Hintergrund der verschiedenen Definitions- und Abgrenzungsprobleme und der geringen Prototypikalität der Entwicklungsverläufe erscheint die dichotome Einteilung in eine auf die Adoleszenz beschränkte und eine lebenslange Dissozialität (Moffitt, 1993) der Vielfalt der Phänomene der Jugenddelinquenz und ihrer Akteure nicht gerecht zu werden (Boers & Schaerff, 2020). Stattdessen ist die Annahme eines Kontinuums der Jugenddelinquenz sinnvoller, das von der Begehung einzelner Bagatelldelikte bis zur wiederholten und dauerhaften Begehung verschiedener und auch schwerer Delikte durch MIT reicht (Walter, 2003).

Junge MIT fallen häufig bereits in der Kindheit durch eine gewisse Manifestation von grenzverletzendem Verhalten auf und weisen i. d. R. eine außerordentliche Risikobelastung mit einer Kumulation von Entwicklungsrisiken in verschiedenen Lebensbereichen auf (z. B. allgemeine Mangelsituation in der – häufig unvollständigen – Familie, überforderte Eltern mit geringen Erziehungskompetenzen, Konflikt- und Gewalterleben in der Familie, Schulversagen, Streunen, Drogen- und Alkoholkonsum, Ausbildungsabbrüche, delinquente Peergruppen mit problematischen Lebensstilen; Assink et al., 2015). Auch in einer jüngeren Studie von Walsh (2018) wurde eine deutlich höhere Belastung junger MIT mit Risikofaktoren im Bereich sozialstruktureller (Arbeitslosigkeit, Sozialhilfebezug), schulisch-akademischer (geringes Bildungsniveau der Eltern, geringe Schulbindung) und familiärer Faktoren (schwere Züchtigungen/Misshandlungen in Kindheit und Jugend, Scheidung/Trennung) gefunden. Zudem wird die Bedeutung der Kumulation von Risiken in unterschiedlichen Lebensbereichen belegt (Glaubitz, Bliesener & Klatt, 2017; s. a. Kap. 2 in diesem Band).

Junge MIT weisen per Definition eine höhere Deliktbelastung auf. Sie unterscheiden sich aber auch in ihrer Deliktstruktur von ihren weniger auffälligen Altersgenossen. Zwar überwiegen auch bei ihnen weitgehend leichtere Delikte, v. a. im Bereich der Eigentumskriminalität. Thornberry, Huizinga und Loeber (1995) fanden aber in ihrer Stichprobe Jugendlicher aus Denver, Colorado, eine deutliche Konzentration der Gewaltdelikte auf wenige MIT. So lag die Verantwortung für mehr als 4/5 der Gewaltdelikte bei lediglich einem Viertel der Stichprobe. Wenngleich nur ein kleiner Teil der jugendlichen MIT besonders durch Gewalttaten auffällt, zählen etwa die Hälfte der jugendlichen Gewalttäter auch zu den MIT (Loeber, Farrington & Waschbusch, 1998). Studien zum Vergleich verschiedener Bevölkerungsgruppen weisen darauf hin, dass der Anteil jugendlicher MIT in verschiedenen Zuwanderergruppen deutlich erhöht ist (Boers, 2000; Grundies, 1999) und dass dieser Anteil zudem deutlich stärker steigt (Traulsen, 1999).

3.6 Migration und Delinquenz

In der öffentlichen Wahrnehmung wird Delinquenz häufig mit dem Merkmal des Migrationshintergrunds in Verbindung gebracht. Das geht zuweilen so weit, dass manche Stadtteile in Großstädten mit einem besonders hohen Ausländeranteil zu Problemgebieten erklärt werden, in denen Parallelgesellschaften existieren, die Recht und Ordnung der Mehrheitsgesellschaft außer Kraft setzen. Diese Sichtweise wird auf den ersten Blick unterstützt durch die Daten der registrierten Kriminalität.

So lag der Anteil nicht deutscher Tatverdächtiger an allen Tatverdächtigen im Jahr 2020 bei allen Straftaten[10] bei 29,9 % (Bundeskriminalamt, 2020). Bei den von der Öffentlichkeit meist stärker wahrgenommenen Rohheitsdelikten liegt der Anteil mit 31,2 % noch etwas höher (Bundeskriminalamt, 2020). Aus dem Vergleich dieses Tatverdächtigenanteils von etwa um die 30 % mit dem Bevölkerungsanteil von 12,7 % (Destatis, 2021) eine stärkere Delinquenzbelastung von Personen mit Migrationshintergrund zu schließen, ist jedoch aus mehreren Gründen unzulässig (Bliesener, 2018a):

- Der Ausländerstatus ist nicht mit dem Migrationsstatus gleichzusetzen, da viele Personen mit Migrationshintergrund die deutsche Staatsangehörigkeit angenommen haben oder bereits in zweiter (oder dritter) Generation in Deutschland als Deutsche geboren wurden.
- In der PKS werden auch ausländische Tatverdächtige erfasst, die nicht zur ausländischen Wohnbevölkerung zählen, dies sind z. B. Touristen, Durchreisende oder Stationierungskräfte, aber auch sich illegal in Deutschland aufhaltende Personen. Es gibt jedoch Hinweise darauf, dass gerade die Personen, die nicht melderechtlich erfasst werden, unter den ausländischen Tatverdächtigen überrepräsentiert sind (Naplava, 2002).
- Wie schon erwähnt, können bestimmte Delikte, z. B. Verstöße gegen das Ausländergesetz oder das Asylverfahrensgesetz, nur von Ausländern begangen werden.
- Der Ausländer- oder Migrationsstatus ist mit einer Reihe von Unterschieden in sozialstrukturellen Merkmalen konfundiert. So ist der Anteil männlicher Personen sowie jugendlicher und heranwachsender Personen unter ihnen deutlich höher als im einheimischen Teil der Bevölkerung. Die Gruppe der jungen Männer, d. h. die Gruppe mit der allgemein höchsten Kriminalitätsbelastung, ist bei ihnen also deutlich überrepräsentiert. Zudem leben Personen mit Migrationshintergrund häufiger in (Groß-)Städten, d. h. urbanen Strukturen, die auch allgemein eine höhere Kriminalitätsbelastung aufweisen.
- Möglicherweise zeigen die Opfer von Straftaten eine höhere Anzeigebereitschaft bei fremdländisch wirkenden Tätern, sodass hier mehr Taten vom Dunkel- ins Hellfeld geraten und registriert werden.
- Schließlich kann nicht ausgeschlossen werden, dass Personen mit Migrationshintergrund, wenn sie sich kulturell bedingt häufiger im öffentlichen Raum aufhalten, eine höhere Kontrolle durch die Polizei erfahren und dadurch häufiger als Tatverdächtige registriert werden.

Wenn man diese verschiedenen Besonderheiten berücksichtigt und die Hellfelddaten entsprechend bereinigt, bleibt die Tatverdächtigenbelastung in der Gesamtgruppe der Nichtdeutschen erhöht. Es zeigt sich aber auch eine erhebliche Heterogenität in dieser sehr vielfältigen Gruppe (Bliesener, 2018b).

Befragungen im Dunkelfeld liefern ein ähnlich uneinheitliches Bild. Zwar fallen die Unterschiede in den Selbstauskünften zum delinquenten Verhalten zwischen Einheimischen und Jugendlichen mit Migrationshintergrund i. d. R. eher gering aus, Unterschiede zeigen sich aber,

10 Bei dieser Berechnung sind Verstöße gegen ausländerrechtliche Bestimmungen, die Deutsche im Inland kaum begehen können, ausgenommen.

wenn man bestimmte Deliktstypen (z. B. Drogendelikte, Gewaltdelikte) und die Herkunft der immigrierten Jugendlichen betrachtet. So fällt die selbstberichtete Prävalenz von Delikten im Bereich der Körperverletzungen bei Jugendlichen aus süd-ost-europäischen Ländern (einschließlich der Türkei) in verschiedenen Untersuchungen substanziell höher aus als die Prävalenz bei ihren einheimischen Altersgenossen (Baier & Kliem, 2019; Naplava, 2002).

Unabhängig von diesen heterogenen Daten zur Prävalenz ist zu konstatieren, dass Personen mit Migrationshintergrund in vielen Fällen deutlich stärker gefährdet sind, kriminelles Verhalten zu entwickeln als ihre einheimischen Altersgenossen, da migrationstypische Risikofaktoren der Delinquenz bei ihnen kumulieren (zu allgemeinen Risikomodellen s. Kap. 2 in diesem Band). Häufig liegen bei ihnen geringe Bildungsaspirationen vor, die gepaart mit defizitären Sprachkompetenzen die schulischen und beruflichen Ausbildungschancen verringern. Als Konsequenz erfolgt häufig der Rückzug aus schulischen Leistungssituationen durch Schulschwänzen (Weitekamp, Reich & Bott, 2002), Ablehnung von schulischen Werten und die Bildung von jugendlichen Subgruppen mit zumeist devianten Wertesystemen und Verhaltensmustern (Elliott & Menard, 1996). Da der Kontakt mit einheimischen Jugendlichen häufig durch sprachliches und (jugend-)kulturelles Unverständnis geprägt ist, werden von beiden Seiten Abgrenzungen erlebt, die die Bildung von innerethnischen Gruppierungen wechselseitig noch verstärken. Zudem kann diese Gruppenbildung die Entwicklung Gewalt legitimierender Männlichkeitsnormen fördern. Der erlebte Mangel an Teilhabemöglichkeiten an der Gesellschaft führt zu einer geringen Verbundenheit mit der Mehrheitsgesellschaft (Baier, Pfeiffer, Rabold, Simonson & Kappes, 2010) und begünstigt die Orientierung an traditionellen innerethnischen Norm- und Wertvorstellungen, die mit denen der Mehrheitsgesellschaft durchaus konfligieren können (z. B. bzgl. des Erlebens von Ehrverletzungen und des Umgangs damit).

3.7 Interventionen

Nach dem Jugendgerichtsgesetz sollen die justiziellen Reaktionen auf die Straffälligkeit Jugendlicher maßvoll sein und dem Erziehungsgedanken folgen (Heinz, 2019). Bei jugendtypischen Bagatelldelikten bedarf es i. d. R. nicht der förmlichen Reaktion einer Gerichtsverhandlung. Hier reicht zumeist eine informelle normverdeutlichende Reaktion im Wege der Diversion aus (Dölling, 2007). Bei Delikten mit individuellen Opfern kann ein Verfahren des Täter-Opfer-Ausgleichs dem Täter die Folgen seiner Tat vor Augen führen und Bagatellisierungs- und Neutralisierungsversuche (s. Kap. 2 in diesem Band) verhindern. Repressive Maßnahmen werden dagegen auch wegen des überwiegend passageren Charakters der Jugenddelinquenz vielfach infrage gestellt, insbesondere da offizielle Kontakte mit den Organen der Strafverfolgung die Gefahr der Delinquenz fördernden Stigmatisierung mit sich bringen. So bleiben insbesondere freiheitsentziehende Maßnahmen das letzte Mittel der Wahl und sind nur dann anzuwenden, wenn ambulante Maßnahmen keinen Erfolg versprechen oder eine Freiheitsstrafe wegen der Schwere der Schuld unerlässlich erscheint.

Die Manifestation delinquenten Verhaltens bei einer kleinen Gruppe jugendlicher Intensivtäter zeigt jedoch, dass die verschiedenen vorhandenen Maßnahmen nicht in jedem Falle fruchten, weil sie zum falschen Zeitpunkt ansetzen, unangemessen sind oder schlicht den Jugendlichen nicht erreichen. Ein Problem ergibt sich auch daraus, dass sich eine klare definitorische Abgrenzung der Intensivtäter, die ein dauerhaftes dissoziales Verhalten entwickeln, von Jugendlichen mit einer vorübergehenden, jugendtypischen Delinquenz in der Praxis als schwierig erweist und eine frühe Differenzierung nur unzureichend gelingt (Steffen, 2003).

Die Bandbreite der Interventionsmaßnahmen bei dissozialem Verhalten Jugendlicher erstreckt sich von Frühinterventionen und Elterntrainings bei massiven Disziplinproblemen über Diversionsmaßnahmen bis zu intensiven Betreuungs- und Trainingsprogrammen in geschlossenen Einrichtungen (Bliesener, 2021; Kazdin, 2000; s.a. Kap. 27 in diesem Band). Zahlreiche methodisch gut kontrollierte Evaluationsstudien und Befundintegrationen zeigen allgemein einen mäßigen, aber positiven Effekt dieser verschiedenen Maßnahmen. Allerdings finden sich auch erhebliche Unterschiede zwischen verschiedenen Angeboten. Besonders bewährt haben sich bislang theoretisch gut fundierte, klar strukturierte, kognitiv-behaviorale und multi-modale Behandlungsmaßnahmen (McGuire, 2008; s.a. Kap. 34 in diesem Band). Demgegenüber zeigen weniger strukturierte therapeutische Angebote und therapeutische Gemeinschaften, nicht direktive Beratungen oder Maßnahmen mit eher unspezifischer Fallarbeit im Durchschnitt schlechtere Effekte. Auch Diversionsverfahren, die nicht von psychosozialen Trainings zur Behebung von Kompetenzdefiziten begleitet werden, und Maßnahmen, die im Wesentlichen einen punitiv-abschreckenden Charakter haben (z.B. Bootcamps), zeigen kaum positive, teilweise sogar negative Effekte i.S. einer Verfestigung von Delinquenzentwicklungen (Bliesener, 2021; Lipsey & Wilson, 1998).

Einige Studien weisen aber auch darauf hin, dass manche Maßnahmen und Interventionsstrategien nur bei einem Teil der jugendlichen Delinquenten einen Effekt versprechen (Wright, Caspi, Moffitt & Paternoster, 2004). Vor diesem Hintergrund bleibt abzuwarten, inwieweit eventuell differenzielle, auf die besondere Struktur der Risikofaktoren und der erkannten Defizite und Behandlungsnotwendigkeiten des Jugendlichen abgestimmte Maßnahmenangebote zu einer effektiveren Vermeidung und Verringerung der Jugenddelinquenz beitragen können.

3.8 Weiterführende Literatur

Bundeskriminalamt. (Hrsg.). (2020). *Polizeiliche Kriminalstatistik Bundesrepublik Deutschland Berichtsjahr 2020 (PKS 2020).* Wiesbaden: Bundeskriminalamt. Verfügbar unter https://www.bka.de/DE/AktuelleInformationen/-StatistikenLagebilder/PolizeilicheKriminalstatistik/PKS2020/PKSTabellen/pksTabellen_node.html

Ein vertiefender Blick in die PKS wird all denjenigen empfohlen, die sich für die Erfassung, die Entwicklung und die Differenzierung der registrierten Kriminalität in Deutschland interessieren.

Dölling, D. (2007). Kinder- und Jugenddelinquenz. In H.J. Schneider (Hrsg.). *Internationales Handbuch der Kriminologie* (Band 1: Grundlagen der Kriminologie, S. 469–507). Berlin: De Gruyter.

Gibt einen vertiefenden Überblick über die verschiedenen Formen und Phänomene der Kinder- und Jugenddelinquenz mit vielen weiteren Literaturhinweisen.

Literatur

Assink, M., van der Put, C.E., Hoeve, M. de Vries, S.L. A., Stams, G.J. J.M. & Oort, F.J. (2015). Risk factors für persiostent delienquent behavior among juveniles: A Meta-analytic review. *Clinical Psychology Review, 42,* 47–61. https://doi.org/10.1016/j.cpr.2015.08.002

Baier, D. & Kliem, S. (2019). Gewaltkriminalität von Geflüchteten. Befunde aus Deutschland. *Journal für Strafrecht, 6,* 9–18. https://doi.org/10.33196/jst201902010901

Baier, D., Krieg, Y. & Kliem, S. (2021). Kinder- und Jugenddelinquenz in Deutschland: Daten und Perspektiven. *Vierteljahresschrift für Heilpädagogik und ihre Nachbargebiete, 90* (3), 175–190.

Baier, D., Pfeiffer, C., Rabold, S, Simonson, J. & Kappes, C. (2010). *Kinder und Jugendliche in Deutschland: Gewalterfahrungen, Integration, Medienkonsum* (Forschungsbericht Nr. 109). Hannover: KFN.

Bindel-Kögel, G. (2009). Mehrfach- und „Intensivtäter"-Programme der Polizei in Deutschland In G. Bindel-Kögel & M.-M. Karliczek (Hrsg.), *Jugendliche Mehrfach- und „Intensivtäter". Entwicklungen, Strategien, Konzepte* (S. 89–119). Münster: LIT-Verlag.

Bliesener, T. (2010). Der Umgang mit jungen Mehrfach- und Intensivtätern – Probleme der Definition, Prävention und Intervention. *Bewährungshilfe, 57,* 357–371.

Bliesener, T. (2011). Persistent juvenile offenders. In T. Bliesener, A. Beelmann & M. Stemmler (Eds.), *Antisocial behavior and crime: Contributions of developmental and evaluation research to prevention and intervention* (pp. 53–68). Göttingen: Hogrefe.

Bliesener, T. (2018a). Die Silvesternacht von Köln und die Folgen – ein kritischer Blick auf die „Ausländerkriminalität". In M.H. W. Möllers & R.C. van Ooyen (Hrsg.), *„Flüchtlingskrise"* (S. 23–36). Frankfurt a.M.: Verlag für Polizeiwissenschaft.

Bliesener, T. (2018b). Ausländer- und Zuwandererkriminalität. Expertise im Auftrag des Sachverständigenrats deutscher Stiftungen für Integration und Migration für das Jahresgutachten 2019. Verfügbar unter https://www.svr-migration.de/wp-content/uploads/2019/05/Bliesener_Expertise_Ausl%C3%A4nderkriminalit%C3%A4t_f%C3%BCr_SVR_Jahresgutachten.pdf

Bliesener, T. (2021). Prävention von Jugendkriminalität. *Recht der Jugend und des Bildungswesens,* 69, 293–210 https://doi.org/10.5771/0034-1312-2021-3-293

Bliesener, T. & Riesner, L. (2012). Die Evaluation der polizeilichen Kriminalprävention bei Mehrfach- und Intensivtätern in NRW. *Forensische Psychiatrie, Psychologie und Kriminologie, 6,* 111–118. https://doi.org/10.1007/s11757-012-0154-7

Boers, K. (2000). Entwicklungen und Erklärungen seit der Wende. *Neue Kriminalpolitik, 12,* 7–10. https://doi.org/10.5771/0934-9200-2000-3-7

Boers, K. (2008). Kontinuität und Abbruch persistenter Delinquenzverläufe. In DVJJ (Hrsg.), *Fördern Fordern Fallenlassen. Aktuelle Entwicklungen im Umgang mit* (S. 340–376). Mönchengladbach: Forum Verlag Godesberg.

Boers, K. (2019). Delinquenz im Altersverlauf. *Monatsschrift für Kriminologie und Strafrechtsreform, 102* (1), 3–42. https://doi.org/10.1515/mks-2019-0004

Boers, K. & Schaerff, M. (2020). Jugenddelinquenz und Präventionsprogramme in NRW. *Zeitschrift für Jugendkriminalrecht und Jugendhilfe, 31* (1), 5–9.

Brettfeld, K., Enzmann, D., Trunk, D. & Wetzels, P. (2005). *Das Modellprojekt gegen Schulschwänzen (ProgeSs) in Niedersachsen: Ergebnisse der Evaluation.* Hamburg, Hannover: Universität Hamburg und Landespräventionsrat Niedersachsen.

Bundeskriminalamt. (Hrsg.). (2009). *Polizeiliche Kriminalstatistik Bundesrepublik Deutschland Berichtsjahr 2009 (PKS 2009).* Wiesbaden: Bundeskriminalamt.

Bundeskriminalamt. (Hrsg.). (2020). *Polizeiliche Kriminalstatistik Bundesrepublik Deutschland Berichtsjahr 2020 (PKS 2020).* Wiesbaden: Bundeskriminalamt.

Dahle, K.-P. (2005). Delinquenzverläufe über die Lebensspanne In. K.-P. Dahle & R. Volbert (Hrsg.), *Entwicklungspsychologische Aspekte der Rechtspsychologie.* Göttingen: Hogrefe.

Dalteg, A. & Levander, S. (1998). Twelve thousand crimes by 75 boys: A 20-year follow-up study of childhood hyperactivity. *Journal of Forensic Psychiatry, 9,* 39–57. https://doi.org/10.1080/09585189808402178

Destatis. (2021). *Bevölkerungsstand 2020.* Verfügbar unter https://www.destatis.de/DE/Themen/Gesellschaft-Umwelt/Bevoelkerung/Bevoelkerungsstand/_inhalt.html

Deutsche Gesetzliche Unfallversicherung. (2020). *Schülerunfallgeschehen 2019.* Berlin: DGUV.

Dölling, D. (2007). Kinder- und Jugenddelinquenz. In H.J. Schneider (Hrsg.), *Internationales Handbuch der Kriminologie* (Band 1: Grundlagen der Kriminologie, S. 469–507). Berlin: De Gruyter.

Elliott, D.S. & Menard, S. (1996). Delinquent friends and delinquent behavior: Temporal and developmental patterns. In J.D. Hawkins (Ed.), *Delinquency and crime: Current theories* (pp. 28–67). New York, NY: Cambridge University Press.

Farrington, D.P. (1992). Psychological contributions to the explanation, prevention, and treatment of offending. In F. Lösel, D. Bender & T. Bliesener (Eds.), *Psychology and law: International perspectives* (pp. 35–51). Berlin: De Gruyter.

Glaubitz, C., Bliesener, T. & Klatt, T. (2017). Junge Mehrfach- und Intensivtäter, persistierende Delinquenz und „callous-unemotional traits". *Forensische Psychiatrie, Psychologie, Kriminologie, 11* (4), 349–354. https://doi.org/10.1007/s11757-017-0442-3

Gloss, W. (2007). Standards der polizeilichen Jugendarbeit. *Zeitschrift für Jugendkriminalrecht und Jugendhilfe, 18* (3), 278–284.

Grundies, H.V. (1999). Polizeiliche Registrierungen von 7- bis 23-Jährigen – Befunde der Freiburger Kohortenstudien. In H.J. Albrecht (Hrsg.), *Forschungen zu Kriminalität und Kriminalitätskontrolle am MPI für ausländisches und internationales Strafrecht.* Freiburg: MPI.

Harrendorf, S. (2007). *Rückfälligkeit und kriminelle Karrieren von Gewalttätern.* Göttingen: Universitätsverlag. https://doi.org/10.17875/gup2007-166

Heinz, W. (2003). *Jugendkriminalität in Deutschland. Kriminalstatistische und kriminologische Befunde.* Universität Konstanz. Verfügbar unter http://www.uni-konstanz.de/rtf/kik

Heinz, W. (2008). „Bei der Gewaltkriminalität junger Menschen helfen nur härtere Strafen!" Fakten und Mythen in der gegenwärtigen Jugendkriminalpolitik. *Neue Kriminalpolitik, 2,* 50–59. https://doi.org/10.5771/0934-9200-2008-2-50

Heinz, W. (2019). *Sekundäranalyse empirischer Untersuchungen zu jugendkriminalrechtlichen Maßnahmen, deren Anwendungspraxis, Ausgestaltung und Erfolg. Zusammenfassung.* Gutachten im Auftrag des Bundesministeriums für Justiz und Verbraucherschutz, Berlin.

Junger-Tas, J., Terlouw, G.J. & Klein, M.W. (Eds.). (1994). *Delinquent behavior among young people in the western world.* Amsterdam: Kugler.

Kazdin, A.E. (2000). Treatments for aggressive and antisocial children. *Child and Adolescent Psychiatric Clinics of North America, 9,* 841–858. https://doi.org/10.1016/S1056-4993(18)30095-6

Köllisch, T. & Oberwittler, D. (2004). Wie ehrlich berichten Jugendliche über ihr delinquentes Verhalten? Ergebnisse einer externen Validierung selbstberichteter Delinquenz auf Individual- und Aggregatebene. *Kölner Zeitschrift für Soziologie und Sozialpsychologie, 54,* 534–552. https://doi.org/10.1007/s11577-004-0110-4

Lipsey, M.W. & Wilson, D.B. (1998). Effective intervention for serious juvenile offenders: A synthesis of research. In R. Loeber & D.P. Farrington (Eds.), *Serious and violent juvenile offenders: Risk factors and successful interventions* (pp. 313–345). Thousand Oaks, CA: Sage.

Loeber, R., Farrington, D.P. & Waschbusch, D.A. (1998). Serious and violent juvenile offenders. In R. Loeber & D.P. Farrington (Hrsg.), *Serious and violent juvenile offenders: Risk factors and successful interventions* (S. 13–29). Thousand Oaks, CA: Sage.

Lösel, F. & Bliesener, T. (2003). *Aggression und Delinquenz unter Jugendlichen – Untersuchungen von kognitiven und sozialen Bedingungen.* Neuwied: Luchterhand.

McGuire, J. (2008). A review of effective interventions for reducing aggression and violence. *Philosophical Transactions of the Royal Society B: Biological Sciences 363,* 2577–2597. https://doi.org/10.1098/rstb.2008.0035

Moffitt, T.E. (1993). Adolescence-limited and life-course-persistent antisocial behavior: A developmental taxonomy. *Psychological Review, 100,* 674–701. https://doi.org/10.1037/0033-295X.100.4.674

Moffitt, T.E. (2003). Life-course-persistent and adolescent-limited antisocial behavior: A 10-year research review and a research agenda. In B.B. Lahey, T.E. Moffitt & A. Caspi (Eds.), *Causes of conduct disorder and juvenile delinquency* (pp. 49–75). New York: Guilford.

Naplava, T. (2002). *Delinquenz bei einheimischen und immigrierten Jugendlichen im Vergleich. Sekundäranalyse von Schülerbefragungen der Jahre 1995–2000.* Freiburg: MPI.

Naplava, T. (2018). Jugendliche Intensiv- und Mehrfachtäter. In B. Dollinger & H. Schmidt-Semisch (Hrsg.), *Handbuch Jugendkriminalität* (3. Aufl., S. 337–356). Wiesbaden: Springer.

Niebaum, I. (2003). Illegales Sprayen als jugendkulturelle Form der Sachbeschädigung oder: Narrenhände beschmieren Tisch und Wände? In J. Raithel & J. Mansel (Hrsg.), *Kriminalität und Gewalt im Jugendalter. Hell- und Dunkelfeldbefunde im Vergleich* (S. 226–240). Weinheim: Juventa.

Riesner, L., Bliesener, T. & Thomas, J. (2012). Polizeiliche Mehrfach- und Intensivtäterprogramme: Befunde einer Prozessevaluation. *Zeitschrift für Jugendkriminalrecht und Jugendhilfe, 23,* 40–47.

Steffen, W. (2003). Mehrfach- und Intensivtäter: Aktuelle Erkenntnisse und Strategien aus dem Blickwinkel der Polizei. *Zeitschrift für Jugendkriminalität und Jugendhilfe, 2,* 152–159.

Streng, F. (2003). *Jugendstrafrecht.* Heidelberg: Müller.

Thomas, J. & Stelly, W. (2008). Kriminologische Verlaufsforschung zu Jugendkriminalität. Entwicklungen und Befunde. *Forensische Psychiatrie, Psychologie und Kriminologie, 2,* 199–206. https://doi.org/10.1007/s11757-008-0086-4

Thornberry, T.P., Huizinga, D. & Loeber, R. (1995). The prevention of serious delinquency and violence: Implications from the research on the causes and correlates of delinquency. In B. Krisberg J.D. Hawkins, J.C. Howell & J.J. Wilson (Eds.), *Sourcebook on serious, violent, and chronic juvenile offenders* (pp. 213–237). Thousand Oaks, CA: Sage.

Traulsen, M. (1999). Häufung auffälliger Jugendlicher, *DVJJ-Journal, 10,* 311–316.

Walsh, M. (2017). Der Umgang mit jungen „Intensivtätern": Ein Review zu kriminalpräventiven Projekten in Deutschland unter Wirksamkeitsgesichtspunkten. *Zeitschrift für Jugendkriminalrecht und Jugendhilfe, 28* (1), 28–46.

Walsh, M. (2018). *Effekte von Ansätzen und Maßnahmen im Umgang mit jungen „Intensiv"- und Mehrfachtätern* (Berichte des Nationalen Zentrums für Kriminalprävention No. 2). Nationales Zentrum für Kriminalprävention. Zugriff am 14. November 2019 unter https://www.nzkrim.de/fileadmin/nzk/NZK_Berichte/NZK_2018 _002.pdf

Walter, M. (2003). Jugendkriminalität in zeitbedingter Wahrnehmung: der Intensivtäter – empirische Kategorie oder kriminalpolitischer Kampfbegriff? *Recht der Jugend und des Bildungswesens, 51,* 272–281.

Weitekamp, E., Reich, K. & Bott, K. (2002). Deutschland als neue Heimat? Jugendliche Aussiedler in Deutschland zwischen Veränderung und Verweigerung. *Neue Praxis: Zeitschrift für Sozialarbeit, Sozialpädagogik und Sozialpolitik, (1),* 33– 52.

Wright, B., Caspi, A., Moffitt, T. & Paternoster, R. (2004). Does the perceived risk of punishment deter criminally prone individuals? Rational choice, self-control, and crime. *Journal of Research in Crime and Delinquency, 2,* 180–213. https://doi.org/10.1177/0022427803260263

4 Sexualdelinquenz

Martin Rettenberger

4.1 Einleitung: Zur Bedeutung der Sexualdelinquenz

Obwohl sexuell motivierte Straftaten üblicherweise nur einen vergleichsweise geringen Anteil an der Gesamtkriminalität ausmachen, gilt diese Deliktgruppe aus unterschiedlichen kriminalpolitischen und kriminologischen Gründen als besonders relevant. So werden Sexualdelikte oft intensiv medial diskutiert und begleitet (Dessecker & Rettenberger, 2018), sowohl hinsichtlich realer Fälle in Nachrichten- und Politiksendungen sowie in Dokumentationen des sog. „True-Crime"-Genres als auch im fiktionalen Bereich in zahllosen Filmen, Serien und Büchern. Dies hat einerseits sicherlich begrüßenswerte Gründe, die bspw. darauf zurückgeführt werden können, dass die sexuelle Selbstbestimmung mittlerweile als ein besonders sensibles und daher besonders schützenswertes Rechtsgut gilt, dessen Verletzung öffentliche Empörung und Anteilnahme hervorruft. Andererseits müssen bei der Begründung für dieses gesteigerte Interesse auch immer wieder beklagenswerte und problematische Motive wie (Massen-)Voyeurismus und eine quasimoralistische Beschäftigung mit Intimität und Sexualität in Erwägung gezogen werden. Auch für die Rechtspsychologie sind Sexualdelikte von besonderer Relevanz, da die öffentliche Aufmerksamkeit und kriminalpolitische Bedeutung entscheidend dazu beitrugen, dass Rechtspsychologinnen und Rechtspsychologen vergleichsweise häufig mit diesem Deliktbereich in Verbindung kommen: so bspw. im Bereich der psychosozialen Versorgung von Betroffenen und verurteilten Personen, im Bereich der Primär- und Sekundärprävention sexualisierter Gewalt oder in den daraus resultierenden vielfältigen gutachterlichen (straf- wie familienrechtlichen) Tätigkeitsbereichen (s.a. Kap. 16–20 in diesem Band).

Interessanterweise konnten historische Analysen zeigen, dass dieses aktuell als besonders ausgeprägt wahrgenommene Interesse an Sexualstraftaten keineswegs ein neues Phänomen ist, sondern die allgemeinen kriminalpolitischen Debatten seit mehr als einem Jahrhundert begleitet und prägt (Freedman, 1987). In den letzten Jahren wurde die ohnehin große Aufmerksamkeit allerdings gleich durch mehrere gesellschaftspolitische Debatten und Konflikte zusätzlich verstärkt: So warfen zahlreiche Skandale und Aufarbeitungsprojekte über (sexualisierte) Gewalt im institutionell-pädagogischen Kontext drängende Fragen über den Zusammenhang von Macht, Sexualität und Missbrauch auf (Rettenberger, Dessecker & Rau, 2020), die im Zusammenhang mit aktuellen Fällen sexualisierter Gewalt gegen Frauen – zunächst im beruflichen Kontext, später in allgemeinerer Form im alltäglichen Zusammenleben – im Zuge der #MeToo-Bewegung generelle Fragen geschlechtsbezogener Diskriminierung und Misogynie aufwarfen. Auch die seit jeher kontrovers geführten gesellschaftspolitischen Diskussionen über Flucht, Migration, Asyl und Zuwanderung wurden aufgrund der verstärkten Flucht- und Migrationsbewegungen Mitte der 2010er-Jahre auch in einem kriminalpolitischen Kontext diskutiert, in dem Sexualdelikte von Beginn an eine besonders wichtige Rolle spielten (Dessecker & Rettenberger, 2021; als ein besonders kontrovers diskutiertes Beispiel sei in diesem Zusammenhang an die Ereignisse der Kölner Silvesternacht 2015/16 erinnert; Egg, Rettenberger & Welsch, 2016).

All diese Punkte führten in der jüngeren Vergangenheit zusammengenommen zu (weiteren) Verschärfungen des sexualstrafrechtlichen Rahmens (für einen Überblick z. B. Rettenberger & Dessecker, 2017), der im folgenden Abschnitt 4.2 kurz vorgestellt werden soll. Anschließend wird im Abschnitt 4.3 anhand von etablierten Kriminalstatistiken auf den Umfang, die Struktur und die Entwicklung der Sexualdelinquenz eingegangen, bevor in 4.4 aktuelle Erkenntnisse zu kriminalpsychologischen Typologien berichtet werden. Abschließend werden aktuelle Ergebnisse zur Rückfälligkeit von Personen, die zuvor aufgrund von Sexualdelikten verurteilt wurden, dargestellt (4.6) sowie Einflüsse auf das Rückfallrisiko in Form von Risiko- und Schutzfaktoren diskutiert (4.7).

4.2 Sexualdelinquenz: Strafrechtliche Regelungen

Die seit der Einführung des Reichsstrafgesetzbuches von 1871 geltenden Vorschriften des Sexualstrafrechts blieben viele Jahrzehnte lang relativ unverändert. Erst im Zuge der in den 1960er und 1970er-Jahren durchgeführten Strafrechtsreform wurde der Katalog der ursprünglich als „Straftaten gegen die Sittlichkeit" bezeichneten Tathandlungen modifiziert und mit der neuen Bezeichnung „Straftaten gegen die sexuelle Selbstbestimmung" versehen. Damit wollte man zum Ausdruck bringen, dass nicht Moral oder Sittlichkeit im Mittelpunkt des Strafgesetzbuches stehen sollten, sondern von außen zugeführte Verletzungen der sexuellen Selbstbestimmung und daraus resultierende Beeinträchtigungen der freien Entfaltung der Persönlichkeit. Strafbar sollten deshalb nur solche Handlungen sein, die für die Gesellschaft als schädlich angenommen wurden, weshalb gleichzeitig die Strafbarkeit des Ehebruchs (§ 172 StGB a. F.), die Strafbarkeit homosexueller Handlungen zwischen erwachsenen Männern (§ 175 StGB a. F.) sowie die alten Kuppeleivorschriften (§§ 180f. StGB a. F.) gestrichen wurden. Letztere bedrohten selbst Eltern, die ihrem Kind erlaubten, mit dessen Verlobten (oder Verlobter) in der eigenen Wohnung zu übernachten, mit Strafe. Zudem wurde auch der Konsum pornografischen Materials freigegeben, da es aus Sicht des Gesetzgebers keinen erkennbaren Beweis dafür geben würde, dass Pornografie per se sozialschädlich ist, weshalb erwachsene Personen selbst bestimmen können sollten, welche Inhalte sie konsumieren möchten.

Spätere Reformen (ab 1992) brachten Erweiterungen und Veränderungen der strafrechtlichen Bestimmungen mit dem Ziel der Verbesserung des Opferschutzes mit sich. So wurden die Regelungen im Bereich des Menschenhandels, des Konsums von Missbrauchsabbildungen (strafrechtlich als Kinderpornografie bezeichnet[11]), des sexuellen Kindesmissbrauchs und der Vergewaltigung mehrfach verschärft und erweitert. Vergewaltigung wurde seit 1997 geschlechtsneutral formuliert, ist seither auch innerhalb der Ehe strafbar und umfasst neben dem erzwungenen Beischlaf andere schwerwiegende Verletzungen der sexuellen Selbstbestimmung der betroffenen Person. Zuletzt erfolgte 2016 im Zuge der fortwährenden Diskussionen um die Reformbedürftigkeit des Sexualstrafrechts und insbesondere auch unter dem Eindruck der Silvesternacht 2015/2016 in Köln (Egg et al., 2016) eine Neuausrichtung des Sexualstrafrechts, bei der die Perspektive der betroffenen Person verstärkt ins Zentrum der

11 Die Deliktkategorien orientieren sich im vorliegenden Beitrag an den juristischen Begriffen, die im sozial- bzw. humanwissenschaftlichen Kontext teilweise befremdlich oder gar unsensibel und abwertend wirken können. Im forensisch-klinischen Kontext würde man eher vom Konsum von Missbrauchsabbildungen sprechen, da der Begriff der Kinderpornografie verharmlosend wirken kann.

strafrechtlichen Bewertung gerückt wurde (Rettenberger & Dessecker, 2017). Der neugefasste § 177 StGB knüpft für die Strafbarkeit nunmehr an den ausdrücklich erklärten entgegenstehenden Willen an und setzt damit die zuvor intensiv diskutierte „Nein-heißt-Nein"-Lösung um. Ist das Opfer nicht in der Lage, einen solchen entgegenstehenden Willen zu äußern, muss i. S. einer „Nur-Ja-heißt-Ja"-Lösung die ausdrückliche Zustimmung vorliegen.

Als Folge dieser unterschiedlichen und teils heftig umstrittenen Gesetzesreformen betrifft der geltende 13. Abschnitt des Besonderen Teils des Strafgesetzbuches, in dem die „Straftaten gegen die sexuelle Selbstbestimmung" gelistet sind, eine Vielzahl unterschiedlicher Handlungen, denen auf der Täter- wie der Betroffenenseite sehr verschiedenartige Sachverhalte entsprechen können, die keineswegs deckungsgleich mit der (kriminal- oder klinisch-)psychologischen oder forensisch-psychiatrischen Symptomatik der sexuellen Devianz sind. So enthält dieser Abschnitt einerseits auch Tatbestände, die aufseiten der mutmaßlichen Täter nicht notwendigerweise sexuell motiviert sein müssen (z. B. Ausbeutung von Prostituierten – § 180a, Zuhälterei – § 181a oder die Verbreitung pornografischer Inhalte – § 184), andererseits fehlen darin aber all jene Delikte, bei denen zwar eine (unbewusste) sexuelle Motivation eine maßgebliche Rolle spielt bzw. spielen kann, die sich jedoch im Delikt selbst nicht unmittelbar äußert (z. B. bestimmte Körperverletzungs-, Diebstahls- oder Raubdelikte mit sexuellem Bezug). Schließlich ist das besonders schwere Delikt des Sexualmordes (genauer: Mord „zur Befriedigung des Geschlechtstriebs") nicht im 13. Abschnitt des Strafgesetzbuches, sondern bei den Tötungsdelikten aufgeführt (§ 211 Abs. 2 StGB). Inzestuöse sexuelle Handlungen („Beischlaf zwischen Verwandten" – § 173 StGB) werden ebenfalls nicht bei den Sexualdelikten, sondern im 12. Abschnitt des Strafgesetzbuches, bei den „Straftaten gegen den Personenstand, die Ehe und die Familie" subsumiert.

4.3 Umfang, Struktur und Entwicklung der Sexualdelinquenz

Geht es um eine erste Standortbestimmung hinsichtlich des quantitativen Ausmaßes der (Sexual-)Delinquenz stellt die Polizeiliche Kriminalstatistik (PKS) die am häufigsten zitierte Quelle dar: Demnach wurden im Jahr 2019 69.881 Straftaten gegen die sexuelle Selbstbestimmung polizeilich registriert,[12] womit der Anteil der Sexualstraftaten an der Gesamtkriminalität – wie auch ungefähr in den Jahren zuvor – etwa 1,3 % betrug (Bundeskriminalamt, 2019). Dabei wurden insgesamt 52.322 Tatverdächtige registriert, wovon – wenig überraschend und damit einem traditionellen und international bekannten Muster folgend – mit 48.770 Fällen (93,2 %) der ganz überwiegende Teil männlich war, in 3.552 Fällen (6,8 %) handelte es sich um weibliche Tatverdächtige. Hinsichtlich der Altersstruktur der tatverdächtigen Personen befand sich mit 35.527 Personen (67,9 %) der Großteil der Tatverdächtigen (TV) im Erwachsenenalter und war gem. der Alterseinteilung der PKS über 21 Jahre alt. Etwa 8,5 % (4.447 Personen) waren zwischen 18 und 21 Jahre alt und gehörten damit der Kategorie der Heranwachsenden an, 16,7 % (8.738 Personen) waren zwischen 14 und 18 Jahre alt und wurden als Jugendliche geführt, während 6,9 % (3.610 Personen) zum Zeitpunkt der (mutmaßlichen) Tat jünger als 14 Jahre alt waren und deshalb der Alterskategorie der Kinder zugeordnet wurden.

Ausgehend von der Gesamtzahl an polizeilich registrierten Sexualdelikten können weitere deliktbezogene Differenzierungen vorgenommen werden: Hinsichtlich der zahlenmäßig wichtigsten Deliktgruppen wurden 9.426 Fälle im Bereich der Vergewaltigung und sexuellen

12 Bei der Interpretation der PKS-Zahlen ist wichtig zu berücksichtigen, dass es sich hierbei um polizeilich registrierte Delikte, Tatverdächtige und Betroffene handelt; diese Zahlen lassen noch keine Rückschlüsse auf Anklagen oder Verurteilungen zu.

Nötigung, 13.645 Fälle der sexuellen Belästigung, 13.670 Fälle des sexuellen Missbrauchs von Kindern, 7.567 exhibitionistische Taten und 12.262 Fälle sog. kinderpornografiebezogener Straftaten polizeilich registriert. In den meisten Deliktkategorien lagen die Aufklärungsquoten stabil über 80 %, weshalb in diesem Deliktbereich von vergleichsweise hohen Aufklärungsquoten ausgegangen werden kann. **Abbildung 4-1** zeigt den (Häufigkeits-)Verlauf der drei wichtigsten Tatkategorien über die letzten 20 Jahre, wobei einschränkend bei allen Formen der PKS-basierten Zeitreihenanalysen im Bereich der sexuell motivierten Straftaten zu beachten ist, dass die Vergleichbarkeit von Fall- und TV-Zahlen über längere Zeiträume hinweg aufgrund der Änderungen des Sexualstrafrechts sowie aufgrund von veränderten Erfassungsmethodiken eingeschränkt ist. So ist der Anstieg im Bereich der Vergewaltigung und sexuellen Nötigung mit hoher Wahrscheinlichkeit auf die kürzlich erfolgte Verschärfung des Sexualstrafrechts in diesem Bereich zurückzuführen (Rettenberger & Dessecker, 2017) und nicht unbedingt auf eine tatsächliche Erhöhung des Tataufkommens. Die Häufigkeitszahlen im Bereich der pädosexuellen Delikte zeigten langfristig eine leicht abnehmende Tendenz, während die Tat- bzw. Täterzahlen im Bereich der kinderpornografiebezogenen Straftaten weiterhin anstiegen.

4.4 Kriminalpsychologische Klassifikationen und Typologien

Mittlerweile liegt eine Reihe unterschiedlicher Typologien und ätiologischer (Theorie-)Modelle zur Entstehung und Erklärung sexualisierter Gewalt vor (für einen Überblick s. z. B. Beech & Ward, 2016). Aufgrund augenscheinvalider Unterschiede in der Phänomenologie der Erscheinungsformen sexualisierter Gewalt wird üblicherweise zunächst in Delikte gegen Kinder (sog. pädosexuelle Taten) sowie in Delikte, die gegen erwachsene Personen begangen wurden (häufig mit dem Begriff der Vergewaltigung bzw. Vergewaltigungstäter beschrieben), unterteilt. Anschließend folgen innerhalb dieser Gruppen weitere Differenzierungen. Für den zuerst genannten Deliktbereich liegen traditionell relativ viele Klassifikationsversuche und

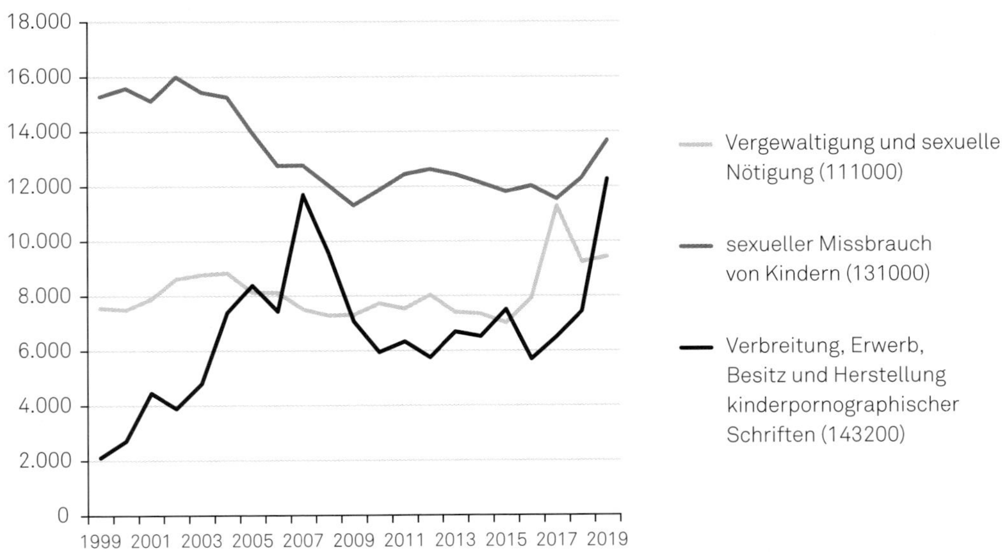

Abbildung 4-1: Anzahl der Tatverdächtigen (TV) im Bereich der Straftaten gegen die sexuelle Selbstbestimmung gem. Polizeilicher Kriminalstatistik (PKS; Bundeskriminalamt, 2019) von 1999 bis 2019.

Typologien im Vergleich zu anderen sexuell motivierten Deliktformen vor (für einen Überblick z.B. Berner, 2017), wobei der dritten Auflage der Typologie des *Massachusetts Treatment Center* – der sog. MTC-Typologie – international eine besondere Bedeutung zukommt (orig. *Massachusetts Treatment Center Child Molester Typology, Version 3* [MTC:CM3]; Knight, Carter & Prentky, 1989). Die MTC:CM3-Typenbildung basiert schwerpunktmäßig auf den beiden folgenden Achsen: Stärke der Fixiertheit auf Kinder und soziale Kompetenz (Achse 1) sowie Länge und Intensität des Kontakts zwischen Täter und Opfer und Schwere der körperlichen Verletzungen, die aus den Übergriffen resultierten (Achse 2). In **Abb. 4-2** werden die in Anlehnung an die MTC:CM3 besonders relevanten Tätertypen dargestellt.

Dabei gibt es zwei Personengruppen, bei denen die sexuelle Störung (d.h. das Ausmaß an pädosexueller Fixiertheit) im Vordergrund steht: der interpersonelle sowie der sadistische Tätertypus. Bei beiden Tätertypen ist aufgrund der zugrunde liegenden stabilen sexuellen Präferenzstörung von einem über die Lebensspanne vergleichsweise stabilen pädosexuellen Tatrisiko auszugehen. Allerdings ist die Ansprechbarkeit des interpersonellen Typus auf Interventionsmaßnahmen als höher einzustufen als beim sadistischen Tätertypus, da für die Bedürfnisse des Ersteren (sozialer Kontakt und Beziehungen) therapeutisch leichter Alternativen erarbeitet werden können. Für den letztgenannten Tätertypus, bei dem sexuelle Lust derart stark an Angst, Schmerz und Demütigung des (kindlichen) Opfers geknüpft ist, dass alternative Formen der sexuellen Aktivität kaum nachhaltige Befriedigung ermöglichen dürften, ist dies schwieriger. Beim narzisstischen Tätertypus sind hingegen alternative Wege sexueller Aktivität und Befriedigung grundsätzlich denkbar und möglich, deren Umsetzung allerdings in aller Regel externe Unterstützung bzw. langfristige Veränderungsprozesse benötigt. Eine primär altersbedingte Abnahme des Tatrisikos ist hingegen beim nichtsadistisch-aggressiven Tätertypus am ehesten wahrscheinlich, da seine Übergriffe primär von Impulsivität, Aggressivität und Opportunismus motiviert sind – Konstrukte, die üblicherweise einem stärker ausgeprägten altersbezogenen Einfluss unterliegen.

Die rechte Seite der **Abb. 4-2** thematisiert idealtypische Täter- und Tatkonstellationen hinsichtlich sexualisierter Gewalt gegen erwachsene Personen (aufgrund der o.g. Geschlechterverteilung steht sexuell motivierte Gewalt gegen Frauen, verübt durch männliche Täter, meist im Vordergrund; die theoretischen Modelle sind grundsätzlich meist jedoch auch auf andere Geschlechterkonstellationen anwendbar). Auch hier gilt die dritte Auflage der MTC-Typologie (orig. *Massachusetts Treatment Center Rapist Typology, Version 3* [MTC:R3]) als international etabliertes und in Praxis und Wissenschaft weitverbreitetes Modell (für einen aktuellen Überblick s. Knight & Sims-Knight, 2016). In **Abb. 4-2** werden zunächst die vier Grundtypen dargestellt, anschließend folgen die zentralen psychologischen Annahmen, die im MTC:R3-Modell diesen Typen zugrunde liegen.[13] Zunächst ist auf die Ausgangsebene einzugehen: Psychopathie gilt insbesondere in der Tradition von Hare (2003)[14] als eines der zentralen persönlichkeitspsychologischen Konstrukte forensischer Wissenschaft und Praxis (s.a. Kap. 2.3.5 in diesem Band). In diesem Sinne versteht man unter dem Begriff der Psychopathie eine zeitlich

13 Aus Darstellungsgründen können an dieser Stelle nicht alle Aspekte des Originalmodells ausreichend berücksichtigt werden. So musste aus Platzgründen bspw. auf die Diskussion der sozialen Kompetenz, der eine wichtige Rolle in der MTC:R3 zukommt, verzichtet werden (für weitere Details des Modells s. Knight & Sims-Knight, 2016).

14 Selbstverständlich gibt es eine Reihe von alternativen Konzeptualisierungen psychopathischer Persönlichkeiten und ihrer Erfassung, auf die aus Platzgründen an dieser Stelle nicht weiter eingegangen werden kann. Für den forensisch-psychologischen Anwendungsbereich ist jedenfalls Psychopathie in der Definition von Hare (2003) sicherlich am stärksten etabliert und am weitesten verbreitet.

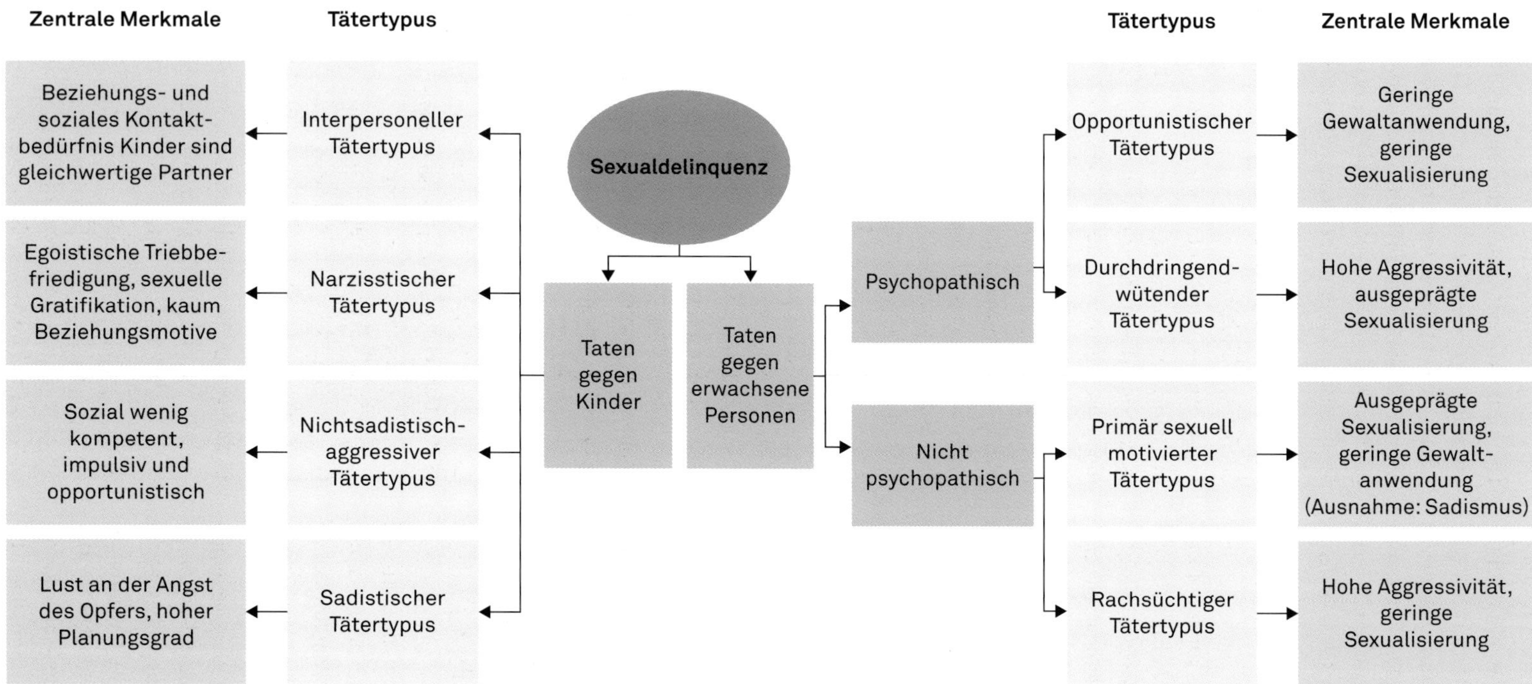

Abbildung 4-2: Tätertypen bei sexualisierter Gewalt gegen Kinder sowie gegen erwachsene Opfer (angelehnt an die MTC:CM3- bzw. MTC:R3-Typologie).

und entwicklungspsychologisch relativ stabile Persönlichkeitskonfiguration, die im Wesentlichen aus antisozialen, impulsiven, narzisstischen und histrionischen Persönlichkeitsanteilen besteht. Wesentliche Merkmale sind u.a. eine geringe Empathie, geringes Schulderleben, ein eloquent-charmanter und manipulativ-opportunistischer Interaktionsstil sowie eine ausgeprägte Tendenz zu impulsiven und antisozialen Verhaltensweisen.

Wie in **Abb. 4-2** dargestellt, können innerhalb der Typendifferenzierung in vergleichsweise hohe bzw. vergleichsweise niedrige Ausprägungen psychopathischer Persönlichkeitseigenschaften jeweils zwei weitere übergeordnete Tätertypen unterschieden werden. Diese variieren wiederum einerseits im Ausmaß an gezeigter Gewaltanwendung (eine entscheidende Frage dabei ist, inwieweit die durch den Täter eingesetzte Gewalt über das Maß hinausging, das notwendig war, um den Widerstand des Opfers zu brechen, d.h., inwieweit der Gewaltanwendung ein Selbstzweck zuzukommen scheint) sowie im Grad der Sexualisierung (der Relevanz genuin sexueller Motive sowie des Ausmaßes der sexualitätsbezogenen Dranghaftigkeit, im klinischen und forensischen Kontext auch als Hypersexualität bezeichnet; Rettenberger, Dekker, Klein & Briken, 2013).

4.5 Zur Rückfälligkeit bei Fällen sexualisierter Gewalt

Das Rückfallrisiko von Personen, die aufgrund sexualisierter Gewalt verurteilt worden waren, wird seit langer Zeit mit hoher Intensität und einem ausgeprägten Hang zur Kontroverse diskutiert. Dies liegt zunächst aus nachvollziehbaren Gründen an der hohen gesellschaftspolitischen und juristischen Bedeutung, die der Rückfälligkeit bzw. der Rückfallprognostik zukommt: So war in den vergangenen Jahren und Jahrzehnten wiederholt zu beobachten, dass ebenso spektakuläre wie tragische Einzelfälle rückfälliger Sexualstraftäter entscheidend zur Verschärfung der entsprechenden Gesetzeslage in Deutschland sowie in anderen Ländern beitrugen (Regler, 2020; Rettenberger, 2018a). Dabei liegt ein äußerst relevanter und bemerkenswerter Aspekt dieser Diskussion in der auffallend großen Diskrepanz zwischen öffentlichem und kriminalpolitischem Interesse einerseits und dem realen Ausmaß der Rückfälligkeit andererseits (Rettenberger, Briken, Turner & Eher, 2015; Soothill, 2010).

Allgemein betrachtet liegen die Rückfallraten von Personen, die aufgrund sexuell motivierter Straftaten verurteilt wurden, deutlich niedriger als bei anderen Deliktbereichen. Nimmt man den international häufig verwendeten Nachbeobachtungszeitraum von fünf Jahren als Referenzrahmen, so liegen die Rückfallraten bzgl. sexuell motivierter Delikte üblicherweise im mittleren bis hohen einstelligen Prozentbereich. Konkret wurden in einer von unserer Arbeitsgruppe durchgeführten Rückfallstudie (Rettenberger et al., 2015), bei der die Daten von 1.115 Personen ausgewertet wurden, die aufgrund sexuell motivierter Straftaten zwischen 2001 und 2009 im österreichischen Strafvollzug inhaftiert und später entlassen worden waren, bei Verwendung eines 5-jährigen Nachbeobachtungszeitraums 6% aufgrund eines neuerlichen Sexualdelikts (wieder-)verurteilt. Davon waren etwa ein Drittel der sexuell motivierten Rückfalldelikte Straftaten, die ohne körperlichen Kontakt zwischen Täter und Opfer begangen wurden (sog. Hands-off- oder Nonkontakt-Delikte wie kinderpornografiebezogene Straftaten oder Exhibitionismus).

Die Rückfallraten stiegen zwangsläufig an, wenn auch nicht sexuelle Gewaltdelikte in der Rückfalldefinition inkludiert waren (für die Gesamtstichprobe betrug die Rückfallrate nach fünf Jahren in diesem Fall 17%) bzw. wenn jeder neue Eintrag im Strafregister – unabhängig davon, ob sexuell motiviert, gewalttätig oder allgemein – erfasst wurde (in diesem Fall stieg die Rückfallrate auf 31%). Wie aufgrund früherer Studien zur Rückfalldelinquenz von Personen, die aufgrund sexuell motivierter Straftaten verurteilt worden waren, anzunehmen war, war die Rückfallrate von Personen, die erstmals aufgrund sexuell motivierter Straftaten sanktioniert wurden, niedriger als bei Personen, die in der Vergangenheit bereits mehrfach einschlägig in strafrechtlicher Hinsicht auffällig waren. Darüber hinaus wies die Substichprobe, die in der Vergangenheit aufgrund pädosexueller Straftaten verurteilt worden war, höhere sexuell motivierte Rückfallraten auf, während Personen, die Sexualdelikte gegen erwachsene Opfer begangen hatten, höhere nichtsexuelle gewalttätige und allgemeine Rückfallraten zeigten.

Diese – für viele Personen zunächst überraschend niedrigen – Rückfallraten bestätigten einen internationalen Trend, nach dem die Rückfallwahrscheinlichkeit von Personen, die in der Vergangenheit sexuell motivierte Straftaten begangen hatten, in den letzten Jahren und Jahrzehnten substanziell zurückging und sich mittlerweile auf dem eben berichteten niedrigen Niveau bewegt (Finkelhor & Jones, 2006; Tonry, 2014). Hierfür können verschiedene Gründe diskutiert werden (Rettenberger, 2018b):

- Neben gesamtgesellschaftlichen Veränderungen relevanter Einflussgrößen (z.B. geringere Armut, verbesserte Bildungsmöglichkeiten, veränderte Einkommensverteilung, gestiegene Gesundheitsindizes) werden
- eine Verbesserung der Behandlungs- und Betreuungslage (im Hinblick auf kriminalitätsspezifische Einrichtungen etwa im Bereich der forensischen Nachsorge, aber auch allgemeiner im Bereich der ambulanten und stationären Versorgung von Patienten mit psychischen Störungen),
- eine Verbesserung und ein deutlicher Ausbau der intramuralen Behandlungsmöglichkeiten,
- ein globaler Anstieg der Selbstkontrolle,
- Verbesserungen im Bereich der medikamentösen Behandlungsoptionen (insbesondere im Bereich der psychischen Störungen),
- die demografische Entwicklung i.S. einer zunehmend älteren und damit weniger kriminalitätsaffinen Bevölkerung,
- der Effekt der sog. „Youth Oversight“ (d.h., dass es aufgrund der demografischen Entwicklung in Relation immer mehr ältere Menschen bei zunehmend weniger jüngeren Personen gibt, sodass die – in diesem Fall v.a. informelle – soziale Kontrolle stärker ausgeprägt ist),
- Abschreckungseffekte durch eine zunehmend repressive Kriminalpolitik,
- eine höhere Sensibilität in der Bevölkerung sowie
- Ausweicheffekte bedingt durch neue Technologien (insbesondere das Internet) und soziale Medien, aufgrund derer delinquenzassoziierte Bedürfnisse (z.B. nach kinderbezogenen Stimuli) auf alternative Weise befriedigt werden können.

4.6 Kriminalprognose: Risikoeinschätzung und Intervention

Die (inter-)nationale Prognoseforschung konnte in den vergangenen Jahren und Jahrzehnten entscheidende Fortschritte verzeichnen, von denen angenommen werden kann, dass sie in erheblicher Weise mit verantwortlich dafür sind, dass die Rückfallraten von Personen, die aufgrund von sexuell motivierten Straftaten verurteilt worden waren, über die Jahre substanziell reduziert werden konnten (Eher, 2016; Rettenberger, 2018b). Im Bereich der Sexualstraftaten wurden aufgrund der hohen kriminalpolitischen Bedeutung dieser Deliktgruppe besonders viele Ressourcen investiert, weshalb bei sexuell motivierten Straftaten gleich mehrere international etablierte Prognoseinstrumente vorliegen (für einen Überblick s. Rettenberger & von Franqué, 2013; zur methodischen Diskussion bzgl. der Anwendung standardisierter Methodenzugänge bei der kriminalprognostischen Einschätzung s. bspw. Rettenberger, 2018c; Rettenberger & Eher, 2016; s.a. Kap. 25 in diesem Band). **Tabelle 4-1** gibt einen Überblick über die im deutschsprachigen Raum am häufigsten eingesetzten Prognoseinstru-

Tabelle 4-1: Merkmale der international und im deutschsprachigen Raum am häufigsten eingesetzten Prognoseinstrumente bei erwachsenen Personen, die aufgrund sexuell motivierter Straftaten verurteilt wurden.

	Static-99	Stable-2007	Acute-2007	SORAG*	VRAG-R	VRS:SO	RRS	SVR-20	RSVP
Methodischer Typus	Aktuarisch-empirisch	Aktuarisch-empirisch	Aktuarisch-empirisch	Aktuarisch-empirisch	Aktuarisch-empirisch	Aktuarisch-konzeptionell	Aktuarisch-konzeptionell	Strukturiert-klinisch	Strukturiert-klinisch
Anzahl der Risikofaktoren	10	13	7	14	12	7 statische und 17 dynamische Risikofaktoren	7 statische und 4 dynamische Risikofaktoren	20 zzgl. individuell vorliegender Risikofaktoren	22 zzgl. individuell vorliegender Risikofaktoren
Beispielitem	Anzahl früherer sexuell motivierter Straftaten	Defizitäre kognitive Problemlösestrategien	Zugang zu potentiellen Opfern	Verstöße gegen Auflagen und Weisungen	Schulische Verhaltensprobleme	Kognitive Verzerrungen	Bindungs- und Beziehungsfähigkeit	Sexuelle Deviation	Chronizität und Diversität der sexualisierten Gewalt
Veränderbarkeit der Risikofaktoren	Nein	Ja (stabil-dynamisch)	Ja (akut-dynamisch)	Überwiegend statisch	Überwiegend statisch	Statisch und dynamisch	Veränderbarkeit noch nicht untersucht	Statisch und dynamisch	Statisch und dynamisch
Deutsche Version	Liegt vor	Liegt vor	Liegt vor	Liegt vor	Liegt vor	Liegt vor	Liegt vor	Liegt vor (2. Auflage aktuell in Vorbereitung)	Liegt vor
Deutschsprachige Studie	Liegt vor	Liegt vor	Liegt vor	Liegt vor	Liegt vor	Liegt vor	Liegt vor	Liegt vor	Bislang geringe empirische Evidenz
Schulung notwendig?	Ja	Ja	Ja	Wird empfohlen	Wird empfohlen	Ja	Wird empfohlen	Wird empfohlen	Wird empfohlen

Anmerkungen: SORAG = Sex Offender Risk Appraisal Guide (SORAG); VRAG-R = Violence Risk Appraisal Guide-Revised (VRAG-R); VRS:SO = Violence Risk Scale – Sexual Offense Version; RRS = Rückfallrisiko bei Sexualstraftätern; SVR-20 = Sexual Violence Risk-20; RSVP = Risk for Sexual Violence Protocol.

* Die mittlerweile vorgestellte revidierte Version des Violence Risk Appraisal Guide (VRAG-R), die auch in einer offiziellen deutschen Version vorliegt (Rettenberger, Gregório Hertz & Eher, 2017), soll mittelfristig den SORAG ersetzen.

mente im Bereich der Sexualdelinquenz. Es ist allerdings in diesem Kontext unbedingt zu beachten, dass im Bereich der forensischen Sachverständigentätigkeit die Anwendung von Prognoseinstrumenten alleine nicht ausreichend ist – trotz ihrer vielfältigen methodischen Vorteile und Stärken. Für die kriminalprognostische Begutachtung ist in jedem Fall ein individuelles Erklärungsmodell der bisherigen Delinquenz sowie der zukünftigen Risiken zu erstellen, wobei standardisierten kriminalprognostischen Instrumenten eine wichtige Hilfsrolle zukommen kann (s. dazu auch die überarbeiteten Empfehlungen zur Erstellung von Prognosegutachten; Kröber, Brettel, Rettenberger & Stübner, 2019).

Eine besondere Bedeutung bei der Risikoeinschätzung kommt den interventionsbezogenen Veränderungen der Rückfallgefahr zu, die bspw. durch Behandlung und Betreuung während und/oder im Anschluss an eine Inhaftierung durchgeführt werden konnten. Auch wenn es nach wie vor Kontroversen über die Wirksamkeit unterschiedlicher Behandlungs- und Betreuungsmaßnahmen geben mag (Rettenberger, 2019; Rice & Harris, 2013), wird mehrheitlich doch von einem substanziellen positiven Einfluss professionell durchgeführter Interventionsmaßnahmen ausgegangen (Lösel, 2016; Schmucker & Lösel, 2015; s.a. Kap. 29 und 30 in diesem Band). Auch in diesem Kontext kommt standardisierten Prognoseinstrumenten, die dynamische (d.h. veränderbare) Risikofaktoren enthalten, eine besondere Bedeutung zu (Etzler, Eher & Rettenberger, 2020; Rettenberger, Matthes, Schilling & Eher, 2011). Hierdurch wird eine objektive Erfassung von Veränderungsprozessen möglich, die in weiterer Folge auch bei Entlassungs- und Lockerungsentscheidungen bei Personen, die aufgrund sexuell motivierter Straftaten verurteilt wurden, von Relevanz sein können.

4.7 Weiterführende Literatur

Einen Überblick über den (inter-)nationalen Stand der Forschung, bei dem auch zahlreiche deutschsprachige Autorinnen und Autoren involviert waren, gibt das dreibändige *Wiley Handbook on the Theories, Assessment, and Treatment of Sexual Offending* (Editor-in-Chief: Douglas P. Boer):

Beech, A.R. & Ward, T. (2016). *The Wiley-Blackwell Handbook on the theories, assessment, and treatment of sexual offending – Volume I:* Theories. Chichester: Wiley-Blackwell.

Craig, L.A. & Rettenberger, M. (2016). *The Wiley-Blackwell Handbook on the theories, assessment, and treatment of sexual offending – Volume II: Assessment.* Chichester: Wiley-Blackwell.

Marshall, L.E. & Marshall, W.L. (2016). *The Wiley-Blackwell Handbook on the theories, assessment, and treatment of sexual offending – Volume III: Treatment.* Chichester: Wiley-Blackwell.

Im Bereich der deutschsprachigen Literatur liefert das folgende Buch eine kompakte Übersicht über die wichtigsten Aspekte im Bereich der Sexualdelinquenz:

Saimeh, N., Briken, P. & Müller J.L. (2021). *Sexualstraftäter: Diagnostik – Begutachtung – Risk – Assessment – Therapie.* Berlin: Medizinisch-Wissenschaftliche Verlagsgesellschaft.

Literatur

Beech, A.R. & Ward, T. (2016). *The Wiley-Blackwell handbook on the theories, assessment, and treatment of sexual offending* (Volume I: Theories). Chichester: Wiley-Blackwell.

Berner, W. (2017). Sexueller Missbrauch – Epidemiologie und Phänomenologie. In T. Stompe & H. Schanda (Hrsg.), *Sexueller Kindesmissbrauch und Pädophilie: Grundlagen, Begutachtung, Prävention und Intervention – Täter und Opfer* (S. 3–15). Berlin: Medizinisch-Wissenschaftliche Verlagsgesellschaft.

Bundeskriminalamt. (2019). *Polizeiliche Kriminalstatistik – Bundesrepublik Deutschland* (Jahrbuch 2019, Band 4, Einzelne Straftaten/-gruppen und ausgewählte Formen der Kriminalität). Wiesbaden:

Bundeskriminalamt. Verfügbar unter https://www.bka.de/SharedDocs/Downloads/DE/Publikationen/PolizeilicheKriminalstatistik/2019/Jahrbuch/pks2019Jahrbuch4Einzelne.html

Dessecker, A. & Rettenberger, M. (2018). *Medien – Kriminalität – Kriminalpolitik. Kriminologie und Praxis* (KuP, Band 73). Wiesbaden: Kriminologische Zentralstelle.

Dessecker, A. & Rettenberger, M. (2021). *Migration und Kriminalität. Kriminologie und Praxis* (KuP, Band 75). Wiesbaden: Kriminologische Zentralstelle.

Egg, R., Rettenberger, M. & Welsch, R. (2016). Die Kölner Silvesternacht 2015/2016: Eine Analyse der Strafanzeigen. *Deutsche Richterzeitung, 94,* 414–419.

Eher, R. (2016). Mehr Sicherheit durch weniger Haft? Die Auswirkungen des Strafrechtsänderungsgesetz (StRÄG) 2008 auf das Sexualtätermanagement und die Legalbewährung von strafgefangenen Sexualstraftätern in Österreich. In M. Rettenberger & A. Dessecker (Hrsg.), *Behandlung im Justizvollzug* (S. 73–91). Wiesbaden: Kriminologische Zentralstelle.

Etzler, S., Eher, R. & Rettenberger, M. (2020). Dynamic risk assessment of sexual offenders: Validity and dimensional structure of the Stable-2007. *Assessment, 27,* 822–839. https://doi.org/10.1177/1073191118754705

Finkelhor, D. & Jones, L. (2006). Why have child maltreatment and child victimization declined? *Journal of Social Issues, 62,* 685–716. https://doi.org/10.1111/j.1540-4560.2006.00483.x

Freedman, E. B. (1987). „Uncontrolled desires“: The response to the sexual psychopath, 1920–1960. *The Journal of American History, 74* (1), 83–106. https://doi.org/10.2307/1908506

Hare, R. D. (2003). *Manual for the Psychopathy Checklist – Revised* (2. Aufl.). Toronto, ON: Multi Health Systems.

Knight, R. A., Carter, D. L. & Prentky, R. A. (1989). A system for the classification of child molester: Reliability and application. *Journal of Interpersonal Violence, 4,* 3–23. https://doi.org/10.1177/088626089004001001

Knight, R. A. & Sims-Knight, J. E. (2016). A theoretical integration of aetiological and typological models of rape. In A. R. Beech & T. Ward (Eds.), *The Wiley-Blackwell handbook on the theories, assessment, and treatment of sexual offending* (Volume I: Theories, pp. 73–102). Chichester: Wiley-Blackwell. https://doi.org/10.1002/9781118574003.wattso004

Kröber, H.-L., Brettel, H., Rettenberger, M. & Stübner, S. (2019). Empfehlungen für Prognosegutachten: Erfahrungswissenschaftliche Empfehlungen für kriminalprognostische Gutachten. *Forensische Psychiatrie, Psychologie, Kriminologie, 13,* 334–342. https://doi.org/10.1007/s11757-019-00558-z

Lösel, F. (2016). Wie wirksam ist die Straftäterbehandlung im Justizvollzug? In M. Rettenberger & A. Dessecker (Hrsg.), *Behandlung im Justizvollzug* (S. 17–52). Wiesbaden: Kriminologische Zentralstelle.

Regler, C. (2020). *Sicherungsverwahrung im Kontext von Sicherheitskultur. Eine sicherheitskulturelle Analyse der Gesetzgebung zur Maßregel der Sicherungsverwahrung im Deutschen Bundestag von 1994 bis 2013* (BM-Online Band 21). Wiesbaden: Kriminologische Zentralstelle. Verfügbar unter https://www.krimz.de/fileadmin/dateiablage/E-Publikationen/BM-Online/bm-online21.pdf

Rettenberger, M. (2018a). Understanding and managing risk of sexual offenders in Germany – A criminological success story or punitive hysteria? *Sexual Offender Treatment, 13* (1–2), 1–8. Verfügbar unter http://sexual-offender-treatment.org/index.php?id=170&type=123

Rettenberger, M. (2018b). Effekte der Tertiärprävention bei Sexualstraftätern – ein kriminalpräventives Erfolgsmodell. In M. Walsh, B. Pniewski, M. Kober & A. Armborst (Hrsg.), *Evidenzorientierte Kriminalprävention in Deutschland – Ein Leitfaden für Politik und Praxis* (S. 601–618). Wiesbaden: Springer. https://doi.org/10.1007/978-3-658-20506-5_31

Rettenberger, M. (2018c). Intuitive, klinisch-idiographische und statistische Kriminalprognosen im Vergleich – die Überlegenheit wissenschaftlich strukturierten Vorgehens. *Forensische Psychiatrie, Psychologie, Kriminologie, 12,* 28–36. https://doi.org/10.1007/s11757-017-0463-y

Rettenberger, M. (2019). Behandlungsansätze im Strafvollzug und deren Wirksamkeit. In Sächsisches Staatsministerium der Justiz (Hrsg.), *Vollzug für das 21. Jahrhundert – Symposium anlässlich des 300-jährigen Bestehens der Justizvollzugsanstalt Waldheim* (S. 89–119). Baden-Baden: Nomos. https://doi.org/10.5771/9783845290430-89

Rettenberger, M., Briken, P., Turner, D. & Eher, R. (2015). Sexual offender recidivism among a population-based prison sample. *International Journal of Offender Therapy and Comparative Criminology, 59* (4), 424–444. https://doi.org/10.1177/0306624X13516732

Rettenberger, M., Dekker, A., Klein, V. & Briken, P. (2013). Klinische und forensische Aspekte hypersexuellen Verhaltens. *Forensische Psychiatrie, Psychologie, Kriminologie, 7,* 3–11. https://doi.org/10.1007/s11757-012-0194-z

Rettenberger, M. & Dessecker, A. (2017). *Sexuelle Gewalt als Herausforderung für Gesellschaft und Recht.* (Kriminologie und Praxis, KuP, Band 72). Wiesbaden: Kriminologische Zentralstelle.

Rettenberger, M., Dessecker, A. & Rau, M. (2020). *Gewalt und Zwang im institutionellen Kontext. Kriminologie und Praxis* (Kriminologie und Praxis, KuP, Band 74). Wiesbaden: Kriminologische Zentralstelle.

Rettenberger, M. & Eher, R. (2016). Potentielle Fehlerquellen bei der Erstellung von Kriminalprognosen, die gutachterliche Kompetenzillusion und mögliche Lösungsansätze für eine bessere Prognosepraxis. *Recht & Psychiatrie, 34,* 50–57.

Rettenberger, M., Gregório Hertz, P. & Eher, R. (2017). *Die deutsche Version des Violence Risk Appraisal Guide - Revised (VRAG-R)* (BM-Online, Band 8). Wiesbaden: Kriminologische Zentralstelle. Verfügbar unter http://www.krimz.de/fileadmin/dateiablage/E-Publikationen/BM-Online/bm-online8.pdf

Rettenberger, M., Matthes, A., Schilling, F. & Eher, R. (2011). Die Validität dynamisch-veränderbarer Risikofaktoren bei der Vorhersage einschlägiger Rückfälle pädosexueller Straftäter. *Forensische Psychiatrie, Psychologie, Kriminologie, 5,* 45–53. https://doi.org/10.1007/s11757-010-0086-z

Rettenberger, M. & von Franqué, F. (2013). *Handbuch kriminalprognostischer Verfahren.* Göttingen: Hogrefe.

Rice, M.E. & Harris, G.T. (2013). Treatment for adult sex offenders – May we reject the null hypothesis? In K. Harrison & B. Rainey (Eds.), *The Wiley-Blackwell handbook of legal and ethical aspects of sex offender treatment and management* (pp. 219–235). Chichester: Wiley.

Schmucker, M. & Lösel, F. (2015). The effects of sexual offender treatment on recidivism: An international meta-analysis of sound quality evaluations. *Journal of Experimental Criminology, 11,* 597–630. https://doi.org/10.1007/s11292-015-9241-z

Soothill, K.L. (2010). Sex offender recidivism. *Crime and Justice, 39,* 145–211. https://doi.org/10.1086/652385

Tonry, M. (2014). *Why crime rates fall, and why they don't.* Chicago, IL: University of Chicago.

5 Gewaltdelikte

Johann Endres und Maike M. Breuer

5.1 Zum Begriff der Gewalt

In der Rechtswissenschaft ist der Gewaltbegriff nicht ganz unumstritten. Eine als „überwiegend gebilligt" bezeichnete (Fischer, 2021, Rn. 8 zu § 240 StGB) juristische Definition lautet: „Gewalt ist der (zumindest auch) physisch vermittelte Zwang zur Überwindung eines geleisteten oder erwarteten Widerstandes." Unterschieden wird juristisch die „beeinflussende, willensbeugende Gewalt (vis compulsiva)", die den Willen des Opfers durch Drohung oder Verletzung in eine gewünschte Richtung treibt, und die „überwältigende Gewalt (vis absoluta)", welche den Willen des Opfers völlig ausschaltet oder bricht.

Textbox 5.1:
Definition von Gewalt

Der Gewaltbegriff weist folgende Aspekte auf: 1) Es gibt einen intentional handelnden personalen Akteur, 2) es gibt eine Absicht des Schädigens einer Person, 3) es gibt eine körperliche Einwirkung (oder Drohung damit) und 4) das Handeln ist nicht legitim und wird missbilligt. Immer dann, wenn einer dieser Aspekte nicht vorliegt (z. B. „strukturelle Gewalt"), handelt es sich streng genommen um eine metaphorische Verwendung des Begriffs.

Dieser traditionelle Gewaltbegriff wurde sowohl juristisch als auch im Alltagsgebrauch in den letzten Jahrzehnten konzeptionell ausgedehnt. So argumentierte das Bundesverfassungsgericht zum Tatbestand der Nötigung (§ 240 StGB), dass auch passives Verhalten u. U. als nötigende Gewalt aufgefasst werden kann („Sitzblockaden-Urteil"). Drohungen, verbale Verletzungen und Mobbing werden häufig als psychische Gewalt bezeichnet (zu den Folgen von Gewalt s. Kap. 11 in diesem Band).

Diese semantische Ausdehnung des Begriffs „Gewalt" sowie anderer psychologischer Begriffe, die sich auf negative Lebensaspekte beziehen (z. B. Trauma, Störung, Abhängigkeit, Vorurteil), wurde von Haslam (2016) und Lotter (2021) als „concept creep" bezeichnet. Diese „schleichende Erweiterung" spiegelt zum einen eine zunehmende Sensibilität gegenüber Gewalt und Unrecht wider und ist zum anderen auch Resultat einer bewusst verfolgten Agenda (z. B. mit dem Ziel, durch den Begriff „sexualisierte Gewalt" für Missbrauchsdelikte deren Verwerflichkeit zu betonen). Inwiefern die erwünschten positiven Effekte einer Begriffsausdehnung tatsächlich eintreten oder negative Konsequenzen (z. B. Verständigungsschwierigkeiten aufgrund zunehmender Unklarheit des Begriffs) überwiegen, bleibt vorerst unklar (vgl. Haslam et al., 2020). In der Psychologie wurde durch den Begriff der „Mikroaggressionen" (Sue et al., 2007) für eine deutliche Erweiterung des Aggressionsbegriffs plädiert, wodurch auch sehr subtile und den „Tätern" nicht einmal bewusste Formen sprachlicher Schädigung durch herabsetzende Bemerkungen eingeschlossen sind; das Kriterium, ob es sich um eine Schädigung handelt (z. B. bei der Frage nach der Herkunft an eine Person, die rein optisch einer anderen Gruppe anzugehören scheint), wird dabei rein subjektiv gesetzt. Es gibt substanzielle Zweifel (vgl. ausführlich Lilienfeld, 2017), ob ein solches Konzept wissenschaftliche Gültigkeit beanspruchen kann.

5.2 Kriminalstatistik

In der deutschen polizeilichen Kriminalstatistik (PKS) des Bundeskriminalamts (2020, Band 4) zählen zur „Gewaltkriminalität" Tötungsdelikte, Vergewaltigungen, sexuelle Nötigungen und sexuelle Übergriffe im besonders schweren Fall (hingegen werden Kindesmissbrauch und Exhibitionismus gesondert ausgewertet), gefährliche und schwere Körperverletzungen sowie Körperverletzungen mit Todesfolge, Raubdelikte, erpresserischer Menschenraub, Geiselnahmen und Angriffe auf den Luft- und Seeverkehr, nicht jedoch die „einfache" vorsätzliche Körperverletzung (mit weiteren 386.517 Fällen) oder die Nötigung. Für das Jahr 2019 wurden 181.054 Fälle von Gewaltkriminalität berichtet, die einem Anteil von 3,3 % der erfassten Gesamtkriminalität entsprechen. Von den im Jahr 2019 registrierten 181.054 Gewaltdelikten entfiel der überwiegende Anteil von 73,5 % auf gefährliche und schwere Körperverletzungen, gefolgt von den Raubdelikten mit 19,9 % und den Vergewaltigungen und sexuellen Nötigungen mit 5,2 %. Die versuchten und vollendeten Tötungsdelikte machten insgesamt nur gut ein Prozent der Gewaltdelikte aus (720 Fälle von Mord und 1.595 von Totschlag und Tötung auf Verlangen, wobei hierbei besonders hohe Versuchsanteile registriert wurden; 69,7 und 81,8 % respektive). Von den Tatverdächtigen bei Gewaltkriminalität sind 85,3 % männlichen Geschlechts; am stärksten belastet sind die Altersgruppen zwischen 14 und 25 Jahren, Gewaltkriminalität ist also vorwiegend eine Problematik junger Männer. Auch wenn die Anteile der Jugendlichen und Heranwachsenden unter den Tatverdächtigen angestiegen sind, bleiben Tötungsdelikte mit ca. 82 % durch erwachsene Täter dominiert. Im Gegensatz zur PKS wird der Begriff „Gewaltdelikte" nachfolgend auf nichtsexuelle Gewaltdelikte beschränkt. Diese begriffliche Eingrenzung ist wegen der Besonderheiten von Sexualdelikten (u. a. hinsichtlich der Ursachen, Behandlungsansätze und Tatmerkmale) auch in der vollzuglichen Praxis gebräuchlich (s. a. Kap. 4 in diesem Band).

Im historischen und internationalen Vergleich ist die Gewaltrate in Deutschland und den meisten westlichen Ländern als niedrig anzusehen und nimmt auch gegenwärtig noch weiter ab (vgl. Pinker, 2011). So kommen in Westeuropa auf je 100.000 Einwohner weniger als 2 Tötungsdelikte. Aus historischen Aufzeichnungen geht hervor, dass die Mordraten im späten Mittelalter und in der frühen Neuzeit noch deutlich höher lagen, bei bis zu 100 pro 100.000 Einwohner (Pinker, 2011, S. 108 ff.; UNODC, 2019a, S. 26 f.), ähnlich wie heute noch in einigen Ländern der Dritten Welt (Pinker, 2011, S. 144 ff.; UNODC, 2019a, S. 18 f.).

5.3 Psychologische Erklärungen für Aggression und Gewalt

5.3.1 Instrumentelle und expressive Gewalt

Verbreitet ist die Unterscheidung zwischen instrumenteller und expressiver bzw. zwischen proaktiver und reaktiver Gewalt bzw. Aggression (vgl. Bushman & Anderson, 2001; Scheithauer & Hayer, 2007; Tedeschi & Felson, 1994):

Textbox 5.2:
Definition instrumenteller Gewalt

Bei der *instrumentellen Gewalt* dient das aggressive Verhalten oder dessen Androhung als Mittel zur Durchsetzung bestimmter Ziele, z. B. der Erlangung materieller Güter oder der Erzwingung bestimmter Verhaltensweisen der anderen Person.

Instrumentelle Gewalt muss aber nicht, wie im prototypischen Fall eines Bankraubs, geplant und bewusst überlegt sein; sie kann durchaus auch relativ impulsiv und sogar automatisiert ablaufen. Auch die impulsive Gegenwehr eines ertappten Ladendiebs, den jemand festzuhalten versucht, wäre instrumentell, selbst wenn sie nicht aus einem Prozess bewussten Überlegens und Abwägens von Alternativen hervorgeht.

Textbox 5.3:
Definition expressiver Gewalt

Expressive Gewalt ist hingegen v.a. emotional bestimmt, als Reaktion auf vorausgegangene Frustrationen oder Provokationen; deshalb ist auch der Begriff „reaktive Aggression" gebräuchlich. Sie geschieht typischerweise unter mehr oder weniger starker emotionaler Erregung; bestimmende Gefühle und Motive sind Ärger, Wut, Hass und Rache.

Expressive Gewalt ist typischerweise spontan, aber es gibt auch Fälle verzögerter, gezielt vorbereiteter Rache.

Tedeschi und Felson (1994) beschrieben als dritte Form die Status-Aggression, bei der es darum geht, sich gegenüber anderen (Rivalen, Gruppenmitgliedern) zu behaupten, das eigene Selbstkonzept zu verteidigen und sich Respekt und Anerkennung zu verschaffen; sie lässt sich am ehesten noch der instrumentellen Aggression zuordnen, wird aber häufig durch wechselseitige Provokationen eingeleitet und von heftiger Erregung begleitet.

Die *sadistische Aggression*, bei der die Freude am Quälen, am Zufügen von Schmerzen und – in einem weiteren Sinne – am Auskosten von Macht im Vordergrund steht, kann als vierte Kategorie postuliert werden (Baumeister, 1996).

Felson (2002) sieht alle Formen von Aggression als instrumentell an, unabhängig davon, ob es der handelnden Person darum geht, das Verhalten einer anderen Person zu beeinflussen, ihr Selbstwertgefühl zu verteidigen oder Gerechtigkeit herzustellen.

5.3.2 Ursachen von Gewaltdelinquenz

Zur Erklärung von Gewalt tragen eine Vielzahl von Faktoren bei, die sich in distale (Hintergrundfaktoren, die mit Gewalttätigkeit korreliert sind, ohne direkte kausale Wirkung) und proximale (Auslöser) einteilen und sich jeweils entweder der handelnden Person oder der Situation zuordnen lassen.

5.3.2.1 Personale Faktoren von Gewalt

Risikofaktoren für Gewaltdelikte sind zum einen die allgemeinen Risikofaktoren für Kriminalität, also antisoziale Persönlichkeitsmerkmale, antisoziale Kognitionen, ein kriminelles Umfeld, Alkohol- und Drogenprobleme, schulische und berufliche Probleme usw. (s. Kap. 2 in diesem Band). Zum anderen sind spezifische Risikofaktoren für Gewaltdelikte gewaltbegünstigende Einstellungen/Kognitionen und emotionale und motivationale Prozesse.

Gewaltbegünstigende Einstellungen sind sehr vielfältig. Darunter fallen gewaltlegitimierende Männlichkeitsvorstellungen (ein Mann darf sich nichts gefallen lassen etc.), kulturelle und subkulturelle Normen (bestimmte Vorstellungen von Ehre, Hochschätzung von Mut und Kampfbereitschaft), ideologische Rechtfertigungen von Gewalt für einen vermeintlich höheren Zweck, Feindbilder und Dehumanisierung bestimmter Gruppen sowie das Ausblenden moralischer Normen zugunsten von Eigennutz und Recht des Stärkeren. Auch eigene Viktimisierungserfahrungen können Gewalttätigkeit begünstigen, wenn sie so verarbeitet werden, dass demonstrierte Gewaltbereitschaft als Mittel gesehen wird, nicht erneut zum Opfer zu werden (Medynska, 2021).

Zum anderen wird Gewalt oft vorbereitet und gesteuert durch negative Emotionen wie Wut, Angst oder Hass. Fischer, Halperin, Canetti und Jasini (2018) definieren Hass als eine emotionale Reaktion, die durch wahrgenommene Erlebnisse der Verletzung, Demütigung,

Vereitelung entsteht, oft durch wiederkehrende und generalisierte Erfahrungen. Hass drängt auf Verletzung, Beseitigung oder Vernichtung seines Objekts; dies kann physisch, symbolisch oder ideell ausgelebt werden. Von Wut unterscheidet sich Hass dadurch, dass die Verletzung nicht auf variable, veränderbare Merkmale eines Gegenübers attribuiert wird, sondern auf stabile, unveränderliche Eigenschaften: Dem Objekt des Hasses wird fortdauernde Bösartigkeit und Gefährlichkeit unterstellt; es kann nicht gebessert oder erzogen, sondern nur unschädlich gemacht werden.

5.3.2.2 Situative Aspekte

Die sozialpsychologische und kriminologische Forschung hat eine Vielzahl von Faktoren ermittelt, die aggressives Verhalten begünstigen (vgl. Anderson, 2000; Bushman & Anderson, 2001). Dazu zählen *physikalische Faktoren* wie die Temperatur (erhöhte Gewaltbereitschaft bei Hitze), *soziale Faktoren* wie das Crowding (vermutlich durch erhöhte physiologische Aktivierung) und das Agieren in der Gruppe. Viele Gewaltdelikte geschehen in den Nachtstunden und am Wochenende; vermutlich tragen dazu Faktoren wie Alkohol- und Drogenkonsum, soziale Aktivierung („Gruppendynamik") und eine verringerte wahrgenommene Entdeckungswahrscheinlichkeit bei.

Viele Gewalttaten werden unter *Alkoholeinfluss* begangen; gem. der PKS lag der Anteil 2019 bei knapp 25,2% und damit deutlich höher als bei der Gesamtheit aller aufgeklärten Straftaten (11%). Unterschiedliche physiologische und psychologische Wirkungen sind daran beteiligt, dass bei bestimmten Personen und unter bestimmten Umständen die Gewaltneigung nach Alkoholkonsum zunimmt. So verweist Özsöz (2014) zusammenfassend auf die Forschung zu

- neurobiologischen Prozessen, die mit einer Verminderung von Angst und einer Erhöhung der Risikobereitschaft einhergehen,
- kognitiven Faktoren, die u.a. auf eine verringerte Selbstreflexions- und Problemlösefähigkeit, Fähigkeit zum vorausschauenden Denken und Einschätzen von Gefahren verweisen und auf eine Reduktion des Schmerzempfindens,
- psychosozialen Faktoren wie der Disposition, unter Alkoholeinfluss gewalttätiges Verhalten zu zeigen, die sich u.a. in Zusammenhängen alkoholassoziierter Gewalt zu Geschlecht, Alter, Familienstand, Persönlichkeitsfaktoren abbilden,
- situativen Faktoren, wobei die Alkoholmenge und spezifische Situationsmerkmale herausgearbeitet wurden (z. B. bedrohliche, frustrierende oder provokative Situationen, niedrige Sozialkontrolle, sozialer Druck) sowie
- kulturellen Faktoren, die sich z. B. auf die Bewertung von alkoholassoziierter Gewalt auswirken.

In einer Meta-Metaanalyse (Duke, Smith, Oberleitner, Westphal & McKee, 2018) fand sich ein robuster Zusammenhang zwischen Alkohol- und Drogenkonsum und Gewalt. Für den Zusammenhang von Alkohol und Drogen einerseits und Gewalt andererseits werden unterschiedliche Wirkungspfade postuliert (UNODC, 2019b, S. 89): Erstens gibt es pharmakologische Pfade (Wirkung auf Stimmung, Motivation, Informationsverarbeitung; s. oben); diese gelten insbesondere bzgl. des Alkohols. Zweitens gibt es einen sozioökonomischen Pfad: Die Beschaffung von insbesondere illegalen Drogen erfordert einen erhöhten finanziellen Aufwand und führt dadurch zu Beschaffungskriminalität (z. B. Raub). Und drittens besteht ein systemischer Pfad: Illegale Drogen sind Gegenstand eines illegalen Handels, bringen also zwangsläufig Kriminalität und damit auch vielfach Gewalt mit sich.

5.3.2.3 Protektive Faktoren

Schließlich ist auch die Frage interessant, warum Menschen in sehr vielen Situationen *keine* Gewalt anwenden, obwohl sie frustriert und verärgert sind, obwohl andere sie herausfordern und ihren Status infrage stellen und obwohl sie mit friedlichen Mitteln viele Ziele nicht erreichen können.

Gewalthemmende Faktoren lassen sich ebenfalls der Person oder der Situation zuordnen. *Personale protektive Faktoren* sind die Verinnerlichung sozialer und moralischer Normen, die Fähigkeit und Bereitschaft, sich in das Leiden anderer einzufühlen und die Standpunkte und Bedürfnisse anderer zu berücksichtigen (Empathie), die Fähigkeit, eigene Impulse zu kontrollieren und Bedürfnisbefriedigung aufzuschieben (Selbstbeherrschung), sowie die Fähigkeit zum vorausschauenden Denken und zur Antizipation negativer Folgen (vgl. Pinker, 2011). Auch Ängstlichkeit und Depressivität dürften eher mit geringer Gewaltbereitschaft einhergehen, weil diese Gefühlslagen eher Vermeidungs- als Annäherungsverhalten fördern.

Situative protektive Faktoren, die Gewalt hemmen können, sind u. a. die Missbilligung durch relevante andere, die Androhung von Strafe, Überwachungsmaßnahmen (Polizeipräsenz, Videoüberwachung) und die Integration in gewaltfreie soziale Gruppen und Aktivitäten.

5.3.3 Erklärungsansätze für Gewaltkriminalität

Zur Erklärung von Gewalt wurden entscheidungstheoretische und kognitionspsychologische Modelle herangezogen (z. B. Theorie des geplanten Verhaltens von Ajzen, 1991), Handlungstheorie der Gewalt von Tedeschi und Felson (1994; vgl. Endres & Breuer, 2014). Ein Modell, das die Annahmen automatisierter Prozesse und rationaler Entscheidungen integriert, stellte Wikström (2015, 2017) mit der Situational Action Theory (SAT) vor.

Die Theorie postuliert, dass Handlungen das Ergebnis subjektiver Wahrnehmungs- und Entscheidungsprozesse sind, die aus der Interaktion zwischen persönlichen Dispositionen und relevanten Eigenschaften des Settings entstehen. Auch kriminelle Handlungen, die gesetzlich festgeschriebene Verhaltensregeln verletzen, werden von auf Werten beruhenden Verhaltensregeln geleitet.

Seitens der Person wird von einem Kontinuum krimineller Dispositionen bzw. Gewaltbereitschaft ausgegangen (mit den Polen „stark kriminalitätsavers" vs. „stark kriminalitätsgeneigt"); diese können dauerhaft (Trait Aggressivität) oder vorübergehend (z. B. Gefühlszustände wie Wut oder Hass) sein. Darüber hinaus werden Unterschiede in der Fähigkeit zur Selbststeuerung relevant, wenn Personen dazu verleitet werden, entgegen ihren persönlichen Moralvorstellungen zu handeln. Seitens des Settings können kriminogene Überzeugungen (z. B. gewaltlegitimierende Normvorstellungen) und Gelegenheiten in variabler Ausprägung vorhanden sein. Entsprechend sind kriminelle Handlungen dann wahrscheinlich, wenn eine kriminalitätsgeneigte Person auf ein kriminogenes Setting trifft. Die Interaktion zwischen Person und Setting steuert, welche Handlungsalternativen Personen wahrnehmen, um auf eine Versuchung oder Provokation zu reagieren. Häufig wird die Entscheidung für eine Handlung automatisiert getroffen; so verhindert vielfach ein „moralischer Filter", dass Menschen Gewalt überhaupt als Handlungsoption wahrnehmen und reflektieren. In anderen Fällen werden die Alternativen rational abgewogen, bspw. in unvertrauten Situationen oder bei Unklarheiten oder Widersprüchen zwischen den persönlichen Vorstellungen und den Normen des Settings. Bei rationalen Entscheidungen spielen Kontrollprozesse eine Rolle. So erfordert es Selbstregulation, den eigenen Moralvorstellungen auch dann zu folgen, wenn die Normen des Settings diesen widersprechen. Die Normen des Settings wiederum können durch externe Kontrollprozesse (Abschreckung) gegenüber den persönlichen Normen durchgesetzt werden.

Analog einer illustrierenden Fallkonstellation von Wikström (2017) lässt sich folgendes Fallbeispiel konstruieren: Ein Jugendlicher wird auf einer Party von einem anderen provoziert und herausgefordert. So ist es zunächst denkbar, (1) dass er nicht daran denkt, körperlich aggressiv zu werden, sondern ruhig widerspricht oder nach Hause geht. Ebenso könnte es sein, (2) dass er schon mehrfach körperlich auf Provokationen reagiert hat und über kognitive Schemata und Scripts verfügt, die ihn dazu anleiten, sich dann so zu verhalten. Andererseits (3) könnte er überlegen, wie er in der konkreten Situation reagieren möchte, und dabei seine eigenen moralischen Vorstellungen und die Einstellungen der anderen Gäste einbeziehen (normativer Einfluss des Settings): Was denken die anderen über mich, wenn ich zuschlage, verbal reagiere oder mich der Situation entziehe? Sofern diese widersprüchlich sind, gewinnen weitere Aspekte an Bedeutung. Lehnt er körperliche Auseinandersetzungen ab, während die anderen Gäste das als angemessen ansehen und Gruppendruck erzeugen, benötigt er Selbstbeherrschung, sich dem entgegenzustellen. Sieht er hingegen kein Problem darin, zuzuschlagen, während die anderen Gäste dies deutlich missbilligen und möglicherweise drohen, die Polizei zu rufen (4), wird er dieses Risiko in seine Handlungsentscheidung einbeziehen (Abschreckung). Auch kurzzeitige situative Einflüsse (z.B. Alkoholisierung) wirken auf das Geschehen.

Durch die Interaktion von personalen und kontextuellen Einflüssen kann kriminelles Verhalten besser erklärt werden als bei unabhängiger Betrachtung beider Aspekte (Schepers & Reinecke, 2015). Pauwels, Svensson und Hirtenlehner (2018) geben einen Überblick über Studien zur Überprüfung der theoretischen Annahmen der SAT. So zeigten sich wiederholt die postulierten Wechselwirkungen zwischen Disposition und Setting für verschiedene Operationalisierungen kriminellen Verhaltens. Weniger einheitlich erscheinen die bisherigen Befunde zu den erwarteten Wechselwirkungen zwischen Abschreckung und Disposition einerseits sowie zwischen persönlicher Moral und Selbstkontrolle andererseits.

5.4 Tötungsdelikte als Extremform der Gewaltdelinquenz

Im Zentrum der Aufmerksamkeit sowohl der Medienöffentlichkeit wie auch der forensischen Wissenschaften stehen von jeher die Tötungsdelikte. Insbesondere Mord gilt als das Verbrechen schlechthin. Die Zahl der Morde, die allein in den deutschen Kriminalserien („Tatort" usw.) jährlich auf Sendung geht, dürfte mittlerweile diejenige der real vorkommenden Fälle (s.o. Abschnitt 5.2) um ein Vielfaches übersteigen. Für die forensische Begutachtung wie auch für die Therapie in Anstalten des Strafvollzugs und des Maßregelvollzugs stellen schwere Gewalttäter, neben den Sexualtätern, die wichtigste Klientel dar.

5.4.1 Juristische Klassifikation

Das deutsche Strafrecht unterscheidet zwischen Mord und Totschlag. Mord (§ 211 StGB) ist definiert durch das Vorliegen mindestens eines der folgenden Merkmale:

- hinsichtlich des Motivs: Mordlust, Befriedigung des Geschlechtstriebs, Habgier oder sonstige niedrige Beweggründe,
- hinsichtlich der Ausführung: Heimtücke, Grausamkeit, Einsatz gemeingefährlicher Mittel,
- Zusammenhang mit anderen Delikten: Ermöglichung oder Verdeckung einer Straftat.

Totschlag (§ 212 StGB) ist die vorsätzliche Tötung eines Menschen, die kein Mord ist. Während beim Mord eine lebenslange Freiheitsstrafe bei erwachsenen und voll schuldfähigen Tätern die zwingende Sanktion darstellt, reicht das Strafmaß bei Totschlag von 5 Jahren bis zu lebenslang.

Der minder schwere Fall des Totschlags (§ 213 StGB) liegt explizit u.a. dann vor, wenn der Täter durch eine Provokation (Misshandlung oder schwere Beleidigung) durch das Opfer „zum Zorn gereizt und hierdurch auf der

Stelle zur Tat hingerissen worden" ist; hierfür ist eine deutlich niedrigere Mindeststrafe von 1 Jahr vorgesehen.

Schwierig gestaltet sich in der Rechtspraxis die Abgrenzung zu den Straftaten gegen die körperliche Unversehrtheit, insbesondere die gefährliche Körperverletzung (§ 224 StGB): Ob der lebensgefährliche Angriff auf einen anderen Menschen als „das Leben gefährdende Behandlung" oder als (versuchter oder vollendeter) Totschlag gewertet wird, verlangt eine Feststellung, ob der Täter den möglichen Tod des Opfers gewollt oder jedenfalls diese Möglichkeit vorausgesehen und sie „billigend in Kauf genommen" hat („bedingter Vorsatz"; vgl. dazu genauer Schöch, 2002).

5.4.2 Kriminologische und psychologische Klassifikationsversuche

Generalisierende psychologische Aussagen über Tötungsdelikte sind kaum möglich, denn diese stellen, als kleiner Ausschnitt der Gewaltdelinquenz, ihrerseits ein sehr heterogenes Feld dar. Weitere Differenzierungen sind nötig und hinsichtlich verschiedener Aspekte möglich.

Gebräuchlich sind Unterteilungen nach dem Tatmotiv (Bereicherung, Eifersucht, Rache usw.), wobei jedoch die Feststellung der tatbestimmenden Motive und deren Abgrenzung zueinander viele Probleme aufwerfen.

Bei der Täter-Opfer-Beziehung lässt sich unterscheiden, ob es sich um ein fremdes und zufälliges Opfer handelt (z.B. bei einem Raubüberfall), um eine bekannte Person (z.B. bei einem Streit in der Kneipe) oder um ein Opfer aus dem familiären Umfeld.

Eine historisch einflussreiche Unterteilung, die sowohl Motivlagen als auch das Tatsetting einbezieht, stellte von Hentig (1956) vor. Er unterschied den „Konfliktmord", den „Sexualmord", den „Gewinnmord", den „Deckungsmord" sowie eine fünfte Gruppe „motivarmer oder motivloser Morde". Die Typologie der UNODC (2019b, S. 20ff.) unterscheidet zwischen „interpersonalen Homiziden" (im Rahmen von inner- oder außerfamiliären Konflikten), Homiziden im Kontext von kriminellen Aktivitäten (Bandenkämpfe oder sonstige Straftaten) sowie „soziopolitischen Homiziden" (aufgrund von Vorurteilen, Terrorismus und im Rahmen ungerechtfertigter Polizeigewalt). Nachfolgend werden einige Formen von Tötungsdelikten näher betrachtet, die in den letzten Jahren im Fokus der Forschung standen.

5.4.3 Tötungsdelikte im Rahmen von Partnerschafts- oder Trennungskonflikten: „Affektdelikt", „Intimizid" oder „Femizid"?

Mit dem recht unpräzisen Begriff „Affekttat" bezeichnet man üblicherweise „eine Gewalttat, bei der hochgradige emotionale Reaktionen eine bestimmende Wirkung haben, also eine Tat, die nicht geplant, sondern aus einem Konflikt heraus begangen wird, im Zustand höchster emotionaler Erregung und eben nicht planvoll und aufgrund rationaler Abwägung" (Endres, 2008, S. 412). Meist wird der Begriff verwendet für Tötungsdelikte innerhalb von Familien und Partnerschaften, sog. „Beziehungstaten", und zwar jene, die im Rahmen von Eifersuchts- oder Trennungskonflikten verübt werden. Die forensische Relevanz liegt darin, dass es sich oft um Taten handelt, die als Mord einzustufen sind, für die also eine lebenslange Freiheitsstrafe zwingend wäre, zumal wenn der Täter nicht an einer psychischen Störung leidet. Hier bietet der § 21 StGB („erheblich verminderte Schuldfähigkeit") mit dem Konstrukt der „tiefgreifenden Bewusstseinsstörung", also einer nicht krankhaften und vorübergehenden Beeinträchtigung der Handlungsfähigkeit einen Weg zur Strafmilderung (vgl. dazu ausführlich Saß, 2008).

Rasch (1964) hat mehrere Formen der „Tötung des Intimpartners" unterschieden, nämlich u.a. die „Tötung der Geliebten durch den verlassenen Partner", die „Tötung des Ehegatten durch den verlassenen Partner" und die „Elimination des ehestörenden Partners". Marneros (2008) hat eine stark erweiterte Typologie von „Intimiziden" vorgelegt, die eine Vielzahl weiterer Varianten umfasst. Gemeinsam ist diesen Formen, dass sich die Tat aus einem jeweils typischen Beziehungskonflikt entwickelt, in dem der spätere Täter durch fehlgeschlagene Versuche der Konfliktlösung immer mehr psychisch destabilisiert wird und schließlich in einen Zustand der „homizidalen Tatbereitschaft" gerät, sodass aus eher geringfügigem Anlass, nicht selten im Rahmen einer „letzten Aussprache", die Tat ausgelöst wird (vgl. Endres, 2008).

Textbox 5.4:
Gemeinsame Merkmale des Intimizids in etablierten Partnerschaften (Marneros, 2008)

Gemeinsam sind den Formen des Intimizids in etablierten Partnerschaften folgende Merkmale:

1) Täter und Opfer befinden sich in einer Intimbeziehung, die für das Selbstkonzept des späteren Täters sehr wichtig ist.
2) Der spätere Täter hat Persönlichkeitszüge und Motive, die ihm eine flexible Anpassung an einen Wandel in der Beziehung erschweren.
3) Im Verlauf der Beziehung kommt es zu Veränderungen, die das Selbstkonzept des Täters infrage stellen und die psychischen Gratifikationen, die er aus der Beziehung bekommt, vermindern.
4) In langdauernden Konflikten erweisen sich seine Bewältigungskompetenzen als unzulänglich, seine psychischen Kräfte werden erschöpft.
5) Der Täter kommt in einen psychischen Ausnahmezustand, in dem seine üblichen Hemmungen vermindert werden und relativ geringfügige Anlässe eine Gewalttat auslösen können.

Das Konzept der Affektdelikte ist rein psychologisch ausgerichtet und aus der forensischen Auseinandersetzung um die Schuldfähigkeit bei einer bestimmten Form der Tötungsdelikte (Intimizide) entstanden. Das Tötungsdelikt wird analysiert als Endpunkt eines Prozesses, in dem ein ansonsten meist wenig aggressiver, aber überforderter Partner nach einer Folge gescheiterter Versuche, die Trennung abzuwenden, durch ein emotionales Wechselbad von Hoffnung und Verzweiflung in einen Ausnahmezustand psychischer Zerrüttung gerät, in dem destruktive Impulse nicht mehr beherrscht werden können. Es fällt jedoch auf, dass diese Betrachtung völlig losgelöst vom Forschungsfeld häuslicher Gewalt und nur aus der Perspektive des Täters erfolgt (das Opfer kann ja nicht mehr aussagen).

Eine alternative Betrachtungsweise sieht Tötungsdelikte in Partnerschaften als Extremform der familiären Gewalt (s.u.) oder als spezielle Form des „Femizids", zumal die Opfer von Intimiziden überwiegend Frauen sind. Der Begriff „Femizid" ist allerdings etwas verwirrend, da zwei völlig unterschiedliche Definitionen oft nebeneinander verwendet werden: Campbell und Runyan (1998) fassten darunter alle Tötungsdelikte mit weiblichen Opfern, unabhängig von Motiv und Täterschaft. Häufiger begegnet einem jedoch die spezifischere Definition von Femizid als „Tötung aus geschlechtsbezogenen Gründen" (UNODC, 2019c, S. 8) bzw. als „Ermordung von Frauen aufgrund ihres Geschlechts oder wegen bestimmter Vorstellungen von Weiblichkeit" (Backes & Bettoni, 2021, S. 12). Dazu gezählt werden Frauenmorde durch einen Partner oder ehemaligen Partner, sog. „Ehrenmorde", Tötung von Frauen und Mädchen aufgrund ihrer sexuellen Orientierung sowie gezielte Tötung von weiblichen Kindern oder selektive Abtreibung weiblicher Föten (Backes & Bettoni, 2021, S. 13). Bei der engeren Definition rückt das strukturelle gesellschaftliche Machtgefälle zwischen Männern und Frauen in den Fokus, abstrahiert aber dabei von der jeweils spezifischen Beziehung, innerhalb derer die individuelle Tat verübt wird. Bezogen auf die Partnertötung ist im Stufenmodell von Monckton-Smith (2020) der Femizid Gipfelpunkt nicht des tragischen Scheiterns einer romantischen Liebe, sondern einer krisenhaften Entwicklung, die durch männliche Machtausübung in der Beziehung, Eifersucht und Besitzansprüche bestimmt ist. Wenn die Frau anfängt, sich zu entziehen oder Widerstand zu leisten, kommt es zu einer Eskalation der Kontrollbemühungen des Mannes, schließlich, wenn diese scheitern, zu einem Zielwechsel, vom „Sie gehört mir" zu „Wenn ich sie nicht haben kann, soll sie keiner haben" und damit zur in vielen Fällen geplanten Tötung.

Diese Sichtweise scheint geeignet zur Überwindung einer vereinfachenden Betrachtung von Intimiziden als „Affekttaten", die darin liegt, dass das gesellschaftliche Umfeld, Machtstrukturen und geschlechtsbezogene Erwartungen und Zuschreibungen ausgeblendet werden. Umgekehrt bringt sie jedoch die Gefahr neuer Einseitigkeiten mit sich, insbesondere dass innerpsychische Prozesse des Täters nicht beachtet werden. Eifersucht, Besitzdenken und misstrauisch-dominierendes Verhalten sind nicht geschlechtsspezifisch, sie können durch gesellschaftliche Rollendefinitionen beeinflusst sein, aber psychologisch sind sie v.a. zu erklären als Ausdruck eines unsicheren Bindungsstils, der sich in der individuellen Biografie entwickelt und ausgestaltet hat. Wie eine Trennungskrise bewältigt wird, mag auch von Vorstellungen von Männlichkeit und Weiblichkeit mit abhängen; v.a. aber dürften narzisstische Bedürfnisse und Bewältigungsfertigkeiten bedeutsam sein, und die Varianz der Verteilung dieser Faktoren wird nur zum geringen Teil durch das Geschlecht erklärt. Gegen eine unikausale Erklärung von Partnertötungen durch die Machtasymmetrie in heterosexuellen Partnerschaften spricht auch, dass es Partnerschaftsgewalt und Partnertötungen auch in homosexuellen Beziehungen gibt, wobei das Gewaltniveau in schwulen Beziehungen höher, in lesbischen Beziehungen niedriger ist als in Mann-Frau-Beziehungen (Gadd, 2017, S. 67).

Wenn man die Vorgeschichte der Intimizide betrachtet, gibt es keine einfachen Muster (vgl. Johnson, Eriksson, Mazerolle & Wortley, 2019): Bei etwas mehr als der Hälfte der Partnertötungen finden sich im Vorfeld Gewalttätigkeiten des Mannes gegen die Frau oder Drohungen. Es gibt aber auch Partnertötungen ohne eine solche Vorgeschichte; diese Taten erfolgen zwar auch nicht unbedingt „wie ein Blitz aus heiterem Himmel", aber ohne einen Vorlauf eskalierender Gewalttätigkeit (Dobash, Dobash, Cavanaugh & Medina-Ariza, 2007). Männer, die ihre Partnerinnen töten, unterscheiden sich in manchen Punkten von denen, die nicht-tödliche Gewalt ausüben (Dobash et al., 2007): Sie sind hinsichtlich ihres sozialen Hintergrunds und ihrer sozialen Integration weniger auffällig, aber sie neigen mehr zu Eifersucht und Besitzansprüchen.

Als wissenschaftliche Kategorie erscheint der Begriff „Femizid" wenig brauchbar. Wird er verwendet für alle Tötungsdelikte mit weiblichen Opfern, fügt er der Deskription nichts hinzu. In der engen Definition – Tötung einer Frau, weil sie Frau ist – macht er Annahmen über eine spezifische Motivation, die sich im Einzelfall nur selten klar feststellen lässt. So bleibt fraglich, ob alle Tötungen von Frauen im Rahmen von Trennungskonflikten als Femizide gelten sollen oder nicht (vgl. Backes & Bettoni, 2021, S. 31f.).

Tötungsdelikte weisen bzgl. Tätern und Opfern eine geschlechterbezogene Asymmetrie auf: In Deutschland waren 2020 gem. der PKS (Bundeskriminalamt, 2021) 16,8 % der Tatverdächtigen bei den Straftaten gegen das Leben Frauen; bezogen auf alle Straftaten sind es 24,8 % (Bundeskriminalamt, BKA, 2021, Tabelle 20). Die Opfer aller Straftaten sind zu 41,2 % weiblich; bezogen auf Gewaltkriminalität liegt der Anteil der weiblichen Opfer bei 30,4 %; bezogen auf Tötungsdelikte (vollendet und versucht) liegt er bei 33,5 % und bezogen auf vollendete Tötungsdelikte bei 47,6 % (Bundeskriminalamt, BKA, 2021, Tabelle 91). Von den 324 weiblichen Opfern eines vollendeten Tötungsdelikts im Jahr 2020 wurden fast die Hälfte

(65,7 %) von einem Partner oder Familienangehörigen getötet, darunter 42,9 % von einem aktuellen oder ehemaligen Partner. Bei den 357 männlichen Opfern eines vollendeten Tötungsdeliktes waren hingegen die Täter nur in 27,5 % Familienangehörige oder Partner; auf letztere entfielen nur 7,6 % (Bundeskriminalamt, BKA, 2021, Tabelle 92). Auch wenn Frauen annähernd gleich häufig wie Männer Opfer von Mord oder Totschlag werden, entfällt also bei den Frauen ein viel größerer Anteil auf Täter aus dem sozialen Nahraum.

International betrachtet (UNODC, 2019b) fällt bei den Tötungsdelikten auf, dass ein hoher Anteil der Tötung von Frauen durch Männer typisch ist für Länder und Gesellschaften mit einer insgesamt niedrigen Mordrate, während in Ländern mit hoher Gewalt ein größerer Anteil auf Tötungen in Bandenkriegen oder bei anderen kriminellen Aktionen entfällt.

5.4.4 „Ehrenmorde" und Ehre als Gewaltmotiv

Oberwittler und Kasselt (2011) definieren als „Ehrenmord" im engeren Sinne die Tötung einer jungen Frau, die gegen sexuelle Verhaltensnormen verstoßen und damit die vermeintliche Ehre der Familie verletzt hat, durch ihre eigenen Familienangehörigen. Es gibt Überschneidungen einerseits mit Partnertötungen (z. B. bei Fällen, in denen eine junge Frau aus ihrer arrangierten Ehe auszubrechen versucht) und anderseits Fällen der sog. „Blutrache". Kennzeichnend für sog. „Ehrenmorde" ist aber, dass die Angehörigen sich zu der Tötung legitimiert fühlen; diese wird deshalb häufig auch gemeinschaftlich und öffentlich sichtbar ausgeführt.

Oberwittler und Kasselt (2011) untersuchten in einer Aktenanalyse alle ihnen bekannt gewordenen Fälle aus dem Zeitraum 1995 bis 2005 (N = 78, Totalerhebung) und fanden einen relativ hohen Anteil männlicher Opfer (43 %); nicht selten wurden also neben der Frau, um deren Normverstoß es eigentlich ging, auch deren Liebhaber oder auch Personen, die sie beschützen wollten, Ziel der Gewalt. Im Hinblick auf diese Tatsache erscheint es unpassend, den nicht unproblematischen Begriff „Ehrenmord" durch „Femizid" zu ersetzen.

„Ehrenmorde" werden auf eine vormoderne agrarische, stark patriarchalisch geprägte Mentalität zurückgeführt, in denen die Ehre als ein wichtiges symbolisches Kapital gilt und die weibliche Ehre sehr stark über Keuschheit und sexuelle Reinheit definiert wird. Verstöße gegen das Verbot vor- oder außerehelicher sexueller Kontakte zerstören die Ehre der Frau und zugleich ihrer Familie; dieser bleibt zur Wiederherstellung ihrer Ehre nur die gewaltsame Beseitigung der Person, die die Ehre der Familie zerstört hat. Solche Morde sind im Übrigen kein Spezifikum rückständiger muslimisch geprägter Gesellschaften, sondern auch in vormodernen christlichen und vorchristlichen Kulturen bekannt.

Eine bestimmte, nämlich „ritterliche" Auffassung von Ehre war auch bestimmendes Motiv für Zweikämpfe, die insbesondere im 18. und 19. Jahrhundert in Europa verbreitet waren und nicht selten tödlich endeten (vgl. Burkhart, 2006; Frevert, 2020): In gehobenen Ständen galt es als legitim und sogar geboten, dass ein Mann auf bestimmte Provokationen (insbesondere geäußerte Zweifel an der Ehrbarkeit der Ehefrau oder anderer weiblicher Angehöriger, wahlweise auch den sprichwörtlichen Schlag ins Gesicht) mit der Forderung zu einem Duell reagierte. Der weitere Ablauf folgte dann einem streng geskripteten Komment: Der Geforderte hatte die Wahl der Waffen, ein Ehrenkomitee legte die Modalitäten fest (z. B. das Abbruchkriterium: Zahl der Schüsse, bis zur ersten Verletzung, bis zum Tod).

Diese Form des Duells ist zwar weitgehend ausgestorben. Viele Formen der Gewalt zwischen jungen Männern können jedoch analog dazu interpretiert werden, als Auseinandersetzungen um Ehre und Status, mit ritualisierten und geskripteten Ansätzen (so gilt die Ankündigung, mit der Mutter des Gegenübers den Beischlaf ausüben zu wollen, als Forderung zum Kampf, die nicht ohne Gesichtsverlust ausgeschlagen werden kann).

5.4.5 Amokläufe und „school shootings"

Der im Deutschen gebräuchliche Begriff „Amok", für sog. „school shootings" oder „mass shootings", ist etwas irreführend, da er dem Ursprung nach (vgl. ICD-10, Amok als „kulturgebundenes Syndrom") einen irrationalen, ungesteuerten Gewaltausbruch bezeichnet. Tatsächlich gemeint sind aber Angriffe auf eine Vielzahl von Menschen und Massaker, die oft über längere Zeit hinweg vorbereitet worden sind und durchaus mit Planung und Übersicht durchgeführt werden.

Etwas kontrovers wird die Frage nach einem einheitlichen Muster von Affekttätern gesehen. Bannenberg, Bauer und Kirste (2014) beschreiben als Kerngruppe den Typus des stillen, zurückgezogenen, von anderen als seltsam beurteilten Einzelgängers, den ein tiefgreifendes Fremdheitsgefühl auszeichnet und der seine Tat als Rache für vorausgehende Kränkungen plant und inszeniert, beseelt von dem Motiv, dadurch Ruhm zu erlangen. Demgegenüber betonen Scheithauer und Bondü (2011) sowie Langman, Petrosino und Persson (2018), es gebe kein einheitliches Profil des Amokläufers („school shooters"). Unterschieden werden drei Typen: (1) psychopathische Täter, die sich durch starken Narzissmus auszeichnen (Grandiositätsvorstellungen, geringe Empathie), sich gegen erlebte oder vermeintliche Zurücksetzungen rächen und Gewalt als Mittel zur Steigerung des Selbstwertempfindens und der Männlichkeit anwenden; (2) psychotische Täter, bei denen Halluzinationen und Wahnvorstellungen eine Rolle spielen; (3) traumatisierte Täter, die in der Familie oder im Umfeld intensive Gewalt erlebt haben.

Neben Persönlichkeit können auch biologische (z.B. körperliche Defekte als Herausforderung der Männlichkeit) und soziale Faktoren (z.B. Waffen, Vorbilder, Stressoren) eine Rolle spielen. Die weitaus meisten Amoktäter sind männlich; es wurden aber auch vereinzelt von Frauen begangene Taten beschrieben (Bannenberg, 2013).

Amoktaten sind nicht unerklärlich und nicht völlig unvorhersehbar. Häufig sind im Nachhinein eine Vielzahl von Anzeichen erkennbar, die als Warnsignale hätten dienen können: Tatankündigungen, Drohungen, Prahlen mit Waffen etc. Allerdings ergibt sich eine Schwierigkeit daraus, dass viele dieser möglichen Frühindikatoren eine hohe Basisrate aufweisen, während Amoktaten äußerst selten sind; daraus resultiert eine geringe Spezifität vieler Indikatoren und die Gefahr vieler falscher Alarme.

Es gibt einen Überschneidungsbereich zwischen Amoktaten und extremistischen Anschlägen, wie sich anhand der Kontroverse um das Münchner Attentat im Olympiazentrum im Juli 2016 gezeigt hat, die abwechselnd beiden Phänomenbereichen zugerechnet wurde (Bannenberg, 2018; Quent, 2017).

5.5 Ausgewählte weitere Gewaltdelikte

5.5.1 Partnerschaftsgewalt und Gewalt in der Erziehung gegen Kinder

Ein großer Teil der Gewaltdelikte spielt sich im sozialen Nahraum ab; die Opfer von Tötungsdelikten wie von Körperverletzungen sind häufig Personen, die den Tätern nahestehen (vgl. Meshkova, 2020, zur Prävalenz in Deutschland). Das Bundeskriminalamt veröffentlicht seit 2015 separate kriminalstatistische Berichte zur Partnerschaftsgewalt, wobei neben den ausgewählten Straftatbeständen die Opfer-Tatverdächtigen-Beziehung sowie Angaben zum räumlich-sozialen Kontext berücksichtigt werden. Partnerschaftsgewalt wird weiter gefasst und beinhaltet im Gegensatz zur Gewaltkriminalität bspw. auch vorsätzliche einfache Körperverletzungen, Bedrohung, Stalking und Nötigung. Für das Jahr 2019 wurden insgesamt 141.792 Fälle von vollendeten und versuchten Delikten der Partnerschaftsgewalt berichtet mit 81 % weiblichen und 19 % männlichen Opfern, wobei eine Person mehrfach als Opfer in die Statistik eingehen kann. Die 141.792 Fälle entsprechen einem Anteil von 17,3 % der insgesamt 819.793 in der PKS registrierten Opfer entsprechender Gewaltdelikte (Bundeskriminalamt, BKA, 2021). Am häufigsten wurden einfache Körperverletzungen registriert (86.812), gefolgt von Bedrohungen, Stalking und Nötigungen (32.477), gefährlichen, schweren Körperverletzungen oder Körperverletzungen mit Todesfolge (17.236), sexuellen Übergriffen, sexuellen Nötigungen und Vergewaltigungen (3.086) und Freiheitsberaubungen (1.697). Auch Zuhälterei (38) und Zwangsprostitution (52) gehen in den Bereich der Partnerschaftsgewalt mit ein. Es wurden 394 Opfer von Mord und Totschlag registriert sowie 9 Körperverletzungen mit Todesfolge durch Partnerschaftsgewalt. Insgesamt endeten die registrierten Partnerschaftsgewaltdelikte für 117 weibliche und 32 männliche Opfer tödlich. Darüber hinaus ist ein besonders großes Dunkelfeld anzunehmen, da sich die Gewalt im abgeschotteten familiären Raum abspielt und nur in Ausnahmefällen polizeilich registriert wird (vgl. Hoffmann & Wondrak, 2005; Luedtke, 2008).

Den registrierten Opfern von Partnerschaftsgewalt stehen 118.176 Tatverdächtige gegenüber, davon 79,4 % männliche (93.873) und 20,6 % weibliche (24.303; Bundeskriminalamt, BKA, 2021). Gewalt zwischen Eheleuten und in Lebenspartnerschaften kann eine einseitige Abfolge von Misshandlungen sein, wobei typischerweise der Mann die Frau unterdrückt und terrorisiert (Dutton, 1995). Jedoch können Opfer- und Täterrollen auch häufig wechseln (Kolbe & Büttner, 2020). Nach einer Literaturdurchsicht von Swan, Gambone, Caldwell, Sullivan und Snow (2008) greifen Frauen bei partnerschaftlichen Auseinandersetzungen ebenso häufig zu aggressiven Mitteln wie Männer; letztere fügen aber die schwereren Verletzungen zu (vgl. Leuschner, 2020).

Es wurden vielfältige Risiko- und Schutzfaktoren von Partnerschaftsgewalt auf der Ebene des Individuums, der Partnerschaft und der Gemeinschaft und Gesellschaft untersucht. Auf individueller Ebene wurden Zusammenhänge zu eigenen Missbrauchs- und Gewalterfahrungen in der Kindheit, dem elterlichen Erziehungsverhalten, zu negativer Emotionalität, asozialem Verhalten und Delinquenz, Persönlichkeitsstörungen, depressiven Symptomen der Partnerin und zum Alkoholkonsum berichtet. Auf Ebene der Partnerschaft stellen u. a. kritische Lebenssituationen, insbesondere Trennungssituationen, einen Risikofaktor dar (auch für eine erstmalige Gewaltanwendung). Darüber hinaus zeigen die allgemeine Beziehungszufriedenheit, Konflikte, Eifersucht, Dominanz und Kontrolle Zusammenhänge zur Partnerschaftsgewalt. Auf Ebene der Gemeinschaft und Gesellschaft zeigen sich Effekte allgemeiner sozialer Normen und Werte, aber auch der sozialen Unterstützung. Im Einklang mit den Vorhersagen der SAT kann die informelle soziale Kontrolle durch die Nachbarschaft durchaus ein Schutzfaktor sein bzw. kann soziale Desorganisation mit einer Abnahme dieser informellen sozialen Kontrolle und einem Anstieg von Kriminalität einhergehen (VanderEnde, Yount, Dynes & Sibley, 2012).

Sind Kinder als Zeugen zugegen, werden auch sie Opfer von Partnerschaftsgewalt (vgl. Stiller und Neubert, 2020, für einen Überblick sowie Präambel der Istanbul-Konvention). Darüber hinaus kann sich die Gewaltanwendung auch unmittelbar gegen Kinder richten. Neben der PKS liefert eine Statistik zur Gefährdungseinschätzung nach § 8a Sozialgesetzbuch VIII regelmäßig Hellfelddaten zur Prävalenz von Gewalt gegen Kinder in Deutschland. Allerdings reichen diese Daten aufgrund eines hohen Dunkelfeldes nicht aus, um das Ausmaß der Problematik einzuschätzen. Bevölkerungsrepräsentative Umfragen zu

Kindheitserfahrungen sollen zumindest Einblicke in das Dunkelfeld geben (z. B. Witt, Brown, Plener, Brähler & Fegert, 2017). In den meisten Fällen verüben die eigenen Eltern die Misshandlungen (Landgraf, Zahner, Nickel, Till & Keller, 2010) und Tötungsdelikte an Kindern (Haug & Zähringer, 2017). Im Gegensatz zu anderen Formen von Gewaltkriminalität fällt dabei der Anteil von Täterinnen deutlich höher aus, einige Delikte wie Neonatizide und die seltenen Misshandlungen mit der Absicht, einen medizinischen Behandlungsbedarf bei den Kindern zu produzieren („Münchhausen-by-Proxy-Syndrom"), werden nahezu ausschließlich von Frauen begangen (Leuschner, 2020).

Eine Langzeitstudie von Iratzoqui (2018) macht deutlich, dass die Erfahrung von Gewalt in der Kindheit die Betroffenen ein Leben lang begleitet und für Viktimisierung und Gewalttätigkeit im Erwachsenenalter vulnerabel macht.

Um Kinder gegen Gewalt zu schützen, trat im Jahr 2000 ein Gesetz zur Ächtung von Gewalt in der Erziehung in Kraft (§ 1631 Abs. 2 BGB). Diese gesetzliche Verankerung des Rechts auf eine gewaltfreie Erziehung hat nach Einschätzung von Clemens, Sachser, Weilemann und Fegert (2020) zu einem deutlichen Einstellungswandel hinsichtlich der Akzeptanz von Körperstrafen beigetragen. Allerdings war noch im Jahr 2016 eine relativ hohe Rate an positiven Einstellungen festzustellen (z. B. erachteten 17 % der Befragten eine leichte Ohrfeige als geeignetes Erziehungsmittel; Plener, Rodens & Fegert, 2016; vgl. Witt, 2018), die sich bis 2020 nur noch geringfügig veränderte. Nach den Vorhersagen der Situational Action Theory könnte sich der Einstellungswandel in der Bevölkerung in weniger Gewalttätigkeiten gegenüber Kindern manifestieren. Allerdings lässt sich dies anhand der vorliegenden Daten nicht überprüfen. Entsprechend fordern Clemens et al. (2020, S. 95) sämtliche Formen von Gewalt in der Erziehung regelmäßig zu erfassen und die Wirksamkeit von staatlichen Maßnahmen und Hilfsgeboten zu evaluieren.

5.5.2 Gewalt im Kontext von Eigentumskriminalität

Juristisch unterschieden werden der Raub oder schwere Raub (Wegnehmen einer Sache unter Androhung oder Anwendung von Gewalt), die räuberische Erpressung (der Überfallene wird unter Androhung von Gewalt zur Herausgabe genötigt) sowie der räuberische Diebstahl (der Dieb reagiert mit Gewalt, wenn er bei der Tat ertappt wird). In manchen Fällen (z. B. „Abrippen" unter Jugendlichen) kann die Tat zur Steigerung des Selbstwertgefühls und des Machterlebens dienen; das geraubte Gut ist nur eine Art Trophäe für den bestandenen Kampf. In den meisten Fällen von Raub ist aber die Gewalt rein instrumentell und proaktiv, auf die Erlangung eines begehrten Gutes gerichtet. Gleichzeitig aber besteht auch bei diesen Tätern während der Tat fast immer stressbedingt ein hohes Maß an emotionaler Erregung. Im prototypischen Fall des Bankraubs (Servay & Rehn, 1986) gibt es üblicherweise keine vorausgehende Täter-Opfer-Beziehung, und die bedrohten Bankangestellten sind als Personen für den Täter austauschbar. Der Täter zieht es üblicherweise vor, wenn er es bei der Androhung von Gewalt belassen kann, aber damit seine Drohungen glaubwürdig sind, muss er die Bereitwilligkeit und Entschlossenheit vermitteln, die Drohungen in die Tat umzusetzen und die Überfallenen massiv körperlich zu schädigen (vgl. Katz, 1988). Bankraub ist ein sehr anspruchsvolles Verbrechen, da es ein gewisses Maß an Planung und Vorbereitung sowie psychische Stabilität bei der Durchführung erfordert.

Zu Tötungsdelikten im Kontext von Raubüberfällen oder Einbrüchen (Volbert, 1992) kommt es meist ungeplant dann, wenn der Täter durch unvorhergesehenes Verhalten der Opfer oder durch äußere Ereignisse überrascht wird und impulsiv reagiert. In einem empirischen Vergleich zwischen Raubmördern und Räubern ohne Tötungsdelikt (Steck, Post & Schrader, 2004) lag einer der wenigen Unterschiede darin, dass Raubmörder ihre Überfälle oft weniger intensiv planten und ausführten; außerdem litten sie unter weniger psychischem und ökonomischem Druck im Tatvorfeld. Dass die Raubmörder bei der Tat auch häufiger als die anderen Räuber alkoholisiert waren, erscheint ebenfalls vereinbar mit der Annahme, dass Tötungsdelikte im Kontext eines Raubes das Resultat eines Kontrollverlustes sind, welcher wiederum einer mangelnden Vorsicht und Sorgfalt bei der Tat geschuldet ist.

Der Bankraub stellt ein zeitweise spektakuläres, aber wohl aus Gründen der technischen Entwicklung in den letzten Jahren auf dem Rückzug befindliches Gewaltdelikt dar (Endres, Ackermann, Dransfeld & Kaufmann, 2014). Die meisten Bankräuber handeln allein, ihr Motiv ist häufig Überschuldung, sie sind nur mit einer ungeladenen Pistole bewaffnet und bei der Tat alkoholisiert (wohl als Mittel, um die eigene Angst zu unterdrücken). Eine Minderheit begeht die Tat zu mehreren, weist eine stärker kriminell geprägte Biografie auf, verwendet eine geladene Schusswaffe und finanziert mit der Beute ihren Lebensunterhalt und einen oft gehobenen Lebensstil und Drogen.

5.5.3 Weitere Gewaltdelikte

Über die in diesem Kapitel diskutierten Formen der Gewaltkriminalität hinaus gibt es eine Vielzahl weiterer Phänomene, auf die aus Platzgründen nicht näher eingegangen werden kann.

Ein großer Teil der Gewaltdelinquenz entfällt auf Körperverletzungen, die auf Straßen oder Plätzen begangen werden. Täter wie Opfer sind zumeist junge Männer, die sich nicht oder nur entfernt kennen und die aus überwiegend (für Außenstehende) trivialen Gründen in Streit miteinander geraten. Meist streiten sie um Status oder materielle Ressourcen und sind dabei alkoholisiert oder stehen unter Drogeneinfluss (Özsöz, 2014).

Gewalt in Institutionen ist in der Öffentlichkeit nicht sichtbar und wurde nur vereinzelt untersucht (vgl. Rettenberger, Dessecker & Rau, 2020, für ausgewählte Bereiche). Hierzu gehören Körperverletzungen in Heimen, aber auch in der ambulanten Pflege alter Menschen (Rabold & Görgen, 2017; Yon, Ramiro-Gonzalez, Mikton, Huber & Sethi, 2018), gewalttätige Übergriffe unter Gefängnisinsassen (Neubacher, 2020), Angriffe auf das Personal in Gefängnissen (Haas, Breuer & Endres, 2018) oder in Krankenhäusern (Richter, 2019). Bedienstete der Polizei werden immer wieder Ziel von Gewaltdelikten (Elsner & Laumer, 2015), üben aber auch Gewalt aus, deren Legitimität im Einzelfall hin und wieder umstritten ist (Luff, Schuster & Röhm, 2018; Abdul-Rahman, Espín Grau & Singelnstein, 2020).

Extremistische Gewalt wird in Kap. 7 in diesem Band thematisiert.

5.6 Prävention und Intervention

Die individuelle und soziale Vorbeugung von Gewalt kann an verschiedenen Faktoren und zu verschiedenen Phasen eingreifen (s. Kap. 27 und 28 in diesem Band).

Bei Personen, die bereits wegen Gewalttätigkeit auffällig geworden sind, geht es um die Behandlung dieser dynamischen Faktoren: dissoziale Persönlichkeitszüge, problematische Einstellungen, feindselige Verarbeitungsschemata, positive Bewertung von Gewalt, fehlende Scripts und Kompetenzen für gewaltlose Konfliktverarbeitung, spezielle Problemlagen (Alkohol, Drogen, Spielsucht, inkompetenter Umgang mit Geld), fehlende berufliche Qualifikationen und unstrukturiertes Freizeitverhalten. Die Behandlung im stationären Setting wird bei Medynska (2021) dargestellt. Der Behandlung häuslicher Gewalttäter widmet sich Steingen (2020).

5.7 Weiterführende Literatur

Baumeister, R.F. (1996). *Evil: Inside human violence and cruelty.* New York: Freeman.

Das gut lesbare Buch von Baumeister untersucht verschiedene Formen von Gewalt, vom Raub über Bandenkriminalität bis hin zu Terrorismus und Genozid.

Marneros, A. (2008). *Intimizid. Die Tötung des Intimpartners.* Stuttgart: Schattauer.

Der Psychiater Marneros entwickelt eine umfangreiche Typologie von Beziehungstaten, basierend auf eigenem Gutachtenmaterial. Die theoretisch-psychologische Einführung ist leider nicht durchgängig auf dem aktuellen Stand.

Pinker, S. (2011). *Gewalt – eine neue Geschichte der Menschheit.* Frankfurt a.M.: Fischer.

Der Evolutionspsychologe Pinker illustriert umfassend die These, dass Gewalt immer mehr durch zivilisatorische Prozesse eingehegt wird und abnimmt. Kapitel 8 bringt eine umfassende und aktuelle Darstellung zentraler psychologischer Faktoren für Gewalt.

UNODC. (2019). *Global study on homicide.* Wien: United Nations Office on Drugs and Crime. Verfügbar unter https://www.unodc.org/unodc/en/data-and-analysis/global-study-on-homicide.html

Die Berichte des Büros der Vereinten Nationen für Drogen und Kriminalität bringen nicht nur sehr instruktive internationale Statistiken über Tötungsdelikte, sondern auch theoretische und konzeptionelle Einordnungen.

Literatur

Abdul-Rahman, L., Espín Grau, H. & Singelnstein, T. (2020). *Polizeiliche Gewaltanwendungen aus Sicht der Betroffenen. Zwischenbericht zum Forschungsprojekt „Körperverletzung im Amt durch Polizeibeamt*innen“* (2. Aufl.). Bochum: Ruhr-Universität.

Ajzen, I. (1991). The theory of planned behavior. *Organizational Behavior and Human Decision Processes, 50,* 179–211. https://doi.org/10.1016/0749-5978(91)90020-T

Anderson, C.A. (2000). Violence and aggression. In A.E. Kazdin (Ed.), *Encyclopedia of Psychology* (Vol. 8, pp. 162–169). Washington, DC: American Psychological Association.

Backes, L. & Bettoni, M. (2021). *Alle drei Tage. Warum Männer Frauen töten und was wir dagegen tun müssen.* München: Deutsche Verlags-Anstalt.

Bannenberg, B. (2013). Amoktäterinnen. In K. Boers, T. Feltes, J. Kinzig, L. Sherman, F. Streng & G. Trüg (Hrsg.), *Kriminologie – Kriminalpolitik – Strafrecht* (S. 19–31). Tübingen: Mohr Siebeck.

Bannenberg, B. (2018). *Die Amoktat des David (Ali) Sonboly. Kriminologische Betrachtung der Tat in München. Gutachten im Auftrag des Bayerischen Landeskriminalamtes.* Gießen: Professur für Kriminologie. Verfügbar unter https://www.uni-giessen.de/fbz/fb01/professuren-forschung/professuren/bannenberg/forschung/amok

Bannenberg, B., Bauer, B. & Kirste, A. (2014). Erscheinungsformen und Ursachen von Amoktaten aus kriminologischer, forensisch-psychiatrischer und forensisch-psychologischer Sicht. *Forensische Psychiatrie, Psychologie, Kriminologie, 8,* 229–236. https://doi.org/10.1007/s11757-014-0289-9

Baumeister, R.F. (1996). *Evil: Inside human violence and cruelty.* New York, NY: Freeman.

Bundeskriminalamt, BKA. (Hrsg.). (2021). *Polizeiliche Kriminalstatistik Bundesrepublik Deutschland: Jahrbuch 2020* (Band 4). Wiesbaden: Bundeskriminalamt. Verfügbar unter https://www.bka.de/DE/AktuelleInformationen/StatistikenLagebilder/PolizeilicheKriminalstatistik/PKS2020/pks2020_node.html

Burkhart, D. (2006). *Eine Geschichte der Ehre.* Darmstadt: Wissenschaftliche Buchgesellschaft.

Bushman, B.J. & Anderson, C.A. (2001). Is it time to pull the plug on the hostile versus instrumental aggression dichotomy? *Psychological Review, 108,* 273–279. https://doi.org/10.1037/0033-295X.108.1.273

Campbell, J. & Runyan, C.W. (1998). Femicide. *Homicide Studies, 2,* 347–352. https://doi.org/10.1177/1088767998002004001

Clemens, V., Sachser, C., Weilemann, M. & Fegert, J.M. (2020). *20 Jahre gewaltfreie Erziehung im BGB: Aktuelle Einstellungen zu Körperstrafen und elterliches Erziehungsverhalten in Deutschland – Ein Blick auf Veränderungen seit der parlamentarischen Entscheidung von 2000.* Ulm: Klinik für Kinder- und Jugendpsychiatrie/Psychotherapie. Verfügbar unter https://www.kinderschutz-in-nrw.de/fachin

formationen/materialien/sammlung/20-jahre-gewaltfreie-erziehung-im-bgb/

Dobash, R. E., Dobash, P. P., Cavanaugh, K. & Medina-Ariza, J. (2007). Lethal and nonlethal violence against an intimate female partner – comparing male murderers to nonlethal abusers. *Violence Against Women, 13,* 329–353. https://doi.org/10.1177/1077801207299204

Duke, A. A., Smith, K. M. Z., Oberleitner, L. M. S., Westphal, A. & McKee, S. A. (2018). Alcohol, drugs, and violence: A meta-meta-analysis. *Psychology of Violence, 8,* 238–249. https://doi.org/10.1037/vio0000106

Dutton, D. G. (1995). *The batterer. A psychological profile.* New York, NY: Basic Books.

Elsner, E. & Laumer, M. (2015). *Gewalt gegen Polizeibeamte in Bayern.* München: Bayerisches Landeskriminalamt.

Endres, J. (2008). Affekttaten. In R. Volbert & M. Steller (Hrsg.), *Handbuch der Rechtspsychologie* (S. 412–420). Göttingen: Hogrefe.

Endres, J., Ackermann, A., Dransfeld, M. & Kaufmann, M. (2014, Oktober). *Bankräuber: Typologie und Rückfälligkeit.* Vortrag auf der Herbsttagung Forensische Psychiatrie, München. Verfügbar unter https://www.researchgate.net/publication/272426247_Bankrauber_Typologie_und_Ruckfalligkeit_Bank_robbers_typology_and_criminal_recidivism

Endres, J. & Breuer, M. M. (2014). Gewaltdelinquenz und Affekttaten. In T. Bliesener, F. Lösel & G. Köhnken (Hrsg.), *Lehrbuch Rechtspsychologie* (1. Aufl., S. 87–105). Bern: Huber.

Felson, R. B. (2002). *Violence and gender re-examined.* Washington, DC: American Psychological Association. https://doi.org/10.1037/10470-000

Fischer, T. (2021). *Strafgesetzbuch und Nebengesetze* (68. Aufl.). München: C. H. Beck.

Fischer, A., Halperin, E., Canetti, D. & Jasini, A. (2018). Why we hate. *Emotion Review, 10,* 309–320. https://doi.org/10.1177/1754073917751229

Frevert, U. (2020). *Mächtige Gefühle.* Frankfurt a. M.: S. Fischer.

Gadd, D. (2017). Domestic violence. In A. Liebling, S. Maruna & L. McAra (Eds.), *The Oxford handbook of criminology* (6th ed., pp. 663–684). Oxford: Oxford University Press.

Haas, S., Breuer, M. & Endres, J. (2018). Übergriffe gegen Bedienstete im Justizvollzug. Teil 2: Empirische Befunde aus dem bayerischen Justizvollzug und Empfehlungen. *Forum Strafvollzug, 67,* 213–218.

Haslam, N. (2016). Concept creep: Psychology's expanding concepts of harm and pathology. *Psychological Inquiry, 27,* 1–17. https://doi.org/10.1080/1047840X.2016.1082418

Haslam, N., Dakin, B. C., Fabiano, F., McGrath, M. J., Rhee, J., Vylomova, E. et al. (2020). Harm inflation: Making sense of concept creep. *European Review of Social Psychology, 31,* 254–285. https://doi.org/10.1080/10463283.2020.1796080

Haug, M. & Zähringer, U. (2017). *Tötungsdelikte an 6- bis 13-jährigen Kindern in Deutschland. Eine kriminologische Untersuchung anhand von Strafverfahrensakten (1997–2012).* Hannover: Kriminologisches Forschungsinstitut Niedersachsen.

Hentig, H. von (1956). *Zur Psychologie der Einzeldelikte. Band II: Der Mord.* Tübingen: Mohr.

Hoffmann, J. & Wondrak, I. (Hrsg.). (2005). *Häusliche Gewalt und Tötung des Intimpartners.* Frankfurt a. M.: Verlag für Polizeiwissenschaft.

Iratzoqui, A. (2018). Domestic violence and the victim/offender overlap across the life course. *International Journal of Offender Therapy and Comparative Criminology, 62,* 2801–2816. https://doi.org/10.1177/0306624X17734993

Johnson, H., Eriksson, L., Mazerolle, P. & Wortley, R. (2019). Intimate femicide: The role of coercive control. *Feminist Criminology, 14,* 3–23. https://doi.org/10.1177/1557085117701574

Katz, J. (1988). *Seductions of crime.* New York, NY: Basic Books.

Kolbe, V. & Büttner, A. (2020). Häusliche Gewalt gegen Männer – auch ein rechtsmedizinisches Problem? *Rechtsmedizin, 30,* 88–93. https://doi.org/10.1007/s00194-020-00382-4

Landgraf, M., Zahner, L., Nickel, P., Till, H. & Keller, A. (2010). Kindesmisshandlung: Soziodemografie, Ausmaß und medizinische Versorgung – Retrospektive Analyse von 59 Patienten/-innen. *Monatsschrift Kinderheilkunde, 2,* 149–156. https://doi.org/10.1007/s00112-009-2129-0

Langman, P., Petrosino, A. & Persson, H. (2018). *Five misconceptions about school shootings.* San Francisco, CA: WestEd Justice & Prevention Research Center. Verfügbar unter https://files.eric.ed.gov/fulltext/ED595725.pdf

Leuschner, F. (2020). Täterinnen: Hintergründe und Deliktstrukturen von Straftaten durch Frauen. *Forensische Psychiatrie, Psychologie, Kriminologie, 14,* 130–140. https://doi.org/10.1007/s11757-020-00590-4

Lilienfeld, S. O. (2017). Microaggressions: Strong claims, inadequate evidence. *Perspectives on Psy-*

chological Science, 12, 138–169. https://doi.org/10.1177/1745691616659391

Lotter, M.-S. (2021). Wie Hass und Gewalt sich begrifflich ausdehnen. Emotionalisierung durch Concept Creep. In P. Helfritsch & J. Müller Hipper (Hrsg.), *Die Emotionalisierung des Politischen* (S. 263–278). Bielefeld: Transcript Verlag.

Luedtke, J. (2008). Gewalt in der Partnerschaft. In A. Dessecker & R. Egg (Hrsg.), *Gewalt im privaten Raum* (S. 39–74). Wiesbaden: Kriminologische Zentralstelle.

Luff, J., Schuster, V. & Röhm, C. (2018). *Konflikte im Polizeialltag: Eine Analyse von Beschwerden gegen Polizeibeamte und Körperverletzungen im Amt in Bayern.* München: Bayerisches Landeskriminalamt.

Marneros, A. (2008). *Intimizid. Die Tötung des Intimpartners.* Stuttgart: Schattauer.

Medynska, B. (2021). Gewaltstraftäter. In J. Endres & S. Suhling (Hrsg.), *Behandlung im Justizvollzug.* Berlin: Springer.

Meshkova, K. (2020). *Prävalenz der häuslichen Gewalt in Deutschland.* Ulm: Universitätsklinikum. Verfügbar unter https://www.researchgate.net/profile/Ksenia-Meshkova/publication/346399993_Pravalenzen_der_hauslichen_Gewalt_in_Deutschland/links/5fbfd08a458515b797710a07/Praevalenzen-der-haeuslichen-Gewalt-in-Deutschland.pdf

Monckton-Smith, J. (2020). Intimate partner femicide: Using Foucauldian analysis to track an eight stage relationship progression to homicide. *Violence against Women, 26,* 1267–1285. https://doi.org/10.1177/1077801219863876

Neubacher, F. (2020). On the development, origins and manifestations of prison violence – evidence from a longitudinal study on young males and females in Germany. *Criminology – The Online Journal, 2,* 372–393. Verfügbar unter https://www.kriminologie.de/index.php/krimoj/issue/view/5

Oberwittler, D. & Kasselt, J. (2011). *Ehrenmorde in Deutschland.* Köln: Luchterhand.

Özsöz, F. (2014). Gewalttaten unter Alkoholeinfluss bei Jugendlichen – Erkenntnisse aus der Kriminalstatistik. *Zeitschrift für Jugendkriminalrecht und Jugendhilfe, 2,* 152–159.

Pauwels, L.J. R., Svensson, R. & Hirtenlehner, H. (2018). Testing Situational Action Theory: A narrative review of studies published between 2006 and 2015. *European Journal of Criminology, 15,* 32–55. https://doi.org/10.1177/1477370817732185

Pinker, S. (2011). *Gewalt: Eine neue Geschichte der Menschheit.* Bonn: Bundeszentrale für politische Bildung.

Plener, P.L., Rodens, K.P. & Fegert, J.M. (2016). „Ein Klaps auf den Hintern hat noch niemandem geschadet": Einstellungen zu Körperstrafen und Erziehung in der deutschen Allgemeinbevölkerung. *Themenheft des Berufsverbandes der Kinder- und Jugendärzte e.V.,* 20–25. Verfügbar unter https://www.stiftung-kind-und-jugend.de/fileadmin/pdf/BVKJ_Kinderschutz_0616_Beitrag_Umfrage_2.pdf

Quent, M. (2017). *Ist die Mehrfachtötung am OEZ München ein Hassverbrechen? Gutachten über die Mehrfachtötung am 22. Juli 2016 im Auftrag der Landeshauptstadt München.* Jena: Institut für Demokratie und Zivilgesellschaft.

Rabold, S. & Görgen, T. (2017). Misshandlung und Vernachlässigung älterer Menschen durch ambulante Pflegekräfte. *Zeitschrift für Gerontologie und Geriatrie, 40,* 366–377.

Rasch, W. (1964). *Tötung des Intimpartners.* Stuttgart: Enke.

Rettenberger, M., Dessecker, A. & Rau, M. (Hrsg.). (2020). *Gewalt und Zwang in Institutionen* (Kriminologie und Praxis, Bd. 74). Wiesbaden: Kriminologische Zentralstelle.

Richter, D. (2019). Nimmt Gewalt gegen Mitarbeitende im Gesundheitswesen zu? *Sozialpsychiatrische Informationen, 49,* 15–18.

Saß, H. (2008). Tötung mit und ohne tiefgreifende Bewusstseinsstörung. *Forensische Psychiatrie, Psychologie, Kriminologie, 2,* 85–95. https://doi.org/10.1007/s11757-008-0068-6

Scheithauer, H. & Bondü, R. (2011). *Amoklauf und School Shooting. Bedeutung, Hintergründe und Prävention.* Göttingen: Vandenhoeck & Ruprecht.

Scheithauer, H. & Hayer, T. (2007). Psychologische Aggressionstheorien und ihre Bedeutung für die Prävention aggressiven Verhaltens im Kindes- und Jugendalter. In M. Gollwitzer, J. Pfetsch, V. Schneider, A. Steffke & C. Ulrich (Hrsg.), *Gewaltprävention bei Kindern und Jugendlichen* (S. 15–37). Göttingen: Hogrefe.

Schepers, D. & Reinecke, J. (2015). Die Bedeutung moralischer Werte für die Erklärung delinquenten Verhaltens Jugendlicher. *Monatsschrift für Kriminologie und Strafrechtsreform, 98,* 187–203. https://doi.org/10.1515/mks-2015-980303

Schöch, H. (2002). Strafrechtliche Aspekte der Tötungskriminalität. In R. Egg (Hrsg.), *Tötungsdelikte – mediale Aufarbeitung, kriminologische Erkennt-*

nisse, juristische Aufarbeitung (S. 71–90). Wiesbaden: Kriminologische Zentralstelle.

Servay, W. & Rehn, I. (1986). *Bankraub aus Sicht der Täter.* Wiesbaden: Mittelbayerische Druckerei- und Verlagsgesellschaft.

Steck, P., Post, V. & Schrader, S. (2004). Psychologische Bedingungen des Raubmordes. *Monatsschrift für Kriminologie und Strafrechtsreform, 87,* 117–126. https://doi.org/10.1515/mks-2004-00016

Steingen, A. (2020). *Häusliche Gewalt – Handbuch der Täterarbeit.* Göttingen: Vandenhoeck & Ruprecht.

Stiller, A. & Neubert, C. (2020). *Partnerschaftliche Gewalt in Familien mit Kindern – Was passiert nach einer polizeilichen Wegweisungsverfügung?* (Forschungsbericht Teil 1). Hannover: Kriminologisches Forschungsinstitut Niedersachsen.

Sue, D.W., Capodilupo, C.M., Torino, G.C., Bucceri, J.M., Holder, A.M. B., Nadal, K.L. et al. (2007). Racial microaggressions in everyday life – Implications for clinical practice. *American Psychologist, 62,* 271–286. https://doi.org/10.1037/0003-066X.62.4.271

Swan, S.C., Gambone, L.J., Caldwell, J.E., Sullivan, T.P. & Snow, D.L. (2008). A review of research on women's use of violence with male intimate partners. *Violence and Victims, 23,* 301–314. https://doi.org/10.1891/0886-6708.23.3.301

Tedeschi, J.T. & Felson, R.B. (1994). *Violence, aggression and coercive actions.* Washington, DC: American Psychological Association. https://doi.org/10.1037/10160-000

UNODC. (2019a). *Global study on homicide* (Booklet 1: Executive summary). Wien: United Nations Office on Drugs and Crime. https://doi.org/10.1007/978-3-319-74336-3_149-1

UNODC. (2019b). *Global study on homicide* (Booklet 3: Understanding homicide – typologies, demographic factors, mechanisms and contributors). Wien: United Nations Office on Drugs and Crime.

UNODC. (2019c). *Global study on homicide* (Booklet 5: Gender-related killing of women and girls). Wien: United Nations Office on Drugs and Crime.

VanderEnde, K.E., Yount, K.M., Dynes, M.M. & Sibley, L.M. (2012). Community-level correlates of intimate partner violence against women globally: A systematic review. *Social Science & Medicine, 75,* 1143–1155. https://doi.org/10.1016/j.socscimed.2012.05.027

Volbert, R. (1992). *Tötungsdelikte im Rahmen von Bereicherungstaten.* München: Fink.

Wikström, P.H. (2015). Situational Action Theory. *Monatsschrift für Kriminologie und Strafrechtsreform, 98,* 177–186. https://doi.org/10.1515/mks-2015-980302

Wikström, P.H. (2017). Character, circumstances, and the causes of crime: Towards an analytical criminology. In A. Liebling, S. Maruna & L. McAra (Eds.), *The Oxford Handbook of Criminology* (6th ed., pp. 501–521). Oxford: University Press.

Witt, A. (2018). *Prävalenz, Verlauf und Folgen multipler und kombinierter Typen von Kindesmisshandlung.* Dissertation, Universität Ulm. Verfügbar unter https://oparu.uni-ulm.de/xmlui/bitstream/handle/123456789/15679/Diss_Witt.pdf?sequence=3

Witt, A., Brown, R.C., Plener, P.L., Brähler, E. & Fegert, J.M. (2017). Child maltreatment in Germany: prevalence rates in the general population. *Child and Adolescent Psychiatry Mental Health, 11,* 1–9. Verfügbar unter https://www.springermedizin.de/child-maltreatment-in-germany-prevalence-rates-in-the-general-po/15095012 https://doi.org/10.1186/s13034-017-0185-0

Yon, Y., Ramiro-Gonzalez, M., Mikton, C.R., Huber, M. & Sethi, D. (2018). The prevalence of elder abuse in institutional settings: A systematic review and meta-analysis. *European Journal of Public Health, 29,* 58–67. https://doi.org/10.1093/eurpub/cky093

6 Entwicklungskriminologische Ansätze

Marie Joséphine Hamatschek und Klaus-Peter Dahle

6.1 Einleitung

So unterschiedlich die kriminalpsychologischen Modelle auch sind, so besteht weitgehend Einigkeit hinsichtlich des Ziels: zu erklären, warum manche Personen straffällig werden und andere nicht, um Straffälligkeit vorhersagbar zu machen und Prävention und Intervention anzupassen. Dieser interindividuellen Sichtweise setzt die Entwicklungs- und Lebensspannenkriminologie einen intraindividuellen Vergleichsmaßstab entgegen. Seit den 1970er-Jahren hat sich so ein Forschungsparadigma entwickelt, das die Dynamik dissozialen und kriminellen Verhaltens über die individuelle Lebensspanne hinweg in den Fokus rückt.

Ausgangspunkt war ein Befund, der so alt ist wie die Kriminalstatistik: Die Alters-Kriminalitäts-Kurve zeigt, dass verschiedene Altersgruppen ungleich häufig strafrechtlich in Erscheinung treten. Die Kriminalitätsbelastung steigt im Jugendalter stark an, erreicht ungefähr im Übergang zum Erwachsenenalter ihren Höhepunkt und fällt dann über das gesamte Erwachsenenalter hinweg allmählich ab. Kriminalitätstheorien, die darauf ausgelegt sind, zwischen Tätern und Nichttätern zu unterscheiden, können dieses Muster kaum erklären. Dies wird nicht von allen als ein Defizit dieser Ansätze betrachtet (Gottfredson & Hirschi, 1986; Hirschi & Gottfredson, 1983). Dennoch erwies sich gerade die Idee, die Alters-Kriminalitäts-Kurve ergebe sich aus unterscheidbaren, möglicherweise gar typologisierbaren individuellen Verlaufsmustern, als außerordentlich fruchtbar. Die Suche nach derartigen individuellen Verlaufsmustern oder *kriminellen Karrieren* (Blumstein, Cohen, Roth & Visher, 1986) regte insbesondere die Längsschnittforschung an und wurde durch die Entwicklung neuerer statistischer Verfahren beflügelt (Laub & Sampson, 2020). Bald zeigte sich, dass sich kriminelle Karrieren durchaus unterscheiden und dass einzelne Verlaufsparameter (wie Ein- und Ausstiegsalter, Frequenz, Schwere oder Art der Delikte) unterschiedliche Korrelate und Prädiktoren aufweisen (Dahle, 1998; Laub & Sampson, 2001; Piquero, Farrington & Blumstein, 2003; Ramoutar & Farrington, 2006). Derartige Befunde werden von entwicklungskriminologischen Theorien damit begründet, dass die kriminelle Aktivität in unterschiedlichen Entwicklungsphasen wechselnden Einflüssen unterliegt (Casey, 2011). Während man ursprünglich in erster Linie daran interessiert war, persistente Intensivtäterkarrieren vorherzusagen und durch Intervention zu vermeiden (Blumstein et al., 1986), wurden seitdem Hinweise gefunden, die die Bedeutung zeitlich stabiler (*kontinuierlicher*) krimineller Verläufe infrage stellen und nahelegen, dass Veränderung im kriminellen Verhalten über den Lebenslauf (*Diskontinuität*) die Regel ist (Sampson & Laub, 2003; Stelly & Thomas, 2005).

6.2 Ausgewählte entwicklungskriminologische Theorien

Aus Platzgründen kann hier nur eine exemplarische Auswahl der entwicklungskriminologischen Theorien vorgestellt werden: die entwicklungspsychologische Taxonomie nach Moffitt (1993), die Theorie des Devianzsyndroms nach Le Blanc (2009), die Theorie der altersabhängigen sozialen Kontrolle nach Sampson und Laub (Laub & Sampson, 2003; Sampson & Laub, 2005) und Farringtons (2020) Modell des integrierten kognitiven antisozialen Potenzials.

6.2.1 Moffitts Entwicklungstaxonomie der lebenslang persistenten vs. jugendlimitierten Delinquenz

Terrie Moffitts (1993, 1997, 2008, 2018) entwicklungskriminologisches Modell gehört zu den bekanntesten. Moffitt geht davon aus, dass die Form der Alters-Kriminalitäts-Kurve das Ergebnis zweier sehr unterschiedlicher Verlaufstypen ist: Während die „*life-course persisters*" in jedem Alter antisoziales Verhalten zeigen sollen, falle die zweite, größere Gruppe nur im Jugendalter auf, weshalb ihr antisoziales Verhalten als „*adolescence-limited*" bezeichnet wird. Für die beiden Verlaufstypen vermutet Moffitt unterschiedliche Entstehungsmechanismen.

Lebenslang persistentes antisoziales Verhalten entsteht und verfestigt sich demnach bereits in der frühen Kindheit. Ausgangsbasis seien neuropsychologische Defizite, die besondere Anforderungen an die Erziehungspersonen stellten. Sofern diese nicht erfüllt werden (könnten), würden die Verhaltensprobleme nicht abgefedert, sondern verstärkt. Im Folgenden zeige sich ein Muster anhaltend antisozialen Verhaltens, das jedoch in seiner Ausprägungsform jeweils alterstypisch sei: z. B. Beißen im Alter von 4 Jahren, Ladendiebstahl mit 10 Jahren, Vergewaltigung mit 22 Jahren und Betrug mit 30 Jahren. All diese Auffälligkeiten werden als Ausdruck derselben unterliegenden Disposition verstanden (*heterotypische Kontinuität*).

Im Gegensatz zum lebenslang Persistenten zeige der Typ der jugendlimitierten Delinquenz kein Problemverhalten, bis er die Pubertät erreiche. In dieser Lebensphase des biologischen Erwachsenwerdens entwickle er nun ein Bedürfnis, auch soziale Reife zu erreichen, also als Erwachsener wahrgenommen zu werden und einen erwachsenen Lebensstil zu pflegen. Der soziale Erwachsenenstatus werde Jugendlichen in modernen westlichen Gesellschaften jedoch erst deutlich nach Eintritt der biologischen Reife gewährt, sodass es bei Jugendlichen zu einer wahrgenommenen Diskrepanz komme („*maturity gap*"). Die einzigen Gleichaltrigen, die hierunter nicht zu leiden scheinen, seien die Delinquenten (also die lebenslang persistent Antisozialen): Durch ihre kriminellen Aktivitäten verfügten sie einerseits über eigenes Geld, andererseits seien sie häufig erfahren im Konsum von Suchtmitteln und hätten früh sexuelle Kontakte. Diese lebenslang devianten Gleichaltrigen nehmen sich nach Moffitt viele der bis hierhin unauffälligen Jugendlichen in ihrem Streben nach Autonomie zum Vorbild („*social mimicry*"). Sobald sie jedoch im späten Jugend- oder frühen Erwachsenenalter auf konventionellem Wege den Erwachsenenstatus erreichten, schließe sich der Maturity Gap und das antisoziale Verhalten ende.

6.2.2 Le Blancs Theorie des Devianzsyndroms

Nach Marc Le Blanc (2009), der sich am Modell von Loeber (1996; Loeber, Keenan & Zhang, 1997) orientiert, kann verschiedenes deviantes Verhalten unter dem *Devianzsyndrom* („*deviant behavior syndrome*") zusammengefasst werden, das sich in vier Komponenten gliedert: *offene Devianz, verdeckte Devianz, rücksichtsloses Verhalten* und *Autoritätskonflikt*. Im Unterschied zu Moffitt nimmt Le Blanc an, dass das Devianzsyndrom bei jedem Individuum einen umgekehrt U-förmigen Verlauf über die Lebensdauer hinweg zeigt, und zwar nicht nur insgesamt, sondern auch in jeder der vier Komponenten. Trotz dieser Regelmäßigkeit geht Le Blanc von drei unterscheidbaren Verlaufstypen aus. Zwei davon, der *persistente* und *transitorische* Typ, entsprechen ungefähr dem lebenslang persistierenden und dem jugendlimitierten Typ nach Moffitt – wobei jedoch auch beim persistenten Typ ein Anstieg der Delinquenzhäufigkeit und -schwere in der Jugend und ein Abfall im jungen Erwachsenenalter angenommen wird. Auch wird angenommen, dass der transitorische Typ keine Gewaltdelinquenz zeigt. Der dritte Verlaufstyp ist der der *gewöhnlichen Straffälligkeit* („*common offending*"). Er soll sich durch gelegentliche, weniger schwere Straftaten v.a. im mittleren Jugendalter auszeichnen – typischerweise Vandalismus, Diebstahl oder Erregung öffentlichen Ärgernisses – und etwa die Hälfte der Allgemeinbevölkerung betreffen.

Erklärt wird die Differenzierung in die drei Verlaufstypen durch chaostheoretische Überlegungen und das Argument, dass der Zugang zu Gelegenheiten sowie der Anreiz, deviantes Verhalten zu zeigen, sich mit den Entwicklungsphasen verändern. Während in der Kindheit nur Autoritätskonflikts-Devianz auftritt, kommt mit der Einschulung verdeckte Devianz in Form von kleinen Diebstählen und Lügen als Verhaltensoption hinzu. Mit dem Jugendalter setzen offene Devianz und rücksichtsloses Verhalten ein.

Zentral ist die Idee, dass der menschliche Organismus nach Stabilität i.S. von Regelmäßigkeiten und Gewohnheiten strebt und durch veränderte Verhaltensmöglichkeiten und -erwartungen aus dem Gleichgewicht gebracht wird. In der Jugend und im frühen Erwachsenenalter finden in dieser Hinsicht Verschiebungen statt. Eltern und Schule gewähren nun größere Freiräume, die Verhaltenserwartungen von Gleichaltrigen verändern sich und gewinnen an Gewicht. Auch im Erwachsenenalter finden sich noch wichtige Umbrüche. In derart von Unsicherheit geprägten Lebensphasen können auch kleine Ereignisse große Wirkungen haben: Das Angebot eines Freundes, an seinem Joint zu ziehen, könnte der Grundstein einer Cannabisabhängigkeit werden oder die peinlichen Fragen einer Arbeitskollegin bzgl. des blauen Auges von der gestrigen Schlägerei könnten dazu führen, dass man sein Freizeitverhalten ändert. So sind es nach Le Blanc die Übergangsphasen im Leben, die Veränderung in positive wie negative Richtung fördern.

6.2.3 Die Theorie der altersabhängigen sozialen Kontrolle von Sampson und Laub

Die Theorie der altersabhängigen sozialen Kontrolle (Laub & Sampson, 2003; Sampson & Laub, 1993, 1997, 2005) übernimmt die Grundannahme aus Hirschis (1969) Kontrolltheorie, dass es unsere soziale Einbindung ist, die uns von kriminellem Verhalten abhält. Diese informelle Sozialkontrolle wirke sowohl durch positive soziale Unterstützung, die konventionelle, erfolgversprechende Handlungsoptionen eröffnet, als auch durch Sanktionierung von Normübertritten.

Da die soziale Einbindung über die Lebensspanne hinweg Veränderungen unterliegt, schwankt nach der Theorie der altersabhängigen sozialen Kontrolle auch die Neigung zu kriminellem Verhalten. Kritisch seien in dieser Hinsicht die auch von Le Blanc (s. Abschnitt 6.2.2) herausgestellten Übergänge zwischen Lebensphasen, in denen sich die sozialen Rollen des Individuums verändern (z.B. Hochzeit, Geburt des ersten Kindes, Antritt eines Militärdienstes). Diese Übergänge können zu einer bedeutenden Verbesserung oder Verschlechterung der sozialen Einbindung und damit zu einer Veränderung der informellen Sozialkontrolle führen. In diesem Fall handelt es sich um *Wendepunkte* („*turning points*"), die Veränderungen im kriminellen Entwicklungspfad bis hin zum Ein- bzw. Ausstieg (*Desistance*) bewirken können. Wendepunkte sind nach Sampson und Laub in jedem Alter möglich. Dass über die Lebensspanne statistisch dennoch eine gewisse Kontinuität des kriminellen Verhaltens zu beobachten ist, wird dadurch erklärt, dass die vergangene Straffälligkeit auf zukünftige Entwicklungschancen zurückwirkt, indem sie die Beziehungsstrukturen schädigt sowie Stigmatisierungs- und Etikettierungsprozesse auslöst (Sampson & Laub, 1997; s.a. Kap. 2.3.3 in diesem Band). Beschrieben wird dieser sich selbst verstärkende Prozess als eine Anhäufung von Entwicklungsnachteilen („*cumulative disadvantages*"), die zu einer Stabilisierung kriminellen Verhaltens über die Lebensspanne hinweg führt, der sog. *kumulativen Kontinuität* (Laub & Sampson, 2003). Im Unterschied zum Ansatz von Moffitt und auch zum im Folgenden beschriebenen Modell von Farrington machen Sampson und Laub somit für die Kontinuität kriminellen Verhaltens über die Lebensspanne keine latente Disposition verantwortlich, die das kriminalitätsrelevante Verhalten einseitig bedingen würde, sondern eine negative Spirale sich wechselseitig beeinflussender gescheiterter Bewältigungsversuche und reduzierter Bewältigungsressourcen.

6.2.4 Farringtons Theorie des integrierten kognitiven antisozialen Potenzials (ICAP)

David Farringtons Theorie des integrierten kognitiven antisozialen Potenzials (ICAP; Farrington, 2008, 2014, 2020) wurde bereits in Kap. 2.4.2 beschrieben. Während dort jedoch die situativ bedingte Entstehung antisozialer Handlung im Fokus stand, sollen an dieser Stelle die entwicklungsdynamischen Aspekte stärker hervorgehoben werden.

Farrington (2008, 2020) unterteilt das *antisoziale Potenzial* (AP), also die Neigung, sich antisozial zu verhalten, in eine langfristige und eine kurzfristige Komponente. Das kurzfristige AP bezeichnet die durch die Situationen und momentane Zustände determinierte Komponente, die intraindividuellen Schwankungen unterliegt. Das langfristige AP ist dagegen als eine persönliche Disposition konzipiert, die situationsübergreifend stabil ist und sich zwischen Individuen unterscheidet. Das langfristige AP bewirkt im Gegensatz zum kurzfristigen AP alle Formen antisozialen Verhaltens gleich stark, ist also nicht spezifisch bzgl. bestimmter Delikttypen.

Entwicklungskriminologisch interessant ist v.a. die Frage, wie das langfristige AP entsteht. Als Einflussgrößen nennt Farrington (2020):

1) allgemeine Benachteiligung und schlechte Lebensbedingungen, die die Motivation und Fähigkeit zu antisozialem Verhalten erzeugen,
2) Sozialisation und Bindungsaufbau in der Kindheit,
3) Impulsivität,
4) antisoziale Vorbilder und
5) Lebensereignisse.

In einigen dieser fünf Einflussgrößen-Cluster werden Veränderungen über die Lebensspanne erwartet, die mit spezifischen Lebensphasen zusammenhängen. Zum Beispiel fungieren laut Farrington in der Kindheit eher die Eltern als Vorbilder, in der Jugend Gleichaltrige und im Erwachsenenalter auch die Lebenspartnerinnen und Lebenspartner. Außerdem würden der Beginn und das Ende der kriminellen Karriere von unterschiedlichen Faktoren beeinflusst. Das langfristige AP erreicht nach der ICAP-Theorie im Teenageralter sein Maximum. Ein früher Einstieg sollte eine hohe Frequenz und Schwere vorhersagen, da diese drei Variablen alle Indikatoren des langfristigen AP seien (Farrington, 2014).

Wie in Kap. 2 ausführlicher beschrieben, entsteht das kurzfristige AP aus der Kombination von motivierenden psychologischen Zuständen und Tatgelegenheiten und führt über einen semirationalen kognitiven Prozess zur Tatentscheidung. Entwicklungskriminologisch relevant ist die Annahme, die Konsequenzen der Tat wirkten über Lernmechanismen und Etikettierung (s.a. Kap. 2.3.3 in diesem Band) auf das langfristige AP zurück und könnten dieses so verstärken.

Eine detaillierte Analyse der im Lebenslängsschnitt wirksamen Risikofaktoren mit Zuordnung zu den entsprechenden Entwicklungsphasen bietet das Modell der Kumulation bio-psycho-sozialer Risikofaktoren von Lösel und Bender (1997; s.a. Kap. 2.4.1 in diesem Band), das der ICAP-Theorie strukturell und inhaltlich ähnelt.

6.3 Ausgewählte Befunde aus der entwicklungskriminologischen Forschung

Im Folgenden sollen exemplarisch einige ausgewählte Längsschnittuntersuchungen vorgestellt werden, die sich mit Fragen der Entwicklung kriminellen Verhaltens über die Lebensspanne hinweg beschäftigt haben. Für einen umfassenderen Überblick sei auf Piquero et al. (2003), Jennings und Reingle (2012) und Boers (2019) verwiesen.

6.3.1 Die Unraveling-Juvenile-Delinquency-Studie

Glueck und Glueck (1950) untersuchten in den 1940er-Jahren in Boston (Massachusetts) 500 Jungen von sog. *Correctional Schools*, die zu Studienbeginn 10–17 Jahre alt waren (Durchschnittsalter 14). Sie generierten eine Vergleichsstichprobe von 500 unauffälligen Jungen, wobei die Jungen aus beiden Stichproben einander auf der Grundlage verschiedener Kriterien paarweise zugeordnet (*gematcht*) wurden. Alle Jungen wurden dreimal interviewt, und zwar nach der Eingangsuntersuchung nochmals im Alter von 25 und 32 Jahren.

Laub und Sampson (2003; Sampson & Laub, 2003) führten eine Follow-up-Untersuchung durch, indem sie für die Stichprobe der 500 damals straffälligen Jungen die Strafregister bis zum Alter von 70 Jahren analysierten (Sampson & Laub, 2003) und ein Sub-Sample von 52 Teilnehmern aufspürten und zu ihrer Lebensgeschichte interviewten (Laub & Sampson, 2003). Somit rekonstruierten sie einen quasivollständigen Lebenslängsschnitt der Untersuchten, was die Studie insofern vor anderen Kohortenstudien auszeichnet, als diese in aller Regel nur Zeitspannen bis in das frühe oder mittlere Erwachsenenalter betrachten.

Dabei konnte die Gruppe der lebenslang Persistenten nach Moffitt (1993; s. 6.2.1) weder prospektiv (d.h. auf Basis der Daten aus der Kindheit) noch retrospektiv identifiziert werden. Stattdessen zeigte sich, dass alle Gruppen jeweils eine in ihrer Form identische Alters-Kriminalitäts-Kurve aufwiesen, die sich nur in der Stärke der Auslenkung unterschied. Somit zeichnete sich auch bei allen identifizierten Subgruppen ein schleichender Rückgang der Straffälligkeit mit dem Alter bis zur vollständigen Desistance ab. Das „Herauswachsen aus der Kriminalität“ (*„aging out“*) scheint damit eine allgemeine Regelmäßigkeit zu sein, kein Spezifikum bestimmter Straftätergruppen. Auch unabhängig von der Frage nach unterscheidbaren Verlaufstypen erlaubten die in der Kindheit erhobenen Variablen keine brauchbare Prognose des individuellen Kriminalitätsverlaufs.

Ergänzt wurden die Rückfalldaten durch die Interviews, in denen die 70-jährigen Probanden auf ihre sehr unterschiedlichen Biografien zurückblickten (Laub & Sampson, 2003). Die qualitative und quantitative Auswertung ergab, dass für die Kriminalitätsentwicklung im Erwachsenenalter Wendepunkte wie Arbeitslosigkeit, Militärdienst und v.a. der Eintritt in die Ehe von enormer Bedeutung waren („turning points“, s. 6.2.3).

6.3.2 Die Philadelphia Birth Cohort Study

Die Philadelphia Birth Cohort Study (Tracy, Wolfgang & Figlio, 1990; Wolfgang, 1983; Wolfgang, Figlio & Sellin, 1972; Wolfgang, Thornberry & Figlio, 1987) ist eine Kohortenstudie, in der die gesamte männliche Bevölkerung von Philadelphia (Pennsylvania) der Geburtsjahrgänge 1945 (Wolfgang et al., 1972) und 1958

(Tracy et al., 1990) untersucht wurde. Dies waren in der ersten Welle 9.945 und in der zweiten Welle 13.160 Männer. In der zweiten Welle wurde zusätzlich die weibliche Bevölkerung einbezogen; die Daten der 14.000 Frauen der Kohorte wurden getrennt untersucht (Facella, 1983; Otten, 1985; Piper, 1983). Die folgenden Darstellungen beziehen sich auf die Untersuchungen der männlichen Stichproben.

Erhoben wurden die offiziell registrierte Straffälligkeit sowie soziodemografische Variablen. Für die erste Welle erfolgte eine Weiterverfolgung für eine Teilstichprobe bis zum Alter von 30 Jahren (Wolfgang et al., 1987), für die zweite Welle bis zum Alter von 26 Jahren (Tracy & Kempf-Leonard, 1996). Die Analyse dieser repräsentativen Bevölkerungsstichproben zeigte, dass in jeder der beiden Kohorten ungefähr ein Drittel der Männer Polizeikontakt hatte und dass die Kriminalitätsbelastung statistisch mit dem sozioökonomischen Status und der Ethnie zusammenhing. Dabei gab es in der 1945er-Kohorte kaum Hinweise auf Spezialisierung auf bestimmte Delikttypen innerhalb der kriminellen Karriere, in der 1958er-Kohorte war hingegen eine gewisse Spezialisierung zu beobachten (Tracy et al., 1990).

Es erfolgte eine Klassifizierung in drei Verlaufstypen: Die *Einmaltäter* stellten 46 % der Straffälligen in der älteren und 42 % in der jüngeren Kohorte, die *nicht chronischen Rückfalltäter* 35 % in beiden Kohorten und die *chronischen Rückfalltäter* waren mit 18 % zu 23 % unter den Straftätern in Kohorte 2 häufiger vertreten – anzumerken ist vor dem Hintergrund der berichteten Befunde von Sampson und Laub (2003), dass die „Chronizität" sich hier nur auf die untersuchte Zeitspanne von acht Jahren bezieht. Das Kriterium für die Zuordnung zu diesem Verlaufstyp war die Mindestzahl von fünf Polizeikontakten. Insgesamt stellten die chronischen Rückfalltäter 6 % (1945) und 7,5 % (1958) der jeweiligen Gesamtstichproben, waren aber für 52 % (1945) bzw. 61 % (1958) aller registrierten Straftaten verantwortlich. Bei den schweren Straftaten waren die Anteile noch deutlich höher (Tracy et al., 1990; Wolfgang et al., 1972).

6.3.3 Die Cambridge Study in Delinquent Development

Wie die Philadelphia Birth Cohort Study verfolgte die Cambridge Study in Delinquent Development (Farrington, 2003; Piquero et al., 2007; West, 1969; West & Farrington, 1973, 1977) den Ansatz, über die Untersuchung einer ganzen Kohorte eine möglichst repräsentative Bevölkerungsstichprobe zu gewinnen – wenn auch in kleinerem Rahmen. Die Stichprobe bestand aus 411 Jungen, die von 1951 bis 1954 in einem Arbeiterviertel im Süden Londons geboren wurden. Sie entstand, indem alle Viertklässler der dem Forschungsbüro nächstgelegenen staatlichen Grundschulen sowie 12 Jungen von einer Sonderschule einbezogen wurden. Die Erhebungen bestanden aus regelmäßigen Untersuchungen mit Fragebögen und Tests im Alter zwischen 8 und 46 Jahren, vervollständigt durch Befragungen weiterer Personen (Eltern, gleichaltrige Kontakte) in der Kindheit.

Die Auswertungen zeigten, dass 40 % der Männer bis zum Alter von 40 Jahren wegen einer Straftat verurteilt worden waren. Insgesamt wurde eine deutliche Kontinuität kriminellen Verhaltens über die Lebensspanne festgestellt. Die meisten Untersuchten, die mit Gewalttaten auffielen, fielen auch mit nicht gewalttätigen Straftaten auf, was gegen eine deutliche Spezialisierung spricht. Auch in dieser Untersuchung zeigte sich eine relativ kleine Gruppe von Intensivtätern („*chronic offenders*"), die für einen weit überproportionalen Anteil der Straftaten verantwortlich waren: Die Gruppe der aktivsten Täter, die im Alter von 32 Jahren zusammen 50 % der registrierten Delikte verübt hatten, machte nur 6 % der Stichprobe aus (Farrington, 2003). Die Kindheitsfaktoren, die mit Straffälligkeit im weiteren Leben zusammenhingen, waren Impulsivität, niedrige Intelligenz, Kriminalität in der Familie, sog. „*broken families*“ und eine schwache Beaufsichtigung seitens der Eltern. Außerdem hing das Alter bei der ersten Verurteilung negativ mit Persistenz und Intensität (Tatfrequenz) kriminellen Verhaltens zusammen.

Die Straftäter der Stichprobe wurden anhand der Daten zur offiziell registrierten Kriminalität einem der zwei Verlaufstypen nach Moffitt (6.2.1) zugeordnet. Allerdings zeigten die Daten zur selbstberichteten Kriminalität, dass bei den als jugendlimitierte Täter Klassifizierten i.d.R. kein vollständiger Abbruch der kriminellen Karriere eingetreten war, sondern antisoziales und normabweichendes Verhalten an der Grenze zur Kriminalität fortbestand (Nagin, Farrington & Moffitt, 1995).

6.3.4 Die Pittsburgh Youth Study

Bei der Pittsburgh Youth Study (Fabio, Tu, Loeber & Cohen, 2011; Loeber et al., 2012; Loeber, Farrington, Stouthamer-Loeber & Van Kammen, 1998) handelt es sich um eine 14-jährige Langzeitstudie an 1.507 Jungen. Zunächst wurde eine Zufallsstichprobe von in Pittsburgh (Pennsylvania) wohnhaften Erst-, Viert- und Siebtklässlern hinsichtlich ihres antisozialen Verhaltens gescreent. Daraufhin wurden jeweils die auffälligsten 30 % (ca. 250 pro Altersgruppe) und von den Verbliebenen jeweils eine ebenso große Vergleichsstichprobe gezogen. Follow-up-Untersuchungen folgten zunächst halbjährlich, später in größeren Abständen. Sie umfassten schriftliche Befragungen und/oder Interviews und wurden bis zum Alter von 24 Jahren fortgeführt, in Teilstichproben auch länger.

Im Rahmen dieser Studie konnten Belege für drei der unter 6.2.2 erläuterten Pfade kriminellen Verhaltens – *offene Devianz, verdeckte Devianz und Autoritätskonflikt* – gefunden werden (Loeber et al., 1993; Loeber, Wei, Stouthamer-Loeber, Huizanga & Thornberry, 1999). Des Weiteren wurde eine Dosis-Wirkung-Beziehung zwischen der Anzahl der biografischen Risikofaktoren in den Bereichen Familie, Nachbarschaft und „individuell“ und späterer Gewalttätigkeit sowie insbesondere Tötungsdelikten festgestellt (Loeber et al., 2012).

6.3.5 Die Montreal Two Samples Longitudinal Study

Im Rahmen der Montreal Two Samples Longitudinal Study (Kazemian & Le Blanc, 2004; Le Blanc, 2009; Le Blanc & Fréchette, 1989) wurde eine Zufallsstichprobe von 470 Jugendlichen (13–17, durchschnittlich 14 Jahre) von der Île de Montréal, die 1974 oder 1975 nach Jugendstraf- oder Jugendhilferecht sanktioniert worden waren, mit einer repräsentativen Stichprobe von 1.684 Jugendlichen (12–17, durchschnittlich 15 Jahre) derselben Gegend verglichen. Die Untersuchungen umfassten zunächst schriftliche und/oder mündliche Befragungen zur eigenen Delinquenz sowie für einen Teil der delinquenten Stichprobe zwei Nachbefragungen im Abstand von zwei und fünf Jahren, als die Probanden durchschnittlich 17 und 23 Jahre alt waren. Außerdem wurden offizielle Kriminalitätsdaten herangezogen. Die Delinquenten-Substichprobe wurde nachträglich noch zwei weitere Male interviewt, mit Anfang 30 und mit Anfang 40, und es wurde die offiziell registrierte Straffälligkeit bis zum Alter von 48 Jahren ermittelt (Kazemian, Farrington & Le Blanc, 2009).

Zu den interessantesten Ergebnissen der Studie gehört, dass kriminelles Verhalten von der frühen Jugend zum frühen Erwachsenenalter durch immer weniger hedonistische, sondern stärker utilitaristische Beweggründe motiviert war, sich häufiger gegen unbekannte, willkürlich gewählte Opfer richtete, häufiger im intoxikierten Zustand stattfand und schwerer ausfiel (Le Blanc & Fréchette, 1989). Kazemian und Le Blanc (2004) weiteten diese Analyse bis zum Alter von Anfang 30 aus. Der Trend zur Intoxikation setzte sich in diese Lebensphase hinein fort, gleichzeitig nahmen jedoch hedonistische Motive gegenüber utilitaristischen wieder zu und der Planungsgrad sank, sodass die Autoren eine zunehmende *Desorganisation* diagnostizierten.

Im individuellen Längsschnitt zeigte sich bei der Delinquenten-Stichprobe ein klarer Trend zur Eskalation, der sich darin äußerte, dass Eigentumskriminalität zur interpersonellen Kriminalität ausgeweitet wurde. Eine typische Abfolge begann mit Einbruchdiebstahl, es folgte Fahrzeugdiebstahl und später bewaffneter Raub. Vermögensdelinquenz wurde deshalb als wichtiger Anfangspunkt der kriminellen Entwicklung ausgemacht. Neben dem Einstieg wurde auch der Ausstieg aus der Kriminalität untersucht, wobei sich zeigte, dass dieser graduell vonstattenging und durch eine Reduktion der Frequenz bei gleichbleibend hoher Deliktschwere eingeleitet wurde, der typischerweise eine Phase der Eskalation vorausging. Dieses Muster wurde i. S. eines Sättigungsprozesses interpretiert (Le Blanc & Fréchette, 1989). Eine Untersuchung auf Basis der Daten aller fünf Messzeitpunkte und der Cambridge-Studie (6.3.3) zeigte, dass kognitive Dispositionen und soziale Einbindung, beides erhoben im Alter von 17 bis 18 Jahren, die Ausstiegsprozesse bis zum Alter von 32 kaum vorhersagen konnten. Später eintretende Veränderungen in diesen Variablen hatten dagegen durchaus einen prognostischen Wert (Kazemian et al., 2009).

6.3.6 Die Berliner CRIME-Studie

Im Rahmen der ersten Welle der CRIME-Studie (*Chronische Rückfalldelinquenz im individuellen menschlichen Entwicklungsverlauf;* Dahle, 1998, 2001) wurde eine Zufallsstichprobe von ursprünglich 397 deutschsprachigen Männern, die 1976 in den Berliner Strafvollzug kamen, eingehend interviewt, testpsychologisch und medizinisch untersucht und es wurden die Ermittlungs- und Gefangenenpersonalakten analysiert. In einer Nachuntersuchung wurden die offiziellen Rückfalldaten bis 1997 abgerufen, zu diesem Zeitpunkt waren die Probanden im Mittel 52 Jahre alt (SD = 4,9). Eine Teilstichprobe von 159 Probanden wurde in den Folgejahren bis 2003 nochmals ausfindig gemacht und mittels Interviews und testpsychologischen Erhebungen nachuntersucht.

Eine Clusteranalyse auf Basis von Verlaufs- und Deliktschwereparametern im Lebenslängsschnitt ergab fünf verschiedene Verlaufstypen: Die *Jungaktiven* (16 %) zeigten von 14 Jahren an einen starken Anstieg, einen Gipfel im Alter von 22 bis 25 Jahren und dann einen zunächst schnellen, ab Ende 20 zögerlichen Abfall der strafrechtsrelevanten Aktivitäten. Die *altersbegrenzten Intensivtäter* (11 %) starteten ähnlich, erreichten den Gipfel jedoch erst mit 26–29 Jahren auf entsprechend höherem Niveau und zeigten mit Anfang 30 einen drastischen Rückgang. Die *persistenten Intensivtäter* (13 %) zeigten durchweg die höchste Aktivität, keinen klaren Gipfel, aber einen stetigen Rückgang ab Mitte 30. Dagegen zeigten die *Gelegenheitstäter* (47 %) durchweg die geringste Straffälligkeit und in ihren 50ern gar keine Aktivität mehr. Einer der vor dem Hintergrund der bereits beschriebenen Kohortenstudien wohl interessantesten Befunde betrifft die *Späteinsteiger* (13 %), die in ihrem Verlauf noch im Jugendalter den Gelegenheitstätern glichen, ab ihren 20ern aber einen deutlicheren Anstieg verzeichneten, wobei der Rückgang erst mit Ende 30 und nur langsam einsetzte. Bei dieser Subgruppe waren Vermögensdelikte besonders häufig und es fehlten, wie auch bei den Gelegenheitstätern, die klassischen frühen familiären Risikomarker für dissoziale Entwicklungen (s. 6.2.4 sowie Kap. 2.4.1 in diesem Band).

6.3.7 Die Tübinger Jungtäter-Vergleichsuntersuchung

Für die Tübinger Jungtäter-Vergleichsuntersuchung (Stelly & Thomas, 2005) wurden 1965 zwei Stichproben generiert: (1) eine Zufallsstichprobe von 200 (männlichen) Strafgefangenen der Landesstrafanstalt Rottenburg im Alter zwischen 20 und 30 Jahren (Durchschnittsalter 24,9), die eine Gefängnisstrafe zwischen sechs Monaten und fünf Jahren verbüßten, und (2) eine Zufallsstichprobe von 200 Männern, die im Haupteinzugsgebiet der Strafanstalt gemeldet und ebenfalls zwischen 20 und 30 Jahren alt waren (Durchschnittsalter 26). Auf Basis der Untersuchung der Probanden und diverser Akten wurden umfangreiche Daten zum bisherigen Lebensweg erhoben. Danach wurden in regelmäßigen Abständen die offiziellen Straffälligkeitsdaten eingeholt. Zudem wurden 1987–1995 Interviews zur Nachzeichnung der Entwicklung seit 1965 mit jeweils ca. 60 % der Probanden in beiden Stichproben geführt.

Es zeigte sich, dass für die Delinquenzentwicklung im Erwachsenenalter (bis zum 39. Lebensjahr, N = 176) die Entwicklung in Kindheit und Jugend kaum Vorhersagekraft hatte. Insgesamt sprechen die Ergebnisse eher gegen die Existenz einer stabilen Persönlichkeitsdisposition, die die Straffälligkeit bedingen würde. Dennoch zeigte sich eine gewisse Kontinuität sozialer Devianz, die eher i. S. einer gegenseitigen Verstärkung von Kriminalität und desintegrierter Lebensführung zu erklären zu sein schien, im Einklang mit Sampson und Laubs (1997, Laub & Sampson, 2003) Konzept der kumulativen Kontinuität. Innerhalb der Gefangenenstichprobe wurde eine Klassifizierung nach Verlaufstyp bis zum 32. Lebensjahr vorgenommen in *Frühstarter* (58 %), *Spätstarter* (16 %), *schwere Jugend- und Heranwachsendendelinquenz* (11 %) und *Deeskalierer* (10 %). Mit Blick auf die weitere Kriminalitätsbelastung bis zum 39. Lebensjahr zeigte sich, dass die dem Verlaufstyp „schwere Jugend- und Heranwachsendendelinquenz“ Zugeordneten in aller Regel nicht wieder verurteilt wurden, während die restlichen Probanden deutlich niedrigere Ausstiegsraten aufwiesen und sogar in einem guten Drittel der Fälle noch starke kriminelle Aktivität zeigten. Dass Persistenz im Erwachsenenalter weder die typische Folge früher Auffälligkeit war, noch durch das Ausbleiben früher Auffälligkeit verhindert wurde, interpretieren die Autoren als Belege gegen Moffitts Konzept des früh diagnostizierbaren lebenslang Persistenten (s. 6.2.1).

Literatur

Blumstein, A., Cohen, J., Roth, J.A. & Visher, C.A. (Eds.). (1986). *Criminal careers and „career criminals“*. Washington, DC: National Academy Press.

Boers, K. (2019). Delinquenz im Altersverlauf. *Monatsschrift für Kriminologie und Strafrechtsreform, 102* (1), 3–42. https://doi.org/10.1515/mks-2019-0004

Casey, S. (2011). Understanding young offenders: Developmental criminology. *The Open Criminology Journal, 4* (1), 13–22. https://doi.org/10.2174/1874917801104010013

Dahle, K.-P. (1998). Straffälligkeit im Lebenslängsschnitt. In H.-L. Kröber, K.-P. Dahle & H.-J. Albrecht (Hrsg.), *Sexualstraftaten und Gewaltdelinquenz* (Kriminalistik – Wissenschaft & Praxis, S. 47–55). Heidelberg: Kriminalistik-Verlag.

Dahle, K.-P. (2001). Violent crime and offending trajectories in the course of life: An empirical lifespan developmental typology of criminal careers. In D. P. Farrington, C. R. Hollin & M. McMurran (Eds.), *Sex and violence: The psychology of crime and risk assessment* (pp. 197–209). London: Routledge.

Fabio, A., Tu, L.-C., Loeber, R. & Cohen, J. (2011). Neighborhood socioeconomic disadvantage and the shape of the age–crime curve. *American Journal of Public Health, 101* (S1), S325–S332. https://doi.org/10.2105/AJPH.2010.300034

Facella, C.A. (1983). *Female delinquency in a birth cohort*. Dissertation, University of Pennsylvania, Philadelphia, PA. Verfügbar unter https://repository.upenn.edu/dissertations/AAI8406664

Farrington, D. (2003). Key results from the first forty years of the Cambridge Study in Delinquent Development. In T. Thornberry & M. Krohn (Eds.), *Taking stock of delinquency: An overview of findings from contemporary longitudinal studies* (pp. 137–183). New York, NY: Springer. https://doi.org/10.1007/0-306-47945-1_5

Farrington, D. P. (2008). The integrated cognitive antisocial potential (ICAP) theory. In D. P. Farrington (Eds.), *Integrated developmental & life-course theories of offending* (Advances in criminological theory, pp. 73–92). New Brunswick, NJ: Transaction Publishers.

Farrington, D. P. (2014). Integrated cognitive antisocial potential theory. In G. Bruinsma & D. Weisburd (Eds.), *Encyclopedia of criminology and criminal justice* (pp. 2552–2564). New York, NY: Springer.

Farrington, D. P. (2020). The integrated cognitive antisocial potential (ICAP) theory: Past, present, and future. *Journal of Developmental and Life-Course Criminology, 6* (2), 172–187. https://doi.org/10.1007/s40865-019-00112-9

Glueck, S. & Glueck, E. (1950). *Unraveling juvenile delinquency.* Oxford: Commonwealth Fund.

Gottfredson, M. & Hirschi, T. (1986). The true value of lambda would appear to be zero: An essay on career criminals, criminal careers, selective incapacitation, cohort studies, and related topics. *Criminology, 24* (2), 213–234. https://doi.org/10.1111/j.1745-9125.1986.tb01494.x

Hirschi, T. (1969). *Causes of delinquency.* New Brunswick, NJ: Transaction Publishers.

Hirschi, T. & Gottfredson, M. (1983). Age and the explanation of crime. *American Journal of Sociology, 89* (3), 552–584. https://doi.org/10.1086/227905

Jennings, W. G. & Reingle, J. M. (2012). On the number and shape of developmental/life-course violence, aggression, and delinquency trajectories: A state-of-the-art review. *Journal of Criminal Justice, 40* (6), 472–489. https://doi.org/10.1016/j.jcrimjus.2012.07.001

Kazemian, L., Farrington, D. P. & Le Blanc, M. (2009). Can we make accurate long-term predictions about patterns of de-escalation in offending behavior? *Journal of Youth and Adolescence, 38* (3), 384–400. https://doi.org/10.1007/s10964-008-9338-z

Kazemian, L. & Le Blanc, M. (2004). Exploring patterns of perpetration of crime across the life course: Offense and offender-based viewpoints. *Journal of Contemporary Criminal Justice, 20*, 393–415. https://doi.org/10.1177/1043986204269378

Laub, J. H. & Sampson, R. J. (2001). Understanding desistance from crime. *Crime and Justice, 28*, 1–69. https://doi.org/10.1086/652208

Laub, J. H. & Sampson, R. J. (2003). *Shared beginnings, divergent lives: Delinquent boys to age 70.* Cambridge, MA: Harvard University Press.

Laub, J. H. & Sampson, R. J. (2020). Life-course and developmental criminology: Looking back, moving forward – ASC division of developmental and life-course criminology inaugural David P. Farrington lecture, 2017. *Journal of Developmental and Life-Course Criminology, 6* (2), 158–171.

Le Blanc, M. (2009). The development of deviant behavior, its self-regulation. *Monatsschrift für Kriminologie und Strafrechtsreform, 92*, 117–136. https://doi.org/10.1515/mks-2009-922-304

Le Blanc, M. & Fréchette, M. (1989). *Male criminal activity from childhood through youth: Multilevel and developmental perspectives* (Research in criminology). New York, NY: Springer. https://doi.org/10.1007/978-1-4612-3570-5

Loeber, R. (1996). Developmental continuity, change, and pathways in male juvenile problem behaviors and delinquency (Cambridge criminology series). In J. D. Hawkins (Ed.), *Delinquency and crime: Current theories* (pp. 1–27). New York, NY: Cambridge University Press.

Loeber, R., Farrington, D. P., Stouthamer-Loeber, M. & Van Kammen, W. B. (1998). *Antisocial behavior and mental health problems: Explanatory factors in childhood and adolescence.* Mahwah, NJ: Lawrence Erlbaum. https://doi.org/10.4324/9781410602930

Loeber, R., Keenan, K. & Zhang, Q. (1997). Boys' experimentation and persistence in developmental pathways toward serious delinquency. *Journal of Child and Family Studies, 6* (3), 321–357. https://doi.org/10.1023/A:1025004303603

Loeber, R., Menting, B., Lynam, D., Moffitt, T., Stouthamer-Loeber, M., Stallings, R. et al. (2012). Findings from the Pittsburgh Youth Study: Cognitive impulsivity and intelligence as predictors of the age-crime curve. *Journal of the American Academy of Child and Adolescent Psychiatry, 51*, 1136–1149. https://doi.org/10.1016/j.jaac.2012.08.019

Loeber, R., Wei, E., Stouthamer-Loeber, M., Huizanga, D. & Thornberry, T. P. (1999). Behavioral antecedents to serious and violent offending: Joint analyses from the Denver Youth Survey, Pittsburgh Youth Study and the Rochester Youth Development Study. *Studies on Crime & Crime Prevention, 8* (2), 245–263.

Loeber, R., Wung, P., Keenan, K., Giroux, B., Stouthamer-Loeber, M., Van Kammen, W. B. et al. (1993). Developmental pathways in disruptive child behavior. *Development and Psychopathology, 5* (1–2), 103–133. https://doi.org/10.1017/S0954579400004296

Lösel, F. & Bender, D. (1997). Antisoziales Verhalten von Kindern und Jugendlichen: Entwicklungspsychopathologie. *Psycho, 23* (5), 321–329.

Moffitt, T. E. (1993). Adolescence-limited and life-course-persistent antisocial behavior: A developmental taxonomy. *Psychological Review, 100* (4),

674–701. https://doi.org/10.1037/0033-295X.100.4.674

Moffitt, T.E. (1997). Adolescence-limited and life-course-persistent offending: A complementary pair of developmental theories. In T.P. Thornberry (Ed.), *Developmental theories of crime and delinquency* (pp. 11–54). New Brunswick, NJ: Transaction.

Moffitt, T.E. (2008). A review of research on the taxonomy of life-course persistent versus adolescence-limited antisocial behavior. In F.T. Cullen, J.P. Wright & C.R. Blevins (Eds.), *Taking stock. The status of criminological theory* (pp. 277–311). New York, NY: Routledge.

Moffitt, T.E. (2018). Male antisocial behaviour in adolescence and beyond. *Nature human behaviour, 2,* 177–186. https://doi.org/10.1038/s41562-018-0309-4

Nagin, D.S., Farrington, D.P. & Moffitt, T.E. (1995). Life-course trajectories of different types of offenders. *Criminology, 33* (1), 111–139. https://doi.org/10.1111/j.1745-9125.1995.tb01173.x

Otten, L.A. (1985). *A comparison of male and female delinquency in a birth cohort.* Dissertation, University of Pennsylvania, Philadelphia, PA. Verfügbar unter https://repository.upenn.edu/dissertations/AAI8603683

Piper, E. (1983). *Patterns of violent juvenile recidivism.* Dissertation, University of Pennsylvania, Philadelphia, PA. Verfügbar unter https://www.ojp.gov/library/abstracts/patterns-violent-juvenile-recidivism

Piquero, A., Farrington, D. & Blumstein, A. (2007). *Key issues in criminal career research: New analyses of the Cambridge Study in Delinquent Development.* Cambridge, MA: Cambridge University Press. https://doi.org/10.1017/CBO9780511499494

Piquero, A.R., Farrington, D.P. & Blumstein, A. (2003). The criminal career paradigm. *Crime and Justice, 30,* 359–506. https://doi.org/10.1086/652234

Ramoutar, K. & Farrington, D. (2006). Are the same factors related to participation and frequency of offending by male and female prisoners? *Psychology, Crime & Law, 12* (5), 557–572. https://doi.org/10.1080/10683160500337626

Sampson, R.J. & Laub, J.H. (1993). *Crime in the making: Pathways and turning points through life.* Cambridge, MA: Harvard University Press.

Sampson, R.J. & Laub, J.H. (1997). A life-course theory of cumulative disadvantage and the stability of delinquency. In T.P. Thornberry (Ed.), *Developmental theories of crime and delinquency* (pp. 133–162). New Brunswick, NJ: Transaction.

Sampson, R.J. & Laub, J.H. (2003). Life-course desisters? Trajectories of crime among delinquent boys followed to age 70. *Criminology, 41* (3), 555–592. https://doi.org/10.1111/j.1745-9125.2003.tb00997.x

Sampson, R.J. & Laub, J.H. (2005). A life-course view of the development of crime. *The ANNALS of the American Academy of Political and Social Science, 602* (1), 12–45. https://doi.org/10.1177/0002716205280075

Stelly, W. & Thomas, J. (2005). *Kriminalität im Lebenslauf: Eine Reanalyse der Tübinger-Jungtäter-Vergleichsuntersuchung* (TJVU) (TÜKRIM). Tübingen: TOBIAS-lib Universität Tübingen.

Tracy, P.E. & Kempf-Leonard, K. (1996). *Continuity and discontinuity in criminal careers* (Plenum series in crime and justice). New York, NY: Springer US. https://doi.org/10.1007/978-1-4757-9844-9

Tracy, P.E., Wolfgang, M.E. & Figlio, R.M. (1990). *Delinquency careers in two birth cohorts* (Plenum series in crime and justice). New York, NY: Plenum Press. https://doi.org/10.1007/978-1-4684-7050-5

West, D.J. (1969). *Present conduct and future delinquency.* London: Heinemann.

West, D.J. & Farrington, D.P. (1973). *Who becomes delinquent? Second report of the Cambridge Study in Delinquent Development* (Cambridge studies in criminology). London: Heinemann.

West, D.J. & Farrington, D.P. (1977). *The delinquent way of life: Third report of the Cambridge Study in Delinquent Development* (Cambridge studies in criminology). London: Heinemann.

Wolfgang, M.E. (1983). Delinquency in two birth cohorts (Longitudinal research in the behavioral, social and medical studies). In K.T. Van Dusen & S.A. Mednick (Eds.), *Prospective Studies of Crime and Delinquency* (pp. 7–16). Dordrecht: Springer.

Wolfgang, M.E., Figlio, R.M. & Sellin, T. (1972). *Delinquency in a birth cohort* (Studies in crime and justice). Chicago, IL: University of Chicago Press.

Wolfgang, M.E., Thornberry, T.P. & Figlio, R.M. (1987). *From boy to man, from delinquency to crime.* Chicago, IL: University of Chicago Press.

7 Radikalisierung und Extremismus

Andreas Beelmann

7.1 Relevanz

Politischer oder religiöser Extremismus wird von vielen Menschen als ernsthafte Gefährdung unseres Gemeinwesens und zuweilen auch als individuelle Bedrohung von Leib und Leben angesehen. In der Tat machen die jüngsten terroristischen Anschläge und Mordserien wie in Hanau und Halle, aber auch die zunehmende politische Polarisierung und das starke Aufkommen rechtspopulistischer Gruppen und Organisationen in unserer Gesellschaft deutlich, dass der soziale Friede bedroht und ein demokratischer Konsens keineswegs selbstverständlich ist. Auch die von den Sicherheitsorganen publizierten Offizialdaten geben Anlass zur Sorge. Seit Jahren ist eine hohe Anzahl von extremistischen Straftaten mit einem beträchtlichen Personenpotenzial zu verzeichnen. So sind im jüngst veröffentlichten Verfassungsschutzbericht für 2020 (Bundesministerium des Innern, für Bau und Heimat, BMI, 2021) mit Bezug auf Daten des Bundeskriminalamts 44.692 Straftaten als politisch motivierte Kriminalität registriert. Davon waren 73,7 % mit extremistischem Hintergrund, d. h., diese Taten zielten darauf ab, „bestimmte Verfassungsgrundsätze zu beseitigen oder außer Geltung zu setzen, die für die freiheitliche demokratische Grundordnung prägend sind“ (Bundesministerium des Innern, für Bau und Heimat, BMI, 2021, S. 25). Dabei überwog mit über 21.000 Straftaten (davon gut tausend Gewaltstraftaten) die rechtsextreme Kriminalität, während für die linksextreme und islamistisch orientierte Kriminalität deutlich geringere Zahlen berichtet werden. Gleichwohl liegt bei allen Formen ein beträchtliches Personenpotenzial vor, das sowohl in politisch rechts-, links- und islamistisch orientierten Bereichen etwa 30.000 Personen umfasst, darunter viele Personen, die als gewaltbereit eingeschätzt werden können (z. B. 13.300 im rechtsorientierten Bereich). Es existieren somit sehr gute Gründe, sich verstärkt mit Radikalisierungsphänomenen aus psychologischer Perspektive auseinanderzusetzen. Warum radikalisieren sich gerade junge Menschen in demokratisch und rechtsstaatlich verfassten Gesellschaften, die ihnen eigentlich Freiheit und gute Entwicklungsmöglichkeiten bieten? Und warum sehen sie, selbst wenn sie mit bestimmten politischen und gesellschaftlichen Bedingungen unzufrieden sind, offenbar keine anderen Möglichkeiten, als ihren Protest in kriminellen und verfassungsfeindlichen Einstellungen und Handlungen zu äußern? Was sind die psychologischen und sozialen Bedingungen, die derartige Einstellungs- und Handlungsmuster hervorbringen, und wie sind Radikalisierungsverläufe bis hin zu extremistischen Gewalttaten zu erklären?

7.2 Definition und Definitionsprobleme

Die Begriffe „Radikalisierung“ und „Extremismus“ werden in Anlehnung an die o. g. Kategorien der Sicherheitsorgane oftmals entlang der zugrunde liegenden politischen oder religiösen Ideologien betrachtet, wobei gemeinhin zwischen rechtem, linkem, religiös motiviertem und separatistischem Extremismus sowie weiteren Einzelformen unterschieden wird (Doosje, Kruglanski, Mann & Feddes, 2016; Feddes, Nickolson, Mann & Doosje, 2020). Historisch überwiegen in Deutschland angesichts der ungeheuren Verbrechen durch die NS-Diktatur Forschungen zum Rechtsextremismus. In jüngerer Zeit werden zudem religiös motivierte Radikalisierungsprozesse und dort v.a. Formen des islamistischen Extremismus zunehmend als Forschungsgegenstand begriffen (Ceylan & Kiefer, 2013). Dagegen wurde zum Linksextremismus bislang nur wenig geforscht (Jugl, Bender & Lösel, 2021; Treskow & Baier, 2020). In diesem Bereich existieren nach wie vor große konzeptionelle Unklarheiten (Lehmann & Jukschat, 2019), überdies lässt sich fragen, ob sich das klassische Links-Rechts-Schema als Abweichung von der demokratischen Mitte tatsächlich auf gemeinhin als „links" bezeichnete Gruppen anwenden lässt, weil sich die entsprechenden Personen weit überwiegend als demokratisch verstehen, das Grundgesetz akzeptieren und sich radikale Ungleichwertigkeitsvorstellungen wie etwa im Rechtsextremismus nicht finden lassen (Decker, Kiess & Brähler, 2012). Zudem wird selbst in konservativen Politikkreisen die Bedrohung durch den Rechtsextremismus als deutlich höher eingeschätzt (z.B. Innenminister Seehofer u.a. am 15.6.2021 bei der Veröffentlichung des neuesten Verfassungsschutzberichts).

Probleme der Definition und begrifflichen Konkretisierung von Radikalisierung und Extremismus werden in vielen einschlägigen Arbeiten angesprochen, zumeist mit der scheinbar unauflösbaren Aussage, dass keine allgemeingültige Definition vorliegt bzw. unterschiedliche Begriffsverständnisse existieren, die den wissenschaftlichen und gesellschaftlichen Diskurs erschweren oder gar verunmöglichen (Borum 2011a, 2011b; Gaspar, Daase, Deitelhoff, Junk & Sold, 2020; Neumann, 2013; Sedgwick, 2010; Schmid, 2013). In politikwissenschaftlichen und soziologischen Arbeiten werden zumeist verschiedene Extremismusformen im Hinblick auf die zugrunde liegenden politischen Einstellungen und Ideologien definiert und differenziert. So wird etwa Rechtsextremismus in vielen aktuellen Einstellungsumfragen als Ansammlung bestimmter politischer Orientierungen (Demokratiefeindlichkeit, Affinität zu diktatorischen Regierungsformen, Verharmlosung des Nationalsozialismus) und sozialer Einstellungsmuster von Ungleichwertigkeit (u.a. Ausländerfeindlichkeit, Antisemitismus) inhaltlich beschrieben (vgl. etwa die Mitte-Studien von Decker, Kiess & Brähler, 2016, sowie Zick, Küpper & Berghan, 2019, oder die Thüringen-Monitore, z.B. Best, Niehoff, Salheiser & Vogel, 2016). Problematisch ist allerdings, dass diese Definitionen sich ausschließlich auf Einstellungsmuster und nicht etwa auf tatsächliches politisches Handeln beziehen und auf einer Metaebene keine Gemeinsamkeiten zwischen unterschiedlichen Extremismusformen angenommen werden. Backes (1989) sieht dagegen Überschneidungen im politischen Denken, das sich gegen den demokratischen Verfassungsstaat und gegen die freiheitlich-demokratische Grundordnung (FDGO) richtet. Andere Definitionen führen als gemeinsames Merkmal den Einsatz von (physischer) Gewalt zu politischen Zwecken als Bestimmungsmerkmal an (Feddes et al., 2020) oder verstehen Extremismus grundsätzlicher als Abkehr oder Abwendung von (bestehenden) gesellschaftlichen Verhältnissen und auf die Errichtung einer davon unterschiedlichen politischen oder gesellschaftlichen Ordnung ausgerichtet (Neumann, 2013; Schmid, 2013). Gemeinsam ist den meisten Definitionen, dass sie unter Radikalisierung jenen Prozess verstehen, der zum Extremismus (und in selteneren und besonderen Fällen zum Terrorismus) führt.

Auch wenn die zuletzt genannten Beschreibungen als kleinster gemeinsamer Nenner weitgehend konsensfähig sind, ist mit der Begriffsdefinition eine Reihe von weiterführenden Fragen verbunden, die auf beträchtliche Unschärfen der Definitionen und Konzepte hinweisen und Interpretationsspielräume bieten (Beelmann, 2022). So wird etwa diskutiert, ob mit Radikalisierung tatsächlich und ausschließlich etwas Unerwünschtes gemeint ist oder es radikale Einstellungen und Handlungen geben kann, die gesellschaftlich produktiv sind (z. B. „radikal-demokratische" Vorstellungen) oder zumindest zu (mehrheitlich) erwünschten gesellschaftspolitischen Veränderungen führen (z. B. zu mehr Klimaschutz). Zudem muss gefragt werden, ob Extremismus eine Abkehr von der bestehenden Gesellschaftsordnung ist oder von bestimmten Werten einer Gesellschaftsordnung, so wie etwa Backes (1989) oder unsere Sicherheitsorgane die Abweichung von der FDGO als Definitionsansatz nutzen. Die Antwort auf diese zunächst trivial klingende Frage hat allerdings weitreichende Konsequenzen, wenn man z. B. an Widerstandskämpfer gegen Diktaturen denkt, die im ersten Fall als Extremisten bezeichnet würden, während ihre Handlungen bei einer grundsätzlicheren Werteorientierung an Demokratie und Rechtsstaatlichkeit als erwünschtes oder gar heldenhaftes Verhalten empfunden würde. Allgemein ist auch zu fragen, wo in demokratisch und rechtsstaatlich verfassten Gesellschaften die Grenze zwischen politischem Engagement und einer beginnenden Radikalisierung verläuft (Moskalenko & McCauley, 2009).

Diese und andere Fragen der Definition und Konzeptualisierung (vgl. dazu Beelmann, 2022) sind von besonderer Bedeutung, weil mit der Festlegung des Gegenstandsbereichs zugleich impliziert wird, was überhaupt untersucht wird und welche Gegenmaßnahmen legitimiert werden können. Gerade die Präventionsperspektive kommt nicht ohne eine Wertorientierung aus, denn schließlich müssen Handlungen begründet werden, die in die Lebenswelten und die Biografien von Menschen eingreifen (Beelmann, 2015). Wir wollen daher im Rahmen dieses Aufsatzes politischen, religiösen und anders begründeten Extremismus als „eine signifikante Abkehr von grundlegenden Rechtsnormen und Werten einer humanitären, demokratischen und rechtsstaatlichen Gesellschaftsordnung verstehen, die sich in Einstellungen und Handlungen manifestiert und zugleich auf die mindestens partielle Abschaffung und Ersetzung der zugrunde liegenden Normen und Werte ausgerichtet ist" (Beelmann, 2022; Beelmann, Jahnke & Neudecker, 2017). Der Prozess, wie entsprechende Einstellungs- und Handlungsmuster individuell und im Laufe der Entwicklung ontogenetisch zustande kommen, kann als Radikalisierung bezeichnet werden. Dies ist zunächst eine Betrachtung von Einzelpersonen, im weiteren Sinne können die genannten Definitionen jedoch auch auf soziale Gruppen, Institutionen, Staaten oder sogar Firmen und Konzerne mit den dort handelnden Akteur*innen übertragen werden, sofern sie humanitären, demokratischen und rechtsstaatlichen Rechtsnormen widersprechen und dies mit mehr oder weniger geschlossenen totalitären politischen Ideologien, ethnischer oder nationaler Überlegenheit, religiösem Fundamentalismus oder wirtschaftlichen Interessen und Notwendigkeiten begründen und legitimieren.

Somit geht es bei Radikalisierungsphänomenen und der Beurteilung von Extremismus in erster Linie um die hinter den Einstellungen und Handlungen stehenden Werte und Ziele und nicht um die Verwendung bestimmter Mittel (z. B. physische Gewalt) zur Erreichung dieser Ziele. Stehen aber Ziele im Vordergrund, muss bedacht werden, dass diese nicht notwendigerweise offen kommuniziert werden. Vielmehr können auch vorgetäuschte, nicht bewusste und latente Ziele vorliegen, die für die Beurteilung von Radikalisierung und Extremismus maßgeblich sind. Insofern handelt es sich um eine im Kern schwierige diagnostische Frage, denn es geht um die Offenlegung der den Einstellungen und Handlungszielen zugrunde liegenden Handlungsprinzipien und Werte, die möglicherweise selbst den betreffenden Personen oder Gruppen nicht völlig bewusst sein müssen oder denen gar aktiv oder aus strategischen Überlegungen widersprochen wird. Nicht alle strafbaren Handlungen mit politischem Hintergrund sind somit als extremistisch einzuordnen bzw. als Radikalisierungsphänomene zu verstehen. Es kommt vielmehr darauf an, zu welchem Zweck sie initiiert werden bzw. welche Handlungsziele tatsächlich hinter den Einstellungen und Handlungen stehen. Wie diese kurzen Ausführungen zeigen, besteht beim Extremismus ein beträchtliches Definitions- und Beurteilungsproblem, während die Radikalisierung als Prozess zum Extremismus ein Erklärungsproblem aufweist, mit dem wir uns im weiteren Verlauf beschäftigen wollen.

7.3 Theorien der Radikalisierung

Vor dem Hintergrund der skizzierten Diversität der Begriffsverständnisse und der Interdisziplinarität des Forschungsgegenstandes verwundert es wenig, dass auch zahlreiche Radikalisierungstheorien vorliegen. Sie sind, wie oftmals in sozialwissenschaftlichen Feldern, nicht als sich ausschließende Alternativen zu verstehen, sondern als Modelle mit jeweiligen Schwerpunktsetzungen oder partiellen Ergänzungen existierender Konzepte. Im Folgenden sollen daher bekannte (und eine keineswegs vollständige Auflistung von) Radikalisierungstheorien kurz vorgestellt werden (vgl. umfassend z. B. Borum, 2011a; Kommen & van der Pligt, 2016).

Desintegrationshypothese. Die Desintegrationshypothese nimmt mit Individualisierung und relativer Deprivation zwei gesellschaftliche Prozesse als wesentliche Ursachen von nationalistischen Radikalisierungsprozessen an. *Individualisierung* beinhaltet die Fragmentierung oder Auflösung traditioneller Milieus, Gruppen und Institutionen und die damit einhergehende Schwächung ihres Einflusses auf die Lebenssituation und -führung der Menschen. Damit ist der Erwerb und die Aufrechterhaltung des eigenen sozialen Status und der personalen Identität gefährdet und erfordert individuelle Flexibilität und Adaptionsfähigkeit sowie die dazugehörigen Ressourcen. Modernisierungsverlierer sind Personen, die diese Eigenschaften, z. B. aufgrund geringer Bildung, nicht besitzen und folglich Gefühle *relativer Deprivation* beim Vergleich zwischen ihrer aktuellen Situation mit der Vergangenheit oder zu anderen sozialen Gruppen ausprägen. Ihre Affinität zu radikaler, nationalistischer und ethnozentrischer Politik ergibt sich durch ihren Wunsch nach einer Rückkehr zum Status quo ante einer vermeintlich homogeneren Gesellschaft mit traditionellen und kollektiv verbindlicheren Werten. Diese Thesen werden v. a. von Heitmeyer und Kollegen in ihrem Konzept der Gruppenbezogenen Menschenfeindlichkeit (GMF) vertreten (vgl. Heitmeyer, 2002–2012). Danach ist Radikalisierung und Extremismus eine Folge von mangelnder Integration in gesellschaftliche Bezüge, wie sie offenbar in den neuen Bundesländern nach der Wiedervereinigung besonders zu beobachten war. Politische Neoliberalisierung erzeugt ökonomische, soziale und kulturelle Desintegration und verstärkt damit GMF, d. h. die Abwertung und Ausgrenzung von gesellschaftlichen Randgruppen. Damit wird die Legitimation für organisierten und subkulturellen Rechtsextremismus erzeugt, der sich als Protest gegen Desintegration und Entdemokratisierung inszeniert. Zudem findet eine Normalisierung rechtsextremistischer Positionen statt. Zu diesen Vorstellungen passt die Annahme, dass Ethnozentrismus und damit assoziierte Fremdenfeindlichkeit eine Abwehrreaktion auf die Erosion des Nationalstaats sind, die durch Entwicklungen wie die europäische Integration oder die Globalisierung sowie durch Migration und Zuwanderung entsteht. Die nationalstaatliche Rückbesinnung dient folglich dem Schutz der Nation als primärem Referenzpunkt kollektiver Identität (Koopmans, Statham, Giugni & Passy, 2005).

Politische Unzufriedenheit und Statusverlustängste. Eine ähnliche und in den Politikwissenschaften oft vorgetragene Position ist die Vorstellung, dass generell die Unzufriedenheit mit politischen Prozessen, Statusverlustängste sowie die Kritik an den politischen Eliten zu Radikalisierungsphänomenen führen (vgl. Best et al., 2016; Lubbers, Gijsberts & Scheepers,

2002). In der Tat entfalten politische Unzufriedenheit und Statusverlustängste insbesondere dann eine besondere Brisanz, wenn dem bestehenden politischen System und seinen Akteur*innen aus unterschiedlichen Gründen nicht mehr zugetraut wird, die vermeintlichen oder tatsächlichen Missstände zu überwinden. Als Reaktion werden insbesondere ethnozentrische Ideologien und Akteure unterstützt. Die fehlende Zufriedenheit mit der Demokratie erweist sich deshalb als wichtiger Risikofaktor für die Ausbildung fremdenfeindlicher Einstellungen, während ihre Zustimmung als wichtiger Schutzfaktor gilt (Lösel, King, Bender & Jugl, 2018). Als Ursache für Unzufriedenheit gelten insbesondere mangelndes Vertrauen in die Institutionen und Akteur*innen der Demokratie. Radikalisierung und Extremismus werden somit zu einer primären Reaktion auf Vertrauensverlust in die Demokratie und in politische Akteure. Hier bleibt allerdings die Frage offen, unter welchen Bedingungen Unzufriedenheit zu fremdenfeindlichen Einstellungen und Handlungen führt anstatt zu basisdemokratischen Aktivitäten.

Stufenmodell zum Terrorismus (Staircase to Terrorism) und weitere Stufenmodelle. Von Fathali Moghaddam (2005) stammt ein Prozessmodell, das die verschiedenen psychologischen Stadien einer Entwicklung von beginnender Radikalisierung bis hin zum Extremismus und schließlich terroristischen Straftaten thematisiert. Der Autor postuliert sechs aufeinander aufbauende Stadien, die diesen Verlauf beschreiben, mit den jeweils damit einhergehenden psychologischen Prozessen. Dabei bedient er sich gut belegten psychologischen Theorien, um die jeweiligen Stufen empirisch zu belegen (vgl. Lygre, Eid, Larsson & Ranstorp, 2011). In Stufe 1 werden die materiellen Bedingungen innerhalb einer Gesellschaft als ungerecht verteilt interpretiert (z.B. Feststellung relativer Deprivation der eigenen Person oder einer bestimmen Bevölkerungsgruppe), was zur Wahrnehmung von Handlungsoptionen führt, dieser Ungerechtigkeit entgegenzutreten (Stufe 2). Gelingt eine Kompensation durch diese Handlungsoptionen nicht, kommt es zur motivationalen Verdrängung von Ärger und Frustration auf Aggression (Stufe 3) und die Personen gehen auf Distanz zu geltenden moralischen Werten. Sie konstruieren eine moralische Verpflichtung, die Ungerechtigkeit zu beenden (Stufe 4). Schließlich legitimieren sie terroristische Organisationen und Straftaten (Stufe 5) und begehen in der letzten Eskalationsstufe selbst solche Handlungen (Stufe 6). Eine genaue Analyse des empirischen Gehalts dieses Modells ergibt zwar gute Evidenz für die Existenz einzelner Prozessstufen, bislang aber keinen stringenten Nachweis für die Übergänge zwischen den verschiedenen Stufen, d.h. somit keine Belege für die Linearität und Zwangsläufigkeit des Modells. Andere Autoren wie etwa Wiktorowicz (2004) postulieren ebenfalls Stufenmodelle, die sich auf Annahmen der Social Movement Theory beziehen und Radikalisierungsprozesse von kognitiver Öffnung gegenüber Ideologien über den Kontakt zu und der Akzeptanz von Autoritäten bis hin zur Einwilligung in extremistische Handlungen beschreiben (vgl. Borum, 2011a).

Bedürfnis nach Bedeutung und Anerkennung (Significance Quest Theory). Von der Arbeitsgruppe um den Sozialpsychologen Arie Kruglanski stammt die Significance Quest Theory (deutsch: Theorie des Bedürfnisses nach Bedeutung), die eine Verbindung zwischen personalen und gesellschaftlichen Aspekten des Extremismus herstellt (Kruglanski et al., 2014; Kruglanski, Jasko, Chernikova, Dugas & Webber, 2017). Ausgangspunkt ist die empirisch gut bestätigte Annahme, dass Menschen grundsätzlich ein Bedürfnis nach Zugehörigkeit, Anerkennung, Bedeutung und einem positiven Selbstwert haben (Baumeister & Leary, 1995) und Unsicherheit vermeiden wollen (Hogg & Blaylock, 2012). Radikalisierungsprozesse kommen dann zustande, wenn Menschen aufgrund unterschiedlicher Ursachen (individuell, sozial, gesellschaftlich) Bedeutungsverlust erleiden. Dies führt zu erhöhter Motivation und verstärkten Anstrengungen, diesen Bedeutungsverlust auszugleichen. Scheitern individuelle Versuche aufgrund unzulänglicher individueller Kompetenzen und Ressourcen oder sind die Ursachen eines Bedeutungsverlustes individuell nicht kompensierbar, bieten totalitäre Ideologien und die Anerkennung durch extremistische Gruppen eine Möglichkeit, um individuelle Bedeutung zurückzugewinnen. Diese Annahmen konnten mittlerweile in empirischen Studien, allerdings vorwiegend in studentischen Stichproben, bestätigt werden (Webber et al., 2017). In neueren Arbeiten postuliert diese Forscher*innengruppe mit den Bedürfnissen nach Anerkennung („needs"), ideologischen Narrativen („narratives") und extremistischen Netzwerken („networks") drei Pfeiler der Radikalisierung (Kruglanski, Bélanger & Gunaratna, 2019).

Modell der differenziellen Pfade der Radikalisierung. Die Kritik an universalistischen Modellen greifen McCauley und Moskalenko (2011) auf, indem sie insgesamt zwölf verschiedene Pfade der Radikalisierung beschreiben. Sie unterscheiden dabei zwischen individuellen, gruppenbezogenen und Massenradikalisierungsformen. Individuelle Radikalisierung sehen sie z. B. als Folge von personaler Viktimisierung, als Reaktion auf politische Unzufriedenheit oder als Prozess der Annäherung an eine extremistische Gruppe durch persönliche Kontakte. Davon grenzen die Autor*innen Modelle der Gruppenradikalisierung ab, die z. B. unter bestimmten sozialen Gruppensituationen (etwa unter Bedrohung oder Wettbewerb) zustande kommen. Formen der Massenradikalisierung entstehen bspw. in Kriegssituation oder als Folge von Märtyrertum. Diese Formen werden ebenfalls jeweils mit sozialpsychologischen Theorien (z. B. der Social Movement Theory) belegt und mit der Analyse von existierenden Gruppen und Einzeltätern hinterlegt. In neueren Arbeiten unterscheiden diese Autor*innen zwischen extremistischen Einstellungen und Verhalten und verdeutlichen diese Unterscheidung an zwei Pyramidendarstellungen mit jeweils aufsteigender Radikalisierung und geringeren Personenanteilen. Die Einstellungspyramide besteht aus (1) neutralen Personen, (2) Sympathisanten, (3) Rechtfertigern und (4) Befürwortern. Die Handlungspyramide aus (1) Unbeteiligten, (2) Aktiven, (3) Radikalen und (4) Terroristen (McCauley & Moskalenko, 2017).

Integriertes, entwicklungsorientiertes Radikalisierungsmodell. Mit der Kritik einer fehlenden differenziellen Perspektive an den bislang genannten Modellen haben Beelmann und Mitarbeitende (Beelmann, 2020; Beelmann, Lutterbach, Rickert & Sterba, 2021) ein ontogenetisches Entwicklungsmodell der Radikalisierung nach einer umfassenden Integration von Forschungen zu Entwicklungsdynamiken von Radikalisierungsprozessen vorgelegt. Konkret entstehen Radikalisierungsprozesse danach im Zuge der ontogenetischen Entwicklung von der frühen Kindheit bis ins mittlere Erwachsenenalter in einem dreistufigen Prozess. Die erste Prozessphase ist durch ein Zusammenspiel von belastenden und unterstützenden Faktoren in der ontogenetischen Entwicklung gekennzeichnet. Kommt es zu einem chronischen Übergewicht von bestimmten Risikoprozessen, steigt die Gefahr, deviante Entwicklungsprozesse einzuleiten, die sich in vier Proximalfaktoren der Radikalisierung manifestieren. Sie heißen proximal, weil ihre Entwicklung notwendige und hinreichende Bedingungen darstellt, Radikalisierungsprozesse bis hin zu unterschiedlichen Extremismusformen auszulösen (vgl. detailliert Beelmann, 2020; Beelmann et al., 2021). Im Einzelnen sind dies Identitätsprobleme und -krisen (z. B. durch Bedeutungsverlust oder Bedrohungswahrnehmung), Vorurteilsstrukturen (z. B. massive Abwertung von sozialen Fremdgruppen), die Aneignung von Überzeugungen, Narrativen und Ideologien zur Rechtfertigung von Ungleichwertigkeitsvorstellungen sowie dissoziale Einstellungs- und Handlungsmuster als Verletzung altersgemäßer sozialer Regeln und Normen. Diese vier Prozesse werden durch aktuelle Krisen im sozialen Kontext (z. B. gesellschaftliche Krisen oder individuelle Viktimisierung) mitbeeinflusst und beschleunigt. Je nach Ausprägung der Proximalfaktoren entstehen schließlich in der dritten Prozessstufe unterschiedliche Formen und Schweregrade der Radikalisierung bis hin zu extremistischen Einstellungen und Handlungen. Somit haben Radikalisierungsverläufe eine biografische Vorgeschichte, es existiert keine Adhoc-Radikalisierung, vielmehr muss von kumulativen und probabilistischen Risiko-Protektions-Prozessen sowie vielfältigen und längerfristigen Verläufen ausgegangen werden. Dennoch werden trotz aller Unterschiedlichkeit in den Verläufen mit den Proximalfaktoren gemeinsame psychologische Grundlagen angenommen (s. a. die folgende Darstellung zu Risiko- und Protektionsfaktoren).

7.4 Einflussfaktoren auf Radikalisierungsprozesse (Risiko- und Schutzfaktoren)

In den letzten Jahren ist eine Reihe von umfangreichen Literaturreviews und Metaanalysen zu Risiko- und Schutzfaktoren der Radikalisierung publiziert worden (z. B. Beelmann et al., 2017; Borum, 2014; Emmelkamp; Asscher, Wissink & Stams, 2020; Jahnke, Abad Borger & Beelmann, 2022; LaFree, Jensen, James & Safer-Lichtenstein, 2018; Lösel, 2021; Lösel et al., 2018; Vergani, Iqbal, Ilbahar & Barton, 2018; Wolfowicz, Litmanovitz, Weisburd & Hasisi, 2020). In diesen Arbeiten werden zahlreiche Untersuchungen aus unterschiedlichen disziplinären Kontexten zusammenfassend bilanziert und Faktoren herausgearbeitet, die mit Radikalisierung in Verbindung stehen oder vor Radikalisierung schützen. Grundsätzlich lässt sich feststellen, dass nur vereinzelt längsschnittliche Untersuchungen vorliegen (z. B. Nivette, Eisner & Ribeaud, 2017) und somit Kausalinterpretationen nur bedingt aussagekräftig sind. Gleichwohl kann eine Reihe von individuellen, sozialen und gesellschaftlichen Merkmalen und Faktoren genannt werden, die (unterschiedliche) Radikalisierungsprozesse begünstigen oder schützende Wirkungen aufweisen.

Als individuelle und personale Risikofaktoren erwiesen sich ein männliches Geschlecht und ein Migrationsstatus (Emmelkamp et al., 2020; LaFree et al., 2018; Wolfowicz et al., 2020) sowie ein geringes Bildungsniveau und bestimmte Persönlichkeitsmerkmale wie Autoritarismus, soziale Dominanzorientierung, Narzissmus (Borum, 2014) und eine hohe Ungerechtigkeitssensibilität (Jahnke et al., 2020). Des Weiteren trugen Diskriminierungserfahrungen (Jahnke et al., 2022) und insgesamt negative Lebenserfahrungen, fehlende berufliche Perspektiven sowie eine dissoziale, kriminelle und militärische Vergangenheit zur Radikalisierung bei (Vergani et al., 2018; Wolfowicz et al., 2020). Zudem erwiesen sich bestimmte kognitive und sozial-kognitive Merkmale der Informationsverarbeitung wie die moralische Neutralisation von Straftaten, eine geringe Selbstkontrolle, Schwarz-Weiß-Denken sowie insbesondere identitätsrelevante Kognitionen wie ein geringes Selbstkonzept, die wahrgenommene Bedrohung durch soziale Fremdgruppen und allgemein Ungerechtigkeits- und Unsicherheitserleben, das insbesondere im Jugendalter als identitätsrelevante Entwicklungsphase wirksam wird (Crocetti, 2018). Hinzu kommen vorurteilsgeleitete Einstellungsmuster, eine geringe Gesetzestreue und antidemokratische Einstellungen als Risikofaktoren für Radikalisierungsprozesse (Vergani et al., 2018; Wolfowicz et al., 2020).

Ebenso konnten soziale und gesellschaftliche Einflüsse als Risikomerkmale identifiziert werden. Dabei wird von einigen Autor*innen zwischen sog. Push- und Pull-Faktoren unterschieden (Jahnke et al., 2022; Vergani et al., 2018). Als Push-Faktoren werden Armut, politische Missstände, kollektive relative Deprivation, geringe Integration bei Migrant*innen sowie insgesamt eine mangelnde soziale Einbindung und fehlende non-deviante Partnerschaften genannt. Als Pull-Faktoren ergaben sich die Zugehörigkeit zu einer devianten Peergruppe, deren Gruppendynamiken und Ideologien, die v.a. mit radikalisierten Einstellungen besonders eng zusammenhängen (Emmelkamp et al., 2020; Vergani et al., 2018; Wolfowicz et al., 2020), die sich wiederum als guter Prädiktor für extremistische Handlungen erwiesen haben (Wolfowicz et al., 2020).

Auf der anderen Seite konnten bestimmte protektive Faktoren ermittelt werden, auch wenn die Anzahl an verfügbaren Studien deutlich geringer ist. Genannt werden u.a. ein hohes Bildungsniveau, gute Schulleistungen, eine hohe Selbstkontrolle, Empathie und Gesetzestreue auf individueller Ebene sowie keine gewaltbereiten Freunde sowie Wertschätzung im Erziehungsverhalten auf sozialer Ebene (Lösel, 2021; Lösel et al., 2018). Diese und weitere Risiko- und Schutzfaktoren korrelieren allerdings jeweils nur mäßig mit Radikalisierungs- und Extremismusparametern, insbesondere, wenn konkretes Verhalten oder zumindest Verhaltensintentionen gemessen werden (Jahnke et al., 2022). Das bedeutet, dass der Einfluss einzelner Faktoren jeweils nur gering ist. Zudem sind die Befunde je nach Fragestellung nicht immer konsistent. So werden z.B. von Emmelkamp et al. (2020) relativ kleine Effekte für den Einfluss negativer Peergruppen festgestellt, während andere Autor*innen (Wolfowicz et al., 2020) hier zu höheren Parameterschätzungen kommen. Insofern ist mit Konzepten aus der Entwicklungspsychopathologie anzunehmen, dass eine besondere Radikalisierungsgefährdung v.a. dann vorliegt, wenn die Probleme kumulieren und nur wenige protektive Kompetenzen und Ressourcen vorhanden sind (Beelmann, 2020; Jessor, 2016). Radikalisierungsprozesse können somit als Resultat eines komplexen Zusammenwirkens unterschiedlicher Ursachenfaktoren verstanden werden und sind damit multikausal bedingt (vgl. z.B. Jahnke et al., 2022; Wolfowicz et al., 2020). Zudem scheinen sich die genannten Faktoren jeweils für verschiedene Radikalisierungsformen zu unterscheiden, was mit Blick auf die jeweiligen Erscheinungsformen durchaus naheliegt. Wir konnten bspw. zeigen, dass sowohl eine „linke“ als auch eine „rechte“ politische Orientierung mit einer hohen Ungerechtigkeitssensibilität einhergingen (Jahnke et al., 2020), die allerdings bei einer Linksorientierung stärker im Bereich der Beobachtersensibilität (also bei beobachteter Ungerechtigkeit gegenüber anderen) und bei einer Rechtsorientierung im Bereich der Opfersensibilität (also bezogen auf die eigene Benachteiligung) registriert wurde. Solche differenziellen Befunde verdeutlichen zugleich unterschiedliche Radikalisierungspfade sowie die Möglichkeit von Abkehrprozessen, die sich je nach Faktorenkombinationen und Belastungsgraden ergeben und somit zu unterschiedlichen Arten und Ausprägungen von Radikalisierungsprozessen und Extremismen führen können (Beelmann, 2020, 2022). Gleichwohl bieten die genannten Analysen zu Risiko- und Schutzfaktoren empirisch gestützte Möglichkeiten, Präventionsmaßnahmen abzuleiten, die Radikalisierungsprozesse verhindern, in ihren Ausprägungen abmildern oder zu einer Abkehr von Radikalisierungsverläufen bewegen.

7.5 Radikalisierungsprävention und Deradikalisierung

Zur Radikalisierungsprävention und Deradikalisierung werden zahlreiche und diverse Konzepte, Programme und Interventionen vorgeschlagen. Die Strategien lassen sich zunächst danach unterscheiden, auf welcher Ebene (gesellschaftlich, kommunal, individuell) interveniert wird. Maßnahmen auf gesellschaftlicher Ebene umfassen z.B. eine strengere Gesetzgebung bis hin zu Verboten bestimmter politischer Parteien und Gruppierungen, die politische Arbeit gegen extremistische Gruppen, ein verstärkter Einsatz von Sicherheitsorganen (Verfassungsschutz, Polizei) sowie die Bereitstellung von Ressourcen für politische und zivilgesellschaftliche Gegeninitiativen. Kommunale Maßnahmen betreffen bspw. die Förderung von qualitativ hochwertiger Jugendarbeit oder Beratungsangeboten für gefährdete oder bereits radikalisierte Jugendliche und Jungerwachsene. Als individuelle Maßnahmen können etwa politische Bildungsmaßnahmen oder Medienschulungen genannt werden.

International und in Deutschland sind Maßnahmen der Radikalisierungsprävention und Deradikalisierung v. a. durch große politisch initiierte Maßnahmenpakete angestoßen worden. Zu nennen wären international etwa die Projekte EXIT oder PREVENT, die weltweit in unterschiedlichen Ländern umgesetzt wurden (vgl. van Hemert et al., 2014). In Deutschland kam es bereits Anfang der 2000er-Jahre zu entsprechenden Bundesprogrammen gegen den Rechtsextremismus (z. B. Entimon, Civitas, Xenos; vgl. Schmidtke, 2018). Seit 2010 werden Projekte v. a. durch Gelder des Bundesfamilienministeriums im Rahmen der Projektlinie *Demokratie leben* gefördert oder vom Bundesinnenministerium mit dem *Nationalen Präventionsprogramm gegen islamistischen Extremismus* (NPP) mit beträchtlichen Mitteln finanziert. Unter diesen Überschriften wird bundesweit eine Vielzahl von Projekten und Initiativen mit sehr unterschiedlichem Zuschnitt gefördert (vgl. etwa Gruber & Lützinger, 2017), von der Unterstützung zivilgesellschaftlicher Organisationen bis hin zur Förderung national agierender Organisationen wie dem *Violence Prevention Network* mit deutschlandweiten Angeboten von Präventions-Workshops, Ausstiegs- und Distanzierungsberatung sowie Fortbildungsformaten für unterschiedliche Berufsgruppen.

In der internationalen Fachliteratur werden insbesondere politische Bildungsmaßnahmen („civic education") und sog. Gegennarrative („counter narratives") oder allgemeiner Argumentationstrainings als besonders einschlägige Präventions- und Deradikalisierungsmaßnahmen diskutiert. Politische Bildungsangebote vermitteln Wissen über politische und kulturelle Werte wie Demokratie, Menschenrechte und Rechtsstaatlichkeit und regen eine Auseinandersetzung mit historischen Ereignissen an, bei denen demokratische Strukturen in totalitäre Systeme umgewandelt wurden (z. B. bei der Machtergreifung des deutschen Nationalsozialismus). Dabei wird angenommen, dass die Vermittlung demokratischer Werte und das Wissen über Demokratie insbesondere bei Jugendlichen zur Übernahme solcher Werte und Prinzipien führt. Allerdings stehen die Beliebtheit und die Verbreitung politischer Bildungsmaßnahmen durchaus in einem ungünstigen Verhältnis zu den bislang untersuchten Wirkungen im Hinblick auf die Prävention extremistischer Ideologien. Zwar existiert eine Reihe an Überblicksarbeiten (vgl. Geboers, Geijsel, Admiraal & ten Dam, 2013; Goren & Yemini, 2017; Manning & Edwards, 2014; Roth, 2016), die sich jedoch angesichts des Mangelns an aussagekräftigen Evaluationsstudien mit Kommentaren zur Wirksamkeit auffallend zurückhalten. Dies hat wohl auch damit zu tun, dass sich bspw. vorhandene Evaluationen mehr auf Implementationsfaktoren wie bspw. dem Umsetzungskontext, den verwendeten Übungen und deren Dosierung beziehen.

Im deutschen Sprachraum hat sich die Demokratiebildung als ein spezielles Feld der Radikalisierungs- und Extremismusprävention entwickelt (Beutel, Edler, Förster & Veith, 2016). Ähnlich wie bei der politischen Bildung geht es um den Erwerb einer positiven Grundhaltung zu demokratischen Grundrechten, die zwangsläufig extremistischen Einstellungen und totalitären Ideologien entgegenstehen (Lösel et al., 2018). Dabei haben sich in den letzten Jahren Lern-Lehr-Formate entwickelt, die weit über die Vermittlung von Informationen und die Aufklärung über Demokratie hinausgehen. Vielmehr soll erreicht werden, dass demokratisches Engagement, demokratisches Handeln und eine demokratische Kultur in schulischen und außerschulischen Kontexten aktiv gelebt wird. Diese Ziele sind bislang jedoch noch nicht ausreichend erreicht worden, etwa durch entsprechende Veränderungen von Schulcurricula oder in der Ausbildung von Lehrkräften. Eine Möglichkeit der interaktiven Vermittlung von politischem Wissen und politischen Prozessen sind z. B. politische Simulationen wie etwa Planspiele zu Gesetzgebungsverfahren. Derartige Übungen versetzen Jugendliche in verschiedene soziale Rollen und Verantwortungspositionen. Der angenommene Wirkmechanismus der Programme liegt im Erleben demokratischer Prozesse und Entscheidungsfindungen in komplexen sozialen Beziehungen und der daraus resultierenden Befürwortung von Demokratie sowie der zukünftigen Motivation, an demokratischen Prozessen teilhaben zu wollen (Lin, 2015).

Eine spezifische Strategie aus dem Feld der politischen Bildung stellt der Ansatz der Gegennarrative („counter narratives") dar (Aerts, 2019; van Hemert et al., 2014). Gegennarrative sollen eine Alternative zu extremistischen Ideologien bilden oder diese dekonstruieren (Briggs & Feve, 2013). Umgesetzt werden Gegennarrative z. B. in Bildungsprogrammen und Argumentationstrainings, die extremistische Narrative aufgreifen und kritisch hinterfragen (z. B. im Programm CONTRA; vgl. Schmitt, Rieger, Ernst & Roth, 2018). Solche Übungen werden allerdings eher in Deradikalisierungsprogrammen umgesetzt, da hier an einer bereits angenommenen problematischen Ideologie angesetzt werden kann. Eine für Präventionsmaßnahmen geeignetere Strategie ist es, den Fokus auf positive Narrative zu legen, die eine Alternative zur extremistischen Ideologie darstellen können (z. B. die positive Darstellung von Diversität, um rechtsextreme Bedrohungsnarrative zu entkräften). Zielgruppen der Maßnahmen sind zumeist Jugendliche, die als besonders radikalisierungsgefährdet eingeschätzt werden (Madriaza & Ponsot, 2015; Pratchett, Thorp, Wingfield, Lowndes & Jabbar, 2010) oder im Falle von Fort- und Weiterbildungen Multiplikator*innen, Angehörige, Fachkräfte (z. B. Lehrkräfte, Sozialarbeiter*innen etc.) und andere Berufsgruppen, die mit diesem Thema konfrontiert sind (Schmidt, Kober & Adewuyi, 2019).

Politische Bildungsmaßnahmen und Gegennarrative können v. a. dann die Übernahme extremistischer Ideologien vermeiden, wenn sie zur Stärkung des Demokratievertrauens und zum Erleben von politischer Partizipation eingesetzt werden. Zudem erweist sich die Adoleszenz als besondere Phase der politischen Sozialisation als besonders geeignet, um entsprechende Maßnahmen durchzuführen (Eckstein & Noack, 2018). Lohnend erscheinen dabei v. a. Ansätze zu sein, die die Partizipation und politische Wirksamkeit erleb- und erfahrbar machen. In der Arbeit mit bereits radikalisierten Personen haben sich insbesondere individuelle Beratungsformate der Distanzierungs- und Ausstiegsarbeit durchgesetzt (Köhler, 2016). Dies ist im Hinblick auf die je verschiedenen Lebenskontexte, Einbindung in extremistische Netzwerke, den Schwierigkeiten und individuellen Gefährdungen des Ausstiegs eine verständliche pädagogische und interventive Grundhaltung. Es existieren allerdings auch einzelne standardisierte Maßnahmen (Lautenbacher, Jahnke, Speer & Beelmann, 2021).

Problematisch ist nach wie vor die geringe Anzahl von aussagekräftigen Evaluationsstudien, die untersuchen, ob politische Bildung und andere Maßnahmen tatsächlich zu geringeren Radikalisierungs- und Extremismusraten führen, sowie die Implementation von Maßnahmen bei Risikogruppen, die sich entweder noch nicht für politische Belange interessieren oder sich bereits in Radikalisierungsprozessen befinden. Neuere Übersichtsarbeiten und systematische Reviews zeigen, dass in der Evaluation anekdotische Fallberichte oder begrenzte Projektevaluationen dominieren, in denen vorwiegend die Zufriedenheit der Teilnehmenden gemessen oder die inhaltliche Umsetzung der Maßnahme beurteilt werden (vgl. u. a. Beelmann, 2021; Beelmann, Lutterbach & Rickert, 2019; Feddes & Gallucci, 2015; Jugl, Lösel, Bender & King, 2021; Madriaza & Ponsot, 2015; Pistone, Eriksson, Beckman, Mattson & Sager, 2019; van Hemert et al., 2014). Gerade im deutschen Sprachraum wurden in den genannten Förderlinien bislang keine aussagekräftigen Studien vorgelegt (vgl. Mathiesen & Meier, 2021; Schmidtke, 2018). Auch das kürzlich publizierte *Handbuch Extremismusprävention* (Slama & Kemmesies, 2020) und andere Bestandsaufnahmen (Daase, Deitelhoff & Junk, 2019) enthalten kaum Hinweise auf systematische Wirkungsevaluationen im deutschen Sprachraum (s. aber unten).

In der einschlägigen Literatur werden verschiedene Ursachen für diesen Mangel genannt. So wird etwa auf die generelle Schwierigkeit, Kontrollgruppen- oder allgemeiner experimentelle Designs umzusetzen, verwiesen (z. B. Armborst et al., 2019; Feddes & Gallucci, 2015) oder ein Mangel an gut validierten Messinstrumenten zur Bestimmung des Radikalisierungsrisikos festgestellt (z. B. King, Bender & Lösel, 2018). Häufig wird auch ein strategisches Problem erwähnt, das darin besteht, dass die Weiterfinanzierung der Projekte vom Erfolg der Maßnahme abhängt. Aus diesem Grund werden dann Evaluationen publiziert, die die Projekte weitgehend positiv darstellen, anstatt diese konstruktiv zu kritisieren und somit zu ihrer Optimierung beizutragen. Zum Teil werden nur interne Evaluationen erstellt, die nicht veröffentlicht werden, oder der Fokus liegt nicht auf der Wirkung der Programme, sondern eher auf Implementationsfaktoren wie einer gelungenen Durchführung (Aerts, 2019; Glaser & Schuster, 2007; Romaniuk, 2015). Gelegentlich wird auch bestritten, dass Wirkevaluationen überhaupt durchgeführt werden sollten bzw. nicht signifikant zum Erkenntnisgewinn beitragen, weil sich politische Bildung nicht (quantitativ) evaluieren lasse (Uhl, Ulrich & Wenzel, 2004).

Im Präventionsbereich liegen allerdings einzelne gut konzipierte internationale und im deutschen Sprachraum durchgeführte Evaluationsstudien vor. So konnten etwa Feddes, Mann und Doosje (2015) zeigen, dass das dreimonatige Präventionsprogramm *Diamant* Selbstwert, Selbstwirksamkeit, Perspektivübernahme und Empathie der teilnehmenden Jugendlichen mit Migrationshintergrund steigern und dadurch die Bereitschaft zu ideologiebasierter Gewalt senken konnte. Eines der wenigen Beispiele aus dem deutschen Sprachraum, in dem ein Präventionsprogramm systematisch evaluiert wurde, stellt eine jüngst vorgelegte Studie zu einem in Schulen umgesetzten Workshop eines Aussteigers aus der rechtsextremen Szene dar (vgl. Walsh & Gansewig, 2019). Die Studie ist methodisch gut umgesetzt (Kontrollgruppendesign, Multi-Method-Approach, quantitative und qualitative Maße, Follow-up-Untersuchung), untersucht allerdings nur eine kurzfristige Maßnahme von vier Stunden Dauer, die keine messbaren Effekte auf rechtsextreme Einstellungen, Gewalt und Kriminalität der beteiligten Schüler*innen ergab. Im Gegensatz dazu konnten Beelmann und Karing (2015) die langfristigen Wirkungen einer Maßnahme zur Toleranzförderung im Grundschulalter (Alter 8 bis 10 Jahre) auf einige Radikalisierungsparameter im Jugendalter (14 bis 16 Jahre) nachweisen. Das Präventionsprogramm *PARTS* beinhaltete 15 Sitzungen à 45 Minuten mit drei Modulen (interkulturelles Wissen, Lesen und Diskutieren von indirekten Kontaktgeschichten, Förderung von sozial-kognitiven Fertigkeiten wie Empathie und Perspektivenübernahme). Gut fünf Jahre nach Beendigung des Programms zeigten die Schüler*innen der Programmgruppe im Vergleich zu einer randomisierten Kontrollgruppe signifikant geringere Vorurteile und wiesen geringere national-autoritäre Einstellungen sowie einen geringeren Kontakt zu rechtsextremen Milieus und Material (Musik, Internetseiten) auf. Zwar waren diese Effekte relativ klein und lagen, was den Kontakt zu rechtsextremem Material anging, auf geringem Niveau. Sie zeigten aber, dass eine frühe Vorurteilsprävention sich messbar auf die weitere Entwicklung auswirken und vor rechtsextremer Radikalisierung schützen kann.

Eine erste Metaanalyse, die die bisher verfügbaren empirischen Wirkevaluationen von Extremismuspräventionsprogrammen zusammenfasst, stammt von Jugl, Lösel, Bender und King (2021). Nach einer umfangreichen Literaturrecherche aggregierten die Autor*innen acht Primärstudien (darunter drei mit Kontrollgruppendesigns) und kamen zu einem durchschnittlich moderaten Effekt der Maßnahmen auf unterschiedliche Extremismusmaße auf Einstellungs- und Verhaltensebene ($d = 0.50$). Wegen der geringen Anzahl an Primärstudien wurden in der Arbeit allerdings auch Untersuchungen mit unterschiedlicher Methodik und sehr verschiedenen Präventionsansätzen, u. a. auch Deradikalisierungsprogramme, zusammengefasst. Deshalb bieten diese Ergebnisse eher eine erste Orientierung und sollten nicht ohne Weiteres auf das gesamte Feld der durchgeführten Programme generalisiert werden.

Insgesamt lassen sich aus dem aktuellen Forschungsstand der Radikalisierungs- und Extremismusprävention und Deradikalsierung somit wenig evidenzbasierte Handlungsempfehlungen für politische Entscheidungsprozesse und die Präventions- und Deradikalisierungspraxis ableiten. Häufig wird gefordert, dass die Programme theoretisch fundierter aufgebaut werden und sich stärker an empirisch bestätigten Risiko- und Schutzfaktoren sowie Entwicklungstheorien zur Radikalisierung orientieren sollten (Beelmann, 2020; Beelmann et al., 2021; Feddes & Gallucci, 2015; Jahnke et al., 2022; LaFree & Schwarzenbach, 2021; Wolfowicz et al., 2020). Dazu schlagen verschiedene Autor*innen vor, Interventionsansätze aus verwandten Feldern (z. B. aus der Kriminalitäts- oder Vorurteilsprävention) abzuleiten (Beelmann, 2021; Beelmann et al., 2021; Feddes & Gallucci, 2015; van Hemert et al., 2014). So haben Beelman et al. (2021) zahlreiche individuelle Präventionsmaßnahmen zusammengetragen, die sich eignen, zentrale Radikalisierungsprozesse wie Identitätsprobleme, Vorurteile, den Erwerb extremistischer Ideologien und Dissozialität erfolgreich verhindern oder abmildern zu können. Dazu gehören selbstwertstärkende Interventionen wie z. B. Service-Learning-Programme (Celio, Durlak & Dymnicki, 2011; Conway, Amel & Gerwien, 2009), Kontaktprogramme zur Vermeidung von Vorurteilsstrukturen (vgl. Beelmann & Lutterbach, 2020, 2022), Medienschulung gegen Hass im Netz und Argumentationstrainings (Blayer, 2019) sowie allgemein soziale Trainingsprogramme (Beelmann & Lösel, 2021).

Literatur

Armborst, A., Biene, J., Coester, M. Greuel, F., Milbradt, B. & Nehlsen, I. (2019). Evident und wirksam? Herausforderungen, Möglichkeiten und Grenzen der Evaluationsforschung in der Radikalisierungsprävention. In C. Daase, N. Deitelhoff & J. Junk (Hrsg.), *Gesellschaft extrem. Was wir über Radikalisierung wissen* (S. 255–290). Frankfurt a. M.: Campus.

Aerts, S. (2019). *Monitor radicalisation and violent extremism* (European Crime Prevention Monitor 2019/1). Brüssel: European Crime Prevention Network.

Backes, U. (1989). *Politischer Extremismus in demokratischen Verfassungsstaaten. Elemente einer normativen Rahmentheorie.* Wiesbaden: Westdeutscher Verlag. https://doi.org/10.1007/978-3-322-86110-8

Baumeister, R. F. & Leary, M. R. (1995). The need to belong: Desire for interpersonal attachments as a fundamental human motivation. *Psychological Bulletin, 117,* 497–529. https://doi.org/10.1037/0033-2909.117.3.497

Beelmann, A. (2015). Konstruktion und Entwicklung von Interventionsmaßnahmen. In W. Melzer, D. Hermann, U. Sandfuchs, M. Schäfer, W. Schubarth & P. Daschner (Hrsg.), *Handbuch Aggression, Gewalt und Kriminalität bei Kindern und Jugendlichen* (S. 340–346). Bad Heilbrunn: Klinkhardt.

Beelmann, A. (2020). A social-developmental model of radicalization. An integration of existing theories and empirical research. *International Journal of Conflict and Violence, 14,* 1–14.

Beelmann, A. (2021). Concept of and approaches toward a developmental prevention of radicalization: Promising strategies to keep young people away from political, religious and other forms of extremism. *Monatsschrift für Kriminologie und Strafrechtsreform/Journal of Criminology and Penalty Reform, 104,* 298–309. https://doi.org/10.1515/mks-2021-0130

Beelmann, A. (2022). Radikalisierung als abweichende Sozialentwicklung. Bedingungen und Präventionsmöglichkeiten. In A. Beelmann & D. Michelsen (Hrsg.), *Rechtsextremismus, Demokratiebildung, gesellschaftliche Integration: Interdisziplinäre Debatten und Forschungsbilanzen* (S. 153–178).

Wiesbaden: Springer VS. https://doi.org/10.1007/978-3-658-35564-7

Beelmann, A., Jahnke, S. & Neudecker, C. (2017). Prävention von Radikalisierungsprozessen: Grundlagen entwicklungsorientierter Maßnahmen. *Neue Kriminalpolitik, 29,* 440–449. https://doi.org/10.5771/0934-9200-2017-4-440

Beelmann, A. & Karing, C. (2015). Förderung toleranter Einstellungen und die Prävention von Vorurteilen. Langzeitwirkungen des Programms zur Förderung von Akzeptanz, Respekt, Toleranz und sozialer Kompetenz (PARTS). *Forum Kriminalprävention, 1,* 51–58.

Beelmann, A. & Lösel, F. (2021). A comprehensive meta-analysis of randomized evaluations on the effect of child social skills training on antisocial behavior. *Journal of Developmental and Life-course Criminology, 7,* 41–65. https://doi.org/10.1007/S40865-020-00142-8

Beelmann, A. & Lutterbach, S. (2020). Preventing prejudice and the promotion of intergroup relations. In L. Benuto, M. Duckworth, A. Masuda & W. O'Donohue (Eds.), *Prejudice, stigma, privilege, and oppression. A behavioral health handbook* (pp. 309–326). New York, NY: Springer. https://doi.org/10.1007/978-3-030-35517-3_16

Beelmann, A. & Lutterbach, S. (2022). Developmental prevention of prejudice: Theoretical foundation, evidence-based construction, and outcome results. *Review of General Psychology,* 26 (3), 298–316. https://doi.org/10.1177/10892680211056314

Beelmann, A. Lutterbach, S. & Rickert, M. (2019). Entwicklungsorientierte Prävention des Rechtsextremismus: Konzepte und Evaluationsergebnisse. In F. Lüttig & J. Lehmann (Hrsg.), *Der Kampf gegen den Terror in Gegenwart und Zukunft* (S. 229–258). Baden-Baden: Nomos. https://doi.org/10.5771/9783748903369-229

Beelmann, A., Lutterbach, S., Rickert, M. & Sterba, L.S. (2021). *Entwicklungsorientierte Radikalisierungsprävention: Was man tun kann und sollte.* Jena: Friedrich-Schiller-Universität Jena, Zentrum für Rechtsextremismusforschung, Demokratiebildung und gesellschaftliche Integration. Verfügbar unter www.komrex.uni-jena.de

Best, H., Niehoff, S., Salheiser, A. & Vogel, L. (2016). *Politische Kultur im Freistaat Thüringen. Gemischte Gefühle: Thüringen nach der „Flüchtlingskrise". Ergebnisse des Thüringen-Monitors 2016.* Jena: Universität Jena, Kompetenzzentrum Rechtsextremismus.

Beutel, W., Edler, K., Förster, M. & Veith, H. (2016). Demokratiepädagogik als präventionswirksame Idee. In W. Frindte, D. Geschke, N. Haußecker & F. Schmidtke (Hrsg.), *Rechtsextremismus und „Nationalsozialistischer Untergrund": Interdisziplinäre Debatten, Befunde und Bilanzen* (S. 463–479). Wiesbaden: Springer. https://doi.org/10.1007/978-3-658-09997-8_20

Blayer, C. (2019). Cyberhate: A review and content analysis of intervention strategies. *Aggression and Violent Behavior, 45,* 163–172. https://doi.org/10.1016/j.avb.2018.05.006

Borum, R. (2011a). Radicalization into violent extremism I: A review of social science theories. *Journal of Strategic Security, 4,* 7–36. https://doi.org/10.5038/1944-0472.4.4.1

Borum, R. (2011b). Radicalization into violent extremism II: A review of conceptual models and empirical research. *Journal of Strategic Security, 4,* 37–62. https://doi.org/10.5038/1944-0472.4.4.2

Borum, R. (2014). Psychological vulnerabilities and propensities for involvement in violent extremism. *Behavioral Science and the Law, 32,* 286–305. https://doi.org/10.1002/bsl.2110

Briggs, R. & Feve, S. (2013). *Review of programs to counter narratives of violent extremism. What works and what are the implications for government?* London: Institute for Strategic Dialogue.

Bundesministerium des Innern, für Bau und Heimat (BMI). (2021). *Verfassungsschutzbericht 2020.* Berlin: BMI.

Celio, C.I., Durlak, J. & Dymnicki, A. (2011). A meta-analysis of the impact of service-learning on students. *Journal of Experiential Education, 34,* 164–181. https://doi.org/10.1177/105382591103400205

Ceylan, R. & Kiefer, M. (2013). *Salafismus: Fundamentalistische Strömungen und Radikalisierungsprävention.* Wiesbaden: Springer VS. https://doi.org/10.1007/978-3-658-00091-2

Conway, J.M., Amel, E.L. & Gerwien, D.P. (2009). Teaching and learning in the social context: A meta-analysis of service learning's effects on academic, personal, social, and citizenship outcomes. *Teaching of Psychology, 36,* 233–245. https://doi.org/10.1080/00986280903172969

Crocetti, E. (2018). Identity dynamics in adolescence: Processes, antecedents, and consequences. *European Journal of Developmental Psychology, 15,* 11–23. https://doi.org/10.1080/17405629.2017.1405578

Daase, C., Deitelhoff, N. & Junk, J. (Hrsg.). (2019). *Gesellschaft Extrem. Was wir über Radikalisierung wissen.* Frankfurt a.M.: Campus.

Decker, O., Kiess, J. & Brähler, E. (2012). *Die Mitte im Umbruch. Rechtsextreme Einstellungen in Deutschland 2012.* Bonn: Dietz.

Decker, O., Kiess, J. & Brähler, E. (Hrsg.). (2016). *Die enthemmte Mitte. Autoritäre und rechtsextreme Einstellungen in Deutschland.* Gießen: Psychosozial-Verlag. https://doi.org/10.30820/9783837972337

Doosje, B., Kruglanski, A.W., Mann, L. & Feddes, A.R. (2016). Terrorism, radicalization and de-radicalization. *Science direct, 11,* 79–84. https://doi.org/10.1016/j.copsyc.2016.06.008

Eckstein, K. & Noack, P. (2018). Politische Sozialisation. In B. Gniewosz & P.F. Titzmann (Hrsg.), *Handbuch Jugend. Psychologische Sichtweisen auf Veränderungen in der Adoleszenz* (S. 371–387). Stuttgart: Kohlhammer.

Emmelkamp, J., Asscher, J.J., Wissink, I.B. & Stams, G.J.J.M. (2020). Risk factors for (violent) radicalization in juveniles: A multilevel meta-analysis. *Aggression and Violent Behavior, 55,* 101489. https://doi.org/10.1016/j.avb.2020.101489

Feddes, A.R. & Gallucci, M. (2015). A literature review on methodology used in evaluating effects of preventive and de-radicalisation interventions. *Journal for Deradicalization, 5,* 1–27. Verfügbar unter http://journals.sfu.ca/jd/index.php/jd/article/download/33/31

Feddes, A.R., Mann, L. & Doosje, B. (2015). Increasing self-esteem and empathy to prevent violent radicalization: a longitudinal quantitative evaluation of a resilience training focused on adolescents with a dual identity. *Journal of Applied Social Psychology,* 45 (7), 400–411. https://doi.org/10.1111/jasp.12307

Feddes, A.R., Nickolson, L., Mann, L. & Doosje, B. (2020). *Psychological perspectives on radicalization.* London: Routledge.

Gaspar, H.A., Daase, C., Deitelhoff, N., Junk, J. & Sold, M. (2020). Vom Extremismus zur Radikalisierung: Zur wissenschaftlichen Konzeptualisierung illiberaler Einstellungen. In C. Daase, N. Deitelhoff & J. Jung (Hrsg.), *Gesellschaft Extrem. Was wir über Radikalisierung wissen* (S. 15–44). Frankfurt a.M.: Campus.

Geboers, E., Geijsel, F., Admiraal, W. & ten Dam, G. (2013). Review of the effects of citizenship education. *Educational Research Review, 9,* 158–173. https://doi.org/10.1016/j.edurev.2012.02.001

Goren, H. & Yemini, M. (2017). Global citizenship education redefined – A systematic review of empirical studies on global citizenship education. *Journal of Education Research, 82,* 170–183.

Glaser, M. & Schuster, S. (2007). *Evaluation präventiver Praxis gegen Rechtsextremismus. Positionen, Konzepte und Erfahrungen* (Band 7). Halle (Saale): Deutsches Jugendinstitut.

Gruber, F. & Lützinger, S. (2017). *Extremismusprävention in Deutschland – Erhebung und Darstellung der Präventionslandschaft* (Modulabschlussbericht). Wiesbaden: Bundeskriminalamt.

Heitmeyer, W. (2002–2012). *Deutsche Zustände, Folge 1 bis 10.* Frankfurt a.M.: Suhrkamp.

Hogg, M.A. & Blaylock, D.B. (2012). *Extremism and the psychology of uncertainty.* Hoboken: Wiley-Blackwell.

Jahnke, S., Abad Borger, K. & Beelmann, A. (2022). Predictors of political violence outcomes among young people: A systematic review and meta-analysis. *Political Psychology, 43,* 111–129. https://doi.org/10.1111/pops.12743

Jahnke, S., Schröder, C.P., Goede, L.-R., Lehmann, L., Hauff, L.A. & Beelmann, A. (2020). Observer sensitivity and early radicalization to violence among young people in Germany. *Social Justice Research, 33,* 308–330. https://doi.org/10.1007/s11211-020-00351-y

Jessor, R. (2016). *The origins and development of problem behavior theory.* New York, NY: Springer. https://doi.org/10.1007/978-3-319-40886-6

Jugl, I., Bender, D. & Lösel, F. (2021). Left-wing extremist violence: Risk and protective factors in a targeted sample of potential extremist. *Monatsschrift für Kriminologie und Strafrechtsreform, 104,* 243–258. https://doi.org/10.1515/mks-2021-0125

Jugl, I., Lösel, F., Bender, D. & King, S. (2021). Psychosocial prevention programs against radicalization and extremism: A meta-analysis of outcome evaluations. *The European Journal of Psychology Applied to Legal Context, 13,* 37–46.

King, S., Bender, D. & Lösel, F. (2018). Instrumente zur Risikobeurteilung extremistisch motivierter Straftäter. Eine Synopse. In M. Schaerff & K. Boers (Hrsg.), *Kriminologische Welt in Bewegung* (S. 191–203). Mönchengladbach: Forum Verlag.

Köhler, D. (2016). De-Radikalisierung als Methode. Theorie und Praxis im nationalen und internationalen Vergleich. Trends, Herausforderungen und Fortschritte. In W. Frindte, D. Geschke, N. Haussecker & F. Schmidtke (Hrsg.), *Rechtsextremismus und „Nationalsozialistischer Untergrund“* (S. 425–442). Wiesbaden: Springer VS.

Kommen, W. & van der Pligt, J. (2016). *The psychology of radicalization and terrorism.* London: Routledge.

Koopmans, R., Statham, P., Giugni, M. & Passy, F. (2005). *Contested citizenship: Immigration and cultural diversity in Europe.* Minneapolis, MN: University of Minneapolis Press.

Kruglanski, A.W., Bélanger, J.J. & Gunaratna, R. (2019). *The three pillars of radicalization. Needs, narratives, and networks.* New York, NY: Oxford University Press. https://doi.org/10.1093/oso/9780190851125.001.0001

Kruglanski, A.W., Gelfand, M.J., Bélanger, J.J., Sheveland, A., Hetiarachchi, M. & Gunaratna, R. (2014). The psychology of radicalization and de-radicalization: How significance quest impacts violent extremism. *Advances in Political Psychology, 35,* 69–93. https://doi.org/10.1111/pops.12163

Kruglanski, A.W., Jasko, K., Chernikova, M., Dugas, M. & Webber, D. (2017). To the fringe and back: Violent extremism and the psychology of deviance. *American Psychologist, 72,* 217–230. https://doi.org/10.1037/amp0000091

LaFree, G., Jensen, M.A., James, P.A. & Safer-Lichtenstein, A. (2018). Correlates of violent political extremism in the United States. *Criminology, 56,* 233–268. https://doi.org/10.1111/1745-9125.12169

LaFree, G. & Schwarzenbach, A. (2021). Micro and macro-level risk factors for extremism and terrorism: Toward a criminology of extremist violence. *Monatsschrift für Kriminologie und Strafrechtsreform, 104,* 184–202. https://doi.org/10.1515/mks-2021-0127

Lautenbacher, J., Jahnke, S., Speer, D. & Beelmann, A. (2021). Evaluation des webbasierten Trainings „OHA - Online Hass Abbauen" - Teilmodul Straftaten und Gewalt. *Forensische Psychiatrie, Psychologie, Kriminologie, 15,* 134–142. https://doi.org/10.1007/s11757-021-00664-x

Lehmann, L. & Jukschat, N. (2019). „Linksextremismus" - ein problematisches Konzept. Perspektiven verschiedener Praxisakteure. *Zeitschrift für Polizeiwissenschaft und polizeiliche Praxis, 4,* 41–52.

Lin, A. (2015). Citizenship education in American schools and its role in developing civic engagement: A review of the research. *Educational Review, 67,* 35–63. https://doi.org/10.1080/00131911.2013.813440

Lösel, F. (2021). Protektive Faktoren und Resilienz in der Sozialentwicklung junger Menschen. Allgemeine Ergebnisse und Befunde zu Extremismus und Radikalisierung. In A. Beelmann & L.S. Sterba (Hrsg.), *Prävention und Bildung im Kindes- und Jugendalter. Vorurteilen begegnen, Toleranz stärken* (S. 28–51). Frankfurt a.M.: Wochenschau-Verlag.

Lösel, F., King, S., Bender, D. & Jugl, I. (2018). Protective factors against extremism and violent radicalization: A systematic review of research. *International Journal of Developmental Science, 12,* 89–102. https://doi.org/10.3233/DEV-170241

Lubbers, M., Gijsberts, M. & Scheepers, P. (2002). Extreme right-wing voting in Western Europe. *European Journal of Political Research, 41,* 345–378. https://doi.org/10.1111/1475-6765.00015

Lygre, R.B., Eid, J., Larsson, G. & Ranstorp, M. (2011). Terrorism as a process: A critical review of Moghaddam's Staircase to Terrorism. *Scandinavian Journal of Psychology, 52,* 609–616. https://doi.org/10.1111/j.1467-9450.2011.00918.x

Madriaza, P. & Ponsot, A. (2015). *Preventing radicalization: A systematic review.* Montreal: International Centre for the Prevention of Crime.

Manning, N. & Edwards, K. (2014). Does civic education for young people increase political participation? A systematic review. *Educational Review, 66,* 22–45. https://doi.org/10.1080/00131911.2013.763767

Mathiesen, A. & Meier, B.-D. (2021). Extremismusprävention in Deutschland. Kritische Bestandsaufnahme aus kriminologischer Perspektive. In S. Beck, B.-D. Meier & S. Ziemann (Hrsg.), *Jahrbuch des Kriminalwissenschaftlichen Instituts der Leibnitz Universität Hannover* (Band 1). Hannover: Leibniz Universität.

McCauley, C. & Moskalenko, S. (2011). *Friction. How radicalization happens to them and us.* Oxford: Oxford University Press.

McCauley, C. & Moskalenko, S. (2017). Understanding radicalization. The two pyramid model. *American Psychologist, 72,* 205–216. https://doi.org/10.1037/amp0000062

Moghaddam, F.M. (2005). The staircase to terrorism: A psychological exploration. *American Psychologist, 60,* 161–169. https://doi.org/10.1037/0003-066X.60.2.161

Moskalenko, S. & McCauley, C. (2009). Measuring political mobilization: The distinction between activism and radicalism. *Terrorism and Political Violence, 21* (2), 239–260. https://doi.org/10.1080/09546550902765508

Neumann, P. (2013). Radikalisierung, Deradikalisierung und Extremismus. *Aus Politik und Zeitgeschichte, 29–31,* 3–10.

Nivette, A., Eisner, M. & Ribeaud, D. (2017). Developmental predictors of violent extremist attitudes: A test of general strain theory. *Journal of Research in*

Crime and Delinquency, 54, 755–790. https://doi.org/10.1177/0022427817699035

Pistone, I., Eriksson, E., Beckman, U., Mattson, C. & Sager, M. (2019). A scoping review of interventions for preventing and countering violent extremism. Current status and implications for future research. *Journal for Deradicalization, 19,* 1–84.

Pratchett, L., Thorp, L., Wingfield, M., Lowndes, V. & Jabbar, R. (2010). *Preventing support for violent extremism through community interventions. A review of the evidence.* London: Department for Communities and Local Government.

Romaniuk, P. (2015). *Does CVE work? Lessons learned from the global effort to counter violent extremism.* New York, NY: Global Center on Cooperative Security.

Roth, G. (2016). *Politische Enthaltung, Verdrossenheit und Verwirrung: politische Bildung und Jugendarbeit als Lösung und Teil des Problems – ein Review.* München: SSOAR.

Schmid, A. P. (2013). *Radicalisation, de-radicalisation, counter-radicalisation: A conceptual discussion and literature review* (ICCT Research Paper). Den Haag: ICCT.

Schmidt, O., Kober, M. & Adewuyi, D. (2019). *Effekte von Maßnahmen und Ansätzen zur Prävention von Rechtsextremismus. Systematische Übersichtsarbeit zu den Methoden und Ergebnissen von Studien zur Evaluation von Präventionsansätzen.* Bonn: Nationales Zentrum für Kriminalitätsprävention.

Schmidtke, F. (2018). Rechtsextremismusprävention im wiedervereinigten Deutschland. Schwerpunkte und Entwicklungslinien. In A. Beelmann (Hrsg.), *Toleranz und Radikalisierung in Zeiten sozialer Diversität: Beiträge aus Psychologie und Sozialwissenschaften* (S. 137–156). Schwalbach: Wochenschau Verlag.

Schmitt, J. B., Rieger, D., Ernst, J. & Roth, H. (2018). Critical media literacy and Islamist online propaganda: The feasibility, applicability and impact of three learning arrangements. *International Journal of Conflict and Violence, 12,* 1–19.

Sedgwick, M. (2010). The concept of radicalization as a source of confusion. *Terrorism and Political Violence, 4,* 479–494. https://doi.org/10.1080/09546553.2010.491009

Slama, B. B. & Kemmesies U. (Hrsg.). (2020). *Handbuch Extremismusprävention. Gesamtgesellschaftlich, phänomenübergreifend.* Wiesbaden: Bundeskriminalamt.

Treskow, L. & Baier, D. (2020). *Wissenschaftliche Analyse zum Phänomen des Linksextremismus in Niedersachsen, seiner sozialwissenschaftlichen Erfassung sowie seiner generellen und spezifischen Prävention.* Hannover: Kriminologisches Forschungsinstitut Niedersachsen.

Uhl, K., Ulrich, S. & Wenzel, F. M. (Hrsg.). (2004). *Evaluation politischer Bildung. Ist Wirkung messbar?* Gütersloh: Verlag Bertelsmann Stiftung.

van Hemert, D. A., Berg, H., van Vliet, A. J., Roelofs, M. L., Huis in 't Veld, M., Marret, J. et al. (2014). *Synthesis report on the state-of-the-art in evaluating the effectiveness of counter-violent extremism interventions.* EU Consortium IMPACT.

Vergani, M., Iqbal, M., Ilbahar, E. & Barton, G. (2018). The three Ps of radicalization: Push, Pull and Personal. A systematic scoping review of the scientific evidence about radicalization into violent extremism. *Studies in Conflict & Terrorism, 43,* 854.

Walsh, M. & Gansewig, A. (2019). A former right-wing extremist in school-based prevention work: Research findings from Germany. *Journal for Deradicalization, 21,* 1–42.

Webber, D., Babush, M., Schori-Eyal, N., Vazeou-Nieuwenhuis, A., Hettiarachchi, M., Bélanger, J. J. et al. (2017). The road to extremism: Field and experimental evidence that significance loss-induced need for closure fosters radicalization. *Journal of Personality and Social Psychology, 114,* 270–285. https://doi.org/10.1037/pspi0000111

Wiktorowicz, Q. (2004). *Islamic activism: A social movement theory approach.* Bloomington, IN: Indiana University Press.

Wolfowicz, M., Litmanovitz, Y., Weisburd, D. & Hasisi, B. (2020). A field-wide systematic review and meta-analysis of putative risk and protective factors for radicalization outcomes. *Journal of Quantitative Criminology, 36,* 407–447. https://doi.org/10.1007/s10940-019-09439-4

Zick, A., Küpper, B. & Berghan, W. (2019). *Verlorene Mitte – Feindselige Zustände. Rechtsextreme Einstellungen in Deutschland 2018/19.* Berlin: Friedrich-Ebert-Stiftung.

8 Personenidentifizierung

Siegfried Ludwig Sporer und Melanie Sauerland

8.1 Einleitung

In der Geschichte des Strafrechts hat es immer wieder Fälle gegeben, in denen Unschuldige fälschlich von Zeug*innen erkannt und letztlich verurteilt wurden (vgl. Sello, 1911). In den USA ist eine Reihe von spektakulären Fällen bekannt geworden, in denen durch DNA-Beweise fälschlich Beschuldigte entlastet wurden (Garrett, 2011; Scheck, Neufeld & Dwyer, 2001; www.innocenceproject.org). Bis Juni 2021 gab es ca. 375 Fälle unschuldig Verurteilter, die im Durchschnitt ca. 12 Jahre im Gefängnis verbrachten. In vielen dieser Fälle spielte das fälschliche Wiedererkennen von Tatverdächtigen eine zentrale Rolle. Auch in Europa und in Deutschland hat es immer wieder Justizirrtümer infolge von Falschidentifizierungen gegeben, auch wenn diese nicht so häufig sein mögen wie in den USA (vgl. Christianson, Goodman & Loftus, 1992; Epifanio v. Madrid, 2009; Leuschner, Rettenberger & Dessecker, 2019; Sauerland, Tupper & Sagana, 2021; Sporer, 2021). Bei internationalen Kriegstribunalen spielen Falschidentifizierungen möglicherweise auch eine Rolle (Loftus, 2013; Wagenaar, 1988; s. Sporer, 2021). Hier geht es allerdings häufig um die Identifizierung von bekannten Personen, bei denen keine Gegenüberstellungen durchgeführt werden sollten (Wagenaar, 2009).

In den letzten ca. 40 Jahren hat die internationale experimentalpsychologische Forschung zahlreiche Einflussfaktoren von Personenidentifizierungen aufgedeckt. Diese Faktoren werden Schätz- und System- bzw. Kontrollvariablen genannt (Wells, 1978). Schätzvariablen sind Faktoren, deren Einfluss nur annäherungsweise bekannt ist. Hierzu gehören Merkmale von Zeug*innen, des Täters oder der Täterin und Situationsvariablen, wie z. B. die Dauer der Interaktion zwischen Zeug*in und Täter. System- oder Kontrollvariablen sind Faktoren, die vom Rechtssystem kontrolliert werden können. Sie betreffen v. a. die Durchführung von Gegenüberstellungen, wie z. B. die Zeugeninstruktionen und die Zusammensetzung der Gegenüberstellung. Beurteilungsvariablen sind Verhalten und Aussagen während einer Gegenüberstellung, die von Entscheidungsträgern benutzt werden, um die Richtigkeit einer Identifizierung einzuschätzen (Sporer, 1993). Dazu gehören Personenbeschreibungen, Entscheidungszeiten und die subjektive Sicherheit der Zeug*innen.

8.1.1 Polizeiliche Ermittlungen: Personenbeschreibung, Gesichtsrekonstruktionsbilder und Identifizierung

Wenn Zeug*innen eine Straftat gegen eine unbekannte Person zur Anzeige bringen, werden sie fast immer gebeten, eine Beschreibung des Täters oder der Täterin abzugeben, häufig auch mehrmals. Der gesamte Ablauf des Ermittlungsverfahrens, von Personenbeschreibung bis zur Identifizierung und deren Würdigung durch die Gerichte, ist in **Abb. 8-1** dargestellt. Personenbeschreibungen enthalten meist nur wenige Details (z. B. vage Schätzungen der Größe, des Gewichts und des Alters) sowie Angaben zur Kleidung und Frisur, aber kaum von Gesichts-

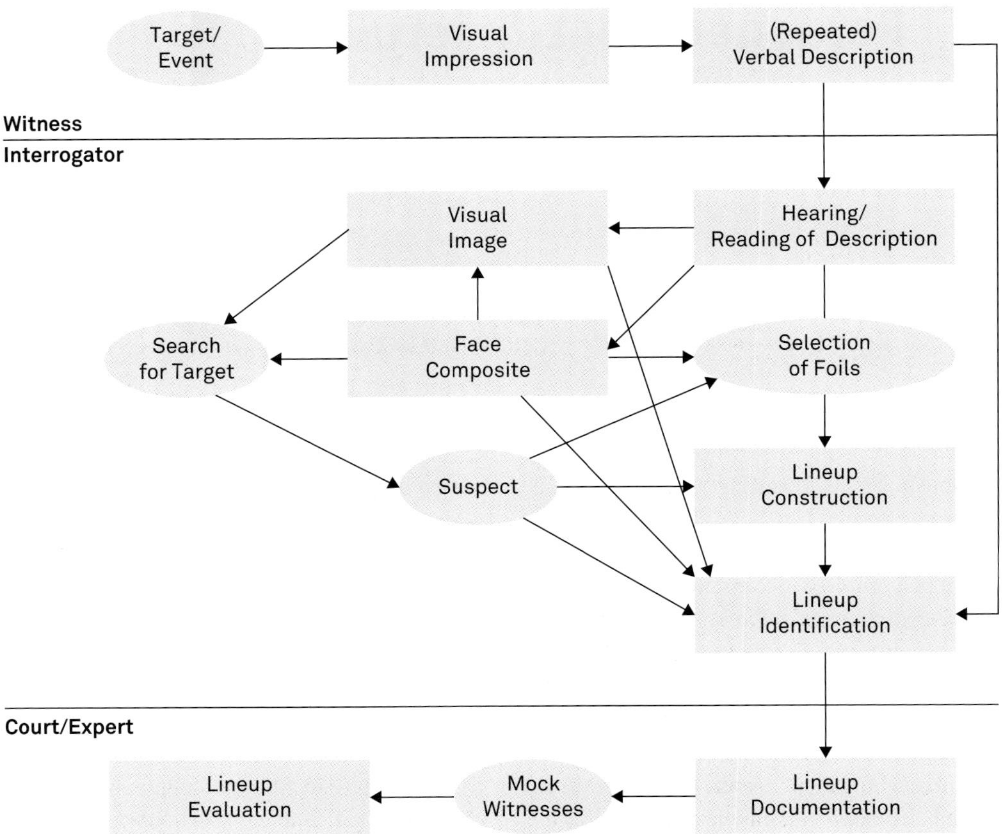

Abbildung 8-1: Das polizeiliche Strafermittlungsverfahren von der Beobachtung eines Verbrechens bis zur Beurteilung des Beweiswertes vor Gericht (Sporer, 2001b).

merkmalen (vgl. Sporer, 1996). In besonderen Fällen werden Gesichtsrekonstruktionsbilder („Phantombilder") erstellt, die aber meist nur geringe Ähnlichkeit mit dem Täter oder der Täterin aufweisen.

8.1.2 Ergebnisse einer Gegenüberstellung: Wiedererkennensleistung und Reaktionsneigung

Identifizierungsverfahren werden entweder live als Wahlgegenüberstellungen oder als Lichtbildvorlagen (auf einem Computermonitor) durchgeführt. Mit dem Begriff „Gegenüberstellung" beziehen wir uns auf alle diese Verfahren. **Tabelle 8-1** stellt die verschiedenen Ergebnisse einer Identifizierungsaussage dar. Bei einer Gegenüberstellung besteht grundsätzlich die Möglichkeit, dass es sich bei der oder dem Tatverdächtigen um den Täter oder die Täterin handelt oder um eine unschuldig verdächtigte Person. Zeug*innen können durch eine positive Wahl den Täter oder die Täterin richtig identifizieren (Treffer), fälschlich eine*n unschuldige*n Tatverdächtige*n identifizieren (Falschidentifizierung oder falscher Alarm) oder eine Vergleichsperson identifizieren (Fülleridentifizierung, deren Fehlerhaftigkeit bekannt ist). Fülleridentifizierungen werden in der Praxis meist ignoriert, obwohl sie Aufschluss über die Reaktionsneigung eines Zeugen oder einer Zeugin

Tabelle 8-1: Mögliche Ergebnisse einer Identifizierungsaussage bei einer Wahlgegenüberstellung.

	Entscheidung der Zeug*innen		
Anwesenheit Täter*in	**Keine Identifizierung „Nichtwähler"**	**Positive Identifizierung „Wähler"**	
Abwesend	Korrekte Zurückweisung („correct rejection")	Falschidentifizierung einer unschuldig verdächtigten Person („false identification/false alarm")	Identifizierung einer Vergleichspersona („foil identification")
Anwesend	Falsche Zurückweisung („false rejection")	Richtige Identifizierung („correct identification/hit")	Identifizierung einer Vergleichsperson[a] („foil identification")

[a] Da eine Wahlgegenüberstellung nur eine*n Tatverdächtige*n enthalten soll, weiß man, dass die Identifizierung einer Vergleichsperson nicht richtig ist. Gleichwohl werden in vielen Studien auch Identifizierungen einer Vergleichsperson als Falschidentifizierungen gewertet.

geben. Wenn ein Zeuge oder eine Zeugin keine Wahl trifft, die Gegenüberstellung also zurückweist, ergibt sich eine korrekte oder eine falsche Zurückweisung. Bei Aktenanalysen (Behrman & Richards, 2005; Garrett, 2011; Valentine, Pickering & Darling, 2003) ist der wahre Täter oder die wahre Täterin nicht bekannt. In Experimenten wird die Anwesenheit von Täter*innen hingegen bewusst manipuliert. Das heißt, nur bei Experimenten wissen wir, ob es sich bei dem oder der Tatverdächtigen in der Gegenüberstellung tatsächlich um den Täter oder die Täterin handelt.

8.2 Schätzvariablen

8.2.1 Zeugenfaktoren

8.2.1.1 Kinder und ältere Menschen als Augenzeug*innen

Kinder sind weniger gut dazu in der Lage, den Täter oder die Täterin in einer Gegenüberstellung zu erkennen als jüngere Erwachsene (Fitzgerald & Price, 2015). Besonders schwierig ist es für Kinder, eine Gegenüberstellung zurückzuweisen. Es scheint, dass Kinder aus der von der oder dem Polizeibeamt*in gestellten Frage, ob der Täter oder die Täterin unter den gezeigten Personen ist, schlussfolgern, dass eine Identifizierung erwartet wird (Pozzulo & Dempsey, 2006). Eine „Nicht-anwesend"-Option, welche die Kinder wählen können, scheint bei Gegenüberstellungen ohne Täter*in diesen Wahlbias und somit die Rate der Falschidentifizierungen zu reduzieren (Zajac & Karageorge, 2009). Generell scheint sich die Leistung von Jugendlichen nicht signifikant von der von Erwachsenen zu unterscheiden (Sheahan, Pica, Pozzulo & Nastasa, 2017). Ein Experiment berichtete aber höhere Identifizierungsraten eines unschuldigen Umstehenden für Jugendliche als für Kinder und Erwachsene (Brackmann, Sauerland & Otgaar, 2019).

Metaanalysen von Aussagen älterer Personen zeigen einen moderaten Alterseffekt zugunsten jüngerer Erwachsener (Fitzgerald & Price, 2015; Martschuk & Sporer, 2018). Ähnlich wie Kinder machen ältere Personen häufiger Falschidentifizierungen als jüngere Erwachsene. Ältere Zeug*innen erinnern sich schlechter als jüngere an Instruktionen, die vor einer Identifizierungsaufgabe gegeben werden (Rose, Bull & Vrij, 2003, 2005). Auch längere Behaltensintervalle scheinen älteren Zeug*innen mehr zu schaden als jüngeren. Auch werden Gesichter der eigenen Altersgruppe oft besser erkannt („own-age effect": Martschuk & Sporer, 2018; Sporer, 2001a).

In Anbetracht möglicher Defizite älterer Zeug*innen erscheinen Interventionen im Vorfeld einer Identifizierungsaufgabe vielversprechend, wie die Visualisierung und Verbalisierung des Tathergangs (Kinlen, Adams-Price & Henley, 2007), Fragen zur Erinnerung an Täter*innen sowie Übungsgegenüberstellungen (Wilcock & Bull, 2010). Auch eine Anpassung der Tageszeit der Testung könnte hilfreich sein, denn viele ältere Menschen haben ihr Leistungshoch früh am Morgen (vgl. Yaremenko, Sauerland & Hope, 2021).

Zusammenfassend bleibt festzuhalten, dass das jeweilige Alter einer Person lediglich einen groben Indikator für den Leistungsstand darstellt.

8.2.1.2 Polizeibeamte als Zeug*innen

Eine praktisch bedeutsame Frage, die sich vor Gerichten v.a. in den USA, und in den letzten Jahren auch in Deutschland immer wieder gestellt hat, ist, ob Polizeibeamte bessere Zeug*innen als Zivilpersonen sind. Zum einen könnte man annehmen, dass Polizeibeamt*innen entweder durch ihre Berufswahl (i.S. einer Selbstselektion), durch Auswahlverfahren (Selektion bei der Ausbildung) oder durch die Ausbildung selbst bessere Wahrnehmungs- oder Gedächtnisfähigkeiten besitzen bzw. erworben haben. Andererseits könnte die Berufserfahrung zu einer Verbesserung dieser Fähigkeiten führen. Es ist aber auch denkbar, dass Polizeibeamt*innen glauben, eher eine Person identifizieren zu können (Kaminski & Sporer, 2016), und daher eher ein laxeres Entscheidungskriterium anlegen.

Es gibt nur wenige systematische Vergleiche zwischen Polizeibeamt*innen und anderen Personengruppen, die z.T. erhebliche methodische Mängel aufweisen (vgl. Tupper, Geisendörfer, Lorei, Sporer & Sauerland, 2022). In diesen Studien konnten Polizeibeamt*innen zwar z.T. Personen und Ereignisse besser als Vergleichsgruppen *beschreiben,* ihre Wiedererkennensleistung bei einer Gegenüberstellung unterschied sich jedoch nicht von Laien. Die beiden einzigen Untersuchungen bisher, die die Identifizierungsleistung von Polizeibeamt*innen bzw. -auszubildenden und Laien in Wahlgegenüberstellungen mit und ohne Täter*in verglichen (Kaminski & Sporer, 2016; Tupper et al., 2022), fanden ebenfalls keine Leistungsunterschiede. Polizeibeamt*innen schätzten allerdings ihre Sicht auf die Täterin und ihre Informationsbasis bzgl. einer Identifizierung höher ein als Laien (Kaminski & Sporer, 2016). In einer Studie mit „weißen“ Grenzbeamt*innen am Frankfurter Flughafen zeigten diese für Gesichter von „Schwarzen“ bessere Leistungen als Studierende und Bankangestellte, und umgekehrt „weiße“ Studierende bessere Leistungen für „weiße“ Gesichter als Grenzbeamt*innen und Bankangestellte (Sporer, Gehrke & McClure, 2020).

Ein spezielles Problem, zu dem es u. W. keine Studien gibt, sind Absprachen von Polizeibeamt*innen untereinander bzgl. ihrer Aussagen zu Personenbeschreibungen und Tathergang, die zu hohen „Übereinstimmungen“ zwischen den Protokollen führen können (Eisenberg, 2014). Wenn mehrere Beamt*innen infolge von Absprachen einheitliche, aber möglicherweise falsche, Aussagen machen, erhöht dies deren Beweiswert vor Gericht nicht.

8.2.1.3 Persönlichkeitsunterschiede

Interindividuelle Differenzen i.S. von besonders guten oder besonders schlechten Zeug*innen sind eher selten, auch wenn gelegentlich in den Medien Berichte von Prosopagnosien (ein spezielles Defizit bzgl. des Erkennens von Gesichtern) und „Super-Recognizers“ (Personen mit überdurchschnittlichen Fähigkeiten) auftauchen.

8.2.2 Stimulusfaktoren – Tätermerkmale

8.2.2.1 Ausländereffekt (Wiedererkennen anderer ethnischer Gruppen)

Gesichter unterscheiden sich in vielerlei Hinsicht in ihrer Distinktivität, Prototypikalität und besonderen Merkmalen (vgl. Sporer, 1992a). Ein besonderer Fall ergibt sich, wenn Zeug*innen und Täter unterschiedlichen ethnischen Gruppen angehören. Der sog. Ausländereffekt („cross-race effect", „own-race bias" oder „own-ethnicity effect"), d.h. das schlechtere Wiedererkennen von Personen einer anderen ethnischen Gruppe, gilt als robuster Effekt, der in zahlreichen Untersuchungen nachgewiesen werden konnte (Meissner & Brigham, 2001; Sporer, 2001a, 2001b). Die meisten dieser Untersuchungen zeigten, dass Amerikaner europäischer Abstammung („Weiße" im physiognomischen Sinn) besondere Schwierigkeiten haben, Amerikaner afrikanischer Abstammung („Schwarze" im physiognomischen Sinn) wiederzuerkennen, allerdings nur selten in Feldexperimenten (Sporer, 2001b). Aber auch (hellhäutige) Deutsche zeigen bspw. schlechtere Leistungen bei der Verarbeitung und dem Wiedererkennen von Gesichtern von „Schwarzen", Lateinamerikanern und Türken (Sporer et al., 2020; Sporer & Horry, 2010; Sporer, Trinkl & Guberova, 2007). Besonders bedenklich erscheint, dass „Weiße" bei Gesichtern von anderen ethnischen Gruppen im Vergleich zur eigenen ein laxeres Entscheidungskriterium anwenden (Meissner & Brigham, 2001). Dies bedeutet, dass sie eher geneigt sind, ein Mitglied einer anderen ethnischen Gruppe zu identifizieren, während sie bei der eigenen Gruppe vorsichtiger vorgehen. Dies scheint eher durch soziale Kategorisierungsprozesse als durch soziale Einstellungen gegenüber Außengruppen bedingt zu sein. Auch ist es für „weiße" Polizisten schwieriger, faire Gegenüberstellungsreihen mit Gesichtern von „Schwarzen" zusammenzustellen (Brigham, Meissner & Wasserman, 1999). Ungeklärt bleibt, ob eine Gegenüberstellung fairer ist, wenn sie von Beamt*innen der gleichen ethnischen Gruppe der oder des Tatverdächtigen oder der Zeug*innen konstruiert werden (Sporer, 2001b).

8.2.3 Situative Faktoren

Situative Einflussfaktoren von Zeug*innenaussagen schließen Faktoren ein, die sich während der Wahrnehmungsphase, des Behaltensintervalls und der Abrufphase auswirken. Eine Übersicht befindet sich in **Tab. 8-2**. Die Tabelle zeigt auch, wie Zeug*innen auf diese Faktoren reagieren.

8.2.3.1 Die Wahrnehmungssituation: Beobachtungsdauer, Entfernung und Lichtverhältnisse

Die Gedächtnisleistung während der Abrufphase hängt v.a. von der Stärke der ursprünglichen Gedächtnisspur ab. Kritisch hierfür sind die Aufmerksamkeit während des Ereignisses und die konkreten Beobachtungsbedingungen. Insbesondere die Beobachtungsdauer, die Entfernung zwischen Zeug*in und Täter und die Lichtverhältnisse am Beobachtungsort während der Beobachtung sind von Bedeutung.

Es ist nachträglich oft schwierig abzuschätzen, wie lange ein Zeuge oder eine Zeugin die beobachtete Person gesehen hat. Zum einen sind Zeitangaben von Zeug*innen häufig in Richtung von Überschätzungen fehlerbehaftet (Sporer, 1996). Zum anderen wirken sich nachträgliche Informationen, wie z.B. Feedback über die gemachte Entscheidung, u.a. auf Angaben zur Beobachtungsdauer aus (Wells & Bradfield, 1998). Generell ist die Identifizierungsleistung bei längerer Beobachtungsdauer besser als bei kürzerer, allerdings ist die Beziehung zwischen Beobachtungsdauer und Identifizierungsleistung nicht linear (Bornstein, Deffenbacher, Penrod & McGorty, 2012). Zeug*innen profitieren

Tabelle 8-2: Externe Einflussfaktoren und interne Prozesse von Zeug*innen bei einer Identifizierung.

	Wahrnehmungsphase	Behaltensphase: nachträgliche Informationen	Erinnerungsphase: Aussage/ Gegenüberstellung
Informationseingabe durch die Umwelt	Situativer Kontext • Alkohol, Drogen • Beobachtungsdauer • Entfernung • Lichtverhältnisse • Stress • Waffe • Gesicht • Distinktivität • Besondere Merkmale • Ausländereffekt • Körper • Bewegungen • Stimme	Dauer des Behaltensintervalls **Verbale Informationen** • Gespräche • Vernehmungen • Presseberichte • Personenbeschreibung anderer **Visuelle Informationen** • Rekonstruktionsbild • Einzelbildvorlage/ • Lichtbildvorlage	Instruktion Erwartungen Wiederherstellung des Wahrnehmungskontextes Gegenüberstellungsverfahren Simultan/Sequentiell Fotos vs. Live vs. Video Feedback nach Identifizierung
Reaktion der Zeug*innen	Erwartungen Stereotype Interpretation Aufmerksamkeitsfokussierung Encodierungsstrategien	Speicherung Integration eigener Erlebnisse mit äußeren Informationen Überlagerung Verschmelzung Unbewusste Transferenz	Personenbeschreibung Rekonstruktionsbild Metagedächtnisprozesse Personenidentifizierung Absolute vs. Relative Entscheidung Entscheidungszeit Subjektive Sicherheit

in der ersten Minute nämlich am meisten von einer längeren Beobachtungsdauer. So ist die Leistung von Zeug*innen, die den Täter oder die Täterin weniger als 12 Sekunden sahen, schlechter als die von Zeug*innen, die 45 Sekunden Sicht auf den Täter oder die Täterin hatten. Liegt die Beobachtungsdauer aber über ca. 30 Sekunden, so muss jede weitere Erhöhung der Beobachtungsdauer für eine Verbesserung der Identifizierungsleistung ziemlich erheblich sein (Bornstein et al., 2012).

In Deutschland gab es Fälle, in denen aus knapp 600 Metern bzw. 300 Metern eine Identifizierung von den Gerichten für möglich gehalten wurde (vgl. Lange, 1980; Sello, 1911). Simulationen mit Gesichtern und Gegenständen zeigen aber, dass aus solchen Entfernungen das Erkennen eines Gesichts objektiv nicht möglich ist (Busey & Loftus, 2007). Eine kritische maximale Entfernung, bei der ein Gesicht noch gut wiedererkannt werden kann, wie früher angenommen (Wagenaar & van der Schrier, 1996), scheint es jedoch nicht zu geben. Ein groß angelegtes Feldexperiment untersuchte die Fähigkeit, Personen aus 5, 10, 15, 20, 30, oder 40 Yard (1 Yard = 0,91 Meter) Entfernung wiederzuerkennen (Lampinen, Erickson, Moore & Hittson, 2014). Die Leistung nahm linear mit der Entfernung ab. Zudem neigten die Teilnehmenden eher dazu, eine Wahl zu treffen, obwohl ihre Wahrnehmungs- und damit letztlich ihre Gedächtnisleistung schwächer wurde. Zudem beeinflussen die Lichtverhältnisse unsere Fähigkeit, Personen aus einer bestimmten Entfernung zu erkennen. So war in einem Experiment die Identifizierungsleistung bei guten Lichtverhältnissen in 20 Metern Entfernung etwa so gut wie bei schlechten Lichtverhältnissen bei 7 oder 8 Metern Entfernung (Nyman et al., 2019). Entfernung und Lichtverhältnisse müssen also stets gemeinsam betrachtet werden.

8.2.3.2 Einfluss von Alkohol

Nicht selten haben Zeug*innen (und Täter) zum Tatzeitpunkt Alkohol konsumiert (Palmer, Flowe, Takarangi & Humphries, 2013). Bei vergleichsweise geringem Konsum rund um die Promillegrenze für Kraftfahrer in vielen Ländern (0,6–0,8 ‰ Blutalkoholkonzentration) in Laborstudien ist der Effekt gering, auch bei Gegenüberstellungen bis zu einer Woche später (Flowe et al., 2017; Kneller & Harvey, 2016; Monds, Kloft, Sauer, Honan & Palmer, 2019). Ein anderes Bild ergibt sich bei Feldstudien. In Kneipen und Bars trifft man ein breiteres Spektrum der Intoxikation an, mit Blutalkoholkonzentrationen bis zu 2,9 ‰. – Ein Nachteil dieses Forschungssettings ist allerdings, dass keine experimentelle Manipulation möglich ist: Kneipengänger entscheiden natürlich selbst, wie viel Alkohol sie zu sich nehmen. Bei einer sofortigen Gegenüberstellung, also in noch alkoholisiertem Zustand, sind die Ergebnisse inkonsistent (Altman, Schreiber Compo, McQuiston, Hagsand & Cervera, 2018; Harvey et al., 2020). Auf die Identifizierungsleistung für Gegenüberstellungen eine Woche später in nüchternem Zustand scheint sich Alkoholkonsum zur Tatzeit negativ auszuwirken (Sauerland, Broers & van Oorsouw, 2019). Bei einer Blutalkoholkonzentration von 0,6 ‰ oder weniger waren etwas mehr als 50 % der Identifizierungsentscheidungen richtig, verglichen mit kaum mehr als 30 % bei einer höheren Blutalkoholkonzentration bis zu 2 ‰. Bei einer Blutalkoholkonzentration von 1,2 ‰ und höher waren nur noch 14 % oder weniger der Identifizierungsentscheidungen korrekt, also auf dem Zufallsniveau. Zum Effekt anderer Drogen auf die Fähigkeit, Gesichter zu erkennen, gibt es bisher nur vereinzelte Studien.

8.2.3.3 Stress

Ergebnisse der Grundlagenforschung und im Bereich der Personenidentifizierung stehen bzgl. der Wirkung von akutem Stress in der Wahrnehmungsphase auf die Gedächtnisleistung im Konflikt. Während Befunde aus der Aussagepsychologie darauf hindeuten, dass akuter Stress die Gedächtnisleistung beeinträchtigt (Deffenbacher, Bornstein, Penrod & McGorty, 2004), sind die Ergebnisse aus der Grundlagenforschung weniger einheitlich, wobei einige Befunde darauf hindeuten, dass Stress während der Encodierung die Gedächtnisleistung sogar verbessern kann (Shields, Sazma, McCullough & Yonelinas, 2017).

Diese gegensätzlichen Befunde liegen wahrscheinlich in methodischen Unterschieden in der Stressinduktion, Stressor-Verifizierung und dem Behaltensintervall zwischen Wahrnehmungs- und Erinnerungsphase begründet (Sauerland et al., 2016). So ist das induzierte Stressniveau bei Experimenten im Bereich der Aussagepsychologie meist relativ gering, bspw. hervorgerufen durch erregende Bilder oder relativ harmlose, inszenierte Vergehen. In der Grundlagenforschung werden neben pharmakologischen Verfahren v. a. standardisierte Protokolle zur Stressinduktion verwendet, die typischerweise eine Kombination aus öffentlichem Sprechen, mentaler Arithmetik und die Exposition gegenüber schmerzhaften Kältereizen beinhalten (z. B. Smeets et al., 2012). Zur Verifizierung der Stressinduktion dienen physiologische und subjektive Maße. In der Aussagepsychologie werden hingegen nur selten physiologische Maße zur Bestätigung der Stressinduktion verwendet. Dies ist problematisch, weil subjektive

Maße von Stress nur selten objektiven, physiologischen Reaktionen entsprechen, die die Gedächtnisleistung moderieren (z. B. Hellhammer & Schubert, 2012).

Ein weiterer Unterschied zwischen der aussagepsychologischen und Grundlagenforschung liegt im Behaltensintervall zwischen Wahrnehmungs- und Erinnerungsphase. So ist es in der Grundlagenforschung zu Stress Standard, dass zwischen Wahrnehmung und Abruf mindestens ein 24-Stunden-Intervall liegt. Denn nur dann können die Effekte von Stress auf die Gedächtniskonsolidierung von denen auf die Abrufleistung getrennt werden. Stressstudien in der Aussagepsychologie haben jedoch häufig nur eine einzige Sitzung (z. B. Davis, Peterson, Wissman & Slater, 2019; Valentine & Mesout, 2008), sodass die negativen Auswirkungen von Stress in der Erinnerungsphase (Shields et al., 2017) mögliche positive Effekte während der Encodierung zunichtemachen können.

In einem Experiment zur Personenidentifizierung, welches diese Überlegungen berücksichtigte, hatte die Stressinduktion keinen signifikanten Effekt auf die Identifizierungsleistung (Sauerland et al., 2016). In zwei aktuellen Experimenten zum Effekt von Encodierstress auf das Erkennen von Gesichtern mit standardisiertem Labor-Stressprotokoll zeigte sich ebenfalls kein signifikanter Effekt der Stressinduktion (Marr, Quaedflieg, Otgaar, Hope & Sauerland, 2021).

Diese unerwarteten Befunde zeigen, dass es zum Thema Stress und Gedächtnis für Gesichter noch weiterer Forschung bedarf. Die gegensätzlichen Befunde in der Grundlagenforschung und der Aussagepsychologie spiegeln sich auch in widersprüchlichen Expertenmeinungen zu den Effekten von Stress auf das Gedächtnis wider (Marr, Sauerland, Otgaar, Quaedflieg & Hope, 2021). Daher ist es zum jetzigen Zeitpunkt schwierig, allgemeingültige Aussagen über den Effekt von Stress während der Wahrnehmung auf die Gedächtnisleistung zu einem späteren Zeitpunkt zu machen.

8.2.3.4 Waffenfokuseffekt

Der sog. Waffenfokuseffekt beschreibt das Phänomen, dass Augenzeug*innen, die ein Verbrechen beobachten, in denen der Täter oder die Täterin eine Waffe bei sich trägt, diesen möglicherweise später schlechter beschreiben oder wiedererkennen können. Mittels Blickbewegungskameras konnte gezeigt werden, dass ein Augenzeuge oder eine Augenzeugin in dieser Situation tatsächlich länger die Waffe fixierte als z. B. einen von dem oder der Täter*in mitgeführten Scheck (Loftus, Loftus & Messo, 1987). Eine neuere Metaanalyse zeigt allerdings, dass der Einfluss einer Waffe sich v. a. auf Personenbeschreibungen auswirkt, jedoch nicht auf die Identifizierungsleistung (Kocab & Sporer, 2016). Fehlerbehaftete Beschreibungen des Täters oder der Täterin können jedoch zu einer fälschlicherweise verdächtigten Person führen, die letztlich in einer Gegenüberstellung gezeigt wird. Neuere Studien mit Gegenüberstellungen mit und ohne Täter*in sind dringend notwendig.

8.3 Kontrollvariablen

8.3.1 Einflüsse während des Behaltensintervalls

8.3.1.1 Dauer des Behaltensintervalls

Normalerweise wird das zu erinnernde Material im unmittelbaren Anschluss an die Wahrnehmung am schnellsten vergessen, später langsamer. Der Leistungsabfall ist hier offenbar kurvilinear, d. h., er tritt schon nach sehr kurzer Zeit auf; dennoch ist auch nach längerer Zeit in manchen Fällen noch ein Wiedererkennen möglich. Hinsichtlich der Gedächtnisleistung für Gesichter lässt sich zusammenfassend feststellen, dass sie mit zunehmend längerem Behaltensintervall, insbesondere von mehreren Wochen und länger, abnimmt und die Anzahl der fälschlich wiedererkannten Gesichter zunimmt. Diese Effekte wurden sowohl in Laboruntersuchungen als auch in aufwendigeren Simulationsstudien mit Lichtbildvorlagen gefunden, wobei die Effekte in letzteren vermutlich etwas höher sind (vgl. die Metaanalyse von Deffenbacher, Bornstein, McGorty & Penrod, 2008). Da die meisten Untersuchungen relativ kurze Behaltensintervalle wählen, während in Ermittlungsverfahren im Allgemeinen längere Intervalle vorherrschen, wird dieser Effekt im Vergleich zur Realität vermutlich eher unterschätzt.

8.3.1.2 Personenbeschreibungen, Konstruktion und Betrachtung von „Phantombildern"

Es ist umstritten, ob Personenbeschreibungen das spätere Wiedererkennen beinträchtigen oder möglicherweise sogar verbessern. Eine neuere Studie hat z. B. gezeigt, dass das Lesen der unmittelbar nach der Tat abgegebenen Personenbeschreibung kurz vor der Identifizierungsaufgabe (nach zwei Tagen oder fünf Wochen) sowohl zu höheren Treffer- als auch niedrigeren Falschidentfizierungsraten führte (Sporer, Kaminski, Davids & McQuiston, 2015).

Zusätzlich zu einer Beschreibung werden Zeug*innen häufig gebeten, zusammen mit einer oder einem Polizeizeichner*in oder mithilfe eines Computerprogramms ein „Phantombild" zu erstellen, das dann zu Fahndungszwecken verwendet oder in den Medien veröffentlicht wird. Diese Bilder weisen oft nur eine geringe Ähnlichkeit mit der porträtierten Person auf. Deren Funktion liegt eher darin, das Interesse der Bevölkerung zu wecken, als dass sie direkt zur Ergreifung des Täters oder der Täterin führen würden.

Es stellen sich in diesem Zusammenhang zwei Fragen bzgl. des Beweiswertes von Personenidentifizierungen (Davis & Loftus, 2007): (1) Kann der Prozess der Konstruktion eines solchen Bildes, der oft mehrere Stunden dauert, zu einem *visuellen Überlagerungseffekt* führen, der das spätere Wiedererkennen erschwert? (2) Kann das Betrachten eines solchen Bildes andere Zeug*innen beeinflussen, d. h. i. S. eines Falschinformationseffektes („misinformation effect") bei einer späteren Identifizierungsaufgabe beeinträchtigen oder gar zur Falschidentifizierung unschuldig Verdächtigter führen? Loftus (2013) hat z. B. argumentiert, dass die Veröffentlichung eines solchen Bildes zu einer Falschidentifizierung und anschließenden Falschverurteilung eines Beschuldigten im Lockerbie-Bombenattentat führte. Eine neuere Metaanalyse fand jedoch keine negativen Effekte der Erstellung von Phantombildern auf die Identifizierungsleistung (Tredoux, Sporer, Vredeveldt, Kempen & Nortje, 2020). Bezüglich der zweiten Frage ergaben zwar ältere Studien Falschinformationseffekte, nicht jedoch neuere Studien mit computergenerierten Gesichtsrekonstruktionsbildern (Sporer, Tredoux, Vredeveldt, Kempen & Nortje, 2020).

8.3.1.3 Wiederholtes Wiedererkennen und Selbstfestlegungseffekt

Aus der Rechtsprechung der obersten Gerichte (vgl. Odenthal, 1999) sind immer wieder Fälle des sogenannten wiederholten Wiedererkennens bekannt geworden. Hier wurde eine spätere Identifizierung (z. B. im Rahmen einer live durchgeführten Wahlgegenüberstellung) vom Gericht als Beweis für das Wiedererkennen benutzt, obwohl Zeug*innen vorher, z. B. bei einer Fahndungsmaßnahme, bei der den Zeug*innen ein Foto gezeigt wurde, oder beim Durchsuchen einer Lichtbildkartei, das Gesicht des Tatverdächtigen gesehen haben konnten. Bei dem späteren Wiedererkennen ist dann nicht zu trennen, ob die Erinnerung an die *ursprünglich* wahrgenommene Person (Täter*in) oder an das später gesehene Foto erfolgte (Transferenzeffekt). Zudem besteht die Gefahr, dass sich Zeug*innen bei wiederholten Wiedererkennensversuchen auf ihre früheren Aussagen stützen, wobei mögliche Fehler wiederholt werden (Deffenbacher, Bornstein & Penrod, 2006).

Dies wird als Selbstfestlegungseffekt („commitment effect") bezeichnet. Das bloße Betrachten von Fotoserien bei der Polizei ohne eine Identifizierung scheint nicht notwendigerweise einen negativen Effekt zu haben. Wie die obersten Gerichte (auch ohne Bezug auf die empirische Forschung) erkannt haben, kommt damit nur dem ersten Wiedererkennensversuch Beweiswert zu (Eisenberg, 2017).

8.3.2 Identifizierungsverfahren

Die Forschung zu Kontroll- bzw. Systemvariablen untersucht v.a. Methoden, die eine Reduzierung von Falschidentifizierungen bewirken sollen, ohne die Rate der richtigen Identifizierungen zu verringern.

8.3.2.1 Identifizierungsinstruktion

Wenn Zeug*innen von der Polizei gebeten werden, eine Identifizierung vorzunehmen, gehen sie wohl davon aus, dass die Polizei einen begründeten Tatverdacht gegenüber einer verdächtigen Person hat (z.B. bei einer vorläufigen Festnahme). Die Erwartung eines Zeugen oder einer Zeugin, dass sich die Person in der Gegenüberstellungsreihe befinden wird, führt zu einer Tendenz, eine Person zu wählen. Es wird daher empfohlen, Zeug*innen vorab explizit darauf aufmerksam zu machen, dass die Möglichkeit besteht, dass sich die Person *nicht* in der Reihe befindet (Wells et al., 2020). Aber selbst dann gehen Zeug*innen meist implizit davon aus, dass sich der Täter oder die Täterin in der Gegenüberstellungsreihe befindet, sie nur die richtige Person herausfinden müssten. Falschidentifizierungen sind bei fehlender Warnung vor der möglichen Abwesenheit des Täters oder der Täterin sehr viel häufiger zu erwarten. Kinder und ältere Leute scheinen diese Instruktion entweder nicht richtig zu verstehen oder zu erinnern (s. oben). Darüber hinaus sollte ein Ermittlungsbeamter oder eine andere Ermittlungsbeamtin, der oder die die Identität der oder des Tatverdächtigen nicht kennt, die Identifizierungsmaßnahme in einem „Doppel-Blind-Verfahren" durchführen (Wells et al., 2020). Neben einer Reduzierung von Falschidentifizierungen zeigen neuere Literaturzusammenfassungen, dass die Warnung vor der möglichen Nichtanwesenheit des Täters oder der Täterin insgesamt zu einer niedrigeren Rate an Wahlen und damit auch zu einem Verlust an richtigen Identifizierungen führen kann (Clark, 2005; Steblay, 2013). Durch die Vorsichtsinstruktion wird also möglicherweise nicht nur eine Verbesserung des Beweiswertes, sondern auch eine Verschiebung des Entscheidungskriteriums und dadurch der Reaktionsneigung erzielt. Wir empfehlen eine Warnungsinstruktion, wie sie seit über 20 Jahren in vielen Jurisdiktionen der USA sowie in England und Wales vorgeschrieben ist. Bei Lichtbildvorlagen empfehlen wir zusätzlich das Hinzufügen von Silhouetten für „Nicht-dabei"- bzw. „Weißnicht"-Optionen neben den Fotos. Allerdings ist nicht auszuschließen, dass Zeug*innen infolge von Medienberichten zu Verhaftungen von Tatverdächtigen oder anderen sozialen Einflüssen dennoch von der Anwesenheit des Täters oder der Täterin ausgehen.

8.3.2.2 Gegenüberstellungsform und -medium

Die Vorlage eines einzelnen Lichtbildes (Einzellichtbildvorlage) mit der Frage, ob dies der Täter oder die Täterin sei, gilt als suggestiv und muss mit besonderer Vorsicht gewürdigt werden (Steblay, Dysart & Lindsay, 2003). Befragungen von Polizeibeamt*innen und archivarische Untersuchungen deuten jedoch darauf hin, dass eine erhebliche Anzahl von Gegenüberstellungsverfahren als Einzellichtbildvorlage durchgeführt wird (Behrman & Davey, 2001). Der Identifizierung (des Angeklagten auf der Anklagebank) vor Gericht kommt praktisch kein Beweiswert zu.

Lichtbildvorlagen, Video- oder Live-Wahlgegenüberstellungen unterscheiden sich hinsichtlich der Identifizierungsleistung nicht bedeutsam (Fitzgerald, Price & Valentine, 2018). Lichtbildvorlagen und Video-Wahlgegenüberstellungen bieten den Vorteil, dass bei der Auswahl der Vergleichspersonen auf Datenbanken (mit standardisierten Fotos) zurückgegriffen werden kann. So kann die Fairness der Gegenüberstellung, d. h. die Vergleichbarkeit der Personen innerhalb einer Reihe, besser gewährleistet und damit ein Bias gegen die Verdächtigen vermieden werden (z. B. Valentine & Heaton, 1999). Neben erheblich höheren Kosten von Live-Gegenüberstellungen besteht hier zudem die Gefahr, dass die oder der Tatverdächtige oder die Vergleichspersonen nonverbale Signale aussenden, die die Identität der oder des Tatverdächtigen preisgeben könnten.

Ein besonderes Problem, das offenbar weder von der Polizei noch von den Gerichten erkannt wird, stellt die künstliche Erstellung von Gesichtern von Vergleichspersonen durch Fotobearbeitungssoftware dar (vgl. Odenthal, 2013; Sporer, 2021). Dadurch soll die Identität der Vergleichspersonen geschützt werden. Das Problem dabei ist, dass sich das Foto der oder des Tatverdächtigen, als einziges „natürliches" Gesicht, von den Vergleichsfotos abhebt und allein deshalb identifiziert werden könnte. Die bloße Inspektion seitens der Ermittlungsbehörden, der Staatsanwaltschaft oder des Gerichts genügt nicht, um die Vergleichbarkeit bzw. Fairness einer solchen Vorgehensweise anzunehmen.

8.3.2.3 Simultane vs. sequenzielle Gegenüberstellung

Einige Autoren sehen die Ursache von Falschidentifizierungen darin, dass Zeug*innen bei der üblichen simultanen Gegenüberstellungsform, bei der die oder der Tatverdächtige gleichzeitig mit den Vergleichspersonen gezeigt wird, ein Relativurteil für ihre Entscheidung verwenden, indem sie „den besten Kandidaten" in der Reihe auswählen (Wells, 1984). Befindet sich der wahre Täter oder die wahre Täterin nicht in der Reihe, führe dies zur Wahl der ihm ähnlichsten Person. In einer sequenziellen Gegenüberstellungsform hingegen müssen Zeug*innen jede einzelne Person mit ihrem Erinnerungsbild vergleichen und somit eine absolute Entscheidung treffen (Lindsay & Wells, 1985). Genau genommen besteht das als *sequenzielle Gegenüberstellung* bezeichnete Verfahren nicht nur aus der sequenziellen Testform, sondern einem Protokoll verschiedener Maßnahmen (McQuiston-Surrett, Malpass & Tredoux, 2006), wobei noch größtenteils unklar ist, welche der Komponenten für sich, jeweils in Kombination mit den anderen, oder nur bei Erfüllung aller Bedingungen die postulierten Effekte erzeugen:

- Die Fotos (bzw. live dargebotenen Personen) werden einzeln gezeigt, und der oder die Zeug*in trifft für jede gezeigte Person eine Entscheidung („Täter*in" vs. „Nichttäter*in").
- Der oder die Zeug*in darf dabei nicht wissen, wie viele Personen insgesamt präsentiert werden. Die Wirksamkeit dieser Komponente wurde unabhängig vom Gebrauch anderer Komponenten nachgewiesen (Horry, Palmer & Brewer, 2012).
- Im Falle einer positiven Identifizierung muss das Verfahren gestoppt werden (Sporer, 1993). Erlaubt man Zeug*innen, fortzufahren und sich später zu „verbessern", führt dies oft zu Fehlern (Gronlund, Carlson, Dailey & Goodsell, 2009; Sporer, Eickelkamp & Spitmann-Rex, 1990; Steblay, Dietrich, Ryan, Raczynski & James, 2011).
- Der oder die Zeug*in darf nicht zu früheren Personen zurückkehren.
- Die Reihe darf nur einmal gezeigt werden (Steblay, Dietrich et al., 2011).

Metaanalysen zeigen, dass die sequenzielle Gegenüberstellung zu einer geringeren Anzahl von Falschidentifizierungen führt, wenn sich der wahre Täter oder die wahre Täterin nicht in der Reihe befindet, aber auch die Anzahl der richtigen Identifizierungen bei sequenziellen Verfahren etwas geringer ist als bei simultaner Vorgehensweise (Steblay, Dysart & Wells, 2011). Die Ergebnisse einer sequenziellen Gegenüberstellung scheinen aber auch von einer Reihe weiterer Randbedingungen abzuhängen, wie z. B. der Position der oder des Tatverdächtigen in der Reihe (Carlson, Gronlund & Clark, 2008). Wenn die oder der Tatverdächtige später in der Reihe gezeigt wird, wählen Zeug*innen u. U. früher eine Person, sodass sie durch die Stoppregel gar nicht erst zum oder zur Tatverdächtigen bzw. Täter*in kommen (vgl. Gronlund et al., 2009).

Einige Studien legen nahe, dass der Effekt des sequenziellen Verfahrens nicht eine Leistungsverbesserung, sondern eher eine Veränderung der Reaktionsneigung darstellt (Meissner, Tredoux, Parker & MacLin, 2005). Zeug*innen neigen beim sequenziellen Verfahren nämlich eher dazu, Personen zurückzuweisen, was sowohl zu mehr korrekten als auch mehr falschen Zurückweisungen führen kann. Interessant wäre hier zu wissen, ob diese Antworttendenzen mit der Schwere des Verbrechens, dem durch Darstellung in den Medien erzeugten Druck oder mit Persönlichkeitsvariablen zusammenhängen.

Mittlerweile haben eine ganze Reihe neuerer Untersuchungen keine Unterschiede im Beweiswert („diagnosticity") zwischen simultanen und sequenziellen Verfahren oder nur für ganz bestimmte Bedingungen festgestellt (Carlson et al., 2008). Andere Studien berichten gar einen höheren Beweiswert der simultanen Methode, insbesondere dann, wenn die Untersuchungen mit Methoden der Signaldetektionstheorie (Macmillan & Creelman, 2005) und unter Berücksichtigung der subjektiven Sicherheit für die Identifizierungsentscheidung (Wixted, Mickes, Dunn, Clark & Wells, 2016) ausgewertet werden. Neben der Signaldetektionstheorie, die häufig bei medizinischen Entscheidungen Anwendung findet, müssen auch unterschiedliche Basisraten (Wells & Olson, 2002) bzgl. der Präsenz des Täters oder der Täterin in einer Gegenüberstellung berücksichtigt werden, die ja in realen Fällen nicht bekannt ist (Wixted & Wells, 2017).

Um die Frage zu klären, welche der beiden (oder andere) Methoden in Deutschland am besten wäre, sollte aus unserer Sicht eine Sachverständigenkommission aus einschlägig ausgebildeten experimentellen Aussagepsychologen und Statistikern gebildet werden, die eine neuere Metaanalyse durchführen und daraus Richtlinien erarbeiten können. Die Abwägung der Verhältnisse richtiger Identifizierungen zu Falschidentifizierungen, wie sie bei Bestimmungen des Beweiswertes vorgenommen wird, ist letztlich eine philosophisch-politische Frage (vgl. Malpass, 2006). Doch sollten (juristische) Entscheidungen evidenzbasiert, d. h. mit Kenntnis der wissenschaftlichen Ergebnisse, vorgenommen werden.

Die sequenzielle Gegenüberstellung ist ein Beispiel dafür, dass angewandte Forschung durchaus Eingang in die Praxis finden kann. Auch sollten alternative Verfahrensweisen (vgl. Georgiadou, Chronos, Verschuere & Sauerland, 2019; Russ, Sauerland, Lee & Bindemann, 2018; Sauerland, Stockmar, Sporer & Broers, 2013) überprüft werden, die ebenfalls, oder noch besser, den Beweiswert von Gegenüberstellungsverfahren erhöhen könnten. Die *Richtlinien für das Strafverfahren und das Bußgeldverfahren* in der BRD sind jedoch weit davon entfernt, den bisherigen Forschungsergebnissen Rechnung zu tragen. In den Niederlanden wurden detaillierte Richtlinien erarbeitet (inzwischen in der 10. Auflage!), die als Vorbild gelten könnten (Van Amelsvoort, 2018; s. a. Sauerland, Krix & Merckelbach, 2016).

8.3.2.4 Dokumentation von Gegenüberstellungsverfahren

Eine sorgfältige Dokumentation des gesamten Verfahrens ist zur Ermittlung des Beweiswerts einer Identifizierungsaussage unabdingbar. Hierzu gehören das Festhalten der vorgegebenen Instruktionen (mit Unterschrift des Zeugen oder der Zeugin), Lichtbilder aller Personen in der Gegenüberstellung sowie eine wörtliche Protokollierung der Zeugenaussage, am besten via Videoaufnahme (Sporer, 1992b). Die Notwendigkeit einer Videoaufnahme wird auch vor dem Hintergrund des Phänomens der Wahlblindheit („choice blindness") deutlich. In einem der Experimente sahen die Versuchspersonen nach der Präsentation eines Stimulusvideos Gegenüberstellungen zu den beteiligten Personen, jedoch ohne Zielperson (Sagana, Sauerland & Merckelbach, 2014). Im Anschluss an jede Identifizierungsentscheidung sahen die Versuchspersonen die ausgewählte Person noch einmal und sie wurden aufgefordert, ihre Wahl zu begründen. Manchmal wurde hier jedoch nicht die tatsächlich gewählte Person präsentiert, sondern eine andere Person aus der Gegenüberstellung. Nur etwa zwei Drittel der Versuchspersonen monierte dies unmittelbar. In einem späteren Interview wurden die Versuchspersonen über die Möglichkeit von Manipulationen aufgeklärt und gefragt, ob ihnen dies aufgefallen sei. Dies bejahten nahezu alle Teilnehmenden. Lag zwischen Identifizierung und Konfrontation mit der (manipulierten) Entscheidung ein 48-Stunden-Intervall, wurde nur etwa ein Drittel der Manipulationen unmittelbar erkannt, im folgenden Interview weitere 29 % (s. a. Sagana, Sauerland & Merckelbach, 2013).

8.3.2.5 Bewertung der Fairness von Gegenüberstellungsverfahren

In Gegenüberstellungsverfahren sollen die Vergleichspersonen sämtliche vom Zeugen oder der Zeugin in der Personenbeschreibung genannten Merkmale erfüllen, und die oder der Tatverdächtige darf in keiner Weise hervorstechen (vgl. Malpass & Lindsay, 1999). Wenn Täterbeschreibungen auffällige Merkmale wie Narben, Tattoos, Piercings, Muttermale etc. aufweisen, so könnten diese Merkmale mithilfe von Fotobearbeitungssoftware bei allen Personen in der Gegenüberstellung verdeckt oder bei den Vergleichspersonen hinzugefügt werden. Dies wird jedoch in der Literatur derzeit kontrovers diskutiert.

Um die Fairness einer Gegenüberstellungsreihe empirisch festzustellen, zeigt man die Fotos Pseudozeug*innen, die die Tatverdächtige oder den Tatverdächtigen allein anhand der Beschreibung heraussuchen sollen (obwohl sie ihn nie zuvor gesehen haben; Doob & Kirshenbaum, 1973). Aus der Verteilung der Wahlen auf die gezeigten Personen lassen sich die effektive Größe und ein möglicher Bias zuungunsten der oder des Tatverdächtigen als Maße der Fairness berechnen (zu Details s. Sporer & Sauerland, 2008; Tredoux, 1998).

8.3.2.6 Zum Beweiswert von Videoüberwachungsanlagen

Wie beweiskräftig sind Identifizierungen anhand von Videoüberwachungsaufnahmen, etwa vor einem Geldautomaten, in U-Bahnen, auf öffentlichen Plätzen oder auf Geschwindigkeitsüberprüfungskameras? In Großbritannien wurde dazu spezielle Software entwickelt, deren Validierung gewöhnlich nicht in Zeitschriften mit Peer-Review-Verfahren, sondern, wenn überhaupt, hausintern erfolgt. In Deutschland wurde diese Aufgabe jahrzehntelang von forensischen Anthropologen durchgeführt, deren Vorgehensweise u. W. nie empirisch überprüft wurde. So wurde ein mutmaßlicher Bankräuber aufgrund eines „Sachverständigen"-Gutachtens zu acht Jahren Haft verurteilt. Der Gutachter glaubte die Identität eines Tatverdächtigen mit „98,5 % Wahrscheinlichkeit" anhand der Übereinstimmung des Ohrläppchens (sic!) auf einem Überwachungsfoto festzustellen. Nach verbüßter Strafe wurde der wahre Täter gefasst und der Gutachter zu hohem Schadensersatz verurteilt (vgl. Sporer, 2021).

Beim Beweis von Fotos einer Überwachungskamera hingegen handelt es sich um die scheinbar einfache Aufgabe des Abgleichs zweier Personen, also eine Matching-Aufgabe wie bei einer Passkontrolle (vgl. Sporer et al., 2007, 2021). Während wir relativ gut in der Lage sind, selbst bei schlechter Bildqualität, uns bekannte Gesichter mit dem Bild einer Überwachungskamera abzugleichen, ist dies bei unbekannten Gesichtern ungleich schwieriger (z. B. Bruce et al., 1999). Politiker oder Firmen, die Millionen investieren, um unseren Staat oder ihre Betriebsanlagen durch Videoanlagen und „biometrische" Verfahren zum Abgleich von Fotos sicherer zu machen, sollten sich daher über die neueste experimentalpsychologische Literatur hierzu informieren.

8.4 Beurteilungsvariablen

8.4.1 Personenbeschreibungen als Beurteilungsvariablen

Viele Personen, darunter auch Richterinnen und Richter, vertreten die Ansicht, dass die Identifizierungsentscheidung einer Person, die nicht oder nur zu einer sehr dürftigen Täterbeschreibung in der Lage ist, nicht verlässlich ist. Umgekehrt glauben die meisten, dass eine gute, detaillierte Personenbeschreibung auf eine zuverlässige Identifizierungsentscheidung hindeutet. Auch in der juristischen Literatur wird immer wieder darauf hingewiesen, dass eine detaillierte Personenbeschreibung eine wichtige Voraussetzung für die Würdigung einer Identifizierungsaussage sei (vgl. Odenthal, 1999). Diese Alltagstheorien lassen sich jedoch durch empirische Daten nicht stützen (Meissner, Sporer & Susa, 2008). Vielmehr scheinen Personenbeschreibungen (verbales Gedächtnis) und das Wiedererkennen von Gesichtern (visuelles Gedächtnis) nur in geringem Zusammenhang zu stehen. Der Detaillierungsgrad (= Anzahl genannter Merkmale) einer Personenbeschreibung sagt also nichts über die Identifizierungsleistung aus und umgekehrt.

Es gibt lediglich einen geringen positiven Zusammenhang der Richtigkeit von Personenbeschreibungen, und einen negativen Zusammenhang der Anzahl genannter falscher Merkmale, mit der Richtigkeit einer Identifizierungsentscheidung (Meissner et al., 2008). Allerdings wissen ja weder die Polizei noch die Gerichte, ob eine Beschreibung richtig oder falsch ist, wodurch die praktische Bedeutsamkeit dieses Befundes eingeschränkt ist. Von juristischer Seite wird betont, dass alle Personen in der Gegenüberstellung die in der Beschreibung angegebenen Merkmale erfüllen sollen (Eisenberg, 2017). Andererseits implizieren die letztgenannten Befunde, dass eine Gegenüberstellung auch dann sinnvoll ist, wenn die vorherige Beschreibung eher dürftig war.

8.4.1.1 Subjektive Sicherheit

Es erscheint selbstverständlich, dass sich Gerichte bei der Beurteilung von Identifizierungsaussagen auch auf die subjektive Sicherheit des Zeugen oder der Zeugin berufen. Dies beruht auf der Annahme, dass ein Zeuge, der sich seiner Identifizierungsentscheidung äußerst sicher ist, mit höherer Wahrscheinlichkeit auch eine richtige Entscheidung getroffen hat. Allerdings gibt es auch Fälle, in denen eben auch Falschidentifizierungen von derartigen Sicherheitsbekundungen begleitet waren (Scheck et al., 2001; Wells & Bradfield, 1998; Wells et al., 1998).

Für den Zusammenhang zwischen subjektiver Sicherheit nach der Entscheidung und Identifizierungsleistung spielt es eine wichtige Rolle, ob eine positive Entscheidung oder eine Zurückweisung vorliegt. Der Zusammenhang ist für positive Entscheidungen nämlich stark (punktbiseriale Korrelation $r = .37$) und für Nichtwähler schwach ($r = .12$; Sporer, Penrod, Read & Cutler, 1995; s. a. Wixted & Wells, 2017). Ein Grund für diese Unterschiede könnte die Asymmetrie der Entscheidungsprozesse von Wählern und Nichtwählern sein (Weber & Brewer, 2004). Während die Entscheidungen von Wählern wahrscheinlich auf einem Abgleich zwischen dem Erinnerungsbild für den

Täter oder die Täterin und einer Person in der Gegenüberstellung basieren (Sporer, 1993), liegt der Entscheidung von Nichtwählern nur eine nicht vorhandene Passung mit den Personen der Gegenüberstellung zugrunde. Die Angabe der subjektiven Sicherheit von Nichtwählern scheint sich nicht auf das am ehesten passende Gesicht zu beziehen. Diese Hypothese wird gestützt durch eine Studie mit Einzellichtbildvorlagen, bei denen sich die Sicherheitsangaben sowohl von Wählern als auch von Nichtwählern auf ein einziges Gesicht beziehen (Sauerland, Sagana & Sporer, 2012). So ist die Asymmetrie zwischen Wählern und Nichtwählern eliminiert. Unter diesen Bedingungen zeigten sich signifikante Korrelationen zwischen Sicherheit und Richtigkeit für Nichtwähler. Analog ist die subjektive Sicherheit für die Beurteilung der Identifizierungsentscheidungen von Nichtwählern auch bei sequenziellen Gegenüberstellungen bedeutsam (Sporer, 1993; s.a. Lindsay et al., 2013).

Bei der Beweiswürdigung vor Gericht ist zu bedenken, dass es eine Reihe von Faktoren gibt, die die subjektive Sicherheit unabhängig von der Richtigkeit einer Identifizierungsentscheidung beeinflussen können und umgekehrt. Das Sicherheitsurteil ist nur dann aussagekräftig, wenn es *unmittelbar* nach der Identifizierungsentscheidung erfragt und dokumentiert wird (Sporer, 1992b). Feststellungen der subjektiven Sicherheit zu einem späteren Zeitpunkt, z.B. bei weiteren Vernehmungen oder vor Gericht, sind unbrauchbar, weil die Wahrscheinlichkeit, dass Informationen durch die Polizei, Mitzeug*innen oder Medienberichte die subjektive Sicherheit inzwischen verfälscht haben, groß ist (Douglass & Steblay, 2006). Eine Rückmeldung seitens der Vernehmungsbeamt*innen oder Berichte über den Verlauf des Verfahrens aus der Zeitung (Anordnung von Untersuchungshaft; Anklageerhebung und Eröffnung des Hauptverfahrens) können bspw. die subjektive Sicherheit eines Zeugen oder einer Zeugin erhöhen. Auch die Rückmeldung, ein*e andere Zeug*in habe dieselbe Person identifiziert, kann zu einer nachträglichen Erhöhung der subjektiven Sicherheit führen.

In jüngster Zeit wird der Zusammenhang zwischen subjektiver Sicherheit v.a. im Zusammenspiel mit den verschiedenen Schätz- und Kontrollvariablen gesehen (Mickes, 2015). Wie zuvor angesprochen wissen wir bspw., dass stärkerer Alkoholkonsum die Identifizierungsleistung beeinträchtigen kann. Für die Würdigung einer Identifizierungsaussage können Erkenntnisse zum Zusammenhang zwischen Sicherheit und Richtigkeit dann von großer Bedeutung sein. So zeigte sich, dass der Zusammenhang zwischen subjektiver Sicherheit und Identifizierungsleistung bei einer Blutalkoholkonzentration über 0,6‰ stark beeinträchtigt war (Sauerland et al., 2019). Auch das Alter von Zeug*innen scheint für den Zusammenhang zwischen subjektiver Sicherheit und Identifizierungsleistung von Bedeutung zu sein: In einem großen Feldexperiment war der Zusammenhang bei jungen Erwachsenen am stärksten und nahm ab einem Alter von etwa 40 Jahren ab (Martschuk, Sporer & Sauerland, 2019). Bei Kindern unter 12 Jahren (Keast, Brewer & Wells, 2007) scheint kein Zusammenhang zu bestehen. Während es bei Laien einen signifikanten Zusammenhang zwischen subjektiver Sicherheit und Identifizierungsleistung gab (rpb = .44), war er bei Polizisten (.15) nicht signifikant (Kaminski & Sporer, 2016). Es kann sein, dass noch andere Faktoren die Bedeutung der subjektiven Sicherheit moderieren, die von Entscheidungsträgern zur Kenntnis genommen werden sollten. Aber nach derzeitigem Wissensstand scheint Sicherheit, auch in Verbindung mit der Entscheidungszeit, eine wichtige Beurteilungsvariable.

8.4.2 Entscheidungszeiten

Als weitere Beurteilungsvariable hat sich die Geschwindigkeit der Entscheidung als aussagekräftig erwiesen. So zeigt sich, dass richtige Identifizierungen im Durchschnitt schneller getroffen werden als falsche (z. B. Dunning & Perretta, 2002; Sauerland & Sporer, 2009; Seale-Carlisle et al., 2019; Sporer, 1992b, 1993). Dieser Zusammenhang zeigt sich analog zur subjektiven Sicherheit meistens nur für Wähler, und nicht für Nichtwähler.

Grundsätzlich stellt sich die Frage, was man unter einer „schnellen" Entscheidung zu verstehen hat. In einer Untersuchung lagen die Trefferraten bei Entscheidungen innerhalb der ersten 15 Sekunden bei 70 %, innerhalb von 16 bis 30 Sekunden bei 43 %, und darüber hinaus gehend bei 18 % (Smith, Lindsay & Pryke, 2000). Dieser Zeitbereich scheint jedoch in Abhängigkeit von den Bedingungen zu variieren und ist daher nicht als absolute Zeitgrenze zu verstehen (z. B. der Anzahl der Personen in der Gegenüberstellung und deren Fairness; Brewer, Caon, Todd & Weber, 2006; Weber, Brewer, Wells, Semmler & Keast, 2004).

Wenn man subjektive Sicherheit und Entscheidungszeit kombiniert, können mehr Wähler korrekt klassifiziert werden als bei Betrachtung jeder Variablen für sich genommen (Sauerland, Sagana, Sporer & Wixted, 2018; Sauerland & Sporer, 2007, 2009; Sporer, 1992b; Weber et al., 2004). Dies gilt auch für Nichtwähler, wenn die Entscheidungszeit und subjektive Sicherheit sich auf ein Gesicht (Einzellichtbildvorlage) bezieht (Sauerland et al., 2012).

8.5 Ausblick

Da weder Tätermerkmale (mit Ausnahme von Täter*innen anderer ethnischer Gruppen) noch Zeugenfaktoren (mit Ausnahme des Alters) im Allgemeinen eine große Rolle für den Beweiswert einer Identifizierungsaussage spielen, ist bei der Beweiswürdigung eine eingehende Analyse situativer Faktoren erforderlich. Auch wenn mehrere Bedingungsfaktoren für die Möglichkeit einer korrekten Identifizierung sprechen, ist eine Reihe von Einflussfaktoren als potenzielle Fehlerquellen zu berücksichtigen (s. **Tab. 8-2**). Inwiefern diese Faktoren im Einzelfall tatsächlich eine Rolle spielen, lässt sich später oft kaum feststellen. Manchmal könnte ein in situ durchgeführtes Experiment genaueren Aufschluss bieten (Busey & Loftus, 2007). Da eine derartige Untersuchung im Einzelfall meist viel zu aufwendig wäre, könnte (wie in den USA und den Niederlanden, gelegentlich auch in Deutschland) ein auf dem Spezialgebiet der Personenidentifizierung sachkundiger Experimentalpsychologe als Sachverständiger herangezogen werden (Odenthal, 1999; Sauerland, Krix & Merckelbach, 2016; Sporer, 2021), der dem Gericht eine Auswahl einschlägiger Befunde und ihre Bedeutung für den Einzelfall darlegen könnte. Die traditionelle forensische Glaubhaftigkeitsdiagnostik ist hierfür ungeeignet. Ob die hier angeführten Befunde Teil der allgemeinen Lebenserfahrung von Richter*innen sind, sei dahingestellt. Die weltweit immer wieder beobachteten Fehlurteile (Sello, 1911; Sporer, 2021) lassen Zweifel daran aufkommen.

8.6 Weiterführende Literatur

Lampinen, J. M., Neuschatz, J. S. & Cling, A. D. (2012). *The psychology of eyewitness identification.* New York, NY: Taylor & Francis. https://doi.org/10.4324/9780203103937

Nicht mehr ganz auf dem neuesten Stand, bietet aber eine gute Übersicht über die wichtigsten Probleme, Methoden und Ergebnisse.

Odenthal, J. (2013). Identifizierung von Verdächtigen, Gegenüberstellung und Wahllichtbildvorlage. *Strafverteidiger Forum, 2,* 62–70.

Wertvolle juristische Quelle bzgl. einiger Probleme; nicht mehr ganz aktuell.

Literatur

Altman, C. M., Schreiber Compo, N., McQuiston, D., Hagsand, A. V. & Cervera, J. (2018). Witnesses' memory for events and faces under elevated levels of intoxication. *Memory, 26,* 946–959. https://doi.org/10.1080/09658211.2018.1445758

Behrman, B.W. & Davey, S.L. (2001). Eyewitness identification in actual criminal cases: An archival analysis. *Law and Human Behavior, 25,* 475–491. https://doi.org/10.1023/A:1012840831846

Behrman, B.W. & Richards, R.E. (2005). Suspect/foil identification in actual crimes and in the laboratory: A reality monitoring analysis. *Law and Human Behavior, 29,* 279–301. https://doi.org/10.1007/s10979-005-3617-y

Bornstein, B.H., Deffenbacher, K.A., Penrod, S.D. & McGorty, E.K. (2012). Effects of exposure time and cognitive operations on facial identification accuracy: A meta-analysis of two variables associated with initial memory strength. *Psychology, Crime & Law, 18,* 473–490. https://doi.org/10.1080/1068316X.2010.508458

Brackmann, N., Sauerland, M. & Otgaar, H. (2019). Developmental trends in lineup performance: Adolescents are more prone to innocent bystander misidentifications than children and adults. *Memory & Cognition, 47,* 428–440. https://doi.org/10.3758/s13421-018-0877-6

Brewer, N., Caon, A., Todd, C. & Weber, N. (2006). Eyewitness identification accuracy and response latency. *Law and Human Behavior, 30,* 31–50. http://dx.doi.org/10.1007/s10979-006-9002-7

Brigham, J.C., Meissner, C.A. & Wasserman, A.W. (1999). Applied issues in the construction and expert assessment of photo lineups. *Applied Cognitive Psychology, 13,* S73–S92. https://doi.org/10.1002/(SICI)1099-0720(199911)13:1+<S73::AID-ACP631>3.0.CO;2-4

Bruce, V., Henderson, Z., Greenwood, K., Hancock, P.J.B., Burton, A.M. & Miller, P. (1999). Verification of face identities from images captured on video. *Journal of Experimental Psychology: Applied, 5,* 339–360.

Busey, T.A. & Loftus, G.R. (2007). Cognitive science and the law. *Trends in Cognitive Sciences, 11,* 111–117. https://doi.org/10.1016/j.tics.2006.12.004

Carlson, C.A., Gronlund, S.D. & Clark, S.E. (2008). Lineup composition, suspect position, and the sequential lineup advantage. *Journal of Experimental Psychology: Applied, 14,* 118–128.

Christianson, S.A., Goodman, J. & Loftus, E.F. (1992). *Eyewitness memory for stressful events: Methodological quandaries and ethical dilemmas.* In S.A. Christianson (Ed.), *The Handbook of Emotion and Memory: Research and Theory* (pp. 217–241). Hillsdale, NJ: Lawrence Erlbaum Associates.

Clark, S.E. (2005). A re-examination of the effects of biased lineup instructions in eyewitness identification. *Law and Human Behavior, 29,* 575–604. https://doi.org/10.1007/s10979-005-7121-1

Davis, D. & Loftus, E.F. (2007). Internal and external sources of misinformation in adult witness memory. In R.C.L. Lindsay, D.F. Ross, J.D. Read & M.P. Toglia (Eds.), *The handbook of eyewitness psychology* (Vol. I: Memory for events, pp. 195–237). Mahwah, NJ: Lawrence Erlbaum Associates Publishers.

Davis, S.D., Peterson, D.J., Wissman, K.T. & Slater, W.A. (2019). Physiological stress and face recognition: Differential effects of stress on accuracy and the confidence-accuracy relationship. *Journal of Applied Research in Memory and Cognition, 8,* 367–375. https://doi.org/10.1016/j.jarmac.2019.05.006

Deffenbacher, K.A., Bornstein, B.H., McGorty, E.K. & Penrod, S.D. (2008). Forgetting the once-seen face: Estimating the strength of an eyewitness's memory representation. *Journal of Experimental Psychology: Applied, 14,* 139–150.

Deffenbacher, K.A., Bornstein, B.H. & Penrod, S.D. (2006). Mugshot exposure effects: Retroactive interference, mugshot commitment, source confusion, and unconscious transference. *Law and Human Behavior, 30,* 287–307. https://doi.org/10.1007/s10979-006-9008-1

Deffenbacher, K.A., Bornstein, B.H., Penrod, S.D. & McGorty, E.K. (2004). A meta-analytic review of the effects of high stress on eyewitness memory. *Law and Human Behavior, 28,* 687–706. https://doi.org/10.1007/s10979-004-0565-x

Doob, A.N. & Kirshenbaum, H.M. (1973). Bias in police lineups – partial remembering. *Journal of Police Science and Administration, 18,* 287–293.

Douglass, A.B. & Steblay, N. (2006). Memory distortion in eyewitnesses: A meta-analysis of the post-identification feedback effect. *Applied Cognitive Psychology, 20,* 859–869. https://doi.org/10.1002/acp.1237

Dunning, D. & Perretta, S. (2002). Automaticity and eyewitness accuracy: A 10- to 12-second rule for distinguishing accurate from inaccurate positive identifications. *Journal of Applied Psychology, 87,* 951. https://doi.org/10.1037/0021-9010.87.5.951

Eisenberg, U. (2014). Mutmaßlich gecoacht – falsche Aussagen zweier Polizeizeugen. *Juristische Arbeitsblätter, 12,* 928

Eisenberg, U. (2017). *Beweisrecht der StPO* (10. Aufl.). München: C.H. Beck.

Epifanio v. Madrid, Spain. Supreme Court (Criminal Division, Section1). [electronic version- database

Consejo General del Poder Judicial]. Sentence no: 3687/2009 03 of June [accessed 23 June 2015].

Fitzgerald, R.J. & Price, H.L. (2015). Eyewitness identification across the life span: A meta-analysis of age differences. *Psychological Bulletin, 141,* 1228–1265. https://doi.org/10.1037/bul0000013

Fitzgerald, R.J., Price, H.L. & Valentine, T. (2018). Eyewitness identification: Live, photo, and video lineups. *Psychology, Public Policy, and Law, 24,* 307–325. https://doi.org/10.1037/law0000164

Flowe, H.D., Colloff, M.F., Karoglu, N., Zelek, K., Ryder, H., Humphries, J.E. et al. (2017). The effects of alcohol intoxication on accuracy and the confidence-accuracy relationship in photographic simultaneous line-ups. *Applied Cognitive Psychology, 31,* 379–391. https://doi.org/10.1002/acp.3332

Garrett, B.L. (2011). *Convicting the innocent.* Cambridge, London: Harvard University Press. https://doi.org/10.4159/harvard.9780674060982

Georgiadou, K., Chronos, A., Verschuere, B. & Sauerland, M. (2019). Reaction time-based concealed information test in eyewitness identification is moderated by picture similarity but not eyewitness cooperation. *Psychological Research.* https://doi.org/10.1007/s00426-018-1139-8

Gronlund, S.D., Carlson, C.A., Dailey, S.B. & Goodsell, C.A. (2009). Robustness of the sequential lineup advantage. *Journal of Experimental Psychology: Applied, 15,* 140–152.

Harvey, A.J., Shrimpton, B., Azzopardi, Z., O'Grady, K., Hicks, E., Hirst, E. et al. (2020). The influence of alcohol and weapon presence on eyewitness memory and confidence. *Applied Cognitive Psychology, 34,* 489–503. https://doi.org/10.1002/acp.3636

Hellhammer, J. & Schubert, M. (2012). The physiological response to Trier Social Stress Test relates to subjective measures of stress during but not before or after the test. *Psychoneuroendocrinology, 37,* 119–124. https://doi.org/10.1016/j.psyneuen.2011.05.012

Horry, R., Palmer, M.A. & Brewer, N. (2012). Backloading in the sequential lineup prevents within-lineup criterion shifts that undermine eyewitness identification performance. *Journal of Experimental Psychology: Applied, 18,* 346–360.

Kaminski, K.S. & Sporer, S.L. (2016). Sind Polizisten/-innen bessere Augenzeugen? Ein Vergleich zwischen Polizisten/-innen und Zivilpersonen hinsichtlich Beschreibungen und Identifizierungsaussagen. *Recht und Psychiatrie, 34,* 18–26.

Keast, A., Brewer, N. & Wells, G.L. (2007). Children's metacognitive judgments in an eyewitness identification task. *Journal of Experimental Child Psychology, 97,* 286–314. https://doi.org/10.1016/j.jecp.2007.01.007

Kinlen, T.J., Adams-Price, C.E. & Henley, T.B. (2007). Verbal overshadowing and face recognition in young and old adults. *Educational Gerontology, 33,* 969–979. https://doi.org/10.1080/03601270701632040

Kneller, W. & Harvey, A.J. (2016). Lineup identification accuracy: The effects of alcohol, target presence, confidence ratings, and response time. *European Journal of Psychology Applied to Legal Context, 8,* 11–18. https://doi.org/10.1016/j.ejpal.2015.09.001

Kocab, K. & Sporer, S.L. (2016). The weapon focus effect for person identifications and descriptions: A meta-analysis. In M. Miller & B.H. Bornstein (Eds.), *Advances in psychology and law* (Vol. 1, pp. 71–117). Cham: Springer International Publishing.

Lampinen, J.M., Erickson, W.B., Moore, K.N. & Hittson, A. (2014). Effects of distance on face recognition: Implications for eyewitness identification. *Psychonomic Bulletin & Review, 21,* 1489–1494. https://doi.org/10.3758/s13423-014-0641-2

Lange, R. (1980). *Fehlerquellen im Ermittlungsverfahren.* Heidelberg: Kriminalistik Verlag.

Leuschner, F., Rettenberger, M. & Dessecker, A. (2019). Imprisoned but innocent: Wrongful convictions and imprisonments in Germany, 1990–2015. *Crime & Delinquency, 66,* 687–711. https://doi.org/10.1177/0011128719833355

Lindsay, R.C. L., Kalmet, N., Leung, J., Bertrand, M.I., Sauer, J.D. & Sauerland, M. (2013). Confidence and accuracy of lineup selections and rejections: Postdicting rejection accuracy with confidence. *Journal of Applied Research in Memory and Cognition, 2,* 179–184. https://doi.org/10.1016/j.jarmac.2013.06.002

Lindsay, R.C. L. & Wells, G.L. (1985). Improving eyewitness identifications from lineups: Simultaneous versus sequential lineup presentation. *Journal of Applied Psychology, 70,* 556–564. https://doi.org/10.1037/0021-9010.70.3.556

Loftus, E.F. (2013). Eyewitness testimony in the Lockerbie bombing case. *Memory, 21,* 584–590. https://doi.org/10.1080/09658211.2013.774417

Loftus, E.F., Loftus, G.R. & Messo, J. (1987). Some facts about „weapon focus". *Law and Human Be-*

havior, 11, 55–62. https://doi.org/10.1007/BF01044839

Macmillan, N.A. & Creelman, C.D. (2005). *Detection theory: A user's guide.* Mahwah, NJ: Erlbaum.

Malpass, R.S. (2006). A policy evaluation of simultaneous and sequential lineups. *Psychology, Public Policy, and Law, 12,* 394–418. https://doi.org/10.1037/1076-8971.12.4.394

Malpass, R.S. & Lindsay, R.C.L. (1999). Measuring lineup fairness. *Applied Cognitive Psychology, 13* (Special Issue), S1–S7. https://doi.org/10.1002/(SICI)1099-0720(199911)13:1+<S1::AID-ACP678>3.0.CO;2-9

Marr, C., Quaedflieg, C., Otgaar, H., Hope, L. & Sauerland, M. (2021). *Facing stress: No effect of acute stress at encoding or retrieval on face recognition memory.* Manuscript submitted for publication. https://doi.org/10.1016/j.actpsy.2021.103376

Marr, C., Sauerland, M., Otgaar, H., Quaedflieg, C.W. & Hope, L. (2021). Mitigating the negative effects of retrieval stress on memory: an arousal reappraisal intervention. *Memory, 29* (3), 330–344. https://doi.org/10.1080/09658211.2021.1893750

Martschuk, N. & Sporer, S.L. (2018). Memory for faces in old age: A meta-analysis. *Psychology and Aging, 33,* 904–923. https://doi.org/10.1037/pag0000282

Martschuk, N., Sporer, S.L. & Sauerland, M. (2019). Confidence of older eyewitnesses: Is it diagnostic of identification accuracy? *Open Psychology, 1,* 132–151. https://doi.org/10.1515/psych-2018-0010

McQuiston-Surrett, D., Malpass, R.S. & Tredoux, C.G. (2006). Sequential vs. simultaneous lineups: A review of methods, data, and theory. *Psychology, Public Policy, and Law, 12,* 137–169. https://doi.org/10.1037/1076-8971.12.2.137

Meissner, C.A. & Brigham, J. (2001). Thirty years of investigating the own-race bias in memory for faces: A meta-analytic review. *Psychology, Public Policy, and Law, 7,* 3–35. https://doi.org/10.1037/1076-8971.7.1.3

Meissner, C.A., Sporer, S.L. & Susa, K.J. (2008). A theoretical review and meta-analysis of the description-identification relationship in memory for faces. *European Journal of Cognitive Psychology, 20,* 414–455. https://doi.org/10.1080/09541440701728581

Meissner, C.A., Tredoux, C.G., Parker, J.F. & MacLin, O.H. (2005). Eyewitness decisions in simultaneous and sequential lineups: A dual-process signal detection theory analysis. *Memory & Cognition, 33,* 783–792. https://doi.org/10.3758/BF03193074

Mickes, L. (2015). Receiver operating characteristic analysis and confidence-accuracy characteristic analysis in investigations of system variables and estimator variables that affect eyewitness memory. *Journal of Applied Research in Memory and Cognition, 4,* 93–102. https://doi.org/10.1016/j.jarmac.2015.01.003

Monds, L.A., Kloft, L., Sauer, J.D., Honan, C.A. & Palmer, M.A. (2019). No evidence that alcohol intoxication impairs judgments of learning in face recognition. *Applied Cognitive Psychology, 33,* 325–333. https://doi.org/10.1002/acp.3534

Nyman, T.J., Antfolk, J., Lampinen, J.M., Tuomisto, M., Kaakinen, J.K., Korkman, J. et al. (2019). A stab in the dark: The distance threshold of target identification in low light. *Cogent Psychology, 6* (1). https://doi.org/10.1080/23311908.2019.1632047

Odenthal, H.-J. (1999). *Die Gegenüberstellung im Strafverfahren* (3. Aufl.). Stuttgart, München, Hannover: Richard Boorberg.

Odenthal, J. (2013). Identifizierung von Verdächtigen, Gegenüberstellung und Wahllichtbildvorlage. *Strafverteidiger Forum, 2,* 62–70.

Palmer, F.T., Flowe, H.D., Takarangi, M.K. & Humphries, J.E. (2013). Intoxicated witnesses and suspects: An archival analysis of their involvement in criminal case processing. *Law and Human Behavior 37,* 54–59. https://doi.org/10.1037/lhb0000010

Pozzulo, J.D. & Dempsey, J. (2006). Biased lineup instruction: Examining the effect of pressure on children's and adult's eyewitness identification accuracy. *Journal of Applied Social Psychology, 36,* 1381–1394. https://doi.org/10.1111/j.0021-9029.2006.00064.x

Rose, R.A., Bull, R. & Vrij, A. (2003). Enhancing older witnesses' identification performance: Context reinstatement is not the answer. *Canadian Journal of Police and Security Services, 1,* 173–184.

Rose, R.A., Bull, R. & Vrij, A. (2005). Non-biased lineup instructions do matter: A problem for older witnesses. *Psychology, Crime & Law, 11,* 147–159. https://doi.org/10.1080/10683160512331316307

Russ, A.J., Sauerland, M., Lee, C.E. & Bindemann, M. (2018). Individual differences in eyewitness accuracy across multiple lineups of faces. *Cognitive Research: Principles and Implications, 3.*

Sagana, A., Sauerland, M. & Merckelbach, H. (2013). Witnesses' blindness for their own facial recognition decisions: A field study. *Behavioral Sciences & the Law, 31,* 624–636. https://doi.org/10.1002/bsl.2082

Sagana, A., Sauerland, M. & Merckelbach, H. (2014). „This is the person you selected“: Eyewitnesses' blindness for their own facial recognition decisions. *Applied Cognitive Psychology, 28,* 753–764. https://doi.org/10.1002/acp.3062

Sauerland, M., Broers, N. J. & van Oorsouw, K. (2019). Two field studies on the effects of alcohol on eyewitness identification, confidence, and decision times. *Applied Cognitive Psychology, 33,* 370–385. https://doi.org/10.1002/acp.3493

Sauerland, M., Krix, A. C. & Merckelbach, H. (2016). Konstruktion, Durchführung und Beurteilung von Gegenüberstellungen sind mehr als gesunder Menschenverstand. Lasst Rechtspsychologen ihre Arbeit tun. *Recht und Psychiatrie, 34,* 11–17.

Sauerland, M., Raymaekers, L. H., Otgaar, H., Memon, A., Waltjen, T. T., Nivo, M. et al. (2016). Stress, stress-induced cortisol responses, and eyewitness identification performance. *Behavioral Sciences & the Law, 34,* 580–594. https://doi.org/10.1002/bsl.2249

Sauerland, M., Sagana, A. & Sporer, S. L. (2012). Postdicting nonchoosers' eyewitness identification accuracy from photographic showups by using confidence and response times. *Law and Human Behavior, 36,* 394–403. https://doi.org/10.1037/h0093926

Sauerland, M., Sagana, A., Sporer, S. L. & Wixted, J. T. (2018). Decision time and confidence predict choosers' identification performance in photographic showups. *Plos one, 13* (1), e0190416. https://doi.org/10.1371/journal.pone.0190416

Sauerland, M. & Sporer, S. L. (2007). Post-decision confidence, decision time, and self-reported decision processes as postdictors of identification accuracy. *Psychology, Crime & Law, 13,* 611–625. https://doi.org/10.1080/10683160701264561

Sauerland, M. & Sporer, S. L. (2009). Fast and confident: Postdicting eyewitness identification accuracy in a field study. *Journal of Experimental Psychology: Applied, 15,* 46–62.

Sauerland, M., Stockmar, A. K., Sporer, S. L. & Broers, N. J. (2013). The reliability of identification evidence with multiple lineups. *European Journal of Psychology Applied to Legal Context, 5,* 49–71.

Sauerland, M., Tupper, N. & Sagana, A. (2021). Gegenüberstellungen und Lichtbildvorlagen durchführen und beurteilen. Ein Leitfaden. *Recht und Psychiatrie, 99,* 91–100.

Scheck, B., Neufeld, P. & Dwyer, J. (2001). *Actual innocence.* New York, NY: Signet.

Seale-Carlisle, T. M., Colloff, M. F., Flowe, H. D., Wells, W., Wixted, J. T. & Mickes, L. (2019). Confidence and response time as indicators of eyewitness identification accuracy in the lab and in the real world. *Journal of Applied Research in Memory and Cognition, 8,* 420–428. https://doi.org/10.1016/j.jarmac.2019.09.003

Sello, E. (1911). *Die Irrtuemer der Strafjustiz und ihre Ursachen* (Vol. 1). Berlin: R. v. Decker's.

Sheahan, C. L., Pica, E., Pozzulo, J. D. & Nastasa, C. (2017). Eyewitness recall and identification abilities of adolescent and young-adults. *Journal of Applied Developmental Psychology, 53,* 86–95. https://doi.org/10.1016/j.appdev.2017.09.008

Shields, G. S., Sazma, M. A., McCullough, A. M. & Yonelinas, A. P. (2017). The effects of acute stress on episodic memory: A meta-analysis and integrative review. *Psychological Bulletin, 143,* 636. https://doi.org/10.1037/bul0000100

Smeets, T., Cornelisse, S., Quaedflieg, C. W. E. M., Meyer, T., Jelicic, M. & Merckelbach, H. (2012). Introducing the Maastricht Acute Stress Test (MAST): A quick and non-invasive approach to elicit robust autonomic and glucocorticoid stress responses. *Psychoneuroendocrinology, 37,* 1998–2008. https://doi.org/10.1016/j.psyneuen.2012.04.012

Smith, S. M., Lindsay, R. C. L. & Pryke, S. (2000). Postdictors of eyewitness errors: Can false identifications be diagnosed? *Journal of Applied Psychology, 85,* 542–550. https://doi.org/10.1037/0021-9010.85.4.542

Sporer, S. L. (1992a). *Das Wiedererkennen von Gesichtern.* Weinheim: Psychologie Verlags Union.

Sporer, S. L. (1992b). Postdicting eyewitness identification accuracy: Confidence, decision-times and person descriptions among choosers and nonchoosers. *European Journal of Social Psychology, 22,* 157–180. https://doi.org/10.1002/ejsp.2420220205

Sporer, S. L. (1993). Eyewitness identification accuracy, confidence and decision-times in simultaneous and sequential lineups. *Journal of Applied Psychology, 78,* 22–33. https://doi.org/10.1037/0021-9010.78.1.22

Sporer, S. L. (1996). Describing others: Psychological issues. In S. L. Sporer, R. S. Malpass & G. Koehnken (Eds.), *Psychological issues in eyewitness identification* (pp. 53–86). Hillsdale, NJ: Lawrence Erlbaum.

Sporer, S.L. (2001a). Recognizing faces of other ethnic groups: An integration of theories. *Psychology, Public Policy, and Law, 7*, 36–97. https://doi.org/10.1037/1076-8971.7.1.36

Sporer, S.L. (2001b). The cross-race effect: Beyond recognition of faces in the laboratory. *Psychology, Public Policy, and Law, 7,* 170–200. https://doi.org/10.1037/1076-8971.7.1.170

Sporer, S.L. (2021). Verfahrensfehler und Justizirrtümer: Kognitive und soziale Erklärungsansätze. In R. Deckers & G. Köhnken (Hrsg.), *Erhebung und Bewertung von Zeugenaussagen* (pp. 163–207). Berlin: Berliner Wissenschaftsverlag.

Sporer, S.L., Eickelkamp, A. & Spitmann-Rex, D. (1990). Live-Gegenüberstellungen vs. Lichtbildvorlagen: Ein experimenteller Vergleich unterschiedlicher Präsentationsmodi. In D. Meurer & S.L. Sporer (Hrsg.), *Zum Beweiswert von Personenidentifizierungen: Neuere empirische Befunde* (S. 48–105). Marburg: N.G. Elwert.

Sporer, S.L., Gehrke, J. & McClure, K. (2020). Patrolling the borders: Experience with multiple outgroup members is associated with the own-ethnicity effect. *Journal of Police and Criminal Psychology*.

Sporer, S.L. & Horry, R. (2010). Recognizing faces from ethnic in-groups and out-groups: Importance of outer face features and effects of retention interval. *Applied Cognitive Psychology, 24*, 424–431.

Sporer, S.L., Kaminski, K.S., Davids, M.C. & McQuiston, D. (2015). The verbal facilitation effect: rereading person descriptions as a system variable to improve identification performance. *Memory, 24,* (10), 1329–1344. https://doi.org/10.1080/09658211.2015.1106561

Sporer, S.L., Penrod, S., Read, D. & Cutler, B. (1995). Choosing, confidence, and accuracy: A meta-analysis of the confidence-accuracy relation in eyewitness identification studies. *Psychological Bulletin, 118,* 315–327. https://doi.org/10.1037/0033-2909.118.3.315

Sporer, S.L. & Sauerland, M. (2008). Personenidentifizierung. *Forensische Psychiatrie, Psychologie, Kriminologie, 2,* 28–36. https://doi.org/10.1007/s11757-008-0057-9

Sporer, S.L., Tredoux, C.G., Vredeveldt, A., Kempen, K. & Nortje, A. (2020). Does mere exposure to facial composites damage eyewitness memory? A comprehensive review. *Applied Cognitive Psychology*. https://doi.org/10.1002/acp.3705

Sporer, S.L., Trinkl, B. & Guberova, E. (2007). Matching faces: Differences in processing speed of out-group faces by different ethnic groups. *Journal of Cross-Cultural Psychology, 38*, 398–412. https://doi.org/10.1177/0022022107302310

Steblay, N.K. (2013). Lineup instructions. In B.L. Cutler (Ed.), Reform of eyewitness identification procedures (pp. 65–86). *American Psychological Association*. https://doi.org/10.1037/14094-004

Steblay, N.K., Dietrich, H.L., Ryan, S.L., Raczynski, J.L. & James, K.A. (2011). Sequential lineup laps and eyewitness accuracy. *Law and Human Behavior, 35,* 262. https://doi.org/10.1007/s10979-010-9236-2

Steblay, N.K., Dysart, J.E. & Lindsay, R.C.L. (2003). Eyewitness accuracy rates in police showup and lineup presentations: A meta-analytic comparison. *Law and Human Behavior, 27,* 523–540. https://doi.org/10.1023/A:1025438223608

Steblay, N.K., Dysart, J.E. & Wells, G.L. (2011). Seventy-two tests of the sequential lineup superiority effect: A meta-analysis and policy discussion. *Psychology, Public Policy, and Law, 17,* 99–139. https://doi.org/10.1037/a0021650

Tredoux, C.G. (1998). Statistical inference on measures of lineup fairness. *Law and Human Behavior, 22,* 217–237. https://doi.org/10.1023/A:1025746220886

Tredoux, C.G., Sporer, S.L., Vredeveldt, A., Kempen, K. & Nortje, A. (2020). Does constructing a facial composite affect eyewitness memory? A research synthesis and meta-analysis. *Journal of Experimental Criminology, 17,* 713–741. https://doi.org/10.1007/s11292-020-09432-z

Tupper, N., Geisendörfer, A.K., Lorei, C., Sporer, S.L. & Sauerland, M. (2022). *Police vs. laypeople: Little difference in identification performance and confidence-accuracy relationship for facial and body lineups.* Manuscript submitted for publication.

Valentine, T. & Heaton, P. (1999). An evaluation of the fairness of police line-ups and video identifications. *Applied Cognitive Psychology, 13,* S59–S72. https://doi.org/10.1002/(SICI)1099-0720(199911)13:1+<S59::AID-ACP679>3.0.CO;2-Y

Valentine, T. & Mesout, J. (2008). Eyewitness identification under stress in the London Dungeon. *Applied Cognitive Psychology, 23,* 151–161. https://doi.org/10.1002/acp.1463

Valentine, T., Pickering, A. & Darling, S. (2003). Characteristics of eyewitness identifications that predict the outcome of real lineups. *Applied Cognitive Psychology, 17,* 969–993. https://doi.org/10.1002/acp.939

Van Amelsvoort, A. (2018). *Handleiding confrontatie* (3. Aufl.). Den Haag: Sdu Overheid.

Wagenaar, W.A. (1988). *Identifying Ivan: A case study in legal psychology.* Cambridge, MA: Harvard University Press.

Wagenaar, W.A. (2009). Expert witness in international war crimes tribunals. *Psychology, Crime & Law, 15,* 583–596. https://doi.org/10.1080/10683160802438338

Wagenaar, W.A. & van der Schrier, J.H. (1996). Face recognition as a function of distance and illumination: A practical tool for use in the courtroom. *Psychology, Crime & Law, 2,* 321–332. https://doi.org/10.1080/10683169608409787

Wagenaar, W.A. & van der Schrier, J.H. (1996). Face recognition as a function of distance and illumination: A practical tool for use in the courtroom. *Psychology, Crime & Law, 2,* 321–332. https://doi.org/10.1080/10683169608409787

Weber, N. & Brewer, N. (2004). Confidence-accuracy calibration in absolute and relative face recognition judgments. *Journal of Experimental Psychology: Applied, 10,* 156–172.

Weber, N., Brewer, N., Wells, G.L., Semmler, C. & Keast, A. (2004). Eyewitness identification accuracy and response latency: The unruly 10–12 second rule. *Journal of Experimental Psychology: Applied, 10,* 139–147.

Wells, G.L. (1978). Applied eyewitness research: System variables and estimator variables. *Journal of Personality and Social Psychology, 36,* 1546–1557. https://doi.org/10.1037/0022-3514.36.12.1546

Wells, G.L. (1984). The psychology of lineup identifications. *Journal of Applied Social Psychology, 14,* 89–103. https://doi.org/10.1111/j.1559-1816.1984.tb02223.x

Wells, G.L. & Bradfield, A.L. (1998). „Good, you identified the suspect“: Feedback to eyewitnesses distorts their reports of the witnessing experience. *Journal of Applied Psychology, 83,* 360–376. https://doi.org/10.1037/0021-9010.83.3.360

Wells, G.L., Kovera, M.B., Douglass, A.B., Brewer, N., Meissner, C.A. & Wixted, J.T. (2020). Policy and procedure recommendations for the collection and preservation of eyewitness identification evidence. *Law and Human Behavior, 44,* 3–36. https://doi.org/10.1037/lhb0000359

Wells, G.L. & Olson, E.A. (2002). Eyewitness identification: Information gain from incriminating and exonerating behaviors. *Journal of Experimental Psychology: Applied, 8,* 155–167.

Wells, G.L., Small, M., Penrod, S.J., Malpass, R.S., Fulero, S.M. & Brimacombe, C.A. E. (1998). Eyewitness identification procedures: Recommendations for lineups and photospreads. *Law and Human Behavior, 22,* 603–647. http://dx.doi.org/10.1023/A:1025750605807

Wilcock, R. & Bull, R. (2010). Novel lineup methods for improving the performance of older eyewitnesses. *Applied Cognitive Psychology, 24,* 718–736. https://doi.org/10.1002/acp.1582

Wixted, J.T., Mickes, L., Dunn, J.C., Clark, S.E. & Wells, W. (2016). Estimating the reliability of eyewitness identifications from police lineups. *Proceedings of the National Academy of Sciences, 113,* 304–309. https://doi.org/10.1073/pnas.1516814112

Wixted, J.T. & Wells, G.L. (2017). The relationship between eyewitness confidence and identification accuracy: A new synthesis. *Psychological Science in the Public Interest, 18,* 10–65. https://doi.org/10.1177/1529100616686966

Yaremenko, S., Sauerland, M. & Hope, L. (2021). Eyewitness identification performance is not affected by time-of-day optimality. *Scientific Reports, 11,* 3462. https://doi.org/10.1038/s41598-021-82628-z

Zajac, R. & Karageorge, A. (2009). The wildcard: A simple technique for improving children's target-absent lineup performance. *Applied Cognitive Psychology, 23,* 358–368. https://doi.org/10.1002/acp.1511

9 Psychologie im Kontext polizeilichen Handelns

Claudia Brockmann

9.1 Einführung

Das Handeln der Polizei bestimmt sich durch ihren gesellschaftlichen und gesetzlich geregelten Auftrag zur Verbrechensbekämpfung, durch ihren Auftrag zur Gefahrenabwehr und Strafverfolgung zwecks Aufrechterhaltung von öffentlicher Sicherheit und Ordnung. Polizeiliches Handeln ist somit ausgerichtet auf die Kontrolle und Sanktionierung menschlichen (Fehl-)Verhaltens. Einzelne Gesetze, Dienstvorschriften und Handlungskonzepte geben dem oder der einzelnen Polizeibeamt*in die (dienst-)rechtliche Legitimation zu handeln. Ihm oder ihr wird staatlicherseits ein relativ hohes Maß an Eingriffsbefugnissen und Entscheidungsgewalt mit möglicherweise weitreichenden Konsequenzen für Leib und Leben zugebilligt. Polizeiliches Entscheiden und Handeln scheint qua Auftrag und Recht klar und eindeutig definiert, geregelt festgelegt und für jeden vorliegenden Sachverhalt vorbestimmt, wenn nicht gar vorgeschrieben. Polizeiliches Handeln reduziert sich dabei dem ersten Anschein nach nahezu ausschließlich auf das Abschätzen von Rechtsfolgebestimmungen und Rechtmäßigkeitsgesichtspunkten.

Dem jedoch ist auf den zweiten Blick nicht so. Von agierenden Polizeibeamt*innen, die bis in die Grundrechte von Bürger*innen eingreifen, wird erwartet, stets abzuwägen und anlassbezogen immer die richtige, d.h. rechtmäßige und angemessene Entscheidung über die Notwendigkeit und Sinnhaftigkeit ihrer polizeilichen Maßnahmen zu treffen. Polizeibeamt*innen beurteilen und entscheiden damit faktisch in einer Situation (ob es sich um eine Notsituation, eine Durchsuchung, eine Festnahme oder um eine Vernehmung oder Gefährderansprache handelt) auf der Basis ihrer subjektiven Wahrnehmungen, ihres Erlebens und ihres Verstehens darüber, was vorliegt und welches Handeln sie aus ihrer subjektiven Sicht in diesem Moment für rechtmäßig, der Situation angemessen und für die Lösung des aktuellen Problems für erforderlich erachten. Polizeibeamt*innen selbst haben somit die alleinige Definitionsmacht darüber, welches (Fehl-)Verhalten ihres Gegenübers vorliegt, wer gegen Regeln verstößt, wer der Aggressor und wer Zeuge, wer Geschädigter bzw. Opfer ist oder werden kann. Sie entscheiden, welches Handeln in der Situation rechtmäßig ist, taktisch geboten und i.S. des Auftrages Gefahrenabwehr und Strafverfolgung zieldienlich erscheint.

Ersetzt man den polizeilichen Begriff „Einsatzsituation“ durch „soziale Situation“, „Beurteilung der Lage“ durch „Beurteilung menschlichen Verhaltens“ und „polizeiliches Handeln“ durch „Verhaltensbeeinflussung“ ist erkennbar, dass ein Einsatzgeschehen auch immer ein zwischenmenschliches Interagieren ist. Die Brücke der Psychologie zum täglichen polizeilichen Handeln ist somit geschlagen.

Auf welches psychologische Wissen greifen Polizeibeamt*innen zurück? Welches psychologische Wissen beeinflusst ihre Wahrnehmung, ihr Erleben und ihre Entscheidungen über die zu treffenden Maßnahmen?

9.1.1 Alltagspsychologie

Basis unserer alltäglichen beruflichen und privaten Entscheidungen darüber, wie wir Menschen miteinander umgehen, wen wir mögen oder nicht oder wem wir vertrauen oder misstrauen, bilden meist bestimmte Beobachtungen, Vorstellungen und Gedanken über einfache Ursache-Wirkungs-Zusammenhänge menschlichen Verhaltens, die sich aufgrund unserer eigenen individuellen und der tradierten Erfahrungen anderer gebildet haben. Demzufolge greifen Polizeibeamt*innen auf ihre eigenen Lebens- und Berufserfahrungen und die ihrer Kolleg*innenschaft zurück, die sich v. a. im polizeilichen Einsatzgeschehen als pragmatisch erwiesen und bewährt haben. Manchmal ist es auch das „Bauchgefühl" oder der „gesunde Menschenverstand", der zu Annahmen und Auffassungen über Handlungsmotive anderer (ver-)führt. Entscheidungen können somit auf alltagspsychologischen Erkenntnissen fußen, deren (vordergründiger) Nutzen unbestritten ist. Alltagspsychologie verschafft uns Menschen schnell Orientierung und Situationskontrolle und verleiht die notwendige Sicherheit, richtige Entscheidungen zu treffen und angemessen zu handeln.

Nur ist die Alltagspsychologie nicht immer auf ihren Realitätsgehalt überprüft und subjektive Überzeugungen basieren selten auf allgemeingültigen Annahmen, Quellen oder Belege scheinbarer Erkenntnisse können nicht offengelegt werden. Falsifikationsversuche werden selten unternommen. Stereotype Vorstellungen über Menschen und Simplifizierungen komplexer sozialer Situationen bilden Entscheidungsgrundlagen ebenso wie irrationale Glaubenssätze. Das alles birgt die Gefahr, zu Fehleinschätzungen und unguten Entscheidungen im Umgang mit anderen Menschen zu gelangen.

9.1.2 Wissenschaftliche Psychologie

Das Wissen darum, dass alltagspsychologische Vorstellungen als Fundament polizeilichen Handelns allein nicht ausreichen und die wissenschaftliche Psychologie über eine Vielzahl nutzbringender Erkenntnisse für polizeiliches Handeln verfügt, hat Psycholog*innen die Tür in die Polizei geöffnet. Den in der Polizei tätigen Psycholog*innen kommt dabei die zentrale Aufgabe zu, ihr erworbenes fachliches Rüstzeug für die Polizeipraxis nutzbar zu machen. Das können sie, indem sie Polizeibeamt*innen psychologisches Wissen vermitteln und indem sie selbst operativ tätig werden und damit Polizeibeamt*innen in ihrer Arbeit unterstützen. Auch wenn sich die einzelnen Bundesländer vor dem Hintergrund des föderalen Systems in Deutschland, in der Art der organisatorischen Anbindung von Psycholog*innen und den zugewiesenen polizeilichen Handlungsfeldern unterscheiden, ist Psychologie als Fachgebiet, sind Psychologen als Expert*innen und fachliche Unterstützung in jeder Länderpolizei und die des Bundes fest etabliert. Einige der polizeilichen Handlungsfelder mit Bezug zur Rechtspsychologie sollen im Folgenden verdeutlichen, welches breit gefächerte Wissensangebot Psychologie in der Polizei zur Anwendung bringt.

9.2 Vernehmungen

Trotz steter Weiterentwicklung von Methoden zur Sicherung und Auswertung von Sachbeweisen (serologische Spuren, digitale Spuren u. a.) kommt dem Personenbeweis und damit der Vernehmung als beweiserhebendes Instrument im Rahmen eines Strafverfahrens von der Verdachtsschöpfung (Einleitung eines Strafverfahrens) bis zum gesprochenen Urteil noch immer eine besondere Bedeutung zu. Zweck jeder Vernehmung einer Person ist es – unabhängig von ihrem Status als Zeug*in oder als Beschuldigte*r und unabhängig vom Alter – umfassende, realitätsnahe und gerichtsverwertbare Informationen über die Straftat und die Person zu erheben. Die Gesellschaft formuliert den Anspruch auf eine der Straftat angemessene justizförmige Entscheidung und vertraut auf die Professionalität aller an einem Strafverfahren beteiligten staatlichen Institutionen. Das umfasst einen hohen Professionalisierungsgrad polizeilicher Vernehmungskompetenz. Diese beschränkt sich nicht nur auf die Umsetzung normativer Handlungsbedingungen i.S. der Strafprozessordnung (StPO) und der Einhaltung polizeilicher Dienstvorschriften (PDV).

9.2.1 Kommunikationspsychologische Aspekte

Vernehmungen sind komplexe Interaktionsgeschehen zwischen Vernehmendem und zu Vernehmendem. Psycholog*innen bieten eine Vielzahl kommunikationspsychologischer Prinzipien auf der Inhalts- und auf der Beziehungsebene, welche die Qualität, die Quantität und den Beweiswert einer Aussage erhöhen können. Dazu gehören: Rapport herstellen, freier Bericht, trichterförmige, suggestionsfreie Befragung, offene, verständliche und einfache Fragen ebenso wie ausreden lassen, aktives Zuhören und Pausen zulassen. Vermeidung häufiger Themenwechsel und Fragewiederholungen werden seitens der Psycholog*innen nahegelegt und sie vermitteln, dass Transparenz und Kontrolle über das Vernehmungsprozedere von großer Wichtigkeit sind, um die Aussagefähigkeit und -bereitschaft zu fördern. Besonders verwiesen wird auf das Kognitive Interview (KI), dessen Anwendung im Zusammenhang mit Zeug*innenvernehmung zu einer hohen Aussagequalität führt (vgl. Milne & Bull, 2003; vgl. Köhnken, Kraus & vom Schemm, 2008). Die aus der Gedächtnispsychologie abgeleiteten Erinnerungshilfen in Verbindung mit förderlichen Verhaltensweisen für einen umfassenden und korrekten Erinnerungsbericht werden Vernehmenden vermittelt. Häufiger werden Psycholog*innen der Polizei zur Durchführung eines KI herangezogen – auch im Zusammenhang mit Phantombilderstellung und sequenzieller Gegenüberstellung (s. Kap. 8 in diesem Band). Psycholog*innen vermitteln Vernehmenden, wie entwicklungsgerechte Befragungen von Kindern im Ermittlungsverfahren gestaltet werden können. Sie lassen ihr Wissen um zentrale Elemente einer psychologisch fundierten Befragungspraxis einfließen und unterstützen, wenn es um die Frage geht, wie ein Kind vor dem Hintergrund seines aktuellen Entwicklungsstandes und seines Kompetenzniveaus befragt werden könnte. Das Wissen um besondere Belastungen minderjähriger Opferzeugen und der Umgang damit sind ebenfalls Themen, die Psycholog*innen mit Vernehmenden im Rahmen von Fortbildungen vermitteln oder bei einer operativen Unterstützung einbringen (s.a. Niehaus, Volbert & Fegert, 2017). Was aus psychologischer Sicht zu beachten wäre, wenn Befragungen von Kindern im Rahmen einer Aussage-gegen-Aussage-Konstellation erfolgen, heben Brackmann und Habermeyer (2019) besonders hervor. Sie gehen auf die besondere Problematik der Entstehung von Pseudoerinnerungen durch Hinweisreize und Hilfsmittel zur (vermeintlichen) Unterstützung des Erinnerungsabrufes junger Kinder ein. Auch hilft Vernehmenden das Wissen um die Vielfalt an potenziellen Reaktionen auf belastende Situationen, die sich im Rahmen von Vernehmungen zeigen und ohne psychologisches Hintergrundwissen nicht nur als ungewöhnlich, sondern auch als situationsunangemessen aufgefasst werden. Gereiztheit, scheinbare Gleichgültigkeit an der Aufklärung, unangemessenes Lachen oder Weinen, das Vermeiden von Blickkontakt und von ausführlichen Schilderungen von Täterhandlungen bis hin zur Wort- und Sprachlosigkeit oder scheinbar sachliche, emotionsflache sehr detailreiche Schilderungen von Situationen psychischer und physischer Gewalt, widersprüchliche Angaben oder Erinnerungslücken u.a. können so auch vor dem Hintergrund akuter

Belastungsreaktionen betrachtet werden und haben Einfluss auf das Interaktionsgeschehen und die Bewertung der Schilderungen auf den Wahrheitsgehalt der Aussage (s. u.).

9.2.2 Psychologische Bewertungsprozesse

Der Reflexion von Voreinstellungen und Grundannahmen, mit denen Vernehmende Fälle, Zeug*innen und Beschuldigte vor, während und nach einer Vernehmung betrachten, kommt eine zentrale Bedeutung zu. Manchmal fließen alltagspsychologische Irrtümer unterschiedlichster Form in eine Sachverhalts- und Personenbeurteilung ein, die konfirmatorische Prozesse auslösen, die im weiteren Ermittlungsverlauf zu einer Pseudobestätigung falscher Ausgangshypothesen führen. Alltagspsychologische Irrtümer können auf der Unwissenheit von akuten Belastungsreaktionen basieren (s. o.) und zu einem Zweifel an der Glaubhaftigkeit von Anzeigenden ebenso wie Schilderungen, dass die Geschädigte trotz objektiv vorhandener Möglichkeit sich nicht gewehrt, nicht die Flucht ergriffen und nicht nach Hilfe gerufen hat, da sie vor Angst wie gelähmt war. Auch die Rücknahme einer Anzeige nach einer Vernehmung oder das Nichterscheinen zu einer Nachvernehmung können fälschlicherweise als erfahrungsbasierter kriminalistischer Beleg für die eigene Einschätzung angeführt werden, dass „an der ganzen Sache nichts dran war!“. Auch hier können Psycholog*innen Hintergrundwissen liefern und Beratung leisten, dass derartige Verhaltensweisen sich nicht als psychologische Indizien eignen, an einem Tatgeschehen zu zweifeln. Zudem ist es wichtig zu vermitteln, dass das theoretische Wissen um inhaltliche Glaubhaftigkeitsmerkmale – entnommen aus dem Bereich der Glaubhaftigkeitsbegutachtung – und deren Anwendung im Kontext polizeilicher Vernehmungen entsprechend einer Checkliste fachlich fehlerhaft ist (Niehaus, 2008). Insbesondere kann verdeutlicht werden, dass das Fehlen von Qualitätsmerkmalen in einer Aussage nicht zu dem Schluss führen kann, dass eine vorliegende Aussage unwahr sei. Das ist insbesondere deshalb so bedeutsam, weil falsche Schlussfolgerungen in der Konsequenz fälschlicherweise zu einer Umkehr des Verfahrens mit dem Tatvorwurf der Falschaussage gegenüber der Geschädigten führen können, mit all den psychischen Konsequenzen eines Glaubhaftigkeitsentzuges durch Dritte. Weitere Beweiserhebungen und Spurenauswertungen unterbleiben, eigenes Vernehmungsverhalten und Schlussfolgern wird nicht kritisch reflektiert. Täter laufen weiterhin frei herum und begehen vielleicht weitere Taten. Ein interdisziplinäres, d. h. gemeinsames Betrachten vorliegender Aussagen durch Vernehmende und Psycholog*innen kann in diesem Kontext nutzbringend sein, um psychologische Indizien nicht wie Tatsachenbelege anzusehen.

Bereits Reik (1983) weist im Rahmen seiner Untersuchungen zur Ausforschung eines unbekannten Mörders darauf hin, dass das Vorliegen z. B. eines Tatmotivs wie Eifersucht oder das Vorleben von Verdächtigen als psychologische Indizien für eine Täterschaft gänzlich ungeeignet sind. Gleiches gilt für nachgewiesenes Lügen eines Beschuldigten, das fast zwangsläufig eine Täterschaft annehmen lässt, da Unschuldige ja nichts zu verheimlichen hätten. Auch, dass (wahre) Täter ihre Tatbeteiligung im Rahmen von Vernehmungen abstreiten, wird als psychologisch selbstverständlich und damit tatverdächtig angesehen; denn welcher Täter ist schon so dumm, sich selbst zu belasten? Gleiches gilt für den Widerruf eines Geständnisses. Kein Mensch würde eine Tat und schon gar ein schweres Verbrechen gestehen, wenn er es nicht begangen hat. Die Psychologie kann einem möglichen Ausblenden des Phänomens Falschgeständnisse mit ihrem umfangreichen Wissen entgegenwirken. Sie kann aufzeigen, welche personenbezogenen Risikofaktoren bestehen und welche Vernehmungsmethoden zu erzwungenen falschen Geständnissen und zu internalisierten falschen Geständnissen führen (Volbert & Böhm, 2008), um auch Justizirrtümer zu vermeiden. In diesem Zusammenhang spielt das psychologische Wissen um nicht nur strafrichterliche Urteilsbildung eine wesentliche Rolle. Psychologie kann zudem verdeutlichen, dass eine strafverfahrensrelevante Einschätzung der Täterschaft auf der Basis einer Verhaltensanalyse eines Beschuldigten während einer Vernehmung mit Blick auf das Vorliegen vermeintlich eindeutiger Lügensymptome keine Gültigkeit haben kann (Sporer & Köhnken, 2008). Psycholog*innen in der Polizei sollten in diesem Zusammenhang um die sog. Reid-Technik (Inbau, Reid, Buckley & Jayne, 2001) wissen. Die Anbieter versprechen, dass Polizeibeamt*innen unter Rückgriff auf diese Technik unterscheiden können, ob sie einen Täter oder einen Unschuldigen vor sich sitzen haben. Dieses Versprechen kann zur Einführung einer solchen Technik verführen, wenn Unwissenheit über deren Unzuverlässigkeit herrscht (vgl. hierzu u. a. Weber & Berresheimer, 2001).

Das starke Begehren, einen Menschen einer Lüge zu überführen, ohne dass dieser das verhindern kann, mag mit verantwortlich sein, dass die physiologische Täterermittlung mittels eines „Lügendetektors“ immer wieder neu im polizeilichen Kontext diskutiert wird. Auch hier kann die Psychologie zu einer Entmystifizierung physiologischer Messungen als objektive Hinweisgeber für Lügen beitragen (Steller, 2008). Umfassende Aufklärungsarbeit von Psycholog*innen in der Polizei, was tatsächlich psychophysiologische Aussagebeurteilung bedeutet, welche Verfahrensweisen es gibt und wo die Anwendungsprobleme auch in der polizeilichen Praxis liegen, hilft einer polizeilichen Einordnung ihres Nutzens. Steller (2018) diskutiert in diesem Zusammenhang zum wiederholten Mal, ob das Polygrafentestverfahren in Form der Vergleichsfragenmethode zu einem Erkenntnisgewinn in einem Gerichtsverfahren führen kann, und stellt erneut fest, dass diese Methode unzuverlässig ist.

9.3 Gefährdungseinschätzung

„Drei Jahre nach Trennung erschoss Ex-Ehemann seine Frau auf offener Straße“, „Sozialamtsmitarbeiterin am Arbeitsplatz schwer zugerichtet“, „Amoklauf am Tag der Zeugnisausgabe – Jugendlicher erschießt seine Mitschüler und den Schuldirektor“. Schlagzeilen wie diese sind beliebig zu erweitern und immer verbunden mit Entsetzen, Trauer und Wut. Reflexartig stellen sich bei Überlebenden und Hinterbliebenen, in der Bevölkerung und in der Politik, in den unterschiedlichen staatlichen Institutionen und somit auch bei der Polizei die zwei Fragen: „Hätte man/wir/die es erkennen können/müssen?“, „Hätte man/wir/die es verhindern können/müssen?“. Teilweise erfolgt es sachlich, häufiger vorwurfsvoll und meist mit dem Appell verbunden, dass so etwas nicht wieder passieren darf. Verknüpft damit ist die Erwartung an den Staat, sich im Bereich des Gefährdungsmanagements zu optimieren und Verfahrensabläufe und überbehördliche Zusammenarbeit besser zu gewährleisten, sobald staatliche Institutionen im Vorweg zu einer Tat von einem möglichen Gefahrensachverhalt Kenntnis erhalten. Das führt zu dem Erfordernis, polizeiliches Gefährdungsmanagement zu professionalisieren: Gefahren besser einzuschätzen lernen und angemessen darauf zu reagieren. Wo liegt hier der Bezug zur Psychologie? Die Antwort scheint schnell gefunden, wenn man sich die Frage stellt, was eigentlich vom Phänomen her eine Gefahr darstellt und was das Managen einer Gefahr beinhaltet. Eine Gefahr ist der vorhergesagte Eintritt einer sozialen Situation in der unmittelbaren, nahen oder eher entfernten Zukunft, in die mindestens zwei Konfliktparteien involviert sind. Es wird prognostiziert, dass ein großer Schaden für Leib und Leben eintritt, herbeigeführt durch (geplantes, ungeplantes, situativ spontanes) menschliches Gewaltverhalten und konstelliert durch personale und situationale Rahmenbedingungen. Das Managen einer Gefahr ist dann die Umsetzung geeigneter Maßnahmen. Ziel ist es, menschliches Verhalten in der Weise zu beeinflussen, dass das Risiko der prognostizierten Gewalttat minimiert wird. Somit kann Psychologie mit den Erkenntnissen ihrer unterschiedlichen Disziplinen über menschliches Verhalten und Erleben, die hier zur Anwendung kommen und speziell aus den Bereichen der Gewalt- und Rückfall- und Prognoseforschung (s. Kap. 2 und 25 in diesem Band).

9.3.1 Strukturiertes Vorgehen

Nehmen wir ein konstruiertes Beispiel einer allgemeinen Bedrohungssituation mit den ihr charakteristischen Elementen, dass Person A eine Forderung an Person B stellt, etwas zu tun oder zu unterlassen, und einen Schaden für Leib oder Leben androht, wenn Person B der Forderung nicht nachkommt. Möglicherweise ist es verknüpft mit einem Ultimatum. Person B erstattet Anzeige bei der Polizei. Ein Strafverfahren wird eingeleitet und die Ermittlungen aufgenommen. Zugleich stellt sich die Frage, ob gefahrenabwehrrechtliche Maßnahmen wie eine sog. Gefährderansprache nach § 3 i.V.m. § 8 SOG (Gesetz zum Schutz der öffentlichen Sicherheit und Ordnung in Hamburg), Wegweisung/Betretungsverbot nach § 12 Abs. 1SOG, Kontakt- und Näherungsverbot nach § 12 Abs. 3 SOG Aufenthaltsverbot (§ 12b (2) SOG), Ingewahrsamnahme § 13(1) Nr. 2 SOG, Observation (§ 9 PolDVG = Gesetz über die Datenverarbeitung der Polizei), Sicherstellung von Gegenständen wie Messer oder Schusswaffe (§ 14 SOG) und Prüfung eines Haftbefehls ergriffen werden müssen, um die angekündigte Tat zu verhindern. Möglicherweise werden der bzw. dem Anzeigenden Verhaltensempfehlungen gegeben oder es werden Schutzmaßnahmen wie eine vorübergehende Verlagerung ihres bzw. seines Aufenthaltsortes eingeleitet, die ein gewalttätiges Einwirken der Person A auf die Person B verhindern können. Die Beantwortung der Frage, ob eine konkrete Gefahr vorliegt, bedarf somit der Einschätzung, ob diese Person A tatsächlich so gefährlich ist, dass Person B gefährdet ist.

Psycholog*innen können in der Fallarbeit unterstützen, indem sie auf eine systematisierende Struktur von Prozessmodellen klinisch-prognostischer Urteilsbildung zurückgreifen (vgl. von Franqué, 2010). Verdeutlicht wird in dem Zusammenhang, dass es sich dabei um eine fakten- und theoriengeleitete, verhaltensorientierte Analyse des jeweiligen Einzelfalles und eines prozesshaften Einschätzens der vorliegenden Gefahr auf der Basis fortlaufend neuer Ermittlungsergebnisse und der Reaktionen auf polizeiliche Maßnahmen handelt, angelehnt auch an Kröber, Bretel, Rettenberger und Stübner (2019) im Hinblick auf seine erfahrungswissenschaftlichen Empfehlungen für kriminalprognostische Gutachten: „Ein Prognosegutachten ist keine Prophezeiung, sondern eine dimensionale und explanatorische Einschätzung der gegenwärtig bestehenden Risiken und protektiven Faktoren im individuellen Fall" (S. 341). Das Herausstellen dieser grundsätzlichen fachlichen Notwendigkeiten seitens der Psychologie macht nachvollziehbar, dass es keine allgemeingültigen Persönlichkeitsmerkmale von Bedrohern und keine eindeutigen, auf alle Fälle anzuwendenden Elemente im Drohszenario gibt, anhand derer schnell, sicher und abschließend darüber entschieden werden kann, ob und welche polizeilichen Maßnahmen im Rahmen der Gefahrenabwehr getroffen werden müssen. Somit erscheint die Frage obsolet, ob der Person A die Umsetzung einer derartigen Tat aus psychologischer Sicht überhaupt zuzutrauen sei.

Psycholog*innen machen transparent, dass nur die Betrachtung der Gesamtheit eines Falles dazu führen kann, sich die Gefahrensituation schrittweise, wie folgt, zu erschließen:

Schritt 1: Präzisierung der Fragestellung nach der Gefährlichkeit des Bedrohers/potenziellen sog. Gefährders in der Weise, ob die Umsetzung der angekündigten Drohungen wahrscheinlich ist und, wenn ja, in welcher Form (wie angekündigt, abgeschwächt), gegen wen (möglicherweise zusätzlich oder stellvertretend) gerichtet, zu welchem Zeitpunkt, an welchem Ort, wodurch ausgelöst/getriggert, wodurch verursacht und welche Faktoren im Hinblick auf polizeiliche Maßnahmen eskalierend oder mindernd wirken. Die präzisierenden Antworten im Hinblick auf eine bevorstehende Gefahrenlage helfen, die Auswahl z. T. massiver Eingriffsmaßnahmen in das Leben und die Grundrechte von Beteiligten hinsichtlich deren Notwendigkeit und Wirksamkeit und damit deren Angemessenheit transparent zu machen. Gleichzeitig können sie für Dritte im Rahmen von Risikokommunikation nachvollziehbar machen, aus welchen Gründen auf welche Maßnahmen verzichtet wurde.

Schritt 2: Sichtung und Erhebung prognoserelevanter Informationen mit dem Hinweis, dass dieses nicht nur polizeiintern, sondern auch überbehördlich, überregional und länderübergreifend unter Berücksichtigung des Datenschutzes erfolgen sollte.

Schritt 3: Erstellung einer Ereignischronologie mit Daten zur jeweiligen Lebensgeschichte, zur Beziehungs- und Gewaltvorgeschichte von Person A und Person B, zur derzeitigen Lebenssituation beider und zukünftigen Ereignissen. Es wird ersichtlich, dass die Vorphase der Bedrohungen, die Tatelemente der Bedrohungen (Tatmittel, Tatorte, Tatzeiten u. a.), das Interaktionsgeschehen zwischen Person A und B während der einzelnen Bedrohungssituationen und das Geschehen danach von Bedeutung für die Beantwortung der Fragestellungen ist und das Erfassen der subjektiven Einschätzung der Person B.

Schritt 4: Informationsbewertung mittels der Bildung einer Theorie über die bisherige psychische Entwicklung des Gefährders Person A i. S. auch einer potenziellen Krisenentwicklung und über das Interaktionsgeschehen mit Person B im Dienst des Verstehens der Beziehungs- und Konfliktdynamik mit ihren Auslösern, Triggerpunkten und Ursachen. Es werden die personalen und situationalen Risikofaktoren im Hinblick auf die Realisierung der angekündigten Drohungen oder anderen Gewaltverhaltens herausgearbeitet, „Wenn-dann“-Analyse vor dem Hintergrund bevorstehender Ereignisse erstellt und Maßnahmen der Polizei oder anderer und Verhaltensweisen der Person B und deren Auswirkungen auf das Erleben und Verhalten der Person A (Gefährder) zueinander in Beziehung gesetzt. Es wird empfohlen, interdisziplinär zusammenzuarbeiten. Auch überbehördliche und überregionale Fallkonferenzen mit den unterschiedlichen Disziplinen sind in diesem Zusammenhang ein bewährtes Mittel.

Schritt 5: Beantwortung der Fragestellungen mit dem Hinweis auf deren Vorläufigkeit und auf die Notwendigkeit einer regelhaften Überprüfung deren Gültigkeit und auf den Bedarf anlassbezogener Aktualisierungen bei Vorliegen neuer Informationen.

Schritt 6: Handlungs- und Maßnahmenempfehlungen vor dem Hintergrund ihrer wahrscheinlichen Wirkungsweisen auf das Gewaltverhalten des Bedrohers. Dieses umfasst auch Empfehlungen im Hinblick auf mögliche Schutzmaßnahmen für das Opfer. Auch hier kann der Hinweis auf die Notwendigkeit einer regelhaften und anlassbezogenen Überprüfung der Wirksamkeit der Maßnahmen auch unter Beachtung derer Folgewirkungen gegeben werden. Sollten auch andere Dienststellen oder Behörden Maßnahmen vor dem Hintergrund ihres jeweiligen Zuständigkeitsbereiches ergreifen wie z. B. Entzug des Sorgerechtes bei einem gewalttätigen Vater, können Psycholog*innen darauf hinweisen, dass Maßnahmen überbehördlich zeitlich und inhaltlich im Hinblick auf ihre Wirkungsweise abgestimmt werden und widerspruchsfrei ineinandergreifen. So ist es aus psychologischer Sicht zu vermeiden, einer Frau von polizeilicher Seite ein absolutes Kontaktverbot zu einem nachstellenden Ex-Ehemann zu empfehlen, während gleichzeitig seitens einer anderen Behörde nahegelegt wird, an einem gemeinsamen Gespräch im Rahmen eines Täter-Opfer-Ausgleichs teilzunehmen.

9.3.2 Inhaltliche Unterstützung

9.3.2.1 Gewalt in (ehemaligen) Paarbeziehungen: Intimizide

Dies ist ein bedeutsames polizeiliches Handlungsfeld, da es einen beträchtlichen Anteil an der gesamten polizeilich registrierten Gewalt ausmacht (s. a. Kap. 5 in diesem Band). Psychologie kann hier mit ihrem Wissen um Erklärungsansätze zur Fremd- und Selbstaggression im sozialen Nahraum, um krisenhafte Verläufe, um Auslöser und mögliche Gewalt begünstigende personale Risikofaktoren unterstützen. Das hilft der Polizei, das Phänomen im Hinblick auf seine ihm innewohnenden Gewaltprozesse und Eskalationsdynamiken bis hin zum Tötungsdelikt zu verstehen, um Gefahren richtig einzuschätzen. In diesem Zusammenhang sei besonders auf die Studien von Greuel zur Gewalteskalation in Paarbeziehungen (Greuel, Giese, Leiding, Behruzi & Kestermann, 2009) und zu polizeilichen Maßnahmen zur Verhinderung von Gewalteskalation und Tötungsdelikten in Paarbeziehungen (Greuel, Giese, Leiding, Jeck & Kestermann, 2010) verwiesen, deren Kenntnis auch aktuell eine wesentliche Voraussetzung ist für Menschen, die im Bereich Beziehungsgewalt und Stalking arbeiten. Besonderes Augenmerk liegt hier auf der Feststellung, dass der alleinige Fokus auf einer Gewalteskalation in einer bestehenden Beziehung mit einer Gewaltvorgeschichte nicht ausreicht, um die Wahrscheinlichkeit eines Tötungsdelikts vorherzusagen. Todesdrohungen gegen das Opfer oder gegenüber Dritten nach angekündigter oder vollzogener Trennung und exzessives Kontrollieren und Nachstellen sind Marker eines Hochrisikoprofils für einen drohenden Intimizid, das polizeiliche Maßnahmen zur Verhinderung eines gezielten Tötungsdelikts erforderlich macht. Bisher ausgebliebene Gewalt vor oder während der Trennung spricht somit ebenso wenig für eine Entwarnung wie die Feststellung, dass der Gefährder bisher nicht polizeilich in Erscheinung getreten ist. Die Erkenntnis ist wesentlich, denn sie wirkt einer weitverbreiteten (Fehl-)Einschätzung entgegen – nicht nur im Zusammenhang mit Beziehungsgewalt, dass dem „unbescholtenen" Bürger ein Verbrechen nicht zuzutrauen ist. Das verdeutlicht auch Dubbert (2013) im Rahmen ihrer Aktenanalyse von 31 Fällen, in der sie erweiterte Suizide aus forensisch-psychologischer Perspektive betrachtet. So schreibt Dubbert zu erweiterten Suiziden im Zusammenhang mit Trennungen und nach erfolgten Risikobeurteilungen von Behörden nach Kontakt mit späteren Tätern und Opfern: „Vermutlich wurde die Prognose eher zu Gunsten des Probanden eingeschätzt, weil durchaus vorhandene positive Aspekte der Täterpersönlichkeiten („verantwortlich", „zuverlässig", fürsorglich") zu Fehleinschätzungen führten. Die negativen und riskanten Seiten, wie Impulsivität, Substanzmissbrauch, Suizid- und Tötungsfantasien, körperliche und verbale Gewalt in Form von Drohungen wurden ausgeblendet und verharmlost." Die Annahme eines Motivs der Tötung aus „Liebe" oder Fürsorglichkeit im Kontext einer Familienauslöschung übersieht nach Dubbert ebenfalls die destruktive Seite depressiver und narzisstischer Verarbeitungsmodi von Versagungssituationen in Form heftigster narzisstischer Wut.

9.3.2.2 Weitere Bedrohungslagen

Zielgerichtete schwere Gewalttaten und Amokläufe an Schulen stellen ebenso ein polizeiliches Handlungsfeld dar, deren Vorgeschichte, das Phänomen des Leakings, und deren Gewaltdynamik von Psycholog*innen beschrieben werden können, um gemeinsam Konzepte zur Früherkennung, Gefährdungseinschätzung und eines polizeilichen Bedrohungsmanagements zu erstellen. Extremistische Gewalt einschließlich gewalttätiger Radikalisierung (s. Kap. 7 in diesem Band) gerade im Hinblick auf Gruppengewalt sind zentrale Handlungsfelder der Polizei, in die psychologische Expertise eingebunden wird. Dabei greifen Psycholog*innen auf theoriengeleitete Modelle und Erklärungsansätze wie z. B. das Sozio-Psycho-Modell extremistischer Gewalt von Wagner und Lemmer (2019) zurück, um Erklärungen von Gewalt durch Mitglieder einer Gruppe gegen Mitglieder einer anderen als Feind angesehenen Gruppe vor dem Hintergrund des gesellschaftlichen Kontextes von Integration aufzuzeigen. Auf der Basis der Erkenntnisse, was Individuen unter welchen Bedingungen ansprechbar werden lässt für z. B. rechtsextremistische oder islamistische Gruppen, ihre Weltanschauungen und Feinbildgenerierung können Empfehlungen für Präventions- und Interventionsmöglichkeit gemeinsam diskutiert und erarbeitet werden. Zudem unterstützt Psychologie bei der Entwicklung und Qualitätssicherung von standardisierten Screeningverfahren wie z. B. eine Arbeitsgruppe Forensische Psychologie der Universität Konstanz das BKA bzgl. des Verfahrens RADAR-ITE (Regelbasierte Analyse potentiell destruktiver Täter zur Einschätzung des akuten Risikos – islamistischer Terrorismus), deren operationalisierten Merkmale und Merkmalsausprägungen eine hohe Beurteilerobjektivität und Vorhersagegüte vorweisen. Dabei wird berücksichtigt, dass die nicht psychologisch ausgebildeten polizeilichen Anwender*innen besonderer Schulungen bedürfen, psychologisch fundierte Operationalisierung zu verstehen. Auch wird darauf verwiesen, dass sich verwendbare Informationen ausschließlich auf beobachtbares Verhalten und nicht auf Einstellungen oder Gesinnungen beziehen. Damit wird das Risiko unzulässiger Zuordnungen fallbezogener Informationen zu entsprechenden Kategorien reduziert und einer eher oberflächlichen, checklistenorientierten Handhabung mit den Folgen der Über- und Unterschätzung von Gefahren entgegengewirkt. Auch im Kontext von Radikalisierung erfolgt der Hinweis einer notwendigen Differenzierung zwischen einer Radikalisierung von Einstellungen und einer Radikalisierung von Verhalten, da häufig unterstellt wird, dass Einstellungsradikalisierung per se spätere Gewalttaten i. S. eines engen Ursache-Wirkungs-Zusammenhanges nach sich zieht (vgl. Knäble, Breiling & Rettenberger, 2021). Wichtig ist in diesem Zusammenhang die Darlegung der psychologischen Sicht, dass Screeningverfahren keine strukturierende prozesshafte Betrachtung des jeweiligen Einzelfalles im obigen Sinne (s. 9.3.1) ersetzen können, um zu einer adäquaten Gefährdungseinschätzung zu kommen. Bedeutsam im Kontext extremistischer Gewalt kann der Hinweis der Psychologie sein, dass auch der öffentliche Sprachgebrauch Geschehnisse auf das reduzieren sollte, was sie sind: Gewalttaten (s. a. Getos, 2011). So würden Gewalttäter nicht zu religiösen Kämpfern oder zu Terroristen, was einer Überhöhung der Personen und ihrer Gruppe entgegenwirken mag. Der Sprachgebrauch „Terrorist" kann schnell stereotype Vorstellungen, Bilder und Assoziationen im Inneren des Menschen entstehen lassen, die zu einer Überschätzung von Gefahren und einem eher irrationalen Bedrohtheits- und Ohnmachtsgefühl führen können. In dem Kontext kann Psychologie auch die Funktion haben, den Umgang mit Gewalttaten, die sehr medienwirksam wurden, im Hinblick auf seine Wirkungsweise zu betrachten. Einer erschütternden Tat folgen nahezu reflexartig politische und mediale Deutungen mit sofortiger Generierung von Antworten auf die Fragen nach der Verantwortung und Schuld, wer das Geschehene hätte wie erkennen und verhindern können bzw. müssen. Das geschieht, ohne den Einzelfall überhaupt in seiner Gesamtheit erfasst geschweige denn in seinen Zusammenhängen verstanden zu haben. Vielmehr wird die einzelne Tat generalisiert und als neues Sicherheitsproblem definiert. Übersehen wird dabei, dass die eigene Projektion dem anderen erst eine solche Macht verleihen könnte. Bedrohungsgefühle und damit verbundene Feindseligkeitsgefühle gegen den selbst geschaffenen übermächtigen anderen, den Feind der Gesellschaft, können somit in der Bevölkerung leicht entfacht werden. Die damit wachgerufene

Schutzbedürftigkeit vor diesem neuen Feind und der Wunsch nach dessen „Bekämpfung" durch den Staat wird laut. Es wird im Eilverfahren über täter- und gefährderorientierte Überwachungs-, Sicherungs- und Verbotsmaßnahmen für potenzielle Gefährder und Schutzmaßnahmen für potenzielle Opfer entschieden, als scheinen diese Maßnahmen originäre und damit staatlicherseits erforderliche Reaktionen auf ein gestiegenes Sicherheitsbedürfnis unserer Gesellschaft zu sein. Es wird versprochen, dass durch dieses gesetzgeberische und exekutive Handeln des Staates alles getan wird, derartiges – was faktisch noch nicht verstanden ist – in Zukunft zu verhindern. Öffentlich wirksame Schutzmaßnahmen, polizeiliche, medial wirksame Durchsuchungsmaßnahmen bei Tatverdächtigen vor dem Hintergrund des versprochenen Schutzes mögen beruhigen, zeigen, dass der Staat stark und verlässlich ist, und können damit Ohnmachtsgefühlen entgegenwirken. Zugleich kann aber ein Klima der Bedrohtheit und Feindseligkeit gegenüber dem personifizierten Sicherheitsproblem bleiben, das auch seine Wirkungsweise in der Mitarbeiterschaft von Sicherheitsbehörden entfaltet. Beides entbehrt zu dem Zeitpunkt der systematischen Betrachtung des realen Ereignisses auf der Basis von Tatsachen. Da kann Psychologie unterstützen, diesen Mechanismus im Hinblick auf seine Wirkungsweise in den Bereich der Polizei hineinzureflektieren. Forderungen nach mehr Schutzausrüstungen mögen nur ein Hinweis darauf sein, vielleicht unzulässige Überprüfungen von vermeintlich Verdächtigen ein anderer.

9.3.2.3 Polizeiliche Sonderlagen

Zur Bewältigung sog. Polizeilicher Sonderlagen wie erpresserischer Menschenraub, Geiselnahmen, herausragende Erpressungen und lebensbedrohliche Einsatzlagen werden Psycholog*innen regelhaft in den Bereich der Gefährdungsbeurteilung eingebunden. Wichtig für Psycholog*innen, die hier unterstützen, ist nicht nur ihr Fachwissen. Sie müssen um die polizeilichen Strukturen, Abläufe und die polizeilichen Aufträge einzelner Einsatzabschnitte innerhalb einer Besonderen Aufbauorganisation (BAO) gem. der entsprechenden Polizeilichen Dienstvorschrift (PDV) und um die zentralen Entscheidungen, die ein*e Einsatzleiter*in vor dem Hintergrund welcher Leitlinien zu treffen hat, wissen. Das schafft ihnen u. a. eine notwendige Basis, in welchen Einsatzabschnitten welche prognoserelevanten Informationen vorliegen mögen, welche die Qualität von Rohdaten haben und nicht als bewertete und z. T. verfälschte Informationen über mehrere Stationen in den Beurteilungsprozess einfließen und zu einer falschen Gefährdungseinschätzung führen. Hier hilft es, vergangene Einsätze dieser Art in ihrem Zusammenwirken von Tätern, Opfern, Polizei und Dritten wie Medien, Angehörigen, Schaulustigen aus psychologischer Sicht in Verbindung mit ihrem theoretischen Wissen reflektierend zu betrachten und gemeinsam mit der Polizei zu diskutieren. Daraus lässt sich interdisziplinär erworbenes zusätzliches Wissen generieren, das das Wissens- und Verhaltensspektrum von Verhandlungsgruppen erweitern kann (s. 9.5).

9.4 Ungeklärte Tötungsdelikte und Vermisste

Ungeklärte Tötungsdelikte und längere Zeit vermisste Menschen stellen für die Polizei nicht nur im Hinblick auf ihr kriminalistisches Arbeiten eine besondere Herausforderung dar. Das psychische Erleben dieser Hinterbliebenen, die auf staatliches Handeln angewiesen sind, um Gewissheit zu bekommen, zeigt auf, wie polizeiliches Agieren wahrgenommen werden kann und welche Verantwortung der Polizei und Staatsanwaltschaft im Umgang mit ungeklärten Tötungsdelikten obliegt. Es gibt in jedem Bundesland eine hohe Zahl ungeklärter Tötungsdelikte einschließlich Vermisster, die aller Wahrscheinlichkeit nach Opfer eines Verbrechens wurden. Das zeigt Wirkungen in der Gesellschaft und insbesondere bei Betroffenen, den Hinterbliebenen im Hinblick auf die Verlässlichkeit des Staates und den Rechtsfrieden. Die Erkenntnisse aus dem NSU-Ermittlungsverfahren und deren Aufarbeitung in parlamentarischen Untersuchungsausschüssen und die daraus abgeleiteten Handlungsempfehlungen zeigen hohen Reflexionsbedarf staatlichen Handelns auch bei Polizei eindrücklich auf (vgl. u. a. Drucksache Deutscher Bundestag 17/1460). Der Umgang mit den Hinterbliebenen und ihrem Umfeld schien nach Feststellungen des Ausschusses im Rahmen der Ermittlungen in vielen Fällen nicht angemessen und sachgerecht. Es wurde die Notwendigkeit einer neuen Arbeits- und Fehlerkultur i. S. des selbstkritischen Denkens und eine kontinuierliche und kritische Evaluation der einzelnen Ermittlungsschritte und Auswertungsergebnisse aufgezeigt, um falschen Schwerpunktsetzungen entgegenzuwirken und unterlassene Ermittlungsansätze zu identifizieren. Polizei muss Vorsorge dafür treffen, dass Fehler erkannt und korrigiert werden können.

Welchen Beitrag kann Psychologie in diesem Zusammenhang leisten?

9.4.1 Das psychische Erleben Hinterbliebener

Hinterbliebene sind in hohem Maße angewiesen auf den Fortschritt und die Kommunikation polizeilicher Ermittlungen: Die Kommunikation zwischen Polizei und Hinterbliebenen endet meist spätestens nach der vorläufigen Einstellung des Ermittlungsverfahrens durch die Staatsanwaltschaft. Es besteht vorerst kein weiterer Ermittlungsbedarf in Richtung der Hinterbliebenen in ihrer Funktion als Zeug*innen und somit kein weiterer strafverfahrensrelevanter Grund eines Kontaktes. Möchten Hinterbliebene etwas über den vorläufigen Ermittlungsstand erfahren, können sie nur über ihren Rechtsanwaltin*ihre Rechtsanwältin bei der Staatsanwaltschaft Akteneinsicht einfordern. Die Ergebnislosigkeit kann zu Enttäuschungen und ohnmächtiger Wut führen und sich (auch) offen gegen die Polizei richten. Mangelndes Vertrauen in die Ermittlungskompetenz und den Aufklärungswillen der Polizei kann zum Ausdruck gebracht werden. Der mangelnde Kontakt und Einfluss auf weiteres polizeiliches Handeln kann zum Ausgrenzungserleben führen. Es wächst häufig die Angst, ihr „Fall" würde unbedeutend, das Opfer vergessen werden und sie würden aus der Solidargemeinschaft herausfallen, auf die sie so nötig angewiesen sind, um Antworten und Mitgefühl zu erfahren. Verlassenheitsgefühle stellen sich ein. Wiederholten Nachfragen bei der Staatsanwaltschaft bzgl. des aktuellen Ermittlungsstandes folgen meist formale, rechtlich fehlerlose Antwortschreiben mit dem gleichklingenden Text, dass sie die Ermittlungen in diesem Fall wiederaufnehmen, sobald neue Hinweise vorliegen. Ihren tröstlichen, Zuversicht gebenden Charakter haben diese selten, denn unbeantwortet bleibt die implizite, meist ungestellte Frage: „Wie aber sollen neue Hinweise generiert werden, wenn sie sich des Falles nicht aktiv annehmen?" Das Vertrauen in den Staat, dass zumindest alles getan wird, das Tötungsdelikt trotz vorläufiger Einstellung aufzuklären, kann verloren gehen.

Unbeantwortete Fragen, die in einem Gerichtsverfahren geklärt werden könnten, können Abschieds-Trauerprozesse erschweren oder verhindern. Es kann als Verrat erlebt werden, sich i. S. einer positiven Trauerbewältigung dem eigenen Leben und einer Zukunft mit neuen Herausforderungen zuzuwenden, solange die Vergangenheit noch nicht als abgeschlossen erlebt wird. Es können Bilder und Fantasien über das Geschehene entstehen, die Hinterbliebene quälen und meist schlimmer sind als die Realität. Hinterbliebenen von Vermissten fehlen die eigenen Wahrnehmungen einer Begegnung mit dem Toten, um dessen Tod im wahrsten Sinne des Wortes zu begreifen.

Ein Augenmerk sollte darauf gerichtet sein, dass ungeklärte Tötungsdelikte immer offenlassen, ob der Täter vielleicht doch jemand aus der Nachbarschaft, aus der Kollegenschaft oder vielleicht jemand aus der eigenen Familie ist. Besonders folgenschwer können sich in diesem Zusammenhang notwendige polizeiliche Ermittlungen gegen tatverdächtige Personen aus dem familiären oder sozialen Umfeld der Hinterbliebenen erweisen. Auch wenn das Verfahren mangels Beweise eingestellt wurde, kann der Verdacht möglicherweise im Raum bleiben, denn immerhin habe die Polizei es ihm/ihr ja zugetraut. Ein Klima des Misstrauens kann entstehen, emotionaler Rückzug und ein eisiges Schweigen, solange der wahre Täter nicht überführt ist. Ein tröstendes, sich stützendes Miteinander erscheint dann kaum möglich. Familien können daran zerbrechen.

9.4.2 Polizeiliches Handeln

Ungeklärte Tötungsdelikte fordern Polizei auf, ihre Ermittlungskompetenz im obigen Sinne zu reflektieren und unter Beweis zu stellen, wenn ein Ermittlungserfolg bisher ausgeblieben ist, und fordern einen Umgang mit den Hinterbliebenen, der ihnen die Gewissheit gibt, dass zumindest alles getan wird, die Tötung ihres Familienangehörigen aufzuklären.

Dazu gehört ein regelhafter Prozess des Tatabgleichs. Vorläufig eingestellte Verfahren bleiben im Fokus der Aufmerksamkeit der Polizei, wenn nach jedem aktuellen Tötungsdelikt geprüft wird, ob dieses in Zusammenhang gebracht werden kann mit vergangenen Tötungsdelikten in Form eines Tat-Tat-Abgleichs (Könnte das derselbe Täter sein?) oder eines Tat-Täter-Abgleichs (Könnte dieser ermittelte Täter auch ungeklärte vergangene Taten begangen haben?). Das Ergebnis kann eine Serienerkennung und -zusammenführung sein und kann immer die Chance erhöhen, bisher ungeklärte Tötungsdelikte aufzuklären. Ein solcher Tatabgleich kann zum einen über einen Abgleich tatrelevanter, gesicherter und ausgewerteter materieller Spuren (DNA, Fingerspuren, ballistische Spuren u. a.) mittels bundesweiter Datenbanken erfolgen. Zum anderen ist die 2001 in Deutschland eingeführte Operative Fallanalyse (OFA) ein wesentliches Instrument zur bundesweiten Serienerkennung (vgl. Hoffmann, 2002). Die Ergebnisse von Fallanalysen basieren auf objektiven Daten und einem umfassenden Opferbild und umfassen eine Rekonstruktion des Tatherganges, Verhaltens- und Motivbewertung, eine herausgearbeitete Charakteristik der Tat und Ableitungen zum Täter. Das ist die Basis, Tötungsdelikte miteinander zu vergleichen und Serien anhand der Art von Täterentscheidungen wie u. a. Opferauswahl, Tatmittel, Intensität und Formen von Gewalt, Identifizierungsvermeidungsstrategien und Strukturiertheit des Vorgehens zusammenzuführen. In diesen Kontext ist auch Psychologie eingebunden, da Fallanalyseteams interdisziplinär mit speziell durch das BKA ausgebildeten Kriminalist*innen (sog. Polizeiliche Fallanalytiker), Psycholog*innen und Rechtsmediziner*innen zusammengesetzt sind. Dieser Aspekt des Spuren- und fallanalytischen Abgleichs spielt auch im Rahmen des sog. Cold-Case-Managements, des Umgangs mit länger zurückliegenden vorläufig eingestellten Tötungsdelikten und Vermisstenfällen eine wesentliche Rolle. Die Auswertung tatrelevanter materieller Spuren mit den neuesten kriminaltechnischen Möglichkeiten kann ebenso neue Ermittlungsansätze generieren wie eine interdisziplinäre fallanalytische Betrachtung. Erfolgt dieser Tatabgleich regelhaft, können die Ergebnisse aktiv an die Hinterbliebenen herangetragen werden, sobald rechtlich nichts dagegenspricht. Vertrauen in die Ermittlungskompetenz der Polizei kann aufrechterhalten bleiben, und die Polizei dokumentiert den Hinterbliebenen, dass „ihr Fall" weiterhin im Fokus der Polizei ist, um Ermittlungshinweise zu generieren. Besonderen Mehrwert können die Ergebnisse der Operativen Fallanalyse auch für die Hinterbliebenen haben. Sie schaffen ein

Bild von dem wahrscheinlichen Tathergang, sodass vielleicht fantasierte Vorstellungen durch einen mehr realitätsbezogenen Geschehensablauf ersetzt werden können. Auch können die sich aus der Tatbetrachtung ergebenen Ableitungen zum Täter ein Bild zeichnen, welches das Monströse nimmt und die Tat fassbarer und begreifbarer macht. Eine bedeutsame Rolle im Rahmen der Fallanalyse kommt dem erarbeiteten Opferbild als eine wichtige Grundlage für die Frage zu, wie das Opfer auf Angriffe seitens des Täters reagieren würde und welche Charakteristika des Opfers möglicherweise dazu geführt haben, dass die Wahl des Täters gerade auf dieses Opfer fiel, und somit den Suchraum eingrenzen kann, ob der Täter vielleicht aus dem näheren oder weiteren Umfeld des Opfers stammen kann.

Ergänzend dazu kann die Generierung neuer Ermittlungsansätze auch die Anwendung des von Ihm (2018) entwickelten Verfahrens „Psychologische Autopsie" (PA) von Opfern dienen. Bei ungeklärten Tötungsdelikten zeigt sich der Mehrwert für die Ermittlung in einer akkuraten Beschreibung des Opfers. Bei Cold Cases, in denen das Opfer und dessen Umfeld die einzigen bekannten Parameter darstellen, kann die Analyse und Bewertung, die im Zuge einer PA durchgeführt werden, Aufschluss über die Ursachen der Tat geben und damit zu potentiellen Hinweisen für eine Täteridentifizierung führen.

Regelhafte fallbezogene polizeiliche Öffentlichkeitsarbeit kann in den Kontext gegen das Vergessen von Opfern und ihren Hinterbliebenen gestellt werden. Verbunden mit Zeugenaufrufen und Botschaften an den unbekannten Täter und dessen soziales Umfeld kann sie zudem polizeitaktisch einen hohen Mehrwert haben. Immer wieder zeigt sich, dass Menschen sich bei der Polizei melden, weil ihnen doch etwas auf- oder erst jetzt wieder eingefallen sei. Manche waren fälschlicherweise davon überzeugt, dass die Tat aufgeklärt ist. Auch Täter stellen sich der Polizei, weil sie sich z. B. dem kontinuierlichen Fahndungsdruck nach längerer Zeit nicht mehr gewachsen sehen. Oder es generieren sich Ermittlungsansätze durch Angaben aus dem (ehemaligen) sozialen Umfeld des Täters, dessen veränderte Lebenssituation ein weiteres Schweigen nicht mehr nötig macht. Die Erstellung solcher Medienkonzepte erfolgt vor dem Hintergrund ihrer fallspezifischen Zielsetzungen und den spezifischen psychologischen Wirkungsweisen von Botschaften im Zusammenspiel mit der Polizeipressestelle, mit Ermittler*innen, mit Psycholog*innen und in Abstimmung mit Hinterbliebenen.

9.5 Weitere polizeiliche Handlungsfelder

Verhandlungsführungen mit Geiselnehmern haben zum Ziel, eine gewaltfreie Trennung von Geiseln und Geiselnehmer und damit aus kommunikationspsychologischer Perspektive eine gewaltfreie Konfliktlösung herbeizuführen. Geiselnehmer (Konfliktpartei A) wollen es durch ein unerkanntes Entkommen erreichen, Polizei (Konfliktpartei B) durch die Freilassung der Geiseln und Aufgabe des Geiselnehmers. Beide Konfliktparteien wissen um die prinzipielle Unvereinbarkeit ihres zentralen Zieles und doch sind sie zur Lösung der Situation aufeinander angewiesen. Beschränken sich die Verhandlungen des Sprechers*der Sprecherin der Polizei als Vertretung der Konfliktpartei B auf den Versuch des Überredens, Forderns, Einschüchterns, Drohens und Erzwingens zur Durchsetzung der polizeilichen Ziele, ist die Gefahr einer Konflikteskalation groß, erkennbar im Kontext polizeiinterner Nachbereitungen entsprechender Einsätze. Vor diesem Hintergrund kann es sich aus psychologischer Sicht anbieten, dem Sprecher der Verhandlungsgruppe die Rolle des Vermittlers zuzuweisen, der somit die Position eines neutralen Dritten einnimmt (Brockmann, 2003a; Royce, 2012; Schlossberg, 1980; Strentz, 2018). Er hat die Aufgabe und die Kompetenz, zwischen den beiden Positionen zu vermitteln und damit Einfluss auf die Vorstellungen beider Parteien zu nehmen. Die mit der Vermittlerrolle verbundenen Chancen liegen in einem hohen Informationsgewinn, dass der bzw. die Vermittler*in eine rollenentsprechende Legitimation hat, Hintergründe, Ziele, Beweggründe und Befürchtungen zu hinterfragen, um eine einvernehmliche gewaltfreie Lösung herbeizuführen. Mögliche aggressionsauslösende Fragen und Botschaften können leichter übermittelt und in ihrer Wirkung abgefangen werden. Die vermittelnde Person kann im Fortgang ergänzend auch auf persönlicher Ebene kommunizieren i.S. von: „Ich an Ihrer Stelle würde mir das vielleicht doch erst einmal anhören ...“. Zeit- und Handlungsdruck infolge von Ultimaten kann abgemildert werden. Voraussetzungen sind ein unverrückbarer Verhandlungsrahmen für beide Konfliktparteien (Unversehrtheit von Geiseln, Geiselnehmern, Polizei und Dritten) und die einvernehmliche Festlegung auf lagespezifische Mindestanforderungen (Herausgabe von Verletzten) ebenso wie der Grundsatz der flexiblen Rigidität und Verlässlichkeit. Keine Anwendung kann diese Konzeption finden, wenn Geiselnehmer psychotisch, unter Drogeneinfluss stehen oder (erweiterte) Suizidalität des Geiselnehmers die Inhalte der Gespräche dominieren. Da bieten sich Kriseninterventionsgespräche an.

Weitere polizeiliche Handlungsfelder und Themenfelder, in denen psychologische Beratung und interdisziplinäre Zusammenarbeit zwischen Polizei und Psychologie erfolgt bzw. erfolgen kann, sind auszugsweise: Suizideinsätze, Umgang mit Angehörigen von Entführungsopfern und die potenziellen Konfliktfelder (Brockmann, 2003b), Beratung und Betreuung von gefährdeten Personen im Rahmen polizeilichen Zeugen- und Opferschutzes, Unterstützung polizeilicher Maßnahmen im Kontext der Personenidentifizierung und die psychologische Beratung im Kontext von Betrugsdelikten im Hinblick auf die Identifizierung von Täterstrategien, die bei Dritten den Eindruck von (Pseudo-)Freiwilligkeit der Entscheidung von Geschädigten suggerieren (s.a. Ihm, 2011).

9.6 Schlussbemerkungen

Psychologie im Kontext polizeilichen Handelns ist etabliert, psychologische Erkenntnisse fließen in die praktische Polizeiarbeit ein und der Einsatz von Psycholog*innen in der Polizei erfolgt im Rahmen interdisziplinären Zusammenarbeitens und gegenseitiger fachlicher Ergänzung in vielfältiger Form.

Das Wissen um die eigene Kompetenz und deren Begrenztheit als Psycholog*in und als Polizist*in, die Anerkennung der Kompetenz des anderen und das Erkennen und Wertschätzen des fachlichen Austausches und einer interdisziplinären Zusammenarbeit bringt einen Mehrwert für polizeiliches Handeln. Es erfordert Mut auf beiden Seiten, eingefahrene, routinierte Wege zu verlassen, Neues auszuprobieren und Offenheit, eigenes Denken, Fühlen und Handeln infrage zu stellen. Das erhöht die Entscheidungs- und Handlungskompetenzen der Polizei. Die Reflexion und Überwindung möglicher Widerstände können ein Klima offener, effektiver Zusammenarbeit von zwei Wissens- und Erfahrungsgebieten schaffen, deren gegenseitige Korrektur einen Synergieeffekt und einen ständigen Lernprozess zur Folge hat.

Literatur

Brackmann, N. & Habermeyer, E. (2019). Interkultureller Vergleich kindlicher Zeugen-/Opferbefragungen: Was wir von anderen Ländern lernen können. *Forensische Psychiatrie, Psychologie, Kriminologie, 13* (2), 143–150. https://doi.org/10.1007/s11757-019-00534-7

Brockmann, C. (2003a, September). *Geiselnahmen aus psychologischer Sicht – Gefährdungseinschätzung und Möglichkeiten der Verhaltensbeeinflussung. Ernstfälle. Professionelles Einsatzmanagement der Polizeit in Grenzsituationen* Unveröffentlichtes Manuskript. Tagungsbeitrag, Kiel.

Brockmann, C. (2003b). Erpresserischer Menschenraub. In F. Stein (Hrsg.), *Grundlagen der Polizeipsychologie*. Göttingen: Hogrefe Verlag.

Drucksache Deutscher Bundestag. 17/1460.

Dubbert, G. (2013). *Erweiterte Suizide aus forensisch-psychologischer Perspektive. Eine Aktenanalyse von 31 Fällen.* Frankfurt a.M.: Verlag für Polizeiwissenschaft.

Getos, A.-M. (2011). Terrorismus entmystifizieren. Innovative Gewaltforschung als Schlüssel zum Verstehen politischer Gewalt. *Monatsschrift für Kriminologie und Strafrechtsreform, 94* (6), 431–450.

Greuel, L., Giese, J., Leiding, K., Behruzi, K. & Kestermann, C. (2009). *Gewalteskalation in Paarbeziehungen. Forschungsbericht. Kurzfassung und Manual für die polizeiliche Praxis.* Bremen: Institut für Polizei und Sicherheitsforschung.

Greuel, L., Giese, J., Leiding, K., Jeck, D. & Kestermann, C., (2010). *Evaluation von Maßnahmen zur Verhinderung von Gewalteskalationen in Paarbeziehungen bis hin zu Tötungsdelikten und vergleichbaren Bedrohungsdelikten. Abschlussbericht.* Bremen: Institut für Polizei und Sicherheitsforschung.

Hoffmann, J. (2002). (Hrsg.). *Täterprofile bei Gewaltverbrechen.* Berlin: Springer.

Ihm, H. (2011). *Betrüger und ihre Delikte: Die Bedeutung von Situations- und Persönlichkeitskomponenten für Technik und Taktik der Betrugsausführung aus kriminalpsychologischer Sicht.* Frankfurt a.M.: Verlag für Polizeiwissenschaft.

Ihm, H. (2018). Psychologische Autopsie. In A. Stupperich (Hrsg.), *Cold Cases in Wissenschaft und Praxis* (S. 105–116). Frankfurt a.M.: Verlag für Polizeiwissenschaft.

Inbau, F.E., Reid, J.E., Buckley, J.P. & Jayne, B.C. (2001). *Criminal interrogations and confessions* (4th ed.). Gaithersburg, MD: Aspen.

Knäble, J., Breiling, L. & Rettenberger, M. (2021). Theorien und Erklärungsmodelle von Radikalisierungsprozessen im Kontext des Rechtsextremismus. *Forensische Psychiatrie, Psychologie, Kriminologie, 15,* 99–108. https://doi.org/10.1007/s11757-021-00659-8

Köhnken, G., Kraus, U. & vom Schemm, K. (2008). Das kognitive Interview. In R. Volbert & M. Steller (Hrsg.), *Handbuch der Rechtspsychologie.* Göttingen: Hogrefe.

Kröber, H.-L., Bretel, H., Rettenberger, M. & Stübner, S. (2019). Empfehlungen für Prognosegutachten: Erfahrungswissenschaftliche Empfehlungen für kriminalprognostische Gutachten. *Forensische Psychiatrie, Psychologie, Kriminologie, 13,* 334–342. https://doi.org/10.1007/s11757-019-00558-z

Milne, R. & Bull, R. (Hrsg.). (2003). *Psychologie der Vernehmung. Die Befragung von Tatverdächtigen, Zeugen und Opfern.* Bern: Huber.

Niehaus, S. (2008). Merkmalsorientierte Inhaltsanalyse. In R. Volbert & M. Steller (Hrsg.), *Handbuch der Rechtspsychologie.* Göttingen: Hogrefe.

Niehaus, S., Volbert, R. & Fegert, J.M. (Hrsg.). (2017). *Entwicklungsgerechte Befragung von Kindern in Strafverfahren.* Heidelberg: Springer. https://doi.org/10.1007/978-3-662-53863-0

Reik, T. (1983). *Der unbekannte Mörder. Psychoanalytische Studien.* Frankfurt a.M.: Fischer.

Royce, T. (2012). The analysis of police crisis negotiations: Important interactional features. *International Journal of Law, Language & Discourse, 2* (3), 1–24.

Schlossberg, H. (1980). Values and Organization in Hostage and Crisis Negotiation Teams. *Annals of the New York Academy of Sciences, 347,* 113–116. https://doi.org/10.1111/j.1749-6632.1980.tb21260.x

Sporer, S.L. & Köhnken, G. (2008). Nonverbale Indikatoren von Täuschung. In R. Volbert & M. Steller (Hrsg.), *Handbuch der Rechtspsychologie.* Göttingen Hogrefe.

Steller, M. (2008). Psychophysiologische Aussagebeurteilung. In R. Volbert & M. Steller (Hrsg.), *Handbuch der Rechtspsychologie.* Göttingen: Hogrefe.

Steller, M. (2018). Revitalisierung der Lügendetektion? Zum juristischen Nutzen des Polygraphentestverfahrens – zugleich Kommentar zu AG Bautzen vom 26.10.2017. *Recht und Psychiatrie, 36* (3), 173–178.

Strentz, T. (2018). *Psychological Aspects of crisis negotiation* (3. Aufl.). New York, NY: Routledge.

Volbert, R. & Böhm, C. (2008). Falsche Geständnisse. In R. Volbert & M. Steller (Hrsg.), *Handbuch der Rechtspsychologie.* Göttingen: Hogrefe.

von Franqué, F. (2010). Zur Einschätzung der Rückfallgefahr: Das Prozessmodell der professionellen Urteilsbildung. In D. Köhler (Hrsg.), *Neue Entwicklungen der Forensischen Diagnostik in Psychologie, Psychiatrie und Sozialer Arbeit.* Frankfurt a.M.: Verlag für Polizeiwissenschaft.

Wagner, U. & Lemmer, G. (2019). Extremistische Gewalt – ein Sozio-Psycho-Modell zur Erklärung, Intervention und Prävention. *Praxis der Rechtspsychologie, 29* (1), 5–22.

Weber, A. & Berresheimer, A. (2001). Polizeiliche Vernehmungen. *Kriminalistik, 12,* 785–796.

10 Interkulturelle Aspekte der Rechtspsychologie

Stefanie Schmidt

10.1 Einleitung

Weil die Bevölkerung in Europa und in Deutschland kulturell diverser wird (Eurostat, 2021), wird auch die von rechtspsychologischen Fragestellungen betroffene Klientel immer multikultureller. Wie **Abb. 10-1** veranschaulicht, stieg der Anteil von Personen ohne deutsche Staatsbürgerschaft in Strafvollzugsanstalten in den letzten 10 Jahren um 12 % (gesamte BRD; Statistisches Bundesamt, 2021b) bzw. 22 % (Berlin; Berliner Justizvollzug, 2021). Wenigstens ein Drittel (bzw. in einigen Bundesländern mehr als die Hälfte) aller inhaftierten Personen hat demnach keine deutsche Staatsbürgerschaft und noch mehr haben einen Migrationshintergrund[15].

Die Gruppe von Personen mit Migrationshintergrund ist aber nicht nur zahlenmäßig groß, sie ist auch äußerst *heterogen*. Beispielsweise waren 2020 im Berliner Strafvollzug 86 unterschiedliche Nationalitäten repräsentiert (Berliner Justizvollzug, 2021). Die Nationalität ist jedoch nur eines von *vielen Merkmalen von Diversität*, wie Geschlecht, Alter, sexuelle Orientierung und Fähigkeiten (Gardenswartz

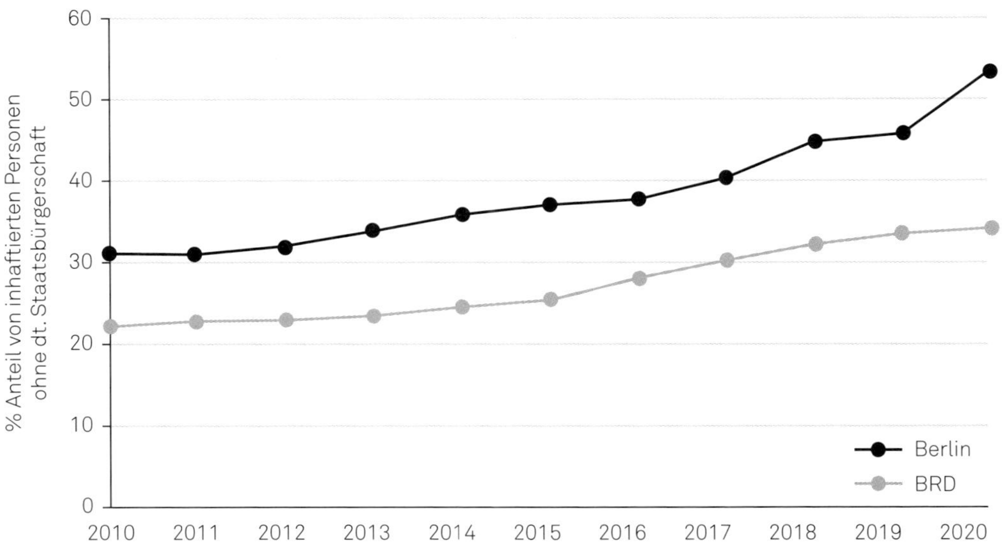

Abbildung 10-1: Anteil inhaftierter Personen ohne deutsche Staatsbürgerschaft.

15 Ein Migrationshintergrund liegt vor, wenn die Person selbst oder mindestens ein Elternteil nicht mit deutscher Staatsangehörigkeit geboren wurde (Statistisches Bundesamt, 2021a).

& Rowe, 2008). Teilen Gruppen von Menschen mit ähnlichen Merkmalen eine gemeinsame Lebensweise und Weltsicht, lässt sich dies als *Kultur* auffassen (Berry, Poortinga, Breugelmans, Chasiotis & Sam, 2011).

Eine hohe kulturelle Diversität bringt oft *Sprachbarrieren* mit sich, welche das Leben der Personen im Allgemeinen und die forensische Praxis im Spezifischen erheblich beeinflussen, weil dies zu Missverständnissen und eingeschränkten Kontaktmöglichkeiten führen kann. Aber auch *divergierende Wertevorstellungen* können Missverständnisse und Konflikte auslösen. Diese Aspekte berühren verschiedene Praxisfelder der Rechtspsychologie gleichermaßen, wie Polizei und Strafverfolgung (z. B. die Kommunikation im Rahmen von Verhören), Gerichtsverhandlungen und Konfliktlösungen (z. B. Einflüsse von Vorurteilen auf den richterlichen Urteilsprozess), Strafvollzug (z. B. die Gestaltung von Behandlungsprogrammen) sowie Begutachtungen im Rahmen des Familien-, Zivil-, Asyl- und Strafrechtes (z. B. die Validität von Kriminalprognoseinstrumenten).

Dies erfordert in allen Bereichen der Rechtspsychologie eine hohe interkulturelle Kompetenz (Kois & Chauhan, 2016). Interkulturelle Kompetenz zeichnet sich aus durch

- eine erhöhte Sensibilität, Reflexion und offene Grundhaltung
- umfangreiches Wissen über diverse kulturelle Orientierungen und Migrationsprozesse sowie
- umfassende Kompetenzen in der Begegnung und Beurteilung von Personen aus diversen Kontexten (Schmidt & van der Meer, 2018; Sue & Sue, 2013).

Die kulturelle Diversität beeinflusst dabei zwischenmenschliche Begegnungen im forensischen Kontext (s. Abschnitt 10.2 und 10.3), das Verstehen und die Erklärung von Verhalten (s. Abschnitt 10.4) sowie die Passung von diagnostischen Methoden und Interventionsmaßnahmen (s. Abschnitt 10.5).

10.2 Eigen- und Fremdwahrnehmung

In einer hochgradig komplexen Umwelt helfen Kategorisierungen, Generalisierungen und Akzentuierungen, das Wahrnehmen, Denken, Urteilen und Handeln zu vereinfachen (*Stereotype;* Tajfel, 1969). Oft beinhalten Stereotype auch Bewertungen hinsichtlich Wärme und Kompetenz (Cuddy, Fiske & Glick, 2008). Sie werden bei der sozialen Informationsverarbeitung i. S. eines ökonomischen Prozesses herangezogen und beeinflussen Verhalten in vielfältiger und oft automatisierter Weise, wenngleich sie nicht unbedingt objektive Merkmale und soziale Gegebenheiten widerspiegeln (Degner, Meiser & Rothermund, 2009). Diese Verzerrungen entstehen aber nicht nur durch die Reduktion allein, sondern auch, weil Menschen nach einer Identität streben, die sie positiv von der Fremdgruppe abhebt (Social Identity Theory; Tajfel & Turner, 2004). In der Folge können auch Verhaltensweisen gezeigt werden, die die Eigengruppe begünstigen und die Fremdgruppe benachteiligen (*Diskriminierung;* Beelmann & Jonas, 2009). Wie diese Stereotype aussehen, wie leicht sie zugänglich und wie veränderungsresistent sie sind, hängt u. a. mit den Erfahrungen im Intergruppenkontakt zusammen (Pettigrew & Tropp, 2006). In den Praxisfeldern der Rechtspsychologie gestaltet sich dieser Intergruppenkontakt häufig so, dass Beurteilende meist der Majorität angehören und die Zielgruppe öfter einer Minorität. Auch Status-, Hierarchie- und Autonomieunterschiede gestalten die Interaktion maßgeblich mit. Diese wechselseitigen Effekte der Fremdwahrnehmungen im forensischen Kontext werden folgend am Beispiel polizeilichen Handelns beleuchtet.

Auch wenn explizite fremdenfeindliche Einstellungen unter den Bediensteten der Polizei nicht stärker ausgeprägt sind als in der Allgemeinbevölkerung (Kemme, Essien & Stelter, 2020), haben sie negativere Stereotype gegenüber arabischen Männern als gegenüber deutschen Männern. Dies war insbesondere bei Bediensteten mit Berufserfahrung der Fall, welche im Vergleich zu Berufsanfängern weniger positive private Kontakterfahrungen und mehr negative berufliche Kontakterfahrungen hatten (Kemme et al., 2020). Während positive Kontakterfahrungen Vorurteile deutlich reduzieren können (Pettigrew & Tropp, 2006), stellen negative Kontakterfahrungen einen Prädiktor für negative Stereotype dar (Hayward, Tropp, Hornsey & Barlow, 2017).

Auch *implizite Stereotype* können das polizeiliche Handeln beeinflussen. Dies wurde v. a. in Nordamerika unter den Begriffen „Racial-Bias" und „Shooter-Bias" untersucht. Correll et al. (2007) stellten im Labor bei einem Computerspiel („Police-Officer-Dilemma") die Aufgabe, auf bewaffnete Personen, die in unterschiedlichen Kontexten und mit unterschiedlicher Hautfarbe dargestellt wurden, zu schießen. Dabei sollten unbewaffnete Personen verschont werden. Laien machten dabei nicht nur mehr Fehler und waren langsamer als Bedienstete der Polizei, sie zeigten auch einen deutlichen Bias hinsichtlich der Hautfarbe. Demnach entschieden sie bei schwarzen unbewaffneten Personen häufiger zu schießen als bei unbewaffneten weißen Personen. Ein solcher Bias zeigte sich hinsichtlich der Reaktionszeiten auch bei den Bediensteten der Polizei, insbesondere dann, wenn sie in Problemvierteln aktiv waren. Erklärt wird dieser Bias mit aktivierten Bedrohungs-Stereotypen. Durch Training (z. B. Polizei) und kognitive Kontrolle können diese Bedrohungs-Stereotype so weit unterdrückt werden, dass sie die Entscheidung nicht beeinflussen. Allerdings gelingt dies auch bei trainierten Personen nicht mehr, wenn zusätzliche kognitive Anforderungen, Müdigkeit oder ein hohes emotionales Arousal vorliegen (Correll, Hudson, Guillermo & Ma, 2014). Welche Auswirkungen explizite und implizite Stereotype auf diskriminierendes Handeln der Polizei in Deutschland haben, ist bisher nicht systematisch untersucht worden (Kemme et al., 2020). Krott, Krott und Zeitner (2018) konnten aber zeigen, dass ein obligatorisches interkulturelles Kompetenztraining schon während der Ausbildung explizite fremdenfeindliche Einstellungen signifikant reduziert.

Auch aufseiten der Minoritäten spielen Vorurteile eine Rolle. In einer europaweiten Befragung wurde deutlich, dass bspw. sehr gläubige muslimische Personen mit türkischem oder marokkanischem Migrationshintergrund deutlich negativere Einstellungen der Outgroup (Homosexuellen, dem Westen, den Juden) gegenüber haben als christliche Personen ohne Migrationshintergrund (Koopmans, 2015). Die Einstellungen und das Vertrauen gegenüber Polizei, Staatsanwaltschaft und Gerichten ist dagegen bei Personen mit (vs. ohne) Migrationshintergrund ähnlich hoch oder sogar höher ausgeprägt (Birkel, Church, Hummelsheim-Doss, Leitgöb-Guzy & Oberwittler, 2017). Länderübergreifend zeigt sich, dass eingewanderte Personen dann mehr Vertrauen in die Arbeit der Polizei haben, wenn sie die Staatsbürgerschaft des Landes besitzen, ein hohes Sicherheitsgefühl haben sowie eine gute Eingebundenheit in der Nachbarschaft erleben (Han, Hwang, Nobles, Basham & Piquero, 2020).

Einstellungen gegenüber anderen Gruppen sind immer auch von Erfahrungen geprägt. Von erlebten Diskriminierungen (in einem 2-Jahres-Zeitraum) berichten zwischen 24 % (EU-Bürger) und 55 % (türkischstämmig) der Personen mit Migrationshintergrund (Kühnel, Leibold & Mays, 2013). Diese Erlebnisse scheinen sich jedoch v. a. auf die Kontexte Arbeits- und Wohnungsmarkt und weniger auf die Kontexte Behörden oder Ämter zu beziehen (Schührer, 2018). Gleichzeitig deuten nicht repräsentative Opferbefragungen von polizeilicher Gewaltanwendung darauf hin, dass Personen mit Migrationshintergrund (und zwar insbesondere mit dunkler Hautfarbe) stärker diskriminiert werden, z. B. bei Personenkontrollen. Sind es aus der Perspektive der Betroffenen häufige Diskriminierungserfahrungen, die mit einer negativen Bewertung des polizeilichen Handelns zusammenhängen, wird dieses Handeln aufseiten der Polizei mit negativen Vorerfahrungen in dem jeweiligen Sozialraum begründet (Abdul-Rahman, Espín Grau, Klaus & Singelnstein, 2020). So berichten Bedienstete der Polizei, dass Angriffe auf Mitarbeitende der Polizei häufig von Personen mit Migrationshintergrund begangen werden (Jager, Klatt & Bliesener, 2013).

Erlernte wechselseitige Zuschreibungsprozesse und Vorerfahrungen bestimmen die interkulturellen Begegnungen in einem hohen Maße. Die angeführten Beispiele illustrieren, dass identitätsstiftende Zuschreibungen und komplexitätsreduzierende Vereinfachungen untrennbar mit sozialer Informationsverarbeitung verbunden sind. Dies gilt für die Seite der Betroffenen genauso wie für die Seite der Beurteilenden. Deshalb erscheint es wesentlich, diese wechselseitigen Zuschreibungsprozesse aktiv zu reflektieren.

10.3 Interkulturelle Kommunikation

Viele Missverständnisse im interkulturellen Kontext entstehen aufgrund von Sprachbarrieren. In der Praxis werden deshalb nicht selten Sprachmittelnde hinzugezogen. Um Fehlinterpretationen zu vermeiden, ist es wesentlich, eine sprachlich trainierte und interkulturell geschulte Person einzubeziehen (Wagoner, 2017). Aber auch wenn in der direkten Übersetzung keine Fehler passieren, verändert die Anwesenheit einer dritten Person den Beziehungsaufbau und die Interaktion. In dieser Konstellation ist es schwerer, Vertrauen aufzubauen und empathisch auf das Gegenüber einzugehen (Pugh & Vetere, 2009), was die Erfüllung des eigentlichen Arbeitsauftrages sehr behindern kann (s. Kap. 24 in diesem Band).

Selbst dann, wenn formal die gleiche Sprache gesprochen wird, kann sich der Kommunikationsstil interindividuell sehr unterscheiden. Eine Möglichkeit, diese Unterschiede zu erfassen, liefert das Konzept des High-Context- vs. Low-Context-Kommunikationsstils, welches maßgeblich von Edward T. Hall (1976) geprägt wurde (s. Textbox 10.1). Wenngleich diese Stile von jedem Menschen verwendet werden, gibt es unterschiedliche Präferenzen, die auch mit den kulturellen Orientierungen, Werten und Normen zu tun haben. Personen, die ein interdependentes Selbstkonzept und kollektivistische Werte priorisieren, bevorzugen eher einen High-Context-Kommunikationsstil, während Personen, die ein unabhängiges Selbstkonzept und individualistische Werte priorisieren, eher einen Low-Context-Kommunikationsstil bevorzugen (Gudykunst, Matsumoto, Nishida, Kim & Heyman, 1996).

Diese unterschiedlichen Präferenzen haben auch Auswirkungen auf die Interaktion im forensischen Kontext. So ist für die Befragung von verdächtigen Personen die Passung zwischen Interviewstrategie und Kommunikationsstil der Person entscheidend. Beune, Giebels, Adair, Fennis und van der Zee (2011) konnten im Labor zeigen, dass Personen mit einem Low-Context- (vs. High-Context-) -Stil eher bereit sind, Informationen zu liefern und die Tat zuzugeben, wenn sie mithilfe rationaler Argumentation be-

Textbox 10.1

Low-Context-Kommunikationsstil
- Explizite Formulierung
- Direkte Ansprache
- Fokus auf verbale Kommunikation
- Übermittlung der notwendigen sachbezogenen Informationen

High-Context-Kommunikationsstil
- Implizite Formulierung
- Indirekte Ansprache
- Bedeutung nonverbaler Signale
- Informationen eingebettet in soziokulturellen Kontext und Beziehungen der Personen (z. B. Status, Herkunft, Gemeinsamkeiten)

fragt wurden. Ähnliche Unterschiede wurden auch bei der Analyse von Videoaufnahmen realer polizeilicher Verdächtigen-Vernehmungen deutlich. Tatverdächtige Personen, die aus den Niederlanden (vs. Marokko) kamen, antworteten eher mit fallrelevanten persönlichen Informationen auf rationale Cues bzw. Fragetechniken der polizeilichen Vernehmung. Darüber hinaus wirkte die Methode der Einschüchterung für die beiden verdächtigen Personengruppen unterschiedlich. Einschüchterung der Person war bei Personen mit einem High-Context- (vs. Low-Context-) -Kommunikationsstil nur halb so effektiv hinsichtlich der Preisgabe persönlicher Informationen; dafür bewirkte die Einschüchterung in das Umfeld hinein (z. B. Androhung von Konsequenzen für die Familie) aber eine deutlich schnellere Preisgabe an fallrelevanten Kontextinformationen bei verdächtigen Personen aus Marokko (vs. Niederlanden; Beune, Giebels & Taylor, 2010). Außerdem zeigte sich in einer Studie, bei der Bedienstete der Polizei eine scheinbar tatverdächtige Person befragen sollten, dass freundliches Verhalten insbesondere bei Personen aus einer High-Context- (vs. Low-Context-) -Kultur dazu führte, dass sie die Tat zugaben (Beune, Giebels & Sanders, 2009). Eine beziehungsorientierte Befragung scheint demnach besser bei High-Context-Kulturen zu wirken, während eine sachorientierte Befragung eher Low-Context-Kulturen entspricht.

Auch wenn es darum geht, Lüge von Wahrheit zu unterscheiden, finden sich kulturelle Unterschiede. Weil viele Cues für Lüge bzw. Wahrheit mit der Präferenz für unterschiedliche Kommunikationsstile interagieren (z. B. die Verwendung von Pronomen der ersten Person, wiedergegebene Details), ist im interkulturellen Kontext Vorsicht geboten (Taylor, Larner, Conchie & van der Zee, 2014). Beispielsweise zeigten Vrij et al. (2020), dass arabische Personen (High Context) allgemein weniger Details in ihren Berichten wiedergeben als britische Personen (Low Context), wobei der Detailreichtum einer Schilderung i. d. R. als Indiz für deren Wahrheitsgehalt gewertet wird (s. Kap. 22 in diesem Band). Über verschiedene Kulturen hinweg scheint eher das Kriterium der geschilderten Handlungskomplikationen valide zu sein (Vrij & Vrij, 2020).

Ob es in einem interkulturellen Kontext zu einer reliablen Informationssammlung und einem kultursensiblen Verstehen kommen kann, hängt demnach nicht nur davon ab, ob es gelingt, Sprachbarrieren zu überwinden. Maßgeblich ist auch die Fähigkeit, die unterschiedlichen Präferenzen in der verbalen und nonverbalen Kommunikation zu erkennen und sich darauf einzustellen.

10.4 Kultursensible Erklärung von Verhalten

Befragungen, Beurteilungen und Interventionsmaßnahmen werden entscheidend von den Annahmen über das Erleben und Verhalten des Gegenübers gesteuert. Dabei ist nicht nur das Verhalten des Gegenübers von dessen (kultureller) Sozialisation beeinflusst. Auch die Wahrnehmung, das Denken und Urteilen der Beurteilenden sind von einer individuellen kulturellen Orientierung geprägt. Für eine kultursensible Erklärung von Verhalten ist es deshalb wesentlich, eben diese kulturbedingten Einflüsse auf beiden Seiten transparent zu machen, um Ethnozentrismus zu vermeiden. Dies wird folgend am Beispiel der Erklärung von Delinquenz erläutert.

Viele etablierte kriminalpsychologische Erklärungsansätze sind auf einer breiten empirischen Grundlage zu Prädiktoren von Delinquenz entwickelt worden (z. B. General Personality and Cognitive Social Learning Perspective, Andrews & Bonta, 2010; bio-psycho-soziales Modell kumulativer Risikofaktoren, Lösel & Bliesener, 2003; Developmental Pathways in Juvenile Externalizing and Internalizing Problems, Loeber & Burke, 2011; Integrated Cognitive-Antisocial Potential, Farrington, 2020). Diese Art und Weise der Konstruktion bedingt, dass die verwendeten Konzepte *untrennbar mit sozialen Normen verbunden* sind. So wurden in den allermeisten Studien euroamerikanische Stichproben untersucht, wodurch potenziell bedeutsame Ursachen für Delinquenz bereits selektiert wurden (Jones, Masters, Griffiths & Moulday, 2002; Shepherd & Lewis-Fernandez, 2016). Einerseits sind diese Befunde an die jeweilige Definition von Delinquenz (das Kriterium) gebunden und andererseits werden nur die Zusammenhänge signifikant, die in diesen spezifischen Stichproben häufig genug vorkommen. Auch die Formulierung der Faktoren und Konzepte (z. B. kriminelle Einstellungen) bezieht sich direkt auf spezifische Verhaltensweisen, die unerwünschte Zustände auf Basis geteilter sozialer Werte und Normen beschreiben (Cooper, 2013; Shepherd & Lewis-Fernandez, 2016; Ward, 2016). Werte und Normen unterscheiden sich aber zwischen verschiedenen kulturellen Kontexten, weshalb die Konzepte dieser Theorien nicht ohne Weiteres auf andere soziale oder kulturelle Kontexte übertragen werden können.

Eine theoriegeleitete Prüfung der Übertragbarkeit dieser Erklärungsansätze bzw. eine kultursensible Auslegung erfordert dabei ein systematisches Vorgehen. **Abbildung 10-2** stellt einen möglichen schrittweisen Prozess dar, der es durch die Spezifizierung der kulturellen Bedingtheit der Originaltheorie (links) und durch die gezielte Analyse potenzieller kulturbedingter Unterschiede ermöglicht, eine transparente

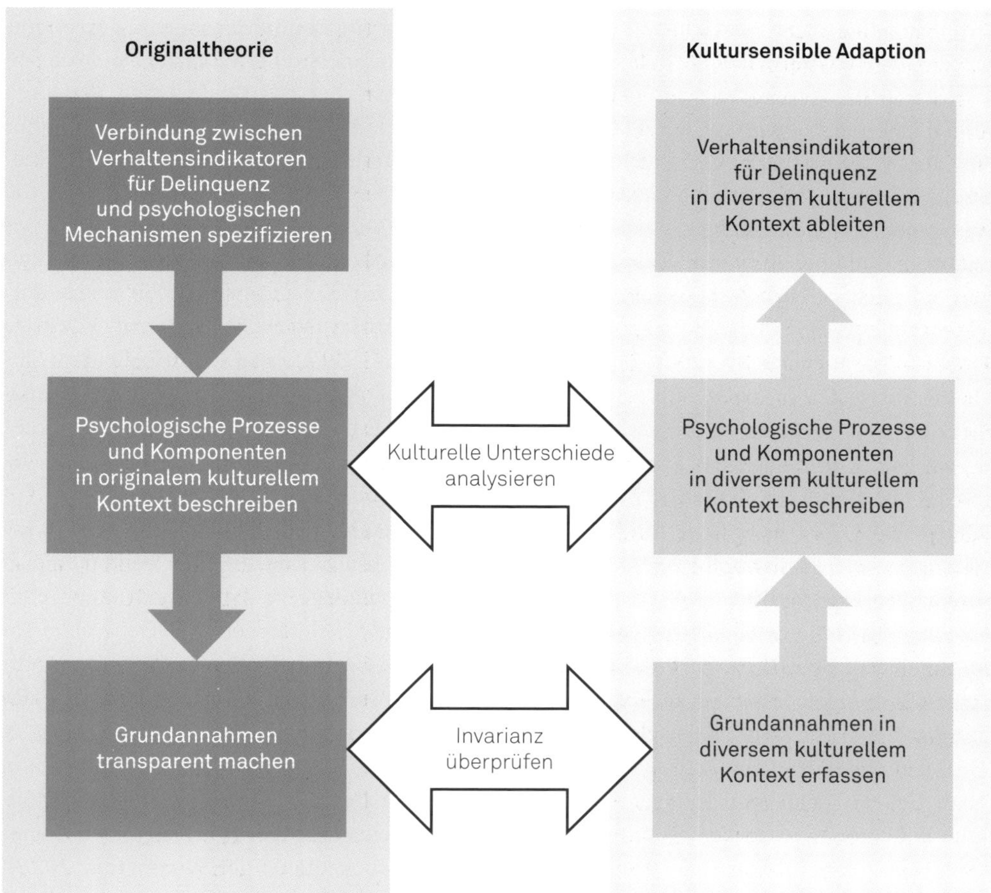

Abbildung 10-2: Schrittweise kultursensible Adaption von theoretischen Erklärungsansätzen.

Adaption in einen anderen kulturellen Kontext vorzunehmen (rechts). Es ist demnach wesentlich, zu verstehen, warum ein bestimmtes Merkmal innerhalb des kulturellen Kontextes der Originaltheorie mit Delinquenz zusammenhängt. Erst dann kann geprüft werden, ob dieser Zusammenhang in anderen kulturellen Kontexten die gleiche Bedeutung hat.

Die vage Definition einiger kriminalpsychologischer Konstrukte (z. B. dynamische Risikofaktoren) behindert ein solches Vorgehen jedoch (Schmidt, Heffernan & Ward, 2020). Oft ist unklar, auf welche psychologischen Prozesse die Indikatoren genau abzielen (Dahle, Greve, Hosser & Bliesener, 2020; Via, Dezember & Taxman, 2016) bzw. welche Aspekte der heterogenen Konstrukte auf welche Weise mit Delinquenz zusammenhängen, weshalb schon die Originaltheorie nicht ausreichend spezifiziert werden kann (Heffernan & Ward, 2017).

Doch auch Erklärungsansätze, die viel direkter auf zugrunde liegende psychologische Mechanismen abheben (z. B. General Aggression Model; Anderson & Bushman, 2002), enthalten Annahmen über menschliches Erleben und Verhalten, die auf Untersuchungen eines sehr kleinen Teils der Weltbevölkerung beruhen. Fast alle psychologischen Theorien und empirischen Erkenntnisse entstammen einem Kontext, der als *Western, Educated, Industrialized, Rich, and Democratic (WEIRD)* bezeichnet werden könnte, weshalb ihre universelle Gültigkeit angezweifelt werden kann (Henrich, 2020). Dass gängige (rechtspsychologische) Erklärungsansätze fast ausschließlich von einer WEIRD-Psychologie geprägt sind (Jones et al., 2002; Shepherd & Lewis-Fernandez, 2016), muss nicht bedeuten, dass diese Konzepte bzw. deren Operationalisierungen irrelevant in anderen kulturellen Kontexten sind. Es ist jedoch wichtig, diese Invarianz systematisch zu überprüfen bzw. gezielte Adaptionen vorzunehmen. Mit Blick auf Befunde aus der interkulturellen Psychologie (Cohen & Kitayama, 2019) müsste eine systematische Adaption dabei sehr weit in die Grundlagenpsychologie hineinreichen.

Das *Cultural Agency Model of Criminal Behavior (CAMCB)* – ein Rahmenmodell, auf dessen Basis kultursensible Theorien formuliert werden können (Schmidt, Heffernan & Ward, 2021) – fokussiert deshalb gezielt auf grundlagenpsychologische Konzepte. Auf der Ebene des Individuums werden drei aufeinander aufbauende Schritte differenziert:

1) Beschreibung der psychologischen Komponenten und Prozesse menschlichen Erlebens und Verhaltens auf eine Weise, die so allgemein ist, dass sie als *kulturell universell* gelten kann,
2) Beschreibung der spezifischen Ausformung dieser Komponenten und Prozesse gem. den wirksamen *kulturellen Traits* (geteilter Wissensnetzwerke) und *individuellen Erfahrungen,*
3) Bewertung der spezifischen Ausformungen hinsichtlich *Funktionalität, Adaptivität und Legalität.*

Wie kulturbedingte Unterschiede zu unterschiedlichen Erklärungen der gleichen delinquenten Handlung führen können, lässt sich anschaulich an den kulturellen Traits des „independent vs. interdependent self construal“ verdeutlichen. Nach Markus und Kitayama (1991, 1998, 2010) wird ein „independent self-construal“ durch Unabhängigkeit und Einzigartigkeit charakterisiert, während sich ein „interdependent self-construal“ durch Verbundenheit und Anpassung auszeichnet. **Tabelle 10-1** skizziert exemplarisch für die universelle Komponente der Zielsetzung die Wirkung dieser Selbstkonzepte (Schmidt & Ward, 2020; Schmidt et al., 2021).

Der Bezug zu der individuellen Ausprägung zentraler kultureller Traits ist entscheidend für eine valide und nicht diskriminierende kultursensible Erklärung von Verhalten (Schmidt et al., 2021). Denn die Geburt in einem Land bestimmt noch nicht, welche Traits wie manifestiert sind, ob diese befürwortet werden und welchen Einfluss dies auf das Verhalten des Einzelnen hat. In einer multikulturellen Gesell-

Tabelle 10-1: Auswirkung kultureller Unterschiede auf die Erklärung von Delinquenz am Beispiel der Handlungsplanung (Zielsetzung).

Kultureller Trait	Kulturelle Ausprägung[a]	Delinquenzbegünstigende Prozesse	Beispiel aus der Ich-Perspektive
„Independent self-construal"	Präferenz von persönlichen Zielen, Wünschen und Annäherungszielen	Egoistische Ziele, die der Selbsterhöhung, der Befriedigung eigener Bedürfnisse oder der Selbstverteidigung dienen	Ich muss etwas tun, um meine Überlegenheit zu beweisen. Dafür ist es in Ordnung, andere zu schlagen, weil das einen deutlichen Erfolg hervorbringt.
„Interdependent self-construal"	Präferenz von Zielen und Wünschen wichtiger anderer Personen und von Vermeidungszielen	Soziale Ziele, die sich auf die Ingroup beziehen und dem Erhalt des eigenen Status innerhalb der Gruppe, der positiven Evaluation durch Mitglieder der Ingroup, der Erhöhung des Ansehens der Gruppe oder zur Befriedigung der Bedürfnisse von wichtigen Bezugspersonen dienen	Ich muss mich verteidigen, um zu zeigen, dass man mit uns nicht so umspringen kann. Damit übernehme ich Verantwortung. Den anderen zu schlagen, ist das, was von mir erwartet wird und wofür ich Respekt bekommen werde.

[a] (Hamamura, Meijer, Heine, Kamaya & Hori, 2009; Kim & Sherman, 2007; Kim, Sherman & Taylor, 2008; Kitayama, Snibbe, Markus & Suzuki, 2004; Riemer, Shavitt, Koo & Markus, 2014; Snibbe & Markus, 2005; Keltner, Gruenfeld & Anderson, 2003)

schaft formen vielschichtige Akkulturationsprozesse (Berry et al., 2011) hybride Identitäten (Foroutan, 2013), welche die Zugänglichkeit zu diversen kulturellen Traits bedingen (Hong, Morris, Chiu & Benet-Martínez, 2000), die situationsabhängig unterschiedlich aktiviert werden (Oyserman & Lee, 2008).

Neben kulturellen Traits bzw. Orientierungen spielen auch spezifische Sozialisationserfahrungen, wie bspw. Flucht und Migration, im interkulturellen Kontext eine Rolle für die Erklärung von Delinquenz. Nicht selten berichten Geflüchtete von traumatisierenden Erlebnissen, die zu Beeinträchtigungen der psychischen Gesundheit oder der Verschlechterung schon bestehender Symptome führen können (Hassan, Ventevogel, Jefee-Bahloul, Barkil-Oteo & Kirmayer, 2016). Vergleichende empirische Untersuchungen zeigen, dass Geflüchtete, die mit delinquentem Verhalten auffallen, häufiger über traumatisierende Ereignisse berichten und mehr psychische Beeinträchtigungen haben (Ellis et al., 2016) bzw. von einer Vielzahl an Opfererfahrungen berichten (Feltes et al., 2020). Dies kann sich dann auf die nachfolgenden Generationen übertragen und dort gleichfalls zu Anpassungsstörungen führen (Sangalang & Vang, 2017). Auch ein eingeschränkter Zugang zu Bildungsangeboten und zum Arbeitsmarkt (Heath, Rothon & Kilpi, 2008), zu sozialen und (psycho-)medizinischen Hilfen, vorliegende Sprachbarrieren sowie der Verlust sozialer Kontakte durch (unfreiwillige) Migration (Hassan et al., 2016) stellen besondere Bedingungen von zugewanderten Personen dar. Diese wirken vielfältig auf die Identität und das Selbstwerterleben des Einzelnen (Groen, Richters, Laban & Devillé, 2018), weshalb Faktoren der Flucht und Migration bei der Erklärung von Delinquenz kultursensibel berücksichtigt werden sollten.

10.5 Kultursensible Beurteilung

Sprachbarrieren oder Unterschiede in der Kommunikation, wechselseitige stereotypenbedingte Zuschreibungen und divergierende Annahmen über Erleben und Verhalten prägen eine jede Beurteilung im interkulturellen Kontext. Um Validität und Fairness zu gewährleisten, gibt es in einigen psychologischen Fächern Leitfäden für eine kultursensible Diagnostik. Beispielsweise enthält das DSM-5-Manual (American Psychiatric Association, 2013) eine ganze Reihe an Informationen zur kulturellen Bedingtheit von bestimmten Symptomen, Kriterien zur Reflexion kultureller Unterschiede sowie eine Anleitung zur kultursensiblen Falldarstellung (Lewis-Fernández et al., 2014; Lewis-Fernández et al., 2017). Manuale zu einer kultursensiblen Begutachtung finden sich in den rechtspsychologischen Domänen dagegen bisher noch nicht. Im Folgenden werden wesentliche Gesichtspunkte, die über die bisher schon besprochenen interkulturellen Aspekte hinausgehen, am Beispiel der Gefährlichkeitsbeurteilung bzw. Kriminalprognose diskutiert.

Die allermeisten *statistischen Verfahren zur Kriminalprognose* wurden in einem WEIRD-Land entwickelt und validiert (Andrews et al., 2011; Shepherd & Spivak, 2021; Tamatea, 2017). Sollen diese Verfahren in diversen kulturellen Kontexten zur Anwendung kommen, fordern die ethischen Standards der American Psychological Association, dass dies nur bei Testverfahren möglich ist, „whose validity and reliability have been established for use with members of the population tested" (American Psychological Association, 2017, 9.02). Eine solche Prüfung kultureller Invarianz steht bei den allermeisten Instrumenten aber noch aus (Hart, 2016). Dabei müssten nicht nur klassische Maße der Reliabilität und Validität verglichen werden, sondern es sollten ebenso die Invarianz der gemessenen Konstrukte sowie die funktionale, strukturelle und metrische Äquivalenz sichergestellt werden (Cooke, Michie, Hart & Clark, 2005; Schmidt et al., 2020; van de Vijver & Leung, 2011). Auch bei den Verfahren, die für Deutschland adaptiert und normiert wurden, sind solche systematischen Prüfungen bisher kaum erfolgt. Kulturell diverse Gruppen sind in den Normstichproben zudem nur unzureichend vertreten (z. B. Dahle, Hawardt & Schneider-Njepel, 2012; Mokros, Hollerbach, Nitschke & Habermeyer, 2017; Rettenberger, Hertz & Eher, 2017).

Bei Instrumenten, bei denen bereits systematische kulturvergleichende Analysen durchgeführt wurden, bestehen Zweifel an deren universeller Gültigkeit. Dies zeigen Metaanalysen (Gutierrez, Wilson, Rugge & Bonta, 2013; Olver, Stockdale & Wormith, 2009; Olver, Stockdale & Wormith, 2014), internationale (Bechtel, Lowenkamp & Latessa, 2007; Dahle & Schmidt, 2014; Fass, Heilbrun, Dematteo & Fretz, 2008; Holsinger, Lowenkamp & Latessa, 2006; Lowder, Morrison, Kroner & Desmarais, 2019; McGrath, Thompson & Goodman-Delahunty, 2018; Schlager & Simourd, 2007; Shepherd, Singh & Fullam, 2015; Wormith, Hogg & Guzzo, 2015) und nationale (Dahle & Schmidt, 2014; Schmidt, van der Meer, Tydecks & Bliesener, 2018) Studien zur prädiktiven Validität eines der verbreitetsten Verfahren, des Level of Service Inventory-Revised (Andrews & Bonta, 1995). Danach fällt die prädiktive Validität bei kulturell diversen Minderheiten geringer aus und schwankt über die verschiedenen Stichproben hinweg stärker, was sich bisher jedoch kaum erklären ließ (Schmidt et al., 2020).

Eine Möglichkeit, den Schwächen statistischer Instrumente etwas zu entgehen, ist die

Methode des *Structured Professional Judgement* (vgl. Douglas & Webster, 2016) – eine Kombination aus standardisierter und einzelfallorientierter Herangehensweise. Dies erhöht den Spielraum für die Beachtung von Besonderheiten im interkulturellen Kontext. Der Beurteilende kann die Items der Checkliste anpassen bzw. dem Einzelfall entsprechend gewichten und interpretieren bzw. etwaige zusätzliche Einflüsse beachten (z. B. Schmidt, Bliesener & van der Meer, 2019). Dieser Spielraum impliziert jedoch auch die Gefahr einer verzerrten Beurteilung sowie das Risiko, dass zugunsten einer scheinbar kulturadäquaten Erhebung Einbußen in der prädiktiven Validität hingenommen werden müssen (Shepherd & Spivak, 2021).

Wird der Urteilsprozess *gänzlich am Einzelfall* ausgerichtet (Dahle, 2010), ist es möglich, die kulturelle Identität, Werte und Orientierungen des Betreffenden umfassend zu berücksichtigen. Allerdings gibt es dafür nur eine sehr dünne wissenschaftliche Fundierung, an der sich der Beurteilende orientieren könnte. Es gibt kaum kulturell adaptierte bzw. kultursensible Theorien zur Erklärung delinquenten Verhaltens. Dies erfordert von jedem einzelnen Beurteilenden einen kultursensiblen Adaptionsprozess der WEIRD-Theorien (s. **Abb. 10-2**). Damit dieser hochgradig komplexe Prozess nicht rein subjektiv und damit entweder rein kulturalisierend oder ethnozentristisch ist, muss ein hohes Maß an interkultureller Kompetenz und Erfahrung vorliegen.

Insgesamt sollten bei der Auswahl bzw. Anpassung der Theorien, Messinstrumente und Beurteilungskriterien die individuelle Ausprägung der kulturell verankerten Aspekte und das daraus resultierende Verhalten ausschlaggebend sein, nicht aber die Zugehörigkeit zu einer Nationalität oder Ethnie. Deshalb erscheint es für Begutachtungen im interkulturellen Kontext sinnvoll, grundlegende kulturelle Traits (Orientierungen, Werte, Normen, Gewohnheiten) zu erheben, bevor der eigentliche Urteilsprozess beginnt (Schmidt & Ward, 2020). Denn schon die Art und Weise der Kommunikation (s. Abschnitt 10.2), bspw. im Rahmen der Exploration (Barber Rioja & Rosenfeld, 2018), determiniert die Informationssammlung und steuert somit den gesamten weiteren Urteilsprozess.

10.6 Weiterführende Literatur

Berry, J. W., Poortinga, Y. H., Breugelmans, S. M., Chasiotis, A. & Sam, D. L. (2011). *Cross-cultural psychology: Research and applications* (3rd ed.). Cambridge: Cambridge University Press. https://doi.org/10.1017/CBO9780511974274

Cohen, D. & Kitayama, S. (Eds.). (2019). *Handbook of Cultural Psychology* (2nd ed.). New York, NY: Guilford Publications.

Literatur

Abdul-Rahman, L., Espín Grau, H., Klaus, L. & Singelnstein, T. (2020). *Rassismus und Diskriminierungserfahrungen im Kontext polizeilicher Gewaltausübung.* Bochum: Ruhr-Universität.

American Psychiatric Association. (2013). *Diagnostic and statistical manual of mental disorders.* Washington, DC: American Psychiatric Association. Verfügbar unter https://doi.org/10.1176/appi.books.9780890425596

American Psychological Association. (Hrsg.). (2017). *Ethical principles of psychologists and code of conduct.* Zugriff am 21. Februar 2018 unter http://www.apa.org/ethics/code/

Anderson, C. A. & Bushman, B. J. (2002). Human aggression. *Annual Review of Psychology, 53* (1), 27–51. https://doi.org/10.1146/annurev.psych.53.100901.135231

Andrews, D. A. & Bonta, J. (1995). *LSI-R. The level of service inventory-revised user's manual.* Toronto: Multi-Health Systems.

Andrews, D. A. & Bonta, J. (2010). *The psychology of criminal conduct.* Cincinnati, OH: Anderson Publishing.

Andrews, D. A., Bonta, J., Wormith, S., Guzzo, L., Brews, A., Rettinger, J. et al. (2011). Sources of variability in estimates of predictive validity: A specification with level of service general risk and need. *Criminal Justice and Behavior, 38* (5), 413–432. https://doi.org/10.1177/0093854811401990

Barber Rioja, V. & Rosenfeld, B. (2018). Addressing linguistic and cultural differences in the forensic interview. *International Journal of Forensic Mental Health, 17* (4), 377–386. https://doi.org/10.1080/14999013.2018.1495280

Bechtel, K., Lowenkamp, C.T. & Latessa, E. (2007). Assessing the risk of re-offending for juvenile offenders using the youth level of service/case management inventory. *Journal of Offender Rehabilitation, 45* (3–4), 85–108. https://doi.org/10.1300/J076v45n03_04

Beelmann, A. & Jonas, K.J. (Hrsg.). (2009). *Diskriminierung und Toleranz. Psychologische Grundlagen und Anwendungsperspektiven.* Wiesbaden: VS Verlag für Sozialwissenschaften. https://doi.org/10.1007/978-3-531-91621-7

Berliner Justizvollzug. (2021). *Merkmale der Gefangenen und Sicherungsverwahrten (ab 2020 einschließlich Untersuchungshaft, Zivilhaft, Berliner Justizvollzug.* Verfügbar unter https://www.berlin.de/justizvollzug/service/zahlen-und-fakten/merkmale-der-strafgefangenen-und-sicherungsverwahrten/

Berry, J.W., Poortinga, Y.H., Breugelmans, S.M., Chasiotis, A. & Sam, D.L. (2011). *Cross-cultural psychology. Research and applications* (3th ed.). Cambridge, New York: Cambridge University Press. https://doi.org/10.1017/CBO9780511974274

Beune, K., Giebels, E., Adair, W.L., Fennis, B.M. & van der Zee, K.I. (2011). Strategic sequences in police interviews and the importance of order and cultural fit. *Criminal Justice and Behavior, 38* (9), 934–954. https://doi.org/10.1177/0093854811412170

Beune, K., Giebels, E. & Sanders, K. (2009). Are you talking to me? Influencing behaviour and culture in police interviews. *Psychology, Crime & Law, 15* (7), 597–617. https://doi.org/10.1080/10683160802442835

Beune, K., Giebels, E. & Taylor, P.J. (2010). Patterns of interaction in police interviews: The role of cultural dependency. *Criminal Justice and Behavior, 37* (8), 904–925. https://doi.org/10.1177/0093854810369623

Beune, K., Giebels, E. & Sanders, K. (2009). Are you talking to me? Influencing behaviour and culture in police interviews. *Psychology, Crime & Law, 15* (7), 597–617. https://doi.org/10.1080/10683160802442835

Birkel, C., Church, D., Hummelsheim-Doss, D., Leitgöb-Guzy, M. & Oberwittler, D. (2017). *Der deutsche Viktimisierungssurvey 2017. Opfererfahrungen, kriminalitätsbezogene Einstellungen sowie die Wahrnehmung von Unsicherheit und Kriminalität in Deutschland.* Wiesbaden: Bundeskriminalamt.

Cohen, D. & Kitayama, S. (Hrsg.). (2019). *Handbook of Cultural Psychology* (2. Aufl.). New York, NY: Guilford Publications. Verfügbar unter https://ebookcentral.proquest.com/lib/gbv/detail.action?docID=5626667

Cooke, D.J., Michie, C., Hart, S.D. & Clark, D. (2005). Searching for the pan-cultural core of psychopathic personality disorder. *Personality and Individual Differences, 39* (2), 283–295. https://doi.org/10.1016/j.paid.2005.01.004

Cooper, R. (2013). Natural kinds. In M. Davies, G. Graham, J. Sadler, G. Stanghellini & T. Thornton (Eds.), *The Oxford handbook of philosophy and psychiatry* (International perspectives in philosophy and psychiatry, pp. 950–964). Oxford: Oxford University Press.

Correll, J., Hudson, S.M., Guillermo, S. & Ma, D.S. (2014). The police officer's dilemma: A decade of research on racial bias in the decision to shoot. *Social and Personality Psychology Compass, 8* (5), 201–213. https://doi.org/10.1111/spc3.12099

Correll, J., Park, B., Judd, C.M., Wittenbrink, B., Sadler, M.S. & Keesee, T. (2007). Across the thin blue line: Police officers and racial bias in the decision to shoot. *Journal of Personality and Social Psychology, 92* (6), 1006–1023. https://doi.org/10.1037/0022-3514.92.6.1006

Cuddy, A.J.C., Fiske, S.T. & Glick, P. (2008). Warmth and competence as universal dimensions of social perception: The stereotype content model and the BIAS Map. *Advances in Experimental Social Psychology, 40,* 61–149.

Dahle, K.-P. (2010). Die Begutachtung der Gefährlichkeit- und Kriminalprognose des Rechtsbrechers. In R. Volbert & K.-P. Dahle (Hrsg.), *Forensisch-psychologische Diagnostik im Strafverfahren* (S. 67–114). Göttingen: Hogrefe.

Dahle, K.-P., Greve, W., Hosser, D. & Bliesener, T. (2020). Das Gefängnis als Entwicklungsraum. *Forensische Psychiatrie, Psychologie, Kriminologie, 14* (1), 3–21. https://doi.org/10.1007/s11757-019-00569-w

Dahle, K.-P., Hawardt, F. & Schneider-Njepel, V. (2012). *Inventar zur Risikoeinschätzung und Behandlungsplanung bei Straftätern. Deutsche Version des Level of Service Inventory – Revised (LSI-R) nach Don Andrews und James Bonta.* Göttingen: Hogrefe.

Dahle, K.-P. & Schmidt, S. (2014). Prognostische Validität des Level of Service Inventory-Revised. *Forensische Psychiatrie, Psychologie, Kriminologie, 8*

(2), 104–115. https://doi.org/10.1007/s11757-014-0256-5

Degner, J., Meiser, T. & Rothermund, K. (2009). Kognitive und sozial-kognitive Determinanten: Stereotype und Vorurteile. In A. Beelmann & K. J. Jonas (Hrsg.), *Diskriminierung und Toleranz* (Bd. 3, S. 75–93). Wiesbaden: VS Verlag für Sozialwissenschaften.

Douglas, K. S. & Webster, C. D. (2016). The HCR-20 Violence Risk Assessment Scheme. *Criminal Justice and Behavior, 26* (1), 3–19.

Ellis, B. H., Abdi, S. M., Lazarevic, V., White, M. T., Lincoln, A. K., Stern, J. E. et al. (2016). Relation of psychosocial factors to diverse behaviors and attitudes among Somali refugees. *The American Journal of Orthopsychiatry, 86* (4), 393–408. https://doi.org/10.1037/ort0000121

Eurostat. (2021). *Demographische Veränderung – absoluter und relativer Bevölkerungsstand auf nationaler Ebene.* Verfügbar unter https://ec.europa.eu/eurostat/databrowser/view/demo_gind/default/table?lang=de

Farrington, D. P. (2020). The Integrated Cognitive Antisocial Potential (ICAP) Theory: Past, present, and future. *Journal of Developmental and Life-Course Criminology, 6* (2), 172–187. https://doi.org/10.1007/s40865-019-00112-9

Fass, T. L., Heilbrun, K., Dematteo, D. & Fretz, R. (2008). The LSI-R and the COMPAS. Validation data on two risk-needs tools. *Criminal Justice and Behavior, 35* (9), 1095–1108. https://doi.org/10.1177/0093854808320497

Feltes, T., Goeckenjan, I., Singelnstein, T., Schartau-Engelking, L., Roy-Pogodzik, C., Voußen, B. et al. (2020). *Abschlussbericht des Forschungsprojekts „Flucht als Sicherheitsproblem“* Bochum: Universität Bochum, Juristische Fakultät, Lehrstuhl für Strafrecht und Strafprozessrecht.

Foroutan, N. (2013). Hybride Identitäten. In H. U. Brinkmann & H.-H. Uslucan (Hrsg.), *Dabeisein und Dazugehören* (S. 85–99). Wiesbaden: Springer.

Gardenswartz, L. & Rowe, A. (2008). The effective management of cultural diversity. In M. A. Moodian (Ed.), *Contemporary leadership and intercultural competence. Exploring the cross-cultural dynamics within organizations* (pp. 35–44). Thousand Oaks, CA: Sage Publications.

Groen, S. P. N., Richters, A., Laban, C. J. & Devillé, W. L. J. M. (2018). Cultural identity among Afghan and Iraqi traumatized refugees: Towards a conceptual framework for mental health care professionals. *Culture, Medicine and Psychiatry, 42* (1), 69–91. https://doi.org/10.1007/s11013-016-9514-7

Gudykunst, W. B., Matsumoto, Y., Nishida, T., Kim, K. & Heyman, S. (1996). The influence of cultural individualism-collectivism, self construals, and individual values on communication styles across cultures. *Human Communication Research, 22* (4), 510–543. https://doi.org/10.1111/j.1468-2958.1996.tb00377.x

Gutierrez, L., Wilson, H. A., Rugge, T. & Bonta, J. (2013). The prediction of recidivism with Aboriginal offenders. A theoretically informed meta-analysis. *Canadian Journal of Criminology and Criminal Justice, 55* (1), 55–99. https://doi.org/10.3138/cjccj.2011.E.51

Hall, E. T. (1976). *Beyond culture* (Anchor books edition Anthropology). New York, NY: Anchor Books.

Hamamura, T., Meijer, Z., Heine, S. J., Kamaya, K. & Hori, I. (2009). Approachavoidance motivation and information processing: A cross-cultural analysis. *Personality and Social Psychology Bulletin, 35* (4), 454–462. https://doi.org/10.1177/0146167208329512

Han, S., Hwang, E., Nobles, M. R., Basham, S. L. & Piquero, A. R. (2020). Immigrants' confidence in the police in 34 countries: A multilevel analysis. *Police Quarterly, 23* (1), 106–137. https://doi.org/10.1177/1098611119883424

Hart, S. D. (2016). Culture and violence risk assessment. The case of Ewert v. Canada. *Journal of Threat Assessment and Management, 3* (2), 76–96. https://doi.org/10.1037/tam0000068

Hassan, G., Ventevogel, P., Jefee-Bahloul, H., Barkil-Oteo, A. & Kirmayer, L. J. (2016). Mental health and psychosocial wellbeing of Syrians affected by armed conflict. *Epidemiology and Psychiatric Sciences, 25* (2), 129–141. https://doi.org/10.1017/S2045796016000044

Hayward, L. E., Tropp, L. R., Hornsey, M. J. & Barlow, F. K. (2017). Toward a comprehensive understanding of intergroup contact: Descriptions and mediators of positive and negative contact among majority and minority groups. *Personality & Social Psychology Bulletin, 43* (3), 347–364. https://doi.org/10.1177/0146167216685291

Heath, A. F., Rothon, C. & Kilpi, E. (2008). The second generation in Western Europe: Education, unemployment, and occupational attainment. *Annual Review of Sociology, 34* (1), 211–235. https://doi.org/10.1146/annurev.soc.34.040507.134728

Heffernan, R. & Ward, T. (2017). A comprehensive theory of dynamic risk and protective factors. *Ag-*

gression and Violent Behavior, 37, 129–141. https://doi.org/10.1016/j.avb.2017.10.003

Henrich, J. P. (2020). *Weirdest people in the world. How the West became psychologically peculiar and particularly prosperous.* London: Allen Lane.

Holsinger, A. M., Lowenkamp, C. T. & Latessa, E. J. (2006). Exploring the validity of the Level of Service Inventory-Revised with Native American offenders. *Journal of Criminal Justice, 34* (3), 331–337. https://doi.org/10.1016/j.jcrimjus.2006.03.009

Hong, Y.-Y., Morris, M. W., Chiu, C.-Y. & Benet-Martínez, V. (2000). Multicultural minds: A dynamic constructivist approach to culture and cognition. *American Psychologist, 55* (7), 709–720. https://doi.org/10.1037/0003-066X.55.7.709

Jager, J., Klatt, T. & Bliesener, T. (2013). *Gewalt gegen Polizeibeamtinnen und Polizeibeamte. Die subjektive Sichtweise zur Betreuung und Fürsorge, Aus- und Fortbildung, Einsatznachbereitung, Belastung und Ausstattung.* Kiel: Christian-Albrechts-Universität.

Jones, R., Masters, M., Griffiths, A. & Moulday, N. (2002). Culturally relevant assessment of indigenous offenders: A literature review. *Australian Psychologist, 37* (3), 187–197. https://doi.org/10.1080/00050060210001706866

Keltner, D., Gruenfeld, D. H. & Anderson, C. (2003). Power, approach, and inhibition. *Psychological Review, 110* (2), 265–284. https://doi.org/10.1037/0033-295X.110.2.265

Kemme, S., Essien, I. & Stelter, M. (2020). Antimuslimische Einstellungen in der Polizei? *Monatsschrift für Kriminologie und Strafrechtsreform, 103* (2), 129–149. https://doi.org/10.1515/mks-2020-2048

Kim, H. S. & Sherman, D. K. (2007). „Express yourself“: Culture and the effect of self-expression on choice. *Journal of Personality and Social Psychology, 92* (1), 1–11. https://doi.org/10.1037/0022-3514.92.1.1

Kim, H. S., Sherman, D. K. & Taylor, S. E. (2008). Culture and social support. *American Psychologist, 63* (6), 518–526. https://doi.org/10.1037/0003-066X

Kitayama, S., Snibbe, A. C., Markus, H. R. & Suzuki, T. (2004). Is there any „free“ choice? *Psychological Science, 15* (8), 527–533. https://doi.org/10.1111/j.0956-7976.2004.00714.x

Kois, L. & Chauhan, P. (2016). Forensic evaluators' self-reported engagement in culturally competent practices. *International Journal of Forensic Mental Health, 15* (4), 312–322. https://doi.org/10.1080/14999013.2016.1228089

Koopmans, R. (2015). Religious fndamentalism and hostility against out-groups: A comparison of Muslims and Christians in Western Europe. *Journal of Ethnic and Migration Studies, 41* (1), 33–57. https://doi.org/10.1080/1369183X.2014.935307

Krott, N. R., Krott, E. & Zeitner, I. (2018). Xenophobic attitudes in German police officers. *International Journal of Police Science & Management, 20* (3), 174–184. https://doi.org/10.1177/1461355718788373

Kühnel, S., Leibold, J. & Mays, A. (2013). Die gegenseitigen Wahrnehmungen und Einstellungen von Einheimischen und MigrantInnen. In H. U. Brinkmann & H.-H. Uslucan (Hrsg.), *Dabeisein und Dazugehören* (S. 203–226). Wiesbaden: Springer.

Lewis-Fernández, R., Aggarwal, N. K., Bäärnhielm, S., Rohlof, H., Kirmayer, L. J., Weiss, M. G. et al. (2014). Culture and psychiatric evaluation: Operationalizing cultural formulation for DSM-5. *Psychiatry, 77* (2), 130–154. https://doi.org/10.1521/psyc.2014.77.2.130

Lewis-Fernández, R., Aggarwal, N. K., Lam, P. C., Galfalvy, H., Weiss, M. G., Kirmayer, L. J. et al. (2017). Feasibility, acceptability and clinical utility of the Cultural Formulation Interview: Mixed-methods results from the DSM-5 international field trial. *The British Journal of Psychiatry: the Journal of Mental Science, 210* (4), 290–297. https://doi.org/10.1192/bjp.bp.116.193862

Loeber, R. & Burke, J. D. (2011). Developmental pathways in juvenile externalizing and internalizing problems. *Journal of Research on Adolescence: the Official Journal of the Society for Research on Adolescence, 21* (1), 34–46. https://doi.org/10.1111/j.1532-7795.2010.00713.x

Lösel, F. & Bliesener, T. (2003). *Aggression und Delinquenz unter Jugendlichen. Untersuchungen von kognitiven und sozialen Bedingungen.* Neuwied: Luchterhand.

Lowder, E. M., Morrison, M. M., Kroner, D. G. & Desmarais, S. L. (2019). Racial rias and LSI-R assessments in probation sentencing and outcomes. *Criminal Justice and Behavior, 46* (2), 210–233. https://doi.org/10.1177/0093854818789977

Markus, H. R. & Kitayama, S. (1991). Culture and the self. Implications for cognition, emotion, and motivation. *Psychological Review, 98* (2), 224–253.

Markus, H. R. & Kitayama, S. (1998). The cultural psychology of personality. *Journal of Cross-Cultural Psychology, 29* (1), 63–87. https://doi.org/10.1177/0022022198291004

Markus, H.R. & Kitayama, S. (2010). Cultures and selves: A cycle of mutual constitution. *Perspectives on Psychological Science: A Journal of the Association for Psychological Science, 5* (4), 420–430. https://doi.org/10.1177/1745691610375557

McGrath, A.J., Thompson, A.P. & Goodman-Delahunty, J. (2018). Differentiating predictive validity and practical utility for the Australian adaptation of the Youth Level of Service/Case Management Inventory. *Criminal Justice and Behavior, 45* (6), 820–839. https://doi.org/10.1177/0093854818762468

Mokros, A., Hollerbach, P., Nitschke, J. & Habermeyer, E. (2017). *PCL-R: Hare Psychopathy Checklist – Revised. Deutsche Version der Hare Psychopathy Checklist – Revised (PCL-R) von R.D. Hare.* Göttingen: Hogrefe.

Olver, M.E., Stockdale, K.C. & Wormith, J.S. (2009). Risk assessment with young offenders. *Criminal Justice and Behavior, 36* (4), 329–353. https://doi.org/10.1177/0093854809331457

Olver, M.E., Stockdale, K.C. & Wormith, J.S. (2014). Thirty years of research on the Level of Service Scales: A meta-analytic examination of predictive accuracy and sources of variability. *Psychological Assessment, 26* (1), 156–176. https://doi.org/10.1037/a0035080

Oyserman, D. & Lee, S.W.S. (2008). Does culture influence what and how we think? Effects of priming individualism and collectivism. *Psychological Bulletin, 134* (2), 311–342. https://doi.org/10.1037/0033-2909.134.2.311

Pettigrew, T.F. & Tropp, L.R. (2006). A meta-analytic test of intergroup contact theory. *Journal of Personality and Social Psychology, 90* (5), 751–783. https://doi.org/10.1037/0022-3514.90.5.751

Pugh, M.A. & Vetere, A. (2009). Lost in translation: an interpretative phenomenological analysis of mental health professionals' experiences of empathy in clinical work with an interpreter. *Psychology and Psychotherapy, 82* (Pt 3), 305–321. https://doi.org/10.1348/147608308X397059

Rettenberger, M., Hertz, P.G. & Eher, R. (2017). *Die deutsche Version des Violence Risk Appraisal Guide-Revised* (VRAG-R) (BM-Online, Elektronische Schriftenreihe der Kriminologischen Zentralstelle e.V.). Wiesbaden: Krimonologische Zentralstelle e.V.

Riemer, H., Shavitt, S., Koo, M. & Markus, H.R. (2014). Preferences don't have to be personal: expanding attitude theorizing with a cross-cultural perspective. *Psychological Review, 121* (4), 619–648. https://doi.org/10.1037/a0037666

Sangalang, C.C. & Vang, C. (2017). Intergenerational trauma in refugee families: A systematic review. *Journal of Immigrant and Minority Health, 19* (3), 745–754. https://doi.org/10.1007/s10903-016-0499-7

Schlager, M.D. & Simourd, D.J. (2007). Validity of the Level of Service Inventory-Revised (LSI-R) among African American and Hispanic male offenders. *Criminal Justice and Behavior, 34* (4), 545–554. https://doi.org/10.1177/0093854806296039

Schmidt, S., Bliesener, T. & van der Meer, E. (2019). Risk and protective factors of delinquency that are sensitive to migration and culture. *Psychology, Crime & Law, 18* (2), 1–27. https://doi.org/10.1080/1068316X.2019.1597088

Schmidt, S., Heffernan, R. & Ward, T. (2020). Why we cannot explain cross-cultural differences in risk assessment. *Aggression and Violent Behavior, 50*, 101346. https://doi.org/10.1016/j.avb.2019.101346

Schmidt, S., Heffernan, R. & Ward, T. (2021). The cultural agency-model of criminal behavior. *Aggression and Violent Behavior, 58* (1), 101554. https://doi.org/10.1016/j.avb.2021.101554

Schmidt, S. & van der Meer, E. (2018). *Leitlinien für interkulturelle Kompetenztrainings in der Arbeit mit Straffälligen.* Verfügbar unter www.intercultural-psychology.com

Schmidt, S., van der Meer, E., Tydecks, S. & Bliesener, T. (2018). How culture and migration affect risk assessment. *The European Journal of Psychology Applied to Legal Context, 10* (2), 65–78. https://doi.org/10.5093/ejpalc2018a7

Schmidt, S. & Ward, T. (2020). Delinquenz kultursensibel erklären – ein theoretisches Rahmenmodell. *Forensische Psychiatrie, Psychologie, Kriminologie, 30*, 47.

Schührer, S. (2018). *Türkeistämmige Personen in Deutschland. Erkenntnisse aus der Repräsentativuntersuchung „Ausgewählte Migrantengruppen in Deutschland 2015" (RAM).* Berlin: Bundesamt für Migration und Flüchtlinge.

Shepherd, S.M. & Lewis-Fernandez, R. (2016). Forensic risk assessment and cultural diversity. Contemporary challenges and future directions. *Psychology, Public Policy, and Law, 22* (4), 427–438.

Shepherd, S.M., Singh, J.P. & Fullam, R. (2015). Does the Youth Level of Service/Case Management Inventory generalize across ethnicity? *International*

Journal of Forensic Mental Health, 14 (3), 193–204. https://doi.org/10.1080/14999013.2015.1086450

Shepherd, S. M. & Spivak, B. L. (2021). Finding colour in conformity part II – Reflections on structured professional judgement and cross-cultural risk assessment. *International Journal of Offender Therapy and Comparative Criminology, 65* (1), 92–99. https://doi.org/10.1177/0306624X20928025

Snibbe, A. C. & Markus, H. R. (2005). You can't always get what you want: Educational attainment, agency, and choice. *Journal of Personality and Social Psychology, 88* (4), 703–720. https://doi.org/10.1037/0022-3514.88.4.703

Statistisches Bundesamt. (2021a). *Bevölkerung nach Migrationshintergrund und Geschlecht, Statistisches Bundesamt.* Verfügbar unter https://www.destatis.de/DE/Themen/Gesellschaft-Umwelt/Bevoelkerung/Migration-Integration/Tabellen/liste-migrationshintergrund-geschlecht.html

Statistisches Bundesamt. (2021b). *Justiz und Rechtspflege, Statistisches Bundesamt.* Verfügbar unter https://www.destatis.de/DE/Themen/Staat/Justiz-Rechtspflege/_inhalt.html

Sue, D. W. & Sue, D. (2013). *Counseling the culturally diverse. Theory and practice* (6th ed.). Hoboken, NJ: Wiley.

Tajfel, H. (1969). Cognitive aspects of prejudice. *Journal of Social Issues, 25* (4), 79–97. https://doi.org/10.1111/j.1540-4560.1969.tb00620.x

Tajfel, H. & Turner, J. C. (2004). The social identity theory of intergroup behavior. In J. T. Jost & J. Sidanius (Eds.), *Political psychology* (Key readings in social psychology, pp. 276–293). New York, NY: Psychology Press.

Tamatea, A. J. (2017). Culture is our business: Issues and challenges for forensic and correctional psychologists. *Australian Journal of Forensic Sciences, 49* (5), 564–578. https://doi.org/10.1080/00450618.2016.1237549

Taylor, P. J., Larner, S., Conchie, S. M. & van der Zee, S. (2014). Cross-cultural deception detection. In P. A. Granhag, A. Vrij & B. Verschuere (Eds.), *Detecting Deception* (pp. 175–202). Chichester: John Wiley & Sons.

van de Vijver, F. & Leung, K. (2011). Equivalence and bias: A review of concepts, models, and data analytic procedures. In D. R. Matsumoto & F. J. R. van de Vijver (Eds.), *Cross-cultural research methods in psychology* (Culture and psychology, pp. 17–45). Cambridge: Cambridge University Press.

Via, B., Dezember, A. & Taxman, F. S. (2016). Exploring how to measure crimenogenic needs. Five instruments and no real answers. In F. S. Taxman (Ed.), *Handbook on risk and need assessment. Theory and practice* (The ASC Division on Corrections & Sentencing Handbook Series, pp. 312–330). Florence: Taylor and Francis.

Vrij, A., Leal, S., Mann, S., Vernham, Z., Dalton, G., Serok-Jeppa, O. et al. (2020). „Please tell me all you remember": A comparison between British and Arab interviewees' free narrative performance and its implications for lie detection. *Psychiatry, Psychology and Law, 7* (6), 1–14. https://doi.org/10.1080/13218719.2020.1805812

Vrij, A. & Vrij, S. (2020). Complications travel: A cross-cultural comparison of the proportion of complications as a verbal cue to deceit. *Journal of Investigative Psychology and Offender Profiling, 17* (1), 3–16. https://doi.org/10.1002/jip.1538

Wagoner, R. C. (2017). The use of an interpreter during a forensic interview: Challenges and considerations. *Psychiatric Services, 68* (5), 507–511. https://doi.org/10.1176/appi.ps.201600020

Ward, T. (2016). Dynamic risk factors: Scientific kinds or predictive constructs. *Psychology, Crime & Law, 22* (1–2), 2–16. https://doi.org/10.1080/1068316X.2015.1109094

Wormith, J. S., Hogg, S. M. & Guzzo, L. (2015). The predictive validity of the LS/CMI with Aboriginal offenders in Canada. *Criminal Justice and Behavior, 42* (5), 481–508. https://doi.org/10.1177/0093854814552843

11 Viktimologie – psychologische Aspekte der Opferforschung

Cathleen Kappes, Farina Rühs und Werner Greve

Obwohl die Viktimologie in der Kriminologie eine längere Tradition hat, ist Opferforschung aus psychologischer Perspektive eher selten. Das ist bedauerlich, denn die Untersuchung krimineller Opfererfahrungen bietet einerseits viele Anknüpfungspunkte an psychologische Forschungslinien und kann andererseits die kriminologische Perspektive fruchtbar ergänzen. Im folgenden Kapitel soll dies anhand der Auseinandersetzung mit dem Begriff „Opfer" veranschaulicht und an der Darstellung von drei traditionellen Forschungsschwerpunkten exemplarisch verdeutlicht werden. Abschließend wird eine bewältigungstheoretische und entwicklungspsychologische Perspektive konturiert, die den theoretischen ebenso wie den praktischen Wert spezifisch psychologischer Opferforschung zeigt.

11.1 Konzeptuelle Vorüberlegungen: Wer ist ein „Opfer"?

Überraschenderweise wird die Frage, welcher Opferbegriff einer kriminologischen oder psychologischen Opferforschung sinnvollerweise zugrunde gelegt werden sollte, nicht häufig gestellt, obwohl mit konzeptuellen Vorentscheidungen thematische und theoretische Implikationen verbunden sind. Tatsächlich wird in den letzten Jahren auch diskutiert, den Opferbegriff gänzlich zu vermeiden, weil der Begriff im Kontext sexuellen Missbrauchs auf Basis seiner ursprünglich sakralen Bedeutung (z. B. die „Reinheit" oder religiöse Rechtfertigung des Opfers/der Opfergabe) mit entsprechenden Erwartungen an das Erleben und Verhalten eines Opfers verbunden sei, welches nur dann Hilfe erhalte, wenn es diesen Erwartungen entspreche. Zudem findet der Begriff auch zur Abwertung oder Erniedrigung anderer („Du Opfer") Verwendung, was die Selbstzuschreibung des Opferstatus erschweren kann.[16]

Wenn der Opferbegriff verwendet werden soll, konzentrieren sich zunächst schon durch eine viktimologische Perspektive überhaupt alle weiteren Überlegungen auf *personale* Opfer von Kriminalität. Dies schließt Delikte (weitgehend) aus, die keine persönlich identifizierbaren Opfer haben (z. B. Versicherungsbetrug, Umweltverschmutzung; vgl. hierzu etwa Jung, 1993). Sofern die Prozesse untersucht werden, die zur Erklärung der Folgen von Viktimisierungserfahrungen und ihrer Bewältigung beitragen, erscheint diese Festlegung plausibel, gleichwohl bedeutet sie aus kriminologischer Perspektive eine Festlegung.

In Bezug auf alle diese Aspekte muss die Perspektive einer externen beobachtenden und beurteilenden Person mit der subjektiven Perspektive des „Opfers" durchaus nicht immer übereinstimmen. Es kann einerseits der Fall sein, dass sich Opfer nicht immer als „Opfer" erleben (Goodey, 2005), aber andererseits auch, dass Opfererlebnisse in der Außenperspektive nicht als solche deklariert werden. Aus dieser potenziellen Divergenz und auch der Frage, welche Normverletzungen in den Blick genommen werden, erwachsen theoretische und metho-

16 https://www.berlin.de/lb/lkbgg/publikationen/weitere-publikationen/sexuelle_gewalt_iii.pdf

Textbox 11.1

In erster Näherung lassen sich unter der Voraussetzung, dass die der Viktimisierung zugrunde liegende Erfahrung als Ereignis individuierbar und zeitlich identifizierbar ist, vier konstitutive Merkmale eines derartigen Opferbegriffes unterscheiden (Greve, Strobl & Wetzels, 1997).

Wir sprechen dann von einer Opfererfahrung, wenn ein Ereignis von einer Person

1) als aversiv wahrgenommen oder bewertet,
2) als unkontrollierbar erlebt,
3) einer oder mehreren Personen als Urheber bzw. Täter zugeschrieben und
4) als eine normative Erwartung (bspw. eine formale Gesetzesvorschrift) verletzend erlebt wird.

dische Herausforderungen für die Erforschung der Häufigkeit und Ursachen von Viktimisierung, aber auch ihrer Folgen und Bewältigung. Diese Schwierigkeiten stellen jedoch kaum prinzipielle Hindernisse für viktimologische Forschung dar, sondern lassen sich in konkrete Forschungsfragen übersetzen, wenn sie theoretisch und methodisch berücksichtigt werden.

Insbesondere das Kriterium der Verletzung normativer Erwartungen ist theoretisch komplex. Für kriminelle Viktimisierung ist konstitutiv, dass die Tat, deren Opfer man geworden ist, in irgendeinem Sinne „unerlaubt", eben „kriminell" im rechtlichen oder moralischen Sinne war: Opfern ist ein Unrecht, nicht nur ein Unglück widerfahren (Hassemer & Reemtsma, 2002). Insofern gilt der Opferstatus immer relativ zu bestimmten Normen. Ein pragmatischer, ausschließlicher Fokus auf die Verletzung explizit vereinbarter Normen, v.a. das Strafrecht, birgt jedoch Schwierigkeiten, weil hier Bezugssysteme sowohl zwischen als auch innerhalb von Gesellschaften und über die Zeit mitunter erheblich differieren können (z.B. substanzielle Veränderungen im deutschen Strafrecht in den zurückliegenden 100 Jahren in Bezug auf Vergewaltigung in der Ehe) und so mitunter belastende Opfererfahrungen nicht als solche untersucht werden würden. Wenn jedoch auch implizite Normen betrachtet würden, wäre die Breite der zu berücksichtigenden Normverletzungen zu klären.

Neben der Frage, welche Normverletzungen berücksichtigt werden, stellt sich die Frage, wessen Perspektive für die Bewertung einer Normverletzung herangezogen wird. Die Verletzung normativer Erwartungen aus Perspektive eines potenziellen Opfers als Ausgangspunkt zu verwenden, ist dabei nicht unproblematisch. Zum einen ist nicht alles, was jemand als ungerecht empfindet, dies in jeder Hinsicht, etwa bei einer geschäftlichen Interaktion, die je nach Perspektive „geschickt" oder „unanständig" genannt werden könnte, oder bei sozialen Verhaltensweisen, die je nach Perspektive von sozialen Normen (etwa von Männlichkeit) gedeckt oder gar gefordert sein könnten (Melde, 2009). Zum anderen nimmt sich u.U. ein Opfer gar nicht als ein solches wahr. Dabei liegt möglicherweise ein Verarbeitungsmechanismus vor, dessen Funktionalität etwa darin besteht, das Gefühl der Kontrollierbarkeit künftiger Wiederholungen durch z.B. Selbstzuschreibung von Verantwortung aufrechtzuerhalten (Janoff-Bulman, 1982; Montada & Lerner, 1998; wir kommen auf diesen Punkt zurück: Abschnitt 11.5) oder das Gefühl der Bedrohung zu vermindern, indem das Ereignis verharmlost wird, d.h. normative Standards und Bewertungsmaßstäbe adjustiert werden. Dies wird insbesondere dann häufig der Fall sein, wenn komplexere soziale und psychologische Beziehungen bestehen (z.B. sexueller Missbrauch innerhalb der Familie), denen man sich nicht oder nur unter erheblichen psychischen Kosten entziehen kann. Das Kriterium des Erlebens einer Verletzung normativer Erwartungen liegt auch nicht vor, wenn die Opfererfahrung selbst geleugnet oder verdrängt wird oder wenn die betroffene Person möglicherweise keine Vorstellung davon hat, dass die Tat Grenzen verletzt (z.B. Schwierigkeiten sehr junger Kinder, Pädophilie zu erkennen). Neben diesen auf Bewertungsprozessen beruhenden Schwierigkeiten in der Deklaration einer Viktimisierung spielen gedächtnispsychologische Faktoren eine Rolle, bei denen länger zurückliegende Ereignisse oder weniger gravierende Ereignisse schlechter erinnert werden (Zedner, 1997).

Je nach Fragestellung und Anwendungskontext, in dem Viktimisierung eine Rolle spielt, wiegen diese Schwierigkeiten in der Fassung dessen, wer ein „Opfer" ist, unterschiedlich. In der Perspektive etwa einer handlungs- oder bewältigungstheoretischen Forschungsfragestellung werden externe „Validierungen" individueller Kognitionen und Bewertungen weniger interessant sein. Unter Interventionsgesichtspunkten (etwa in therapeutischen Kontexten) oder aus justizieller Perspektive mag sich dies anders darstellen: Hier brauchen wir auch Informationen darüber, inwieweit und warum externe und interne Perspektiven divergieren. Nicht zuletzt sind derartige Differenzen und ihre Ursachen bei der Beurteilung von Aussagen von Opferzeugen vor Gericht zu berücksichtigen: Die retrospektive Einschätzung des Geschehens wird bei in diesem Sinne persönlich betroffenen Personen über gedächtnispsychologische Effekte hinaus vielfach durch Bewältigungsprozesse systematisch beeinflusst, ohne dass dies die Glaubhaftigkeit ihrer Aussage i.S. eines erlebnisgestützten Berichtes betreffen muss (Greuel, Fabian & Stadler, 1997; s.a. Kap. 22 in diesem Band).

Viktimologische Forschung befindet sich daher im Spannungsfeld zwischen externer und interner Zuschreibung des Status als „Opfer". So können bspw. Erinnerungsverzerrungen oder Tendenzen der Rekonstruktion und Wiedergabe, auch etwa die Neigung zur Selbstbeschuldigung, erst dann systematisch untersucht werden, wenn eine Viktimisierung auch unabhängig von der subjektiven Wahrnehmung als solche identifizierbar ist. Entsprechend ist es etwa die Aufgabe anspruchsvoller Opferforschung, diejenigen Prozesse und situativen Bedingungen zu identifizieren, die eine Entwertung der Bedrohung oder eine Selbstzuschreibung der Verantwortlichkeit als Reaktion auf eine Opfererfahrung anstoßen oder begünstigen. Selbstverständlich wird die Forschung dabei die Situationskonstellationen im Auge behalten müssen, wenn sie Unterschiede zwischen Illusion und Erinnerungen nicht ignorieren will. Jedoch werden Bewältigungsreaktionen bei den Betroffenen nicht nur in Abhängigkeit davon variieren, wie die Opfererfahrung selbst erlebt wird, sondern insbesondere von individuellen Belastungs-, Unterstützungs- und Bewältigungserfahrungen und -ressourcen abhängen.

11.2 Opferforschung als Kriminalstatistik: Die Aufhellung des Dunkelfeldes

Eine wichtige Forschungstradition der Viktimologie fokussiert die Erfassung von Viktimisierung im Dunkelfeld. Dabei ist das wissenschaftliche Interesse an Kriminalitätsopfern vielfach v.a. von der Hoffnung getragen, etwas über Täter und Täterinnen und ihre Taten zu erfahren, insbesondere ein genaueres Lagebild der Kriminalität. So besteht eine wichtige Möglichkeit, das Dunkelfeld der Kriminalität abzuschätzen, darin, eine repräsentative Stichprobe von Personen zu fragen, ob sie in einem definierten Zeitraum Opfer krimineller Handlungen geworden sind und, falls ja, ob sie dies offiziell angezeigt haben. Häufig ist Letzteres nicht der Fall. Im Deutschen Viktimisierungssurvey (Birkel, Church, Hummelsheim-Doss, Leitgöb-Guzy & Oberwittler, 2019) zeigt sich bspw., dass – je nach Delikt – zwischen 18 % (Diebstahl eines Mopeds o.Ä.) und 95 % (Opfer von Schadsoftware) der bei einer Opferbefragung konkret erinnerten Delikte eines Jahres nicht angezeigt wurden. Wenn man derartige Befragungen regelmäßig wiederholt (bspw. in Großbritannien seit ca. vierzig, in den USA seit ca. fünfzig Jahren, in BRD erst seit 2012), kann man sogar Tendenzen darüber ablesen, ob bspw. bestimmte Delikte aus dem Dunkelfeld herauswandern.

Das kann höchst wertvoll sein; im Fall der Jugendkriminalitätsdebatte um die Jahrtausendwende etwa konnte so der aus der Hellfeldstatistik polizeilich registrierter Kriminalität entstandene Eindruck einer zunehmenden Jugendkriminalität korrigiert werden: Ein Anstieg der Kriminalität ausweislich der Polizeilichen Kriminalstatistik spiegelt mitunter auch eine Zunahme der Anzeigebereitschaft, nicht nur der Taten selbst (vgl. Baier, 2008; Boers, Walburg & Reinecke, 2006). Faktoren, welche die Anzeigebereitschaft bedingen, sind bspw. die Furcht vor Stigmatisierung, Gefühle von Scham und Schuld, die Angst vor dem Täter bzw. der Täterin sowie langwierige Strafverfahren oder auch geringe Erfolgsaussichten (für einen Überblick: LKA NRW, 2006). Insofern kann Dunkelfeldforschung durchaus zu einem differenzierteren Lagebild „der Kriminalität" beitragen, eben weil durch sie Filterprozesse umgangen werden, die eine Registrierung von Viktimisierungen in offiziellen Statistiken beeinträchtigen. Diese Filterungen beginnen mit der angesprochenen eingeschränkten und zwischen Personen, Regionen und Delikten variierenden Anzeigebereitschaft (vgl. Birkel et al., 2019) und reichen von heterogenen Üblichkeiten der sog. „Subsumption" (d. h. der Einordnung eines konkreten Ereignisses – z. B. Entnahme eines Autoradios – in eine Kategorie – „schwerer Diebstahl") bei der Registrierung durch die beteiligten Behörden bis hin zu systematischen Verzerrungen der Darstellung im Dienste institutioneller oder politischer Motive (Pfeiffer & Wetzels, 1994).

Jedoch werfen auch Opferbefragungen eine ganze Reihe von Problemen auf (Überblick: Greve & Kappes, 2010), die eine Interpretation derartiger Daten als „objektivere Kriminalstatistik" problematisch erscheinen lassen. Vor allem ist bei der konkreten Durchführung von Opferbefragungen eine ganze Reihe praktischer und methodischer Probleme zu beachten. So sind repräsentative Opferbefragungen bzgl. der erfassten Personen und Straftaten üblicherweise auf jenen Ausschnitt kriminellen Geschehens beschränkt, von dem konkrete Personen und deren Haushalte betroffen sind, in erster Linie also der Bereich der Eigentums- und nicht letalen Gewaltdelikte. Dadurch entzieht sich zum einen ein weiter Teil des Spektrums moderner Kriminalität, z. B. Wirtschafts- und Umweltkriminalität, diesem Zugang bislang weitgehend. Zum anderen werden bestimmte Personengruppen schlecht erreicht (z. B. obdachlose Menschen, Personen aus den Drogen- oder Rotlichtmilieus). Insbesondere aber wirken sich alle bei den Betroffenen selbst eingreifenden Interpretations- und Filterprozesse auch in Opferbefragungen aus, die sowohl die Einordnung einer Tat als Viktimisierung als auch die Möglichkeiten derer Erinnerung betreffen (s. dazu Abschnitt 11.1). Opfersurveys zeichnen daher kein „wahreres", sondern zunächst nur ein anderes, freilich ergänzendes und für Präventionsbemühungen wertvolles Kriminalitätslagebild.

Jedoch entsteht selbst dann, wenn derartige Opfersurveys mehr erfragen als die Anzeigebereitschaft, kaum mehr als ein quantitatives Lagebild. Zahlreiche Opferbefragungen auch in der BRD in den letzten Jahrzehnten, die teils breiter angelegt (Birkel et al., 2019; Kury, Obergfell-Fuchs & Würger, 2000), teils bei spezifischen Teilgruppen der Bevölkerung durchgeführt wurden (z. B.: Schüler und Schülerinnen: Boers et al., 2006; älteren Menschen: Goergen, Herbst, Kotlenga, Nägele, Rabold, 2009), haben so dazu beigetragen, dass wir auch für die BRD mehr darüber wissen, wer wann Opfer welcher kriminellen Handlung geworden ist.

11.3 Die Erklärung der Opfererfahrung: Die Grenzen von Opfertypologien

Eine zweite traditionelle Richtung der (kriminologischen) Opferforschung besteht in dem Ansatz, durch differenziertere Beschreibungen (wer wird wann Opfer welcher Tat durch wen?) individuelle Viktimisierung anhand von Merkmalen der Opfer selbst, wenn nicht erklären, so doch vielleicht vorhersagen und so womöglich verhindern zu können (Jung, 1993). Insbesondere dem früh verfolgten Ansatz, Opfertypologien zu bilden (z. B. „unschuldige“ vs. „beteiligte“ Opfer; von Hentig, 1948; Schafer, 1968) lag die Überlegung zugrunde, dass das Opfer in einem variierenden Ausmaß am Geschehen beteiligt ist (Karmen, 1991, 2007; Schreck & Berg, 2021). Obwohl ein kausaler Beitrag zum Zusammentreffen mit dem Täter und in der Interaktionssequenz, die in die Viktimisierung mündete, natürlich immer identifizierbar sein wird, ist eine derartige Perspektive jedoch in mehrfacher Hinsicht problematisch. Zunächst ist die Gefahr zu beachten, dass die Fokussierung der kausalen Beteiligung des Opfers eine Attitüde stützen kann, die dem Opfer über die kausale Involviertheit hinaus auch einen Teil der moralischen Schuld zuschreibt. Diese Attitüde kann in der juristischen wie auch der sozialen Reaktion für das Opfer konkrete negative Folgen haben (Temkin & Krahé, 2008); so haben bspw. Vergewaltigungsopfer vielfach unter derartigen Mitschuldmythen zu leiden, die neben und nach der unmittelbaren Opfererfahrung eine „sekundäre Viktimisierung“ (Montada & Lerner, 1998) bedeuten können (zusammenfassend Krahé, 2016).

Vor allem aber erscheint es aus inhaltlicher Sicht – u. a. wegen eines in fast allen Fällen krimineller Opfererfahrungen unauflösbaren Zufallsmomentes – sehr zweifelhaft, ob sich eine kohärente und annähernd vollständige Theorie etwa einer „victim-prone person“ (Fattah, 1991) formulieren lassen wird, die über eine bloße Beschreibung der Akkumulation von individuellen und sozialen statistischen Risikomarkern substanziell hinausreichen würde. Beispielsweise ist es ein weitgehend gesicherter Befund, dass ältere Menschen relativ selten Opfer von Kriminalität im öffentlichen Raum werden (Goergen et al., 2009; Karmen, 2007), obwohl alte Menschen für einen „rationalen Kriminellen“ (Cornish & Clarke, 1986) eigentlich relativ „bequeme Ziele“ (Brillon, 1987) sein könnten, weil sie über Besitz verfügen, den zu entwenden sich lohnt, zugleich aber weniger wehrhaft und weniger mobil sind als Jüngere. In der einschlägigen Literatur werden verschiedene Erklärungsansätze diskutiert. Naheliegend ist etwa der Gedanke, dass sinkende Mobilität, die Zunahme gesundheitlicher Probleme und soziale Erwartungen und Normen die entsprechenden Gelegenheitsstrukturen verändern (Yin, 1985). Nicht zuletzt ist die Verhaltenswirksamkeit von Einstellungen und Gefühlslagen zu berücksichtigen: Empirisch zeigt sich bspw., dass sich ältere Menschen deutlich vorsichtiger verhalten als jüngere (Greve, 1998; Karmen 2007). Offensichtlich ist daher der Fall, dass Ältere dennoch Opfer krimineller Handlungen werden, nicht einfach mit ihrer grundsätzlichen Verletzlichkeit erklärt (auch wenn die angedeuteten Risikofaktoren auf diese Opfer zutreffen werden). Vielmehr wird das je konkrete Einzelereignis eine wesentlich komplexere Vorgeschichte haben, als eine einfache Auflistung statistischer Prädiktoren suggeriert. Und selbst wenn sich Risikomarker empirisch identifizieren lassen (bspw. das Geschlecht, das Lebensalter, eine bestimmte Wohnumgebung etc.), bieten sie – auch in der Kombination – jedenfalls keine Aussicht auf eine substanzielle Erklärung. Dies liegt u. a. daran, dass es, wenn die statistische Prognose vom Prädiktor ausgeht, stets mehr „Fehler“ als „Treffer“ gibt (die Mehrzahl der Frauen wird nicht überfallen, die Mehrzahl der in einem Risikogebiet Wohnenden bleibt unbetroffen etc.). Eine praktisch aussichtsreichere Variante dieses Ansatzes ist der Versuch, die Relevanz der Eigenschaften und Verhaltensweisen des Opfers auf dem Wege über die Rezeption und Interpretation durch die Täter und Täterinnen zu erfassen. Allerdings ändert dies den theoretischen Fokus: Aus einer Opfertheorie wird so ein Teil einer Täterverhaltens- bzw. Täterentscheidungstheorie (z. B. Birkbeck & LaFree, 1993). Der Prävention mag das dienen, aber Opferforschung in einem substanziellen Sinne ist dies nicht.

Interessanter für eine wissenschaftliche Viktimologie sind daher sozialpsychologische Untersuchungen, in denen die soziale Interaktion im Vorfeld der Viktimisierung (und deren Vorausläufer i.S. einer biografischen Perspektive) bspw. daraufhin untersucht wird, welche Kommunikationsprobleme die Eskalation begünstigt haben (Krahé & Scheinberger-Olwig, 2002; Schreck, Berg & Rogers, 2021). Der Fokus auf kritische Elemente oder Sequenzen der Interaktion vermeidet nicht nur unerwünschte moralische Untertöne, sondern eröffnet eine aussichtsreichere Perspektive für die Prävention, denn es werden vielfach interaktive und situative Prozesse und nicht einzelne Eigenschaften (des Opfers oder Täters) sein, die zu einer kriminellen Handlung und also Viktimisierung führen. Weitere Forschungsanstrengungen hierzu sind schon deswegen lohnend, weil sich Möglichkeiten primärpräventiver Programme bieten. Allerdings wird man auch aus dieser Perspektive über psychische Prozesse bei den Betroffenen wenig erfahren, darüber also, was es bedeutet und welche Folgen es hat, Opfer geworden zu sein.

11.4 Folgen von krimineller Opfererfahrung: Viktimisierung statt Kriminalität im Fokus

Eine dritte Forschungstradition im Kontext der Viktimologie besteht in der Untersuchung der Folgen der Viktimisierung, welche sich nach persönlichen, rechtlichen und soziopolitischen Konsequenzen differenzieren lassen (z.B. McGarry & Walklate, 2015; Shapland & Hall, 2007; Turanovic & Pratt, 2019). Wir nehmen hier nur die persönlichen in den Blick, wenngleich diese nicht unabhängig von der rechtlichen und soziopolitischen Konstellation sind (z.B. mit Blick auf die Stellung des Opfers im Strafrechtsprozess oder auch i.S. des „victim blaming“). Eine der größten Schwierigkeiten in diesem Untersuchungsfeld besteht darin, dass die Mehrzahl der Studien auf querschnittlichen korrelativen Designs beruht, bei denen Vergleiche zwischen Personen mit und ohne Viktimisierung vorgenommen werden. Auf diese Weise sind die Ergebnisse anfällig für Selektionsverzerrungen und unbeobachtete Heterogenität. Es bleibt dabei ungeklärt, ob beobachtete Unterschiede auf die Viktimisierung oder auf zuvor bereits bestehende Unterschiede zurückgehen oder auch mit Faktoren assoziiert sind, die eine Viktimisierung wahrscheinlicher machen. Zudem werden nur sehr selten Bewältigungsressourcen im Umgang mit einer Viktimisierung in den Blick genommen, auf deren Rolle wir nachfolgend ausführlicher eingehen. Entsprechend gibt es nach wie vor einen großen Bedarf an prospektiven Längsschnittstudien. In **Abb. 11-1** ist grafisch vereinfacht veranschaulicht, wie ein solches Design aussehen könnte. Eine hinreichend große Zahl an Personen würde bereits vor einer möglichen Viktimisierung bzgl. verschiedener abhängiger Variablen (z.B. Indikatoren für Wohlbefinden) und ihrer Bewältigungsressourcen untersucht (t0), wodurch ggf. schon im Vorhinein bestehende Unterschiede zwischen Personen (insbesondere später Viktimisierte vs. Nichtviktimisierte) berücksichtigt werden können. Je nach Zeitpunkt der Messung(en) (t1 ... tn) nach einer (wiederholten) Viktimisierung lassen sich dann unterschiedliche Verläufe im Umgang mit der Viktimisierung in Abhängigkeit von Bewältigungsressourcen abbilden. Zugleich wird deutlich, dass die Untersuchung des Ausmaßes von Unterschieden zwischen Viktimisierten und Nichtviktimisierten vom gewählten Zeitpunkt bzw. Zeitraum abhängt (für eine ausführliche Beschreibung dieses Forschungsansatzes, s. Greve, Hellmers & Kappes, 2012).

11.4.1 Psychische und physische Konsequenzen

Der Schwerpunkt von Forschungsbemühungen in dieser Perspektive liegt häufig auf einer differenzierten Beschreibung der psychischen und physischen Folgen von Opfererfahrungen (z.B. Natvig, Albrektsen & Qvarnstrom, 2001; Orth, Cahill, Foa & Maercker, 2008; Ruback & Thompson, 2001). Obwohl Ausmaß und Intensität interindividuell teilweise deutlich variieren,

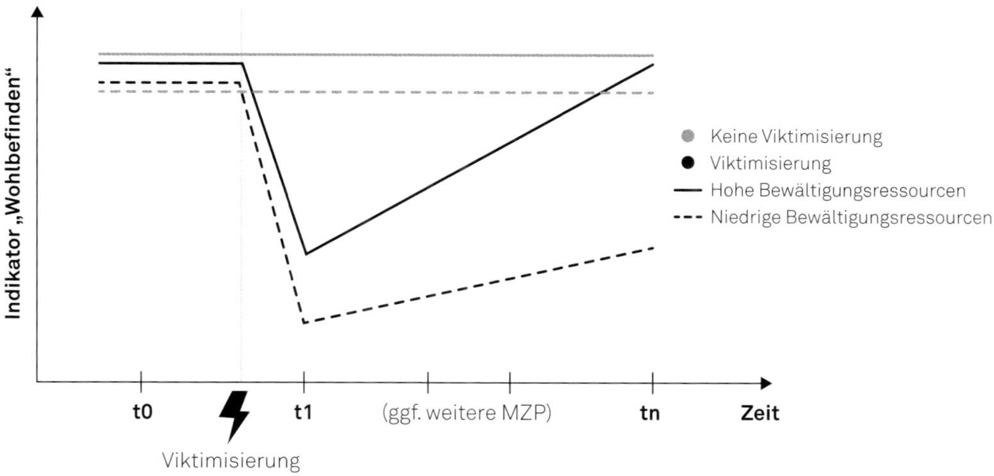

Abbildung 11-1: Hypothetische Ergebnisse eines prospektiven Längsschnittdesigns mit Viktimisierung als quasiexperimentellem Faktor und Bewältigungsressourcen als Moderator.

findet sich regelmäßig, dass insbesondere bei gravierenden Erfahrungen viele klinische Symptome nachhaltig auftreten (bspw. erhebliche Ängste, Depressivität und Misstrauen bei Vergewaltigung und sexuellem Missbrauch; Kennedy & Prock, 2018; Resick, 1987). Für allgemeinere Indikatoren des Wohlbefindens, wie bspw. positiver Affekt, Lebenszufriedenheit und subjektive Gesundheit, zeigen sich sowohl quer- als auch längsschnittlich negative Effekte der Viktimisierung (Überblick in Janssen, Oberwittler & Koeber, 2020). In einer groß angelegten prospektiven Längsschnittstudie (Janssen et al., 2020) fanden sich insgesamt jedoch deutlich geringere schädliche Effekte der Viktimisierung innerhalb einer Person über die Zeit als Effekte zwischen Personen, was darauf verweist, dass bereits vor der Viktimisierung Unterschiede zwischen den Personen mit und ohne Viktimisierung bestanden. Die negativen Effekte der Viktimisierung bezogen sich auf die Angst vor Kriminalität, das allgemeine Vertrauen und die Zufriedenheit mit der Nachbarschaft, nicht jedoch auf das emotionale Wohlbefinden oder die Lebenszufriedenheit. Generell zeigten sich große Unterschiede zwischen den Personen in ihrer Reaktion. Viktimisierung durch Gewalt hatte dabei stärkere Effekte als eigentumsbezogene Viktimisierung, und Viktimisierung in der Nähe der Wohnung hatte stärkere Effekte als anderswo. Des Weiteren wurde deutlich, dass sich die Individuen innerhalb von 18 Monaten weitgehend von der Viktimisierung erholten. Bei der Interpretation dieses Ergebnisses ist jedoch zu berücksichtigen, dass mit dieser Art Befragungsstudien die Erfahrungen von Opfern gravierender Ereignisse nur schlecht abgebildet werden können, weil sie aufgrund kleiner Fallzahlen nur unzureichend in solchen Studien repräsentiert sind.

Tatsächlich wird Opferforschung, die auch die Viktimisierungsfolgen in den Blick nimmt, sehr häufig unter delikt- bzw. zielgruppenspezifischer Perspektive unternommen; so gibt es umfangreichere Literatur etwa zum Bereich der (sexuellen) Gewalt gegen Frauen (z. B. Bailey, 2021; Löbmann, Greve, Wetzels & Bosold, 2003), gegen Kinder und Jugendliche (Arseneault, 2018; Finkelhor, 2008; Kury, Redo & Shea, 2016), gegen Ältere (Goergen et al., 2009; Yunus, Hairi & Choo, 2019) oder Menschen mit Behinderung (Hughes et al., 2012). Die Gründe hierfür dürften nicht nur praktischer, sondern oft auch politischer Natur sein. Etwa im Bereich der (sexuellen) Gewalt gegen Frauen war es bis in die Achtzigerjahre des 20. Jahrhunderts offensichtlich notwendig, empirisch zu belegen, dass Viktimisierungen hier mit ernst zu nehmenden und nachhaltigen Belastungen verbunden sind (z. B. Burgess & Holmstrom, 1979; Temkin & Krahé, 2008). Vielfach fehlen hier jedoch systematische (prospektive) Längsschnittstudien zur Nachhaltigkeit und zu den weiteren, auch indirekten Folgewirkungen.

Als Folge von Viktimisierung ist auch das Strafbedürfnis untersucht worden. Das auf den ersten Blick nahe liegende Bedürfnis von Betroffenen krimineller Handlungen nach Bestrafung der Schuldigen hat sich empirisch jedoch so nicht bestätigt: Tatsächlich ist eine angemessene Wiedergutmachung i. d. R. das wichtigere Anliegen von Opfern (z. B. Funk, McGeer & Gollwitzer, 2014; Orth, 2003; Twardawski, Tang & Hilbig, 2020; zusammenfassend Gabriel & Greve, 2008). Eine heterogene Befundlage zu strafbezogenen Reaktionen von Kriminalitätsopfern trotz Berücksichtigung methodischer Differenziertheit verweist darüber hinaus auf die moderierende Rolle individueller Voraussetzungen und den Mangel an Berücksichtigung intraindividueller Verarbeitungsprozesse in der Forschung.

Grundsätzlich sind im Hinblick auf die Untersuchung der Folgen von kriminellen Handlungen für die Betroffenen wichtige Aspekte bislang kaum bearbeitet worden. Beispielsweise gibt es nach wie vor kaum Untersuchungen „indirekter" oder „stellvertretender" Opfererfahrungen, jenen Fällen also, in denen Kriminalität Opfer produziert, ohne dass ein unmittelbarer persönlicher Kontakt mit Kriminalität vorgelegen hat (Boers, 1991). Ebenso fehlen Studien zu den Folgen sog. „minderschwerer" Kriminalität (z. B. Taschendiebstahl, Handtaschenraub, Trickdiebstahl und Betrugsdelikte mit geringerem Schaden). Zu wenig untersucht sind auch Konvergenzen und Divergenzen in der Auswirkung von phänotypisch sehr verschiedenen Taten (z. B. Cyberbullying und Mobbing, Schutzgelderpressung, Zwangsprostitution).

11.4.2 Die Bedrohung durch Kriminalität: Kriminalitätsfurcht als Forschungsthema

Die Untersuchung der Kriminalitätsfurcht als Folge einer Viktimisierung ist insofern besonders, als sie sich auf die Furcht vor einer Viktimisierung bezieht, die durch eine direkte Viktimisierung, aber auch durch indirekte oder antizipierte Viktimisierung entstehen kann. Tatsächlich finden sich eher schwache bis mittlere Zusammenhänge zwischen direkter und indirekter Viktimisierung und Kriminalitätsfurcht, deren Beziehung von mehreren Faktoren moderiert werden (Hale, 1996; Collins, 2016).

Das Thema Kriminalitätsfurcht hat in der kriminologischen Opferforschung seit Längerem einen festen Platz (zusammenfassend Ditton & Farrall, 2000; Hale, 1996). Ein zentrales Problem dieser Forschung besteht jedoch darin, dass weiterhin nicht klar ist, wie ein adäquater Erfassungszugang zur Kriminalitätsfurcht aussehen soll. Infolge der Kritik an der sog. „Standardfrage", die lediglich nach der Furcht „abends, allein, draußen, im Dunkeln" fragt (z. B. Fattah, 1993; Ferraro & LaGrange, 1987; Gray, Jackson, Farrall, 2008), hat sich die Forschung um differenziertere und validere Erhebungsweisen bemüht (z. B. Chataway, Hart & Bond, 2019; Noon, Beaudry & Knowles, 2019). Dennoch fehlt trotz einiger Ansätze (z. B. Garofalo, 1981; Gabriel & Greve, 2003; Jackson & Gouseti, 2016) nach wie vor ein überzeugender theoretischer Rahmen, in dem „Kriminalitätsfurcht" konzeptuell angemessen und kohärent gefasst werden könnte (Borg & Bilsky, 2020; Hirtenlehner, Hummelsheim-Doss & Sessar, 2018); ohne ihn aber sind Versuche einer adäquaten Erfassung schwerlich aussichtsreich.

Wenn die – in der psychologischen Literatur zu Angst und Furcht basalen – Unterscheidungen zwischen kognitiven, affektiven und behavioralen Facetten sowie zwischen intraindividuell variierenden Zuständen und interindividuell variierenden Dispositionen beachtet werden

(Gabriel & Greve, 2003), lässt sich bspw. das Viktimisierungs-Furcht-Paradox, welches auf der Basis der Standardfrage ältere Personen als vermeintlich kriminalitätsängstlicher trotz seltenerer Viktimisierung identifiziert, auflösen (Greve, 1998): Ältere fürchten sich weder mehr noch häufiger als Jüngere, und sie schätzen auch ihr Viktimisierungsrisiko nicht höher ein. Jedoch verhalten sie sich vorsichtiger als Jüngere, was zu ihrer relativ geringen Viktimisierungsrate beitragen könnte (Greve, 1998; Kappes, Greve & Hellmers, 2013). Die Erklärung dieses Befundes ist vermutlich komplex: Neben einer subjektiv und objektiv höheren Vulnerabilität Älterer dürften auch sich verändernde Anreizstrukturen riskanten Verhaltens und eine physisch wie sozial nachlassende Mobilität eine Rolle spielen (Kappes, 2013).

Psychologisch interessant und theoretisch weiterführend ist die Antwort auf die Frage, inwieweit ein auch durch Vorsicht eingeschränktes Verhaltensspektrum das Wohlbefinden (z.B. älterer Personen) beeinträchtigt. Tatsächlich zeigt sich, dass dies nicht substanziell der Fall ist, vermutlich deswegen, weil palliative Uminterpretationen und Neubewertungsprozesse hier zu kognitiver und emotionaler Entlastung beitragen (Greve, Leipold & Kappes, 2018; Rühs, Greve & Kappes, 2017). Dies weist, wie bereits die heterogene Befundlage zu Strafbedürfnissen von Kriminalitätsopfern und zu den durchaus nicht immer gravierenden und nachhaltigen psychischen Folgen krimineller Opfererfahrungen, auf die zentrale Rolle intrapsychischer Verarbeitungs- und Bewältigungsprozesse hin.

11.5 Psychische Verarbeitung krimineller Opfererfahrungen: Prozesse der Bewältigung

Das konvergente Fazit der vorangegangenen Abschnitte verweist auf die Schlüsselrolle von Prozessen der subjektiven Verarbeitung bedrohlicher Erfahrungen und Erwartungen bei der Erklärung kognitiver, emotionaler und behavioraler Reaktionen auf persönlich erfahrene oder antizipierte Viktimisierung, d.h. der Frage danach, mithilfe welcher Strategien und Mechanismen es Individuen gelingt, die Folgen einer (persönlichen oder stellvertretenden) Opfererfahrung zu „neutralisieren“ (Agnew, 1985; Greve, 2008). Überraschenderweise hat die kriminologische Viktimologie jedoch die Bewältigung von antizipierter oder tatsächlich erfahrener Viktimisierung bislang verhältnismäßig wenig empirisch untersucht und v.a. kaum in umfassendere theoretische Modelle eingebunden (z.B. Agnew, 1985; Lurigio & Resick, 1990; Greve & Wilmers, 2005; McKenna, Golladay & Holtfreter, 2020). Eine entwicklungspsychologische Konzeption von Bewältigung der Viktimisierung öffnet die Perspektive auf die längerfristigen Verarbeitungsprozesse, die einerseits die Nachhaltigkeit von Viktimisierungsfolgen, andererseits aber die Dynamiken der Bewältigung auch schwerwiegender Erfahrungen beachtet und so wirksame Interventionsangebote fördern könnte.

Dazu ist es allerdings erforderlich, einen theoretischen Rahmen zu finden, der die Spezifität einer *kriminellen* Viktimisierung berücksichtigen kann, zugleich aber theoretisch anschlussfähig an allgemeine bewältigungstheoretische und entwicklungspsychologische Argumente bleibt. So kann etwa eine der wenigen psychologischen Opferstudien mit einem explizit bewältigungstheoretischen Rahmen von Richter (1997) – mit ihrem ausdrücklichen Bezug auf das Bewältigungsmodell von Lazarus (z.B. 1991) – weder den Entwicklungsverlauf von Bewältigungsprozessen noch die spezifischen Belastungen krimineller Opfererfahrung konzeptuell berücksichtigen. Kriminelle Viktimisierungen bleiben so häufig einfach ein Prototyp „kritischer Lebensereignisse“ (Filipp & Aymanns, 2018). Jedoch ist die individuelle Bedeutung derartiger Erlebnisse nicht nur im Hinblick auf akute emotionale (Kriminalitätsfurcht) oder klinische Folgen (posttraumatische Belastungsreaktionen), sondern auch auf längerfristige

Veränderungen und Adaptationen mit Entwicklungscharakter (etwa in Bezug auf Selbst und Persönlichkeit) zu untersuchen.

11.5.1 Das Zwei-Prozess-Modell der Entwicklungsregulation als theoretischer Rahmen

Ausgehend von der Überlegung, dass akute oder länger andauernde Belastungen und Bedrohungen als Diskrepanzen zwischen einem aktuellen tatsächlichen (wahrgenommenen) Zustand und einem angestrebten oder erforderlichen Zustand rekonstruierbar sind (Brandtstädter, 2001), lassen sich Reaktionen auf solche Herausforderungen zwei Kategorien zuordnen: Entweder versucht die Person, aktiv das Problem zu lösen, oder sie muss reaktiv die empfundene Belastung durch Vermeidung oder Modifikation des Umgangs mit dem Problem reduzieren (Wentura, Greve & Klauer, 2002). Diese Grundkonstruktion ist Ausgangsposition mehrerer Ansätze zur Entwicklungsregulation (Brandtstädter & Rothermund, 2002; Knecht & Freund, 2017; Heckhausen, Wrosch & Schulz, 2019). Insbesondere das Zwei-Prozess-Modell der Entwicklungsregulation (Brandtstädter & Rothermund, 2002) hat hieran anschließend zwischen einem assimilativen und einem akkommodativen Reaktionsmodus unterschieden. Während die Person im assimilativen Modus an Zielvorgaben festhält und strategisch andere Wege der Zielerreichung sucht (im Falle der erlebten Bedrohung durch Kriminalität etwa durch aktive Maßnahmen der Sicherung und des Selbstschutzes), ist für kriminelle Opfererfahrungen und Kriminalitätsfurcht insbesondere der akkommodative Modus wichtig, in dem Lebensqualität und Selbstwahrnehmungen angesichts von als wenig oder nicht kontrollierbaren Hindernissen und Bedrohungen durch die Umbewertung von Zielen und Bewertungen oder die Adjustierung normativer und evaluativer Standards stabilisiert werden. Typische Beispiele sind die Aufgabe oder Abwertung von blockierten Zielen (z. B. könnte ein nächtlicher Parkspaziergang aufgrund der Überfallgefahr auf den Tag verlegt werden, weil man nachts ja die Schönheiten des Parks ohnehin nicht richtig sehen könne), Prozesse der Anspruchsregulation (z. B. könnte sich die Erwartung, von Kriminalität verschont zu bleiben, nach der Erfahrung eines relativ harmlosen Wohnungseinbruches zu der Erwartung, nur selten betroffen zu werden, verändern oder der Einbruch zu der Einschätzung führen, dass bestimmte Lebensrisiken eben unvermeidlich seien), aber auch Prozesse, die zu einer akzeptanzfördernden Umdeutung der gegebenen Situation führen (z. B. kann mir die Erfahrung, nach einem Wohnungseinbruch unbeschwert in derselben Wohnung weiterleben zu können, zeigen, dass ich aus einer solchen Belastung gestärkt hervorgehe, wodurch sie sich mir dann als auch positives Erlebnis darstellt). Empirisch ließ sich etwa zeigen, dass Personen mit einer individuellen Tendenz zu akkommodativen Reaktionen nach einer Opfererfahrung eine bedeutsam geringere Furcht zeigten (Rühs et al., 2017) und deren Selbstwertgefühl weniger beeinträchtigt war (Greve & Wilmers, 2005). Interessanterweise zeigt sich, dass die individuelle Flexibilität der Zielanpassung sowohl funktionales (z. B. im höheren Alter: vorsichtiges) Verhalten fördert, als auch dessen mögliche negative Konsequenzen für das Wohlbefinden abpuffert (Greve et al., 2018).

Darüber hinaus ist bei kritischen Lebensereignissen generell, aber auch im Hinblick auf kriminelle Viktimisierungen speziell einerseits zu bedenken, dass die Fokussierung auf individuelle Prozesse und Ressourcen allein womöglich zu eng ist, andererseits soziale und gesellschaftliche Ressourcen polyvalent wirken können. So gibt es Hinweise darauf, dass soziale Unterstützung von Gewaltopfern nicht nur erwünschte Folgen hat (Hosser, 1997): Zum einen sind die Helfenden oft nicht ausreichend sensibel, die Bedürfnisse der Opfer zu erkennen, oder nicht hinreichend kompetent, sie zu erfüllen. Zum anderen gibt es Hinweise darauf, dass Helfende sich durch die Gewalterfahrung der Opfer oft selbst bedroht fühlen und sich infolgedessen in einer das Opfer zusätzlich belastenden Weise verhalten, etwa indem sie dem Opfer eine ganz besondere Hilfsbedürftigkeit unterstellen. Institutionelle Angebote sind nicht immer bekannt oder werden nicht immer genutzt (Wetzels, 1996). Die individuelle Suche nach professioneller Unterstützung scheitert vielfach an psychischen Hürden: Scham, Angst vor sekundären Viktimisierungen und Stigmatisierungen verhindern in einer Vielzahl von Fällen die Inanspruchnahme therapeutischer Unterstützung (Hullenaar & Frisco, 2020).

11.5.2 Die Spezifität krimineller Viktimisierung: Offene Fragen an eine psychologische Viktimologie

Es ist eine offene empirische Frage, inwieweit eine kriminelle Opfererfahrung eine spezifische Belastung darstellt, die spezifische Bewältigungsprozesse erforderlich macht. Immerhin impliziert eine kriminelle Opfererfahrung neben der tatsächlichen oder subjektiven Bedrohung und Verletzung auch die Verletzung normativer Erwartungen, die typischerweise ein wesentlicher Aspekt des Bewältigungsanlasses ist (Greve, 2005; Greve & Wilmers, 2005). Hinzu kommt zweitens, dass in aller Regel die Schädigung des Opfers nicht nur intentional, sondern auch gezielt sein wird: Der Täter wird sein Opfer häufig (aus-)gesucht, in vielen Fällen, gerade bei Gewaltdelikten, sogar anhand individuell-persönlicher Merkmale ausgewählt haben. Die für unkontrollierbare Erfahrungen (Krankheiten, Unfälle) belastende, weil schwerlich abschließend zu beantwortende Frage „Why me?“ erhält im Falle krimineller Opfererfahrungen ihre besondere Bedeutung gerade dadurch, dass sie in vielen, gerade besonders belastenden Fällen eine nahe liegende Antwort in Eigenschaften oder Verhaltensweisen des Opfers hat („Er hat mich ausgewählt, weil ich so naiv war“; „Ich bin offenbar ein attraktives Opfer für Diebstahl“ etc.). Die auch bei anderen kritischen Lebensereignissen auftretende subjektive Konstruktion einer (Mit-)Schuld, die ein auf den ersten Blick durch seine Unerklärlichkeit bedrohliches Ereignis als kontrollierbar, erklärlich und also ungefährlich einzuordnen vermag (z. B. im Dienste eines „Gerechte-Welt“-Motivs; Montada & Lerner, 1998; Correia, Vala & Aguiar, 2001), erhält insofern gerade bei einer kriminellen Opfererfahrung eine besondere Dynamik (Janoff-Bulman, 1982). Die Besonderheit besteht hier eben darin, dass eine kriminelle Handlung ja per definitionem vom Täter gewählt, absichtlich und kontrolliert ausgeführt war; zu diesen Aspekten gehört in aller Regel auch die bewusste Wahl des Opfers. Eben dies bietet offenbar einen Ansatzpunkt für betroffene Personen, sich eine Mitschuld zuzuschreiben – dies wiederum enthält zwar einerseits entlastende Aspekte (z. B. die Wiedergewinnung eines Gefühls von Kontrolle und Selbstwirksamkeit), kann aber andererseits zu einer Wahrnehmung der Bedrohung der eigenen personalen Identität (Bard & Sangrey, 1980) beitragen. Der Einsatz selbststabilisierender Anpassungsreaktionen (Greve, 2007), der hier wiederum spezifisch mildernd wirksam sein könnte, ist bislang aber nur wenig untersucht.

Die Versorgung von Kriminalitätsopfern mit wirksamen und von Opfern wahrgenommenen und akzeptierten Institutionen der Opferhilfe könnte von genauerem Wissen über Wirksamkeit und Nachhaltigkeit von Bewältigungs- und Entwicklungsregulationsprozessen – etwa in Hinblick auf geeignete Programme und Konzepte – profitieren. Darüber hinaus stellt sich die Frage nach der Möglichkeit einer unspezifischen Prävention in Bezug auf *mögliche* Opfer. Wenn es gelänge, Grundlagen für die Entwicklung von generellen Bewältigungsressourcen zu fördern, würde dies auch künftig Betroffenen helfen (z. B. Greve & Thomsen, 2019). Den Interessen tatsächlicher – und auch potenzieller – Opfer wird mit einem soliden Wissen über Prozesse der Verarbeitung krimineller Opfererfahrungen in besonderem Maße gedient sein.

Literatur

Agnew, R. S. (1985). Neutralizing the impact of crime. *Criminal Justice and Behavior, 12*, 221–239. https://doi.org/10.1177/0093854885012002005

Arseneault, L. (2018). Annual research review: The persistent and pervasive impact of being bullied in childhood and adolescence: Implications for policy and practice. *Journal of Child Psychology and Psychiatry, 59* (4), 405–421. https://doi.org/10.1111/jcpp.12841

Baier, D. (2008). *Entwicklung der Jugenddelinquenz und ausgewählter Bedingungsfaktoren seit 1998 in den Städten Hannover, München, Stuttgart und Schwäbisch Gmünd* (KFN-Forschungsbericht Nr. 104). Hannover: Kriminologisches Forschungsinstitut Niedersachsen.

Bailey, R. K. (Hrsg.). (2021). *Intimate partner violence. An evidence-based approach.* Cham: Springer Nature. https://doi.org/10.1007/978-3-030-55864-2

Bard, M. & Sangrey, D. (1980). Things fall apart: Victims in crisis. *Evaluation and Change, Special Issue*, 28–35.

Birkbeck, C. & LaFree, G. (1993). The situational analysis of crime and deviance. *Annual Review of Sociology, 19*, 113–137. https://doi.org/10.1146/annurev.so.19.080193.000553

Birkel, C., Church, D., Hummelsheim-Doss, D., Leitgöb-Guzy, N. & Oberwittler, D. (2019). *Der Deutsche Viktimisierungssurvey 2017: Opfererfahrungen, kriminalitätsbezogene Einstellungen sowie die Wahrnehmung von Unsicherheit und Kriminalität in Deutschland.* Wiesbaden: Bundeskriminalamt. Verfügbar unter http://hdl.handle.net/21.11116/0000-0003-4DF7-1

Boers, K. (1991). *Kriminalitätsfurcht*. Pfaffenweiler: Centaurus.

Boers, K., Walburg, C. & Reinecke, J. (2006). Jugendkriminalität – Keine Zunahme im Dunkelfeld, kaum Unterschiede zwischen Einheimischen und Migranten. Befunde aus Duisburger und Münsteraner Längsschnittstudien. *Monatsschrift für Kriminologie und Strafrechtsreform, 89* (2), 63–87.

Borg, I. & Bilsky, W. (2020). Kriminalitätsfurcht und die Einstellung zur Sicherheitslage in der Stadt. *Kriminologie – Das Online-Journal, 4*, 467–490.

Brandtstädter, J. (2001). *Entwicklung, Intentionalität, Handeln.* Stuttgart: Kohlhammer.

Brandtstädter, J. & Rothermund, K. (2002). The life course dynamics of goal pursuit and goal adjustment: A two-process framework. *Developmental Review, 22*, 117–150. https://doi.org/10.1006/drev.2001.0539

Brillon, Y. (1987). *Victimization and fear of crime among the elderly.* Toronto: Butterworths.

Burgess, A. W. & Holmstrom, L. L. (1979). *Rape: Crisis and recovery.* Bowie, MD: Brady.

Chataway, M. L., Hart, T. C. & Bond, C. (2019). The social-psychological process of fearing crime: Developing and testing a new momentary model of victimisation worry. *Australian & New Zealand Journal of Criminology, 52* (4), 462–482. https://doi.org/10.1177/0004865819836153

Collins, R. E. (2016). Addressing the inconsistencies in fear of crime research: A meta-analytic review. *Journal of Criminal Justice, 47*, 21–23. https://doi.org/10.1016/j.jcrimjus.2016.06.004

Cornish, D. B. & Clarke, R. V. (Eds.). (1986). *The reasoning criminal. Rational choice perspectives on offending.* New York, NY: Springer. https://doi.org/10.1007/978-1-4613-8625-4

Correia, I., Vala, J. & Aguiar, P. (2001). The effects of belief in a just world and victim's innocence on secondary victimization, judgements of justice and deservingness. *Social Justice Research, 14* (3), 327–342. https://doi.org/10.1023/A:1014324125095

Ditton, D. & Farrall, S. (2000). *The fear of crime.* Aldershot: Ashgate Publication.

Fattah, E. A. (1991). *Understanding criminal victimization.* Scarborough: Prentice Hall.

Fattah, E. A. (1993). Research on fear of crime: Some common conceptual and measurement problems. In W. Bilsky, C. Pfeiffer & P. Wetzels (Eds.), *Fear of crime and criminal victimization* (pp. 45–70). Stuttgart: Enke.

Ferraro, K. F. & LaGrange, R. (1987). The measurement of fear of crime. *Sociological Inquiry, 52*, 70–101. https://doi.org/10.1111/j.1475-682X.1987.tb01181.x

Filip, S.-H. & Aymanns, P. (2018). *Kritische Lebensereignisse.* Stuttgart: Kohlhammer.

Finkelhor, D. (2008). *Childhood victimization: Violence, crime, and abuse in the lives of young people.* New York, NY: Oxford University Press. https://doi.org/10.1093/acprof:oso/9780195342857.001.0001

Funk, F., McGeer, V. & Gollwitzer, M. (2014). Get the message: Punishment is satisfying if the transgressor responds to its communicative intent. *Personality & Social Psychology Bulletin, 40* (8), 986–997. https://doi.org/10.1177/0146167214533130

Gabriel, U. & Greve, W. (2003). Fear of crime. Towards a psychological approach. *British Journal of*

Criminology, 43, 600–614. https://doi.org/10.1093/bjc/43.3.600

Gabriel, U. & Greve, W. (2008). Strafbedürfnisse und Strafeinstellungen. In M. Steller & R. Volbert (Hrsg.), *Handbuch der Rechtspsychologie* (Handbuch der Psychologie, Bd. 9, S. 467–476). Göttingen: Hogrefe.

Garofalo, J. (1981). The fear of crime: Causes and consequences. *Journal of Criminal Law and Criminology, 72,* 839–857. https://doi.org/10.2307/1143018

Goergen, T., Herbst, S., Kotlenga, S., Nägele, B. & Rabold, S. (2009). *Kriminalitäts- und Gewalterfahrungen im Leben älterer Menschen. Zusammenfassung wesentlicher Ergebnisse einer Studie zu Gefährdungen älterer und pflegebedürftiger Menschen.* Berlin: Bundesministerium für Familie, Senioren, Frauen und Jugend.

Goodey, J. (2005). *Victims and victimology. Research, policy and practice.* Harlow: Pearson Education.

Gray, E., Jackson, J. & Farrall, S. (2008). Reassessing the fear of crime. *European Journal of Criminology,* 5 (3), 363–380. https://doi.org/10.1177/1477370808090834

Greuel, L., Fabian, T. & Stadler, M. (Hrsg.). (1997). *Psychologie der Zeugenaussage. Ergebnisse der rechtspsychologischen Forschung.* Weinheim: PVU.

Greve, W. (1998). Fear of crime among the elderly: Foresight, not fright. *International Review of Victimology, 5,* 277–309. https://doi.org/10.1177/026975809800500405

Greve, W. (2005). Kriminalitätsfurcht im Lebenslauf: Entwicklungspsychologische Perspektiven auf ein unterschätztes Thema. In K.-P. Dahle & R. Volbert (Hrsg.), *Entwicklungspsychologische Aspekte der Rechtspsychologie* (S. 347–358). Göttingen: Hogrefe.

Greve, W. (2007). Selbst und Identität im Lebenslauf. In J. Brandtstädter & U. Lindenberger (Hrsg.), *Entwicklungspsychologie* (S. 305–336). Stuttgart: Kohlhammer.

Greve, W. (2008). Opfer von Kriminalität und Gewalt. In M. Steller & R. Volbert (Hrsg.), *Handbuch der Rechtspsychologie* (Handbuch der Psychologie, Bd. 9, S. 189–197). Göttingen: Hogrefe.

Greve, W., Hellmers, S. & Kappes, C. (2012). Bewältigung krimineller Opfererfahrungen: Entwicklungsfolgen und Entwicklungsregulation. In S. Barton & R. Kölbel (Hrsg.), *Ambivalenzen der Opferzuwendung des Strafrechts* (S. 263–288). Baden-Baden: Nomos.

Greve, W. & Kappes, C. (2010). Victims of crime. In G. Towl & D. Crighton (Eds.), *Forensic psychology.* Oxford: Wiley-Blackwell.

Greve, W., Leipold, B. & Kappes, C. (2018). Fear of crime in old age: A sample case of resilience? *Journals of Gerontology. Series B, Psychological Sciences and Social Sciences, 73* (7), 1224–1232.

Greve, W., Strobl, R. & Wetzels, P. (1997). Opferforschung und Zeugenpsychologie: Opferzeugen in der viktimologischen Forschung. In L. Greuel, T. Fabian & M. Stadler (Hrsg.), *Psychologie der Zeugenaussage. Ergebnisse der rechtspsychologischen Forschung* (S. 247–260). Weinheim: PVU.

Greve, W. & Thomsen, T. (2019). Die Entwicklung der Selbstregulation über die Lebensspanne. In S. Rietmann & P. Deing (Hrsg.), *Psychologie der Selbststeuerung* (S. 3–21). Wiesbaden: Springer.

Greve, W. & Wilmers, N. (2005). Bewältigung von Opfererfahrungen: Entwicklungspsychologische Perspektiven. In K.-P. Dahle & R. Volbert (Hrsg.), *Entwicklungspsychologische Aspekte der Rechtspsychologie* (S. 359–369). Göttingen: Hogrefe.

Hale, C. (1996). Fear of crime: A review of the literature. *International Review of Victimology, 4,* 79–150. https://doi.org/10.1177/026975809600400201

Hassemer, W. & Reemtsma, J. P. (2002). *Verbrechensopfer. Gesetz und Gerechtigkeit.* München: Beck.

Heckhausen, J., Wrosch, C. & Schulz, R. (2019). Agency and motivation in adulthood and old age. *Annual Review of Psychology, 70* (1), 191–217. https://doi.org/10.1146/annurev-psych-010418-103043

Hirtenlehner, H., Hummelsheim-Doss, D. & Sessar, K. (2018). Kriminalitätsfurcht: Über die Angst der Bürger vor dem Verbrechen. In D. Hermann & A. Pöge (Hrsg.), *Kriminalsoziologie* (Handbuch für Wissenschaft und Praxis, S. 471–486). Baden-Baden: Nomos.

Hosser, D. (1997). Hilfe oder Hindernis? Die Bedeutung sozialer Unterstützung für Opfer krimineller Gewalt. *Monatsschrift für Kriminologie und Strafrechtsreform, 80,* 389–403.

Hughes, K., Bellis, M. A., Jones, L., Wood, S., Bates, G., Eckley, L. et al. (2012). Prevalence and risk of violence against adults with disabilities: A systematic review and meta-analysis of observational studies. *Lancet, 379* (9826), 1621–1629.

Hullenaar, K. L. & Frisco, M. (2020). Understanding the Barriers of Violence Victims' Health Care Use. *Journal of Health and Social Behavior, 61* (4), 470–485. https://doi.org/10.1177/0022146520961481

Jackson, J. & Gouseti, I. (2016). Threatened by violence: Affective and cognitive reactions to violent victimization. *Journal of Interpersonal Violence, 31* (18), 2987–3016. https://doi.org/10.1177/0886260515584336

Janoff-Bulman, R. (1982). Esteem and control bases of blame: „Adaptive“ strategies for victims versus observers. *Journal of Personality, 50,* 180–192. https://doi.org/10.1111/j.1467-6494.1982.tb01022.x

Janssen, H.J., Oberwittler, D. & Koeber, G. (2020). Victimization and its consequences for well-being: A between- and within-person analysis. *Journal of Quantitative Criminology*, *37*, 101–140.

Jung, H. (1993). Viktimologie. In G. Kaiser, H.-J. Kerner, F. Sack & H- Schellhoss (Hrsg.), *Kleines Kriminologisches Wörterbuch* (3. Aufl., S. 582–588). Heidelberg: C.F. Müller.

Kappes, C. (2013). *Disentangling the victimization-fear paradox: An emotional developmental perspective on precautious behavior.* Hildesheim: Universität Hildesheim. Verfügbar unter http://opus.bsz-bw.de/ubhi/volltexte/2013/179/

Kappes, C., Greve, W. & Hellmers, S. (2013). Fear of crime in old age: Precautious behaviour and its relation to situational fear. *European Journal of Ageing, 10* (2), 111–125. https://doi.org/10.1007/s10433-012-0255-3

Karmen, A. (1991). The controversy over shared responsibility. Is victim-blaming ever justified? In D. Sank & D.I. Caplan (Eds.), *To be a victim. Encounters with crime and justice* (pp. 395–408). New York, NY: Plenum.

Karmen, A. (2007). *Crime Victims. An introduction to victimology.* Belmont, CA: Thomson Higher Education.

Kennedy, A.C. & Prock, K.A. (2018). „I still feel like I am not normal“: A review of the role of stigma and stigmatization among female survivors of child sexual abuse, sexual assault, and intimate partner violence. *Trauma, Violence & Abuse, 19* (5), 512–527. https://doi.org/10.1177/1524838016673601

Knecht, M. & Freund, A.M. (2017). The use of selection, optimization, and compensation (SOC) in goal pursuit in the daily lives of middle-aged adults. *European Journal of Developmental Psychology, 14*, 350–366. https://doi.org/10.1080/17405629.2016.1207518

Krahé, B. (2016). Societal responses to sexual violence against women: Rape myths and the „real rape“ stereotype. In H. Kury, S. Redo & E. Shea (Eds.), *Women and children as victims and offenders: Background, prevention, reintegration: Suggestions for succeeding generations* (Vol. I., pp. 671–700). Cham: Springer International Publishing. https://doi.org/10.1007/978-3-319-08398-8_24

Krahé, B. & Scheinberger-Olwig, R. (2002). *Sexuelle Aggression.* Göttingen: Hogrefe.

Kury, H., Obergfell-Fuchs, J. & Würger, M. (2000). *Gemeinde und Kriminalität. Eine Untersuchung in Ost- und Westdeutschland.* Freiburg: Edition Iuscrim.

Kury, H., Redo, S. & Shea, E. (Hrsg.). (2016). *Women and children as victims and offenders: Background, prevention, reintegration: Suggestions for succeeding generations.* (Vol. I). Cham: Springer International Publishing.

Lazarus, R.S. (1991). *Emotion and adaptation.* Oxford: Oxford University Press.

LKA NRW. (2006). *Das Anzeigeverhalten von Kriminalitätsopfern. Einflussfaktoren pro und contra Strafanzeige. Analysen/Kriminalistisch-Kriminologische Forschungsstelle, Landeskriminalamt Nordrhein-Westfalen* (Nr. 2). Verfügbar unter https://polizei.nrw/sites/default/files/2016-11/Anzeigeverhalten.pdf

Löbmann, R., Greve, W., Wetzels, P. & Bosold, C. (2003). Violence against women: Conditions, consequences, and coping. *Psychology, Crime & Law, 9*, 309–331. https://doi.org/10.1080/1068316021000054328

Lurigio, A.J. & Resick, P.A. (1990). Healing the psychological wounds of criminal victimization. Predicting postcrime distress and recovery. In A.J. Lurigio, W.G. Skogan & R.C. Davis (Eds.), *Victims of crime. Problems, policies, and programs* (pp. 50–68). Beverly Hills, CA: Sage.

McGarry, R. & Walklate, S. (2015). *Victims: trauma, testimony and justice.* Routledge: London. https://doi.org/10.4324/9780203727379

McKenna, N.C., Golladay, K.A. & Holtfreter, K. (2020). Integrating general strain theory and trauma-informed principles into the study of older adult victimization. *Journal of Trauma & Dissociation, 21* (2), 187–200. https://doi.org/10.1080/15299732.2020.1692410

Melde, C. (2009). Lifestyle, rational choice, and adolescent fear: A test of a risk-assessment framework. *Criminology, 47* (3), 781–812. https://doi.org/10.1111/j.1745-9125.2009.00157.x

Montada, L. & Lerner, M.J. (Eds.). (1998). *Responses to victimizations and belief in a just world.* New York, NY: Plenum. https://doi.org/10.1007/978-1-4757-6418-5

Natvig, G.K., Albrektsen, G. & Qvarnstrom, U. (2001). Psychosomatic symptoms among victims of school bullying. *Journal of Health Psychology, 6*, 365–377. https://doi.org/10.1177/135910530100600401

Noon, M.S., Beaudry, J.L. & Knowles, A. (2019). The Crime and Threat Image Set (CaTIS): A validated stimulus set to experimentally explore fear of crime. *Journal of Experimental Criminology, 15* (2), 227–242. https://doi.org/10.1007/s11292-017-9314-2

Orth, U. (2003). Punishment goals of crime victims. *Law and Human Behavior, 27* (2), 173–186. https://doi.org/10.1023/A:1022547213760

Orth, U., Cahill, S.P., Foa, E.B. & Maercker, A. (2008). Anger and posttraumatic stress disorder symptoms in crime victims: A longitudinal analysis. *Journal of Consulting and Clinical Psychology, 62,* 208–218. https://doi.org/10.1037/0022-006X.76.2.208

Pfeiffer, C. & Wetzels, P. (1994). Die Explosion des Verbrechens. *Neue Kriminalpolitik, 6* (2), 32–39. https://doi.org/10.5771/0934-9200-1994-2-32

Resick, P.A. (1987). Psychological effects of victimization: Implications for the criminal justice system. *Crime & Delinquency, 33,* 468–478. https://doi.org/10.1177/0011128787033004004

Richter, H. (1997). *Opfer krimineller Gewalttaten. Individuelle Folgen und ihre Verarbeitung.* Mainz: Weisser Ring.

Ruback, R.B. & Thompson, M.P. (2001). *Social and psychological consequences of violent victimization.* Beverly Hills, CA: Sage Publications. https://doi.org/10.4135/9781483345413

Rühs, F., Greve, W. & Kappes, C. (2017). Coping with criminal victimization and fear of crime: The protective role of accommodative self-regulation. *Legal and Criminological Psychology, 22* (2), 359–377. https://doi.org/10.1111/lcrp.12106

Schafer, S. (1968). *The victim and his criminal: A study in functional responsibility.* New York, NY: Random House.

Schreck, C.J. & Berg, M.T. (2021). What ideas of victimization and vulnerability mean for criminological theory: A logical appraisal. In T.C. Pratt & J.J. Turanovic (Eds.), *Revitalising victimization theory: Revisions, Applications, and New Directions.* New York, NY: Routledge.

Schreck, C.J., Berg, M.T. & Rogers, E.M. (2021). Predicting the probability of violence in actor-target relational dyads: Self-control and interpersonal provocations as mutual properties. *The British Journal of Criminology, 61* (5), 1282–1299. https://doi.org/10.1093/bjc/azab014

Shapland, J. & Hall, M. (2007). What do we know about the effects of crime on victims? *International Review of Victimology, 14,* 175–217. https://doi.org/10.1177/026975800701400202

Temkin, J. & Krahé, B. (2008). *Sexual assault and the justice gap: A question of attitude.* Oxford: Hart.

Turanovic, J.J. & Pratt, T.C. (2019). *Thinking about victimization. Context and consequences.* New York, NY: Routledge. https://doi.org/10.4324/9781315522333

Twardawski, M., Tang, K.T.Y. & Hilbig, B.E. (2020). Is it all about retribution? The flexibility of punishment goals. *Social Justice Research, 33,* 195–218. https://doi.org/10.1007/s11211-020-00352-x

von Hentig, H. (1948). *The criminal and his victim. Studies in the Sociobiology of crime.* New Haven, CT: Yale University Press.

Wentura, D., Greve, W. & Klauer, T. (2002). Bewältigungstheorien. In D. Frey & M. Irle (Hrsg.), *Theorien der Sozialpsychologie* (2. Aufl., Bd. III, S. 101–125). Bern: Huber.

Wetzels, P. (1996). Opfererleben, psychische Folgen und Hilfeersuchen – Ergebnisse der KFN-Befragung zur Nutzung von Opferhilfe. In C. Pfeiffer & W. Greve (Hrsg.), *Forschungsthema Kriminalität. Festschrift für Heinz Barth* (S. 57–73). Baden-Baden: Nomos.

Yin, P. (1985). *Victimization and the aged.* Springfield, IL: Thomas.

Yunus, R.M., Hairi, N.N. & Choo, W.Y. (2019). Consequences of elder abuse and neglect: A systematic review of observational studies. *Trauma, Violence, & Abuse, 20* (2), 197–213. https://doi.org/10.1177/1524838017692798

Zedner, L. (1997). Victims. In M. Maguire, R. Morgan & R. Reiner (Eds.), *The Oxford Handbook of criminology* (pp. 577–612). Oxford: Clarendon Press.

12 Einführung in die Gerichtsbarkeit

Lea Babucke und Peter Wetzels

12.1 Einleitung

Mit dem Oberbegriff der Gerichtsbarkeit wird die Gesamtheit der Rechtspflegeorganisation als staatlich garantierte, unabhängige Institution bezeichnet (vgl. Hillgruber, 2019). Von der so bestimmten staatlichen Gerichtsbarkeit abzugrenzen sind gesetzlich zulässige private Einrichtungen zur Beilegung von Rechtsstreitigkeiten. Hierzu zählen z.B. Schiedsgerichte oder Mediationsstellen. Sofern deren Entscheidungen oder Ergebnisse Anlass weiterer Streitigkeiten sind, obliegen rechtsverbindliche Letztentscheidungen aber wiederum staatlichen Gerichten.

12.2 Aufbau der Gerichtsbarkeit in Deutschland

Aufbau und Struktur der staatlichen Gerichtsbarkeit in Deutschland sind ein Ergebnis längerfristiger historischer Entwicklungen. In deren Verlauf erfolgte – für verschiedene soziale Konfliktkonstellationen und -gegenstände zu je unterschiedlichen Zeiten – eine allmähliche Ersetzung rein privater Austragungen von Streitigkeiten durch staatlich strukturierte, rechtsförmige Verfahren der Konfliktregulation (vgl. Hillgruber, 2019). In diesem Prozess der Entwicklung der staatlichen Gewaltenteilung wurde eine unabhängige Rechtsprechung in Form einer staatlichen Gerichtsbarkeit als – neben der Legislative und der Exekutive bestehende – dritte Gewalt etabliert. Resultat dessen ist auch die Struktur der heutigen Gerichtsverfassung, d.h. die Untergliederung der rechtsprechenden Gewalt in verschiedene Gerichtsbarkeiten, und der innerhalb dieser existierenden Instanzen und Spruchkörper (d.h. der Stufen eines gerichtlichen Verfahrens und der auf den einzelnen Stufen tatsächlich entscheidenden Organe).

Gemäß Art. 20 Abs. 3 des Grundgesetzes (GG) ist die Bundesrepublik ein demokratischer und sozialer Rechtsstaat. Art. 19 Abs. 4 S. 1 GG statuiert die Garantie eines Rechtsweges. Jeder Person, die durch die öffentliche Gewalt in ihren Rechten verletzt ist, steht der Rechtsweg offen. Die verfassungsrechtliche Basis der zur Umsetzung dieser Grundrechte erforderlichen Gerichtsorganisation in Deutschland bilden die Art. 92–104 GG. Die rechtsprechende Gewalt ist gem. Art. 92 HS 1 GG den Richter*innen anvertraut. Art. 92 HS 2 GG statuiert weiter, dass die rechtsprechende Gewalt durch das Bundesverfassungsgericht (BVerfG), die Bundesgerichte sowie die Gerichte der Länder ausgeübt wird. In Art. 95 Abs. 1 GG wird dieser verfassungsrechtliche Rahmen weiter ausdifferenziert. Danach werden als Gerichtsbarkeiten die ordentliche Gerichtsbarkeit sowie die Verwaltungs-, Finanz-, Arbeits- und Sozialgerichtsbarkeit (sog. Fachgerichtsbarkeiten) unterschieden. Für diese so definierten fünf Gerichtsbarkeiten wurden gem. Art. 95 Abs. 1 GG durch den Bund jeweils entsprechende Bundesgerichte errichtet.

Der Begriff der ordentlichen Gerichtsbarkeit findet seinen historischen Ursprung im 17. Jahrhundert. Zu dieser Zeit waren lediglich die Zivil- und Strafgerichte originär mit unabhängigen Richter*innen besetzt. Demgegenüber entschieden in der Verwaltungsgerichtsbarkeit als Teil des Verwaltungsapparates Beamt*innen, die sich durch ihre Einbindung in die Exekutive auszeichneten. Aufgrund der daher fehlenden richterlichen Unabhängigkeit galt diese Gerichtsbarkeit als „außerordentlich" oder „besonders" (Zimmermann, 2017, § 12 GVG, Rn. 4). Heute ist diese Bezeichnung in der Sache überholt. Nunmehr sind alle Spruchkörper in den verschiedenen Gerichtszweigen mit unabhängigen Berufsrichter*innen, d.h. vollausgebildeten Jurist*innen nach dem Deutschen Richtergesetz (DRiG), und teilweise zusätzlich auch mit Bürger*innen als ehrenamtlichen Richter*innen (im Strafrecht auch als Schöff*innen bezeichnet) besetzt. Gleichwohl hat sich der Fachterminus „ordentlich" etabliert und wird weiterhin als Unterscheidungskriterium herangezogen.

Für die Rechtspsychologie kommt der ordentlichen Gerichtsbarkeit – sowohl was die Praxis der Sachverständigentätigkeit als auch den Umfang der rechtspsychologischen Forschung zu richterlichem Entscheidungsverhalten und Wirkungen von gerichtlichen Entscheidungen anbelangt – zumindest quantitativ wohl die höchste Bedeutung zu. Sie umfasst als Unterkategorien sowohl die Straf- als auch die Zivilgerichtsbarkeit. Letztere umfasst wiederum drei Zweige: die streitige Zivilgerichtsbarkeit, die Familiengerichtsbarkeit und die freiwillige Gerichtsbarkeit (vgl. **Abb. 12-1**).

Der Begriff der „freiwilligen Gerichtsbarkeit" wird nur historisch verständlich. Bereits im römischen Recht wurde zwischen der „iurisdictio contentiosa" und der „iurisdictio voluntaria" unterschieden, wobei die „iurisdictio voluntaria" die „actio voluntaria" kennzeichnete, die „freiwillige Klage" (Borth & Grandel, 2018, Rn. 2ff.). Tatsächlich freiwillig oder auch „frei" ist das Verfahren aber gleichwohl nicht. Auch hier unterliegen Gericht und Beteiligte gesetzlich festgelegten Zuständigkeits- und Verfahrensregelungen, die sich aktuell v.a. im Gesetz über das Verfahren in Familiensachen und in den Angelegenheiten der freiwilligen Gerichtsbarkeit (FamFG) finden.

Von den fünf Zweigen der Gerichtsbarkeit zu unterscheiden und organisatorisch unabhängig von den Bundesministerien als obersten Bundesbehörden ist das BVerfG. Dieses ist sowohl ein Gericht als auch ein eigenes Verfassungsorgan (Art. 94 Abs. 2 S. 1 GG i.V.m. § 1 Abs. 1 BVerfGG). Das BVerfG ist nicht in den regulären Instanzenzug der Gerichtsbarkeiten eingegliedert. Entscheidungen des BVerfG gehen den Entscheidungen der übrigen Gerichte zwar vor und können diese binden. Das BVerfG ist aber nicht als „Superrevisionsinstanz" anzusehen (BVerfG, Urteil, 1 BvR 500/51, Rn. 30), die als „oberstes Kontrollorgan" die Rechtsprechung nachprüfen würde. Vielmehr untersucht das BVerfG, sofern es nach Ausschöpfung des regulären Rechtsweges angerufen wird, eine dort getroffene gerichtliche Entscheidung unter bestimmten Voraussetzungen mit Blick auf mögliche Grundrechtsverletzungen. Daneben besteht die Möglichkeit, dass Gerichte, bei Zweifeln an der Verfassungsmäßigkeit einer von ihnen im Einzelfall eines Rechtsstreites heranzuziehenden Norm, diese dem BVerfG mit der Bitte um Prüfung vorlegen (die sog. Richtervorlage im Rahmen der konkreten Normenkontrolle). Eine direkte Prüfung der Anwendung des sog. „einfachen Rechts", also z.B. der korrekten Anwendung der Regelungen des Bürgerlichen Gesetzbuches (BGB) im konkreten Einzelfall, erfolgt hingegen nicht. Auf Ebene der 16 Bundesländer existieren ferner noch Verfassungsgerichte der Länder, die v.a. Verfahren im Hinblick auf mögliche Verstöße gegen spezifische Regelungen der jeweiligen Landesverfassungen bearbeiten.

Gemäß Art. 101 Abs. 2 GG können durch Gesetz zusätzlich weitere besondere Gerichte für bestimmte Arten von Streitigkeiten errichtet werden. Ein Beispiel dafür ist die auf dieser Grundlage erfolgte Schaffung des Bundespatentgerichts (§ 65 BPatG). Als letztinstanzliches oberstes Gericht fungiert auch bei solchen Gerichten der BGH.

Welche Gerichte für bestimmte Fallkonstellationen zuständig und wie deren Spruchkörper

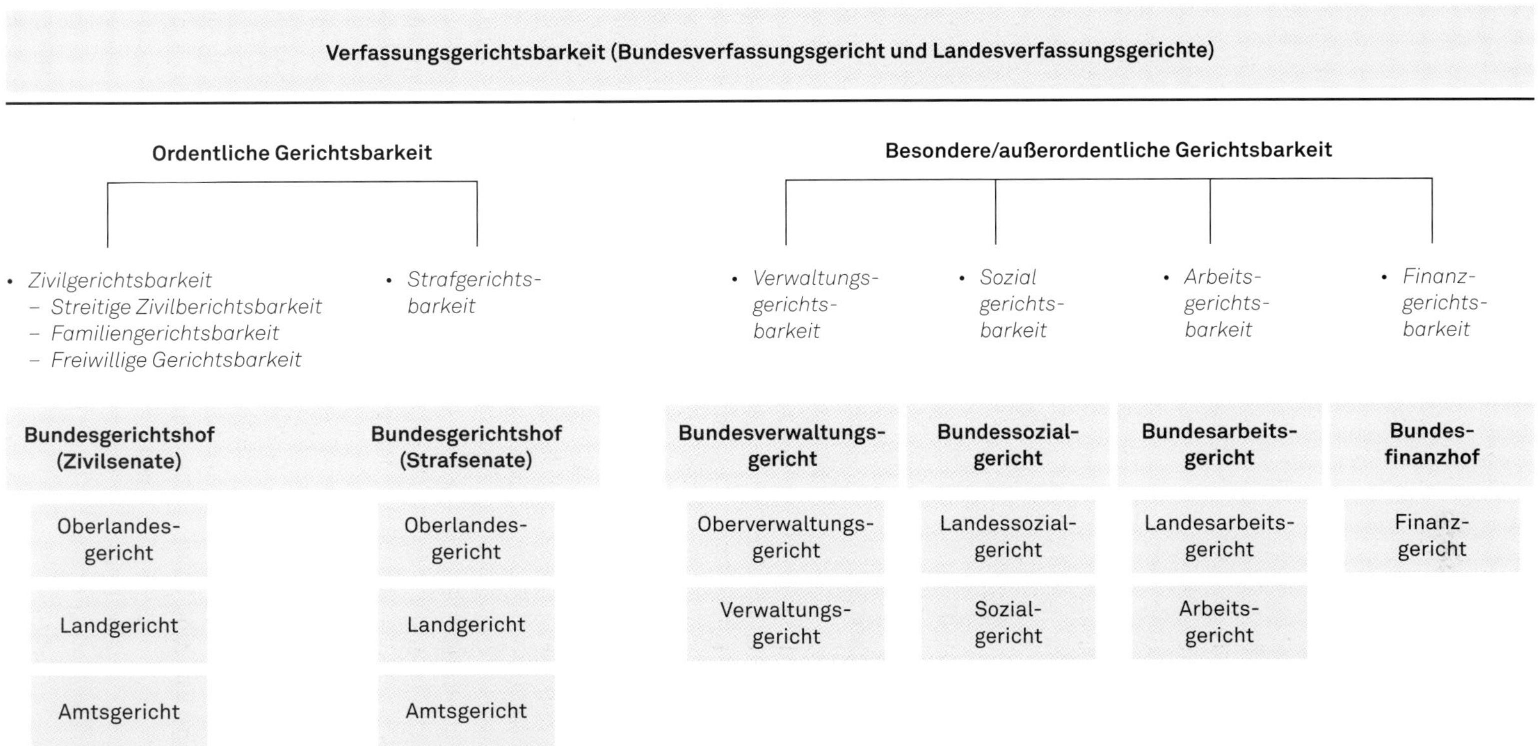

Abbildung 12-1: Aufbau und Struktur der Gerichtsbarkeit in Deutschland.

personell zusammengesetzt sind, bestimmt sich nach dem Gerichtsverfassungsrecht. Das Grundgesetz enthält dazu einige zentrale Bestimmungen, welche die Gerichtszweige und übergreifende allgemeine Verfahrensprinzipien betreffen. Im Übrigen ist das Gerichtsverfassungsrecht einfachgesetzlich geregelt, d.h. nicht direkt im Grundgesetz normiert. Zentral sind insoweit das Gerichtsverfassungsgesetz (GVG) sowie das Einführungsgesetz zum Gerichtsverfassungsgesetz (EGGVG). Diese enthalten v.a. Bestimmungen für die ordentliche Gerichtsbarkeit. Daneben finden sich darin aber auch Regelungen, die für alle Zweige der Gerichtsbarkeit gelten. Zusätzliche spezielle Bestimmungen für die einzelnen Gerichtszweige finden sich ferner in deren einzelnen Prozessordnungen.

12.3 Die Strafgerichtsbarkeit

Der Strafprozess und die diesen maßgeblich ausgestaltende Strafprozessordnung (StPO) betreffen das Verfahren zur Aufklärung von Straftaten im Einzelfall, d.h. die Ermittlung und Verfolgung verdächtigter Personen, die Klärung von Täterschaft und Schuld sowie die Verhängung und Vollstreckung von Rechtsfolgen, darunter u.a. Freiheits- oder Geldstrafen. Es handelt sich um eine Auseinandersetzung zwischen dem Staat auf der einen Seite, der die Einhaltung der grundlegenden Normen zum allgemeinen Schutz vor Rechtsgutsverletzung überwacht und bei deren Verletzung Sanktionen verhängt und durchsetzt, und den Bürger*innen als möglichen Täter*innen strafbarer Handlungen auf der anderen Seite.

12.3.1 Instanzenzug und Spruchkörper

In der Strafgerichtsbarkeit ist grundsätzlich zwischen drei Instanzen zu differenzieren (erstinstanzliche Entscheidung, Berufungsinstanz, Revisionsinstanz), wobei vier verschiedene Gerichte mit jeweils unterschiedlichen Spruchkörpern zuständig sein können.

In Verfahren, die erstinstanzlich auf der Ebene des Amtsgerichts (AG) als Tatgericht beginnen, stehen als mögliche Rechtsmittel sowohl die umfassende rechtliche wie tatsächliche Prüfung im Rahmen der Berufung als auch eine weitere, zumeist daran anschließende rein rechtliche Prüfung im Rahmen der Revision zur Verfügung. Als Sprungrevision bezeichnet man die Revision in Fällen, in denen keine vorherige Berufungseinlegung erfolgte. Es existieren hier mithin drei Instanzen. Demgegenüber ist für Verfahren, die auf Ebene des Landgerichts (LG) oder des Oberlandesgerichts (OLG) erstinstanzlich beginnen, keine Berufungsinstanz vorgesehen. Hier besteht nur noch die Option der Überprüfung auf mögliche rechtliche Fehler der Erstinstanz im Rahmen der Revision (vgl. **Abb. 12-2**).

Welches Gericht und welcher dortige Spruchkörper erstinstanzlich für ein Strafverfahren zuständig ist, wird maßgeblich durch die möglicherweise verletzten Straftatbestände, deren Strafrahmen und die Straferwartung im konkreten Einzelfall bestimmt.

Für Straftaten, die ein Vergehen darstellen (gem. § 12 StGB Verstöße, die im Mindestmaß mit einer Geldstrafe oder einer Freiheitsstrafe unter einem Jahr geahndet werden) oder bei denen die Straferwartung im konkreten Fall bei maximal bis zu zwei Jahren Freiheitsstrafe liegt, ist der bzw. die Strafrichter*in am AG zuständig. Bei diesem handelt es sich um einen Berufsrichter i.S. des Deutschen Richtergesetzes (DRiG).

Steht die beschuldigte Person im Verdacht, ein Verbrechen begangen zu haben, also eine Straftat, für die im Mindestmaß eine Strafe von einem Jahr Freiheitsstrafe oder mehr angedroht ist, oder liegt die Straferwartung im Einzelfall zwischen zwei und vier Jahren Freiheitsstrafe, dann ist das Schöffengericht am AG zuständig. Es besteht im Regelfall aus einem bzw. einer Berufsrichter*in und zwei Schöff*innen. Schöff*innen sind ehrenamtliche Richter*in-

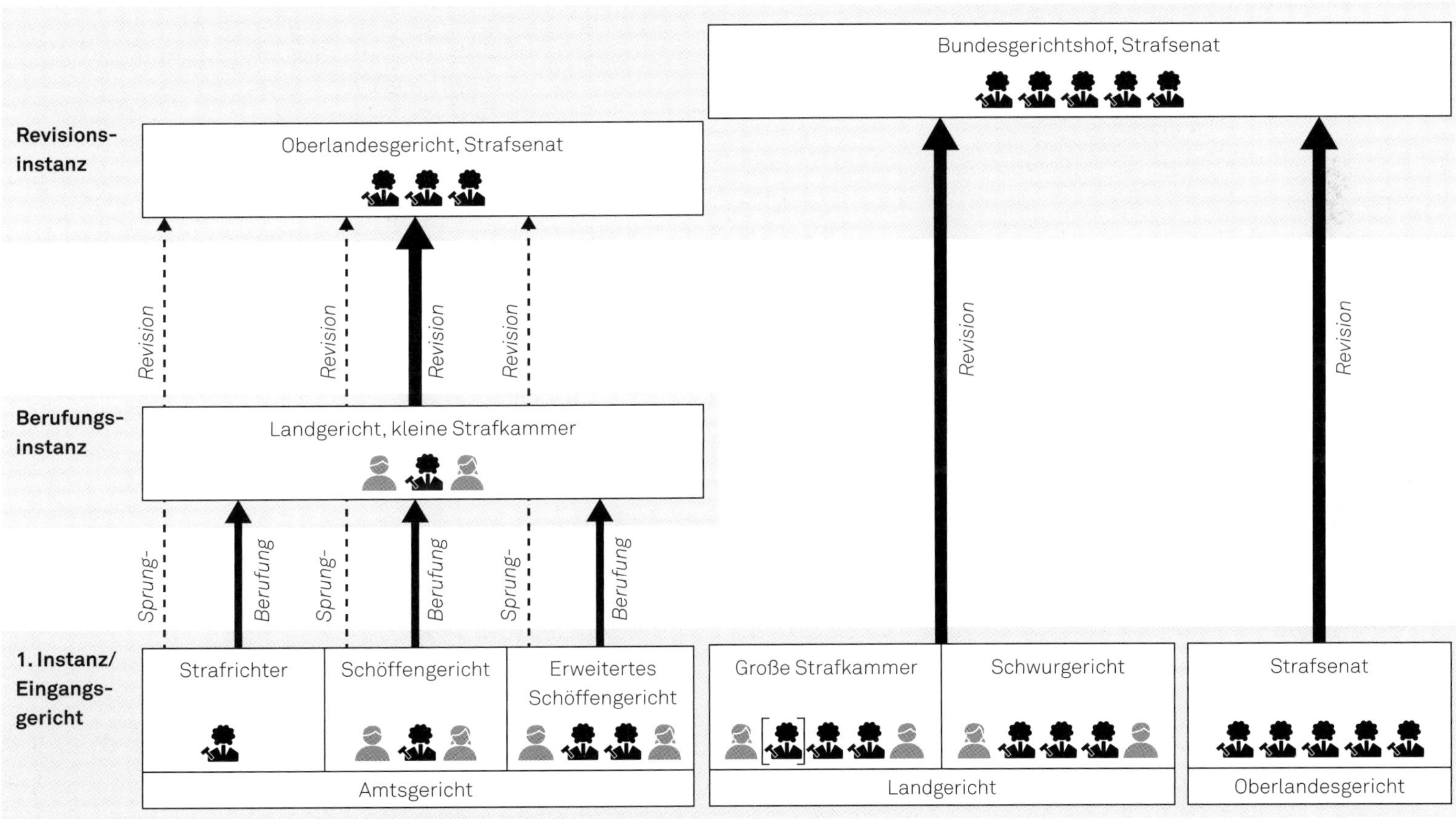

Abbildung 12-2: Instanzenzug und Spruchkörper im Strafrecht.

nen, die nicht als ausgebildete Jurist*innen i. S. des DRiG, sondern als rechtliche Laien mit dem „authentischen“ Blick der allgemeinen Bevölkerung über Straftaten urteilen sollen (Schuster, 2018, § 31 GVG, Rn. 7). In bestimmten Fällen höherer Komplexität ist es möglich, dass ein sog. erweitertes Schöffengericht eingesetzt wird (Schuster, 2018, § 29 GVG, Rn. 5 ff.). Dieses besteht aus zwei Berufsrichter*innen und zwei Schöff*innen.

Das LG ist in Strafverfahren sowohl erst- als auch zweitinstanzlich von Bedeutung. Erstinstanzlich entscheidet das LG über Verfahren, in denen eine Straferwartung von über vier Jahren Freiheitsstrafe gegeben ist, sich das Verfahren als besonders bedeutsam z. B. relevant für die Öffentlichkeit erweist oder das Gesetz dies explizit anordnet. Als Spruchkörper entscheidet hier grundsätzlich die große Strafkammer, besetzt mit drei Berufsrichter*innen und zwei Schöff*innen. In den meisten Fällen beschließt diese große Strafkammer aber, dass eine Tätigkeit von drei Berufsrichter*innen nicht erforderlich ist, und setzt das Verfahren mit lediglich zwei Berufsrichter*innen fort. Eine explizite Zuweisung für das LG gibt es gem. § 74 Abs. 2 GVG für schwerwiegende Straftaten, die mit einer möglichen Todesfolge verbunden sind. In diesen Fällen wird die große Strafkammer als „Schwurgericht“ bezeichnet und eine Reduzierung der Anzahl der Berufsrichter*innen auf zwei ist unzulässig.

Als zweite Instanz ist das LG zuständig nach Einlegung einer Berufung gegen Entscheidungen eines AG. Dieses Verfahren wird zumeist von der sog. kleinen Strafkammer am LG, bestehend aus einem oder einer Berufsrichter*in und zwei Schöff*innen, geführt. Teilweise können hier auch zwei Berufsrichter*innen und zwei Schöff*innen tätig werden. Dies gilt immer dann, wenn bereits am AG das erweiterte Schöffengericht zuständig war.

Das OLG kann gleichfalls sowohl als erstinstanzliches Eingangs- wie auch als Rechtsmittelgericht tätig werden. Als Rechtsmittelgericht ist das OLG abschließend als Revisionsinstanz für Verfahren zuständig, in denen das Strafverfahren seinen Anfang beim AG genommen hat. Hierbei kann das OLG zum einen in der Revision als dritte Instanz, nach einer Entscheidung des LG als zweiter Instanz (Berufungsinstanz), tätig werden oder aber zum anderen im Rahmen einer sog. Sprungrevision, nach einer vorherigen Entscheidung des AG, direkt als zweite Instanz angerufen werden. Am OLG entscheiden sog. Senate, besetzt mit drei Berufsrichter*innen, über diese Revisionen.

Erstinstanzlich entscheidet das OLG in erster Linie über Straftaten von besonders gehobener Bedeutung, z. B. Staatsschutzdelikte wie die Bildung von terroristischen Vereinigungen. Hier fällen mit fünf Berufsrichter*innen besetzte Senate Urteile über Schuld und Strafe.

Der BGH schließlich ist in Strafsachen als zweite Instanz für Revisionen zuständig, die aus Verfahren resultieren, welche bei einem LG oder OLG erstinstanzlich ihren Anfang genommen haben. Der Spruchkörper wird auch hier als Senat bezeichnet. Die insgesamt sechs Strafsenate des BGH sind jeweils mit fünf Berufsrichter*innen besetzt.

12.3.2 Verfahrensabschnitte

Das Strafverfahren kann grob in vier Abschnitte gegliedert werden (Fischer, 2019, Rn. 137 ff.). Es beginnt mit dem Ermittlungsverfahren. Hier wird die Staatsanwaltschaft als Ermittlungsbehörde tätig und nimmt im Falle eines konkreten Anfangsverdachts Untersuchungen vor. Ziel ist es zu klären, inwieweit Beschuldigte einer Straftat tatsächlich hinreichend verdächtig sind, d. h., ob angesichts der verfügbaren Beweise vor Gericht eine Verurteilung wahrscheinlicher ist als ein Freispruch. Zu prüfen sind dabei auch entlastende Umstände, d. h., ob Beschuldigte sich tatsächlich eventuell gar nicht strafbar gemacht haben, sowie ferner, ob angesichts einer geringen Schwere der Tat oder der individuellen Schuld eine Hauptverhandlung verzichtbar sein könnte. In vielen

Fällen minderschwerer Delikte ist eine Hauptverhandlung nicht notwendig und eine Entscheidung im schriftlichen Verfahren (Strafbefehl) oder eine Verfahrenseinstellung, z. B. gem. § 153a StPO gegen Zahlung einer Geldauflage, möglich.

Hat die Staatsanwaltschaft ausreichend Erkenntnisse zum Tatverdacht gegen eine beschuldigte Person gewonnen und kommt zu dem Schluss, dass eine Verurteilung in einer späteren Hauptverhandlung wahrscheinlich ist, erhebt sie Anklage und beantragt die Eröffnung des Hauptverfahrens. Mit Eingang dieser Anklage bei Gericht beginnt das sog. Zwischenverfahren. Hier erfolgt eine erste Prüfung seitens des zuständigen Gerichtes, ob auch aus seiner Perspektive ein hinreichender Tatverdacht vorliegt. Das Gericht unterzieht als unabhängige Instanz die Einschätzung der Staatsanwaltschaft einer nochmaligen Kontrolle. Dies dient einerseits einer Entlastung der Gerichte, damit nicht unnötig eine Hauptverhandlung begonnen wird, wenn die Staatsanwaltschaft fehlerhaft einen hinreichenden Tatverdacht angenommen hat. Andererseits dient es dem Schutz des bzw. der Angeklagten (Fischer, 2019, Rn. 163). So kann über das Zwischenverfahren erheblichen Stigmatisierungseffekten einer fehlerhaft begonnenen öffentlichen Hauptverhandlung vorgebeugt werden.

Im Zwischenverfahren ist es möglich, dass auf Initiative des Gerichtes weitere Ermittlungsmaßnahmen vorgenommen werden. Hierzu kann das Gericht entweder selbst tätig werden oder über die Staatsanwaltschaft neue Untersuchungen in die Wege leiten, darunter auch eine ggfs. für erforderlich erachtete Hinzuziehung von Sachverständigen.

Hält das Gericht einen hinreichenden Tatverdacht für begründet, beschließt es, die Anklage zuzulassen und das sog. Hauptverfahren zu eröffnen. Dies ist der dritte der vier genannten Abschnitte. Es werden Termine für eine Hauptverhandlung bestimmt und alle Beteiligten, darunter auch Zeug*innen und Sachverständige, geladen.

Während des Hauptverfahrens und auch innerhalb der Hauptverhandlung können weitere Untersuchungen erfolgen, sofern dies vom Gericht für erforderlich gehalten wird, z. B., um die Glaubhaftigkeit von während der Hauptverhandlung erfolgenden Zeug*innenaussagen zu eruieren oder etwaige für die Frage der Schuldfähigkeit relevante psychische Einschränkungen des bzw. der Angeklagten zu untersuchen.

Das Hauptverfahren endet i. d. R. durch Urteil. Erwächst ein solches Urteil in Rechtskraft – dies geschieht, wenn alle Beteiligten auf Rechtsmittel verzichten, die Frist zur Einlegung von Rechtsmitteln abgelaufen ist oder der Instanzenzug ausgeschöpft und nunmehr ein „letztinstanzliches" Urteil gesprochen wurde – beginnt, sofern kein Freispruch erfolgte, das sog. Vollstreckungsverfahren als der vierte Abschnitt. Hier steht der Umgang mit der richterlichen Entscheidung im Fokus, deren Verwirklichung oder Abwandlung. Beispiele sind die Eintreibung einer ausgeurteilten und noch nicht bezahlten Geldstrafe, die nachträgliche Gewährung von Zahlungserleichterungen, der Widerruf einer Strafaussetzung zur Bewährung gem. § 56f. StGB oder die Aussetzung eines Strafrestes zur Bewährung nach Verbüßung eines Teils der Freiheitsstrafe gem. § 57 oder auch § 57a StGB.

Die Strafvollstreckung erfolgt im Erwachsenenstrafrecht durch die Staatsanwaltschaft als zuständiger Vollstreckungsbehörde. Für in diesem Vollstreckungsverfahren notwendig werdende gerichtliche Entscheidungen sind i. d. R. nicht die Gerichte zuständig, die im Rahmen des ursprünglichen Strafverfahrens letztinstanzlich das Urteil gefällt haben, sondern die sog. Strafvollstreckungskammern. Diese bestehen gem. § 78a GVG an den Landgerichten in solchen Landgerichtsbezirken, in denen sich eine Straf- und oder eine Maßregelvollzugsanstalt befindet bzw. in denen eine andere Vollzugsbehörde ihren Sitz hat.

Die Strafvollstreckungskammern bearbeiten gem. § 462a StPO u. a. gerichtliche Verfahren, in denen es gem. § 454 StPO um die o. g. nachträglichen Entscheidungen über die Strafaussetzung zur Bewährung oder um die Strafrestaussetzung zur Bewährung (oft auch als vorzeitige Entlassung zur Bewährung bezeichnet) geht. Hier sind gem. § 454 Abs. 2 StPO seitens der Strafvollstreckungskammer in bestimmten Fällen (z. B. bei der Entlassung zur Bewährung aus lebenslanger Haft oder bei der Entlassung eines zu mehr als zwei Jahren Haft verurteilten Sexualstraftäters zur Bewährung) zwingend Prognosegutachten zur Frage einer möglicherweise noch bestehenden Gefährlichkeit durch Sachverständige einzuholen.

Weiter sind die Strafvollstreckungskammern gem. § 110 StVollzG auch für gerichtliche Verfahren zuständig, die vollzugsrechtliche Rechtsstreitigkeiten im Rahmen des Vollzuges von Freiheitsstrafen in einer JVA oder einer Maßregel in einer Maßregelvollzugseinrichtung betreffen. Hier geht es um Fragen der Handhabung und Ausgestaltung des Vollzuges, etwa im Hinblick auf Lockerungen, Besuchsregelungen, Zuweisung von Arbeit, Ausbildung und Weiterbildung oder auch in Bezug auf vollzugliche Disziplinarmaßnahmen.

Nach Rechtskraft eines Strafurteils und dem formellen Beginn des Vollstreckungsverfahrens kann es allerdings in bestimmten Konstellationen gleichwohl noch zu weiteren Entscheidungen eines bereits im ursprünglichen Verfahren erstinstanzlich zuständigen Tatgerichts kommen, welche die genaue Ausgestaltung der Rechtsfolgen betreffen. Ein Beispiel hierfür sind Entscheidungen über die Anordnung der im Urteil vorbehaltenen Sicherungsverwahrung gem. § 66a StGB. Weiter zu nennen ist hier auch die nachträgliche Anordnung der Sicherungsverwahrung gem. § 66 b StGB (i.e. die Anordnung der Sicherungsverwahrung gegenüber Personen, bei denen die Unterbringung in einem psychiatrischen Krankenhaus nach § 67d Abs. 6 StGB für erledigt erklärt worden ist, weil der die Schuldfähigkeit ausschließende oder vermindernde Zustand, auf dem die Unterbringung beruhte, im Zeitpunkt der Erledigungsentscheidung nicht bestanden hat, und bei denen nach Ansicht der zuständigen Staatsanwaltschaft eine Gefährlichkeit für die Allgemeinheit weiter besteht). In solchen besonderen Fällen entscheidet gem. §§ 74f., 120a GVG das bereits eingangs im ersten Rechtszug zuständige Gericht, d. h. die damals tätige Strafkammer bzw. der damals zuständige Strafsenat darüber, ob die Voraussetzungen dafür vorliegen, dass nun eine Sicherungsverwahrung tatsächlich erfolgen soll. In solchen Verfahren sind gem. § 275 a IV StPO regelmäßig Sachverständigengutachten in Form von Prognosegutachten zur Frage der weiter bestehenden Gefährlichkeit erforderlich. Im Zuge der Entscheidung über die nachträgliche Sicherungsverwahrung ist bspw. gem. § 275 a IV S. 2 StPO die Einholung derartiger Gutachten von zwei verschiedenen Sachverständigen notwendig, die zudem beide bislang noch nicht mit der Behandlung des Verurteilten befasst gewesen sein dürfen.

12.3.3 Zentrale Verfahrensprinzipien

Alle Zweige der Gerichtsbarkeit haben grundlegende Leitlinien, auch Verfahrensprinzipien oder Maximen genannt, welche die konkrete Ausgestaltung der jeweiligen Prozesse maßgeblich prägen. Hierbei gibt es diverse Überschneidungen zwischen den verschiedenen Gerichtsbarkeiten. Es ist die Kombination der verschiedenen Maximen, die der jeweiligen Prozessart ihr charakteristisches Gepräge verleiht. Für den Strafprozess ist v. a. die Kombination aus Legalitätsprinzip, Amtsermittlungsgrundsatz, Mündlichkeitsprinzip, Öffentlichkeits- und Unmittelbarkeitsgrundsatz kennzeichnend (Ostendorf, 2018, S. 38ff.).

Das Legalitätsprinzip besagt, dass die Strafverfolgungsbehörde verpflichtet ist, ein Ermittlungsverfahren einzuleiten, wenn ihr ein Anfangsverdacht für eine Straftat zur Kenntnis gelangt. Liegt danach ein hinreichender Tatverdacht vor, ist grundsätzlich auch Anklage zu erheben. Hiervon gibt es jedoch Ausnahmen: Nach dem Opportunitätsprinzip kann die Staatsanwaltschaft von der Strafverfolgung in bestimmten Einzelfällen, z. B. wenn eine etwaige Schuld des Täters durch eine Einstellung mit Geldauflage ausreichend abgegolten werden kann, absehen.

Mit dem Legalitätsprinzip geht der Amtsermittlungs- oder Untersuchungsgrundsatz einher. Demnach sind die Strafverfolgungsbehörden und die Strafgerichte gesetzlich verpflichtet, den der vermeintlichen Straftat zugrunde liegenden Sachverhalt von sich aus, d. h. von Amts wegen und ohne dass es eines Antrags bedarf, umfassend zu erforschen und die verfügbaren Beweismittel auszuschöpfen. Die Staatsanwaltschaft und das erkennende Gericht müssen sich selbst von dem gesamten Geschehen, und zwar sowohl von den entlastenden als auch den belastenden Umständen, ein umfassendes Bild machen.

Der Öffentlichkeitsgrundsatz wird in der Hauptverhandlung maßgeblich. Danach muss diese i. d. R. so stattfinden, dass die allgemeine Bevölkerung dieser grundsätzlich beiwohnen kann. Auf diese Weise soll nicht nur das Vertrauen der Bevölkerung in die Justiz gestärkt, sondern die Justiz auch durch die Gewissheit, dass jederzeit Personen die Verhandlung beobachten können, kontrolliert werden.

Eine effektive Kontrolle kann jedoch nur erfolgen, wenn die Bevölkerung auch weiß, um was es in der Hauptverhandlung überhaupt geht. Hier kommt der Mündlichkeitsgrundsatz zum Tragen. Nur wenn das gesamte Verfahren in der Hauptverhandlung besprochen wird, kann ein*e Zuschauer*in, der*die keine Aktenkenntnis besitzt, nachvollziehen, was ein Gericht aus welchen Gründen entscheidet.

Ebenfalls in der Hauptverhandlung erlangt der Unmittelbarkeitsgrundsatz Bedeutung. Demnach soll das Gericht stets selbst und direkt mit dem jeweiligen Beweismittel konfrontiert werden. Ein Ersatz durch Surrogate ist grundsätzlich unzulässig. Die Vernehmung eines Zeugen*einer Zeugin darf bspw. i. d. R. nicht durch die Verlesung eines Vernehmungsprotokolls eben jener Zeugin*jenes Zeugen ersetzt werden.

Hinsichtlich dieser Verfahrensprinzipien gelten aber eine Reihe von Ausnahmen, die durch die StPO im Detail geregelt werden. So ist bisweilen eine Verhandlung ohne Öffentlichkeit, insbesondere zum Schutz von Zeug*innen bei Mitteilung aus deren Privat- und Intimsphäre möglich. Weiter können u. U. Urkunden in einem sog. Selbstleseverfahren in die Hauptverhandlung eingebracht werden. In diesem Fall liest das Gericht umfangreiche Urkunden nicht in ihrer Gänze laut vor, wie es das Mündlichkeitsprinzip verlangen würde, sondern gibt den Beteiligten auf, diese selbstständig zu lesen. Ausnahmen vom Unmittelbarkeitsgrundsatz sind gleichfalls denkbar, wenn z. B. ein*e Zeug*in, der*die als sachnächstes Beweismittel eigentlich zu vernehmen wäre, aber aufgrund dauerhafter und schwerer Erkrankung auf längere Zeit nicht zur Verfügung steht. In diesen Situationen kann z. B. der*die Beamt*in, die*der eine*n Zeug*in vernommen hat, als Zeug*in über diese Vernehmung gehört werden. Unter besonderen Umständen, etwa im Falle von Personen unter 18 Jahren, die Opfer von Sexualdelikten oder einer Misshandlung von Schutzbefohlenen waren, kann deren Aussage im Ermittlungsverfahren im Rahmen einer richterlichen Vernehmung gem. § 58a StPO in Bild und Ton (audiovisuell) aufgezeichnet und später im Gerichtssaal während der Hauptverhandlung gem. § 255a StPO unter bestimmten Bedingungen anstelle der ansonsten erforderlichen unmittelbaren direkten Aussage dieser minderjährigen Zeug*innen vorgeführt und als Beweismittel verwertet werden.

12.3.4 Besonderheiten im Jugendstrafverfahren

Waren die einer Straftat verdächtigen Personen zur Tatzeit Jugendliche oder Heranwachsende, d. h. zwischen 14 und 21 Jahre alt, dann werden auf diese die spezialgesetzlichen Regelungen des Jugendgerichtsgesetzes (JGG) angewendet. Das Jugendstrafrecht unterscheidet sich sowohl im Hinblick auf die Rechtsfolgengestaltung, die Arten und das Maß der möglichen Sanktionen als auch durch Besonderheiten der Jugendgerichtsverfassung und des Jugendstrafverfahrensrechts vom regulären „Erwachsenenstrafrecht" (vgl. Ostendorf & Drenkhahn, 2020).

Auch im Jugendstrafrecht sind zwar AG, LG sowie OLG und BGH in den verschiedenen Instanzen zuständig, die Spruchkörper sind jedoch teilweise andere. Am AG sind der Jugendrichter und das Jugendschöffengericht tätig, am LG die Jugendkammer. Diese Spruchkörper zeichnen sich gem. § 37 JGG durch eine besondere Erfahrung der dort tätigen Berufsrichter*innen im Umgang mit Jugendlichen und erzieherische Kompetenzen aus. Bei den OLGs und dem BGH gibt es jedoch keine besonderen Senate, die nur für Jugendsachen tätig werden.

Im Jugendstrafverfahren ist auch der Instanzenzug anders ausgestaltet (vgl. **Abb. 12-3**). Die erstinstanzliche Zuständigkeit liegt, in Abhängigkeit von der zu klärenden Straftat und der zu erwartenden Rechtsfolge, beim AG (Jugendrichter oder Jugendschöffengericht), oder dem LG (der Jugendkammer). Die hier relevanten Straferwartungen sind jedoch andere als im Falle Erwachsener. Im Vergleich zum Erwachsenenstrafrecht sind ferner die Rechtsmittel im Jugendstrafverfahren gem. § 55 JGG stärker eingeschränkt. So steht den Beteiligten im Jugendstrafverfahren gem. § 55 Abs. 2 JGG im Grundsatz nur ein Rechtsmittel zur Verfügung. Bei Verfahren, die auf Ebene des AG begonnen wurden, entweder die Berufung (zum LG) oder die Sprungrevision (zum OLG). Nur für Beteiligte, die selbst keine Berufung eingelegt haben, besteht die Option, gegen ein Berufungsurteil der Jugendkammer mit dem Rechtsmittel der Revision (zum OLG) vorzugehen. Für Verfahren, die bereits auf der Ebene des LG oder des OLG ihren Anfang genommen haben, besteht – wie auch im Erwachsenenstrafrecht – nur die Möglichkeit der Revision (zum BGH).

Gemäß § 2 JGG ist das Jugendstrafrecht entwicklungsorientiert, es steht der Erziehungsgedanke im Vordergrund. Leitend ist weniger die Vergeltung für begangenes Unrecht als vielmehr die spezialpräventive Einwirkung auf die betreffenden Jugendlichen und die Förderung ihrer künftigen Legalbewährung. Dies schlägt sich sowohl in Besonderheiten der Rechtsfolgengestaltung, d. h. Art und Umfang der Sanktionierung, als auch im Ablauf des Verfahrens nieder. So findet die Hauptverhandlung gegen Jugendliche gem. §§ 48 Abs. 1, 109 Abs. 1 JGG aus Gründen des Jugendschutzes grundsätzlich unter Ausschluss der Öffentlichkeit statt. Sind hingegen neben einem Jugendlichen auch Erwachsene (ab 21 Jahre) oder Heranwachsende (18 bis unter 21 Jahre) mitangeklagt, findet das Verfahren gem. § 48 Abs. 3 JGG öffentlich statt. Ein Ausschluss der Öffentlichkeit kann jedoch auch hier erfolgen, wenn dies für einen mitangeklagten Jugendlichen aus erzieherischen Gründen geboten ist.

Weiter bedarf es bei jugendstrafrichterlichen Entscheidungen, die junge Menschen in einer sensiblen Entwicklungsphase betreffen, i. d. R. einer sachkundigen Unterstützung durch nicht juristische Fachdisziplinen. Dies wird innerhalb des Jugendstrafverfahrens v. a. durch die Einbeziehung der Jugendgerichtshilfe (JGH) mit ihren sozialpädagogischen Kompetenzen in das Verfahren gewährleistet. Die JGH hat die Stellung einer besonderen, eigenständigen Verfahrensbeteiligten, die gem. § 38 Abs. 2 JGG möglichst früh die wesentlichen Informationen zu Person, Entwicklung und Hinweise auf ggfs. erforderliche Förder- und Unterstützungsmaßnahmen in das Verfahren einbringen und das Gericht insoweit unterstützen soll.

12.3.5 Besonderheiten in Jugendschutzsachen

Eine Besonderheit stellen sog. Jugendschutzsachen dar. Gemäß § 26 Abs. 1 GVG sind für Straftaten erwachsener Täter*innen, durch die ein Kind oder ein Jugendlicher verletzt oder unmittelbar gefährdet wird, neben den für allgemeine Strafsachen zuständigen Gerichten auch die Ju-

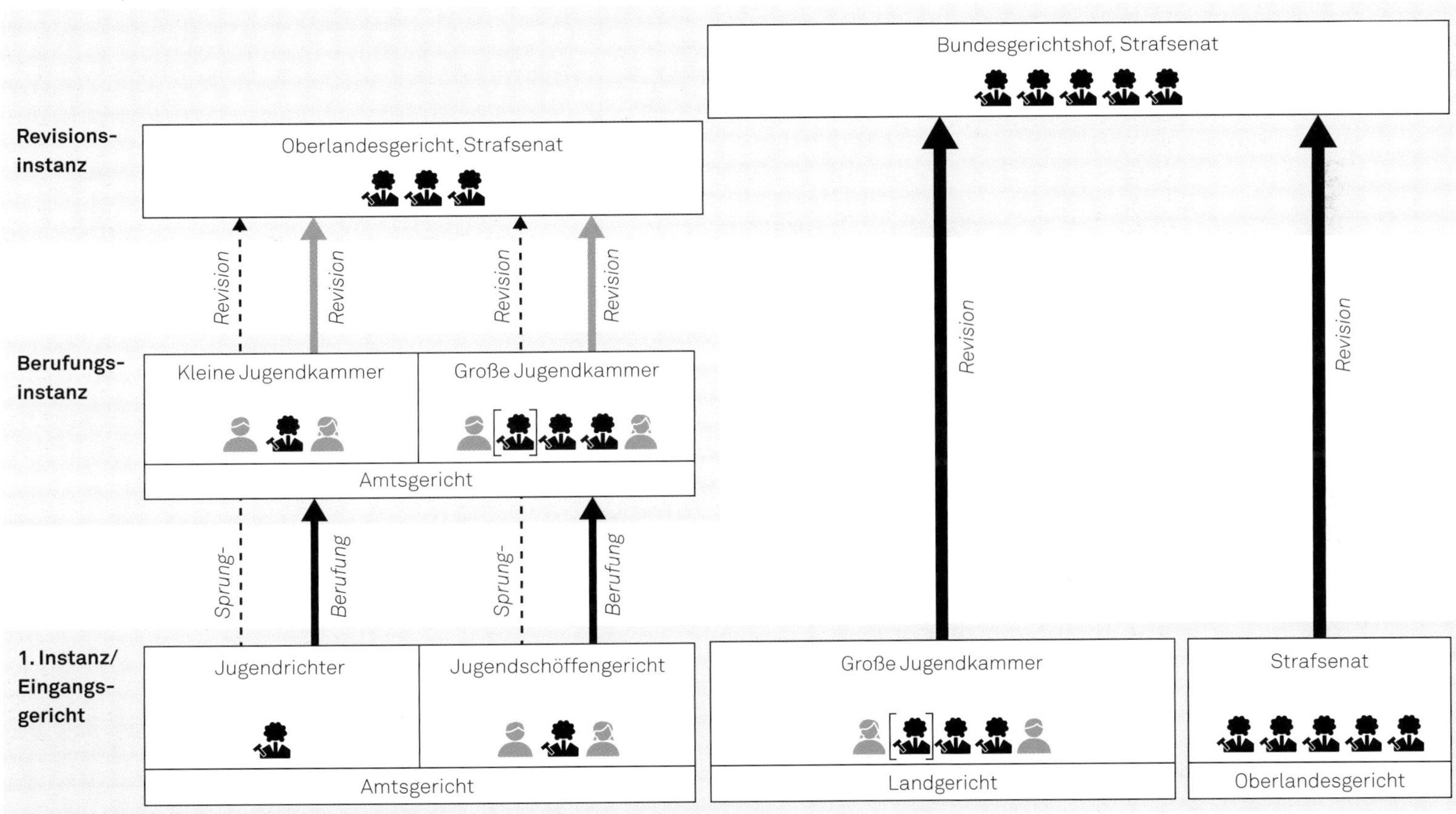

Abbildung 12-3: Instanzenzug und Spruchkörper im Jugendstrafrecht.

gendgerichte zuständig. Das Gleiche gilt, wenn Erwachsene wegen Verstößen gegen Jugendschutzbestimmungen angeklagt werden. Hintergrund dessen sind Schutzüberlegungen sowie die Annahme, dass die in Verfahren mit jungen Menschen besonders erfahrenen Jugendrichter*innen diese besonders gut umsetzen können. Gemäß § 26 Abs. 2 GVG ist die Staatsanwaltschaft gehalten, grundsätzlich Anklage bei den Jugendgerichten zu erheben, wenn damit der Schutz von Kindern, die in dem Verfahren als Zeug*innen gehört werden sollen, besser gewahrt werden kann. Die Sanktionen gegen die erwachsenen Angeklagten werden aber auch dann nach den Regelungen für Erwachsene bestimmt.

12.4 Die Zivilgerichtsbarkeit

In der Zivilgerichtsbarkeit werden die bürgerlichen bzw. privatrechtlichen Rechtsstreitigkeiten, d.h. die Streitigkeiten der Bürger*innen untereinander, behandelt. Prinzipiell stehen sich also nicht Staat und private Personen, sondern die Bürger*innen untereinander gegenüber. Ein staatliches Gericht wird von diesen Parteien angerufen, setzt sich mit deren Begehren und Erwiderungen auseinander und beendet die Streitigkeit formal durch Urteil, Vergleich oder Beschluss.

12.4.1 Instanzenzug und Spruchkörper

Auch im Zivilrecht sind drei Instanzen zu unterscheiden. Hier können Spruchkörper auf Ebene des AG, des LG, des OLG oder des BGH involviert sein (vgl. **Abb. 12-4**).

Welches Gericht in der ersten Instanz zuständig ist, bestimmt sich einerseits nach der Materie des Streitgegenstandes, also z.B. ob es sich um eine mietrechtliche Streitigkeit handelt oder eine kaufrechtliche Fragestellung, sowie andererseits nach dem Wert des Streitgegenstandes.

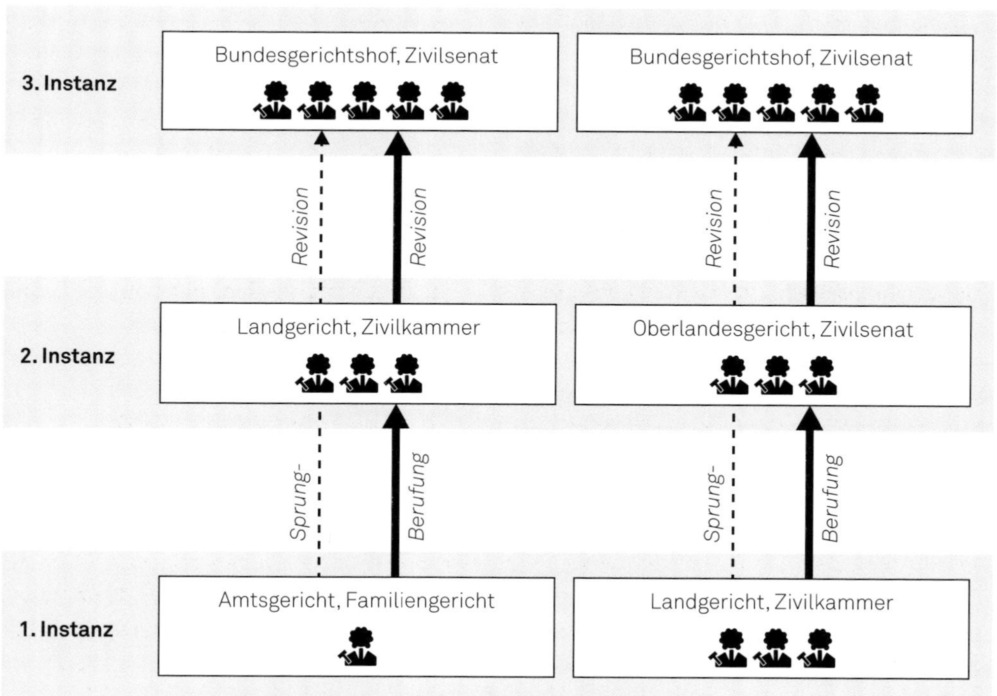

Abbildung 12-4: Instanzenzug und Spruchkörper im Zivilrecht.

Der Gesetzgeber definiert als grundsätzliches Eingangsgericht das LG, bei welchem Zivilkammern entscheiden, die mit drei Berufsrichter*innen besetzt sind. In der Regel wird hier allerdings der Rechtsstreit von der Kammer auf einen Einzelrichter am LG übertragen. In bestimmten gesetzlich geregelten Fällen oder wenn Besonderheiten der Rechtsstreitigkeit dies erfordern, wird ggfs. davon aber abgesehen.

Wenn der Gegenstand einer Streitigkeit im Einzelfall einen Wert von bis zu 5.000 EUR nicht überschreitet oder die Thematik gesetzlich dem AG zugewiesen wird (z. B. mietrechtliche Streitigkeiten), entscheidet erstinstanzlich der Einzelrichter am AG.

War das LG in der ersten Instanz zuständig, entscheidet als Berufungsgericht das OLG durch den Zivilsenat. War das Ausgangsgericht hingegen das AG, entscheidet das LG über die Berufung.

Die dritte Instanz ist im Zivilrecht einheitlich der BGH. Hier entscheidet einer der 13 Zivilsenate, die jeweils mit fünf Berufsrichter*innen besetzt sind, über das Rechtsmittel der Revision.

12.4.2 Verfahrensabschnitte

Das Zivilverfahren kann grob in zwei Abschnitte unterteilt werden: das Erkenntnisverfahren als Verfahrensabschnitt, in dem die Informationen gesammelt werden und eine Entscheidung, z. B. ein Urteil, gefällt wird, und das Vollstreckungsverfahren, in dem die gerichtliche Entscheidung durch staatliche Institutionen umgesetzt wird.

Der Zivilprozess beginnt grundsätzlich mit der Einreichung einer Klage bei Gericht, welche sodann dem „Beklagten" zugestellt wird. Bevor das Gericht in das streitige Verfahren und in eine mögliche mündliche Verhandlung eintritt, muss prinzipiell eine sog. Güteverhandlung erfolgen. Es soll ein letzter Versuch unternommen werden, den Konflikt zwischen dem „Kläger" und dem „Beklagten" einvernehmlich beizulegen. Hiervon kann nur dann abgesehen werden, wenn bereits an anderer Stelle eine solche Güteverhandlung stattgefunden hat – z. B. bei einer außergerichtlichen Vergleichs- oder Gütestelle – oder eine Güteverhandlung erkennbar aussichtslos erscheint. Zu beachten ist allerdings, dass das Gericht auch später noch, während der mündlichen Verhandlung, stets auf eine gütliche Beilegung des Rechtsstreits bedacht sein und hierauf hinwirken soll.

Die mündliche Verhandlung selbst beginnt mit dem wechselseitigen Stellen der Anträge, also der Erklärung vor dem Gericht, was der*die Kläger*in begehrt und was der*die Beklagte zurückweist bzw. ggf. anerkennt. Das Erkenntnisverfahren endet zumeist mit einem Urteil oder einem Vergleich zwischen den Parteien.

Im Anschluss folgt dann die Umsetzung dieses Ergebnisses in die Realität, entweder freiwillig durch die Beteiligten selbst oder aber mit Unterstützung staatlicher Zwangsmittel. Die staatlicherseits ermöglichte Umsetzung ist das Zwangsvollstreckungsverfahren. Hier kann sich ein*e Anspruchsinhaber*in staatlicher Institutionen bedienen, wie z. B. eines Gerichtsvollziehers*einer Gerichtsvollzieherin, um die Entscheidung des Gerichtes oder die Übereinkunft der Parteien zu verwirklichen. So kann ein*e Gerichtsvollzieher*in beauftragt werden, um zu zahlendes Geld einzutreiben, Gegenstände herauszuverlangen, oder ein Vollstreckungsgericht angerufen werden, um z. B. ein Grundstück zwangsweise zu versteigern.

12.4.3 Zentrale Verfahrensprinzipien

Auch im Zivilprozess gibt es besondere Verfahrensprinzipien, die in ihrer Kombination das zivilgerichtliche Verfahren prägen. Neben den auch im Strafprozess relevanten Grundsätzen der Mündlichkeit und Öffentlichkeit sind als für das Zivilverfahren spezifische Prinzipien v. a. der Beibringungsgrundsatz und die Dispositionsmaxime zu nennen.

Die Dispositionsmaxime beschreibt den Umstand, dass im Zivilprozess das „Ob" des Verfahrens in der Hand der streitbeteiligten Parteien liegt: Als Kläger*innen beteiligte Bürger*innen bestimmen darüber, ob überhaupt ein Verfahren geführt wird, was Gegenstand dieses Verfahrens ist und wann es z. B. durch eine Klagerücknahme beendet wird. Auch die andere Partei, der bzw. die Beklagte, hat maßgeblichen Einfluss auf das Verfahren und kann durch ein umfassendes Anerkenntnis den Prozess beenden bzw. durch eine Widerklage erweitern.

Hiermit einher geht der Beibringungsgrundsatz: Da der Prozess in der Hand der Streitbeteiligten liegt, obliegt es ihnen auch, die jeweiligen Beweise für ihren behaupteten Anspruch beizubringen. Das Gericht ermittelt, anders als im Strafverfahren, im Grundsatz nicht von Amts wegen. Es ist an den Parteien, Ermittlungen anzustellen und deren Ergebnis dem Gericht mitzuteilen. Behaupten die Parteien z. B. übereinstimmend einen etwaigen Vorgang, ist das Gericht hieran grundsätzlich gebunden, sofern es sich nicht z. B. um Verstöße gegen Gesetze der Logik sowie Naturgesetze oder aber um Aussagen über rechtliche Wertungen handelt.

12.4.4 Besonderheiten in Verfahren nach dem FamFG

Als Verfahren nach dem FamFG werden verschiedene Arten grundsätzlich zivilrechtlicher Streitigkeiten bezeichnet, die sich nur subsidiär nach den allgemeinen zivilprozessualen Regeln der ZPO richten und ansonsten in weiten Teilen eigenen Prinzipien und Regularien unterworfen sind. Unter diesen Sammelbegriff fallen dabei Verfahren in Familiensachen, wie Ehe-, Kindschafts- oder Gewaltschutzsachen, ferner auch Betreuungs- und Unterbringungssachen sowie Nachlass- und Teilungssachen.

Zu den Prinzipien, die die Verfahren nach dem FamFG von den Verfahren des allgemeinen Zivilprozesses unterscheiden, zählt u. a. der hier eingeschränkte Beibringungsgrundsatz. So gilt im Familienrecht eine Verpflichtung zur Amtsermittlung durch das Gericht (Köhler, 2014; Gomille, 2014). In Kindschaftssachen obliegt die Prüfung und Beibringung notwendiger Feststellungen, z. B. mit Blick auf die Gefährdung des Kindeswohls gem. §§ 1666, 1666a BGB gerade nicht alleine den Parteien. Ferner sind Verfahren nach dem FamFG, anders als andere streitige Zivilsachen, aus Gründen des Schutzes der Privatsphäre grundsätzlich nicht öffentlich. In Kindschaftssachen gilt zudem gem. § 155 FamFG, auch aus Gründen des Schutzes von Kindern, ein besonders ausgeprägter Beschleunigungsgrundsatz.

Darüber hinaus ist auch der Instanzenzug im familiengerichtlichen Verfahren ein etwas anderer. Erstinstanzlich ist im Familienrecht immer das AG als Familiengericht zuständig. Als zweite Instanz fungiert im sog. Beschwerdeverfahren der Familiensenat am OLG. Über die Rechtsbeschwerde entscheidet als dritte Instanz schließlich der BGH (vgl. **Abb. 12-5**).

12.5 Die Verwaltungsgerichtsbarkeit

Die Verwaltungsgerichtsbarkeit ist für die Rechtsprechung auf dem Gebiet des öffentlichen Rechts zuständig. Im Zentrum steht hier ein Konflikt von Bürger*innen mit der staatlichen Verwaltung bzw. Behörden im Einzelfall.

12.5.1 Instanzenzug und Spruchkörper

Auch die Verwaltungsgerichtsbarkeit umfasst grundsätzlich drei Instanzen. Erstinstanzlich entscheiden die Verwaltungsgerichte durch Kammern. Diese sind generell mit drei Berufsrichter*innen und zwei rechtlichen Laien, sog. ehrenamtlichen Richter*innen, besetzt. Einfach gelagerte Fälle, darunter u. a. in der rechtspsychologischen Praxis häufiger relevante Fälle des Asylrechts, des Waffenrechts oder auch Führerscheinsachen, werden im Streitfall erst-

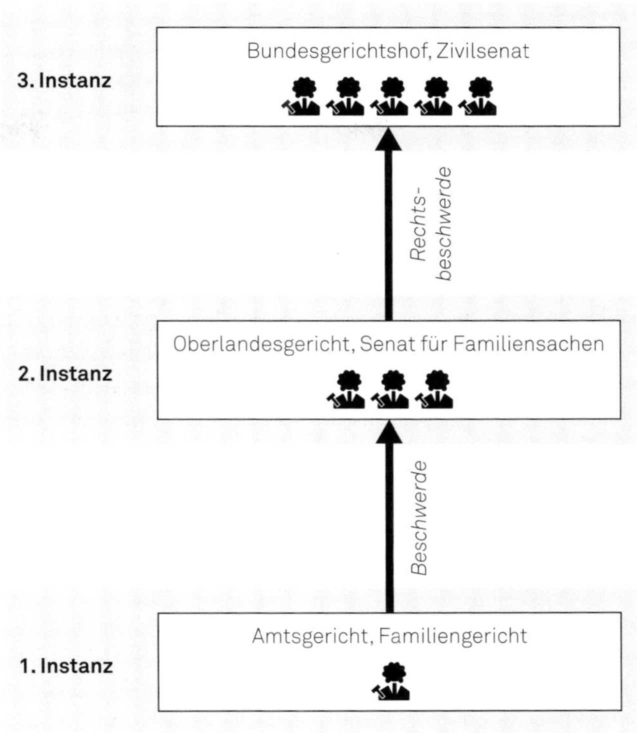

Abbildung 12-5: Instanzenzug und Spruchkörper im Familienrecht.

instanzlich regelmäßig auf den bzw. die Einzelrichter*in am Verwaltungsgericht übertragen, sodass nur ein*e Berufsrichter*in tätig wird.

In der zweiten Instanz entscheidet ein Oberverwaltungsgericht (OVG), in manchen Bundesländern auch Verwaltungsgerichtshof genannt. Bisweilen wird das OVG auch erstinstanzlich tätig. Das OVG entscheidet durch Senate, welche regelmäßig mit drei Berufsrichter*innen besetzt sind, teilweise auch mit fünf. Unter Umständen wirken zwei ehrenamtliche richterliche Personen im Senat mit.

Dritte und letzte Instanz der Verwaltungsgerichtsbarkeit ist das Bundesverwaltungsgericht (BVerwG). Hier entscheiden die Senate regelmäßig in der Besetzung mit fünf Berufsrichter*innen. In bestimmten Sonderfällen wird das BVerwG auch erst- und zugleich auch letztinstanzlich tätig (vgl. **Abb. 12-6**). Das betrifft z. B. öffentlich-rechtliche Streitigkeiten nicht verfassungsrechtlicher Art zwischen Bundesländern oder Klagen gegen Vereinsverbote, die vom Bundesministerium des Inneren ausgesprochen wurden.

12.5.2 Verfahrensabschnitte

Im Verwaltungsverfahren ist zwischen dem verwaltungsinternen behördlichen Verfahren einerseits und dem behördenexternen gerichtlichen Verwaltungsprozess andererseits zu differenzieren. Grundsätzlich muss sich ein*e Bürger*in, der bzw. die ein Tätigwerden staatlicher Institutionen wünscht oder sich gegen ein staatliches Handeln zur Wehr setzen möchte, zunächst an die zuständige Behörde wenden. Die bundesgesetzliche Regelung des § 68 Verwaltungsgerichtsordnung (VwGO) sieht insoweit vor, dass vor einem gerichtlichen Verfahren zu-

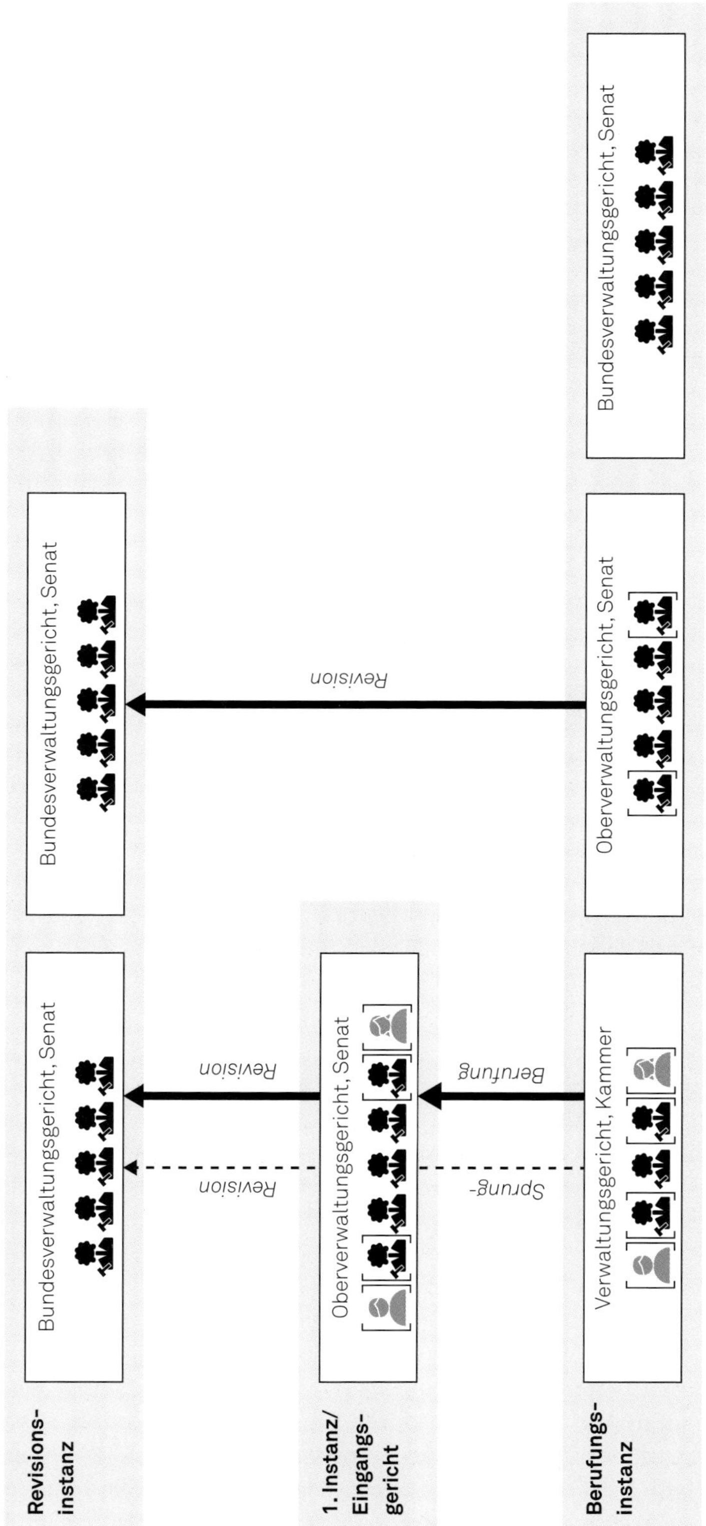

Abbildung 12-6: Instanzenzug und Spruchkörper im Verwaltungsrecht.

nächst ein sog. Widerspruchsverfahren stattzufinden hat, in welchem die Behörde Gelegenheit erhält, auf das Vorbringen des Bürgers*der Bürgerin zu reagieren und bereits von sich aus Abhilfe zu schaffen, sodass es eines gerichtlichen Verfahrens nicht mehr bedarf. Erst in einem nachgeordneten Schritt kann der bzw. die durch eine abschlägige Entscheidung der Behörde belastete Bürger*in den Rechtsweg beschreiten und Klage erheben. Paragraph 68 Abs. 1 VwGO gibt dem Bund und den Ländern jedoch die Möglichkeit, das Widerspruchsverfahren nicht zwingend vorzuschalten. In 10 von 16 Bundesländern ist heute das Widerspruchsverfahren ganz oder teilweise abgeschafft worden. Weiter ist es auch in Fällen des sog. Eilrechtsschutzes – also, wenn besonders schnelles Handeln gefordert ist – möglich, ohne einen vorherigen Widerspruch direkt bei Gericht Rechtsschutz zu suchen.

Auch im Verwaltungsprozess gibt es ein Vollstreckungsverfahren, in dem die Umsetzung der gerichtlichen Entscheidung im Zentrum steht. Dieses verläuft nach § 167 Abs. 1 VwGO in analoger Anwendung der Vorschriften der ZPO. Insoweit wird gesetzlich umfangreich auf die zivilrechtlichen Regelungen verwiesen.

Von der zwangsweisen Durchsetzung verwaltungsgerichtlicher Entscheidungen zu unterscheiden ist das Verwaltungsvollstreckungsrecht. Dieses betrifft die zwangsweise Durchsetzung behördlicher Entscheidungen, wie z. B. eines polizeilich angeordneten Platzverweises, durch Anwendung von unmittelbarem Zwang bei der betreffenden Person.

12.5.3 Zentrale Verfahrensprinzipien

Das Verwaltungsverfahren wird sowohl in seinem behördlichen Abschnitt als auch in seinem gerichtlichen Teil durch den Amtsermittlungsgrundsatz bestimmt. Wie im Strafrecht sind auch hier weder das Gericht noch die Behörde an die Darstellungen der Partei gebunden, sondern werden selbst ermittelnd tätig, um tatsächliche Gegebenheiten aufzuklären. Insoweit ist auch die Behörde, an die sich der bzw. die Bürger*in im Rahmen eines Widerspruchsverfahrens wendet, zur umfassenden Aufklärung verpflichtet und muss unparteiisch und objektiv ermitteln.

Gleichzeitig gilt im Verwaltungsprozess bei Gericht aber die Dispositionsmaxime. Das Verfahren liegt in der Hand der Behörde und des Bürgers*der Bürgerin. Das Gericht wird nur bei Anrufung und nur bezogen auf die dabei geltend gemachten Umstände tätig. Es ist zudem jederzeit möglich, dass sich Behörde und Bürger*in einigen und z. B. durch einen Vergleich oder eine Klagerücknahme das gerichtliche Verfahren beenden.

Wie bereits im zivilrechtlichen und im strafrechtlichen Verfahren gilt zudem das Mündlichkeitsprinzip sowie der Öffentlichkeits- und Unmittelbarkeitsgrundsatz.

12.6 Sozialgerichtsbarkeit und Arbeitsgerichtsbarkeit

Die Sozialgerichtsbarkeit und die Arbeitsgerichtsbarkeit sind strikt von den anderen Gerichtsbarkeiten und voneinander abzugrenzen, obschon es hier diverse Parallelen gibt.

Die Sozialgerichtsbarkeit stellt nach § 1 des Sozialgerichtsgesetzes (SGG) eine von den Behörden unabhängige, besondere Verwaltungsgerichtsbarkeit dar. Hier werden Angelegenheiten des Sozialrechts wie u. a. Rentensprüche oder Ansprüche von Gewaltopfern nach dem Opferentschädigungsgesetz (OEG) behandelt. Demgegenüber befasst sich die Arbeitsgerichtsbarkeit im Bereich des Individualarbeitsrechts mit zivilrechtlichen Ansprüchen einzelner aus Arbeitsverhältnissen, z. B. Lohnansprüchen oder Ansprüchen in Kündigungsschutzverfahren, sowie im Kollektivarbeitsrecht v. a. mit Streitigkeiten zwischen Arbeitgeber und -nehmer*innen, die Fragen des Betriebsverfassungsrechts oder des Mitbestimmungsrechts betreffen.

Das Sozialrecht weist insofern eine große Nähe zum Verwaltungsrecht auf. Einige Rechtsproblematiken, die im Sozialgesetzbuch materiellrechtlich geregelt sind, werden auch nicht vor der Sozialgerichtsbarkeit, sondern vor der Verwaltungsgerichtsbarkeit verhandelt. Das Arbeitsrecht weist demgegenüber eine deutliche Nähe zum Zivilrecht auf.

12.6.1 Instanzenzug und Spruchkörper

Sowohl bei der Arbeits- als auch bei der Sozialgerichtsbarkeit können grundsätzlich drei Instanzen angerufen werden. Erstinstanzlich ist stets das Arbeits- bzw. das Sozialgericht am AG zuständig. Dieses entscheidet in beiden Fällen durch Kammern, die regelmäßig mit einem Berufsrichter und zwei ehrenamtlichen Richter*innen besetzt sind. Auf Ebene der Sozialgerichtsbarkeit finden sich dabei Kammern mit speziellen Zuständigkeiten, so etwa für das Recht der Sozialversicherung, für Angelegenheiten des Vertragsarztrechts oder für Angelegenheiten des sozialen Entschädigungsrechts.

In der zweiten Instanz ist das Landesarbeits- bzw. Landessozialgericht zuständig. Während beim Landesarbeitsgericht ebenfalls Kammern mit einer Besetzung von einem*einer Berufsrichter*in und zwei ehrenamtlichen Richter*innen tätig werden, entscheidet das Landessozialgericht durch sog. Senate, besetzt mit drei Berufsrichter*innen und zwei ehrenamtlichen Richter*innen.

Die dritte Instanz ist das Bundessozialgericht bzw. das Bundesarbeitsgericht. Diese entscheiden durch Senate besetzt mit drei Berufsrichter*innen und zwei ehrenamtlichen Richter*innen.

12.6.2 Zentrale Verfahrensprinzipien

Bei den Verfahrensprinzipien zeigt sich mit Blick auf den arbeitsrechtlichen Prozess eine enge Verzahnung mit der streitigen Zivilgerichtsbarkeit. Die maßgeblichen Verfahrensmaximen sind dieselben. Eine Besonderheit ist jedoch, dass der sog. Beschleunigungsgrundsatz, der unterschiedlich ausgeformt in allen Gerichtsbarkeiten von Bedeutung ist, im arbeitsgerichtlichen Verfahren stärker ausgeprägt ist. Im Arbeitsrecht wird diesem Grundsatz durch eine explizite gesetzliche Verankerung (§ 9 Abs. 1 ArbGG) sowie u. a. verschiedene besondere Fristenregelungen (§ 47 Abs. 1, 2 ArbGG) umfassender Rechnung getragen als im streitigen Zivilprozess nach der ZPO.

Mit Blick auf die Sozialgerichtsbarkeit zeigt sich ein Gleichklang mit dem Verwaltungsprozess. So gilt hier im Unterschied zur Arbeitsgerichtsbarkeit gem. § 103 SGG der Amtsermittlungsgrundsatz.

12.7 Verbindungen zwischen den verschiedenen Gerichtsbarkeiten

Einerseits bewertet die jeweilige Gerichtsbarkeit zur Entscheidung anhängige Fälle rechtlich wie tatsächlich in erster Linie nach Maßgabe des speziellen Rechts für ihr Sach- und Themengebiet. Andererseits liegen bei den meisten Konfliktkonstellationen mehr als nur eine juristische Problemlage aus nur einem Rechtsgebiet vor, es finden sich häufig auch Überschneidungen. Die jeweiligen Zweige der Gerichtsbarkeit sind insofern keineswegs so isoliert zu betrachten, wie es die normativen Grundlagen der fünf Gerichtszweige zunächst nahezulegen scheinen. So kann z. B. eine Straftat zu einem Verfahren vor dem Strafgericht gegen Täter*innen führen, gleichzeitig aber auch die Zivilgerichtsbarkeit mit Schadensersatz- oder Schmerzensgeldansprüchen der Opfer beschäftigen. Auf Antrag kann es auch dazu kommen, dass im Rahmen sog. Adhäsionsverfahren Strafrichter*innen über zivilrechtliche Ansprüche auf Schmerzensgeld oder Schadensersatz im Kontext eines Strafverfahrens mitentscheiden. Ein von einer Gewalttat betroffenes Opfer kann ferner auch die Sozialgerichtsbarkeit wegen Ansprüchen aus dem OEG beanspruchen. Ähnlich können familienrechtliche Streitigkeiten sowohl mit strafrechtlich relevanten Vorfällen verbunden sein (so etwa in Fällen innerfamiliärer Gewalt oder von Kindesmisshandlungen) als auch damit, dass auf Ebene der Verwaltungs- oder der Sozialgerichtsbarkeit Konflikte zwischen Eltern und beteiligten Behörden ausgetragen werden.

Wichtig ist vor diesem Hintergrund die Feststellung, dass die verschiedenen Gerichtsbarkeiten, obschon sie ggfs. über denselben Lebenssachverhalt zu entscheiden haben, bereits aufgrund der materiellrechtlich unterschiedlichen Teilfragen und wegen divergierender Verfahrensprinzipien nicht an die Feststellungen oder Entscheidungen einer anderen Gerichtsbarkeit gebunden sind. Die Richter*innen der jeweiligen Gerichte sind grundsätzlich unabhängig, frei von den Wertungen anderer Gerichte und nur dem Gesetz verpflichtet. Sie können daher, auch bei einer identischen Fragestellung, z. B. danach, ob jemand rechtswidrig einem anderen einen Schaden zugefügt hat, unterschiedlich entscheiden. So kann ein Strafgericht eine Person freisprechen, das Zivilgericht indessen dieselbe Person zu einer Entschädigungsleistung wegen eben dieser, nach seinen eigenen Feststellungen tatsächlich begangenen, Handlung verurteilen. Ein Umstand, der gerade für den rechtlichen Laien schwer nachvollziehbar ist und u. U. auch das eigentliche Ziel der Herstellung von Rechtsfrieden beeinträchtigen kann.

Bei der Gerichtsbarkeit in Deutschland handelt es sich insoweit um ein sehr differenziertes System, das durch Unabhängigkeit, spezifische Zuständigkeiten und systematische interne gerichtliche Kontrollinstanzen geprägt, aber nicht gänzlich frei von Friktionen ist.

12.8 Weiterführende Literatur

Beulke, W. & Swoboda, S. (2020). *Strafprozessrecht* (15. Aufl.). Heidelberg: C. F. Müller.

Musielak, H.-J. & Voit, W. (2020). *Grundkurs ZPO* (15. Aufl.). München: C. H. Beck. https://doi.org/10.17104/9783406759307

Rahm, W. & Künkel, B. (2020). *Handbuch Familien- und Familienverfahrensrecht* (Loseblattwerk, 81. Aktualisierung). Köln: Verlag Otto Schmidt.

Schwab, D. (2021). *Familienrecht* (21. Aufl.). München: C. H. Beck.

Literatur

Borth, H. & Grandel, M. (2018). § 1. Anwendungsbereich. In H. J. Musielak & H. Borth (Hrsg.), *Familiengerichtliches Verfahren* (6. Aufl.). München: C. H. Beck.

Fischer, Th. (2019). Einleitung. In R. Hannich (Hrsg.), *Karlsruher Kommentar zur Strafprozessordnung* (8. Aufl.). München: C. H. Beck.

Gomille, C. (2014). Beweiserhebung – Unterschiede zwischen ZPO- und FamFG-Verfahren. *Neue Zeitschrift für Familienrecht, 1* (3), 100–104.

Hillgruber, C. (2019). Gerichtsbarkeit (Version 22.10.2019, 17:30 Uhr). In *Staatslexikon* (8. Aufl.). Zugriff am 18. Juni 2021 unter https://www.staatslexikon-online.de/Lexikon/Gerichtsbarkeit

Köhler, I. (2014). Beweiserhebung im familiengerichtlichen Verfahren. *Neue Zeitschrift für Familienrecht, 1* (3), 97–100.

Ostendorf, H. (2018). *Strafprozessrecht* (3. Aufl.). Baden-Baden: Nomos. https://doi.org/10.5771/9783845281766

Ostendorf, H. & Drenkhahn, K. (2020). *Jugendstrafrecht* (10. Aufl.). Baden-Baden: Nomos. https://doi.org/10.5771/9783748905387

Schuster, T. (2018). §§ 28 ff. In C. Knauer (Hrsg.). *Münchener Kommentar zur StPO* (Band 3-2). München: C. H. Beck.

Zimmermann, W. (2017). § 12. In W. Krüger & T. Rauscher (Hrsg.). *Münchener Kommentar zur ZPO* (Band 3, 5. Aufl.). München: C. H. Beck.

13 Gerichtsvorbereitung sensibler Zeugen

Josef A. Rohmann

13.1 Einleitung

Der Begriff sensibler oder vulnerabler Zeug*innen taucht erstmals 1999 in Großbritannien im „Youth Justice and Criminal Evidence Act" (YJCEA) auf, wenig später 2004 im schottischen „Vulnerable Witnesses Act". Als vulnerable Zeug*innen bestimmt waren Minderjährige (unter 18 Jahren) und Personen, deren Möglichkeiten durch psychische Störung, physische Behinderung oder signifikante Einschränkung der Intelligenz und der sozialen Funktionen beeinträchtigt sind; als verängstigte („intimidated") Zeug*innen Personen, deren Zeugenleistung durch Befürchtungen und Stress, auch infolge eventueller Einschüchterung oder Ängstigung durch die angeklagte Person, beeinträchtigt ist. Diesem Personenkreis sollten spezielle Maßnahmen gewährt werden, um ihnen bei ihrer Zeugenfunktion vollständige, kohärente und genaue Beiträge zu ermöglichen und damit einhergehende Belastungen für sie zu mindern. Das – ursprünglich im Rechtswesen entwickelte – Konzept setzt a) an Bedingungen der Kapazität oder Kompetenz von Zeug*innen an, wobei einmal individuelle und zum anderen altersbezogene zu unterscheiden sind. Altersbezogen: einmal Minderjährige, zum anderen Ältere. Das Konzept schließt darüber hinaus b) psychische Störungen oder Krankheit ein. Es knüpft c) an persönlichkeitsbezogene, erlebnisbezogene bzw. zustandsbezogene Bedingungen an. Die Faktoren des Konzepts sind nicht gänzlich unabhängig voneinander. Adressiert waren von Beginn an Delikte gegen die Person sowie Sexualdelikte. Sensible und vulnerable Zeug*innen rechtspsychologisch zu thematisieren berührt Schnittmengen mit Strafrecht, Strafverfahrensrecht, Kriminologie und Viktimologie; es ist außerdem durch manche Spannungsfelder wie Rechtspolitik und mediale Darstellungen bzw. öffentliche Aufmerksamkeitsökonomie, aber auch eigene fachliche Akzente und Kontroversen gekennzeichnet – z. B. ein klinisch psychologischer bzw. therapeutischer Ansatz vs. einen forensisch psychologischen, eine – nicht zuletzt empathische – Orientierung an dem bzw. der leidenden Klient*in und Hilfe für sie*ihn wie andererseits eine Dienstleistung für justizbezogene Erkenntnis, Entscheidung und Maßnahme. Dass solche Spannungsfelder bestehen, offenbart sich bereits beim Sprachgebrauch, z. B. ob von sensiblen bzw. vulnerablen Zeug*innen oder ob von Opfer-Zeug*innen (oder gleich vom Opfer) gesprochen werden soll (s. Kap. 11 in diesem Band). Die österreichische Strafprozessordnung (§ 65 Abs. 1 a öStPO) adressiert das Eventuelle einer tatsächlichen Verletzung betroffener Zeug*innen („Opfer"). Rechtliche Erörterungen berühren Grundrechte (z. B. Art. 2 und 103 GG) und internationale bzw. supranationale Konventionen;[17] es resultierte

17 Neben der UN-Kinderrechtskonvention (UN-KRK) und -Behindertenrechtskonvention (UN-BRK) die Resolution 2005/20 des Wirtschafts- und Sozialrats der UN über Richtlinien zu Straftaten, die Kinder betrifft, die UN-Deklaration/Resolution 40/34 von 1985 zu Grundsätzen der Behandlung von Opfern von Straftaten – für Europa: die Richtlinie 2011/92 zur Bekämpfung des sexuellen Missbrauchs und der sexuellen Ausbeutung von Kin-

eine Fülle nationaler Gesetzgebungen. Aufgrund dessen werden Betroffenen Dispositionsbefugnisse, Kontrollrechte, Offensivrechte, Informationsrechte, Defensivrechte, Wiedergutmachungsansprüche und Beistandsrechte zugebilligt. Sie sind Beweismittel wie Rechtssubjekt und haben eine Doppelstellung inne (Endler, 2019). Viktimologisch und psychologisch ist in Bezug auf Belastungen und Beeinträchtigungen bei der Beteiligung von Zeug*innen an einem Strafverfahren zu unterscheiden, a) ob eine betroffene Person mit noch nicht entaktualisiertem Leiden an einer Tat und deren Folgen involviert ist oder b) eine betroffene Person verfahrensbegleitend belastet und verstört wird oder c) ob diese durch bestimmte Bedingungen des Verfahrens verletzt und geschädigt wird oder d) ob sie den Ausgang des Verfahrens als persönliche Ungerechtigkeit und weitere Verletzung empfindet. Jenseits von Unterschieden einzelner Rechtsordnungen kann generell bzgl. Belastung und Beeinträchtigung festgehalten werden: Mangelnde Kenntnisse bzgl. eines Verfahrens wie dessen Durchschaubarkeit verunsichern, können verstören und begründen, hilfreiche Maßnahmen nicht zu nutzen. Die Fremdheit solcher Verfahren verunsichert. Gleichermaßen mancher Sprachgebrauch. Mitunter verstören, beeinträchtigen oder verärgern „Fachsprache", komplexer Satzbau und sprachliche „Fallen". Ebenso kann verunsichern, allein aufgerufen zu sein und exponiert Rede und Antwort stehen zu müssen. Unangemessene Wartezeiten, mehrfach in den Zeugenstand zu müssen und „endlose" Dauer stressen. Heftig angegangen und persönlichen Anzweifelungen ausgesetzt zu werden, belastet und verletzt. In der Regel irritiert und verängstigt, einem Verursacher zu begegnen. Auch ein Wieder-Vergegenwärtigen der erlebten Tat(en) beansprucht erheblich. Ebenso können Fragen und Zweifel in Bezug zu Sinn und Nutzen des Zeugen-Engagements stressen. Belastungen gelten a) im Voraus für Erwartungen, b) für eine direkte Beteiligung am Verfahren und c) im Nachhinein für das Empfinden und Bewerten des Ausgangs. Aus diesen Belastungen resultiert jeweiliger Bedarf an Unterstützung und Begleitung.

dern sowie der Kinderpornografie, der Rahmenbeschluss 2001/220/JI über die Stellung des Opfers im Strafverfahren, die Richtlinie 2012/29 zu Mindeststandards für die Rechte, die Unterstützung und den Schutz von Opfern von Straftaten, die „Istanbul-Konvention" zur Verhütung und Bekämpfung von Gewalt gegen Frauen und häuslicher Gewalt 2011, die Leitlinien des Ministerkomitees des Europarates für eine kindgerechte Justiz 2010 (auch die „Compilation of texts related to child-friendly justice" des Directorate General of Human Rights and Legal Affairs 2009).

13.2 Gerichtsvorbereitung: Organisationsform und praktischer Inhalt

Eine Form der Unterstützung[18] ist die Vorbereitung der Zeug*innen für das Verfahren. Grundzüge einer Vorbereitung lassen sich danach aufschlüsseln, wie diese a) organisiert bzw. institutionalisiert ist und b) welchen Bedarf diese wie operationalisiert leistet. Beides sollte eine empirische Fundierung aufweisen und einer Evaluation zugänglich sein.

In Deutschland und Österreich[19] ist eine *psychosoziale Prozessbegleitung* etabliert, welche u. a. Gerichtsvorbereitung leistet. Sie fußt historisch in verschiedenen Initiativen und Unterstützungsangeboten, die bei Opferschutzeinrichtungen, Kinderschutzverbänden oder Frauen-und-Mädchen-Beratungen angesiedelt und meist sozialpädagogisch, mitunter aktivis-

18 Geburtsstunde einer Begleitung in Deutschland war die von Überlebenden von Nazi-Verbrechen in NS-Verfahren, beginnend in den 1960er-Jahren (Funkenberg, 2016).

19 Bezüglich England vgl. Jacobson und Harlow (2017).

tisch grundiert waren. Anspruch[20] auf psychosoziale Prozessbegleitung haben in Deutschland Minderjährige, die eventuell Opfer erheblicher Gewaltdelikte und Sexualdelikte geworden sind, und Erwachsene, die ihre Belange nicht selbst ausreichend wahrnehmen können. In der Regel wird auch Personen diese Begleitung gewährt, deren Anspruch einer Ermessensbeurteilung eines Richters*einer Richterin unterliegt. Sie ist kostenfrei und umfasst „die Informationsvermittlung sowie die qualifizierte Betreuung und Unterstützung im gesamten Strafverfahren mit dem Ziel, die individuelle Belastung der Verletzten zu reduzieren und ihre Sekundärviktimisierung zu vermeiden" (§ 2 PsychPbG).[21] Tätig werden kann ein*e psychosoziale Prozessbegleiter*in bereits vor einem Ermittlungsverfahren und hierbei Aufklärung in Bezug zum justiziellen Verfahren, Unterstützung in Bezug zu einer Rechtsberatung wie in Bezug zu einer anwaltlichen Vertretung, die Begleitung zur Anzeige und ggf. Beratung und Unterstützung für weitere Hilfsmaßnahmen und Ressourcen (z. B. Angehörige bzw. Bezugspersonen, Jugendhilfe, Sozialhilfe, medizinische bzw. therapeutische Behandlung) leisten. Klären des individuellen Bedarfs setzt sich im nächsten Schritt in Bezug zur Hauptverhandlung fort, Instruktion und Wissensvermittlung werden spezifiziert, zum In-Anspruch-Nehmen möglicher Rechte wie schonender Verfahrensbedingungen wird angehalten, persönliche Ertüchtigung, Unsicherheits- oder Angstreduktion werden vermittelt, persönlich-soziale Unterstützung und Begleitung praktiziert, manche Abstimmung und Koordination mit anderen Beteiligten wahrgenommen. Nach Abschluss des Verfahrens können der Ausgang besprochen werden, außerdem eventuell angezeigte weitere Schritte zur Erholung und Wiederherstellung, ggf. belastbaren persönlichen Stabilität und Sicherheit. Wie (gut und wie konkret) psychosoziale Prozessbegleitung die Aufgaben einlöst, ist jenseits von reflektierten Erfahrungen (vgl. Elz, 2016) mangels Forschung nicht ausreichend zu sagen. Es fehlen ausgewiesene Evaluationskonzepte (Stahlke, 2017).

Näher an Variablen des Bedarfs und an psychologischen Kenntnissen orientiert ist in Bezug zu Grundzügen einer Gerichtsvorbereitung sensibler und vulnerabler Zeug*innen Folgendes festzuhalten: Maßgebliche Bezugspunkte von Gerichtsvorbereitungen sind Vulnerabilität und Coping – in Bezug zur Rolle und praktischen Aufgabe von Zeug*innen *Befähigen und Stärken.* Dies beinhaltet a) problemorientiertes bzw. instrumentelles und b) emotionsbezogenes Bewältigen, also alle kognitiven und verhaltensmäßigen Anstrengungen, mit dem als Belastung bzw. Stress bewerteten Zeugenauftritt umzugehen und die von ihm wahrgenommene Bedrohung bzw. den erwarteten Schaden zu minimieren. Hierzu dienen zum einen bspw. Einholen von Informationen, mentales Durchspielen oder Üben praktischer Schritte und Einholen und Gewähren von persönlicher Unterstützung, zum anderen kognitives Umstrukturieren, Neubewerten bzw. anderes Einordnen („reframing"), innerliches Distanzieren, Sich-Ablenken, Beruhigen, mentales Nutzen von „sicheren" Orten oder Oasen sowie das Nutzen von mentalen (imaginierten) Begleiter*innen oder Haltgebenden. Regenerative Elemente wie aktive Entspannung, Erholung und Auftanken ergänzen es. Ausgangspunkt bei einer bevorstehenden Zeugenaussage in einem gerichtlichen Verfahren ist, die Aufgabe angehen und die Rolle übernehmen zu wollen. Wie bei jeder Form von Belastung stellt das Ausrichten auf Herangehen oder Vermeiden die Weichen. Bereits in diese frühe Phase geht ein, inwieweit eine betreffende Person ausreichend und angemessen über die Aufgaben und das Bevorstehende orientiert ist und sich diese, eventuell

20 § 406 g StPO in Verb. mit § 397 a StPO sowie PsychPbG.

21 Beziehungsweise „die Vorbereitung der Betroffenen auf das Verfahren und die mit ihm verbundenen emotionalen Belastungen sowie die Begleitung zu Vernehmungen im Ermittlungs- und Hauptverfahren" (§ 66 b öStPO).

mit Begleitung und Unterstützung, zutraut. Ambivalenzen einer Bereitschaft für die Zeug*innen-Rolle sind in diesem Vorstadium zu klären. Zweckmäßig ist, die ausschlaggebenden Gründe für das Mitwirken-Wollen zu bündeln und herauszustellen, sodass sie für eine Selbstinstruktion abgerufen und (als Selbstmotivierung) genutzt werden können – auch ad hoc, um ein auftretendes Tief oder momentane Widrigkeiten durchzustehen. Funktionieren kann dies nur, wenn die Motivation realitätstüchtig und nicht überakkommodiert oder von unbedingtem Eifer ist. Dies muss die Erwartung einschließen, dass eine Aussage infrage gestellt werden kann. Kurzum: Wissen oder Sich-kundig-Machen und Motivation (einschließlich empfundenen Könnens) wie soziale Unterstützung greifen bereits von Beginn an ineinander. Schon in diesem Frühstadium ist eine Vorstellung der eigenen Kompetenzen in Bezug zu den impliziten Anforderungen zu entwickeln, womit sich ein individueller Bedarf abzeichnet (für weitere Orientierung oder nähere Beratung, für soziale Unterstützung, aber auch für Ertüchtigungsschritte oder für ein Kompensieren und für ein einschlägiges Vorbereiten).

Textbox 13.1:
Kernelemente von Gerichtsvorbereitung

Gerichtsvorbereitung zielt auf „Empowering" und „Coping" – nicht, wie in Vorbereitung auf ein adversarisches Verfahren, auf ein Coachen. Ein Fokussieren von Instandsetzen und Bewältigen gilt bereits seit den Anfängen von Zeugenbegleitung oder -vorbereitung von Kindern und Jugendlichen bei der London Family Court Clinic in Ontario (Sas, Austin, Wolfe & Hurley, 1991). Schon hier sind die entscheidenden Komponenten:

a) Instruktion bzw. Vermittlung gerichtsbezogenen Wissens,
b) Vermittlung von Stressbewältigungstechniken,
c) Klärung und Vergewisserung der Motivation und
d) therapeutische bzw. soziale Unterstützung.

Konzeptionell ist in Bezug zu Befähigen und Stärken ein handlungspsychologisches Modell angebracht, welches auf Erkenntnisse der Bewältigungsforschung wie auf kontrolltheoretische Ansätze zurückgreift. Integrativ kommen klinisch-psychologische oder psychotherapeutische Ansätze hinzu, je nach Konstellation spezifiziert und akzentuiert. Gleichermaßen Ansätze emotionaler Regulation. Gegebenenfalls ist die praktische Herangehensweise psychotraumatologisch zu spezifizieren.

13.3 Zeug*innen bestimmter Altersgruppen – Minderjährige und Ältere

Während Kinder und Jugendliche als Verletzte sowohl in der Öffentlichkeit wie in den Fachdisziplinen erhebliche Beachtung erfahren, gilt dies für Ältere nicht. Dem steht ihre beachtliche Viktimisierung gegenüber (Görgen, 2015; Teaster, Ernst & Brownell, 2020), wobei die Daten in offiziellen Statistiken kaum gesondert erfasst werden (Brown & Gordon, 2019) und es auch kaum gesetzliche Bestimmungen gibt.[22] Für beide Altersgruppen galten Vorbehalte und Vorurteile, etwa dass Kinder nicht zeugentüchtig wären und ihnen die Belastungen eines Verfahrens nicht aufgebürdet werden könnten. Dass ihre Zeugenleistung wie auch die der Älteren nicht zuverlässig genug, eine solche bei ihnen nicht ohne Weiteres zu erzielen wäre, weil ihre Kompetenzen für beachtlich eingeschränkt, wenn nicht für ungenügend betrachtet wurden und Minderjährige wie Ältere (Maras & Wilcock, 2013; Wiley et al., 2014) als suggestiv galten. Die Vorbehalte in Bezug auf Kinder sind überholt. Bei beiden Gruppen bestehen allerdings tatsächlich Gründe für Besonderheiten: a) Entwicklungsstand bzw. Beeinträchtigungen ihrer

22 Ausgenommen: Nordirland; in den USA: Elder Justice Act (EJA) (verabschiedet 2010).

Gedächtnisleistung, bei Älteren einschließlich Sinnesleistungen. b) Ihre sprachlichen Kompetenzen oder Fertigkeiten (etwa Wortschatz, elaborierter Sprachgebrauch), c) Beschränkungen ihres Erfahrungs- oder Lebensraums sowie d) die Ausprägung und Funktionstüchtigkeit ihrer kognitiven Netze, also ihr Erfassen, Begreifen und Überblicken. e) Eine noch nicht erreichte Eigenständigkeit und Unabhängigkeit bzw. Einbußen derselben, also persönliche Abhängigkeit. f) In dem Zusammenhang auch ihr sozialer Status sowie der Grad ihrer sozialen Teilhabe. g) Eine anerzogene oder reaktive Haltung, sich zurückzunehmen, bzw. eine „natürliche" Tendenz, sich leiten zu lassen bzw. sich Nahegelegtem oder Auferlegtem anzuschließen oder zu fügen. Sowohl Minderjährigen wie Älteren mangelt es („strukturell") an Kenntnis und Vertrautheit mit justiziellen Verfahren wie h) vielfach auch an Zutrauen und an Zuversicht, eine Zeugenrolle zu erfüllen. Und für beide Gruppen ist i) eine bestehende Abhängigkeit von einer tatverantwortlichen Person eine immense Bürde. Beide Personenkreise bedürfen folglich als Zeug*innen passender Unterstützung und Begleitung (vgl. Davies & Robertson, 2014). In Bezug zu Minderjährigen existiert eine Reihe empirischer Studien, die einen differenzierten Erkenntnisstand über beeinträchtigende und hilfreiche Bedingungen hinsichtlich a) Verfahrensregeln und Gestaltung von Ermittlungs- und Gerichtsprozessen und b) kindlicher Kompetenzen leistungs- und personenbezogener Art vermitteln. Daraus abgeleitet wurden institutionelle Änderungen (gesetzliche oder verfahrensrechtliche Reformen, räumliche Gestaltungen, technische Innovationen oder Hilfen, Einrichten interdisziplinärer Befragungs- und Untersuchungszentren, Qualifikation und Schulung) sowie einzelne Unterstützungsansätze bzw. Konzepte zur Stärkung und Befähigung, u.a. durch Gerichtsvorbereitung (vgl. Quas & Goodman, 2012; Rush, Quas & McAuliff, 2013; Volbert, 2017). Seither existieren in vielen Ländern Gerichtsvorbereitungen. Die Konzeptionen und Programme für Minderjährige variieren in Gehalt und Breite und werden von unterschiedlichen Stellen durchgeführt, manche unmittelbar von Gerichten, manche von Child-Advocacy-Zentren oder ähnlichen Einrichtungen, manche von unabhängigen lokalen Stellen oder sozialen Hilfsorganisationen (Nathanson & Saywitz, 2015). Mitunter ist eine solche Vorbereitung explizit psychotraumatologisch ausgerichtet; gelegentlich schließt sie Bezugspersonen ein (Peterson, Reutz, Hazen, Habib & Williams, 2020). Nur einige sind empirisch validiert. Einschlägige Konzepte und Programme einer Gerichtsvorbereitung von älteren Zeug*innen existieren bislang nicht.

13.4 Vermittlung von Wissen – Instruktion und Übung

Das einschlägige Wissen und Verständnis von Kindern und Jugendlichen ist seit den 80er- und 90er-Jahren erforscht. Dabei verdeutlichten sich neben verschiedenen Unzulänglichkeiten, Verkürzungen oder Verzerrungen nicht zuletzt alters- bzw. entwicklungsabhängige Kompetenzen. Jenseits dessen können Kinder und Jugendliche falschen Vorstellungen aufsitzen, die sie Fernsehgeschichten oder Gerichtsshows sowie Darstellungen in den Medien entnehmen – etwa Turbulenz oder Aufruhr, Beschimpfungen oder öffentliches Zur-Schau-Stellen durch Reporter*innen oder Mitmischen des Publikums. Wissenslücken, mangelhaftes Verständnis, Verzerrungen und falsche Vorstellungen wie fehlende Vertrautheit bestehen aber nicht nur bei Minderjährigen, wenngleich dies bei ihnen stärker erforscht ist; sie bestehen auch bei Erwachsenen. Wissensvermittlung und Aufklärung sind folglich allgemein ein entscheidender Baustein einer Gerichtsvorbereitung. Man unterrichtet die Betroffenen über Struktur und Ablauf eines justiziellen Verfahrens sowie einer Gerichtsverhandlung, über Ort und Räumlichkeiten, über die Beteiligten bei Gericht und deren Rolle und Aufgabe, über die spezifische Aufgabe eines Zeugen*einer Zeugin, über ihre

Rechte und ihre Optionen hinsichtlich schonender bzw. stützender Maßnahmen, über Gepflogenheiten bei Gericht und das üblicherweise streitförmige Ringen um Feststellungen bzw. Wahrheit. Dies schließt ausdrücklich ein Korrigieren falscher Annahmen ein, aber auch Aspekte der Legitimation einzelner Verhaltensweisen und von Motivation oder Sinn und Zweck des Mitwirkens. Selbstverständlich gehört hierzu besonders für Kinder ein Hinweis, dass Kinder häufiger als Zeug*innen bei Gericht aussagen – und dass sie dies i. d. R. schaffen. Für die Wissensvermittlung existiert eine ganze Reihe von Hilfsmitteln: Broschüren, Spiele, Filme oder Videos und Grafiken und Modelle. Außerdem gibt es zahlreiche Instruktionen und Aufklärungen im Netz, eingerichtet von Justizverwaltungen, der Polizei bzw. anderen Behörden oder von Hilfsorganisationen. Konkreter Veranschaulichung dient nicht nur ein Modell eines Gerichtssaales, sondern mehr noch das Aufsuchen eines Gerichts selbst sowie ein persönlicher Kontakt mit dem bzw. der zuständigen Richter*in.

Da Wissen allein nicht reicht, muss es mit Handlungsmöglichkeiten angereichert sein. Daher umfassen die Instruktionen auch pragmatische Hinweise. Diese betreffen die Bekleidung oder äußere Erscheinung, das Begleiten durch eine Vertrauensperson, auch das Überbrücken von Wartezeit. Instruktion ermuntert zu einem Reden im eigenen Sprachgebrauch, zu ruhigem Nachdenken vor einer Antwort, zu Nach- oder Rückfragen bei auftretenden Problemen, zum freimütigen Bekennen von bestehenden Erinnerungslücken oder -vagheiten, zur Bitte um Pause bei Ermüdung oder Überlastung bzw. um Unterbrechen zwecks Gangs zur Toilette.

Weitere Instruktionen und Übungen können die Wissensvermittlung ergänzen und kognitive Kompetenzen stärken, was überwiegend in Bezug zu Kindern entwickelt und untersucht worden ist (s. Kap. 23 in diesem Band). Etwa Übungen, um sprachliches Verstehen sicherzustellen („comprehension monitoring"). Diese sind einfachen Instruktionen überlegen, was den Stellenwert unterstreicht, Wissensvermittlung mit Handlungsstrategien zu verbinden. Weiter Übungen, um zutreffende und falsche Behauptungen zu unterscheiden. Bei Vorschul- und jüngeren Grundschulkindern, aber auch bei Kindern, deren sprachliche Entwicklung verzögert erfolgt, z. B. mithilfe von Bildfolgen. Dabei werden auch die Folgen von zutreffenden und falschen Bekundungen beleuchtet. Als Handlungskomponente kommt die verbindliche Intention (Selbstverpflichtung) hinzu, zutreffende bzw. wahre Angaben zu machen. Kindern im Vorschulalter hilft nicht, vorbereitend die Zuordnung von Bekundetem zur Erinnerungsquelle prüfend einzuspielen, denn sie verfügen noch nicht über einen strategisch sicheren Zugriff auf ihr Gedächtnis. In vergleichbarer Weise gilt dies auch für Ältere (vgl. Baddeley, 2020). Als Vorbereitung helfen Kindern praktische Übungen zur

Textbox 13.2:
Bedeutung von Wissensvermittlung und Handlungsoptionen

Das Wissen über Verfahren, Beteiligte, die eigene Rolle und die eigenen Rechte und Handlungsoptionen ermöglicht es, schützende bzw. schonende Bedingungen in Anspruch zu nehmen oder einzufordern.
Solche Kenntnisse vermitteln ausreichende Orientierung über die zu erfüllende Aufgabe und die einzunehmende Rolle, und sie ermöglichen, die Zusammenhänge zu verstehen und sich so im gegebenen Aufgabenfeld zurechtzufinden. Wissensvermittlung vergegenwärtigt auch den üblichen, folglich zu erwartenden Prüfcharakter der Beweiserhebung sowie Aspekte einer Urteilsbildung und eventuell resultierende Verfahrensausgänge. Sie vermittelt angemessene und korrigiert verzerrte oder falsche Erwartungen. Beides, Wissen und Handlungsstrategien, erlaubt somit eine gewisse Kontrolle (unmittelbare Verhaltenssicherheit bis hin zu Formen sekundärer Kontrolle), auch durch Wahrnehmen von defensiven und aktiven Rechten oder Optionen.

Unterscheidung selbst erfahrener von berichteten oder beschriebenen Ereignissen (etwa mit Beispielen aus Theory-of-Mind-Untersuchungen). Angereichert mit Hinweisen auf mögliche alternative Gedächtnisquellen sowie mit Bekräftigung einer zutreffenden Unterscheidung von selbsterlebtem und (lediglich) beschriebenem (repräsentiertem) Gehalt stärken diese Übungen die Kompetenz und verbessern bei Grundschulkindern Resistenz gegenüber suggestiver Fehlinformation. Da forensisch verwertbare Aussagen ein gewisses Maß an sachlichem oder „objektivem" Gehalt aufweisen und ein Handlungsgeschehen wiedergeben müssen, ist es sinnvoll, Kinder (wie auch Erwachsene) auf ein elaboriertes Erzählen oder Wiedergeben vorzubereiten (narrative Elaboration). Hierzu dienen z. B. Muster, die den oder die Akteure benennen, die Handlungen konkret beschreiben, Gegenstand, Ziel oder Folgen bzw. Wirkungen der Handlungen sowie Reaktionen oder Ausdrucksverhalten Beteiligter und den jeweiligen Ort, die Zeit und die (sonstigen) Umstände veranschaulichen. Verdeutlicht werden können diese Komponenten durch einzelne Piktogramme (für den oder die Handelnden, die Handlung, Ort und Zeit sowie Äußerungen oder Empfindungen), mit deren Hilfe eine Darlegung strukturiert werden kann. Die Übungen befähigen, Gedächtnisinhalte besser und umfangreicher in Worte zu fassen. Übungen erweisen sich auch hier einer einfachen Instruktion überlegen, und Vorschulkinder wie mittlere und ältere Grundschulkinder profitieren nachweislich davon (Saywitz & Camparo, 2014). Camparo, Guzman und Saywitz (2018) zufolge können auch Betroffene mit einer Autismus-Spektrum-Störung profitieren.

13.5 Personenbezogene bzw. affektive Hilfen

Eine Reihe von Ängsten, Befürchtungen oder Irritationen lässt sich durch Einfordern oder Beantragen äußerer Gestaltungen bzw. Verfahrensweisen reduzieren, wozu Betroffene ggf. anzuhalten sind: Befürchtungen, im Gericht einem*einer Angeklagten oder mit ihm*ihr verbundenen Personen zu begegnen, durch getrennte Zugangswege, durch einen separaten Warteraum oder ggf. durch die Abwesenheit des bzw. der Angeklagten während der Zeugenaussage oder durch ein Zuschalten aus einem anderen Raum begegnen. Gegebenenfalls durch Verzicht auf eine unmittelbare Aussage vor Gericht, wenn eine ordnungsgemäße und ausreichende richterliche Befragung außerhalb der Verhandlung unter Mitwirken der*des Angeklagten bzw. der Verteidigung erfolgte. Unsicherheit oder Angst, sich einer Aussage allein zu stellen, kann durch eine Vertrauens- bzw. Begleitperson an der Seite gemindert werden. Soziale Unterstützung ist gerade bei ängstlich-unsicheren wie vorgeschädigten Personen indiziert. Befürchtungen und Besorgnisse in Bezug zu anwesendem Publikum durch Ausschluss der Öffentlichkeit. Persönlich unzumutbaren, herabwürdigenden oder sonst stark verletzenden Fragen wird durch Verfahrensregeln Einhalt geboten. Befürchtungen oder affektiven Verstörungen, die auf falsche Vorstellungen zurückgehen (dass sich z. B. das Publikum einmischen könnte, dass ein Kreuzverhör zu erwarten wäre oder man für Nichtwissen womöglich bestraft wird), durch Aufklärung. Irritationen, die aus einer unzureichenden oder ambivalenten Bereitschaft entspringen, als Zeuge mitzuwirken, sind bereits im Vorfeld aufzulösen.

Generell dient es Zeug*innen emotional, von Anfang an eine Person zur Verfügung und als Begleitung zu haben, die kundig und fürsorglich ist. Generell außerdem, in einer Gerichtsvorbereitung spürbar freundliche Aufmerksamkeit für die eigene Person, ein Beachten des persönlichen Befindens, das Verbalisieren emotionalen Empfindens und Befindens, ein Akzeptieren von Expressivität sowie Raum und Zeit hierfür zu erfahren. Dies hat Modellfunktion i. S. sozialen Lernens und sollte ein Skript bilden.

Für individuell-persönliches bzw. psychisches Bewältigen von emotionaler Beanspruchung und für ein Befähigen, solche Klippen zu schaffen, ist in einer Vorbereitung das ganze Arsenal von emotionsbezogenem Coping nutzbar. Je nach Lage kognitive Strategien oder unmittelbar emotionale bzw. affektive; häufig nützen sie im Zusammenspiel. Anspannung, Aufregung, Nervosität und leichte somatopsychische Störungen vor einer Verhandlung sind für Belastungs- oder Prüfungssituationen typisch und einem Zeugen*einer Zeugin als „normale" Erscheinungen zu erklären. *Normalisieren* verschafft Erleichterung und beugt unnötiger sekundärer Aufsattelung vor. Ein solches Verständnis der Symptome sollte ein*e Zeug*in auch in seinen bzw. ihren *inneren Dialog* übernehmen. Bei stärkerer Anspannung helfen gängige *Entspannungsverfahren.* Je mehr an Angst und Befürchtungen „durch den Kopf" schießt, desto eher helfen körperlich-muskuläre Ansätze, welche durch Atemübungen oder -techniken (z. B. bewusstes Ausatmen) ergänzt werden können. Mangelnder Zuversicht oder Befürchtungen, die bevorstehende Aufgabe nicht zu schaffen, sollte durch positive *Selbstinstruktion* begegnet werden, etwa eigenes Zureden („Ich schaff' das"). Dem dient auch *mentales Probehandeln,* gedankliches *Durchspielen* einzelner, eventuell *schwieriger Szenen.* Betroffene sollten auch angehalten werden, sich andere Beispiele zu vergegenwärtigen, welche sie meistern konnten. Außerdem gedanklich mit der Erleichterung am *Ende des Zeugenauftritts* zu *beginnen,* die vorausgegangenen Schritte und Ereignisse zurückzuspulen und dann erneut das „erfolgreiche" Ende nachhallen zu lassen. Für ausgeprägtere Befürchtungen ist ein *Situations-Management* zu vermitteln, was *Kontrolle* verschafft. Dazu sind Anlässe bzw. Befürchtungen *hierarchisch* zu *ordnen* und parallel dazu eigene Stärken zu sammeln und nach Potenz zu ordnen. Schon das kann eine Balance verschaffen und Kontrollierbarkeit signalisieren. Weiterführend sind den ansteigenden Belastungen Bewältigungsschritte zuzuordnen und das Ganze mental einzuüben – eventuell mit Entspannungsübungen verknüpft. Gegen stärkere Irritationen, etwa dadurch, im Blickfeld der*des Angeklagten zu sein, sind *Ausweich-* oder *Ablenkungsstrategien* an die Hand zu geben (dessen Blick zu vermeiden, den eigenen z. B. auf die Richter*innen zu lenken; oder die äußere Wahrnehmung ab- und auf sein „inneres Auge" umzuschalten, also zu dissoziieren). Außerdem sollten *Achtsamkeits-Momente* vermittelt werden (sich auf sich selbst im Hier und Jetzt und darauf zu konzentrieren, was man selber im Kopf hat; dies hilft allgemein und nicht nur in solch spezifischen Situationen, sondern korrespondiert auch der originären Aufgabe eines Zeugen*einer Zeugin, Selbsterlebtes zu berichten). Darüber hinaus sind *Übungen zur Konzentration* bzw. zum Abschirmen von Störeinflüssen angebracht. Dass solche auftreten, sich sogar aufdrängen können, ist üblich, weshalb es sinnvoll ist, es von vornherein mit in Betracht zu ziehen (also zu *akzeptieren*). Das macht gelassener und widerstandsfähiger. Akzeptanz zählt zu Ansätzen und Strategien aus der Akzeptanz- und Commitment-Therapie, diese (u. ä. Ansätze) sind in Bezug zu aufwallenden Gefühlen und Turbulenzen zu nutzen (neben Akzeptieren, der Haltung, man hat die Gefühle, nicht die Gefühle haben einen – oder das Lösen von Verschmelzung und Verstrickung [Defusion]). Die Emotionen werden durch diese Mittel entschärft, bleiben aber gültig, was naturgemäß für das Erleben des Zeugen*der Zeugin und seine*ihre Aussage relevant ist. Da kräftige emotionale Regungen und Affekte die Zeugenleistung erheblich in Bezug auf das aktuelle Befinden, die Erinnerungen (Shieds, Sazma, McCullough & Yonelias, 2017) und das Aussagen (Langballe & Schultz, 2017) beeinträchtigen können, ist es zweckmäßig, solch starke emotionale Erregung zu mäßigen und dafür brauchbare Werkzeuge an die Hand zu bekommen. Andererseits sind starke negative Affekte wesentliche Momente beim Erleben einer Tat bzw. von Verletzungen und daher wichtige Komponenten, wenn ein*e Zeug*in das Geschehen wiedererinnert und wiedergibt. Außerdem befördern emotionale Bewegung und zum Ausdruck gebrachte Affekte, dass den Zeug*innen von psychosozialen Kräften sowie von Beteiligten bei Gericht geglaubt wird und diese ihre Darstellungen als tatsächlich erlebt einschätzen (Cooper, Quas & Cleveland, 2014; Klippenstine & Schuller, 2012; Melinder, Burrell, Eriksen, Magnussen & Wessel, 2016). Die Zeug*innen müssen bereits im Rahmen einer Gerichtsvorbereitung die „Erlaubnis" erfahren, starke Affekte und affektive Auslenkungen zu manifestieren. Gegen ein Überschwemmen durch Ängste oder das Jagen eines Durcheinanders von Gedanken oder Turbulenzen helfen *„Bremsen"* oder *Gedanken-Stopps*. Diese können trainiert und durch physische Tricks (etwa einen Bremsgriff) oder durch *blockierende geistige Akte* (etwa Rückwärtszählen) ergänzt werden. Bei Neigung zu solchen Entgleisungen ist nahezulegen, durch bewusstes, in Intervallen wiederholtes *„Erden"* vorzubeugen (etwa bewusstes Spüren der Sitzunterlage im Hier und Jetzt oder des Bodens unter den Füßen). Auch *Unterbrechen* hilft gegen Überschwemmen und Durcheinander. Allerdings ist zu berücksichtigen, dass Stoppen und Gegenarbeiten keine Patentlösungen sind, weil sie Rebounds auslösen und in eine Dauerschleife führen können. Diese Strategien müssen mit alternativen kognitiven Vorgängen oder Beschäftigungen verbunden werden.

Sind die Ängste überwältigend und „kosten den Kopf", zerbrechen sie das seelische Gefüge und stören sie einen Realitätsbezug erheblich, dann ist jemand von seiner Zeugenpflicht zu entlasten. Wahrheitsfindung um jeden Preis – in diesem Fall um den Preis seelischer Gesundheit – wird in unseren Rechtssystemen nicht verfolgt.

Überwältigende Angsterlebnisse erfahren i. d. R. massiv verletzte Personen, bei denen sich Trauma-Folgestörungen eingestellt haben. Sie zeichnen sich durch eine hohe dauernde Alarmbereitschaft (Sensitivität bzw. [Hyper-]Reagibilität), durch quasireales Wiedererleben eines schrecklichen Geschehens und durch striktes Meiden – oder durch ein Abstumpfen aus (vgl. Kerig, Mozley & Mendez, 2020). Besitzen Erinnern oder Vergegenwärtigen noch eine solch durchschlagende Wirkung, dass die betroffene Person außer sich bzw. völlig aus ihren seelischen Fugen gerät, kann sie keine reguläre Zeugenaussage machen,[23] sondern bedarf der Behandlung. Ähnliches gilt für eine schützende Blockade, denn erst wenn „absolutes" Meiden aufgeweicht und ein Vergegenwärtigen erträglich wird, ist ein Bekunden denkbar. Zu berücksichtigen ist bereits im Rahmen einer Gerichtsvorbereitung: Eine Therapie berührt unvermeidbar das Erleben, und da dieses dabei in Versatzstücken oder Einzelteilen zum Ausdruck gebracht wird und sich oftmals nicht gleich fügt, wird das Erleben im Laufe der Therapie geordnet und in Zusammenhang gebracht. Ein solches Schaffen von Kohärenz und Stimmigkeit kann eine Wirklichkeit auch erschaffen, weshalb Therapeut*innen mit Bezug auf rechtliche Verfahren sehr behutsam dabei vorgehen und sich so weit wie möglich von den gegebenen Äußerungen oder Partikeln und nicht von den eigenen Anschauungen oder Annahmen leiten lassen sollten. Erforderlich ist, dass die therapeutische Arbeit genau und umfangreich dokumentiert wird, um diese ggf. – in Bezug auf die Entstehungs- und Entwicklungsgeschichte der Aussage – in einem gerichtlichen Verfahren nachvollziehen zu können.[24]

Traumainformiertes Wissen und entsprechende Kompetenzen sowie Erfahrungen mit Gewaltopfern sind für eine Vorbereitung und eine Unterstützung von erheblich verletzten Zeug*innen angebracht. Das Vorgehen bei ei-

---

23 Vgl. (zu teils anderen Ermittlungserfahrungen) Risan, Binder und Milne (2016).

24 Vgl. die Praxisrichtlinien des Home Office, Crown Prosecution Service & Department of Health in England (Provision of therapy for child witnesses prior to a criminal trial, unter: www.cps.gov.uk/legal-guidance/therapy-provision-therapy-child-witnesses-prior-criminal-trial; Provision of therapy for vulnerable or intimidated adult witnesses prior to a criminal trial, unter: www.cps.gov.uk/legal-guidance/therapy-provision-therapy-vulnerable-or-intimidated-adult-witnesses). Darüber hinaus: Branaman und Gottlieb (2013); Fouché und Fouché (2017).

ner Vorbereitung kann manches der klinischen Praxis entlehnen (Schellong & Epple, 2018), passt es allerdings an: Validieren von Wahrnehmungen kann nur bedingt erfolgen, Validieren von tatbezogenen Erinnerungen nicht. Drängen ist unangebracht, allerdings ist Fokussieren auf ein zielgerichtetes Erfüllen der Zeugenleistung und auf ein zielgerichtetes Bewältigen von äußeren und inneren Erschwernissen integraler Bestandteil einer Vorbereitung und praktischen Unterstützung. „Normalisieren" von mnestischen und affektiven Problemen ist sinnvoll, nicht aber in Verbindung mit suggestiven oder bestätigenden Ingredienzien (wie: Das zeige eben das Tat-Erleben, das wäre nicht nur bei der betreffenden Person so, sondern typisch für Opfer). Weitgehend auf Schädigung, auf Nichtkönnen, überwiegend auf Defizitäres oder Invalidität zu fokussieren, entkräftet und verletzt bzw. diskriminiert betroffene Zeug*innen. Eine solche, wenngleich empathisch gemeinte, Haltung ist für eine Vorbereitung von ihnen nicht angebracht. Überwiegend mangelhaftes Vermögen und ungenügende Ressourcen zu adressieren stellt auch kein „kunstgerechtes" traumatherapeutisches Herangehen dar.

Textbox 13.3:
Anmerkungen zu Trauma-Folgestörungen und traumainformiertem Vorgehen

Psychotraumatologische Kenntnisse und entsprechendes Know-how sind wertvolle Bausteine für eine Vorbereitung und Begleitung von (ggf.) verletzten Zeug*innen. Maßgebliche oder alleinige Direktive ist die Psychotraumatologie nicht. Schon weil das Erleben und Erleiden einer Tat und eine Trauma-Folgestörung keine zwingende, allgegenwärtige Verbindung darstellen (wie im öffentlichen Raum sowie im psychosozialen Feld häufig kurzschlüssig kolportiert). Ein strikter Determinismus besteht nicht. Eine akute Traumasymptomatik ist allerdings i.d.R. unmittelbar bzw. zeitnah zum Erleiden stark ausgeprägt (vgl. Dworkin, Ojalehto, Brill, Fitzpatrick, Bedard-Gilligan & Kaysen, 2019). Betroffene erleiden auch in nennenswertem Ausmaß Trauma-Folgestörungen. Bei ihrer Ausbildung wirkt eine Reihe von tatbezogenen, personenbezogenen Faktoren und solchen der sozialen Reaktion (in einem multifaktoriellen Gefüge) zusammen. Trauma-Folgestörungen sind auch bei verurteilten und inhaftierten Personen festzustellen (Allely & Allely, 2019). Die Lebenszeitprävalenz einer PTDS nach erlittenem Sexualdelikt z.B. beträgt einer neueren Auswertung von Studien zufolge 36 %, die 1-Jahresprävalenz 26 % (Dworkin, 2020). Die Raten einer Bevölkerungsstichprobe in Deutschland betrugen (aufsummiert PTSD und komplexe PTSD) nach Erleben von Vergewaltigung 23,4 %, nach Erleben sexuellen Kindesmissbrauchs 18,5 %, nach Erleben körperlicher Gewalt 15,3 % (Maercker, Hecker, Augsburger & Kliem, 2018).

13.6 Zeug*innen mit Lern- oder intellektueller Behinderung

Personen mit niedriger Intelligenz sowie Personen mit intellektueller Behinderung bilden keine homogenen Gruppen. Für beide trifft zu, dass Vorbehalte, Vorurteile und Stereotype sowie mancherlei Unkenntnis in Bezug zu einer Zeugenfunktion von ihnen bestehen (Brown & Lewis, 2013). Im Verhältnis zu einem erhöhten Viktimisierungsgrad bedingt dies einen „justice gap". Wenn ihr Begreifen, Durchschauen und Überblicken und auch ihre Lebenswelt eingeschränkt sind, dann impliziert dies für ihre Zeugenbeteiligung Beachtliches, gem. Art. 13 der BRK einen Abbau bzw. ein signifikantes Absenken von Barrieren. Zu gewährleisten ist dies durch Begleitung und Unterstützung durch eine qualifizierte Mittlerperson, die das sprachliche Kommunizieren und das Verständigen speziell anpassen kann (vgl. Hepner, Woodward & Stewart, 2015; O'Mahony, Marchant & Fadden, 2016; Wurtzel & Marchant, 2017). Von dieser bzw. im Verbund mit ihr ist eine angepasste Gerichtsvorbereitung zu realisieren sowie ein fortlaufendes Vermitteln (von Stand, weiterem Verlauf und dem Ausgang). Die Gerichtsvorbereitung folgt den Linien wie in den Grundzügen dargestellt, allerdings in Bezug zu den bestehenden Einschränkungen akzentuierter: Mangelnde Kenntnisse und Vertrautheit sind durch angepasste Wissensvermittlung, Instruktion und durch Übungen auszugleichen. Personen mit intellektueller Behinderung verstehen i.d.R. zwar einige Grundkonzepte für Zeugenleistungen vor Gericht (Gudjonsson, Murphy & Clare, 2000), die z.T. komplexen Abläufe und Regeln sowie der Zeittakt dort sind ihnen ebenso fremd wie die Sprachgepflogenheiten und Begriffe. Leicht können eine unangemessene Befragung sowie ein mitunter erfolgendes (wenngleich wohlgemeintes) Verkindlichen zu einer erheblichen Benachteiligung führen; und da sie kognitiv, sprachbezogen und gedächtnisbezogen nicht so tüchtig sind, sind sie suggestibler, fügen sich leicht bzw. schließen sich an. Außerdem sind sie aufgrund von Kompetenz und Lebenswirklichkeit eher unsicher bzw. unerfahren und dissimulieren daher mitunter; sie können auch leichter verunsichert werden und schwanken oder verändern ihre Bekundungen. Sie sind zudem weniger selbstständig und selbstbehauptend, weniger darin geübt, ihre Sache zu verfolgen (Murphy & Clare, 2006; Stiller & Doll, 2018). Ihre Zeugenleistung ist zwar unbestreitbar von ihren Kompetenzen abhängig, aber wesentlich auch das Ergebnis (von der Art und Angemessenheit) ihrer Befragung sowie von barrierearmen Umständen. Dies zu beachten, macht einen (weichenstellenden) Unterschied (vgl. Powell, Wright & Hughes-Scholes, 2011). Bereits im Vorfeld benötigen sie eine einschlägig kompetente Bezugs- und Unterstützungsperson als Mittler, welcher mit ihnen die möglichen Schritte bei einer Strafverfolgung klärt. Den Zeug*innen sollten die Grundelemente einer Vorbereitung praktisch übend nahegebracht werden, weil manche durch Erfahrungen mit ihrer Behinderung gekränkt sowie von anderen wenig respektiert worden sind und Schwäche oder Versagen schamhaft vermeiden wollen. Außerdem praktisch, um konkret Verstehen zu fördern. Unverzichtbar ist „einfache Sprache“. Die Übungen sollten „naturalistisch“ einfließen. „Schulungsartiges“ Üben und mehrfaches Wiederholen der Regeln oder von Nachfragen sind unangebracht, weil es an diskriminierende Erfahrungen anknüpft, Schwäche betont und Inkompetenz signalisiert. Anleitung und Unterstützung beim Begegnen und Bewältigen von Ängsten ist ebenfalls zu leisten, häufig insoweit akzentuiert, als ein Abhängigkeits- oder Näheverhältnis zu Verursacher*innen besteht. Und wenn Druck und belastende Atmosphäre in einem Verfahren schon allgemein leicht zu Interferenzen führen können (Nathanson & Saywitz, 2003), dann bei diesen Zeug*innen ausgeprägter. Deshalb sollten sie im Verfahren möglichst unter „zivilen“ Bedingungen außerhalb des Gerichtssaals befragt werden.

13.7 Personen mit einer psychischen Störung – einer Autismus-Spektrum-Störung

Anhand einer Autismus-Spektrum-Störung (ASS) sollen Aspekte von Zeug*innen mit einer psychischen Störung aufgezeigt werden. Das Besondere der sozial-kognitiven Kompetenzen und Fertigkeiten, einschließlich resultierender sozialer Anpassung und nicht selten klinischer Erscheinungen wie depressive bzw. angstbezogene (Lever & Geurts, 2016), dadurch bedingte Probleme, interpersonales Geschehen detailliert bzw. differenziert zu erfassen und solches daher eher karg darzulegen, sind i.d.R. geteilte Momente. Hinzu kommen beträchtliche Viktimisierung (vgl. King & Murphy, 2014; Weiss & Fardella, 2018) und Vorurteile (Cage, DiMonaco & Newell, 2019) bzw. Diskriminierung sowie mangelnde Kenntnisse. Außerdem zeichnet Personen mit einer diagnostizierten Störung durchaus Vielfalt aus. Das Störungsbild einer ASS erstreckt sich von einem niedrigen bis zu einem hohen Funktionsniveau, sodass die Betreffenden mitunter deutlich unterschiedliche

Kompetenzen aufweisen. Für die Wahrnehmung einer Zeugenrolle sollten für Personen mit einer niedrigfunktionalen Form ähnliche Bedingungen wie bei Zeug*innen mit einer intellektuellen Behinderung gewährt und eine Gerichtsvorbereitung ähnlich gestaltet werden. Das Erscheinungsbild einer Störung, hier einer ASS, variiert auch je nach Lebensphase. Betroffene benötigen als Zeug*innen eine qualifizierte Begleitung, eine spezialisierte Mittlerperson. Diese sollte die Informationsvermittlung leisten (wenigstens entscheidend dabei mitwirken), das Üben elaborierten Erzählens, das lineare Darstellen von (jeweils interpunktierten) Sequenzen eines Geschehens, also möglichst in einem Nacheinander. Außerdem dafür sorgen, dass die Befragung angepasst geschieht (und bei Personen mit niedrigfunktionaler ASS ggf. selbst durchführen). Zeug*innen mit einer hochfunktionalen ASS benötigen eine klare konkrete Sprache, kein Nutzen von Konjunktivformen, von Als-ob-Formen. Jeweils eine Sache ist zu verfolgen (nichts zu verzweigen oder zu parallelisieren), zudem ein Reden „in einer Linie“ (also nicht hin und her zu wechseln bzw. zu springen). Wissensvermittlung bzw. Instruktion muss klar und sequenziell strukturiert sein, eine deskriptive Ebene konsequent beibehalten; Beziehungs- und Interaktionsmomente sind in expliziter Weise darzustellen, Interdependenzen in linearer, aufeinanderfolgender Weise aufzuzeigen. Da sich die Betroffenen mit subjektiv-emotionalem Erleben schwertun, dieses bei ihnen anders als „normal“ ablaufen kann und mitunter als Alexithymie qualifiziert wird (vgl. Mazefsky & White, 2014; Neuhaus, 2020), dient ihnen, auch emotionsbezogen möglichst bei anschaulichen, sachlichen Beschreibungen zu bleiben. Top-down- oder gezielte Quellenbezugs-Momente sollten nur bedingt und behutsam aufgeworfen werden, weil Betroffene dadurch leicht verunsichert oder überfordert sein können. Elaboriertes Erzählen ist zu üben. Intensive und angepasste kognitive Aufklärung dient auch dazu, zu „lernen“, dass in einem Verfahren auch (i. S. der Betroffenen) „Eigenarten“ auftreten können. Diesbezüglich auch dazu, mögliche affektive Klippen bewältigen zu können. Mittel zur emotionalen Stressregulation sollten primär kognitiv-behaviorale sein. Einschlägige Konzepte bzw. Programme einer Gerichtsvorbereitung von Personen mit einer ASS existieren bislang nicht, daher muss auf Elemente bestehender Programme und Ansätze zurückgegriffen und diese angepasst werden.

13.8 Zeug*innen von Sexualdelikten

Sexualdelikte bergen als Intimdelikte, v. a. als Kontaktdelikte, besondere Herausforderungen, sie offenzulegen, oft auch Probleme einer Beweisbarkeit, in der Folge häufig das Aufschieben einer Strafverfolgung. Und weil überwiegend von Partner*innen oder Nahestehenden verübt, bergen sie Barrieren, diese zu belangen. Sexualdelikte weisen außerdem eine beträchtliche Reviktimisierungsrate auf. Als Delikte gegen die Selbstbestimmung wie als Intimdelikte verursachen sie oft Scham, öfter auch Selbstvorwürfe. Der höchst intime persönliche Charakter des Erlittenen sensibilisiert das Empfinden für persönliche Gerechtigkeit oder steigert entsprechende Erwartungen. Nicht selten stellen sich auch Fragen nach zutreffendem Erfassen, einer angemessenen Kategorisierung. Diese Faktoren tragen mit dazu bei, dass die Anzeigerate bei Erwachsenen relativ gering ist, darüber hinaus die Verurteilungsrate; außerdem tragen sie zu Zweifeln und einer Skepsis gegenüber der Justiz sowie zu einer Unzufriedenheit mit einem Verfahren bei. Andererseits ist dies auch durch eine Reihe von Mängeln, Unfairem, hinderlichen Einstellungen und Vorgehensweisen der Strafverfolgung verursacht (Temkin & Krahé, 2008; Rerick, Livingston & Davis, 2019; Smith & Skinner, 2017). Allesamt waren dies Anlässe für das Entwickeln und das Anbieten sachgerechter Unterstützung betroffener Zeug*innen (Radcliff & Gudjonsson,

2016). Sexualdelikte zulasten von Kindern geschehen meist als Verführung, Korrumpierung und Ausbeutung und sind für sie oftmals nicht zutreffend zu kategorisieren, weshalb bei vielen später ein erschütterndes Erwachen folgt. In der Öffentlichkeit und in psychosozialen Kreisen werden die Delikte pauschal als Gewalt dargestellt. In diesem Schema finden sich manche Verletzte mit ihrem Erleben nicht wieder; andere bekunden und erleben es (subjektiv) eventuell durch dieses Prisma verzerrt. Ähnliche Probleme finden sich in Bezug zu Auffassungen und der Wahrnehmung Erwachsener, wenn sie unangemessene Stereotype (z. B. genderspezifische, z. B. Vergewaltigungsmythen), aber auch ethnisch-kulturelle bzw. gesellschaftlich-normative Prismen benutzen (s. Kap. 11 in diesem Band). Dadurch bleiben manche Delikte unerkannt (Wilson & Miller, 2016). Die Charakteristika von Sexualdelikten indizieren für Betroffene soziale Unterstützung und i. d. R. Begleitung sowie persönlichen Rückhalt. Außerdem indizieren sie, dass in ihrer Vorbereitung Klarheit hinsichtlich ihrer Rolle, also ihrer Bereitschaft für die Zeugenleistung wie ihrer Ambitionen als aktiv Beteiligte besteht. Die Vorbereitung sollte ein Bewusstsein von den „Spielregeln" eines Verfahrens vermitteln. Besonderes Augenmerk ist auf das Befähigen zu emotions- bzw. stressbezogener Bewältigung zu legen, und dabei auf eine passende Balance von Emotionsausdruck und Emotionskontrolle. Zu beachten sind „Fallstricke" z. B. in Bezug zur Scham (wie karges Darlegen), in Bezug zu Selbstvorhaltungen (etwa bzgl. Alkoholisierung, Flirten oder Annäherung, Sexyness, Sich-getäuscht-Haben – hier falsch positives Akzentuieren) oder in Bezug zu subjektiven Gerechtigkeits- und anderen Erwartungen (etwa Bekunden des Erlittenem und selbstverständliches Anerkennen desselben, persönliches Leid im „Gegensatz" zu einer Sachlichkeit und einem Beurteilen ohne Ansehen der Person wie einer [vielleicht männlichen] Rationalität). Vorannahmen oder Stereotype sind ggf. ausführlich zu beleuchten. In dieser Hinsicht auch kulturell-mentale Prägungen bzw. Unterschiede. Hinsichtlich der Beziehung zur angeklagten Person ist individuell spezifisch darauf abzustellen, ob ein Begegnen stattfinden soll, womit der*die Zeug*in dann gerüstet sein muss; oder ob ein Begegnen nicht erfolgen soll, stattdessen ein Ausschluss bzw. ein eigenes Zuschalten für die Aussage und Befragung. Für die Vorbereitung von Kindern gelten die bereits skizzierten Grundzüge. Zu beachten ist auch bei ihnen ein besonderes Näheverhältnis zur angeklagten Person, außerdem, dass eine alters- bzw. kindgerechte Sprache genutzt wird, wie auch Schwierigkeiten eines Deliktverständnisses bei ihnen. Forensisch-psychologische Studien über einzelne verfahrensbezogene Belastungen von z. B. Zeug*innen mit Vergewaltigungserfahrungen liegen kaum vor (Orth & Maercker, 2004), ebenso wenig Untersuchungen über entsprechende Gerichtsvorbereitungen. Diesbezüglich ist überwiegend auf Erfahrungsberichte (auch bzgl. je nach Land und Rechtsordnung unterschiedlicher Reformen und Optionen) zurückzugreifen (Hester & Lilley, 2018; Konradi, 2010; Pettitt, Wallace, Naylor & Castle, 2016). Viele erwachsene Zeug*innen bereiten sich eigenständig und nach Gutdünken vor. Oder sie tun es bei Hilfsorganisationen.[25] Vorbereitung hier besteht insbesondere aus Aufklärung und Beistand. Dies gilt auch für die psychosoziale Prozessbegleitung.

25 In England und Wales existieren in dieser Trägerschaft spezielle Zentren, in denen (spezialisierte) „independent sexual violence advisors" tätig sind, die die Unterstützung von Opfern koordinieren sowie mögliche Gefährdungen oder Beeinträchtigungen von ihnen im Blick haben. Außerdem gibt es speziell geschulte Polizeibeamt*innen („sexual offence investigative technique") (Radcliff & Gudjonsson, 2016).

13.9 Ausblick

Folgende Desiderate bestehen: a) (methodisch angemessene) Evaluationen von Gerichtsvorbereitungen, b) Entwicklungen von Konzepten für einzelne Gruppen wie c) Ältere, d) Personen mit (jeweiligen) psychischen Beeinträchtigungen, e) Personen mit differenter ethnischer Herkunft oder Zugehörigkeit bzw. mit differentem kulturell-mentalem Hintergrund, f) Personen sexueller Minderheiten, auch viktimisierte männliche Personen und g) in Bezug zu Kommunikation und sexuellem Einvernehmen für Jugendliche und junge Erwachsene. In Deutschland sollte etabliert werden, dass für bestimmte sensible und vulnerable Zeug*innen offizielle Mittler zur Verfügung stehen.[26] Systembezogen sind im Strafgerichtsverfahren wohl weitere Modifikationen bzgl. Unmittelbarkeit zu erwarten. Damit einhergehend ein vermehrtes Einrichten von kombinierten Schutz- und Ermittlungszentren.

13.10 Weiterführende Literatur

Endler, M. (2019). *Die Doppelstellung des Opferzeugen*. Baden-Baden: Nomos. https://doi.org/10.5771/9783748900542

Fastie, F. (2017). *Opferschutz im Strafverfahren* (3. Aufl.). Opladen: Budrich.

Hall, S.R. & Sales, B.D. (2008). *Courtroom modifications for child witnesses. Law and science in forensic evaluations*. Washington, DC: American Psychological Association.

Konradi, A. (2007). *Taking the stand. Rape survivors and the prosecution of rapists*. Westport, CT: Praeger.

Johnson, J.L., Goodman, G.S. & Mundy, P.C. (Eds.). (2018). *The Wiley Handbook of memory, autism spectrum disorder, and the law*. Chichester: Wiley. https://doi.org/10.1002/9781119158431

Toglia, M.P., Ross, D.F., Pozzulo, J. & Pica, E. (Eds.). (2014). *The elderly eyewitness in court*. New York, NY: Psychology Pr. https://doi.org/10.4324/9781315813936

26 Etwa in Erweiterung bzw. in Anschluss an § 186 GVG.

Literatur

Allely, C.S. & Allely, B. (2019). Post traumatic stress disorder in incarcerated populations: Current clinical considerations and recommendations. *Journal of Criminal Psychology, 10,* 30–42. https://doi.org/10.1108/JCP-09-2019-0044

Baddeley, A. (2020). Memory and aging. In A. Baddeley, M.W. Eysenck & M.C. Anderson (Eds.), *Memory* (3rd ed., pp. 474–501). New York, NY: Routledge. https://doi.org/10.4324/9780429449642

Branaman, T.F. & Gottlieb, M.C. (2013). Ethical and legal considerations for treatment of alleged victims: When does it become witness tampering? *Professional Psychology: Research and Practice, 44,* 299–306. https://doi.org/10.1037/a0033020

Brown, K.J. & Gordon, F. (2019). Older victims of crime: Vulnerability, resilience and access to procedural jstice. *International Review of Victimology, 25,* 201–221. https://doi.org/10.1177/0269758018791426

Brown, D.A. & Lewis, C. (2013). Competence is in the eye of the beholder: Perceptions of intellectually disabled child witnesses. *International Journal of developmental Disabilities and Education, 60,* 3–17. https://doi.org/10.1080/1034912X.2013.757132

Cage, E., Di Monaco, J. & Newell, V. (2019). Understanding, attitudes and dehumanisation towards autistic people. *Autism, 23,* 1373–1383. https://doi.org/10.1177/1362361318811290

Camparo L.B., Guzman, A. & Saywitz, K.J. (2018). Narrative elaboration technique. In J.L. Johnson, G.S. Goodman & P.C. Mundy, (Eds.), *The Wiley Handbook of memory, autism spectrum disorder, and the law* (pp. 270–291). Chichester: Wiley.

Cooper, A., Quas, J.A. & Cleveland, K.C. (2014). The emotional child witness: Effects on juror decision-making. *Behavioral Sciences and the Law, 34,* 813–828. https://doi.org/10.1002/bsl.2153

Davies, G & Robertson, N. (2014). The older witness in court. In M.P. Toglia, D.F. Ross, J. Pozzulo & E. Pica (Eds.), *The elderly eyewitness in court* (pp. 336–362). New York, NY: Psychology Press.

Dworkin, E.R. (2020). Risk for mental disorders associated with sexual assault: A meta-analysis. *Trauma, Violence & Abuse, 21,* 1011–1028. https://doi.org/10.1177/1524838018813198

Dworkin, E.R., Ojalehto, H.J., Brill, C.D., Fitzpatrick, S., Bedard-Gilligan, M.A. & Kaysen, D. (2019). Understanding PTSD and sexual assault. In W.T. O'Donohue & P.A. Schewe (Eds.), *Handbook of sexual assault and sexual assault prevention* (pp. 293–

307). Cham: Springer. https://doi.org/10.1007/978-3-030-23645-8_17

Elz, J. (Hrsg.). (2016). *Psychosoziale Prozessbegleitung. Gesetzlicher Anspruch, inhaltliche Anforderungen, praktische Ansätze.* Wiesbaden: Kriminologische Zentralstelle.

Endler, M. (2019). *Die Doppelstellung des Opferzeugen.* Baden-Baden: Nomos. https://doi.org/10.5771/9783748900542

Fouché, A. & Fouché, D. F. (2017). Pre-trial therapy for child witnesses in cases of sexual abuse: A scoping literature review. *Journal of Psychology in Africa, 27,* 462–471. https://doi.org/10.1080/14330237.2017.1375201

Funkenberg, M. (2016). *Zeugenbetreuung von Holocaust-Überlebenden und Widerstandskämpfern bei NS-Prozessen* (1964–1985). Gießen: Psychosozial. https://doi.org/10.30820/9783837968026

Görgen, T. (2015). Viktimisierung von älteren Menschen. In N. Guzy, C. Birkel & R. Mischkowitz (Hrsg.), *Viktimisierungsbefragungen in Deutschland* (Bd. 1, S. 281–304). Wiesbaden: Bundeskriminalamt.

Gudjonsson, G. H., Murphy, G. H. & Clare, I. C. H. (2000). Assessing the capacity of people with intellectual disabilities to be witnesses in court. *Psychological Medicine, 30,* 307–314. https://doi.org/10.1017/S003329179900149X

Hepner, I., Woodward, M. N. & Stewart, J. (2015). Giving the vulnerable a voice in the criminal justice system: The use of intermediaries with individuals with intellectual disability. *Psychiatry, Psychology and Law, 22,* 453–464. https://doi.org/10.1080/13218719.2014.960032

Hester, M. & Lilley, S.-J. (2018). More than support to court: Rape victims and specialist sexual violence services. *International Review of Victimology, 24,* 313–328. https://doi.org/10.1177/0269758017742717

Jacobson, J. & Harlow, L. (2017). Witness support. In P. Cooper & H. Norton (Eds.), *Vulnerable people and the criminal justice system* (pp. 57–94). Oxford: Oxford University Press.

Kerig, P. K., Mozley, M. M. & Mendez, L. (2020). Forensic assessment of PTSD via DSM V versus ICD 11 criteria: Implications for current practice and future research. *Psychological Injury and Law, 13,* 383–411. https://doi.org/10.1007/s12207-020-09397-4

King, C. & Murphy, G. H. (2014). A systematic review of people with autism spectrum disorder and the criminal justice system. *Journal of Autism and Developmental Disorders, 44,* 2717–2733. https://doi.org/10.1007/s10803-014-2046-5

Klippenstine M. A. & Schuller, R. (2012). Perceptions of sexual asault: Expectancies regarding the emotional response of a rape victim over time. *Psychology, Crime & Law, 18,* 79–94. https://doi.org/10.1080/1068316X.2011.589389

Konradi, A. (2010). Creating victim-centered criminal justice practices for rape prosecution. In M. Peyrot & S. L. Burns (Eds.), *New approaches to social problems treatment* (Vol. 17, pp. 43–76). Bingley: Emerald.

Langballe, Å. & Schultz, J.-H. (2017). „I couldn't tell such things to others": Trauma-exposed youth and the investigative interview. *Police Practice and Research: An International Journal, 18,* 62–74. https://doi.org/10.1080/15614263.2016.1229185

Lever, A. G. & Geurts, H. M. (2016). Psychiatric co-occurring symptoms and disorders in young, middle-aged, and older adults with autism spectrum disorder. *Journal of Autism and Developmental Disorders, 46,* 1916–1930. https://doi.org/10.1007/s10803-016-2722-8

Maercker, A., Hecker, T., Augsburger, M. & Kliem, S. (2018). ICD-11 prevalence rates of posttraumatic stress disorder and complex posttraumatic stress disorder in a German nationwide sample. *Journal of Nervous and Mental Disease, 206,* 270–276. https://doi.org/10.1097/NMD.0000000000000790

Maras, K. L. & Wilcock, R. (2013). Suggestibility in vulnerable groups: Witnesses with intellectual disability, autism spectrum disorder, and other people. In A. M. Ridley, F. Gabbert & D. J. La Rooy (Eds.), *Suggestibility in legal contexts: Psychological research and forensic implications* (pp. 149–170). Chichester: Wiley. https://doi.org/10.1002/9781118432907.ch8

Mazefsky, C. A. & White, S. W. (2014). Emotion regulation: Concepts and practice in autism spectrum disorder. *Child and Adolescent Psychiatric Clinics of North America, 23,* 15–24. https://doi.org/10.1016/j.chc.2013.07.002

Melinder, A., Burrell, L., Eriksen, M. O., Magnussen, S. & Wessel, E. (2016). The emotional child witness effect survives presentation mode. *Behavioral Sciences and the Law, 34,* 113–125. https://doi.org/10.1002/bsl.2232

Murphy, G. H. & Clare, I. C. H. (2006). The effect of learning disabilities on witness testimony. In A. Heaton-Armstrong, E. Shepherd, G. Gudjonsson & D. Wolchover (Eds.), *Witness testimony: Psycho-*

logical, investigative and evidential perspectives (pp. 43–60). Oxford: Oxford University Press.

Nathanson, R. & Saywitz, K.J. (2003). The effects of the courtroom context on children's memory and anxiety. *The Journal of Psychiatry and Law, 31,* 67–98. https://doi.org/10.1177/009318530303100105

Nathanson, R. & Saywitz, K.J. (2015). Preparing children for court: Effects of a model court education program on children's anticipatory anxiety. *Behavioral Sciences and the Law, 33,* 459–475. https://doi.org/10.1002/bsl.2191

Neuhaus, E. (2020). Emotion dysregulation in autism spectrum disorder. In T.P. Beauchaine & S.E. Crowell (Eds.), *The Oxford Handbook of emotion dysregulation* (pp. 283–298). New York, NY: Oxford University Press.

O'Mahony, B.M., Marchant, R. & Fadden, L. (2016). Vulnerable individuals, intermediaries and justice. In G. Oxburgh, T. Myklebust, T. Grant & R. Milne (Eds.), *Communication in investigative and legal contexts: Integrated approaches from forensic psychology, linguistics and law* (pp. 287–313). Chichester: Wiley. https://doi.org/10.1002/9781118769133.ch13

Orth, U. & Maercker, A. (2004). Do trials of perpetrators retraumatize crime victims? *Journal of Interpersonal Violence, 19,* 212–227. https://doi.org/10.1177/0886260503260326

Peterson, L., Reutz, J.A. R., Hazen, A.L., Habib, A. & Williams, R. (2020). Kids and teens in court (KTIC): A model for preparing child witnesses for court. *American Journal of Community Psychology, 65,* 35–43. https://doi.org/10.1002/ajcp.12390

Pettitt, B., Wallace, L., Naylor, A. & Castle, M. (2016). Providing for the needs of witnesses. In P. Radcliff, G.H. Gudjonsson, A. Heaton-Armstrong & D. Wolchover (Eds.), *Witness testimony in sexual cases* (pp. 235–250). Oxford: Oxford University Press.

Powell, M.B., Wright, R. & Hughes-Scholes, C.H. (2011). Contrasting the perceptions of child testimony experts, prosecutors and police officers regarding individual child abuse interviews. *Psychiatry, Psychology and Law, 18,* 33–43. https://doi.org/10.1080/13218710903566995

Quas, J.A. & Goodman, G.S. (2012). Consequences of criminal court involvement for child victims. *Psychology, Public Policy, and Law, 18,* 392–414. https://doi.org/10.1037/a0026146

Radcliff, P. & Gudjonsson, G.H. (2016). Witness testimony: Vulnerabilities, context, and issues. In P. Radcliff, G.H. Gudjonsson, A. Heaton-Armstrong & D. Wolchover (Eds.), *Witness testimony in sexual cases* (pp. 11–24). Oxford: Oxford University Press.

Rerick, P.O., Livingston, T.N. & Davis, D. (2019). Rape and the jury. In W.T. O'Donohue & P.A. Schewe (Eds.), *Handbook of sexual assault and sexual assault prevention* (pp. 551–571). Cham: Springer.

Risan, P., Binder, P.-E. & Milne, R. (2016). Regulating and coping with distress during police interviews of traumatized victims. *Psychological Trauma: Theory, Research, Practice, and Policy, 8,* 736–744. https://doi.org/10.1037/tra0000119

Rush, E., Quas, J.A. & McAuliff, B.D. (2013). Child witnesses' experiences of distress in criminal court: Sources, consequences, and solutions. In M.K. Miller & B.H. Bornstein (Eds.), *Stress, trauma, and wellbeing in the legal system* (pp. 89–121). New York, NY: Oxford University Press.

Sas, L., Austin, G., Wolfe, D. & Hurley, P. (1991). *Reducing the system induced trauma for child sexual abuse victims through court preparation, assessment, and follow-up.* Ottawa: National Welfare Grant Division, Health and Welfare Canada.

Saywitz, K.J. & Camparo, L. (2014). *Evidence-based child forensic interviewing: The developmental narrative elaboration interview.* Oxford: Oxford University Press.

Schellong, J. & Epple, F. (2018). Traumainformierte Gesprächsführung. In J. Schellong, F. Epple & K. Weidner (Hrsg.), *Praxisbuch Psychotraumatologie* (S. 43–48). Stuttgart: Thieme.

Shieds, G.S., Sazma, M.A., McCullough, A.M. & Yonelias, A.P. (2017). The effect of acute stress on episodic memory: A meta-analysis and integrative review. *Psychological Bulletin, 143,* 636–675. https://doi.org/10.1037/bul0000100

Smith, O. & Skinner, T. (2017). How rape myths are used and challenged in rape and sexual assault trials. *Social & Legal Studies, 26,* 441–466. https://doi.org/10.1177/0964663916680130

Stahlke, I. (2017). Psychosoziale Prozessbegleitung im Strafverfahren. Qualifizierte Unterstützung und Begleitung für besonders schutzbedürftige Verletzte von schweren Gewalt- und Sexualdelikten. *Praxis der Rechtspsychologie, 27,* 55–74.

Stiller, A. & Doll, K. (2018). Der Umgang mit lernbehinderten oder geistig behinderten Kindern und Jugendlichen im Strafverfahren. Ein Literaturüberblick. *Zeitschrift für Jugendkriminalrecht und Jugendhilfe, 29,* 205–212.

Teaster, P.B., Ernst, J.S. & Brownell, P. (2020). United States issues in elder abuse. In M.K. Shankardass

(Ed.), *International handbook of elder abuse* (pp. 41–57). Singapore: Springer.

Temkin, J. & Krahé, B. (2008). *Sexual assault and the justice gap: A question of attitude.* Oxford: Hart.

Volbert, R. (2017) Belastungen für minderjährige Zeuginnen und Zeugen in Strafverfahren: Viele Reformen und keine Veränderung? In F. Fastie (Hrsg.), *Opferschutz im Strafverfahren* (S. 240–257). Opladen: Budrich. https://doi.org/10.2307/j.ctvdf0530.18

Weiss, J. A. & Fardella, M. A. (2018). Victimization and perpetration experiences of adults with autism. *Frontiers in Psychology, 9,* 203. https://doi.org/10.3389/fpsyt.2018.00203

Wiley, L. E., Patihis, L., McCuller, L. L., Davis, D. Bank, E. M., Loftus, E. et al. (2014). Misinformation effect in older versus younger adults: A meta-analysis and review. In M. P. Toglia, D. F. Ross, J. Pozzulo & E. Pica (Eds.), *The elderly eyewitness in court* (pp. 38–66). New York, NY: Psychology Press.

Wilson, L. C. & Miller, K. E. (2016). Meta-analysis of the prevalence of unknowledged rape. *Trauma, Violence & Abuse, 17,* 149–159. https://doi.org/10.1177/1524838015576391

Wurtzel, D. & Marchant, R. (2017). Intermediaries. In P. Cooper & H. Norton (Eds.), *Vulnerable people and the criminal justice system* (pp. 363–389). Oxford: Oxford University Press.

14 Strafrichterliche Urteilsbildung

Margit E. Oswald und Helen Wyler

14.1 Einleitung

Strafgerichtsurteile wurden lange Zeit v.a. in Ländern mit angloamerikanischem Rechtssystem erforscht. Nach diesem Rechtssystem wird die Schuldfrage, d.h. das Urteil darüber, ob Angeklagte nachweislich eine ihnen zur Last gelegte Straftat begangen haben, i.d.R. von einem Geschworenengericht (Jury) getroffen, das sich aus Mitgliedern der Allgemeinbevölkerung (sog. Laienrichter*innen) zusammensetzt (vgl. van Koppen, 2009). Das Forschungsinteresse galt daher v.a. der Frage, ob die Urteile der Geschworenen von nicht zulässigen Faktoren, wie bspw. Ethnie, Geschlecht oder Vorstrafen der angeklagten Person beeinflusst werden oder welche Gruppenprozesse sich bei der Beratung der Geschworenen abspielen (vgl. Levett, Danielsen, Bull Kovera & Cutler, 2005). In neuerer Zeit wurde das Interesse an Strafurteilen v.a. auch durch das in den USA angesiedelte „Innocence Project" intensiviert, das mögliche Fälle von Justizirrtümern anhand von DNA-Analysen untersucht (Drizin & Leo, 2004).

Aber auch in Ländern mit kontinentaleuropäischem Rechtssystem, in denen sowohl die Schuldfrage als auch die Strafzumessung i.d.R. von Berufsrichter*innen geurteilt wird, sind die Gerichtsurteile in den letzten zwei Jahrzehnten stärker in den Fokus der Urteilsforschung geraten. Die kaum noch überschaubare Anzahl an Studien, die sich thematisch mit systematischen Urteilsfehlern auseinandersetzt, hat auch in diesen Ländern vor der Untersuchung strafrichterlicher Entscheidungen nicht Halt gemacht.

Das vorliegende Kapitel soll einen Überblick über den aktuellen Stand der Forschung zu Schuld- und Strafzumessungsurteilen geben.

14.2 Rahmenbedingungen der strafrichterlichen Urteilsbildung

Richter*innen im kontinentaleuropäischen Rechtssystem, hier auf das deutsche Strafrecht bezogen, haben drei zentrale Aufgaben. Zunächst ist (a) die Schuld der angeklagten Person anhand der zur Verfügung stehenden Beweismittel zu beurteilen *(Schuldurteil)*. Im Falle einer positiven Entscheidung legt die Richterschaft zugleich (b) die Strafnorm hinsichtlich der Verwirklichung eines bestimmten Straftatbestands fest, die auch den Strafrahmen vorgibt *(Strafnormfestlegung)*. Innerhalb dieses Strafrahmens muss (c) die Art und Höhe der zu verhängenden Strafe bestimmt werden *(Strafzumessung)*. Natürlich gibt es darüber hinaus zahlreiche weitere wichtige Entscheidungen, bspw., ob ein Beweismittel verwertbar ist, oder ob es für notwendig erachtet wird, eine sachverständige Person beim Verfahren hinzuzuziehen (s. Kap. 16 in diesem Band).

Zusätzlich zur Strafzumessung ist auch die Klärung der Schuldfrage und die damit verbundene Strafnormfestlegung im kontinentaleuropäischen Rechtssystem also im Wesentlichen eine Sache von Berufsrichter*innen. Je nach Schwere der Tat werden in erster Instanz die Strafurteile entweder von einem bzw. einer Einzelrichter*in oder einer Gruppe aus Berufs- und Laienrichter*innen (etwa einer großen Strafkammer) getroffen. In der Berufung als zweiter Tatsacheninstanz entscheidet immer ein dreiköpfiges Richterkollegium (kleine Strafkammer; s. a. Kap. 12 in diesem Band). Auf die drei oben erwähnten Aufgaben soll im Folgenden etwas näher eingegangen werden.

Schuldurteil. Zur Beurteilung der Schuldfrage verfügen Strafrichter*innen im kontinentaleuropäischen Rechtssystem über den vollen Zugang zu den ihnen vorgelegten Akten, auch wenn darin unverwertbare Beweismittel enthalten sind, welche die Beurteilung der angeklagten Person negativ beeinflussen könnten, wie z. B. erzwungene Geständnisse. Lediglich von Beweismitteln, die mangels Verwertbarkeit gar nicht in die Akten aufgenommen wurden, weiß das Gericht nichts. Im angloamerikanischen Rechtssystem hingegen erhalten die Geschworenen keine potenziell urteilsverzerrenden Informationen, wie z. B. zu Vorstrafen, oder sie werden mit dem Hinweis versehen, dass es sich um unzulässige („inadmissible") Informationen handelt, die nicht berücksichtigt werden dürfen (vgl. Oswald, 2009).

Strafnormfestlegung. Mit der Beantwortung der Frage, welcher Straftatbestand genau verwirklicht wurde (Strafnormfestlegung), geht auch die Prüfung einher, ob ein Sonderstrafrahmen in Betracht kommt. Dabei kann es sich um einen besonders schweren oder aber um einen minder schweren Fall handeln, sofern das Gesetz solche Strafrahmenveränderungen überhaupt vorsieht. Ist z. B. eine nicht ganz wertlose Sache aus einem abgeschlossenen Kfz gestohlen worden, so liegt i. d. R. kein einfacher Diebstahl (§ 242 StGB), sondern ein besonders schwerer Fall eines Diebstahls vor (§ 243 StGB). Gibt es hingegen Milderungsgründe, wie z. B. erheblich verminderte Schuldfähigkeit, so kann der Regelstrafrahmen eines Delikts entsprechend gemildert werden.

Deutlich abzuheben von den besonders schweren Fällen sind eigenständige Qualifikationstatbestände. Hierbei handelt es sich zwar ebenfalls um erschwerte Formen der Tatbegehung, deren Merkmale wurden vom Gesetzgeber jedoch abschließend und verbindlich zu einer eigenständigen Strafnorm mit angehobener Strafdrohung ausgestaltet. Betrachten wir bspw. Straftaten gegen die körperliche Unversehrtheit nach StGB (2019), so beträgt der Strafrahmen für das Grunddelikt Körperverletzung (§ 223) maximal 5 Jahre Freiheitsstrafe oder eine Geldstrafe. Ein Qualifikationstatbestand dieses Grunddelikts wäre z. B. die Verstümmelung weiblicher Genitalien (§ 226a, Abs. 1), mit einem Strafrahmen von 1 bis 15 Jahren Freiheitsstrafe. Bei solchen Qualifikationstatbeständen sind dann wiederum minder und/oder besonders schwere Fälle möglich.

Diese Ausführungen machen deutlich, welche vielstufigen und wichtigen Entscheidungsprozesse dem eigentlichen Strafzumessungsurteil vorgelagert sind. Bei der Strafnormfestlegung auftretende (echte oder vermeintliche) Fehler sind häufig Anlass für die Beteiligten (Staatsanwaltschaft oder Verteidigung), ein Rechtsmittel einzulegen.[27]

Strafzumessung. Die obere und untere Grenze des Strafrahmens soll jeweils die denkbar leichtesten und die denkbar schwersten Konstellationen einer Deliktsform abdecken. Das Gericht muss nun den konkreten Fall innerhalb dieses Spektrums einordnen. Wird eine Straftat als schwere Körperverletzung (§ 224, Abs. 1) festgelegt, so muss die Strafe zwischen 1 und 10 Jahren Freiheitsstrafe liegen. Wie die Strafzumessung konkret erfolgen soll, ist im wahrsten Sinne des Wortes ein weites Feld. Das Gericht muss alle strafzumessungsrelevanten Umstände des Falls erfassen und dann eine Gesamtabwägung dieser Umstände vornehmen, die primär die Schuldhöhe und ergänzend die Prävention zukünftiger Straftaten betreffen, und sie in eine

27 Schriftliche Mitteilung vom 04.01.2021 von Prof. R. Kölbel, Professor für Strafrecht und Kriminologie an der LMU München.

bestimmte Strafhöhe umsetzen. In § 46 StGB wird unsystematisch und nicht abschließend eine Reihe solcher Umstände genannt, wie bspw. die Beweggründe und Ziele des Täters, die Gesinnung, die aus der Tat spricht, und der bei der Tat aufgewendete Wille, das Vorleben des Täters oder sein Verhalten nach der Tat. Für die relative Gewichtung der einzelnen Umstände sowie die geforderte Gesamtabwägung bestehen jedoch keine Regeln.

Auch wenn Richter*innen dieselbe Strafnorm festgelegt haben, kann es bei der Strafzumessung gleichwohl zu bedeutsamen Unterschieden kommen. Aber erst wenn es bei identischen oder zumindest weitgehend *vergleichbaren Straftaten* zu abweichenden Sanktionen kommt, kann von einer richterspezifischen Disparität der Strafzumessung gesprochen werden (vgl. Oswald, 1994). Auch wenn Vorsicht bei der Disparitätsbeurteilung realer Strafzumessungsurteile geboten ist, da sich die Fälle hinsichtlich strafzumessungsrelevanter Merkmale, wie bspw. die Vorstrafenbelastung, systematisch unterscheiden können (Pruitt & Wilson, 1983), belegen Studien mit sog. *Fallvignetten,* dass Disparitäten bestehen (de Keijser & Elffers, 2009; McFatter, 1978). Dies sind Studien, in denen die Befragten identische Schilderungen von meist echten Strafrechtsfällen zur Beurteilung erhalten, jedoch zusätzlich bestimmte Tat- oder Tätermerkmale systematisch variiert werden, um deren Einfluss auf die Strafzumessung zu erfassen (vgl. Wistrich, Rachlinski & Guthrie, 2015). Solche Vignettenstudien haben den Nachteil, dass hier weder die vollen Informationen der Gerichtsakten noch der Kontext der Gerichtsverhandlung gegeben sind und somit mangelnde ökologische Validität beklagt werden kann. Kommt es allerdings darauf an, Disparitäten bei der Strafzumessung innerhalb des vorgegebenen Strafrahmens möglichst genau zu erfassen, können Vignettenstudien wertvolle Erkenntnisse liefern. Sie erfassen allerdings nicht, ob sich Personen möglicherweise bereits bei der Strafnormfestlegung unterscheiden.

14.3 Sind Berufsrichter*innen weniger durch extra-legale Faktoren beeinflussbar als Personen der Normalbevölkerung?

Politische Einstellungen, Vorurteile oder emotionale Reaktionen gegenüber den Prozessbeteiligten, wie Sympathie oder Antipathie, sollten bei Gericht keine Rolle spielen. Politisch oder durch Interessenskonflikte bedingte Vorurteile werden nach Vidmar (2002) auch als *extra-legal* bezeichnet, da sie Prozessbeteiligte auf systematische Weise benachteiligen können, was einem Verstoß gegen die Wahrheitsfindung und die Fairness-Prinzipien des Strafrechts gleichkäme.

Während man bei Berufsrichter*innen sehr lange davon ausging, dass sie von ihren Emotionen und möglichen Vorurteilen gegenüber den Prozessbeteiligten abstrahieren, bzw. diese bei ihren Entscheidungen zur Seite stellen können (vgl. Wistrich et al., 2015; Pantazi, Klein & Kissine, 2020), gab es größte Bedenken, dass dies bei Geschworenen nicht der Fall ist. Tatsächlich konnten zahlreiche Studien den Einfluss bestätigen, den bspw. die Vorstrafen (Lloyd-Bostock, 2000), die Ethnie (ForsterLee, ForsterLee, Horowitz & King, 2006; Sommers & Ellsworth, 2001), die Attraktivität (Mazzella & Feingold, 1994; Sigall & Ostrove, 1975) oder der sozioökonomische Status (Hagan & Parker, 1985) von Prozessbeteiligten auf das Schuldurteil von Geschworenen oder Personen der Normalbevölkerung (in der Rolle eines Jurymitglieds) haben. Zu den ebenfalls v.a. an der Normalbevölkerung untersuchten Merkmalen gehören auch deren Strafzielpräferenz (McFatter, 1978, 1982) sowie ihre politische Einstellung (McKee & Feather, 2008). Während die unterschiedlichen Präferenzen für einzelne Strafziele, wie Resozialisierung, Abschreckung oder Normfestigung in der Bevölkerung, das Strafbedürfnis nicht wesentlich zu beeinflussen scheinen (vgl. Oswald, Orth & Hupfeld, 2003), kann v.a. die konservativ-liberale Einstellungsdimension relativ viel Varianz sowohl der zugeschriebenen Schuldhöhe als auch des Strafbedürfnisses aufklären (Carroll, Perkowitz, Lurigio & Weaver, 1987; McKee & Feather, 2008; Tetlock et al., 2007).

Studien, die mögliche Einflüsse von Einstellungen, Emotionen oder Vorurteilen auch bei Berufsrichter*innen untersucht haben, sind hingegen bis heute ausgesprochen spärlich und zeigen zudem kein einheitliches Bild. Nach Zenker, Dahlman, Bååth und Sarwar (2018) ließen sich Richter*innen bei der Beurteilung der Zuverlässigkeit von Zeug*innen weniger durch deren Vorstrafen beeinflussen als Lai*innen. Wessel, Drevland, Eilertsen und Magnussen (2006) konnten zeigen, dass Richter*innen gegenüber Lai*innen in ihrem Strafmaß nicht durch die Emotionalisierung der Opferdarstellung beeinflusst waren. Wistrich, Rachlinski und Guthrie (2015) konnten hingegen in zahlreichen Vignettenstudien belegen, dass sich Richter*innen von negativen Emotionen gegenüber der angeklagten Person in ihrer Strafe leiten ließen (vgl. auch Bergius, Ernberg, Dahlman & Sarwar, 2020; Danziger, Levav & Avnaim-Pesso, 2011), und Lidén, Gräns und Juslin (2019) stellten fest, dass eine vorausgegangene U-Haft die spätere Beurteilung der Indizien und auch das Schuldurteil von sowohl Berufsrichter*innen als auch Lai*innen negativ beeinflusste. Pantazi, Klein und Kissine (2020) belegten in einer interessanten Studie, dass nicht nur Lai*innen, sondern auch Berufsrichter*innen durch *nachweislich falsche* belastende oder entlastende Indizien in ihrem Urteil und ihrer Erinnerung beeinflussbar sind, also die Tendenz haben, sich auf die Indizien unabhängig von Informationen zu ihrem Wahrheitsgehalt oder zu ihrer Zuverlässigkeit zu verlassen (*Wahrheits-Bias*). Auf den Vergleich zwischen Berufsrichter*innen und Lai*innen kommen wir im Abschnitt 14.4 noch einmal zurück.

Generell ist jedoch einschränkend zu sagen, dass es sich sehr oft als schwierig herausstellt, den *kausalen* Einfluss möglicher Vorurteile in der Gerichtspraxis nachzuweisen (für einen Überblick s. Mitchell, 2019). So kann der Einfluss sehr subtil sein: Blair, Judd und Chapleau (2004) haben die Tatschwere, die Vorstrafen und anhand von Fotos auch die *physiognomischen Merkmale von Strafgefangenen* untersucht. Danach wurden Afroamerikaner nicht generell härter bestraft als weiße Amerikaner, sondern in beiden Gruppen diejenigen Strafgefangenen, die ausgeprägtere afrozentrische Gesichtsmerkmale aufwiesen. Auch Rachlinski, Johnson, Wistrich und Guthrie (2009) konnten nur implizite Einflüsse von Rassenmerkmalen nachweisen. Der Nachweis von Vorurteilen kann zudem speziell bei Felduntersuchungen mit methodischen Fallstricken verbunden sein, da nur selten alle potenziell konfundierenden Variablen kontrolliert werden können. Wird z. B. die Vorstrafenbelastung der Verurteilten nicht kontrolliert, so kann der Zusammenhang zwischen ethnischer Zugehörigkeit und Strafhöhe deutlich überschätzt werden (vgl. Pruitt & Wilson, 1983). Zudem liegen oft keine klaren Haupteffekte der Variablen vor, sondern komplexere Interaktionen (für einen Überblick s. Englich, 2009; Sporer & Goodman-Delahunty, 2009). Sigall und Ostrove (1975) konnten feststellen, dass ein strafmildernder Effekt der Attraktivität nur besteht, wenn die Angeklagten ihre Attraktivität nicht instrumentell bei der Tatbegehung (z. B. bei einem Betrugsdelikt) eingesetzt hatten, und nach Rodriguez, Curry und Lee (2006) variiert der Effekt, den das Geschlecht der Angeklagten auf die Strafhärte hat, auf komplizierte Weise mit dem Deliktstyp.

14.4 Heuristiken der Urteilsbildung

Als Meilenstein der Erforschung von Urteilsfehlern ist der 1974 erschienene Aufsatz von Tversky und Kahneman zu sehen. Die Autoren zeigen, dass Menschen beim Denken einfache Faustregeln, sog. *Heuristiken*, verwenden. Diese führen zwar nicht zwangsläufig, aber doch gelegentlich zu Fehlern oder Verzerrungen (Biases) und können u. a. auch erklären, warum es

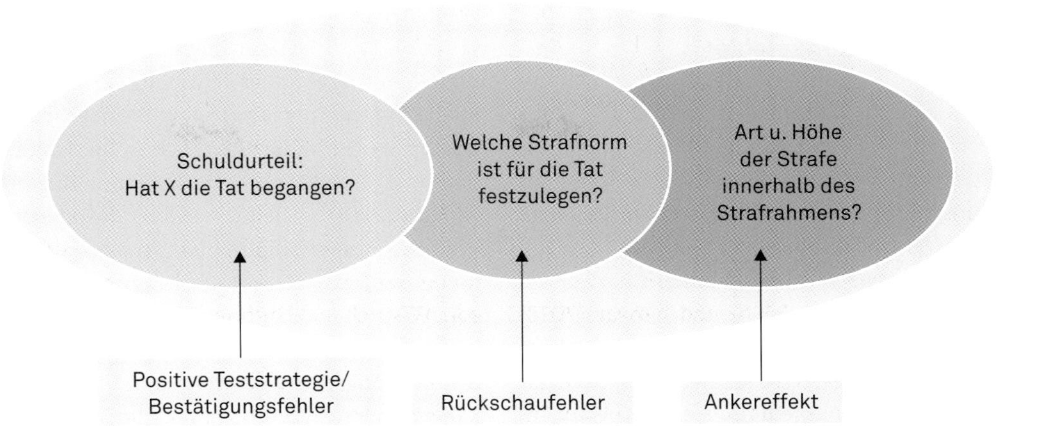

Abbildung 14-1: Zuordnung drei wichtiger Heuristiken und Urteilsfehler zu verschiedenen Phasen des strafrichterlichen Urteilens.

zu dem oft unbewusst erfolgenden Einfluss oben erwähnter Emotionen und Vorurteile kommen kann.

Ein Beispiel einer im rechtlichen Kontext relevanten Heuristik ist die *Repräsentativitätsheuristik,* welche in knappen Worten besagt, dass sich Richter*innen bei ihrem Urteil, ob ein Ereignis (z.B. Vater badet mit seinem kleinen Kind) für die Begehung einer bestimmten Straftat (z.B. sexueller Missbrauch) diagnostisch relevant ist, von *Ähnlichkeiten* leiten lassen und dabei die Basisrate des Ereignisses (z.B. Häufigkeit, mit der Väter gemeinsam mit ihren kleinen Kindern baden) vernachlässigen. Sobald aber die Basisrate des Ereignisses relativ hoch ist, es baden z.B. viele Väter gemeinsam mit ihren Kindern, so wird es darunter zwangsläufig auch viele Väter geben, die unschuldig sind, sodass dem konkreten Ereignis wenig Bedeutung zukommt (vgl. Guthrie, Rachlinski & Wistrich, 2001). Bei Ähnlichkeitsassoziationen *(Baden mit dem Kind und sexueller Missbrauch)* kann es durch die Vernachlässigung der Basisrate also zu einer systematischen Überschätzung der diagnostischen Relevanz des konkreten Ereignisses kommen.

In der Folgezeit vervielfachte sich die Anzahl aufgedeckter Urteilsheuristiken (vgl. Tversky & Kahneman, 1982; Oswald & Wyler, 2018). Und obwohl viele der erforschten Heuristiken für eine kritische Urteilsanalyse im Rahmen der Strafverfolgung relevant sein dürften (vgl. Guthrie et al., 2001; Schweizer, 2005), sind unseres Erachtens drei von ihnen von besonderem Interesse: die Positive Teststrategie, bzw. der Bestätigungsfehler, der Rückschaufehler und der Ankereffekt.

Diese Urteilsfehler sind in verschiedenen Phasen des Urteilens prominent vertreten, auch wenn sie nicht ausschließlich dort auftreten. Der Positiven Teststrategie bzw. dem Bestätigungsfehler kommt v.a. bei der Entscheidung eine besondere Rolle zu, ob die vorliegenden Beweismittel für ein Schuldurteil hinreichend sind oder nicht. Der Rückschaufehler spielt insbesondere bei der Strafnormfestlegung eine Rolle und der Ankereffekt beim Urteil über die Strafhöhe (s. **Abb. 14-1**). Die genannten Urteilsfehler können jeweils hinreichend für erfolgreiche Berufungen oder Wiederaufnahmeverfahren sein. Des Weiteren handelt es sich bei ihnen um besonders robuste Urteilsfehler, die in verschiedenen Kontexten und verschiedenen Personengruppen nachgewiesen werden konnten. Und schließlich gibt es zu ihnen auch Untersuchungen an Strafrichter*innen.

14.4.1 Positive Teststrategie und Bestätigungsfehler

Obwohl viele Autor*innen die Positive Teststrategie und den Bestätigungsfehler quasi als Synonyme verwenden, bestehen doch bedeutsame Unterschiede zwischen ihnen (Klayman & Ha, 1987).

Die *Positive Teststrategie* bezeichnet ein nur schwer vermeidbares Such- und Frageverhalten von Personen. Wann immer eine Annahme zu überprüfen ist, fragen/suchen Personen auf eine ganz bestimmte Weise nach Information. Möchten sie bspw. wissen, ob eine andere Person extravertiert ist, so fragen sie typischerweise „Sind Sie gerne unter Menschen?" oder „Gefällt es Ihnen, eine Party in Schwung zu bringen?" (vgl. Snyder & Swann, 1978). Natürlich könnte man auch fragen, ob die Person gerne allein ist oder ob sie gerne Bücher liest, aber diese Art von Fragen werden eher nicht gewählt. Eine Positive Teststrategie liegt also vor, *wenn Personen nach denjenigen kritischen Ereignissen fragen/suchen,* die sie gem. ihrer Annahme erwarten (vgl. Klayman & Ha, 1987, S. 212). Dieses Frageverhalten zeigt sich bereits dann, wenn Personen lediglich die Aufgabe erhalten, eine beliebige Annahme zu überprüfen, und somit kein persönliches Interesse an einer Bestätigung der Annahme besteht.

Mit der Anwendung einer Positiven Teststrategie ist *noch keine Suche nach einer Bestätigung* der Annahme verbunden. Bis auf sehr spezielle Ausnahmen (vgl. Wason, 1960) erlaubt sie es nämlich, dass ein kritisches Ereignis *nicht* auftritt, die Annahme also falsifiziert wird, und dass die Person dies auch zur Kenntnis nimmt (vgl. Devine, Hirt & Gehrke, 1990; Oswald & Grosjean, 2004; Trope & Bassok, 1982). So kann die befragte Person beim erwähnten Beispiel antworten, dass sie *nicht* gerne auf Partys geht, geschweige denn Gefallen daran findet, eine solche in Schwung zu bringen. Dadurch grenzt sich die Positive Teststrategie entscheidend vom Bestätigungsfehler ab. Die Positive Teststrategie ist ein Prüfverhalten, das im Allgemeinen den *Suchraum auf eine sinnvolle Weise einschränkt.*[28] Bei der Einvernahme von Beschuldigten ist es natürlich wichtig, so lange als möglich *offene* Fragen zu stellen, welche die Befragten weder in die eine noch in die andere Richtung einschränken (Vrij, Mann, Kristen & Fisher, 2007). Geht es jedoch darum, die Wahrheit herauszufinden, so wird man nicht darum herumkommen, auch spezifische Fragen i.S. der Positiven Teststrategie zu stellen.

Ein von der Positiven Teststrategie prinzipiell unabhängiges Problem besteht darin, dass Personen zur Erklärung eines Ereignisses oft nur *eine Annahme fokussieren* und nicht auch nach Alternativerklärungen suchen oder aber diese ausblenden. Die Fokussierung einer einzelnen Annahme hat zur Folge, dass (a) einseitig, also nicht aus verschiedenen Blickwinkeln heraus spezifische Fragen i.S. der Positiven Teststrategie gestellt werden, sodass es bei einer Bejahungstendenz der Befragten zu einer Urteilsverzerrung kommen kann (Zuckerman, Knee, Hodgins & Miyake, 1995) und es (b) schnell zu einer Überschätzung bestätigender Ereignisse kommt, speziell dann, wenn diese diagnostisch ambivalent sind (vgl. Kruglanski & Mayseless, 1988). Die Fokussierung auf nur eine Annahme führt uns daher unmittelbar zum Bestätigungsfehler.

Ein *Bestätigungsfehler* liegt vor, wenn *Personen auf systematische Weise versuchen, ihre Annahme/Erwartung* (unabhängig vom Wahrheitsgehalt) *beizubehalten.* Die bestätigenden Ereignisse werden in ihrer Bedeutung dabei überschätzt und hypothesenkonträre Informationen vermieden, ignoriert oder uminterpretiert (Koriat, Lichtenstein & Fischhoff, 1980). Vor allem das

28 Nach etwas zu suchen oder zu fragen, was man *nicht* erwartet (Negative Teststrategie), würde einen unbegrenzten Suchraum eröffnen und die Suche willkürlich gestalten, *es sei denn,* man hätte eine alternative Idee oder Annahme und sucht bzw. fragt (auch) gemäß dieser Alternative. In diesem Fall würde man aber wiederum eine Positive Teststrategie anwenden.

immunisierende Vorgehen, das mit einer mangelnden Kenntnisnahme hypothesenkonträrer Informationen verbunden ist, scheint durch eine Verteidigung der eigenen Annahme motiviert zu sein, z. B. weil ihre Widerlegung schmerzlich wäre. Insgesamt dürfte der Bestätigungsfehler daher umso ausgeprägter sein, je mehr die Person (a) von ihrer anfangs bestehenden Annahme/Erwartung überzeugt und (b) je höher ein Erfolgs- und/oder Zeitdruck mit der Bestätigung der betreffenden Annahme verbunden ist (Trope & Liberman, 1996). Wahrscheinlich ist der Bestätigungsfehler nicht nur das Resultat einer einzelnen Heuristik, sondern mit dem Einsatz eines ganzen Bündels von Heuristiken verbunden (Oswald & Wyler, 2018).

Ist der Bestätigungsfehler eine Gefahr für ein faires Schuldurteil? Grundsätzlich ist zu sagen, dass die Situation bei Gericht eine gewisse suggestive Potenz für einen Bestätigungsfehler aufweist. Die Person ist ja nicht umsonst angeklagt und die*der Richter*in kennt das Ergebnis der Vorprüfung im Ermittlungs- und Zwischenverfahren. Daher scheint es vielleicht „verführerisch" zu sein, vorschnell von ihrer Schuld auszugehen (Rassin, 2017; Volbert, 2013). Dies insbesondere dann, wenn auch der erste, oft im Bruchteil einer Sekunde gebildete Eindruck von der angeklagten Person negativ ist und keine Alternativerklärungen für die Straftat auf der Hand liegen. Zudem bestehen für Richter*innen nicht selten Zeit- und Erfolgsdruck und bei manchen Strafsachen auch ein medialer Druck, den Fall auf bestimmte Weise abzuschließen.

In zahlreichen psychologischen Studien konnte belegt werden, dass eine *Schulderwartung*, die man im ersten Teil der jeweiligen Studie bei einer Gruppe der Probanden manipuliert hatte, den Urteilsprozess auf verschiedene Weise zu beeinflussen vermag:

1) Wird die Schulderwartung durch das Aussehen der angeklagten Person verstärkt, indem z. B. das Foto einer nicht vertrauenswürdigen Person gezeigt wird, so reicht dies bereits aus, dass die Probanden *schneller zu einem vorläufigen Schuldurteil* kommen bzw. für das Schuldurteil eine geringere Anzahl an belastenden Hinweisen benötigen als diejenigen, bei denen das Foto eine vertrauenswürdig aussehende Person zeigt (Porter, ten Brinke & Gustaw, 2010).
2) Wenn von der angeklagten Person ein Geständnis vorliegt, so scheint dies nicht nur die Schulderwartung massiv zu fördern, sondern auch die *Beurteilung des gesamten Beweismaterials zu beeinträchtigen* (vgl. Kassin, Dror & Kukucka, 2013; Greenspan & Scurich, 2016; Ask & Granhag, 2005).
3) Eine Schulderwartung kann sich auch negativ auf die *Prüfgenauigkeit* bei einer forensischen Untersuchung auswirken, wie z. B. auf die Fehlerhäufigkeit bei der Beurteilung von Fingerabdrücken (Dror, Charlton & Péron, 2006; Smalarz, Madon, Yang, Guyll & Buck, 2016), was i. d. R. mit Folgen für das Strafurteil verbunden ist.
4) Schließlich konnte gezeigt werden, dass bei höherer Schulderwartung die verdächtigte Person auch *konfrontativer befragt* wird (Narchet, Meissner & Russano, 2011).

Alle oben genannten Studien wurden allerdings mehrheitlich an Studierenden, selten auch an Personen der Normalbevölkerung (vgl. Greenspan & Scurich, 2016) durchgeführt. Ausnahmen stellen zwei neuere Studien dar. Tersago, Vanderhallen, Rozie und McIntyre (2020) führten neben einer umfangreichen Analyse von 100 Fallakten über Einbruchsdelikte ein halbstrukturiertes Interview mit 10 Strafrichter*innen durch. Die Ergebnisse scheinen ein bestätigendes Vorgehen zu belegen, das vorrangig von der Anklageschrift und dem Geständnis der Angeklagten ausgeht (s. Abschnitt 14.5). Rassin (2020) untersuchte 105 niederländische Richter*innen und konnte zeigen, dass in Abhängigkeit von einer Schuld- oder Unschuldsvermutung eine gewisse Tendenz bestand, mehr nach Informationen zu suchen, die im Fall einer „Bejahung" die Anfangshypothese bestätigen würden. Insoweit scheinen auch Richter*innen die Tendenz zu haben, zumindest eine Positive Teststrategie bei ihrer Informationssuche anzuwenden.

14.4.2 Rückschaufehler

Neigen Personen möglicherweise dazu, im Nachhinein ein Ereignis als vorhersehbarer einzuschätzen als im Vorhinein? Diese Frage ist klar zu bejahen. Fischhoff (1982) konnte erstmals zeigen, dass Personen ihre Fähigkeit überschätzen, ein eingetretenes Ereignis vorhersehen zu können, und dass sie glauben, auch andere sollten das Ereignis besser vorhersehen können, als es tatsächlich möglich war. Er nannte diesen Urteilsfehler „hindsight bias" (*Rückschaufehler*).

Für Gerichtsentscheidungen ist der Rückschaufehler besonders relevant, da i. d. R. geurteilt wird, *nachdem* ein Ereignis X eingetreten ist, jedoch die ex ante gegebene Vorhersehbarkeit von X aufgrund gegebener Umstände beurteilt werden soll – unabhängig vom Ausgang der Handlung. Über die Fahrlässigkeit wird sowohl im Zivil- wie im Strafrecht geurteilt (vgl. z. B. Giroux, Coburn, Harley, Connolly & Bernstein, 2016), auch wenn ein unterschiedlicher Fahrlässigkeitsbegriff zugrunde liegt. Während im Strafrecht v. a. die subjektive Fahrlässigkeit betrachtet wird (z. B. konnte der Wagenlenker eines bewaffneten Banküberfalls zum Zeitpunkt der Tat wissen/vorhersehen, dass eine Person dabei sterben wird?), stellt das Zivilrecht auf die objektive Fahrlässigkeit ab (z. B. konnte ein Durchschnittsbürger anstelle des „Täters/Mittäters" vorhersehen, dass bei einem bewaffneten Banküberfall eine Person sterben wird?).

Der Rückschaufehler ist einer der robustesten Urteilsfehler. Ausnahmen konnten nur dann nachgewiesen werden, wenn die Resultate einer Handlung extrem überraschend auftraten, also in keiner Weise damit gerechnet werden konnte (vgl. Müller & Stahlberg, 2007; Pezzo, 2003). Der Fehler ist dabei umso deutlicher ausgeprägt, je schwerwiegender der Ausgang der betreffenden Handlung ist, diese also z. B. zu schweren Opferschäden geführt hat. Dass der Rückschaufehler mit der Schadenshöhe der Handlung zunimmt, könnte mit einer weiteren Urteilsverzerrung, dem „outcome bias", zusammenhängen (vgl. Gino, Moore & Bazerman, 2009; Kneer & Bourgeois-Gironde, 2017). Hiernach wird der handelnden Person bei einem negativen (im Vergleich zu einem positiven) Handlungsausgang selbst dann mehr Inkompetenz und moralische Verwerflichkeit zugeschrieben, wenn der jeweilige Ausgang der Handlung rein zufällig geschah. Auf diesen Bias kommen wir später nochmals zurück.

Betrachten wir zunächst die Frage, ob nur die Normalbevölkerung in ihren Urteilen einen Rückschaufehler aufweist oder ob er auch für Richter*innen nachgewiesen werden konnte. Während Guthrie et al. (2001) einen deutlichen Rückschaufehler nachweisen konnten, konnte in einer zweiten Studie derselben Forschungsgruppe kein Effekt des Rückschaufehlers mehr gefunden werden (Rachlinski, Guthrie & Wistrich, 2011). In einer neueren Studie mit einem ähnlichen Design wie in der von Rachlinski et al. (2011) konnte allerdings erneut ein recht deutlicher Rückschaufehler aufgezeigt werden. Oeberst und Goeckenjan (2016) legten insgesamt 84 deutschen Richter*innen einen Fall zur Überprüfung der Fahrlässigkeit vor. Einem Verurteilten, der sich in einer geschlossenen psychiatrischen Anstalt befand, wurde Freigang gewährt. Während in einer Bedingung keine Angaben über den Ausgang des Freigangs mitgeteilt wurden, erhielten die Teilnehmenden der anderen Bedingung die Information, dass der Verurteilte floh und es zu weiteren Straftaten kam, bei denen u. a. eine 80-jährige Frau starb. Ohne Angaben zum Ausgang beurteilten 12,2 % der Teilnehmenden die Entscheidung als fahrlässig, mit Angaben hingegen schätzten 30,2 % der Teilnehmenden die Entscheidung als fahrlässig ein.

Bei Fahrlässigkeitsurteilen mit hohem Schadensausgang scheint der Rückschaufehler ein ernst zu nehmendes Problem für das Zivil- wie auch das Strafrecht zu sein. Die Katastrophe bei der Duisburger Loveparade im Juli 2010 ist einer dieser brisanten Fälle.[29] Natürlich ist es verständlich, wenn Betroffene und auch die Öffentlichkeit gerichtlich geklärt haben möchten, ob ein eingetretener hoher Schaden unvermeidbar gewesen ist oder aber durch Fahrlässigkeit zustande kam. Gefährlich ist jedoch, dass bei der Fahrlässigkeitsentscheidung sowohl der Rückschaufehler als auch der bereits erwähnte „outcome bias" einen Einfluss auf das Urteil nehmen können, und dies umso mehr, je höher der entstandene Schaden ist. Während es sich beim Rückschaufehler um einen Erinnerungsfehler handelt, bei dem sich die Person darüber täuscht, was sie geglaubt hat, bevor sie den Ausgang der Handlung kannte (Fischhoff, 1975), ist in Abgrenzung dazu der „outcome bias" nicht auf einen Erinnerungsfehler zurückzuführen. Hier werden je nach Handlungsausgang, auch wenn dieser zufällig oder aufgrund unvorhersehbarer Umstände zustande kam, die handelnden Personen selbst in einem anderen (moralischen) Licht gesehen (vgl. Gino, Moore & Bazerman, 2009).

14.4.3 Ankereffekt

Nach Tversky und Kahneman (1974, S. 1128) handelt es sich beim Ankereffekt um eine Assimilation/Verzerrung einer Größenschätzung hinsichtlich eines zuvor betrachteten Anfangswerts bzw. Ankers.

Für Strafrichter*innen stellt sich in diesem Zusammenhang die interessante Frage, ob die Höhe ihrer Strafzumessung möglicherweise auch durch externe, eventuell sogar ganz zufällig vorliegende Vorgaben beeinflusst werden kann. Natürlich gibt es die Strafanträge der Staatsanwaltschaft und auch die der Strafverteidigung, aber hier wäre ein möglicher Einfluss auf das richterliche Urteil nicht unbedingt willkürlich, da die Strafanträge i.d.R. informativ und aus der Sicht des jeweiligen Antragstellenden mehr oder weniger gut begründet sind.

Empirische Befunde zum Ankereffekt zeigen jedoch, dass auch vollkommen irrelevante Urteilsanker einen Einfluss auf die Größenschätzung ausüben (Mussweiler & Strack, 2001). In diesem Sinne postulierten Englich, Mussweiler und Strack (2006), dass die Strafzumessung der Richterschaft selbst dann beeinflusst werden kann, wenn ein Strafantrag zufällig generiert wurde. In den insgesamt drei Vignettenstudien erhielten die teilnehmenden Richter*innen und/oder Staatsanwält*innen zunächst die Beschreibung einer Straftat (z. B. ein Ladendiebstahlsdelikt). Nach dem Zufallsprinzip erhielten sie dann entweder einen hohen (9 Monate unbedingte Freiheitsstrafe) oder niedrigen (3 Monate bedingte Freiheitsstrafe) Urteilsanker. Im ersten Experiment wurden die Teilnehmenden beider Gruppen (N = 42) informiert, dass das Strafmaß durch *Presseschaffende* festgelegt worden sei, und im zweiten Experiment (N = 39), dass die Staatsanwaltschaft das jeweilige Strafmaß zum Zweck der Untersuchung *rein zufällig ausgewählt* habe. Im dritten Experiment schließlich konnten die 52 Teilnehmenden das jeweilige Strafmaß selbst durch das *Würfeln zweier Würfel* festlegen, wobei diese so manipuliert waren, dass jeweils ein Total von 3 oder 9 gewürfelt wurde. In allen drei Experimenten konnte ein klarer Ankereffekt nachgewiesen werden. Beim Ladendiebstahl lag die abgegebene Strafzumessung bei einem hohen Anker im Durchschnitt drei Monate höher als beim niedrigen Anker.

29 Es starben 21 Menschen und mehr als 650 wurden verletzt. Während der Chef der städtischen Sicherheitsabteilung noch einen Tag vor der Katastrophe versicherte, dass die Stadt sehr gut vorbereitet sei, wurde nach Eintreten der Katastrophe den Sicherheitsbeamten in einem Gutachten Fahrlässigkeit attestiert. Auf Druck der Öffentlichkeit (350.000 Online-Unterschriften), der Beschwerde der Staatsanwaltschaft und der Nebenkläger*innen musste das Landgericht Duisburg schließlich 2017 – nach einem anfänglichen Nichteröffnungsbeschluss – ein Strafverfahren gegen zehn Personen eröffnen (Deutsche Presseagentur, 2017). Im Mai 2020 wurde das Verfahren dann auch gegen die zuletzt verbliebenen drei Angeklagten mit der Begründung ihrer geringen Schuld eingestellt.

Bis vor einiger Zeit ging die Forschung davon aus, dass über die verschiedenen Urteilsbereiche hinweg irrelevante Anker einen vergleichbar großen Verzerrungseffekt ausüben wie relevante Anker (vgl. Mussweiler & Strack, 2001; Englich et al., 2006). In einer neueren Studie von Glöckner und Englich (2015), in der der Einfluss relevanter und irrelevanter Anker direkt miteinander verglichen wurde, konnte jedoch gezeigt werden, dass v. a. bei einem hohen Ankerwert die Strafzumessung deutlich stärker durch relevante als durch irrelevante Anker beeinflusst wird (vgl. auch die Metaanalyse von Bystranowski, Janik, Próchnicki & Skórska, 2021).

Abschließend möchten wir noch auf eine interessante französische Feldstudie von Geyres, Hilton und Py (2013) hinweisen. Die Gruppe untersuchte 184 rechtskräftige Strafzumessungsurteile, die in dem Zeitraum von 2005 bis 2007 von insgesamt 12 Richter*innen mit unterschiedlicher Berufserfahrung an vier verschiedenen Gerichten in der Gegend um Paris und in Lyon gefällt worden waren. Es handelte sich dabei ausschließlich um Straftaten gegen die öffentliche Ordnung mit einer Höchststrafe von 12 Monaten Freiheitsstrafe durch Ersttäter*innen. Alle Richter*innen hatten zu Beginn der Untersuchung kaum mit Straftaten gegen die öffentliche Ordnung zu tun gehabt. Der im Jahr 2005 festzustellende recht massive Ankereffekt (64 % der Urteile waren identisch mit dem Strafantrag der Staatsanwaltschaft) nahm im Laufe der Untersuchungszeit ab (2007 waren es noch 43 %). Ferner glichen sich die Richter*innen innerhalb des Untersuchungszeitraums recht stark in ihren Strafzumessungsurteilen an, während die Strafanträge der Staatsanwaltschaft *keine* Veränderung in der Streubreite aufwiesen. Dabei zeigte sich, dass die Richter*innen umso mehr in ihrem Urteil von den Strafanträgen der Staatsanwaltschaft abwichen, je extremer diese waren. Zudem wurden extreme Strafanträge v. a. dann mehr ausgeglichen, wenn es sich um berufserfahrenere Richter*innen handelte. Zwei Faktoren verhinderten also den Einfluss des Ankereffekts: ihre Berufserfahrung und eine im Laufe der Untersuchungsjahre entstandene gerichtsinterne Strafnorm für das fragliche Delikt.

Zusammenfassend ist aufgrund der bisherigen Befunde zu vermuten, dass externe Urteilsanker das richterliche Strafzumessungsurteil selbst dann zu einem gewissen Grad beeinflussen können, wenn es sich um irrelevante Anker handelt. Dies könnten bspw. Strafforderungen durch die Medien/die Öffentlichkeit sein, oder die Höhe der Strafzumessung von gerade vorausgegangenen Strafurteilen. Der Ankereffekt könnte dabei stärker sein, wenn Richter*innen insgesamt oder deliktsbezogen noch über wenig Erfahrung verfügen (vgl. auch Chang, Chen & Lin, 2017). Des Weiteren kann vermutet werden, dass Zeitdruck und eine fehlende oder wenig engagierte Strafverteidigung den Ankereffekt ebenfalls verstärken.

14.5 Modelle der richterlichen Urteilsbildung

Sowohl beim Schuld- als auch beim Strafzumessungsurteil geht es v. a. darum, die be- und entlastenden Informationen anhand der vorliegenden Akten und der Aussagen der Prozessbeteiligten vor Gericht zu erkennen, zu gewichten und zu einem Gesamturteil zu integrieren. Im vorangegangenen Abschnitt wurde gezeigt, dass heuristische Prozesse die Gewichtung und die Wahrscheinlichkeitsbeurteilung dieser Informationen beeinflussen können. So kann ein Urteilsanker die Aufmerksamkeit v. a. auf solche Indizien und Beweise lenken, die mit der Höhe des Ankers kohärent sind, und im Extremfall kann gar der gesamte Urteilsprozess durch einen einzigen Heurismus gesteuert sein, indem sich Strafrichter*innen z. B. dem Urteil der Staatsanwaltschaft einfach anschließen (vgl. Dhami, 2003). Im Regelfall dürfte die richterliche Urteilsbildung allerdings viel komplexer ablaufen, und somit bleibt die Frage offen, wie Richter*innen die Fakten und die oft heuristisch gefundenen Teilschlussfolgerungen zu einem Gesamturteil integrieren.

14.5.1 Sequenzielle Modelle

Zu den bekannten Modellen der Urteilsbildung gehören die mathematischen Modelle, wie das Wahrscheinlichkeitsmodell (vgl. Shum, 1993), das algebraische (vgl. Hastie, 1993) oder das stochastische Modell der Informationsintegration (vgl. Crott & Werner, 1994). Ohne näher auf die bestehenden Gemeinsamkeiten und Unterschiede zwischen diesen schon oft dargestellten Modellen einzugehen (vgl. Hastie, 1993; Levett et al., 2005), soll hier v.a. betont werden, dass sie jeweils von einem sequenziellen Prozess der Schuldbeurteilung ausgehen. Die urteilende Person beginnt mit einem Anfangsverdacht (A-priori-Hypothese). Danach werden die einzelnen Indizien und Beweise jeweils nacheinander gewichtet, was je nach Höhe und Vorzeichen des zugeschriebenen Gewichts entweder zu einer bestimmten Verstärkung oder aber zu einer bestimmten Abschwächung des Anfangsverdachts führt. Dieser Vorgang wird im Prinzip so lange fortgesetzt, bis ein individuell unterschiedlicher Schwellenwert der Gewissheit erreicht wird. Obwohl insbesondere die beiden letzten Modelle einzelne empirische Bestätigungen erfahren haben, wird heute im Allgemeinen nicht mehr davon ausgegangen, dass die Informationen im juristischen Kontext mehrheitlich sequenziell verarbeitet werden (vgl. Simon, 2004).

14.5.2 Das Geschichtenmodell („story model") und der Ansatz des kohärenzbasierten Denkens („coherence-based" reasoning)

In Abgrenzung zu sequenziellen Urteilsmodellen wird im *Geschichtenmodell* („story model") von Pennington und Hastie (1981, 1986, 1992) davon ausgegangen, dass Personen – im ursprünglichen Modell sind damit primär Geschworene gemeint – aktiv versuchen, die vorhandene Evidenz zu einer kohärenten Geschichte zusammenzubringen. Dabei werden drei Arten von Wissen genutzt: (1) Wissen über die vorliegenden Indizien und Beweise, (2) Alltagswissen bzw. -annahmen über ähnlich gelagerte Fälle und (3) Metawissen darüber, was eine vollständige, glaubwürdige Fallgeschichte ausmacht (s.a. Granhag & Stridbeck, 2010).

Da das Beweismaterial oft lückenhaft ist, kann es sein, dass verschiedene Personen (in der Rolle von Geschworenen) bei gleicher Datenlage ganz unterschiedliche Geschichten konstruieren und die Indizien und Beweise jeweils im Rahmen ihrer Geschichte eine andere Bedeutung erhalten. Dies konnten Pennington und Hastie (1986) in einer interessanten Studie bestätigen. Es kann aber auch sein, dass eine Person ihre bisher konstruierte Geschichte aufgrund neuer Informationen überdenkt oder gar „über Bord" wirft, wodurch sich die Gewichtung der Indizien und Beweise *rückwirkend* verändern kann. Werden mehrere miteinander konkurrierende Geschichten für möglich gehalten, so wird im Allgemeinen jedoch danach gestrebt, am Ende nur noch eine Geschichte zu haben, die das Tatgeschehen möglichst gut erklärt. Das Ausmaß, in dem sich Beurteilende hinsichtlich ihrer konstruierten Geschichte sicher fühlen, soll nach dem Modell von der wahrgenommenen Vollständigkeit (alle Puzzleteile integriert), Konsistenz (keine Widersprüche mehr vorhanden) und Eindeutigkeit (keine vergleichbar konsistente Alternativgeschichte vorhanden) ihrer Geschichte abhängen (vgl. Levett et al., 2005).

Die bereits erwähnte Studie von Tersago et al. (2020) könnte darauf hindeuten, dass im Vergleich zu Geschworenen auch bei Richter*innen das Narrativ eine Rolle spielt. Anhand von halbstrukturierten Interviews mit 10 Strafrichter*innen aus Belgien versuchten die Autor*innen Aufschluss über die Prozesse zu erhalten, die bei der Beurteilung von Einbruchsdelikten ablaufen. Alle Befragten berichteten, dass sie nach einer Geschichte suchen, die die Anklage der

Staatsanwaltschaft zu erklären vermag. In der Folge schauen sie nach solchen Fallinformationen, die die Anklage bestätigen, ohne selbst zu versuchen, entlastendes Beweismaterial aufzuspüren. Die Richter*innen formulierten dabei eine klare Präferenz für „objektive" (z. B. forensische) Beweise, die dann im nächsten Schritt mit der Aussage der angeklagten Person verglichen werden. Interessanterweise wird bei Inkonsistenzen zwischen einem Geständnis und den anderen Informationen zwar die Möglichkeit eines falschen Geständnisses in Betracht gezogen, diese Wahrscheinlichkeit aber aufgrund ihres (Berufs-)Alltagswissens generell als gering eingestuft. Beim Leugnen der Tat scheint selbst bei *konsistenten* anderweitigen Beweisen eine gewisse Skepsis gegenüber der Aussage der angeklagten Person bestehen zu bleiben. Dieses konfirmatorische Vorgehen könnte in der konkreten Studie aber auch durch das Fehlen einer (starken) alternativen Geschichte der Verteidigung begünstigt worden sein. Ein*e Richter*in wies explizit auf das Problem der einseitigen Komposition der Fallakten für das Gericht hin. In weiteren Studien wäre es daher wichtig, die gerichtlichen Kontextbedingungen der Urteilsbildung stärker zu berücksichtigen, wie z. B. den Zeitpunkt und die Quelle der Vermittlung aller fallbezogenen Informationen.

Auch der *Ansatz des kohärenzbasierten Denkens* (Simon, Snow & Read, 2004) setzt sich mit der Frage auseinander, wie Personen verschiedene Indizien und Beweise bei ihrer Urteilsbildung bewerten und integrieren. Analog zum Geschichtenmodell wird angenommen, dass ein bidirektionaler Prozess stattfindet, bei dem es durch die Bewertung des Beweismaterials zu Schlussfolgerungen und zur Bildung von Hypothesen (z. B. über die Schuld der verdächtigten Person) kommt und diese Hypothesen dann ihrerseits die Bewertung verschiedener Indizien und Beweise auch rückwirkend beeinflussen. Neue Fallinformationen können zu „kaskadenartigen Kohärenzeffekten" führen, die jeweils mit einer Neubewertung der bereits vorhandenen Informationen verbunden sind, um am Ende eine maximale Kohärenz zwischen allen verfügbaren Informationen zu erreichen (für eine Übersicht, s. z. B. Charman, Douglass & Mook, 2019). Der Ansatz kommt allerdings ohne die Notwendigkeit eines Narrativs zu Ursache-Wirkungs-Effekten aus, weshalb z. B. Simon et al. (2004) eine breitere Anwendbarkeit des Modells postulieren.

14.5.3 Zwei-Prozess-Modelle

In vielen Ansätzen zur Erklärung von Schuld- und Strafzumessungsurteilen steht das Unvermögen der Beurteilenden im Vordergrund, die Komplexität der Information zu bewältigen. Beurteilende kommen hiernach mithilfe mehr oder weniger automatisch ablaufender Heuristiken zu bestimmten Schlussfolgerungen, die oft auf eine extra-legale Weise verzerrt sind (s. o.). Nach den in 14.5.2 besprochenen Modellen werden die verschiedenen Schlussfolgerungen zwar ihrerseits wieder zu einem Gesamturteil integriert, jedoch bleibt dabei unklar, ob und wann Personen ihre Einschätzungen oder Urteile elaborieren und ggf. auch einer Korrektur unterziehen.

Tatsächlich zeigt eine Reihe von Studien, dass Personen unter bestimmten Voraussetzungen in der Lage sind, ihre intuitiv getroffenen Urteile oder Schlussfolgerungen zumindest im Nachhinein zu korrigieren (vgl. Wegener & Petty, 1995, 1997). So berücksichtigten Studienteilnehmende bei einer Schadensersatzklage die Attraktivität der angeklagten Person dann nicht mehr strafmildernd, wenn sie zu einem rationalen Modus der Informationsverarbeitung angehalten wurden (Liebermann, 2002). Weitere förderliche Faktoren für eine Korrektur intuitiver oder heuristischer Urteile sind z. B. hinreichend hohe kognitive Verarbeitungskapazität (Gilbert, 1995) sowie detaillierte Informationen und hinreichende Verarbeitungszeit (Studie mit Richter*innen von Rachlinski et al., 2009) oder wenn Verantwortung für das Urteil übernommen werden muss (Oswald & Stucki, 2010).

Diese Studien, nach denen Personen im Prinzip dazu in der Lage sind, ihre intuitiv getroffenen Urteile zu korrigieren, sind mit sog. *Zwei-Prozess-Modellen* vereinbar (Cacioppo, Petty, Feinstein & Jarvis, 1996; Skitka, Mullen, Griffin, Hutchinson & Chamberlin, 2002; Tetlock et al., 2007). In diesen Modellen wird zwischen einer ersten mehr oder weniger automatisch ablaufenden Urteilsphase und einer zweiten bewusster ablaufenden Phase der Elaboration unterschieden. So können nach Wistrich et al. (2015) Emotionen die Urteile von Richter*innen beeinflussen, sofern deren Einfluss nicht im Rahmen der Elaboration kritisch überprüft und korrigiert wird. Zu der Phase der Urteilselaboration, in der es auch zu einer Korrektur des ursprünglichen Urteils kommen kann, werden Personen jedoch nur dann übergehen, wenn sie hinreichend motiviert sind und auch über die entsprechende kognitive Kapazität verfügen. Die Motivation zu einer systematischen Verarbeitung kann bspw. individuell von der spezifischen Werteinstellung einer Person abhängen (vgl. Skitka et al., 2002) oder generell dann gegeben sein, wenn Personen für ihr Urteil Verantwortung übernehmen müssen und Konsequenzen in Verbindung mit der Urteilskorrektheit erwarten (vgl. Tetlock & Kim, 1987; Schmittat & Englich, 2016). Für eine Korrektur möglicher Verzerrungen scheint es allerdings auch notwendig zu sein, dass Personen überhaupt Kenntnis darüber haben, dass ihr Urteil durch extra-legale Variablen beeinflusst wurde (Cacioppo et al., 1996, S. 238). Dies ist allerdings nicht immer gegeben, wie Blair et al. (2004) im Fall des verzerrenden Einflusses der physischen Attraktivität zeigen konnten.

14.6 Folgen für die Praxis?

In der Praxis dürften die Urteile von Strafrichter*innen, anders als einige von anderen typischerweise untersuchten Personengruppen (z.B. Studierende), zu einem gewissen Grad durch protektive Faktoren vor Fehlern gefeit sein. Zu diesen sog. „safeguards" (Waye, 2003) gehören sicherlich die juristische Aus- und Weiterbildung, die formalen Vorgaben zur Strafnormfestlegung, aber auch die Notwendigkeit der schriftlichen Begründung der Urteile, die im Fall eines eingelegten Rechtsmittels durch eine höhere Instanz im Detail überprüft werden können. Natürlich müssen die schriftlich festgehaltenen Urteilsgründe nicht identisch mit denjenigen sein, die dem Urteil tatsächlich zugrunde liegen (vgl. Hassemer, 1983). Jedoch sind Urteile im Allgemeinen umso besser und ausführlicher zu begründen, je weiter sie von den „üblichen" Gerichtsurteilen in vergleichbaren Straffällen abweichen (vgl. Vidmar, 2011). Zudem führt Verantwortlichkeit für die Korrektheit der Urteile i.d.R. zu einer intensiveren und objektiveren Informationsverarbeitung (vgl. Dumas & Esnard, 2019; Schmittat & Englich, 2016). Schließlich sind die Staatsanwaltschaft auf der einen und die Strafverteidigung auf der anderen Seite des Verfahrens als korrigierende Instanzen zu betrachten.

Dennoch legt mittlerweile, wie oben ausgeführt, eine Reihe von Studien nahe, dass auch Richter*innen nicht immun gegenüber Emotionen und anderen urteilsverzerrenden Einflüssen sind. Weitere Risikofaktoren für Urteilsfehler von Richter*innen dürften v.a. Zeit-, Erfolgsdruck und nicht zuletzt auch ein medialer Druck sein.[30] Es werden immer wieder verschiedene Vorschläge zur Reduktion von Urteilsfehlern durch Anpassungen der Strafprozessordnung gemacht, wie z.B. die Forderung, Tonband- oder Videoaufnahmen zum Standard bei Befragungen zu machen, um u.a. die Entstehung von Geständnissen kritischer beurteilen zu können (Tersago et al., 2020) oder die Verfahrenseröffnung durch ein separates Gremium durchführen zu lassen (Lidén et al., 2019). Auf

30 Auf das Problem des Zeitdrucks weisen z.B. zwei Richter*innen in einem Interview hin (Schuhmacher & Schwegler, 2007). Als Beispiel für den medialen Einfluss sei auf den Schweizer Fall Ignaz Walker verwiesen (vgl. Oswald & Wyler, 2018).

diese Vorschläge werden wir aber nicht weiter eingehen, sondern beschränken uns auf Möglichkeiten der Fehlerreduktion aus psychologischer Sicht.

Da die diskutierten Urteilsfehler im Allgemeinen von den Richter*innen nicht beabsichtigt sind, sondern mehr oder weniger automatisch passieren, ist es vielleicht verständlich, dass Studien, die den Effekt von Warnungen untersuchen, recht einheitlich deren Ineffektivität belegen (Epley & Gilovich, 2001; Steblay, Hosch, Culhane & McWethy, 2006). Interessant ist jedoch, dass es für die hier diskutierten Urteilsfehler gleichermaßen ein „Gegenmittel“ zu geben scheint, welches den Fehler vielleicht nicht gänzlich zum Verschwinden bringt, aber immerhin reduziert. Es handelt sich dabei um ein aktives „consider the opposite“. So kann der Rückschaufehler nachweislich vermindert werden, wenn man die Gründe dafür auflistet, die für einen alternativen Handlungsausgang sprechen, und ernsthaft überlegt, welche anderen Ausgänge genauso gut oder sogar wahrscheinlicher gewesen wären (Slovic & Fischhoff, 1977). Auch der Ankereffekt kann reduziert werden, wenn aktiv Argumente gesucht werden, die gegen die Höhe des extern vorgegebenen Ankers sprechen, oder Gründe dafür gesucht werden, dass der Anker möglicherweise unpassend ist (Mussweiler, Strack & Pfeiffer, 2000; Sanna, Schwarz & Stocker, 2002). Der Bestätigungsfehler schließlich profitiert am meisten von einem „consider the opposite“, da die Berücksichtigung einer oder mehrerer Alternativen zur Erklärung der Straftat den Fehler reduzieren und teilweise sogar beseitigen kann (Gadenne & Oswald, 1986; Rassin, 2010).

„Sich nicht (frühzeitig) auf einen Tatverdächtigen festzulegen und so lange als möglich nach Alternativerklärungen zu suchen“ muss daher oberste Maxime in der Strafverfolgung sein! Grundsätzlich ist zwar das gesamte Gerichtsverfahren auf dem Prinzip des kontradiktorischen Verfahrens aufgebaut, in dem die Richterschaft, Staatsanwaltschaft und Verteidigung aufgerufen sind, Gegenargumente zu generieren, um eine frühzeitige Urteilsfestlegung zu verhindern. Aber gerade bei einseitig durchgeführten Ermittlungsverfahren im *Vorfeld* der Gerichtsverhandlung, bei einzelrichterlichen Entscheidungen, dem mittlerweile bedenklich hohen Prozentsatz an Strafbefehlen (vgl. Gilliéron & Killias, 2007), der seit 2009 bestehenden Möglichkeit der Verfahrensabkürzung durch eine Verständigung zwischen Gericht und Verfahrensbeteiligten (§ 257c StPO), oder einem starken medialen Einfluss kann das „consider the opposite“ speziell in Bezug auf den Bestätigungsfehler auf der Strecke bleiben.

Da sich das „consider the opposite“ als probates Mittel anbietet, die diskutierten Urteilsfehler zu reduzieren oder gar zu vermeiden, wäre ein systematisches Training dieser Strategie im Rahmen der Weiterbildung aber sicher zu überlegen. Dies ist deshalb besonders wichtig, da ohne ein Training der bloße Vorsatz zum „consider the opposite“ nicht zuverlässig im Verhalten umgesetzt wird – speziell dann, wenn Zeitdruck besteht und keine alternative Fallerklärung auf der Hand zu liegen scheint. Erste Programme eines entsprechenden Trainings speziell zur Reduktion des Ankereffekts wurden von Adame (2016) erfolgreich getestet.

Abschließend bleibt zu hoffen, dass zum einen in Feldstudien vermehrt fehlerhafte Gerichtsurteile untersucht (vgl. Dunkel & Kemme, 2016) und zum anderen in den psychologischen Studien verstärkt auch (Straf-)Richter*innen einbezogen werden. Um die ökologische Validität psychologischer Studien und damit auch die Akzeptanz der Forschungsergebnisse bei Gericht zu erhöhen, wäre es dabei wichtig, die relevanten Kontextvariablen, wie Verfahrensregeln oder Stellungnahmen der Staatsanwaltschaft, zu berücksichtigen (vgl. Sagana & van Toor, 2020).

14.7 Weiterführende Literatur

Granhag, P.A. (Eds.). (2010). *Forensic psychology in context: Nordic and international approaches.* London: Willan.

(Insbesondere Kapitel 11, aber auch Kapitel 13 und 14.)

Brewer, N. & Douglass, A. B. (2019). *Psychological science and the law.* New York, NY: Guilford Press.

(Insbesondere Kapitel 2, 14 und 16.)

Literatur

Adame, B.J. (2016). Training in the mitigation of anchoring bias: A test of the consider-the-opposite strategy. *Learning and Motivation, 53* (1), 36–48. https://doi.org/10.1016/j.lmot.2015.11.002

Ask, K. & Granhag, P.A. (2005). Motivational sources of confirmation bias in criminal investigations: The need for cognitive closure. *Journal of Investigative Psychology and Offender Profiling, 2* (1), 43–63. https://doi.org/10.1002/jip.19

Bergius, M., Ernberg, E., Dahlman, C. & Sarwar, F. (2020). Are judges influenced by legally irrelevant circumstances? *Law, Probability & Risk, 19* (2), 157–164. https://doi.org/10.1093/lpr/mgaa008

Blair, I.V., Judd, C.M. & Chapleau, K.M. (2004). The influence of afrocentric facial features in criminal sentencing. *Psychological Science, 15* (10), 674–679. https://doi.org/10.1111/j.0956-7976.2004.00739.x

Bystranowski, P., Janik, B., Próchnicki, M. & Skórska, P. (2021). Anchoring effect in legal decision-making: A meta-analysis. *Law and Human Behavior, 45* (1), 1–23. https://doi.org/10.1037/lhb0000438

Cacioppo, J.T., Petty, R.E., Feinstein, J.A. & Jarvis, W.B. G. (1996). Dispositional differences in cognitive motivation: The life and times of individuals varying in the need for cognition. *Psychological Bulletin, 119* (2), 197–253. https://doi.org/10.1037/0033-2909.119.2.197

Carroll, J., Perkowitz, W., Lurigio, A. & Weaver, K. (1987). Sentencing goals, causal attributions, and personality. *Journal of Personality and Social Psychology, 52* (1), 107–118. https://doi.org/10.1037/0022-3514.52.1.107

Chang, Y., Chen, K. & Lin, C. (2017). *Anchoring effect in real litigation: An empirical study.* Verfügbar unter https://papers.ssrn.com/sol3/papers.cfm?abstract_id=2726903

Charman, S., Douglass, A. B. & Mook, A. (2019). Cognitive bias in legal decision making. In N. Brewer & A.B. Douglass (Eds.), *Psychological science and the law* (pp. 30–53). New York, NY: Guilford Press.

Crott, H.W. & Werner, J. (1994). The norm-information-distance model: A stochastic approach to preference change in group interaction. *Journal of Experimental Social Psychology, 30* (1), 68–95. https://doi.org/10.1006/jesp.1994.1004

Danziger, S., Levav, J. & Avnaim-Pesso, L. (2011). Extraneous factors in judicial decisions. *Proceedings of the National Academy of Sciences of the USA, 108* (17), 6889–6892. https://doi.org/10.1073/pnas.1018033108

de Keijser, J.W. & Elffers, H. (2009). Punitive public attitudes: A threat to the legitimacy of the criminal justice system? In M.E. Oswald, S. Bieneck & J. Hupfeld-Heinemann (Eds.), *Social Psychology of Punishment of Crime* (pp. 55–74). Chichester: Wiley.

Devine, P.G., Hirt, E.R. & Gehrke, E.M. (1990). Diagnostic and confirmation strategies in trait hypothesis testing. *Journal of Personality and Social Psychology, 58* (6), 952–963. https://doi.org/10.1037/0022-3514.58.6.952

Deutsche Presseagentur. (2017, 24. März). Love-Parade-Prozess: Darum geht es vor Gericht. *Spiegel Online.* Verfügbar unter http://www.spiegel.de/panorama/justiz/love-parade-prozess-darum-geht-es-vor-gericht-a-1144606.html

Dhami, M.K. (2003). Psychological models of professional decision making. *Psychological Science, 14* (2), 175–180. https://doi.org/10.1111/1467-9280.01438

Drizin, S.A. & Leo, R.A. (2004). The problem of false confessions in the post DNA world. *North Carolina Law Review, 82* (3), 891–1007.

Dror, I.E., Charlton, D. & Péron, A.E. (2006). Contextual information renders experts vulnerable to making erroneous identifications. *Forensic Science International, 156* (1), 74–78. https://doi.org/10.1016/j.forsciint.2005.10.017

Dumas, R. & Esnard, C. (2019). Confirmatory information processing in legal decision: Effect of intimate conviction. *Journal of Police and Criminal Psychology, 34*, 246–253. https://doi.org/10.1007/s11896-019-9316-2

Dunkel, B. & Kemme, S. (2016). Fehlurteile in Deutschland: Eine Bilanz der empirischen Forschung seit fünf Jahrzehnten. *Neue Kriminalpolitik, 28* (2), 138–154. https://doi.org/10.5771/0934-9200-2016-2-138

Englich, B. (2009). Heuristic strategies and persistent biases in sentencing decisions. In M.E. Oswald, S. Bieneck & J. Hupfeld-Heinemann (Eds.), *Social Psychology of Punishment of Crime* (pp. 295–314). Chichester: Wiley.

Englich, B., Mussweiler, T. & Strack, F. (2006). Playing dice with criminal sentences: The influence of irrelevant anchors on experts' judicial decision making. *Personality and Social Psychology Bulletin, 32* (2), 188–200. https://doi.org/10.1177/0146167205282152

Epley, N. & Gilovich, T. (2001). Putting adjustment back in the anchoring and adjustment heuristic: Differential processing of self-generated and experimenter-provided anchors. *Psychological Science, 12* (5), 391–396. https://doi.org/10.1111/1467-9280.00372

Fischhoff, B. (1975). Hindsight ≠ foresight: The effect of outcome knowledge on judgment under uncertainty. *Journal of Experimental Psychology: Human Perception and Performance, 1* (3), 288–299.

Fischhoff, B. (1982). For those condemned to study the past: Heuristics and biases in hindsight. In D. Kahneman, P. Slovic & A. Tversky (Eds.), *Judgment under uncertainty: Heuristics and biases* (pp. 335–351). Cambridge: Cambridge University Press.

ForsterLee, R., ForsterLee, L., Horowitz, I.A. & King, E. (2006). The effect of defendant race, victim race, and juror gender on evidence processing in a murder trial. *Behavioral Sciences and the Law, 24* (2), 179–198. https://doi.org/10.1002/bsl.675

Gadenne, V. & Oswald, M. (1986). Entstehung und Veränderung von Bestätigungstendenzen beim Testen von Hypothesen. *Zeitschrift für Experimentelle und Angewandte Psychologie, 33* (3), 360–374.

Geyres, B., Hilton, D. & Py, J. (2013). Normalization in the courtroom: Does the formation of a group norm affect how judges adjust prosecutors' demands? *European Journal of Social Psychology, 43* (7), 600–605. https://doi.org/10.1002/ejsp.1982

Gilbert, D.T. (1995). Attribution and interpersonal perception. In A. Tesser (Ed.), *Advanced social psychology* (pp. 99–147). New York, NY: McGraw-Hill.

Gilliéron, G. & Killias, M. (2007). Strafbefehl und Justizirrtum: Franz Riklin hatte Recht! In M.A. Niggli, J. Hurtado Pozo & N. Queloz (Hrsg.), *Festschrift für Franz Riklin* (S. 379–398). Zürich: Schulthess.

Gino, F., Moore, D.A. & Bazerman, M.H. (2009). *No harm, no foul: The outcome bias in ethical judgments.* Harvard Business School NOM Working Paper, Nr. 08-080.

Giroux, M.E., Coburn, P.I., Harley, E.M., Connolly, D.A. & Bernstein, D.M. (2016). Hindsight bias and law. *Zeitschrift für Psychologie, 224* (3), 190–203. https://doi.org/10.1027/2151-2604/a000253

Glöckner, A. & Englich, B. (2015). When relevance matters. Anchoring effects can be larger for relevant than for irrelevant anchors. *Social Psychology, 46* (1), 4–12. https://doi.org/10.1027/1864-9335/a000214

Granhag, P.A. & Stridbeck, U. (2010). Psychological perspectives on the evaluation of evidence. In P.A. Granhag (Ed.), *Forensic psychology in context: Nordic and international approaches* (pp. 191–209). London: Willan Publishing.

Greenspan, R. & Scurich, N. (2016). The inderdependence of perceived confession voluntariness and case evidence. *Law and Human Behavior, 40* (6), 650–659. https://doi.org/10.1037/lhb0000200

Guthrie, C.P., Rachlinski J.J. & Wistrich A.J. (2001). Inside the judicial mind. *Cornell Law Review, 86,* 777–830. https://doi.org/10.2139/ssrn.257634

Hagan, J. & Parker, P. (1985). White-collar crime and punishment: The class structure and legal sanctioning of securities violations. *American Sociological Review, 50* (3), 302–316. https://doi.org/10.2307/2095541

Hassemer, W. (1983). Alternativen zum Schuldprinzip. In H.M. Baumgartner & A. Eser (Hrsg.), *Schuld und Verantwortung* (S. 89–107). Tübingen: Mohr.

Hastie, R. (Ed.). (1993). *Inside the juror: The psychology of juror decision making.* New York, NY: Cambridge University Press. https://doi.org/10.1017/CBO9780511752896

Kassin, S.M., Dror, I.E. & Kukucka, J. (2013). The forensic confirmation bias: Problems, perspectives, and proposed solutions. *Journal of Applied Research in Memory and Cognition, 2* (1), 42–52. https://doi.org/10.1016/j.jarmac.2013.01.001

Klayman, J. & Ha, Y. (1987). Confirmation, disconfirmation, and information in hypothesis testing. *Psychological Review, 94* (2), 211–228. https://doi.org/10.1037/0033-295X.94.2.211

Kneer, M. & Bourgeois-Gironde, S. (2017). Mens rea ascription, expertise and outcome effects: Professional judges surveyed. *Cognition, 169*, 139–146. https://doi.org/10.1016/j.cognition.2017.08.008

Koriat, A., Lichtenstein, S. & Fischhoff, B. (1980). Reasons for confidence. *Journal of Experimental Psychology: Human Learning and Memory, 6* (2), 107–118.

Kruglanski, A.W. & Mayseless, O. (1988). Contextual effects in hypothesis testing: The role of competing alternatives and epistemic motivations. *Social Cognition, 6*, 1–20. https://doi.org/10.1521/soco.1988.6.1.1

Levett, L. M., Danielsen, E. M., Bull Kovera, M. & Cutler, B. L. (2005). The psychology of jury and juror decision making. In N. Brewer & K. D. Williams (Eds.), *Psychology and law: An empirical perspective* (pp. 365–406). New York, NY: Guilford Press.

Lidén, M., Gräns, M. & Juslin, P. (2019). „Guilty, no doubt": Detention provoking confirmation bias in judges' guilt assessments and debiasing techniques. *Psychology, Crime & Law, 25* (3), 219–247. https://doi.org/10.1080/1068316X.2018.1511790

Lieberman, J. L. (2002). Head over the heart or heart over the head? Cognitive experiential self-theory and extralegal heuristics in juror decision making. *Journal of Applied Social Psychology, 32* (12), 2526–2553. https://doi.org/10.1111/j.1559-1816.2002.tb02755.x

Lloyd-Bostock, S. (2000). The effects on juries of hearing about the defendant's previous criminal record: A simulation study. *Criminal Law Review, 62*, 734–755.

Mazzella, R. & Feingold, A. (1994). The effects of physical attractiveness, race, socioeconomic status, and gender of defendants and victims on judgments of mock jurors: A meta-analysis. *Journal of Applied Social Psychology, 24* (15), 1315–1344. https://doi.org/10.1111/j.1559-1816.1994.tb01552.x

McFatter, R. M. (1978). Sentencing strategies and justice: Effects of punishment philosophy on sentencing decisions. *Journal of Personality and Social Psychology, 36* (12), 1490–1500. https://doi.org/10.1037/0022-3514.36.12.1490

McFatter, R. M. (1982). Purposes of punishment: Effects of utilities of criminal sanctions on perceived appropriateness. *Journal of Applied Psychology, 67*, 255–267. https://doi.org/10.1037/0021-9010.67.3.255

McKee, I. A. & Feather, N. T. (2008). Revenge, retribution, and values: Social attitudes and punitive sentencing. *Social Justice Research, 21* (2), 138–163. https://doi.org/10.1007/s11211-008-0066-z

Mitchell, G. (2019). Judicial decision making. In N. Brewer & A. B. Douglass (Eds.), *Psychological science and the law* (pp. 395–416). New York, NY: Guilford Press.

Müller, P. A. & Stahlberg, D. (2007). The role of surprise in hindsight bias: A meta-cognitive model of reduced and reversed hindsight bias. *Social Cognition, 25* (1), 165–184. https://doi.org/10.1521/soco.2007.25.1.165

Mussweiler, T. & Strack, F. (2001). Considering the impossible: Explaining the effects of implausible anchors. *Social Cognition, 19* (2), 145–160. https://doi.org/10.1521/soco.19.2.145.20705

Mussweiler, T., Strack, F. & Pfeiffer, T. (2000). Overcoming the inevitable anchoring effect: Considering the opposite compensates for selective accessibility. *Personality and Social Psychology Bulletin, 26* (9), 1142–1150. https://doi.org/10.1177/01461672002611010

Narchet, F. M., Meissner, C. A. & Russano, M. B. (2011). Modeling the influence of investigator bias on the elicitation of true and false confessions. *Law and Human Behavior, 35* (6), 452–465. https://doi.org/10.1007/s10979-010-9257-x

Oeberst, A. & Goeckenjan, I. (2016). When being wise after the event results in injustice: Evidence for hindsight bias in judges' negligence assessments. *Psychology, Public Policy, and Law, 22* (3), 271–279. https://doi.org/10.1037/law0000091

Oswald, M. E. (1994). *Psychologie des richterlichen Strafens.* Stuttgart: Enke.

Oswald, M. E. (2009). How knowledge about the defendant's previous conviction influences judgments of guilt. In M. E. Oswald, S. Bieneck & J. Hupfeld-Heinemann (Eds.), *Social Psychology of Punishment of Crime* (pp. 357–377). Chichester: Wiley.

Oswald, M. E. & Grosjean, S. (2004). Confirmation bias. In R. F. Pohl (Ed.), *Cognitive illusions: A handbook on fallacies and biases in thinking, judgement and memory* (pp. 79–96). Hove: Psychology Press.

Oswald, M. E., Orth, U. & Hupfeld, J. (2003). Mikro- vs. Makroperspektive der retributiven Gerechtigkeit, Strafziele und die Forderung nach Strafe. *Zeitschrift für Sozialpsychologie, 34* (4), 227–241.

Oswald, M. E. & Stucki, I. (2010). Automatic judgment and reasoning about punishment. *Social Justice Research, 23*, 290–307. https://doi.org/10.1007/s11211-010-0120-5

Oswald, M. E. & Wyler, H. (2018). Fallstricke auf dem Weg zur „richtigen" Entscheidung im Strafrecht: Eine Analyse aus psychologischer Sicht. In S. Barton, M. Dubelaar, R. Köbel & M. Lindemann (Hrsg.), *„Vom hochgemuten, voreiligen Griff nach der Wahrheit": Fehlurteile im Strafprozess* (S. 103–132). Baden-Baden: Nomos. https://doi.org/10.5771/9783845290805-103

Pantazi, M., Klein, O. & Kissine, M. (2020). Is justice blind or myopic? An examination of the effects of meta-cognitive myopia and truth bias on mock jurors and judges. *Judgment and Decision Making, 15* (2), 214–229.

Pennington, N. & Hastie, R. (1981). Juror decision making models: The generalization gap. *Psychological Bulletin, 89* (2), 246–287. https://doi.org/10.1037/0033-2909.89.2.246

Pennington, N. & Hastie, R. (1986). Evidence evaluation in complex decision making. *Journal of Personality and Social Psychology, 51* (2), 242–258. https://doi.org/10.1037/0022-3514.51.2.242

Pennington, N. & Hastie, R. (1992). Explaining the evidence: Tests of the story model for juror decision making. *Journal of Personality and Social Psychology, 62* (2), 189–206. https://doi.org/10.1037/0022-3514.62.2.189

Pezzo, M.V. (2003). Surprise, defence, or making sense: What removes hindsight bias? *Memory, 11* (4–5), 421–441. https://doi.org/10.1080/09658210244000603

Porter, S., ten Brinke, L. & Gustaw, C. (2010). Dangerous decisions: The impact of first impressions of trustworthiness on the evaluation of legal evidence and defendant culpability. *Psychology, Crime & Law, 16* (6), 477–491. https://doi.org/10.1080/10683160902926141

Pruitt, C.R. & Wilson, J.Q. (1983). A longitudinal study of the effect of race on sentencing. *Law & Society Review, 17* (4), 613–635. https://doi.org/10.2307/3053490

Rachlinski, J.J., Guthrie, C. & Wistrich, A.J. (2011). Probable cause, probability, and hindsight. *Journal of Empirical Legal Studies, 8* (1), 72–98. https://doi.org/10.1111/j.1740-1461.2011.01230.x

Rachlinski, J.J., Johnson, S., Wistrich, A. & Guthrie, C. (2009). Does unconscious racial bias affect trial judges? *Notre Dame Law Review, 84,* 1195–1246.

Rassin, E. (2010). Blindness to alternative scenarios in evidence evaluation. *Journal of Investigative Psychology and Offender Profiling, 7* (2), 153–163. https://doi.org/10.1002/jip.116

Rassin, E. (2017). Initial evidence for the assimilation hypothesis. *Psychology, Crime & Law, 23* (10), 1010–1020. https://doi.org/10.1080/1068316X.2017.1371307

Rassin, E. (2020). Context effect and confirmation bias in criminal fact finding. *Legal and Criminological Psychology, 25* (2), 80–89. https://doi.org/10.1111/lcrp.12172

Rodriguez, S.F., Curry, T.R. & Lee, G. (2006). Gender difference in criminal sentencing: Do effects vary across violent, property, and drug offenses? *Social Science Quarterly, 87* (2), 318–339. https://doi.org/10.1111/j.1540-6237.2006.00383.x

Sagana, A. & van Toor, D.A. G. (2020). The judge as a procedural decision-maker: Addressing the disconnect between legal psychology and legal practice. *Zeitschrift für Psychologie, 228* (3), 226–228. https://doi.org/10.1027/2151-2604/a000417

Sanna, L.J., Schwarz, N. & Stocker, S.L. (2002). When debiasing backfires: Accessible content and accessibility experiences in debiasing hindsight. *Journal of Experimental Psychology: Learning, Memory, and Cognition, 28* (3), 497–502.

Schmittat, S.M. & Englich, B. (2016). If you judge, investigate! Responsibility reduces confirmatory information processing in legal experts. *Psychology, Public Policy, and Law, 22* (4), 386–400. https://doi.org/10.1037/law0000097

Schuhmacher, R. & Schwegler, D. (2007). „Natürlich sind Richter überfordert". *Plädoyer,* 1, 8–10.

Schweizer, M.D. (2005). *Kognitive Täuschung vor Gericht.* Dissertation, Universität Zürich.

Shum, D.A. (1993). Argument structuring and evidence evaluation. In R. Hastie (Ed.), *Inside the juror: The psychology of juror decision making* (pp. 175–191). New York, NY: Cambridge University Press.

Sigall, H. & Ostrove, N. (1975). Beautiful but dangerous: Effects of offender attractiveness and nature of the crime on juridic judgment. *Journal of Personality and Social Psychology, 31* (3), 410–414. https://doi.org/10.1037/h0076472

Simon, D. (2004). A third view of the black box: Cognitive coherence in legal decision making. *University of Chicago Law Review, 71* (2), 511–586.

Simon, D., Snow, C.J. & Read, S.J. (2004). The redux of cognitive consistency theories: Evidence judgments by constraint satisfaction. *Journal of Personality and Social Psychology, 86* (6), 814–837. https://doi.org/10.1037/0022-3514.86.6.814

Skitka, L.J., Mullen, E., Griffin, T., Hutchinson, S. & Chamberlin, B. (2002). Dispositions, scripts, or motivated corrections? Understanding ideological differences in explanations for social problems. *Journal of Personality and Social Psychology, 83* (2), 470–487. https://doi.org/10.1037/0022-3514.83.2.470

Slovic, P. & Fischhoff, B. (1977). On the psychology of experimental surprises. *Journal of Experimental Psychology: Human Perception and Performance, 3* (4), 544–551.

Smalarz, L., Madon, S., Yang, Y., Guyll, M. & Buck, S. (2016). The perfect match: Do criminal stereotypes bias forensic evidence analysis? *Law and*

Human Behavior, 40 (4), 420–429. https://doi.org/10.1037/lhb0000190
Snyder, M. & Swann, W.B., Jr. (1978). Hypothesis-testing in social interaction. *Journal of Personality and Social Psychology, 36* (11), 1202–1212. https://doi.org/10.1037/0022-3514.36.11.1202
Sommers, S.R. & Ellsworth, P.C. (2001). White juror bias: An investigation of racial prejudice against Black defendants in the American courtroom. *Psychology, Public Policy, and Law, 7* (1), 201–229. https://doi.org/10.1037/1076-8971.7.1.201
Sporer, S.L. & Goodman-Delahunty, J. (2009). Disparities in sentencing decisions. In M.E. Oswald, S. Bieneck & J. Hupfeld-Heinemann (Eds.), *Social Psychology of Punishment of Crime* (pp. 379–401). Chichester: Wiley.
Steblay, N., Hosch, H.M., Culhane, S.E. & McWethy, A. (2006). The impact of juror verdicts of judicial instruction to disregard inadmissible evidence: A meta-analysis. *Law and Human Behavior, 30,* 469–492. https://doi.org/10.1007/s10979-006-9039-7
Tersago, P., Vanderhallen, M., Rozie, J. & McIntyre, S.-J. (2020). From suspect statement to legal decision making: How do judges weigh the evidence? *Zeitschrift für Psychologie, 228* (3), 175–187. https://doi.org/10.1027/2151-2604/a000412
Tetlock, P.E. & Kim, J.I. (1987). Accountability and judgment processes in a personality prediction task. *Journal of Personality and Social Psychology, 52* (4), 700–709. https://doi.org/10.1037/0022-3514.52.4.700
Tetlock, P.E., Visser, P.S., Singh, R., Polifroni, M., Scott, A.L. & Elson, B. (2007). People as intuitive prosecutors: The impact of social-control goals on attributions of responsibility. *Journal of Experimental Social Psychology, 43* (2), 195–209. https://doi.org/10.1016/j.jesp.2006.02.009
Trope, Y. & Bassok, M. (1982). Confirmatory and diagnosing strategies in social information gathering. *Journal of Personality and Social Psychology, 43* (1), 22–34. https://doi.org/10.1037/0022-3514.43.1.22
Trope, Y. & Liberman, A. (1996). Social hypothesis testing: Cognitive and motivational mechanisms. In E.T. Higgins & A.W. Kruglanski (Eds.), *Social psychology. Handbook of basic principles* (pp. 239–270). New York, NY: Guilford Press.
Tversky, A. & Kahneman, D. (1974). Judgment under uncertainty: Heuristics and biases. *Science, 185,* 4157, 1124–1131. https://doi.org/10.1126/science.185.4157.1124
Tversky, A. & Kahneman, D. (1982). Judgment under uncertainty: Heuristics and biases. In D. Kahneman, P. Slovic & A. Tversky (Eds.), *Judgment under uncertainty: Heuristics and biases* (pp. 3–20). Cambridge: Cambridge University Press.
van Koppen, P.J. (2009). The diversity of nations and legal systems – contrasting the Dutch and the Americans. In M.E. Oswald, S. Bieneck & J. Hupfeld-Heinemann (Eds.), *Social Psychology of Punishment of Crime* (pp. 3–17). Chichester: Wiley.
Vidmar, N. (2002). Case studies of pre- and midtrial prejudice in criminal and civil litigation. *Law and Human Behavior, 26* (1), 73–105. https://doi.org/10.1023/A:1013881208990
Vidmar, N. (2011). The psychology of trial judging. *Current Directions in Psychological Science, 20,* 58–62. https://doi.org/10.1177/0963721410397283
Volbert, R. (2013). Falsche Geständnisse. Über die möglichen Auswirkungen von Voreinstellung, Vernehmung und Verständigung. *Forensische Psychiatrie, Psychologie, Kriminologie, 7* (4), 230–239. https://doi.org/10.1007/s11757-013-0233-4
Vrij, A., Mann, S., Kristen, S. & Fisher, R.P. (2007). Cues to deception and ability to detect lies as a function of police interview styles. *Law and Human Behavior, 31* (5), 499–518. https://doi.org/10.1007/s10979-006-9066-4
Wason, P.C. (1960). On the failure to eliminate hypotheses in a conceptual task. *Quarterly Journal of Experimental Psychology, 12* (3), 129–140. https://doi.org/10.1080/17470216008416717
Waye, V. (2003). Judicial fact finding: The trial by judge alone in serious criminal cases. *Melbourne University Law Review, 27* (2), 423–457.
Wegener, D.T. & Petty, R.E. (1995). Flexible correction processes in social judgment: The role of naive theories in corrections for perceived bias. *Journal of Personality and Social Psychology, 68* (1), 36–51. https://doi.org/10.1037/0022-3514.68.1.36
Wegener, D.T. & Petty, R.E. (1997). The flexible correction model: The role of naive theories of bias in bias correction. In M.P. Zanna (Ed.), *Advances in experimental social psychology* (pp. 141–208). San Diego, CA: Academic Press.
Wessel, E., Drevland, G.C.B., Eilertsen, D.E. & Magnussen, S. (2006). Credibility of the emotional witness: A study of ratings by court judges. *Law and Human Behavior, 30,* 221–230. https://doi.org/10.1007/s10979-006-9024-1
Wistrich, A.J., Rachlinski, J.J. & Guthrie, C. (2015). Heart versus head: Do judges follow the law or follow their feelings? *Texas Law Review, 93,* 855–912.
Zenker, F., Dahlman, C., Bååth, R. & Sarwar, F. (2018). Reasons pro et contra as a debiasing technique in

legal contexts. *Psychological Reports, 121* (3), 511–526. https://doi.org/10.1177/0033294117729807

Zuckerman, M., Knee, C. R., Hodgins, H. S. & Miyake, K. (1995). Hypothesis confirmation: The joint effect of positive test strategy in acquiescence response set. *Journal of Personality and Social Psychology, 68* (1), 52–60. https://doi.org/10.1037/0022-3514.68.1.52

15 (Außergerichtliche Konfliktlösung und) Prozedurale Gerechtigkeit

Günter Köhnken und Ann-Sophie Haupt

15.1 Einleitung

Im Zusammenleben von Menschen, insbesondere bei der Lösung von Konflikten, die in diesem Zusammenleben entstehen, spielt die Gerechtigkeit – genauer gesagt: die von den Individuen subjektiv empfundene Gerechtigkeit – eine zentrale Rolle (z. B. Cohen, 1986). Wenn Regeln als gerecht empfunden werden, ist die Bereitschaft, diese zu befolgen, größer als bei dem Eindruck, etwas sei unfair oder ungerecht zugegangen. Es überrascht deshalb nicht, dass die Gerechtigkeitsforschung v. a. in der Sozialpsychologie, aber auch in der Organisationspsychologie und später in der Rechtspsychologie, besondere Aufmerksamkeit erlangt hat. Ihre Wurzeln lassen sich über mehrere Jahrzehnte zurückverfolgen.

Lerner (1980) hat in seiner Theorie von der gerechten Welt („just world theory") angenommen, dass Menschen zu der Annahme neigen, die Welt sei insgesamt fair und gerecht. Vereinfacht ausgedrückt wird von den Mitgliedern einer Gemeinschaft angenommen, dass jede Person bekommt, was sie verdient, und jede Person verdient, was sie bekommen hat. Diese grundlegende Gerechtigkeitsannahme soll nach der Theorie von Lerner dazu beitragen, sich mit den in einer Gesellschaft geltenden Regeln zu arrangieren (Dalbert, 2001). Im weiteren Verlauf wurde zwischen der subjektiv empfundenen Gerechtigkeit bzgl. der Belange der eigenen Person und der wahrgenommenen Gerechtigkeit bei der Behandlung anderer unterschieden (z. B. Sutton & Douglas, 2005).

Andere Autor*innen haben die Unterscheidung zwischen distributiver und prozeduraler Gerechtigkeit betont. *Distributive Gerechtigkeit* bezeichnet die subjektiv wahrgenommene Fairness des *Ergebnisses* eines Konflikts oder einer Entscheidung und dessen Konsequenzen oder einer Aufteilung von Ressourcen zwischen den Beteiligten (Adams, 1965; Walster, Walster & Berscheid, 1978), während die *prozedurale Gerechtigkeit* die subjektiv wahrgenommene (nicht: die objektive) Fairness des Entscheidungs*prozesses* (nicht: des Ergebnisses) und der persönlichen Behandlung innerhalb dieses Prozesses bezeichnet (z. B. Lind & Tyler, 1988; Thibaut & Walker, 1975).

15.2 Distributive Gerechtigkeit

Zunächst stand in der Gerechtigkeitsforschung die distributive Gerechtigkeit im Vordergrund des Interesses. In der ersten Phase der Theoriebildung zur distributiven Gerechtigkeit wurde angenommen, dass ein Ergebnis als besser oder gerechter wahrgenommen wird, je vorteilhafter dieses für die Person ausfällt (Homans, 1961). Adams (1965) führte diesen Gedanken in der Equity Theory weiter. Er nahm an, dass die Beurteilung eines Ergebnisses als vorteilhaft oder befriedigend davon abhängt, ob das Verhältnis des eigenen Aufwandes und des dafür erzielten Ertrages dem Verhältnis bei anderen bedeutsamen Vergleichspersonen entspricht. Diese Theorie fand v. a. in der Organisationspsychologie (z. B. beim Aushandeln des Gehalts oder von Beförderungen) Interesse. Diese Hypothesen wurden jedoch durch die empirischen Befunde nicht bestätigt, v. a. deshalb, weil der eigene

Beitrag von den Betroffenen tendenziell überschätzt wird (Tyler, 2000; Tyler & Blader, 2003). Hinzu kam, dass offenbar nicht allein, möglicherweise nicht einmal vorrangig, das Ergebnis, der Ertrag, maßgeblich für die Zufriedenheit der Mitarbeiterinnen und Mitarbeiter ist, sondern die Art und Weise, wie diese sich behandelt fühlen (z. B. Mikula, Petri & Tanzer, 1990). Damit war der Grundstein für das Konzept der prozeduralen Gerechtigkeit gelegt.

Eine bedeutsame Weiterentwicklung der Equity Theory erfolgte mit der Theorie relativer Deprivation. Hier wird angenommen, dass die Zufriedenheit in sozialen Situationen nicht primär von „objektiven" Merkmalen eines Ertrags beeinflusst wird, den eine Person erzielt. Die subjektive Zufriedenheit wird vielmehr von dem Ergebnis eines Vergleichs dieses erzielten Ergebnisses mit einem Standard bestimmt. Das objektiv gleiche Ergebnis kann je nach dem Standard, der für den Vergleich herangezogen wird, zufriedenstellend oder frustrierend ausfallen. Art und Eigenschaften des Standards resultieren aus sozialen Interaktionen (Tyler, 2000).

15.3 Prozedurale Gerechtigkeit

15.3.1 Definitionen und Forschungsansätze

Das – zumindest partielle – Scheitern der Equity Theory und die daran anknüpfenden empirischen Untersuchungen hatten angedeutet, dass nicht allein das *Ergebnis* eines Verfahrens für die Zufriedenheit der Betroffenen entscheidend ist, sondern auch die Art und Weise, wie dieses Ergebnis zustande gekommen ist. Es waren v. a. Thibaut und Walker (1975), die diesen Gedanken aufgenommen und empirisch und theoretisch weitergeführt haben. Ihre Arbeiten waren eine wesentliche Weichenstellung für einen neuen Forschungsansatz, in dem die subjektiv empfundene Verfahrensgerechtigkeit oder *prozedurale Gerechtigkeit* im Vordergrund der Untersuchungen stand.

Zahlreiche Untersuchungen lassen darauf schließen, dass selbst ungünstige Ergebnisse dann eher akzeptiert werden, wenn ihr Zustandekommen von den Betroffenen als fair beurteilt wird. Dieser recht stabile Befund wird in der Literatur als „fair process effect" bezeichnet. Er wurde nicht nur in Laborexperimenten (z. B. van den Bos, Vermunt & Wilke, 1997), sondern auch in Fragebogenerhebungen in unterschiedlichen Bereichen wie Gerichten, Polizei-Bürger*innen-Begegnungen und Politik relativ konsistent gefunden (z. B. Tyler & Degoey, 1995; Tyler & Folger, 1980). Hieraus haben Lind und Tyler (1988) geschlossen, dass das Gerechtigkeitsempfinden eher von Verfahrensmerkmalen als von materiellen Ergebnissen bestimmt wird.

Andere Autor*innen wie Greenberg (1990) sind dieser Auffassung nicht gefolgt und geben zu bedenken, dass Aspekte der distributiven Gerechtigkeit unterschätzt werden. Die Bewertung dieser Untersuchungsergebnisse wird allerdings durch unterschiedliche Operationalisierungen der abhängigen Variablen erschwert. Häufig wird die Zufriedenheit (mit einem Ergebnis wie z. B. einem Gerichtsurteil) erhoben (in der englischsprachigen Literatur wahlweise als „outcome satisfaction" oder als „outcome favorability" bezeichnet). In anderen Untersuchungen hieß die abhängige Variable „outcome fairness" (Godt, 2006). Es ist nicht immer klar, ob bzw. in welchem Ausmaß die unterschiedlichen Begriffe gleiche Konzepte bezeichnen. Brockner und Wiesenfeld (1996) haben kritisch angemerkt, dass in der Literatur zunehmend eine Vermischung der Konzepte „Zufriedenheit" und „distributive Gerechtigkeit" zu beobachten ist.

Zur Klärung dieser Kontroverse haben Skitka, Winquist und Hutchinson (2003) eine Metaanalyse über 89 Einzeluntersuchungen zur distributiven und zur prozeduralen Gerechtigkeit durchgeführt. Die Ergebnisse zeigen, dass die Wahrnehmung der Fairness eines Ergebnisses („outcome fairness") davon unterschieden werden muss, wie günstig dieses Ergebnis aus der Sicht der Betroffenen ist („outcome favorability"). Der „fair process effect" ist geringer ausgeprägt, wenn als Kriterium die Ergebnisfairness statt die Günstigkeit des Ergebnisses betrachtet wird. Ferner zeigte sich, dass Ergebnisfairness stärkere Auswirkungen auf verschiedene Variablen wie etwa Fluktuation von Arbeitnehmenden oder Identifizierung mit der Organisation hat als die Günstigkeit des Ergebnisses. Auch zur Prävention devianten Verhaltens am Arbeitsplatz sollten Organisationen darauf achten, ihren Angestellten eine gerechte Arbeitsatmosphäre zu schaffen, denn die Wahrnehmung distributiver und prozeduraler Ungerechtigkeit hängt direkt mit dem Auftreten abweichenden (antisozialen; aggressiven) Verhaltens gegenüber der Organisation zusammen (Khattak, Khan, Fatima & Ali Shah, 2019).

Insgesamt scheint die Art der Beziehung zwischen distributiver und prozeduraler Gerechtigkeit komplexer Natur und möglicherweise durch weitere Faktoren überlagert zu sein. Neue Forschungsergebnisse lassen z. B. darauf schließen, dass zwischen Fairness bzw. Gerechtigkeit für die eigene Person und für andere Personen unterschieden werden muss. Außerdem scheinen stabile Persönlichkeitsdispositionen die Gerechtigkeitswahrnehmung zu beeinflussen (Lucas, Zhdanova & Alexander, 2011; Khattak et al., 2019). In früheren Untersuchungen und Theoriebildungen wurden diese Variablen selten hinreichend differenziert, was die divergenten Befunde und verschiedenen theoretischen Modelle zumindest teilweise erklären kann. Erschwerend für die Interpretation der erhobenen empirischen Befunde kommt weiter hinzu, dass die Effekte der prozeduralen Gerechtigkeit auf Einstellungen, Emotionen und Verhalten zeitabhängig sind. So berichten Ambrose und Cropanzano (2003), dass bis etwa sechs Monate nach einer Entscheidung die prozedurale (Un-)Gerechtigkeit noch starke Auswirkungen hatte, diese nach 20 bis 24 Monaten aber weitgehend verschwunden waren. Bei inhaftierten Personen ist dieser Effekt allerdings nicht beobachtet worden (Tatar, Kaasa & Cauffman, 2012). Die Autor*innen erklären diesen überraschenden Befund damit, dass die subjektiv wahrgenommene Verfahrensgerechtigkeit während der Zeit der Inhaftierung nicht durch andere Lebenserfahrungen (wie sie nicht inhaftierte Personen haben) mit der Zeit neutralisiert wird. Bei der Generalisierung von Befunden zur Verfahrensgerechtigkeit über verschiedene Kontextbedingungen hinweg ist deshalb Zurückhaltung angebracht (Tatar et al., 2012). Auch Untersuchungsergebnisse von Godt (2006) deuten darauf hin, dass sich die Beurteilung der prozeduralen Gerechtigkeit über einen Zeitraum von etwa sechs Monaten nach einem Gerichtsurteil aufgrund der zwischenzeitlichen Erfahrungen verändert.

In der frühen Forschung zur prozeduralen Gerechtigkeit, die v. a. von Thibaut und Walker (1975) geprägt war, standen formale Aspekte eines Verfahrens im Vordergrund. Dies lag vermutlich daran, dass die Modellbildung zunächst noch stark durch Überlegungen zur distributiven Gerechtigkeit beeinflusst war. Prozedurale Gerechtigkeit wurde v. a. im Kontext von Entscheidungen über die Zuteilung von materiellen Ressourcen diskutiert. In der weiteren Entwicklung verlagerte sich die Aufmerksamkeit dann zunehmend weg von Ressourcenentscheidungen und hin zu interpersonellen Aspekten des Verfahrens (z. B. Bierhoff, 1992; Godt, 2006; Tyler & Blader, 2003). Dieser Wandel zeigt sich z. B. darin, dass in den frühen Untersuchungen von Thibault und Walker die Bedeutung der Mitsprache durch die Einwirkungsmöglichkeit auf die Entscheidungsträger*innen erfasst wurde. Die Probanden wurden z. B. nicht danach gefragt, ob sie sich freundlich oder würdevoll behandelt fühlten. Diese Aspekte standen erst in den späteren Arbeiten zur Gerechtigkeitsforschung im Vordergrund.

15.3.2 Formale Merkmale prozeduraler Gerechtigkeit

Welche formalen Merkmale eines Verfahrens zur Entscheidungsfindung wirken sich auf die prozedurale Gerechtigkeit aus? Diese Frage ist nur schwer zu beantworten, weil es sich bei diesem Konzept nicht um einen „objektiv" feststellbaren Zustand handelt, sondern um das Resultat subjektiver Beurteilungsprozesse. Diese werden zudem, wie oben angedeutet, durch individuell unterschiedliche Dispositionen beeinflusst. Hinzu kommt, dass die wesentlichen Variablen in den verschiedenen Untersuchungen unterschiedlich operationalisiert worden sind.

Prozedurale Gerechtigkeit wird durch vier Komponenten beeinflusst: Mitsprache („voice"), Respekt für die beteiligten Personen („respectfulness"), Vertrauenswürdigkeit („trustworthiness") und Unvoreingenommenheit („neutrality"). Mitsprache wird teilweise auch als Prozesskontrolle bezeichnet (z. B. Lind, Kanfer & Earley, 1990). Demnach nehmen Personen ein Verfahren dann als fair wahr, wenn sie den Eindruck haben, dass sie (a) den Gang dieses Verfahrens beeinflussen konnten, sie (b) respektvoll behandelt worden sind, dass (c) die entscheidungsbefugte Instanz (z. B. das Gericht) ethischen Gesichtspunkten folgt und (d) unvoreingenommen und neutral entscheidet (Ansems, van den Bos & Mak, 2020; Higgins & Jordan, 2005; Huo & Tyler, 2001; Tyler, 1988, 1990, 2001).

In vielen Untersuchungen hat sich die Mitsprache („voice") als eine besonders einflussreiche Variable erwiesen. Unter Mitsprache wird die Möglichkeit verstanden, in einem Verfahren zur Konfliktlösung die eigene Meinung vorbringen zu können. Wenn die Möglichkeit zur Mitsprache besteht, wird ein Prozess im Allgemeinen als fairer wahrgenommen als ohne derartige Mitsprache, und zwar selbst dann, wenn die tatsächliche Einflussnahme gering oder gar nicht vorhanden ist (Lind et al., 1990). Die prozedurale Gerechtigkeit wird nach einem Feldexperiment von Avery und Quinones (2004) dann am höchsten eingeschätzt, wenn (1) eine Mitsprachemöglichkeit gegeben ist, (2) von dieser Möglichkeit Gebrauch gemacht wird und (3) sie auch als einflussreich erlebt wurde. Insgesamt hat sich der Mitspracheeffekt sowohl in Feld- als auch in experimentellen Studien als robust gezeigt.

Leventhal (1980) hat sechs strukturelle Merkmale beschrieben, die für die Beurteilung der prozeduralen Gerechtigkeit von Bedeutung sind:

- *Konsistenz:* Faire Verfahren sind unabhängig von Zeit, Situation und Personen.
- *Unvoreingenommenheit:* Die entscheidungsbefugten Personen sollten kein persönliches Interesse an einem bestimmten Ergebnis haben.
- *Zuverlässigkeit/Genauigkeit:* Für die Entscheidungsfindung werden zuverlässige und korrekte Informationen herangezogen. Je mehr entscheidungsrelevante Informationsquellen ausgewertet werden, desto fairer wird das Verfahren wahrgenommen.
- *Korrigierbarkeit:* Ein Verfahren wird dann als fair wahrgenommen, wenn das Ergebnis nachträglich (z. B. bei neuen Erkenntnissen) modifiziert werden kann.
- *Repräsentativität:* Wenn die Interessen aller beteiligten Parteien berücksichtigt werden, wird das Verfahren eher als fair wahrgenommen.
- *Ethische Grundsätze:* Danach wird ein Verfahren dann als gerecht empfunden, wenn bei der Entscheidungsfindung ethisch-moralische Grundsätze berücksichtigt worden sind.

Es wird angenommen, dass ein Verfahren im Allgemeinen dann als fair erlebt wird, wenn diese Kriterien erfüllt sind.

15.3.3 Interpersonelle Aspekte der prozeduralen Gerechtigkeit

Wie oben bereits erwähnt, hat es nach den frühen, v. a. durch Thibaut und Walker (1975) geprägten Arbeiten zur prozeduralen Gerechtigkeit inhaltliche Änderungen an diesem Konzept gegeben, die Tyler und Blader (2003) als „dramatisch" bezeichnen. Frühe Gerechtigkeitsforscher würden möglicherweise aktuelle Forschungsarbeiten aus diesem Bereich gar nicht mehr als Forschung zum Gerechtigkeitskonzept wahrnehmen. Statt wie früher Gerechtigkeit allein als durch formale oder strukturelle Verfahrensregeln determiniert zu betrachten, nach denen Ressourcenentscheidungen getroffen werden, wird die subjektive Wahrnehmung von Gerechtigkeit nun stärker in qualitativen Aspekten des interpersonellen Geschehens wie v. a. der persönlichen Wertschätzung, Höflichkeit und der einer Person entgegengebrachten Würde gesehen (Tyler & Blader, 2003; Cloutier, Vilhuber, Harrisson & Béland-Ouellette, 2018).

15.3.4 Prozedurale Gerechtigkeit und Persönlichkeitsmerkmale

Das Erleben prozeduraler Gerechtigkeit wird offenbar nicht nur durch situative Bedingungen und strukturelle Verfahrensmerkmale beeinflusst, sondern auch durch die Ausprägung bestimmter Persönlichkeitsmerkmale. Vor allem sind in diesem Zusammenhang Kontrollüberzeugungen („locus of control of reinforcement") und Ungerechtigkeitssensibilität untersucht worden. Als Kontrollüberzeugung wird die Art und Weise bezeichnet, in der jemand ein Ereignis (speziell: eine Verstärkung oder Bestrafung) als durch das eigene Handeln verursacht oder durch Zufall oder als durch mächtige andere Personen beeinflusst wahrnimmt (Rotter, 1975). Untersuchungsergebnisse von Lind und Lissak (1985) lassen darauf schließen, dass die Effekte prozeduraler (Un-)Gerechtigkeit bei Personen mit externaler Kontrollüberzeugung stärker ausgeprägt sind (zusammenfassend: Godt, 2006).

Verschiedene Personen reagieren unter sonst gleichen Bedingungen in unterschiedlichem Maße auf die subjektiv wahrgenommene (Un-) Gerechtigkeit eines Verfahrens („sensitivity to befallen injustive"; SBI; Schmitt, Neumann & Montada, 1995). In mehreren empirischen Untersuchungen konnte gezeigt werden, dass die Ausprägung der Gerechtigkeitssensitivität beeinflusst, wie gerecht Probanden z. B. das Verfahren eines Wettbewerbs sowie dessen Ergebnis wahrnehmen (Mohiyeddini & Schmitt, 1997).

Persönlichkeitsmerkmale sind nur sehr selten in den Studien zur prozeduralen Gerechtigkeit erfasst worden. Die Vergleichbarkeit der Forschungsergebnisse wird dadurch – neben unterschiedlichen Definitionen und Operationalisierungen – weiter erschwert.

15.3.5 Prozedurale Gerechtigkeit und Rechtspsychologie

Die prozedurale Gerechtigkeit ist als Forschungsthema für die Rechtspsychologie weitgehend vernachlässigt worden. Es war v. a. ein Thema in der Organisationspsychologie (im Hinblick auf die wahrgenommene Gerechtigkeit von materiellen Gratifikationen) sowie in der Sozialpsychologie. Zwar haben Sozialpsycholog*innen wie etwa Thibaut und Walker ihre Modelle der prozeduralen Gerechtigkeit in einigen Simulationsstudien auch auf verschiedene Formen der Konfliktlösung, etwa im Rahmen von Gerichtsverhandlungen, angewandt, jedoch sind dies Ausnahmen geblieben. In der deutschen Rechtspsychologie ist dieses Thema bisher noch seltener bearbeitet worden. In den folgenden Abschnitten werden zwei Ansätze rechtspsychologischer Forschung zur prozeduralen Gerechtigkeit dargestellt. Zum einen gibt es einige empirische Studien, in denen individuelles Verhalten in oder nach Konfliktsituationen in Abhängigkeit von der wahrgenommenen Fairness des Verfahrens zur Konfliktlösung untersucht wurde (z. B. familiengerichtliche Entscheidungen in Sorgerechtsauseinandersetzungen). Zum anderen hat v. a. Tyler das Konzept der prozeduralen Gerechtigkeit in Verbindung mit restaurativer Gerechtigkeit („Restorative Justice") und der intrinsischen Motivation zu regelkonformem Verhalten in Bezug auf die Verhaltenssteuerung in einer Gesellschaft durch strafrechtliche Maßnahmen diskutiert. Die restaurative Gerechtigkeit bezeichnet eine spezielle Art der (auch strafrechtlich relevanten) Konfliktbearbeitung. Dabei werden Schädiger und Geschädigte zusammengebracht mit dem Ziel, eine Wiedergutmachung des Schadens zu erreichen. Im Vordergrund stehen somit nicht die Feststellung von Schuld und eine Bestrafung, sondern die Wiedergutmachung des Schadens (Zehr, 1990). Restaurative Gerechtigkeit ist somit v.a. im Kontext von Mediation und Täter-Opfer-Ausgleich von Bedeutung.

15.3.5.1 Prozedurale Gerechtigkeit in Gerichtsverfahren

Die Bedeutung der prozeduralen Gerechtigkeit ist zunächst v.a. in der Sozialpsychologie sowie in der Organisationspsychologie (im Zusammenhang mit Entlohnung und Beförderungen) empirisch untersucht worden. Es waren v.a. Thibaut und Walker (1975, 1978), die dieses Konzept auf Gerichtsverhandlungen angewandt haben. In einer Serie von Simulationsstudien haben sie untersucht, unter welchen Bedingungen diese Verfahren von den Betroffenen als fair oder gerecht wahrgenommen werden. In diesen Simulationen gab es zwei sich streitende Parteien und eine Instanz (das Gericht), die letztlich eine Entscheidung traf. Die Autoren unterschieden dabei fünf verschiedene Prozessarten (Bierhoff, 1992):

- *Inquisitorisches Verfahren* (entspricht im Wesentlichen dem deutschen Strafprozessrecht): Das Gericht leitet die Beweiserhebung (Prozesskontrolle) und trifft am Ende die Entscheidung (Entscheidungskontrolle).
- *Adversarisches Verfahren* (entspricht im Wesentlichen dem angelsächsischen Strafprozessrecht und dem deutschen Zivilprozessrecht): Die Konfliktparteien präsentieren in eigener Initiative ihre Standpunkte und Beweise. Das Gericht achtet auf die Einhaltung von Verfahrensregeln und trifft am Ende die Entscheidung.
- *Mediation oder Schlichtung („moot"):* Die Konfliktparteien stellen jeweils ihren Standpunkt unter Anleitung eines Mediators dar und entscheiden dann, ob sie den Schlichtungsvorschlag des Mediators annehmen.
- *Erörterung:* Eine Einigung ist nur im Konsens zwischen den Konfliktparteien und dem Entscheidungsträger möglich.
- *Verhandlung („bargaining"):* Die Konfliktparteien verhandeln über eine Lösung ohne Einmischung einer dritten Partei.

Thibaut und Walker (1975) schließen aus den Ergebnissen dieser Simulationsstudien, dass Gerichtsverfahren dann als besonders fair wahrgenommen werden, wenn die Konfliktparteien ein hohes Maß an Kontrolle über die Präsentation von Beweisen haben und wenn eine neutrale Instanz (das Gericht) die Entscheidung trifft. Dies soll v.a. für adversarische Verfahren zutreffen. Allerdings kommt es hierbei, wie Bierhoff (1992) zu Recht anmerkt, in hohem Maße darauf an, wie dieses Verfahren praktiziert wird. Wenn die Konfliktparteien unterschiedlich kompetent oder erfahren mit derartigen Situationen sind oder über unterschiedlich gute Ressourcen verfügen (z.B. unterschiedlich gute Anwälte haben), kann die Fairness sehr unterschiedlich wahrgenommen werden (Dähne, Tiedt, Godt & Köhnken, 2006). Die höhere Einschätzung der prozeduralen Gerechtigkeit bei Verfahren nach einem adversarischen Modell kann im Übrigen auch dadurch beeinflusst sein, dass dieses einer US-amerikanischen Probandenstichprobe vertrauter ist als das v.a. in Teilen Kontinentaleuropas in Strafverfahren praktizierte inquisitorische Modell.

Godt (2006; Godt & Köhnken, 2006) hat die Auswirkungen prozeduraler Gerechtigkeit auf die Akzeptanz und Einhaltung von sorge- und umgangsrechtlichen Entscheidungen in Familiengerichtsverfahren untersucht. Nach den Ergebnissen einer früheren Untersuchung von Kitzmann und Emery (1993) wurde erwartet, dass prozedurale Gerechtigkeit v.a. bei einem hohen Konfliktniveau der Prozessteilnehmenden bedeutsam ist. Ferner sollte sie besonders hinsichtlich der Zufriedenheit der Verlierer*innen eines Verfahrens eine Rolle spielen, während die Gewinner*innen auch bei prozedural ungerechten Verfahren zufrieden sein sollten. Untersucht wurden 20 Personen, die an einem familiengerichtlichen Verfahren zum Sorge- und Umgangsrecht teilgenommen hatten. Von diesen nahmen 19 noch an der zweiten Erhebung sechs Monate nach dem Gerichtsverfahren teil. Die prozedurale Gerechtigkeit wurde mit einem standardisierten Fragebogen erfasst. Darüber hinaus wurde in Interviews erfragt, wie die Gerichtsentscheidungen zum Sorge- und Umgangsrecht in der Praxis gehandhabt wurden. Hinsichtlich der Praktizierung der vom Gericht getroffenen Umgangsregelung deutet sich eine Wechselwirkung zwischen zeitlichem Abstand, Wahrnehmung prozeduraler Gerechtigkeit und Qualität der Praktizierung des Umgangsrechts an. Wenn der Umgang gut funktioniert, wird nach einem größeren Zeitabstand die prozedurale Gerechtigkeit höher eingeschätzt als unmittelbar nach dem Gerichtsverfahren und umgekehrt: Ein schlecht funktionierender Umgang verschlechtert mit der Zeit die ursprünglich bessere Wahrnehmung der prozeduralen Gerechtigkeit.

15.3.5.2 Prozedurale Gerechtigkeit, restaurative Gerechtigkeit und die Prävention von Regelverletzungen

Tyler (2006, 2009) hat das Konzept der prozeduralen Gerechtigkeit in einen größeren Kontext der Einhaltung und der Verletzung von gesellschaftlichen Normen und Gesetzen gestellt. Dem fast überall in der westlichen Welt geltenden Strafrecht liegt ein (einseitiges) behavioristisches Menschenbild zugrunde. Verhalten, so wird implizit angenommen, wird durch die dem Verhalten folgenden Konsequenzen beeinflusst. Dies können positive (Verstärkung) oder negative Konsequenzen sein (Bestrafung). Indem das Strafrecht negative Konsequenzen für Normverletzungen androht und ggf. vollzieht, soll i.S. einer Individualprävention die Person, die eine Regelverletzung begangen hat, durch operantes Konditionieren lernen, künftig derartiges Verhalten nicht mehr auszuführen. Zugleich sollen generalpräventiv andere Personen davon abgehalten werden, Regelverstöße zu begehen. Lerntheoretisch handelt es sich hierbei um eine stellvertretende Bestrafung (Bandura, 1965).

Insofern dieses Modell der Verhaltenskontrolle auf Bestrafungen basiert, wird es auch als Abschreckungsmodell bezeichnet („deterrence model“; Nagin, 1998). Empirische Untersuchungen belegen, dass Verhalten zwar tatsächlich durch die Androhung von negativen Konsequenzen im Falle von Normverletzungen beeinflusst wird, jedoch sind diese Effekte sehr klein. So berichtet z.B. MacCoun (1993), dass lediglich 5% der Varianz des Verhaltens in Zusammenhang mit illegalen Drogen durch die Schwere der angedrohten Strafe bzw. durch die Wahrscheinlichkeit, dass eine Strafe eintritt, erklärt werden kann.

Tyler stellt diesem behavioristischen Modell der Verhaltenskontrolle ein Modell gegenüber, welches auf Überlegungen von Kurt Lewin basiert (z.B. Lewin, 1935), aber auch in zahlreichen anderen Persönlichkeits- und Entwicklungstheorien wurzelt. Danach wird menschliches Verhalten zwar einerseits durch Belohnungen oder Bestrafungen gesteuert, die als Konsequenz auf ein Verhalten folgen. Lewin hat diesem Konzept externaler Motivation durch positive oder negative Konsequenzen ein Modell internaler Motivation gegenübergestellt. Demnach verhalten Menschen sich deshalb in bestimmter Weise, weil sie soziale Werte verinnerlicht haben und eine soziale Verpflichtung verspüren, sich entsprechend dieser Werte zu verhalten. Hierbei sind zwei Komponenten von Bedeutung: Rechtmäßigkeit oder Legitimität („legitimacy“) und ethisch/moralische Normen (Tyler & Blader, 2005). Legitimität in diesem Sinne ist dann gegeben, wenn die Mitglieder einer Gesellschaft aus freien Stücken den Vorgaben durch eine Regel oder durch eine Behörde (z.B. der Polizei) folgen (Tyler, 2006). Diese Wahrnehmung der Rechtmäßigkeit oder Legitimität wird wesentlich beeinflusst durch die Erfahrung, dass Regeln nach einem fairen, gerechten Verfahren zustande gekommen sind und fair angewandt werden (z. B. Tyler, 2001; McLean, 2018). Dies wiederum soll nach Tyler (2006) das Gefühl für soziale Verantwortung und die Bereitschaft zur Befolgung von Regeln fördern. Tylers Annahme, dass die Wahrnehmung situationsspezifischer prozeduraler Gerechtigkeit einen wichtigen Prädiktor für die Bewertung von Legitimität darstellt, konnte wiederholt empirisch bestätigt werden (z. B. McLean, 2018; Walters & Bolger, 2019). Jedoch wird bei der Messung von Legitimität oft nicht ausreichend zwischen den Personen, die aus freien Stücken gesetzeskonform handeln, und jenen Personen, die sich aus Angst vor Bestrafung an Gesetze halten, unterschieden (Pósch, Jackson, Bradford & Macqueen, 2020; Jackson & Bradford, 2019). Darüber hinaus merken Pina-Sánchez und Brunton-Smith (2020) an, dass der Effekt, den prozedurale Gerechtigkeit auf die Wahrnehmung von Legitimität ausübt, häufig überschätzt wird und ursächliche Drittvariablen, wie Intervieweffekte, beachtet werden sollten.

Die zweite Komponente dieses Modells einer intrinsischen Motivation zur Befolgung von Regeln besteht aus ethisch-moralischen Normen. Danach verhalten Menschen sich so, dass ihr Verhalten mit diesen Normen konsistent ist. Ethisch-moralische Normen werden im Zuge der Entwicklung erworben (z. B. Kohlberg, 1996; Freud, 1924). Die internalisierten Normen stehen nicht immer in Einklang mit externen Regeln und Gesetzen. So kann jemand z. B. subjektiv der Meinung sein, dass Entscheidungen von Versicherungen durch Profitmaximierung determiniert sind, und dies für unmoralisch halten. Er könnte sich dann für berechtigt halten, eine Versicherung durch falsche Angaben zu einem Schaden zu betrügen.

Das Erlebnis von prozeduraler Gerechtigkeit im Handeln von Autoritäten (wie etwa Polizei oder Justiz) soll nach Tyler (2006) ethisch-moralische Normen aktivieren und so zu regelkonformem Verhalten beitragen. Bei jugendlichen Straftätern sagt die Wahrnehmung der Legitimität und der ihr zugrunde liegenden prozeduralen Gerechtigkeit tatsächlich die spätere Beteiligung an und Häufigkeit von Straftaten sowie Drogenkonsum vorher. Jüngere Straftäter scheinen unbeeindruckt von dieser normativen Erwägung und verhalten sich nicht gesetzeskonformer (Augustyn, 2015), was, anlehnend an Kohlberg (1996), vermutlich u. a. durch ihren Entwicklungsstand zu erklären ist.

Tyler betont ferner die Bedeutung restaurativer Gerechtigkeit für die Reaktion auf stattgefundene Regelübertretungen (Braithwaite, 2002). Kurz gesagt wird nach diesem Modell auf eine Normverletzung nicht mit Bestrafung und Abschreckung reagiert, sondern durch Maßnahmen zur Förderung des Gefühls einer sozialen Verantwortung. An diesen Maßnahmen sollen Täter und Opfer sowie deren Familien teilnehmen. In gewisser Weise ähnelt das Modell der restaurativen Gerechtigkeit somit dem Täter-Opfer-Ausgleich. Auch hierbei kommt der prozeduralen Gerechtigkeit eine besondere Bedeutung zu. Sie fördert nach Tyler (2006) selbstregulatorisches normkonformes Verhalten, welches unabhängig ist von externen Verstärkungs- und Bestrafungskontingenzen, während sanktionenorientierte Ansätze genau diesen Effekt untergraben. Entsprechend fanden Miller und Hefner (2015), dass durch Programme der restaurativen Gerechtigkeit in Australien und den USA Schäden, die durch das Strafjustizsystem verursacht wurden, korrigiert werden können und folglich die prozedurale Gerechtigkeit für Opfer und Täter schwerer Verbrechen enorm erhöht wird.

Die Ideen Tylers, die letztlich auf eine Ablösung punitiver Modelle zur Reaktion auf Regelverletzungen (retributive Gerechtigkeit: unparteiische Feststellung von Schuld und Festlegung einer gerechten Strafe) hinauslaufen, erscheinen auf den ersten Blick revolutionär. Skepsis ist v. a. angebracht hinsichtlich der Akzeptanz eines Modells prozeduraler und restaurativer Gerechtigkeit in Politik und Gesellschaft. Andererseits kann die begrenzte Effizienz von allein auf die Androhung und Vollstreckung von Sanktionen basierenden Modellen angesichts hoher Rückfallraten nicht übersehen werden. Empirische Befunde zur Wirkung von Maßnahmen der restaurativen Gerechtigkeit deuten teilweise darauf hin, dass hierdurch Rückfallhäufigkeiten reduziert werden können (Übersicht bei Wenzel, Okimoto, Feather & Plato, 2008). Elliott, Thomas und Ogloff (2011) haben gezeigt, dass prozedurale Gerechtigkeit in Interaktionen mit der Polizei die Wahrnehmung der Legitimität polizeilicher Maßnahmen und in der Folge die Bereitschaft zu regelkonformem Verhalten fördern kann. Dieser Effekt scheint allerdings nur kurzfristig von Bedeutung. In einer Metaanalyse über 64 Studien verglichen Walters & Bolger (2019) den Einfluss der Wahrnehmung prozeduraler Gerechtigkeit und Legitimität auf die Einhaltung von Gesetzen. Entgegen den Überlegungen von Tyler (2003, 2006) zeigte sich die Legitimität der prozeduralen Gerechtigkeit überlegen, da sie in Quer- sowie Längsschnittstudien das regelkonforme Verhalten sicher vorhersagte. Eine signifikante prädiktive Wirkung der Wahrnehmung prozeduraler Gerechtigkeit auf das Befolgen von Gesetzen konnte allerdings lediglich in den Querschnittstudien nachgewiesen werden.

Einige der von Tyler diskutierten Ideen zur retributiven Gerechtigkeit sind bereits erfolgreich in Ansätzen des Täter-Opfer-Ausgleichs, der Mediation sowie der Diversion in die Praxis umgesetzt worden.

15.4 Weiterführende Literatur

Gromet, D. M., Okimoto, T. G., Wenzel, M. & Darley, J. M. (2012). A victim-centered approach to justice? Victim satisfaction effects on third-party punishments. *Law & Human Behavior, 36,* 375–389. https://doi.org/10.1037/h0093922

Der Artikel gibt einerseits einen guten Überblick über die Konzepte restaurative und prozedurale Gerechtigkeit und zeigt in drei komplexen Experimenten Zusammenhänge zwischen der Zufriedenheit mit einem Verfahren, der restaurativen Gerechtigkeit und dem Strafbedürfnis.

Lanni, A. (2021). Taking restorative justice seriously. *Buffalo Law Review, 69* (3), 635–681.

Dieser Artikel stellt umfangreiche Überlegungen zum Einbeziehen restaurativer Gerechtigkeit im gesamten Strafrechtssystem an.

Lind, E. A. & Tyler, T. R. (1988). *The social psychology of procedural justice.* New York, NY: Plenum Press. https://doi.org/10.1007/978-1-4899-2115-4

Nicht mehr ganz neu, aber gleichwohl ein Klassiker. Das Buch gibt eine umfangreiche Übersicht über Theorie und empirische Forschung zur prozeduralen Gerechtigkeit.

Literatur

Adams, J. S. (1965). Inequity in social exchange. In L. Berkowitz (Ed.), *Advances in experimental social psychology* (pp. 267–299). New York, NY: Academic Press.

Ambrose, M. L. & Cropanzano, R. (2003). A longitudinal analysis of organizational fairness: An examination of reactions to tenure and promotion decisions. *Journal of Applied Psychology, 88,* 266–275. https://doi.org/10.1037/0021-9010.88.2.266

Ansems, L. F. M., van den Bos, K. & Mak, E. (2020). Speaking of justice: A qualitative interview study on perceived procedural justice among defendants in Dutch criminal cases. *Law and Society Review, 54* (3), 643–678. https://doi.org/10.1111/lasr.12499

Augustyn, M. B. (2015). The (Ir)relevance of procedural justice in the pathways to crime. *Law and Human Behavior, 39* (4), 388–401. https://doi.org/10.1037/lhb0000122

Avery, D. R. & Quinones, M. A. (2004). Individual difference and the voice effect: The moderating role of value of voice. *Group and Organizational Management, 29,* 106–124. https://doi.org/10.1177/1059601103252097

Bandura, A. (1965). Influence of models' reinforcement on the acquisition of imitative responses. *Journal of Personality and Social Psychology, 1,* 589–596. https://doi.org/10.1037/h0022070

Bierhoff, H.W. (1992). Prozedurale Gerechtigkeit: Das Wie und Warum der Fairness. *Zeitschrift für Sozialpsychologie, 23,* 163–178.

Braithwaite, J. (2002). *Restorative justice and responsive regulation.* Oxford: Oxford University Press.

Brockner, J. & Wiesenfeld, B.M. (1996). An integrative framework for explaining reactions to decisions: Interactive effects of outcomes and procedures. *Psychological Bulletin, 120,* 189–209. https://doi.org/10.1037/0033-2909.120.2.189

Cloutier, J., Vilhuber, L., Harrisson, D. & Béland-Ouellette, V. (2018). Understanding the effect of procedural justice on psychological distress. *International Journal of Stress Management, 25* (3), 283–300. https://doi.org/10.1037/str0000065

Cohen, R.L. (Ed.). (1986). *Justice: Views from the social sciences.* New York, NY: Plenum. https://doi.org/10.1007/978-1-4899-3511-3

Dähne, D., Tiedt, S., Godt, S. & Köhnken, G. (2006). Wie wirken Informationen über die Ressourcen des Prozessgegners sowie soziale Beeinflussung auf die Beurteilung der Verfahrensgerechtigkeit? – Eine Simulationsstudie. In T. Fabian & S. Nowara (Hrsg.), *Neue Wege und Konzepte in der Rechtspsychologie* (Bd. 3, S. 295–309). Berlin: Lit.

Dalbert, C. (2001). *The justice motive as a personal resource: Dealing with challenges and critical life events.* New York, NY: Plenum. https://doi.org/10.1007/978-1-4757-3383-9

Elliott, I., Thomas, S.D. M. & Ogloff, J.R. P. (2011). Procedural justice in contacts with the police: Testing a relational model of authority in a mixed methods study. *Psychology, Public Policy, and Law, 17,* 592–610. https://doi.org/10.1037/a0024212

Freud, S. (1924). *Der Untergang des Ödipuskomplexes* (Studienausgabe, Bd. V). Frankfurt a.M.: Fischer.

Godt, S. (2006). *Der Einfluss prozeduraler Gerechtigkeit auf die Akzeptanz von sorge- und umgangsrechtlichen Entscheidungen.* Unveröffentlichte Dissertation, Universität Kiel.

Godt, S. & Köhnken, G. (2006). Der Einfluss von prozeduraler Gerechtigkeit auf die Akzeptanz von sorge- und umgangsrechtlichen Entscheidungen. In T. Fabian & S. Nowara (Hrsg.), *Neue Wege und Konzepte in der Rechtspsychologie* (Bd. 3, S. 287–294). Berlin: Lit.

Greenberg, J. (1990). Organizational justice: Yesterday, today, and tomorrow. *Journal of Management, 16,* 399–432. https://doi.org/10.1177/014920639001600208

Higgins, G.E. & Jordan, K.L. (2005). Race and gender: An examination of the models that explain evaluations of the court system for differences. *Criminal Justice Studies, 18,* 81–97. https://doi.org/10.1080/14786010500071188

Homans, G.C. (1961). *Social behaviour: First elementary forms.* London: Routledge & Kegan Paul.

Huo, Y.J. & Tyler, T.R. (2001). Ethnic diversity and the viability of organizations: The role of procedural justice in bridging differences. In J. Greenberg & R. Cropanzanoof (Eds.), *Advances in organizational justice* (pp. 213–244). San Francisco, CA: New Lexington Press.

Jackson, J. & Bradford, B. (2019). Blurring the distinction between empirical and normative legitimacy? A methodological commentary on „police legitimacy and citizen cooperation in China". *Asian Journal of Criminology, 14* (4), 265–289. https://doi.org/10.1007/s11417-019-09289-w

Khattak, M.N., Khan, M.B., Fatima, T. & Ali Shah, S.Z. (2019). The underlying mechanism between perceived organizational injustice and deviant workplace behaviors: Moderating role of personality traits. *Asia Pacific Management Review, 24* (3), 201–211. https://doi.org/10.1016/j.apmrv.2018.05.001

Kitzmann, K.M. & Emery, R.E. (1993). Procedural justice and parents' satisfaction in a field study of child custody dispute resolution. *Law and Human Behavior, 17,* 553–567. https://doi.org/10.1007/BF01045073

Kohlberg, L. (1996). *Die Psychologie der Moralentwicklung.* Frankfurt a.M.: Suhrkamp.

Lerner, M.J. (1980). *The belief in a just world: A fundamental delusion.* New York, NY: Plenum. https://doi.org/10.1007/978-1-4899-0448-5

Leventhal, G.S. (1980). What should be done with equity theory? New approaches to the study of fairness in social relationships. In K.J. Gergen, M.S. Greenberg & R.H. Willis (Eds.), *Social exchange* (pp. 27–55). New York, NY: Plenum.

Lewin, K. (1935). *A dynamic theory of personality.* New York, NY: McGraw-Hill.

Lind, E.A., Kanfer, R. & Earley, P.C. (1990). Voice, control and procedural justice: Instrumental and noninstrumental concerns in fairness judgments. *Journal of Personality and Social Psychology, 59,* 952–959. https://doi.org/10.1037/0022-3514.59.5.952

Lind, E.A. & Lissak, R.I. (1985). Apparent impropriety and procedural fairness judgements. *Journal of Experimental Social Psychology,* 21, 19–29. https://doi.org/10.1016/0022-1031(85)90003-4

Lind, E.A. & Tyler, T.R. (1988). *The social psychology of procedural justice.* New York, NY: Plenum. https://doi.org/10.1007/978-1-4899-2115-4

Lucas, T., Zhdanova, L. & Alexander, S. (2011). Procedural and distributive justice beliefs for self and others assessment of a four-factor individual differences model. *Journal of Individual Differences, 32,* 14–25. https://doi.org/10.1027/1614-0001/a000032

MacCoun, R.J. (1993). Drugs and the law: A psychological analysis of drug prohibition. *Psychological Bulletin, 113,* 497–512. https://doi.org/10.1037/0033-2909.113.3.497

McLean, K. (2018). *The importance of outcome fairness: Revisiting the role of distributive justice.* Dissertation, University of South Carolina, Columbia.

Mikula, G., Petri, B. & Tanzer, N. (1990). What people regard as unjust: Types and structures of everyday experiences of injustice. *European Journal of Social Psychology, 22,* 133–149. https://doi.org/10.1002/ejsp.2420200205

Miller, S.L. & Hefner, M.K. (2015). Procedural justice for victims and offenders? Exploring restorative justice processes in Australia and the US. *Justice Quarterly, 32* (1), 142–167. https://doi.org/10.1080/07418825.2012.760643

Mohiyeddini, C. & Schmitt, M. (1997). Sensitivity to befallen injustice and reactions to unfair treatment in a laboratory situation. *Social Justice Research, 10,* 333–352. https://doi.org/10.1007/BF02683307

Nagin, D.S. (1998). Criminal deterrence research at the outset of the twenty-first century. In M. Tonry (Ed.), *Crime and justice* (pp. 1–42). Chicago, IL: University of Chicago Press.

Pina-Sánchez, J. & Brunton-Smith, I. (2020). Reassessing the relationship between procedural justice and police legitimacy. *Law and Human Behavior, 44* (5), 377–393. https://doi.org/10.1037/lhb0000424

Pósch, K., Jackson, J., Bradford, B. & Macqueen, S. (2020). „Truly free consent“? Clarifying the nature of police legitimacy using causal mediation analysis. *Journal of Experimental Criminology, 17,* 563–595. https://doi.org/10.1007/s11292-020-09426-x

Rotter, J.B. (1975). Some problems and misconceptions related to the construct of internal versus external control of reinforcement. *Journal of Consulting and Clinical Psychology, 43,* 56–67. https://doi.org/10.1037/h0076301

Schmitt, M.J., Neumann, R. & Montada, L. (1995). Dispositional sensitivity to befallen injustice. *Social Justice Research, 8,* 385–407. https://doi.org/10.1007/BF02334713

Skitka, L.J., Winquist, J. & Hutchinson, S. (2003). Are outcome fairness and outcome favorability distinguishable psychological constructs? A meta-analytic review. *Social Justice Research, 19,* 239–253.

Sutton, R.M. & Douglas, K.M. (2005). Justice for all, or just for me? More support for self-other differences in just world beliefs. *Personality and Individual Differences, 39,* 637–645. https://doi.org/10.1016/j.paid.2005.02.010

Tatar, J.R., Kaasa, S.O. & Cauffman, E. (2012). Perceptions of procedural justice among female offenders: Time does not heal all wounds. *Psychology, Public Policy and Law, 18,* 268–296. https://doi.org/10.1037/a0025118

Thibaut, J. & Walker, L. (1975). *Procedural justice: A psychological analysis.* Hillsdale, NJ: Erlbaum.

Thibaut, J. & Walker, L. (1978). A theory of procedure. *California Law Review, 66,* 541–566. https://doi.org/10.2307/3480099

Tyler, T.R. (1988). What is procedural justice? Criteria used by citizens to assess the fairness of legal procedures. *Law and Society Review, 22,* 103–135. https://doi.org/10.2307/3053563

Tyler, T.R. (1990). *Why people obey the law.* London: Yale University Press.

Tyler, T.R. (2000). Social justice: Outcome and procedure. *International Journal of Psychology, 35,* 117125. https://doi.org/10.1080/002075900399411

Tyler, T.R. (2001). Public trust and confidence in legal authorities: What do majority and minority group members want from the law and legal institutions? *Behavioral Sciences and the Law, 19,* 215–235. https://doi.org/10.1002/bsl.438

Tyler, T.R. (2003). Procedural justice, legitimacy, and the effective rule of law. *Crime and Justice, 30,* 283–357. https://doi.org/10.1086/652233

Tyler, T.R. (2006). Restorative justice and procedural justice: Dealing with rule breaking. *Journal of Social Issues, 62,* 307–326. https://doi.org/10.1111/j.1540-4560.2006.00452.x

Tyler, T.R. (2009). Procedural justice, identity and deference to the law: What shapes rule-following in a period of transition? *Australian Journal of Psychology, 61,* 32–39. https://doi.org/10.1080/00049530802607639

Tyler, T.R. & Blader, S.L. (2003). The group engagement model: Procedural justice, social identity, and cooperative behaviour. *Personality and Social Psychology Review, 7,* 349–361. https://doi.org/10.1207/S15327957PSPR0704_07

Tyler, T.R. & Blader, S.L. (2005). Can businesses effectively regulate employee conduct? The antecedents of rule following in work settings. *Academy of Management Journal, 48,* 1143–1158. https://doi.org/10.5465/amj.2005.19573114

Tyler, T.R. & Degoey, P. (1995). Collective restraint in social dilemmas: Procedural justice and social identification effects on support for authorities. *Journal of Personality and Social Psychology, 69,* 482–497. https://doi.org/10.1037/0022-3514.69.3.482

Tyler, T.R. & Folger, R. (1980). Distributional and procedural aspects of satisfaction with citizen-police encounters. *Basic and Applied Social Psychology, 1,* 281–292. https://doi.org/10.1207/s15324834basp0104_1

van den Bos, K., Vermunt, R. & Wilke, H.A.M. (1997). Procedural and distributive justice: What is fair depends more on what comes first than what comes next. *Journal of Personality and Social Psychology, 72,* 95–104. https://doi.org/10.1037/0022-3514.72.1.95

Walster, E., Walster, G.W. & Berscheid, E. (1978). *Equity: Theory and research.* Boston, MA: Allyn & Bacon.

Walters, G.D. & Bolger, P.C. (2019). Procedural justice perceptions, legitimacy beliefs, and compliance with the law: a meta-analysis. *Journal of Experimental Criminology, 15,* 341–372. https://doi.org/10.1007/s11292-018-9338-2

Wenzel, M., Okimoto, T.G., Feather, N.T. & Plato, M.J. (2008). Retributive and Restorative Justice. *Law and Human Behavior, 32,* 375–389. https://doi.org/10.1007/s10979-007-9116-6

Zehr, H. (1990). *Changing lenses: A new focus for crime and justice.* Scottsdale, PA: Herald Press.

16 Rechte und Pflichten der psychologischen Sachverständigen und allgemeine Grundlagen der Begutachtung

Petra Hänert

16.1 Psycholog*innen als Sachverständige für das Gericht

Seit Beginn des 20. Jahrhunderts werden psychologische Sachverständige von Gerichten hinzugezogen. Während in den ersten beiden Jahrzehnten ein ansteigendes Interesse an der fachlichen Expertise der Psycholog*innen bestand, nahm dieses dann bis zum Ende des Zweiten Weltkrieges ab. In den 50er-Jahren erlebte die Rechtspsychologie erneut einen Aufschwung, insbesondere gefördert von Undeutsch (Undeutsch, 1967; s. Kap. 1 in diesem Band). Zunächst wurden Psycholog*innen überwiegend zu Fragen der Glaubhaftigkeit von Zeug*innenaussagen herangezogen. Weitere Bereiche, in denen psychologisches Fachwissen in gerichtliche Entscheidungen eingebunden wird, ergaben sich auch aus neuen gesetzlichen Regelungen und Gesetzesänderungen. So hatten Gerichte in den 70er-Jahren durch die Neuregelung der elterlichen Sorge nun die Bindungen des Kindes an seine Eltern und Geschwister zu berücksichtigen und eine Regelung zu treffen, die „dem Wohl des Kindes am besten entspricht" (§ 1671 BGB). In der Folge wurden psychologische Sachverständige zu diesen Fragestellungen vermehrt angefragt. Auch aus der Änderung des Waffengesetzes 2003 ergaben sich neue Fragestellungen für psychologische Sachverständige, deren Expertise in § 6 Abs. 2 WaffG explizit benannt wird. Dort wird ein amts- oder fachärztliches oder fachpsychologisches Zeugnis verlangt, wenn Bedenken an der geistigen und körperlichen Eignung zum Erwerb der waffenrechtlichen Erlaubnis (§ 6 Abs. 2 WaffG) bestehen (s. Kap. 18 in diesem Band).

16.1.1 Begriff der Sachverständigen

Sachverständige nehmen auf der Grundlage eigener Sachkunde und Erfahrung Stellung zu Fragen, deren Beantwortung eine besondere fachliche Expertise erfordert. Sachverständige werden von Gerichten und Behörden beauftragt, wenn dort kein ausreichendes Fachwissen zur Beurteilung der relevanten Fragestellung vorliegt. Die Beantwortung kann schriftlich und/oder mündlich erfolgen. Sie geschieht auf der Grundlage von bereits vorhandenen oder erst zu erhebenden Informationen. Sachverständige unterstützen den Beurteilungs- und Entscheidungsprozess der auftraggebenden Person, geben aber keine endgültige Bewertung ab. Die gerichtlichen Sachverständigen haben sich auf die Beurteilung der Umstände zu beschränken, auf die sich ihr Fachwissen bezieht, und nur die vom Gericht im Gutachtenauftrag benannte Fragestellung zu beantworten. Die Beweiswürdigung obliegt stets dem Gericht.

Die Bezeichnung „Sachverständige" ist in Deutschland nicht geschützt. Jede Person darf sich Sachverständige nennen. Die Gesetzgebung hat diesen Begriff nicht allgemeingültig definiert. Die Bezeichnung „öffentlich bestellter und vereidigter Sachverständiger" ist dagegen nach § 132 StGB geschützt. Die unbefugte Verwendung des Titels (Amtsanmaßung) ist strafbar. Die Grundpflichten eines oder einer öffentlich bestellten Sachverständigen sind neben der Sachkunde Objektivität und Neutralität. Die Bestellung hat den Zweck, Gerichten, Behörden und der Öffentlichkeit ausgewiesene, besonders sachkundige Gutachter*innen zur Verfügung zu stellen. Die Bestellung erfolgt i.d.R. durch Kammern (z.B. Industrie- und Handelskammer, IHK). Derzeit gibt es nur im Bundesland Bayern „öffentlich bestellte und vereidigte" (ö. b. u. v.) psychologische Sachverständige. In den übrigen Bundesländern werden freie, allgemein anerkannte und qualifizierte Sachverständige eingesetzt. Im Zivilrecht sollen nach § 404 ZPO „für gewisse Arten von Gutachten" ö. b. u. v. Sachverständige bevorzugt gewählt werden. Im Strafrecht bestimmt § 73 Abs. 2 StPO, dass für gewisse Arten von Gutachten bevorzugt öffentlich bestellte Sachverständige gewählt werden sollen.[31]

16.1.2 Die Erforderlichkeit der Sachverständigen

Grundsätzlich steht es im Ermessen des Gerichts, ob es eine*n Sachverständige*n hinzuziehen will. In einigen Ausnahmefällen wird die Zuziehung jedoch vorgeschrieben. So ist bei der Einrichtung einer Betreuung ein ärztliches Sachverständigengutachten einzuholen (§ 280 FamFG). Ebenso verlangt § 321 Abs. 1 FamFG, dass vor einer Unterbringungsmaßnahme ein Gutachten eingeholt werden muss. Im Strafverfahren muss vor der Anordnung der Unterbringung der beschuldigten Person in ein psychiatrisches Krankenhaus, einer Erziehungsanstalt oder in die Sicherheitsverwahrung schon im Vorverfahren (s. Textbox 16.2) ein*e Sachverständige*r einbezogen werden (§ 80a StPO), wenn mit der Unterbringung zu rechnen ist. Paragraph 81 StPO erlaubt dem Gericht nach Anhörung einer*eines Sachverständigen die Einweisung in ein psychiatrisches Krankenhaus zur Vorbereitung eines Gutachtens über den psychischen Zustand der beschuldigten Person. Paragraph 246a StPO schreibt vor, dass in den angeführten Fällen ein*e Sachverständige*r in der Hauptverhandlung über den Zustand und die Behandlungsaussichten zu vernehmen ist. Desgleichen wird auch vor der Entscheidung, ob die Reststrafe einer lebenslangen Freiheitsstrafe ausgesetzt werden kann, ein*e Sachverständige*r mit dem Prüfauftrag hinzugezogen, ob die Gefährlichkeit des oder der Verurteilten fortbesteht (§ 454 Abs. 2 StPO).

Die Beiziehung von Sachverständigen ergibt sich im Strafprozessrecht aus der richterlichen Aufklärungspflicht (§ 244 Abs. 2 StPO), nach der das Gericht zur Erforschung der Wahrheit alle entscheidungsrelevanten Tatsachen und Beweismittel einzubeziehen hat. Sachverständige gelten dabei als ein Beweismittel unter anderen. Verletzt das Gericht seine Aufklärungspflicht, kann damit eine Revision vor dem Bundesgerichtshof begründet werden. Die Hinzuziehung von Sachverständigen kann im Strafverfahren auch von anderen Verfahrensbeteiligten, z.B. der angeklagten Person, beantragt werden. Das Gericht ist nicht verpflichtet, einem solchen Beweisantrag stattzugeben, wenn es die eigene Sachkunde für ausreichend hält oder durch ein früheres Gutachten das Gegenteil der behaupteten Tatsache erwiesen ist (§ 244 Abs. 3 und 4 StPO). Sachverständige können auch von der Staatsanwaltschaft geladen werden (§ 161a und § 214 Abs. 3 StPO). Das Gericht ist aber nicht an den*die von der Staatsanwaltschaft beauftragten Sachverständige*n gebunden, da die Auswahl der Sachverständigen grundsätzlich durch den*die Richter*in erfolgt (§ 73 StPO).

31 Im allgemeinen Sprachgebrauch werden unter den Begriff „Gutachter" häufig ebenfalls Sachverständige verstanden. Sachverständige und Gutachter*innen haben prinzipiell die gleichen Fragestellungen zu beantworten.

Auch im Zivilrecht kann bei streitigen Tatsachen ein Sachverständigenbeweis eingeholt werden. Dieses geschieht im Allgemeinen auf Antrag einer Partei. Das Gericht kann sich zwar auch hier auf die eigene Sachkunde beziehen, muss aber in einigen Bereichen, z. B. in Kindschaft- und Familiensachen, aus eigener Zuständigkeit heraus die entscheidungserheblichen Tatsachen ermitteln (§ 26 FamFG). Daraus ergibt sich bei nicht ausreichender Sachkunde die Heranziehung einer*eines Sachverständigen. Auch ohne konkreten Beweisantrag kann das Gericht die Begutachtung durch eine*n Sachverständige*n anordnen (§ 144 Abs. 1 ZPO).

16.1.3 Aufgabenbereiche der Sachverständigen

Generell sind die Aufgabenbereiche von Sachverständigen gegliedert in:

- die Feststellung von Tatsachen,
- die Beurteilung von Tatsachen und
- die Mitteilung von Erfahrungssätzen (Ulrich, 2007).

Die *Tatsachenfeststellung* obliegt grundsätzlich dem Gericht, es kann sich dabei aber der Hilfe eines*einer Sachverständigen bedienen. Diese*r erhebt vor dem Hintergrund eigener Sachkunde Befundtatsachen, die sich inhaltlich aus dem Gutachtenauftrag ergeben. Im Fall forensisch-psychologischer Gutachten gehören dazu i. d. R. die Exploration zum Sachverhalt und die Erhebung von Testbefunden. Die *Beurteilung von Tatsachen* vor dem Hintergrund der eigenen Sachkunde gehört zu den originären Aufgaben der Sachverständigen. Dabei müssen sie dem Gericht nicht nur das Ergebnis der Beurteilungen mitteilen, sondern auch die zugrunde gelegten Kausalzusammenhänge erläutern und Schlussfolgerungen vor dem Hintergrund der angewendeten wissenschaftlichen Erkenntnisse und anderer begründeter Annahmen nachvollziehbar machen. Die ausschließliche *Vermittlung von allgemeinen Erfahrungsgrundsätzen* der psychologischen Wissenschaft ist eher selten, meist haben psychologische Sachverständige einen personenbezogenen Gutachtenauftrag zu bearbeiten, während diese Art der Sachverständigentätigkeit im angelsächsischen Rechtssystem durchaus üblich ist. Die Vermittlung der allgemeinen Erkenntnisse des Fachgebiets dient dazu, Grundlagen für die richterliche Entscheidung in einem konkreten Rechtsfall zu geben (Ulrich, 2007), ohne selbst zu dem Fall Stellung zu nehmen.

16.1.4 Fragestellungen an die psychologischen Sachverständigen

Die psychologischen Sachverständigen sind in verschiedenen Bereichen der Gerichtsbarkeit tätig. So geht es in der Strafgerichtsbarkeit u. a. um die Beurteilung der Glaubhaftigkeit von Zeug*innenaussagen, der Schuldfähigkeit (§§ 20, 21 StGB), der strafrechtlichen Verantwortlichkeit jugendlicher Täter (§ 3 JGG), der Gefährlichkeit bei der Strafaussetzung (§§ 56, 57 StGB) und der Unterbringung, z. B. in einer Entziehungsanstalt (§ 64 StGB).

Textbox 16.1: Deutsche Gerichtsbarkeit

Die deutsche Gerichtsbarkeit ist in fünf selbstständige Bereiche aufgeteilt, die als Zweige der Gerichtsbarkeit bezeichnet werden. Diese gliedern sich in die „ordentliche" und „besondere" Gerichtsbarkeit. Die ordentliche Gerichtsbarkeit mit dem Bundesgerichtshof an der Spitze umfasst die Strafgerichtsbarkeit und die Zivilgerichtsbarkeit. Zur Zivilgerichtsbarkeit gehört die freiwillige Gerichtsbarkeit, in der es v. a. um Vormundschaftssachen und Nachlassangelegenheiten geht. Zur besonderen Gerichtsbarkeit gehören die Verwaltungsgerichtsbarkeit, die Sozialgerichtsbarkeit, die Arbeitsgerichtsbarkeit und die Finanzgerichtsbarkeit (s. Kap. 12 in diesem Band).

Im Zivilrecht ergeben sich überwiegend Fragestellungen aus dem Familien- und Vormundschaftsrecht, z. B. zur elterlichen Sorge (§§ 1672, 1687 BGB), zum Umgang des Kindes mit den Eltern (§ 1684 Abs. 1 BGB) oder zur Gefährdung des Kindeswohls (§ 1666 BGB).

Weitere Gebiete der psychologischen Sachverständigentätigkeit sind das Verwaltungsrecht, dort u. a. Schullaufbahn- und Bildungszugänge (z. B. Zulassung zum Studium über die Härtefallregelung), Verkehrsrecht (Untersuchung der Fahreignung), Waffenrecht (Eignung zur Benutzung einer Schutzwaffe) und Kausalitätsprüfungen nach dem Opferentschädigungsgesetz (OEG).

16.1.5 Auswahl der Sachverständigen

Die psychologischen Sachverständigen sind im Erkenntnisverfahren und im Vollstreckungsverfahren tätig. Das Gericht kann zur weiteren Aufklärung Beweiserhebungen durch die Einholung eines Sachverständigengutachtens anordnen (§ 202 StPO). Die Auswahl eines*einer Sachverständigen erfolgt im Strafprozess durch den*die Richter*in (§ 73 Abs. 1 StPO). Dabei kann sich an den Vorschlägen von anderen Prozessbeteiligten wie Staatsanwaltschaft, Verteidigung orientiert werden. Bedenken gegen die Auswahl des Gerichts können die Prozessbeteiligten nach § 74 StPO unter Angabe von Gründen für die Ablehnung vorbringen. Werden im Hauptverfahren Sachverständige hinzugezogen, geschieht dies i. d. R., wenn sich in der Beweisaufnahme neue Informationen und Erkenntnisse ergeben, deren Beurteilung sachverständige Kompetenz erfordert. In der Hauptverhandlung können Staatsanwaltschaft (§ 214 Abs. 3 StPO) und Angeklagter (§ 220 StPO) einen Beweisantrag zur Ladung eines*einer Sachverständigen stellen. Diese*r muss von dem Gericht in der Hauptverhandlung vernommen werden, außer wenn triftige Gründe nach § 245 Abs. 2 dagegen stehen, z. B. dass es sich um ein ungeeignetes Beweismittel handelt, eine schon erwiesene Tatsache vorliegt oder es zu einer Prozessverschleppung führt.

Auch im Zivilprozess wird die Auswahl der gerichtlichen Sachverständigen durch das Gericht vorgenommen (§ 404f ZPO). Dieses kann den Parteien aufgeben, geeignete Sachverständige zu benennen (§ 404 Abs. 3 ZPO) und muss sich dann bei Einigung der Parteien auf eine*n Sachverständige*n an diese Auswahl halten (§ 404 Abs. 4 ZPO).

Sachverständige können in allen Verfahrensarten von den Verfahrensbeteiligten abgelehnt werden, wenn die Besorgnis der Befangenheit besteht und Gründe dafür glaubhaft gemacht werden können (§ 406 ZPO; § 74 StPO). Der

Textbox 16.2: Verfahrensabläufe

Im Erkenntnisverfahren, der Begriff wird im Zivilprozess und im Strafprozess verwendet, werden entscheidungserhebliche Tatsachen erhoben, um nach einer mündlichen Verhandlung zu einem Urteil zu kommen. Im Strafverfahren unterscheidet man zwischen Ermittlungsverfahren (oder Vorverfahren), dem Zwischenverfahren und dem Hauptverfahren. Das Ermittlungsverfahren beginnt im Allgemeinen mit einer Anzeige oder einem Hinweis auf eine Straftat und leitet die Ermittlungen ein. Im Ermittlungsverfahren können Sachverständige durch die Staatsanwaltschaft hinzugezogen werden (§ 161a StPO), z. B. zur Frage der Aussagetüchtigkeit des Belastungszeugen*der Belastungszeugin. Bei hinreichendem Tatverdacht kommt es dann zur Erhebung der Anklage durch die Staatsanwaltschaft. Damit ist das Zwischenverfahren bei dem zuständigen Gericht eröffnet. Das Zwischenverfahren endet mit der Entscheidung über die Eröffnung oder Nichteröffnung des Hauptverfahrens. Im Vollstreckungsverfahren gibt es im Zivilprozess die Zwangsvollstreckung, im Strafverfahren die Strafvollstreckung.

Antrag auf Befangenheit muss i.d.R. im Zivilprozess vor der Vernehmung des*der Sachverständigen gestellt werden (§ 406 Abs. 2 ZPO). Haben die Parteien Einwände gegen das schriftliche Gutachten, müssen sie diese dem Gericht in einer angemessenen Frist mitteilen (§ 411 ZPO). Wird im Strafverfahren im Vor- oder Zwischenverfahren beantragt, eine*n Sachverständige*n abzulehnen, kann dieser Antrag erst in der Hauptverhandlung wirksam werden, nachdem er erneut gestellt wurde. Das Misstrauen gegen die Unparteilichkeit und Neutralität der Sachverständigen kann sich z. B. dann ergeben, wenn Sachverständige vor der Beweisaufnahme ihre gutachterliche Einschätzung öffentlich machen, wenn sie sich während eines laufenden Verfahrens öffentlich zum Prozess äußern, den Gutachtenauftrag überschreiten oder falsche Angaben über das diagnostische Vorgehen machen (Greuel, 1998). Bei der Prüfung der Befangenheit ist nicht entscheidend, ob die Sachverständigen tatsächlich befangen sind, sondern ob aus der Sicht einer vernünftigen Partei begründete Zweifel an ihrer Unparteilichkeit vorliegen. Wird ein*e Sachverständige*r nach der Erstattung seines*ihres Gutachtens abgelehnt, kann das Gutachten nicht verwertet werden, und es wird ein*e neue*r Sachverständige*r bestellt (§ 412 Abs. 2 ZPO).

Hält das Gericht das Gutachten sachlich für ungeeignet, kann eine neue Begutachtung durch den- oder dieselbe*n Sachverständige*n angeordnet oder es kann eine andere begutachtende Person beauftragt werden (§ 412 Abs. 1 ZPO; § 83 Abs. 1 StPO). Zweifel an den Ausführungen der Sachverständigen müssen begründet werden. Die Gutachter*innen müssen die Gelegenheit haben, dazu Stellung zu nehmen. Bleiben die Einwände gegen ihre Ausführungen und damit an ihrer Sachkunde bestehen, kann ein*e weitere*r Sachverständige*r beauftragt werden. Gründe, Sachverständige abzulehnen, ergeben sich aus § 244 StPO. Neben der angezweifelten Sachkunde werden dort als Begründung für die Anhörung eines*einer weiteren Sachverständigen angeführt, dass Erstere*r in ihrem*seinem Gutachten von falschen tatsächlichen Voraussetzungen ausgeht, widersprüchlich argumentiert oder wenn ein*e neue*r Sachverständige*r über methodisch überlegene Forschungsmittel verfügt, die über die des früheren Gutachters*der früheren Gutachterin hinausgehen.

16.1.6 Pflichten der Sachverständigen

Die Pflichten der Sachverständigen ergeben sich aus den Regelungen der Prozessordnung für das Zivilrecht (ZPO) und das Strafrecht (StPO). Die Pflicht zur Gutachtenerstattung wird in § 75 StPO und § 407 ZPO bestimmt. Sie ergibt sich, wenn der*die Sachverständige öffentlich bestellt ist oder öffentlich die Wissenschaft, Kunst oder ein Gewerbe ausübt, aus dem sich seine Sachkunde für das Gericht ergibt.

Grundsätzlich haben Sachverständige kein Recht zur Selbstablehnung, können aber nach den §§ 52ff StPO aus denselben Gründen wie Zeug*innen (z. B. Verwandtschaft, Verschwiegenheit von psychologischen Psychotherapeut*innen) einen Gutachtenauftrag ablehnen (§ 76 StPO; § 408 ZPO; § 383 ZPO). Der Sinn der Pflicht zur Gutachtenerstattung ergibt sich aus dem Erfordernis der Gerichte, in Zivil- und Strafprozessen auf geeignete Sachverständige zurückgreifen zu können und Verfahrensverzögerungen zu vermeiden.

Weigern sich Sachverständige, ein Gutachten zu erstatten, oder erscheinen sie nicht zum Termin, müssen sie die dadurch entstandenen Kosten ersetzen (§ 77 StPO; § 409 ZPO). Zudem wird ein Ordnungsgeld festgesetzt. Versäumen Sachverständige, das Gutachten innerhalb der mit dem*der Richter*in abgesprochenen Frist (§ 73 Abs. 1 StPO) zu erstatten, kann nach § 77 Abs. 2 StPO und § 409 ZPO ebenfalls ein Ordnungsgeld bestimmt werden.

Erhalten Sachverständige einen Gutachtenauftrag, müssen sie unverzüglich prüfen, ob sie über ausreichende Sachkunde verfügen. Ist dieses nicht der Fall, müssen sie dieses dem Gericht mitteilen, damit ohne Zeitverlust ein*e andere*r Gutachter*in bestellt werden kann (§ 407a Abs. 1 und 2 ZPO). Dasselbe gilt, wenn Sachverständige Zweifel bzgl. Inhalt und Umfang des Auftrags haben (§ 407a Abs. 3 ZPO). Weiterhin besteht eine Hinweispflicht, wenn die Kosten der Sachverständigentätigkeit unerwartet hoch werden. In der Strafprozessordnung gibt es keine dem § 407a ZPO vergleichbaren Regelungen, allerdings ergeben sich diese Pflichten aus der allgemeinen Sorgfaltspflicht der Sachverständigen, ihre Gutachten nach bestem Wissen und Gewissen zu erstatten (Greuel, 1998).

Die Sachverständigen müssen ihr Gutachten persönlich erstatten, da ihre Beauftragung aus ihrer besonderen fachlichen Qualifikation resultiert. Aus § 407a Abs. 2 ZPO ergibt sich dementsprechend, dass der Auftrag des Gerichts nicht an andere Personen übertragen werden darf. Die Sachverständigen müssen nicht alle erforderlichen Untersuchungen persönlich durchführen, die Zuziehung von namentlich benannten Gehilf*innen ist erlaubt. Allerdings dürfen bei psychiatrischen und Glaubhaftigkeitsbegutachtungen die persönliche Begegnung und die Exploration nicht auf die Gehilf*innen übertragen werden (Ulrich, 2007). Untergeordnete Hilfsdienste von Dritten wie Schreibarbeiten, quantitative Testauswertung müssen im Gutachten nicht angeführt werden.

Die Sachverständigen sind verpflichtet, auf Verlangen des Gerichts Akten, verwendete Unterlagen und Untersuchungsergebnisse herauszugeben (§ 407a Abs. 4 ZPO). Dazu gehören z. B. beigezogene Krankenakten, Testunterlagen und Explorationsprotokolle.

Gerichtliche Sachverständige können nach § 80 StPO beantragen, dass Zeug*innen oder beschuldigte Personen zur Vorbereitung des Gutachtens vernommen werden. Zudem sind sie auch berechtigt, an der Vernehmung von Zeug*innen und beschuldigten Personen teilzunehmen und selbst Fragen zu stellen. In der Zivilprozessordnung wird ein Recht des Sachverständigen, Fragen an Parteien und Zeug*innen zu stellen, nicht ausdrücklich angeführt, in der Praxis wird dieses i. d. R. aus sachdienlichen Gründen zugelassen.

Gutachten müssen nicht schriftlich erstellt werden. Im Vorverfahren kann der*die Richter*in entscheiden, ob der*die Sachverständige das Gutachten mündlich oder schriftlich erstatten soll (§ 82 StPO). Wird im Zivilprozess ein schriftliches Gutachten angeordnet, soll eine Frist vereinbart werden, in der das Gutachten vorliegt (§ 411 ZPO).

Sachverständige unterliegen der Schweigepflicht. Gemäß § 203 StGB sind sie verpflichtet, fremde Geheimnisse, die zum persönlichen Lebenskreis gehören und ihnen in ihrer Funktion als Berufspsycholog*in anvertraut wurden, zu wahren. Ist ein Zeuge*eine Zeugin aber bereit, sich einer psychologischen Begutachtung zu unterziehen, besteht für Sachverständige keine Schweigepflicht gegenüber dem Gericht oder der Staatsanwaltschaft. Sie sind jedoch nicht verpflichtet, dem Gericht den vollständigen Inhalt der Exploration mitzuteilen, wenn dieser für die Beantwortung der Gutachtenfrage nicht relevant ist (Greuel, 1998). Zudem stellt § 353d StGB Mitteilungen über Gerichtsverhandlungen unter Strafe. Danach dürfen Informationen über den Inhalt von nicht öffentlichen Gerichtsverhandlungen, Gerichtsakten, Anklageschrift, Gutachten oder andere amtliche Schriftstücke nicht weitergegeben werden.

16.1.7 Entschädigung der Sachverständigen

Sachverständige werden nach dem Justizvergütungs- und Entschädigungsgesetz (JVEG) vergütet. Sachverständige erhalten eine Vergütung für ihre Leistungen (§§ 8 bis 11 JVEG). Neben der eigentlichen Gutachtentätigkeit werden ihnen alle Kosten und Auslagen erstattet, z. B. Fahrtkostenersatz (§ 5 JVEG), Tagegeld für die Abwesenheit vom Wohnort bzw. Tätigkeitsschwerpunkt (§ 6 JVEG) sowie Ersatz für besondere Aufwendungen (§§ 7 und 12 JVEG) wie Kopien, Schreibkosten. Das Honorar wird nach Stundensätzen bemessen, diese werden für die fachlichen Leistungen und für Reise- und Wartezeiten gewährt. Die Leistungen werden klar definierten Honorargruppen zugeordnet. Gutachten mit hohem Schwierigkeitsgrad, zu denen z.B. Prognosegutachten, Gutachten zur Sorge- und Umgangsregelung, Glaubhaftigkeitsbeurteilungen, Verfahren nach dem Opferentschädigungsgesetz (OEG) gehören, werden der Gruppe der medizinischen und psychologischen Gutachten mit dem höchsten Stundensatz (120 €) zugeordnet.

16.1.8 Haftung der Sachverständigen

Die Haftung der gerichtlichen Sachverständigen ist in § 839a BGB gesetzlich geregelt. Sie müssen Schadensersatz leisten, wenn sie vorsätzlich oder grob fahrlässig ein unrichtiges Gutachten erstattet haben und Verfahrensbeteiligten dadurch ein Schaden entsteht. Der Schaden muss durch die gerichtliche Entscheidung, die auf dem Gutachten beruht, entstanden sein. Der Schadensersatzanspruch ist ausgeschlossen, wenn der*die Verletzte es unterlassen hat, gegen die Entscheidung Rechtsmittel einzulegen. Es besteht kein Unterschied in der Haftung zwischen vereidigten und nicht vereidigten gerichtlichen Sachverständigen. Paragraph 839a BGB gewährt nur dann einen Schadensersatzanspruch, wenn die gerichtlich beauftragten Sachverständigen ein unrichtiges Gutachten erstattet. Bei psychologischen Gutachten können z.B. die unzureichende Berücksichtigung des aktuellen Wissensstandes und Fehler bei den eigenen Schlussfolgerungen aus den verwendeten Befund- und Anknüpfungstatsachen zu unrichtigen Gutachten führen. Bei der Beurteilung der Glaubhaftigkeit einer Zeugenaussage, der Erstellung von Prognosegutachten und bei der Prüfung der Schuldfähigkeit (§§ 20, 21 StPO) gelten Mindeststandards der Begutachtung, die einzuhalten sind und die eine Richtlinie für die Beurteilung sein können, ob ein psychologisches Gutachten unrichtig ist.

16.2 Grundlagen der psychologischen Begutachtung

Das Erstellen von Gutachten gehört zu den zentralen Tätigkeiten von Psycholog*innen, die im forensischen Kontext tätig sind. Psychologische Gutachten werden von Sachverständigen zur Beweisführung im Gerichtsverfahren erstellt. In der Regel geht es um personenbezogene Fragestellungen, die mittels psychologischer Diagnostik beantwortet werden. Zielsetzung ist dabei nicht eine umfassende Menschenbeurteilung i.S. eines Aufdeckungs- und Deutungsprozesses, sondern die Beantwortung einer spezifischen Fragestellung, z.B. nach der Glaubhaftigkeit einer Aussage, durch einen hypothesengeleiteten diagnostischen Prozess (Steller, 2005).

16.2.1 Begriffsbestimmung

Ein *psychologisches Gutachten* ist eine umfassende Darstellung von selbst erhobenen und ggf. fremden Befunden, die nach wissenschaftlich anerkannten Methoden und Kriterien analysiert und interpretiert werden und eine „Lebensfrage", kein rein wissenschaftliches Problem, so beantworten, dass die fragestellende Person den „psychologischen Urteilsgang" nachvollziehen kann (Fisseni, 1982, S. 10). Psychologisches Fachwissen, die Berücksichtigung des aktuellen Forschungsstandes und einschlägige Berufserfahrung sind wesentliche Komponenten in diesem Urteilprozess (Zuschlag, 2006).

Neben den umfassenden psychologischen Gutachten gibt es weitere Formen psychologischer Stellungnahmen. Ein *psychologischer Befund oder Bericht* liegt vor, wenn die Informationen aus einem oder mehreren psychologischen Verfahren dargestellt und integriert werden, ohne dass es zu übergreifenden Interpretationen, Beurteilungen und Empfehlungen kommt.

Psychologische oder Gutachterliche Stellungnahmen beantworten Fragestellungen, ggf. auch ergänzend zu anderen Gutachten, die Sachverständigen erheben dafür keine eigenen Befunde. Die Stellungnahme beantwortet Detailfragen auf der Basis von empirischen und theoretischen Erkenntnissen der Psychologie (Proyer & Ortner, 2017; Zuschlag, 2006).

Unter *Parteigutachten* oder *Privatgutachten* versteht man die Untersuchung und sachverständige Beurteilung eines Sachverhalts durch Sachverständige im Auftrag einer Partei anstelle des Gerichts. Im gerichtlichen Verfahren werden derartige Gutachten meist eingebracht, um Informationen zur Verfügung zu stellen, die das Gericht bis dahin aus der Sicht der Partei nicht oder nicht i.S. der Partei berücksichtigt hat. Zudem werden auch methodenkritische Stellungnahmen erstellt, wenn seitens einer Partei Zweifel an der fachlichen Kompetenz des*der von Staatsanwaltschaft oder Gericht bestellten Sachverständigen bestehen. Parteigutachten sind nicht per se *Gefälligkeitsgutachten*, d.h. Gutachten, die einseitig i.S. der Auftraggeber gefertigt werden, solange sie objektiv nach den Regeln wissenschaftlicher Arbeiten erstellt werden. Sie dienen häufig auch dazu, Schwächen von bereits vorliegenden Gutachten aufzuzeigen und damit die Einholung eines *Zweitgutachtens* zu bewirken. Diese wiederum liegt im Ermessen des Gerichts und wird i.d.R. dann erfolgen, wenn das Erstgutachten nicht den methodischen Standards entspricht, widersprüchlich ist, auf falschen Tatsachen beruht oder ein*e zweite*r Sachverständige*r über überlegene Forschungsmittel verfügt.

Liegen dem Gericht zwei sich widersprechende Gutachten vor, kann ein weiteres Gutachten eingeholt werden (§ 244 Abs. 4 StPO). Der in diesem Zusammenhang verwendete Begriff *„Obergutachten"* ist umgangssprachlich, er wird in den Prozessordnungen nicht explizit erwähnt. Inhaltlich ist gemeint, dass der*die dann dritte Sachverständige gegenüber den bisherigen Sachverständigen über eine besondere, höhere fachliche Kompetenz verfügt (Ulrich, 2007).

16.2.2 Ablauf der Begutachtung

16.2.2.1 Erteilung des Auftrages

Der Gutachtenauftrag wird i.d.R. durch Beweisbeschluss angeordnet und schriftlich erteilt. Im Zivilprozess wird das schriftliche Gutachten unmittelbar zu Beweiszwecken verwendet. Im Strafprozess ist im Allgemeinen die mündliche Vernehmung der Sachverständigen vorgesehen, die durch das vorläufige schriftliche Gutachten vorbereitet wird (Ulrich, 2007). Der Beweisbeschluss enthält die Fragestellung, die der*die Sachverständige beantworten soll. Diese kann in freier Formulierung oder nach dem Wortlaut des Paragrafen (z.B. nach § 3 JGG, ob der Jugendliche „nach seiner sittlichen und geistigen Entwicklung reif genug ist, das Unrecht der Tat einzusehen ...") gestellt werden. Die Gutachtenfrage ist bindend, die Sachverständigen haben nur die vorgegebenen Fragen zu beantworten, die im Beweisbeschluss des Gerichts bzw. der Verfügung der Staatsanwaltschaft enthalten sind.

Die Sachverständigen erhalten mit dem Gutachtenauftrag die Gerichtsakten. Daraus ergeben sich die *Anknüpfungstatsachen*, das sind die Informationen, die neben den selbst zu erhebenden *Befundtatsachen* dem Gutachten zugrunde gelegt werden dürfen. Den Sachverständigen obliegt es, welche Anknüpfungstatsachen sie aus fachlicher Sicht verwenden wollen.

Nach positiver Prüfung der Zuständigkeit bzw. Kompetenz für die Beantwortung der Beweisfrage wird die Begutachtung geplant. Ist die Gutachtenfrage missverständlich, muss dieses mit der auftraggebenden Person geklärt werden. Eine eigenständige Änderung der Gutachtenfrage darf nicht vorgenommen werden. Eine Übersetzung und Operationalisierung in psychologische Fragestellungen sind aber angebracht, um das diagnostische Vorgehen zu planen (ausführlich dazu: Westhoff & Kluck, 2008). Die Auftraggebenden sind auch zu informieren, wenn Sachverständige sich für befangen halten, also keine neutrale unvoreingenommene Bearbeitung des Gutachtenauftrags gewährleisten können. Dazu gehört auch die Reflexion, ob der Auftrag mit gesetzlichen Vorschriften und dem eigenen Gewissen zu vereinbaren ist (Deutsche Gesellschaft für Psychologie, 2017).

16.2.2.2 Vorbereitung der Begutachtung

Bei der Planung der Begutachtung und der Auswahl der diagnostischen Werkzeuge für die Begutachtung ist stets zu berücksichtigen, dass jede Frage und jede diagnostische Untersuchung, die für die Beantwortung der Gutachtenfrage nicht relevant ist, einen formal und menschlich ungerechtfertigten Eingriff in die Persönlichkeit bedeutet (Wegener, 1981). Der diagnostische Prozess ist daher auf das Notwendige zu beschränken.

Das Studium der Akten steht zu Beginn der Begutachtung. Ziel ist, einen ersten Überblick über das Verfahren zu erhalten. Die Gerichtsakten enthalten Schriftsätze, Vernehmungsprotokolle, Vorgutachten und Aktenvermerke. Aus diesen werden die relevanten Informationen selektiert und für die Planung der Untersuchung und Beantwortung der Gutachtenfrage genutzt. Sind die in den Akten enthaltenen Informationen nicht ausreichend, können Sachverständige den Auftraggebenden vorschlagen, weitere Beweismittel bereitzustellen, z. B. ärztliche Befunde, weitere Zeugenvernehmungen. Die Vernehmung von Zeug*innen, beschuldigten Personen und Parteien gehört nicht zum Aufgabenbereich der Sachverständigen (Ulrich, 2007). Ergeben sich vor oder im Laufe der Begutachtung Anhaltspunkte dafür, dass für die gutachterliche Beurteilung relevante körperliche oder psychopathologische Störungen vorliegen, sollte der*die Auftraggeber*in angeregt werden, zur weiteren Beweiserhebung medizinische oder psychiatrische Sachverständige hinzuziehen. Sollen Befundberichte aus früheren Behandlungen, die nicht in der Gerichtsakte enthalten sind, zugezogen werden, muss der*die Proband*in die früheren Behandelnden dafür schriftlich von der Schweigepflicht entbinden.

In der Regel ist eine eigene Befunderhebung durch die Sachverständigen erforderlich. Bestimmte Konstellationen können die eigene Befunderhebung aber überflüssig machen, z.B. wenn aufgrund der Aktenlage eindeutig festzustellen ist, dass keine anderen Feststellungen durch die Exploration zu erwarten sind. Ebenfalls ohne eigene Befunderhebung ist in den Fällen auszukommen, wenn ein Zeuge*eine Zeugin die Begutachtung ablehnt und das Gutachten auf der Basis der Akteninhalte und der Beweiserhebung in der Hauptverhandlung erstellt wird (Volbert & Dahle, 2010).

Ablauf und Inhalt der Begutachtung sind stets vorzubereiten und dann systematisch durchzuführen. Aus der Fragestellung des Gerichts werden die psychologisch-diagnostischen Fragen (Hypothesen) abgeleitet, die den diagnostischen Prozess bestimmen. Nach dem von Steller und Dahle (2001, angelehnt an Kaminski, 1970) aufgezeigten Strukturmodell der Psychodiagnostik ergeben sich aus der Fragestellung des Gerichts zunächst fallunspezifische psychodiagnostische Einzelfragen. So ist z. B. der Auftrag, ein aussagepsychologisches Gutachten zu fertigen, in die Frage der Glaubhaftigkeit und Zuverlässigkeit der Aussage umzuformulieren. In einem weiteren Schritt sind dann fallspezifische Hypothesen zu bilden. In der aussagepsychologischen Begutachtung wären diese Alternativhypothesen zur Wahrannahme, z. B., dass suggestive Einflüsse Dritter, Persönlichkeitsstörungen oder Rachemotive den Aussageinhalt beeinflusst haben könnten. Die fallspezifischen Hypothesen sollten explizit formuliert werden, um sie im diagnostischen Prozess systematisch klären zu können. Die fallspezifische Hypothesenbildung ermöglicht zielgerichtetes diagnostisches Vorgehen (s. **Abb. 16-1**).

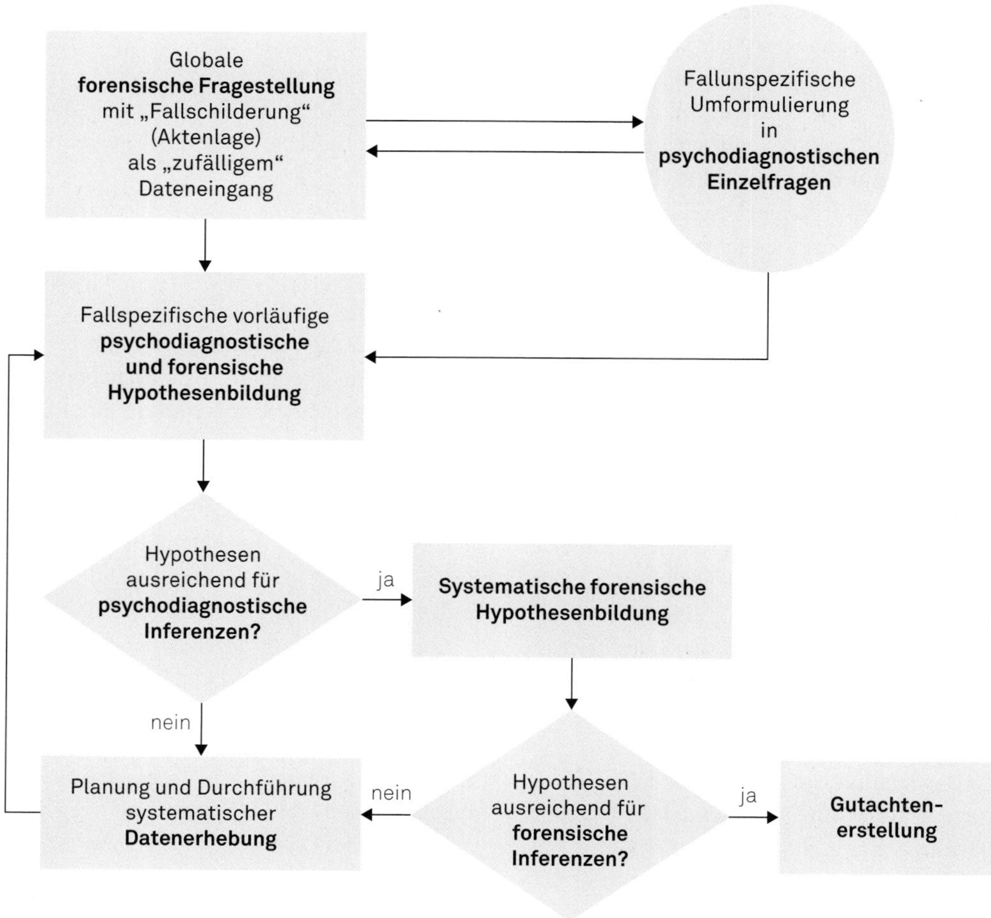

Abbildung 16-1: Strukturmodell forensisch-psychologischer Diagnostik nach Steller (1988, in Anlehnung an Kaminski, 1970).

Die Auswahl der diagnostischen Verfahren muss nachvollziehbar begründet werden. Sie müssen einen inhaltlichen Bezug zu den psychologischen Fragen haben und zur Beantwortung beitragen. Die Vorgabe eines standardisierten Fragebogens oder Tests kann z.B. bei der Annahme, dass Besonderheiten in der Persönlichkeit vorliegen, geboten sein, desgleichen die Einholung bereits vorhandener Diagnosen oder die Anwendung eines Interviewleitfadens, mit dem gezielt Informationen erhoben werden (z.B. Sexualkenntnisse von kindlichen Zeug*innen im Missbrauchsprozess, um die Annahme einer irrtümlichen Quellenzuschreibung zu prüfen).

Um die Befundaussage auf eine breite Basis zu stellen, ist ein multimethodales Vorgehen, also die Anwendung verschiedenartiger psychodiagnostischer Verfahren (z.B. Exploration, Persönlichkeitsfragebögen), geboten. Bei der Auswahl von Testverfahren ist auf die psychometrischen Gütekriterien Objektivität, Reliabilität und Validität zu achten. Auch sollte die zeitliche Beanspruchung durch die Testvorgabe i.S. der Zumutbarkeit für den*die Proband*in im ausgewogenen Verhältnis zum Erkenntnisgewinn stehen, insbesondere wenn die Exploration die vorrangige Erkenntnisquelle ist.

Die Begutachtung gliedert sich i. d. R. in eine Befragung zur Vorgeschichte (Anamnese) und in die Befragung zu speziellen Inhalten, die sich aus der Gutachtenfrage ergeben. Das diagnostische Interview bzw. die Exploration hat dabei eine zentrale Funktion für die Beantwortung der Gutachtenfrage, da fallspezifisch befragt werden kann. Im Strafverfahren wird der angezeigte oder angeklagte Sachverhalt exploriert. In familienrechtlichen Verfahren werden psychologische Konstrukte wie Kindeswohl, Erziehungsfähigkeit, Wille des Kindes, Kindeswohlgefährdung erhoben.

Für die Anamnese gibt es standardisierte Verfahren, z. B. den *Diagnostischen Elternfragebogen* (Kubinger & Deegener, 2001). Bei einem teilstandardisierten Vorgehen wird unabhängig von der jeweiligen Fragestellung der biografische Hintergrund erhoben. Typische Themen sind nach Boerner (2010) bspw. die schulische, gesundheitliche, familiäre Entwicklung, Entwicklungsbesonderheiten, einschneidende Lebensereignisse oder die aktuelle Situation des Probanden*der Probandin.

In der speziellen Exploration sind dagegen fallspezifische Sachverhalte zu erheben. Für diese empfiehlt sich die Erstellung eines teilstrukturierten Leitfadens auf der Grundlage der Aktenanalyse und der Hypothesen bzw. psychologischen Fragestellungen. In diesen werden die zu stellenden Fragen aufgenommen, ohne wie im strukturierten Gespräch eine Reihenfolge vorzugeben.

16.2.2.3 Durchführung der Begutachtung

Sachverständige setzen sich eigenständig mit den Personen in Verbindung, die zu begutachten sind. Sie beziehen sich dabei auf die Rechtssache mit Aktenzeichen und Auftraggeber und benennen die Gutachtenfrage. Bei dem ersten persönlichen Zusammentreffen sollten diese Informationen wiederholt werden, zudem auf die Unparteilichkeit (§ 79 StPO, § 410 ZPO) und auf die grundsätzliche Pflicht von Sachverständigen hingewiesen werden, die gewonnenen Informationen dem Gericht zu offenbaren. Sachverständige sind nicht verpflichtet, auf die Freiwilligkeit der Begutachtung hinzuweisen, diese Belehrung obliegt dem gerichtlichen Auftraggeber (Ulrich, 2007).

Bei den meisten Begutachtungen im forensischen Kontext werden für die begutachtete Person emotional belastende Themen erörtert. Sie unterzieht sich i. d. R. nicht auf eigenen Wunsch der Begutachtung und ist nicht immer über die genaue Fragestellung informiert. Zu Beginn der Begutachtung sollte über den Ablauf der Begutachtung informiert werden, um Unsicherheiten und Ängste zu vermindern. Die Untersuchung erfolgt auch bei jungen Proband*innen i. d. R. in Abwesenheit von Begleitpersonen, um mögliche Beeinflussungen oder Verfälschungen zu vermeiden, insbesondere bei Glaubhaftigkeitsuntersuchungen. Ausnahme ist die Zuziehung eines Dolmetschers*einer Dolmetscherin, wenn die zu begutachtende Person die deutsche Sprache nicht oder nicht ausreichend beherrscht. Dabei ist auf die wörtliche, nicht zusammenfassende Übersetzung der Angaben zu achten.

Die psychologische Exploration erfolgt nach wissenschaftlich-methodischen Grundsätzen. Sie besteht mit der Erhebung der Anamnese aus einem allgemeinen Teil und aus einem speziellen Teil, der sich aus der Beweisfrage des Gerichts und den daraus abgeleiteten psychologischen Fragestellungen ergibt. Sie beginnt i. d. R. mit der Erhebung der Anamnese der begutachteten Person, in der Informationen über familiäre, gesundheitliche, schulische, berufliche und andere für die Beantwortung der Fragestellung relevante Bereiche erlangt werden. So wird z. B. bei Begutachtungen im Kontext sexueller Übergriffe der diesbezügliche Erfahrungshorizont erfragt. Des Weiteren kommen je nach spezifischer Fragestellung Testverfahren, z. B. im Bereich der Intelligenzdiagnostik oder der Persönlichkeitsdiagnostik, zur Anwendung. Fallabhängig können auch Befunde zu anderen Bereichen erhoben werden. Bei der Begutachtung von Belastungszeug*innen kann die Prüfung der Suggestibilität oder der Gedächtnistätigkeit angebracht sein.

In einem nächsten Teil erfolgt die spezielle Exploration, die sich aus den psychologischen Fragestellungen ergibt. So werden in familienrechtlichen Erhebungen Fragen zu Erziehungszielen und -einstellungen oder zu bindungsrelevanten Bereichen gestellt. Im hypothesengeleiteten diagnostischen Prozess können sich dabei weitere Hypothesen ergeben, die dann durch die Ergänzung der diagnostischen Verfahren geprüft werden.

Oftmals ergeben sich im Gespräch Sachverhalte, aber auch Eindrücke aus der Verhaltensbeobachtung, die zu Nachfragen führen, eine starre Vorgabe des Gesprächsverlaufs würde einen Informationsverlust bedeuten. Ein durchgehend freies Gespräch ohne Struktur und Vorgaben birgt dagegen die Gefahr, dass nicht sämtliche relevante Informationen erhoben werden, wenn z. B. die befragte Person ein reserviertes, verschlossenes oder weitschweifiges Gesprächsverhalten zeigt oder es bspw. zum Vergessen von zu erfragenden Sachverhalten oder zum konfirmatorischen Hypothesentesten aufseiten der Sachverständigen kommt. Damit ist die selektive Informationsverarbeitung auf der Basis von Vorannahmen gemeint.

Im Kontext der Glaubhaftigkeitsbegutachtung wird nach einem „Trichtermodell" verfahren: Zunächst gibt die befragte Person einen freien Bericht, dann erfolgt eine Befragung zum Sachverhalt, die möglichst ohne Vorhalte und suggestive Befragungstechniken auskommen sollte, um eine Beeinflussung des Aussageinhalts zu vermeiden (Volbert, 2008).

Die Verhaltensbeobachtung ist ein Verfahren im psychodiagnostischen Prozess, das nur geringere methodische Anforderungen an Erhebungsmethoden erfüllt, aber beachtenswerte Hinweise für die Beantwortung der Fragestellung geben kann. So können aus den Beobachtungen in den verschiedenen Abschnitten des psychologisch-diagnostischen Prozesses Informationen für die weitere Gestaltung der Befragung gewonnen werden oder zusammen mit anderen Daten Hinweis für die Interpretation der erhobenen Befunde geben. Beispielsweise können etwa Beobachtungen zur Konzentration oder Leistungsbereitschaft der befragten Person die Bewertung ihrer Testbefunde ergänzen. Einen Vorschlag zur Systematisierung der Verhaltensbeobachtung haben Döpfner und Petermann (2012) mit ihrer *Verhaltensbeobachtung während der Untersuchung (VEWU)* vorgelegt, in der sie u. a. das Instruktionsverständnis, die Arbeitsgeschwindigkeit oder die Kooperation erheben.

Nach Steller und Dahle (2001) ist ein wesentlicher Schritt im psychodiagnostischen Vorgehen die Prüfung, ob die bisher gewonnenen Informationen ausreichen, um zu begründeten diagnostischen Schlussfolgerungen zu kommen. Ist dieses nicht der Fall, müssen weitere Informationen eingeholt werden. Zwischenauswertungen im diagnostischen Prozess ermöglichen das Aufstellen weiterer Hypothesen und die Anpassung der diagnostischen Strategie, z. B. durch den Einsatz weiterer Testverfahren oder Fragen zu neuen Sachverhalten. Hypothesenbildung und -prüfung finden im diagnostischen Prozess begleitend statt, dementsprechend kann eine Information „sowohl die Funktion einer Hypothesenprüfung als auch die der Hypothesengenerierung" erfüllen, ist also „Befund und zugleich Steuerungsglied des diagnostischen Prozesses" (Steller, 1988, S. 21; s. **Abb. 16-1**).

Abgeschlossen wird die Begutachtung mit der Aufforderung an die befragte Person, Inhalte, die nicht angesprochen wurden und die sie für wesentlich hält, ergänzend zu äußern.

Gelegentlich kommt es vor, dass Begutachtete unmittelbar nach Abschluss der Begutachtung nach dem Ergebnis fragen. Eine Information darüber durch die Sachverständigen steht den Begutachteten nicht zu. Hier hilft der Hinweis auf die alleinige Offenbarungspflicht des Sachverständigen gegenüber dem Gericht und darauf, dass der Rechtsanwalt der befragten

Person Anspruch auf Einsicht in die Gerichtsakten hat und auf diesem Wege Informationen erhalten werden können.

Der diagnostische Prozess und die Erhebung der Befunde müssen vollständig dokumentiert werden.

16.2.3 Das schriftliche Gutachten

Sachverständige sind verpflichtet, ihre Gutachten in schriftlicher Form anzufertigen, wenn Staatsanwaltschaft oder Gericht dieses fordern.

Es gibt keine gesetzlichen Vorschriften oder Regelungen zur äußeren Gestaltung oder inhaltlichen Bearbeitung von Sachverständigengutachten. Allerdings haben sich Übereinstimmungen aus Praxis und wissenschaftlichen Anforderungen entwickelt (Fisseni, 1982; Proyer & Ortner, 2017; Wegener, 1981; Westhoff & Kluck, 2008; Zuschlag, 2006) und sind auch in den Richtlinien für die Erstellung Psychologischer Gutachten des BDP und der Deutschen Gesellschaft für Psychologie (2017) niedergelegt. Danach sind als generelle Ansprüche an psychologische Gutachten zu fordern, dass diese wissenschaftlich fundiert, transparent und nachvollziehbar sind. Die wissenschaftliche Fundierung zeigt sich darin, dass das diagnostische Vorgehen theoretisch begründet ist, die Fragestellung mit durchdacht eingesetzten Verfahren geprüft wird, Befunde vollständig berücksichtigt werden und die Beantwortung der Fragestellung auf der Basis von wissenschaftlich gesicherten Erkenntnissen erfolgt. Die Darstellung der Datenerhebung und der gutachterlichen Urteilsbildung muss transparent und nachvollziehbar sein. Es gilt dabei auch, dass nur die für die Beantwortung der Fragestellung erforderlichen Informationen einbezogen werden, um eine Überfrachtung auf Kosten der Nachvollziehbarkeit zu vermeiden (Schmitt & Gschwendner, 2006).

Der Aufbau eines Gutachtens ergibt sich aus der Fragestellung und dem hypothesengeleiteten methodischen Vorgehen. Es sollte so aufgebaut sein, dass der Ablauf der Begutachtung, die erhobenen Befunde und die Analyse und Interpretationen des Gutachters nachvollzogen werden können. Nach Greuel (1998) besteht Konsens über folgende Gliederungspunkte, die in einem Gutachten enthalten sein sollten:

- Angaben zum Begutachtungsablauf,
- Wiedergabe der Anknüpfungstatsachen i. S. der Aktenanalyse,
- deskriptive Wiedergabe der erzielten Untersuchungsergebnisse,
- psychologischer Untersuchungsbefund und
- die Beantwortung der Untersuchungsfragestellung mit Zusammenfassung.

Das schriftliche Gutachten beginnt mit Vorbemerkungen über den*die Auftraggeber*in, den Gutachtenauftrag, die erhaltenen Gerichtsakten, Untersuchungsort, -termine, -dauer und beteiligte Personen. Die Darstellung des bisherigen Sachverhalts nach Aktenanalyse und damit die Wiedergabe der Anknüpfungstatsachen erklärt den Anlass des Gutachtenauftrags und führt zur Aufstellung dezidierter psychologischer Fragen und Hypothesen, die explizit benannt werden sollten. Die Darstellung der erhobenen Befunde enthält die Angaben zur Anamnese, zu testdiagnostischen Verfahren, zur Verhaltensbeobachtung und wird ggf. durch Fremdbefunde ergänzt. Diese können auch Vorgutachten sein, die je nach Relevanz für die Fragestellung in den Beurteilungsprozess mit einbezogen werden.

Das Explorationsgespräch muss nicht vollständig wiedergegeben werden. Es reicht aus, wenn die für die Beantwortung der Gutachtenfrage relevanten Inhalte dargestellt werden. Diese können zusammenfassend oder als Wortprotokoll angeführt werden. Werden standardisierte Verfahren verwendet, z. B. Leistungstests, Fragebögen, müssen Version und Auflage genannt werden. Die Ausführlichkeit der Beschreibung des verwendeten Verfahrens richtet sich nach dem Kenntnisstand der auftraggebenden Person. Meist reicht es, das eingesetzte Verfahren mit wenigen Sätzen zu beschreiben, sodass nachvollziehbar ist, welche Leistungs- oder Persönlichkeitsmerkmale erfasst werden. Für die Beurteilung des Testergebnisses sollten Referenzstichprobe, Durchschnittsbereich und Angaben der verwendeten Normwerte (z.B. Stanine-Werte, IQ-Werte, T-Werte) angegeben werden (Deutsche Gesellschaft für Psychologie, 2017).

Im psychologischen Befund werden die erhobenen Einzelbefunde integriert und gewichtet. Nach Steller (1988) ist zwischen psychodiagnostischer Inferenz und forensischer Inferenz zu unterscheiden. Danach erhält das psychodiagnostische Ergebnis, z.B. „unterdurchschnittliche Intelligenz", erst in Bezug zur forensischen Frage, z.B. der „Beurteilung der Reife", seine Bedeutung für die Beantwortung der Gutachtenfrage. Diese Integration und Interpretation der Befunde ist das Kernstück des gutachterlichen Urteilsganges und muss transparent aufgezeigt werden. Insbesondere sind auch widersprüchliche Informationen darzulegen und ihre Bedeutung für das Gutachtenergebnis darzustellen.

Die abschließende Beantwortung der Gutachtenfrage erfolgt in der Sprache des eigenen Faches und nicht in Rechtsbegriffen. Dabei sollen nur die Fragen beantwortet werden, die im Gutachtenauftrag enthalten sind (Wegener, 1981). Die Beantwortung muss vollständig sein. Sollte aus dem psychodiagnostischen Prozess der Begutachtung keine eindeutige Beantwortung der gerichtlichen Fragestellung möglich sein, ist dieses zu benennen. Der Hinweis auf die Vorläufigkeit der Beurteilung ist obligatorisch, da die endgültige Beantwortung der Gutachtenfrage erst im weiteren Verlauf des Verfahrens erfolgen kann.

16.2.4 Das mündliche Gutachten

Im Zivilrecht werden i.d.R. nur schriftliche Gutachten angefertigt, im Familienrecht kommt es vor, dass Sachverständige ihr Gutachten in einem Termin mündlich erläutern müssen. Im erkennenden Strafverfahren fertigen Sachverständige zunächst ein vorläufiges schriftliches Gutachten an, das vorbereitenden Zwecken dient. Kommt es zur Eröffnung des Hauptverfahrens, müssen Sachverständige nach dem Mündlichkeitsprinzip persönlich angehört werden. Dieses besagt, dass im Strafprozess nur das mündlich Verhandelte der richterlichen Entscheidung zugrunde gelegt werden darf. In der Regel wird das Gutachten am Ende der Beweisaufnahme erstattet.

Zur Vorbereitung sollte vor der Hauptverhandlung erneute Akteneinsicht beantragt werden, um Informationen, die nach Gutachtenabgabe Eingang in die Gerichtsakte fanden, z.B. Einwände gegen das schriftliche Gutachten, zur Kenntnis nehmen zu können.

Die mündliche Gutachtenerstellung findet persönlich durch die*den Sachverständige*n statt. Im Zivilrecht (§ 128a ZPO), nicht im Strafrecht, ist der Einsatz von Videotechnik möglich, wenn der Sachverständige sich während der Vernehmung an einem anderen Ort aufhält. Die Gutachtenerstattung wird dann simultan in Bild und Ton übertragen.

Im Gerichtsverfahren kann sich durch Zeug*innenaussagen oder bisher nicht bekannte Tatsachen ein neuer Sachverhalt ergeben. Sachverständige treten damit wiederum in den diagnostischen Prozess ein und formulieren ggf. neue fallspezifische Hypothesen. Die Prüfung derselben kann möglicherweise zu einer anderen, von dem schriftlichen Vorgutachten abweichenden Bewertung führen. Sachverständigen im Strafverfahren kann nach § 80 Abs. 2 StPO gestattet werden, Fragen zu stellen, sodass sie Befragungs-, aber auch Verhaltensbeobachtungsdaten erheben können und diese ebenfalls in ihre abschließende Bewertung aufnehmen können. Das mündliche Gutachten orientiert sich inhaltlich an dem schriftlichen Vorgutachten, insbesondere bei dem Bericht über die erhobenen Befunde bzw. Befundtatsachen. Der Gutachtenvortrag sollte mit der Benennung der Fragestellung bzw. der Untersuchungshypothesen beginnen. Dem sollte je nach Kenntnisstand der Prozessbeteiligten eine kurze Darstellung der verwendeten Methoden folgen. Es hat sich zur Vermeidung von Aufmerksamkeitseinbrüchen seitens der Rezipierenden bewährt, das schriftliche Gutachten nicht zu verlesen, sondern den Vortrag weitgehend frei zu halten.

Gericht und Prozessbeteiligte haben nach dem Gutachtenvortrag die Möglichkeit, klärende Fragen an die Sachverständigen zu stellen. Die Beantwortung der Fragen gehört mit zum Gutachten (Ulrich, 2007). Sachverständige müssen sich darauf einstellen, dass sie ihr Gutachten in Anwesenheit des Begutachteten erstatten, und sollten auf abwertende Feststellungen verzichten. Das Fachwissen sollte in einer allgemein verständlichen Terminologie dargestellt werden, ohne dass es dabei zulasten einer differenzierten Darstellung der im psychodiagnostischen Prozess erarbeiteten wissenschaftlichen Erkenntnisse geht. Sachverständige sollten sich bei der Beantwortung der Fragestellung der Sprache ihres eigenen Fachs bedienen. Nach Wegener (1981, S. 36) besteht die „Gefahr der Kompetenzüberschreitung und des Dilettierens, wenn er die Beantwortung der Gutachtenfrage mit den Formulierungen des Gesetzes vornimmt".

16.2.5 Folgen der Begutachtung

Wenngleich das psychologische Gutachten nur ein Beweismittel neben anderen darstellt, hat es durch die wissenschaftliche und fachliche Expertise einen besonderen Stellenwert in der Beweisaufnahme und kann den Ausgang des Gerichtsverfahrens, etwa durch Feststellung der Unzuverlässigkeit einer belastenden Zeugenaussage, erheblich beeinflussen. Aber schon im Begutachtungsprozess sind mögliche Folgen für die befragte Person zu antizipieren, so kann das psychodiagnostische Gespräch zu seelischen Erschütterungen führen, Krisen hervorrufen, etwa, weil im Rahmen eines Missbrauchsverfahrens belastende Erinnerungen erfragt werden. Die in der Rolle der Sachverständigen liegende Aufgabe, tiefgründig, interessiert und umfassend Fragen zu stellen, kann dazu führen, dass die begutachtete Person die*den Sachverständige*n als Vertrauten erlebt oder die Exploration mit einem therapeutischen Setting verwechselt. Entsprechend groß ist die Enttäuschung, wenn Sachverständige in ihren Gutachten wertende Beschreibungen geben oder im Gerichtssaal die Zuverlässigkeit der Aussage der befragten Person infrage stellen und damit das Selbstbild der begutachteten Person beeinträchtigen. Diese sekundären Folgen der Begutachtung sind nicht zu vermeiden, aber durch eine neutrale, unparteiische Haltung der Sachverständigen und dem Bewusstsein, dass seelische Krisen und negative Zuschreibungsprozesse verursacht werden können, zu reduzieren (Wegener, 1981). Auch Sachverständige müssen sich ihrer Rolle als unparteiischer „Gehilfe" des Gerichts bewusst sein und „daher möglichen *Überidentifikationen mit den Probanden entgegenwirken*, die ggf. dazu führen können, Befunde einseitig auszuwählen oder zu interpretieren, um auf diese Weise zu erwünschten oder erwarteten Gutachtenergebnissen zu kommen" (Volbert & Dahle, 2010, S. 15f.).

16.2.6 Qualitätssicherung

Allgemein gilt, dass die Erstellung von Gutachten von Psycholog*innen größtmögliche sachliche und wissenschaftliche Fundiertheit, Sorgfalt und Gewissenhaftigkeit erfordert. In der Rechtspsychologie wurde 1995 durch die Erstellung der „Ordnung der Weiterbildung in Rechtspsychologie" durch die Föderation deutscher Psychologenvereinigungen der Fachpsychologe für Rechtspsychologie eingeführt. Damit wurde eine erweiterte und vertiefte wissenschaftliche Qualifikation für die psychologische Tätigkeit im Rechtswesen erreicht und somit eine fundierte Basis für die Tätigkeit der psychologischen Sachverständigen gegeben (s. Kap. 1 in diesem Band).

Anleitungen zur Erstellung von Gutachten finden sich schon frühzeitig (Plaut, 1932) und zahlreich in der Literatur (z. B. Boerner, 2010; Proyer & Ortner, 2017; Westhoff & Kluck, 2008; Zuschlag, 2006) und nicht zuletzt in den Empfehlungen der Arbeitsgruppe „Qualitätsstandards für psychodiagnostische Gutachten" im Auftrag der Deutschen Gesellschaft für Psychologie (DGPs) im Dezember 2017. Neben allgemeinen Ausführungen zu psychologischen Gutachten (z. B. Fisseni, 2004; Kubinger, 2019, Neimke, 2018) gibt es auch fachspezifische Darstellungen, z. B. zur Erstellung familienpsychologischer Gutachten (Terlinden-Arzt, 1998; Volbert, Huber, Jacob & Kannegießer, 2019; Salzgeber, 2020; s. a. Kap. 17 und 18 in diesem Band) oder zur Anfertigung psychologischer Gutachten im Strafrecht (Greuel, 1998; Volbert, 2008; Volbert & Dahle, 2010). Im Strafrecht gibt es darüber hinaus konkrete Empfehlungen zur Fertigung von Gutachten zu spezifischen Fragestellungen. Bei der Glaubhaftigkeitsbegutachtung sind es nach BGH-Rechtsprechung (BGH, 1999) „Wissenschaftliche Anforderungen an aussagepsychologische Begutachtungen", ebenso gibt es „Mindestanforderungen" für Schuldfähigkeits- (Boetticher, Nedopil, Bosinski & Saß, 2005), Prognosegutachten (Boetticher, Kröber, Müller-Isberner, Müller-Metz & Wolf, 2006) und Gutachten im Kindschaftsrecht (Arbeitsgruppe Familienrechtliche Gutachten, 2019). Übereinkunft besteht in allen Darstellungen, dass Gutachten wissenschaftlich fundiert, transparent und nachvollziehbar sein müssen. Die Strukturierung des Gutachtens mit einer transparenten Darstellung der zugrunde gelegten Befunde und Offenlegung der gutachterlichen Urteilsbildung sind weitere Kriterien, an denen sich die Qualität eines forensisch-psychologischen Gutachtens messen lässt. Nicht zuletzt tragen die Ethischen Richtlinien der Deutschen Gesellschaft für Psychologie und des Berufsverbands Deutscher Psychologen zur Qualitätssicherung bei.[32]

16.3 Weiterführende Literatur

Westhoff, K. & Kluck, M.-L. (2008). *Psychologische Gutachten: Schreiben und beurteilen* (5. Aufl.). Heidelberg: Springer.

Detaillierte Darstellung des diagnostischen Vorgehens u. a. anhand anschaulicher Beispiele aus den Bereichen des Familienrechts und der Glaubhaftigkeitsbegutachtung.

Proyer, R. T. & Ortner, T. M. (2017). *Praxis der psychologischen Gutachtenerstellung: Schritte vom Deckblatt bis zum Anhang* (2. Aufl.). Bern: Hogrefe. https://doi.org/10.1024/85755-000

Schrittweise Einführung in die Vorbereitung und Erstellung schriftlicher Gutachten mit vielfältigen Handlungsanweisungen für den Einsatz unterschiedlicher Informationsquellen für das Gutachten.

Stemmler, G. & Margraf-Stiksrud, M. (Hrsg.). (2015). *Lehrbuch Psychologische Diagnostik*. Bern: Huber.

Überblick über methodische Grundlagen der Diagnostik und ihre Darstellung im schriftlichen Gutachten.

Zuschlag, B. (2006). *Richtlinien für die Erstellung psychologischer Gutachten* (2. Aufl.). Bonn: Deutscher Psychologen Verlag.

Kurze, aber umfassende Darstellung der rechtlichen Rahmenbedingungen der psychologischen Sachverständigentätigkeit, der Tätigkeitsfelder und der Strukturierung eines psychologischen Gutachtens.

32 Ethische Richtlinien der Deutschen Gesellschaft für Psychologie e. V. und des Berufsverbands Deutscher Psychologinnen und Psychologen e. V. https://www.dgps.de/index.php?id=85

Literatur

Arbeitsgruppe Familienrechtliche Gutachten. (2019). *Mindestanforderungen an die Qualität von Sachverständigengutachten im Kindschaftsrecht* (2. Aufl.). Berlin: Deutscher Psychologen Verlag.

BGH, (Urteil vom 30.7.1999). 1 StR 618/98 (LG Ansbach).

Boerner, K. (2010). *Das psychologische Gutachten: Ein praktischer Leitfaden* (8. Aufl.). Weinheim: Beltz.

Boetticher, A., Nedopil, N., Bosinski, H. A. G. & Saß, H. (2005). Mindestanforderungen für Schuldfähigkeitsgutachten. *Neue Zeitschrift für Strafrecht, 25,* 57–62.

Boetticher, A., Kröber, H.-L., Müller-Isberner, R., Müller-Metz, R. & Wolf, T. (2006). Mindestanforderungen für Prognosegutachten. *Neue Zeitschrift für Strafrecht, 26,* 537–544.

Deutsche Gesellschaft für Psychologie (DGPs). (2017). *Qualitätsstandards für Psychologisch-Diagnostische Gutachten.* Zugriff am 19. März 2021 unter https://www.dgps.de/fileadmin/documents/Empfehlungen/GA_Standards_DTK_10_Sep_2017_Final.pdf

Döpfner, M. & Petermann, F. (2012). *Diagnostik psychischer Störungen im Kindes- und Jugendalter* (3. Aufl.). Göttingen: Hogrefe.

Fisseni, H.-J. (1982). *Persönlichkeitsbeurteilung. Zur Theorie und Praxis des psychologischen Gutachtens.* Göttingen: Hogrefe.

Fisseni, H.-J. (2004). *Lehrbuch der psychologischen Diagnostik* (3. Aufl.). Göttingen: Hogrefe.

Greuel, L. (1998). *Glaubhaftigkeit der Zeugenaussage: Theorie und Praxis der forensisch- psychologischen Begutachtung.* Weinheim: Beltz.

Kaminski, G. (1970). *Verhaltenstheorie und Verhaltensmodifikation.* Stuttgart: Klett.

Kubinger, K. D. (2019). *Psychologische Diagnostik – Theorie und Praxis des psychologischen Diagnostizierens* (3. Aufl.). Göttingen: Hogrefe.

Kubinger, K. D. & Deegener, G. (2001). *Psychologische Anamnese bei Kindern und Jugendlichen.* Göttingen: Hogrefe.

Neimke, L. (2018). *Das Sachverständigengutachten: Grundlagen für Aufbau und Inhalt eines Gutachtens* (3. Aufl.). Stuttgart: Fraunhofer IRB-Verlag.

Plaut, P. (1932). Psychologische Gutachten in Strafprozessen. *Beihefte zur Zeitschrift für angewandte Psychologie, 65.*

Proyer, R. T. & Ortner, T. M. (2017). *Praxis der psychologischen Gutachtenerstellung: Schritte vom Deckblatt bis zum Anhang* (2. Aufl.). Bern: Hogrefe. https://doi.org/10.1024/85755-000

Salzgeber, J. (2020). *Familienpsychologische Gutachten. Rechtliche Vorgaben und sachverständiges Vorgehen* (7. Aufl.). München: Beck.

Schmitt, M. & Gschwendner, T. (2006). Regeln der Datenintegration. In F. Petermann & M. Eid (Hrsg.), *Handbuch der Psychologischen Diagnostik* (S. 383–395). Göttingen: Hogrefe.

Steller, M. (1988). Standards der forensisch-psychologischen Begutachtung. *Monatsschrift für Kriminologie und Strafrechtsreform, 71,* 16–27.

Steller, M. (2005). Psychologische Diagnostik – Menschenkenntnis oder angewandte Wissenschaft? In H.-L. Kröber & M. Steller (Hrsg.), *Psychologische Begutachtung im Strafverfahren: Indikationen, Methoden und Qualitätsstandards* (2. Aufl., S. 1–19). Darmstadt: Steinkopff. https://doi.org/10.1007/3-7985-1582-4_1

Steller, M. & Dahle, H-P. (2001). Diagnostischer Prozess. In R.-D. Stieglitz, U. Baumann & H. Freyberger (Hrsg.), *Psychodiagnostik in Klinischer Psychologie, Psychiatrie, Psychotherapie* (S. 39–49). Stuttgart: Thieme.

Terlinden-Arzt, P. (1998). *Psychologische Gutachten für das Familiengericht. Eine empirische Untersuchung über diagnostische Strategien sowie ausgewählte Aspekte des Kindeswohls.* Dresden: Technische Universität Dresden.

Ulrich, J. (2007). *Der gerichtliche Sachverständige: Ein Handbuch für die Praxis* (12. Aufl.). Köln: Carl Heymanns.

Undeutsch, U. (Hrsg.). (1967). *Handbuch der Psychologie: Forensische Psychologie.* Göttingen: Hogrefe.

Volbert, R. (2008). Glaubhaftigkeitsbegutachtung – mehr als Merkmalsorientierte Inhaltsanalyse. *Forensische Psychiatrie, Psychologie, Kriminologie, 2,* 12–19. https://doi.org/10.1007/s11757-008-0055-y

Volbert, R. & Dahle, K.-P. (2010). *Forensisch-psychologische Diagnostik im Strafverfahren.* Göttingen: Hogrefe.

Volbert, R., Huber, A., Jacob, A., Kannegießer, A. (Hrsg.). (2019). *Empirische Grundlagen der familienrechtlichen Begutachtung.* Göttingen: Hogrefe. https://doi.org/10.1026/02882-000

Wegener, H. (1981). *Einführung in die Forensische Psychologie.* Darmstadt: Wissenschaftliche Buchgesellschaft.

Westhoff, K. & Kluck, M.-L. (2008). *Psychologische Gutachten: Schreiben und beurteilen* (5. Aufl.). Heidelberg: Springer.

Zuschlag, B. (2006). *Richtlinien für die Erstellung psychologischer Gutachten* (2. Aufl.). Bonn: Deutscher Psychologen Verlag.

17 Familienrechtliche Begutachtung nach Trennung und Scheidung

Rainer Balloff

17.1 Statistische Angaben in Fällen der Trennung und Scheidung

Seit 2011 verzeichnete die Statistik eine stetige Abnahme der Ehescheidungen von 187.640 auf 148.066 im Jahr 2018. Erstmalig stieg die Ehescheidungsrate 2019 mit 149.010 Scheidungen wieder leicht um 0,6 % im Vergleich zu 2018 an. Diese Zahl umfasst für das Jahr 2019 ebenso 100 durchgeführte Scheidungen aus gleichgeschlechtlichen Ehen (bei 52.000 durch den Mikrozensus erfassten gleichgeschlechtlichen Ehepaaren und 34.000 eingetragenen gleichgeschlechtlichen Lebenspartnerschaften).[33]

2019 erfolgten 149.010 Ehescheidungen mit 122.010 Kindern und Jugendlichen, wobei 2019 und die beiden Jahre davor die Anzahl der Ehescheidungen mit Kindern und Jugendlichen knapp die Hälfte der gesamten Ehescheidungen umfasste (2017: 76.869, 2018: 74.523 u. 2019: 74.661).

Die Anzahl der Elterntrennungen aus heterosexueller nicht ehelicher Gemeinschaft mit oder ohne Kinder wird statistisch nicht hinreichend erfasst, da diese Elterngemeinschaften z. B. mit gemeinsamen Kindern oder aus Elternbeziehungen davor (Patchworkfamilien), anders als Ehen, nicht registriert werden.

Nach neuerem Zahlenmaterial sollten 2019 in Deutschland 2,1 Millionen unverheiratete Paare zusammen mit Kindern in einem Haushalt leben (zum Vergleich: 15,8 Millionen lebten mit Kindern in einem Haushalt zusammen).[34]

Die Anzahl der Gesamtheit betroffener noch nicht volljähriger Kinder, die die Trennung einer erwachsenen Paargemeinschaft in ihren Rollen als Eltern oder Stiefelternteil erleben, ist nach wie vor nicht sicher bestimmbar (s. **Tab. 17-1**).

17.2 Rechtliche Grundlagen der elterlichen Sorge und des Umgangsrechts bei Trennung und Scheidung

Die Regelung der elterlichen Sorge bzw. von Teilen der elterlichen Sorge (z. B. Aufenthaltsbestimmungsrecht, Wahrnehmung der Gesundheitssorge, Recht auf Antragtagstellung in Bezug auf Kinder- und Jugendhilfemaßnahmen) und des Umgangsrechts sind bedeutsame gerichtliche Vorgänge, in denen noch immer nicht nach sicheren Schätzzahlen in ca. 5 bis 10 % aller Fälle Gerichtsgutachten in Auftrag gegeben werden.[35]

---

33 www.destatis.de/DE/Presse/Pressemitteilungen/2020/07/PD20_268_12631.h;https://www.destatis.de/DE/Themen/Gesellschaft-Umwelt/Bevoelkerung/Haushalte-Familien/Tabellen/3-4-gleichgeschlechtliche-lebensgemeinschaften.html

34 https://www.bpb.de/kurz-knapp/zahlen-und-fakten/soziale-situation-in-deutschland/61575/paare/

35 Offensichtlich führen fehlerhafte Zahlen mit angeblich 395.000 Sachverständigengutachten in Kindschaftssachen nach § 151 FamFG seit Jahren

Tabelle 17-1: Eheschließungen, Ehescheidungen, betroffene Kinder und Jugendliche der Jahre von 2009 bis 2019.

Jahr	Eheschließungen	Ehescheidungen	Anzahl der Kinder und Jugendlichen unter 18 Jahren
2009	378.439	187.072	145.656
2010	377.055	187.027	145.146
2011	377.816	187.640	148.239
2012	387.423	179.147	143.022
2013	373.655	169.833	136.064
2014	385.952	166.199	134.803
2015	400.115	163.335	131.749
2016	410.426	162.397	131.955
2017	407.466	153.501	123.563
2018	449.466	148.066	121.343
2019	416.324	149.010	122.010

17.2.1 Sorgerecht

Vor den Amtsgerichten wurden 2019 insgesamt 258.506 Verfahren in Kindschafts-, Abstammungs- oder Adoptionssachen durchgeführt und erledigt, und zwar

- 152.964 Fälle elterlicher Sorge,
- 55.640 Umgangsrecht, inkl. Vermittlungsverfahren nach § 165 FamFG,
- 4.018 Kindesherausgabe,
- 16.809 Unterbringung nach § 1631b Abs. 1 BGB,
- 5.475 Unterbringung nach § 1631b Abs. 2 BGB,
- 1.491 Unterbringung nach öffentlichem Recht nach § 151 Nr. 7 FamFG,
- 13.047 Abstammungssachen,
- 13.198 Adoptionssachen.[36]

Hinzu kommen 2019 noch ca. 8.700 Kindschaftssachen vor den Oberlandesgerichten.[37]

Vor den Amtsgerichten waren 52.454 Eheverfahren mit der impliziten und möglichen Frage der Änderung oder Beibehaltung der gemeinsamen elterlichen Sorge anhängig, von denen mangels eines Antrags in 51.167 Verfahren keine Regelung getroffen wurde. Nur in 1.287 Fällen wurde das Sorgerecht geregelt.[38]

Da 2019 in den Amtsgerichten nur noch in 1.287 Fällen das elterliche Sorgerecht vom Gericht im Scheidungsfall geregelt wurde, wurde auch lediglich in 885 Fällen die elterliche Sorge allein auf die Mütter, in 96 Fällen auf die Väter, in 291 auf die Eltern gemeinsam und in 15 Fällen Dritten oder bei mehreren Kindern dem einen und anderen Elternteil das Sorgerecht übertragen.[39]

Damit ist die Beibehaltung der gemeinsamen elterlichen Sorge nach Trennung und Scheidung der Eltern mit ca. 98 % längst zum

---

eher zur Verwirrung als zur Klärung (Internetforum Statista Research Department, 27.06.2015). Allerdings können in der gesamten Familiengerichtsbarkeit so viele Gutachten erstellt worden sein (z. B. bei Wohnungssachen, Eigentumsregelungen, nicht aber allein in Kindschaftssachen).

36 Statistisches Bundesamt, Rechtspflege Familiengerichte, Fachserie 10, Reihe 2.2., 2020, S. 18, 58.

37 Statistisches Bundesamt, a.a.O., S. 80.

38 Statistisches Bundesamt, a.a.O., S. 18.

39 Statistisches Bundesamt, a.a.O., S. 58.

statistischen Regelfall geworden, ohne dass in diesen Fällen gerichtliche Entscheidungen oder Sachverständigengutachten einen zentralen Stellenwert haben (s. § 1671 Abs. 1 S. 1 BGB).

Leben Eltern nicht nur vorübergehend getrennt und steht die elterliche Sorge nach § 1626a Abs. 3 allein der Mutter zu, so kann seit Inkrafttreten am 19.05.2013 durch das Gesetz zur Reform der elterlichen Sorge nicht miteinander verheirateter Eltern der Vater beantragen, dass ihm das Familiengericht die elterliche Sorge oder einen Teil der elterlichen Sorge allein überträgt.

Sind die Eltern bei der Geburt des Kindes miteinander verheiratet, werden sie beide mit der Geburt des Kindes gemeinsam Inhaber der elterlichen Sorge, und zwar ohne dass hierzu eine Erklärung notwendig ist.

Wenn sie erst nach der Geburt einander heiraten, werden ebenso beide Eltern „automatisch" Sorgerechtsinhaber (§ 1626a Abs. 1 Nr. 2 BGB).

Sind die Eltern dagegen bei der Geburt des Kindes nicht miteinander verheiratet, werden sie dann Inhaber der gemeinsamen elterlichen Sorge, wenn sie z. B. im Jugendamt (§ 59 Nr. 8 SGB VIII) oder vor einem*einer Notar*in erklären, dass sie die Sorge gemeinsam übernehmen wollen (Sorgeerklärung). Die Vaterschaftsanerkennung des Vaters und die gemeinsame Sorgeerklärung kann auch schon vor der Geburt des Kindes abgegeben werden (§ 1626b Abs. 2 BGB). Die Wirkungen der Erklärungen treten bei einer vorgeburtlichen Erklärung im Moment der Geburt ein (Hoffmann, 2018, S. 38).

Gegen den Willen der Mutter kann der nicht mit der Mutter verheiratete Vater Inhaber der elterlichen Sorge werden, wenn er die Vaterschaft anerkannt hat, einen Antrag beim Familiengericht stellt und die Mutter ggf. keine stichhaltigen Gründe gegen die gemeinsame elterliche Sorge vorträgt (z. B. „Ich halte den Vater für ungeeignet" reicht nicht aus) (Hoffmann, 2018, S. 39). Hier ist eine Entscheidung gegen die gemeinsame elterliche Sorge nur möglich, wenn die gemeinsame elterliche Sorge dem Kindeswohl[40] widerspricht (z. B. bei körperlicher oder sexueller Gewalt gegen die Mutter oder Hochkonflikthaftigkeit beider Eltern).

Daraus ergibt sich, wenn keine stichhaltigen negativen Gründe gegen den antragstellenden Vater vorliegen, dass er nach § 1626a Abs. 2 BGB sein Sorgerecht einklagen kann, da das alleinige Sorgerecht der Mutter zufällt, solange die Eltern nicht verheiratet sind (§ 1591 BGB).

Das Gesetz sieht bei einem Sorgerechtsantrag des Vaters für die Mutter eine sechswöchige Widerspruchsfrist nach der Geburt des Kindes vor (§ 155 a Abs. 2 S. 2 FamFG). Die vom Gericht gesetzte Frist zur schriftlichen Stellungnahme darf somit frühestens sechs Wochen nach der Geburt enden. Die Frist für die Stellungnahme für ein älteres als sechs Wochen altes Kind wird dagegen vom Gericht nach den Regeln des FamFG nach eigenem Ermessen festgesetzt, die deutlich kürzer als sechs Wochen sein kann.

Für alle Eltern und Kinder gilt die zentrale Sorgerechtsvorschrift des § 1626 BGB (Elterliche Sorge, Grundsätze), unabhängig davon, ob die Eltern miteinander verheiratet sind oder nicht: „Die Eltern haben die Pflicht und das Recht, für das minderjährige Kind zu sorgen (elterliche Sorge)". Paragraph 1626 Abs. 2 BGB gibt den Eltern bestimmte Erziehungsziele und einen gewissen Erziehungsstil vor: Die Eltern sind bspw. nach dem Gesetzeswortlaut verpflichtet, die wachsende Fähigkeit und das wachsende Bedürfnis des Kindes zu selbstständigem und verantwortungsbewusstem Handeln zu berücksichtigen. Sie sind weiter verpflichtet, mit dem Kind, soweit es nach dessen Entwicklungsstand angezeigt ist,

40 Von Dettenborn und Walter (2016, S. 70) wird das Kindeswohl als die für die Persönlichkeitsentwicklung eines Kindes oder Jugendlichen günstige Relation zwischen seiner Bedürfnislage und seinen konkreten Lebensbedingungen mit Bezug auf die soziale Ausgangslage angesehen.

- Fragen der elterlichen Sorge zu besprechen und
- mit dem Kind Einvernehmen anzustreben.

Seit Geltung dieser Vorschrift (01.01.1980) sind die Eltern nicht mehr berechtigt, wichtige Entscheidungen, die das Kind betreffen, ohne Einvernehmen mit dem Kind zu treffen; nach § 1631a BGB müssen die Eltern in Angelegenheiten der Ausbildung und des Berufes insbesondere „auf Eignung und Neigung des Kindes Rücksicht" nehmen. Sie sind nicht mehr berechtigt, dem Kind eine bestimmte Schul- und Berufsbildung ohne diese Prüfung vorzugeben. Sie müssen hierbei auf die Fähigkeiten des Kindes eingehen und sich hierzu notfalls beraten lassen. Aktive und rechtlich durchsetzbare Beteiligungs- und Gestaltungsrechte der Kinder sind zu diesen zentralen Fragen der Beschulung und Ausbildung bisher gesetzlich nicht vorgesehen (Balloff, 2021).

Am 8. November 2000 ist nach jahrzehntelangen Diskussionen § 1631 Abs. 2 BGB mit der zentralen Gewaltschutzvorschrift für Kinder in Kraft getreten: Danach haben Kinder ein Recht auf gewaltfreie Erziehung. Körperliche Bestrafungen, seelische Verletzungen und andere entwürdigende Maßnahmen sind unzulässig. Verstoßen die Eltern mehrfach gegen diese klare gesetzliche Festlegung, müssen sie im Wiederholungsfalle mit Kinderschutzmaßnahmen nach §§ 8a, 42 SGB VIII, § 1666 BGB rechnen, die häufig zunächst als Kindeswohlgefährdung zu einer Inobhutnahme führen, die dann zu einem Teil in eine Begutachtung beim Familiengericht einmündet.[41]

Am 05.04.1992 ist die UN-Kinderrechtekonvention vom 20.11.1989 in Deutschland ratifiziert worden. Am 3. Mai 2010 hat die Bundesregierung nach 18 Jahren die Vorbehaltserklärung zur UN-Kinderrechtskonvention von 1992 zurückgenommen, wodurch die Rechte des Kindes erheblich gestärkt wurden.[42]

Die rechtliche Situation des Kindes im Falle der Trennung und Scheidung der Eltern ändert sich nur, wenn von den Eltern ein Antrag gestellt wird, um diesen Zustand zu ändern. Erst dann ist ein Familiengericht berechtigt und u.U. sogar verpflichtet, die gesamte elterliche Sorge oder in Teilen auf einen Elternteil zu übertragen. Ein Antragsrecht hierzu (z.B. Aufenthalt, Lebensmittelpunkt, Wechselmodell oder sonstige Kontakte) steht auch dem Kind ab 14 Jahren nicht zu.

Allerdings ist es dem deutschen Gesetzgeber bisher nicht gelungen, konkrete Rechte des Kindes in Anlehnung an die UN-Kinderrechtekonvention in die Verfassung einzugeben. Die Verankerung der Kinderrechte im Grundgesetz ist am 7.6.2021 für diese Legislaturperiode gescheitert.

Erreicht wurde, einige Rechte des Kindes wenigstens einfach gesetzlich zu regeln, wie das Gewaltverbot nach § 1631 Abs. 2 BGB.

Bei der Ausübung der gemeinsamen elterlichen Sorge bei Trennung der Eltern stellt sich die Frage nach dem Aufenthalt des Kindes (Aufenthaltsbestimmungsrecht).

Sind sich die Eltern einig, besteht kein Regelungsbedarf. Werden sich die Eltern über den Aufenthalt des Kindes nicht einig, gilt zunächst § 1687 BGB: Diese Vorschrift legt fest, dass in diesen Fällen bei Entscheidungen in Angele-

41 Statistisches Bundesamt (Destatis) vom 27.08.2020 und Pressemitteilung Nr. 4 vom 6. Januar 2021: Nach Angaben des Statistischen Bundesamtes (Destatis) haben die Jugendämter in Deutschland im Jahr 2019 bundesweit 173.000 Verdachtsfälle auf Kindeswohlgefährdung gemeldet, 15.800 mehr als im Vorjahr. Bei rund 55.500 Kindern und Jugendlichen wurde eine Kindeswohlgefährdung festgestellt, das zweite Mal in Folge eine Steigerung um 10 % im Vergleich zum jeweiligen Vorjahr. Eine neue Auswertung des Statistischen Bundesamtes (Destatis) zeigt nun, dass in jedem fünften Fall von Kindeswohlgefährdung (20 %) mehrere Gefährdungsarten gleichzeitig vorlagen. Im Jahr 2019 betraf das rund 11.200 Kinder und Jugendliche. Zu den vier Gefährdungsarten zählten dabei – neben psychischen und körperlichen Misshandlungen – noch Vernachlässigungen und sexuelle Gewalt.

42 BMJ Newsletter, 5. Mai 2010.

genheiten, deren Regelung nach § 1687 Abs. 1 S. 1 BGB für das Kind von erheblicher Bedeutung[43] (Balloff, 2018, S. 32f.; Hoffmann, 2018, S. 42–45 u. 255) ist, das gegenseitige Einvernehmen der Eltern erforderlich ist. Fehlt es daran, bestimmt § 1687 Abs. 1 S. 2 BGB für die sogenannten Alltagsfälle, dass der Elternteil, bei dem sich das Kind entweder mit Einwilligung des anderen Elternteils oder aufgrund einer gerichtlichen Entscheidung gewöhnlich aufhält, die Befugnis zur alleinigen Entscheidung in Angelegenheiten des täglichen Lebens[44] (Balloff, 2018, S. 30 f.; Fröschle, 2018, Rn. 690 f.) hat.

Regelungen mit *erheblicher Bedeutung* für das Kind, wie bspw. das Aufenthaltsbestimmungsrecht, die Gesundheitssorge oder das Recht auf Antragstellung für Kinder- und Jugendhilfeleistungen sind im Gegensatz solche, die nicht häufig vorkommen und die schwer abzuändernde Auswirkungen auf die Entwicklung des Kindes haben. Auch im Fall einer Trennung der Eltern gilt nach § 1627 BGB, dass die Eltern verpflichtet sind, die gemeinsame elterliche Sorge in eigener Verantwortung und in gegenseitigem Einvernehmen zum Wohle des Kindes auszuüben. Sind sie unterschiedlicher Meinung, müssen sie versuchen, sich zu einigen.

---

43 Als Angelegenheiten von erheblicher Bedeutung hat z. B. die Rechtsprechung angesehen:

- Wahl des Sorgemodells (OLG Karlsruhe, FamRZ 2001, 1634)
- Bestimmung des Vornamens: OLG Karlsruhe, 30.6.2026, FamRZ 2017, 40, und Änderung des Familiennamens: BGH, 9.11.2016, FamRZ 2017, 119
- Bestimmung des kindlichen Aufenthalts einschließlich der Frage eventueller Auswanderung (OLG Stuttgart, FamRZ 1999, 39; OLG Karlsruhe, FamRZ 2002, 1272, 1273)
- Unterbringung des Kindes im Internat oder Heim
- weite Auslandsreisen mit Gesundheitsrisiken für das Kind (OLG Köln, FamRZ 1999, 249; OLG Naumburg, FamRZ 2000, 1241; AG Heidenheim, FamRZ 2003, 1404; AG Freising, FamRZ 2004, 968; AG Rosenheim, FamRZ 2004, 49; Kammergericht, 2.2.17, FamRZ 2017, 106; OLG Frankfurt/M, 21.7.2016, FamRZ 2016, 1595)
- ärztliche Behandlung (solange kein Notfall) gravierender Art wie schwerwiegende Operationen, Überweisung in Sanatorien oder Heilanstalten, Kieferregulierung, Therapie bei hyperkinetischem Syndrom, Therapie bei Verhaltensauffälligkeiten (OLG Hamm, FamRZ 2000, 26, 27; OLG Bamberg, FamRZ 2003, 1403; Impfung, auch die empfohlenen Standard- und Routineimpfungen: BGH, 3.5.2027, FamRZ 2017, 1057)
- Wahl des religiösen Bekenntnisses (OLG Frankfurt, FamRZ 1999, 182)
- Wahl der Schulart (OLG München, FamRZ 1999, 111; OLG Dresden, FamRZ 2003, 1489; AG Lemgo, FamRZ 2004, 49; OLG Dresden, 31.3.2016, FamRZ 2017, 39), der Schule, An- und Abmeldung des Kindergartens: VG Köln, 1.3.2013, FamRZ 2014, 55; bei Schulwechsel: OLG Schleswig, 7.10.2010, FamRZ 2011, 1304; Wiederholung eines Schuljahrs
- Beschneidung eines männlichen Kindes: AG Düsseldorf, 7.4.2014, FamRZ 2014, 1209
- Wahl von Ausbildung und Beruf
- Vermögenssorge

44 Angelegenheiten des täglichen Lebens sind nach der Rechtsprechung:

- z. B. Auswahl des Wohnsitzes
- Bestimmung des Urlaubs und Beantragung von Personalpapieren für Auslandsferien
- Kontakte im Alltag mit Nachbarn, Freunden, Verwandten
- Schule: Schulalltag, Zeugnisunterschrift, Entschuldigung bei Krankheit, Elternabende, Klassenreisen, Nachhilfe
- Behandlung von leichteren Erkrankungen, Impfungen
- Ernährung und Bekleidung
- Freizeitgestaltung: z. B. Sport, Fernsehkonsum, Discobesuch
- Teilnahmen am Gottesdienst
- Vermögensverwaltung im kleinen Umfang, wie z. B. Zuwendung von Taschengeld

Der andere Elternteil hat Anspruch auf Information. Soweit ein alleiniges Entscheidungsrecht in Angelegenheiten des täglichen Lebens besteht, ist der betroffene Elternteil auch allein zur gesetzlichen Vertretung berechtigt.

Angelegenheiten des täglichen Lebens sind i.d.R. solche, die häufig vorkommen und die keine schwer abzuändernden Auswirkungen auf die Entwicklung des Kindes haben.

Ferner sind Alleinentscheidungen im Rahmen der *tatsächlichen Betreuung* des Elternteils nach § 1687 Abs. 1 S. 4 BGB möglich, bei dem sich das Kind tatsächlich aufhält (z.B. auch während des Umgangs oder im Rahmen des Wechselmodells: bspw. Fragen der Ernährung, Kleidung, Bettruhe, Freizeitgestaltung, des Fernsehkonsums).

Weiterhin hat jeder Elternteil ein *Notentscheidungsrecht* (auch Notvertretungsrecht genannt) nach § 1687 Abs. 1 S. 5 BGB, § 1629 BGB Abs. 1 S. 4 BGB inne (z.B. bei einem Unfall oder einer akuten, schweren Erkrankung des Kindes).

Die häufigste Form, bei der versucht wird, die gemeinsame elterliche Sorge in einem Teilbereich abzuändern, ist die separate Regelung des *Aufenthaltsbestimmungsrechts,* was häufig zu einem Sachverständigengutachten führt. Das Aufenthaltsbestimmungsrecht berechtigt allerdings nur dazu, den Aufenthalt des Kindes zu bestimmen. Es ist kein Erziehungsrecht, wenngleich derjenige, der den Aufenthalt des Kindes bestimmt, damit auch richtungsweisende Entscheidungen in Bezug auf die Gestaltung des täglichen Lebens nimmt.

Die Übertragung der *Alleinsorge* nach § 1671 BGB erfolgt nur dann reibungslos, wenn die Eltern sich hierüber einig sind. Dann ist das Familiengericht daran gebunden (§ 1671 Abs. 1 Ziff. 1 BGB), es sei denn, das über 14 Jahre alte Kind widerspricht. In diesem Fall erfolgt eine gerichtlich obligatorische *Kindeswohlprüfung,* oft unter Zuhilfenahme eines Sachverständigengutachtens. Sind sich die Eltern nicht einig, muss § 1671 Abs. 1 Ziff. 2 BGB erfüllt sein: Das heißt, das Familiengericht muss dann zu der Überzeugung kommen, dass „zu erwarten ist, dass die Aufhebung der gemeinsamen elterlichen Sorge und die Übertragung auf den Antragsteller dem Wohl des Kindes am besten entspricht“. Die gemeinsame elterliche Sorge kann demnach, sogar gegen den erklärten Willen beider Eltern, diesen belassen bleiben. Das Familiengericht prüft jedoch, oft unter Zuhilfenahme eines Sachverständigengutachtens, ob durch eine mangelnde Kooperationsbereitschaft und -fähigkeit und mangelnde Kommunikation sowie die fehlende Bereitschaft zur wechselseitigen Information über wichtige Belange des Kindes kindliche Interessen und Werte nachhaltig negativ berührt werden.

Da jeder Eingriff in die elterliche Sorge nach § 1671 BGB im Trennungs- und Scheidungsfall zugleich ein Eingriff in das verfassungsrechtlich geschützte Elternrecht nach Art. 6 GG ist, darf nur dann eine gerichtliche Regelung getroffen werden, wenn der Grundsatz der Verhältnismäßigkeit eingehalten wird (zu prüfen sind demnach auch bei Sorgerechtsregelungen ohne Kindeswohlgefährdung mildere Mittel), um das Wohl des Kindes sicherzustellen.

Auch bei erheblichen Kommunikationsschwierigkeiten kommt die Übertragung der alleinigen elterlichen Sorge auf den betreuenden Elternteil unter Änderung des gemeinsamen Sorgerechts nicht in Betracht, wenn eine grundsätzliche Verständigungsmöglichkeit zwischen den Eltern v.a. in Angelegenheiten mit erheblicher Bedeutung noch möglich ist. Erst wenn es den Eltern nicht gelingt, trotz außergerichtlicher Intervention und dem gerichtsbezogenen Hinwirken auf Einvernehmen mit den Beteiligten nach §§ 156, 163 Abs. 2 FamFG (z.B. Teilnahme an Trennungs- und Scheidungsgruppen, Mediation, psychologische Beratung, Familientherapie, Paartherapie für Trennungseltern etc.) zu einem Einvernehmen im Interesse des Kindes zu gelangen, wird es zu einer gerichtlichen Regelung kommen.

In allen derartigen Fragen wird das Gericht häufig nur mithilfe eines Sachverständigengutachtens die Alleinsorge eines Elternteils beschließen.

17.2.2 Umgangsrecht

2019 sind 55.640 Umgangsverfahren vor den Familiengerichten 1. Instanz (Amtsgerichte: Familiensachen ohne abgetrennte Folgesachen, einstweilige Anordnungen, Abhilfeverfahren und Lebenspartnerschaftssachen: 46.008) rechtshängig gewesen.[45] Hinzu kommen insgesamt 1.981 Umgangsverfahren vor den Oberlandesgerichten (bei Familiensachen i.e.S. 1.975 Verfahren).

So ergibt sich 2020 ein statistisches Hellfeld (registrierte Umgangsfälle) von Umgangsverfahren mit 57.615 Verfahren, in denen Kinder involviert waren.

Damit ist die tatsächliche Zahl aller Umgangsstreitigkeiten ohne Gerichtsverfahren, die bspw. im Jugendamt, in den Beratungsstellen und ohne Bezug zu professionellen Einrichtungen ausgetragen werden, nicht erfasst. Besonders kompliziert ist häufig eine kindeswohlverträgliche gerichtliche Entscheidung wegen des Grades der Zerstrittenheit und Unvereinbarkeiten der Eltern, v.a., wenn außergerichtliche mediative oder beratende Interventionen gescheitert sind (Dettenborn & Walter, 2016, S. 235–286).

Die Vorschriften der §§ 1684 und 1685 BGB wurden am 01.07.1998 durch das Kindschaftsrechtsreformgesetz neu gefasst. Erstmals hat nun das Kind ein Recht auf Umgang mit jedem Elternteil (§ 1684 Abs. 1 S. 1 BGB).

Dieses Recht des Kindes auf Umgang mit seinen Eltern kommt sogar dann zum Tragen, wenn ein Elternteil den Umgang verweigert, aber nach Überzeugung des Familiengerichts dieser *Umgang dem Wohl des Kindes dient* (OLG Frankfurt/M., Beschluss vom 11.11.2020).[46]

Paragraph 1685 BGB wurde durch das Gesetz zur Beendigung der Diskriminierung gleichgeschlechtlicher Lebensgemeinschaften (Lebenspartnerschaftsgesetz) am 01.05.2004 nochmals geändert. Jetzt heißt es in § 1685 Abs. 2 BGB, dass enge Bezugspersonen des Kindes, wenn diese für das Kind tatsächliche Verantwortung tragen oder getragen haben (sozial-familiäre Beziehung), ein Recht auf Umgang haben. Eine Übernahme tatsächlicher Verantwortung ist i.d.R. anzunehmen, wenn die Person mit dem Kind längere Zeit in häuslicher Gemeinschaft zusammengelebt hat.

Eine Kernaussage zum Umgang enthält die Vorschrift des § 1626 Abs. 3 BGB, nach der zum Wohl des Kindes i.d.R. der Umgang mit beiden Eltern (der Gesetzgeber benutzt noch das völlig antiquierte und überflüssige Wort „Elternteile“) gehört sowie der Umgang mit anderen Personen, zu denen das Kind Bindungen[47] besitzt. Erkennbar wird, dass diese Vorschrift die Beziehungen des Kindes an sein soziales Umfeld schützen will. Richtig wäre es demnach, wenn die Familiengerichte bei Scheidungen und Trennungen der Eltern sowie zu Fragen des Umgangs diesen in § 1626 Abs. 3

45 Statistisches Bundesamt, 2020, Fachserie 10, Reihe 2.2., S. 18.

46 OLG Frankfurt/M., Beschl. v. 11.11.2020 – 3 UF 156/20, BeckRS 2020, 33467: Es ist einem Elternteil zumutbar, auch unter Beeinträchtigung seiner Persönlichkeitssphäre zum Umgang mit seinem Kind verpflichtet zu werden, wenn dies dem Kindeswohl dient; OLG Hamm FamRZ 2018, 111. Entgegen der Auffassung des Kindesvaters ist also allein der entgegenstehende Wille des Umgangsverpflichteten nicht ausschlaggebend. Ähnlich entschied bereits 2008 das BVerfG: Urt. v. 1.4.2008 – 1 BvR 1620/04 = BeckRS 2008, 33606, FamRZ 2008, 845. Allerdings meinte das BVerfG – anders als das OLG Frankfurt/M –, dass ein Umgang mit dem Kind, der nur mit Zwangsmitteln gegen seinen umgangsunwilligen Elternteil durchgesetzt werden kann, i.d.R. nicht dem Kindeswohl dient.

47 Gemeint sind enge Beziehungen. Nicht verwendet wird hier der Bindungsbegriff von John Bowlby, da dieser Bindungsbegriff nach wie vor selbst bei Fachanwälten für Familienrecht oder Familienrichtern entweder nicht bekannt ist oder nach wie vor dieser als erweiterter juristischer Beziehungsbegriff (vgl. den Bindungsbegriff in § 1626 Abs. 3 S. 2 BGB u. § 159 Abs. 2 FamFG) dem psychologischen Beziehungsbegriff gleichgesetzt wird.

BGB deutlich erkennbaren privaten Netzwerkansatz zum Wohle des Kindes in Beweisbeschlüssen thematisieren würden. Bei Begutachtungen sollten besonders enge Bezugspersonen des Kindes in den Beweisbeschluss mit aufgenommen werden, um künftige Kontakte und Beziehungen für das Kind sicher aufrechtzuerhalten (z. B. Großeltern, andere nahe Verwandte, Freunde und Bekannte der Familie, Nachbarn, Erzieher und Erzieherinnen in der Kita oder Lehrkräfte in der Schule).

Zudem ist dieses Recht auch in der UN-Kinderrechtekonvention verankert. Danach hat das Kind das Recht, regelmäßige persönliche Beziehungen und unmittelbare Kontakte zu beiden Eltern zu pflegen, soweit dies nicht seinem Wohl widerspricht (Art. 9 Abs. 3 UN-Kinderrechtekonvention).

Zu beachten ist u.a. bei strittigen Umgangsfragen auch die Europäische Menschenrechtskonvention (EMRK): In der Weigerung, Umgangskontakte zuzulassen, stellte der Europäische Gerichtshof für Menschenrechte wiederholt eine Verletzung von Artikel 8 (Recht auf Achtung des Privat- und Familienlebens) der Europäischen Menschenrechtskonvention (EMRK) fest.[48]

Nach § 1684 Abs. 3 BGB kann das Familiengericht

- über den Umfang des Umgangsrechts entscheiden,
- seine Ausübung näher regeln und
- die Beteiligten zur Erfüllung der sogenannten Friedenspflicht[49] aus § 1684 Abs. 2 BGB anhalten und entsprechende Auflagen erteilen.

Eine Entscheidung, die das Umgangsrecht für längere Zeit oder auf Dauer einschränkt oder ausschließt, ist von Gesetzes wegen nur als letzte Möglichkeit (Ultima Ratio) angelegt, wenn andernfalls das Wohl des Kindes gefährdet wäre. Bevor diese letzte Konsequenz zum Tragen kommt, muss das Familiengericht nach anderen Möglichkeiten suchen, ob bspw. ein begleiteter Umgang die Gefährdung beseitigen kann.

Paragraph 1684 Abs. 4 S. 3 BGB schreibt z. B. vor, dass das Familiengericht bestimmen kann, dass ein Umgang nur stattfinden darf, wenn ein Dritter anwesend ist. Bei diesem Dritten handelt es sich um den sogenannten Umgangsbetreuer oder Umgangsbegleiter (eingesetzt z. B. durch gemeinnützige Vereine bzw. freie Träger der Jugendhilfe).

Die Rechtsprechung zu Umgangsproblemen ist außerordentlich umfangreich, unübersichtlich und z. T. auch konträr: Der BGH hat bereits am 14.05.2008 entschieden (FamRZ 2008, 1334), dass *nur das Kind selbst* sein Recht auf Umgang gegenüber dem anderen Elternteil geltend machen kann, nicht aber der sorgeberechtigte Elternteil. Das Recht auf Umgang mit seinen Eltern stehe dem Kind als höchstpersönliches Recht zu und könne auch nur von ihm, vertreten durch den sorgeberechtigten Elternteil oder im Falle eines Interessenkonflikts durch einen Verfahrenspfleger (seit 1. September 2009 mit Inkrafttreten des § 158 FamFG heißt dieser „Anwalt des Kindes“ *Verfahrensbeistand)*, geltend gemacht werden, nicht aber vom sorgeberechtigten Elternteil im eigenen Namen.

In dem recht häufig vorkommenden Fall, dass der alleinsorgeberechtigte Elternteil grundlos und beharrlich den Umgang verweigert, hat ein vom Gericht bestellter *Umgangspfleger* das Recht, den Aufenthalt des Kindes für die Dauer des Umgangs zu bestimmen und auch die Herausgabe des Kindes zwecks Durchführung des Umgangs zu verlangen. Eine Umgangspflegschaft (nicht zu verwechseln mit dem Umgangsbegleiter) wird nach § 1909 iVm § 1684 Abs. 3 BGB gerichtlich beschlossen.

---

48 EGMR, Urt. v. 15.01.2015, Beschwerdenummer 62198/11.

49 Die Friedenspflicht aus § 1684 Abs. 2 BGB wird häufig verletzt. Hierzu hat das OLG Saarbrücken, Beschluss vom 21.12. 2006-9 UF 147/06, bereits 2006 (FamRZ 2007, 927) entschieden, dass ein Elternteil schon dann gegen diese Wohlverhaltenspflicht verstößt, wenn es dem 8-jährigen Kind freistellt, Umgangskontakte mit dem Vater wahrzunehmen oder nicht.

Die Umgangspflegschaft ist nicht nur auf den Fall der Umgangsverweigerung durch den betreuenden Elternteil begrenzt. Auch eine Verletzung der Wohlverhaltenspflicht durch den Umgangsberechtigten kann eine Umgangspflegschaft rechtfertigen (Münchener Kommentar, 2020, Bearbeiterin Hennemann, § 1684 BGB, Rn. 64–69).

Als Gründe für den zeitweiligen oder gänzlichen Ausschluss des Umgangsrechts nennt die Rechtsprechung solche, die beim Kind und/oder die bei den Eltern liegen. Gerade in Bezug auf diese Fragen, ob ggf. eine Gefährdung des Kindes vorliegt, wird regelmäßig ein Sachverständigengutachten eingeholt. Lehnt das Kind den Umgang ernsthaft ab, kann eine Beschränkung infrage kommen.

Auch Großeltern, Geschwister und andere enge Bezugspersonen, mit denen eine „sozial-familiäre Beziehung" besteht, haben ein eigenes Umgangsrecht, allerdings nur dann, wenn dieser Umgang dem Wohl des Kindes dient (§ 1685 Abs. 1 BGB).

Nach § 1686 BGB kann bei berechtigtem Interesse jeder Elternteil von dem anderen Elternteil Auskunft über die persönlichen Verhältnisse des Kindes verlangen, wenn der Umgang nicht oder nur sehr eingeschränkt stattfindet und soweit dies dem Wohl des Kindes nicht widerspricht. Verlangt werden können bspw. Auskünfte über

- den Entwicklungsstand des Kindes,
- die schulische Entwicklung des Kindes durch Vorlage der Schulzeugnisse sowie
- den Gesundheitszustand des Kindes durch Vorlage entsprechender ärztlicher Bescheinigungen.

Am 13.07.2013 ist das „Gesetz zur Stärkung der Rechte des leiblichen, nicht rechtlichen Vaters" in Kraft getreten und hiermit die §§ 1686a BGB und 167a FamFG.

Paragraph 1686a BGB billigt somit seit Inkrafttreten am 13.07.2013 dem leiblichen Vater des Kindes bei bestehender rechtlicher Vaterschaft eines anderen Mannes, der mit der Mutter verheiratet ist, ein Recht auf Umgang mit dem Kind zu, wenn der leibliche Vater ein ernsthaftes Interesse am Kind gezeigt hat und wenn der Umgang dem Kindeswohl dient.

17.2.3 Wechselmodell

Mit Beschluss vom 1.2.2017 hat der BGH richtungsweisend entschieden (BGH Beschluss vom 1.2.2017, Aktz.: – XII ZB 601/15 = BGHZ 214, 31; FamRZ 2017, 532; NZFam 2017, 206–211), dass im Rahmen – auch – eines Umgangsverfahrens die Betreuung eines Kindes in einem *paritätischen Wechselmodell* nicht ausgeschlossen ist (BGH, ZKJ 2017, 190; FamRZ 2017, 532), wenn keine zu hohe Konfliktbelastung der Eltern besteht. Der BGH hält aber auch fest, dass die gerichtliche Anordnung des Wechselmodells gegen den Willen eines Elternteils möglich ist, wenn das Kind sichere Bindungen zu beiden Eltern hat, eine räumliche Nähe der Elternhäuser und eine schnelle Erreichbarkeit von Schule und Betreuungseinrichtungen gegeben ist, die Eltern kooperationsbereit und kooperations- und kommunikationsfähig sind sowie über einen Grundkonsens in wesentlichen Erziehungsfragen verfügen (Heilmann, 2020, § 1684 BGB, Bearbeiter Gottschalk, Rn. 11; Lack & Hammesfahr, 2019, Rn. 724–734). Bei dieser noch vielfach ungeklärten Ausgangslage ist es seit 2017 vermehrt zu Begutachtungen gekommen.

Psychologinnen und Psychologen nehmen ein Wechselmodell bereits dann an, wenn die Eltern weiterhin

- weitgehend gleichgewichtig die Alltagsverantwortung für das Kind übernehmen,
- beide Eltern erziehungsverantwortlich auftreten und von dem Kind auch so erlebt werden,
- wenn das Kind in jeder Wohnung über einen eigenen Lebensraum (z. B. eigenes Zimmer), ein Bett und Spielmöglichkeiten verfügt (Lack & Hammesfahr, 2019, Bearbeiterin Hammesfahr, Rn. 736–745).

Bei dieser zuletzt genannten Ausgangslage ist ein paritätisches Modell nicht erforderlich, sondern etwas mehr als 30 zu 70 % Aufenthalt des Kindes reichen bei beiden Eltern aus, um von einem Wechselmodell zu sprechen (Sünderhauf, 2013, S. 64; Salzgeber, 2014, S. 921f.; Salzgeber & Bublath, 2016, S. 837f.; Coester-Waltjen, Lipp, Schumann & Veit, 2018).

Der aktuelle Forschungsstand belegt eindrucksvoll, dass Kinder keine Unterschiede aufwiesen, ob sie nun im Wechselmodell oder Residenzmodell (Lebensmittelpunktmodell bei einem Elternteil) aufwuchsen (Walper, 2016). Deshalb schlagen Kindler und Walper (2016) auch vor, dass das Wechselmodell „positiv, aber nicht idealisierend aufzugreifen" sei (S. 820–824).

Staub (2018, S. 177–190) nennt eltern- und kindzentrierte Gründe, die für ein Wechselmodell sprechen:

Auf der Elternseite:
Erziehungsfähigkeit der Eltern, Aufrechterhaltung von Stabilität und Kontinuität, persönliche Betreuung, Elternkooperation (Kontraindikation: Gewalt, Macht- oder Kontrolldynamik), geografische Nähe, finanzielle Möglichkeiten, ein Wechselmodell zu praktizieren.

Auf der Kindseite:
Alter des Kindes, Wille des Kindes, Geschlecht des Kindes, Geschwisterbeziehungen, Beziehungen und Bindungen des Kindes.

Mittlerweile hat das OLG Frankfurt/M mit stichhaltigen und überzeugenden Begründungen entschieden (OLG Frankfurt/M., Beschluss v. 4.2.2020 – 2 UF 301/19 = FamRZ 2020, 1181), dass das Wechselmodell nicht auf umgangsrechtlichen Grundlagen nach § 1684 BGB beruht, sondern auf sorgerechtlichen (§ 1671 BGB). Nach dieser Entscheidung ist die Anordnung eines paritätischen Wechselmodells als eine Regelung des Sorgerechts anzusehen. Damit kann die Anordnung des Wechselmodells oder die Abänderung einer Vereinbarung der Eltern zur Betreuung ihrer Kinder mit dem Ziel einer paritätischen Betreuung gem. § 1671 BGB nur auf Antrag der Eltern erfolgen und nicht – wie beim Umgangsverfahren – nur von Amts wegen getroffen werden. Entscheidungen über den Lebensmittelpunkt des Kindes – oder die paritätische Aufteilung eines Lebensmittelpunkts – unterfallen nach Auffassung des OLG dem Sorgerecht, hier dem Aufenthaltsbestimmungsrecht und nicht dem Umgangsrecht. Die Annahme einer antragstellenden sorgerechtlichen Regelung führt auch zur Statthaftigkeit der Beschwerde nach § 57 S. 2 Nr. 1 FamFG.

17.3 Begutachtung in Fällen der Trennung und Scheidung

Die wissenschaftliche Begutachtung in der Familiengerichtsbarkeit steht nach wie vor und trotz der Reformen des Verfahrens in Familiensachen und in den Angelegenheiten der freiwilligen Gerichtsbarkeit, die am 1. September 2009 in Kraft getreten sind und dem „Gesetz zur Änderung des Sachverständigenrechts und zur weiteren Änderung des Gesetzes über das Verfahren in Familiensachen und in den Angelegenheiten der freiwilligen Gerichtsbarkeit sowie zur Änderung des Sozialgerichtsgesetzes, der Verwaltungsgerichtsordnung, der Finanzgerichtsordnung und des Gerichtskostengesetzes", das am 15.10.2016 in Kraft getreten ist, auf rechtlich und psychologisch nicht sicheren und eindeutigen Standbeinen.

Die aktuellen gesetzlichen Regelungen in der Zivilprozessordnung (§§ 402ff. ZPO) und im letztmalig am 15.10.2016 geänderten § 163 FamFG regeln die Sachverständigentätigkeit in der Familiengerichtsbarkeit. Die einschlägigen Vorschriften in der ZPO geben nach geltendem Recht allerdings immer noch eher Hinweise, wie eine Sache zu begutachten ist. Ein eigenständiges und umfassendes Sachverständigenrecht in Kindschaftssachen in der Familiengerichtsbarkeit (als FamFG-Recht) ist bisher nicht geplant.

Grundsätzlich hat sich auch durch die Neufassung des § 163 FamFG zur Frage der Sachverständigkeit im familiengerichtlichen Verfahren nicht sehr viel geändert. Die konkrete methodische Ausrichtung einer Begutachtung wurde bspw. nach wie vor nicht angesprochen.

Die vom Gesetz thematisierten berufsqualifizierten Berufsgruppen, die familienrechtliche Gutachten erstellen dürfen, sollen *geeignete* Sachverständige sein, die mindestens über eine „psychologische, psychotherapeutische, kinder- und jugendpsychiatrische, psychiatrische, ärztliche, pädagogische oder sozialpädagogische Berufsqualifikation verfügen" (§ 163 Abs. 1 FamFG).

Welche Sachverständigen nun gem. dieser gesetzlich vorgesehenen Berufsqualifikation geeignet sind, familienrechtspsychologische Sachverständigengutachten zu erstellen, und welche Inhalte eine zertifizierte Zusatzausbildung für Sozialpädagog*innen beinhalten und wer diese Weiterbildung anbieten soll, wird nicht festgelegt, obwohl zum Zeitpunkt des Gesetzgebungsverfahrens bereits die richtungsweisenden „Mindestanforderungen an die Qualität von Sachverständigengutachten im Kindschaftsrecht (2015)[50] vorlagen (die 2. Aufl. folgte 2019).

Die Rechtsprechung bestätigt die Annahme, dass Sozialpädagog*innen in Bezug auf ihre Berufsqualifikation nicht unbedingt geeignet sind, Familienrechtsgutachten mit einem klinischpsychologischen Schwerpunkt zu erstellen.[51]

Ein kind- und elternorientierteres Vorgehen im Rahmen einer familienpsychologischen Begutachtung,[52] bspw. mit der Zielsetzung, Eltern zu befähigen, ihrer Elternverantwortung wieder nachzukommen, gleichgültig, ob es sich nun nach § 151 FamFG um Kindschaftssachen handelt, in denen es bspw. um

- eine Sorgerechts- oder Umgangsregelung (§§ 1671, 1684, 1685 BGB) nach einer Trennung oder Scheidung,
- einen Sorgerechtsentzug nach § 1666 BGB,
- eine Kindesherausgabe und Fremdplatzierung des Kindes nach § 1666a BGB,
- eine Rückführung aus der Pflegefamilie in die Herkunftsfamilie gem. § 1632 Abs. 4 BGB oder
- eine freiheitsentziehende Unterbringung und freiheitsentziehende Maßnahme

geht, ist nach dem Gesetzeswortlaut allerdings nun eher möglich, da in § 163 Abs. 2 FamFG ausdrücklich festgelegt ist: „Das Gericht kann in Verfahren, die die Person eines Kindes betreffen, anordnen, dass der Sachverständige bei der Erfüllung des Gutachtenauftrags auch auf Herstellung des Einvernehmens zwischen den Beteiligten hinwirken soll."

Zu beachten ist allerdings, dass etliche Juristen ein Hinwirken auf Einvernehmen in Fällen einer Kindeswohlgefährdung und Fremdunterbringung (§§ 1666, 1666a) mit der Begründung ausschließen, dass in diesen Fällen der Verfahrensgegenstand nicht zur Disposition der Beteiligten steht (Heilmann, 2020, § 163 FamFG, Bearbeiter Heilmann, Rn. 60; a. A. Balloff, 2016).

Heilmann meint ferner (Heilmann, 2020, § 163 FamFG, Bearbeiter Heilmann, Rn 61),

---

50 Arbeitsgruppe Familienrechtliche Gutachten (2015, S. 9f.): Dort haben alle relevanten juristischen, psychologischen und medizinischen Fachverbände, die sich mit Sachverständigengutachten in Kindschaftssachen befassen, einmütig festgehalten, dass als Sachverständige in erster Linie Personen benannt werden sollen, die über ein abgeschlossenes Studium der Psychologie (Diplom oder Master) oder der Medizin (Staatsexamen) verfügen, wobei ebenso Kenntnisse des Verfahrensrechts und des materiellen Rechts unabdingbar sind.

51 OLG Schleswig-Holstein, Beschluss vom 7.5.2020 – 13 UF 4/20 = BeckRS 2020, 11614; FamRZ 2020, 1359: Zu den Anforderungen an den Beweisbeschluss und an die Qualifikation des für ein familienpsychologisches Gutachten hinzuzuziehenden Sachverständigen; OLG Schleswig, Beschl. v. 29.05.2019 – 13 UF 13/19 = OLG Schleswig Beschl. v. 29.5.2019 – 13 UF 13/19, BeckRS 2019, 18674; FamRZ 2020, 596.

52 Der Terminus „familienpsychologische oder familienrechtspsychologische Begutachtung" hat sich in der Gerichtssprache noch nicht endgültig etabliert; häufig wird noch ein kinderpsychologisches Gutachten oder ein Sachverständigengutachten in Auftrag gegeben.

dass in Gerichtsverfahren mit Fragen zum Aufenthaltsbestimmungsrecht oder Umgangsrecht nur zurückhaltend Sachverständigengutachten in Auftrag gegeben werden sollten. In der Praxis bewährt haben sich in Umgangsverfahren Sachverständigengutachten mit dem ausdrücklichen Auftrag des Gerichts, auf Einvernehmen mit den Beteiligten hinzuwirken (§ 163 Abs. 2 FamFG).

17.3.1 Bestellpraxis

Die Familiengerichte sollten berücksichtigen, dass ein*e Sachverständige*r nach §§ 151, 167 Abs. 6 FamFG nur dann bestellt werden sollte, wenn

- Eltern und Kindern bereits außergerichtlich Hilfe angeboten worden ist,
- eine Beratung abgelehnt wurde,
- eine Beratung erfolglos blieb,
- eine Kindeswohlgefährdung nicht auszuschließen ist,
- eine Kindeswohlgefährdung bereits eingetreten ist,
- psychosoziale oder seelische Auffälligkeiten der Eltern das Wohl des Kindes gefährden,
- das Kind gegen einen Elternteil eingestellt ist und die Kontakte mit ihm verweigert oder
- spezielle Besonderheiten des Kindes eine Begutachtung für sinnvoll erscheinen lassen (z. B. erhöhter Förderbedarf eines FAS-Kindes, autistischen oder intelligenzgeminderten Kindes).

Bloße Uneinigkeit oder Streitigkeiten der Eltern um das Kind bei ansonsten (gemutmaßt) erziehungskompetenten Eltern, die weiterhin in der Lage sind, ihr gegenseitiges Einvernehmen bei Angelegenheiten, „deren Regelung für das Kind von erheblicher Bedeutung ist" (§ 1687 Abs. 1 S. 1 BGB), beizubehalten, oder ohne dass zuvor beratende, familientherapeutische oder mediative Hilfen angeboten wurden oder ein Hinwirken auf Einvernehmen nach § 163 Abs. 2 FamFG bzw. eine Vermittlung nach §§ 156, 165 FamFG versucht wurde, rechtfertigen somit aus familienrechtspsychologischer Sicht (noch) nicht den Einsatz eines vom Gericht bestellten Gutachters.

17.4 Grundlagen der familienrechtspsychologischen Sachverständigentätigkeit

Die theoretischen Grundlagen typischer familienrechtspsychologischer Tätigkeit unterscheiden sich von anderen Begutachtungsarten im Zivil- oder Strafrecht erheblich, wenngleich die Methodik ähnlich und vergleichbar ist. Diese Grundlagen finden sich in der Entwicklungspsychologie, Angewandten Psychologie und Sozialpsychologie (z. B. Trennungs- und Scheidungsforschung), Familienpsychologie, Klinischen Psychologie, Familienrechts- und Kindschaftsrechtspsychologie und der Rechtspsychologie (Balloff, 2018, S. 168; Dettenborn & Walter, 2016, S. 16–22; Hommers, 1993).

Der Kernbereich eines jeden Vorgehens im Rahmen des diagnostischen Erkenntnisprozesses in der Familiengerichtsbarkeit umfasst folgende Aspekte (vgl. Amelang & Zielinski, 2002, S. 423; Arbeitsgruppe Familienrechtliche Gutachten, 2019, S. 11–13; Balloff, 2018, S. 168f.; Dettenborn, 2017; Kubinger & Jäger, 2003, S. 155ff.; Salzgeber, 2020, Rn. 9; Stemmler & Margraf-Stiksrud, 2025, S. 331–333):

Die einfachste und prägnanteste Gliederung familienrechtspsychologischer Gutachten lautet (Stemmler & Margraf-Stiksrud, 2015, S. 331 unter Berufung auf Fisseni, 1982, S. 53; s. a. Kap. 16 in diesem Band):

- Übersicht
- Vorgeschichte
- Untersuchungsbericht
- Befund
- Stellungnahme

Spätere, etwas differenziertere Gliederungen beinhalten folgende Vorgaben (z. B.: Arbeitsgruppe Familienrechtliche Gutachten, 2019, S. 11–13):

1. Vorbereitende Arbeiten:

- Kenntnisnahme und Überprüfung der juristischen Ausgangs- und Beweisfrage (§ 407a ZPO),
- Analyse und Wiedergabe der Vorgeschichte in Bezug auf psychologisch relevante Sachverhalte (i. d. R. durch die Aktenanalyse),
- hypothesengeleitete Arbeits- und Untersuchungsplanung,
- Formulierung handhabbarer psychologischer Fragen, die zunächst aus der juristischen Ausgangsfrage (Beweisfrage) und dem Akteninhalt abgeleitet werden (z. B. bei der gerichtlichen Frage nach einer künftigen Regelung des Aufenthaltsbestimmungsrechts können psychologisch relevante Fragen an den sog. Kindeswohl- oder Sorgerechtskriterien ausgerichtet sein, wie z. B. nach der Erziehungs- und Förderkompetenz, der Fähigkeit der Eltern, dem Kind Stabilität und Kontinuität sicherzustellen, der Bindungstoleranz, Kooperationsbereitschaft und -fähigkeit der Eltern.
  Hinzu kommen kindzentrierte Kriterien, wie Wunsch und Wille des Kindes, die Qualität der Beziehungen und Bindungen des Kindes an die Eltern und allen anderen für das Kind bedeutsamen Bezugspersonen, Geschwisterbeziehungen.
  Im Verlauf der Untersuchungen müssen die psychologischen Fragen mit Bezug auf dann anstehende Gespräche und Untersuchungen der Beteiligten (zum Beteiligtenbegriff s. § 7 FamFG: z. B. Eltern, Kinder, Verfahrensbeistand, Jugendamt) u. U. ergänzt und verändert werden.

2. Datenerhebung:

- diagnostische Interviews (auch Anamnese, diagnostische Gespräche oder Exploration genannt),
- Interaktions- und Verhaltensbeobachtung (meist Hausbesuche und ggf. Besuche von kindesrelevanten Einrichtungen) und
- bei Vorliegen einer Indikation auch testpsychologische Untersuchungen.

3. Schlussteil:

- Befundbericht und Interpretation sowie Beurteilung der Ergebnisse,
- Beantwortung der psychologischen und gerichtlichen Fragen, Stellungnahme, ggf. Abgabe einer Empfehlung.
- Hinwirken auf Einvernehmen mit den Beteiligten nach § 163 Abs. 2 FamFG, wenn dieses intervenierende Vorgehen des Sachverständigen mit den Eltern und ggf. auch mit dem Kind ausdrücklich vom Familiengericht beschlossen wurde (z. B. Balloff & Wagner, 2010, S. 38ff; Huber & Ulrich, 2019, 358–381).

17.4.1 Zur Rolle und Funktion der Sachverständigen

Die Sachverständigen haben aufgrund ihrer berufsspezifischen Sachkunde die Pflicht, die vom Gericht gestellten Fragen zu prüfen (§ 407a Abs. 4 S. 1 ZPO) und mit zeitgemäßen, wissenschaftlichen und methodisch anerkannten Strategien zu beantworten. Das umfasst meist die Form des schriftlichen Gutachtens (vgl. auch § 411 ZPO).

Will der oder die Gutachter*in ein anderes als durch die Beweisfrage vorgegebenes Vorgehen wählen oder bestehen fachliche oder ethische Zweifel, muss er oder sie sich nach § 407a Abs. 4 S. 1 ZPO mit dem Gericht in Verbindung setzen und für etwaige Änderungen der Beweisfrage eintreten (so schon Westhoff & Kluck, 2014, und Westhoff, Terlinden-Arzt & Klüber, 2000, S. 25ff.), bis diese zweifelsfrei und eindeutig bearbeitbar ist.

Eine neuere Tendenz in der Rechtswissenschaft und Rechtsprechung ist eindeutig: Sachverständige sind nicht berechtigt, eine Rechtsfrage in der Beweisfrage zu beantworten, die nur vom Gericht beantwortet werden darf. Derartige unzulässige Rechtsfragen beinhalten z. B. Fragen nach der Regelung des Sorgerechts oder Umgangsrechts oder einer Kindeswohlgefährdung, wenn letztere Frage ohne Angabe

Textbox 17.1:
Beispielhafte Beweisfragen im Rahmen von Begutachtungen in der Familiengerichtsbarkeit

- Welcher Lebensmittelpunkt – beim Vater oder bei der Mutter – dient dem Wohl des Kindes am besten?
- Wie oft sollte das Kind nach der Trennung der Eltern Kontakt mit ihnen haben?
- Welcher Elternteil ist unter Berücksichtigung der gefühlsmäßigen Bindungen des Kindes, der eigenen Erziehungsfähigkeit und der jeweils angestrebten Perspektiven für das eigene Leben und das Leben des Kindes zur Ausübung der elterlichen Verantwortung besser geeignet?
- Ist das körperliche, geistige oder seelische Wohl des Kindes angesichts des sexuellen Missbrauchsverdachts/der seelischen Erkrankung der Eltern/des Alkoholmissbrauchs der Mutter oder des Vaters/des körperlichen oder seelischen Misshandlungsverdachts gefährdet?
- Liegt eine Kindeswohlgefährdung angesichts der von den Ärzt*innen berichteten schweren seelischen Erkrankung der Mutter (Borderline-Störung mit deutlich psychotischen Schüben) vor?

von Anknüpfungstatsachen angeführt wird. Bergmann (2016, 2018), Ernst (2016) und Coester (2016) haben dieses Thema „Rechtsfragen in der Beweisfrage" vor einigen Jahren aufgegriffen und festgestellt, dass Beweisfragen z. B. nach einer Regelung des Sorge- oder Umgangsrechts rechtsfehlerhaft sind (Heilmann, 2020, Bearbeiter Heilmann, § 163 FamFG, Rn. 36; Münchener Kommentar, 2018, FamFG/Schumann, § 163 Rn. 6; Walterscheidt, 2015).

Die OLGs und der BGH sind mittlerweile dem gefolgt, während in der Amtsgerichtsbarkeit nach wie vor Rechtsfragen an Sachverständige gestellt werden, die nach juristischer Sicht von Sachverständigen nicht beantwortet werden dürfen.

Sachgerecht wäre, dass Sachverständige im Rahmen ihrer Überprüfungspflicht nach § 307a Abs. 4 S. 1 ZPO im Einvernehmen mit dem Gericht bei gerichtlichen Fragen nach dem Sorge- und Aufenthaltsbestimmungsrecht oder Umgangsrecht den Beweisbeschluss ändern lassen würden.

Denkbar ist auch, dass Sachverständige den Beweisbeschluss – bei einer Weigerung des Familiengerichts – in Fragen (statt Sorgerechtsregelung) nach dem Lebensmittelpunkt oder (bei Umgangsrechtsregelung) nach Kontakten des Kindes mit den Eltern oder anderen wichtigen Bezugspersonen abändern und hierzu eine Begründung im Gutachten angeben.

17.4.2 Hinwirken auf Einvernehmen

Das seit vielen Jahren praktizierte Vorgehen einiger familienpsychologischer Sachverständiger, neben dem vorangeschalteten diagnostischen Erkenntnisprozess auf Veränderungen abzielende einvernehmensorientierte Strategien anzuwenden, stellt eine spezifische familienpsychologische Einheit dar, die dem betreffenden Personenkreis bzw. dem zur Debatte stehenden Familiensystem neue Handlungsalternativen eröffnet. Dieses Vorgehen ist seit dem 1.9.2009 mit dem Inkrafttreten des § 163 Abs. 2 FamG gesetzlich geregelt.

Diese Veränderungen werden von den Sachverständigen mit den Beteiligten besprochen, festgelegt und ggf. sogar unter ihrer „Aufsicht" und Anleitung eingeübt (z. B. Probewohnen des Kindes bei einem Elternteil oder Durchführung neuer Umgangskontakte).

Salzgeber (so schon 2008, S. 657) spricht im Rahmen eines entwicklungsorientierten Vorgehens der Sachverständigen von Vermittlung von

- Bedingungswissen (den Eltern bspw. die Reaktionen des Kindes auf eine Elterntrennung erklären),
- Veränderungswissen (den Eltern Strategien einer besseren Kommunikation vermitteln) und dem

- Wissen um die Bedeutung von Verhaltens- und Einstellungsänderungen.

Diese Strategien beinhalten Interventionen ganz eigener Art *(Intervention sui generis)*, die allerdings nur auf Aspekte und die Methodik der Mediation, Beratung oder Therapie zurückgreifen, nicht aber die Durchführung einer Mediation, Beratung, Paar-, Familien- oder Psychotherapie beinhalten dürfen.

Es bleibt festzuhalten, dass bereits nach den Vorgaben und Grundannahmen des (alten) FGG und dem SGB VIII sowie v.a. mit Inkrafttreten des FamFG auch die Rolle der Richter*innen in Familiensachen einem erheblichen Bedeutungswandel unterworfen ist. Das Familiengericht hat sich nicht mehr damit zu begnügen, lediglich den Sachverhalt im familienrechtlichen Gerichtsverfahren zu ermitteln und dann in der typisch juristischen linear-kausalen Logik eine Entscheidung zu treffen. Vielmehr hat das Gericht – wie auch das Jugendamt, der Verfahrensbeistand und der oder die Sachverständige – zum Wohle des Kindes tätig zu werden. Um dieses Ziel zu erreichen, muss auch das Gericht versuchen, so viel Streit wie möglich abzubauen und in jedem Stand des Verfahrens auf Einvernehmen hinzuwirken (§ 156 FamFG).

17.5 Ausblick und Perspektiven

Eine schnelle richterliche Entscheidung in hochkonflikthaften Familiengerichtssachen – unmittelbar nach einer Elterntrennung ohne vorherige Nutzung intervenierender Hilfen (z.B. nach §§ 156, 157 FamG: Musielak, Borth & Grandel, 2018, § 156, Rn. 2, § 157, Rn. 1–2) – stellt mit Ausnahme der besonders eilbedürftigen und dann meist auch akut kindeswohlgefährdenden Konstellationen häufig einen Eingriff dar, der dem Kind mehr Schaden als Nutzen bringen kann.

Nicht selten werden durch zu frühe Entscheidungen der Gerichte innerfamiliale Konflikte unnötig festgeschrieben (so schon Scheuerer-Englisch, 1993, S. 213). Übergeordnetes Ziel familiengerichtlicher Verfahren und Entscheidungen hat es zu sein, bei gerichtlichen Sorge- und Umgangsrechtsregelungen dem Kindeswohl am besten dienliche Rahmenbedingungen zu schaffen, deren Umsetzung und Ausfüllung dann den Eltern obliegt (Dettenborn & Walter, 2016, S. 185).

Wird das elterliche Sorge- und Umgangsrecht nach Art. 6 GG konsequent als pflichtgebundenes Recht der Eltern begriffen, stellt bspw. eine gerichtliche Auflage zur Aufnahme einer psychologischen Beratung oder Mediation, einer Familien- und Einzelfallhilfe, einen weitaus geringeren Eingriff in das Sorgerecht dar als die Entziehung des Aufenthaltsbestimmungsrechts oder Sorgerechts oder eine erhebliche Einschränkung oder sogar den Ausschluss des Umgangs.

Diesem Gedanken hat der Gesetzgeber mit der Vorschrift des § 156 Abs. 1 S. 4 FamFG Rechnung getragen: Das Gericht kann z.B. anordnen, dass die Eltern an einer Beratung teilnehmen oder an einer ersten Zusammenkunft in einer Mediation.

Nach dem Wortlaut des § 163 Abs. 2 FamFG hat der oder die vom Gericht bestellte Sachverständige zunächst die diagnostischen Daten zu erheben, um erst dann auf Einvernehmen mit den Beteiligten hinzuwirken (Dettenborn & Walter, 2016, S. 459; a.A. Offe, 2009, S. 232; Salzgeber & Fichtner, 2008; Wagner & Balloff, 2009): Das Gericht kann in Verfahren, die die Person des Kindes betreffen, anordnen, dass der oder die Sachverständige bei der Erstellung des Gutachtens auch „auf die Herstellung des Einvernehmens zwischen den Beteiligten hinwirken soll" (Wagner & Balloff, 2009, S. 265). Mit dieser Formulierung „auch" wird deutlich, dass das Hinwirken auf Einvernehmen dem vorangeschalteten diagnostischen Erkenntnisprozess nachgeordnet ist.

Dabei bedeutet Einvernehmen nach § 163 Abs. 2 FamFG nicht unbedingt Konfliktfreiheit und vollständige Kommunikationsfähigkeit der Eltern (Salzgeber, 2008, S. 659).

Richterliche Entscheidungen in Familiensachen ohne Nutzung außergerichtlicher Hilfen oder Einsatz einer modifikations-, prozessorientierten und entwicklungsoptimierenden Begutachtung stellen meist kein sinnvolles Instrument zur Beilegung von Beziehungskonflikten und Familienproblemen dar. Mit dieser Aussage wird nicht verkannt, dass auch eine ordnungsstiftende Funktion eines eindeutigen und klaren gerichtlichen Beschlusses in den dafür geeigneten – meist chronifizierten und beratungsresistenten – Fällen oft das einzige Mittel darstellt, Klarheit, Orientierung und Rechtsfrieden herzustellen (Heilmann, 2020, § 156 FamFG, Bearbeiter Wegener, Rn. 41).

Entscheidend für eine eltern- und kindzentrierte psychologische Sachverständigentätigkeit ist, dass

- alle Beteiligten im Rahmen des Begutachtungsprozesses nach Möglichkeit eine neue, verbesserte Perspektive zum Wohl des Kindes erkennen und entwickeln und hierzu die Unterstützung vom Jugendamt, Familiengericht, Verfahrensbeistand und Sachverständigen bekommen,
- die diagnostische Ermittlung der Professionellen den jeweiligen familialen Ressourcen, Bedingungen und Handlungsalternativen förderlich ist,
- eine Stärkung der Subjektstellung des Kindes erfolgt,
- die Rechte des Kindes beachtet werden und
- eine Wiederherstellung oder Festigung der elterlichen Kompetenz angestrebt wird.

Mit diesem Vorgehen eröffnen sich in der gerichtsbezogenen gutachtlichen Tätigkeit immer wieder von Neuem kindgerechte Perspektiven eines subjektorientierten Vorgehens. Somit ist ethisch und diagnostisch gefordert, dass nach dem Durchlaufen des diagnostischen Erkenntnisprozesses, nach Möglichkeit *mit* den Eltern und wenn entwicklungspsychologisch möglich mit dem Kind, eine Beilegung der Konflikte erreicht wird. Mit diesem Vorgehen werden auch nicht sogleich *über* diesen Personenkreis diagnostische Werturteile abgegeben, die häufig zu neuen Eskalationen im Ablauf des Gerichtsverfahrens führen. Dieses Vorgehen kommt im Übrigen dem systemischen Verständnis von Familie sehr nahe.

Das Gelingen einer angemessenen Rekonstruktion von Familienangelegenheiten und die Eröffnung neuer Perspektiven, die u. U. möglich gewordene Teillösung oder sogar der Konsens und die aus diesem Prozess erwachsenen Perspektiven sind dann als Wahrheitskriterium für ein gelungenes, am Kindeswohl orientiertes gutachtliches Vorgehen schlechthin anzusehen.

Beim schriftlichen Gutachten ermöglichen z. B. die „Mindestanforderungen an die Qualität von Sachverständigengutachten im Kindschaftsrecht" (Arbeitsgruppe Familienrechtliche Gutachten, 2019), auch für Jurist*innen, Ärzte und Ärztinnen, Beschäftigte im Jugendamt und Verfahrensbeistände eine Überprüfung, die in der geltenden Fassung von 2019 nicht nur einen Minimalkonsens in der Rechtspsychologie und Familienrechtspsychologie darstellen, sondern ebenso eine Richtschnur für die Bewertung vorliegender Gutachten beinhalten.

17.6 Weiterführende Literatur

Balloff, R. (2018). *Kinder vor dem Familiengericht.* (3. Aufl.). Baden-Baden: Nomos. (4. Auflage seit 2020 in Vorbereitung) https://doi.org/10.5771/9783845283210

Dettenborn, H. (2017). *Kindeswohl und Kindeswille* (5. Aufl.). München: Reinhardt.

Dettenborn, H. & Walter, E. (2016). *Familienrechtspsychologie* (3. Aufl.). München: Reinhardt. https://doi.org/10.36198/9783838586762

Salzgeber, J. (2020). *Familienpsychologische Gutachten. Rechtliche Vorgaben und sachverständiges Vorgehen* (7. Aufl.). München: Beck.

Literatur

Amelang, M. & Zielinski, W. (2002). *Psychologische Diagnostik und Intervention* (3. Aufl.). Berlin: Springer. https://doi.org/10.1007/978-3-662-09578-2

Arbeitsgruppe Familienrechtliche Gutachten. (2015). *Mindestanforderungen an die Qualität von Sachverständigengutachten im Kindschaftsrecht.* Berlin: Deutscher Psychologen Verlag.

Arbeitsgruppe Familienrechtliche Gutachten. (2019). *Mindestanforderungen an die Qualität von Sachverständigengutachten im Kindschaftsrecht* (2. Aufl.). Berlin: Deutscher Psychologen Verlag.

Balloff, R. (2016). Grundlagen des Hinwirkens auf Einvernehmen durch den vom Familiengericht bestellten Sachverständigen. In R. Balloff & P. Wetzels (Hrsg.), *Prinzipien, Grundlagen, Methodik und Qualität psychologischer Begutachtung in familiengerichtlichen Verfahren* (Sonderband 1, S. 48–59). Baden-Baden: Nomos. https://doi.org/10.5771/9783845274775

Balloff, R. (2018). *Kinder vor dem Familiengericht* (3. Aufl.). München: Reinhardt. https://doi.org/10.5771/9783845283210

Balloff, R. (2021). Kindeswohl, Kindeswohlgefährdung, Kindeswille in der familiengerichtspsychologischen Begutachtung. *Zeitschrift für Kindschaftsrecht und Jugendhilfe, 16* (1), 10–20.

Balloff, R. & Wagner, W. (2010). Einvernehmen orientiertes Vorgehen in der Sachverständigentätigkeit nach dem FamFG. *Familie, Partnerschaft, Recht, 16,* 38–43.

Bergmann, M. (2016). Der Beweisbeschluss im Kindschaftsverfahren: Schnittstelle zwischen Recht und Spekulation. *Familien-Rechtsberater, 14* (9), 364–372.

Bergmann, M. (2018). Zur Qualität familiengerichtlicher Gutachten: Die Pflicht des Sachverständigen zur Überprüfung des richterlichen Beschlusses im familiengerichtlichen Verfahren. *Rechtspsychologie, 4* (3), 320–330. https://doi.org/10.5771/2365-1083-2018-3-320

Coester, M. (2016). Kindeswohlgefährdung: Anforderungen an die Gefährdung aus juristischer Sicht. *Neue Zeitschrift für Familienrecht, 3* (13), 577–585.

Coester-Waltjen, D., Lipp, V. Schumann, E. & Veit, B. (Hrsg.). (2018). *Das Wechselmodell – Reformbedarf im Kindschaftsrecht. 15. Göttinger Workshop zum Familienrecht 2017* (S. 1–178). Göttingen: Universitätsverlag.

Dettenborn, H. (2017). *Kindeswohl und Kindeswille* (5. Aufl.). München: Reinhardt.

Dettenborn, H. & Walter, E. (2016). *Familienrechtspsychologie* (3. Aufl.). München: Reinhardt. https://doi.org/10.36198/9783838586762

Ernst, R. (2016). Psychologische Sachverständigengutachten in Kindschaftssachen: Formulierung und Beantwortung der Beweisfrage(n). *Familien-Rechtsberater 14* (9), 361–364.

Fisseni, H.J. (1982). *Persönlichkeitsbeurteilung. Zur Theorie und Praxis des Psychologischen Gutachtens.* Göttingen: Hogrefe.

Fröschle, T. (2018). *Sorge und Umgang in der Rechtspraxis* (2. Aufl.). Bielefeld: Gieseking.

Heilmann, S. (2020). *Praxiskommentar Kindschaftsrecht* (2. Aufl.). Köln: Reguvis.

Hoffmann, B. (2018). *Personensorge* (3. Aufl.). Baden-Baden: Nomos.

Hommers, W. (1993). Zum Begriff der Rechtspsychologie unter professioneller Perspektive. *Praxis der Rechtspsychologie, 3* (1), 11–21.

Huber, A. & Ulrich, C. (2019). Hinwirken auf Einvernehmen. In R. Volbert, A. Huber, A. Jacob & A. Kannegießer (Hrsg.), *Empirische Grundlagen der familienrechtlichen Begutachtung* (S. 358–381). Göttingen: Hogrefe.

Kindler, H. & Walper, S. (2016). Das Wechselmodell im Kontext elterlicher Konflikte. *Neue Zeitschrift für Familienrecht, 3* (18), 820–824.

Kubinger, K.D. & Jäger, R.S. (Hrsg.). (2003). *Schlüsselbegriffe der Psychologischen Diagnostik.* Weinheim: Beltz.

Lack, K. & Hammesfahr, A. (2019). *Psychologische Gutachten im Familienrecht. Handbuch für die rechtliche und psychologische Praxis.* Köln: Reguvis.

Münchener Kommentar zum Bürgerlichen Gesetzbuch. (2020). *BGB, Band 10: Familienrecht II, §§ 1589–1921, SGB VIII* (8. Aufl.). München: Beck.

Münchener Kommentar zum FamFG. (2018). *Band 1: §§ 1–270* (3. Aufl.). München: Beck.

Musielak, H.-J., Borth, H. & Grandel, M. (Hrsg.). (2018). *Familiengerichtliches Verfahren* (1. und 2. Buch, 6. Auf.). München: Vahlen.

Offe, H. (2009). Lösungsorientierte Sachverständigentätigkeit im Familienrecht. *Praxis der Rechtspsychologie, 19* (2), 232–244.

Salzgeber, J. (2008). Der Sachverständige als Hersteller des Einvernehmens, endlich der Garant für das Kindeswohl? *Zeitschrift für das gesamte Familienrecht, 55,* 656–660.

Salzgeber, J. (2014). Wechselmodell. *Neue Zeitschrift für Familienrecht, 1* (14), 921–929.

Salzgeber, J. & Bublath, K. (2016). Betreuungsmodelle aus Kindersicht. *Neue Zeitschrift für Familienrecht, 3* (18), 837–841.

Salzgeber, J. (2020). *Familienpsychologische Gutachten. Rechtliche Vorgaben und sachverständiges Vorgehen* (7. Aufl.). München: Beck.

Salzgeber, J. & Fichtner, J. (2008). Kindschaftsrechtsreform aus sachverständiger Sicht. *Zeitschrift für Kindschaftsrecht und Jugendhilfe, 7/8*, 287–291.

Scheuerer-Englisch, H. (1993). Beratung statt Begutachtung. Ein Modell der Zusammenarbeit von Erziehungsberatung und Familiengericht. In K. Menne, H. Schilling & M. Weber (Hrsg.), *Kinder im Scheidungskonflikt. Beratung von Kindern und Eltern bei Trennung und Scheidung* (S. 213–237). Weinheim: Juventa.

Statistisches Bundesamt. (2020). *Rechtspflege, Familiengerichte* (Fachserie 10, Reihe 2.2, S. 18, 58). Wiesbaden: Statistisches Bundesamt (Destatis).

Staub, L. (2018). *Das Wohl des Kindes bei Trennung und Scheidung.* Bern: Hogrefe. https://doi.org/10.1024/85813-000

Stemmler, H. & Margraf-Stiksrud, J. (Hrsg.). (2015). *Lehrbuch Psychologische Diagnostik*. Bern: Huber.

Sünderhauf, H. (2013). *Wechselmodell: Psychologie – Recht – Praxis.* Wiesbaden: Springer.

Wagner, W. & Balloff, R. (2009). Das FamFG und Sachverständigentätigkeit. *Praxis der Rechtspsychologie, 19* (2), 263–281.

Walper, S. (2016). Arrangements elterlicher Fürsorge nach Trennung und Scheidung: Das Wechselmodell im Licht neuer Daten aus Deutschland. In Deutscher Familiengerichtstag e.V. (Hrsg.), *21. Deutscher Familiengerichtstag vom 21. bis 24. Oktober 2015 in Brühl* (S. 99–143). Bielefeld: Gieseking.

Walterscheidt, B. (2015). Gutachtenauftrag und Anforderungen an das Gutachten. *Neue Zeitschrift für Familienrecht, 3* (9), 385–397.

Westhoff, K. & Kluck, M.-L. (2014). *Psychologische Gutachten schreiben und beurteilen* (6. Aufl.). Berlin: Springer. https://doi.org/10.1007/978-3-642-35354-3

Westhoff, K., Terlinden-Arzt, P. & Klüber, A. (2000). *Entscheidungsorientierte psychologische Gutachten für das Familiengericht.* Berlin: Springer. https://doi.org/10.1007/978-3-642-57264-7

18 Familienpsychologische Begutachtung im Familienrecht aus anderen Anlässen

Joseph Salzgeber

18.1 Fragestellungen an den familienrechtspsychologischen Sachverständigen

Familienrechtspsychologische Sachverständige werden nicht nur bei Sorge- und Umgangsrechtsfragen im Rahmen von Trennungs- und Scheidungsverfahren, sondern auch aus anderen Anlässen zurate gezogen, z. B. zur Rückführung eines Kindes nach Entziehung durch einen Elternteil im Rahmen des Haagener Übereinkommens, zur Einwilligung in einen Schwangerschaftsabbruch bei einer Minderjährigen, bei Namensänderung des Kindes (wenn ein geschiedener Elternteil eine Einbenennung des Kindes in den Familiennamen, den der oder die neue Ehepartner*in eingebracht hat, erreichen will), bei Adoptionsfragen (des Kindes oder eines Erwachsenen) oder zu Wohnungszuweisung aus Kindeswohlgründen (zu diesen Fragestellungen: Salzgeber, 2015).

Im Folgenden werden zwei Gutachtensbereiche vorgestellt, in welchen es relativ häufig zur Beauftragung eines familienrechtspsychologischen Sachverständigen kommt.

18.2 Begutachtung zu Gefährdung des Kindeswohls und Entzug der elterlichen Sorge

Fragen nach einer Kindeswohlgefährdung, auch wenn sie sich im Rahmen von Sorgerechts- oder Umgangsverfahren stellen, orientieren sich an der gutachtlichen Vorgehensweise, die in Kap. 16 in diesem Band vorgestellt wird.

Sachverständige werden bei gerichtlichen Fragen zur Kindeswohlgefährdung vor andere Aufgaben gestellt als bei Fragen zu Trennung und Scheidung. Die Diagnostik und Bewertung der vielfältigen Aspekte, die zu erheblichen Beeinträchtigungen eines Kindes führen können, erfordern besonderes Fachwissen (Balloff & Walter, 2015). Ehe es zu einer Beauftragung der Sachverständigen kommt, liegen bei Gericht ein Antrag bzw. eine Anregung des Jugendamtes und ein Jugendamtsbericht vor, der Hinweise auf eine Gefährdung konstatiert. Eine andere Möglichkeit ist aber, dass die Eltern bei der Abschätzung eines bestehenden Gefährdungsrisikos nicht bereit waren, mit dem Jugendamt zusammenzuarbeiten. In einem solchen Fall ist meist abzuklären, ob eine Herausnahme des Kindes aus der bestehenden Familie, mit der Folge eines Sorge- oder Teilsorgeentzugs, für die sorgeberechtigten Eltern verhindert werden kann oder nicht. Oftmals geht dem familiengerichtlichen Verfahren eine Inobhutnahme des Kindes durch das Jugendamt voraus. In diesen Fällen oder wenn das Kind schon fremduntergebracht wurde, besteht der Auftrag des Gerichts darin, zu prüfen, ob die angestrebte Rückführung des Kindes aus einer Pflegefamilie oder aus einer Wohngruppe, aufgrund des Wegfalls einer Kindeswohlgefährdung, möglich ist.

In einigen Familien kann eine Kindeswohlgefährdung im Kontext von Trennung und Scheidung bestehen, wenn gegen die Eltern Bedenken einer Erziehungseinschränkung, z. B. wegen

Umgangsverhinderung, extrem hohem Konfliktniveau der Eltern, wegen Drogenabusus oder einer psychiatrischen Erkrankung besteht.

18.2.1 Gesetzliche Vorgaben

Die Verfahren nach § 1666 BGB (Kindeswohlgefährdung) sind Amtsverfahren und können von jedem angeregt werden, eines Antrags bedarf es nicht.

18.2.1.1 Eingriffsschwelle

Eingriffe in das Elternrecht bei Kindeswohlgefährdung sind nach §§ 1666, 1666a BGB nur zulässig, wenn, aus welchen Gründen auch immer, die Bezugspersonen des Kindes dessen Basisbedürfnisse nicht mehr erfüllen, wenn also die körperliche, seelische oder geistige Entwicklung des Kindes jetzt und in naher Zukunft ernsthaft beeinträchtigt wird. Ist ein möglicher Schaden gering, so sind keine gerichtlichen Maßnahmen nach § 1666 BGB angezeigt. Erst wenn der Schaden eine Gefährdungsschwelle erreicht, sind Maßnahmen gerechtfertigt. Eine Schädigung ist im juristischen Sinne erheblich, wenn sich Gefahren für Leib und Leben ergeben, aber auch bei schweren Beeinträchtigungen der physischen und psychischen Gesundheit oder wenn die Integration des Kindes in das soziale Umfeld nicht gelingt.

Eine Kindeswohlgefährdung ist nicht begründet, wenn eine latente Gefahr oder ein Risiko für eine Gefährdung besteht. Dies gilt ebenso, wenn eine künftige Gefährdung (mittel- oder langfristig) besteht. Elternrechte können nicht auf Vorsorge entzogen werden (BVerfG FamRZ 2014, 1177; BVerfG FamRZ 2014, 1005). Die Eltern müssen ihre Erziehungsfähigkeit auch nicht positiv beweisen (Heilmann, 2017; OLG Köln FamRZ 2015, 1904).

Bei der Frage nach einer Kindeswohlgefährdung, mit der möglichen Folge eines Entzugs der elterlichen Sorge und Herausnahme des Kindes aus der Familie, ist es sowohl die Aufgabe der Familienrichter*innen als auch der beauftragten Sachverständigen, eine festgestellte oder in naher Zukunft bevorstehende Gefährdung abzuwenden. Dabei geht es weder um die Sanktionierung elterlichen Fehlverhaltens in der Vergangenheit oder die Feststellung schuldhaften Verhaltens der Bezugspersonen noch um das Anbahnen möglichst positiver Lebens- und Entwicklungsbedingungen (BVerfG NJW 1973, 133; BVerfG NJW 1982, 1379). Es gilt zudem der Grundsatz, wonach der Eltern-Kind-Beziehung mehr Gewicht zukommt als der Beziehung zu dritten Personen, z. B. Pflegeeltern, auch wenn Letztere möglicherweise hinsichtlich der äußeren und persönlichen Bedingungen das Kindeswohl besser gewährleisten könnten.

18.2.1.2 Gerichtliche Maßnahmen

Bevor das Familiengericht Eingriffe in das Elternrecht vornehmen kann, muss es im Rahmen seiner Amtsermittlungspflicht – oft mithilfe eines*einer Sachverständigen – die Gefährdung feststellen und die, etwa seitens des Jugendamtes oder Dritter vorgelegten, Hinweise gewürdigt haben. Ferner muss gerichtlicherseits geprüft werden, ob ambulante Hilfen, gerichtlich angeordnete Maßnahmen und/oder der teilweise Entzug von Sorgerechten ausreichen, um die Gefahr für das Kindeswohl abzuwenden, sodass eine Trennung des Kindes von seinen Bezugspersonen gem. § 1666a BGB vermieden werden kann. Alle Maßnahmen des Gerichts müssen aber geeignet sein, eine effektive Gefahrenabwehr zu gewährleisten, sie müssen ferner angemessen und überprüfbar sein (BVerfG, Beschluss vom 22. Mai 2014 – 1 BvR 3190/13, Rn. 30).

Die Aufzählung der kindesschutzrechtlichen Maßnahmen in § 1666 Abs. 3 BGB ist nicht abschließend, auch andere zur Abwendung der Gefahr geeignete Maßnahmen können in Betracht kommen und von den Sachverständigen vorgeschlagen werden, wenn diese den in

Textbox 18.1:
Gerichtliche Maßnahmen bei Gefährdung des Kindeswohls

§ 1666 BGB Gerichtliche Maßnahmen bei Gefährdung des Kindeswohls

1) Wird das körperliche, geistige oder seelische Wohl des Kindes oder sein Vermögen gefährdet und sind die Eltern nicht gewillt oder nicht in der Lage, die Gefahr abzuwenden, so hat das Familiengericht die Maßnahmen zu treffen, die zur Abwendung der Gefahr erforderlich sind.
2) ...
3) Zu den gerichtlichen Maßnahmen nach Absatz 1 gehören insbesondere
   - Gebote, öffentliche Hilfen wie z. B. Leistungen der Kinder- und Jugendhilfe und der Gesundheitsfürsorge in Anspruch zu nehmen,
   - Gebote, für die Einhaltung der Schulpflicht zu sorgen,
   - Verbote, vorübergehend oder auf unbestimmte Zeit die Familienwohnung oder eine andere Wohnung zu nutzen, sich in einem bestimmten Umkreis der Wohnung aufzuhalten oder zu bestimmende andere Orte aufzusuchen, an denen sich das Kind regelmäßig aufhält,
   - Verbote, Verbindung zum Kind aufzunehmen oder ein Zusammentreffen mit dem Kind herbeizuführen,
   - die Ersetzung von Erklärungen des Inhabers der elterlichen Sorge,
   - die teilweise oder vollständige Entziehung der elterlichen Sorge.
4) In Angelegenheiten der Personensorge kann das Gericht auch Maßnahmen mit Wirkung gegen einen Dritten treffen.

§ 1666 Abs. 3 BGB genannten vergleichbar sind (BGH 23.11.2016 – XII ZB 149/16).

Maßnahmen können aber nicht gegenüber dem Kind angeordnet werden. Das Gericht kann allerdings den Eltern auferlegen, die Wohnung sauber zu halten, eine kindgerechte Ernährung zu gewährleisten, regelmäßig kinderärztliche Untersuchungen wahrzunehmen (OLG Brandenburg NZFam 2018, 211) oder das Kind dem Kindergarten oder der Schule zuzuführen. Das Familiengericht kann ein entsprechendes Ersuchen an das Jugendamt richten, unangekündigt im Haushalt zu kontrollieren, ob die Maßnahmen, z. B. Verbot der Anwesenheit eines Gefährders (z. B. bei Pädophilen) in der Wohnung mit den Kindern, eingehalten werden. Das Gericht kann das Jugendamt zu dieser Kontrolle aber nicht verpflichten.

Sollten die Eltern diese Maßnahmen jedoch negieren, so kann dies zu einer Kindeswohlgefährdung und damit zum Entzug der elterlichen Sorge führen.

Das Gericht kann auch die Erklärungen der gesetzlichen Vertreter*innen (z. B. Unterschrift unter den Hilfeplan der wirtschaftlichen Jugendhilfe) ersetzen.

Das Familiengericht hat aber nicht die Möglichkeit, Elternkurse anzuordnen, eine psychiatrische Untersuchung bei einem Elternteil durchzusetzen (OLG Brandenburg NZFam 2018, 211) oder eine psychotherapeutische Behandlung anzuordnen (aber nahezulegen), auch dann nicht, wenn diese notwendig wäre, um eine Kindeswohlgefährdung abzuwenden (BVerfG FamRZ 2004, 523; BVerfG FPR 2011, 334).

18.2.1.3 Entzug der elterlichen Sorge

Das Gericht hat, wenn die Eltern trotz aller Hilfen nicht in der Lage sind, eine Kindeswohlgefährdung abzuwenden, sorgerechtliche Maßnahmen zu ergreifen, also Teile oder die gesamte elterliche Sorge einem oder beiden Elternteilen zu entziehen und auf dritte Personen zu übertragen. Es kann damit ein Pflegeverhältnis initiieren. Trotz Entzug der elterlichen Sorge oder deren Teilbereiche ist grundsätzlich so zu handeln, dass eine Fortentwicklung der familiären Beziehung noch erfolgen kann (OLG Hamm FamRZ 2004, 1664).

Ein Elternteil, bei dem sämtliche Angelegenheiten der elterlichen Sorge auf einen Vormund übertragen wurden, ist nicht mehr personensorgeberechtigt (BVerwG ZKJ 2017, 322). Den Eltern dürfen aber nicht mehr Rechte entzogen werden, als zur Abwehr der Gefahr erforderlich ist (OLG Schleswig NZFam 2019, 882). Beispielsweise kann das Aufenthaltsbestimmungsrecht auf das Jugendamt als Ergänzungspfleger übertragen werden, um die Herausnahme des Kindes aus der Familie zu ermöglichen, während die anderen Teilbereiche, z. B. die Gesundheitsfürsorge, bei den Eltern verbleiben. Bei Verhaltensauffälligkeiten eines Kindes kann es genügen, die Teilbereiche der elterlichen Sorge für eine psychotherapeutische Behandlung und stationäre kinderpsychiatrische Untersuchung auf einen Ergänzungspfleger zu übertragen (OLG Karlsruhe NZFam 2017, 1132). In einigen Familien kann es genügen, wenn die Eltern das Jugendamt bevollmächtigen. Ein Sorgerechtsentzug kann damit verhindert werden (OLG Oldenburg FamRZ 2021, 524).

Der Entzug der elterlichen Sorge darf aber keinesfalls als Druckmittel oder Bewährungsauflage missbraucht werden (z. B. Entzug der elterlichen Sorge auf Vorrat BVerfG 2014, BeckRS 51212), um Wohlverhalten der Eltern zu bedingen.

Eine gerichtliche Maßnahme muss erforderlich, verhältnismäßig und geeignet sein. Verhältnismäßig ist immer nur der geringstmögliche Eingriff in das Elternrecht, um eine Kindeswohlgefährdung abzuwenden (BVerfG FamRZ 2012, 938). Wenn eine Maßnahme eine Kindeswohlgefährdung nicht beenden, verhindern oder verbessern kann, ist sie nicht geeignet. Zudem muss ein Vorteil der Maßnahmen im Hinblick auf das Kindeswohl im Vergleich zur aktuellen Situation bestehen (OLG Brandenburg FamRZ 2017, 966). Bei Geschwistern ist die Gefährdungsprüfung für jedes einzelne Kind vorzunehmen.

Textbox 18.2:
Grundsatz der Verhältnismäßigkeit

§ 1666a BGB Grundsatz der Verhältnismäßigkeit; Vorrang öffentlicher Hilfen
(1) Maßnahmen, mit denen eine Trennung des Kindes von der elterlichen Familie verbunden ist, sind nur zulässig, wenn der Gefahr nicht auf andere Weise, auch nicht durch öffentliche Hilfen, begegnet werden kann. Dies gilt auch, wenn einem Elternteil vorübergehend oder auf unbestimmte Zeit die Nutzung der Familienwohnung untersagt werden soll ...
(2) Die gesamte Personensorge darf nur entzogen werden, wenn andere Maßnahmen erfolglos geblieben sind oder wenn anzunehmen ist, dass sie zur Abwendung der Gefahr nicht ausreichen.

18.2.1.4 Überprüfung und Abänderung einer gerichtlichen Entscheidung

Eine zeitliche Beschränkung der gerichtlichen Maßnahme ist weder rechtlich geboten noch i. d. R. sinnvoll (OLG Koblenz FamRZ 2017, 453). Wurden länger andauernde familienrechtliche Maßnahmen angeordnet, hat das Gericht diese gem. § 166 FamFG in angemessenen Zeitabständen von sich aus zu überprüfen.

Textbox 18.3:
Abänderung früher ergangener gerichtlicher Entscheidungen

§ 1696 BGB
(2) Maßnahmen nach den §§ 1666 bis 1667 sind aufzuheben, wenn eine Gefahr für das Wohl des Kindes nicht mehr besteht.
(3) Länger dauernde Maßnahmen nach den §§ 1666 bis 1667 hat das Gericht in angemessenen Zeitabständen zu überprüfen. Sieht das Familiengericht von Maßnahmen nach den §§ 1666 bis 1667 ab, soll es seine Entscheidung in angemessenem Zeitabstand, in der Regel nach drei Monaten, überprüfen.

Nach § 1696 BGB hat das Familiengericht, anders als bei Entscheidungen bei Trennung, Scheidung und Umgang, seine Anordnungen von sich aus zu ändern, wenn keine Gefahr mehr für das Wohl des Kindes besteht, was oftmals zur Rückführung des Kindes zu den Eltern führt.

18.2.1.5 Vorrang und Beschleunigungsgebot

Seit dem 01.09.2009 gilt das FamFG, das in § 155 FamFG die beschleunigte Verfahrensgestaltung vorschreibt. Wird ein*e Sachverständige*r beauftragt, muss ihm oder ihr auch gem. §§ 404 Abs. 1 ZPO; 163 FamFG Abs. 1 vom Gericht eine Frist gesetzt werden, innerhalb derer das Gutachten oder eine Stellungnahme einzureichen ist. In der Praxis werden den Sachverständigen dazu meist drei Monate eingeräumt.

Textbox 18.4:
Vorrang- und Beschleunigungsgebot

§ 155 FamFG
(1) Kindschaftssachen, die den Aufenthalt des Kindes, das Umgangsrecht oder die Herausgabe des Kindes betreffen, sowie Verfahren wegen Gefährdung des Kindeswohls, sind vorrangig und beschleunigt durchzuführen.

In jedem Fall haben die Sachverständigen nach der Beauftragung zeitnah zu beginnen. Sollte dies nicht möglich sein, muss das Gericht umgehend darüber in Kenntnis gesetzt werden, um eine bestehende Gefährdung des Kindes im Haushalt der Eltern zu verhindern. Ist jedoch eine Herausnahme eines Kindes bereits einstweilig erfolgt, sollte das Kind, ehe es intensive Beziehungen und Bindungen zu den Pflegepersonen aufbaut, bei einer weggefallenen Gefährdungslage baldmöglichst wieder zurückgeführt werden.

18.2.2 Kindeswohlgefährdung und Erziehungsfähigkeit

Bei Fragen zur Kindeswohlgefährdung wird sich der oder die Sachverständige mit der „Erziehungsfähigkeit“ befassen müssen.

18.2.2.1 Begriff: Erziehungsfähigkeit

Der Begriff der „Erziehungsfähigkeit“ wird im Rahmen familienpsychologischer Fragestellungen nicht einheitlich verwendet (Zumbach & Oster, 2021; Pawils et al., 2014). Er darf auch nicht als ein Rechtsbegriff missverstanden werden, der eine normative Grenze für die Ausübung der elterlichen Sorge setzt, wie dies gesetzlich für Testierfähig-, Geschäfts- sowie Prozessfähigkeit gilt. Die Erziehungsfähigkeit kann immer nur im Einzelfall für die Eltern, in Bezug auf ein konkretes Kind für einen bestimmten Zeitraum beurteilt werden. Eine Diagnose allein sagt noch nichts über die Erziehungsfähigkeit im Konkreten aus. So kann es unterschiedlich zu bewerten sein, ob ein psychisch kranker Elternteil einen Säugling oder ein Schulkind zu versorgen hat.

Man kann unter Erziehungsfähigkeit die grundlegende Fähigkeit oder Bereitschaft eines Elternteils bezeichnen, die emotionalen und körperlichen Bedürfnisse eines Kindes zu erkennen, es angemessen zu versorgen, zu betreuen und entsprechend erzieherisch auf die vom Kind signalisierten oder altersentsprechend anstehenden Bedürfnisse einzugehen (Salzgeber, 2020; Nienstedt & Westermann, 2007). Konkret muss die basale, gerade noch ausreichende Gewährleistung der kindlichen Bedürfnisse nach Nahrung, Hygiene, Gesundheitsfürsorge, Wohnung, Schutz vor Gefahren, Förderung, Regelsetzung, Schulbesuch, Bildung und Ausbildung, Bedürfnis nach emotionaler, sozialer und kognitiver Zuwendung, Betreuung und Beaufsichtigung, auch beim Umgang des Kindes mit dritten Personen, gegeben sein.

18.2.2.2 Aspekte der Erziehungsfähigkeit: Vernachlässigung, Verwahrlosung, Misshandlung, Missbrauch

Kindeswohlgefährdungen können durch aktives Handeln mit Absicht – auch von Dritten – verursacht werden, wie bei Misshandlung und Gewalterfahrung in der Familie (Kindler & Werner, 2005) oder durch Missbrauch. Auch die intentionale oder nicht intentionale Unterlassung von Handlungen der Bezugspersonen, die durch die Lebensumstände der Familie, durch Erkrankungen oder Persönlichkeitsfaktoren der Eltern bedingt sind, können zu Kindeswohlgefährdung führen (Fegert & Witt, 2019). Eine Gefährdung des Kindeswohls liegt vor, wenn einem Kind Verletzungen oder physisches Leid zugefügt werden (körperliche Misshandlung) oder wenn durch erniedrigende und unmenschliche Behandlung, welche geeignet ist, den moralischen oder physischen Widerstand einer Person zu brechen, und Gefühle der Angst, Qual und Unterlegenheit hervorruft (seelische/emotionale/psychische Misshandlung/Missbrauch). Misshandlung ist in Abhängigkeit des Alters zu bewerten, ein Kleinkind kann schon Schaden nehmen, wenn es geschüttelt wird, was für ein älteres Kind nicht gleichermaßen gefährlich ist.

Vernachlässigung kann sich auf Ernährung, Sauberkeit, Hygiene, Schutz, Förderung, emotionale, soziale und kognitive Zuwendung sowie auf die Beaufsichtigung des Kindes, auch im Umgang mit dritten Personen, beziehen.

Häufig finden sich bei Kindeswohlgefährdung mehrere Gefährdungsaspekte.

18.2.2.3 Risiko- und Schutzfaktoren

Der oder die Sachverständige wird, bei Verdacht auf Kindeswohlgefährdung, das aktuelle Befinden des Kindes erheben und bestrebt sein, mögliche Risiko-, aber auch Schutzfaktoren zu erfassen (Zumbach, Lübbehüsen, Volbert & Wetzels, 2020; Witte, 2018; Putnam-Hornstein, Simon, Eastman & Magruder, 2015; Salzgeber, 2020; Balloff, 2022). Trotz außerordentlich belastenden psychosozialen Bedingungen können Kinder keine oder nur geringe psychische Folgen davongetragen haben (Klika & Herrenkohl, 2013).

Dabei können sich Sachverständige der Abklärung des Verdachts der Kindeswohlgefährdung auf verschiedenen Ebenen nähern:

Auf der Ebene des Kindes können neurologische, körperliche Erkrankungen, Behinderungen sowie Auswirkungen von Frühgeburt und Entwicklungsstörungen (soziale, emotionale, kognitive, sprachliche, motorische Fertigkeiten, Schulleistungsstörungen) das elterliche Stressniveau erheblich erhöhen und – infolge der dadurch bedingten Überforderung – die Erziehungsfähigkeit der Eltern einschränken. Bei jüngeren Kindern können zudem Bindungsstörungen im Zusammenhang mit Vernachlässigung relevant werden (Brisch, 2003).

Als Schutzfaktor aufseiten der Kinder gelten weibliches Geschlecht, positives Temperament (z.B. häufiges Lächeln des Kindes), positives Selbstwertgefühl des Kindes, überdurchschnittliche Intelligenz, sprachliche und motorische Kompetenz und positives Sozialverhalten sowie sicheres Bindungsverhalten, zumindest zu einem Erwachsenen (Becker & Laucht, 2013).

Auf der individuellen Elternebene kann die Bezugsperson ggf. aufgrund ihrer eigenen Sozialisation, Migration, Diskriminierung oder wegen Erkrankung nicht in der Lage sein, das Kind zu betreuen und zu fördern. Neben den klinisch relevanten Aspekten wie Suchterkrankungen oder psychischen Störungen findet sich eine Reihe von Hinweisen, die die Einschränkungen der Erziehungskompetenz einer oder mehrerer Bezugspersonen bestätigten. Dazu können gehören: Aufhetzung des Kindes gegen den anderen Elternteil (dies kann bei Umgangsrechtsfragen die Kindeswohlgefährdung berühren; Johnston & Kelly, 2004), Anhalten zu strafbaren Aktivitäten, Duldung ungünstiger Erziehungseinflüsse Dritter auf das Kind, das anhaltende Versäumnis, das Kind in die Schule zu schicken, und der unkontrollierte Gebrauch neuer Medien.

Gewalt in der Familie kann das Kindeswohl ebenso gefährden. Neben direkter und unmittelbarer Gewalt gegenüber dem Kind kann auch durch das Ausmaß, in dem das Kind familiäre Gewalt miterlebt hat, die Grenze des § 1666 BGB erreicht werden (Kavemann & Kreyssig, 2013). So können Kinder schon auf das mittelbare akustische Miterleben von Partnerschaftsgewalt mit entsprechenden Belastungen reagieren, die noch verstärkt werden können, wenn das Kind explizit oder indirekt in die Drohungen des gewalttätigen Elternteils einbezogen wird (Davies, Martin & Sturge-Apple, 2016).

Als Schutzfaktor aufseiten der Eltern gelten ein guter sozioökonomischer Status, stabile und psychisch gesunde Eltern, wenige kritische Lebensereignisse, positives Erziehungsklima, strukturierte alltägliche Abläufe, autoritativer Erziehungsstil wie auch Wissen über kindliche Bedürfnisse und Entwicklung sowie Veränderungsbereitschaft.

Auf der Ebene des sozialen Umfeldes der Familie können sich neben ökonomischen Faktoren auch Religions- oder Weltanschauungslehren kindeswohlgefährdend auswirken, wenn bspw. das Kind, dadurch bedingt, vom Schulbesuch abgehalten wird (OLG Köln ZKJ 2013, 175; Raack, 2005). Bei religiös oder weltanschaulich bedingten Konflikten steht nicht die Beurteilung der praktizierten Religionslehre an, sondern die Einschätzung des elterlichen Verhaltens gegenüber dem Kind, z. B., ob das Kind durch die soziale Umgebung isoliert, ein wahnhaftes Wirklichkeitsverständnis aufgebaut wird oder ob das Leitbild bzgl. der Rolle der Geschlechter unseren Grundrechten entspricht.

Wenn durch kulturbedingte Erziehung geltende Rechte verletzt werden, z. B. durch fundamentalistische Erziehung, rituelle Verstümmelung (Wüstenberg, 2008) oder durch die Einschränkung sozialer Kontakte, gelten die gleichen Maßstäbe, die gem. § 1666 BGB anzuwenden sind, auch wenn sie religiöse oder kulturelle Hintergründe haben.

Als Schutzfaktor seitens der Eltern gelten positive Schulerfahrung, Einbindung in soziale Netzwerke, vorhandene Unterstützungsprogramme sowie positive Rollenvorbilder im sozialen Nahraum.

18.2.3 Sachverständiges Vorgehen

Vernachlässigung entwickelt sich häufig schleichend und kumulativ, Misshandlungen können oftmals wegen Verschwiegenheit der Betroffenen nicht eindeutig auf eine verursachende Person bezogen werden. Sachverständige gehen daher multimodal bei der Datenerhebung vor. Dies bedeutet, dass sie neben der Analyse der Akten, der Vorgeschichte v. a. aus der Sicht des Jugendamtes, in Gesprächen mit dem betroffenen Kind, den Bezugspersonen des Kindes und der Interaktionsbeobachtung, nicht zuletzt der Einbeziehung von Fachpersonen oder Zeugen, die Gefährdungssituation einschätzen (White et al., 2021). Indikator für emotionale Vernachlässigung kann eine psychische Erkrankung der Bezugspersonen sein, z. B. die den Antrieb herabsetzt, wie bei einer Depression, oder die vom Kind ablenkt, wie bei einer Sucht. Dem Kind wird kaum Interesse entgegengebracht, auch schon gleich nach der Geburt, das Kind wird leicht anderen Personen zur Betreuung überlassen und die emotionalen Bedürfnisse des Kindes stehen nicht im Vordergrund, sondern alleine die körperliche Versorgung. Es kommt nur zu seltenen Interaktionen. Im Mittelpunkt der Datenerhebung wird das Fürsorgeverhalten (Feinfühligkeit) (Forslund et al., 2021) der Eltern stehen.

Der oder die Sachverständige wird Fragen stellen, möglicherweise unter Heranziehung eines Explorationsleitfadens (Salzgeber, Bretz & Bublath, 2022; Benjamin, Beck, Shaw & Geffner, 2018; Westhoff & Kluck, 2014). Der*Die Sachverständige wird erheben, ob die Eltern Einsicht haben, was ihr Kind in dem spezifischen Alter für Bedürfnisse hat, ob die Befriedigung der Bedürfnisse des Kindes im Konflikt mit den eigenen Bedürfnissen der Eltern steht, ob die von den Eltern angedachten Interventionen angemessen sind und ob die Eltern bereit sind, diese in Anspruch zu nehmen.

Bei der Einbeziehung des Kindes haben Sachverständige Rahmenbedingungen zu schaffen, die die Belastung für das Kind möglichst gering halten (Salzgeber, 2020). Das Kind ist bei Fragen der Kindeswohlgefährdung eine zentrale, manchmal die einzige, Informationsquelle. Bei Säuglingen und sehr jungen Kindern kann bei begründetem Verdacht auf Vernachlässigung eine Inaugenscheinnahme des körperlichen Zustandes (Windeldermatitis, Wundliegen, Verletzungszeichen, Unter- oder Übergewicht, bei älteren Kindern ein schlechter Zustand der Zähne, mangelnde Hygiene, körperliche und motorische Rückstände) notwendig sein.

Bei der Exploration des Kindes ist dabei auf mögliche Vorverständnisse zu achten und zudem sind seine Bewältigungsanstrengungen und Verstehensversuche zu begreifen.

Manche Erklärungen des Kindes können verstörend sein, wenn vom Kind Rechtfertigungen von Erwachsenen, warum es zu Misshandlung, Vernachlässigung oder Partnerschaftsgewalt gekommen ist, übernommen werden.

Da in der Mehrzahl Vernachlässigungen bei Säuglingen unter einem Jahr festgestellt werden – sie nehmen erst ab dem 13. Lebensjahr wieder zu (Mühlmann, 2018) –, sollten Sachverständige eine längere Interaktionsbeobachtung bei Pflegehandlungen und im Alltag einplanen und dabei verschiedene Bereiche der Fürsorge/Feinfühligkeit beobachten können (Kindler, 2016).

Bei Fragen zu § 1666 BGB wird der*die Sachverständige nach Rücksprache mit dem Familiengericht und mit Einwilligung der Sorgeberechtigten meist auf Drittquellen oder weitere befasste Sachverständige zurückgreifen. Dies sind neben Psychiater*innen, Prognosegutachter*innen, Aussagepsycholog*innen und Kinderärzt*innen aber v. a. Vertreter*innen der mit der Familie befassten Helfersysteme (Jugendamt, Kinderschutzbund usw.). Aussagekräftige Hinweise können auch Kindergarten, Schule oder andere mit dem Kind befasste Institutionen geben.

Im Rahmen der familienpsychologischen Untersuchung wird neben dem Einsatz psychodiagnostischer Methoden zusätzlich ein Hausbesuch angemessen sein, durch den das natürliche Umfeld des Kindes und sein Verhalten in diesem erfasst werden kann.

Zur Erfassung der Risikofaktoren dienen Testverfahren (z. B. EBI und EBSK; Zumbach & Oster, 2021), die aber für sich alleine keine Empfehlung begründen können. Zudem existieren Leitfäden (z. B. *Stuttgarter Kinderschutzbogen),* die den Sachverständigen helfen können, wesentliche Aspekte, welche eine Beeinträchtigung des Kindeswohls bedingen können, zu erfassen und nicht zu übersehen.

18.2.4 Herausnahme oder Rückführung eines Kindes aus Heim oder Pflegefamilie

Neben der Begutachtung bei Gefährdung des Kindeswohls in der Familie umfasst die psychologische Begutachtung im Zusammenhang mit § 1666 BGB Fragen zur Rückführung eines fremduntergebrachten Kindes zur Ursprungsfamilie oder zum Wohnortwechsel auf Wunsch des sorgeberechtigten Elternteils.

Die Maßnahme, wonach das Kind nach § 1666a BGB von seiner Herkunftsfamilie getrennt wurde, erfolgte zur Abwehr der Kindeswohlbeeinträchtigung und darf nur so lange aufrechterhalten werden, bis die Eltern in der Lage sind oder ein Elternteil in der Lage ist, die elterliche Sorge ohne Gefährdung des Kindeswohls zu übernehmen.

Stellt ein Elternteil, dem das Sorgerecht entzogen wurde, einen Antrag nach § 1632 Abs. 1 BGB und damit auf Herausgabe des Kindes, ist diesem stattzugeben, wenn die Gefahr für das Wohl des Kindes gem. § 1666 BGB nicht mehr besteht oder wenn mit hinreichender Sicherheit auszuschließen ist, dass die Trennung des Kindes von seinen Pflegeeltern ohne psychische oder physische Schädigungen erfolgen kann (BVerfG NJW 1998).

Wird von den leiblichen Eltern oder einem sorgeberechtigten Elternteil die Herausgabe des Kindes aus der Pflegefamilie begehrt, steht den Pflegeeltern die Möglichkeit offen, beim Familiengericht einen Antrag auf Verbleibensanordnung gem. § 1632 Abs. 4 BGB zu stellen. Die Verbleibensanordnung eröffnet die Möglichkeit, das Kind vor einem Herausgabeanspruch des Berechtigten zur Unzeit zu schützen, wenn durch die Herausnahme des Kindes aus der Pflegefamilie das Kindeswohl gefährdet werden würde. Eine Verbleibensanordnung kann also nicht mit der Begründung ergehen, dass der Verbleib des Kindes bei den Pflegeeltern die relativ bessere Alternative zu den leiblichen Eltern darstellt (BayObLG FamRZ 1984, 817).

Das Kind kann aber bereits so in der Pflegefamilie verwurzelt sein, dass die Herausnahme eine erneute und das Kindeswohl gefährdende Trennung für das Kind bedeuten würde. Es können auch neue Aspekte hinzugekommen sein, die nun eine Kindeswohlgefährdung bedingen. Wesentliche Faktoren, die im Rahmen der psychologischen Begutachtung zu erheben sind (Balloff, 2004), sind Vorbelastungen des Kindes, die Häufigkeit des Wechsels von Bezugspersonen, ein bereits gescheitertes Pflegeverhältnis, erhebliche Verhaltensauffälligkeiten des Kindes, die Bindung und Beziehung zu den leiblichen Eltern, aber auch zu den Pflegeeltern, Integration des Kindes in der Pflegefamilie, der Wille des Kindes, die Ressourcen des Kindes und das Vorhandensein von angemessenen Unterstützungs- und Hilfsangeboten. Nicht zuletzt sind die Risiken für ein erneutes Auftreten von Gefährdungsereignissen bei den leiblichen Eltern abzuschätzen (Kindler & Lillig, 2004). Da Kinder, die in Pflegefamilien untergebracht worden sind, häufig besonderen familiären Belastungen ausgesetzt waren, sind an die Feinfühligkeit und Erziehungskompetenz der Eltern besondere Anforderungen zu stellen. Die Eltern sollten in der Lage sein, auf erwartbare Verhaltensauffälligkeiten und Belastungen des Kindes, aber auch auf ihre eigene, dann veränderte Lebenssituation, im Zuge der Rückführung besonders kompetent zu reagieren.

Haben die leiblichen Eltern nur eingeschränkt Kontakt zu ihrem Kind, so können Sachverständige die Erziehungskompetenz und Möglichkeiten der Rückführung kaum valide einschätzen. In der Regel werden sie Alltagssituationen zwischen Kind und Eltern oder Elternteile beobachten müssen. Daher sollten Sachverständige mit den beteiligten Institutionen und Bezugspersonen anregen, den Umgang – falls eine Rückführung möglich erscheint – auszuweiten, damit einerseits das Kind die sichere Basis bei den Pflegeeltern oder der Institution nicht verliert, andererseits aber den Eltern die Möglichkeit eingeräumt wird, Kompetenzen zu erwerben und sich wieder an das Kind zu gewöhnen (Prozessdiagnostik: Salzgeber, 2020).

Von den Pflegepersonen wird zudem erhebliche Kooperationsbereitschaft verlangt, da sie die Rückkehr des Pflegekindes zur leiblichen Familie fördern sollen, auch wenn sie das Kind unter der Maßgabe einer Dauerpflege oder mit Aussicht auf Adoption zu sich genommen haben. Zwar müssen die Pflegeeltern immer davon ausgehen, dass eine Pflegesituation nicht auf Dauer angelegt ist, dennoch entwickeln sich im gemeinsamen Alltag starke familiäre Beziehungen, oftmals auch zwischen dem Pflegekind und den Kindern in der Pflegefamilie.

Auch aufseiten der Pflegefamilie können Defizite vorliegen, die ein gedeihliches Aufwachsen des Pflegekindes verhindern, aber auch das Herausgabeverfahren selbst kann zu Einschränkungen ihres Fürsorgeverhaltens führen.

Steht eine Rückführung des Kindes aus der Pflegefamilie zu den Großeltern zur Disposition, so ist neben den Beziehungsqualitäten und Erziehungskompetenzen als weiteres wesentliches Kriterium die Abgrenzungsfähigkeit der Großeltern gegenüber dem leiblichen Elternteil oder den leiblichen Eltern wesentlich. Dies gilt v. a. dann, wenn das elterliche Verhalten weiterhin als kindeswohlschädlich einzustufen ist, und die Rückführung zu den Großeltern von den Eltern unterstützt wird.

Das sachverständige Vorgehen bei Heimunterbringung des Kindes entspricht dem bei der Rückführung des Kindes aus einer Pflegefamilie. Meist liegt aber bei den Heimkindern ein erhöhter Förderbedarf vor, der an die Eltern im Fall einer Rückkehr in ihren Haushalt ganz besondere Anforderungen stellt.

18.2.5 Einschätzung der Kindeswohlgefährdung

Bei der Einschätzung der elterlichen Erziehungsfähigkeit wird der*die Sachverständige die Grenze zu bestimmen haben, die gerade noch ausreicht, um Elternschaft auszuüben (Dettenborn, 2017). Gefordert ist die Erhebung der zumindest notwendigen Elternkompetenz, wobei die Forschung zwar Informationen zu günstigem oder durchschnittlichem Elternverhalten zur Verfügung stellt, nicht aber zur Einschätzung einer gerade noch ausreichenden Kompetenz der Eltern. Da die Kinder meist durch vorangegangene familiäre Probleme und defizitäre Entwicklungsverläufe einen wesentlich erhöhten Förderbedarf haben und verstärkt vulnerabel sind (Joraschky, 2005), wird der Anspruch an die elterliche Erziehungskompetenz – auch unter Einbeziehung elterlicher Ressourcen und staatlicher Unterstützungsmöglichkeiten – am Bedürfnisprofil der Kinder zu messen sein.

Für die Beantwortung einer gerichtlichen Frage nach einer Kindeswohlgefährdung haben Sachverständige mehrere Ebenen abzuwägen und zu bewerten.

Auf der ersten Ebene haben sie den möglichen Schaden, den ein Kind bereits erlebt hat oder in nächster Zukunft erwartet, einzuschätzen und konkret zu beschreiben. Auch mögliche ungünstige Entwicklungen müssen in die Prognose einbezogen werden (OLG Karlsruhe FamRZ 2019, 1429).

Auf der zweiten Ebene wird betrachtet, wie hoch die Wahrscheinlichkeit ist, dass das Tun oder Unterlassen der Eltern oder dritter Personen zu einer solchen Schädigung führen kann. Eine Abgrenzung zwischen „hinreichender oder signifikanter Wahrscheinlichkeit" und „ziemlich sicherer oder überwiegender Wahrscheinlichkeit", wie die Juristen argumentieren, können Sachverständige i. d. R. nicht vornehmen. Dies kann nur im Einzelfall, dann aber nur vom Gericht entschieden werden. Jede Annahme einer hinreichenden Wahrscheinlichkeit, die für den Eintritt einer Kindeswohlgefährdung auch unterhalb einer angenommenen 50 %-Wahrscheinlichkeit vorliegen könnte, muss auf konkreten Verdachtsmomenten beruhen. Des Weiteren muss belegt werden, dass andere betroffene Kinder bei ähnlichen Bedingungen Beeinträchtigungen erlebt haben. Nicht zuletzt müssen die aktuellen und zukünftigen Beschädigungen auf die Verantwortung der Bezugspersonen oder Eltern zurückzuführen sein. Es genügt aber i. d. R. nicht, drohende Gefahren zu beseitigen, meist muss die Beziehungsqualität und die Erziehungsfähigkeit der Eltern verbessert werden.

Da auch aus psychologischer Sicht nicht genau definiert ist, was unter einer Gefährdung oder Schädigung zu verstehen ist, ist auf der dritten Ebene die alternative Regelung zu bewerten (Kindler, 2018). Sachverständige haben folglich gleichermaßen die Auswirkungen des Bruches in der Kontinuität bei Herausnahme und Auswirkungen der Alternative auszuführen und deren Folgen für das Kind zu diskutieren, also entweder die Trennung von den Eltern oder den Verbleib des Kindes in der Familie (BVerfG FamRZ 2014, 1772). Dabei haben sie die möglichen Hilfen, nicht nur derjenigen, die das Jugendamt bereitzustellen in der Lage ist, sondern die der jeweiligen Familie zur Verfügung gestellt werden und von dieser auch umgesetzt werden können, um die Aufrechterhaltung der Eltern-Kind-Beziehung möglichst zu gewährleisten, zu berücksichtigen. Die konkrete Auswahl der Hilfsmaßnahmen fällt in die ausschließliche Kompetenz der Jugendhilfebehörden.

Damit wird dem Gericht eine Möglichkeit der Abwägung sowohl im Hinblick auf die Frage einer Kindeswohlgefährdung als auch im Hinblick auf deren Folgen gegeben.

Sowohl „Kindeswohl" wie auch „Kindeswohlgefährdung" sind juristische Begriffe. Sachverständige sollten keine konkrete Empfehlung für einen Sorgerechtsentzugabgeben. Vor allem, weil sie nicht für die rechtliche Frage zuständig sind, da sie meist auch nicht über ausreichende Kenntnis der rechtlichen Rahmenbedingungen verfügen (s.: BGH NZF 2014, 362; Balloff, 2021). Zudem können Sachverständige nicht alle Hilfsmaßnahmen überschauen, die zur Abwendung einer Kindeswohlgefährdung möglicherweise zur Verfügung stehen.

Textbox 18.5:
Checkliste für die Beantwortung von Kindeswohlgefährdungsfragen

Die Beantwortung kann bei Kindeswohlgefährdung folgende Aspekte umfassen (Salzgeber, 2020; Salzgeber et al., 2018):

- Ist bereits eine Schädigung eingetreten? (Bestimmung des Schweregrads der Vernachlässigung und Kindeswohlschädigung, Ausmaß der beim Kind vorliegenden Erziehungs- und Fürsorgebedürftigkeit)
- Liegt eine akute oder zeitnahe Gefährdungssituation für das Kind vor?
- Wie lange wird diese Gefährdungssituation andauern, welche Faktoren sind für die Aufrechterhaltung der Gefährdung ausschlaggebend oder bedingen ein erneutes Entstehen?
- Worin liegt die Beeinträchtigung der körperlichen, geistigen und/oder seelischen Entwicklung des betroffenen Kindes und wie wirkt sich diese konkret aus?
- Wird ein Schaden auch in ferner Zukunft sicher eintreten, wenn das Kind in der familiären Situation verbleibt, da die Eltern sich weder verändern noch Hilfsmaßnahmen möglich sind?
- Wie hoch ist die Wahrscheinlichkeit für die Entstehung einer erneuten Gefährdung?
- Welche Hilfen sind den Sorgeberechtigten zur Unterstützung bereits konkret angeboten worden?
- Wann sind sie von wem aus welchem Grund abgelehnt bzw. nicht entsprechend umgesetzt worden?
- Worin besteht die mangelnde Bereitschaft oder Abhilfefähigkeit (z.B. intellektuelle Defizite, Unzuverlässigkeit, mangelnde Absprachen) und welche Potenziale bestehen für die Entwicklung einer Abhilfefähigkeit?
- Welche Unterstützungsmaßnahmen für Eltern und Kind könnten die Gefährdung und/oder Trennung verhindern oder aufheben? Gibt es mildere Maßnahmen? (Welche Maßnahmen wären notwendig, auch solche, die das Jugendamt noch nicht anbietet?)
- Kann die Gefährdung nur durch die Trennung des Kindes von den Eltern vermieden werden?
- Wie wirken sich die Trennung von den Eltern und Fremdunterbringung in Bezug auf die Belastung des Kindes aus, sind die zu erwartenden neuen Lebensbedingungen geeignet, die Gefährdung abzuwenden, oder werden gar neue Schäden bedingt? (sekundäre Kindeswohlgefährdung)
- Ist ein Vorteil für das Kind gegenüber der bestehenden Situation zu erwarten?

18.3 Freiheitsentziehende Unterbringung Minderjähriger

Einen Sonderfall der Kindeswohlgefährdung stellt die geschlossene Unterbringung von Kindern und Jugendlichen dar.

18.3.1 Rechtliche Vorgaben

Unterbringungen nach § 1631b BGB finden in verschiedenen Kontexten statt. Es kann sich im Rahmen des § 1631b Abs. 1 BGB um eine einstweilige (bis zu 6 Wochen) oder kurzfristige (unter 3 Monaten) oder mittel- bis längerfristige (bis zu maximal 12 Monaten) freiheitsentziehende Unterbringung, z. B. in einer Klinik für Kinder- und Jugendpsychiatrie oder in einer Einrichtung der Jugendhilfe oder in einer Einrichtung der Behindertenhilfe, handeln.

18.3.1.1 Gefährdung des Minderjährigen

Gemäß § 42 Abs. 3 SGB VIII kann seitens des Jugendamtes eine Freiheitsentziehung durch Inobhutnahme erfolgen, wenn eine akute und erhebliche Gefahr für Leib und Leben der minderjährigen Person oder für Dritte besteht und wenn der Gefahr für das Kind nicht mit einer weniger einschneidenden Maßnahme (wie Heimerziehung in einer offenen Einrichtung) begegnet werden kann (BGH JAmt 2013, 45, OLG Frankfurt FamRZ 2015, 2070).

Eine Selbstgefährdung eines Kindes kann gegeben sein, wenn es zu verwahrlosen droht, weil seine Pflege und Erziehung, ordnungsgemäße Wohnverhältnisse und sein Unterhalt nicht sichergestellt werden, sodass dem Kind droht, in die Fürsorge Dritter oder des Staates zu *gelangen* (Rüth, 2006; Rüth, 2011). Das Kind gefährdet sich zudem selbst, wenn es nicht mehr die Schule besucht (OLG Naumburg JAmt 2013, 48) oder in Drogen- oder Alkoholabhängigkeit geraten ist. Im Gegensatz zum § 1906 Abs. 1 BGB, der die Unterbringung von Erwachsenen regelt, kann eine Unterbringung nach § 1631b BGB auch gerechtfertigt sein, wenn von dem Minderjährigen eine akute Fremdgefährdung ausgeht. Eine geschlossene Unterbringung kann aber nicht deshalb empfohlen werden, weil der Minderjährige kriminell geworden ist und strafrechtlich noch nicht belangt werden kann oder die Maßnahme als Abschreckungsmittel eingesetzt werden soll (Trenczek, 2000).

Für die Unterbringung eines Kindes können Erziehungsprobleme genügen, die ein erzieherisches Einwirken auf das Kind in geschlossenen Räumen erfordern. Wenn nur eine Gefährdung von Interessen Dritter ohne gleichzeitige erhebliche Selbstgefährdung des Minderjährigen vorliegt, reicht dies nicht für eine freiheitsentziehende Unterbringung aus (Hoffmann, 2013).

18.3.1.2 Freiheitsentziehung

Eine Freiheitsentziehung liegt immer dann vor, wenn dem Kind oder dem Minderjährigen die Möglichkeit zur Fortbewegung oder zum Verlassen eines bestimmten Ortes gegen seinen Willen genommen wird, wenn die Türen verschlossen, er also in einem bestimmten Raum für eine gewisse Dauer und regelmäßig festgehalten wird (selbst wenn das Fenster nicht vergittert ist). Dies kann mit medikamentöser Sedierung bewirkt werden oder mit mechanischen Vorrichtungen, Einschließen im Zimmer, Abschließen der Wohnungsgruppentüre (DIJuF-Rechtsgutachten, 2017a), Fixierung am Bett mit Gurten, Verwendung eines Bettgitters, wenn auch eine elektronische Alarmmatte ausreichend wäre, oder am Stuhl (30 Minuten können bereits einen längeren Zeitraum definieren). Auch das Verfügungsrecht über persönliche Gegenstände, selbst über Besteck, kann eingeschränkt sein. Eine Definition der nicht altersgerechten Maßnahmen ist gesetzlich nicht erfolgt.

Freiheitsentziehung liegt aber nur dann vor, wenn sie gegen den Willen des Betroffenen erfolgt. Diese Bestimmung setzt aber voraus, dass bei dieser Person die Fähigkeit zur Fortbewegung besteht.

Nicht vom Gesetz erfasst sind Transporte zu Einrichtungen, die eine geschlossene Unterbringung vorsehen, wie in einem Krankenwagen oder wenn sich das Kind im elterlichen Haushalt aufhält. Dienen die Maßnahmen anderen Zwecken wie der Freiheitsentziehung, z. B. aus medizinischen oder therapeutischen Gründen, wie Fixierung eines mehrfach behinderten Kindes im Rollstuhl zum Zwecke der Atmungserleichterung oder des stabilen Sitzens (OLG München NZFam 2019, 831), ist die Maßnahme nicht genehmigungsbedürftig (zu Rumpfmieder auch AG Dresden JAmt 2020, 102).

Bettgitter beim Kleinkind oder der Gurt am Kinderwagen sind selbstverständlich erlaubt (Götz, 2017). Wenn Eltern das Kind altersgemäß beaufsichtigen und seine Freiheit aus pädagogischen Gründen einschränken (dazu gehören auch Beschränkungen von Ausgangszeiten, Festlegungen, Lernzeiten, Verschließen der Haustüre, auch nächtliches Verschließen der Türe und Heimregeln, wenn diese nicht mit Zwang durchgesetzt werden, Zuführung zu einer Behandlung, zum Gerichtstermin, zur Begutachtung u. a.), begründen diese Maßnahmen keinen Freiheitsentzug. Möglicherweise kann es sich hierbei um unzulässige erzieherische Maßnahmen gem. § 1631 Abs. 2 BGB handeln (BGH FamRZ 2013, 1646; BGH FamRZ 2013, 1719).

18.3.1.3 Eingriffsschwelle

Freiheitsentzug ist nur dann rechtmäßig, wenn er altersgemäß und verhältnismäßig und nur, solange er zur Abwendung einer erheblichen Selbst- oder Fremdgefährdung erforderlich ist und die Gefahr nicht auf anderer Weise begegnet werden kann (Hoffmann, 2017). Familiengerichtliche Genehmigungen für freiheitsentziehende Maßnahmen nach § 1631b Abs. 2 BGB sind immer dann erforderlich, wenn andere pädagogische und psychologische Hilfen völlig ausgeschöpft worden sind (§ 321 FamFG) und wenn anzunehmen ist, dass diese Maßnahme erfolgreicher ist als die bisher erfolgten erfolglosen Therapien (OLG Hamburg JAmt 2020, 525).

18.3.1.4 Genehmigung des Familiengerichts

Die Genehmigung des Familiengerichts ist gem. § 1631b Abs. 2 BGB erforderlich, wenn dem Kind, das sich in einem Krankenhaus, einem Heim oder einer sonstigen Einrichtung (Förderschule) aufhält, durch mechanische Vorrichtungen, Medikamente, ständige Begleitung, Festhalten, Fixierungen, Schutzanzüge, Einschluss in Time-out-Räumen, Sedieren u. a. (Wettstein, 2018) oder auf andere Weise über einen längeren Zeitraum regelmäßig in nicht altersgerechter Weise die Freiheit entzogen werden soll (wobei die Dauer nicht entscheidungserheblich ist) (DIJuf-Rechtsgutachten, 2017b).

Noch nicht geklärt ist die Notwendigkeit der Genehmigung von Maßnahmen, die zwar die individuelle Bewegung in einzelnen Aspekten einschränken, aber nicht in Fortbewegung und Aufenthaltsveränderung eingreifen, wie verschlossene Schutzoveralls (gegen das Kotschmieren aus der eigenen Windel) oder Orthesen und Fäustlinge (gegen das Kratzen).

18.3.1.5 Vorläufige Unterbringung

Nicht selten muss eine einstweilige Anordnung und eine vorläufige Unterbringung nach § 151 Nr. 7 FamFG in Verbindung mit § 312 Nr. 3 FamFG – gesteigerte Dringlichkeit – (z. B. bei Suizidversuchen oder ernsthafter Suiziddrohung, schweren Essstörungen, Substanzabusus und Suchtstörungen oder Verweigerung der Einnahme notwendiger Arzneimittel) eingeleitet werden. Für die einstweilige Anordnung einer freiheitsentziehenden Unterbringung eines*einer Minderjährigen genügt ein ärztliches Zeugnis, §§ 167 Abs. 1, 331 S. 1 Nr. 2, FamFG, das von einem Arzt oder einer Ärztin für Kinder- und Jugendpsychiatrie und -psychotherapie erstellt werden soll. Bei einer Unterbringung in einer geschlossenen Jugendhilfeeinrichtung genügt das Zeugnis eines*einer in Heimerziehung ausgewiesenen Psychotherapeut*in, Psycholog*in, Pädagog*in oder Sozialpädagog*in (§ 167 Abs. 6 S. 2 FamFG).

Die vorläufige Unterbringung kann bis zu sechs Wochen dauern und auf bis zu drei Monate insgesamt ausgeweitet werden (OLG Hamburg FamRZ 2020, 999). Ein Kind, insbesondere bei älteren Kindern und Jugendlichen, kann zur Erstellung des Gutachtens vorgeführt und geschlossen untergebracht werden (OLG Naumburg JAmt 2013, 48), wenn es sich, da es sich dem erzieherischen Einfluss der Sorgeberechtigten oder eines Vormunds völlig entzogen hat, nicht freiwillig der Untersuchung in einer Einrichtung oder bei einem*einer Sachverständigen stellt.

Bei einer notwendigen Verlängerung der einstweiligen Anordnungen gem. §§ 167 Abs. 1 S. 2, 329 Abs. 2 FamFG ist nach § 333 Abs. 1 S. 2 FamFG die „Anhörung eines Sachverständigen" erforderlich. Sachverständige haben dabei folgende Aspekte zu beantworten:

- Sie sollen die Erfahrungen aus der bisherigen freiheitsentziehenden Unterbringung/Maßnahme darlegen und beurteilen. Wie hat der*die betroffene Minderjährige auf die bisherige(n) Unterbringung/Maßnahme(n) reagiert? Sind Veränderungen im Umgang damit eingetreten? Wie hat sich die Anlass-Störung entwickelt, wie gut haben sich die Verhaltensauffälligkeiten des*der Minderjährigen als beeinflussbar gezeigt?
- Sie sollen die Notwendigkeit der Fortsetzung der Unterbringung/Maßnahmen ansprechen.
- Sie sollen die zeitliche Perspektive der Unterbringung/Maßnahme einschätzen sowie die Entwicklungsperspektive beurteilen.
- Sie sollen Erfolgsperspektive und Selbstbefähigung nach der Unterbringung/Maßnahme darlegen.

18.3.2 Sachverständiges Vorgehen

Die Diagnostik der Sachverständigen wird sich mit der Vorgeschichte, v.a. mit dem Grund der anstehenden Freiheitsentziehung, befassen und hierzu die bisherige Entwicklung des Kindes oder Jugendlichen, auch unter Berücksichtigung der bisher zur Verfügung gestellten Interventionen und Hilfsmaßnahmen, erfassen. Die Verhaltensauffälligkeiten und Verhaltensweisen, auch gegenüber anderen Personen, sind zu beschreiben, ebenso die Art und Weise und Schwere der Kindeswohlgefährdung (Selbst- und Fremdgefährdung).

Sollte eine geschlossene Unterbringung angezeigt sein, haben Sachverständige die Art der Einrichtung (Krankenhaus, Jugendhilfeeinrichtung, Behinderteneinrichtung, Rehabilitationseinrichtung) vorzuschlagen. Um Unterstützungsmöglichkeiten seitens des Jugendamtes abschätzen zu können, wird sich der*die Sachverständige mit den dortigen Fachpersonen in Verbindung setzen. Bei vorliegenden Fremdbefunden sollte sich der*die Sachverständige bei den entsprechenden Fachpersonen im Hinblick auf deren angemessene Einschätzung rückversichern. Nach Einholung des Einverständnisses der Betroffenen sollten Behandlungsunterlagen eingesehen werden.

Der*die Sachverständige wird auch mit den Eltern sprechen und sich mit dem sozialen Umfeld befassen.

Mögliche freiheitsentziehende Maßnahmen hat der*die Sachverständige im Hinblick auf die Wirksamkeit, Angemessenheit, Frequenz und Dauer der Maßnahme, bis zur Höchstgrenze von einem Jahr zu benennen, ebenso, wie sie vermieden werden könnten. Sollten die Anwendungen für längere Zeit und mehrmals notwendig werden, hat dies der*die Sachverständige zu begründen. Alle freiheitsentziehenden Maßnahmen sollten von dem*der Sachverständigen vor Ort in Augenschein genommen werden.

Die Verschreibung von notwendigen Medikamenten muss in jedem Fall dem Facharzt*der Fachärztin überlassen werden.

Zusammenfassend sollten Sachverständige im Gutachten (Kannegießer/Mayer-Wehage, 2021; zur schriftlichen Darstellung: Kapitel L; Arbeitsgruppe Familienrechtliche Gutachten, 2019) folgende Aspekte beantworten:

- Art und Schwere der Erkrankung, Verhaltensstörung und/oder Behinderung,
- Art der zu genehmigenden freiheitsentziehenden Unterbringung/Maßnahme(n) wie z.B. geschlossene Station oder Wohngruppe, wiederholte Fixierungen oder Isolierungen,

Medikation zur Ruhigstellung, Festhalten, nächtliches Verbringen in ein Kayser-Bett (Kinderpflegebett mit Seitengitter – Stäbe oder Acrylglasscheiben – in verschiedenen Bauhöhen), Posey-Bett (Netz-Bett) oder Gitterbett ohne Möglichkeit des Verlassens, nächtlicher Einschluss, Lochgittertür u. a. m.,
- Frequenz und jeweilige Dauer sowie Gesamtdauer der freiheitsentziehenden Unterbringung/Maßnahme(n),
- Notwendigkeit zur freiheitsentziehenden Behandlung/Intervention bei der vorliegenden Störung,
- Frage nach der Art der Einrichtung für die freiheitsentziehende Unterbringung,
- Kriterien für die Beendigung der Freiheitsentziehung.

18.4 Weiterführende Literatur

Balloff, R. (2022). *Kinder vor dem Familiengericht* (4. Aufl.). Baden-Baden: Nomos.

Das Buch vermittelt Grundkenntnisse der Psychologie im Hinblick auf das Kindeswohl und vermittelt zudem juristische Kenntnisse für den Sachverständigen. Es stellt ausführlich das aktuelle juristische, psychologische und pädagogische Wissen für familiengerichtliche Fragen dar.

Dettenborn, H. & Walter, W. (2016). *Familienrechtspsychologie*. München: Ernst Reinhardt. https://doi.org/10.36198/9783838586762

Fachlich fundiert wird in das breite Arbeitsfeld der familienrechtspsychologischen Begutachtung eingeführt. Es werden auch die Anforderungen an das Kindeswohl begründet und für entsprechendes Handeln rechtstheoretische und familienrechtpsychologische Leitlinien vorgegeben.

Egle, T., Hoffmann, S. & Joraschky, P. (Hrsg.). (2004). *Sexueller Missbrauch, Misshandlung, Vernachlässigung* (3. Aufl.). Stuttgart: Schattauer.

Auf der Grundlage wissenschaftlich fundierter Studien geben die über 50 Autoren aus psychosomatischer, psychotherapeutischer und psychiatrischer Sicht eine differenzierte Darstellung der Grundlagen und Krankheitsbilder, der Begutachtung, aber auch der therapeutischen und präventiven Möglichkeiten sowohl der Patienten als auch der Betroffenen.

Körner, W. & Deegener, G. (Hrsg.). (2005). *Erfassung von Kindeswohlgefährdung in Theorie und Praxis*. Lengerich: Pabst.

Das Buch behandelt verschiedene Aspekte der Erfassung von Kindeswohlgefährdung, aber auch rechtliche Aspekte. Praxisberichte für die Erfassung von Kindeswohlgefährdung im Sozialen Dienst eines Jugendamtes, in einer Kinderklinik, in einer kinder- und jugendärztlichen Praxis sowie Handlungskonzepte freier Träger ergänzen den Theorieteil.

Salzgeber, J. (2020). *Familienpsychologische Gutachten* (7. Aufl.). München: Beck.

Das Buch beschreibt das Aufgabenfeld, die juristischen und psychologischen Rahmenbedingungen für das sachverständige Vorgehen im familiengerichtlichen Verfahren und gibt Hinweise auf das praktische Vorgehen.

Literatur

Arbeitsgruppe Familienrechtliche Gutachten. (2019). Mindestanforderungen an die Qualität von Sachverständigengutachten im Kindschaftsrecht. *Neue Zeitschrift für Familienrecht, 18*, 804.

Balloff, R. (2004). Der Kindeswohlgefährdungsbegriff bei internationalen Rückführungsfällen in HKÜ-Verfahren aus rechtspsychologischer Sicht. *Familie, Partnerschaft, Recht, 6*, 309–315.

Balloff, R. (2004). Rückführung des Kindes in die Herkunftsfamilie oder Verbleibensanordnung nach § 1632 IV BGB aus familienrechtspsychologischer Sicht. *Familie, Partnerschaft, Recht, 8*, 431–436.

Balloff, R. (2021). Kindeswohl, Kindeswohlgefährdung, Kindeswille in der familienrechtspsychologischen Begutachtung. *Zeitschrift für Kindschaftsrecht und Jugendhilfe, 16 (1)*, 10–20.

Balloff, R. (2022). *Kinder vor dem Familiengericht* (4. Aufl.). Baden-Baden: Nomos.

Balloff, R. & Walter, E. (2015). Anforderungen an familienrechtspsychologische Gutachten bei Kindeswohlgefährdungen nach § 1666 BGB. *Neue Zeitschrift für Familienrecht, 2*, 580–588.

Becker, K. & Laucht, M. (2013). Schutzfaktoren und Resilienz in der kindlichen Entwicklung, *Zeitschrift für Kindschaftsrecht und Jugendhilfe, 11*, 432–434.

Benjamin, G. A. H., Beck, C. J., Shaw, M. & Geffner, R. (2018). *Law and public policy: Psychology and the social sciences series. Family evaluation in custody litigation: Promoting optimal outcomes and reducing ethical risks.* Washington: American Psychological Association.

Brisch, K. H. (2003). *Bindungsstörungen. Von der Bindungstheorie zur Therapie*. Stuttgart: Klett-Cotta.

Davies, P. T., Martin, M. J. & Sturge-Apple, M. L. (2016). Emotional security theory and developmental psychopathology. *Developmental Psychopathology, 1*, 1–66. https://doi.org/10.1002/9781119125556.devpsy106

Dettenborn, H. (2017). *Kindeswohl und Kindeswille: Psychologische und rechtliche Aspekte.* München: Reinhardt.

DIJuF-Rechtsgutachten. (2017a). Genehmigungsbedürftige freiheitsentziehende Maßnahme. *Das Jugendamt, 10,* 495.

DIJuf-Rechtsgutachten. (2017b) Freiheitsentziehende Maßnahmen in Förderschulen. *Das Jugendamt, 10,* 492.

Fegert, J. M. & Witt, A. (2019). Zahlen und Fakten zum Ausmaß von Vernachlässigung, Misshandlung und sexuellem Missbrauch von Kindern und Jugendlichen in Deutschland. *Zeitschrift für Kindschaftsrecht und Jugendhilfe,* 8, 288–296.

Forslund, T., Granqvist, P., van IJzendoorn, M. H., Sagi-Schwartz, A., Glaser, D., Steele, M. et al. (2021). Attachment goes to court: Child protection and custody issues. *Attachment & Human Development, 24* (1), 1–52.

Götz, I. (2017). Fortschritt im Kinderschutz – Genehmigungsvorbehalt jetzt auch für freiheitsentziehende Maßnahmen bei Kindern. *Zeitschrift für das gesamte Familienrecht, 16*, 1289–1295.

Heilmann, S. (2017). Theorie und Praxis im Kinderschutz. *NJW, 14*, 986–989.

Hoffmann, B. (2013). Freiheitsentziehende Unterbringung in Einrichtungen der Kinder- und Jugendhilfe. *Zeitschrift für das gesamte Familienrecht, 17*, 1346–1352.

Hoffmann, B. (2017). Das Gesetz zur Einführung eines familiengerichtlichen Genehmigungsvorbehaltes für freiheitsentziehende Maßnahmen bei Kindern. *Das Jugendamt, 7–8*, 353–359.

Johnston, J. R. & Kelly, J. B. (2004). Commentary on Walker, Brantley, and Rigsbee's (2004). A critical analysis of parental alienation syndrome and its admissibility in the family court. *Journal of Child Custody, 1* (4), 77–89. https://doi.org/10.1300/J190v01n04_05

Joraschky, P. (2005). Die Auswirkungen von Vernachlässigung, Misshandlung, Missbrauch auf Selbstwert und Körperbild. In U. T. Egle, S. O. Hoffmann & P. Joraschky (Hrsg.), *Sexueller Mißbrauch, Mißhandlung, Vernachlässigung.* Stuttgart: Schattauer.

Kannegießer, A. & Mayer-Wehage, B. (2021). Mindestanforderungen an die Qualität von Sachverständigengutachten nach § 1631 b BGB. *NZfam,* 301.

Kavemann, B. & Kreyssig, U. (2013). *Handbuch Kinder und häusliche Gewalt*. Berlin: Springer. https://doi.org/10.1007/978-3-531-18960-4

Kindler, H. (2016). Von der unterdurchschnittlichen Versorgung zur chronischen Kindesvernachlässigung. *Neue Zeitschrift für Familienrecht, 19*, 872–878.

Kindler, H. (2018). Operationalisierungen von Kindeswohl und Kindeswohlgefährdung in den Sozial- und Humanwissenschaften. In H. Katzenstein, K. Lohse, G. Schindler & L. Schonecker (Hrsg.), Das Recht als Partner der Fachlichkeit in der Kinder- und Jugendhilfe: Liber Amicorum für Thomas Meysen (S. 181–224). Baden-Baden: Nomos. https://doi.org/10.5771/9783845295589-179

Kindler, H. & Lillig, S. (2004). Psychologische Kriterien bei Entscheidungen über eine Rückführung von Pflegekindern nach einer Kindeswohlgefährdung. *Praxis der Rechtspsychologie, 14,* 368–397.

Kindler, H. & Werner, A. (2005). Auswirkung von Partnerschaftsgewalt auf Kinder: Forschungsstand und Folgerungen für die Praxis. In G. Deegener & W. Körner (Hrsg.), *Kindesmisshandlung und Vernachlässigung.* Göttingen: Hogrefe.

Klika, J. B. & Herrenkohl, T. I. (2013). A Review of developmental research on resilience in maltreated children. *Trauma, Violence & Abuse, 14* (3), 222–234. https://doi.org/10.1177/1524838013487808

Mühlmann, T. (2018). Vernachlässigung ist die häufigste von Jugendämtern festgestellte Gefährdungsform. *Kinder- und Jugendschutz in Wissenschaft und Praxis, 4,* 132–134.

Nienstedt, M. & Westermann, A. (2007). *Pflegekinder und ihre Entwicklungschancen nach frühen traumatischen Erfahrungen.* Stuttgart: Klett-Cotta.

Pawils, S., Metzner, F., Bech, B., Standke-Erdmann, B., Lorenz, E. & Ballin, A. (2014). Erziehungsfähigkeit in familienrechtlichen Begutachtungen. *Forensische Psychiatrie, Psychologie, Kriminologie, 8*

(4), 288–294. https://doi.org/10.1007/s11757-014-0285-0

Putnam-Hornstein, E., Simon, J. D., Eastman, A. L. & Magruder, J. (2015). Risk of re-peporting among infants who remain at home following alleged maltreatment. *Child Maltreatment, 20* (2), 92–103. https://doi.org/10.1177/1077559514558586

Raack, W. (2005). Schulschwänzen – ein familiengerichtliches Problemfeld. *Kindschaftsrechtliche Praxis, 1*, 1–7.

Rüth, U. (2006). Die geschlossene Unterbringung in der Kinder- und Jugendpsychiatrie in Abgrenzung zur geschlossenen Unterbringung in der Jugendhilfe. Quantitative und qualitative Aspekte. In U. Rüth, S. Pankofer & F. J. Freisleder (Hrsg.), *Geschlossene Unterbringung im Spannungsfeld von Kinder- und Jugendpsychiatrie und Jugendhilfe* (S. 3–17). München: Zuckschwerdt.

Rüth, U. (2011). Die Unterbringung in der Kinder- und Jugendpsychatrie. *Familie Partnerschaft Recht, 12*, 554–557.

Salzgeber, J. (2015). *Familienpsychologische Gutachten* (6. Aufl.). München: Beck.

Salzgeber, J. (2020) *Familienpsychologische Gutachten* (7. Aufl.). München: Beck.

Salzgeber, J., Bretz, E. & Bublath, K. (2022). *Arbeitsbuch familienpsychologische Gutachten: Arbeitshilfen für ein sachverständiges Vorgehen bei der familienrechtspsychologischen Begutachtung.* München: Beck.

Trenczek, T. (2000). Inobhutnahme und geschlossene Unterbringung. Anmerkungen zu den freiheitsentziehenden Maßnahmen in Einrichtungen der Jugendhilfe. *Zentralblatt für Jugendrecht, 4*, 121–134.

Wettstein, A. (2018). Bewegungseinschränkende Maßnahmen, *FamPra.ch, 4*, 979–1004.

Westhoff, K. & Kluck, M. (2014). *Psychologische Gutachten schreiben und beurteilen: Entspricht den deutschen und europäischen Richtlinien zur Erstellung psychologischer Gutachten.* Heidelberg: Springer. https://doi.org/10.1007/978-3-642-35354-3

White, L. O., Bracher, A., Weil, A.-S., Schött, M., von Klitzing, K. & Keil, J. (2021). Erfassung von Misshandlung im Kindes- und Jugendalter. *Praxis der Kinderpsychologie und Kinderpsychiatrie, 70* (1), 24–39. https://doi.org/10.13109/prkk.2021.70.1.24

Witte, S. (2018). *Geschwister im Kontext von Misshandlung, Missbrauch und Vernachlässigung. Risikokonstellationen, Qualität der Geschwisterbeziehung und aktuelle psychische Belastung.* Weinheim: Beltz Juventa.

Wüstenberg, D. (2008). Genitalverstümmelung und familiengerichtliche Rechtsprechung. *Zeitschrift für Kindschaftsrecht und Jugendhilfe, 10*, 411–414.

Zumbach, J., Lübbehüsen, B., Volbert, R. & Wetzels, P. (2020). *Psychologische Diagnostik in familienrechtlichen Verfahren.* Göttingen: Hogrefe. https://doi.org/10.1026/03023-000

Zumbach, J. & Oster, A. (2021). Elterliche Erziehungsfähigkeit: Definitionen, Indikatoren und Erfassungsmöglichkeiten. *Zeitschrift für Kinder- und Jugendpsychiatrie und Psychotherapie, 49*, (1), 37–50. https://doi.org/10.1024/1422-4917/a000770

19 Begutachtung im Verwaltungsrecht[54]

Dietmar Heubrock

19.1 Zuständigkeit und Fragestellungen des Verwaltungsrechts

Das Verwaltungsrecht umfasst das Recht des staatlichen Handelns auf dem Gebiet des nicht verfassungsrechtlichen öffentlichen Rechts und regelt die Rechtsbeziehungen des Staates zu seinen Bürgern, aber auch die Funktionsweise der Institutionen der Verwaltung in Bund, Ländern und Kommunen und ihr Verhältnis zueinander („Zuständigkeit"). Hierbei sind die für alle verwaltungsrechtlichen Bereiche geltenden Grundsätze im Allgemeinen Verwaltungsrecht geregelt, während sich das Besondere Verwaltungsrecht mit einzelnen Rechtsbereichen befasst. Hierzu gehören u.a.

- das Polizeirecht (Gefahrenabwehrrecht),
- das Aufenthalts- und das Asylverfahrensrecht,
- das Straßenverkehrsrecht,
- das Baurecht,
- das Kommunalrecht,
- das Sozialrecht,
- das Steuerrecht und
- das Wirtschaftsverwaltungsrecht.

Das Verwaltungsprozessrecht regelt neben allgemeinen Verfahrensfragen u.a. auch den Rechtsschutz gegenüber den Handlungen der Verwaltung vor der Verwaltungsgerichtsbarkeit und ist in der Verwaltungsgerichtsordnung (VwGO) geregelt.

Psychodiagnostische Begutachtungen kommen nicht in allen genannten Bereichen des Verwaltungsrechts vor, sondern sie konzentrieren sich auf

- das Asylverfahrensrecht,
- das in den Sozialgesetzbüchern (SGB) I bis XII zusammengefasste und als eigenständige Rechtsmaterie anzusehende Sozialrecht (vgl. Heubrock, 2008a),
- das Straßenverkehrsrecht (v.a. bei einer Entziehung der Fahrberechtigung) sowie
- das Waffenrecht.

Da die verschiedenen Rechtsmaterien sich z.T. überschneiden, z.T. aber auch als eigenständige Rechtsbereiche zu betrachten sind, ist eine Zuordnung für den juristischen Laien mitunter schwierig. So kann eine Verurteilung wegen einer rechtswidrigen Straftat, die im Zusammenhang mit dem Führen eines Kraftfahrzeuges begangen wurde, zu einer Entziehung der Fahrberechtigung führen, wenn sich die Nichteignung zum Führen von Kraftfahrzeugen *aus der Tat heraus* ergibt; in diesem Fall ist das *Strafrecht* berührt. Ergibt sich die Nichteignung zum Führen von Kraftfahrzeugen jedoch aus (anderen) körperlichen, geistigen oder charakterlichen Mängeln, stellt die Entziehung der Fahrberechtigung einen Verwaltungsakt dar, der in diesem Fall dem *Verwaltungsrecht* unterliegt (s.a. Textbox 19.1).

54 Bei diesem Beitrag handelt es sich um eine unveränderte Fassung der 1. Auflage dieses Lehrbuchs.

Textbox 19.1:
Zuständigkeit der Sozial- und Verwaltungsgerichte

Auch manche Fragestellungen, die inhaltlich mit solchen des Sozialrechts vergleichbar sind, fallen in die Zuständigkeit des Verwaltungsrechts. So gehören bspw. Gutachten zur Minderung der Erwerbsfähigkeit durch Folgen einer Berufskrankheit oder eines Wegeunfalles, zur Höhe einer Erwerbsunfähigkeitsrente durch die Folgen einer Krankheit oder zum Grad der Behinderung als Folge einer körperlichen, seelischen oder geistigen Behinderung zum Sozialrecht. Dagegen fällt die an rechtspsychologische Sachverständige gerichtete Frage, ob bei einem bestimmten Kind eine umschriebene Entwicklungsstörung, meist eine Lese-Rechtschreib-Störung (LRS) oder eine Rechenstörung (Dyskalkulie), vorliegt und derart gravierend ist, dass eine Teilnahme am Leben in der Gemeinschaft behindert sei und somit eine seelische Behinderung drohe, der durch präventive ambulante Eingliederungsmaßnahmen zu Lasten des Jugendamtes entgegen gewirkt werden müsse, nicht in die Zuständigkeit der Sozialgerichte. Zwar handelt es sich bei der Gewährung von präventiven Eingliederungshilfen um Maßnahmen nach § 35a SGB VIII, früher Kinder- und Jugendhilfegesetz (KJHG), also um eine im Sozialgesetzbuch verankerte Leistung, sie wird jedoch von einer Behörde, in diesem Fall durch ein Jugendamt, beschieden, sodass bei erfolglosem Widerspruch gegen einen ablehnenden Bescheid der Verwaltungsbehörde das zuständige Verwaltungsgericht angerufen werden muss. Ähnlich verhält es sich in denjenigen Fällen, in denen die Schulbehörde einem behinderten Kind zur Erfüllung der Schulpflicht einen Platz in einer Förderschule zuweist, obwohl die Eltern des Kindes geltend machen, dass bei Gewährung von Integrationshilfen eine Beschulung in der kommunal zuständigen Regelschule möglich sei; auch in diesen Fällen hat das Verwaltungsgericht über die Rechtmäßigkeit der Verwaltungsentscheidung der Schulbehörde zu entscheiden, wobei i.d.R. ein psychologisches Sachverständigengutachten eingeholt wird.

19.2 Psychodiagnostische Begutachtung im Verwaltungsrecht am Beispiel des Waffenrechts

19.2.1 Historische Entwicklung

Bis zum 26. April 2002 waren die wesentlichen Bestimmungen des Waffengesetzes (WaffG) lediglich den etwas über 2 Mio. Legalwaffenbesitzern in Deutschland, zumeist Sportschützen, Jägern, Büchsenmachern und Waffensammlern, bekannt (s. **Tab. 19-1**).

Dies änderte sich schlagartig mit der Amoktat am Erfurter Gutenberg-Gymnasium, bei der der Schüler Robert Steinhäuser 15 Mitschüler und Lehrer des Gutenberg-Gymnasiums, einen Polizeibeamten und anschließend sich selbst erschossen hatte (vgl. Gasser, Creutzfeld, Näher, Rainer & Wickler, 2004). Nachdem bekannt geworden war, dass der Täter Mitglied eines Sportschützenvereins war und dass es ihm aufgrund dessen gelungen war, sich die Tatmittel (Waffen und Munition) legal zu beschaffen, setzte eine öffentliche Debatte ein, in deren Folge das bis dahin gültige WaffG grundlegend verändert wurde. Nach intensiven Beratungen wurde im April 2003 ein novelliertes WaffG verabschiedet, das u.a.

- die Aufbewahrung von Jagd- und Sportwaffen neu geregelt,
- die Liste verbotener Waffen (z.B. sog. Totschläger, Schlagringe, Faust- und Butterflymesser) erweitert und
- das Führen von Gas- und Schreckschusswaffen an besondere Voraussetzungen (vollendetes 18. Lebensjahr, Zuverlässigkeit und körperliche und geistige Eignung, sog. Kleiner Waffenschein) geknüpft hat.

Tabelle 19-1: Anzahl und Verteilung der Legalwaffenbesitzer in Deutschland (nach Dobat, Heubrock & Stöter, 2006, S. 725).

Autor	Gesamt	Schützen	Jäger	Sammler	Sonstige (z.B. Erben)
Niederbacher (2004)	3,6 Mio.	2 Mio.	400.000	300.000	900.000
Brenneke (2005)	2,3 Mio.	600.000	350.000	–/–	> 1 Mio.

Die ordnungsbehördliche Umsetzung des neuen Waffengesetzes wurde in einer Allgemeinen Waffengesetz-Verordnung (AWaffV) geregelt, die nach Verabschiedung durch den Bundesrat im Juli 2003 erst mit der Veröffentlichung im Bundesgesetz- und Verordnungsblatt im Dezember 2003 Rechtsgültigkeit erlangte. Bis zum Inkrafttreten der Verordnung waren durch das Bundesministerium des Inneren sog. „Vollzugshinweise zum Waffengesetz" an die Innenministerien der Länder als Empfehlung ausgegeben worden, die Einzelheiten zur Ausführung des Waffengesetzes enthielten.

Die eigentliche Zielrichtung des Gesetzes, den Zugang zu Schusswaffen und deren möglichen Missbrauch durch Heranwachsende zu erschweren und potenziell gefährlichen Personen frühzeitig zu verwehren, sollte durch

- das Heraufsetzen der Altersgrenzen für den Erwerb und Besitz von Schusswaffen und Munition in bestimmten Fällen sowie
- den nun neu erforderlichen Nachweis der persönlichen bzw. geistigen Eignung bei jüngeren Menschen erreicht werden.

Ebenfalls unter dem Eindruck der Kriminalitätsentwicklung, insbesondere bedingt durch eine deutliche Zunahme von Fällen schwerer Körperverletzung, bei denen Messer und andere Stichwaffen verwendet wurden, sowie durch mehrere beinahe tödlich verlaufene Polizeieinsätze infolge eines öffentlichen Gebrauchs von Anscheinswaffen, stand die jüngste Novellierung des WaffG, die zum 1. April 2008 in Kraft trat (vgl. Heubrock, 2008b). Demnach ist es nunmehr auch verboten,

- (mit Ausnahmen zum Zwecke der Jagd, der Fischerei und der Brauchtumspflege) Hieb- und Stoßwaffen, Messer mit einhändig feststellbarer Klinge (Einhandmesser) oder feststehende Messer mit einer Klingenlänge über 12 cm und
- sog. Anscheinswaffen (täuschend echte Nachbildungen scharfer Schusswaffen) in der Öffentlichkeit zu führen.

19.2.2 Waffenrechtliche Grundlagen der Begutachtung der persönlichen Eignung zum Waffenbesitz

Eine wesentliche Besonderheit der WaffG-Novelle von 2003 betrifft die „persönliche Eignung" (s. Textbox 19.2).

Textbox 19.2:
§ 6 WaffG Persönliche Eignung

[1] Die erforderliche persönliche Eignung besitzen Personen nicht, wenn Tatsachen die Annahme rechtfertigen, dass sie

- geschäftsunfähig sind,
- abhängig vom Alkohol oder anderen berauschenden Mitteln, psychisch krank oder debil sind oder
- aufgrund in der Person liegender Umstände mit Waffen oder Munition nicht vorsichtig oder sachgemäß umgehen oder diese Gegenstände nicht sorgfältig verwahren können oder dass die konkrete Gefahr einer Fremd- oder Selbstgefährdung besteht.

Die erforderliche persönliche Eignung besitzen i.d.R. Personen nicht, wenn Tatsachen die Annahme rechtfertigen, dass sie in ihrer Geschäftsfähigkeit beschränkt sind. Die zuständige Behörde soll die Stellungnahme der örtlichen Polizeidienststelle einholen. Der persönlichen Eignung können auch im Erziehungsregister eingetragene Entscheidungen oder Anordnungen nach § 60 Abs. 1 Nr. 1 bis 7 des Bundeszentralregistergesetzes entgegenstehen.

[2] Sind Tatsachen bekannt, die Bedenken gegen die persönliche Eignung nach Absatz 1 begründen, oder bestehen begründete Zweifel an vom Antragsteller beigebrachten Bescheinigungen, so hat die zuständige Behörde dem Betroffenen auf seine Kosten die Vorlage eines amts- oder fachärztlichen oder fachpsychologischen Zeugnisses über die geistige oder körperliche Eignung aufzugeben.

[3] Personen, die noch nicht das 25. Lebensjahr vollendet haben, haben für die erstmalige Erteilung einer Erlaubnis zum Erwerb und Besitz einer Schusswaffe auf eigene Kosten ein amts- oder fachärztliches oder fachpsychologisches Zeugnis über die geistige Eignung vorzulegen. Satz 1 gilt nicht für den Erwerb und Besitz von Schusswaffen im Sinne von § 14 Abs. 1 Satz 2 WaffG.

[4] Das Bundesministerium des Innern wird ermächtigt, durch Rechtsverordnung mit Zustimmung des Bundesrates Vorschriften über das Verfahren zur Erstellung, über die Vorlage und die Anerkennung der in den Absätzen 2 und 3 genannten Gutachten bei den zuständigen Behörden zu erlassen.

Hier lassen sich mehrere Fallgruppen unterscheiden, von denen die in § 6 Abs. 2 und 3 WaffG genannten fachpsychologisch besonders bedeutsam sind:

- Die in § 6 Abs. 1 genannte Fallgruppe bezieht sich auf diejenigen Personen, bei denen grundsätzlich davon auszugehen ist, dass sie die zum Erwerb und Besitz von Schusswaffen und Munition erforderliche persönliche Eignung *nicht* besitzen. Neben Geschäftsunfähigkeit, Abhängigkeits- und psychischen Erkrankungen und Debilität kann auch die konkrete Gefahr einer Fremd- oder Selbstgefährdung, d.h. bspw. die der Behörde zur Kenntnis gelangte Androhung eines Suizids oder die Bedrohung eines anderen Menschen, dazu führen, dass die persönliche Eignung nicht gegeben ist. Diesen Personen wird die Erlaubnis zum Erwerb oder zum Führen einer Schusswaffe von der zuständigen Behörde versagt, sofern Tatsachen vorliegen, die die o.g. Kriterien belegen. Liegen der Behörde lediglich Tatsachen vor, die begründete *Zweifel* bzgl. der o.g. Kriterien erwecken, wird dem Antragsteller auferlegt, auf eigene Kosten ein Gutachten über seine geistige oder körperliche Eignung beizubringen (§ 6 Abs. 2). Berufspolitisch interessant ist, dass es sich im Falle der Frage nach der geistigen Eignung ausdrücklich auch um ein *fachpsychologisches Zeugnis* handeln kann.
- Eine Besonderheit stellt die in § 6 Abs. 3 genannte Fallgruppe dar. Sie erfasst Personen, die *das 25. Lebensjahr noch nicht vollendet haben,* und zwar unabhängig davon, ob im konkreten Fall Zweifel an der persönlichen Eignung bestehen. Diese Regelung zielt ganz besonders auf die Intention der WaffG-Novelle ab, die missbräuchliche Verwendung von Schusswaffen in der Hand von Heranwachsenden i.S. des Kriminalpräventionsgedankens zu verhindern. Die Personengruppe der unter 25-Jährigen hat in jedem Fall ein Zeugnis über die geistige Eignung vorzulegen, wobei von dieser Regelung nach § 13 Abs. 2 Jäger ausgenommen sind, wenn sie Inhaber eines Jahresjagdscheines sind. Auch für diese Fallgruppe der unter 25-Jährigen gilt, dass der Nachweis über die geistige Eignung auch über ein *fachpsychologisches Zeugnis* erbracht werden kann, dessen Kosten der Antragsteller selbst zu tragen hat.

Aus rechtspsychologischer Perspektive ist zu beachten, dass es sich bei den im WaffG verwendeten Termini „persönliche Eignung" bzw. „geistige Eignung" – in der AWaffV ist zusätzlich und ohne weitere Abgrenzung auch von „geistiger Reife" die Rede – um *unbestimmte*

Rechtsbegriffe handelt, die an keiner Stelle näher definiert sind (vgl. hierzu Heubrock, Baumgärtel & Stadler, 2004; Neuser, 2004a; s. a. Kap. 21 in diesem Band).

Die AWaffV als Verwaltungsvorschrift legt in § 4 Abs. 5 als Fragestellung lediglich fest, dass das Gutachten dazu geeignet sein muss, die Frage zu beantworten, „ob der Betroffene persönlich ungeeignet ist, mit Waffen oder Munition umzugehen", wobei für die Fallgruppe der unter 25-jährigen Antragsteller gilt, dass das Gutachten darüber Auskunft zu geben hat, „ob der Betroffene infolge fehlender Reife geistig ungeeignet ist für den Umgang mit ... Schusswaffen" (s. Textbox 19.3).

Demnach sind zur waffenrechtlichen Begutachtung für die beiden psychologisch relevanten Fallgruppen unterschiedlich weite Fragestellungen zu bearbeiten, wobei das Gutachten in jedem Fall eine Aussage darüber enthalten muss, ob der Antragsteller persönlich ungeeignet ist (s. **Abb. 19-1**).

Textbox 19.3:
§ 4 Abs. 5 der AWaffV

[5] Der Gutachter hat sich über den Betroffenen einen persönlichen Eindruck zu verschaffen. Das Gutachten muss darüber Auskunft geben, ob der Betroffene persönlich ungeeignet ist, mit Waffen oder Munition umzugehen; die bei der Erstellung des Gutachtens angewandte Methode muss angegeben werden. In den Fällen des Absatzes 1 Nr. 2 ist in der Regel ausreichend ein Gutachten auf Grund anerkannter Testverfahren über die Frage, ob der Betroffene infolge fehlender Reife geistig ungeeignet ist für den Umgang mit den dort aufgeführten Schusswaffen. Kann allein auf Grund des Tests nicht ausgeschlossen werden, dass der Betroffene geistig ungeeignet ist, ist mit einer weitergehenden Untersuchung nach dem jeweiligen Stand der Wissenschaft vorzugehen.

19.2.3 Verwaltungsvorschriften zur waffenrechtlichen Begutachtung

Für die psychodiagnostische Begutachtung zur persönlichen Eignung ergeben sich somit zwei Fallkonstellationen: die erste, nach § 6 Abs. 2, in der die Behörde dem Antragsteller die Begutachtung auferlegt, sowie die zweite nach § 6 Abs. 3, in der ein unter 25-jähriger Antragsteller von sich aus einen Gutachter aufsuchen muss, um die Erfordernisse für die Antragstellung überhaupt erfüllen zu können. In beiden Fällen ergibt sich aus § 6 WaffG, dass der Antragsteller auf eigene Kosten einen sachkundigen Gutachter beauftragen muss.

Die *Auswahl* der infrage kommenden Gutachter ergibt sich aus der zum WaffG erlassenen Allgemeinen Waffengesetz-Verordnung, speziell dem § 4 Abs. 2 AWaffV, der auch die Frage der Sachkunde des Gutachters berührt, diese aber nicht näher spezifiziert (s. Textbox 19.4).

Die aufgeführten Berufsgruppen sind demzufolge nach § 4 Abs. 2 der AWaffV ermächtigt, bei Vorliegen der in § 4 Abs. 2 AWaffV geforderten Sachkunde, die waffenrechtliche Begutachtung durchzuführen. Paragraph 4 Abs. 2 der AWaffV lässt aber insofern Raum für Auslegungen und offene Fragen, als

- die Begutachtung zwar durch Vertreter der aufgezählten Fachrichtungen durchgeführt werden *soll*, dies aber nicht zwingend vorgeschrieben wird und
- das Vorliegen der Sachkunde eines i. S. dieses Gesetzes anerkannten Gutachters, was nach § 4 Abs. 1 AWaffV eine zwingende Voraussetzung für die Beauftragung des Gutachters darstellt, in den Wirkungsbereich *berufsständischer Regeln* delegiert.

Mit dem Verweis auf berufsständische Regelungen gibt der Gesetzgeber an dieser Stelle zu erkennen, dass die Frage, wer Rechtspsychologe oder Verkehrspsychologe i. S. des Gesetzes ist, durch entsprechende Regelungen der Berufsverbände zu beantworten ist. Unterstellt man, dass von einem Gutachter selbstverständlich Fach-

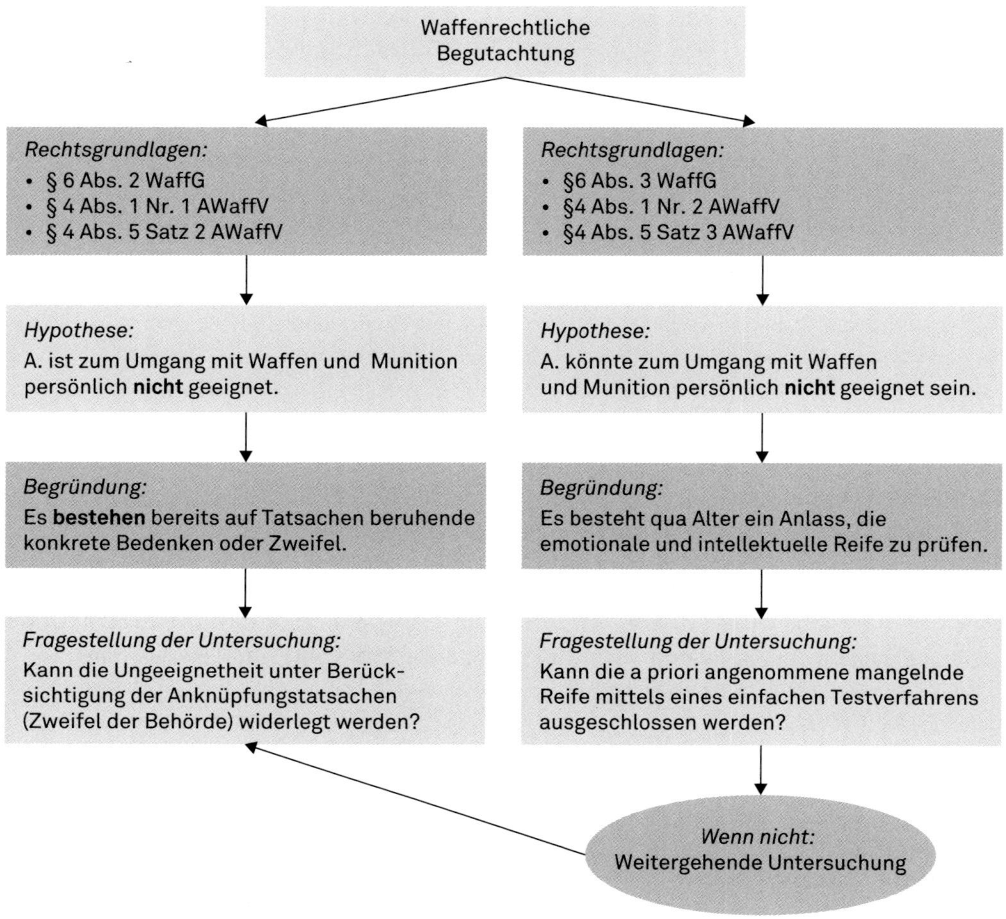

Abbildung 19-1: Rechtsgrundlagen und Fragestellungen der psychologischen Begutachtung nach § 6 Abs. 2 und 3 WaffG (vgl. Greuel & Heubrock, 2006; Heubrock et al., 2004).

Textbox 19.4:
§ 4 Abs. 2 der AwaffV

[2] Die Begutachtung in den Fällen des Absatzes 1 soll von Gutachtern folgender Fachrichtungen durchgeführt werden:

1) Amtsärzten
2) Fachärzten der Fachrichtungen Psychiatrie, Psychiatrie und Psychotherapie, Psychiatrie und Neurologie, Nervenheilkunde, Kinder- und Jugendpsychiatrie und -psychotherapie
3) Psychotherapeuten, die nach dem Psychotherapeutengesetz approbiert sind
4) Fachärzten für Psychotherapeutische Medizin oder
5) Fachpsychologen der Fachrichtungen Rechtspsychologie, Verkehrspsychologie oder Klinische Psychologie.

Das Vorliegen der Sachkunde auf dem betreffenden Gebiet beurteilt sich nach berufsständischen Regeln.

kunde erwartet werden kann, so ließe sich durchaus argumentieren, dass die entsprechenden Regelungen der AWaffV – analog zu der geforderten besonderen Sachkunde des Sachverständigen im Straf- und Zivilprozessprozessrecht (vgl. Zuschlag, 2002, S. 32ff.) – eine besondere Sachkunde in Bezug auf *waffenrechtliche* Aspekte der persönlichen Eignung anzielen. Da verbindliche berufsständische Regeln zur Sachkunde in Bezug auf die Begutachtung im Hinblick auf die hier relevanten speziellen Fragen noch nicht vorliegen, lässt sich dieser Verweis auch als Aufforderung des Gesetzgebers verstehen, Standards für die spezifisch waffenrechtliche Begutachtung zu etablieren, auf die sich die besondere Sachkunde der Gutachter beziehen müsste.

Der Verfahrensablauf der Begutachtung für die Fallgruppe 2 (Bedenken/Zweifel) des § 6 WaffG ist in § 4 Abs. 3 AWaffV näher geregelt (s. Textbox 19.5).

In Anbetracht der Tatsache, dass bei Inkrafttreten der WaffG-Novelle von 2003 die AWaffV noch nicht vorlag, gleichwohl aber bundeseinheitliche Verfahren zur Durchsetzung des Waffengesetzes vonnöten waren, hat das Bundesministerium des Inneren „Hinweise zum Vollzug des Waffengesetzes durch die Waffenbehörden" zum 1. April 2003 (sog. Vollzugshinweise) als Empfehlung an die Länder gegeben (BMI, 2003). Diese Vollzugshinweise stellen eine Art vorweggenommener Kommentierung der AWaffV dar (vgl. auch König & Papsthart, 2004). Da diese prinzipiell auch mit der später erlassenen AWaffV kompatibel sind, ist zu erwarten, dass sich die zuständigen Behörden auch künftig nach ihnen richten werden. Demnach ergibt sich für die Begutachtung der Fallgruppe 2 folgendes organisatorisches Ablaufschema (s. Abb. **19-2**):

Textbox 19.5:
§ 4 Abs. 3 der AwaffV

[3] In den Fällen des Absatzes 1 Nr. 1 teilt die Behörde dem Betroffenen unter Darlegung der Gründe für die Zweifel oder der die Bedenken begründenden Tatsachen oder hinsichtlich seiner persönlichen Eignung mit, dass er sich innerhalb einer von ihr festgelegten Frist auf seine Kosten der Untersuchung zu unterziehen und ein Gutachten beizubringen hat. Der Betroffene hat die Behörde darüber zu unterrichten, wen er mit der Untersuchung beauftragt hat. Die Behörde übersendet zur Durchführung der Untersuchung auf Verlangen des Gutachters bei Vorliegen der Einwilligung des Betroffenen die zur Begutachtung erforderlichen ihr vorliegenden Unterlagen. Der Gutachter ist verpflichtet, sich mit der Erstattung des Gutachtens von den Unterlagen zu entlasten, indem er sie der Behörde übergibt oder vernichtet.

19.2.4 Psychodiagnostische Methoden der waffenrechtlichen Begutachtung

Für die Fallgruppe nach § 6 Abs. 2 muss die „persönliche Eignung" zum Umgang mit Waffen und Munition in einem umfassenderen Sinne geprüft werden, da bei dieser Personengruppe behördlicherseits bereits begründete Zweifel oder Bedenken bestehen, die es durch das Gutachten auszuräumen oder zu bestätigen gilt. Das Gutachten dient hier der Prüfung der seitens der Behörde bestehenden Zweifel und muss demzufolge zu den durch die Behörde vorgebrachten Tatsachen, die diese Zweifel begründen, Stellung nehmen. Um dies zu ermöglichen, muss der Antragsteller dem Gutachter die Anordnung der Behörde vorlegen. Die Behörde ist gehalten, in der Anordnung detailliert auszuführen,

- aufgrund welcher Wahrnehmungen die Behörde Zweifel hegt,
- welchem Fall/welchen Fällen des § 6 Abs. 1 Satz 1 Nr. 1 bis 3 oder Satz 2 WaffG die Zweifel zuzuordnen sind und
- welche Tatsachen diese Zweifel begründen.

Dagegen ist die Begutachtung bei der Fallgruppe nach § 6 Abs. 3 ausschließlich durch das Lebensalter des Antragstellers begründet. Indizi-

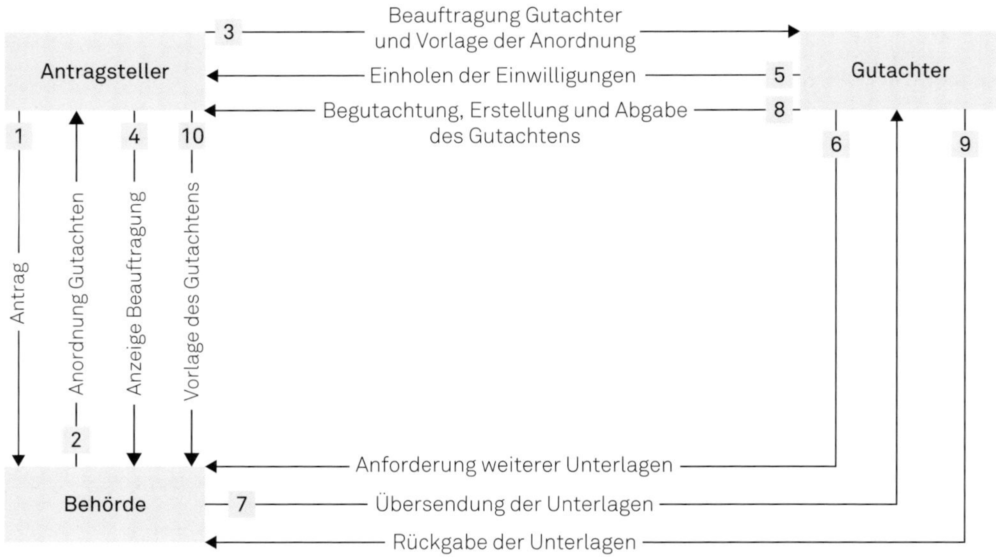

Abbildung 19-2: Organisatorisches Ablaufschema der psychologischen Begutachtung nach § 6 Abs. 2 WaffG (nach Heubrock et al., 2004, S. 89).

en für eine mangelnde Eignung, die bei der Behörde entsprechende Zweifel aufkommen lassen, liegen in diesem Fall nicht vor. Inhalt der Begutachtung ist hier die Beurteilung eines Entwicklungsstandes im Hinblick auf waffenrechtlich relevante Aspekte und ihren Bezug zu einer Altersnorm, wobei sowohl die emotionale als auch die intellektuelle Reife des Antragstellers diesbezüglich zu beurteilen ist. Insofern geht es hier um eine *kriteriumsorientierte Entwicklungsdiagnostik,* deren Kriterien der sorgfältige Umgang mit Waffen und Munition sind. Als Ergebnis des Gutachtens wird hier eine Antwort auf die Frage erwartet, ob der Antragsteller aufgrund von Mängeln seiner geistigen Reife für den Umgang mit großkalibrigen Waffen ungeeignet ist, denn nur bei dieser Waffenart greift die Regelung des § 6 Abs. 3 WaffG überhaupt.

Diese Unterscheidung ist für die Durchführung der psychologischen Begutachtung von großer Bedeutung, weil der zu bearbeitenden Fragestellung verschiedene Fragestellungen zugrunde liegen, die mit verschiedenen psychodiagnostischen Methoden zu untersuchen sind (s. **Abb. 19-3**).

Der Gesetzgeber hat den Zugang zu Waffen als sog. Verbot mit Erlaubnisvorbehalt ausgestaltet. Dies bezieht sich sowohl auf die generelle Möglichkeit des Zuganges zu Waffen, was seine Begründung in der Gefährlichkeit der Materie an sich findet, als auch auf das bei gegebenem Anlass (konkrete Zweifel oder Alter) zusätzlich erforderliche Gutachten zur persönlichen Eignung. Die Regelung des § 4 Abs. 5 Satz 4 der AWaffV verweist darauf, dass bei unter 25-jährigen Antragstellern eine „weitergehende Untersuchung“ nur dann stattzufinden hat, wenn aufgrund der Regeluntersuchung „nicht ausgeschlossen werden [kann], dass der Betroffene geistig ungeeignet ist“, da der Anknüpfungspunkt „Alter“ ein schwächeres Indiz für die Nichteignung darstellt und weitergehende Grundrechtseingriffe nur im Fall nicht ausgeräumter Zweifel zulässig sind. Die in § 4 Abs. 5 Satz 4 der AWaffV getroffene Festlegung zielt darauf ab, analog zur Fallgruppe der Antragsteller mit bereits vor der Begutachtung bestehenden Bedenken oder Zweifeln diese bei den unter 25-jährigen Antragstellern nachträglich dann zu prüfen, wenn durch die Regelbe-

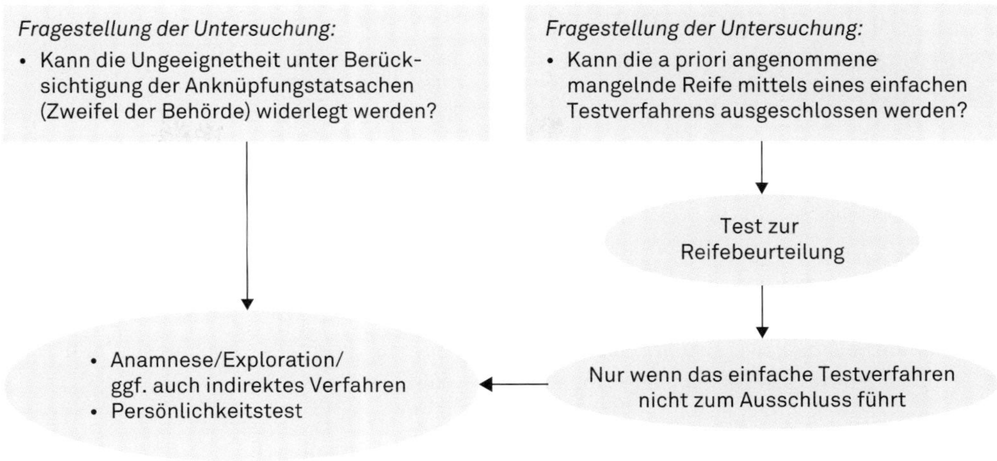

Abbildung 19-3: Methodologische Ausrichtung der psychologischen Begutachtung nach § 6 Abs. 2 und 3 WaffG (Heubrock et al., 2004, S. 95).

gutachtung ein Fehlen geistiger Eignung nicht ausgeschlossen werden kann. Somit können bei der Fallgruppe der unter 25-jährigen Antragsteller begründete Zweifel durch die Ergebnisse der Regeluntersuchung *erstmalig* entstehen und dann eine der Fallgruppe nach § 6 Abs. 2 vergleichbare Ausgangslage mit dem Erfordernis einer *umfassenderen Untersuchung* auf geistige Eignung zum Umgang mit Waffen und Munition schaffen.

Da die Feststellung, dass bei einem Antragsteller ein Fehlen geistiger Eignung durch die Ergebnisse einer testpsychologischen Untersuchung *nicht ausgeschlossen* werden kann, zu Zweifeln an der geistigen Eignung unter 25-jähriger Antragsteller führt, die vom Effekt her den durch Tatsachen begründeten Bedenken und Zweifeln der Fallgruppe des § 6 Abs. 2 gleichgestellt sind, kommt zum einen der Qualität einschlägiger Testverfahren sowie zum anderen der inhaltlichen und methodologischen Gestaltung der Begutachtung nach § 6 Abs. 3 ein besonderer Stellenwert zu.

In der AWaffV finden sich zu diesem Komplex folgende Regelungen:

- der Gutachter hat sich über den Antragsteller einen *persönlichen Eindruck* zu verschaffen,
- die bei der Erstellung des Gutachtens angewandte *Methode* muss angegeben werden,
- bei der Begutachtung unter 25-jähriger Antragsteller (Fallgruppe 3 des WaffG) reicht es i. d. R. aus, aufgrund *anerkannter Testverfahren* die Frage nach dem Fehlen geistiger Reife zu beantworten, und
- eine weitergehende Untersuchung ist vorzunehmen, wenn bei dieser Fallgruppe allein aufgrund des *Tests* nicht ausgeschlossen werden kann, dass der Antragsteller im waffenrechtlichen Sinne geistig ungeeignet ist (s. hierzu erneut Textbox 19.3).

Problematisch ist in diesem Zusammenhang, dass der Gesetzgeber offenbar davon ausgeht, dass ein ausreichend sensitiver und spezifischer Test in diesem speziellen diagnostischen Feld existiert, der für die Regelbegutachtung unter 25-jähriger Antragsteller Anwendung finden kann. In der Begründung zum Entwurf der AWaffV findet sich hierzu lediglich der Hinweis, dass in Österreich seit mehreren Jahren mit standardisierten Tests im Antwort-Wahl-Verfahren auf diesem Gebiet gearbeitet wird (vgl. Keckeis, 2001).

19.3 Die Praxis der psychodiagnostischen Begutachtung nach dem Waffenrecht

19.3.1 Erfahrungen waffenrechtlicher Gutachter

Von psychodiagnostischen Verfahren zur waffenrechtlichen Begutachtung ist zu fordern, dass diese valide, reliabel sowie ausreichend sensitiv sind, um einen Ausschluss mit weitreichenden Folgen tragen zu können, und ausreichend spezifisch, um unzulässige Einschränkungen und Eingriffe in geschützte Persönlichkeitsbereiche zu vermeiden. Zudem müssen die Verfahren über eine hinreichende *prognostische Validität* verfügen, da zumindest bei den unter 25-jährigen Antragstellern eine Prognose über ihre zukünftige Bewährung im Umgang mit großkalibrigen Schusswaffen erwartet wird. Eine Befragung der in einem Register des Berufsverbandes Deutscher Psychologinnen und Psychologen e. V. (BDP) zur waffenrechtlichen Begutachtung eingetragenen Gutachter ergab, dass v. a. soziale Kompetenz und Aggressionskontrolle als zentrale positive Persönlichkeitsmerkmale zur Eignung zum legalen Waffenbesitz angesehen wurden, die durch Konstrukte wie Lebenszufriedenheit, Kritikfähigkeit, emotionale Stabilität und eine gesunde Werte- und Moralvorstellung erweitert wurden (Dobat & Heubrock, 2006). Als psychodiagnostische Verfahren zur Erfassung dieser Positivliste zur waffenrechtlichen Eignung kamen sowohl allgemeine Persönlichkeitsfragebögen und multidimensionale klinische Skalen als auch der in Österreich speziell zur waffenrechtlichen Begutachtung entwickelte Waffenverlässlichkeitstest (WVT; Keckeis, 2001) und konstruktbezogene Testverfahren zur Anwendung (s. **Tab. 19-2**).

Die Gutachter äußerten teilweise erhebliche Unsicherheiten bei der praktischen Umsetzung waffenrechtlicher Begutachtungen und kritisierten v. a.

- die fehlende Operationalisierung der im WaffG enthaltenen unbestimmten Rechtsbegriffe,
- fehlende Standards und Leitlinien zur Durchführung der waffenrechtlichen Begutachtung sowie
- einen Mangel an sensitiven und verfälschungsresistenten Testverfahren.

19.3.2 Anknüpfungstatsachen zur Überprüfung der persönlichen Eignung zum legalen Waffenbesitz

Bei behördlichen Bedenken gegen die persönliche Eignung zum Legalwaffenbesitz müssen diese durch Tatsachen belegbar und hinreichend konkret sein. Derartige Bedenken können durch die bei Jägern alle drei Jahre stattfindende Regelüberprüfung (Abfrage des Bundeszentralregisters und des staatsanwaltschaft-

Tabelle 19-2: Liste der angewandten Testverfahren und ihre Rangfolge (nach Dobat & Heubrock, 2006).

Rangordnung der Testverfahren	Behördlich angeordnete Begutachtungen (Fallgruppe § 6 Abs. 2 WaffG)	Unter 25-jährige Antragsteller (Fallgruppe § 6 Abs. 3 WaffG)
1. Priorität	FPI	16-PFR
2. Priorität	NEO-FFI	FPI
3. Priorität	FAF	FAF
4. Priorität	16-PFR	NEO-FFI
5. Priorität	MMPI	IPC, WVT, STAXI, MMPI
6. Priorität	NI, TAT, WVT, STAXI	–

Tabelle 19-3: Häufigkeit der Anknüpfungstatsachen rechtsanwaltlich vertretener Legalwaffenbesitzer (nach Dobat, 2007).

Hierarchie der Häufigkeit	Anknüpfungstatsachen
1	Alkoholkonsum
2	Suizidandrohung
3	Drogenmissbrauch
4	Fremdgefährdung
5	Alter der Klienten
6	Delinquenz
7	Unsachgemäßer Umgang mit Schusswaffen

lichen Ermittlungsregisters, Auskunft bei der örtlichen Polizeidienststelle) oder bei allen Legalwaffenbesitzern durch Meldungen anderer Behörden (Gesundheitsamt, Ordnungsamt, Straßenverkehrsamt) zutage treten. Da sich bei der Fallgruppe nach § 6 Abs. 2 die waffenrechtliche Begutachtung an den vorliegenden und von der Behörde beschriebenen Anknüpfungstatsachen zu orientieren hat, müssen auch die angewandten psychodiagnostischen Verfahren geeignet sein, Aussagen zur bestehenden oder fehlenden Eignung in Bezug auf die konkreten Bedenken zu erlauben. Eine Befragung von Rechtsanwälten ergab, dass zumeist Alkoholfahrten im Straßenverkehr Bedenken an der persönlichen Eignung zum Waffenbesitz begründet hatten (Dobat, 2007; s. **Tab. 19-3**).

19.3.3 Psychodiagnostische Begutachtung trotz waffenrechtlicher Unzuverlässigkeit

In der Rechtspraxis und auch in der Rechtsprechung hat für eine anhaltende Verwirrung gesorgt, dass das WaffG die Frage der (waffenrechtlichen) „Zuverlässigkeit" von der bisher diskutierten „Persönlichen Eignung" getrennt hat, obwohl es z. T. inhaltliche Überschneidungen gibt. Der § 5 WaffG bestimmt, welche Personen die notwendige Zuverlässigkeit für den Umgang mit Schusswaffen und anderen gefährlichen Gegenständen i. S. des Waffenrechts nicht besitzen, und entspricht im Wesentlichen den Bestimmungen des § 17 (Versagung des Jagdscheines) des Bundesjagdgesetzes (s. Textbox 19.6).

Textbox 19.6:
§ 5 WaffG Zuverlässigkeit

[1] Die erforderliche Zuverlässigkeit besitzen Personen nicht, die rechtskräftig verurteilt worden sind

- wegen eines Verbrechens oder
- wegen sonstiger vorsätzlicher Straftaten zu einer Freiheitsstrafe von mindestens einem Jahr,
- wenn seit dem Eintritt der Rechtskraft der letzten Verurteilung zehn Jahre noch nicht verstrichen sind,

...

[2] Die erforderliche Zuverlässigkeit besitzen Personen nicht, die

- wegen einer vorsätzlichen Straftat,
- wegen einer fahrlässigen Straftat im Zusammenhang mit dem Umgang mit Waffen, Munition oder Sprengstoff oder wegen einer fahrlässigen gemeingefährlichen Straftat,
- wegen einer Straftat nach dem Waffengesetz, dem Gesetz über die Kontrolle von Kriegswaffen, dem Sprengstoffgesetz oder dem Bundesjagdgesetz zu einer Freiheits-

strafe, Jugendstrafe, Geldstrafe von mindestens 60 Tagessätzen oder mindestens zweimal zu einer geringeren Geldstrafe rechtskräftig verurteilt worden sind oder bei denen die Verhängung von Jugendstrafe ausgesetzt worden ist, wenn seit dem Eintritt der Rechtskraft der letzten Verurteilung fünf Jahre noch nicht verstrichen sind,

...

Bei den in § 5 WaffG genannten Gründen, zu denen neben den genannten und weiteren auch die Mitgliedschaft in einer verbotenen oder verfassungswidrigen Organisation gehören, soll es sich nach dem Willen des Gesetzgebers eigentlich um absolute Ausschlussgründe handeln, um Straftäter von einem legalen Zugang zu Schusswaffen auszuschließen. In der Rechtspraxis haben jedoch Personen, die zu mehr als 60 Tagessätzen verurteilt worden sind, erfolgreich versucht, durch ein waffenrechtliches Gutachten nach § 6 Abs. 1 ihre individuelle Zuverlässigkeit bzw. persönliche Eignung wiederherzustellen. In diesen Fällen wird argumentiert, dass in § 5 Abs. 2 – abweichend von § 5 Abs. 1 – unterstellt wird, dass die dort genannten Personen die erforderliche Zuverlässigkeit *in der Regel* nicht besitzen, womit Ausnahmen impliziert seien. In einem Beschluss vom 9. Januar 1990 (VGH 10 S 2173/89) hat der 1. Senat des Bundesverwaltungsgerichts festgehalten, dass ein „Ausnahmefall, der ein Absehen von der Regelvermutung rechtfertigen könnte, ... nur dann in Betracht [kommt], wenn die Umstände der abgeurteilten Tat die Verfehlung des Betroffenen ausnahmsweise derart in einem milderen Licht erscheinen lassen, dass die nach der Wertung des Gesetzgebers i. d. R. durch eine solche Straftat begründeten Zweifel an der für die waffenrechtliche Erlaubnis vorausgesetzten Vertrauenswürdigkeit des Betroffenen bzgl. des Umgangs mit Waffen und Munition nicht gerechtfertigt sind. Erforderlich ist danach eine Würdigung der Schwere der konkreten Verfehlung und der Persönlichkeit des Betroffenen, wie sie in seinem Verhalten zum Ausdruck kommt." Gerade der Hinweis auf die Persönlichkeit des Betroffenen hat in einigen Fällen dazu geführt, dass sich zuständige Ordnungsbehörden und in Einzelfällen auch Verwaltungsgerichte darauf eingelassen haben, die zunächst festgestellte fehlende „Zuverlässigkeit" des Betroffenen durch ein fachpsychologisches Gutachten nach § 6, Abs. 2 zur „persönlichen Eignung" überprüfen und ggf. „heilen" zu lassen.

Für die psychodiagnostische Begutachtung bedeutet dies, dass die Voraussetzungen für eine (seltene) Ausnahme von der Regelvermutung der Unzuverlässigkeit nach § 5 WaffG durch eine vom Bundesverwaltungsgericht geforderte eingehende Würdigung der Schwere der konkreten Verfehlung und der Persönlichkeit des Betroffenen in besonderer Weise überprüft werden müssen.

19.3.4 Empirische Bewährung psychodiagnostischer Verfahren zur waffenrechtlichen Begutachtung

Die auch in der WaffG-Novelle von 2008 nicht korrigierten Mängel des Waffenrechtes, v. a. die fehlende Operationalisierung der im WaffG enthaltenen unbestimmten Rechtsbegriffe, haben zu ersten Ansätzen geführt, die Bewährung verschiedener psychodiagnostischer Verfahren zur waffenrechtlichen Begutachtung empirisch zu überprüfen (Dobat, 2007; Dobat, Prinz & Heubrock, 2008; Keckeis, 2001; Neuser, 2004b). Neben explorativen Feldstudien (Niederbacher, 2004) und auf das österreichische Waffenrecht zugeschnittenen Neuentwicklungen (WVT; Keckeis, 2001) liegen inzwischen auch Ergebnisse einer umfangreichen Studie vor, die den waffenrechtlichen Anforderungen und der Begutachtungspraxis in Deutschland Rechnung tragen (Dobat, 2007). Hierzu wurden zunächst diejenigen Persönlichkeitskonstrukte ermittelt, für die ein Zusammenhang mit der Eignung zum Waffenbesitz nachweisbar ist. Diesen Persönlichkeitsmerkmalen konnten 18 z.T. mehrdimensionale psychometrische Testverfahren mit insgesamt 51 Skalen zugeordnet werden, die nachfolgend einer Überprüfung der Effektstärke (d > .7) und in einem weiteren Schritt einem Gruppenvergleich zwischen unbelasteten Legalwaffenbesitzern, Delinquenten mit Waffengebrauch bei der Tatbegehung sowie einer weiteren Normstichprobe unterzogen wurden (s. **Tab. 19-4**).

Demnach stehen derzeit 30 Skalen aus 14 psychometrischen Testverfahren zur waffenrechtlichen Begutachtung zur Verfügung, für die sowohl eine ausreichende Effektstärke als auch eine hinreichende Diskrimination zwischen verschiedenen Normstichproben nachgewiesen werden konnte. Interessanterweise besteht auch eine hohe Übereinstimmung mit den Präferenzen der waffenrechtlichen Gutachter für einige dieser Verfahren (s. erneut **Tab. 19-2**), von denen das NEO-FFI, der K-FAF, das STAXI und der FKK – um einen Explorationsfragebogen zur Begutachtung nach dem neuen Waffenrecht (EFBW; Dobat et al., 2008) erweitert – in die *Testbatterie zur Waffenrechtlichen Begutachtung* (TBWB; Dobat et al., 2008) Eingang und in der waffenrechtlichen Begutachtungspraxis Anwendung gefunden haben (Heubrock & Bulling, 2009).

19.3.5 Die waffenrechtliche Begutachtung in Österreich

Ein Vergleich mit der österreichischen Gesetzgebung und Begutachtungspraxis ist deswegen sinnvoll, weil das österreichische Waffenrecht

Tabelle 19-4: Zur waffenrechtlichen Begutachtung geeignete psychodiagnostische Verfahren (modifiziert nach Dobat, 2007).

Konstrukt/Verfahren	Skalen	Effektstärke [d]	Legalwaffenbesitzer		Delinquente	Vergleichsstichprobe
Aggression K-FAF Kurzfragebogen zur Erfassung von Aggressivitätsfaktoren (Heubrock & Petermann, 2008)	Spontane Aggression	−1,50	MW	8,73	22,38	10,94
			SD	5,21	11,75	5,99
	Reaktive Aggression	−,85	MW	20,78	29,37	17,20
			SD	6,74	12,66	6,55
	Erregbarkeit	−1,97	MW	12,77	29,42	16,69
			SD	6,00	10,36	7,69
	Selbstaggression	−2,53	MW	9,09	22,00	15,38
			SD	3,89	6,08	7,18
	Aggressionshemmung	,71	MW	20,60	16,80	19,51
			SD	5,04	5,67	5,19
	Summenscore Aggression	−1,51	MW	42,25	81,17	44,51
			SD	15,94	32,70	16,45
Empathiefähigkeit SPF Saarbrückener Persönlichkeitsfragebogen (Paulus, 2000)	Empathie	,74	MW	26,62	22,42	28,27
			SD	4,23	6,86	3,38
	Perspektivenübernahme	1,10	MW	27,07	22,08	27,50
			SD	4,10	4,93	3,78
	E + P	1,00	MW	53,57	44,50	55,73
			SD	7,09	10,67	5,76

Konstrukt/Verfahren	Skalen	Effektstärke [d]		Legalwaffenbesitzer	Delinquente	Vergleichsstichprobe
Konfliktbewältigung FKBS Fragebogen Konfliktbewältigungsstrategien (Hentschel, Kießling & Wiemers, 1998)	Turning against self	–,82	MW	7,62	10,22	8,83
			SD	3,41	2,93	3,36
	Turning against object	–1,34	MW	5,02	10,55	5,87
			SD	3,26	4,84	3,37
Rache FR Fragebogen Rache (Stuckless & Goranson, 1992)	FR	–1,06	MW	34,44	47,75	33,73
			SD	8,37	15,56	7,09
Impulsivität BIS–11 Barrat Impulsiveness Scale (Patton, Stanford & Barratt, 1995)	Motorische Impulsivität	–,71	MW	22,28	24,67	22,70
			SD	2,38	4,08	3,07
	Voraussicht	–1,23	MW	22,12	28,42	23,66
			SD	4,21	5,91	4,10
Lebenszufriedenheit SWLS Satisfaction With Life Scale (Diener, Emmons, Larsen & Griffin, 1985)	SWLS	1,57	MW	26,53	15,67	24,75
			SD	4,21	4,98	5,12
Ärgerausdruck STAXI State Trait Ärgerausdrucks-Inventar (Schwenkmezger, Hodapp & Spielberger, 1992)	Anger Control	1,46	MW	26,30	20,71	22,99
			SD	3,78	3,91	4,11
	Anger In	–,87	MW	14,40	17,83	14,85
			SD	3,85	4,05	3,39
	Anger Out	–1,74	MW	10,29	16,97	11,96
			SD	2,04	5,03	2,73
Kontrollüberzeugung FKK Fragebogen zu Kompetenz- und Kontrollüberzeugungen (Krampen, 1991)	Soziale Externalität	–,73	MW	24,70	28,15	25,35
			SD	4,11	5,31	4,04
	Fatalistische Externalität	–1,16	MW	22,88	28,55	25,13
			SD	4,53	5,24	4,70
	Externalität	–1,17	MW	47,46	57,33	50,51
			SD	6,00	9,07	7,25
	Internalität vs. Externalität	1,37	MW	22,99	5,16	13,50
			SD	12,53	13,55	13,54
Werteausrichtung BIPO–14 14-Bipolare-Werte-Test (Strack, 2004)	Universelle Werte	,72	MW	0,26	–1,17	,50
			SD	1,24	1,98	,86

Konstrukt/Verfahren	Skalen	Effektstärke [d]	Legalwaffenbesitzer		Delinquente	Vergleichsstichprobe
Paranoia **FVPS** Fenigstein and Vanable Paranoia Scale (Fenigstein & Vanable, 1992)	FVPS	−1,45	MW	34,68	48,58	41,80
			SD	8,22	10,77	10,00
Selbstbild **SSR** Revidierte Selbstwertskala nach Rosenberg (Collani & Herzberg, 2003)	SSR	2,35	MW	53,15	42,07	48,30
			SD	4,83	8,75	7,77
Interpersonelles Vertrauen **ITS** Interpersonal Trust Scale (Krampen, Viebig & Walter, 1982)	Soziales Misstrauen + soziale Angst	−,83	MW	14,76	17,47	14,54
			SD	3,22	3,33	3,42
Depression **ADS–k** Allgemeine Depressions Skala (Hautzinger & Bailer, 1993)	ADS–k	−1,58	MW	3,92	11,48	9,23
			SD	3,08	6,01	5,61
Persönlichkeitsfaktoren **NEO-FFI** Neo-Fünf-Faktoren-Inventar (Borkenau & Ostendorf, 1993)	Offenheit	,99	MW	29,29	23,67	31,68
			SD	3,89	7,00	5,31
	Verträglichkeit	1,64	MW	32,71	23,49	34,10
			SD	4,31	6,69	4,64
	Gewissenhaftigkeit	1,06	MW	37,41	29,30	33,61
			SD	5,27	9,42	6,31

als einziges europäisches Waffenrecht die „Eignung" eines privaten Waffenbesitzers – die hier „Verlässlichkeit" genannt wird – in ähnlicher Weise wie das deutsche Waffenrecht vorsieht (Republik Österreich, Bundesministerium für Inneres, 2005).

In Österreich ist eine Überprüfung der waffenrechtlichen Verlässlichkeit unabhängig vom Alter für alle Legalwaffenbesitzer bei Antragstellung notwendig, wobei auch hier die Jäger von dieser Regelung ausgenommen sind. Darüber hinaus ist in Österreich ein Verlässlichkeitsgutachten nicht nur bei Zweifeln, die dem deutschen Waffenrecht entsprechen, sondern auch bei wiederholten Trunkenheitsfahrten verbindlich vorgeschrieben. Anders als in Deutschland werden an die waffenrechtlichen Gutachter, die sich ausschließlich aus dem Kreis der Psychologen rekrutieren, hohe fachliche Anforderungen gestellt, die zudem explizit festgeschrieben sind (s. Textbox 19.7).

Textbox 19.7:
Anforderungen an waffenrechtliche Gutachter in Österreich

Das Kuratorium für Verkehrssicherheit hat nur Sachverständige heranzuziehen, die über eine für die Erstellung solcher Gutachten erforderliche Ausbildung und über mindestens fünf Jahre einschlägige Berufserfahrung verfügen, und die

1) über Aufforderung der Behörde oder des Bundesministers für Inneres an einer Evaluation der Untersuchungsergebnisse mitwirken;
2) jährlich an einer mindestens achtstündigen fachspezifischen Fortbildung, die entweder von einer österreichischen Universität, vom Berufsverband österreichischer Psychologen oder vom Kuratorium für Verkehrssicherheit abgehalten wird, teilnehmen;
3) einmal jährlich an einer entweder vom Kuratorium für Verkehrssicherheit, vom Berufsverband Österreichischer Psychologen oder einer österreichischen Universität abgehaltenen Supervisionsveranstaltung teilnehmen.

Die österreichische Gesetzgebung hat auch in Bezug auf die anzuwendenden psychodiagnostischen Methoden und Verfahren verbindliche Festlegungen getroffen. So wird grundsätzlich die Kurzform des *Minnesota Multiphasic Personality Inventory* (MMPI-K), der *Stressverarbeitungsfragebogen* (S-V-F), der *Verlässlichkeitsbezogene Persönlichkeitstest – Version 3* (VPT-3) und der *Fragebogen für Risikobereitschaftsfaktoren* (FRF) angewandt. Diese Festlegung ergibt sich wiederum aus dem gesetzlich vorgeschriebenen Schwerpunkt der Begutachtung auf die Frage, „ob der Betroffene dazu neigt, insbesondere unter psychischer Belastung, mit der Waffe unvorsichtig umzugehen oder sie leichtfertig zu verwenden" (Republik Österreich, Bundesministerium für Inneres, 2003).

19.4 Zukünftige Entwicklungen der waffenrechtlichen Begutachtung

Psychodiagnostische Begutachtungen, die einem standardisierten Verfahrensablauf unterliegen, sehen sich nach einiger Zeit der Gefahr ausgesetzt, dass die angewandten Methoden und Verfahren bekannt werden; von einer Begutachtung Betroffene können sich in diesen Fällen von Anbietern sog. Vorbereitungskurse coachen lassen. Als Abwehrstrategien gegen ein „Verbrennen" psychodiagnostischer Verfahren sind

- ein ständiges Weiterentwickeln und Verändern bewährter Verfahren bei Beibehaltung des ursprünglichen Testformats,
- die zusätzliche Einführung fälschungsresistenter und für den Probanden undurchschaubarer diagnostischer Verfahren (vgl. Heubrock, 2008a, für die psychologische Diagnostik im Sozialrecht) oder
- konstruktnahe Neuentwicklungen außerhalb des bekannten Testformats (vgl. auch Kubinger, 2003, 2009) möglich.

Im Bereich der Persönlichkeitsdiagnostik werden in jüngerer Zeit verstärkt objektive Persönlichkeitstests diskutiert, deren Testformat nicht auf einer Selbstbeschreibung der Probanden, sondern auf einer *Verhaltensmessung* beruht, aus der auf Persönlichkeitseigenschaften der Person geschlossen werden soll (Ortner et al., 2007). Eine besondere Variante Objektiver Persönlichkeitstests stellen sogenannte Implizite Assoziationstests (IAT; Greenwald, McGhee & Schwartz, 1998) dar, bei denen über eine Messung von Reaktionszeiten unter verschiedenen Bedingungen die Stärke einer assoziativen Verknüpfung, v. a. bei Einstellungsmustern, überprüft werden kann (Greenwald, Nosek & Banaji, 2003). In Anlehnung an die Arbeiten einer britischen Forschergruppe zur Entwicklung eines IAT, mit dem bei verurteilten persönlichkeitsgestörten Mördern deren Einstellung zur Gewalt aufgedeckt werden sollte („Violent-IAT“; Snowden, Gray, Smith & MacCulloch, 2004), wurden auch in Deutschland erste Untersuchungen zur waffenrechtlichen Eignungsdiagnostik mithilfe eines modifizierten *Waffen-Impliziten Assoziationstests* (Waff-IAT; Köhnlein, 2008; Köhnlein & Heubrock, 2008) durchgeführt.

19.5 Weiterführende Literatur

Dobat, A.S. (2007). *Die Eignung zum Waffenbesitz. Psychologische Grundlagen der waffenrechtlichen Begutachtung* (Ergebnisse der Rechtspsychologie, Bd. 2). Aachen: Shaker.

Die Monografie beschreibt als einzige verfügbare Veröffentlichung die waffenrechtlich relevanten Persönlichkeitsmerkmale und ihre diagnostische Erfassung durch psychometrische Testverfahren.

Dobat, A., Heubrock, D. & Stöter, J. (2006). Waffenbesitz und Waffenmissbrauch in Deutschland – Ein gesellschaftliches Problem oder statistische Auslegungssache? *Kriminalistik, 12,* 724–728.

Der Beitrag setzt sich kritisch mit Vorurteilen auseinander, denen zufolge von Legalwaffenbesitzern eine bedeutsame Gefahr für die innere Sicherheit ausgehe. Vielmehr belegen kriminalstatistische Erhebungen einen weit überwiegenden Anteil illegal besessener Schusswaffen an kriminellen Handlungen.

Heubrock, D., Baumgärtel, F. & Stadler, M.A. (2004). Psychologische Begutachtung zur „persönlichen Eignung“ und zur „geistigen Reife“ im neuen Waffengesetz (WaffG). *Praxis der Rechtspsychologie, 14,* 82–96.

Der Beitrag erläutert die rechtlichen Grundlagen, den verwaltungspraktischen Ablauf und mögliche Fallstricke der psychodiagnostischen Begutachtung nach dem Waffengesetz.

Heubrock, D. & Bulling, A. (2009). Rechtspsychologische Untersuchung gemäß Waffengesetz – Herr N., 42 Jahre. In K.D. Kubinger & T.M. Ortner (Hrsg.), *Psychologische Diagnostik in Fallbeispielen* (S. 220–232). Göttingen: Hogrefe.

Dieser Buchbeitrag beschreibt anhand einer Falldarstellung den Ablauf, die psychodiagnostischen Befunde und das Ergebnis einer waffenrechtlichen Begutachtung.

König, A.-V. & Papsthart, C. (2004). *Das neue Waffenrecht.* Baden-Baden: Nomos.

Eine leider schwer lesbare Zusammenfassung des Waffenrechts mit Kommentierungen. Die vorerst letzte Waffengesetz-Novelle von 2008 ist jedoch nicht berücksichtigt; hierzu liegt derzeit auch noch keine Monografie vor.

Literatur

Bundesministerium des Innern (BMI). (2003). *Hinweise zum Vollzug des neuen Waffengesetzes durch die Waffenbehörden ab dem 1.4.2003.* Verfügbar unter http://fwr.de/vorlaeufige_vollzugshinweise.pdf

Borkenau, P. & Ostendorf, F. (1993). *NEO-Fünf-Faktoren-Inventar (NEO-FFI) nach Costa und McCrae. Handanweisung.* Göttingen: Hogrefe.

Brenneke, J. (2005). Neuregelung des Waffenrechts. *Kriminalistik, 59,* 331–341.

Collani, G. von & Herzberg, P.Y. (2003). Eine revidierte Fassung der deutschsprachigen Skala zum Selbstwertgefühl von Rosenberg. *Zeitschrift für Differentielle und Diagnostische Psychologie, 24,* 3–7. https://doi.org/10.1024//0170-1789.24.1.3

Diener, E., Emmons, R.A., Larsen, R.J. & Griffin, S. (1985). The Satisfaction with Life Scale. *Journal of Personality Assessment, 49,* 71–75. https://doi.org/10.1207/s15327752jpa4901_13

Dobat, A.S. (2007). *Die Eignung zum Waffenbesitz. Psychologische Grundlagen der waffenrechtlichen Begutachtung* (Ergebnisse der Rechtspsychologie, Bd. 2). Aachen: Shaker.

Dobat, A.S. & Heubrock, D. (2006). Die fachpsychologische Begutachtung nach dem neuen Waffengesetz aus der Sicht der Gutachter und Probanden – Ergebnisse einer Online-Befragung der Bremer Forschungsgruppe Waffenrecht. *Praxis der Rechtspsychologie, 16,* 230–248.

Dobat, A.S., Heubrock, D. & Stöter, J. (2006). Waffenbesitz und Waffenmissbrauch in Deutschland – Ein gesellschaftliches Problem oder statistische Auslegungssache? *Kriminalistik, 12,* 724–728.

Dobat, A.S., Prinz, E. & Heubrock, D. (2008). *Testbatterie zur Waffenrechtlichen Begutachtung (TBWB).* Göttingen: Hogrefe.

Fenigstein, A. & Vanable, P.A. (1992). Paranoia and self-consciousness. *Journal of Personality and Social Psychology, 62,* 129–138. https://doi.org/10.1037/0022-3514.62.1.129

Gasser, K.H., Creutzfeld, M., Näher, M., Rainer, R. & Wickler, P. (2004). *Bericht der Kommission Gutenberg-Gymnasium.* Erfurt: Freistaat Thüringen.

Greenwald, A.G., McGhee, D.E. & Schwartz, J.K. L. (1998). Measuring individual differences in implicit cognition: The Implicit Association Test. *Journal of Personality and Social Psychology, 74,* 1464–1480. https://doi.org/10.1037/0022-3514.74.6.1464

Greenwald, A.G., Nosek, B.A. & Banaji, M.R. (2003). Understanding and using the Implicit Association Test: I. An improved scoring algorithm. *Journal of Personality and Social Psychology, 85,* 197.

Greuel, L. & Heubrock, D. (2006). Forensisch-psychologische Diagnostik. In F. Petermann & M. Eid (Hrsg.), *Handbuch der Psychologischen Diagnostik* (S. 673–684). Göttingen: Hogrefe.

Hautzinger, M. & Bailer, M. (1993). *Allgemeine Depressions-Skala. Manual.* Göttingen: Beltz-Test.

Hentschel, U., Kießling, M. & Wiemers, M. (1998). *Fragebogen zu Konfliktbewältigungsstrategien (FKBS). Manual.* Göttingen: Beltz-Test.

Heubrock, D. (2008a). Neuropsychologische Begutachtung im Sozialrecht – Die Diagnostik von Hirnfunktionsstörungen bei Verdacht auf nicht-authentisches Antwortverhalten. *Praxis der Rechtspsychologie, 18,* 258–280.

Heubrock, D. (2008b). *Gutachtliche Stellungnahme zum Gesetzentwurf der Bundesregierung „Entwurf eines Gesetzes zur Änderung des Waffengesetzes und weiterer Vorschriften" (BT-Drucksache 16/7717) und zum Antrag der Abgeordneten Silke Stokar von Neuform, weiterer Abgeordneter und der Fraktion BÜNDNIS 90/DIE GRÜNEN (BT-Drucksache 16/6961).* Berlin: Innenausschuss des Deutschen Bundestages (Ausschuss-Drucksache 16(4)354 D).

Heubrock, D., Baumgärtel, F. & Stadler, M.A. (2004). Psychologische Begutachtung zur „persönlichen Eignung" und zur „geistigen Reife" im neuen Waffengesetz [WaffG]. *Praxis der Rechtspsychologie, 14,* 82–96.

Heubrock, D. & Bulling, A. (2009). Rechtspsychologische Untersuchung gemäß Waffengesetz – Herr N., 42 Jahre. In K.D. Kubinger & T.M. Ortner (Hrsg.), *Psychologische Diagnostik in Fallbeispielen* (S. 220–232). Göttingen: Hogrefe.

Heubrock, D. & Petermann, F. (2008). *Kurzfragebogen zur Erfassung von Aggressivitätsfaktoren. Manual.* Göttingen: Hogrefe.

Keckeis, K.C. (2001). *Neue Konzepte zur Glaubwürdigkeitsdiagnostik: Eine Testbatterie insbesondere zur Verlässlichkeitsprüfung in Zusammenhang mit dem Waffengesetz.* Unveröffentlichte Dissertation, Universität Wien.

Köhnlein, M. (2008). *Der Waffen-Implizite Assoziationstest (Waff-IAT) – Entwicklung eines Testverfahrens zur waffenrechtlichen Begutachtung.* Unveröffentlichte Diplomarbeit, Universität Bremen.

Köhnlein, M. & Heubrock, D. (2008). *Empirische Bewährung eines Waffen-Impliziten Assoziationstests zur psychodiagnostischen Begutachtung der persönlichen Eignung zum Umgang mit Schusswaffen.* Unveröffentlichtes Manuskript, Universität Bremen.

König, A.-V. & Papsthart, C. (2004). *Das neue Waffenrecht.* Baden-Baden: Nomos.

Krampen, G. (1991). *Fragebogen zu Kompetenz- und Kontrollüberzeugungen (FKK). Handanweisung.* Göttingen: Hogrefe.

Krampen, G., Viebig, J. & Walter, W. (1982). Entwicklung einer Skala zur Erfassung dreier Aspekte von sozialem Vertrauen. *Diagnostica, 28,* 242–247.

Kubinger, K.D. (2003). (Un-)Verfälschbarkeit. In K.D. Kubinger & R.S. Jäger (Hrsg.), *Schlüsselbegriffe der Psychologischen Diagnostik* (S. 429–432). Weinheim: Beltz PVU.

Kubinger, K.D. (2009). *Psychologische Diagnostik. Theorie und Praxis psychologischen Diagnostizierens* (2. Aufl.). Göttingen: Hogrefe.

Neuser, Y. (2004a). Aktuelle Grundlagen der waffenrechtlichen Eignungsdiagnostik. *Praxis der Rechtspsychologie, 14* (2), 428–444.

Neuser, Y. (2004b). Begutachtung der persönlichen Eignung nach § 6 WaffG. Forschungsprojekt an der Heinrich-Heine-Universität in Düsseldorf. *Report Psychologie, 29* (1), 22–23.

Niederbacher, A. (2004). *Faszination Waffe. Eine Studie über Besitzer legaler Schusswaffen in der BRD.* Neuried: Ars Una Verlagsgesellschaft.

Ortner, T., Horn, R., Kersting, M., Krumm, S., Kubinger, K.D., Proyer, R.T. et al. (2007). Standortbestimmung und Zukunft Objektiver Persönlichkeitstests. *Report Psychologie, 32,* 60–69.

Patton, J.H., Stanford, S.M. & Barratt, E.S. (1995). Factor structure of the Barratt Impulsiveness Scale. *Journal of Clinical Psychology, 51* (6), 768–774. https://doi.org/10.1002/1097-4679(199511)51:6<768::AID-JCLP2270510607>3.0.CO;2-1

Paulus, C. (2000). *Der Saarbrücker Persönlichkeitsfragebogen SPF (IRI)*. Verfügbar unter http://www.uni-saarland.de/fak5/ezw/personal/paulus/empathy/SPF(IRI)_V3.0.pdf

Republik Österreich, Bundesministerium für Inneres. (2005). *Waffenrecht. Runderlass. GZ: 13.000/1184-III/3/04*. Verfügbar unter http://www.infar.eu/gesetze/Waffenrecht.pdf

Schwenkmezger, P., Hodapp, V. & Spielberger, C. D. (1992). *Das State-Trait-Ärgerausdrucks-Inventar STAXI*. Bern: Huber.

Snowden, R. J., Gray, N. S. Smith, J. & MacCulloch, M. J. (2004). Implicit affective associations to violence in psychopathic murderers. *Journal of Forensic Psychiatry & Psychology, 15*, 620–641. https://doi.org/10.1080/14789940412331313377

Strack, M. (2004). *Sozialperspektivität: Theoretische Bezüge, Forschungsmethodik und wirtschaftspsychologische Praktikabilität*. Göttingen: Universitätsverlag. https://doi.org/10.17875/gup2004-462

Stuckless, N. & Goranson, R. (1992). The vengeance Shaver: Development of a measure of attitudes towards revenge. *Journal of Social Behavior and Personality, 14*, 101–113.

Zuschlag, B. (2002). *Das Gutachten des Sachverständigen. Rechtsgrundlagen, Fragestellungen, Gliederung, Rationalisierung* (2. Aufl.). Göttingen: Hogrefe.

20 Begutachtungen zur Frage von Schuldunfähigkeit und verminderter Schuldfähigkeit

Norbert Nedopil

20.1 Geschichtliche und philosophische Grundlagen der Schuldfähigkeitsbeurteilung

Die Frage nach der Schuldfähigkeit hat eine Reihe von philosophischen, ethischen und juristischen Implikationen, die hier zwar nicht näher diskutiert werden können, aber nicht vergessen werden sollten. In Ägypten wurde bereits ca. 3000 v.Chr. und in China im 11. Jahrhundert v.Chr. der Einfluss psychischer Störungen auf die Rechtsprechung erwähnt. In der abendländischen Kultur entwarf wohl Aristoteles im 4. Jahrhundert v.Chr. (Nikomachische Ethik) als Erster die Idee, dass psychisch Kranke nicht bestraft werden sollten, wenn ihre Krankheit die Grundlage ihres Rechtsverstoßes war, wenn der Täter aufgrund eines Wahnes oder aufgrund von Desorientiertheit handelte (Nedopil, 2021). Im römischen Recht gingen „furiosi" (die Rasenden), „mente capti" (die Verblödeten) und „dementes" (die Toren) straffrei aus. Bei ihnen war man der Meinung, dass sie durch ihr Schicksal genug gestraft seien. Die Entscheidung über eine Geisteskrankheit und ihre Auswirkung auf die Rechtsfindung oder Strafzumessung wurde in allen bekannten Rechtssystemen des Altertums und Mittelalters ausschließlich vom Richter getroffen. Dies blieb in den abendländischen Rechtssystemen so bis in die Renaissance. Als Erster schlug Paolo Zacchia 1621 vor, die Frage der krankheitsbedingten Aufhebung der Strafbarkeit von Medizinern entscheiden zu lassen (Janzarik, 1972). Es blieb aber bis ins ausgehende 19. Jahrhundert umstritten, wer über die Voraussetzungen für psychisch bedingte Schuldaufhebung entscheiden soll. Gegen Ende des 19. und zu Beginn des 20. Jahrhunderts zeigten die damals führenden Psychiater ein großes Interesse an Kriminellen und an der Kriminalität. Emil Kraepelin (1880) schrieb seine Abhandlung über „die Abschaffung des Strafmaßes", Eugen Bleuler (1896) bestätigte Cesare Lombrosos Auffassung über den „geborenen Verbrecher". Auch später hielten führende Psychiater wie Kurt Schneider (1948) die Beurteilung psychisch kranker Rechtsbrecher für eine der schwierigsten und herausforderndsten Aufgaben ihrer Tätigkeit. Die Frage nach der strafrechtlichen Verantwortlichkeit wurde zunehmend an die Psychiater gerichtet. Diese Tradition bekam umso mehr Bedeutung, je mehr im 19. Jahrhundert der Täter als Individuum in den Vordergrund rückte (nicht die Tat, sondern der Täter wurde bestraft; Foucault, 1976) und je mehr im 20. Jahrhundert der Resozialisierungsgedanke des Strafrechts auch verfassungsrechtlichen Rang erhielt.

In Deutschland wurde der Begriff der Schuldunfähigkeit mit der Strafrechtsreform 1975 in das Gesetz aufgenommen, nachdem bis dahin die Zurechnungsunfähigkeit als Grundlage für eine krankheitsbedingte Straffreiheit definiert war. Das Gegenteil von Schuldunfähigkeit, die Schuldfähigkeit, ist weder umgangssprachlich noch im Gesetz noch in der Rechtsprechung verbindlich definiert. Die in der Populärliteratur mit der Schuldfähigkeit häufig verbundene Frage der „freien" Willensentscheidung bleibt in der juristischen Diskussion zweitrangig (Schöch, 2007). Ob der Mensch seinen Willen frei bestimmen und entsprechend frei handeln kann

(Indeterminismus) oder ob der Wille von biologischen und gesellschaftlichen Kräften so bestimmt ist, dass freie individuelle Entscheidungen gar nicht möglich sind (Determinismus), ist nach wie vor umstritten. Der Determinismus-Indeterminismus-Streit spielt für die psychiatrische Begutachtung von Rechtsbrechern jedoch nur eine untergeordnete Rolle. Unabhängig von philosophischen Erwägungen und wissenschaftlichen Hypothesen und weitgehend unberührt von dem wiederholt geführten Diskurs über Determinismus und Indeterminismus (Stompe & Schanda, 2010; Roth, Hubig & Bamberger, 2012) gehen Gesetze und Rechtsprechung davon aus, dass der erwachsene, rechtsmündige Mensch weitgehend frei über seinen Willen verfügen und die Verantwortung für sein eigenes Handeln übernehmen kann (Hassemer, 2011).

Dem erwachsenen Menschen wird im Strafrecht Schuldfähigkeit unterstellt, ohne dass näher erörtert wird, wie sie definiert ist, und unabhängig davon, ob dies mit naturwissenschaftlichen Erkenntnissen übereinstimmt oder nicht. Psychiater*innen kommt die Aufgabe zu, Ausnahmen festzustellen, welche die Schuldfähigkeit aufheben oder vermindern. Liegen diese Ausnahmen nicht vor, gilt die allgemeine Unterstellung von Schuldfähigkeit.

20.2 Rechtliche Grundlagen und deren praktische Bedeutung

Den Gesetzestext, der die Schuldunfähigkeit und verminderte Schuldfähigkeit regelt, zeigt Textbox 20.1.

Bei der Beurteilung der aufgehobenen oder verminderten Schuldfähigkeit ist – wie bei allen vergleichbaren Regelungen, z.B. bei Geschäfts- und Testierungsfähigkeit – ein zweistufiges Vorgehen erforderlich: In den Gesetzen, z.B. § 20 StGB oder § 104 BGB, werden sog. „Eingangsmerkmale“ (Nedopil, 2000; Müller & Nedopil, 2017) genannt. Sachverständige müssen zunächst die von ihnen gestellten klinischen Diagnosen den Eingangsmerkmalen, die auch als biologische oder medizinische Merkmale bezeichnet werden, zuordnen. Erst wenn eine solche Zuordnung gelingt, kann nach der psychischen Funktionsbeeinträchtigung, die durch die genannte Störung bedingt ist, gefragt werden. Diese Funktionsbeeinträchtigungen werden im Strafrecht als Einsichts- oder Steuerungsunfähigkeit bezeichnet. Es kann somit nie direkt aus der Unsinnigkeit oder aus der besonderen Auffälligkeit einer strafbaren Handlung auf eine psychische Störung oder gar auf Beeinträchtigungen der Schuldfähigkeit geschlossen werden. Der Weg ist vielmehr umgekehrt. Psychiater*innen oder Psycholog*innen haben entsprechend ihrer Kompetenz zunächst eine klinische Diagnose zu stellen. Sie haben dann den Schweregrad der Störung zu beurteilen, da lediglich schwerwiegende Störungen als Grundlage (als Eingangsmerkmale) für Schuldunfähigkeit oder verminderte Schuldfähigkeit in Betracht kommen. Dieser Schweregrad wird im § 20 des StGB mit den quantifizierenden Adjektiven *krankhafte* seelische Störung, *tiefgreifende* Bewusstseinsstörung oder *schwere* seelische Störung beschrieben. Die Zuordnung der klinischen Dia-

Textbox 20.1: Schuldfähigkeit

StGB § 20 Schuldunfähigkeit
Ohne Schuld handelt, wer bei Begehung einer Tat wegen einer krankhaften seelischen Störung, wegen einer tief greifenden Bewusstseinsstörung oder wegen einer Intelligenzminderung oder einer schweren anderen seelischen Störung unfähig ist, das Unrecht einer Tat einzusehen oder nach dieser Einsicht zu handeln.

StGB § 21 Verminderte Schuldfähigkeit
Ist die Fähigkeit des Täters, das Unrecht der Tat einzusehen oder nach dieser Einsicht zu handeln, aus einem der in § 20 bezeichneten Gründe bei Begehung der Tat erheblich vermindert, so kann die Strafe nach § 49 Abs. 1 StGB gemildert werden.

gnosen zu diesen rechtlichen Begriffen ist ein wichtiger, möglicherweise der entscheidende Schritt bei der psychiatrischen Beurteilung. Die Zuordnung entspricht dabei nicht mehr den heutigen wissenschaftlichen Erkenntnissen, sondern dem Kenntnisstand, der bei Schaffung des Gesetzes Anfang der 70er-Jahre des vorigen Jahrhunderts bekannt war. Man wollte damals den organisch bedingten seelischen Krankheiten – oder dem, was man dafür hielt – den Vorrang vor den anderen psychischen Störungen geben. Diese Krankheiten wurden den „krankhaften seelischen Störungen" zugeordnet. Zwar weiß man heute, dass weit mehr psychische Störungen organische Korrelate haben und dass auch viele organische Störungen von persönlichen und sozialen Bedingungen modelliert werden, dennoch blieben diese Krankheiten und der durch sie bedingte Verlust an sozialer Kompetenz als „krankhafte seelische Störung" Referenzpunkt bei der Beurteilung der anderen Merkmale des § 20 des StGB.

Wenn eines der vier Eingangsmerkmale des § 20 StGB von Gutachter*innen identifiziert worden ist, muss das Gericht u. U. mithilfe der Sachverständigen, aber auch unter Berücksichtigung und Verwertung aller verfügbaren Erkenntnisquellen überprüfen, ob aufgrund dieser Störung die Einsichts- oder die Steuerungsfähigkeit aufgehoben oder erheblich vermindert war. Dabei kommt es nicht nur auf die Diagnose allein an, sondern meist auch auf das konkrete bei der Tat oder im Umfeld der Tat beobachtbare Verhalten.

Psychiater*innen und Psycholog*innen haben v. a. die medizinischen und psychologischen Einbußen aufzuzeigen, welche die Schuldfähigkeit beeinträchtigen können. Sie tun dies aufgrund ihres Wissens um Krankheiten und Störungen und meist unter Berücksichtigung der von den Untersuchten geschilderten Symptome. Sie stellen aufgrund dieses Wissens Hypothesen über die Verhaltensmöglichkeiten des psychisch gestörten Untersuchten zu einem Tatzeitpunkt auf, der schon lange zurückliegt und bei dem sie den Untersuchten auch nicht haben beobachten können. Diese Hypothesen erhalten umso mehr Berechtigung, je besser die angenommene Symptomatik durch Zeug*innen, die den Täter vor, während oder nach der Tat beobachtet haben, bestätigt wird; die Hypothesen werden umso mehr in Zweifel gezogen, je mehr die beobachtete Symptomatik von der aufgrund der Störung angenommenen abweicht. Sachverständige haben sich dabei eng an den gesetzlichen Vorgaben zu orientieren, ohne die erfahrungswissenschaftlichen Grundlagen ihrer Kenntnisse zu verlassen und selber rechtliche Wertungen vornehmen zu wollen.

Bei der Beantwortung der Frage nach aufgehobener oder verminderter Schuldfähigkeit muss somit in aller Regel in folgenden Schritten vorgegangen werden:

- Stellen einer klinischen Diagnose,
- Subsumption der klinischen Diagnose unter einen juristischen Krankheitsbegriff (= eines der vier Eingangsmerkmale des § 20 StGB),
- Entwicklung einer Hypothese über die störungsbedingte Funktionsbeeinträchtigung aufgrund des klinischen Erfahrungswissens,
- Quantifizierung der rechtsrelevanten Funktionsbeeinträchtigung,
- Benennung der Wahrscheinlichkeit, mit welcher die klinische Hypothese zutrifft.

20.2.1 Eingangsmerkmale (erste Stufe der Beurteilung)

Textbox 20.2:
Die vier Eingangsmerkmale

- Krankhafte seelische Störung
- Tiefgreifende Bewusstseinsstörung
- Intelligenzminderung
- Schwere andere seelische Störung

20.2.1.1 Krankhafte seelische Störung

Dieser Begriff umfasst alle Erkrankungen und Störungen, bei denen nach traditioneller Auffassung Ende des vorigen Jahrhunderts entweder eine organische Ursache bekannt ist oder aber eine solche Ursache vermutet wird. Hierzu werden gezählt:

- körperlich begründbare (exogene) Psychosen,
- Schizophrenie und affektive Störungen,
- hirnorganisch bedingte Störungen,
- Durchgangssyndrome, die entweder toxisch oder traumatisch bedingt sind (z. B. Alkoholrausch oder Drogen- bzw. Medikamentenintoxikation),
- epileptische Erkrankungen, einschließlich epileptischer Dämmerzustände,
- genetisch bedingte Erkrankungen, z. B. Mongolismus (Downsyndrom).

Die Beurteilungsgrundlagen bei den häufigsten psychiatrischen Störungen, die der krankhaften seelischen Störung zuzuordnen sind, werden im Folgenden zusammengefasst:

Schizophrenie

Die Schizophrenie galt bis in die Mitte des vorigen Jahrhunderts als so schwerwiegende Erkrankung, dass allein die Diagnose dazu führte, einen Menschen als unzurechnungsfähig zu bezeichnen (Langelüddeke, 1950). Zwischenzeitlich hat sich die Behandelbarkeit, die soziale Rehabilitationsfähigkeit und Reintegration der an Schizophrenie Erkrankten weitgehend verbessert. Das Wissen um den Verlauf der Erkrankung hat sich vermehrt und zeigt, dass ein Großteil der Patienten ohne nennenswerte Beeinträchtigungen und weitgehend angepasst leben kann und dass nahezu ein Drittel wieder vollständig gesundet. Die soziale Kompetenz und damit auch ihre Fähigkeit zu einsichtsgemäßem Handeln wechselt bei den an Schizophrenie Erkrankten in Abhängigkeit vom Stadium der Erkrankung.

Im akuten Schub mit florider psychotischer Symptomatik, d. h. mit Wahnvorstellungen, Halluzinationen, Denkzerfahrenheit und ähnlichen Auffälligkeiten, welche den Realitätsbezug des Kranken weitgehend unterbrechen, besteht kaum je ein Zweifel daran, dass die Voraussetzungen für Schuldunfähigkeit vorliegen. Schizophrene Patienten, die unter einem Wahn leiden und ihren Wahnideen zumindest zeitweise ausgeliefert sind, und Menschen, denen von imperativen (befehlenden) Stimmen ihr Handeln vorgeschrieben wird, sind meist nicht in der Lage, über Recht und Unrecht zu reflektieren. Sie sind unfähig, ihr Handeln von allgemein verbindlichen Rechtsgedanken leiten zu lassen, selbst wenn sie nicht immer ihren Wahngedanken oder den Befehlen imperativer Stimmen folgen. Die floride Symptomatik bildet sich bei den meisten Schizophrenen nach einer gewissen Zeit und unter Behandlung zurück. Häufig bleibt jedoch eine Restsymptomatik mit Antriebsstörungen, Affektverflachung und bizarrem Verhalten, die als Residualzustand bezeichnet wird und den Betroffenen eine Wiederaufnahme ihrer früheren Tätigkeiten und ihrer sozialen Beziehungen unmöglich macht. Die Auswirkungen der Symptomatik auf die Alltagsfunktionen oder in besonderen Belastungssituationen, die nichts mit dem Delikt zu tun haben, dienen i. d. R. als Maßstab für die krankheitsbedingten Einbußen an Steuerungsfähigkeit.

Bei den meisten dieser Kranken wird man davon ausgehen müssen, dass die Schizophrenie das Persönlichkeitsgefüge derart beeinträchtigt, dass Übersicht, Kritikfähigkeit, adäquate Selbsteinschätzung, verinnerlichtes Wertgefüge und Impulskontrolle nicht mehr in dem Umfang das Handeln lenken, wie es beim gleichen Menschen vor der Erkrankung der Fall war. Für die strafrechtliche Beurteilung hat dies zur Folge, dass die Steuerungsfähigkeit bzgl. normabweichender Verhaltensweisen auch dann als erheblich vermindert angenommen werden muss.

Bei vollremittierten, ehemalig schizophrenen Patienten ist es auch gerechtfertigt, keine Beeinträchtigung von Schuldfähigkeit anzunehmen, wenn das Delikt aus dem Lebensstil des Menschen heraus nachvollziehbar ist. Rehabilitation heißt auch, den ehemaligen Kranken wieder in den Stand des*der mündigen, verantwortlichen Bürgers*Bürgerin zu versetzen (Venzlaff & Schmidt-Degenhard, 2004).

Affektive Psychosen
Depressionen zeichnen sich durch Niedergeschlagenheit und Antriebsmangel, Manien durch gehobene Stimmung und Antriebssteigerung aus, wobei diese Stimmungsveränderungen bei den affektiven Psychosen für die Betroffenen ebenso wie für Außenstehenden nicht nachvollziehbar sind. Sie beeinträchtigen die Willensbildung der Kranken. Insofern ist beim Vorliegen einer einfachen affektiven Störung in aller Regel die Steuerungsfähigkeit beeinträchtigt. Bei mittelgradigen Depressionen oder Manien (nach ICD-10) kann oft schon eine Aufhebung der Willensbildung diskutiert werden, wenn Motivation und Verhalten auf die affektive Störung zurückzuführen sind. Bei schweren manischen oder depressiven Episoden ist i. d. R. von einer Aufhebung der Steuerungsfähigkeit auszugehen.

Hirnorganisch bedingte Störungen
Die hirnorganisch bedingten Störungen zeichnen sich v. a. durch einen Mangel an Überschauvermögen, durch verminderte kognitive und affektive Flexibilität und Belastbarkeit aus. Diese Symptome können schon für sich allein gesehen die Steuerungsfähigkeit bei diesen Menschen beeinträchtigen. Darüber hinaus ist bei Patienten mit organischem Hirnschaden die Empfindlichkeit für Psychopharmaka und Alkohol erhöht; paradoxe Reaktionen werden häufiger beobachtet als bei Gesunden. Deshalb sind bei der forensischen Beurteilung von Probanden mit hirnorganischen Psychosyndromen zusätzliche toxische Belastungen stärker zu gewichten. Ebenso sind affektive Spannungen für Patienten mit Hirnschädigungen schwerer zu kontrollieren, sodass Erregungsdurchbrüche schon bei relativ geringen Kränkungen und Aufregungen auftreten können. Das heutige Wissen über die Funktionsabläufe im Gehirn macht auch eine genaue morphologische Untersuchung dieses Organs und neuropsychologische Differenzierungen erforderlich, aufgrund derer eine bessere Einschätzung der durch eine Gehirnläsion bedingten Funktionsbeeinträchtigungen ermöglicht wird. Um eine Verminderung der Steuerungsfähigkeit zu rechtfertigen, sollte die verminderte Belastbarkeit gegenüber Intoxikationen oder affektiver Erregung, auch in anderen Situationen als der Tat, die es zu beurteilen gilt, feststellbar sein.

Intoxikationen und Substanzabhängigkeit
Intoxikationen mit Alkohol und Drogen führen in der Rechtspraxis wohl am häufigsten zu der Frage, ob bei einer Straftat eine Beeinträchtigung der Steuerungsfähigkeit vorlag. Dabei reicht jedoch die Feststellung einer Alkoholisierung allein nicht aus, um eine Beeinträchtigung der Steuerungsfähigkeit anzunehmen. Rechtsprechung und Veröffentlichungen tendierten lange dazu, bei BAK-Werten über 2 ‰ eine verminderte und über 3 ‰ eine aufgehobene Steuerungsfähigkeit ernsthaft zu erwägen. In der Rechtsprechung des BGH hat die BAK seit geraumer Zeit bei der Beurteilung der Steuerungsfähigkeit an Gewicht verloren (Kröber, 1996), und nach der Rechtsprechung der letzten Jahre kann in bestimmten Fällen eine Berauschung sogar zu einer Strafverschärfung führen. Allerdings ist aus psychiatrischer Sicht auch nicht allein auf neurologische Ausfälle, wie Störungen der Koordination (Schwanken oder Lallen), abzuheben. Alkoholgewohnte Menschen kaschieren nämlich üblicherweise ihre neurologischen Ausfälle, während die psychopathologischen Symptome weiter bestehen. Diese können nach Konrad und Rasch (1992) folgendermaßen zusammengefasst werden:

- Orientierungsstörungen (insbesondere bzgl. der situativen Orientierung),
- Personenverkennung,
- schablonenhafte Reaktionsmuster, z. B. Perseveration eines einmal begonnenen Verhaltens,
- zusammenhangslose Äußerungen,
- psychomotorische Anspannung, Unruhe und Hyperaktivität,
- assoziative Lockerung des Denkens, Sprunghaftigkeit der Äußerungen,

- erhebliche Verstimmungen, wie übermäßige Gereiztheit, depressiv dysphorische Verstimmung, u. U. Suizidalität.

In der Praxis hat sich die von Kröber (1996) vorgeschlagene Beurteilung in vier Bereichen, die er als Achsensyndrome bezeichnet, bewährt:

1) Neurologische Auffälligkeiten: Beeinträchtigung von sprachlicher Artikulation und Lautstärke, von Koordination und Gleichgewicht mit Gangataxie, Schwindel und Übelkeit
2) Hirnorganische Beeinträchtigungen: Störungen von Bewusstsein, Wahrnehmung und Gedächtnis; Denkstörungen mit Verlangsamung, Perseveration und Einengung, mangelnde Flexibilität bei Reaktionen auf Außenreize, Abnahme von Kritikfähigkeit
3) Affektive Auffälligkeiten: euphorische oder missmutig gereizte, niedergeschlagene oder klagsam-jammrige Verstimmung, rascher Stimmungswechsel
4) Besonderheiten des Verhaltens: grüblerischer Rückzug oder überschießende Reaktionen, Distanzminderung, ungerichteter Handlungsdrang, Streit- und Kampflust

Bei der forensisch-psychiatrischen Beurteilung der Substanzabhängigkeit kommt es in aller Regel nicht auf das süchtige Fehlverhalten selbst, sondern ausschließlich auf die psychopathologischen Folgen des chronischen Missbrauchs an. Insofern ist der Nachweis eines hirnorganischen Psychosyndroms, einer Persönlichkeitsdepravation, einer Alkoholhalluzinose, einer Drogenpsychose oder eines Eifersuchtswahns erforderlich, um eine Beeinträchtigung von Einsichts- oder Steuerungsfähigkeit zu erwägen.

Bei chronischem Missbrauch oder Abhängigkeit ist für die Schuldfähigkeitsbeurteilung die drogeninduzierte Persönlichkeitsdepravation ausschlaggebend. Ihre Beurteilung ist weniger problematisch, weil sie häufig noch der direkten fachlichen Beurteilung zugänglich ist, wenn zwischen Tat und Begutachtung nicht allzu lange Haftzeiten liegen. Es ist also gerade bei diesem Personenkreis sinnvoll, die psychiatrische Untersuchung möglichst bald nach einer Festnahme vorzunehmen, weil die haftbedingte Abstinenz oft zu einer Erholung von den Einbußen führt.

20.2.1.2 Tiefgreifende Bewusstseinsstörung

Dieses Merkmal bezieht sich auf Bewusstseinsveränderungen, die bei einem ansonsten gesunden Menschen auftreten können, aber in extremen Belastungssituationen zu einer erheblichen Beeinträchtigung der psychischen Funktionsfähigkeit führen. Die quantitative Abgrenzung erfährt dieses Merkmal durch den Zusatz „tiefgreifend“, worunter der Sonderausschuss für die Strafrechtsreform verstand, dass die Bewusstseinsstörung so intensiv sein muss, „dass das seelische Gefüge des Betroffenen zerstört oder im Falle des § 21 StGB erschüttert ist“ (Sonderausschuss, Drucksache V/4095, S. 11). Wenngleich bspw. auch Schlaftrunkenheit und Somnambulismus unter dieses Merkmal zu subsumieren sind, so liegt die praktische Bedeutung dieses Merkmals in den Beeinträchtigungen bei starker affektiver Belastung, z. B. Wut, Angst oder Verzweiflung. Dieses Merkmal wird nur noch sehr selten vor Gericht erörtert. In den Entscheidungssammlungen des Bundesgerichtshofs[55] finden sich seit 2004 keine Urteile mehr bei Eingabe dieses Stichwortes. Die Definitionen und Kriterienlisten, mit denen die Bedeutung dieses Merkmals für die Rechtsprechung beurteilt werden soll, finden sich in Arbeiten aus den 70er- und 80er-Jahren des vorigen Jahrhunderts. Saß (1985) trug in einer Literaturübersicht die Besonderheiten zusammen, die von verschiedenen Autoren als charakteristisch für Affektdelikte beschrieben worden sind. Sie sind im Folgenden nach der Häufigkeit ihrer Nennungen aufgeführt:

55 www.juris.bundesgerichtshof.de/cgi-bin/rechtsprechung/list.psy?Gericht=BGHArt=ensort=3 (Zugriff am 1.2.2021).

1) spezifische Vorgeschichte und Tatanlaufzeit,
2) affektive Ausgangssituation mit Tatbereitschaft,
3) psychopathologische Disposition der Persönlichkeit,
4) konstellative Faktoren,
5) abrupter, elementarer Tatablauf ohne Sicherungstendenzen,
6) charakteristischer Affektaufbau und Affektabbau,
7) Folgeverhalten mit schwerer Erschütterung,
8) Einengung des Wahrnehmungsfeldes und der seelischen Abläufe,
9) enger Zusammenhang: Provokation – Erregung – Tat
10) Erinnerungsstörungen,
11) Persönlichkeitsfremdheit,
12) vegetative, psychomotorische und psychische Begleiterscheinungen heftiger Affekterregung.

2006 griff Marneros das Thema wieder auf. Er setzt dabei zwei neue Akzente. Zum einen stellt er wieder die *psychopathologischen Aspekte* in den Vordergrund, zum anderen unterscheidet er zwischen *Affekt- und Impulstaten* (Marneros, 2006). Den Grundsätzen der Schuldfähigkeit entsprechend fordert er auch bei den Affektdelikten das Stellen einer psychiatrischen Diagnose. Er sieht nur dann eine weiterführende forensisch psychiatrische Erörterung einer affektbedingten Beeinträchtigung der Steuerungsfähigkeit für sinnvoll an, wenn zunächst die diagnostischen Kriterien für eine *schwere akute Belastungsreaktion* nach ICD-10 oder DSM-5 (hier akute Belastungsstörung) erfüllt sind. Nach ICD-10 ist die akute Belastungsreaktion definiert als vorübergehende Störung, die sich bei einem psychisch nicht manifest gestörten Menschen als Reaktion auf eine außergewöhnliche körperliche oder seelische Belastung entwickelt und im Allgemeinen innerhalb von Stunden oder Tagen abklingt. Unter der außergewöhnlichen Belastung wird eine ernsthafte Bedrohung für die Sicherheit oder körperliche Unversehrtheit des Betroffenen oder einer geliebten Person (z. B. Naturkatastrophe, Unfall, Krieg, Verbrechen, Vergewaltigung) oder eine ungewöhnlich plötzliche und bedrohliche Veränderung der sozialen Stellung und/oder des Beziehungsnetzes des Betroffenen verstanden. Dabei spielen für das Auftreten weitere Faktoren, wie körperliche Erschöpfung oder organische Beeinträchtigungen, insbesondere aber die individuelle Vulnerabilität und die zur Verfügung stehenden Bewältigungsmechanismen eine Rolle. Nach DSM-5 müssen für die Diagnose einer akuten Belastungsstörung mindestens drei der folgenden Kriterien erfüllt sein:

- subjektives Gefühl von emotionaler Taubheit, von Losgelöstsein oder Fehlen emotionaler Reaktionsfähigkeit,
- Beeinträchtigung der bewussten Wahrnehmung der Umwelt (z. B. wie betäubt sein),
- Derealisationserleben,
- Depersonalisationserleben,
- dissoziative Amnesie (z. B. Unfähigkeit, sich an einen wichtigen Aspekt des Traumas zu erinnern).

Nach Marneros (2006) kommt der Erschütterung der *Selbstdefinition* bzw. der *Zerstörung des Selbstkonzeptes* des späteren Täters in der spezifischen Täter-Opfer-Beziehung eine besondere Bedeutung zu. Daraus resultieren Persönlichkeitslabilisierung und Orientierungslosigkeit bzgl. des Selbstkonzeptes, die bisher angewandten Bewältigungsstrategien stehen nicht mehr zur Verfügung, normative Vorstellungen werden enttabuisiert und die Zeit für die Entwicklung von Gegenvorstellungen ist zu kurz.

Aufgabe der psychiatrischen Gutachter*innen ist es somit, die Selbstdefinition und das Selbstkonzept der Täter darzustellen, die Infrage-Stellung, Erschütterung und Zerstörung von Selbstdefinition und Selbstkonzept zu belegen und schließlich aufzuzeigen, ob daraus eine schwere akute Belastungsreaktion entstanden ist.

Bei der Beurteilung der tiefgreifenden Bewusstseinsstörung vor Gericht besteht mehr als bei anderen Eingangsmerkmalen für alle Beteiligten eine große Gefahr, dass sie unter Zugrundelegung eigener Erfahrungen mit Affekten unreflektiert die Grenzen ihrer eigenen Kompetenz überschreiten. Solange sich Sachverständige auf die Berichte der Probanden und auf daraus abgeleitete Beschreibungen denkbarer innerpsychischer Vorgänge beschränken und dies dem Gericht deutlich machen, verlassen sie ihr Fachgebiet sicher nicht. Bei Widersprüchen aufgrund von Zeug*innenaussagen oder anderen Beweismitteln sind jedoch die Schlussfolgerungen, die aus den subjektiven Darstellungen gezogen wurden, u.U. zu revidieren. Wurden hingegen die Angaben der Untersuchten von Sachverständigen nicht für stichhaltig gehalten oder wurde von vornherein von anderen, sich aus den Akten ergebenden Tatsachen ausgegangen, so wurde von ihnen bereits eine Beweiswürdigung vorgenommen, die zum Vorwurf der Befangenheit führen könnte.

20.2.1.3 Intelligenzminderung

Unter dem Eingangsmerkmal Intelligenzminderung sind alle Störungen der Intelligenz zusammengefasst, die nicht auf nachweisbaren organischen Grundlagen beruhen. Nicht darunter fallen insbesondere die demenziellen Prozesse im Alter und die genetisch bedingten Formen der Minderbegabung, sofern sie eindeutig zugeordnet werden können (s. krankhafte seelische Störung). Wenngleich eine Zuordnung zu diesem Merkmal erst ab einer relativ ausgeprägten Intelligenzminderung erfolgt, hängt seine Anwendung nicht allein vom Intelligenzquotienten ab, sondern auch von der Täterpersönlichkeit und ihrer Sozialisation. Intelligenzeinbußen führen u.U. auch zu leichterer Verführbarkeit, zu verminderter Erregungskontrolle und zu unüberlegten Handlungen in komplexen Situationen.

Affektive Zuspitzungen und unklare situative Verhältnisse belasten Minderbegabte oft wesentlich stärker als durchschnittlich Intelligente; geistig Behinderte sind zudem Verführungssituationen mehr ausgeliefert. So mag bspw. ein Minderbegabter mit einem IQ von 70 vermindert steuerungsfähig sein, wenn er von einem anderen dazu überredet wird, einen gefälschten Scheck einzureichen, während er bei einem Handtaschenraub, den er allein durchführt, als voll schuldfähig erachtet werden kann.

20.2.1.4 Schwere andere seelische Störung

Bei diesem neu eingeführten Terminus (früher Abartigkeit) handelt es sich um einen Sammelbegriff, unter dem alle Störungen, die nicht den ersten drei Merkmalen zugeordnet werden können, zusammengefasst werden. Dazu gehören insbesondere die Persönlichkeitsstörungen, die neurotischen Störungen, die sexuellen Verhaltensabweichungen, aber auch chronischer Substanzmissbrauch, der nicht oder noch nicht zur körperlichen Abhängigkeit geführt hat. Auch die Störungen der Impulskontrolle, z.B. das pathologische Spielen, werden hier eingeordnet, wenn sie forensisch relevant werden. Auch in diesem Begriff ist eine quantitative Begrenzung durch das Adjektiv „schwere“ enthalten. Im Allgemeinen wird darauf hingewiesen, dass die Funktionsbeeinträchtigung durch die Störung so ausgeprägt sein muss wie bei den psychotischen Erkrankungen (psychopathologisches Referenzsystem; Saß, 1991) oder dass die Einbußen an sozialer Kompetenz denen bei psychotischen Erkrankungen gleichen müssen (strukturell-sozialer Krankheitsbegriff; Rasch, 1986).

Es ist jedoch nicht allein das Ausmaß der Störung von Bedeutung, sondern auch die Spezifität der Störung für die inkriminierte Tat (z.B. bei sexuell devianten Individuen).

Persönlichkeitsstörungen

Bei Schuldfähigkeitsbegutachtungen gehören Persönlichkeitsstörungen sicher zu den am häufigsten gestellten Diagnosen. Die Diagnose allein erlaubt jedoch keine Aussage über verminderte oder aufgehobene Steuerungsfähigkeit. Einsichtsunfähigkeit wird bei persönlichkeitsgestörten Probanden kaum je zu begründen sein, auch Steuerungsunfähigkeit ist bei ihnen eine seltene Ausnahme und hängt meist mehr von konstellativen Faktoren, wie z. B. einer erheblichen Intoxikation oder einer extremen psychischen Belastung, als von der Persönlichkeitsstörung selbst ab. Da es sich bei der Zuordnung unter das Merkmal der „schweren anderen seelischen Störung" hauptsächlich um ein quantitatives Problem handelt, wurde in der Vergangenheit versucht, eine Quantifizierung bei Einbußen durch die Persönlichkeitsstörungen zu erarbeiten. Diese Quantifizierungsbemühungen haben jedoch keine allseits befriedigenden Lösungen ergeben (Schöch, 1983; Nedopil, 1987), es bleibt also bei der Beurteilung ein großer individueller Ermessensspielraum für den oder die Gutachter*in und das Gericht. Einzelne Persönlichkeitsstörungen, wie Borderline-Persönlichkeiten, paranoide Persönlichkeiten nach ICD-10 oder schizotypische Persönlichkeiten nach DSM-5, erscheinen durchgängig psychopathologisch auffällig. Bei ihnen liegt die Hypothese einer verminderten Steuerungsfähigkeit näher als bei anderen Persönlichkeitsstörungen, wie z. B. der dissozialen Persönlichkeitsstörung.

Gerade bei dissozialen Persönlichkeitsstörungen ist die Schuldfähigkeitsbeurteilung schwierig. Bei den Betroffenen sind einerseits deutliche Beeinträchtigungen in vielen Bereichen ihrer Entwicklung und ihres täglichen Lebens erkennbar, andererseits gehören Normverstoß und Delinquenz zu ihrem Lebensstil und sind somit nicht Symptome einer Störung, welche sich – wie bei einer Krankheit – ohne wesentliches eigenes Zutun äußern. Das Schweizer Bundesgericht hat eine interessante Formulierung gefunden, die erkennbar macht, warum dissoziale Persönlichkeitsstörungen in der Regel nicht als schwere andere seelische Störung eingeordnet werden. Es meinte, dass um als vermindert steuerungsfähig zu gelten, der Täter erheblich vom breiten Spektrum des Verhaltens der Rechtsgenossen, aber auch vom Verhaltensspektrum der Genossen der Rechtsbrecher abweichen müsse.

Die Arbeitsgruppe beim BGH, die Mindestanforderungen bei der Schuldfähigkeitsbegutachtung erarbeitet hat, hat zur Beurteilung der Schuldfähigkeit bei Persönlichkeitsstörungen folgende Anforderungen aufgestellt (Boetticher, Nedopil, Bosinski & Saß, 2005). Daran hat sich bis 2020 nichts geändert. In ICD-11[56] werden allerdings einige Änderungen, die insbesondere die überdauernde Konstanz der Auffälligkeiten betreffen, aufgenommen (s. a. Hauser, Herpertz & Habermeyer, 2021):

Erste Voraussetzung ist eine sachgerechte Diagnostik.

- Das Gutachten sollte die Kriterien von ICD-10(11) oder DSM-5 zur Diagnose einer Persönlichkeitsstörung berücksichtigen. Von besonderer Bedeutung ist die Beachtung der allgemeinen definierenden Merkmale von Persönlichkeitsstörungen in den beiden Klassifikationssystemen. Darüber hinaus ist in jedem Fall die Diagnose anhand der diagnostischen Kriterien der einzelnen Persönlichkeitsstörungen zu spezifizieren.
- Da zum Konzept der Persönlichkeitsstörungen eine zeitliche Konstanz des Symptomenbildes mit einem überdauernden Muster von Auffälligkeiten in den Bereichen Affektivität, Kognition und zwischenmenschlichen Beziehungen gehört, darf sich das Gutachten nicht auf die Darstellung von Eckdaten beschränken, sondern muss die individuellen Interaktionsstile, die Reaktionsweisen unter konflikthaften Belastungen sowie Veränderungen infolge von Reifungs- und Alterungs-

56 ICD-11 Coding Tool Mortality and Morbidity Statistics (MMS) (who.int) https://icd.who.int/ct11/icd11/mms/en/release (Zugriff: 6.2.2021).

schritten oder eingeleiteten therapeutischen Maßnahmen darlegen. Da biografische Brüche oder Tendenzen zu stereotypen Verhaltensmustern bei Konflikten bzw. Stressoren für die Diagnosestellung von besonderer Bedeutung sind, bedürfen sie auch im Gutachten einer entsprechenden Hervorhebung.
- Rezidivierende sozial deviante Verhaltensweisen müssen sorgfältig von psychopathologischen Merkmalen einer Persönlichkeitsstörung getrennt werden. Auswirkungen von Persönlichkeitsstörungen zeigen sich nicht nur im strafrechtlichen Kontext.
- Die klinische Diagnose einer Persönlichkeitsstörung darf nicht per se mit dem juristischen Begriff der schweren anderen seelischen Störung gleichgesetzt werden.

Zweite Voraussetzung ist eine sachgerechte Beurteilung des Schweregrads.
- Stellungnahmen zum Schweregrad der diagnostizierten Persönlichkeitsstörung sollten getrennt werden von der Diskussion der Einsichts- bzw. Steuerungsfähigkeit, die eng mit der Analyse der Tatsituation verbunden ist.
- Der Orientierungsrahmen, anhand dessen der Schweregrad der Persönlichkeitsstörung eingeschätzt wird, muss jedem Gutachten entnommen werden können.
- Nur wenn die durch die Persönlichkeitsstörung hervorgerufenen psychosozialen Leistungseinbußen mit den Defiziten vergleichbar sind, die im Gefolge forensisch relevanter krankhafter seelischer Verfassungen auftreten, kann von einer schweren anderen seelischen Störung gesprochen werden.
- Gründe für die Einstufung einer Persönlichkeitsstörung als schwere andere seelische Störung können sein:
  - erhebliche Auffälligkeiten der affektiven Ansprechbarkeit bzw. der Affektregulation,
  - Einengung der Lebensführung bzw. Stereotypisierung des Verhaltens,
  - durchgängige oder wiederholte Beeinträchtigung der Beziehungsgestaltung und psychosozialen Leistungsfähigkeit durch affektive Auffälligkeiten, Verhaltensprobleme sowie unflexible, unangepasste Denkstile,
  - durchgehende Störung des Selbstwertgefühls,
  - deutliche Schwäche von Abwehr- und Realitätsprüfungsmechanismen.
- Gegen die Einstufung einer Persönlichkeitsstörung als schwere andere seelische Störung können sprechen:
  - Auffälligkeiten der affektiven Ansprechbarkeit ohne schwerwiegende Beeinträchtigung der Beziehungsgestaltung und psychosozialen Leistungsfähigkeit,
  - weitgehend erhaltene Verhaltensspielräume,
  - Selbstwertproblematik ohne durchgängige Auswirkungen auf die Beziehungsgestaltung und psychosoziale Leistungsfähigkeit,
  - intakte Realitätskontrolle, reife Abwehrmechanismen,
  - altersentsprechende biografische Entwicklung.

Abweichendes Sexualverhalten

Bei der Begutachtung von Sexualdelinquenten reicht es oft nicht aus, nur der Phänomenologie des Verhaltens nachzugehen. Es geht vielmehr darum, den Stellenwert des abweichenden Sexualverhaltens im Leben der Betroffenen aufzuzeigen. Die meisten sexuellen Verhaltensabweichungen – selbst sadomasochistische Vorlieben – können befriedigt werden, ohne dass die Betreffenden delinquent werden müssen. Auch von Menschen, die keine Störung der sexuellen Präferenz haben, wird verlangt, dass sie ihre sexuellen Wünsche und Bedürfnisse unterdrücken, wenn deren Ausübung gegen die Selbstbestimmung von anderen verstößt. Die Diagnose einer psychosexuellen Störung allein bedeutet noch nicht, dass der Betreffende bei der Ausübung seiner Sexualpraktik in seiner Steuerungsfähigkeit erheblich vermindert ist. Die Steuerungsfähigkeit ist aber unter folgenden Bedingungen oft beeinträchtigt:

- wenn abweichendes Sexualverhalten als Symptom einer anderen Störung auftritt, z.B. einer organischen Erkrankung, einer Schizophrenie oder einer Manie,
- wenn Sexualpraktiken zu einer eingeschliffenen Verhaltensschablone werden, die sich durch abnehmende Befriedigung, zunehmende Frequenz, durch Ausbau des Raffinements und durch eine gedankliche Einengung auf diese Praktiken auszeichnet,
- wenn die Sexualität als Ausdruck eines neurotischen Konfliktes Symptomcharakter annimmt, d.h., wenn die neurotischen Konflikte in sexuellen Handlungen ausgetragen bzw. abgewehrt werden.

Die interdisziplinäre Arbeitsgruppe, die 2005 die Mindestanforderungen für die Schuldfähigkeitsbegutachtung erarbeitet hat (Boetticher et al., 2005), hat zur Beurteilung der Schuldfähigkeit bei Paraphilien folgende Anforderungen aufgestellt:

Zur sachverständigen Einordnung einer Paraphilie als schwere andere seelische Störung bedarf es der Prüfung

- des Anteils der Paraphilie an der Sexualstruktur,
- der Intensität des paraphilen Musters im Erleben,
- der Integration der Paraphilie in das Persönlichkeitsgefüge,
- der bisherigen Fähigkeit des Betroffenen zur Kontrolle paraphiler Impulse.

Aufgrund dieser Prüfung können u.a. folgende Gründe für die Einstufung einer Paraphilie als schwere andere seelische Störung sprechen:

- Die Sexualstruktur ist weitestgehend durch die paraphile Neigung bestimmt.
- Eine ich-dystone (ich-fremde) Verarbeitung führt zur Ausblendung der Paraphilie.
- Eine progrediente Zunahme und „Überflutung" durch dranghafte paraphile Impulse mit ausbleibender Satisfaktion beherrscht zunehmend das Erleben und drängt zur Umsetzung auf der Verhaltensebene.
- Andere Formen soziosexueller Befriedigung stehen dem Beschuldigten aufgrund (zu beschreibender) Persönlichkeitsfaktoren und/oder (zu belegender) sexueller Funktionsstörungen erkennbar nicht zur Verfügung.

Briken und Müller (2014) haben Merkmale, die ursprünglich in Instrumenten zur Risikoeinschätzung bei Sexualstraftäter angewandt wurden, darauf überprüft, ob mit ihrer Hilfe die Beurteilung des Schweregrads einer sexuellen Deviation sinnvoll ist. Derartige Merkmale sind i.d.R. gut operationalisiert und ermöglichen dadurch ihre reliable Erhebung. In Anlehnung an den *Stable-2007* und den *Acute* (Hanson, Harris, Scott & Helmus, 2007) haben sie die Merkmale folgendermaßen aufgeteilt:

Die Merkmale „paraphile sexuelle Dranghaftigkeit", „emotionaler Zusammenbruch", „Zusammenbruch sozialer Unterstützung" würden für die Zuordnung zum vierten Merkmal des § 20 StGB, die Merkmale „paraphile sexuelle Interessen", „sexuelle Dranghaftigkeit/Überbeschäftigung/Präokkupation", „Sex als Copingmechanismus", „Defizite beim Aufbau stabiler Beziehungen", „allgemeine soziale Zurückweisung/Einsamkeit" dagegen sprechen. In einer Nachuntersuchung wurden diese Merkmale als reliabler erhebbar und trennschärfer festgestellt als die in den Mindestanforderungen enthaltenen Kriterien (Dobbrunz & Briken, 2020).

Früher haben „neurotische Entwicklungen" häufig eine Rolle bei der Annahme einer schweren anderen seelischen Abartigkeit gespielt. Die neueren Klassifikationssysteme der Psychiatrie (ICD-10 und 11 sowie DSM-IV und 5) haben diesen Diagnosen jedoch eine geringere Bedeutung zugemessen, als dies früher der Fall war, deshalb findet sich diese Diagnose auch kaum bei der Begutachtung wieder, selbst wenn Psychotherapeut*innen bestimmter Schulen und auch viele Laien den Begriff noch gerne verwenden.

20.2.2 Die Funktionsbeeinträchtigungen (zweite Stufe der Beurteilung)

Erst wenn eines der vier Eingangsmerkmale vorliegt, können weitere Überlegungen zur Beeinträchtigung der Schuldfähigkeit angestellt werden. In einem zweiten Schritt muss die psychische Funktionsbeeinträchtigung festgestellt werden, die bei der Tat durch die Störung bedingt war. Diese zweite Stufe der Schuldfähigkeitsbeurteilung beinhaltet auch eine normative Beurteilung. Zum einen ist es eine normative Entscheidung, bis zu welchem Ausmaß Einsicht in das Unrecht einer Handlung erwartet werden kann und bis zu welchem Grad Steuerung von einem Menschen verlangt wird. Zum anderen ist es mit empirischen Methoden nicht möglich, retrospektiv eindeutige Aussagen über das Ausmaß psychischer Beeinträchtigungen zu treffen. Psychiater*innen sollten jedoch Hilfestellungen für diese normativen Entscheidungen, die letztendlich vom Gericht zu treffen sind, anbieten.

Das vom Gericht geforderte Vorgehen bei der Überprüfung der Schuldfähigkeit unterliegt folgender Logik.

20.2.2.1 Einsichtsunfähigkeit

Es ist zunächst zu fragen, ob Einsichtsunfähigkeit vorlag. Einsichtsunfähigkeit besteht, wenn die kognitiven Funktionen nicht ausreichen, eine Einsicht in das Unrecht eines Handelns zu ermöglichen. Dies ist bspw. bei schwerwiegenden intellektuellen Einbußen, aber auch bei psychotischen Realitätsverkennungen der Fall. Wird Einsichtsunfähigkeit vom Gericht festgestellt, erübrigt sich eine weitere Prüfung, da sich eine Person, die das Unrecht eines Handelns nicht einsehen kann, nicht entsprechend einer Rechtseinsicht steuern kann. Wird hingegen die Einsichtsfähigkeit bejaht, wird das Gericht – von dem oder der Sachverständigen beraten – in einem weiteren Schritt prüfen, ob sich der Täter entsprechend seiner Einsicht hat steuern können.

Die Annahme einer erheblichen Verminderung der Einsichtsfähigkeit kommt nur unter ganz bestimmten rechtlichen Voraussetzungen in Betracht, die praktisch nie von dem oder der Psychiater*in zu klären sind. Die sachverständige Hilfe der Gutachter*innen bezieht sich auf die Feststellung, ob Voraussetzungen für Steuerungsunfähigkeit oder verminderte Steuerungsfähigkeit vorliegen.

20.2.2.2 Steuerungsunfähigkeit

Zu einer Aufhebung oder einer Verminderung der Steuerungsfähigkeit führen i. d. R. Einbußen der voluntativen Fähigkeiten, die zu einem Handlungsentwurf beitragen. Die von verschiedenen Wissenschaftler*innen vorgetragenen Kriterien und Definitionsvorschläge sind vielfältig: Begriffe wie „Enthemmung“, „Beeinträchtigung der inneren Freiheitsgrade und Handlungsspielräume“, „Unterbrechung der Kette zwischen antizipierender Planung, Vorbereitung und Handlung“, „krankheitsbedingte Beeinträchtigung des Motivationsgefüges“ zeigen die Komplexität der Materie und lassen erkennen, dass es eine allgemein verbindliche, knappe und praktisch anwendbare Definition der Steuerungsfähigkeit kaum geben kann. Es wird somit verständlich, dass die Grenzen, innerhalb derer eine erheblich verminderte oder aufgehobene Steuerungsfähigkeit angenommen wird, durch die Rechtsprechung ständig neu festgelegt werden.

In mehreren wegweisenden Arbeiten hat Janzarik (1993, 1995, 2000) eine psychopathologisch bedingte Unfähigkeit zur Desaktualisierung als wesentliches Kriterium für die Beeinträchtigung und Aufhebung der Steuerungsfähigkeit herausgestellt. Dieses Konzept wurde in den letzten Jahren erneut aufgegriffen (Kröber, 2020; Lammel, 2020; Fuß, Voulgaris & Briken, 2020). Unter Desaktualisierung wird die Fähigkeit Triebbedürfnisse, Impulse und motorische Reaktionen zu unterdrücken, aufzuschieben, nachzutragen, Umwege in Kauf zu nehmen oder auf sie zu verzichten (Janzarik, 1995, 2000) verstanden. Es handelt sich um einen aktiven mentalen Prozess, welcher die Zielgerichtetheit eines aktiven Handelns, für das man sich entschieden hat, ermöglicht und unerwünschte, störende und die Handlung behindernde innerpsychische Einflüsse in den Hintergrund treten lässt. Kröber schlussfolgert daraus: Es gilt, dem*der Täter*in über die Schulter zu schauen und zu analysieren, welche individuelle psychische Leistungen in diesem konkreten Geschehen sichtbar werden. Sie ist die Grundlage für die Beurteilung der Fähigkeit, entsprechend einer Einsicht in das Rechtwidrige einer Tat auch zu handeln bzw. diese zu unterlassen.

20.2.2.3 Verminderte Schuldfähigkeit

Die gleichen Eingangsmerkmale, die zur Schuldunfähigkeit führen, können nach § 21 StGB auch eine verminderte Schuldfähigkeit der Täter bedingen. Er ist zwar dann schuldfähig; wird in aller Regel auch zu einer Strafe verurteilt, die Strafe kann jedoch vom Gericht gemildert werden. Voraussetzung für die Anwendung des § 21 StGB ist, dass der Täter bei Begehung der Tat in seiner Steuerungsfähigkeit erheblich vermindert war. Auch hier ist eine quantitative Abgrenzung gefragt, die sowohl normative (rechtliche) als auch psychiatrisch-psychologische Aspekte enthält. Um zur verminderten Schuldfähigkeit zu gelangen, bedarf es also einer mehrfachen quantitativen Abgrenzung, da zunächst die Schwere der Störung ausreichen muss, um diese einem Eingangsmerkmal zuzuordnen, und dann das Ausmaß der Funktionsbeeinträchtigung einen Grad erreicht haben muss, dass eine *erheblich* verminderte Steuerungsfähigkeit angenommen werden kann.

Dies wird auch in den Mindestanforderungen für die Schuldfähigkeitsbeurteilung (Boetticher et al., 2005) deutlich, wo es zur Beurteilung der verminderten Steuerungsfähigkeit bei Persönlichkeitsstörungen heißt:

- Eine relevante Beeinträchtigung der Einsichtsfähigkeit allein durch die Symptome einer Persönlichkeitsstörung kommt i.d.R. nicht in Betracht.
- Selbst wenn eine schwere andere seelische Störung vorliegt, muss geprüft werden, ob ein Zusammenhang zwischen Tat und Persönlichkeitsstörung besteht. Hierbei ist zu klären, ob die Tat Symptomcharakter hat, also Ausdruck eines Charakteristikums einer schweren anderen seelischen Störung ist.
- Die Beurteilung der Steuerungsfähigkeit erfordert eine detaillierte Analyse der Tatumstände (u.a. Verhalten vor, während und nach der Tat, Beziehung zwischen Täter und Opfer, handlungsleitende Motive).
- Für forensisch relevante Beeinträchtigungen der Steuerungsfähigkeit sprechen über den vorgenannten Aspekt hinausgehend folgende Punkte:
  - konflikthafte Zuspitzung und emotionale Labilisierung in der Zeit vor dem Delikt,
  - abrupter impulshafter Tatablauf,
  - relevante konstellative Faktoren (z.B. Alkoholintoxikation),
  - enger Zusammenhang zwischen („komplexhaften“) Persönlichkeitsproblemen und Tat.
- Gegen eine erhebliche Beeinträchtigung der Steuerungsfähigkeit bei Persönlichkeitsstörungen, nicht aber notwendigerweise bei anderen Störungen (z.B. beim Wahnsyndrom) sprechen Verhaltensweisen, aus denen sich Rückschlüsse auf intakte psychische Funktionen herleiten lassen:
  - Tatvorbereitung,
  - Hervorgehen des Deliktes aus dissozialen Verhaltensbereitschaften,
  - planmäßiges Vorgehen bei der Tat,
  - Fähigkeit, zu warten; lang hingezogenes Tatgeschehen,
  - komplexer Handlungsablauf in Etappen,
  - Vorsorge gegen Entdeckung,

  - Möglichkeit anderen Verhaltens unter vergleichbaren Umständen.
- In der Regel kommt für den Bereich der schweren anderen seelischen Störung allenfalls eine erhebliche Verminderung der Steuerungsfähigkeit in Betracht.

Auch bei abweichendem Sexualverhalten enthalten die Mindestanforderungen (Boetticher et al., 2005) relativ konkrete Vorgaben für die Annahme einer erheblich verminderten Steuerungsfähigkeit:

- Eine relevante Beeinträchtigung der Einsichtsfähigkeit allein durch die Symptome einer Paraphilie kommt i.d.R. nicht in Betracht.
- Die Beurteilung der Steuerungsfähigkeit erfordert eine detaillierte Analyse der Tatumstände (u.a. Verhalten vor, während und nach der Tat, Beziehung zwischen Täter und Opfer, handlungsleitende Motive).
- Eine forensisch relevante Beeinträchtigung der Steuerungsfähigkeit kann bei Vorliegen folgender Aspekte diskutiert werden:
  - konflikthafte Zuspitzung und emotionale Labilisierung in der Zeit vor dem Delikt mit vorbestehender und länger anhaltender triebdynamischer Ausweglosigkeit,
  - Tatdurchführung auch in sozial stark kontrollierter Situation,
  - abrupter, impulshafter Tatablauf, wobei jedoch ein paraphil gestaltetes und zuvor (etwa in der Fantasie) „durchgespieltes" Szenario kein unbedingtes Ausschlusskriterium für eine Verminderung der Steuerungsfähigkeit ist, sofern dieses Szenario der (den) diagnostizierten Paraphilie(n) entspricht und eine zunehmende Progredienz nachweisbar ist,
  - archaisch-destruktiver Ablauf mit ritualisiert wirkendem Tatablauf und Hinweisen für die Ausblendung von Außenreizen,
  - konstellative Faktoren (z.B. Alkoholintoxikation, Persönlichkeitsstörung, eingeschränkte Intelligenz), die u.U. auch kumulativ eine erheblich verminderte Steuerungsfähigkeit bedingen können.

20.3 Abfassung eines Gutachtens zur Schuldunfähigkeit und verminderten Schuldfähigkeit

Gutachten haben die Aufgabe, einen medizinischen, psychiatrischen und psychologischen Sachverhalt in eine Sprache zu übersetzen, die der bzw. die juristische Anwender*in verstehen und sie zu seiner oder ihrer eigenen Entscheidungsfindung nutzen kann. Sie müssen nachvollziehbar und transparent sein. In ihnen ist darzulegen, aufgrund welcher Anknüpfungstatsachen (Angaben des Probanden, Ermittlungsergebnisse, Vorgaben des Gerichts zum Sachverhalt und möglichen Tathandlungsvarianten), aufgrund welcher Untersuchungsmethoden und Denkmodelle der*die Sachverständige zu den von ihm*ihr gefundenen Ergebnissen gelangt ist (s.a. Kap. 16 in diesem Band).

Die Arbeitsgruppe beim BGH, die sich mit den Mindestanforderungen für Schuldfähigkeitsgutachten befasst hat (Boetticher et al., 2005), hat deshalb einige formale (s. Kap. 16 in diesem Band) und inhaltliche Kriterien benannt, die dem Zweck der Nachvollziehbarkeit und Transparenz dienen sollen.

Inhaltliche Mindestanforderungen:

- Vollständigkeit der Exploration, insbesondere zu den delikt- und diagnosenspezifischen Bereichen (z.B. ausführliche Sexualanamnese bei Paraphilie, detaillierte Darlegung der Tatbegehung),
- Benennung der Untersuchungsmethoden, Darstellung der Erkenntnisse, die mit den jeweiligen Methoden gewonnen wurde. Bei nicht allgemein üblichen Methoden oder Instrumenten: Erläuterung der Erkenntnismöglichkeiten und deren Grenzen,
- Diagnosen unter Bezug des zugrunde liegenden Diagnosesystems (i.d.R. ICD-10 [11] oder DSM-5). Bei Abweichung von diesen Diagnosesystemen: Erläuterung, warum welches andere System verwendet wurde,

- Darlegung der differenzialdiagnostischen Überlegungen,
- Darstellung der Funktionsbeeinträchtigungen, die im Allgemeinen durch die diagnostizierte Störung bedingt werden, soweit diese für die Gutachtensfrage relevant werden könnten,
- Überprüfung, ob und in welchem Ausmaß diese Funktionsbeeinträchtigungen bei dem Untersuchten bei Begehung der Tat vorlagen,
- korrekte Zuordnung der psychiatrischen Diagnose zu den gesetzlichen Eingangsmerkmalen,
- transparente Darstellung der Bewertung des Schweregrades der Störung,
- tatrelevante Funktionsbeeinträchtigung unter Differenzierung zwischen Einsichts- und Steuerungsfähigkeiten,
- Darstellung von alternativen Beurteilungsmöglichkeiten.

20.4 Abschlussbemerkungen

Bei der Beurteilung, ob ein Mensch aufgrund einer psychischen Störung schuldunfähig oder vermindert schuldfähig ist, kommt es auf seinen Zustand zum Zeitpunkt der Tat an. Die psychiatrische Untersuchung findet häufig erst Monate nach der Tat statt, wo sich schon vieles im Leben des Täters verändert hat und er oder sie oft schon vielfältig von allen Seiten beeinflusst worden ist. Das Bild, welches der*die Sachverständige sieht, entspricht oft nicht dem, welches Zeug*innen sehen, wenn ihnen ein Täter unmittelbar nach dem Delikt entgegentritt. Manchem*mancher Sachverständigen erschiene es sinnvoll, Täter unmittelbar nach einer Festnahme psychiatrisch und psychologisch untersuchen zu lassen, um dadurch eine adäquate tatbezogene Diagnose zu stellen oder auch den Ermittlungsorganen frühzeitig mitzuteilen, dass keine relevante psychische Störung vorliegt. Der Autor hat früher selber ein vergleichbares Ansinnen bei der Staatsanwaltschaft gestellt, welches durchaus mit Interesse aufgenommen wurde. Neben vielen rechtlichen Bedenken, die v.a. von Rechtsanwält*innen geäußert wurden, die befürchteten, dass ihre Mandant*innen vor Sachverständigen Aussagen machen würden, die sie – rechtsanwaltschaftlich beraten – nicht machen würden, erscheint mir aus meiner jetzigen Erfahrung eine solche frühzeitige psychiatrische Untersuchung nur in Ausnahmefällen gerechtfertigt. Bei solchen Untersuchungen vor Abschluss der wesentlichen Ermittlungen gerät der bzw. die Sachverständige selber nämlich häufig in die Rolle der ermittelnden Person. Er oder sie ist aber weder für diese Aufgabe ausgebildet, noch will er oder sie diese Rolle wirklich übernehmen. Insofern sollte jede Person, die im Gang der Dinge von einem Delikt bis zur Verurteilung des Täters*der Täterin beteiligt ist, ihre Rolle und deren Grenzen kennen, aber auch ein Verständnis für die Rollen der anderen Akteure haben. Ermittlungsbehörden können aber von Psychiater*innen und Psycholog*innen erwarten, dass sie dann Hilfestellung geben, wenn bei der Festnahme psychische Auffälligkeiten nahelegen, dass unmittelbare psychiatrische Hilfe oder Interventionen erforderlich sind. Ihre Aufgabe ist es aber nicht, juristische Sachverhalte zu ermitteln oder eigene Wertungen außerhalb der psychologischen und psychopathologischen Grenzen vorzunehmen.

20.5 Weiterführende Literatur

Müller, J. L. & Nedopil, N. (2017). *Forensische Psychiatrie* (5. Aufl.). Stuttgart: Thieme.

Gibt eine ausführliche Darstellung der Schuldfähigkeitsbeurteilung, es enthält eine Einführung in die Grundlagen, gibt bei jedem Krankheitsbild die besonderen Beurteilungskriterien wieder.

Rosenau, H. (2021). Rechtliche Grundlagen der psychiatrischen Begutachtung. In H. Dreßing & E. Habermeyer (Hrsg.), *Psychiatrische Begutachtung: Ein praktisches Handbuch für Ärzte und Juristen* (7. Aufl.). München, Jena: Elsevier.

Stellt die juristischen Besonderheiten der Schuldfähigkeitsbeurteilung ausführlich und übersichtlich dar.

Literatur

Bleuler, E. (1896). *Der geborene Verbrecher.* München: Lehmann.

Boetticher, A., Nedopil, N., Bosinski, H. A. G. & Saß, H. (2005). Mindestanforderungen für Schuldfähigkeitsgutachten. *Neue Zeitschrift für Strafrecht, 25,* 57–63.

Briken, P. & Müller, J. L. (2014). Beurteilung der Schuldfähikgeit bei paraphiler Störung. *Nervenarzt, 85,* 304–311. https://doi.org/10.1007/s00115-013-3901-x

Dobbrunz, S. & Briken, P. (2020). Operationalisierte, kriteriengeleitete Beurteilung der Schuldfähikgeit bei paraphilen Störungen – Stand und Ausblick. *Forensische Psychiatrie, Psychologie und Kriminologie, 14,* 430–436. https://doi.org/10.1007/s11757-020-00633-w

Foucault, M. (1976). *Überwachen und Strafen. Die Geburt des Gefängnisses.* Frankfurt a. M.: Suhrkamp.

Fuß, J., Voulgaris, A. & Briken, P. (2020). Schuldfähigkeit bei Personen, die wegen Nutzung von Missbrauchsabbildungen angeklagt sind. Forensische Psychiatrie, Psychologie und Kriminologie, 14, 437–445. https://doi.org/10.1007/s11757-020-00624-x

Hassemer, W. (2011). Empirie im Strafprozess. Das Konzept der forensischen Wahrheit. In N. Nedopil (Hrsg.), *Die Psychiatrie und das Recht – Abgrenzung und Brückenschlag. Jubiläumsschrift zum vierzigjährigen Bestehen der Abteilung für Forensische Psychiatrie der Psychiatrischen Klinik der Universität München* (S. 10–32). Lengerich: Pabst Science Publishers.

Hauser, N. C., Herpertz, S. C. & Habermeyer, E. (2021). Das überarbeitete Konzept der Persönlichkeitsstörungen nach ICD-11: Neuerungen und mögliche Konsequenzen für die forensisch-psychiatrische Tätigkeit. *Forensische Psychiatrie, Psychologie und Kriminologie, 15,* 30–38. https://doi.org/10.1007/s11757-020-00648-3

Hanson, R. K., Harris, A. J. R., Scott, T. & Helmus, L.-M. (2007). *Assessing the risk of sexual offenders on community supervision: The Dynamic Supervision Project.* Ottawa, ON: Public Safety Canada.

Janzarik, W. (1972). Foschungsrichtungen und Lehrmeinungen in der Psychiatrie: Geschichte, Gegenwart, forensische Bedeutung. In H. Göppinger & H. Witter (Hrsg.), *Handbuch der Forensischen Psychiatrie* (S. 588–662). Berlin: Springer.

Janzarik, W. (1993). Seelische Struktur als Ordnungsprinzip in der forensischen Anwendung. *Nervenarzt, 64,* 427–433.

Janzarik, W. (1995). *Grundlagen der Schuldfähigkeitsprüfung.* Stuttgart: Enke.

Janzarik, W. (2000). Handlungsanalyse und forensische Bewertung seelischer Devianz. *Nervenarzt, 71,* 181–187. https://doi.org/10.1007/s001150050027

Konrad, N. & Rasch, W. (1992). Zur psychiatrischen Beurteilung forensisch relevanter Rauschzustände. *Forensia Jahrbuch, 3,* 166–177. https://doi.org/10.1007/978-3-642-77613-7_14

Kraepelin, E. (1880). *Die Abschaffung des Strafmaßes.* Stuttgart: Enke.

Kröber, H. L. (1996). Kriterien der verminderten Schuldfähigkeit nach Alkoholkonsum. *Neue Zeitschrift für Strafrecht, 16,* 569–576.

Kröber, H.-L. (2020). Konzepte und Implikationen der verminderten Schuldfähigkeit. *Forensische Psychiatrie, Psychologie, Kriminologie, 14,* 381–392. https://doi.org/10.1007/s11757-020-00626-9

Lammel, M. (2020). Zur Schuldfähigkeit bei Wahnkranken – nur vermindert schuldfähig? *Forensische Psychiatrie, Psychologie und Kriminologie, 14,* 392–410. https://doi.org/10.1007/s11757-020-00625-w

Langelüddeke, A. (1950). *Gerichtliche Psychiatrie.* Berlin: de Gruyter.

Marneros, A. (2006). *Affekttaten und Impulstaten – Forensische Beurteilung von Affektdelikten.* Stuttgart: Schattauer.

Müller, J. L. & Nedopil, N. (2017). *Forensische Psychiatrie* (5. Aufl.). Stuttgart, New York: Thieme.

Nedopil, N. (1987). Quantitative Verfahren zur Beurteilung der Schuldfähigkeit. *Fortschritte der Medizin, 105,* 229.

Nedopil, N. (2000). *Forensische Psychiatrie* (2. Aufl.). Stuttgart: Thieme.

Nedopil, N. (2021). Die Geschichte der forensischen Psychiatrie. In B. Völlm & B. Schiffer (Hrsg.), *Forensische Psychiatrie* (S. im Druck). Berlin, Heidelberg, New York: Springer.

Rasch, W. (1986). *Forensische Psychiatrie.* Stuttgart: Kohlhammer.

Roth, G., Hubig, S. & Bamberger, G. (Hrsg.). (2012). *Schuld und Strafe. Neue Fragen.* München: C. H. Beck.

Saß, H. (1985). Handelt es sich bei der Beurteilung von Affektdelikten um ein psychopathologisches Problem? *Fortschritte der Neurologie und Psychiatrie, 53,* 55–62. https://doi.org/10.1055/s-2007-1001953

Saß, H. (1991). Forensische Erheblichkeit seelischer Störungen im psychopathologischen Referenzsystem. In H. Schütz, H.-J. Kaatsch & H. Thomsen (Hrsg.), *Medizinrecht,Psychopathologie, Rechtsmedizin* (S. 266–281). Berlin: Springer.

Schneider, K. (1948). *Die Beurteilung der Zurechnungsfähigkeit.* Stuttgart: Thieme.

Schöch, H. (1983). Die Beurteilung von Schweregraden schuldmindernder oder schuldausschließender Persönlichkeitsstörungen aus juristischer Sicht. *Monatsschrift für Kriminologie und Strafrechtsreform, 66,* 333–343.

Schöch, H. (2007). Die Schuldfähigkeit. In H.-L. Kröber, D. Dölling, N. Leygraf & H. Saß (Hrsg.), *Handbuch der Forensischen Psychiatrie* (Band 1). Heidelberg: Steinkopf.

Stompe, T. & Schanda, H. (Hrsg.). (2010). *Der freie Wille und die Schuldfähigkeit.* Berlin: Medizinisch wissenschaftliche Verlagsgesellschaft.

Venzlaff, U. & Schmidt-Degenhard, M. (2004). Schizophrene Psychosen. In U. Venzlaff & K. Foerster (Hrsg.), *Psychiatrische Begutachtung* (4. Aufl., S. 53–125). München, Jena: Urban und Fischer.

21 Die strafrechtliche Entwicklungsreife junger Täter

Klaus-Peter Dahle und Melanie S. Richter

21.1 Rechtliche Grundlagen

Vor rund 100 Jahren wurde mit dem Jugendgerichtsgesetz (JGG) in Deutschland ein Sonderstrafrecht für junge Täter und Täterinnen geschaffen. Es ersetzt das allgemeine Strafgesetz nicht vollständig, schafft aber als sog. „lex specialis“[57] mehr Möglichkeiten, durch erzieherische Intervention auf junge Täter einwirken und negativen Folgen strafrechtlicher Sanktionen entgegenwirken zu können (Erziehung vor Strafe; vgl. Ostendorf, 2021). Sein Geltungsbereich lag ursprünglich vom vollendeten 14. bis zum vollendeten 17. Lebensjahr (Jugendliche), wurde aber im Zuge einer Rechtsreform 1953 in der Bundesrepublik in bestimmten Fällen auf 21 Jahre (Heranwachsende) angehoben. Für Personen unter 14 Jahren (Kind i.S. des § 19 StGB) kommen hingegen nur zivilrechtliche Eingriffsmöglichkeiten in Betracht, da sie strafrechtlich als schuldunfähig gelten. Für Personen über 21 Jahren gilt Erwachsenenstrafrecht nach dem StGB. Voraussetzung für die strafrechtliche Verurteilung eines Jugendlichen ist jedoch seine hinreichende Entwicklungsreife („bedingte“ strafrechtliche Entwicklungsreife; s. 21.2); Voraussetzung für die Anwendung des Jugendstrafrechts für Heranwachsende ein noch jugendliches Entwicklungsniveau des Täters oder Tathandlungen vor dem Hintergrund jugendtümlicher Beweggründe (s. 21.3). Die Prüfung dieser Voraussetzungen kann Gegenstand einer forensisch-psychologischen Begutachtung sein.

Da die Anwendbarkeit des Jugendstrafrechts sowohl für jugendliche als auch für heranwachsende Täter an spezifische Bedingungen geknüpft ist, müssen diese in jedem Einzelfall durch das Jugendgericht geprüft werden. Schon wegen des hiermit verbundenen quantitativen Aufkommens wird das Gericht diese Prüfung im Regelfall in eigener Sachkompetenz mit Unterstützung der Jugendgerichtshilfe vornehmen und die Herbeiziehung sachverständiger Hilfe auf besondere Fallkonstellationen beschränken (Dölling, 2007; Günter & Karle, 2011; Streng, 1997) – insbesondere auf Fälle, bei denen zusätzlich Fragen einer etwaigen Schuldeinschränkung wegen psychischer Störung (§§ 21, 21 StGB) oder komplexe prognostische Fragen (z.B. §§ 7, 17 JGG) im Raum stehen. Es sprechen aber auch Verhältnismäßigkeitsgesichtspunkte für die Begrenzung sachverständiger Zuarbeit auf besondere Fälle. Die sorgfältige diagnostische Abklärung des Entwicklungsstandes ist ja nicht nur mit erheblichem Zeitaufwand für die Beteiligten verbunden, sondern bedeutet auch tiefe Einblicke in das Leben und die Persönlichkeit der Betroffenen (vgl. Dölling, 2007), die nicht ohne Weiteres in jedem Fall gerechtfertigt sind. Der Fokus auf schwierige und besondere Fallkonstellationen mag indessen ein Grund dafür sein, weshalb juristische Vorgaben an das konkrete inhaltliche und methodische Vorgehen des oder der Sachverständigen bei der Beurteilung der strafrechtlichen Entwicklungsreife im

57 Ein einem allgemeinen Gesetz vorgelagertes spezielles Gesetz, das in bestimmten Fällen einige Vorschriften des allgemeinen Gesetzes ersetzt.

Vergleich zu anderen forensisch-psychologischen Aufgabenfeldern gering sind (Literaturübersicht bei Karle, 2003).

Strafrechtliche Sanktionen im Jugendstrafrecht orientieren sich nicht vorrangig an der Schwere und dem persönlichen Verschulden des Täters, sondern zielen durch die Ausrichtung am Erziehungsgedanken primär auf ein Entgegenwirken erneuter Straftaten (§ 2 Abs. 1 JGG). Der Strafzweck der Generalprävention[58] tritt im JGG somit hinter spezialpräventiven[59] Gesichtspunkten zurück. Hierfür hält das JGG neben der Freiheitsstrafe (Jugendstrafe gem. §§ 17f JGG) und den Maßregeln der Besserung und Sicherung (§ 7 JGG) als schärfste Sanktionsformen weitere und mildere Reaktionsmöglichkeiten in Form sog. Zuchtmittel (Jugendarrest, Erteilung von Auflagen und richterliche Verwarnung gem. §§ 13ff JGG) und Erziehungsmaßregeln (richterliche Weisungen und die Anordnung von Hilfen zur Erziehung gem. §§ 9ff JGG) für den Jugendrichter bereit, die das Erwachsenenstrafrecht in dieser Form nicht kennt (Übersicht bei Laubenthal, 2018). Weiterhin bietet das JGG mehr Möglichkeiten der Reaktion auf die Verfehlung eines Jugendlichen unter Umgehung einer förmlichen strafrechtlichen Verfolgung („Diversion“, §§ 45, 47 JGG) und es schließt einige strafrechtliche Nebenfolgen, wie z. B. den Verlust passiver und aktiver öffentlicher Rechte, aus (§ 6 JGG). Nicht zuletzt dienen weitere Bestimmungen dem Ziel, bei jungen Tätern schädigenden und stigmatisierenden Nebenfolgen der Strafe und der Strafverfolgung vorzubeugen. In Textbox 21.1 sind die wesentlichen Spezifika noch einmal zusammengefasst.

Textbox 21.1:
Besonderheiten des Jugendstrafrechts gegenüber dem Erwachsenenstrafrecht

- Auswahl und Bemessung der Rechtsfolgen einer Tat primär am erzieherischen Bedarf, demgegenüber geringere Bedeutung von Tatschuld und generalpräventiven Erwägungen (Erziehungsstrafrecht; Streng, 2020)
- Hierdurch stärkere Orientierung am Täter und seinen spezifischen Bedürfnissen im Vergleich zu seiner konkreten Tat (Täterstrafrecht; Streng, 2020)
- Weitgehende Entkopplung der Sanktionsbemessung von den Strafrahmen des StGB
- Differenzierteres System möglicher Sanktionen und Maßnahmen als Rechtsfolge einer Straftat
- Erweiterte Reaktionsmöglichkeiten auf jugendliche Delinquenz unter Umgehung/Aussetzung einer förmlichen Strafverfolgung („Diversion“)
- Schutzbestimmungen, um schädlichen Nebenfolgen der strafrechtlichen Verfolgung einer Straftat vorzubeugen
- Jugendgerichtshilfe (§ 38 JGG)

21.2 Die bedingte Strafmündigkeit Jugendlicher (§ 3 JGG)

Die sog. bedingte Strafmündigkeit jugendlicher Täter ergibt sich aus der Vorschrift des § 3 JGG (s. Textbox 21.2), demnach die strafrechtliche Verfolgung von Rechtsbrüchen eines jugendlichen (nicht aber bereits heranwachsenden!) Täters an Voraussetzungen seiner Entwicklungsreife geknüpft ist.

Zu beachten ist, dass der Wortlaut des § 3 JGG nicht notwendig eine Entwicklungsverzögerung des Jugendlichen voraussetzt; wichtig ist das Ausmaß seiner Kompetenzen im Ab-

58 Generalprävention als Strafzweck zielt auf die Gesellschaft als Adressat. In seiner positiven Variante bezweckt er, durch die Verfolgung von Straftaten das Vertrauen der Gesellschaft in die Rechtsordnung zu stärken. In seiner negativen Variante bezweckt er, die Mitglieder der Gesellschaft durch die Demonstration der Konsequenzen von Straftaten abzuschrecken.

59 Der Strafzweck der Spezialprävention adressiert den Täter und bezweckt die Rückfallvermeidung durch Restriktion (negative Spezialprävention) oder Intervention (positive Spezialprävention).

Textbox 21.2:
§ 3 JGG Strafrechtliche Verantwortlichkeit Jugendlicher

Ein Jugendlicher ist strafrechtlich verantwortlich, wenn er zur Zeit der Tat nach seiner sittlichen und geistigen Entwicklung reif genug ist, das Unrecht der Tat einzusehen und nach dieser Einsicht zu handeln.
Zur Erziehung eines Jugendlichen, der mangels Reife strafrechtlich nicht verantwortlich ist, kann der Richter dieselben Maßnahmen anordnen wie das Familiengericht.

gleich mit den Anforderungen einer konkreten Tatsituation. Dabei formuliert das Gesetz vier Rechtsbegriffe: (1) die geistige Entwicklungsreife, (2) die sittliche Entwicklungsreife, (3) Einsichtsfähigkeit in das Unrecht der Tat sowie (4) die Fähigkeit, nach einer solchen Einsicht zu handeln („Steuerungsfähigkeit"). Es stellt sich also für eine konkrete Tatsituation die Frage, ob von dem jungen Menschen in Anbetracht seiner tatsächlichen Kompetenzen ein rechtmäßiges Andershandeln hätte erwartet werden können. Der Reifebegriff bezieht sich dabei auf *entwicklungsabhängig kompensierbare* Faktoren, nicht aber auf (z. B. dissoziale) Fehlentwicklungen, psychopathologisch begründete Defizite (ggf. §§ 20, 21 StGB; vgl. hierzu Günter & Karle, 2011; Karle, 2003; Lempp, 1997) oder bloße Irrtumssachverhalte im Hinblick auf Tatbestandsumstände oder die Unrechtmäßigkeit und Verwerflichkeit der Tat (ggf. §§ 16, 17 StGB). Vor der Verhängung einer Sanktion hat das Gericht dabei in jedem Einzelfall bei einem Jugendlichen die hierfür erforderliche Entwicklungsreife positiv festzustellen.

21.2.1 Sittliche und geistige Entwicklungsreife

Die Rechtsbegriffe der sittlichen und geistigen Entwicklungsreife im ersten Teil des § 3 JGG sind letztlich unbestimmt (vgl. Ostendorf, 2003). Um sie in psychodiagnostisch handhabbare Konstrukte zu überführen, wird zumeist – oft exklusiv – auf das Stufenkonzept der Moralentwicklung nach Kohlberg (1995) (sittliche Reife) und auf Modelle der kognitiv-intellektuellen Entwicklung (geistige Reife) Bezug genommen (z. B. Schütze & Schmitz, 2003). Nun sind diese entwicklungspsychologischen Konzepte für die Frage der sittlichen und geistigen Entwicklungsreife jugendlicher Täter von gewisser Augenscheinrelevanz. Zu beachten ist aber, dass es sich um kognitive Konzepte handelt; auch bei dem Stufenmodell der Moralentwicklung handelt es sich um ein Modell der Entwicklung der Fähigkeit zur moralischen Urteilsbildung, nicht aber um ein Modell der Entwicklung moralischen Handelns. Sie greifen deshalb zu kurz, um die tatsächlich für ein normgerechtes Verhalten erforderlichen Kompetenzen im Kontext konkreter Tathandlungen hinreichend zu erfassen, insbesondere wenn es um die Frage des einsichtsgemäßen Andershandelnkönnens geht. In Abhängigkeit von den Umständen einer Tat mögen bspw. in einem Fall v. a. soziale Kompetenzen eine größere Rolle spielen, wie z. B. Fähigkeiten der adäquaten sozialen Wahrnehmung und Informationsverarbeitung, Strategien der sozialen Frustrations- und Bedrohungsabwehr oder Kompetenzen der Selbstabgrenzung gegenüber gruppendynamischen Einflüssen. In anderen Fällen könnten hingegen eher Kompetenzen zur Selbstreflexion, zum Belohnungsaufschub, zur wirksamen Affektregulation, zur Handlungsinhibition oder zur Risikowahrnehmung gefragt sein, wenn es um die Zumutbarkeit des Andershandelns geht.

Da es letztlich bei der Frage nach der strafrechtlichen Vorwerfbarkeit einer Tat um die Erwartung grundlegender Kompetenzen für ein normgerechtes und sozial verträgliches Verhalten an den jungen Täter geht (Streng, 1997), gehen die Anforderungen der sittlichen und geistigen Entwicklungsreife somit über rein kognitive Aspekte hinaus und erfordern den Einbezug diverser sozialer, motivationaler, affektiver und ggf. weiterer Fähigkeiten und insoweit eine umfassende multidimensionale Diagnostik des Entwicklungsstandes des jugendlichen Täters (vgl. hierzu auch Karle, 2003). Auch prototypische in der Literatur genannte Beispiele (Textbox 21.3) legen dies nahe. Durch die sehr hohen Anforderungen an die Kompetenz jugendlicher Täter ergeben sich mögliche Tatkonstellationen, in denen nach der Meinung der Autoren eine mangelnde Verantwortungsreife möglich erscheint (Günter, 2009; Streng, 1997).

Textbox 21.3: Beispiele prototypischer Tatkonstellationen mit erhöhten Anforderungen an die Kompetenzen jugendlicher Täter

- Taten im Kontext extremer gruppendynamischer Einflüsse
- Taten bei Delegation durch Autoritätspersonen
- Taten durch Jugendliche mit Migrationshintergrund im Kontext kulturell bedingter Normkonflikte
- Verzweiflungstaten durch Überforderung der Bewältigungskompetenzen eines Jugendlichen
- Kindstötung durch verzweifelte junge Mütter

In der Konsequenz verlangt § 3 JGG in seinem ersten Abschnitt also eine komplexe Beurteilung des individuellen Entwicklungsstandes des jungen Täters und seiner damit einhergehenden spezifischen Möglichkeiten, Begrenzungen, Orientierungen und Vulnerabilitäten zum Zeitpunkt der Tat. Spezielle rechtspsychologische diagnostische Methoden und definierte Außenkriterien liegen hierfür jedoch nicht vor. Zwar lassen sich für Teilaspekte, wie z. B. die Entwicklung von Fähigkeiten zur moralischen Urteilsbildung (Hommers, 2005; Nunner-Winkler, 2008), die Entwicklung von Rechtsbewusstsein (Uslucan, 2005), die Fähigkeit zur sozialen Wahrnehmung und Informationsverarbeitung (Lösel & Bliesener, 1997) oder der allgemeine Entwicklungsstand der Wert- und Lebensorientierungen (z. B. Dreher & Dreher, 1985; Havighurst, 1952), inhaltliche und methodische Konzepte aus der Entwicklungspsychologie heranziehen. Diese bilden jedoch nur Ausschnitte der relevanten Voraussetzungen ab. Die eigentliche Gesamtbeurteilung erfordert eine Integration der unterschiedlichen Facetten und Entwicklungsstränge zu einem Gesamtbild des Entwicklungsstandes des Jugendlichen, das im Weiteren mit den Anforderungen der konkreten Tatsituation abgeglichen werden muss. Dies ist nur im Rahmen eines komplexen idiografischen Urteilsbildungsprozesses möglich (s. 21.3.4).

21.2.2 Einsichtsfähigkeit

Mit der Einsichtsfähigkeit in das Unrecht ist weniger die genaue Kenntnis der strafrechtlichen Dimension einer Tathandlung gemeint als vielmehr die grundlegende Fähigkeit, ihren Unrechtsgehalt erkennen zu können. Dabei kommt es nach Streng (1997) nicht darauf an, ob der junge Täter diese Einsicht bei Tatbegehung tatsächlich auch hatte, sondern ob er sie nach seinem persönlichen Entwicklungsstand hätte haben können. Kontrovers wird dabei die Frage nach dem Umfang und dem Gehalt der abverlangten Einsichten diskutiert. Wird auf der einen Seite das bloße Wissen um die Unrechtmäßigkeit der Tat erwartet (so Rasch, 1999), stellen andere Quellen höhere Anforderungen. Vergleichsweise weit geht hier z. B. die viel zitierte Auffassung von Peters (1967), demnach der Täter die Fähigkeit gehabt haben müsse, „das Unrecht aus der Sozialbindung zu begreifen und um dieser Sozialbindung willen sein Handeln rechtmäßig zu gestalten“ (S. 262). Weitgehende Einigkeit besteht indessen darüber, dass auf der Ebene des bloßen Wissens die meisten Jugendlichen die erforderlichen Kompetenzen im Regelfall mitbringen und mangelnde Kompetenzen in der Praxis nur in seltenen Ausnahmefällen schwerer kognitiver Retardationen (die dann aber in Konkurrenz zur Frage der Schuldfähigkeit bei psychischer Störung gem. §§ 20, 21 StGB treten) oder ungewöhnlich komplexer und unüberschaubarer Rechtslagen (die dann in Konkurrenz zum Verbotsirrtum gem. § 17 StGB treten) zur Verneinung der Einsichtsfähigkeit führen können (z. B. Günter, 2009). Hierauf deuten bspw. empirische Forschungsbefunde von Schepker und Toker (2007), die zeigen, dass Kinder und Jugendliche bereits weit vor dem 14. Lebensjahr bei den meisten Tatkonstellationen über eine grundlegende Fähigkeit zur Unrechtseinsicht verfügen. Soweit erkennbar, geht auch die Rechtspraxis von eher niedrigen Voraussetzungen der erforderlichen Kompetenzen für die Annahme hinreichender Einsichtsfähigkeit aus. Eine komplexe Anforderung an den Grad der Einsicht, wie sie von Peters (1967) vorgeschlagen wurde, würde eine deutlich häufigere Verneinung der Voraussetzungen des § 3 JGG erwarten lassen. Sie ist tatsächlich eine vergleichsweise seltene Ausnahme (Drenkhahn & Schwan, 2014; Nix, 2011).

21.2.3 Steuerungsfähigkeit

Eine befriedigende fallunabhängige Definition hinreichender Kompetenzen für ein einsichtsgemäßes und normgerechtes Andershandelnkönnen gibt es nicht und wird es wohl aus konzeptionellen Gründen auch nicht geben. Eine Annäherung wird allenfalls durch beispielhafte Verweise auf die Anforderungen in außergewöhnlichen Tatkonstellationen (s. Textbox 21.3) versucht. Letztlich lassen sich die Steuerungsfähigkeiten jedoch nur fallbezogen beurteilen, weil sich die für ein zumutbares Andershandelnkönnen erforderlichen Kompetenzen erst aus der Kenntnis des Anforderungsgehalts einer konkreten Tatsituation ergeben. Es geht um den Abgleich des individuellen Entwicklungsstands des jugendlichen Täters zum Tatzeitpunkt und seiner damit einhergehenden entwicklungsabhängigen Kompetenzen und Defizite einerseits und der aus der Analyse der Tatsituation gewonnenen Erkenntnisse über das Tatgeschehen und ihrer Einflüsse, Anreize und Anforderungen andererseits. Diesen Abgleich vorzunehmen und die hierfür erforderlichen Datengrundlagen zu schaffen ist Aufgabe einer sachgerechten idiografischen Einzelfalldiagnostik. Die Frage, ob in der Konsequenz dieses Abgleichs die Kompetenzen zur Steuerungsfähigkeit im vorliegenden Fall als hinreichend zu werten sind, um normkonformes Verhalten erwarten zu können, ist indessen letztlich eine Frage normativer Verantwortungszuschreibung durch das Gericht.

21.2.4 Idiografische Einschätzung der strafrechtlichen Verantwortungsreife

Die sachverständige Beurteilung der strafrechtlichen Entwicklungsreife jugendlicher Täter setzt eine komplexe multidimensionale Diagnostik des Entwicklungsstandes des Jugendlichen voraus, um seine entwicklungsabhängigen Kompetenzen und Defizite zu erkennen. Auf der anderen Seite erfordert sie eine genaue Analyse des Tatgeschehens und dessen Umstände, um die Anforderungen einschätzen zu können, die sich dem jungen Täter im Falle normgerechten Verhaltens gestellt hätten. Erst aus diesem Abgleich ergeben sich sinnvolle Kriterien zur Beurteilung der in § 3 JGG genannten Voraussetzungen. Das diagnostische Vorgehen hierbei muss also zunächst die erforderliche Datengrundlage schaffen. Das hier vorgeschlagene Vorgehen zerlegt diese Aufgabe in eine systematische Abfolge von Teilschritten, die die Beurteilung strukturieren und transparent machen sollen.

Schritt 1: multidimensionale Rekonstruktion der biografischen Entwicklung: Eine Entwicklungsdiagnostik kann sich nicht auf die Feststellung eines Status quo zu einem definierten Zeitpunkt beschränken. Um Entwicklungsprozesse überhaupt erkennen zu können, müssen vielmehr Dynamik und Richtung entwicklungsabhängiger Veränderungen und die auf sie jeweils einwirkenden Einflüsse nachgezeichnet werden. Der erste Schritt einer idiografischen Einzelfallanalyse besteht daher in der retrospektiven mehrdimensionalen Rekonstruktion der biografischen Vorgeschichte des Täters und reicht von der Analyse der sozialen und familiären Ausgangssituation bis zum Zeitpunkt des fraglichen Tatgeschehens. Dabei geht es darum, die bisherige Persönlichkeitsentwicklung des Probanden und seine sich damit entwickelnden Bedürfnisse, Kompetenzen und Werte- und Handlungsorientierungen in ihren jeweiligen psychosozialen Bezügen und Verflechtungen und in ihren relevanten Dimensionen (also soziale, psychosexuelle, kognitive Entwicklung usw.) entwicklungspsychologisch fundiert nachzuzeichnen und verstehbar zu machen. In diesem Sinn besteht das eigentliche Ziel dieses ersten Schrittes in der Begründung einer auf den vorliegenden Einzelfall zugeschnittenen individuellen Entwicklungstheorie der Persönlichkeit des Täters. Aufmerksamkeit sollte man dabei etwaigen entwicklungspsychopathologischen Auffälligkeiten widmen, da sie im Falle unzureichender Einsichts- oder Steuerungsfähigkeiten das erforderliche Material liefern, entwicklungsbedingte Defizite von psychopathologisch begründbaren Einschränkungen abzugrenzen. Aufmerksamkeit sollte man auch etwaigen frühen entwicklungskriminologischen Besonderheiten widmen und etwaige Einstiegspfade in delinquente Fehlentwicklungen nachzeichnen. Diese Analysen liefern ggf. das erforderliche Material, um im Falle unzureichender Einsichts- oder Steuerungsfähigkeiten die Frage zu klären, ob hierfür tatsächlich kompensierbare Entwicklungsdefizite verantwortlich sind oder eine dissozial-delinquente Fehlentwicklung, die eine durch bloße Weiterentwicklung bedingte Kompensation der fehlenden Kompetenzen eher nicht erwarten lässt.

Die erforderliche Datengrundlage hierfür stellt die Exploration des Probanden dar, die nach Möglichkeit – mit Einverständnis aller Betroffenen einschließlich des Gerichts – durch Explorationen von Erziehungs- und unmittelbaren Betreuungspersonen ergänzt werden sollte. Zusätzlich lassen sich standardisierte Instrumente und Verfahren zur biografischen Erfassung oder zur Fremdbeurteilung früherer Verhaltensbesonderheiten, psychischer Auffälligkeiten oder auch familiärer Strukturen heranziehen. Eine weitere wichtige Informationsquelle stellen ferner Aktenunterlagen, insbesondere die Verfahrensakte im laufenden Verfahren dar, der v. a. Informationen zu den Abläufen des vorgeworfenen Tatgeschehens zu entnehmen sind. Hierzu zählen ferner ggf. Jugendamtakten und Jugendgerichtshilfeberichte, bei entsprechender Vorgeschichte auch Gerichtsakten früherer Strafverfahren. In Fällen einer psychiatrischen oder psychotherapeutischen Vorgeschichte gehören schließlich die entsprechenden Behandlungsunterlagen dazu, hierzu ist eine entsprechende Schweigepflichtsentbindung der Erziehungsberechtigten erforderlich. Die Exploration weiterer Personen, etwa aus dem Freundeskreis oder dem schulischen Umfeld des Täters, gehören demgegenüber aus strafprozessualen Gründen nicht zum Zuständigkeitsbereich des oder der Sachverständigen. Er kann und sollte aber im Gutachten bei entsprechender Indikation und zu erwartendem relevantem Erkenntnisgewinn deren gerichtliche Anhörung anregen.

Schritt 2: retrospektive Entwicklungsdiagnose zum Tatzeitpunkt: Auf der Grundlage einer fundierten Vorstellung der biografischen Entwicklungsdynamik des Täters im Hinblick auf seine relevanten Bedürfnisse, Orientierungen, Einsichten und Handlungskompetenzen sowie der sorgfältigen Rekonstruktion der Lebenssituation und sozialen Bezüge im zeitlichen Umfeld des Tatgeschehens kann dann die retrospektive Beurteilung der spezifischen Kompetenzen und Defizite zum Zeitpunkt der Tat vorgenommen werden. Im Vordergrund stehen dabei Einschätzungen der spezifischen personalen Reflexions-, Selbstkontroll- und Handlungsmöglichkeiten in Reaktion auf Verführung, äußere Verhaltenserwartungen, Provokation und innere Bedürfnisse des jungen Täters. Die längs- und querschnittliche Rekonstruktion des Entwicklungsstandes soll die erforderliche Grundlage für den Abgleich der entwicklungsabhängigen Kompetenzen mit den spezifischen Anforderungsstrukturen des Tatgeschehens schaffen. Auch für diesen Schritt wird man die wesentlichen Informationen v. a. aus der Exploration des Täters und ggf. weiterer Erziehungs- oder Betreuungspersonen gewinnen, die durch testpsychologische Methoden zur Persönlichkeits- und Entwicklungsdiagnostik, zur Diagnostik kognitiver Kompetenzen (ggf. einschließlich der moralischen Urteilsbildung) und erforderlichenfalls zur klinischen Störungsdiagnostik zu ergänzen sind. Zusätzlich bietet die Ermittlungsakte (etwa Protokolle von Vernehmungen relevanter Personen aus dem Umfeld des Täters oder Berichte der Jugendgerichtshilfe) oftmals wertvolle ergänzende Informationen zu den näheren Lebensumständen und dem Umfeld des Täters im Kontext des Tatgeschehens.

Schritt 3: Tatgeschehensanalyse: Um die Anforderungen abschätzen zu können, die sich dem Jugendlichen mit der Erwartung des Andershandelns im Tatkontext gestellt hätten, ist eine Rekonstruktion des Tatgeschehens erforderlich. Sie erstreckt sich zeitlich von etwaigen ersten Vorgestalten, der Genese eines Tatentschlusses über mögliche Planungsphasen, dem Tatanlauf, dann der eigentlichen Tatdynamik bis zur Analyse des Nachtatverhaltens. Dabei geht es einerseits um die Klärung der Beweggründe und Motive des Täters sowie der äußeren Einflussfaktoren (z. B. Provokation), der subjektiven Wahrnehmung der Tatsituation durch den Täter und seiner im Tatgeschehen zum Ausdruck gekommenen Bedürfnisse und Handlungsbereitschaften. Andererseits sollten auch mögliche Hinweise auf Unrechtsbewusstsein (z. B. Maßnahmen zum Schutz vor Entdeckung) oder auf die Beschäftigung mit alternativen Handlungsoptionen analysiert werden. Die Rekonstruktion sollte deshalb die objektivierbaren Fakten und die subjektive Perspektive des Täters gleichermaßen einschließen. Die wesentlichen Datengrundlagen dieser Rekonstruktion bilden sowohl die Angaben des Täters im Hinblick auf seine Sicht des Tatgeschehens als auch der Abgleich seiner Angaben mit Informationen, die man der Ermittlungsakte und der Anklageschrift entnehmen kann.

Das eigentliche Ziel der Beurteilung besteht dann im Abgleich der spezifischen Tatanreize und Einflüsse im Kontext der analysierten Tat einschließlich der hiermit einhergehenden Anforderungen, die ein normgerechtes Andersverhalten in dieser Situation an den jungen Täter gestellt hätten (Schritt 3), mit dessen tatsächlichen entwicklungsabhängigen Möglichkeiten, diesen Anforderungen auch entsprechen zu können (Schritte 1 und 2). Aufgabe ist es dabei, die tatsituativen Bedingungen herauszuarbeiten und sie den Kompetenzen und Defiziten des Täters bewertend gegenüberzustellen. Ob im Licht dieser Analysen normkonformes Verhalten zumutbar gewesen wäre und der junge Täter deshalb strafrechtlich zu Verantwortung zu ziehen ist, bleibt indessen eine Aufgabe richterlicher Wertung durch das Jugendgericht.

Dennoch stellt sich in Fällen sichtlicher Überforderung des Täters mit der an ihn gerichteten Erwartung normkonformen Verhaltens die Frage nach den Ursachen. Nur wenn durch die weitere Entwicklung kompensierbare Defizite diese Überforderung bedingt haben, wäre eine hinreichende strafrechtliche Entwicklungsreife i. S. des § 3 JGG zu verneinen. In allen anderen Fällen greifen die de- oder exkulpierenden Sonderregelungen des allgemeinen Strafrechts oder der Täter ist grundsätzlich strafrechtlich für seine Taten verantwortlich. **Abbildung 21-1** fasst das Vorgehen bei der Beurteilung der strafrechtlichen Entwicklungsreife Jugendlicher noch einmal abschließend zusammen.

Spezielle Probleme der Begutachtung der strafrechtlichen Entwicklungsreife junger Täter stellen der zeitliche Abstand zwischen Begutachtungs- und Tatzeitpunkt, mögliche Rückwirkungen der Tat und Tatfolgen auf die weitere Entwicklung seither und mögliche Zusammen-

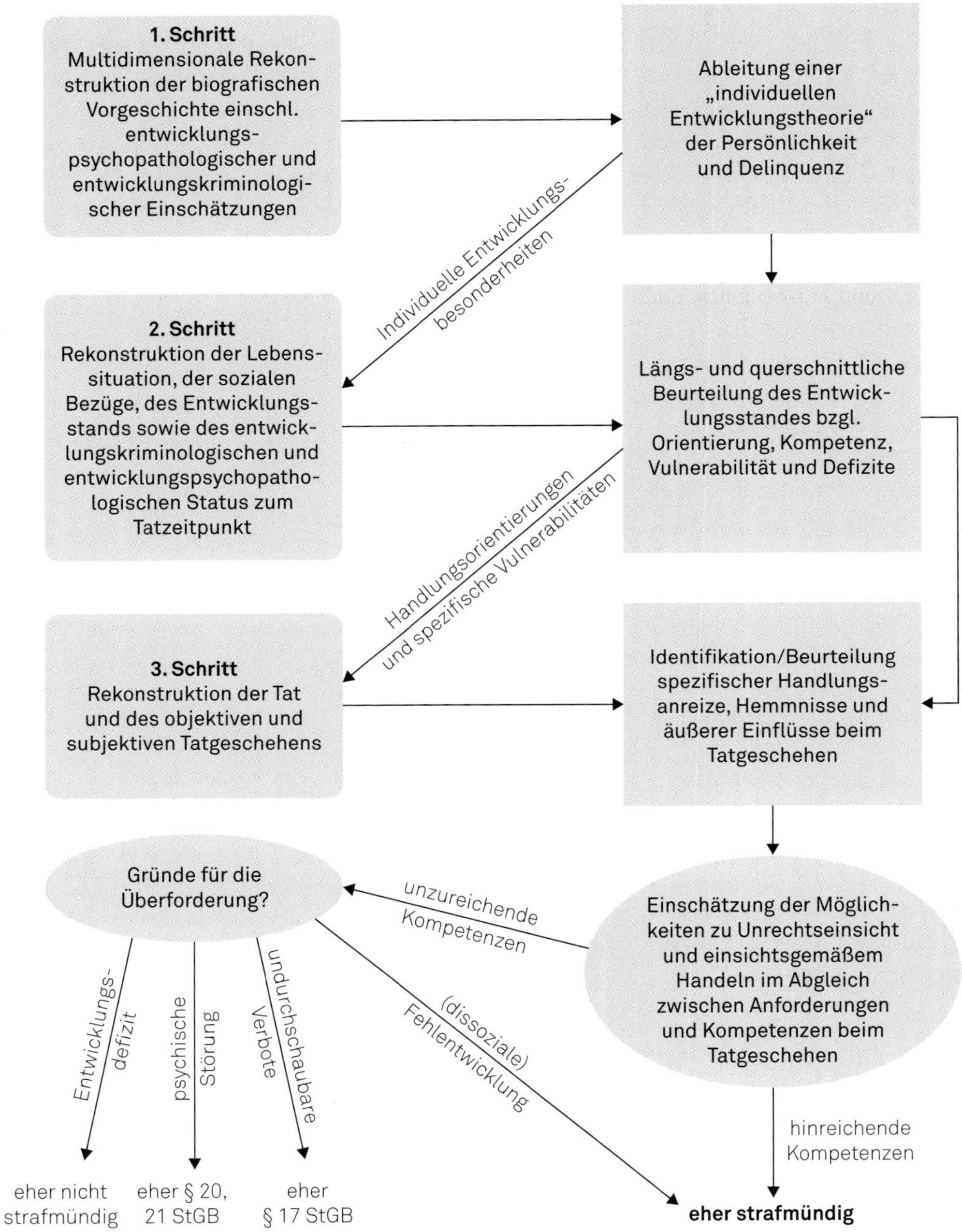

Abbildung 21-1: Prozessmodell der idiografischen Beurteilung der strafrechtlichen Entwicklungsreife Jugendlicher (aus Dahle & Volbert, 2010).

hänge von Entwicklungsauffälligkeiten und psychischen Störungen dar. So ist insbesondere bei verlängerten Zeitabständen die retrospektive Beurteilung des Entwicklungsstands zum Tatzeitpunkt durch die dynamische Lebensphase junger Täter erschwert. Strafrechtliche Ermittlung, die Verfolgung der Tat und auch die bloße Konfrontation mit den Tatfolgen könnten dem Täter ferner das Unrecht der Tat vor Augen geführt und Entwicklungs- und Bewältigungsprozesse angestoßen haben, die seine Entwicklungsreife in den relevanten Dimensionen verändert haben, wodurch die rückblickende Rekonstruktion erschwert ist. Hier ist die oder der Sachverständige letztlich darauf angewiesen, aus dem Datenmaterial den Status zur Tat zu rekonstruieren und die seitherigen Entwicklungsschritte nachzuzeichnen. Schließlich gehen viele psychische Störungen im jungen Alter mit Entwicklungsverzögerungen und -disparitäten einher. Stellen solche störungsbedingten Entwicklungsverzögerungen die wesentliche Ursache der Überforderung dar, stellt sich die Frage, ob diese prinzipiell kompensierbaren Defizite eher unter § 3 JGG oder unter §§ 20, 21 StGB zu fassen sind. Die Meinungen hierzu divergieren (zusammenfassend: Hummel, 1995), das Anliegen einer Vermeidung von Stigmatisierung würde indessen eher für § 3 JGG sprechen. Jedoch liegt die Entscheidung hierüber in der Kompetenz des Gerichts.

21.3 Die relativierte Strafmündigkeit Heranwachsender (§ 105 JGG)

Mit der Reform des Jugendgerichtsgesetzes im August 1953 hat der Gesetzgeber für heranwachsende Täter zwischen dem 18. und 21. Lebensjahr die Möglichkeit geschaffen, in Abhängigkeit von der im Einzelfall zu prüfenden Entwicklungsreife nach dem stärker am Erziehungsgedanken orientierten Jugendstrafrecht zu urteilen. Ziel des Gesetzes ist eine alters- und entwicklungsgerechte Sanktionierung, es besteht daher grundsätzlich kein Regel-Ausnahme-Verhältnis zwischen der Anwendung von Erwachsenen- und Jugendstrafrecht.

Textbox 21.4:
§ 105 JGG Anwendung des Jugendstrafrechts auf Heranwachsende

(1) Begeht ein Heranwachsender eine Verfehlung, die nach den allgemeinen Vorschriften mit Strafe bedroht ist, so wendet der Richter die für einen Jugendlichen geltenden Vorschriften der §§ 4 bis 8, 9 Nr. 1, §§ 10, 11 und 13 bis 32 entsprechend an, wenn

1) die Gesamtwürdigung der Persönlichkeit des Täters bei Berücksichtigung auch der Umweltbedingungen ergibt, dass er zur Zeit der Tat nach seiner sittlichen und geistigen Entwicklung noch einem Jugendlichen gleichstand, oder
2) es sich nach der Art, den Umständen oder den Beweggründen der Tat um eine Jugendverfehlung handelt.

Die Anwendung des Jugendstrafrechts für Heranwachsende kann somit über zwei Wege erfolgen, einerseits über die – tatunabhängig in der Person des Täters liegende – mangelnde Entwicklungsreife, andererseits über die Art und Hintergründe der Straftat (s. Textbox 21.4).

21.3.1 Probleme der Rechtspraxis des § 105 JGG

Probleme ergeben sich aus der heterogenen Anwendungshäufigkeit des Jugendstrafrechts bei heranwachsenden Tätern. Berichtet wird über Quotenunterschiede von über 40 % im Vergleich der Bundesländer, wobei ein West-Ost-Gefälle erkennbar ist (Günter, 2009). Dem *Statistischen Jahrbuch* 2019 zufolge werden dabei im Bundesdurchschnitt rund 60 % der Delikte heranwachsender Täter nach Jugendstrafrecht geahndet, wobei ein klarer Trend zur vermehrten Anwendung bei zunehmender Schwere der

Verfehlung besteht (vgl. Günter, 2008; Remschmidt, 2012), was auf eine größere Sorgfalt der Gerichte bei der Prüfung der Voraussetzungen des § 105 JGG bei schweren Anlasstaten zurückzuführen sein könnte. Die Heterogenität der Anwendung des JGG bei Heranwachsenden mag hingegen ein Grund dafür sein, dass zu § 105 JGG eine ungleich umfangreichere Rechtsprechung der Obergerichte vorliegt als zu § 3 JGG, um die unbefriedigende Rechtslage zu homogenisieren.

21.3.2 Sittliche und geistige Entwicklungsreife

Eine mögliche Erklärung für die heterogene Praxis in der Anwendung des § 105 JGG bietet der Mangel an einheitlichen Definitionen und Kriterien der Rechtsbegriffe (vgl. Ostendorf, 2003; Röpcke, Barth & Hebebrand, 2020). Neben der Bestimmungsproblematik der sittlichen und geistigen Entwicklungsreife (s. 21.2.1) ergibt sich durch die Bezugnahme auf den jugendlichen Lebensabschnitt die weitere Schwierigkeit einer impliziten Anlehnung an eine Entwicklungsnorm, die es in dieser strafrechtsrelevanten Form nicht gibt und die entwicklungspsychologisch auch nur schwerlich zu begründen ist. Da der heranwachsende Täter von seinem Entwicklungsstand her noch einem Jugendlichen gleichstehen soll, verlangt der Wortlaut des ersten Teils der Rechtsvorschrift aber letztlich eine Entwicklungsverzögerung. Soweit erkennbar, hat sich die Rechtsprechung allerdings von dieser Voraussetzung entfernt und einer stärker die Entwicklungsdynamik betonenden Sichtweise angenähert. Demnach entspricht es schon seit Längerem der Rechtsprechung des Bundesgerichtshofs (BGH), dass das Jugendstrafrecht anzuwenden ist, wenn bei einem „noch prägbaren heranwachsenden Täter in größerem Umfang Entwicklungskräfte wirksam sind“ (Dölling, 2007, S. 441; vgl. hierzu auch Laue, 2017). Analog zu § 3 JGG muss es sich aber wiederum um kompensierbare Entwicklungsfaktoren handeln und nicht um Fälle mit „unkompensierbaren Charaktermängeln“ als tatbedingende Faktoren. Eine solche pessimistische prognostische Einschätzung hinsichtlich der weiteren Entwicklung verlangt allerdings ein hohes Maß an Prognosesicherheit (Böhm, 2002).

21.3.3 Jugendverfehlung

Auch das Konzept einer nach Art, Umständen oder Beweggründen jugendtypischen Tat („jugendtümlich“) ist trotz zahlreicher Definitionsversuche unbestimmt. Weitgehender Konsens scheint jedoch darüber zu bestehen, dass bei der Art der Tat kein Delikt prinzipiell ausgeschlossen ist, da kein Delikttyp ausschließlich durch eine spezielle Altersgruppe begangen wird. So betont auch der BGH durchgängig, dass jedes Delikt eine Jugendverfehlung darstellen kann. Die Rechtsprechung fokussiert deshalb eher auf die Kontextbedingungen einer Tat, ihre zugrunde liegenden Motive oder die personalen und situativen Faktoren, die die Handlungsdynamik eines konkreten Tatgeschehens in Gang gesetzt und aufrechterhalten haben, als die wesentlichen Momente bei der Beurteilung ihrer Jugendtümlichkeit. Auf dieser Linie liegen auch entwicklungskriminologische Ansätze zur Konzeptualisierung „jugendtypischer“ Delinquenz. So unterscheidet bspw. (Moffitt, 1993 u.a.) Täter mit jugendspezifischer Delinquenz von Tätern mit persistierender Delinquenz („adolescence limited“ und „life course persistent antisocial behavior“) und macht die Ursachen und Hintergründe der jugendtypischen Variante v.a. an kontextuellen und motivischen Faktoren fest (s. 6.2.1). Indessen lassen sich die Konkretisierungen der Rechtsprechung zur Frage der Jugendtümlichkeit einer Tat wohl am ehesten so verstehen, dass es darum geht, bei der Analyse eines konkreten Tatgeschehens nach möglichen Manifestationen entwicklungsabhängiger Bedürfnisse und Defizite zu fahnden.

21.3.4 Spezielle methodische Hilfsmittel zur Beurteilung des strafrechtlichen Entwicklungsstands Heranwachsender

Bereits kurz nach Inkrafttreten der Reform des JGG wurde der Versuch einer interdisziplinären Arbeitsgruppe unternommen, eine Methode für die im § 105 JGG vorgesehene Einschätzung des Entwicklungsstandes des heranwachsenden Täters zu entwickeln. Bei den hieraus hervorgegangenen „Marburger Richtlinien" (Anonymous, 1955) handelt es sich um eine erste Auflistung möglicher negativer und positiver Merkmale, die nach Meinung der Autorengruppe für eine noch unzureichende Entwicklungsreife des heranwachsenden Täters sprechen sollen und insoweit die Anwendung des Jugendstrafrechts nahelegen. Allerdings wurden neben zeitgeisttypischen Elementen die starke Orientierung an ein abstraktes Ideal von einem reifen Erwachsenen beklagt, aber auch einige moralisch wertende und methodisch unzureichend fassbare Details (s. i. Karle, 2003). Nicht zuletzt fehlen jegliche Operationalisierungen und auch die Art der Verknüpfung der Merkmale bleibt offen. Gleichwohl spielen die Marburger Richtlinien bis heute in der – v. a. auch juristischen – Literatur eine gewisse Rolle, weswegen sie an dieser Stelle erwähnt werden sollen.

Inspiriert von den Marburger Richtlinien – aber durch entwicklungspsychologische Überlegungen ergänzt – entwickelten Esser, Fritz und Schmidt (1991) 10 Dimensionen des Entwicklungsstands heranwachsender Täter (s. **Tab. 21-1**), die sie jeweils durch spezifische Beurteilungskriterien näher zu fassen versuchten und anhand von vierstufigen Zuordnungen operationalisiert haben (kindlich – jugendlich – heranwachsend – erwachsen). Untersuchungen der Operationalisierung erwiesen sich als reliabel mit einer Übereinstimmung zwischen Beurteilern zwischen 85 und 100 %. Zudem ergab sich für eine Zufallsstichprobe von 181 gerade 18 Jahre alter Männer und Frauen erwartungsgemäß bei 9 der 10 Dimensionen ein mittlerer Entwicklungsstand zwischen jugendlich und heranwachsend. Eine spätere Nachuntersuchung der Probanden im Alter von 25 Jahren zeigte ferner, dass sich zwischenzeitlich alle 10 Beurteilungsdimensionen hochsignifikant verändert hatten und insoweit offenbar tatsächlich entwicklungsabhängige Kriterien erfasst wurden (Esser, 1999).

Ausgehend von einer Expertenbefragung kritisierten Busch und Scholz (2003) die Reifekriterien nach Esser allerdings als zu allgemein und subjektiv. Deshalb entwickelte Busch (2006) in einer mehrwelligen Sequenz von Befragungen von Experten zu den aus seiner Sicht relevanten Beurteilungskriterien (Delphi-Technik) einen umfassenden Satz von Items, die sich insgesamt 10 Skalen (hierunter 7 Skalen zum Entwicklungsstand der zu beurteilenden Per-

Tabelle 21-1: (Un-)Reifedimensionen nach Esser et al. (1991).

- Realistische Lebensplanung vs. Leben im Augenblick
- Eigenständigkeit ggü. Eltern vs. aktuelle Autonomiebestrebungen
- Eigenständigkeit ggü. Peers vs. Anlehnungs- und Orientierungsbedürfnis
- Ernsthafte vs. spielerische Einstellung („notwendiges Übel") zu Arbeit
- Altersgemäßer vs. deutlich jünger wirkender äußerer Gesamteindruck
- Realistische vs. hedonistische Alltagsbewältigung
- Altersadäquate vs. deutlich jüngere Freunde
- Bindungsfähigkeit vs. labile Bindungen ohne Offenheit und Vertrauen
- Integration vs. mangelnde Integration von Eros und Sexus
- Konsistent-berechenbare vs. labile Stimmungslage

son, eine Skala zu relevanten Umweltbedingungen und 2 Skalen zur Jugendtümlichkeit des Tatgeschehens) zuordnen lassen (s. **Tab. 21-2 und 21-3**). Die Skalen erwiesen sich als reliabel und zeigten sich auch bei einer Kreuzvalidierung durch Nichtexperten als trennscharf.

Tabelle 21-2: Skalen zur Beurteilung der personalen Entwicklungsreife und (verkürzte) Beispiele besonders trennscharfer Items[a] nach Busch (2006).

Autonomie
• Eigener Hausstand (+) • Delinquenz aus Gruppenaktivitäten heraus (–)
Qualifikation und Ziele
• Häufiger Interessenwechsel (–) • Politische Interessen (+)
Problem- und Konfliktmanagement
• Bemühen um aggressionsfreie Konfliktlösung (+) • Nutzung sozialer Normen zur Konfliktlösung (+)
Werte und Normen
• Bereitschaft, normative Grenzen auszutesten (–) • An Gruppennormen orientiert (–)
Beziehung und Partnerschaft
• Verantwortungsübernahme in Partnerschaft (+) • Auflehnen gegen relevante Bezugspersonen (–)
Emotionalität und Impulsivität
• Bereitschaft zu spontanen Gruppenaktionen (–) • Starke Experimentierfreude (z. B. Drogen) (–)
Kommunikation und Reflexivität
• Unangemessene Sprache (–) • Abwägen von Handlungsfolgen (+)
Umwelt
• Keine eigene Wohnung (–) • Fehlende Vermittlung von Normen/Werten durch Umwelt (–)

[a] Zu beachten sind wechselnde Richtungen bei den Itemformulierungen der eher für (+) und eher gegen (–) hinreichende Entwicklungsreife sprechenden Beurteilungskriterien.

21.3.5 Vorgehen bei der idiografischen Einschätzung der Entwicklungsreife Heranwachsender und ihrer Tat(en)

Unabhängig von den im Vorabschnitt skizzierten methodischen Ansätzen verlangt auch die Beurteilung eines heranwachsenden Täters nach § 105 JGG die sorgfältige Untersuchung jedes Einzelfalls entlang eines idiografischen Urteilsbildungsprozesses. Wie bei der Einschätzung der strafrechtlichen Entwicklungsreife jugendlicher Täter geht es dabei in erster Linie um die Analyse entwicklungsabhängiger Faktoren der Persönlichkeit.

Die multidimensionale Rekonstruktion der Entwicklung des Täters. Die ersten Teilaufgaben im Gang dieser Beurteilung – die multidimensionale längsschnittliche Rekonstruktion der bisherigen Entwicklung des Täters einschließlich ihrer entwicklungskriminologischen und etwaigen entwicklungspsychopathologischen Facetten sowie die sorgfältige querschnittliche Rekonstruktion seines Entwicklungsstandes zum Tatzeitpunkt – entsprechen

Tabelle 21-3: Skalen zur Beurteilung der Jugendtümlichkeit einer Straftat und (verkürzte) Beispiele besonders trennscharfer Items nach Busch (2006).

Tatumstände
• Tat als Wettstreit • Tat unter Gleichaltrigen • Tat unter Außendruck (Gruppe, Bezugspersonen) • Tat erscheint Außenstehenden sinnlos • Tat aus mangelndem Situationsüberblick
Beweggründe der Tat
• Mutprobe • Vorbildern nacheifern • Anerkennung erlangen • Anschluss an Dritte erlangen

inhaltlich, methodisch und von ihren Datengrundlagen her daher dem skizzierten Vorgehen bei der Beurteilung gem. § 3 JGG (s. 21.2.4); hier nun bis in einen etwas späteren biografischen Lebensabschnitt fortgesetzt. Im Hinblick auf die Rechtsprechung zum § 105 JGG ließe sich ergänzen, dass es hierbei auch um die Einschätzung der Entwicklungsdynamik zum Tatzeitraum gehen soll („noch im größeren Umfang Entwicklungskräfte wirksam"), jedoch ergibt sich diese Einschätzung aus der Verknüpfung der längs- und querschnittlichen Analysen. Anhaltspunkte für die dimensionale Breite der Rekonstruktion des Entwicklungsstands bietet die Auflistung von Buch und Köhler (2019). Orientierungspunkte für dessen Einordnung als noch jugendlich finden sich in den methodischen Handreichungen des Vorabschnitts, ergänzend lassen sich allgemeine entwicklungspsychologische Konzepte heranziehen.

Tatgeschehensanalyse. Vom Wortlaut des § 105 JGG her könnte, soweit die Einschätzung der Person des Täters ergibt, dass er zum Tatzeitpunkt in wesentlichen Facetten seiner Entwicklung noch einem Jugendlichen gleichstand, auf eine dezidierte Tatgeschehensanalyse verzichtet werden. Die rechtlichen Voraussetzungen für die Anwendung von Jugendstrafrecht wären bereits erfüllt. Allerdings erwartet das Gericht in aller Regel durchaus Aussagen zum konkreten Tatgeschehen und zu den Tathintergründen. Nicht zuletzt sind Tatmotive, hierin zum Ausdruck gekommene Handlungsbereitschaften, aber auch seine konkret zutage getretenen Defizite für andere rechtliche Entscheidungen im Rahmen der Hauptverhandlung von Belang, insbesondere für die Beurteilung seines Erziehungsbedarfs als Grundlage für die Sanktionszumessung. Insoweit sollte auch in diesen Fällen eine sorgfältige Tatgeschehensanalyse erfolgen. Inhaltlich, methodisch und von ihrer Datengrundlage her entspricht sie indessen wiederum dem Vorgehen gem. dem dritten Schritt bei der Beurteilung der strafrechtlichen Entwicklungsreife jugendlicher Täter. Primäres Ziel dieses Schritts ist dabei nunmehr aber die Identifikation der Tatbeweggründe, der situativen Einflüsse und der sonstigen Tathintergründe. Zur Einschätzung jugendtypischer Tatelemente lassen sich, neben den Hinweisen aus der Rechtsprechung, die von Busch (2006) zusammengetragenen Kriterien heranziehen; hilfreich sind ferner jugend- und entwicklungskriminologische Konzepte „jugendtypischer" Delinquenzformen und ihrer jeweiligen Ursachen, Hintergründe und Ausdrucksformen.

Nur wenn beide Prüfungen sowohl zur positiven Feststellung eines altersadäquaten Entwicklungsstands führen als auch keine jugendtypischen Tatelemente und -hintergründe erkennbar sind, wäre nach dem Wortlaut des § 105 JGG die Anwendung des Erwachsenenstrafrechts zu empfehlen. In allen anderen Fällen stellt sich die abschließende Frage nach den Ursachen der in der Person und/oder im Tatgeschehen erkennbaren Defizite. Die Rechtsprechung verlangt für die Anwendung von Jugendstrafrecht solche Defizite, die entwicklungsbedingt und daher durch weitere Entwicklungsschritte zu kompensieren sind. Hiervon sind Fehlentwicklungen („Charaktermängel", eine sich anbahnende [dissoziale] Persönlichkeitsstörung) entsprechend abzugrenzen. In diesen Fällen wäre insoweit eine kriminalprognostische Einschätzung der weiteren delinquenten Entwicklung erforderlich. Eine Empfehlung des Erwachsenenstrafrechts bei einem solchen Heranwachsenden erfordert aber ein hohes Maß an Sicherheit der pessimistischen Einschätzung unzureichender Aussicht zur Kompensation der Defizite im Zuge der weiteren Entwicklung, sie dürfte daher in der Konsequenz eher die Ausnahme darstellen. **Abbildung 21-2** fasst abschließend den Gang des Urteilsbildungsprozesses bei der Beurteilung der Entwicklungsreife heranwachsender Täter nach § 105 JGG noch einmal zusammen.

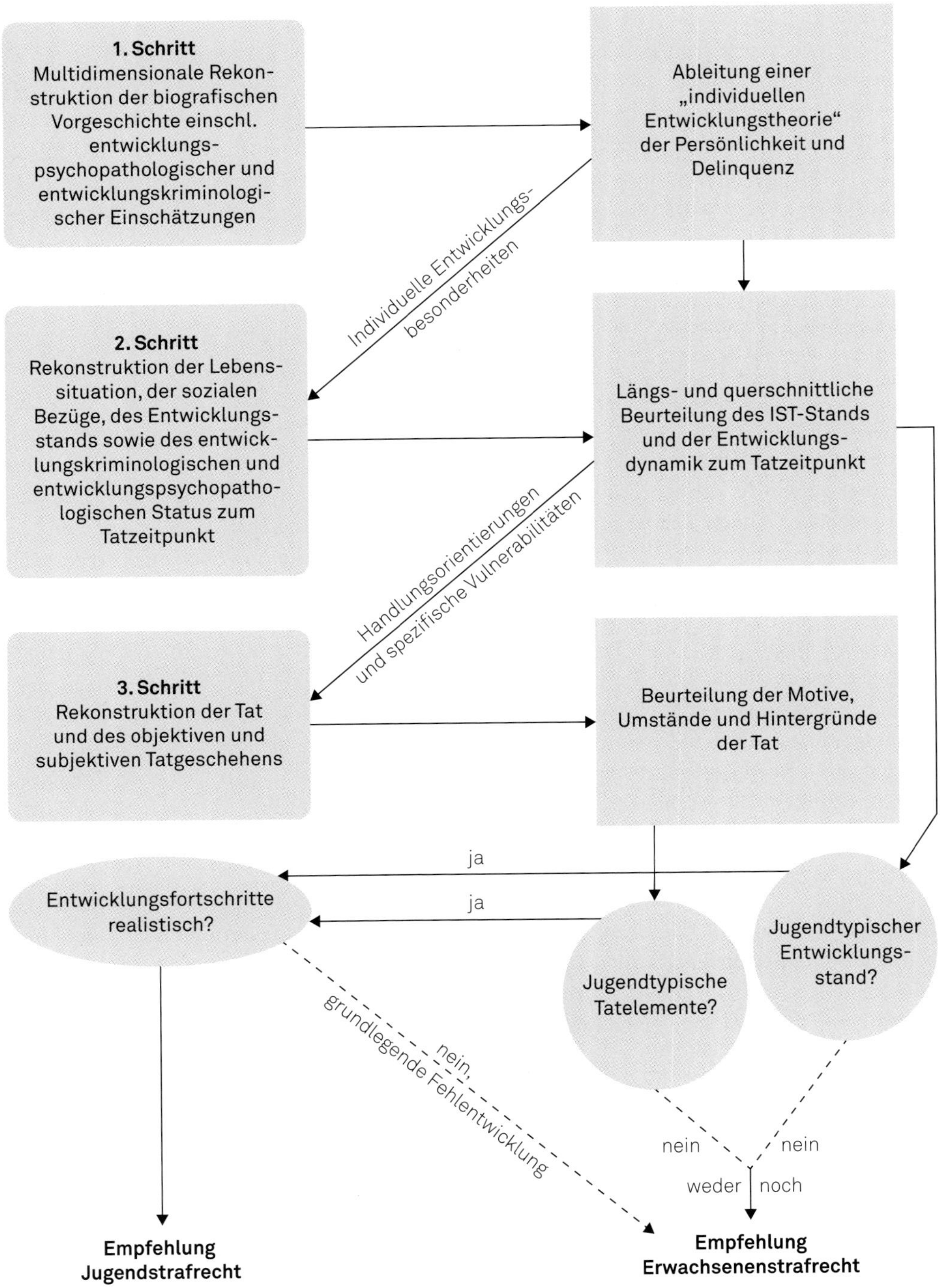

Abbildung 21-2: Prozessmodel der idiografischen Beurteilung der Entwicklungsreife heranwachsender Täter gem. § 105 JGG (aus Dahle & Volbert, 2010 in Anlehnung an Busch, 2006).

Literatur

Anonymous. (1955). Marburger Richtlinien. *Monatsschrift für Kriminologie, 38*, 58–62.

Böhm, A. (2002). Aus der neueren Rechtsprechung zum Jugendstrafrecht. *Neue Zeitschrift für Strafrecht - Rechtsprechungsübersicht, 9*, 471–474.

Buch, J. von & Köhler, D. (2019). Jugendlich oder erwachsen? *Rechtspsychologie, 5*, 178–205. https://doi.org/10.5771/2365-1083-2019-2-178

Busch, T. P. (2006). *Rechtspsychologische Begutachtung delinquenter Heranwachsender. Evidenzbasierte Entscheidungsalgorithmen zur strafrechtlichen Zuweisung gemäß § 105 JGG*. Berlin: Logos.

Busch, T. P. & Scholz, O. B. (2003). Neuere Forschung zum § 105 JGG. Die Bonner Delphi-Studie – Ein Zwischenbericht. *Monatsschrift für Kriminologie und Strafrechtsreform, 86*, 421–432. https://doi.org/10.1515/mks-2003-0059

Dahle, K.-P. & Volbert, R. (2010). Die Begutachtung der Schuldfähigkeit, strafrechtlichen Verantwortlichkeit und Entwicklungsreife. In R. Volbert & K.-P. Dahle (Hrsg.), *Forensisch-psychologische Diagnostik im Strafverfahren* (126–151). Göttingen: Hogrefe.

Dölling, D. (2007). Grundlinien des Jugendstrafrechts. In H.-L. Kröber, D. Dölling, N. Leygraf & H. Sass (Hrsg.), *Handbuch der Forensischen Psychiatrie* (Bd. 1, Strafrechtliche Grundlagen der Forensischen Psychiatrie, S. 435–463). Darmstadt: Steinkopff.

Dreher, E. & Dreher, M. (1985). Entwicklungsaufgaben im Jugendalter: Bedeutsamkeit und Bewältigungskonzepte. In D. Liepmann & A. Stiksrud (Hrsg.), *Entwicklungsaufgaben und Bewältigungsprobleme in der Adoleszenz* (S. 56–70). Göttingen: Hogrefe.

Drenkhahn, K. & Schwan, A. (2014). Selbst schuld – die strafrechtliche Verantwortlichkeit nach § 3 Jugendgerichtsgesetz. *Praxis der Rechtspsychologie, 24* (1), 24–44.

Esser, G., Fritz, A. & Schmidt, M. H. (1991). Die Beurteilung der sittlichen Reife Heranwachsender im Sinne des § 105 JGG: Versuch einer Operationalisierung. *Monatsschrift für Kriminologie und Strafrechtsreform, 74*, 356–368.

Esser, G. (1999). Sind die Kriterien der sittlichen Reife des § 105 JGG tatsächlich reifungsabhängig? *DVJJ-Journal, 10*, 37–40.

Günter, M. (2008). Der § 105 JGG: Entwicklungspsychologische Erkenntnisse und gutachterliche Praxis. *Forensische Psychiatrie, Psychologie, Kriminologie, 2*, 169–179. https://doi.org/10.1007/s11757-008-0083-7

Günter, M. (2009). Strafrechtliche Begutachtung von Jugendlichen und Heranwachsenden. In K. Foerster & H. Dreßing (Hrsg.), *Psychiatrische Begutachtung* (5. Aufl., S. 697–730). München: Elsevier.

Günter, M. & Karle, M. (2011). Das Gutachten zu Strafmündigkeit und Entwicklungsstand. In H.-L. Kröber, D. Dölling, N. Leygraf & H. Sass (Hrsg.), *Handbuch der Forensischen Psychiatrie* (Bd. 2, Psychopathologische Grundlagen und Praxis der Forensischen Psychiatrie im Strafrecht, S. 561–599). Darmstadt: Steinkopff. https://doi.org/10.1007/978-3-7985-1745-5_4

Havighurst, R. J. (1952). *Developmental tasks and education*. New York, NY: McKay.

Hommers, W. (2005). Zur Entwicklung von Verantwortlichkeit. In K.-P. Dahle & R. Volbert (Hrsg.), *Entwicklungspsychologische* Aspekte der Rechtspsychologie (S. 13–29). Göttingen: Hogrefe.

Hummel, P. (1995). Die Abgrenzung der Strafmündigkeit (§ 3 JGG) von Schuldunfähigkeit bzw. Verminderter Schuldfähigkeit (§§ 20, 21 Strafgesetzbuch) aus jugendpsychiatrischer Sicht. *Praxis der Kinderpsychologie und Kinderpsychiatrie, 44*, 15–22.

Karle, M. (2003). Entwicklungspsychologische Aspekte bei der Begutachtung von Jugendlichen und Heranwachsenden. *Praxis der Rechtspsychologie, 13*, 274–308.

Kohlberg, L. (1995). *Die Psychologie der Moralentwicklung*. Frankfurt a. M.: Suhrkamp.

Laubenthal, K. (2018). Geltungsbereich und Sanktionenkatalog des JGG. In B. Dollinger & H. Schmidt-Semisch (Hrsg.), *Handbuch Jugendkriminalität: Interdisziplinäre Perspektiven* (S. 517–532). Wiesbaden: Springer VS.

Laue, C. (2017). Die Rechtsprechung des Bundesgerichtshofs zu § 105 JGG. *Zeitschrift für Jugendkriminalrecht und Jugendhilfe, 28*, 108–114.

Lempp, R. (1997). Die Beurteilung der Strafreife im geschichtlichen Rückblick und ihre Beziehung zur Jugendpsychiatrie. *DVJJ-Journal, 8*, 369–375.

Lösel, F. & Bliesener, T. (1997). Zur Altersgrenze strafrechtlicher Verantwortlichkeit von Jugendlichen aus psychologischer Sicht. *DVJJ-Journal*, 8, 387–395.

Moffitt, T. E. (1993). Adolescence-limited and life-course-persistent antisocial behavior: A developmental taxonomy. *Psychological Review, 100*, 674–701. https://doi.org/10.1037/0033-295X.100.4.674

Nix, C. (2011). JGG – eine immer wieder neu vergessene Rechtsvorschrift. *Zeitschrift für Jugendkriminalrecht und Jugendhilfe, 22,* 416–421.

Nunner-Winkler, G. (2008). Die Entwicklung des moralischen und rechtlichen Bewusstseins von Kindern und Jugendlichen. *Forensische Psychiatrie, Psychologie, Kriminologie, 2,* 146–154. https://doi.org/10.1007/s11757-008-0080-x

Ostendorf, H. (2003). Rechtliche Grundlagen. In R. Lempp, G. Schütze & G. Köhnken (Hrsg.), *Forensische Psychiatrie und Psychologie des Kindes- und Jugendalters* (2. Aufl., S. 135–146). Darmstadt: Steinkopff.

Ostendorf, H. (2021). Erziehung im Jugendstrafrecht. In A. Kaplan & S. Roos (Hrsg.), *Delinquenz bei jungen Menschen: Ein interdisziplinäres Handbuch* (S. 65–73). Wiesbaden: Springer VS.

Peters, K. (1967). Die Beurteilung der Verantwortungsreife. In U. Undeutsch (Hrsg.), *Handbuch der Psychologie* (Bd. 11, Forensische Psychologie, S. 260–295). Göttingen: Hogrefe.

Rasch, W. (1999). *Forensische Psychiatrie* (2. Aufl.). Stuttgart: Kohlhammer.

Remschmidt, H. (2012). *Empirische Untersuchungen an jugendlichen und heranwachsenden Tötungsdelinqenten.* In H. Remschmidt (Hrsg.), *Tötungs- und Gewaltdelikte junger Menschen: Ursachen, Begutachtung, Prognose* (S. 61–104). Heidelberg: Springer-Verlag Berlin.

Röpcke, B., Barth, N. & Hebebrand, J. (2020). Die Reifebeurteilung Heranwachsender nach § 105 JGG und der Umgang mit jungen erwachsenen Straftäterinnen und Straftätern aus entwicklungspsychologischer Sicht. *Zeitschrift für Kinder- und Jugendpsychiatrie und Psychotherapie, 48,* 318–327. https://doi.org/10.1024/1422-4917/a000717

Schepker, R. & Toker, M. (2007). Entwicklungsaspekte in der Strafrechtsbegutachtung. *Zeitschrift für Kinder- und Jugendpsychiatrie und Psychotherapie, 35,* 9–18. https://doi.org/10.1024/1422-4917.35.1.9

Schütze, G. & Schmitz, G. (2003). Strafrechtliche Verantwortlichkeit, Strafreife und schädliche Neigungen. In R. Lempp, G. Schütze & G. Köhnken (Hrsg.), *Forensische Psychiatrie und Psychologie des Kindes- und Jugendalters* (2. Aufl., S. 147–155). Darmstadt: Steinkopff. https://doi.org/10.1007/978-3-642-57383-5_14

Streng, F. (1997). Die Einsichts- und Handlungsreife als Voraussetzung strafrechtlicher Verantwortlichkeit. *DVJJ-Journal, 8,* 379–387.

Streng, F. (2020). *Jugendstrafrecht* (5. Aufl.). Heidelberg: Müller.

Uslucan, H.-H. (2005). Entwicklung von Rechtsbewusstsein und Gewalt im Jugendalter. In K.-P. Dahle & R. Volbert (Hrsg.), *Entwicklungspsychologische Aspekte der Rechtspsychologie* (S. 54–69). Göttingen: Hogrefe.

22 Glaubhaftigkeit

Renate Volbert und Max Steller

22.1 Einleitung

Die forensisch-psychologische Glaubhaftigkeitsbegutachtung durch Sachverständige besteht in der systematischen Prüfung der Frage, ob eine (Zeugen-)Aussage anders als durch einen tatsächlichen Erlebnishintergrund zustande gekommen sein kann. Im Wesentlichen geht es um die Abklärung von zwei möglichen Gegenannahmen zur Wahrannahme:

- Bei der zu prüfenden Aussage handelt es sich um eine *absichtliche Falschdarstellung* (Lügenhypothese).
- Bei der zu prüfenden Aussage handelt es sich um eine subjektiv für wahr gehaltene, auf einer vermeintlichen „Erinnerung" basierende Darstellung, deren Inhalt aber tatsächlich keine Entsprechung in einer vorausgegangenen Realität hat. Derartige *Pseudoerinnerungen* entwickeln sich i.d.R. auf der Basis fremd- und/oder autosuggestiver Prozesse (Suggestionshypothese).

Diese beiden Kategorien lassen sich in weitere Subgruppen aufteilen, bspw. kann ein tatsächliches Erlebnis auf einen anderen Beschuldigten transferiert werden oder eine Pseudoerinnerung kann durch einen Dritten intentional oder unbeabsichtigt induziert worden sein (vgl. Steller, Volbert & Wellershaus, 1993). Zwischen den Polen „absichtliche Falschdarstellung" und „subjektiv wahre, aber objektiv nicht zutreffende Darstellung" befindet sich außerdem vermutlich ein Bereich, in dem es zu Angaben kommt, von denen die Aussagenden zumindest zeitweise selbst wissen, dass sie in dieser Form nicht zutreffend sind, zu anderen Zeitpunkten aber von dem Erlebnisbezug überzeugt sind.

Im Folgenden wird auf das methodische Vorgehen bei der Prüfung beider Hypothesen eingegangen.

22.2 Erlebnisentsprechende vs. erfundene Darstellungen

22.2.1 Täuschung und mögliche Täuschungsindikatoren

Es existieren verschiedene theoretische Überlegungen, wieso es Unterschiede in dem Verhalten und den Aussagen von wahrheitsgemäß aussagenden und lügenden Personen gibt und welche Indikatoren demzufolge auf *Täuschung* hinweisen können (Zuckerman, DePaulo & Rosenthal, 1981): a) Zum einen wird davon ausgegangen, dass Täuschungen *Arousal* hervorrufen, das sich in physiologischen Reaktionen wie erhöhtem Blutdruck oder erhöhter Stimmlage ausdrückt. b) Eine weitere Annahme ist, dass Täuschung Emotionen evoziert wie Schuld, Scham oder Furcht vor Entdeckung und dass Hinweise auf solche Emotionen Indikatoren für Täuschung sein können. c) Ein dritter Ansatz betont die *Kontrollbemühungen* des Täuschenden. Es wird postuliert, dass Personen während einer Lüge ihr Verhalten zu kontrollieren versuchen, um einen glaubwürdigen Eindruck zu vermitteln und sich nicht zu verraten. Dies wiederum kann zu einem besonders rigiden und gehemmten Aussageverhalten führen. d) *Kognitive Ansätze* betonen die mentalen Anforderungen an den Täuschenden, dessen Aufgabe im Vergleich zu dem wahrheitsgemäß Aussagenden als kognitiv anspruchsvoller betrachtet wird, was bspw. eine höhere Antwortlatenz, geringere Sprechgeschwindigkeit, aber auch eine Abnahme von Körperbewegungen oder eine geringere inhaltliche Komplexität der falschen Aussage zur Folge haben sollte.

Metaanalysen (z. B. DePaulo et al., 2003; Sporer & Schwandt, 2006, 2007) haben aber gezeigt, dass situationsübergreifend nur wenige signifikante Unterschiede zwischen lügenden und wahrheitsgemäß aussagenden Personen hinsichtlich solcher *Täuschungs*merkmale existieren. Entgegen weit verbreiteten Annahmen unterscheiden non- oder paraverbale Merkmale kaum zwischen diesen beiden Gruppen (Brennen & Magnussen, 2020; Vrij & Fisher, 2020). Wo sich Unterschiede finden (z. B. Tonlage oder Pupillendilatation), sind diese nicht so ausgeprägt, dass sie im Einzelfall diagnostisch hilfreich sein können (Sporer & Köhnken, 2008). Die wenigen Merkmale, die sich situationsübergreifend überhaupt als relevant für eine Differenzierung zwischen wahren und erfundenen Aussagen erwiesen, beziehen sich weniger auf das Verhalten der aussagenden Personen, sondern eher auf die Aussage selbst (z. B. Detailmenge; spontane Korrekturen).

Für das Vorhandensein von situationsübergreifenden *Täuschungs*merkmalen liegt somit keine empirische Evidenz vor (Denault, 2020; Sternglanz, Morris, Morrow & Braverman, 2019). Es erscheint daher notwendig, sich für spezifische Täuschungssituationen auf die Unterschiede in den Anforderungen an wahr aussagende Personen einerseits und täuschende Personen andererseits und daraus resultierende spezifische Differenzen zu konzentrieren (Volbert & Banse, 2014).

22.2.2 Indikatoren für Erlebnisbezug

Bei der klassischen Konstellation für Glaubhaftigkeitsbegutachtungen, der Beurteilung einer Zeugenaussage, in der eine Straftat beschrieben wird, die entweder geschehen oder erfunden worden ist, ergeben sich für wahr aussagende Personen einerseits und für täuschende Personen andererseits folgende Randbedingungen (zum Ganzen Volbert & Steller, 2020):

- Bei einer wahr aussagenden Person liegt *Kongruenz* zwischen Aussage und eigener Überzeugung vor, während bei einer lügenden Person diesbezüglich eine *Diskrepanz* besteht.
- Die Aussage einer wahr aussagenden Person basiert auf einer genuinen *Erinnerung*, während dies bei einer lügenden Person nicht bzw. in der vorgetragenen Form der Fall ist.
- Die *kognitiven Anforderungen* unterscheiden sich stark zwischen wahr aussagenden und lügenden Personen: In einer realen forensischen Situation müssen lügende Personen eine Vielzahl von Aufgaben simultan bewältigen (vgl. auch Sporer & Schwandt, 2006). Sie müssen ein komplexes Handlungsgeschehen ohne eigene Erlebnisgrundlage erfinden. Da die Angaben in einer persönlichen Befragung erhoben werden, müssen Zeug*innen in der Lage sein, die erfundene Aussage auf Nachfragen ohne Verzögerung widerspruchsfrei zu ergänzen. Dabei müssen sie darauf achten, keine Angaben zu machen, die widerlegt werden können, da die Behörden möglicherweise weitere Ermittlungen durchführen (primäre Täuschung nach Köhnken, 1990). Zugleich müssen sie während der Befragung fortlaufend sicherstellen, dass die Täuschung vom Gegenüber nicht entdeckt wird (sekundäre Täuschung nach Köhnken, 1990). Außerdem muss eine Zeugenaussage nicht nur einmal, sondern wiederholt abgegeben werden, wobei zwischen den verschiedenen Befragungen lange Zeiträume liegen können. Da von den Befragungen Protokolle angefertigt werden, auf deren Basis jeweils die späteren Befragungen durchgeführt werden, müssen lügende Bezeugende sich nicht nur ihre ursprünglichen Falschaussagen, sondern auch ihre auf Nachfragen erfolgten

spontanen Ergänzungen merken, um später eine konstante Aussage abgeben zu können. Bei einer erlebnisbasierten Darstellung braucht der oder die Aussagende demgegenüber weder etwas zu erfinden noch Täuschung zu verheimlichen noch muss er oder sie sich bemühen, seine bzw. ihre erfundene Darstellung mit den auf Nachfragen ergänzten Details zu behalten. Stattdessen muss er bzw. sie aus eigener Erinnerung berichten, was möglicherweise belastend, aber kognitiv weniger anspruchsvoll ist.

Hieraus ergeben sich potenzielle Unterschiede zwischen wahr aussagenden und lügenden Personen im Hinblick auf folgende Punkte (Volbert & Steller, 2020):

- *Kognitive Beanspruchung.* Angesichts der komplexen Aufgabenanforderungen ist davon auszugehen, dass die eigentliche Handlungsschilderung – je nach gegebener Leistungsfähigkeit der Aussagenden – inhaltlich weniger elaboriert ausfällt als eine wahre Aussage, da für eine komplexe Darstellung nicht ausreichend kognitive Ressourcen zur Verfügung stehen. Der Gefahr, widersprüchliche Angaben zu machen, Informationen zu produzieren, aufgrund derer die eigene Aussage widerlegt werden kann, oder Details zu nennen, die man später nicht mehr konstant zu berichten in der Lage ist, kann am besten entgegengewirkt werden, indem die Aussage möglichst knapp gehalten und nicht mit Informationen beladen wird, die zum eigentlichen Handlungsvorwurf nichts beitragen. Es ist folglich anzunehmen, dass wahre Aussagen detaillierter sind und auf Nachfragen besser ergänzt werden können als erfundene Darstellungen.
- *Kognitive Schemata vs. episodische Gedächtnisrepräsentationen.* Während eine wahr aussagende Person ihre erlebnisbegründete Aussage aus dem Gedächtnis rekonstruiert, muss eine falsch aussagende Person auf kognitive Schemata zurückgreifen (vgl. Köhnken, 1990). Kognitive Schemata enthalten Eigenschaften, die typisch für die jeweilige Ereigniskategorie sind. Ereignisspezifische autobiografische Repräsentationen, auf die eine wahr aussagende Person zurückgreift, haben demgegenüber episodischen Charakter und beinhalten bildhaft vorstellbare Informationen über spezifische raum-zeitlich lokalisierbare Ereignisse (z. B. Conway & Pleydell-Pearce, 2000). In Abhängigkeit von dem tatsächlichen Erlebnis werden bspw. visuelle, auditive, olfaktorische, räumliche und verbale Informationen gespeichert, die im Einzelfall auch ungewöhnlich oder erwartungswidrig sein können. Erlebnisbasierte Aussagen sind deswegen im Vergleich zu erfundenen nicht nur generell detaillierter, sondern enthalten auch mehr unmittelbar wahrnehmungsbezogene und kontextuelle Informationen sowie mehr schemainkonsistente oder -irrelevante Details und sind stärker individuell durchzeichnet als erfundene Aussagen. Solche inhaltlichen Besonderheiten können z. B. in der Schilderung von ausgefallenen Details, dem Erwähnen von Nebensächlichkeiten, von Komplikationen bzw. Handlungsabbrüchen oder in der phänomengemäßen Schilderung unverstandener Handlungselemente bestehen.
- *Strategische Selbstpräsentation.* Da eine lügende Person das Ziel verfolgt, bei ihrem Gegenüber einen glaubwürdigen und kompetenten Eindruck zu hinterlassen, um ihrer Falschaussage Überzeugungskraft zu verleihen, ist davon auszugehen, dass falsch aussagende Personen auf ihre Alltagsvorstellungen darüber zurückgreifen, welche Verhaltensweisen, Äußerungen etc. gegen die eigene Glaubwürdigkeit sprechen könnten, um diese seiner Vorstellung nach „verräterischen" Verhaltensweisen und Äußerungen zu vermeiden. Das Fehlen solcher Aussageelemente, die der Alltagsvorstellung nach Lügenindikatoren darstellen oder auf Inkompetenz hindeuten, trägt also ebenfalls zur geringeren Qualität erfundener gegenüber erlebnisbasierten Aussagen bei.

Aus diesen theoretischen Überlegungen leitet sich ab, dass es im gegebenen Kontext um die Identifizierung von Aussagequalitäten geht, die über die reine Handlungsschilderung hinausgehen, welche ja auch in einer belastenden Lüge enthalten sein muss. Dabei sind v.a. Merkmale relevant, die a) auf eine genuine Erinnerung verweisen, die b) anzeigen, dass sich Aussagende nicht in einem Zustand kognitiver Überforderung befinden, und die c) ein besonderes Bemühen, sich selbst als glaubwürdige*n Kommunikator*in zu präsentieren, unwahrscheinlich erscheinen lassen.

22.2.3 Aussagequalität: Systeme für merkmalsorientierte Qualitätsanalysen

Im Jahr 1989 wurden von Steller und Köhnken unter dem Namen *Criteria-based Content Analysis* (CBCA; deutsch: *Merkmalsorientierte Inhaltsanalyse* oder *Realkennzeichenanalyse)* inhaltliche Merkmale zusammengestellt, die zuvor in verschiedenen Publikationen als geeignet genannt worden waren, zwischen wahren und erfundenen Aussagen zu unterscheiden. Die zugrunde liegende Annahme, dass auf eigenem Erleben basierende Aussagen sich in ihrer Qualität von erfundenen Darstellungen unterscheiden, war zuvor von Undeutsch (1967) formuliert worden und ist als sog. „Undeutsch-Hypothese" in die Literatur eingegangen.

Zum einen umfassen die Merkmale spezifische *inhaltliche Aspekte* der Schilderung. Es geht dabei darum, wie anschaulich eine Aussage geschildert wird. Realkennzeichen sind z.B. gegeben, wenn Handlungen in raum-zeitliche Bedingungen eingebettet werden, die sich einfügen in die Routine der Aussagenden, wenn eine Handlung nicht nur global behauptet wird, sondern eine Interaktionskette beschrieben wird und wenn für die Situation adäquate Gespräche oder Gesprächsfragmente geschildert werden. Die diagnostisch relevante Frage lautet: „Könnte der oder die Zeug*in eine solche Aussage mit dieser spezifischen inhaltlichen Qualität produzieren, ohne dass sie auf einem realen Erlebnis beruht?"

Zum anderen beziehen sich die Merkmale auf *strategische Aspekte* (i.S. der sekundären Täuschung) wie Hinweise auf Erinnerungsmängel oder Selbstbelastungen. Hier lautet die relevante Frage: „Würde ein*e absichtlich falsch aussagende*r Zeug*in solche Details erwähnen, die die eigene Aussage (oder die eigene Person) in ein unvorteilhaftes Licht rücken?" (zu näheren Erläuterungen der Qualitätsmerkmale s.: Greuel et al., 1998; Köhnken, 2003; Niehaus, 2001, 2008).

Die von Steller und Köhnken (1989) beschriebenen Merkmale lassen sich mit den weiter oben erörterten theoretischen Überlegungen gut in Einklang bringen, auch wenn sie zunächst weder theoretisch noch empirisch, sondern mit praktischer Erfahrung begründet wurden. Es geht um Merkmale, die mit fehlender kognitiver Beanspruchung (z.B. quantitativer Detailreichtum), mit der Differenzierung zwischen episodischer Gedächtnisrepräsentation und Schema (z.B. Schilderung außergewöhnlicher Einzelheiten, phänomengemäße Darstellung unverstandener Handlungselemente, Schilderungen von Komplikationen im Handlungsverlauf) sowie mit dem Fehlen strategischer Selbstpräsentation in Verbindung zu bringen sind (z.B. Zugeben von Erinnerungslücken, spontane Korrekturen). Es handelt sich somit nicht um Täuschungsmerkmale, sondern um Merkmale, die eher in wahren als in erfundenen Aussagen zu finden sind; dies kommt auch in dem häufig verwendeten Begriff der „Realkennzeichen" zum Ausdruck.

Um die den Merkmalen zugrunde liegenden psychologischen Mechanismen zu verdeutlichen, ist die ursprüngliche Zusammenstellung (Steller & Köhnken, 1989) ausgehend von einer ersten Modifikation durch Niehaus (2008) von Volbert und Steller (2014) modifiziert worden (s. **Tab. 22-1**; ausführlich dazu Volbert & Steller, 2020).

Tabelle 22-1: Modifizierte Version inhaltlicher Qualitätsmerkmale (vgl. Volbert & Steller, 2014).

Episodisches Erinnern	Schemaabweichung	Fehlen von strategischer Selbstpräsentation
• **Merkmale episodischen Erinnerns** • Quantitativer Detailreichtum • Kontextuelle Einbettung • Interaktionen • Gespräche • Eigene psychische Vorgänge • Psychische Vorgänge eines anderen	**Schemainkonsistente/ -neutrale Informationen** • Handlungskomplikationen • Ausgefallene Einzelheiten • Nebensächliche Einzelheiten • Indirekt handlungsbezogene Schilderungen • Phänomengemäße Darstellung unverstandener Handlungselemente • Deliktspezifische Details	**Hinweise auf erinnerungsbezogene Mängel** • Ungeordnet sprunghafte Darstellung • Spontane Korrekturen der eigenen Aussage • Eingeständnis von Erinnerungslücken • Glaubwürdigkeitsabträgliche Äußerungen • Einwände gegen die Richtigkeit der Aussage • Problematische Inhalte • Selbstbelastungen • Entlastung des Beschuldigten

Bei den Qualitätsmerkmalen handelt es sich also durchweg um Merkmale, deren Vorhandensein gegen das Vorliegen einer Lüge spricht, weil davon ausgegangen wird, dass eine so hohe Aussagequalität ohne Erlebnisgrundlage nicht erzielt worden sein könnte. Eine niedrige Aussagequalität spricht aber umgekehrt nicht bereits dafür, dass die Aussage erfunden ist. Zwar kann das Fehlen von Glaubhaftigkeitsmerkmalen durch eine Lüge (fehlende Erlebnisgrundlage) bedingt, aber auch durch andere Faktoren (z.B. mangelnde Aussagemotivation, Angst, Gedächtnismängel) verursacht sein.

Die prinzipielle *Validität dieses inhaltsbezogenen Ansatzes* zur Unterscheidung zwischen wahren und erfundenen Darstellungen ist durch mehrere Metaanalysen empirisch belegt worden. In Metaanalysen von Oberlader et al. (2016, 2021) wurde auf der Basis von 55 Einzelstudien für den über alle Qualitätsmerkmale aufsummierten Gesamtwert hypothesenkonform ein signifikanter Unterschied mit mittlerer bis großer Effektstärke zwischen wahren und erfundenen Darstellungen gefunden. In weiteren Metaanalysen zeigten sich auch für die einzelnen Qualitätsmerkmale überwiegend signifikante Unterschiede, wobei für Einzelmerkmale mehrheitlich kleine bis mittlere Effektstärken gefunden wurden (Amado, Arce & Fariña, 2015; Amado, Arce, Fariña & Vilariño, 2016).

Allerdings ist auch festzuhalten, dass sich die Undeutsch-Hypothese zwar prinzipiell belegen lässt, dass die Verteilungen der Menge inhaltlicher Qualitätsmerkmale von wahren und erfundenen Aussagen aber einen nicht unbeträchtlichen Überlappungsbereich aufweisen. Entsprechend zeigt sich, dass Rater, die mit der merkmalsorientierten Inhaltsanalyse vertraut sind, zwar bessere Trefferquoten erzielen als naive Rater (z.B. Niehaus, 2001); wird der Wahrheitsstatus aber lediglich auf der Basis von Aussagetranskripten bestimmt, ohne dass weitere Informationen zur Verfügung stehen, übersteigen auch die Trefferquoten der geschulten Rater im Durchschnitt kaum 70% (Vrij, 2005). Andererseits werden aber mit keiner anderen Methode bessere Ergebnisse erzielt; die Trefferquoten von Laien und Experten (z.B. Richter oder Polizist*innen), die den inhaltsanalytischen Ansatz nicht benutzen und sich an non- oder paraverbalen Merkmalen oder allgemeinen Plausibilitätsüberlegungen orientieren, liegen im Schnitt bei 54% (Bond & DePaulo, 2006).

22.2.4 Aussagekonstanz: Unterschiede zwischen wahren und erfundenen Aussagen

Neben der inhaltlichen Qualitätseinschätzung, die für eine Aussage vorgenommen wird (aussageimmanente Qualitätsmerkmale; Greuel et al., 1998), sind auch aussageübergreifende Qualitätsmerkmale zu berücksichtigen, die sich aus dem Vergleich von Aussagen über denselben Sachverhalt zu unterschiedlichen Zeitpunkten ergeben (*Konstanzanalyse*).

Arntzen (1970/2007) hat ein Modell zur Bedeutung von Konstanz als Glaubhaftigkeitskriterium entwickelt, welches davon ausgeht, dass erlebnisbegründete Schilderungen bei wiederholter Befragung mehr Übereinstimmungen enthalten als erfundene Aussagen, weil Erinnerungen an selbst erlebte Ereignisse länger im Gedächtnis behalten werden als nur mental Vorgestelltes. Arntzen konstatiert, dass aber auch bei erlebnisbasierten Aussagen Erinnerungsverluste auftreten, die allerdings ungleichmäßig verlaufen, d.h., während bestimmte Inhalte besonders gut erinnert werden, werden andere vergleichsweise schnell vergessen. Er argumentiert, dass eine „differenzierte Inkonstanz", die gedächtnispsychologische Regelmäßigkeiten reflektiert (erwartet konstante Inhalte bleiben konstant, erwartet inkonstante Inhalte werden dagegen nicht übereinstimmend berichtet oder nicht erinnert), einen Hinweis auf einen tatsächlichen Erlebnisbezug bietet, da eine Struktur der differenzierten Inkonstanz von einem lügenden Zeugen nicht simuliert werden könne. Allerdings hat eine solche Konstanzstruktur nach Auffassung von Arntzen lediglich im Zusammenspiel mit anderen Glaubhaftigkeitskriterien diagnostischen Wert. Zu einem regelrechten Glaubhaftigkeitsmerkmal wird Konstanz nach diesem Modell erst, wenn eine Aussage in allen Bereichen konstant bleibt, also auch in den Bereichen, in denen Inkonstanz unter gedächtnispsychologischen Gesichtspunkten möglich erscheint. Berücksichtigt werden müssen dabei Randbedingungen, die sich auf die kognitiven Anforderungen an die bezeugende Person beziehen wie die Befragungstechnik, der Detaillierungsgrad der Aussage, zeitliche Aspekte (Intervalle zwischen Ereignis und Befragungen) und das Aussagetempo.

Im Vergleich zur merkmalsorientierten Inhaltsanalyse liegt zur Konstanzanalyse noch wenig systematische Forschung vor; der aktuelle Erkenntnisstand spricht für Folgendes (Lange, Bell & Buchner, 2020): In Übereinstimmung mit dem Modell von Arntzen sind auch in erlebnisbasierten Aussagen Inkonstanzen zu erwarten bzgl. des Randgeschehens, das für das Kerngeschehen von untergeordneter Bedeutung ist (Kleidung, Seiten- oder Wetterverhältnisse, genauer Wortlaut von Gesprächen) sowie im Hinblick auf Angaben, die sich nicht auf Beobachtungen beziehen, sondern auf internale Prozesse (eigene Motive, Schmerzempfinden) oder von vornherein rekonstruiert werden müssen (Entfernungen, Zeitdauer). Zudem ergeben sich Besonderheiten bei multiplen ähnlichen Ereignissen, z. B. wenn ein Ereignis wiederholt über einen längeren Zeitraum hinweg stattfand, da in diesem Fall Häufigkeitsangaben oder die Zuordnung einzelner Details zu bestimmten Episoden erschwert sind.

Das Kerngeschehen (Handlungspartner, Ort des Geschehens, zentrale Handlungscharakteristika, relevante Gegenstände) kann i.d.R. konstant berichtet werden, solange keine bedeutsamen Wahrnehmungseinschränkungen oder Erinnerungsbeeinflussungen vorlagen.

Das von Arntzen postulierte Modell der „differenzierten Inkonstanz" lässt sich in erlebnisbasierten Aussagen nachweisen. In einer Untersuchung von Lange et al. (2020) fand sich dieses Muster zudem signifikant stärker ausgeprägt als in erfundenen Aussagen. Festzuhalten ist aber, dass sich das Muster grundsätzlich auch in erfundenen Darstellungen zeigte, d.h., auch dort werden Details des Kerngeschehens i.d.R. konstant berichtet und Inkonstanzen sind eher bzgl. der übrigen Informationen zu erwarten.

Für die Glaubhaftigkeitseinschätzungen sind Konstanzinformationen unter dem Aspekt der Konzeption einer Aussage als geistige Leistung folglich v.a. dann von Bedeutung, wenn ausgesprochen gute oder besonders schlechte Leistungen erzielt werden. Eine in zentralen Aspekten nicht widersprüchliche Aussage erfüllt noch keine Glaubhaftigkeitsmerkmale; Konstanz in diesem Sinne stellt lediglich die Mindestanforderung an eine Aussage dar (Greuel et al., 1998). Dagegen kann eine übereinstimmende Darstellung vieler nebensächlicher Details in einer komplexen Aussage insbesondere bei einem Kind möglicherweise einen wichtigen Hinweis auf einen Erlebnisbezug bieten, während umgekehrt gravierende Widersprüche in zentralen Aspekten auf eine Falschaussage verweisen können (Offe & Offe, 2008).

22.2.5 Qualitäts-Kompetenz-Vergleich

Allein auf der Basis des Vorhandenseins von inhaltlichen Qualitätsmerkmalen oder der Feststellung einer konstanten Aussage können aber keine ausreichend sicheren Unterscheidungen zwischen wahren und erfundenen Aussagen getroffen werden. Wie bereits ausgeführt, ist die merkmalsorientierte Inhaltsanalyse nicht als checklistenmäßiges Testverfahren zu verstehen, sondern als inhaltliche Erläuterung zur Beantwortung der zentralen diagnostischen Fragen, ob der oder die spezifische Aussagende diese Aussage produziert haben könnte bzw. produziert hätte, wenn sie nicht auf einem realen Erlebnis basieren würde.

Eine Fokussierung allein auf die Anzahl erfüllter Qualitätsmerkmale reicht schon deshalb nicht aus, weil die Aussagequalität auch von anderen Faktoren beeinflusst werden kann als allein vom Wahrheitsstatus (Steller & Köhnken, 1989). Faktoren, die neben dem Wahrheitsstatus einen Einfluss auf die Aussagequalität haben (z.B. Alter: Vrij, 2005; einschlägiger Erfahrungshintergrund: Niehaus, 2001), sind daher ebenfalls zu erfassen und bei der Beurteilung der Aussagequalität zu berücksichtigen. Nicht zuletzt sind interindividuelle Unterschiede in der Detailliertheit und Art zu beachten, mit der Personen über persönlich bedeutsame Ereignisse berichten (z.B. Heering & Volbert, 2017; Schemmel, Maier & Volbert, 2019). Die Qualitätsanalyse gewinnt ihre Aussagekraft für die Glaubhaftigkeitsbeurteilung daher erst durch ihren Bezug auf die spezifischen Kompetenzen und Erfahrungen des Aussagenden und die situativen Bedingungen (ausführlich Volbert & Steller, 2020).

Zur abschließenden Beurteilung der Falschbezichtigungshypothese wird daher ein Qualitäts-Kompetenz-Vergleich (Steller, 2008) vorgenommen. Die aussageimmanente und -übergreifende Qualität der Aussage wird auf der Basis der individuellen Kompetenzen, Vorerfahrungen, dispositionellen Besonderheiten unter Beachtung der Aussagebereitschaft und unter Berücksichtigung der situativen Bedingungen bewertet. Im Rahmen dieses Qualitäts-Kompetenz-Vergleichs ist die Frage zu beantworten, ob die aussagende Person in der Lage gewesen wäre, diese Aussage zu erfinden oder nicht. Führt diese Analyse zu der Einschätzung, dass dies nicht der Fall ist, kann die Falschbezichtigungshypothese zurückgewiesen werden.

22.3 Erlebnisentsprechende vs. suggerierte Aussagen

22.3.1 Zur Bedeutung fremd- und autosuggestiver Prozesse

Im Unterschied zur Falschbezichtigungshypothese wird mit der Suggestionshypothese eine unabsichtliche Falschaussage geprüft, bei der die aussagende Person selbst von erlebnisbasierten Aussagen ausgeht. Dass die Verwendung von suggestiven Methoden zu nicht erlebniskongruenten Schilderungen auch über persönlich bedeutsame und belastende Ereignisse und möglicherweise zu länger bestehenden Pseudoerinnerungen führen kann, ist in einer Fülle von Untersuchungen nachgewiesen worden (vgl. z. B. Brainerd & Reyna, 2005; Bruck & Ceci, 2012; Ceci, Hritz & Royer, 2016; Erdmann, 2001; Loftus, 2005; Loftus & Bernstein, 2005; Volbert, 2018).

Zum Verständnis dieses Phänomens ist eine Unterscheidung hilfreich, die bereits 1904 von William Stern vorgenommen wurde. Er unterschied zwischen *aktiver Suggestion* als einen von einer Person ausgehenden Einfluss und *passiver Suggestion,* die er als psychischen Zustand der auf bestimmte Weise beeinflussten Person beschrieb (Stern, 1904). Die aktive Suggestion kann ein Verhaltensmuster hervorrufen oder verändern, entfaltet ihre potenzielle Wirkung aber nicht zwangsläufig. Passive Suggestion ist als „Empfänglichkeit für Suggestionen" zu verstehen, auch sie ist vom Vorhandensein einer aktiven Suggestion und vom Resultat des Vorgangs unabhängig. Der Zustand des beeinflussbaren Individuums lässt sich als Mangelsituation kennzeichnen, die sich aus seiner allgemeinen oder momentanen Bedürfnisstruktur ergibt. Ziel der passiven Suggestion ist ein Ausgleich dieses spezifischen Mangels. Dabei kann es sich um affektive Bedürfnisse (Mangel an Liebe, Vertrauen, Sicherheit, Selbstwertgefühl), kognitive Bedürfnisse (Mangel an Erinnerung, Wissen, logischem Denken, Verständnis) oder um strukturelle Bedürfnisse (ungenügende Klarheit der Situation) handeln (Gheorghiu, 1989). Suggestionseffekte lassen sich demnach weder allein durch eine bestimmte Bereitschaft oder eine bestimmte Aktivität des Suggestors noch allein durch einen entsprechenden Zustand des zu Beeinflussenden erklären, sie manifestieren sich vielmehr erst im Zusammenwirken beider Seiten (zum Ganzen ausführlich Volbert, 2018).

Eine *Form von Empfänglichkeit für einen suggestiven Einfluss* stellt demnach eine erste Voraussetzung für Suggestionseffekte dar. In der forensischen Praxis können sich Formen der Empfänglichkeit sehr unterschiedlich darstellen, möglich sind bspw. die folgenden Varianten:

- Bei *fremdsuggerierten Aussagen bei Kindern* bildet die Annahme des bzw. der Befragenden, ein bestimmtes Ereignis sei geschehen, den Ausgangspunkt für die suggestive Empfänglichkeit. Beispielsweise basiert die Annahme, ein Kind sei sexuell missbraucht worden, meist auf der einseitigen Interpretation unspezifischer Verhaltensweisen (Auffälligkeiten im Verhalten und Erleben, psychosomatische Störungen etc.). Vor dem Hintergrund dieser Überzeugungen werden dann Befragungen mit suggestiven Techniken durchgeführt, in der Annahme, man würde dem Kind auf diese Weise den Bericht über den als sicher erachteten Missbrauch erleichtern (vgl. Steller & Volbert, 1997). Die zentrale suggestionsfördernde Bedingung ist dabei die Befragervoreinstellung, die gekennzeichnet ist durch A-priori-Annahmen darüber, dass bestimmte, eigentlich erst zu erfragende Sachverhalte, tatsächlich passiert sind. Auf der Basis dieser Voreinstellung werden der Ausgangshypothese widersprechende Informationen nicht akzeptiert und Befragungen weiter fortgesetzt. Hierdurch entsteht für Kinder, die die vermuteten Erfahrungen nicht gemacht haben, eine strukturell unklare Befragungssituation, aus der eine Empfänglichkeit für Suggestionen resultiert (vgl. auch z. B. Bruck & Ceci, 2009, 2012).
- *Auto- oder fremdsuggestive Prozesse bei Jugendlichen oder Erwachsenen,* die teilweise auch von außen angestoßen werden, haben ihren Ausgangspunkt häufig in einem schlechten psychischen Befinden des bzw. der Betroffenen. Oft besteht das Bedürfnis, eine Erklärung für die eigenen Beschwerden zu finden, solche ist meist aber nur schwer auszumachen. Vermeintliche Erklärungen, bei denen erkennbare äußere Umstände oder sogar schuldige Dritte zu identifizieren sind, wie das bei einem sexuellen Miss-

brauch der Fall ist, können in dieser Situation der Unsicherheit erleichternd wirken (vgl. Stoffels, 2004). Aus Praxisfällen, in denen Psychotherapeut*innen wegen der Induktion von Pseudoerinnerungen gerichtlich belangt wurden, ist bekannt, dass solche vermeintlichen Erklärungen teilweise massiv an die Patient*innen herangetragen wurden (Shobe & Schooler, 2001). Ein unmittelbarer Einfluss Dritter ist jedoch nicht zwingend, vielmehr gibt es auch autosuggestive Verläufe ohne unmittelbaren äußeren Anstoß. Allerdings kann bereits die intensive Diskussion der Thematik in den Medien einen Anstoß für autosuggestive Prozesse geben (vgl. Volbert, 2004, 2018).

Notwendig ist aber auch eine Form von *aktiver Suggestion* (die aber überwiegend keine absichtliche Suggestion ist): Das kann in Form von Befragungen erfolgen, aber auch im Rahmen von Therapien oder Beratungen oder durch eine andere als vertrauenswürdig und kompetent eingeschätzte Person. Ein direkter Einfluss dritter Personen ist nicht zwingend, es können auch Inhalte, die in Medien präsent sind, eine Form von aktiver Suggestion darstellen, die ggf. durch Dritte verstärkt wird (vgl. Volbert, 2004).

Bei der Induktion von Pseudoerinnerungen ist ferner eine *Plausibilitätsschwelle* zu überschreiten (Hyman & Kleinknecht, 1999). Einerseits muss es plausibel erscheinen, dass das fragliche Ereignis passiert ist. Zum anderen muss es aber auch eine plausible Erklärung dafür geben, dass es zwischenzeitlich nicht erinnert wurde. Bei jungen Kindern ist diese Schwelle generell schnell überschritten, da es für sie zur Alltagserfahrung gehört, dass ihnen Erwachsene über Erlebnisse berichten, an die sie selbst keine eigene Erinnerung haben. Ältere Kinder bzw. Jugendliche und Erwachsene gehen dagegen i.d.R. davon aus, sie würden sich an relevante Ereignisse erinnern. Für Ereignisse in den ersten Lebensjahren kann die kindliche Amnesie aber auch für diese Personengruppe eine plausible Erklärung darstellen, warum das fragliche Erlebnis zwischenzeitlich nicht erinnert wurde. Eine weitere mögliche Erklärung bietet die Annahme, besonders belastende oder traumatische Erfahrungen würden regelmäßig oder häufig verdrängt oder dissoziiert.

Im nächsten Schritt kommt es zu einer Generierung einer vermeintlichen *Ereignisrepräsentation,* wobei letztlich alle Aktivitäten, die jemanden ermuntern, über das fragliche Ereignis nachzudenken, es sich bildlich vorzustellen oder darüber zu sprechen, die Generierung einer visuellen und narrativen Repräsentation eines vermeintlichen Ereignisses fördern.

Fremdsuggestive Prozesse bei Kindern sind v.a. gekennzeichnet durch (Volbert, 1999):

- indirekte Vorgaben spezifischer Informationen, bspw. durch Hinweise auf Auskünfte anderer Zeug*innen oder durch die Vorgabe fiktiver Geschichten,
- die Vorgabe unspezifischer Informationen, die bestimmte Schlussfolgerungen nahelegen (z.B. „Hat der Mann, der jetzt im Gefängnis sitzt, etwas mit dir gemacht?"),
- die Induzierung negativer Stereotype (z.B. „Der Mann, der schlimme Dinge mit anderen Kindern gemacht hat"),
- Aufforderungen zu Spekulationen und Imaginationen des fraglichen Geschehens,
- Verstärkungen erwünschter oder erwartungskonformer Antworten,
- Konformitätsdruck,
- wiederholte Befragungen und wiederholte Fragen zu bereits beantworteten Sachverhalten,
- Befragungen durch mehrere Personen mit ähnlicher Voreinstellung,
- soziale Isolierung von Personen mit anderer Auffassung.

Bei *auto- und fremdsuggestiven Verläufen bei Jugendlichen und Erwachsenen* sind intensive Beschäftigungen mit der relevanten Thematik, das Lesen von Büchern, Anschauen von Filmen sowie therapeutische Methoden von Bedeutung, die die Visualisierung von etwaigen Vorfällen fördern, wie bspw. ein Imaginieren von möglichen Ereignissen.

Um eine so generierte Vorstellung für eine Erinnerung zu halten, muss eine *Quellenverwechslung* (Johnson, Hashtroudi & Lindsay, 1993) erfolgen. Hier spielt der Ablauf der Zeit eine Rolle, da die Erinnerung an die Quelle einer Information schneller vergessen wird als die Information selbst (Hyman & Loftus, 1998). Ob ein Quellenverwechslungsfehler auftritt, ist aber auch abhängig von der Stärke und der Intensität der vorangegangenen Suggestion. Nach einer sehr intensiven Beschäftigung mit dem vermeintlichen Ereignis ist die Wahrscheinlichkeit erhöht, dass besonders lebhafte Vorstellungen evoziert werden. Eine über lange Zeit anhaltende Beschäftigung mit der Thematik führt dazu, dass die Ereignisrepräsentation besonders schnell abgerufen werden kann. Abrufflüssigkeit, Vertrautheit und Lebhaftigkeit sind gleichzeitig aber wichtige Kriterien, um eine Repräsentation für eine Erinnerung an etwas Erlebtes zu halten (Schacter, Norman & Koutstaal, 1998). Quellenverwechslungsfehler können durch äußere Faktoren begünstigt werden, wenn bspw. eine über die Quelle der Repräsentation unsichere Person durch andere in der Auffassung unterstützt wird, jedes auftauchende mentale Bild sei als Erinnerung zu bewerten.

Ausgangspunkt für einen Suggestionsprozess bildet also i. d. R. ein erklärungsbedürftiges oder ein vermeintlich erklärungsbedürftiges Verhalten, für das vorschnell eine Erklärung gefunden wird: Es wird vermutet, es sei in der Vergangenheit zu Erfahrungen gekommen, von denen wiederum angenommen wird, man würde sie nicht erinnern oder zumindest nicht darüber sprechen können. Deswegen werden Techniken angewandt, die das „Wiedererinnern" oder das Sprechen über die Erfahrungen erleichtern sollen. Die Kombination von Voreinstellung (die Überzeugung, Sachverhalte, die aktuell nicht erinnert werden oder über die aktuell nicht gesprochen wird, sind dennoch sicher passiert), unkritischer Verwendung von Methoden zur Wiedererinnerung oder von suggestionsträchtigen Befragungstechniken, dem Ignorieren von nicht zur Ausgangshypothese passenden Informationen und der Verstärkung von erwarteten Antworten kann schließlich zur Ausbildung von Pseudoerinnerungen führen.

Die Möglichkeit einer *persönlichkeitsbezogenen Suggestibilität* wurde vielfach untersucht, wobei man ein situationsübergreifendes Persönlichkeitsmerkmal nicht bestätigen konnte; lediglich eine intellektuelle Beeinträchtigung erhöht generell die Suggestionsanfälligkeit (Bruck & Melnyk, 2004; Klemfuss & Olaguez, 2020). Zudem scheinen Erwachsene mit erhöhten dissoziativen Tendenzen und guten Imaginationsfähigkeiten eher Scheinerinnerungen zu generieren als andere. Hyman und Billings (1998) nehmen an, dass Personen mit dissoziativen Tendenzen gelernt haben, Informationen aus externalen Quellen in autobiografische Narrative zu integrieren, und deswegen stärker geneigt sind, suggerierte Informationen zu übernehmen.

Nach den vorhandenen Erkenntnissen sind Aussagen insofern im Hinblick auf mögliche suggestive Einflüsse dann als besonders problematisch zu betrachten,

- wenn vor der Aussage bei der Person selbst oder im relevanten Umfeld die Annahme bestand, bislang nicht bekannte Erfahrungen müssten vorliegen,
- wenn mit oder ohne therapeutische Unterstützung explizite Bemühungen vorgenommen wurden, sich an nicht zugängliche Erlebnisse zu erinnern, bzw., wenn explizite Bemühungen stattfanden, eine Person zu einem Bericht über ein bislang negiertes oder nicht berichtetes Ereignis zu bewegen,
- wenn Erinnerungen erst im Laufe wiederholter Erinnerungsbemühungen entstanden sind bzw. Aussagen erst im Laufe wiederholter Befragungen gemacht wurden,
- wenn Ereignisse aus den ersten beiden Lebensjahren erinnert werden,
- wenn im Laufe der Zeit immer mehr Erlebnisse berichtet werden (gesteigertes Vorbringen; zum Ganzen: Volbert, 2018).

22.3.2 Aussagegeschichte: Unterschiede zwischen erlebnisentsprechenden und suggerierten Aussagen

Knüpft man an die Prämisse für die Unterscheidung zwischen erlebten und erfundenen Aussagen an – nämlich die Konzeptualisierung einer Aussage als Leistung, bei der bewusstes Lügen und Verheimlichung der Täuschungsabsicht eine zentrale Rolle spielen –, so ist diese Voraussetzung bei der Unterscheidung zwischen erlebnisbasierten und suggerierten Aussagen nicht gegeben. Wer eine Darstellung auf der Basis einer Pseudoerinnerung macht, muss keine kognitive Energie auf kreative und Kontrollprozesse verwenden, da er oder sie keine Aussage erfindet, sondern auf vermeintliche Erinnerungen rekurriert. Der Frage nach qualitativen Unterschieden zwischen wahren und suggerierten Aussagen ist im Gegensatz zur Prüfung von qualitativen Unterschieden zwischen wahren und erfundenen Aussagen nur in wenigen empirischen Studien nachgegangen worden. Zusammenfassend ist festzuhalten, dass qualitative Unterschiede im Hinblick auf Realkennzeichen zwischen erlebnisbasierten und suggerierten Aussagen nicht oder allenfalls in geringem Umfang nachgewiesen wurden, wenn es zur Ausbildung von regelrechten Pseudoerinnerungen gekommen war. Ein aussagepsychologisches Vorgehen, das bei der Prüfung der Suggestionshypothese wesentlich auf die inhaltliche Aussagequalität abstellt, kann daher zu falschen Ergebnissen führen (ausführlich dazu Volbert & Steller, 2020; s. a. Volbert, Schemmel & Tamm, 2019).

Relevante Informationen können sich jedoch aus der Analyse der Aussageentwicklung ergeben: Suggerierte Aussagen können sich überhaupt erst entwickeln, nachdem suggestive Bedingungen vorgelegen haben, sie verändern sich im Laufe der Zeit mit den suggestiven Einflussnahmen. Daher liegt bei suggerierten Aussagen eine höhere Variabilität als bei wahren Aussagen vor: Scheinerinnerungen können sich fortlaufend ausweiten und verändern.

Auf der Basis der referierten Erkenntnisse zu Suggestionsprozessen und der Entstehung von Pseudoerinnerungen sind für die Rekonstruktion der Aussageentstehung folgende Information besonders relevant:

Für die Prüfung etwaiger *fremdsuggestiver Einflüsse bei Kindern:*

- Bestand vor der ersten Aussage bereits eine *Überzeugung bei dem oder der Befragenden,* dass sich das zu erfragende Ereignis zugetragen hat?
- Machte das Kind bereits bei ersten Gesprächsangeboten Mitteilungen über das relevante Geschehen oder negierte es entsprechende Erlebnisse zunächst und erfolgten *Angaben erst nach wiederholten Interviews und suggestiven Befragungstechniken?*
- Fand eine ergebnisoffene Abklärung eines Verdachts statt oder diente dieser Prozess nur der *Bestätigung der Ausgangshypothese,* d. h., wurden Informationen nur i. S. der Ausgangshypothese interpretiert?

Zur Abklärung *fremd- oder autosuggestiver Einflüsse bei Jugendlichen oder Erwachsenen:*

- Liegt eine *diskontinuierliche Erinnerung* vor?
- Bestand eine *spezifische Erwartungshaltung,* dass bisher nicht erinnerte, traumatische Erlebnisse passiert sein müssten?
- Gab es eine *aktive Suche nach vermuteten traumatischen Erfahrungen* (vgl. auch Porter, Peace, Douglas & Doucette, 2012; Stoffels & Ernst, 2002)?

Finden sich bedeutsame fremd- oder autosuggestive Einflüsse in der Entstehungsgeschichte einer Aussage, lässt sich nicht mehr ausschließen, dass sich im Rahmen eines suggestiven Prozesses die subjektive Überzeugung ausgebildet haben könnte, ein tatsächlich nicht stattgefundenes Geschehen sei passiert. In diesem Fall kann aus den weiter oben beschriebenen Gründen auch eine Darstellung mit hoher Aussagequalität den Erlebnisbezug einer Aussage nicht belegen. Eine Falsifikation der Suggestionshypothese durch eine hohe Aussagequalität ist somit nicht möglich.

22.4 Methodisches Vorgehen in der Einzelfallbegutachtung

Aussagepsychologische Glaubhaftigkeitsbegutachtung stellt einen hypothesengeleiteten Entscheidungsprozess dar. Wie eingangs dargestellt, sind zur Prüfung der Frage, ob eine Aussage auf entsprechendem Erleben basiert, auf der Grundlage vorhandener Anknüpfungstatsachen explizite Gegenhypothesen zur Wahrannahme zu formulieren. Die adäquate Spezifizierung, d.h. die Formulierung der zutreffenden Fragestellungen und der zu prüfenden Hypothesen, stellt bereits einen wesentlichen Teil des Begutachtungsprozesses dar. Die fallspezifische Datenerhebung wird durch die aufgestellten und im Laufe der Untersuchung aktualisierten Hypothesen determiniert. Eine standardisierte Routine zur Durchführung praktischer Fallbearbeitungen kann deswegen nicht festgelegt werden, vielmehr richten sich Methodenauswahl und Analyseschwerpunkte nach den Gegebenheiten des Einzelfalls. Dennoch lassen sich drei aussagepsychologisch relevante Analysebereiche beschreiben.

22.4.1 Analyse der Aussageentstehung und -entwicklung

Sowohl im Hinblick auf die Frage einer möglichen Motivation für eine absichtliche Falschbezichtigung als auch zur Prüfung von Hinweisen auf mögliche suggestive Einflüsse ist eine Analyse der Aussageentstehung und -entwicklung unumgänglich.

22.4.1.1 Motivationsanalyse

Motivationaler Hintergrund: In ihrem sozial-kognitiven Erklärungsmodell von ernsthafter Täuschung („activation-decision-construction-action theory"; ADCAT) gehen Walczyk und Kollegen (Walczyk, Harris, Duck & Mulay, 2014; Walczyk & Fargerson, 2019) davon aus, dass eine generelle Tendenz besteht, kognitive Beanspruchung niedrig zu halten, und Menschen sich daher nur dann zu einer Täuschung entschließen, wenn sie mit der Wahrheit ihre Ziele nicht erreichen können, dies mit Täuschung aber möglich ist. Ob man sich in einer solchen Situation tatsächlich zur Unwahrheit entscheidet, ist nach diesem Modell das Ergebnis einer Kosten-Nutzen-Analyse, bei der sowohl berücksichtigt wird, wie wichtig das angestrebte Ziel ist, welches Aufdeckungsrisiko besteht und was die potenziellen Kosten bei einer Aufdeckung sind. Die Motive für eine Täuschung – also was man mit der Unwahrheit erreichen oder vermeiden möchte – können sehr breit gefächert sein. Sie können instrumenteller Natur sein, d.h., das Ziel kann Zuwendung, Aufmerksamkeit, Unterstützung oder finanzieller Gewinn sein, es kann um Vermeidung von Strafe, Gesichtsverlust, anderen negativen Folgen, um Rache oder Vergeltung gehen, es können aber auch altruistische Motive vorliegen (z.B. De Zutter, Horselenberg & van Koppen, 2018; McNamara, McDonald & Lawrence, 2012).

Vor diesem Hintergrund scheint es naheliegend, Motivinformationen bei der Beurteilung einer Aussage zu berücksichtigen (kritisch dazu Köhnken, 2019, sowie Offe, 2014). Allerdings ist zu beachten, dass ein Motiv, das eine falsche Aussage begründen könnte, auch den Ausschlag für die Anzeige eines tatsächlich erlebten Übergriffs geben kann. Daher schließt ein Falschbezichtigungsmotiv eine erlebte Aussage nicht aus (Offe, 2014). Umgekehrt erscheint es aber unwahrscheinlich, dass eine Falschbeschuldigung ohne Motiv vorgebracht wird. Allerdings lässt sich die Abwesenheit eines Lügenmotivs kaum belegen, da die entsprechende Information möglicherweise lediglich nicht bekannt geworden ist (Köhnken, 2019). Diese methodischen Schwierigkeiten sollten bei der Motivanalyse beachtet werden (Volbert & Dahle, 2010). Dennoch ist die Analyse potenzieller Falschbelastungsmotivationen ein Bestandteil im hypothesengeleiteten aussagepsychologischen Prüfprozess.

22.4.1.2 Mögliche suggestive Einflüsse

Für die Feststellung etwaiger *suggestiver Einflüsse* ist unter Berücksichtigung der oben berichteten Befunde der Suggestionsforschung insbesondere zu prüfen, ob vor der ersten Aussage bereits ein Verdacht bzw. eine Erwartungshaltung vorlag, dass sich ein entsprechendes Ereignis zugetragen hat, ob eine ergebnisoffene Abklärung eines Verdachts erfolgte oder dieser Prozess nur der Bestätigung der Ausgangshypothese diente, ob der oder die Zeug*in bereits bei ersten Gesprächsangeboten Mitteilungen über das relevante Geschehen machte oder ob entsprechende Angaben erst nach wiederholten Interviews und unter Verwendung suggestiver Befragungstechniken erfolgten. Ferner ist zu prüfen, ob explizite Suchen nach Erinnerungen nach traumatischen Erfahrungen auf Basis einer Erwartungshaltung erfolgten, dass solche Handlungen passiert sein müssten.

Finden sich im Rahmen der Analyse der Aussagegenese relevante fremd- oder autosuggestive Einflüsse, ist ein positiver aussagepsychologischer Beleg eines tatsächlichen Erlebnisbezugs nicht möglich. Die Durchführung einer differenzierten merkmalsorientierten Inhaltsanalyse ist in diesem Fall überflüssig, da von ihr keine relevanten Informationen zu erwarten sind (Volbert, 2008). Es finden sich aber nicht selten Elemente in einer Aussage oder in der Aussagegeschichte, die nicht nur auf potenziell suggestive Wirkungen verweisen, sondern die mit einem tatsächlichen Erlebnishintergrund schwer zu vereinbaren sind und aufgrund derer daher konkret Suggestionseffekte anzunehmen sind (Köhnken, 2000; Schade, 2000; Steller, 1998, 2019).

22.4.2 Leistungs- und Persönlichkeitsdiagnostik

Ist zwischen einer wahren und einer erfundenen Aussage zu differenzieren, ist auf der Ebene der personenbezogenen Daten die Erfassung aussagerelevanter Kompetenzen des Zeugen bzw. der Zeugin zur Erhebung eines individuellen Vergleichsstandards notwendig. Neben der Feststellung allgemeiner und sprachlicher intellektueller Leistungsfähigkeit ist bei Sexualdelikten eine Einschätzung sexualbezogener Kenntnisse und Erfahrungen relevant. Allgemein geht es um die Feststellung bereichsspezifischer Kompetenzen und Erfahrungen des Zeugen*der Zeugin zur Hypothesenbildung, ob die im Einzelfall vorfindbare Aussagequalität durch sogenannte Parallelerlebnisse oder reine Erfindung erklärbar sein könnte. Es handelt sich also um die Abschätzung einer potenziellen Erfindungs(=Lügen)-Kompetenz der bezeugenden Person.

Persönlichkeitsvariablen: Im Einzelfall vorliegende Besonderheiten des Erlebens und Verhaltens (z. B. Selbstwertprobleme und Geltungsbedürfnis) oder akzentuierte Persönlichkeitsstrukturen können einen bedingenden Faktor für eine mögliche Falschaussage darstellen. Besonders zu beachten ist hier die Gruppe von Zeug*innen mit auf persönlichkeitsspezifischen Besonderheiten beruhenden Neigungen, Situationen in spezifischer Weise wahrzunehmen und zu interpretieren, sowie mit Dramatisierungs- und Aggravationstendenzen bei der Darstellung von erlebten Sachverhalten. Die zu prüfende Gegenhypothese ist in diesen Fällen häufig nicht, ob ein Sachverhalt gänzlich erfunden, sondern ob die Darstellung gegenüber dem Ursprungsereignis modifiziert sein könnte (Greuel et al., 1998).

Ähnliches gilt für Zeug*innen mit Persönlichkeitsstörungen: Vor allem bei der antisozialen, der Borderline- (emotional instabilen) und der histrionischen Persönlichkeitsstörung können dabei Besonderheiten auftreten, die Relevanz für Glaubhaftigkeitsbegutachtungen haben (Böhm & Lau, 2006; Steller & Böhm, 2008). Bei den dissozialen Persönlichkeitsstörungen sind es v. a. manipulative Tendenzen, die sich auf das motivationale Gefüge auswirken können und zu einer erhöhten Bereitschaft führen können, eine falsche belastende Aussage zu machen. Bei den histrionischen Persönlichkeitsstörungen sind es Dramatisierungstendenzen, das Verlangen, im Mittelpunkt zu stehen, eine starke Selbstbezogenheit sowie eine erhöhte Suggestibilität, die Einfluss auf die Aussagestruktur und -qualität haben können. Bei den emotional instabilen Persönlichkeitsstörungen spielen in dem gegebenen Kontext nicht nur die potenziellen Beeinträchtigungen der Realitätskontrolle eine Rolle, wobei Aussagen, die auf Sinnestäuschungen oder illusionären Verkennungen basieren, unter dem Aspekt der fehlenden oder beeinträchtigten Aussagetüchtigkeit zu diskutieren wären. Problematisch ist aber auch die Tendenz zu selbstschädigendem Verhalten, die u. U. auch in dem Einnehmen einer Opferrolle Ausdruck finden kann, was wiederum Auswirkungen auf die Wahrnehmung von Situationen und die Darstellung von Erlebnissen haben kann. Zu betonen ist, dass sich aus der Feststellung einer Persönlichkeitsakzentuierung oder -störung zunächst noch keinerlei regelhaften Schlussfolgerungen für die Glaubhaftigkeit der Aussage ergeben. Zu prüfen ist vielmehr individuell, inwieweit sich störungsspezifische Besonderheiten, aus denen sich potenziell Gefährdungen der Aussagezuverlässigkeit ergeben können, tatsächlich auf die zu beurteilende Aussage ausgewirkt haben (Steller & Böhm, 2008).

22.4.3 Analyse der Aussage

Für die Durchführung der merkmalsorientierten Inhaltsanalyse ist der Wortlaut der Exploration von Bedeutung; die Exploration zur Sache sollte daher auf Ton- oder Videoband aufgezeichnet werden. Dies wird auch vom BGH im Urteil vom 30. Juli 1999 (BGH, 1 StR 618/98) explizit gefordert. Nur durch die genaue Dokumentation der in der Exploration verwendeten Berichtsanstöße und Fragen (bzw. an geeigneter Stelle auch Vorhalte) kann eine Abschätzung erfolgen, welche Aussagequalitäten bei den Schlussfolgerungen zur Glaubhaftigkeitseinschätzung verwertet werden können.

Bei der Exploration zur Sache sollte zunächst immer versucht werden, durch eine entsprechende Aufforderung einen zusammenhängenden Bericht des Zeugen bzw. der Zeugin zu erhalten. Anschließende Fragen sollten zunächst so offen wie möglich sein und erst allmählich spezifischer werden (ausführlich zu Interviewtechnik s. z. B. Orbach & Pipe, 2011). Wird einem Zeugen*einer Zeugin durch geschlossene Fragen nur die Möglichkeit gegeben, diese zu bejahen oder zu verneinen, können die beschriebenen inhaltlichen Qualitätsmerkmale nicht produziert werden. Befragungen ohne offene Erzählaufforderungen vermindern also die diagnostische Kraft der inhaltsorientierten Aussageanalyse bzw. können sie vollständig invalidieren. Durch inadäquate Explorationsstrategien wird damit die positive Feststellung des Realitätsgehalts von Aussagen erschwert, was zu einer Schwächung der Position von Opferzeug*innen führen kann. Eine Reduzierung des indiziellen Wertes der merkmalsorientierten Aussageanalyse ist auch dann gegeben, wenn in den gestellten Fragen Hinweise auf die Produktion solcher Beschreibungen enthalten sind, die als Glaubhaftigkeitsmerkmale gewertet werden. Dass sich in einer aussagepsychologischen Exploration zur Glaubhaftigkeitsbeurteilung die Anwendung von suggestiven Techniken verbietet, versteht sich von selbst.

22.4.4 Gesamtbewertung

Hilfreich für die Integration der Ergebnisse aller Analysebereiche für die Glaubhaftigkeitsbeurteilung einer konkreten Aussage ist die folgende Frage:

Könnte diese*r Zeug*in mit den gegebenen *individuellen Voraussetzungen* unter den *gegebenen Befragungsumständen* und unter Berücksichtigung der im konkreten Fall *möglichen Einflüsse von Dritten* diese *spezifische Aussage* machen, ohne dass sie auf einem realen Erlebnishintergrund basiert (Volbert, 1995)?

Die kursiv gesetzten Elemente dieser Leitfrage der Glaubhaftigkeitsbegutachtung verweisen auf die Wechselwirkung von (Erfindungs-)Kompetenz eines*einer Aussagenden (individuelle Voraussetzungen) und Qualität einer Aussage (spezifische Aussage), deren Indikatorwert durch Bedingungen der Aussageentstehung und ihrer weiteren Entwicklung für die Glaubhaftigkeit einer Aussage modifiziert (z. B. beeinträchtigt bzw. aufgehoben) werden kann. Die Notwendigkeit der möglichst vollständigen Rekonstruktion der Aussageentwicklung für die Glaubhaftigkeitsbeurteilung kann insofern gar nicht überbetont werden.

Das methodische Prinzip, das durch die Leitfrage der Aussagebeurteilung verdeutlicht wird, besteht in einer expliziten Prüfung von verschiedenen Hypothesen. Gemäß dem Grundsatzurteil des BGH vom 30. Juli 1999 (BGHSt 45, 164) ist dabei ein zu überprüfender Sachverhalt (hier Glaubhaftigkeit der spezifischen Aussage) so lange zu negieren, bis diese Negation mit den gesammelten Fakten nicht mehr vereinbar ist. Gedankliche Ausgangspunkte sind dabei fallspezifisch zu begründende Unwahrannahmen (sogenannte Nullhypothesen). Ergeben die gutachterlichen Prüfstrategien, dass die Unwahrhypothesen mit den vorliegenden Fakten nicht kompatibel sind, werden sie verworfen, und es gilt dann die Wahrheitsannahme. Der skizzierte methodische Ansatz korrespondiert mit dem heutigen Verständnis von psychologischer Begutachtung als hypothesengeleitete problemorientierte Entscheidungsstrategie (Jäger, 1983; Steller & Dahle, 2001).

22.5 Weiterführende Literatur

Volbert, R. & Steller, M. (2020). Die Begutachtung der Glaubhaftigkeit. In V. Foerster, D. Habermeyer & H. Dreßing (Hrsg.), *Psychiatrische Begutachtung* (7. Ausgabe, S. 757–792). Urban & Fischer. https://doi.org/10.1016/B978-3-437-22903-9.00043-8

Darstellung praktischer und theoretischer Aspekte aussagepsychologischer Begutachtung. Die auch im vorliegenden Artikel angesprochenen theoretischen und methodischen Unterschiede bei der Prüfung unterschiedlicher Gegenhypothesen zur Wahrannahme werden begründet und in ihren Konsequenzen für die Praxis diskutiert.

Literatur

Amado, B. G., Arce, R. & Fariña, F. (2015). Undeutsch hypothesis and Criteria Based Content Analysis: A Meta-analytic Review. *The European Journal of Psychology Applied to Legal Context, 7* (1), 3–12. https://doi.org/10.1016/j.ejpal.2014.11.002

Amado, B. G., Arce, R., Fariña, F. & Vilariño, M. (2016). Criteria-Based Content Analysis (CBCA) reality criteria in adults: A meta-analytic review. *International Journal of Clinical and Health Psychology, 16* (2), 201–210. https://doi.org/10.1016/j.ijchp.2016.01.002

Arntzen, F. (1970/2007). *Psychologie der Zeugenaussage*. München: Beck.

Böhm, C. & Lau, S. (2006). Borderline-Persönlichkeitsstörung und Aussagetüchtigkeit. *Forensische Psychiatrie, Psychologie, Kriminologie, 1* (1), 50–58.

Bond, C. F. Jr. & DePaulo, B. M. (2006). Accuracy of deception judgments. *Personality and Social Psychology Review, 10* (3), 214–234. https://doi.org/10.1207/s15327957pspr1003_2

Brainerd, C. J. & Reyna, V. F. (2005). *The science of false memory.* Oxford: Oxford University Press. https://doi.org/10.1093/acprof:oso/9780195154054.001.0001

Brennen, T. & Magnussen, S. (2020). Research on non-verbal signs of lies and deceit: A Blind Alley. *Frontiers in Psychology, 11,* 613410. https://doi.org/10.3389/fpsyg.2020.613410

Bruck, M. & Ceci, S. J. (2009). Reliability of child witnesses' reports. In J. L. Skeem & S. O. Lilienfeld (Eds.), *Psychological science in the courtroom: Consensus and controversy* (pp. 149–171). New York, NY: Guilford Press.

Bruck, M. & Ceci, S. J. (2012). Forensic developmental psychology in the courtroom. In D. Faust (Ed.), *Coping with psychiatric and psychological testimony: Based on the original work by Jay Ziskin* (6th ed., pp. 723–736). New York, NY: Oxford University Press. https://doi.org/10.1093/med:psych/9780195174113.003.0034

Bruck, M. & Melnyk, L. (2004). Individual differences in children's suggestibility: A review and synthesis. *Applied Cognitive Psychology, 18,* 947–996. https://doi.org/10.1002/acp.1070

Ceci, S., Hritz, A. & Royer, C. (2016). Understanding suggestibility. In W.T. O'Donohue & M. Fanetti (Eds.), *Forensic interviews regarding child sexual abuse: A guide to evidence-based practice* (2016-01980-008, pp. 141–153). Cham: Springer International Publishing. https://doi.org/10.1007/978-3-319-21097-1_8

Conway, M.A. & Pleydell-Pearce, C.W. (2000). The construction of autobiographical memories in the self-memory system. *Psychological Review, 107,* 261–288. https://doi.org/10.1037/0033-295X.107.2.261

De Zutter, A.W. E.A., Horselenberg, R. & van Koppen, P.J. (2018). Motives for filing a false allegation of rape. *Archives of Sexual Behavior, 47* (2), 457–464. https://doi.org/10.1007/s10508-017-0951-3

Denault, V. (2020). Misconceptions about nonverbal cues to deception: A covert threat to the justice system? *Frontiers in Psychology,* 11. https://doi.org/10.3389/fpsyg.2020.573460

DePaulo, B.M., Lindsay, J.J., Malone, B.E., Muhlenbruck, L., Charlton, K. & Cooper, H. (2003). Cues to deception. *Psychological Bulletin, 129,* 74–118. https://doi.org/10.1037/0033-2909.129.1.74

Erdmann, K. (2001). *Induktion von Pseudoerinnerungen bei Kindern.* Regensburg: Roderer.

Gheorghiu, V.A. (1989). The development of research in suggestibility: Critical considerations. In V.A. Gheorghiu, P. Netter, H.J. Eysenck & R. Rosenthal (Eds.), *Suggestion and Suggestibility: Theory and Research* (pp. 3–55). New York, NY: Springer. https://doi.org/10.1007/978-3-642-73875-3

Greuel, L., Offe, S., Fabian, A., Wetzels, P., Fabian, T., Offe, H. et al. (1998). *Glaubhaftigkeit der Zeugenaussage. Theorie und Praxis der forensisch-psychologischen Begutachtung.* Weinheim: Psychologie Verlags Union.

Heering, N. & Volbert, R. (2017). The individual depictive style: Individual differences in narrating personal experiences. *Applied Cognitive Psychology, 31* (2), 216–224. https://doi.org/10.1002/acp.3319

Hyman, I.E. Jr. & Billings, F.J. (1998). Individual differences and the creation of false childhood memories. *Memory, 6,* 1–20. https://doi.org/10.1080/741941598

Hyman, I.E. Jr. & Kleinknecht, E.E. (1999). False childhood memories: Research, theory, and applications. In L.M. Williams & V.L. Banyard (Eds.), *Trauma and memory* (pp. 175–188). Thousand Oaks, CA: Sage Publications.

Hyman, I.E. Jr. & Loftus, E.F. (1998). Errors in autobiographical memory. *Clinical Psychology Review, 18,* 933–947. https://doi.org/10.1016/S0272-7358(98)00041-5

Jäger, R.S. (1983). *Der diagnostische Prozess. Eine Diskussion psychologischer und methodischer Randbedingungen.* Göttingen: Hogrefe.

Johnson, M.K., Hashtroudi, S. & Lindsay, D.S. (1993). Source monitoring. *Psychological Bulletin, 114,* 3–28. https://doi.org/10.1037/0033-2909.114.1.3

Klemfuss, J.Z. & Olaguez, A.P. (2020). Individual differences in children's suggestibility: An updated review. *Journal of Child Sexual Abuse, 29* (2), 158–182. https://doi.org/10.1080/10538712.2018.1508108

Köhnken, G. (1990). *Glaubwürdigkeit. Untersuchungen zu einem psychologischen Konstrukt.* München: Psychologie Verlags Union.

Köhnken, G. (2000). Glaubwürdigkeitsbegutachtung nach Mainz und Montessori: Eine Zwischenbilanz. *Praxis der Rechtspsychologie, 10* (1), 4–8.

Köhnken, G. (2003). Glaubwürdigkeit. In R. Lempp, G. Schütze & G. Köhnken (Hrsg.), *Forensische Psychiatrie und Psychologie des Kindes- und Jugendalters* (2. Aufl., S. 341–367). Darmstadt: Steinkopff.

Köhnken, G. (2019). Fehlerquellen in aussagepsychologischen Gutachten. In R. Deckers & G. Köhnken (Hrsg.), *Die Erhebung und Bewertung von Zeugenaussagen im Strafprozess* (Bd. 3, S. 25–69). Berliner Wissenschafts-Verlag.

Lange, T., Bell, R. & Buchner, A. (2020). Differential mnemonic consistency differs between experienced and fabricated incidents. *Psychology,* Crime & Law, 1–16. https://doi.org/10.1080/1068316X.2020.1744601

Loftus, E.F. (2005). Planting misinformation in the human mind: A 30-year investigation of the malleability of memory. *Learning & Memory, 12,* 361–366. https://doi.org/10.1101/lm.94705

Loftus, E.F. & Bernstein, D.M. (2005). Rich false memories: The royal road to success. In A.F. Healy (Ed.), *Experimental cognitive psychology and its applications* (pp. 101–113). Washington, DC: American Psychological Association.

McNamara, J.J., McDonald, S. & Lawrence, J.M. (2012). Characteristics of false allegation adult crimes. *Journal of Forensic Sciences, 57* (3), 643–646. https://doi.org/10.1111/j.1556-4029.2011.02019.x

Niehaus, S. (2001). *Zur Anwendbarkeit inhaltlicher Glaubhaftigkeitsmerkmale bei Zeugenaussagen un-*

terschiedlichen Wahrheitsgehalts. Frankfurt a.M.: Peter Lang.

Niehaus, S. (2008). Merkmalsorientierte Inhaltsanalyse. In R. Volbert & M. Steller (Hrsg.), *Handbuch der Psychologie* (Bd. 9: Handbuch der Rechtspsychologie, S. 311–321). Göttingen: Hogrefe.

Oberlader, V.A., Naefgen, C., Koppehele-Gossel, J., Quinten, L., Banse, R. & Schmidt, A.F. (2016). Validity of content-based techniques to distinguish true and fabricated statements: A meta-analysis. *Law and Human Behavior, 40* (4), 440–457. https://doi.org/10.1037/lhb0000193

Oberlader, V.A., Quinten, L., Banse, R., Volbert, R., Schmidt, A.F. & Schönbrodt, F.D. (2021). Validity of content-based techniques for credibility assessment: – How telling is an extended meta-analysis taking research bias into account? *Applied Cognitive Psychology, 35* (2), 393–410.

Offe, H. (2014). Zum Stellenwert der Aussagemotivation in aussagepsychologischen Gutachten. In R. Deckers & G. Köhnken (Hrsg.), *Die Erhebung und Bewertung von Zeugenaussagen im Strafprozess* (S. 87–97). Berlin: Berliner Wissenschafts-Verlag.

Offe, H. & Offe, S. (2008). Aussagekonstanz als Indikator für den Erlebnisbezug einer Aussage. *Praxis der Rechtspsychologie, 18,* 97–115.

Orbach, Y. & Pipe, M.-E. (2011). Investigating substantive issues. In M.E. Lamb, D.J. La Rooy, L.C. Malloy & C. Katz (Eds.), *Children's testimony* (pp. 147–164). Chichester: Wiley Blackwell.

Porter, S., Peace, K.A., Douglas, R.L. & Doucette, N.L. (2012). Recovered memory evidence in the courtroom: Facts and fallacies. In D. Faust (Hrsg.), *Coping with psychiatric and psychological testimony: Based on the original work by Jay Ziskin* (6th ed., S. 668–684). Oxford: Oxford University Press.

Schacter, D.L., Norman, K.A. & Koutstaal. W. (1998). The cognitive neuroscience of constructive memory. *Annual Review Psychology, 49,* 289–318. https://doi.org/10.1146/annurev.psych.49.1.289

Schade, B. (2000). Der Zeitraum von der Erstaussage bis zur Hauptverhandlung als psychologischer Prozess. Folgerungen für die Glaubwürdigkeitsbegutachtung am Beispiel der Wormser Prozesse über sexuellen Kindesmissbrauch. *Strafverteidiger, 3,* 165–170.

Schemmel, J., Maier, B.G. & Volbert, R. (2019). Verbal baselining: Within-Subject consistency of CBCA scores across different truthful and fabricated accounts. *European Journal of Psychology Applied to Legal Context, 12* (1), 35–42. https://doi.org/10.5093/ejpalc2020a4

Shobe, K.K. & Schooler, J.W. (2001). Discovering fact and fiction: Case-based analyses of authentic and fabricated discovered memories of abuse. In G.M. Davies & T. Dalgleish (Eds.), *Recovered memories. Seeking the middle ground* (pp. 95–15). Chichester: Wiley. https://doi.org/10.1002/0470013486.ch6

Sporer, S.L. & Köhnken, G. (2008). Nonverbale Indikatoren von Täuschung. In R. Volbert & M. Steller (Hrsg.), *Handbuch der Psychologie* (Bd. 9: Handbuch der Rechtspsychologie, S. 353–363). Göttingen: Hogrefe.

Sporer, S.L. & Schwandt, B. (2006). Paraverbal indicators of deception: A meta-analytic synthesis. *Applied Cognitive Psychology, 20* (4), 421–446. https://doi.org/10.1002/acp.1190

Sporer, S.L. & Schwandt, B. (2007). Moderators of nonverbal indicators of deception. *Psychology, Public Policy, and Law, 13,* 1–34. https://doi.org/10.1037/1076-8971.13.1.1

Steller, M. (1998). Aussagepsychologie vor Gericht – Methodik und Probleme von Glaubwürdigkeitsgutachten mit Hinweisen auf die Wormser Missbrauchsprozesse. *Recht & Psychiatrie, 16,* 11–18.

Steller, M. (2008). Glaubhaftigkeitsbegutachtung. In R. Volbert & M. Steller (Hrsg.), *Handbuch der Rechtspsychologie* (S. 300–310). Göttingen: Hogrefe.

Steller, M. (2019). Die Entdeckung der Scheinerinnerung. Aussagepsychologische Begutachtung bei später Erinnerung an Traumata. In R. Deckers & G. Köhnken (Hrsg.), *Die Erhebung und Bewertung von Zeugenaussagen im Strafprozess* (Bd. 3, S. 71–96). Berlin: Berliner Wissenschafts-Verlag.

Steller, M. & Böhm, C. (2008). Glaubhaftigkeitsbegutachtung bei Persönlichkeitsstörungen. *Forensische Psychiatrie, Psychologie, Kriminologie, 2* (1), 37–45. https://doi.org/10.1007/s11757-008-0058-8

Steller, M. & Dahle K.-P. (2001). Diagnostischer Prozess. In R.-D. Stieglitz, U. Baumann & H.J. Freyberger (Hrsg.), *Psychodiagnostik in Klinischer Psychologie, Psychiatrie, Psychotherapie* (2. Aufl., S. 39–49). Stuttgart: Thieme.

Steller, M. & Köhnken, G. (1989). Criteria-based statement analysis. Credibility assessment of children's statements in sexual abuse cases. In D.C. Raskin (Ed.), *Psychological methods for investigation and evidence* (pp. 217–245). New York: Springer.

Steller, M. & Volbert, R. (1997). Glaubwürdigkeitsbegutachtung. In M. Steller & R. Volbert (Hrsg.), *Psychologie im Strafverfahren* (S. 12–39). Bern: Huber.

Steller, M., Volbert, R. & Wellershaus, P. (1993). Zur Beurteilung von Zeugenaussagen: Aussagepsychologische Konstrukte und methodische Strategien. In L. Montada (Hrsg.), *Bericht über den 38. Kongreß der Deutschen Gesellschaft für Psychologie in Trier 1992* (S. 367–376). Göttingen: Hogrefe.

Stern, W. (1904). Die Aussage als geistige Leistung und als Verhörsprodukt: Experimentelle Schüleruntersuchungen. *Beiträge zur Psychologie der Aussage, 1,* 1–147.

Sternglanz, R.W., Morris, W.L., Morrow, M. & Braverman, J. (2019). A review of meta-analyses about deception detection. In T. Docan-Morgan (Ed.), *The Palgrave Handbook of deceptive dommunication* (pp. 303–326). Cham: Springer International Publishing.

Stoffels, H. (2004). Pseudoerinnerungen oder Pseudologien? Von der Sehnsucht, Traumaopfer zu sein. In W. Vollmoeller (Hrsg.), *Grenzwertige psychische Störungen. Diagnostik und Therapie in Schwellenbereichen* (S. 33–45). Stuttgart: Thieme.

Stoffels, H. & Ernst, C. (2002). Erinnerung und Pseudoerinnerung: Über die Sehnsucht, Traumaopfer zu sein. *Der Nervenarzt, 73* (5), 445–451. https://doi.org/10.1007/s00115-002-1327-y

Undeutsch, U. (1967). Beurteilung der Glaubhaftigkeit von Zeugenaussagen. In U. Undeutsch (Hrsg.), *Handbuch der Psychologie* (Bd. 11: Forensische Psychologie, S. 26–181). Göttingen: Hogrefe.

Volbert, R. (1995). Glaubwürdigkeitsbegutachtung bei Verdacht auf sexuellen Mißbrauch. *Zeitschrift für Kinder- und Jugendpsychiatrie, 23,* 20–26.

Volbert, R. (1999). Determinanten der Aussagesuggestibilität bei Kindern. *Experimentelle und Klinische Hypnose, 15,* 55–78.

Volbert, R. (2004). *Beurteilungen von Aussagen über Traumata. Erinnerungen und ihre psychologische Bewertung.* Bern: Huber.

Volbert, R. (2008). Glaubhaftigkeitsbegutachtung – mehr als Merkmalsorientierte Inhaltsanalyse. *Forensische Psychiatrie, Psychologie, Kriminologie, 2* (1), 12–19. https://doi.org/10.1007/s11757-008-0055-y

Volbert, R. (2018). Scheinerinnerungen von Erwachsenen an traumatische Erlebnisse und deren Prüfung im Rahmen der Glaubhaftigkeitsbegutachtung: Eine rein traumatologische Perspektive ist irreführend. *Praxis der Rechtspsychologie, 28* (1), 61–95.

Volbert, R. & Banse, R. (2014). Deception detection: How can psychological research assist legal practice? *European Psychologist, 19* (3), 159–161. https://doi.org/10.1027/1016-9040/a000209

Volbert, R. & Dahle, K.-P. (2010). *Forensisch-psychologische Diagnostik im Strafverfahren.* Göttingen: Hogrefe.

Volbert, R., Schemmel, J. & Tamm, A. (2019). Die aussagepsychologische Begutachtung: Eine verengte Perspektive? *Forensische Psychiatrie, Psychologie, Kriminologie, 13* (2), 108–124. https://doi.org/10.1007/s11757-019-00528-5

Volbert, R. & Steller, M. (2014). Is this testimony truthful, fabricated, or based on false memory? Credibility assessment 25 years after Steller and Köhnken (1989). *European Psychologist, 19* (3), 207–220. https://doi.org/10.1027/1016-9040/a000200

Volbert, R. & Steller, M. (2020). Die Begutachtung der Glaubhaftigkeit. In V. Foerster, D. Habermeyer & H. Dreßing (Hrsg.), *Psychiatrische Begutachtung* (7. Ausgabe, S. 757–792). München: Urban & Fischer.

Vrij, A. (2005). Criteria-Based Content Analysis: A qualitative review of the first 37 studies. *Psychology, Public Policy, and Law, 11* (1), 3–41. https://doi.org/10.1037/1076-8971.11.1.3

Vrij, A. & Fisher, R.P. (2020). Unraveling the misconception about deception and nervous behavior. *Frontiers in Psychology, 11.* https://doi.org/10.3389/fpsyg.2020.01377

Walczyk, J.J. & Fargerson, C. (2019). A cognitive framework for understanding development of the ability to deceive. *New Ideas in Psychology, 54,* 82–92. https://doi.org/10.1016/j.newideapsych.2019.02.003

Walczyk, J.J., Harris, L.L., Duck, T.K. & Mulay, D. (2014). A social-cognitive framework for understanding serious lies: Activation-decision-construction-action theory. *New Ideas in Psychology, 34,* 22–36. https://doi.org/10.1016/j.newideapsych.2014.03.001

Zuckerman, M., DePaulo, B.M. & Rosenthal, R. (1981). Verbal and nonverbal communication of deception. In L. Berkowitz (Ed.), *Advances in Experimental Social Psychology* (Bd. 14). New York, NY: Academic Press.

23 Aussagepsychologische Begutachtung von Kindern: Entwicklungspsychologische Grundlagen

Renate Volbert

23.1 Einleitung

Bei der aussagepsychologischen Begutachtung von Kindern spielen entwicklungspsychologische Erkenntnisse naturgemäß eine große Rolle. In diesem Beitrag wird darauf eingegangen, wie sich die Fähigkeiten entwickeln, a) tatsächliche Erlebnisse zu speichern und zu reproduzieren und b) täuschende Angaben zu machen, wobei die Täuschungen sich sowohl darauf beziehen können, dass ein nicht stattgefundenes Ereignis behauptet als auch darauf, dass ein stattgefundenes Ereignis bestritten wird. Bei der Begutachtung von Aussagen von Kindern ist stets auch zu prüfen, ob die Aussagen durch suggestive Prozesse zustande gekommen sein können. Suggestive Prozesse sind jedoch nicht Gegenstand dieses Kapitels, hierauf wird in Kap. 22 eingegangen (vgl. auch Volbert & Steller, 2020).

23.2 Autobiografische Gedächtnisentwicklung

23.2.1 Entwicklungspsychologische Erkenntnisse

Grundlegende Fähigkeiten zur Encodierung, Speicherung und zum Abruf von Information sind in rudimentärer Form schon sehr früh vorhanden (Bauer, 2015; Howe, 2011); im forensischen Kontext interessieren jedoch nicht Gedächtnisleistungen per se, sondern vornehmlich die Fähigkeit, sprachliche Angaben über eigene Erlebnisse in der Vergangenheit zu machen. Dies setzt zumindest basale sprachliche Fähigkeiten voraus. Zudem ermöglicht erst eine kognitive Vorstellung des Selbst, welche sich im Alter von etwa 18 bis 24 Monaten herauszubilden beginnt, die Entwicklung autobiografischer Erinnerungen im engeren Sinne (Howe, Courage & Peterson, 1994; Howe, 2019). Während der anschließenden Jahre verändern sich die Fähigkeiten, Angaben über vergangene Ereignisse zu machen, bis zum Beginn des Schulalters sowohl quantitativ als auch qualitativ in ausgesprochen bedeutsamer Weise, aber auch danach sind in manchen Bereichen bis in die Adoleszenz Entwicklungen zu beobachten (Haden & Tõugu, 2020). Im Folgenden wird zusammenfassend dargestellt, wann welche Leistungen typischerweise erstmals erbracht werden können. Dabei ist allerdings zu beachten, dass es sich hierbei um Durchschnittswerte handelt und sich die Situation im Einzelfall, z. B. abhängig von der individuellen kognitiven Entwicklung, auch ganz anders darstellen kann (z. B. Geddie, Fradin & Beer, 2000).

Bezugnahmen auf vergangene Ereignisse. Erste sprachliche Bezugnahmen auf Vergangenes lassen sich bei Kindern meist zwischen 18 und 24 Monaten beobachten; in dieser Zeit wird Sprache jedoch vorwiegend benutzt, um das Hier und Jetzt zu beschreiben. Um den zweiten Geburtstag herum beginnen Kinder auch über *vergangene Ereignisse* zu sprechen, allerdings werden zunächst meist gerade abgeschlossene Aktivitäten oder Routineereignisse thematisiert. Die Fähigkeit, über *spezifische Ereignisse in der Vergangenheit* Angaben zu machen, beginnt sich im Alter zwischen 2 und 3 Jahren herauszubilden. Meist geschieht dies aber zunächst vorwiegend im Rahmen eines gemeinsamen Erinnerns von Eltern und Kindern. Vom *Kind initiierte Gespräche über Vergangenes* lassen sich i. d. R. erstmals gelegentlich in der zweiten Hälfte des 3. Lebensjahres beobachten, sie bleiben jedoch auch im 4. Lebensjahr bei vielen Kindern noch selten und nehmen danach zu (zusammenfassend Fivush, 2011; Nelson & Fivush, 2004).

Länge des Behaltensintervalls. Kinder können bereits ihre ersten autobiografischen Erinnerungen zuweilen über Tage oder Monate behalten. Wenn sie zum Zeitpunkt des Geschehens mindestens 3 Jahre, in Ausnahmefällen sogar nur 2 Jahre alt waren, sind Kinder nicht selten in der Lage, sich sogar über mehrere Jahre an bedeutsame Ereignisse zu erinnern (zusammenfassend Cleveland & Reese, 2008).

Selbst an bedeutsame, auch besonders belastende Ereignisse haben Kinder typischerweise aber langfristig keine bewussten Erinnerungen, wenn ihr Alter zum Zeitpunkt des Geschehens weniger als 2 Jahre betrug („infantile Amnesie"). Vorliegende Erkenntnisse sprechen zudem dafür, dass viele der zunächst auch über Monate oder sogar Jahre erinnerten Geschehnisse aus der frühen Kindheit in der mittleren Kindheit, insbesondere etwa ab dem 7. Lebensjahr, nicht mehr abgerufen werden können (Bauer & Larkina, 2014, 2016).

Manche Autor*innen gehen daher von zwei Phasen kindlicher Amnesie aus, nämlich von einer sehr weitgehenden Amnesie für Ereignisse in den ersten beiden Lebensjahren („infantile amnesia") sowie von einer Periode einer weniger dichten Amnesie bis zum Alter von etwa 5 bis 6 Jahren („childhood amnesia"), aus der Ereignisse behalten werden, die Erinnerungen aber quantitativ weniger Details und qualitativ weniger anschauliche Informationen enthalten als spätere Erinnerungen (Jack & Hayne, 2010; zum Ganzen Howe, 2000, 2015, 2019; La Rooy, Malloy & Lamb, 2011).

Ob ein Ereignis langfristig behalten wird, ist abhängig von einer Vielzahl von Faktoren (Bauer, 2009), u. a. können folgende Umstände das Vergessen eines zunächst behaltenen Erlebnisses fördern:

- wenig entwickelte sprachliche Fähigkeiten des Kindes zum Zeitpunkt des Ereignisses,
- schlecht organisierte Erinnerung aufgrund fehlenden Verständnisses der kausalen Struktur des Ereignisses,
- schlecht organisierte Erinnerung aufgrund fehlender narrativer Struktur,
- Veränderung der persönlichen Bedeutsamkeit eines Ereignisses über die Zeit.

Selbstständiger Abruf von Erinnerungen. Mit 3 bis 3½ Jahren sind viele Kinder prinzipiell erstmals in der Lage, eine mehr oder weniger kohärente, in aller Regel aber sehr kurze Darstellung über ein vergangenes Ereignis abzugeben. Dreijährige Kinder haben noch erhebliche Schwierigkeiten, gespeicherte Informationen selbstständig abzurufen, und produzieren nur sehr wenige Informationen von sich aus. Daher nennen sie nicht selten unterschiedliche Informationen, wenn sie zu verschiedenen Zeitpunkten nach demselben Ereignis gefragt werden: Es existiert kein Kern, der unabhängig von den gestellten Fragen zum selben Ereignis berichtet wird, was darauf verweist, dass Kinder bereits über episodische Erinnerungen verfügen, bevor sie über Erlebnisse in narrativer Form zusammenhängend berichten können. Die Äußerungen der Kinder demonstrieren somit zwar Gedächtniseinträge; i. d. R. sind die Darstellungen aber nicht in sich selbst nachvollziehbar, sondern nur dann, wenn man weiß, was passiert ist. Die Fähigkeit, ein Erlebnis ohne Hilfestellung durch die befragende Person darzustellen, verbessert sich bis zum Schulalter fortlaufend weiter (zusammenfassend Nelson & Fivush, 2004).

Art und Menge der erinnerten Informationen. Die jüngsten Kinder nehmen inhaltlich im Wesentlichen auf Aktivitäten und die beteiligten Personen Bezug. Mit etwa 3½ Jahren beginnen die meisten Kinder, auch Informationen beizusteuern, die geeignet sind, raum-zeitliche Kontexte herzustellen oder etwas über die Bedeutung des Ereignisses für das Kind zu erfahren. Erst im Grundschulalter liefern Kinder auch Hintergrundinformationen und nehmen kausale Verknüpfungen vor. Parallel erweitert sich die Menge der berichteten Informationen und die Aussagen werden kohärenter (z.B. Haden & Tõugu, 2020; Jack, Martyn & Zajac, 2015).

So fanden Follmer und Furtado (1997; zit. nach Ornstein, Shapiro, Clubb, Follmer & Baker-Ward, 1997) bei einem Vergleich einer aus mehreren Einzeluntersuchungen zusammengefassten Stichprobe von 232 Kindern zwischen 3 und 7 Jahren, die alle entweder eine, drei, sechs oder zwölf Wochen nach einer kinderärztlichen Untersuchung hierzu befragt wurden, deutliche Altersunterschiede: Die Erinnerungsleistung im freien Bericht und auf offene Fragen wurde mit zunehmendem Alter besser und die Vergessensrate sowie das Ausmaß der Fehler in den Antworten sanken. Unterschiede waren teilweise auf eine alterskorrelierte Zunahme der encodierten Informationen zurückzuführen, die wiederum vermutlich durch eine größere und differenziertere Wissensbasis sowie durch eine schnellere Informationsverarbeitung bei den älteren Kindern verursacht war; teilweise war aber auch eine Effektivierung von Abrufstrategien ursächlich (Baker-Ward & Ornstein, 2002).

Ab dem Grundschulalter gleichen sich die Darstellungen allmählich der Struktur der Aussagen Erwachsener an; aber auch in den anschließenden Jahren finden sich noch relevante Veränderungen. In einer Untersuchung von Bauer und Larkina (2019) enthielten die Berichte 10-jähriger bspw. sechsmal so viel Informationen wie die Berichte 5-jähriger Kinder, blieben dabei aber immer noch unter der Menge an Informationen von vergleichbaren Berichten Erwachsener. Pasupathi und Wainryb (2010) beschreiben, dass sich Darstellungen vom Schuleintrittsalter bis in die Adoleszenz v.a. dadurch unterscheiden, dass sie an evaluativen und interpretativen Informationen zunehmen.

Tustin und Hayne (2019) ließen zudem Personen unterschiedlicher Altersgruppen über Ereignisse aus einer festgelegten Altersphase erzählen (z.B. Geschehnisse im Alter von 5 Jahren), und obwohl das Ereignis bei den Erwachsenen deutlich länger zurücklag als bei den 5 Jahre alten Kindern, enthielten die Darstellungen der Erwachsenen signifikant mehr Details als die der Kinder. Es ergaben sich auch qualitative Unterschiede: Fünfjährige Kinder äußerten bspw. i.d.R. keine Angaben über ihre eigenen Gedanken und nie über das Wetter, die Tageszeit, das Datum, den Wochentag oder die Länge des Ereignisses (vgl. auch Strange & Hayne, 2013), während Erwachsene das taten, wenn sie über Kindheitsereignisse berichteten, die im Alter von 5 Jahren passiert waren. Nun könnte man spekulieren, dass 5-Jährige diese Informationen bereits erinnern, ihre narrativen Fähigkeiten aber noch nicht so ausgebildet sind, dass sie die Informationen integrieren. Erwachsene produzierten in der erwähnten Studie aber tendenziell auch mehr Details über ein Ereignis, das sie im Alter von 10 Jahren erlebt hatten, als 10-jährige Kinder, welche bereits über gut ausgebildete narrative Fähigkeiten verfügten. Die Autorinnen argumentieren, dass es wenig wahrscheinlich ist, dass sich Personen später besser erinnern als unmittelbar nach dem Geschehen, und vermuten, dass die zusätzlichen Details in den Aussagen Erwachsener nicht auf genuiner Erinnerung an das Ereignis, sondern auf Gehörtem und auf Schlussfolgerungen basieren, welche subjektiv für genuine Erinnerungen gehalten werden.

Die Art und Menge von erinnerten Informationen ist bei jungen Kindern u.a. abhängig von der Qualität und Menge von Eltern-Kind-Konversationen. Die Art, wie Eltern mit ihren Kindern über vergangene Ereignisse sprechen, variiert nämlich erheblich. Sogenannte „elaborative" Eltern führen ausführliche Gespräche über vergangene Ereignisse, steuern selbst viele Details bei, beziehen sich auf die Antworten der Kinder. Weniger elaborative Eltern führen kürzere Gespräche über vergangene Ereignisse, in denen v.a. nach Ergebnissen gefragt wird. Kinder elaborativer Eltern berichten mehr Details und machen kohärentere Angaben über frühere Erlebnisse als Kinder weniger elaborativer Eltern (Waters, Camia, Facompré & Fivush, 2019). Es wird davon ausgegangen, dass Kinder elaborativer Eltern besser lernen, Ereignisse in einer narrativen Struktur zu speichern, welche wiederum eine langfristige Speicherung unterstützt (Fivush, 2019; vgl. auch Salmon & Reese, 2015).

Richtigkeit der erinnerten Informationen. Aus dem Referierten ergibt sich, dass die Fähigkeit, Ereignisse vollständig und nachvollziehbar wiederzugeben, deutlich zunimmt, je älter das Kind zum Zeitpunkt des Ereignisses war (vgl. Peterson & Warren, 2009, über verschiedene prospektive Studien zu Erinnerungen von unterschiedlich alten Kindern an Verletzungen, derentwegen sie in einer Notfallambulanz vorgestellt wurden). Die Angaben von jungen Kindern sind aber prozentual nicht generell fehlerbehafteter als die Darstellungen älterer Kinder. Informationen, die Kinder von sich aus in ihren spontanen Berichten produzieren, erweisen sich schon bei 4-jährigen anteilsmäßig genauso zutreffend wie bei älteren Kindern (Hershkowitz, Lamb, Orbach, Katz & Horowitz, 2012), wenn im Vorfeld keine suggestiven Beeinflussungen stattfanden. Da Kinder aber umso weniger Informationen von sich berichten, je jünger sie sind, sind umso mehr Fragen und Hinweisreize notwendig, um Informationen zu erhalten. Auf Fragen und Hinweisreize geben jüngere Kinder aber signifikant mehr falsche Antworten als ältere Kinder, insbesondere wenn sie Befragenden widersprechen müssen, um korrekt zu antworten (Myers et al., 2003). Die höhere Fehleranfälligkeit gilt nicht nur für suggestive Fragen, sondern generell für spezifische und insbesondere für Ja/Nein-Fragen (z. B. Bjorklund, Bjorklund, Brown & Cassel,1998).

Zeitliche Einordnung von Ereignissen. Die in der forensischen Praxis oftmals bedeutsame zeitliche Lokalisierung von Geschehnissen gelingt generell vergleichsweise spät. Ein basales Verständnis dafür, dass Zeit ein Kontinuum darstellt, vergangene Dinge also unterschiedlich lange zurückliegen können, entwickelt sich zwar bereits etwa mit 3 bis 4 Jahren; ein komplexeres, transitives Verständnis von Zeit erwerben Kinder jedoch erst im Laufe der ersten Schuljahre. Das hat damit zu tun, dass junge Kinder konventionelle Zeitskalen noch nicht angemessen benutzen können. Besondere Probleme macht das Verständnis der zyklischen Wiederkehr, bei dem ein Element sowohl vor als auch nach einem gegebenen Ereignis (z. B. dem eigenen Geburtstag) liegen kann (Friedman, 1982, 2014). Strube und Weber (1988) zeigten, dass es selbst mit Hilfestellung erst Zweitklässler*innen gelang, anzugeben, ob ein spezifisches Ereignis vor oder nach einem bestimmten Jahresfest lag. Fünfjährige Kinder konnten die Aufgabe auch mit Hilfestellung nicht lösen. Erst Drittklässler*innen kamen mit dieser Aufgabe überwiegend auch ohne Hilfestellung zurecht.

Retrospektive zeitliche Lokalisierungen von Ereignissen sind insofern frühestens überhaupt erst bei Kindern ab 8 bis 9 Jahren zu erwarten und werden von jüngeren Kindern spontan meist auch nicht vorgenommen. Eine deutliche Zunahme von zeitlichen Bezugnahmen fanden Orbach und Lamb (2007) in einer Auswertung von 250 forensischen Befragungen von 4 bis 10 Jahre alten Kindern folglich erst im Alter von etwa 10 Jahren. Aber die Koordination der verschiedenen zeitlichen Subsysteme stellt auch für diese Altersgruppe noch eine schwierige Aufgabe dar (Friedman, Reese & Dai, 2011) und wird meist nicht vor dem Alter von 12 Jahren wirklich gemeistert (Friedman, 1982).

Werden junge Kinder nach einer zeitlichen Einordnung gefragt, benutzen sie zeitliche Marker auch ohne ein ausreichendes Verständnis. Nicht selten werden dabei zeitliche Angaben, die sich auf die Vergangenheit beziehen, mit solchen verwechselt, die eine zukünftige Zeit beschreiben (bspw. benutzen junge Kinder „gestern" und „morgen" oft austauschbar; beides beschreibt zunächst nicht gegenwärtige Zeit [Harner, 1982]). Auch wenn Kinder die Reihenfolge einzelner Elemente einer Zeitskala (Wochentage, Monate) aufzählen können, bedeutet dies noch nicht, dass sie in der Lage sind, diese Skala für zeitliche Zuordnungen zu nutzen (zum Ganzen Friedman, 2014; Friedman & Lyon, 2005).

Anstatt junge Kinder nach zeitlichen Lokalisierungen zu fragen, die von ihnen ohnehin nicht zuverlässig vorgenommen werden dürften, erscheint es insofern erfolgversprechender, durch die Förderung des freien Berichts möglichst viele Details vom Kind zu erhalten, die die Basis für zeitliche Rekonstruktionen von außen bieten können (vgl. Wandrey, Lyon, Quas & Friedman, 2012).

Zusammenfassend ergibt sich der nachfolgende Verlauf relevanter Gedächtnisfunktionen für autobiografische Erlebnisse. Zu beachten sind allerdings interindividuelle Unterschiede, die u.a. mit der sprachlichen Entwicklung des jeweiligen Kindes zum Zeitpunkt des Ereignisses zu tun haben (Nelson, 2014).

23.2.2 Konsequenzen für die Begutachtungspraxis

Aus den bisherigen Ausführungen wird deutlich, dass sich die Aussagetüchtigkeit – außer bei Erlebnissen in den ersten beiden Lebensjahren – nicht ohne Berücksichtigung der spezifischen Rahmenbedingungen beurteilen lässt (z.B. Komplexität des Ereignisses, persönliche Bedeutsamkeit des Ereignisses, Intervall zwischen Ereignis und Befragung, Art der Befragung). Vor diesem Hintergrund ist das Konzept einer allgemeinen, situationsübergreifenden Aussagetüchtigkeit im Grunde wenig weiterführend (Reisberg, 2014; Volbert & Steller, 2020). Dies gilt umso mehr, da gerade bei jungen Kindern die Zuverlässigkeit der Angaben in hohem Maße abhängig ist von der Art der Befragung. Ein junges Kind, das bei einer nicht suggestiven Befragung zuverlässige Angaben über ein Erlebnis machen kann, produziert möglicherweise im Rahmen einer suggestiven Befragung Aussagen, die erheblich von dem tatsächlichen Ereignisablauf abweichen.

Textbox 23.1: Entwicklung relevanter Gedächtnisfunktionen

Ereignisse bis zum Alter von 18 Monaten: Es liegen i.d.R. keine sprachlich abrufbaren Erinnerungen vor.

Ereignisse im Alter von 19 bis 24 Monaten: Zeitnah haben einige Kinder über Monate Erinnerungen an subjektiv bedeutsame Erlebnisse, die sich v.a. beim gemeinsamen Erinnern mit Erwachsenen zeigen. Die Ereignisse werden i.d.R. jedoch nicht langfristig behalten (infantile Amnesie).

Ereignisse im Alter von 25 bis 36 Monaten: Von vielen Kindern können zumindest einige Erlebnisse über mehrere Jahre reproduziert werden. Es ist möglich, dass einzelne Ereignisse aus dieser Zeit auch noch im Erwachsenenalter erinnert werden, für die meisten Ereignisse trifft das aber nicht zu. Erinnerungen aus dieser Zeit sind noch recht desorganisiert und knapp und oft nur mit spezifischen Hinweisreizen abrufbar.

Ereignisse im Alter von 3 bis 5 Jahren: Bedeutsame Ereignisse werden teilweise über einen Zeitraum von mehreren Monaten oder Jahren erinnert. Erinnerungen enthalten aber i.d.R. weniger Details als spätere Erinnerungen.

Ereignisse im Alter ab 6 Jahren: Bedeutsame Ereignisse werden überwiegend langfristig erinnert.

Dies ist besonders relevant, da es im forensischen Kontext häufig nicht ausreicht, dass ein Kind überhaupt in der Lage ist, sich an ein vergangenes Ereignis zu erinnern. Vielmehr muss es in vielen Fällen auch in der Lage sein, die Erinnerung jedenfalls so weit selbstständig abrufen zu können, dass es auf Erzählaufforderungen und offene Nachfragen reagieren kann. Ist ein Abruf dagegen nur unter Vorgabe von spezifischen Hinweisreizen möglich, ist dies immer dann problematisch, wenn keine Sicherheit darüber besteht, dass ein erfragtes Ereignis überhaupt stattgefunden hat – wie es häufig in Fällen von fraglichem sexuellen Missbrauch der Fall ist –, da dann möglicherweise unzutreffende Hinweisreize gegeben werden, die fehlerhafte Aussagen zur Folge haben können. Für die Beurteilung der Aussagetüchtigkeit von Kindern kommt es daher nicht nur auf das Erinnerungsvermögen an, sondern v.a. auf die Fähigkeit, eine Erinnerung ausreichend selbstständig abrufen zu können, was meist erst ab dem Alter von 4 Jahren gegeben ist. Kann eine Befragung nur auf Basis von inhaltlichen Vorgaben und spezifischen Fragen erfolgen, besteht eine erhebliche Gefahr, dass die Aussage in erster Linie die Vorstellungen des oder der Befragenden über das fragliche Geschehen reflektiert und nicht eine Wiedergabe des tatsächlichen Geschehens darstellt.

Es gibt aber gelegentlich auch Konstellationen, in denen den Ermittlungsbehörden bereits Information zur Tat zur Verfügung steht, z.B. wenn Kinder nach einer Entführung gefunden worden oder wenn Kinder die einzigen Zeug*innen von Tötungsdelikten geworden sind. In diesen Fällen geht es bei Aussagen der Kinder oft um spezifische Details (z.B. zur Person des Täters) und bei der Befragung können aufgrund der vorhandenen Information zur Tat zutreffende Hinweisreize gegeben werden. Unter solchen Umständen können ggf. auch schon 3-jährige Kinder wertvolle Ermittlungshinweise geben, die letztlich zur Aufklärung der Tat führen (z.B. Jones & Krugman, 1986; Niebergall, Sporer & Warnke, 1995).

In manchen Fällen ist wiederum die Frage zu klären, ob ein Kind, an dessen Aussagetüchtigkeit aktuell kein Zweifel besteht, zuverlässige Angaben über ein länger zurückliegendes Ereignis machen kann bzw., ob es überhaupt theoretisch denkbar ist, dass sich ein Kind so weit zurückerinnert. Aufgrund des Umstands, dass Ereignisse in der frühen Kindheit oft eine Zeit lang behalten, dann aber doch nicht mehr erinnert werden, wie weiter oben ausführlich beschrieben wurde, sind diese Fragen letztlich ebenfalls nur auf der Basis der fallspezifischen Angaben zur Sache zu beantworten.

Aus den vorliegenden Erkenntnissen ergeben sich für die Beurteilung der Aussagetüchtigkeit Faustregeln (Textbox 23.2), wobei die genannten Altersangaben nur eine sehr grobe Orientierung darstellen (zum Ganzen: Volbert, 2005b).

Textbox 23.2:
Entwicklung der Aussagetüchtigkeit

Bis ca. 18 Monate: Keine sprachlichen Berichte über vergangene Erlebnisse.

19 Monate bis 3 Jahre: Kinder können sich an (auch länger) zurückliegende Ereignisse erinnern, haben aber noch große Schwierigkeiten beim selbstständigen Abruf von Informationen und sind deswegen in erheblichem Maß auf spezifische Hinweisreize angewiesen. Über Ereignisse, für die keine zusätzlichen Informationen vorliegen, sind deswegen häufig noch keine Angaben zu erhalten, die auch ohne Kenntnis des Ereignisses nachzuvollziehen sind. Hinweisreize und spezifische Fragen erhöhen die Wahrscheinlichkeit unzutreffender Angaben.

4 bis 5 Jahre: Die Fähigkeit nimmt zu, ohne Hilfestellung über erlebte Ereignisse zu berichten; kurze Narrationen sind möglich. Bei Benutzung einer angemessenen Befragungstechnik sind viele Kinder dieser Altersgruppe bereits in der Lage, Auskunft über zurückliegende Erlebnisse zu geben.

Ab 6 Jahren: Berichte nähern sich in ihrer Organisation und Logik allmählich den Darstellungen von Erwachsenen an. Außer bei dem Vorliegen von Entwicklungsverzögerungen kann über vergangene Ereignisse berichtet werden.

Zwar stellt Alter prinzipiell einen Prädiktor für eine zuverlässige Aussage dar, in der kognitiven Entwicklung treten aber keine qualitativen Sprünge auf, die es nahelegen, die Aussage eines Kindes bis zu einem bestimmten Zeitpunkt als generell unzuverlässig zu betrachten und kurz darauf zu einer anderen Bewertung zu kommen. Zu berücksichtigen sind ferner individuelle Unterschiede, wobei hier der Entwicklung der sprachlichen Ausdrucksfähigkeit eine besondere Rolle zukommt (Peterson & Warren, 2009). Diese hat nicht nur Auswirkungen auf die aktuell produzierte Aussage, sondern auch auf die Fähigkeit, Informationen zu encodieren und so zu speichern, dass sie selbstständig abgerufen werden können.

Wenn im Einzelfall zu prüfen ist, wie gut ein Kind in der Lage ist, über ein Erlebnis valide zu berichten, geschieht dies am besten, indem sich Befragende mit dem Kind über persönlich bedeutsame Ereignisse in der Vergangenheit (möglichst aus dem Zeitraum der infrage stehenden Tat) unterhalten, über welche sie selbst zum Zeitpunkt der Befragung nicht oder zumindest nicht detailliert informiert sind, und diese Schilderungen anschließend mit Angaben der Bezugsperson des Kindes abgleichen. Bei älteren Kindern (und erst recht bei Jugendlichen und Erwachsenen) kann ohnehin von Aussagetüchtigkeit ausgegangen werden, wenn es keine Hinweise auf entsprechende Einschränkungen gibt. Ein Grund, routinemäßig die grundlegenden Fähigkeiten, wahrzunehmen, zu speichern und zu reproduzieren, auch bei solchen Zeug*innen ausführlich zu prüfen, mit denen man sich problemlos über ihre Biografie unterhalten kann, ist nicht ersichtlich (Volbert & Steller, 2020).

23.3 Täuschung: Lügen und Verschweigen

23.3.1 Entwicklungspsychologische Erkenntnisse

Falsche Behauptungen

Die frühesten verbalen Täuschungen, die Kinder vornehmen, sind meist leicht zu entdeckende Lügen mit dem Ziel, sich vor potenzieller Bestrafung zu schützen oder anderen zu gefallen. Überwiegend handelt es sich dabei um unzutreffendes Leugnen einer tatsächlich stattgefundenen Handlung, indem bspw. behauptet wird, etwas nicht genascht oder etwas nicht zerbrochen zu haben. Solche falschen Behauptungen werden gelegentlich schon von 2 ½-jährigen Kindern berichtet (Newton, Reddy & Bull, 2000).

Um Täuschung unter realistischen Bedingungen systematisch zu untersuchen, wird in vielen Studien die Entwicklung von Täuschungsbereitschaft und Täuschungsfähigkeit mittels einer modifizierten Form des „temptation resistance paradigm“ untersucht. Kindern wird dabei die Gelegenheit gegeben, eine Normübertretung zu begehen, und später werden sie gefragt, ob sie diese Normübertretung begangen haben oder nicht. Beispielsweise sollen sie in einem Ratespiel herausfinden, welches Spielzeug versteckt ist, dann instruiert der*die Versuchsleiter*in die Kinder, nicht nachzuschauen, während er bzw. sie zwischenzeitlich den Raum verlassen muss. Während seiner*ihrer Abwesenheit besteht die Möglichkeit, sich das Spielzeug heimlich anzuschauen, was ein großer Teil der Kinder auch regelmäßig tut. Nach Rückkehr desVersuchsleiters*der Versuchsleiter*in werden die Kinder gefragt, ob sie nachgeschaut haben. Kinder werden dabei also nicht instruiert zu lügen, sondern können entscheiden, ob sie bei der Befragung die Wahrheit sagen oder nicht. Es ist aber zu betonen, dass es sich bei den hier untersuchten Täuschungsleistungen um sehr einfache Formen von Täuschung handelt, bei denen eine Frage, die richtigerweise bejaht werden müsste, lediglich verneint wird.

Untersuchungen zeigen mit großer Übereinstimmung, dass nur etwa ein Drittel der 3-jährigen, aber die Mehrheit der 4- bis 7-jährigen Kinder eine begangene Regelüberschreitung bei der Befragung abstreitet, also falsche Angaben macht (Lewis, Stanger & Sullivan, 1989; Polak & Harris, 1999; Talwar & Lee, 2002; Talwar, Lee, Bala & Lindsay, 2002). Diese Ergebnisse stehen in Einklang mit Erkenntnissen der „theory of mind“, wonach Kinder erst im Alter von 3 bis 4 Jahren zu verstehen beginnen, dass sie andere in eine falsche Annahme über einen Sachverhalt versetzen können (z. B. Wellman,

Cross & Watson, 2001). Bewusste Täuschung setzt ein Verständnis davon voraus, dass Personen über subjektive Annahmen („beliefs") verfügen können, die von der faktischen Realität abweichen („first-order belief"). Talwar und Lee (2008) bezeichnen Lügen daher als „theory of mind in action".

Um zu überprüfen, ob Kinder über ausreichende Fähigkeiten verfügen, die Täuschung auch bei weiteren Nachfragen aufrechtzuerhalten, wurde das oben beschriebene Paradigma erweitert. Es wurden zusätzliche Fragen gestellt, insbesondere auch solche nach der Beschaffenheit des vermeintlich nicht angesehenen Gegenstands. Für eine erfolgreiche Täuschung muss hier Nichtwissen simuliert werden, d.h. spätere Antworten müssen der anfänglichen falschen Behauptung angepasst werden, die Regelüberschreitung – in diesem Fall das verbotene Anschauen eines Spielzeugs – nicht begangen zu haben. Diese Fähigkeit wird von Talwar und Lee (2002) als „semantic leakage control" bezeichnet. Es zeigte sich, dass diese Fähigkeit bei jungen Kindern noch sehr wenig ausgebildet ist. So beschrieben bspw. über 70 % der 3- bis 7-jährigen Kinder, die das verbotene Ansehen eines Spielzeugs bestritten, um welches konkrete Spielzeug es sich gehandelt habe, und verrieten auf diese Weise ihre Regelüberschreitung (Talwar & Lee, 2002). Bei der Gruppe der durchschnittlich 4 Jahre alten Kinder waren Bemühungen, Nichtwissen zu simulieren, mehrheitlich erst gar nicht zu beobachten; diese Kinder hatten offenbar noch gar nicht realisiert, dass sie nicht nur eine Information zurückhalten, sondern auch ihr übriges Antwortverhalten entsprechend ausrichten mussten. Die Mehrheit der durchschnittlich 7-jährigen Kinder zeigte immerhin entsprechende Bemühungen, wenngleich diese wenig erfolgreich waren (Talwar & Lee, 2008). In einer Studie mit älteren Kindern demonstrierten Talwar, Gordon und Lee (2007), dass Dritt- und Fünftklässler*innen signifikant besser in der Lage waren, Nichtwissen vorzutäuschen als Erstklässler*innen, und diese Fähigkeit korrelierte mit der Fähigkeit der Kinder, angemessene Überlegungen über die Erwartungshaltung des Versuchsleiters*der Versuchsleiter*in an ihr eigenes Wissen bzw. Nichtwissen auf der Basis seiner*ihrer falschen Annahme anstellen zu können. Hier spiegelt sich ein Verständnis davon wider, welche weiteren Annahmen sich aus einer falschen Annahme ableiten lassen („Second-order-belief"-Verständnis). Dieses Verständnis beginnt sich etwa im Alter von 6 Jahren herauszubilden und entwickelt sich weiter bis in die Adoleszenz (Perner & Wimmer, 1985).

Auf der Basis der vorliegenden empirischen Befunde beschreiben Talwar und Lee (2008) folgenden Entwicklungsverlauf (s.a. Talwar & Crossman, 2012):

Zusammenfassend zeigen die Befunde, dass Kinder bis zu Beginn des Schulalters selbst bei einfachen verbalen Täuschungen recht leicht zu überführen sind. Erst im Laufe der Grundschuljahre differenzieren sich hierfür relevante Fähigkeiten weiter aus. Für das Erfinden einer komplexen Aussage, die nicht auf realem Erleben basiert, sind weitere Voraussetzungen notwendig, insbesondere bereichsspezifisches Wissen, aber auch täuschungsstrategische Kenntnisse. Der gezielte Einsatz täuschungsstrategischen Wissens dürfte erst zu Beginn der Adoleszenz einsetzen (zum Ganzen Niehaus, 2005, 2008; Talwar & Crossman, 2012).

Geheimhalten von Informationen

Im Rahmen aussagepsychologischer Untersuchungen steht zuweilen auch die Frage im Raum, ob ein Kind ein tatsächliches Erlebnis über längere Zeit geheim gehalten hat und nach langer Zeit erstmals über tatsächliche Vorfälle berichtet oder ob das aktuelle Vorbringen auf suggestive Befragungsprozesse zurückzuführen und das vorherige Schweigen oder vermeintliche Negieren auf den Umstand zurückzuführen ist, dass keine entsprechenden Erlebnisse geschehen sind.

Geheimhaltung setzt zumindest ein basales Geheimnisverständnis voraus, welches wiederum nur vorhanden ist, wenn auch das Lösen ein-

Textbox 23.3: Entwicklung Täuschungsfähigkeiten (Talwar & Lee, 2008)

- *Stadium 1 („primary lies"):* Im Alter von etwa 2 bis 3 Jahren treten erste Lügen auf. Dies sind faktisch falsche Angaben, wobei allerdings umstritten ist, ob es sich hier um Wortspiele, Wunschdenken oder genuine Täuschung handelt (z.B. Ahern, Lyon & Quas, 2011).
- *Stadium 2 („secondary lies"):* Ab etwa 4 Jahren ist die Mehrheit der Kinder bereit und in der Lage, eine eigene Normüberschreitung auf entsprechende Frage zu bestreiten. Das Verständnis davon, dass subjektive Annahmen von der Realität abweichen können („first-order belief understanding"), spielt eine wichtige Rolle beim Übergang vom ersten zum zweiten Täuschungsstadium. Allerdings haben Kinder dieser Stufe noch erhebliche Schwierigkeiten, ihr Aussageverhalten durch weitere falsche Angaben dem initialen falschen Bestreiten anzupassen (fehlende „semantic leakage control"), was dazu führt, dass ihre Täuschungen leicht erkannt werden können.
- *Stadium 3 („tertiary lies"):* Diese Stufe beginnt mit etwa 7 Jahren. Kindern gelingt es zunehmend besser, in dem genannten Sinne effektiv zu täuschen, indem sie nachfolgende Angaben in Einklang mit einer initialen falschen Behauptung bringen. Der Übergang vom zweiten zum dritten Stadium scheint mit der Entwicklung des Verständnisses in Zusammenhang zu stehen, welche Schlussfolgerungen eine Person auf der Basis einer falschen Annahme treffen würde („second-order belief understanding").

facher Theory-of-mind-Aufgaben gelingt und somit nicht vor dem Alter von drei oder vier Jahren anzunehmen ist (Colwell, Corson, Sastry & Wright, 2016). Zudem muss eine ausreichende Verhaltenssteuerung vorhanden sein, die das Kind befähigt, Informationen zurückzuhalten.

In Studien, in denen Kinder explizit instruiert wurden, eine Regelübertretung eines Erwachsenen zu verschweigen, zeigte sich, dass dem insbesondere 6- bis 7-Jährige folgten, während sowohl jüngere als auch ältere Kinder von einer solchen Instruktion weniger stark beeinflusst wurden (Bottoms, Goodman, Schwartz-Kenney & Thomas, 2002; Lyon, Malloy, Quas & Talwar, 2008; Pipe & Wilson, 1994). Dies mag damit zusammenhängen, dass sich 5- bis 6-jährige Kinder sehr stark an von Erwachsenen vorgegebenen Regeln bzw. an angedrohten negativen Konsequenzen beim Zuwiderhandeln der Regeln orientieren und deswegen in höherem Maße bereit sind, Geheimhaltungsinstruktionen von Erwachsenen zu befolgen als ältere Kinder, die autonomer auf der Basis des Inhalts des Geheimnisses entscheiden können, was sie preisgeben und was nicht. Kinder, die jünger sind als 5 Jahre, haben wiederum aufgrund ihres kognitiven Entwicklungstands ein weniger differenziertes Konzept von Geheimhaltung und sind vermutlich weniger in der Lage, Informationen zurückzuhalten.

In einer Untersuchung von Lyon et al. (2014) mit 4- bis 9-jährigen Kindern zeigte sich zudem, dass die meisten Kinder aller Altersgruppen zwar bereit waren, eine mit einem Erwachsenen auf dessen Aufforderung gemeinsam begangene Regelüberschreitung im freien Bericht zu verschweigen, auf explizite Fragen nach einer Geheimnisinstruktion oder einer Regelüberschreitung wurde diese aber häufig eingeräumt (vgl. auch Volbert, 2017). Eine Geheimhaltungsinstruktion kann nämlich in Konflikt mit anderen von Erwachsenen aufgestellten Normen geraten, insbesondere mit der Regel, nicht zu lügen. So lange sich Geheimhaltung ausschließlich durch Verschweigen von Informationen aufrechthalten lässt, wird dieser Konflikt nicht virulent. Wird direkt nach Geheimhaltungsinstruktionen oder etwaigen kritischen Handlungen gefragt, entscheiden sich zumindest unter Laborbedingungen viele Kinder dafür, die Wahrheit zu sagen, obwohl sie zunächst prinzipiell bereit waren, das Geheimnis zu wahren.

Insgesamt machen vorliegende Untersuchungen deutlich, dass Kinder, die in der Lage sind, Informationen zu verschweigen, dies nicht schon deswegen ohne Weiteres tun, weil sie von einem Erwachsenen dazu aufgefordert werden. Nach den vorliegenden Erkenntnissen ist anzunehmen, dass in die Entscheidung prinzipiell verschweigefähiger Kinder, einen von einem Erwachsenen angestifteten Normverstoß geheim zu halten oder preiszugeben, folgende Faktoren eingehen: a) Bewertung des Normverstoßes, b) Vorliegen einer expliziten Geheimnisinstruktion, c) der Umstand, ob die Preisgabe selbstbelastend ist oder nicht, sowie die zu erwarteten Folgen d) des Verschweigens und e) des Berichtens von Informationen und f) die Art der Befragung, d.h., ob eine aktive Täuschung zur Geheimhaltung notwendig war oder nicht (Last & Aharoni-Etzioni, 1995; Valtin, Watson & Flitner, 1998; Volbert, 2017; Watson & Valtin, 1997; Wagland & Bussey, 2005).

Valtin et al. (1998) argumentieren, dass dabei die Inhalte eine große Rolle spielen und dass 5- bis 6-Jährige den Belastungen eines „schlechten" Geheimnisses eines Freundes noch nicht gewachsen sind. Kindern dieser Altersgruppe fällt es leicht, eine Grenze zwischen sich und einem anderen dort zu ziehen, wo sie mit dem Informationsanspruch der Erwachsenen nicht in Konflikt geraten, also bei Geheimnissen, die keine Gefahren enthalten und keinem Verbot unterliegen, bspw. bei einer Geburtstagsüberraschung. Wenn Angst vor Gefahr, Schutzbedürfnisse, Schuldgefühle oder Straferwartungen geweckt werden, tendieren sie dagegen dazu, sich einem Erwachsenen anzuvertrauen. Entsprechend äußern in Befragungen v.a. die 6- bis 8-Jährigen Überlegungen und Zweifel darüber, welche Geheimnisse man offenlegen kann und welche nicht (vgl. auch Flitner & Valtin, 1985), während sich für jüngere Kinder diese Fragen kaum stellen und ältere Kinder besser in der Lage sind, diesbezüglich Entscheidungen zu treffen. In den referierten Befragungen von Valtin und Kollegen wurden allerdings ausschließlich Vignetten benutzt, in denen die „schlechten" Geheimnisse solche waren, bei denen es um Fehlverhalten von Kindern ging, Regelüberschreitungen und Geheimnisinstruktionen durch (nahestehende) Erwachsene wurden nicht thematisiert.

In Studien, in denen Kinder von Erwachsenen instruiert wurden, etwas geheim zu halten, zeigte sich, dass 7-jährige Kinder ein geheim zu haltendes Fehlverhalten (Diebstahl) ihrer Eltern häufiger verschwiegen als ein entsprechendes Fehlverhalten eines Fremden (Tye, Amato, Honts, Devitt & Peters, 1999; Volbert, 2017). Andererseits wurde auch bei Geheimnisinstruktionen durch Eltern keineswegs immer eine besonders hohe Verschweigebereitschaft festgestellt. Beispielsweise fanden Talwar, Lee, Bala und Lindsay (2004) bei den von ihnen untersuchten 3- bis 11-jährigen Kindern insgesamt keine hohe Neigung, ein Fehlverhalten eines Elternteils zu verheimlichen; dies änderte sich erst dann, wenn sichergestellt war, dass der Verdacht, ein Spielzeug zerbrochen zu haben, nicht auf das Kind selbst fallen konnte (zum Ganzen vgl. Talwar & Crossman, 2012), was unterstreicht, dass die Entscheidung, ein Geheimnis zu halten oder preiszugeben, von verschiedenen kontextuellen Umständen beeinflusst wird.

Die Bereitschaft, Informationen geheim zu halten, bedeutet nicht bereits, dass man auch in der Lage ist, den anderen effektiv davon zu überzeugen, dass etwas nicht geschehen ist. Wenn eine effektive Geheimhaltung bspw. impliziert, dass man ein alternatives Geschehen darstellt, kommen Kinder bis in die ersten Schuljahre aufgrund der weiter oben beschriebenen noch gering ausgebildeten Täuschungsfähigkeiten schnell an ihre Grenzen (Volbert, 2017).

Beschäftigt man sich in Praxisfällen mit der Frage, ob ein Negieren eines Missbrauchsverdachts auf ein Verschweigen einer entsprechenden Handlung nach einer Geheimhaltungsinstruktion zurückzuführen sein könnte oder ob das aus entwicklungspsychologischer Sicht keine plausible Erklärung ist, sind die individuellen Kontextbedingungen zu berücksichtigen.

Textbox 23.4:
Um ein Geheimnis wahren zu können,

- müssen zunächst die kognitiven Voraussetzungen vorliegen, um das Konzept der Geheimhaltung überhaupt zu verstehen, und
- es muss eine ausreichende Verhaltenssteuerung vorhanden sein, die das Kind befähigt, die Informationen (auch ohne Befragungsdruck) zurückzuhalten.
- Werden Fragen gestellt, geht es nicht mehr alleine um das Verschweigen, sondern um das aktive Bestreiten eines Erlebnisses, in dieser Situation gerät das Kind in einen Konflikt, in dem es sich in jedem Fall einer Anforderung eines Erwachsenen widersetzen muss. Auch wenn ein Kind prinzipiell in der Lage ist, Informationen zu verschweigen und ein Erlebnis zu bestreiten, wird es das nicht alleine schon deswegen tun, weil es dazu aufgefordert worden ist. Auch junge Kinder treffen Entscheidungen, ob sie ein Geheimnis preisgeben oder nicht, wobei offenbar Aspekte, die mit dem Inhalt des Geheimnisses und den antizipierten Folgen zu tun haben, eine Rolle spielen.
- Immer sind aber auch die genauen Aufgabenanforderungen zu prüfen, unter denen ein Geheimnis ggf. gewahrt werden soll: Während das bloße Zurückhalten von Informationen oder auch das aktive Bestreiten bei einer einmaligen Frage keine sehr hohen Anforderungen an die kognitive Leistungsfähigkeit stellt, erfordert das Bestreiten eines Erlebnisses bei wiederholter und intensiver Befragung komplexe Antizipationsleistungen und ein hohes Maß an Handlungskontrolle, insbesondere dann, wenn für das effektive Geheimhalten eines Erlebnisses das falsche Vorbringen von alternativen Handlungsbeschreibungen vonnöten ist.

23.3.2 Konsequenzen für die Begutachtungspraxis

Aus den referierten Studien zur Entwicklung von Täuschungsfähigkeiten wird deutlich, dass bereits das effektive Leugnen einer Regelüberschreitung keine von jungen Kindern ohne Weiteres zu bewältigende Aufgabe darstellt. Wesentlich schwieriger ist aber die eigenständige Konstruktion einer falschen Aussage. Die vorhandenen Ergebnisse weisen deutlich darauf hin, dass Kinder vor dem Grundschulalter nicht in der Lage sein dürften, eigenständige bewusste Falschaussagen bei längerer und wiederholter Befragung in sich schlüssig und konstant vorzutragen (vgl. Talwar & Crossman, 2012). Dies gilt umso mehr, wenn es sich um Äußerungen handelt, die sich auf Sexualdelikte beziehen, da für die Konstruktion von entsprechenden Falschaussagen inhaltliches Wissen über Sexualität und sexuellen Missbrauch vorhanden sein müsste, was in dieser Altersgruppe aber meist noch nicht der Fall ist (Volbert, 2005a).

Bei der Beurteilung von Aussagen von Kindern bis in die ersten Grundschuljahre hinein ist also einerseits zu berücksichtigen, dass Kinder dieser Altersgruppe auch bei tatsächlichen Erlebnissen keine sehr umfangreichen Aussagen machen und dass ihnen andererseits differenzierte Täuschungsfähigkeiten fehlen. Bei merkmalsorientierten Inhaltsanalysen (vgl. Volbert & Steller, 2020, sowie Kap. 22) sind diese entwicklungspsychologischen Gegebenheiten zu berücksichtigen und haben Konsequenzen für die Anforderungen an die Aussagequalität.

Im Hinblick auf die Möglichkeiten von jungen Kindern, ein tatsächliches Erlebnis geheim zu halten, ergibt sich folgender Verlauf: Kinder bis zum Alter von 3 Jahren haben mehrheitlich noch Schwierigkeiten, das Konzept von Geheimhaltung zu verstehen, weil sie auch noch kein ausreichendes Verständnis davon haben, dass andere über andere Annahmen verfügen können als man selbst. Ab etwa 4 Jahren entwickeln Kinder ein Verständnis von Geheimhaltung und können auch Informationen verschweigen. Effektive Geheimhaltung i.S. der Anpassung nachfolgender Antworten an eine initiale falsche Behauptung bei nachfassender Befragung ist dagegen erst im Alter von etwa 7 bis 8 Jahren zu erwarten, wenn Kinder verstanden haben, dass man auch falsche Annahmen über die Annahmen anderer haben kann.

Aber auch wenn diese Voraussetzungen vorhanden sind und ein Kind prinzipiell in der Lage ist, Informationen zu verschweigen, wird es das nicht immer bereits tun, weil es dazu aufgefordert worden ist. Auch junge Kinder treffen Entscheidungen, ob sie ein Geheimnis preisgeben oder nicht, wobei vermutlich der Inhalt des Geheimnisses, die Art der Geheimnisinstruktion, die Beziehung zu der Person und die Personen, die zur Verfügung stehen, um das Geheimnis anzuvertrauen, eine Rolle spielen. Immer sind aber auch die genauen Aufgabenanforderungen zu prüfen, unter denen ein Geheimnis ggf. gewahrt werden soll: Während das einfache Zurückhalten von Informationen bei einmaliger Befragung keine sehr hohen Anforderungen an die kognitive Leistungsfähigkeit stellt, erfordert das Wahren eines Geheimnisses bei wiederholter und intensiver Befragung komplexe Antizipationsleistungen und ein hohes Maß an Handlungskontrolle, insbesondere dann, wenn für das effektive Verschweigen eines Erlebnisses das Vorbringen von alternativen Handlungsbeschreibungen vonnöten ist.

Bei Überlegungen zu Generalisierbarkeit der Ergebnisse aus den empirischen Studien auf forensische Praxisfälle ist zu bedenken, dass in Fällen des sexuellen Missbrauchs Kindern u.U. für das Verraten des Geheimnisses massive Folgen angedroht werden, was naheliegenderweise die Schweigebereitschaft deutlich erhöhen könnte. Andererseits beziehen sich in diesen Fällen Geheimnisinstruktionen oft auf Handlungen, die bei Wahrung des Geheimnisses weiter fortgesetzt werden. Da durch eine Preisgabe des Geheimnisses zumindest in vielen Fällen auch eine Beendigung der Handlungen erreicht werden könnte, könnte dieser Umstand die Schweigebereitschaft wiederum reduzieren. Schließlich ist zu berücksichtigen, dass es sich häufig um besonders belastende Inhalte handelt und insofern durch Geheimhaltungsinstruktionen bei Missbrauchserfahrungen gravierende Konflikte entstehen, die mit denen, die in Simulationssituationen evoziert werden können, nicht vergleichbar sind. Eine besonders gravierende Drohung könnte die Geheimhaltungsbereitschaft erhöhen, die Massivität des Konflikts könnte aber bei jungen Kindern auch zu einer Erhöhung der Tendenz führen, sich einer Bezugsperson zu offenbaren (vgl. Valtin, Watson & Flitner, 1998). Die Bereitschaft, ein Erlebnis zu verschweigen, wird daher wohl u.a. durch die Schwere einer Drohung und durch die Art der Beziehung zwischen Kind und instruierendem Erwachsenen beeinflusst. Die kognitiven Fähigkeiten, eine Geheimnisinstruktion zu verstehen und diese effektiv umzusetzen, dürften allerdings durch diese Bedingungen allenfalls bedingt verbessert werden (Volbert, 2017).

23.4 Weiterführende Literatur

Lamb, M.E., La Rooy, D.J., Malloy, L.C. & Katz, C. (2011). *Children's testimony: A handbook of psychological research and forensic practice.* Chichester, Malden, MA: John Wiley. https://doi.org/10.1002/9781119998495

Beiträge zu verschiedenen entwicklungspsychologischen Grundlagen von Zeugenaussagen mit einem Schwerpunkt auf angemessenen Befragungsstrategien.

Niehaus, S., Volbert, R. & Fegert, J.M. (2017). *Entwicklungsgerechte Befragung von Kindern in Strafverfahren.* Berlin: Springer-Verlag. https://doi.org/10.1007/978-3-662-53863-0

Praxisorientierte Anleitung zu einer entwicklungsgerechten Befragung unter Berücksichtigung aussagerelevanter Kompetenzen im Entwicklungsverlauf.

Literatur

Ahern, E.C., Lyon, T.D. & Quas, J.A. (2011). Young children's emerging ability to make false statements. *Developmental Psychology, 47* (1), 61–66. https://doi.org/10.1037/a0021272

Baker-Ward, L. & Ornstein, P.A. (2002). Cognitive underpinnings of children's testimony. In H.L. Westcott, G.M. Davies & R.H. C. Bull (Eds.), *Children's testimony. A handbook of psychological research and forensic practice* (pp. 21–35). Chichester: Wiley. https://doi.org/10.1002/9780470713679.ch2

Bauer, P. (2009). Complications abound, and why that's a good thing. In J.A. Quas & R. Fivush (Eds.), *Emotion and memory in development* (pp. 374–393). New York, NY: Oxford University Press.

Bauer, P.J. (2015). A complementary processes account of the development of childhood amnesia and a personal past. *Psychological Review, 122* (2), 204–231. https://doi.org/10.1037/a0038939

Bauer, P.J. & Larkina, M. (2014). The onset of childhood amnesia in childhood: A prospective investigation of the course and determinants of forgetting of early-life events. *Memory, 22* (8), 907–924. https://doi.org/10.1080/09658211.2013.854806

Bauer, P.J. & Larkina, M. (2016). Predicting remembering and forgetting of autobiographical memories in children and adults: A 4-year prospective study. *Memory, 24* (10), 1345–1368. https://doi.org/10.1080/09658211.2015.1110595

Bauer, P.J. & Larkina, M. (2019). Predictors of age-related and individual variability in autobiographical memory in childhood. *Memory, 27* (1), 63–78. https://doi.org/10.1080/09658211.2017.1381267

Bjorklund, D.F., Bjorklund, B.R., Brown, R.D. & Cassel, W.S. (1998). Children's susceptibility to repeated questions: How misinformation changes children's answers and their minds. *Applied Developmental Science, 2* (2), 99–111. https://doi.org/10.1207/s1532480xads0202_4

Bottoms, B.L., Goodman, G.S., Schwartz-Kenney, B.M. & Thomas, S.N. (2002). Understanding children's use of secrecy in the context of eyewitness reports. *Law and Human Behavior, 26* (3), 285–313. https://doi.org/10.1023/A:1015324304975

Cleveland, E.S. & Reese, E. (2008). Children remember early childhood: Long-term recall across the offset of childhood amnesia. *Applied Cognitive Psychology, 22,* 127–142. https://doi.org/10.1002/acp.1359

Colwell, M.J., Corson, K., Sastry, A. & Wright, H. (2016). Secret keepers: Children's theory of mind and their conception of secrecy. *Early Child Development and Care, 186* (3), 369–381. https://doi.org/10.1080/03004430.2015.1031657

Fivush, R. (2011). The development of autobiographical memory. *Annual Review of Psychology, 62* (1), 559–582. https://doi.org/10.1146/annurev.psych.121208.131702

Fivush, R. (2019). *Family narratives and the development of an autobiographical self: Social and cultural perspectives on autobiographical memory* (2019-13704-000). New York, NY : Routledge/Taylor & Francis Group. https://doi.org/10.4324/9780429029158

Flitner, E.H. & Valtin, R. (1985). „Das sage ich nicht weiter": Zur Entwicklung des Geheimnisbegriffs bei Schulkindern. *Zeitschrift für Pädagogik, 31,* 701–717.

Friedman, W.J. (1982). Conventional time concepts and children's structuring of time. In W.J. Friedman (Ed.), *The developmental psychology of time* (pp. 171–208). New York, NY: Academic Press.

Friedman, W.J. (2014). The development of memory for the times of past events. In P.J. Bauer & R. Fivush (Eds.), *The Wiley handbook on the development of children's memory* (Vols. I–III, 2013-26762-017, pp. 394–407). Chichester: Wiley Blackwell.

Friedman, W.J. & Lyon, T.D. (2005). Development of temporal-reconstructive abilities. *Child Development, 76* (6), 1202–1216. https://doi.org/10.1111/j.1467-8624.2005.00844.x-i1

Friedman, W.J., Reese, E. & Dai, X. (2011). Children's memory for the times of events from the past years. *Applied Cognitive Psychology, 25* (1), 156–165. https://doi.org/10.1002/acp.1656

Geddie, L., Fradin, S. & Beer, J. (2000). Child characteristics which impact accuracy of recall and suggestibility in preschoolers: Is age the best predictor? *Child Abuse & Neglect, 24* (2), 223–235. https://doi.org/10.1016/S0145-2134(99)00133-7

Haden, C.A. & Tõugu, P. (2020). Socialization of early autobiographical memory. In S. Gülgöz & B. Sahin-Acar (Eds.), *Autobiographical memory development* (pp. 22–36). Abingdon: Routledge.

Harner, L. (1982). Talking about the past and the future. In W.J. Friedman (Ed.), *The developmental psychology of time* (pp. 141–169). New York, NY: Academic Press.

Hershkowitz, I., Lamb, M.E., Orbach, Y., Katz, C. & Horowitz, D. (2012). The development of communicative and narrative skills among preschoolers: Lessons from forensic interviews about child abuse. *Child Development, 83* (2), 611–622. https://doi.org/10.1111/j.1467-8624.2011.01704.x

Howe, M.L. (2000). *The fate of early memories: Developmental science and the retention of childhood experiences.* Washington, DC: American Psychological Association.

Howe, M.L. (2011). *The nature of early memory: An adaptive theory of the genesis and development of memory* (2011-10607-000). New York, NY: American Psychological Association. https://doi.org/10.1093/acprof:oso/9780195381412.001.0001

Howe, M.L. (2015). Memory development. In L.S. Liben, U. Müller & R.M. Lerner (Eds.), *Handbook of child psychology and developmental science: Cognitive processes* (2015-15510-006, pp. 203–249). Hoboken, NJ: John Wiley & Sons Inc.

Howe, M.L. (2019). Unravelling the nature of early (autobiographical) memory. *Memory, 27* (1), 115–121. https://doi.org/10.1080/09658211.2019.1537140

Howe, M.L., Courage, M.L. & Peterson, C. (1994). How can I remember when „I" wasn't there: Long-term retention of traumatic experiences and emergence of the cognitive self. *Consciousness and Cognition, 3* (3–4), 327–355. https://doi.org/10.1006/ccog.1994.1019

Jack, F. & Hayne, H. (2010). Childhood amnesia: Empirical evidence for a two-stage phenomenon. *Memory, 18* (8), 831–844. https://doi.org/10.1080/09658211.2010.510476

Jack, F., Martyn, E. & Zajac, R. (2015). Getting the picture: Effects of sketch plans and photographs on children's, adolescents' and adults' eyewitness recall. *Applied Cognitive Psychology, 29* (5), 723–734. https://doi.org/10.1002/acp.3156

Jones, D.P. & Krugman, R.D. (1986). Can a three-year-old child bear witness to her sexual assault and attempted murder? *Child Abuse & Neglect, 10* (2), 253–258. https://doi.org/10.1016/0145-2134(86)90086-4

La Rooy, D.J., Malloy, L.C. & Lamb, M.E. (2011). The development of memory in childhood. In M.E. Lamb, D.J. La Rooy, L.C. Malloy & C. Katz (Eds.), *Children's testimony: A handbook of psychological research and forensic practice* (pp. 49–68). Chichester, Malden, MA: John Wiley.

Last, U. & Aharoni-Etzioni, A. (1995). Secrets and reasons for secrecy among school-aged children: Developmental trends and gender differences. *Journal of Genetic Psychology, 156,* 191–203. https://doi.org/10.1080/00221325.1995.9914816

Lewis, M., Stanger, C. & Sullivan, M.W. (1989). Deception in 3-year-olds. *Developmental Psychology, 25* (3), 439–443. https://doi.org/10.1037/0012-1649.25.3.439

Lyon, T.D., Malloy, L.C., Quas, J.A. & Talwar, V.A. (2008). Coaching, truth induction, and young maltreated children's false allegations and false denials. *Child Development, 79* (4), 914–929. https://doi.org/10.1111/j.1467-8624.2008.01167.x

Lyon, T.D., Wandrey, L., Ahern, E., Licht, R., Sim, M.P.Y. & Quas, J.A. (2014). Eliciting maltreated and nonmaltreated children's transgression disclosures: Narrative practice rapport building and a putative confession. *Child Development, 85* (4), 1756–1769. https://doi.org/10.1111/cdev.12223

Myers, J., Gramzow, E., Ornstein, P.A., Wagner, L., Gordon, B.N. & Baker-Ward, L. (2003). Children's memory of a physical examination: A comparison of recall and recognition assessment protocols. *International Journal of Behavioral Development, 27* (1), 66–73. https://doi.org/10.1080/01650250244000029

Nelson, K. (2014). Sociocultural theories of memory development. In P.J. Bauer & R. Fivush (Eds.), *The Wiley handbook on the development of children's memory* (Vols. I–III, 2013-26762-005, pp. 87–108). Chichester: Wiley Blackwell.

Nelson, K. & Fivush, R. (2004). The emergence of autobiographical memory: A social cultural developmental theory. *Psychological Review, 111,* 486–511. https://doi.org/10.1037/0033-295X.111.2.486

Newton, P., Reddy, V. & Bull, R. (2000). Children's everyday deception and performance on false-belief tasks. *British Journal of Developmental Psychology, 18* (2), 297–317. https://doi.org/10.1348/026151000165706

Niebergall, G., Sporer, S.L. & Warnke, A. (1995). Zur Glaubwürdigkeit und zu weiteren psychologischen Problemen bei Zeugenaussagen junger Kinder im Strafermittlungsverfahren: Eine Fallstudie. *Zeitschrift für Kinder- und Jugendpsychiatrie, 23* (1), 44–55.

Niehaus, S. (2005). Täuschungsstrategien von Kindern und Erwachsenen. In K.-P. Dahle & R. Volbert (Hrsg.), *Entwicklungspsychologische Aspekte der Rechtspsychologie* (S. 279–294). Göttingen: Hogrefe.

Niehaus, S. (2008). Täuschungsstrategien von Kindern, Jugendlichen und Erwachsenen. *Forensische Psychiatrie, Psychologie, Kriminologie, 2* (1), 46–56. https://doi.org/10.1007/s11757-008-0059-7

Orbach, Y. & Lamb, M.E. (2007). Young children's references to temporal attributes of allegedly experienced events in the course of forensic interviews. *Child Development, 78* (4), 1100–1120. https://doi.org/10.1111/j.1467-8624.2007.01055.x

Ornstein, P.A., Shapiro, L.R., Clubb, P.A., Follmer, A. & Baker-Ward, L. (1997). The influence of prior knowledge on children's memory for salient medical experiences. In N. Stein, P.A. Ornstein, C.J. Brainerd & B. Tversky (Eds.), *Memory for everyday and emotional events* (pp. 83–111). Hillsdale, NJ: Erlbaum.

Pasupathi, M. & Wainryb, C. (2010). On telling the whole story: Facts and interpretations in autobiographical memory narratives from childhood through midadolescence. *Developmental Psychology, 46* (3), 735–746. https://doi.org/10.1037/a0018897

Perner, J. & Wimmer, H. (1985). „John thinks that Mary thinks that ...". Attribution of second-order beliefs by 5–10 year old children. *Journal of Experimental Psychology, 39,* 437–471.

Peterson, C. & Warren, K.L. (2009). Injuries, emergency rooms, and children's memory: Factors contributing to individual differences. In J.A. Quas & R. Fivush (Eds.), *Emotion and memory in development* (pp. 374–393). New York, NY: Oxford University Press.

Pipe, M.-E. & Wilson, J.C. (1994). Cues and secrets: Influences on children's event reports. *Developmental Psychology, 30,* 515–525. https://doi.org/10.1037/0012-1649.30.4.515

Polak, A. & Harris, P.L. (1999). Deception by young children following noncompliance. *Developmental Psychology, 35,* 561–568. https://doi.org/10.1037/0012-1649.35.2.561

Reisberg, D. (2014). *The Science of perception and memory: A pragmatic guide for the justice system.* New York, NY: Oxford University Press. https://doi.org/10.1093/acprof:oso/9780199826964.001.0001

Salmon, K. & Reese, E. (2015). Talking (or not talking) about the past: The influence of parent-child conversation about negative experiences on children's memories. *Applied Cognitive Psychology, 29* (6), 791–801. https://doi.org/10.1002/acp.3186

Strange, D. & Hayne, H. (2013). The devil is in the detail: Children's recollection of details about their prior experiences. *Memory, 21* (4), 431–443. https://doi.org/10.1080/09658211.2012.732722

Strube, G. & Weber, A. (1988). Die Entwicklung der zeitlichen Einordnung und Datierung von Ereignissen. *Zeitschrift für Entwicklungspsychologie und Pädagogische Psychologie, 20,* 225–238.

Talwar, V. & Crossman, A.M. (2012). Children's lies and their detection: Implications for child witness testimony. *Developmental Review, 32* (4), 337–359. https://doi.org/10.1016/j.dr.2012.06.004

Talwar, V., Gordon, H.M. & Lee, K. (2007). Lying in the elementary school years: Verbal deception and its relation to second-order belief understanding. *Developmental Psychology, 43,* 804–810. https://doi.org/10.1037/0012-1649.43.3.804

Talwar, V. & Lee, K. (2002). Development of lying to conceal a transgression: Children's control of expressive behaviour during verbal deception. *International Journal of Behavioral Development,* 26, 436–444. https://doi.org/10.1080/01650250143000373

Talwar, V. & Lee, K. (2008). Social and cognitive correlates of children's lying behaviour. *Child Development, 79,* 866–881. https://doi.org/10.1111/j.1467-8624.2008.01164.x

Talwar, V., Lee, K., Bala, N. & Lindsay, R.C. (2004). Children's lie-telling to conceal a parent's transgression: Legal implications. *Law and Human Behavior, 28,* 411–435. https://doi.org/10.1023/B:LAHU.0000039333.51399.f6

Talwar, V., Lee, K., Bala, N. & Lindsay, R.C.L. (2002). Children's conceptual knowledge of lying and its relation to their actual behaviors: Implications for court competence examinations. *Law and Human Behavior, 26* (4), 395–415. https://doi.org/10.1023/A:1016379104959

Tustin, K. & Hayne, H. (2019). Recollection improves with age: Children's and adults' accounts of their childhood experiences. *Memory, 27* (1), 92–102. https://doi.org/10.1080/09658211.2018.1432661

Tye, M.C., Amato, S.L., Honts, C.R., Devitt, M.K. & Peters, D. (1999). The willingness of children to lie and the assessment of credibility in an ecologically relevant laboratory setting. *Applied Developmental Science, 3,* 92–109. https://doi.org/10.1207/s1532480xads0302_4

Valtin, R., Watson, A. & Flitner, E. (1998). „Was ich nur meinem Freund, nicht meiner Mutter erzähle" – Zur Entwicklung und Bedeutung des Geheimnisses bei Kindern. In A. Spitznagel (Hrsg.), *Geheimnis und Geheimhaltung* (S. 247–256). Göttingen: Hogrefe.

Volbert, R. (2005a). Sexualisiertes Verhalten von Kindern – Stellenwert für die Diagnostik eines sexuellen Missbrauchs. In M. Clauß, M. Karle, M. Günter & G. Barth (Hrsg.), *Sexuelle Entwicklung – sexu-*

elle Gewalt. Grundlagen forensischer Begutachtung von Kindern und Jugendlichen (S. 38–61). Lengerich: Papst Science Publishers.

Volbert, R. (2005b). Zur Entwicklung von Aussagefähigkeiten. In K.-P. Dahle & R. Volbert (Hrsg.), *Entwicklungspsychologische Aspekte der Rechtspsychologie* (S. 241–257). Göttingen: Hogrefe.

Volbert, R. (2017). „Habt ihr etwas getan, was man nicht tun sollte, als ihr allein im Raum wart?" – Verschweigebereitschaft und effektive Verschweigefähigkeit von Kindern im Grundschulalter. *Praxis der Rechtspsychologie, 27* (1), 105–135.

Volbert, R. & Steller, M. (2020). Die Begutachtung der Glaubhaftigkeit. In V. Foerster, D. Habermeyer & H. Dreßing (Hrsg.), *Psychiatrische Begutachtung* (7. Ausgabe, S. 757–792). München: Urban & Fischer.

Wagland, P. & Bussey, K. (2005). Factors that facilitate and undermine children's beliefs about truth telling. *Law and Human Behavior, 29* (6), 639–655. https://doi.org/10.1007/s10979-005-7371-y

Wandrey, L., Lyon, T. D., Quas, J. A. & Friedman, W. J. (2012). Maltreated children's ability to estimate temporal location and numerosity of placement changes and court visits. *Psychology, Public Policy, and Law, 18* (1), 79–104. https://doi.org/10.1037/a0024812

Waters, T. E. A., Camia, C., Facompré, C. R. & Fivush, R. (2019). A meta-analytic examination of maternal reminiscing style: Elaboration, gender, and children's cognitive development. *Psychological Bulletin, 145* (11), 1082–1102. https://doi.org/10.1037/bul0000211

Watson, A. & Valtin, R. (1997). Secrecy in middle childhood. *International Journal of Behavioral Development, 21,* 431–452. https://doi.org/10.1080/016502597384730

Wellman, H. M., Cross, D. & Watson, J. (2001). Meta-analysis of theory-of-mind development: The truth about false belief. *Child Development, 72,* 655–684. https://doi.org/10.1111/1467-8624.00304

24 Glaubhaftigkeitsbegutachtung im Asylrecht

Thomas Bliesener und Petra Hänert

24.1 Einführung

Deutschland erlebt seit vielen Jahren eine erhebliche Zuwanderung, die insbesondere während der Flüchtlingskrise in den Jahren 2015/16 mit einer Zuwanderung von über 2,1 Mio. Menschen einen Gipfel erlebte. Seitdem sind die Zahlen deutlich rückläufig. Im Jahr 2020 sind knapp 1,2 Mio. Menschen nach Deutschland zugezogen, während im gleichen Jahr knapp 1 Mio. Auswandernde Deutschland verlassen haben.[60] Der Wanderungssaldo beträgt für das Jahr 2020 ein Mehr von etwa 220.000 Menschen. Ein Teil der Zuwander*innen kommt schutzsuchend nach Deutschland und stellt einen Asylantrag. Das für die Durchführung von Asylverfahren zuständige Bundesamt für Migration und Flüchtlinge (BAMF) verzeichnete für das Jahr 2020 knapp 122.000 Asylverfahren, nachdem die Zahl der Asylanträge im Jahr 2016 mit über 745.000 Anträgen einen Gipfel erreicht hatte.[61]

Schutzsuchende Zuwander*innen werden als *Flüchtlinge* bezeichnet, deren Status durch die *Genfer Flüchtlingskonvention* geregelt ist. Demnach werden als Flüchtlinge ausschließlich Personen bezeichnet, die in ihrem Herkunftsland aufgrund von Hautfarbe, Religion, Nationalität, Zugehörigkeit zu einer bestimmten sozialen Gruppe (Ethnie) oder politischer Überzeugung verfolgt werden und deshalb ihr Land verlassen. Flüchtlinge haben gem. Artikel 16a des Grundgesetzes ein Recht auf Sicherheit in Deutschland und können als *Asylbewerber*innen* Asyl beantragen. Werden ihre Fluchtgründe anerkannt und wird somit Asyl gewährt, wechselt der Status zur*zum *Asylberechtigten*. Damit begründet sich ein befristetes Aufenthaltsrecht. Bei einer Verfolgung durch nicht staatliche Akteure kann nach § 3 Abs. 1 AsylG ein Flüchtlingsschutz zuerkannt werden, der ebenfalls eine befristete Aufenthaltserlaubnis gewährt. Wird der Asylantrag abgelehnt, ist die antragstellende Person zur Ausreise verpflichtet. Diese Pflicht kann vorübergehend ausgesetzt werden, wenn eine erhebliche konkrete Gefahr für Leib, Leben oder Freiheit der Person besteht (z. B. wenn sich eine lebensbedrohliche Erkrankung bei Rückführung verschlimmern würde), und die Person wird „geduldet". Die *Duldung* begründet keinen rechtmäßigen Aufenthalt, der illegale Aufenthalt in Deutschland ist jedoch nicht strafbar. Personen, denen bei einer Abschiebung in das Herkunftsland eine ernsthafte Gefahr droht (z. B. durch die Vollstreckung einer Todesstrafe, Folter oder durch Gewalt im Rahmen eines bewaffneten Konflikts), sind „schutzberechtigt" und erhalten eine befristete Aufenthaltserlaubnis nach § 4 AsylG (subsidiärer Schutz). Aus dem jeweiligen Status resultieren unterschiedliche Konsequenzen u. a. für die Gestattung der Erwerbstätigkeit, den Empfang von Sozialleistungen, für die Aufenthaltsverstetigung oder den Familiennachzug (Bliesener, 2018).

Personen, die sich in Deutschland als Asyl suchend melden, werden in den Außenstellen

---

60 https://de.statista.com/statistik/daten/studie/28347/umfrage/zuwanderung-nach-deutschland/

61 https://ec.europa.eu/eurostat/databrowser/view/migr_asyappctza/default/table?lang=en

des Bundesamtes für Migration und Flüchtlinge (BAMF) registriert und ihre Daten werden im Ausländerzentralregister erfasst. Nach eventuellen Vorprüfungen[62] erfolgt die persönliche Anhörung der antragstellenden Person beim BAMF. Das Vorbringen des asylbegründenden Sachverhalts in der persönlichen Anhörung ist das „zentrale Herzstück des Asylverfahrens“ (Marx, 2020, § 9 Rn 87). Der Anspruch auf Anerkennung als Flüchtling oder auf subsidiären Schutz muss hier glaubhaft vorgebracht werden. Wird der Antrag auf Asyl abgelehnt, wird der betroffenen Person eine Ausreisefrist von 30 Tagen gesetzt. Gegen die ablehnende Entscheidung des BAMF können Rechtsmittel eingelegt werden, Betroffene können gegen die Entscheidung klagen (Bundesamt für Migration und Flüchtlinge, 2021).

Aus diesen verwaltungsgerichtlichen Prüfungen ergibt sich eine Reihe von Begutachtungsanlässen (Lösel & Bender, 2000; Marx, 2011; Sieberer, Ziegenbein, Eckhardt, Machleidt & Calliess, 2011). Dazu gehören die Beurteilung des Gesundheitszustands, insbesondere die Abklärung von psychischen Störungen im Zusammenhang mit Traumatisierungserlebnissen, der Behandlungsbedürftigkeit und der Behandlungsmöglichkeit im Herkunftsland, der Reisefähigkeit, der Suizidgefährdung und anderer Abschiebungshindernisse und nicht zuletzt die Beurteilung der Glaubhaftigkeit des vorgebrachten asylbegründenden Sachverhalts, auf die im Folgenden näher eingegangen werden soll. Der Glaubhaftigkeitsbegutachtung im Asylrecht wird in diesem Lehrbuch ein eigenes Kapitel gewidmet, weil sich im Asylverfahren einige Besonderheiten ergeben, die zwar nicht spezifisch für die Begutachtung im Asylrecht sind, gleichwohl aber eine gesonderte Betrachtung verlangen. Dies betrifft erstens die Berücksichtigung kultureller Besonderheiten, zweitens die Probleme der Sprachmittlung im Anhörungsverfahren und schließlich die im Vergleich zum Strafrecht unterschiedlichen Anforderungen des Beweismaßstabes.

24.2 Grundzüge der Glaubhaftigkeitsbeurteilung im Asylverfahren

Wenn man sich den Anhörungsprozess im Rahmen eines Asylverfahrens vergegenwärtigt, werden die besonderen Rahmenbedingungen des Sachvortrags schnell klar. Es wird ein Ereignis berichtet, das sich in aller Regel unter besonderen kulturellen Bedingungen (Normen, Regeln, Gewohnheiten) ereignet hat. Kulturelle Besonderheiten können auch Einfluss auf das Erleben und die Bewertung durch die betroffenen Personen, aber auch auf Beobachtende dieser Ereignisse nehmen. Schließlich kann auch der Bericht über das Ereignis von kulturellen Besonderheiten geprägt sein (z. B. hinsichtlich der Schambesetztheit, der Schilderung von begleitenden Emotionen oder des Umfangs der Darstellung).

Zur näheren Betrachtung des Begutachtungsprozesses im Asylverfahren bietet sich das Linsenmodell von Brunswik an. Der österreichamerikanische Psychologe Egon Brunswik entwickelte das Linsenmodell, um einen konzeptuellen Rahmen für soziale Beurteilungsprozesse zu schaffen (Brunswik, 1955). Der Grundgedanke dieses Modells ist, dass einer beurteilenden Person die entscheidungsrelevanten Informationen zur Beurteilung der Eigenschaften des Beurteilungsobjektes („distal variable“) nicht direkt zugänglich sind, sondern aus Hinweisreizen („proximal-peripheral cues“) erschlossen werden müssen (Hirschmüller, Egloff, Nestler & Back, 2013; Wittmann, 1990). Auf die Anhörungssituation übertragen heißt das, die beurteilende oder befragende Person schließt über die von der aussagenden oder beurteilten Person vermittelten Informationen auf das rele-

62 Hierzu gehört z. B. die Prüfung des Dublin-Verfahrens, das die Zuständigkeit für die Durchführung des Verfahrens in einem EU-Mitgliedstaat regelt.

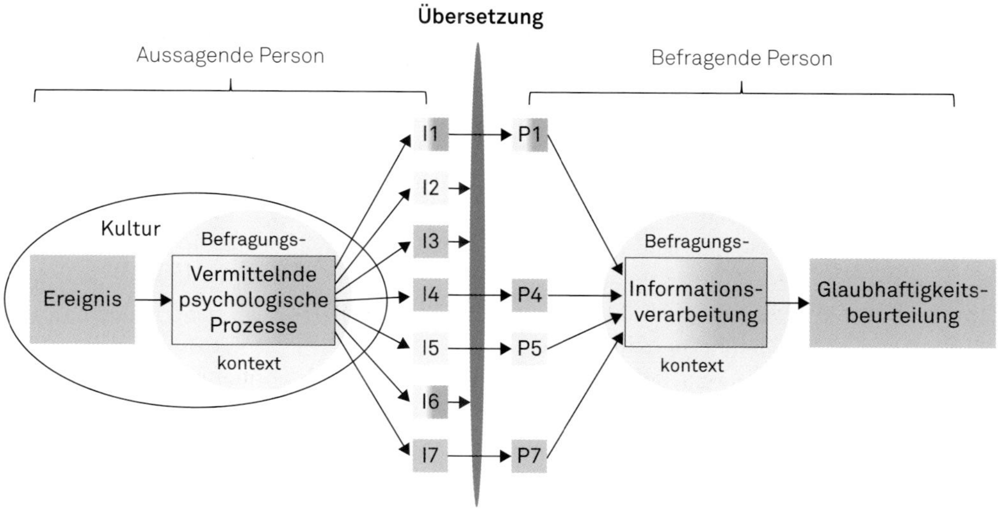

Abbildung 24-1: Erweiterung des Linsenmodells von Brunswik (1955) zur Analyse des Prozesses der Glaubhaftigkeitsbeurteilung des vorgebrachten Sachverhalts im Asylentscheidungsverfahren (Erläuterungen im Text).

vante Merkmal in der aussagenden Person (hier das tatsächliche Erleben des vorgebrachten Sachverhalts). Die befragende oder beurteilende Person muss dabei entscheiden, welche der übermittelten Informationen sie zur Urteilsbildung heranzieht. Nur Informationen, die tatsächlich mit der zu beurteilenden Variable (dem Erlebnishintergrund) im Zusammenhang stehen, besitzen Validität und lassen eine korrekte Beurteilung des Erlebnishintergrunds des vorgebrachten Sachverhalts (bzw. der Glaubhaftigkeit des Vorbringens) zu.

Bei der Glaubhaftigkeitsprüfung im Asylverfahren sind jedoch noch weitere Aspekte zu berücksichtigen, die eine Erweiterung des Brunswik'schen Linsenmodells notwendig machen (s. **Abb. 24-1**).

Zunächst ist der Gegenstand der Glaubhaftigkeitsbeurteilung nicht ein latentes Persönlichkeitsmerkmal der zu beurteilenden Person, sondern die Frage, ob die aussagende Person ein vorgebrachtes asylrelevantes Ereignis tatsächlich erlebt hat. Dies kann z.B. eine Misshandlung und Verfolgung durch staatliche Ordnungskräfte infolge der Teilnahme an einer Demonstration sein, für deren grundsätzliches Eintreten es durchaus anderweitige Evidenz (z.B. Berichte unabhängiger Medien, nachrichtendienstliche Erkenntnisse) geben mag.

Das Vorbringen des infrage stehenden Erlebens eines asylrelevanten Ereignisses in der Anhörungssituation wird über *psychologische Prozesse vermittelt.* Dazu gehören Prozesse der Wahrnehmung, Einspeicherung, Verarbeitung von Informationen sowie des Abrufs von Gedächtnisinhalten (s. unten 24.4.1–4). So kann die *Situationswahrnehmung* bspw. durch eine Aufmerksamkeitslenkung auf besonders prägnante Reize („Waffenfokuseffekt"; vgl. Steblay, 1992) oder durch eine besondere emotionale Erregung eingeschränkt sein. Bei der *Encodierung oder Einspeicherung* der situativen Informationen spielt die persönliche Bedeutsamkeit des Erlebten eine entscheidende Rolle. So werden wiederkehrende Ereignisse und alltägliche Routinehandlungen weniger im Gedächtnis verankert als herausragende Ereignisse mit eventuell hoher emotionaler Beteiligung. In der Zeit der *Verarbeitung* zwischen der Einspeicherung und dem späteren Abruf können bspw. wiederholte, ähnliche Ereignisse zu einem prototypischen Ereignis verschmolzen werden oder nachträgliche Informationen die Gedächtniseinträge überlagern und verändern. Beim *Abruf der Gedächtnisinhalte* anlässlich des Sachvortrags können schließlich logische oder schemakonsistente Ergänzungen vorgenommen werden, um Erinnerungslücken zu füllen. Zudem wird der Sachvortrag auch durch die Annahmen der Person bestimmt, die sie darüber hat, was ein Dritter wissen muss, um einen Sachverhalt zu verstehen.

Über die Frage, inwieweit diese vermittelnden psychologischen Prozesse im Falle des Erlebens eines traumatischen Ereignisses mit der Folge einer Posttraumatischen Belastungsstörung (PTBS) grundsätzlich gestört bzw. modifiziert werden, hat es in der Vergangenheit ausführliche Diskussionen gegeben (Birck, 2018). Aus nachweisbaren hirnorganischen Veränderungen im Zusammenhang mit traumatisierenden Erfahrungen (O'Doherty, Chitty, Saddiqui, Bennett & Lagopoulos, 2015) wurde auf funktionale kognitive Veränderungen insbesondere ein spezifisches Traumagedächtnis geschlossen (Fegert, Gerke & Rassenhofer, 2018; Van der Kolk, 1996), ohne dass bisher eindeutige Nachweise für diesen Funktionszusammenhang vorliegen. Auch die Annahme eines spezifischen Traumagedächtnisses (Geraerts, 2010), das regelmäßig durch amnestische Phänomene und eine hohe Fragmentierung der Inhalte gekennzeichnet sei, lässt sich empirisch nicht hinreichend belegen. Gleichwohl zeigt sich recht konsistent, dass sowohl die Encodierung von Wahrnehmungsinhalten unter Traumatisierungen beeinträchtigt sein kann (Sommer & Gamer, 2018), als auch, dass traumatisierte Personen nicht selten die Erinnerung an die auslösenden Ereignisse vermeiden und auch aversiv auf Reize reagieren, die mit dem traumatisierenden Ereignis in Verbindung stehen (Birck, 2018; Haenel, 2019; McNally & Geraerts, 2009). Insofern ist das Vorliegen einer PTBS bei der Glaubhaftigkeitsprüfung regelmäßig zu prüfen[63] und – wird diese Frage bejaht – sind die möglichen Auswirkungen auf die vermittelnden psychologischen Prozesse zu berücksichtigen. Ein Verzicht auf das aussagepsychologische Vorgehen bei Personen mit einer PTBS zugunsten eines anderen Vorgehens (Gierlichs, 2010; Gierlichs et al., 2005; von Hinckeldey & Fischer, 2002) ergibt sich daraus jedoch nicht (Bliesener & Hänert, 2018; Leonhardt, 2004; Volbert, 2004; Volbert, Schemmel & Tamm, 2019).

Weiter ist zu berücksichtigen, dass sowohl das Ereignis als auch das Erleben dieses Ereignisses sowie die bewusste wie die unbewusste Wahl der übermittelten Informationen zu diesem Ereignis *kulturell geprägt* sein können (graue Schattierung). Diese Prägungen müssen dann bei der Integration der übermittelten verbalen, paraverbalen und nonverbalen Informationen (Informationsverarbeitung) berücksichtigt werden.

Ebenso ist bei der Integration der Informationen (Informationsverarbeitung) durch die beurteilende Person zu berücksichtigen, dass das Vorbringen des Sachvortrags im Asylverfahren wegen dessen zentraler Bedeutung für den Ausgang des Verfahrens i. d. R. unter hoher Anspannung der Auskunft gebenden Person erfolgt (Haenel & Wenk-Ansohn, 2005). Unter den Befragungskontext im weiteren Sinne kann man Einflüsse auf die befragte Person durch eventuelle im Vorfeld der Anhörung erfolgte Beratungen durch Vertreter*innen von Beratungs- und Hilfsorganisationen (z. B. NGOs), aber auch durch Schleuser und andere gewinnorientierte Personen subsumieren. Auch Gespräche mit anderen Asylsuchenden oder abgelehnten Asyl-

63 Diese Prüfung verlangt jedoch ein fundiertes diagnostisches Vorgehen und kann nicht durch ein Instrument in der Hand der Einzelentscheiderin/des -entscheiders beim Bundesamt für Migration und Flüchtlinge (BAMF) vorgenommen werden (Gäbel, Ruf, Schauer, Odenwald & Neuner, 2006).

bewerber*innen über den Ablauf des Verfahrens, (vermeintlich) wichtige Vortragselemente (z.B. Datumsangaben) sowie über ein ggfs. „strategisch günstiges" Vorbringen (z.B. mögliche Aggravationen) können Einfluss auf den Sachvortrag allgemein und die in ihm vorgebrachten Informationen im Speziellen nehmen.

Von besonderer Bedeutung ist jedoch der Umstand, dass die aus den vermittelnden psychologischen Prozessen resultierenden verbalen Informationen nicht direkt bei der befragenden Person ankommen, sondern durch die Sprachmittlung gefiltert und u.U. auch verfälscht werden (Yalcin, 2011). So können bspw. nebensächliche Details oder eine unstrukturierte Darstellung der vortragenden Person als qualitative Merkmale einer Aussage (s. Kap. 22 in diesem Band) durch eine nachlässige oder „ordnende" Übersetzung verloren gehen. Prinzipiell kann der*die Sprachmittler*in jedoch die Integration bzw. Verarbeitung der vorgetragenen Informationen auch dadurch unterstützen, dass sie*er auf relevante kulturelle Besonderheiten hinweist.

24.3 Die Unterscheidung von Kulturen

Kultur wird gemeinhin als ein System von Regeln und Gewohnheiten verstanden, die das Verhalten und Zusammenleben von Menschen leiten (Helman, 1984). In diesem Verständnis wird deutlich, dass die Kultur auch das Denken, Fühlen und Handeln des Individuums leitet. Für die Prüfung der Bedeutung der Einflussgröße Kultur ist es notwendig, diejenigen Faktoren zu identifizieren, die verschiedene Kulturen voneinander unterscheiden. Dazu sind bisher unterschiedliche Ansätze entwickelt worden (Helfrich, 2013). Einen hohen Bekanntheitsgrad haben die von Hofstede entwickelten Kulturdimensionen „Individualismus – Kollektivismus", „Machtdistanz", „Maskulinität – Femininität", „Unsicherheitsvermeidung" und „Zeitorientierung" erreicht. Hofstede beschreibt mit diesen fünf Dimensionen jeweils Ausprägungen zwischen Extrempunkten, die einzelne Kulturen einnehmen und sich somit auf fünf Ebenen unterschieden lassen. Angloamerikanische Länder, Australien und die Länder Nord- und Mitteleuropas haben nach Hofstede z.B. eine hohe „individualistische" Ausprägung mit eher geringer Machtdistanz, dagegen zeichnen sich die ostasiatischen, die meisten lateinamerikanischen und die arabischen Länder durch eine „kollektivistische" Ausrichtung mit hoher Machtdistanz aus. Die romanischen Länder Spanien, Italien und Frankreich verbinden dagegen eine individualistische Position mit einer hohen Machtdistanz (Helfrich, 2013, S. 5).

Das Modell von Hofstede unterliegt ähnlich wie einige vergleichbare Dimensionierungsvorschläge der Kritik, dass sich ihre empirische Prüfung auf Selbst- und Fremdauskünfte von Studierenden und Lehrkräften sowie von Führungskräften multinationaler Unternehmen beschränkt und sie somit dem Einfluss kultureller Stereotype unterliegen können.

Der Anthropologe Hall, der für seinen Ansatz Erkenntnisse aus Verhaltensbeobachtungen sozialer Situationen und Interviewangaben integriert hat, unterscheidet die Dimensionen „Kontextbezug" (die Kommunikation gestaltet sich aufgrund bestehender langfristiger sozialer Beziehungen eher implizit, es muss nicht alles gesagt werden vs. die geringe soziale Eingebundenheit erfordert die explizite Informationsübermittlung), „Zeitorientierung" (es besteht eine Präferenz für das sukzessive Abarbeiten von Einzeltätigkeiten vs. mehrere Aufgaben werden parallel bearbeitet, Terminpläne flexibel gehandhabt), „Raumorientierung" (die Privatsphäre wird streng eingehalten vs. Nähe zu anderen wird toleriert) und „Informationsgeschwindigkeit" (schlagwortartige Nachrichten vs. ausführliche Informationen werden bevorzugt; Hall & Hall, 1990).

Im Folgenden wird zu prüfen sein, inwieweit solche kulturellen Unterschiede Einfluss auf die Wahrnehmung, Einspeicherung, gedächtnismäßige Verarbeitung und den späteren Gedächtnisabruf von biografischen Erlebnissen haben und wenn sie dies haben, inwieweit diese kulturspezifischen Besonderheiten die Glaubhaftigkeitsprüfung beeinträchtigen.

24.4 Kulturelle Einflüsse auf die vermittelnden psychologischen Prozesse einer Aussage

24.4.1 Situationswahrnehmung

Es ist weitgehend unstrittig, dass sich selbst basale Aspekte der Wahrnehmung und des Erlebens zwischen Menschen unterschiedlicher kultureller Sozialisation unterscheiden können (Kitayama & Cohen, 2007). So wird nach der sog. Sapir-Whorf-Hypothese die Wahrnehmung der Objektwelt durch die Kategorisierung in der jeweiligen Sprache bestimmt. Wird bspw. in einer Kultur sprachlich nur zwischen wenigen Farbtönen differenziert, fällt auch die Wahrnehmung von entsprechenden Farbunterschieden schwerer (Kay & Kempton, 1984). Jüngere Studien verweisen allerdings darauf, dass sich diese These in ihrer strengen Form nicht halten lässt. Gleichwohl findet sich aber eine „kulturabhängige selektive Betonung von Ähnlichkeiten und Differenzen“ (Helfrich, 2013, S. 86).

Anders als bei der Wahrnehmung von unbelebten Objekten und ihren Merkmalen ist die Wahrnehmung sozialer Ereignisse (Interaktionen unter oder mit anderen) in aller Regel durch eine höhere Komplexität des Betrachtungsgegenstands gekennzeichnet. Das prozesshafte Geschehen, mehrere Akteure, die Einbindung in einen Kontext und andere Ereignismerkmale machen soziale Ereignisse i. d. R. hochkomplex. Der Wahrnehmungsapparat mit einer begrenzten Aufnahmekapazität reagiert mit einer gezielten Steuerung der Aufmerksamkeit. Bevorzugt werden zentrale, neue und prägnante Aspekte einer Situation (z. B. durch die Fokussierung auf handelnde Personen)[64] wahrgenommen, während periphere, vertraute und wenig hervorstehende Details einer Situation in aller Regel weniger Beachtung finden. Welche Merkmale eines Ereignisses für eine Person zentral, prägnant und insbesondere neu sind, kann jedoch deutlich kulturell geprägt sein. So ist das Treiben auf einem orientalischen Basar für einen Westeuropäer eher hochkomplex und undurchsichtig, für einen Einheimischen dagegen vertraut und überschaubar. Der Westeuropäer kann damit überfordert sein, ein einzelnes Ereignis in diesem Kontext wahrzunehmen, weil es sich vom komplexen Hintergrund kaum abhebt, während dies dem Einheimischen mühelos gelingt.

Ein weiterer Einflussfaktor auf die Wahrnehmungsleistung besonders bei sozialen Ereignissen ist die emotionale Erregung der wahrnehmenden Person. Nach dem Yerkes-Dodson-Gesetz steht die individuelle Reizverarbeitung in einem umgekehrt u-förmigen Zusammenhang zum Ausmaß der physiologischen Erregung bzw. der Aktivierung (Yerkes & Dodson, 1908). Sowohl bei extrem niedriger (z. B. im übermüdeten Zustand) als auch bei extrem hoher Aktivierung (z. B. in einer Panik) ist die kognitive Leistungsfähigkeit sehr niedrig. Sie steigt mit der Annäherung an ein mittleres Aktivierungsniveau und hat dort ihr Optimum. Dieser gesetzmäßige psychophysiologische Zusammenhang gilt nach bisherigen Erkenntnissen zwar kulturunabhängig, die Erregungsauslöser können jedoch kulturell sehr unterschiedlich sein. So scheint die (potenzielle) Bedrohung der eigenen Ehre (Gesichtsverlust) oder die der eigenen Familie in hierarchisch-patriarchalischen Kulturen den physiologischen Zustand stärker anzuregen (Maitner, Mackie, Pauketat & Smith, 2017). In individu-

64 Als besondere Attraktoren der Aufmerksamkeit gelten Waffen. Verbrechensopfer können oft sehr genau eine Waffe (zentrales Merkmal des Geschehens) beschreiben, die Angaben über periphere Merkmale sind dagegen ungenau und lückenhaft (Steblay, 1992).

alistischen Kulturen lösen dagegen körperliche Nähe oder Distanzunterschreitungen in der Interaktion mit fremden Personen stärker intensive physiologische Reaktionen aus. So können verschiedene Auslöser in unterschiedlicher Art die individuelle Wahrnehmungsleistung und Reizverarbeitung beeinflussen.

24.4.2 Encodierung

Nach gängigen Gedächtnismodellen gelingt die Einspeicherung neuer Informationen (Encodierung) umso nachhaltiger, je besser die neuen Informationen mit bestehenden Gedächtniseinträgen verknüpft werden können (Anderson, 2007). Vorwissen und Vorerfahrungen bieten geeignete Ankerpunkte für neue Informationen. Die persönliche Bedeutung eines Ereignisses spielt insofern eine Rolle, als bedeutsame Ereignisse i.d.R. nicht nur mit größerer Aufmerksamkeit bedacht werden, sondern die situationsbezogenen Informationen auch intensiver encodiert und im biografischen Gedächtnis besser verankert werden als Routinehandlungen und alltägliche Geschehnisse (Anderson, 2007). Vorwissen und Vorerfahrungen sowie die individuelle Bedeutung eines Ereignisses sind jedoch stark von kulturellen Einflüssen abhängig. Darüber hinaus können auch kulturell geprägte Wahrnehmungsgewohnheiten und Interpretationsstile die Encodierung neuer Informationen prägen. Dies konnte bspw. Wang (2009) in einer Studie zum autobiografischen Gedächtnis zeigen. Wang ist der Frage nachgegangen, ob Personen aus dem asiatischen Kulturkreis aufgrund eines dort vorherrschenden ganzheitlichen Betrachtungsstils beim Nacherzählen eines zuvor gehörten Reiseberichts weniger einzelne Sequenzen generieren als Angehörige des westlichen Kulturkreises, in dem eher ein analytischer Wahrnehmungsstil vorherrscht. Die Befunde bestätigten die Hypothese, dass Asiaten den Reisebericht stärker als zusammenhängendes Ganzes berichteten und weniger eigenständige Sinneinheiten berichteten als Europäer oder Nordamerikaner.

24.4.3 Speicherungs- und Verarbeitungsphase

Die Speicherungs- und Verarbeitungsphase umschreibt die dauerhafte Bewahrung eines erlebten Ereignisses im Gedächtnis. Diese Phase wird jedoch nicht als passives Abspeichern aufgefasst, sondern ist durch eine aktive Verarbeitung der Inhalte gekennzeichnet. Dabei sind insbesondere Prozesse der sog. sozialen Informationsverarbeitung wirksam, bei der Gedächtnisinhalte nach vorliegenden Personen- oder Ereignisschemata (Rollenmustern, Handlungsskripten) organisiert werden. Bei der Ereigniswahrnehmung oder der Encodierung entstandene Lücken werden entsprechend diesen Schemata ergänzt. Da diese Schemata teilweise kulturspezifisch sind, sind hier auch kulturspezifische Einflüsse möglich und bei der Beurteilung der Aussagequalität zu berücksichtigen. So können bspw. die Abläufe einer orientalischen Hochzeitsfeierlichkeit für einen Teilnehmer, der mit den Abläufen grundsätzlich vertraut ist, zwar leichter erinnerbar sein, weil ihm das „Programm der Feier" als Organisationshilfe für die Speicherung dienen kann, eventuelle Erinnerungslücken an einzelne Begebenheiten können so aber auch lediglich „sachlogisch" gefüllt werden. Dieser Einfluss kulturspezifischen Wissens ist wie der eines jeglichen Fach- oder Spezialwissens der aussagenden Person bei der aussagepsychologischen Beurteilung zu berücksichtigen.

Einen starken Einfluss auf Gedächtnisinhalte zu eigenem Erleben nehmen Informationen zum Geschehen, mit denen die Person nach dem eigentlichen Geschehen konfrontiert wird. So können Gespräche mit anderen an dem Ereignis direkt Beteiligten, Inhalte aus Angaben von Dritten wie bspw. Zeitungsberichten oder Inhalte sozialer Medien Eingang in das Gedächtnis finden und später als eigenes Erleben erinnert werden. Auch Einflüsse aus früheren Befragungen sind geeignet, die encodierte Erinnerung zu verändern. Gedächtniseinträge können so massiv beeinflusst und verändert werden

(Volbert, 2008). Dabei spielt die Suggestibilität der aussagenden Person eine große Rolle, die wiederum abhängig ist von der subjektiv empfundenen Genauigkeit und Zuverlässigkeit der eigenen Gedächtnisspur einerseits und der zugeschriebenen Authentizität, Autorität und Expertise des Senders der späteren Information andererseits. Vor diesem Hintergrund haben bspw. nachträgliche Informationen von Berater*innen, „erfahrenen" Landsleuten oder die Instruktionen von Schleusern eine hohe suggestive Kraft. Entsprechend sind derartige potenzielle Einflüsse bei der aussagepsychologischen Bewertung der Aussage zu berücksichtigen.

Einer aktiven Verarbeitung von Gedächtnisinhalten kann allerdings auch eine psychische Abwehr der Auseinandersetzung und ein „Nicht-daran-denken-Wollen" bei traumatischen Ereignissen entgegenstehen. Dies gilt besonders bei schambesetzten Erlebnissen (z. B. bei sexuellen Handlungen, dem Erleben von Nacktheit, einem Gesichtsverlust in der Öffentlichkeit). Da das Schamerleben stark von kulturellen Normen geprägt ist,[65] sind hier entsprechende Unterschiede im Grad der Abwehr und bspw. im Grad der Detaillierung der Gedächtnisinhalte zu erwarten und bei der Beurteilung der Aussage zu berücksichtigen.

24.4.4 Abrufphase

Stehen bei den drei bisher beschriebenen Phasen der Aussageentstehung v. a. physiologische und kognitive Prozesse der Wahrnehmung und Informationsverarbeitung im Vordergrund, wird die Abrufphase stärker von motivationalen Aspekten geprägt. Neben den allgemeinpsychologischen Prozessen spielen hier normative Erwartungen, Kommunikationsstile und soziale Einflüsse eine sehr viel stärkere Rolle.

Beispielsweise wird in kollektivistischen Kulturen durch die deutlich stärkere Einbindung in die Großfamilie von Kindesbeinen an das „Wirgefühl" für die Gruppe vermittelt (Yalcin, 2011), was zur Folge hat, dass auch Informationen stärker in den jeweiligen Kontext bzw. den lebensgeschichtlichen Hintergrund eingekleidet werden. Demzufolge herrscht die Überzeugung vor, dass bei einer Ereignisschilderung der große Rahmen erzählt werden muss, was sehr weit ausholende Schilderungen befördert. Dem Kommunikationsstil entsprechend werden Fakten und Vorgänge im Gedächtnis in einem raum-zeitlichen Gesamtgeschehen gespeichert, was beim Abruf der Informationen ebenfalls die Darstellung des jeweiligen Gesamtgeschehens notwendig macht (Yalcin, 2011).

Das Kommunikationsverhalten unterscheidet sich zwischen Angehörigen individualistischer vs. kollektivistischer Kulturen auch in weiterer Hinsicht. In kollektivistischen Kulturen tritt der Sachinhalt zugunsten einer Beziehungsorientierung eher zurück. Die Perspektive des Sprechers*der Sprecherin ist eher am Partner als am Selbst orientiert (Helfrich, 2013, S. 132). Insbesondere in vertikal-kollektivistischen Kulturen wird die eigene Meinung eher zurückgehalten und ein eher indirekter Sprachstil bevorzugt. Auch eine stärkere Tendenz zur sozialen Erwünschtheit wurde nachgewiesen (Pfundmair, 2018). Unterschiede zeigen sich weiterhin in der Verwendung und Akzeptanz von Gesprächspausen. Während in asiatischen Kulturen ebenso wie in nordeuropäischen Ländern Schweigen regelmäßiger Bestandteil des Gesprächs ist, wird im arabischen Kulturkreis und in Teilen Lateinamerikas eher überlappend kommuniziert, d.h., dass man dem*der Gesprächspartner*in gern ins Wort fällt (Yalcin, 2011).

---

65 So herrscht u. a. in der Türkei und den arabischen Ländern eine besondere Kultur der Ehre, bei der das Ansehen der Familie in der Gemeinde mithilfe eines engen Normkodexes aufrechterhalten werden muss und Verstöße gegen diese Normen massive emotionale Reaktionen auslösen (Maitner et al., 2017; Uskul, Cross, Sunbay, Gercek-Swing & Ataca, 2012).

Schließlich gibt es auch erste Hinweise auf kulturelle Unterschiede in der Akzeptanz von Täuschungen im interpersonellen Austausch. Seiter und Kollegen ließen ihre Probanden aus den USA bzw. der Volksrepublik China Szenarien bewerten, in denen eine Person eine andere Person aus unterschiedlichen Motiven heraus belog. Bei den chinesischen Probanden zeigte sich eine insgesamt höhere Akzeptanz des Lügens, wobei sich der größte Unterschied in der Konstellation ergab, in der gegenüber dem*der eigenen Partner*in die Unwahrheit gesagt wird, um einen Konflikt zu vermeiden (Seiter, Bruschke & Bai, 2002).

Unabhängig von kulturellen Besonderheiten ist bei zu begutachtenden Personen gegenüber dem*der Gutachter*in nicht selten eine eher misstrauische Haltung anzutreffen. Dies gilt insbesondere, wenn negative Konsequenzen wie eine Abschiebung drohen (Schepker, 1999). Eine solche misstrauische oder gar ablehnende Haltung kann aber durch kulturelle Prägungen noch weiter akzentuiert werden, wenn im Herkunftsland überwiegend negative Erfahrungen mit staatlichen Institutionen vorliegen und die Möglichkeit der zwar im staatlichen Auftrag arbeitenden, aber unabhängig von staatlichen Vorgaben agierenden und entscheidenden Person nicht zum kulturellen Erfahrungsschatz gehört. Entsprechende Vorbehalte können seitens der Antrag stellenden Person auch gegenüber dem*der Dolmetscher*in entwickelt werden, insbesondere, wenn das Konzept der Verschwiegenheitsverpflichtung im Heimatland nicht entsprechend gelebt wird (Haenel, 2019).

24.5 Besonderheiten im Übersetzungsprozess

Dolmetscher im Asylverfahren sind Sprachmittler*innen und müssen die Rechtsterminologie sowohl in der deutschen wie in der Fremdsprache beherrschen. Sie müssen auch mit den Grundlagen des Rechtssystems und des jeweiligen Rechtsgebiets vertraut sein. Sie müssen weiterhin die Rollen und Aufgaben der einzelnen Verfahrensbeteiligten kennen und haben in Ausübung ihrer Aufgabe neutral und diskret zu agieren. In Verfahren, in denen die Glaubhaftigkeit einer Aussage infrage steht, sollten die Dolmetscher*innen auch mit den Grundzügen der Glaubhaftigkeitsanalyse vertraut gemacht werden. Dies bedeutet, dass die herausragende Bedeutung der Qualität der Aussage für die Glaubhaftigkeitsbeurteilung und – als Voraussetzung dafür – die Zuverlässigkeit der Sprachvermittlung deutlich gemacht wird.[66] Zur Einschätzung der Aussagekompetenz der aussagenden Person (s. Kap. 22 in diesem Band) ist es notwendig, dass der Sprachstil und das Sprachniveau der aussagenden Person auch in der Übersetzung erhalten bleiben. Damit qualitative Merkmale der Aussage nicht im Zuge der Übersetzung verloren gehen, sind insbesondere Wortwahl und Satzstruktur der aussagenden Person zu erhalten. Dies macht die Einhaltung von kurzen Frage-Antwort-Sequenzen notwendig, die von Beginn der Befragung an praktiziert und eingeübt werden sollten, damit die aussagende Person sich an den ungewohnten Aussagerhythmus gewöhnen kann und sich nicht in ihrem freien Bericht über Gebühr behindert fühlt.

Falls die direkte Sprachvermittlung keine wortgetreue Übersetzung zulässt und lexikalische, semantische oder grammatikalische Veränderungen notwendig sind oder dem*der Dolmetscher*in eine direkte Umcodierung nicht gelingt (z. B. weil unbekannte Dialektausdrücke benutzt werden), hat er oder sie darauf hinzuweisen (Kautz, 2000, S. 119). Umordnungen in der Reihenfolge des Gesagten, Strukturierungen, Abstraktionen oder Zusammenfassungen sind weitestgehend zu vermeiden.

Gesten, Metaphern, Redewendungen und Sprichwörter lassen sich häufig nur aus dem

66 Wie bereits gezeigt werden konnte, führt die Übersetzung einer Aussage in eine andere Sprache nicht zwangsläufig zu einer geringeren Brauchbarkeit für eine inhaltsbasierte Glaubhaftigkeitsanalyse (Hänert, 2010).

kulturellen Hintergrund der absendenden Person verstehen. Der*die Dolmetscher*in hat hier die Aufgabe, diesen Hintergrund zu erläutern, wobei dies als Kommentar (auch gegenüber der befragten Person) eindeutig kenntlich zu machen ist. Selbstverständlich sind Bewertungen der Aussage oder einzelner Teile absolut unangemessen.

Vor diesem Hintergrund stellen sich hohe Anforderungen an die Qualifikation und Kompetenz des Dolmetschers*der Dolmetscherin. Bei der Auswahl sind aber auch Aspekte der ethnischen, politischen, religiösen und sexuellen Zugehörigkeit zu berücksichtigen, um die Befragungssituation von Misstrauen, besonderen Belastungen und Voreingenommenheiten weitgehend freizuhalten, um damit eine gute Aussagequalität nicht von vorneherein zu erschweren.[67]

Schließlich muss beachtet werden, dass die kognitive Belastung in einem sprachvermittelten Verfahren insbesondere für den Dolmetscher sehr hoch ist, da er sich in einem permanenten Arbeitsprozess befindet, während die übrigen Verfahrensbeteiligten in den jeweiligen Übersetzungsphasen kurze Pausen nutzen können. Die Entscheidung über eine eventuelle Pause in der Verhandlung sollte deshalb gerade auch den*die Dolmetscher*in einbeziehen.

24.6 Der Beweismaßstab

An die verwaltungsgerichtliche Prüfung der Glaubhaftigkeit des Vorbringens der antragstellenden Person im Rahmen des Asylverfahrens ist eine Gefahrenprognose anzuknüpfen, an die keine unerfüllbaren Beweisanforderungen zu stellen sind, die eine unumstößliche Gewissheit verlangen.[68] Das Gericht hat sich bei einer derartigen Prognose, die naturgemäß mit Unsicherheiten behaftet ist, am Maßstab der beachtlichen Wahrscheinlichkeit zu orientieren.[69] Die Furcht vor Verfolgung muss glaubhaft vorgebracht werden. Nach Auffassung des Bundesverfassungsgerichts ist dies der Fall, wenn mit beachtlicher Wahrscheinlichkeit Verfolgung droht, doch muss die Wahrscheinlichkeit nicht über 50 % betragen[70] (European Asylum Support Office, 2018, S. 88 ff.). Somit unterliegt die Glaubhaftmachung des Vorbringens nicht dem gleichen Beweismaßstab des Regelbeweises (auch als Vollbeweis bezeichnet), wie er im zivil- oder strafrechtlichen Kontext gefordert wird und der eine an Sicherheit grenzende Wahrscheinlichkeit verlangt, bei der für jeden vernünftig denkenden Menschen jeglicher Zweifel am Vorliegen der zu beweisenden Tatsache ausgeräumt ist.

24.7 Fazit

Die forensisch-psychologische Glaubhaftigkeitsbeurteilung hat sich im deutschen Rechtssystem aufgrund ihrer evidenzbasierten Entwicklung bisher sehr gut bewährt. Gleichwohl trifft die Kritik, dass die empirischen Grundlagen ihrer Prüfung einer deutlichen Fokussierung auf westliche Kulturen unterliegen. Die Übertragbarkeit der Befunde zur Anwendbarkeit der Verfahren und Gültigkeit der daraus gezogenen Schlussfolgerungen auf andere Kulturen ist bislang nicht hinreichend geprüft und stellt ein drängendes wissenschaftliches Desiderat dar.

67 In diesem Zusammenhang ist es besonders problematisch, dass in Ermangelung von Sprachmittlern der gleichen ethnischen Zugehörigkeit bzw. der spezifischen Sprachkompetenz in der Praxis nicht selten auf eine von der antragstellenden Person einigermaßen beherrschte Zweitsprache zurückgegriffen wird, für die auch ein Dolmetscher zur Verfügung steht (Sieberer et al., 2011).

68 BVerwG, Beschluss v. 08.02.2011 – 10 B 1/11; Urteil v. 04.07.2019 – 1 C 33/18

69 BVerwG, Urteil v. 04.07.2019 – 1 C 33/18; Urteil v. 16.04.1985 – 9 C 109/84

70 BVerwG, Urteil v. 07.02.2008

Zwar zeigen sich bei allgemeiner Gültigkeit psychologischer Modellannahmen zu Wahrnehmungs- und Informationsverarbeitungsprozessen doch zahlreiche Hinweise auf kulturabhängige kognitive und emotionale Begleitprozesse, bspw. bei der Wahrnehmungssteuerung, der Bedeutsamkeitszuschreibung von Ereignissen, der Vertrautheit mit Abläufen in der äußeren Welt oder den kulturellen Gepflogenheiten des interpersonalen Austauschs (Gesprächskultur). Diese Besonderheiten machen eine aussagepsychologische Glaubwürdigkeitsbeurteilung jedoch keineswegs unmöglich. Zur Sicherung der Zuverlässigkeit und Gültigkeit der forensisch-psychologischen Glaubhaftigkeitsbeurteilung bei Personen mit Migrationshintergrund ist es aber unabdingbar, diese kulturellen Besonderheiten im gesamten Begutachtungsprozess von der Gesprächsführung bei der Exploration bis zur Integration und Bewertung der Befunde zu berücksichtigen. Die Kenntnis dieser kulturellen Unterschiede in den einzelnen Informationsverarbeitungsprozessen ist naturgemäß bei einem Vorgehen, das sich im Wesentlichen auf die Inhalte, d.h. auf die Produkte des Informationsverarbeitungsprozesses stützt, besonders bedeutsam. Kulturspezifische Besonderheiten sind insbesondere bei der Analyse der Aussagekompetenz in der abschließenden Bewertung der Aussagequalität einzubeziehen, wie es in ähnlicher Weise auch für die Aussagen bspw. junger Kinder oder traumatisierter Personen gilt. Insofern ist bei der Glaubhaftigkeitsbeurteilung bei Personen mit Migrationshintergrund neben einer besonderen aussagepsychologischen Expertise[71] auch eine besondere Kultursensitivität der begutachtenden Person erforderlich.

Als besondere Erschwernis für den Begutachtungsprozess erweist sich nach vorliegenden Erfahrungen der Übersetzungsprozess bei Aussagenden, die der deutschen Sprache nicht hinreichend mächtig sind. Die Anforderungen, die an Sprachmittler*innen zu stellen sind, wurden ebenfalls dargelegt. Es wird angeregt, die kulturelle Expertise der Sprachmittlerin*des Sprachmittlers in einem direkten Gespräch mit dieser*diesem und unabhängig von der eigentlichen Übersetzungsarbeit abzurufen, um dieses kulturspezifische Wissen für den Begutachtungsprozess nutzbar zu machen.

71 Wie sie bspw. die zertifizierte Weiterbildung zur Fachpsychologin/zum Fachpsychologen für Rechtspsychologie BDP/DGPs sicherstellt; https://zwpd.transmit.de/zwpd-dienstleistungen/zwpd-rechtspsychologie

Literatur

Anderson, J.v.R. (2007). *Kognitive Psychologie* (6. Aufl.). Heidelberg: Spektrum.

Bundesamt für Migration und Flüchtlinge (BAMF). (2021). *Ablauf des deutschen Asylverfahrens.* Nürnberg: BAMF.

Birck, A. (2018). *Traumatisierte Flüchtlinge. Wie glaubhaft sind ihre Aussagen?* (5. Aufl.). Heidelberg: Asanger.

Bliesener, T. (2018). *Ausländer- und Zuwandererkriminalität. Expertise im Auftrag des Sachverständigenrats deutscher Stiftungen für Integration und Migration für das Jahresgutachten 2019.* Verfügbar unter https://www.svr-migration.de/wp-con-tent/uploads/2019/05/Bliesener_Expertise_Ausländerkriminalitä_für_SVR_Jahresgutachten.pdf

Bliesener, T. & Hänert, P. (2018, August). Glaubhaftigkeitsbeurteilung bei Personen aus fremden Kulturkreisen. *Schleswig-Holsteinische Anzeigen*, 285–291.

Brunswik, E. (1955). Representative design and probabilistic theory in a functional psychology. *Psychological Review, 62* (3), 193–217. https://doi.org/10.1037/h0047470

European Asylum Support Office (EASO). (2018). *Richterliche Analyse – Beweiswürdigung und Glaubhaftigkeitsprüfung im Rahmen des Gemeinsamen Europäischen Asylsystems.* Luxemburg: Amt für Veröffentlichungen der Europäischen Union.

Fegert, J.M., Gerke, J. & Rassenhofer, M. (2018). Enormes professionelles Unverständnis gegenüber Traumatisierten. Ist die Glaubhaftigkeitsbegutachtung und ihre undifferenzierte Anwendung in unterschiedlichen Rechtsbereichen eine Zumutung für von sexueller Gewalt Betroffene? *Nervenheilkunde, 37,* 525–534.

Gäbel, U., Ruf, M., Schauer, M., Odenwald, M. & Neuner, F. (2006). Prävalenz der Posttraumatischen Belastungsstörung (PTSD) und Möglichkeiten der Ermittlung in der Asylverfahrenspraxis. *Zeitschrift für Klinische Psychologie und Psychotherapie, 35,* 12–20. https://doi.org/10.1026/1616-3443.35.1.12

Geraerts, E. (2010) Posttraumatic memory. In G.M. Rosen & B.C. Frueh (Eds.), *Clinician's guide to posttraumatic stress disorder* (pp. 77–95). Hoboken, NJ: Wiley. https://doi.org/10.1002/9781118269961.ch4

Gierlichs, H.W. (2010). Die Überprüfung der Glaubhaftigkeit in aufenthaltsrechtlichen Verfahren. *Zeitschrift für Ausländerecht und Ausländerpolitik, 3,* 102–105.

Gierlichs, H.W., van Keuk, E., Greve, C., Wenk-Ansohn, M., Flatten, G., Hartmann, C. et al. (2005). Grenzen und Möglichkeiten klinischer Gutachten im Ausländerrecht. *Zeitschrift für Ausländerrecht und Ausländerpolitik, 5,* 158–163.

Hall, E.T. & Hall, M.R. (1990). *Understanding cultural differences. Germans, French and Americans.* Yarmouth: Intercultural Press.

Haenel, F. (2019). Gutachten und klinische Expertisen in aufenthaltsrechtlichen Verfahren. In T. Maier, N. Morina, M. Schick & U. Schnyder (Hrsg.), *Trauma – Flucht – Asyl. Ein interdisziplinäres Handbuch für Beratung, Betreuung und Behandlung* (S. 229–246). Bern: Hogrefe.

Haenel, F. & Wenk-Ansohn, M. (2005). *Begutachtung psychisch reaktiver Traumafolgen in aufenthaltsrechtlichen Verfahren.* Weinheim: Beltz PVU.

Hänert, S. (2010). *Der Einfluss von Übersetzung und Bikulturalität auf die textbasierte Glaubhaftigkeitsattribution.* Berlin: Institut für Psychologie, Humboldt-Universität Berlin.

Helfrich, H. (2013). *Kulturvergleichende Psychologie.* Wiesbaden: Springer. https://doi.org/10.1007/978-3-531-93137-1

Helman, C.G. (1984). *Culture, health and illness.* Bristol: CRC Press.

Hinckeldey, S. von & Fischer, G. (2002). *Psychotraumatologie der Gedächtnisleistung: Diagnostik, Begutachtung und Therapie traumatischer Erinnerungen.* München: Reinhardt.

Hirschmüller, S., Egloff, B., Nestler, S. & Back, M.D. (2013). The dual lens model: A comprehensive framework for understanding self-other agreement of personality judgments at zero acquaintance. *Journal of personality and social psychology, 104* (2), 335–353. https://doi.org/10.1037/a0030383

Kautz, U. (2000). *Handbuch Didaktik des Übersetzens und Dolmetschens.* Frankfurt a.M.: Goethe-Institut.

Kay, P. & Kempton, W. (1984). What is the Sapir-Whorf hypothesis? *American Anthropologist, 86,* 65–79. https://doi.org/10.1525/aa.1984.86.1.02a00050

Kitayama, S. & Cohen, D. (2007). *Handbook of cultural psychology.* New York, NY: Guilford Press.

Leonhardt, M. (2004). Psychiatrische Begutachtung bei asyl- und ausländerrechtlichen Verfahren. In U. Venzlaff, K. Foerster & U. Diederichsen (Hrsg.), *Psychiatrische Begutachtung. Ein praktisches Handbuch für Ärzte und Juristen* (4. Aufl., S. 747–755). München: Elsevier.

Lösel, F. & Bender, D. (2000). Qualitätsstandards psychologisch-psychiatrischer Begutachtung im Asylverfahren. In Bundesamt für die Anerkennung ausländischer Flüchtlinge. (Hrsg.), *Asylpraxis* (S. 175–210). Nürnberg: BAFl.

Maitner, A.T., Mackie, D.M., Pauketat, J.V. T. & Smith, E.R. (2017). The impact of culture and identity on emotional reactions to insults. *Journal of Cross-Cultural Psychology, 42,* 211–221. https://doi.org/10.1177/0022022117701194

Marx, R. (2011). *Juristische Anforderungen an die Begutachtung von Asylklägern, die an traumatischen Folgen von Folter oder unmenschlicher oder erniedrigender Behandlung oder Bestrafung leiden.* Verfügbar unter https://www.ramarx.de/eigene_aufsaetze.html

Marx, R. (2020). *Aufenthalts-, Asyl- und Flüchtlingsrecht* (Handbuch, 7. Aufl.). Baden-Baden: Nomos.

McNally, R.J. & Geraerts, E. (2009). A new solution to the recovered memory debate. *Perspectives on Psychological Science, 4,* 126–134. https://doi.org/10.1111/j.1745-6924.2009.01112.x

O'Doherty, D.C. M., Chitty, K.M., Saddiqui, S., Bennett M.R. & Lagopoulos, J.A. (2015). A systematic review and meta-analysis of magnetic resonance imaging measurement of structural volumes in posttraumatic stress disorder. *Psychiatry Research, 232,* 1–33. https://doi.org/10.1016/j.pscychresns.2015.01.002

Pfundmair, M. (2018). Cross-cultural experimental research. In Y.Y. Kim (Ed.), *The international encyclopedia of intercultural communication.* New York, NY: John Wiley.

Schepker, R. (1999). Psychiatrische Aspekte der Begutachtung im interkulturellen Kontext. *Monatsschrift für Kriminologie und Strafrechtsreform, 82,* 50–57.

Seiter, J.S., Bruschke, J. & Bai, C. (2002). The acceptability of deception as a function of perceivers' culture, deceiver's intention, and deceiver-deceived relationship. *Western Journal of Communication, 66,* 158–180. https://doi.org/10.1080/10570310209374731

Sieberer, M., Ziegenbein, M., Eckhardt, G., Machleidt, W. & Calliess, I.T. (2011). Psychiatrische Begutachtung im Asylverfahren. *Psychiatrische Praxis, 38* (1), 38–44. https://doi.org/10.1055/s-0030-1248552

Sommer, T. & Gamer, M. (2018). Einfluss traumatischer Ereignisse auf das Gedächtnis. *Praxis der Rechtspsychologie, 28* (1), 97–121.

Steblay, N.M. (1992). A meta-analytic review of the weapon focus effect. *Law and Human Behavior, 16* (4), 413–424. https://doi.org/10.1007/BF02352267

Uskul, A.K., Cross, S.E., Sunbay, Z., Gercek-Swing, B. & Ataca, B. (2012) Honor bound: The cultural construction of honor in Turkey and the Northern United States. *Journal of Cross-Cultural Psychology, 43,* 1131–1151. https://doi.org/10.1177/0022022111422258

Van der Kolk, B. (1996). Trauma and memory. In B. Van der Kolk, A. McFarlane & L. Weisaeth (Eds.), *Traumatic stress. The effects of overwhelming experience on mind, body and society* (pp. 279–302). New York, NY: Guilford Press.

Volbert, R. (2004). *Beurteilungen von Aussagen über Traumata. Erinnerungen und ihre psychologische Bewertung.* Huber, Bern.

Volbert, R. (2008). Suggestion. In R. Volbert & M. Steller (Hrsg.), *Handbuch der Rechtspsychologie.* Göttingen: Hogrefe.

Volbert, R., Schemmel, J. & Tamm, A. (2019). Die aussagepsychologische Begutachtung: eine verengte Perspektive? *Forensische Psychiatrie, Psychologie, Kriminologie, 13* (2), 108–124. https://doi.org/10.1007/s11757-019-00528-5

Wang, Q. (2009). Are Asians forgetful? Perception, retention, and recall in episodic remembering. *Cognition, 111,* 123–131. https://doi.org/10.1016/j.cognition.2009.01.004

Wittmann, W.W. (1990). Brunswik-Symmetrie und die Konzeption der Fünf-Datenbox – Ein Rahmenkonzept für umfassende Evaluationsforschung. *Zeitschrift für Pädagogische Psychologie 4,* 241–251.

Yalcin, Ü. (2011). Interkulturelle Kommunikation im Gerichtssaal. *Betrifft Justiz, 107,* 112–117.

Yerkes, R.M. & Dodson, J.D. (1908). The relation of strength of stimulus to rapidity of habit-formation. *Journal of Comparative Neurology and Psychology, 18,* 459–482. https://doi.org/10.1002/cne.920180503

25 Rückfall- und Gefährlichkeitsprognose bei Rechtsbrechern

Klaus-Peter Dahle und Robert J.B. Lehmann

25.1 Grundlagen

25.1.1 Begriffsklärung

Gemäß den Empfehlungen für Prognosegutachten (Boetticher et al., 2019) ist eine der Grundfragen der Gefährlichkeitsprognose, wie groß die Wahrscheinlichkeit ist, dass die zu begutachtende Person erneut eine Straftat begehen wird. Es handelt sich also um eine Verhaltensprognose für diese spezielle Person. Ferner soll gem. den Empfehlungen Stellung genommen werden zur Art, der Häufigkeit und dem Schweregrad dieser Straftaten. Demgemäß kann sich die Prognose auf allgemeine Rückfälle mit beliebigen Delikten beziehen; v.a. bei aufwendigen Prognosebegutachtungen durch Sachverständige geht es jedoch häufig um Rückfallereignisse von hohem Schweregrad, insbesondere um die Erwartung gravierender Gewalt- oder Sexualdelikte. Solche schweren Delikte werden in einigen Gesetzen besonders herausgehoben, bspw. in den Vorschriften zur Anordnung freiheitsentziehender Maßregeln der Besserung und Sicherung (§§ 63ff. StGB) oder in den Gesetzesvorgaben zur Hinzuziehung von Sachverständigen beim Aussetzen von Restfreiheitsstrafen zur Bewährung (§ 454 Abs. 2 StPO). Da diese Gesetze Täter und Täterinnen mit entsprechenden Taten als gefährlich definieren, werden Prognosen im Kontext dieser Rechtsfragen auch Gefährlichkeitsprognosen genannt.

Die wichtigsten Bestandteile kriminalprognostischer Untersuchungen sind individuelle Risikoanalysen („risk assessment"). Diese sollen die Frage beantworten, welche individuellen Tätermerkmale im Einzelnen für das Anlasstatgeschehen (ggf. auch für relevante Vordelikte) verantwortlich waren und in diesem Sinne die spezifischen Gefährdungen ausmachen. Für sich genommen stellen sie noch keine Prognose dar, denn hierfür wäre auch die weitere Entwicklung dieser Merkmale seit dem Anlassgeschehen nachzuzeichnen und ihre wahrscheinliche zukünftige Entwicklung prognostisch fortzuschreiben. Individuelle Risikoanalysen stellen gleichwohl die Grundlage prognostischer Überlegungen dar, sind aber auch bei anderen Fragestellungen – insbesondere bei Indikationsentscheidungen für Behandlungsmaßnahmen im Straf- oder Maßregelvollzug – von Belang. Ihre hohe Bedeutung gerade in diesem Bereich speist sich aus der gut gesicherten Erfahrung, dass erfolgversprechende Straftäterbehandlung entsprechend dem Ausmaß der individuellen Risikopotenziale dosiert (Risikoprinzip) und inhaltlich auf die gezielte Veränderung der spezifischen Risikofaktoren ausgerichtet sein sollte (Bedürfnisprinzip; vgl. Bonta & Andrews, 2017). Aus diesem Grund weisen Prognosebegutachtungen sowie Eingangs- und Indikationsuntersuchungen für Behandlungs-

Textbox 25.1: Gefährlichkeitsprognose

= wissenschaftlich fundierte individuelle Wahrscheinlichkeitsaussage über zukünftige erhebliche Rechtsbrüche bei bereits strafrechtlich mit erheblichen Taten in Erscheinung getretenen Personen

maßnahmen im Straf- und Maßregelvollzug methodisch und inhaltlich einen breiten Überlappungsbereich auf.

25.1.2 Rechtliche Grundlagen

25.1.2.1 Rückfall- und Gefährlichkeitsprognosen im Strafrecht

Kriminalprognosen spielen im deutschen Strafrecht eine erhebliche Rolle und steuern strafrechtliche Entscheidungen in vielerlei Hinsicht. So kann bereits vor einem strafrechtlichen Hauptverfahren bei einer dringend tatverdächtigen, bis dahin aber noch nicht rechtskräftig verurteilten Person, wenn weitere (erhebliche) Straftaten zu befürchten sind, die Unterbringung in der Untersuchungshaft (§ 112a StPO) oder im psychiatrischen Krankenhaus (§ 126a StPO) angeordnet werden. Wurde im Erkenntnisverfahren die Tatbegehung zur Überzeugung des Gerichts festgestellt, so beeinflussen prognostische Erwägungen Auswahl, Bemessung und Vollstreckung von Strafen und anderen Rechtsfolgen (§§ 46ff., §§ 56ff., §§ 59ff., §§ 61ff. StGB; § 7, § 17, § 21 JGG). Im Vollstreckungsverfahren zu Gefangenen und Patienten im Straf- oder Maßregelvollzug orientieren sich dann Entscheidungen über die Unterbringung eines Verurteilten im offenen oder geschlossenen Vollzug und die Gewährung von Vollzugslockerungen (Lockerungsprognose) an der prognostischen Erwartung, dass gewährte Freiheiten nicht zu neuen Straftaten oder zur Flucht missbraucht werden. Schließlich wird auch die Entscheidung über die (vorzeitige) Entlassung eines verurteilten Täters aus einer befristeten oder lebenslangen Freiheitsstrafe (§§ 57, 57a StGB; § 88 JGG) oder aus einer freiheitsentziehenden Maßregel (§ 67d StGB) von der Erwartung abhängig gemacht, dass er bzw. sie in Zukunft keine erneuten (erheblichen) rechtswidrigen Taten mehr begehen wird. Gemäß den bereits genannten Empfehlungen für Prognosegutachten sollte dabei auch eine Aussage über die weitere Behandlungsbedürftigkeit und -fähigkeit des Verurteilten getroffen werden (Behandlungsprognose). Weiterhin sind in die Entscheidungsfindung Überlegungen zum Risikomanagement und zur ambulanten Nachsorge einzubeziehen. Wie könnte also mit den Möglichkeiten der Bewährungs- und Führungsaufsicht (§§ 56ff., 68ff. StGB) eine fortbestehende (Rest-)Gefährlichkeit beherrscht werden („risk management“)?

25.1.2.2 Prognosen durch Sachverständige

Bei den meisten der genannten Anlässe für Rückfallprognosen im Strafrecht fällt die erforderliche Einschätzung in den alleinigen Aufgabenbereich des Rechtsanwenders oder der Rechtsanwenderin, meist also des Gerichts. In Fällen aber, in denen es um erhebliche Rechtsgüter geht, in denen psychische Besonderheiten des Rechtsbrechers eine Rolle spielen oder in denen es um eine grundsätzliche Weichenstellung für die weitere Entwicklung eines noch jungen Täters geht, kann es hierfür psychologische oder psychiatrische Unterstützung einholen. Gesetzlich gefordert ist die Herbeiziehung von Sachverständigen bei Fragen der Aussetzung lebenslanger Freiheitsstrafen, bei der Aussetzung des Restes zeitlich befristeter Freiheitsstrafen in Fällen schwerer Anlassdelikte (Sexual und Gewaltstraftaten und Verbrechenstatbestände, sofern die Freiheitsstrafe mehr als zwei Jahre beträgt) oder bei Fragen der Anordnung, Aussetzung oder Beendigung freiheitsentziehender Maßregeln der Besserung und Sicherung. Es geht also um Fälle, in denen der Gesetzgeber offenbar eine potenziell besondere Gefährlichkeit des Täters sieht und daher die sachverständige Beratung des Gerichts vorschreibt. Bei der Bewährungsaussetzung von Freiheitsstrafresten oder freiheitsentziehenden Maßregeln hat sich das sachverständige Gutachten dabei „... zu der Frage zu äußern, ob bei dem Verurteilten keine Gefahr mehr besteht, dass dessen durch die Tat zutage getretene Gefährlichkeit fortbesteht“

(§ 454 Abs. 2 StPO). Ähnlich gilt für die Anordnung freiheitsentziehender Maßregeln, dass das Gutachten die Frage beantworten soll, ob bei dem Täter aufgrund einer schuldmindernden oder -ausschließenden psychischen Störung (§ 63 StGB) oder aufgrund eines Hangs zum Konsum berauschender Mittel (§ 64 StGB) oder allgemein aufgrund eines Hangs zu erheblichen Straftaten (§ 66 StGB) weitere erhebliche Straftaten zu erwarten sind.

25.1.2.3 Rechtliche Anforderungen

In den genannten Gesetzesvorschriften finden sich einige inhaltliche Vorgaben für die erforderlichen Prognosen; bspw. sehen die Vorschriften zur Anordnung der Unterbringung im psychiatrischen Krankenhaus (§ 63 StGB) oder in die Sicherungsverwahrung (§§ 66f. StGB) vor, dass Prognosen eine Gesamtwürdigung des Täters und seiner Tat umfassen sollen. Am weitesten geht dabei die Vorschrift zur Bewährungsaussetzung von Restfreiheitsstrafen (§ 57 StGB), die bei der Prognose „die Persönlichkeit der verurteilten Person, ihr Vorleben, die Umstände ihrer Tat, das Gewicht des bei einem Rückfall bedrohten Rechtsguts, das Verhalten der verurteilten Person im Vollzug, ihre Lebensverhältnisse und die Wirkungen ..., die von der Aussetzung für sie zu erwarten sind“, berücksichtigt sehen will. Es sind insoweit einige Erwartungen an die bei Prognosen zu berücksichtigenden Inhalte in den Gesetzen formuliert; Vorgaben zum methodischen Vorgehen sucht man hingegen vergeblich. Allerdings lässt sich den hier ausschnitthaft zitierten Vorschriften entnehmen, dass der Gesetzgeber wohl eine auf den Einzelfall bezogene, individualisierte Einschätzung erwartet und ein methodisches Vorgehen, das sich ausschließlich an gruppenstatistischen Zusammenhängen orientiert, eher nicht im Auge hatte.

Auf dieser Linie liegen auch die Rechtsprechung der Obergerichte zu den Aufgaben und Inhalten sachverständiger Prognosegutachten im Strafrecht und die juristische Kommentarliteratur. Demnach muss der Beurteilungsprozess nicht nur einer wissenschaftlichen, rational begründeten, überprüfbaren und möglichst empirisch belegten Methodik folgen und transparent aufgebaut sein. Das Gutachten muss sich auch inhaltlich mit der Vorgeschichte des Täters, seiner Anlasstat, seiner seitherigen Persönlichkeitsentwicklung und seinen Außenbezügen und Zukunftsperspektiven auseinandersetzen (BVerfG – 2 BvR 2029/01), hierbei die den Straftaten zugrunde liegende Dynamik und sonstigen Tatursachen aufarbeiten, die Entwicklung des Täters im Hinblick auf diese Tatursachen während des Vollzuges nachzeichnen und eine auf all diesen Analysen fußende Wahrscheinlichkeitsaussage über das künftige Legalverhalten der verurteilten Person treffen (u.a. Kammergericht Berlin, 5 Ws 672/98). Gefordert ist demnach ein recht streng auf den Einzelfall fokussierter Beurteilungsprozess, der mehrere diagnostische Teilaufgaben umfasst und durch die Analyse der relevanten personalen und situativen Hintergründe des Tatgeschehens ein Erklärungsmodell für das delinquente Verhalten der untersuchten Person bietet.

Anders als bspw. bei der Glaubhaftigkeitsbegutachtung existiert bislang jedoch keine Rechtsprechung für Prognosegutachten, die über die genannten inhaltlichen Vorgaben hinaus auch unmittelbar in die Methodik des Gutachtens eingreift. Eine interdisziplinäre Arbeitsgruppe unter Beteiligung mehrerer Bundesrichter hat jedoch „Empfehlungen für Prognosegutachten“ im Strafrecht formuliert (Boetticher et al., 2019; Kröber, Brettel, Rettenberger & Stübner, 2019), die neben inhaltlichen auch methodische Anforderungen umfassen. In diesen Empfehlungen wird explizit aufgeführt, dass sich eine „allein abstrakte, auf statistische Wahrscheinlichkeiten gestützte Prognose verbietet“ (Boetticher et al., 2019, S. 312).

Gefordert ist vielmehr eine dezidierte Einzelfallbetrachtung mittels idiografischer Methodik, die in der Lage ist, die individuell relevanten Zusammenhänge inhaltlich zu erklären, und allenfalls durch standardisierte Methoden ergänzt werden kann. Aber auch die Prognoseinhalte werden durch die Empfehlungen präzisiert und gegenüber den gesetzlichen Vorgaben weitergeführt. Demnach soll das Prognosegutachten nicht nur begründete Aussagen über die Wahrscheinlichkeit erneuter Delikte machen und sich zu Art, Häufigkeit und Schweregrad der zu erwartenden Taten äußern. Gefordert werden darüber hinaus auch Überlegungen über hypothetische zukünftige Entwicklungen, die das Risiko steigern könnten, sowie konkrete Vorschläge für ein in diesem Fall geeignetes Risikomanagement. Diese Anforderungen ließen sich mit bloßen statistischen Prognosemethoden sicherlich nicht erfüllen; sie erfordern vielmehr eine tatsächliche erklärende Rekonstruktion der im individuellen Fall deliktrelevanten Zusammenhänge.

25.1.3 Theoretische Grundlagen

25.1.3.1 Wissenschaftstheoretische Aspekte

Wie bei jeder Art von Prognose handelt es sich auch bei Kriminalprognosen letztlich um Anwendungen von Theorien auf konkrete Problemstellungen, in diesem Fall also um Anwendungen von Handlungs-, Verhaltens- oder Delinquenztheorien auf spezifische Fallkonstellationen bei Rechtsbrechern. Die Zuverlässigkeit der Vorhersage hängt damit zunächst von der Güte und Gültigkeit der verwendeten Theorie ab. Allerdings ergeben sich insofern Probleme, als keine allgemeingültige Einzeltheorie existiert, die in der Lage wäre, die Bandbreite strafrechtlich relevanter Verhaltensweisen (z.B. Diebstahl, Körperverletzung, Sexualdelikt, Konsum illegaler Substanzen) oder auch nur die in einem konkreten Einzelfall tatsächlich relevanten Einflussfaktoren auf Tatgenese und Tatdynamik hinreichend vollständig und präzise zu erklären. Die verfügbaren Theorien und Erklärungskonzepte beziehen sich vielmehr auf Teilaspekte und mehr oder weniger eingeschränkte Ausschnitte von Delinquenz. So betrachten Kriminalitätstheorien für gewöhnlich die Entstehung von delinquentem Verhalten aus einer eingeschränkten Perspektive und betonen einseitig bspw. ökonomische (z.B. Cornish & Clarke, 1986), ökologische (z.B. Kelling & Wilson, 1982), soziologische (z.B. Cohen, 1955), sozialpsychologische (z.B. Sutherland, 1939) und situative (z.B. Cohen & Felson, 1979) Einflüsse oder andere Facetten.

Sachverständige können sich insofern nicht auf die bloße Anwendung einer bereits verfügbaren Theorie i.S. eines deduktiven Vorgehens beschränken, wollen sie – den rechtlichen Anforderungen entsprechend – rückblickend die Handlungsdynamik eines Tatgeschehens hinsichtlich ihrer ursächlichen Zusammenhänge aufklären. Sie müssen vielmehr aus der Vielzahl der potenziell infrage kommenden Ansätze diejenigen Konzepte herausfiltern und zusammenstellen, die im vorliegenden Einzelfall relevant sind, und sie insbesondere in ein in sich schlüssiges Erklärungsmodell integrieren. Zwar können zur Überprüfung des Erklärungsmodells deliktspezifische multifaktorielle Modelle zur Erklärung z.B. allgemeiner Delinquenz (Bonta & Andrews, 2017; Farrington, 2003) oder Sexualdelinquenz (Seto, 2017; Ward & Beech, 2006) herangezogen werden, doch geht diese Aufgabe insgesamt über eine bloße deduktive Theorieanwendung weit hinaus. Letztlich geht es darum, für das vorliegende Anlassdelikt (und ggf. relevante Vordelikte) eine spezifische Individualtheorie, die das Geschehen und ihre Hintergründe hinreichend erklärbar macht, für jeden Einzelfall erst zu entwickeln. Die Methoden, deren sich Sachverständige bedienen, sollten in der Lage sein, sie bei dieser anspruchsvollen Aufgabe zu unterstützen.

25.1.3.2 Verhaltenstheoretische Aspekte

Menschliches Verhalten resultiert bekanntermaßen nicht allein aus den individuellen Merkmalen der Person, sondern realisiert sich immer auch vor dem Hintergrund äußerer situativer Bedingungen und Anforderungen. Extreme personale oder situative Einflüsse auf das Anlasstatgeschehen stellen meist eine günstige Konstellation für Kriminalprognosen dar, die oft treffsicherere Verhaltenserwartungen erlauben als solche Sachverhalte, in denen sich personale und äußere Einflüsse die Waage halten. Stellt sich etwa das Anlasstatgeschehen (z. B. ein erheblicher Gewaltausbruch eines an sich ängstlichen jugendlichen Außenseiters) in der Rückschau als atypisches singuläres Verhalten (z. B. keine Vorgeschichte gewalttätigen Verhaltens) in einer hochspezifischen Ausnahmesituation (z. B. eine extreme Provokation) mit ungewöhnlichem Anforderungsgehalt (z. B. Verhöhnung in Anwesenheit einer angebeteten Mitschülerin) dar, wird die Erwartung erneuter vergleichbarer Taten eher gering sein. Demgegenüber wird die Prognose bei Wiederholungstätern mit forensisch-relevanten Persönlichkeitseigenschaften (z. B. Paraphilie, Psychopathie oder Probleme mit der Impulskontrolle) vermutlicher ungünstiger ausfallen. Hat sich z. B. ein Mann mit pädophilen Neigungen in der Vergangenheit immer wieder aktiv Tatgelegenheiten geschaffen (z. B. Kinderspielplätze aufgesucht, fremde Kinder mit Versprechungen gelockt) und liegen zusätzlich ermöglichende personalen Besonderheiten vor (z. B. antisoziale Persönlichkeitszüge), wird die Prognose vermutlich deutlich ungünstiger ausfallen – jedenfalls solange keine sehr guten Gründe die Annahme rechtfertigen, dass sich an dieser Risikodisposition nachhaltige Veränderungen ergeben haben.

Lässt sich hingegen in der rückblickenden Rekonstruktion der Anlasstat(en) kein eindeutiges Überwiegen äußerer oder innerer Verhaltensbedingungen feststellen, sind Wiederholungstaten nur mehr mit zunehmenden Einschränkungen prognostizierbar, da sich die Vorhersage im Wesentlichen auf die personalen Verhaltensvoraussetzungen stützen muss und man zukünftige situative Bedingungen allenfalls vage und auf Sichtweite abschätzen kann. Aufgrund der mit zunehmender zeitlicher Dauer immer schwieriger vorhersagbaren Entwicklungen ist die Zuverlässigkeit von Kriminalprognosen insoweit selbst im Idealfall einer fehlerfrei erstellten Einschätzung mit Berücksichtigung aller relevanten personalen Risikofaktoren letztlich begrenzt. Ein Prognoseirrtum lässt sich deshalb auch bei methodisch korrektem Vorgehen niemals ausschließen, er liegt in der Natur von Verhaltensprognosen. Prognoseirrtümer aufgrund nicht absehbarer äußerer Entwicklungen sollten daher nicht mit Prognosefehlern verwechselt werden, die durch fehlerhafte oder unvollständige Anwendung einer Prognosemethode entstehen und prinzipiell vermeidbar wären.

25.1.3.3 Entscheidungstheoretische Aspekte

Unter entscheidungstheoretischer Perspektive handelt es sich, da Prognoseirrtümer nicht auszuschließen sind, bei Rechtsentscheidungen auf der Grundlage von Kriminalprognosen um Entscheidungen unter Unsicherheit. Nun trifft die Entscheidung zwar letztlich der Rechtsanwender, die Sachverständigen liefern hierzu allerdings die unsicherheitsbehafteten Grundlagen. Sie sollten darum mit den wesentlichen entscheidungstheoretischen Grundbegriffen und Gesetzmäßigkeiten vertraut sein und diese erforderlichenfalls auch vermitteln können.

Wesentliche Grundbegriffe sind zunächst die sog. Basisrate und die Selektionsrate. Unter der Basisrate versteht man im Rahmen von Prognosen den theoretischen Anteil derjenigen Personen innerhalb der relevanten Population, für den das zu prognostizierende Ereignis eintreffen wird; bei Gewaltprognosen im Rahmen von Entlassungsentscheidungen im Strafvollzug bspw. ist das der Anteil der gefangenen Gewalttäter, der mit erneuten Gewalttaten rückfällig würde – und zwar sowohl die aufgrund eines Prognoseirrtums (falsch negative Prognose) rückfälligen Entlassenen als auch diejenigen korrekt nicht entlassenen Täter, die rückfällig geworden wären, wenn man sie entlassen hätte (valide positive Prognose). Es liegt auf der Hand, dass die Basisrate kriminalprognostischer Entscheidungen letztlich nicht bekannt ist; man kann sie nur grob auf der Grundlage von Rückfallstatistiken und Rückfallstudien schätzen (s. Abschnitt 25.1.4). Unter der Selektionsrate versteht man auf der anderen Seite denjenigen Anteil aus der interessierenden Population, der als „positiv" (Täter ist gefährlich) eingeschätzt wird und aufgrund der nicht hinreichend günstigen Beurteilung im Vollzug verbleibt. Die Selektionsrate spiegelt also das Ergebnis der Risikoabwägung der Entscheidungsträger bzw. Entscheidungsträgerinnen wider, und es ist naheliegend, dass hier sowohl prognostische Einschätzungen über die relevante Personengruppe als auch rechtliche und kriminalpolitische Vorgaben über das Ausmaß einzugehender Risiken einfließen.

Die Bedeutung von Basis- und Selektionsrate liegt nun darin, dass beide Größen die Prognosequalität und die Verteilung von Irrtumsrisiken beeinflussen – und zwar unabhängig von der Validität der Prognosemethode. Dabei lassen sich als Qualitätskriterien unterschiedliche Aspekte betrachten: z. B. die Gesamttrefferquote (Anteil der insgesamt mit einer Prognosemethode korrekt eingeschätzten Fälle), die sog. Sensitivität (Anteil der korrekt identifizierten Rückfälligen an den tatsächlich Rückfälligen), die sog. Spezifität (Anteil der korrekt als nicht rückfällig eingeschätzten Fälle an den tatsächlich nicht rückfälligen) oder der sog. Selektionsquotient (Anteil der Rückfälligen an den tatsächlich als rückfällig eingeschätzten Personen). Nun lässt sich mathematisch zeigen, dass der Qualitätsgewinn, den man durch den Einsatz valider Prognosemethoden erzielt, sowohl von der Basis und der Selektionsrate als auch von der interessierenden Zielgröße abhängt. Besteht das Ziel darin, insgesamt möglichst viele korrekte Prognosen zu erzielen (hohe Gesamttrefferquote), so lohnt der Einsatz der Prognosemethode umso mehr, je mehr sich Basis- und Selektionsrate im mittleren Bereich bewegen. Der Gewinn gegenüber einer Zufallsentscheidung sinkt in dem Maß, wie sich die Größen den Randbereichen annähern. Besteht das Ziel hingegen darin, mithilfe der Prognose v. a. Rückfälle irrtümlich entlassener Täter zu vermeiden, so lohnt der Einsatz der Methode gerade bei sehr geringen Basisraten – freilich um den Preis hoher Quoten falsch positiver Einschätzungen (s. hierzu z. B. Kersting, 2003). Insofern ist die gelegentlich zu lesende Aussage, bei sehr geringer Basisrate (wie sie sehr schwere Gewalttaten aufweisen) „lohne" sich der Einsatz valider Prognosemethoden nicht, nicht ganz korrekt; zumindest ist sie unvollständig. Das Risiko irrtümlicher Entlassungen lässt sich auch bei seltenen Ereignissen durch eine sachgerechte und valide Prognosemethode erheblich senken. Man sollte sich jedoch bewusst sein, dass seltene Ereignisse hohe Raten falsch positiver Einschätzungen zur Folge haben – insbesondere auch dann, wenn man die Sicherheitsschwellen hoch ansetzt, die Selektionsrate dementsprechend nicht der geringen Basisrate entspricht und überproportional viele positive Einschätzungen (Täter ist gefährlich) mit eher geringen Rückfallquoten einhergehen (wie z. B. bei Sexualstraftätern).

25.1.4 Empirische Grundlagen

Ergebnisse aus empirischen Untersuchungen über Delinquenzursachen, Häufigkeit und Verlaufsformen sowie Erfahrungen mit Rückfälligkeit, Bewährung und Interventionseffekten bilden die Basis von Rückfallprognosen. Ohne die Bezugnahme auf erfahrungswissenschaftlich begründetes Wissen über Kriminalität und Rückfall wäre eine fundierte Prognose letztlich nicht möglich. Sachverständige sollten dabei nicht nur über die empirische Bewährung von Kriminaltheorien informiert sein, die sie zur Erklärung des Anlasstatgeschehens heranziehen. Sie sollten auch eine Vorstellung von der Größenordnung von Rückfällen und von den Zusammenhängen verschiedener Merkmale mit

Rückfälligkeit haben, um ihre Einschätzung der Rückfallwahrscheinlichkeit auf eine fundierte Basis zu stellen.

25.1.4.1 Basisraten und empirische Rückfallquoten

Basisraten und Rückfallquoten können Prognosesachverständigen zunächst eine Grundvorstellung von der Größenordnung der Verhältnisse vermitteln, die sie beurteilen sollen, und stellen eine erste grobe Einschätzung der Ausgangswahrscheinlichkeit möglicher Rückfälle dar. Im Idealfall zieht man die Basisrate von Personen heran, die dem zu beurteilenden Einzelfall möglichst ähneln, etwa hinsichtlich Geschlecht, Altersgruppe, Art und Schwere des Anlassdelikts, der Vollzugsinstitution und der strafrechtlichen Vorbelastung. Es würde wenig Sinn ergeben, zur Prognose erneuter sexueller Übergriffe bei einer einschlägig vorbestraften Person auf Basisraten von Eigentumsdelinquenten oder ganz allgemein von Gefangenenpopulationen zurückzugreifen.

Da die Basisrate eine theoretische Größe und nicht bekannt ist, wird man also auf Statistiken und Studien zurückgreifen müssen, die die Rückfälligkeit vergleichbarer Personengruppen untersucht haben. Bei der Auswahl entsprechender Untersuchungen sollte man auf die Länge des Beobachtungszeitraumes (z. B. 3, 5, oder 10 Jahre nach Entlassung), auf die Zusammensetzung und Herkunft der Stichprobe (z. B. behandelte oder unbehandelte Straftäter) sowie auf die verwendeten Rückfallkriterien (z. B. erneute Anzeige oder rechtskräftige Verurteilung) achten. Mitunter betrachten Studien nur einschlägige Rückfälle, was in Fällen polytroper Delinquenz zu erheblichen Verzerrungen führen kann. Nicht ganz unproblematisch sind auch ausländische Studien, da die Kriminalitäts- und Rückfallbelastung variieren und Unterschiede in der Verbrechensaufklärung und im Strafverfolgungssystem die Vergleichbarkeit einschränken können.

Grundsätzlich ist zu beachten, dass empirische Rückfallquoten und Rückfallstatistiken Verzerrungen unterliegen, die dazu führen, dass die tatsächliche Basisrate systematisch unterschätzt wird. Ursachen hierfür liegen in der zeitlichen Begrenzung des Beobachtungszeitraums, wodurch spätere Delikte unbeachtet bleiben; auch können neue Straftaten unerkannt bleiben (Dunkelfeldproblematik) – zumal auch nur zweifelsfrei beweisbare Fälle verurteilt werden. Weiterhin verbringen Personen mit hohem Rückfallrisiko durchschnittlich längere Zeit im Freiheitsentzug und sind im Vergleich zu Niedrigrisikogruppen bei der Entlassung älter, was sich in einem durch Alterseffekte reduzierten Rückfallrisiko niederschlagen kann. In Fällen schwerer Anlassdelikte erfolgt eine (vorzeitige) Entlassung häufig ohnehin erst nach günstiger Legalprognose, sodass in die Rückfallstudien grundsätzlich überproportionale Anteile von Personen mit reduziertem Rückfallrisiko eingehen. Auch unbekannte Todesfälle im Beobachtungszeitraum tragen zur Unterschätzung der tatsächlichen Rückfallrate bei, da empirische Befunde die Annahme rechtfertigen, dass das Mortalitätsrisiko kriminogener Hochrisikogruppen gegenüber Niedrigrisikogruppen deutlich erhöht ist (z. B. Laub & Vaillant, 2000).

Da sich die Größenordnung von Rückfallereignissen nur auf der Grundlage empirischer Erfahrungen begründbar einschätzen lässt, sollte man, trotz der genannten Einschränkungen, bei der Prognose auf die einschlägigen Statistiken und Studien gleichwohl nicht verzichten (z. B. Jehle, Albrecht, Hohmann-Fricke & Tetal, 2016). Man sollte sich indessen bewusst sein, dass die so ermittelten Zahlen günstigenfalls eine Schätzung der Untergrenze darstellen und die tatsächliche Basisrate vermutlich höher liegt. Die Bedeutung einer Grundvorstellung der Verhältnisse wird indessen deutlich, wenn man die Vorstellung der Allgemeinbevölkerung mit empirischen Erfahrungen vergleicht. So gingen in einer Studie von Levenson, Brannon, Fortney und Baker (2007) 74 % der Befragten davon aus, dass Vergewaltiger grundsätzlich rückfällig werden. Demgegenüber zeigen Jehle et al. (2016), dass unter 50 % der Vergewaltiger innerhalb von neun Jahren nach der Bezugsentscheidung rückfällig werden und weniger als 5 % einschlägig mit einem erneuten Sexualdelikt.

25.1.4.2 Tat-, Täter- und Situationsmerkmale und Rückfälligkeit

Nach Einschätzung der ungefähren Ausgangswahrscheinlichkeit der zu prognostizierenden Ereignisse stellt sich die Frage nach etwaigen individuellen Besonderheiten des Falles, die das statistisch durchschnittliche Rückfallrisiko modifizieren könnten, also eine gegenüber dem Ausgangsrisiko erhöhte oder reduzierte Rückfallwahrscheinlichkeit nahelegen. Auch darüber existieren vielfältige Untersuchungen, die der Frage nach Tat- und Tätermerkmalen im Zusammenhang mit Rückfälligkeit oder Straffreiheit nachgegangen sind. Inzwischen liegen auch Metaanalysen vor, die eine große Anzahl von Primärstudien für erwachsene (z. B. Olver, Stockdale & Wormith, 2014), jugendliche (z. B. Cottle, Lee & Heilbrun, 2001), psychisch kranke (z. B. Bonta, Blais & Wilson, 2014) Straftäter sowie Sexualstraftäter (z. B. Mann, Hanson & Thornton, 2010) gesichtet und zusammengefasst haben. Diesen Arbeiten sind Merkmale zu entnehmen, die sich über zahlreiche Studien hinweg als stabile Einflussfaktoren erwiesen haben, und sie enthalten zudem Schätzungen der Effektstärken einzelner Merkmale, die die Größenordnung des Zusammenhanges mit Rückfälligkeit bestimmen.

Untersucht wurden sowohl statische, also prinzipiell unveränderbare Rückfallprädiktoren (z. B. Geschlecht oder die kriminelle Vorgeschichte), als auch dynamische Prädiktoren, die als potenziell veränderbar gelten und Ansatzpunkte therapeutischer Bemühungen sein könnten. Es zeigte sich, dass beide Arten von Variablen die Rückfallrisiken beeinflussen, woraus man folgern kann, dass sich eine ungünstige Prognose durch die gezielte Veränderung dynamischer Risikofaktoren durchaus verbessern lässt. Untersucht wurden auch Schutzfaktoren, die mit reduzierten Rückfallrisiken zusammenhängen; hier erscheint die empirische Befundlage jedoch derzeit noch eingeschränkter und heterogener. Acht Merkmalsbereiche haben sich indessen über viele empirische Arbeiten und Metaanalysen hinweg als regelmäßig hoch mit Rückfalldelinquenz korrelierend erwiesen und sind unter dem Begriff der Central Eight in die Literatur eingegangen (Bonta & Andrews, 2017). Dies sind zunächst Merkmale einer dissozialen Persönlichkeit, eine Vorgeschichte antisozialen und delinquenten Verhaltens, antisoziale Kognitionen und Einstellungen sowie ein antisoziales Umfeld. Als wichtig erwiesen haben sich in vielen Studien darüber hinaus bei vielen Tätergruppen auch kumulierende familiäre Probleme, Probleme in Schule und Beruf, ein unstrukturiertes Freizeitverhalten und ein problematischer Umgang mit Suchtmitteln. Bei spezifischen Tätergruppen kommen weitere Faktoren hinzu, wie etwa Merkmale sexueller Devianz und die sexuelle Kriminalbiografie bei Sexualstraftätern, Suchtmittelmissbrauch bei bestimmten Gewalttätern, spezifische psychopathologische Auffälligkeiten bei psychisch gestörten Tätern und Merkmale psychopathischer Persönlichkeiten i. S. des Persönlichkeitskonstrukts der Psychopathie von Hare et al. (1990).

Zusammengefasst können Sachverständige also auf einen vergleichsweise großen empirischen Erfahrungsschatz zurückgreifen und Hinweise darüber gewinnen, ob im zu beurteilenden Einzelfall eine Häufung einschlägig bekannter Risikofaktoren vorliegt oder ob Schutzfaktoren erkennbar sind. Sie sollten sich jedoch bewusst sein, dass die empirischen Faktoren zunächst statistische Durchschnittserfahrungen widerspiegeln, die im Einzelfall nicht notwendigerweise von Belang sein müssen und die spezifischen Hintergründe und Motive der Anlass- oder Rückfalltaten nicht aus sich heraus erklären können. Sie liefern jedoch gegenüber der bloßen Basisrate von Rückfällen wichtige Präzisierungen der Ausgangswahrscheinlichkeit, auf der sich der Proband nach Maßgabe empirischen Erfahrungswissens bewegt. Schon aus diesem Grund sollte man hierauf nicht verzichten. Eine systematische und zeitökonomische Möglichkeit, die für den Einzelfall relevanten empirisch gesicherten Befunde nutzbar zu machen, bietet der Rückgriff auf standardisierte Prognoseinstrumente, die letztlich eine Aufbereitung und Zusammenstellung empirisch belegter Rückfallprädiktoren darstellen. Diese Instrumente werden im Abschnitt 25.2 über die Prognosemethoden näher beschrieben.

25.1.4.3 Lebensalter und Rückfälligkeit

Dass die Wahrscheinlichkeit für Delinquenz mit dem Lebensalter zusammenhängt und Kriminalitäts- und Rückfallrisiken in unterschiedlichen Lebensphasen variieren, gilt als einer der am besten belegten Befunde der Delinquenzforschung (Hirschi & Gottfredson, 1983). Die vielfach reproduzierte Alters-Kriminalitäts-Kurve mit ihrer charakteristischen rechtsschiefen und eingipfligen Form zeigt eine steile Zunahme krimineller Handlungen im Jugendalter mit dem Gipfel in der Altersgruppe der Heranwachsenden. Danach nimmt die Anzahl der Delikte in der beobachteten Population rasch ab; vom 35. Lebensjahr an fällt die Kurve dann flacher ab. Aus der kriminologischen Längsschnittforschung hat sich zudem ergeben, dass offenbar ein relativ kleiner Teil der Straftäter für einen überproportional großen Anteil der begangenen Straftaten verantwortlich ist (Stelly & Thomas, 2001).

Darüber hinaus haben Längsschnittuntersuchungen gezeigt, dass es offensichtlich verschiedene Entwicklungspfade und Verlaufsvarianten delinquenter Täterkarrieren gibt, z.B. Tätergruppen mit ausschließlich auf die Jugend und Adoleszenz begrenzten kriminellen Aktivitäten und solche, die ihre kriminelle Karriere im Erwachsenenalter fortsetzen und verstärken (Moffitt, 1993). Auch für das Erwachsenenalter ließen sich unterschiedliche Entwicklungsverläufe identifizieren, die zudem mögliche Wendepunkte in unterschiedlichen Lebensphasen nahelegen (z.B. Dahle, 2005a; Schneider, 2008). Aus der Erkenntnis unterschiedlicher Entwicklungsverläufe lässt sich die Vermutung ableiten, dass der Einfluss der im vorangegangenen Abschnitt besprochenen Rückfallprädiktoren möglicherweise nicht in jeder Lebensphase gleichermaßen relevant ist und zumindest einige Faktoren in Abhängigkeit von Alter und Lebensphase unterschiedlich wirken. So scheint z.B. der Zusammenhang zwischen Alter und Rückfälligkeit auch in Abhängigkeit von der Deliktgruppe zu variieren. Dahle, Janka, Gallasch-Nemitz und Lehmann (2009) konnten zeigen, dass sich die Rückfallkurve für sexuelle Missbrauchstäter im Vergleich zu sexuellen Gewalttätern ins höhere Alter verschiebt. Dieser Trend könnte u.a. durch den Faktor sexuelle Devianz erklärt werden. Vorliegende empirische Befunde zur Altersabhängigkeit von Schutz- und Rückfallprädiktoren beschränken sich derzeit jedoch überwiegend auf jüngere Altersgruppen, während für spätere Lebensabschnitte die empirische Befundlage derzeit noch defizitär ist.

25.1.4.4 Behandlungseffekte

Auch eine gezielte Straftäterbehandlung kann das Rückfallrisiko beeinflussen. Der grundsätzlich zu erwartende spezialpräventive Effekt wurde empirisch vergleichsweise umfangreich untersucht. Vorliegende Metaanalysen (Gannon, Olver, Mallion & James, 2019; Schmucker & Lösel, 2015) sprechen für moderate, aber stabile Behandlungseffekte i.S. einer durchschnittlich um rund 5% verringerten Rückfallquote behandelter Straftäter im Vergleich zu unbehandelten Tätergruppen. Dabei lässt sich die Effizienz durch die Fokussierung auf tatsächlich rückfallgefährdete Täter und durch Anwendung gezielter und auf die speziellen

Bedürfnisse und Besonderheiten der Täter abgestimmter Behandlungsprogramme aber offenbar steigern (Bonta & Andrews, 2017). Ein auch gegenüber unbehandelten Kontrollgruppen erhöhtes Rückfallrisiko zeigten hingegen diejenigen Täter, bei denen die Behandlung aus disziplinarischen oder motivationalen Gründen abgebrochen wurde (Dünkel & Geng, 2003; Olver, Stockdale & Wormith, 2011), und auch bestimmte Tätergruppen, wie z. B. die Hochrisikogruppe der bereits erwähnten Psychopathen, scheinen durch die derzeit verfügbaren Behandlungsmethoden nur schwer zu beeinflussen (z. B. Dahle & Haase, 2008), sodass gezielt Programme für diese Klientel adaptiert werden sollten (Wong & Olver, 2015).

25.2 Methodische Ansätze

Grundsätzlich lassen sich bei der Prognoseerstellung zwei methodische Zugänge unterscheiden. Nomothetische (statistische, statische, aktuarische, kriteriologische) Methoden zeichnen sich durch ihre strikte Bezugnahme auf empirische Evidenz sowie durch ein weitgehend regelgeleitetes Vorgehen aus, das die Auswahl und Erfassung der benötigten Informationen ebenso steuert wie die Verknüpfung der so gewonnenen Daten (meist) zu einem Gesamtscore, welcher mit Wahrscheinlichkeitsaussagen hinsichtlich des Kriteriums i. S. eines prognostischen Urteils in Verbindung gesetzt werden kann (Dawes, Faust & Meehl, 1989; Meehl, 1954). Idiografische (explanative) Prognosen gehen demgegenüber zwar ebenfalls nach Regeln vor (im Gegensatz zu einem bloß unstrukturiert-intuitiven, mithin unwissenschaftlichen Vorgehen), orientieren sich aber bei der Auswahl und Verknüpfung diagnostischer Daten zunächst an den jeweiligen Gegebenheiten des Einzelfalls. Es handelt sich daher eher um allgemeine Leitlinien, Prinzipien und Zielvorgaben, die den diagnostischen Beurteilungsprozess steuern und transparent machen sollen.

Neben diesen Grundvarianten existieren weitere methodische Ansätze, die sich nicht eindeutig dem nomothetischen oder idiografischen Vorgehen zuordnen lassen, sondern eine Brücke zwischen den Varianten zu schlagen versuchen. Praktisch bedeutsam sind dabei v. a. sog. Kriterienkataloge, wie z. B. die Dittmannliste (Dittmann, 2000) bzw. in der aktualisierten Form der Basler Kriterienkatalog zur Beurteilung der Legalprognose (Hachtel, Vogel & Graf, 2019), in denen oft umfangreiche Sammlungen empirisch mehr oder weniger bewährter (teilweise aber auch nur klinisch plausibler) Risiko- und Schutzmerkmale zusammengestellt wurden. Im angloamerikanischen Raum wird hier von strukturierter, professioneller Risikobeurteilung gesprochen („structured professional judgement"; SPJ). Im Unterschied zum aktuarischen Ansatz werden die Merkmale aber hier nicht zu einer quantifizierten Prognoseeinschätzung verrechnet, sondern sollen die individuelle Fallbeurteilung ergänzen und strukturieren. Ziel ist es, den Prognoseprozess darin zu unterstützen, bei der komplexen idiografischen Einschätzung keine wesentlichen Aspekte zu übersehen. Werden die in den Listen aufgeführten Kriterien zu einem Gesamtscore verdichtet (was von den Autoren oftmals ausdrücklich nicht angedacht ist), können diese Verfahren dem nomothetischen Ansatz angenähert werden (engl. „mechanical").

Die verschiedenen methodischen Wege zu wissenschaftlich begründbaren kriminalprognostischen Einschätzungen unterscheiden sich hinsichtlich ihrer erkenntnistheoretischen Zugänge und damit einhergehend hinsichtlich ihrer Standardisierung, ihrer empirischen Fundierung und ihrer Fähigkeit, fallspezifische Besonderheiten in die Beurteilung einfließen zu lassen. Damit weisen die Methoden spezifische Stärken und Schwächen auf, auf die im Folgenden näher eingegangen wird. Zuvor gibt **Abb. 25-1** aber noch einmal eine Übersicht über die methodischen Zugänge und benennt einige Beispiele spezifischer Instrumente und Methoden.

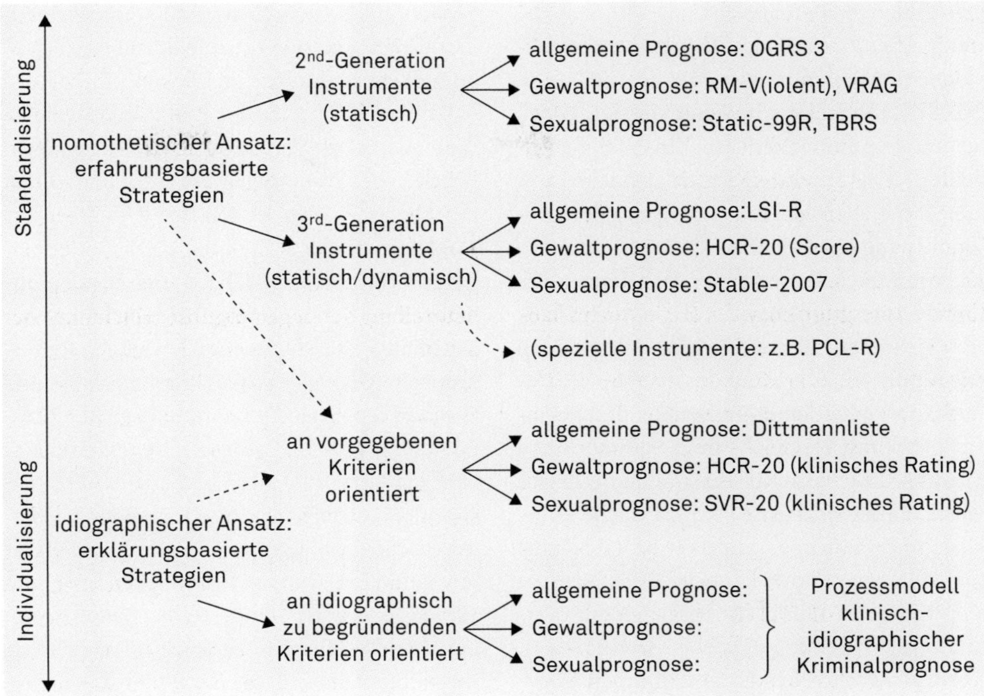

Abbildung 25-1: Methodische Strategien und Beispiele eingeführter Instrumente für die Rückfall- und Gefährlichkeitsprognose bei Rechtsbrechern.
Instrumentenbeispiele (Erläuterungen und weitere Beispiele bei Rettenberger & von Franqué, 2013):
OGRS 3: Offender Group Reconviction Scale Version 3 (NOMS, 2008; dt. Vers. Breiling et al., 2022)
RM-V: Risk-Matrix-2000 (Skala: Violence) (Thornton et al., 2003)
VRAG-R: Violence Risk Appraisal Guide – Revised (Harris et al., 2015; dt. Vers. Rettenberger et al., 2017)
RM-S: Risk-Matrix-2000 (Skala: Sexual) (Thornton et al., 2003)
Static-99R (Phenix et al., 2016)
TBRS: Tatbild-Risikoscore (Dahle et al., 2014)
LSI-R: Level of Service Inventory – Revised (Andrews & Bonta, 1995; dt. Vers. Dahle et al., 2012)
STABLE-2007 (Fernandez et al., 2014)
HCR-20: Historical-Clinical-Risk Schema-20 (Douglas et al., 2013, dt. Vers. Müller-Isberner et al., 2014)
PCL-R: Psychopathy Checklist- Revised (Hare, 2003; dt. Vers. Mokros et al., 2017)
Dittmannliste (Hachtel et al., 2019)

25.2.1 Statistisch-nomothetische Kriminalprognose

Standardisierte Prognoseinstrumente enthalten systematische, mehr oder weniger umfangreiche Zusammenstellungen personen- oder tatbezogener Merkmale, die in empirischen Untersuchungen möglichst hohe korrelative Zusammenhänge mit Rückfalldelinquenz gezeigt haben (s. Abschnitt 25.1.4). Diese Verfahren wurden oft rein kriteriumsbezogen (erneute Deliktbegehung) entwickelt und es liegt ihnen die Annahme zugrunde, dass diese Merkmale geeignet sind, für vergleichbare Personengruppen zukünftige Rückfälle vorherzusagen. Sie sind gewöhnlich hochstrukturiert, da sowohl die Auswahl der benötigten Informationen und die Art ihrer Erfassung als auch deren Verknüpfung zu einem prognostischen Urteil vorgegeben sind. Einige Verfahren basieren auf subtilen mathematischen Algorithmen, die unmittelbar zu einer Schätzung der Rückfallwahrscheinlichkeit verrechnet werden (z.B. OGRS-3). Die meisten beschränken sich jedoch auf einfache Summen der im Einzelfall festgestellten Risiko- und Schutzmerkmale (z.B. TBRS), die allenfalls nach Maßgabe der Größenordnung ihrer statistischen Zusammenhänge mit Rückfälligkeit oder nach dem individuellen Ausprägungsgrad grob gewichtet (z.B. VRAG) werden. Berechnet wird dann jedoch ein Gesamtscore, anhand dessen man die untersuchte Person einer Teilgruppe der Normstichprobe mit vergleichbarem Summenscore zuordnet. Die bekannte Rückfallquote dieser Teilstichprobe wird dann als individuelle Rückfallwahrscheinlichkeit interpretiert (absolutes Rückfallrisiko). Ferner kann das Rückfallrisiko des Probanden relativ im Vergleich zur Normierungsstichprobe angegeben werden (z.B. unterdurchschnittlich, durchschnittlich, überdurchschnittlich).

Die Instrumente lassen sich grob in drei Generationen unterteilen (Bonta & Andrews, 2017): aktuarische Kriminalprognose basierend auf statischen Faktoren (zweite Generation)[72] und aktuarische Kriminalprognose basierend (auch) auf dynamischen Faktoren (dritte Generation). Die zuerst genannten Instrumente der zweiten Generation stellen dabei einen rein statistischen Ansatz dar, fußen zumeist auf einer überschaubaren Anzahl einfacher und überwiegend statischer Merkmale – oft nur dem Alter, dem Geschlecht, der Anlasstat und einigen Merkmalen der strafrechtlichen Vorgeschichte – und sind daher mit wenig Aufwand einsetzbar. Ein Beispiel stellt die *Risk Matrix 2000* dar (RM 2000; Lehmann, Thornton, Helmus & Hanson, 2016; Thornton et al., 2003), die mit nur drei Variablen (Alter, Anzahl gewalttätiger Vordelikte und Vorgeschichte mit Einbruchdiebstahl) gewalttätige Rückfälle und mit sieben Variablen (Alter, sexuelle und anderweitige Vordelikte, männliche und fremde Opfer, Familienstatus und Sexualdelikte ohne Körperkontakt) Sexualdelikte im Rückfall einschätzen will. Trotz ihrer relativen Einfachheit erzielen die statistischen Verfahren eine teilweise recht beachtliche Vorhersagegüte, die nicht selten zwischen r = .30 und .40 liegt (Überblick bei Dahle, Schneider & Ziethen, 2007; Rettenberger & von Franqué, 2013); v.a. erreichen sie oftmals eine überraschende Differenzierung der Rückfälligkeit zwischen den jeweiligen Risikogruppen. Gemäß Harris, Rice, Quinsey und Cormier (2015) ist die Literatur bzgl. der Rückfallprädiktoren (z.B. junges Alter, Vordelikte) über die letzten 30 Jahre bemerkenswert konsistent. Sie streichen hervor, dass über die letzten Dekaden wenige neue empirische Prädiktoren gefunden wurden, und stellen hier den *Tatbild-Risikoscore* (TBRS; Dahle, Biedermann, Lehmann & Gallasch-Nemitz, 2014) als seltene Ausnahme heraus. Der Grund hierfür ist, dass der TBRS erstmalig das Tatverhalten eines Sexualstraftäters systematisch in den Fokus stellt. Er basiert auf sieben tatverhaltensbezogenen Items (z.B. Tatplanung), zeigte eine hohe prädiktive Validität in der Entwicklungs- und Kreuzvalidierungsstichprobe und war ggü. einem bestehenden Prognoseverfahren zur Vorhersage des Rückfalls mit einem Sexualdelikt (*Static-99R*) inkrementell valide.

Die konzeptuell moderneren Verfahren der „dritten Generation" basieren – außer auf empirischer Evidenz – teilweise auch auf theoretischen Modellvorstellungen über die Hintergründe von Kriminalität und Rückfall. Vor allem aber beziehen sie neben statischen auch dynamische Rückfallprädiktoren ein. Hanson und Harris (2000) unterscheiden hier zwischen stabil-dynamischen Risikofaktoren, welche relativ überdauernde Problembereiche einschließen (wie z.B. kriminogene Einstellungen, psychopathologische Aspekte) und akut-dynamischen Risikofaktoren, welche schnell veränderbare Problemlagen erfassen, die ein unmittelbar bestehendes Rückfallrisiko indizieren (wie z.B. Intoxikation, emotionaler Zusam-

72 Als erste Generation werden frühe intuitive Ansätze bezeichnet.

menbruch). Während stabil-dynamische Prognoseinstrumente v. a. geeignet sind, das Risiko über einen mittleren Zeitraum zu überwachen (z. B. im Behandlungskontext), eignen sich akut-dynamische Prognoseinstrumente v. a. für Hochrisikozeiträume (z. B. im „risk management"). Durch den Einbezug dynamischer Faktoren steigen die Anforderungen an die Datenbasis und an die Qualifikation der anwendenden Person beträchtlich; erforderlich sind zum einen eine sorgfältige multimethodale Untersuchung des Probanden und zum anderen eine fundierte psychodiagnostische Ausbildung mit spezifischer Einarbeitung in das jeweilige Verfahren. Auf internationaler Ebene bilden diese Instrumente seit Jahren den Schwerpunkt methodischer Entwicklungen zur Kriminalprognose; entsprechend vielfältig ist die Auswahl der mittlerweile zur Verfügung stehenden Verfahren. Es existieren Instrumente zum sog. „risk/needs assessment", die neben der prognostischen Risikoeinschätzung („risk") auch inhaltliche Ansatzpunkte für spezialpräventive Behandlungsmaßnahmen („needs") identifizieren, sowie Instrumente für verschiedene Populationen, wie spezielle Instrumente zur Gewaltrückfallprognose, zur Vorhersage von Rückfällen bei Sexualdelinquenz, Verfahren speziell für jugendliche Rechtsbrecher und vieles mehr (s. a. **Abb. 25-1**). Auch im Hinblick auf stabil-dynamische Risikofaktoren wurden unlängst Ansätze entwickelt, um anhand des Tatverhaltens von Sexualstraftätern überdauernde psychologisch-bedeutsame Risikofaktoren zu identifizieren (z. B. Lehmann, Dahle & Schmidt, 2018; Lehmann, Goodwill, Hanson & Dahle, 2014).

Ein bekannter Vertreter der Risk-Needs-Assessment-Verfahren ist das *Level of Service Inventory-Revised* (LSI-R; Andrews & Bonta, 1995), das sich in vielen Untersuchungen als valides Verfahren gezeigt hat. Es wurde an unselektierten Strafgefangenenpopulationen entwickelt, basiert auf einer kognitivbehavioralen Theorie kriminellen Verhaltens und wurde in mittlerweile mehreren Metaanalysen als vorhersagestarker Prädiktor identifiziert (z. B. Olver et al., 2014; Wooditch, Tang & Taxman, 2013). Das LSI-R besteht aus 54 Items, die potenziellen Risikobereichen – darunter den Central Eight (s. Abschnitt 25.1.4.2) – zugeordnet sind (strafrechtliche Vorgeschichte, Leistung und Leistungsmotivation, Finanzen, Familie, Wohnen, Freizeit, soziale Einbettung, Suchtmittel, psychische Probleme und Einstellungen). Die Codierung erfolgt bei statischen Variablen dichotom, bei den meisten dynamischen Faktoren auf einer vierstufigen Ratingskala. Die einzelnen Werte können bereichsspezifisch und zu einem Gesamtscore verrechnet werden, der die allgemeine Tendenz des Probanden zum (strafrechtsbedeutsamen) Normübertritt erfassen soll. Für das Verfahren liegt mittlerweile eine ins Deutsche übersetzte und adaptierte Version mit eigener deutscher Normierung vor (Dahle, Harwardt & Schneider-Njepel, 2012).

Trotz ungleich komplexeren Aufwands zeigen die Instrumente der dritten Generation gegenüber den rein statistischen Verfahren in Validierungsstudien jedoch kaum oder nur geringfügig höhere prognostische Gütewerte. Auch sie liegen meist in Größenordnungen zwischen r = .30 und .40 bzw. zwischen AUC[73] = .67

73 AUC: „area under curve"; ein mittlerweile bei Prognoseinstrumenten gebräuchliches Flächenmaß aus der ROC-Analyse, das den Zugewinn korrekt identifizierter Rückfälle („valide Positive") gegenüber dem Zufall über den gesamten Messbereich einer (Prognose-)Skala ausdrückt. Es ist unabhängig von der Basisrate und kann theoretisch zwischen 0 und 1, praktisch jedoch eher zwischen .5 und 1, variieren, wobei ein Wert um .5 einer Zufallszuordnung entspricht (auf jeden valide Positiven kommt statistisch ein falsch Positiver). Er lässt sich interpretieren als diejenige Wahrscheinlichkeit, dass eine zufällig ausgewählte rückfällige Person auf der analysierten Skala einen höheren Wert aufweist als eine zufällig ausgewählte nicht rückfällige Person. Werte von AUC > .70 gelten nach allgemeinen Standards für Prognoseinstrumente als gute Werte, Werte zwischen .65 und .70 noch als moderat.

und .75 (vgl. Dahle et al., 2012). Studien zeigten allerdings auch, dass die Instrumente der zweiten und dritten Generation zwar vergleichbare Größenordnungen der Gütewerte ihrer Prognosen ergaben, gleichwohl aber offenbar unterschiedliche Beiträge zur Prognose liefern. Regressionsanalytisch ergaben die komplexen Verfahren in Ergänzung zu den rein statistischen Prognosen jedenfalls oft einen messbaren Zugewinn an Prognosegüte (Dahle, Schneider & Ziethen, 2008). Dieser Zugewinn kann dadurch erklärt werden, dass zusätzliche risikorelevante Konstrukte oder Konstrukte, die zwar auch durch die statistischen Verfahren mit abgedeckt sind, durch die komplexen Instrumente besser erfasst werden. Mann et al. (2010) argumentieren deshalb dafür, insgesamt von risikorelevanten Konstrukten zu sprechen, welche mithilfe von statischen und dynamischen Verfahren erfasst werden können.

Bewertet man die nomothetischen Prognosemethoden zusammenfassend, so liegen Vorteile zunächst in ihrer Standardisierung, die eine hohe Objektivität und somit Schutz vor menschlichen Urteilsfehlern verspricht. Die Beurteilungen werden zudem transparent und überprüfbar, und es liegen Erfahrungswerte ihrer Zuverlässigkeit vor. In die Beurteilung fließt ferner systematisch empirisch gesichertes Wissen über Rückfälligkeit und Einflussfaktoren ein, und nicht zuletzt besteht die Möglichkeit, auch die Irrtumswahrscheinlichkeit der Prognose abzuschätzen. Ein weiterer Vorteil ist, dass es in den letzten Jahren eine wichtige Entwicklung für die praktische Anwendung der Verfahren im Hinblick auf die Kommunikation des Rückfallrisikos gab. So kann der Gesamtwert vieler Verfahren mit verschiedenen empirisch abgeleiteten Schätzungen des Rückfallrisikos in Bezug gesetzt werden. Im Gegensatz zu SPJ-Verfahren, deren Gesamturteil nur aus einer nominalen Einschätzung besteht (z. B. gering, mittel hoch), können hier verschiedene quantitative (absolute und relative) Risikoformate hinzugezogen werden (Lehmann, Fernandez & Helmus, 2016). Dies sind viele Gründe, die Verfahren im Rahmen prognostischer Beurteilungen zu nutzen.

Der nomothetische Ansatz weist jedoch auch – letztlich methodenimmanente – Schwächen auf. Ein zentrales statistisches Problem ist z. B. der Umstand, dass die auf Summenbildung multipler Risikofaktoren fußenden Schätzwerte bei hinreichend großen Fallzahlen dazu tendieren, die Form einer Normalverteilung anzunehmen (vgl. Dahle, 2005b). Ein recht großer Anteil von Probanden erzielt somit einen mittleren Gesamtwert mit entsprechend „durchschnittlicher" Rückfallprognose („Mittelfeldproblem"). So besteht bei Anwendung der Verfahren eine hohe Grundwahrscheinlichkeit, dass der gegenüber der Kenntnis der bloßen Basisrate erzielbare Erkenntniszuwachs gering sein wird. Trotzdem ist es insgesamt von Vorteil, auch eine durchschnittliche Rückfallgefahr valide einschätzen und kommunizieren zu können. Eindeutige Prognosen sind gleichwohl nur in den eher seltenen Fällen ausgeprägt niedriger oder hoher Gesamtscores möglich (Mittelfeldproblem). Ein weiteres wichtiges Problem besteht darin, dass auch die modernen Instrumente der dritten Generation trotz Berücksichtigung dynamischer Faktoren den statischen Bereich der Vorgeschichte stark gewichten, weil aus der empirischen Optik der Verfahren der stärkste Prädiktor zukünftigen Verhaltens eben das vergangene Verhalten ist. Im LSI-R betreffen z. B. 10 der 54 ltems die strafrechtliche Vorgeschichte. Personen mit einer entsprechend belasteten Biografie haben somit wenig Chancen, mit diesen Instrumenten je eine günstige Prognose zu erzielen; bei optimaler Entwicklung gelangen sie allenfalls in mittlere Bereiche. Bei Fragestellungen nach der nachhaltigen Änderung einer ehedem ausgeprägt ungünstigen Prognose – wie sie sich z. B. regelhaft bei der Frage nach der Aussetzbarkeit einer Sicherungsverwahrung stellt – stoßen aktuarische Instrumente daher an Grenzen. Sie sind auch hier prinzipiell anwendbar, bedürfen dann aber einer sorgfältig modifizierten Interpretation der Ergebnisse unter Abwägung statischer und dynamischer Faktoren und verlieren insoweit etwas von ihrem Charme einer streng regelgeleiteten Methodik. Die blind schematische Feststellung eines nunmehr durchschnittlichen Rückfallrisikos wird die Gerichte bei dieser potenziell hochgefährlichen Klientel indessen kaum veranlassen, eine Bewährungsentlassung zu verantworten.

Eine wichtige Begrenzung liegt weiterhin im nomothetischen – auf empirischem Erfahrungswissen fußenden – Ansatz standardisierter Prognosemethoden selbst begründet. Ihre Legitimität liegt in ihren empirischen Belegen, ihre Methodik fußt auf dem gruppenstatistischen Durchschnittszusammenhang zwischen Risiko- oder Schutzmerkmal und dem Rückfallrisiko. Auf den Einzelfall bezogen bedeutet dies, dass die Zuverlässigkeit davon abhängt, wie gut der Einzelfall in den Studien repräsentiert ist. In der Regel wird man eine hinreichende Repräsentativität unterstellen können; in seltenen Einzelfällen mit hochgradigen Besonderheiten mögen sich Zweifel einstellen. Insbesondere aber in spezifischen Anwendungskontexten, wie z.B. bei der erwähnten Begutachtung von Sicherungsverwahrten zur Entlassbarkeit, bestehen Grenzen. Menschen an der Grenze zur siebten Lebensdekade nach durchschnittlich mehr als 17 Jahren ununterbrochener Haft und mit mehr als die Hälfte des Lebens Hafterfahrung sind vermutlich in den üblichen Validierungsstudien von Prognoseinstrumenten nicht sehr oft vertreten.

Die wichtigste Begrenzung statistisch-aktuarischer Prognosemethoden besteht allerdings darin, dass zumindest hierzulande eine allein hierauf basierende Einschätzung den rechtlichen Vorgaben nicht genügt. Wie eingangs erörtert, müssen Kriminalprognosen auf die Besonderheiten des jeweiligen Einzelfalls zugeschnitten sein und ein individuelles Erklärungsmodell der Straffälligkeit der untersuchten Person bieten. Diesem Anspruch können Methoden, die genuin auf Durchschnittszusammenhänge bauen, nicht gerecht werden.

25.2.2 Klinisch-idiografische Kriminalprognose

Der klinisch-idiografische Prognoseansatz orientiert sich zunächst nicht an Empirie und statistischen Zusammenhängen, sondern versucht, aus der sorgfältigen Rekonstruktion der Entwicklungen des Einzelfalls die im vorliegenden Fall relevanten Zusammenhänge zu ergründen. Vom Grundsatz her wird damit zunächst der rechtlichen Forderung nach einer streng auf dem Einzelfall und seinen Besonderheiten fußenden Beurteilung Rechnung getragen. Da der Ansatz einen von vornherein feststehenden von außen an den Fall herangetragenen Katalog an Beurteilungskriterien ausschließt, ist es das Ziel idiografischer Methoden, Modelle und Strategien zu beschreiben, die (1.) den erforderlichen Urteilsbildungsprozess steuern und damit transparenter gestalten, die (2.) gewährleisten, dass die rechtlich gebotenen inhaltlichen Grundlagen systematisch in die Beurteilung einfließen, und die schließlich (3.) Möglichkeiten bereithalten, die Qualität und Vollständigkeit der Prognose zu kontrollieren.

Ältere Konzepte beschränkten sich in ihren methodischen Handreichungen allerdings weitgehend auf die Benennung von Themenbereichen, mit denen sich der Prognostiker bei der Fallbeurteilung auseinandersetzen sollte; diese Themen sind mittlerweile in die eingangs skizzierte Rechtsprechung über die inhaltlichen Anforderungen an Kriminalprognosen eingeflossen. Der lange Zeit wohl verbreitetste Ansatz war das Modell der „Dimensionen der klinischen Prognose kriminellen Verhaltens“ von Rasch (1986), das die Prognosefrage in vier Teilaspekte zerlegt, die der Prognostiker in jedem Einzelfall berücksichtigen soll. Hierbei handelt es sich um Analysen (1.) der bekannten Kriminalität und der Auslösetat(en), (2.) des aktuellen Persönlichkeitsquerschnitts und ggf. des aktuellen Krankheitszustandes, (3.) der Zwischenanamnese bzw. der Entwicklung während des Freiheitsentzuges sowie (4.) der Zukunftsperspektiven und Außenorientierungen der untersuchten Person. Ein ähnliches Konzept hat zeitgleich Nedopil (1986) auf der Grundlage von Expertenbefragungen entwickelt; die vier Teilaspekte heißen hier: Ausgangsdelikt, prädeliktische Persönlichkeit, postdeliktische Persönlichkeitsentwicklung und sozialer Empfangsraum. Beide Autoren haben ihren Dimensionen jeweils eine Anzahl von Merkmalen zugeordnet, die für eine eher günstige oder eher ungünstige Prognose sprechen sollen; beide Autoren betonen aber, dass es hierbei nur um Konkretisierungen und nicht um den Versuch einer systematischen Checkliste geht. Kernanliegen war es vielmehr, durch die Untergliederung der prognostischen Globalfrage in weitgehend abgrenzbare Teilschritte den erforderlichen Beurteilungsprozess handhabbarer, übersichtlicher und damit transparenter zu gestalten und eine gewisse Mindestbreite an Themenbereichen als Beurteilungsgrundlage zu gewährleisten. Allerdings bleibt das Ausmaß methodischer Orientierungshilfen begrenzt. Als fehlerhaft bzw. ungenügend wären letztlich nur solche Prognosen anzusehen, die bei der Befunderhebung einen der geforderten Bereiche gänzlich aussparen. Unbefriedigend ist es zudem, dass die einzelnen Dimensionen weitgehend unverbunden nebeneinanderstehen und weder methodische noch inhaltliche noch theoretische Bezüge zueinander aufweisen. Die Art ihrer Verknüpfung innerhalb des prognostischen Urteilsbildungsprozesses und der Weg zu einer abschließenden Gesamtbeurteilung bleiben also offen. Empirische Studien, die gleichwohl die Güte der mittels des dimensional-idiografischen Ansatzes erstellten Prognosen untersucht hätten, liegen indessen bislang nicht vor.

Auf seiner Grundlage wurde jedoch das allgemeine Prozessmodell klinisch-idiografischer Urteilsbildung entwickelt (Dahle, 1997, 2005b), das den Anspruch erhebt, bei der idiografischen Beurteilung der individuellen Rückfallwahrscheinlichkeit von Rechtsbrechern ein allgemeines (also nicht auf bestimmte Tätergruppen beschränktes) Vorgehen zu beschreiben. Es versucht, die skizzierten Grenzen der dimensionalen Modelle dadurch zu überwinden, dass es eine logisch stringente Abfolge diagnostischer Teilaufgaben formuliert, die Bezüge zwischen den einzelnen Teilschritten beschreibt und eine abschließende Verknüpfung und Synthese der Befunde der einzelnen Teilschritte vornimmt.

Auch das Prozessmodell enthält die vier Teilschritte des dimensionalen Ansatzes, ordnet sie jedoch zunächst in eine andere Abfolge. Erste und zentrale Aufgabe des Sachverständigen ist demnach die genaue und mehrdimensionale Rekonstruktion der biografischen und delinquenten Entwicklung des Täters. Es geht also darum, auf der Grundlage umfangreichen Aktenwissens und ergänzt durch die biografischen Angaben des Probanden seine Persönlichkeitsentwicklung in ihren jeweiligen psychosozialen Bezügen herauszuarbeiten und hierbei die Entwicklung seiner spezifischen Verhaltensmuster, Denkgewohnheiten, Handlungskompetenzen und -defizite sowie überdauernden Bedürfnisse zu erkennen, die Entwicklung etwaiger psychischer Störungen und anderer relevanter Krankheiten nachzuzeichnen und – v.a. – seine strafrechtliche Vorgeschichte in ihrer jeweiligen soziobiografischen, lebensphasischen und situativen Einbettung zu rekonstruieren und zu verstehen – oder genauer: psychologisch zu erklären. Auf dieser Grundlage und der genauen Kenntnis der Lebenssituation des Täters im Tatzeitraum sowie der spezifischen Situation zum Tatzeitpunkt lässt sich die Genese eines Tatentschlusses und der Hergang der Anlasstat(en) analysieren, um ihn hinsichtlich seiner Dynamik und Ursachen aufzuklären. Aufgabe ist es dabei, auf den Einzelfall zugeschnittene individuelle Hypothesen über die Ursachen der delinquenten Entwicklung zu begründen und auf die Anlasstat zu beziehen und diese Hypothesen auf ein möglichst breites Fundament belegbarer Fakten aus der Biografie und aus den Kenntnissen über Tatgenese und Tatablauf zu stützen. Es handelt sich mithin um die maßgeschneiderte Begründung einer kriminalpsychologischen Individualtheorie dieses Täters und seiner Tat(en), aus der sich dann seine spezifischen personalen Merkmale herausarbeiten lassen, die für das Geschehen bedeutsam waren (also seiner „in der Tat zutage getretenen Gefährlichkeit" entsprechend § 454 Abs. 2 StPO), sowie die situativen Rahmenbedingungen, die diese Merkmale in der Anlasstat sich entfalten ließen.

Die Aufgabe stellt erhebliche Anforderungen an die Sachverständigen, die sich nicht einfach an vorgegebenen Kriterien abarbeiten können (wie im nomothetischen oder im SPJ-Ansatz), sondern die für den Einzelfall relevanten Bezüge erst individuell erkennen, herausarbeiten und integrieren müssen. Zur Kontrolle, ob man sich bei dieser komplexen Aufgabe nicht einseitig auf bestimmte Hypothesen konzentriert und dabei Wesentliches aus dem Auge verloren hat, lassen sich allerdings Hilfsmittel heranziehen. Bereits an früherer Stelle wurde darauf hingewiesen, dass die komplexen Prognoseinstrumente der dritten Generation nicht nur bloße numerische Einschätzungen liefern, sondern potenziell bedeutsame Risikomerkmale benennen, die empirisch belegt mit Rückfälligkeit zusammenhängen können und zudem oft theoretisch fundiert sind. Zur Prüfung der Vollständigkeit des individuellen Erklärungsmodells lassen sich die im vorliegenden Fall relevanten Faktoren somit durchaus heranziehen; freilich sind sie im Kontext der idiografischen Fallbeurteilung dann hinsichtlich ihrer tatsächlichen individuellen kriminogenen Bedeutung einzeln zu hinterfragen und aufzuklären. Zum gleichen Zweck lassen sich auch die eingangs erwähnten Checklisten heranziehen, auch wenn sie als eigenständige Prognosemethode keine hinreichende empirische Grundlage haben. Als Erfahrungssammlung lassen sie sich zu Kontrollzwecken allemal nutzen. In diesem Sinne ist der aktuarische Ansatz also durchaus in die idiografische Fallbearbeitung integrierbar; er stellt hier allerdings nicht den Ausgangspunkt einer quantitativen Beurteilung dar, sondern dient im Verlauf und am Ende einer qualitativ-erklärenden Einschätzung vielmehr ihrer Qualitätskontrolle. Keinesfalls sollte man bei der Erklärung des Anlassgeschehens wesentliche Einflüsse unberücksichtigt lassen, die man hätte sehen können, wenn man hingesehen hätte. Der Kontrollschritt stellt also sicher, dass die berücksichtigten Merkmale nicht hinter empirisch Bekanntem zurückstehen.

Aber nicht nur die Vollständigkeit, auch die Güte des Erklärungsmodells lässt sich überprüfen. Letztlich handelt es sich bei der ersten diagnostischen Aufgabe um die Generierung einer auf den Einzelfall bezogenen, die Anlasstat erklärenden Handlungstheorie. Um wissenschaftlichen Standards zu genügen, muss sie sich also an Gütekriterien messen lassen, an denen Theorien auch sonst gemessen werden (vgl. Gadenne, 1994). Zu prüfen ist, inwieweit sie das Anlassgeschehen tatsächlich hinreichend erklärt (Erschöpfungsgrad), inwieweit sie in sich selbst und im Verhältnis zu bewährten Theorien und empirischen Erfahrungen kompatibel ist (Widerspruchsfreiheit), auf ein einheitliches Begriffssystem Bezug nimmt (semantische Konsistenz) und, v.a., ob sie auf einer hinreichenden Grundlage belegbarer Fakten beruht oder inwieweit nicht belegte oder nicht belegbare Vorannahmen eingehen – nicht jede Tötung eines weiblichen Opfers durch einen männlichen Täter ist sinnvoll als „symbolischer Muttermord" zu interpretieren (Einfachheit).

Die Anforderungen insbesondere an den ersten Teilschritt der idiografischen Urteilsbildung sind komplex und mithin fehleranfällig, insbesondere im Hinblick auf Risiken des Übersehens relevanter Einflussfaktoren und der Konstruktion vorschneller, mit der diagnostischen Datenlage wenig belegbarer und/oder mit empirischer Erfahrung oder theoretisch wenig kompatibler Erklärungsmodelle. Die Kontrollschritte sollen diese Fehlerrisiken minimieren helfen. Das Prinzip entspricht dem Grundgedanken des „Swiss cheese model" der Risikominimierung menschlicher Fehler (Reason, 1990). Dieses geht davon aus, dass menschliche Entscheidungen in komplexen Zusammenhängen fehleranfällig und Unzulänglichkeiten letztlich unvermeidbar sind. Die Idee besteht darin, zwischen einer fehleranfälligen Entscheidung (hier also im ersten Kontrollschritt z. B. die Frage, ob alle relevanten Einflussfaktoren hinlänglich erkannt wurden) und den Konsequenzen (hier also eine Prognoseeinschätzung auf möglicherweise unvollständiger Grundlage) Sicherheitsebenen einzubauen, die ihrerseits einzeln unvollkommen sind („Löcher im Schweizer Käse", hier also die Feststellung, dass weder einzelne Instrumente noch Checklisten einen vollständigen Katalog aller potenziellen Risikofaktoren bieten), aber in ihrer seriellen Verknüpfung (mehrere Scheiben hintereinanderliegend) die Risiken minimieren können (das Risiko, dass bei mehreren Scheiben Löcher von der ersten bis zur letzten Schicht aufeinander treffen, wird mit jeder Scheibe kleiner).

Auf der Grundlage der individuellen Kriminaltheorie umfasst der zweite Teilschritt die Analyse der Entwicklungen des Täters seit der Anlasstat im Hinblick auf die im ersten Schritt herausgearbeiteten individuellen Risikodispositionen. Der Fokus liegt also auf der Frage nach der grundsätzlichen Veränderbarkeit der Person im Hinblick auf ihre spezifischen Risikopotenziale und ergänzend der Entwicklung etwaiger kompensatorischer Schutzfaktoren. Inhaltlich im Vordergrund stehen die Suche nach belastbaren Hinweisen für etwaige Entwicklungen sowie Fragen nach den wahrscheinlichen Ursachen dieser Veränderungen (alters oder erfahrungsbedingte Reifung? Therapieeffekte? Anpassungseffekte an äußere Erwartungen? Einsicht durch Lebensbilanz? usw.), ihrer Entwicklungsdynamik und ihrer Nachhaltigkeit. Die Grundlage hierfür bilden wiederum v. a. Aktenunterlagen (Haft- oder Klinikakten) sowie ergänzend die Angaben des Probanden und ggf. relevanter Drittpersonen (z. B. Therapeutin oder Betreuer). Auch hier besteht das Ziel also letztlich in der Begründung einer Individualtheorie, genauer: einer individuellen Entwicklungstheorie der Persönlichkeit des Täters im Hinblick auf ihre spezifischen kriminogenen Risikodispositionen, wobei es sich letztlich um die Fortschreibung der bereits im ersten Teilschritt entwickelten Verständniszusammenhänge handelt. Mithin muss sich auch diese Theorie an den allgemeinen Gütekriterien einer Theorie messen lassen. Weiterhin lassen sich zur Prüfung der Vollständigkeit dieser Aufgabe wiederum standardisierte Instrumente und Checklisten heranziehen. Sachverständige sollten sich aber davor hüten, hierbei jedwede feststellbare vermeintlich günstige Veränderung vorschnell auf die Legalprognose zu beziehen. Von Relevanz sind belegbare Veränderungen der individuellen Risikopotenziale sowie Fortschritte beim Aufbau möglicher Schutzfaktoren, von denen man begründet einen kompensatorischen Schutzeffekt erwarten kann (unter der Voraussetzung hinreichender Legalmotivation z. B. ein gewisses kognitives Verständnis des Probanden von der eigenen Risikodisposition).

Auf der Basis der individuellen Kriminaltheorie und einer fundierten Vorstellung von der Entwicklungsdynamik der relevanten personalen Risikofaktoren und potenzieller Schutzfaktoren lässt sich im dritten Schritt nach deren gegenwärtigem Status quo fragen. Es handelt sich um eine klassische psychodiagnostische Querschnittsdiagnostik; das methodische Vorgehen entspricht daher allgemeinen diagnostischen Standards. Festgestellt werden soll der aktuelle Entwicklungsstand der Person im Hinblick auf ihre spezifischen Risikopotenziale, wobei ihre Fortschritte den noch vorhandenen Defiziten gegenübergestellt werden. Unter Bezugnahme auf die im ersten Schritt festgestellten situativen Rahmenbedingungen, die bei den bisherigen Taten die Risikodispositionen entfalten ließen, lassen sich dann mögliche hypothetische Rahmenbedingungen („Szenarien") konkretisieren, unter denen eine vergleichbare Handlungsdynamik und entsprechende Wiederholungstaten zu befürchten wären. Hierfür bietet es sich an, „Worst-case"- und „Best-case"-Szenarien zu entwickeln, bei denen man eine Entfaltung der noch feststellbaren Restrisiken befürchten bzw. einen Schutz vor ihrer Entfaltung erhoffen würde. Hierbei ist man nicht blind, da man die bisherigen situativen und lebensspezifischen Rahmenbedingungen, unter denen sich die Risikopotenziale bislang entfaltet haben, ja kennt. Ziel des dritten Teilschritts ist also die Identifikation und Explizierung potenzieller situativer Risikokonstellationen, z.B. in Form entsprechender Wenn-dann-Aussagen.

Die vierte und letzte Teilaufgabe besteht schließlich darin, die Wahrscheinlichkeit des zukünftigen Eintreffens dieser Risikokonstellationen sowie das wahrscheinlichste Szenario einzuschätzen und die Möglichkeiten eines Risikomanagements zu erkunden, das geeignet wäre, ungünstigen Entwicklungen wirksam vorzubeugen oder sie zumindest frühzeitig zu erkennen. Grundlage hierfür ist die sorgfältige Aufklärung der künftigen Lebensperspektiven des Untersuchten, seine wahrscheinliche berufliche Einbindung, seine finanzielle, soziale und partnerschaftliche Situation, seine Freizeitvorlieben, aber auch seine subjektiven Bedürfnisse, Wünsche, Zukunftsvorstellungen im jeweiligen Abgleich mit seinem Anspruchsniveau. Auch zu diesem Zweck halten einige Standardinstrumente, Checklisten oder Manuale zum Risikomanagement Hilfestellungen zur Prüfung der Vollständigkeit dieser Teilaufgabe bereit. Aber auch hier gilt es, die spezifischen Risikokonstellationen im individuellen Fall aufmerksam abzuschätzen; nicht in jedem Fall muss eine absehbar problemlose soziale und berufliche Einbettung prognostisch von Belang sein.

Zusammenfassend besteht die Kriminalprognose nach dem skizzierten idiografischen Urteilsbildungsmodell also in der Fortschreibung der individuellen Delinquenztheorie des Täters (1. Schritt) nach den Prinzipien der spezifischen Entwicklungsdynamik seiner Persönlichkeit (1. und 2. Schritt) bei Zugrundelegung seines aktuell erreichten Entwicklungsstandes (3. Schritt) unter Annahme wahrscheinlicher zukünftiger situationeller Rahmenbedingungen (4. Schritt). **Abbildung 25-2** veranschaulicht das Vorgehen noch einmal. Das Modell erfüllt die rechtlichen Vorgaben an die einzubeziehenden Inhalte und an den Individualisierungsgrad der Beurteilung ebenso wie die in den Mindestanforderungen für Prognosegutachten formulierten Kriterien für die Informationsgewinnung und -bewertung, jedenfalls solange allgemeine Kriterien eingehalten werden (z.B. die Orientierung an eingeführten Diagnosesystemen bei klinisch-diagnostischen Bewertungen). Es ermöglicht eine weitgehend transparente Praxisanwendung (Dauer & Ullmann, 2003), wurde von der Rechtsprechung akzeptiert (z.B. KG Berlin- 5 Ws 672/98) und wird nicht zuletzt auch in den eingangs erwähnten Empfehlungen für Prognosegutachten berücksichtigt (Boetticher et al., 2019; Kröber et al., 2019).

Bisherige empirische Erprobungen des idiografischen Prozessmodells ergaben bei einer unselektierten Strafgefangenenstichprobe aus dem Berliner Männervollzug, bei einer Risikostichprobe männlicher erwachsener Gewalt- und Sexualstraftäter und einer Risikostichprobe von Gewalttätern im Jugendstrafvollzug vergleichsweise gute prognostische Gütewerte, die der Validität nomothetischer Instrumente durchgängig überlegen waren. Vor allem aber zeigte das Modell ausnahmslos inkrementelle Validität in Ergänzung zu den standardisierten Verfahren (Dahle, 2005b; Dahle & Lehmann, 2018; Dahle, Schneider & Ziethen, 2008). Dabei ist allerdings festzuhalten, dass die methodischen Einschätzungen nicht unabhängig voneinander erfolgten. Im Gegenteil trafen die Prognostikerinnen und Prognostiker der Studie ihre idiografischen Beurteilungen in dezidierter Kenntnis der Ergebnisse, die zuvor mithilfe standardisierter Verfahren erzielt worden waren. Damit wollte man nicht nur der Frage nachgehen, ob die aufwendige Einzelfallbeurteilung gegenüber einfacheren Standardprozeduren tatsächlich einen Gewinn an Prognosezuverlässigkeit ergibt. Es ging auch darum, die skizzierten Kontrollprozeduren zu integrieren, die ein gewisses Maß an standardisierter Beurteilungsgrundlage in einen eigentlich originär idiografischen Urteilsbildungsprozess einführen und damit ihre größten methodenimmanenten Schwächen – die aus der Orientierung an individuellen Besonderheiten erwachsenden Freiheitsgrade für die urteilende Person (vgl. Thalmann, 2002) im Verbund mit der menschlichen Fehleranfälligkeit bei komplexen Anforderungen – auf ein Minimum zu reduzieren.

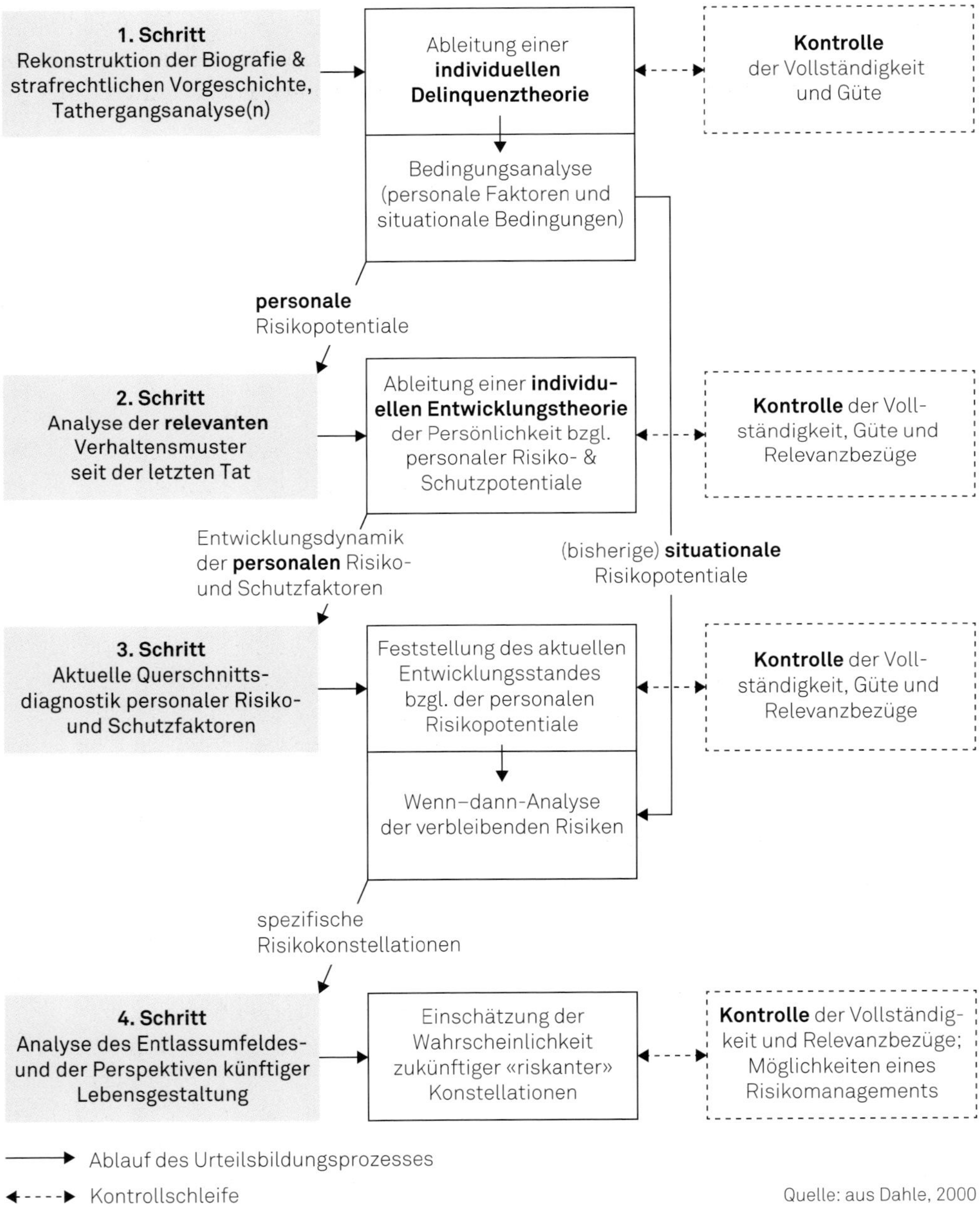

Abbildung 25-2: Prozessmodell der Urteilsbildung idiografischer Rückfall- und Gefährlichkeitsprognosen.

25.3 Integration nomothetischer und idiografischer Prognosen

Da sowohl der nomothetische als auch der idiografische Ansatz spezifische Vorzüge und Grenzen aufweisen, ist es sinnvoll, beide methodische Zugänge bei einer Kriminalprognosebegutachtung zu nutzen und ihre jeweiligen Ergebnisse abschließend zu integrieren. Hierzu ist es aus mehreren Gründen sinnvoll, mit den standardisierten Methoden zu beginnen (zur Auswahl und Verknüpfung mehrerer Instrumente s. Dahle, 2013). Zunächst bieten zumindest die Prognoseinstrumente der dritten Generation ja ein inhaltliches Risikoprofil des Probanden, das, wie beschrieben, bei der idiografischen Fallbearbeitung zu Kontrollzwecken genutzt werden kann: Wenn die Instrumente den Probanden auf einer Anzahl von Risiko- und Schutzmerkmalen als auffällig beschreiben und diese Merkmale empirisch gesichert – manchmal auch theoretisch begründet – mit den Rückfallrisiken zusammenhängen, lohnt es sich allemal, genauer hinzusehen und zu prüfen, ob und welche Bedeutung sie jeweils im Kontext der individuellen Delinquenztheorie aufweisen. Ein weiterer Grund besteht darin, dass die Instrumente eine fundierte Vorstellung von der Größenordnung der Wahrscheinlichkeitsverhältnisse zukünftiger Rückfallereignisse bei vergleichbarer Fallkonstellation bieten. Sie liefern somit für die Einzelfallanalyse eine Ausgangswahrscheinlichkeit, auf der sich der Proband nach Maßgabe der Empirie im Durchschnittsfall bewegt. Dies ist deshalb von besonderer Bedeutung, als es mit idiografischer Methodik zwar potenziell möglich ist, spezifischer die Besonderheiten des Einzelfalls herauszuarbeiten, als es Standardprozeduren zu leisten vermögen. Ohne Rückgriff auf Erfahrungswissen ist es auf rein idiografischem Weg aber nicht möglich, auf die Wahrscheinlichkeit zukünftiger Ereignisse zu schließen. Hier bietet der idiografische Befund aber die Möglichkeit einzuschätzen, ob die nomothetische Prognose den vorliegenden Fall möglicherweise unterschätzt (z. B. weil die Risikopotenziale im vorliegenden Fall hochspezifisch waren und noch vorliegen) oder überschätzt (z. B. weil ungewöhnliche, aber individuell hochbedeutsame Schutzfaktoren erkennbar sind) oder vermutlich eine gute Schätzung bietet (weil die individuell herausgearbeiteten Risikopotenziale und Schutzfaktoren in den Instrumenten gut repräsentiert sind).

Bei der abschließenden Integration kommt es zunächst darauf an, ob die mit unterschiedlicher Methodik vorgenommenen Einschätzungen zu vergleichbaren Ergebnissen kommen. Ist dies der Fall, handelt es sich vermutlich um eine hinreichend fundierte Prognose, die auf zweierlei methodischen Wegen gewonnen wurde. Bei diskrepanten Ergebnissen gilt es, die Diskrepanz aufzuklären und die Unterschiede gegenüberzustellen. Bei einem nomothetischen Befund klar über- oder unterdurchschnittlicher Risiken erfordert ein hiervon abweichendes integratives Ergebnis sehr gute Gründe. Letztlich bedeutet dies ja, dass es spezifische Besonderheiten dafür geben muss, dass im vorliegenden Fall empirische Evidenz nicht greift. Hierfür mag es triviale Gründe geben, wenn z. B. körperliche oder medizinische Einschränkungen Rückfälle erneuter Taten aus dem Delinquenzmuster des Probanden verhindern. In allen anderen Fällen bedeutet eine abweichende integrative Beurteilung indessen, dass es Gründe dafür geben muss, die Repräsentativität des nomothetischen Ansatzes für den Fall anzuzweifeln. Es muss sich also aus der (gut begründeten) individuellen Delinquenztheorie eine ungewöhnliche Konstellation hochspezifischer Faktoren ergeben, die die Delinquenz des Probanden begründen und in Instrumenten mithin nicht abgebildet werden (z. B. ein im höheren Lebensalter ereiltes kritisches Lebensereignis, das die Regeln eines bis zur Anlasstat legalen Lebensweges grundlegend geändert und zu einer nachhaltigen Umorientierung des Täters in Richtung einer kriminogenen Grundhaltung geführt hat) oder es müssen im seitherigen Verlauf ungewöhnliche Entwicklungen eingetreten sein, die das abweichende integrative Urteil begründen (z.B. eine Erbschaft bei einem primär rational agierenden Täter). Bei einem unspezifischen nomothetischen Befund bloßer mittlerer Rückfallrisiken sollte man sich die Befunde genauer ansehen. Weist der Proband ein deutliches Profil klar über- und klar unterdurchschnittlich ausgeprägter Risikomerkmale auf, die sich nur durch die in den meisten Instrumenten geforderte Aufsummierung ausmitteln, wird man deren Bedeutung im Rahmen der individuellen Delinquenztheorie für die abschließende Beurteilung in den Blick nehmen. Kommt der mittlere Befund hingegen dadurch zustande, dass der Proband in allen Bereichen leichte bis moderate Auffälligkeiten zeigt, wird man zwar ebenfalls ein stärkeres Gewicht auf die individuellen Analysen legen. Es ist aber auch gut möglich, dass es sich um einen labilen Täter handelt, dessen Risiken stark fluktuieren und in erhöhtem Maß von zukünftigen Entwicklungen im Lebensumfeld des Betroffenen abhängen werden.

25.4 Praxis der kriminalprognostischen Begutachtung

Den Beginn der kriminalprognostischen Begutachtung markiert der Auftrag an die oder den Sachverständigen vonseiten des Gerichts, der Staatsanwaltschaft oder einer mit prognostischen Entscheidungen im Vollzug befassten Institution (Justizministerium oder Vollzugseinrichtung). Die Fragestellung besteht gewöhnlich in der Nennung oder Zitierung der relevanten Gesetzestexte der anstehenden Rechtsentscheidung, häufig auch in der Auflistung der in den Empfehlungen für Prognosegutachten (Boetticher et al., 2019) genannten Prognosefragen. Vor allem im Kontext vollzuglicher Entscheidungen über Lockerungsmaßnahmen werden aber auch konkrete Fragen zum Einzelfall formuliert, die der oder die Gutachterin dann zu beantworten hat.

Grundlage der Begutachtung ist zunächst die sorgfältige Auswertung des erreichbaren Aktenmaterials, wobei der beauftragten Person im Idealfall alle verfügbaren Akten vorliegen sollten (vgl. Kröber, 1999; Kröber, Dölling, Leygraf & Saß, 2006). Hierzu gehören die Ermittlungsakten zum Anlassdelikt und zu relevanten Vordelikten, Akten zum Verlauf der Freiheitsentziehung (Gefangenenpersonalakte oder Krankenakte der Maßregelklinik, Vollstreckungsheft), etwaige Krankenakten aus früheren klinischen Behandlungen, bei jüngeren Tätern ggf. Unterlagen des Jugendamts oder aus etwaigen Heimaufenthalten. Einige der relevanten Unterlagen übersendet gewöhnlich bereits die den Auftrag erteilende Stelle; eine der ersten Aufgaben ist es jedoch herauszufinden, welche zusätzlichen Akten von Belang und verfügbar sind, und die fehlenden Unterlagen anzufordern (und erforderlichenfalls vorher die nötigen Schweigepflichtsentbindungen einzuholen). Mit Fokus auf den kriminalprognostischen Fragestellungen analysiert der oder die Sachverständige dann das Material und dokumentiert die für die Beurteilung zentralen Ergebnisse im Gutachten. Keineswegs handelt es sich dabei um eine blinde Zusammenfassung des Akteninhalts; vielmehr sind die für die prognostische Beurteilung wesentlichen Inhalte zu verdichten und i.S. der Transparenz und Nachvollziehbarkeit der Anknüpfungstatsachen und Beurteilungsgrundlagen schriftlich festzuhalten.

Je nach Umfang kann diese Darstellung einen recht breiten Raum im Gutachten einnehmen und sollte schon aus diesem Grund auf das Notwendige konzentriert sein. Inhaltlich geht es zum einen um die Rekonstruktion des Lebens, ggf. der Krankheits-und Delinquenzgeschichte des Probanden, und zwar sowohl hinsichtlich der objektivierbaren Fakten als auch hinsichtlich dessen, was der Proband selbst bei früherer Gelegenheit geäußert hat. Zum anderen geht es aber auch um die möglichst genaue Rekonstruktion der objektivierbaren Ereignisse im Tatumfeld und v.a. der eigentlichen Tathandlungen; nicht immer bilden die im Urteilstext genannten Feststellungen eine für psychologische Analysen hinreichende Basis. Dabei mögen sich bei der sachverständigen Rekonstruktion der Vorgeschichte oder des Anlassgeschehens gegenüber dem Urteil mitunter auch etwas abweichende Einschätzungen bspw. hinsichtlich der Motivlage des Täters oder relevanter Einflussfaktoren auf das Tatgeschehen aufdrängen. Sofern es sich hierbei nicht nur um Ergänzungen in psychologischen Detailfragen handelt, sondern tatsächlich um prognostisch bedeutsame Widersprüche zum Urteilstext, die aus sachverständiger Sicht gleichwohl naheliegen und sehr gut begründbar erscheinen, sollte man diese Widersprüche und ihre Konsequenzen für die Einschätzung im Gutachten sorgfältig erörtern und nicht einfach darüber hinweggehen (vgl. Boetticher et al., 2019).[74] Der Gutachter bzw. die Gutachterin sollte sich klar darüber sein, dass die Ergebnisse und Befunde der Aktenanalyse eine wesentliche Grundlage für die zu entwickelnde individuelle Kriminaltheorie des Probanden darstellen, da sie die zentrale Quelle für Fakten und Belege der im Zuge der Theorieentwicklung zu formulierenden Hypothesen sind.

Das den Akten entnommene Wissen über die Biografie des Probanden, seine Vordelinquenz sowie über all das, was über die Anlasstat und ihren Kontext aktenkundig ist, bildet auch die Grundlage der Exploration und Untersuchung des Delinquenten. Es ist unabdingbar, noch im Verlauf der Begutachtung die aktuellen Angaben des Probanden mit dem abgleichen zu können, was Zeuginnen und Zeugen gesagt haben, was polizeilich ermittelt wurde, was im Urteil steht und was er selbst früher gesagt hat, und ihn mit etwaigen Diskrepanzen zu konfrontieren, um Missverständnisse aufzuklären, Legendenbildungen zu erkennen oder Verleugnungstendenzen zu identifizieren. Neben der Aktenanalyse nimmt diese Exploration im Rahmen des diagnostischen Erhebungsprozesses einen wesentlichen Stellenwert ein. Die Notwendigkeit, eine Vielzahl von Themen zu besprechen, erfordert im Regelfall mindestens zwei, häufig aber auch mehr Untersuchungstermine – jedenfalls sofern man den Untersuchten nicht bereits aus früheren Begutachtungen kennt oder es nur um ergänzende Fragestellungen geht. Nicht zuletzt sollen im Rahmen der Begutachtung ja nicht nur die aktuelle Lebenssituation, der potenzielle soziale Empfangsraum, die Zukunftsperspektiven und der bisherige Haft- oder Unterbringungsverlauf thematisiert werden, sondern seine vollständige Biografie inklusive früherer und aktueller sozialer Bindungen und Partnerschaften, des schulischen und beruflichen Werdegangs, etwaiger Krankheiten und psychischer Krisen, seine strafrechtliche Vorgeschichte sowie nicht zuletzt das Anlassgeschehen mit den zugehörigen spezifischen Motiven und Hintergründen. Auch eine ausführliche Sexualanamnese ist zumindest bei Sexualstraftätern obligatorisch.

Bei den ersten Terminen sollte der Untersuchte Gelegenheit haben, zunächst mehr oder weniger frei zu seiner aktuellen Situation, seinen Plänen, zum Verlauf des Freiheitsentzuges, aber auch zur Lebens- und Delinquenzgeschichte Stellung zu nehmen. Denn es geht bei der Exploration ja nicht allein um die Erhebung bloßer Fakten, sondern auch um die Feststellung des Entwicklungsstandes der Persönlichkeit des Probanden, seiner Einstellungen und Verhaltensbereitschaften sowie seiner Wahrnehmungen, Attributionen und Denkstile, die man weniger durch direkte Fragen ergründet. Sie spiegeln sich auch darin wider, wie jemand seine Lebensgeschichte strukturiert, zentrale Bezugspersonen in seinem Leben beschreibt und bewertet und inwieweit er sich auf einen Dialog und eine tiefer gehende Auseinandersetzung auch über problematische Anteile seiner Person einlassen kann. Zu den zentralen Gesichtspunkten, auf die man im Gespräch achten sollte, gehören daher auch die Authentizität und emotionale Beteiligung im Gespräch, etwaige unterwürfige oder theatralische Tendenzen,

74 Selbstverständlich erfolgt eine solche Erörterung erst im Bewertungsteil des Gutachtens.

Fähigkeiten zur Wahrnehmung und Einbeziehung des Gegenübers als Person, die Konstanz der Angaben, die Verwendung stereotyper Floskeln und Redewendungen, etwaige Bagatellisierungs- oder Externalisierungsneigungen und vieles mehr (ausführlich: Kröber, 2006). Spätestens beim letzten Termin der Untersuchung sollte man dann aber unter Rückgriff auf fundiertes Aktenwissen auch genauer nachfragen und den Probanden mit möglichen Diskrepanzen konfrontieren können, schon um ihm Gelegenheit zu geben, mögliche Missverständnisse zu klären. Die Gesprächsinhalte werden abschließend hinsichtlich ihrer prognostisch relevanten Bezüge verdichtet zusammengefasst und ebenfalls im Gutachten wiedergegeben.

Neben den aus Akten und persönlichem Gespräch gewonnenen Informationen und Befunden können weitere diagnostische Erhebungen sinnvoll sein. Im Rahmen von Prognosebegutachtungen sind dies v. a. testpsychologische Untersuchungen; dezidierte medizinische Zusatzuntersuchungen spielen seltener eine Rolle. Die Auswahl im Einzelfall sinnvoller psychometrischer Testverfahren erfolgt indessen möglichst hypothesengeleitet und bezogen auf die sich fallspezifisch ergebenden relevanten diagnostischen Fragen (insbesondere im Hinblick auf den dritten Schritt der idiografischen Fallbeurteilung); eine fallunspezifische testpsychologische Breitbanddiagnostik mittels Standardbatterie sollte eher vermieden werden. Vor allem bei der Verwendung klinischer oder persönlichkeitspsychologischer Selbstbeschreibungsinventare sollte man dabei auf mögliche Verzerrungstendenzen im Antwortverhalten achten. Immerhin geht es für den Probanden meist um viele Jahre Freiheitsentzug, und das grundsätzliche Bedürfnis, sich der Gutachterin oder dem Gutachter in möglichst positivem Licht präsentieren zu wollen, ist nur allzu verständlich. Die Entscheidung, ob im Rahmen der Begutachtung darüber hinausgehend weitere Fremdexplorationen von Betreuungspersonal, Partnern oder anderen Personen erforderlich sind, hängt vom Einzelfall ab. Solche Befragungen können mitunter anderweitig nicht eruierbare Informationen ergeben oder auch zusätzliche Belege für ansonsten nur schwach begründete Hypothesen liefern. Fremdexplorationen mit Personen aus dem persönlichen sozialen Umfeld des Probanden sollten aber nur mit Einverständnis aller Beteiligten durchgeführt werden. Infrage kommen Fremdexplorationen jedoch grundsätzlich am ehesten im Vollstreckungsverfahren (Freibeweisverfahren), also im Kontext von Entlassungsprognosen aus dem Straf- oder Maßregelvollzug. Im Hauptverfahren (Strengbeweisverfahren) sollte man Drittpersonen allenfalls in enger Absprache mit dem Gericht zur Klärung der Frage explorieren, ob diese Personen überhaupt relevante Informationen liefern können. Falls dies der Fall ist, kann und sollte man im Gutachten anregen, sie gerichtlich anzuhören.

Wenn die relevanten Akteninhalte und die wesentlichen Aussagen des Untersuchten aus der Exploration sowie etwaige Befunde aus Zusatzuntersuchungen und Fremdbefragungen dargestellt sind, besteht der nächste Schritt darin, die Beobachtungsergebnisse des Untersuchungsverhaltens des Probanden darzulegen. Dieser Teil umfasst auch eine ausführliche Darstellung seines psychischen Istzustandes inklusive der Beschreibung seiner in der Untersuchung gezeigten Einstellungsmuster, Denkstile und Attributionen, seiner Wahrnehmungsbesonderheiten, Gestimmtheiten und Handlungsmotive. In diesem Rahmen kann abschließend erforderlichenfalls eine klinisch-diagnostische Bewertung und differenzialdiagnostische Abgrenzung erfolgen (dann unter Bezugnahme auf eingeführte Diagnosesysteme); sie kann aber auch im Bewertungsteil des Gutachtens vorgenommen werden.

Das Gutachten schließt mit dem Bewertungsteil, der eine Zusammenfassung und allgemeine Beurteilung sowie die eigentliche Beantwortung der gerichtlichen Fragen umfasst. Hier werden die zentralen Befunde noch einmal bewertend zusammengefasst und zu einer kriminalprognostischen Beurteilung verdichtet. Da diese Darstellung den Urteilsbildungsprozess in seiner Logik und in seinen wesentlichen inhaltlichen Bezügen abbilden und nachvollziehbar machen muss, nimmt sie erheblichen Raum im Gutachten ein. Es bietet sich daher an, hierbei mehrschrittig vorzugehen und v.a. die nomothetischen, also auf rein empirisches Erfahrungswissen gestützten Einschätzungen von idiografischen Einzelfallanalysen zunächst zu trennen.

Eine systematische Erörterung der Gegebenheiten im vorliegenden Einzelfall, die sich sowohl auf empirische Belege als auch auf die Ergebnisse standardisierter Instrumente stützt, ermöglicht dabei zunächst eine fundierte Einschätzung der nach Maßgabe empirischen Erfahrungswissens bei der vorliegenden Fallkonstellation zu erwartenden Ausgangswahrscheinlichkeit erneuter (erheblicher) Rückfälle. Sie benennt darüber hinaus aber auch potenzielle Risikobereiche, die im Licht der Standardverfahren im vorliegenden Fall als prognostisch bedeutsam erscheinen. Auf dieser quantitativen (statistische Rückfallwahrscheinlichkeit) und qualitativen (die im vorliegenden Fall relevanten empirischen Risikobereiche) Grundlage lässt sich dann eine individuelle Fallbeurteilung entlang des im Vorabschnitt skizzierten idiografischen Urteilsbildungsmodells vornehmen.

Der Vorteil dieser Reihenfolge ist zunächst, dass Sachverständige (aber auch die Rezipienten des Gutachtens) bei der individuellen Fallbewertung bereits eine Vorstellung vom Risikoniveau haben, auf dem sich der Proband – jedenfalls aus der nüchternen Perspektive der Empirie betrachtet – bewegt. Vor allem aber erhält man auf diese Weise eine fundierte Vorstellung von der inhaltlichen Gestalt eines statistischen Durchschnittsfalls bei der vorliegenden Fallkonstellation, kann also individuelle Besonderheiten prägnanter erkennen und etwaige Abweichungen hinsichtlich ihrer möglichen prognostischen Bedeutung besser einschätzen. Wie beschrieben, kann man bei der abschließenden zusammenfassenden Bewertung zu durchaus anderen Einschätzungen gelangen, als dies die Standardinstrumente nahelegen. Man mag dies v.a. in Fällen bloßer „mittlerer" statistischer Risikoeinschätzungen tun, da diese unspezifisch und mithin eher wenig zuverlässig sind. In besonderen Einzelfällen mag man auch bei eigentlich eindeutigen Ergebnissen empirisch fundierter Instrumente zu einer ganz anders gelagerten idiografischen Falleinschätzung gelangen. Hier bedarf es dann allerdings sehr guter und fundierter Gründe für die abweichende Beurteilung, die im Einzelnen sorgfältig zu diskutieren sind. Keinesfalls sollte einer eindeutig über- oder unterdurchschnittlichen empirisch fundierten Risikoeinschätzung eine gänzlich diskrepante idiografische Einschätzung gegenüberstehen, ohne dass diese Widersprüche erörtert und ihre Ursachen fallbezogen aufgeklärt wurden.

Literatur

Andrews, D.A. & Bonta, J. (1995). *LSI-R: The Level of Service Inventory-Revised*. Toronto: Multi-Health Systems.

Boetticher, A., Koller, M., Böhm, K.M., Brettel, H., Dölling, D., Höffler, K. et al. (2019). Empfehlungen für Prognosegutachten: Rechtliche Rahmenbedingungen für Prognosen im Strafverfahren. *Forensische Psychiatrie, Psychologie, Kriminologie, 13* (4), 305–333. https://doi.org/10.1007/s11757-019-00557-0

Bonta, J. & Andrews, D.A. (2017). *The psychology of criminal conduct*. New York, NY: Taylor & Francis.

Bonta, J., Blais, J. & Wilson, H.A. (2014). A theoretically informed meta-analysis of the risk for general and violent recidivism for mentally disordered offenders. *Aggression and Violent Behavior, 19* (3), 278–287. https://doi.org/10.1016/j.avb.2014.04.014

Breiling, L., Dahle, K.-P., Oberlader, V. & Rettenberger, M. (2022). *Die deutsche Version der Offender Group Reconviction Scale*. Wiesbaden: KrimZ Eigenverlag.

Cohen, A.K. (1955). *Delinquent boys: The culture of the gang*. New York, NY: Free Press.

Cohen, L.E. & Felson, M. (1979). Social change and crime rate trends: A routine activity approach. *American Sociological Review, 44* (4), 588–608. https://doi.org/10.2307/2094589

Cornish, D. & Clarke, R. (1986). Situational prevention, displacement of crime and rational choice theory. In K. Heal & G. Laycock (Eds.). *Situational crime prevention: From theory into practice.* (pp. 1–16). London: HMSO.

Cottle, C.C., Lee, R.J. & Heilbrun, K. (2001). The prediction of criminal recidivism in kuveniles: A meta-analysis. *Criminal Justice and Behavior, 28* (3), 367–394. https://doi.org/10.1177/009385480102 8003005

Dahle, K.-P. (1997). Kriminalprognosen im Strafrecht – Psychologische Aspekte individueller Verhaltensvorhersagen. In M. Steller & R. Volbert (Hrsg.), *Psychologie im Strafverfahren* (S. 118–139). Bern: Huber.

Dahle, K.-P. (2005a). Delinquenzverläufe über die Lebensspanne: Anwendungsperspektiven einer entwicklungsorientierten Sichtweise. In K.-P. Dahle & R. Volbert (Hrsg.), *Entwicklungspsychologische Aspekte der Rechtspsychologie* (S. 79–91). Göttingen: Hogrefe.

Dahle, K.-P. (2005b). Psychologische Kriminalprognose. Wege zu einer integrativen Methodik für die Beurteilung der Rückfallwahrscheinlichkeit bei Strafgefangenen (Psychological Risk Assessment). Herbolzheim: Centaurus.

Dahle, K.-P. (2013). (Sach-)Verständige Auswahl und Integration von Basisrateninstrumenten und Prognoseinstrumenten der „dritten Generation". In M. Rettenberger & F. von Franqué (Hrsg.), *Handbuch kriminalprognostischer Verfahren* (S. 337–346). Göttingen: Hogrefe.

Dahle, K.-P., Biedermann, J., Lehmann, R.J.B. & Gallasch-Nemitz, F. (2014). The development of the crime scene behavior risk measure for sexual offense recidivism. *Law and Human Behavior,* No Pagination Specified. https://doi.org/10.1037/lhb00 00088

Dahle, K.-P. & Haase, N. (2008). Psychopathie. In R. Volbert & M. Steller (Hrsg.), *Handbuch der Rechtspsychologie* (S. 68–77). Göttingen: Hogrefe.

Dahle, K.-P., Harwardt, F. & Schneider-Njepel, V. (2012). *LSI-R – Inventar zur Einschätzung des Rückfallrisikos und des Betreuungs- und Behandlungsbedarfs von Straftätern (Level of Supervision Inventory [LSI]).* Göttingen: Hogrefe.

Dahle, K.-P., Janka, C., Gallasch-Nemitz, F. & Lehmann, R. (2009). Tatcharakteristika, Rückfallrisiko und Rückfallprognose bei Sexualstraftätern vom Jugend- bis ins Seniorenalter. *Forensische Psychiatrie, Psychologie, Kriminologie, 3* (3), 210–220. https://doi.org/10.1007/s11757-009-0007-1

Dahle, K.-P. & Lehmann, R.J.B. (2018). Zum prognostischen Mehrwert einer integrativen nomothetisch-idiografischen kriminalpsychologischen Prognosebeurteilung – Eine empirische Untersuchung an männlichen Gewalt- und Sexualstraftätern. *Forensische Psychiatrie, Psychologie, Kriminologie, 12* (1), 37–50. https://doi.org/10.1007/s11757-017-0462-z

Dahle, K.-P., Schneider, V. & Ziethen, F. (2007). Standardisierte Instrumente zur Kriminalprognose. *Forensische Psychiatrie, Psychologie, Kriminologie, 1* (1), 15–26. https://doi.org/10.1007/s11757-006-0 004-6

Dahle, K.-P., Schneider, V. & Ziethen, F. (2008). *Integrative Methoden der Rückfallprognose bei Strafgefangenen mit gravierenden Gewaltdelikten.* Unveröffentlichter Endbericht für die DFG.

Dauer, S. & Ullmann, U. (2003). Kriterien zur Prognosebegutachtung – Qualitätskriterien in der Prognosepraxis?. In T. Fabian, G. Jacobs, S. Nowara & I. Rode (Hrsg.), *Qualitätssicherung in der Rechtspsychologie* (S. 361–376). Münster: Lit.

Dawes, R.M., Faust, D. & Meehl, P.E. (1989). Clinical versus actuarial judgment. *Science, 243* (4899), 1668–1674.

Dittmann, V. (2000). Was kann die Kriminalprognose heute leisten? In Schweizerische Arbeitsgruppe für Kriminologie. (Hrsg.), *„Gemeingefährliche" Straftäter* (S. 67–95). Zürich: Rüegger.

Douglas, K.S., Hart, S.D., Webster, C.D. & Belfrage, H. (2013). *HCR-20: Assessing risk for violence* (3rd ed.). Vancouver: Mental Health, Law and Policy Institute, Simon Fraser University.

Dünkel, F. & Geng, B. (2003). Rückfall und Bewährung von Karrieretätern nach Entlassung aus dem sozialtherapeutischen Behandlungsvollzug und aus dem Regelvollzug. In M. Steller, K.-P. Dahle & M. Basqué (Hrsg.), *Straftäterbehandlung: Argumente für eine Revitalisierung in Forschung und Praxis* (S. 35–59). Herbolzheim: Centaurus. https://doi.org/10.1007/978-3-86226-474-2_3

Farrington, D.P. (2003). Key results from the first forty years of the Cambridge Study in Delinquent Development. In T.P. Thornberry & M.D. Krohn (Eds.), *Taking stock of delinquency: An overview of findings from contemporary longitudinal Studies* (pp. 137–183). New York, NY: Kluver Academic Press.

Fernandez, Y., Harris, A., Hanson, R. & Sparks, J. (2014). *STABLE-2007 coding manual: Revised 2014.* Unpublished manual, Public Safety Canada, Ottawa.

Gadenne, V. (1994). *Theoriebewertung.* In T. Herrmann & W. H. Tack (Hrsg.), *Methodologische Grundlagen der Psychologie* (Enzyklopädie der Psychologie, Serie Forschungsmethoden der Psychologie, Band 1, S. 389–427). Göttingen: Hogrefe.

Gannon, T. A., Olver, M. E., Mallion, J. S. & James, M. (2019). Does specialized psychological treatment for offending reduce recidivism? A meta-analysis examining staff and program variables as predictors of treatment effectiveness. *Clinical Psychology Review, 73,* 101752. https://doi.org/10.1016/j.cpr.2019.101752

Hachtel, H., Vogel, T. & Graf, M. (2019). Überarbeitung des Basler Kriterienkatalogs zur Beurteilung der Legalprognose („Dittmann-Liste"). *Forensische Psychiatrie, Psychologie, Kriminologie, 13* (1), 73–80. https://doi.org/10.1007/s11757-018-0477-0

Hanson, R. K. & Harris, A. J. R. (2000). Where should we intervene?: Dynamic predictors of sexual offense recidivism. *Criminal Justice and Behavior, 27* (1), 6–35. https://doi.org/10.1177/0093854800027001002

Hare, R. D., Harpur, T. J., Hakstian, A. R., Forth, A. E., Hart, S. D. & Newman, J. P. (1990). The revised Psychopathy Checklist: Reliability and factor structure. *Psychological Assessment: A Journal of Consulting and Clinical Psychology, 2* (3), 338–341. https://doi.org/10.1037/1040-3590.2.3.338

Harris, G., Rice, M., Quinsey, V. & Cormier, C. (2015). *Violent offenders: Appraising and managing risk.* Washington, DC: American Psychological Association.

Hirschi, T. & Gottfredson, M. (1983). Age and the explanation of crime. *American Journal of Sociology, 89* (3), 552–584. https://doi.org/10.1086/227905

Jehle, J.-M., Albrecht, H.-J., Hohmann-Fricke, S. & Tetal, C. (2016). *Legalbewährung nach strafrechtlichen Sanktionen: Eine bundesweite Rückfalluntersuchung 2010 bis 2013 und 2004 bis 2013.* Berlin: Bundesministerium der Justiz und für Verbraucherschutz.

Kelling, G. L. & Wilson, J. Q. (1982). Broken windows. *Atlantic monthly, 249* (3), 29–38.

Kersting, M. (2003). Grundrate. In K. D. Kubinger & R. S. Jäger (Hrsg.), *Schlüsselbegriffe der Psychologischen Diagnostik* (S. 183–186). Weinheim: Beltz.

Kröber, H.-L. (1999). Gang und Gesichtspunkte der kriminalprognostischen psychiatrischen Begutachtung. *Neue Zeitschrift für Strafrecht, 12,* 593–599.

Kröber, H.-L. (2006). Kriminalprognostische Begutachtung. In H.-L. Kröber, D. Dölling, N. Leygraf & H. Saß (Hrsg.), *Handbuch der forensischen Psychiatrie* (Band 3, S. 69–172). Darmstadt: Steinkopff-Verlag.

Kröber, H.-L., Brettel, H., Rettenberger, M. & Stübner, S. (2019). Empfehlungen für Prognosegutachten: Erfahrungswissenschaftliche Empfehlungen für kriminalprognostische Gutachten. *Forensische Psychiatrie, Psychologie, Kriminologie, 13* (4), 334–342. https://doi.org/10.1007/s11757-019-00558-z

Kröber, H.-L., Dölling, D., Leygraf, N. & Saß, H. (2006). *Handbuch der forensischen Psychiatrie* (Band 3: Psychiatrische Kriminalprognose und Kriminaltherapie). Darmstadt: Steinkopff-Verlag. https://doi.org/10.1007/3-7985-1633-2

Laub, J. H. & Vaillant, G. E. (2000). Delinquency and mortality: A 50-Year follow-up study of 1,000 delinquent and nondelinquent boys. *American Journal of Psychiatry, 157* (1), 96–102. https://doi.org/10.1176/ajp.157.1.96

Lehmann, R. J. B., Dahle, K.-P. & Schmidt, A. F. (2018). Primer on the contribution of crime scene behavior to the forensic assessment of sexual offenders. *European Psychologist, 23* (2), 154–166. https://doi.org/10.1027/1016-9040/a000324

Lehmann, R. J. B., Fernandez, Y. & Helmus, L.-M. (2016). Strengths of actuarial risk assessment. In D. R. Laws & W. O'Donohue (Eds.), *Treatment of sex offenders* (pp. 45–81). Cham: Springer.

Lehmann, R. J. B., Goodwill, A. M., Hanson, R. K. & Dahle, K.-P. (2014). Crime scene behaviors indicate risk-relevant propensities of child molesters. *Criminal Justice and Behavior, 41* (8), 1008–1028. https://doi.org/10.1177/0093854814521807

Lehmann, R. J. B., Thornton, D., Helmus, L. M. & Hanson, R. K. (2016). Developing nonarbitrary metrics for risk communication: Norms for the Risk Matrix 2000. *Criminal Justice and Behavior, 43* (12), 1661–1687. https://doi.org/10.1177/0093854816651656

Levenson, J. S., Brannon, Y. N., Fortney, T. & Baker, J. (2007). Public perceptions about sex offenders and community protection policies. *Analyses of Social Issues and Public Policy, 7* (1), 137–161. https://doi.org/10.1111/j.1530-2415.2007.00119.x

Mann, R. E., Hanson, R. K. & Thornton, D. (2010). Assessing risk for sexual recidivism: Some proposals on the nature of psychologically meaningful risk factors. *Sexual Abuse: A Journal of Research and Treatment, 22* (2), 191–217. https://doi.org/10.1177/1079063210366039

Meehl, P. E. (1954). *Clinical versus statistical prediction: A theoretical analysis and a review of the evidence.* Minneapolis, MN: University of Minnesota Press.

Moffitt, T.E. (1993). Adolescence-limited and life-course-persistent antisocial behavior: a developmental taxonomy. *Psychological Review, 100* (4), 674. https://doi.org/10.1037/0033-295X.100.4.674

Mokros, A., Hollerbach, P., Nitschke, J. & Habermeyer, E. (2017). *Hare Psychopathy Checklist - Revised. Deutsche Version der Hare Psychopathy Checklist - Revised (PCL-R) von R.D. Hare.* Göttingen: Hogrefe.

Müller-Isberner, R., Schmidbauer, W.M. & Born, P. (2014). *Die Vorhersage von Gewalttaten mit dem HCR-20 V3.* Haina: Institut für Forensische Psychiatrie.

Nedopil, N. (1986). Kriterien der Kriminalprognose bei psychiatrischen Gutachten. *Forensia, 7,* 167–183.

Olver, M.E., Stockdale, K.C. & Wormith, J.S. (2011). A meta-analysis of predictors of offender treatment attrition and its relationship to recidivism. *Journal of Consulting and Clinical Psychology, 79* (1), 6–21. https://doi.org/10.1037/a0022200

Olver, M.E., Stockdale, K.C. & Wormith, J.S. (2014). Thirty years of research on the Level of Service Scales: A meta-analytic examination of predictive accuracy and sources of variability. *Psychological Assessment, 26* (1), 156–176. https://doi.org/10.1037/a0035080

Phenix, A., Helmus, L.M. & Hanson, R.K. (2016). *Evaluator workbook for Static-99R and Static-2002R.* Verfügbar unter http://www.static99.org/

Rasch, W. (1986). *Forensische Psychiatrie.* Stuttgart: Kohlhammer.

Reason, J. (1990). *Human error.* Cambridge: Cambridge University Press. https://doi.org/10.1017/CBO9781139062367

Rettenberger, M., Gregório Hertz, P. & Eher, R. (2017). *Die deutsche Version des Violence Risk Appraisal Guide-Revised (VRAG-R).* Wiesbaden: Kriminologische Zentralstelle.

Rettenberger, M. & von Franqué, F. (2013). *Handbuch psychologischer Instrumente zur Kriminalprognose.* Göttingen: Hogrefe.

Schmucker, M. & Lösel, F. (2015). The effects of sexual offender treatment on recidivism: An international meta-analysis of sound quality evaluations. *Journal of Experimental Criminology, 11* (4), 597–630. https://doi.org/10.1007/s11292-015-9241-z

Schneider, V. (2008). Kriminelle Karrieren. In R. Volbert & M. Steller (Hrsg.), *Handbuch der Rechtspsychologie* (S. 57–67). Göttingen: Hogrefe.

Seto, M.C. (2017). The motivation-facilitation model of sexual offending. *Sexual Abuse, 31* (1), 3–24.

Stelly, W. & Thomas, J. (2001). *Einmal Verbrecher - immer Verbrecher?* Wiesbaden: VS Verlag für Sozialwissenschaften. https://doi.org/10.1007/978-3-322-89598-1

Sutherland, E.H. (1939). *Principles of Criminology.* Philadelphia: J.B. Lippincott.

Thalmann, T. (2002). Wirklichkeit und gutachterliche Erkenntnis. *Zeitschrift für Strafvollzug und Straffälligenhilfe, 5,* 259–273.

Thornton, D., Mann, R., Webster, S., Blud, L., Travers, R., Friendship, C. et al. (2003). Distinguishing and combining risks for sexual and violent recidivism. *Annals of the New York Academy of Sciences, 989* (1), 225–235. https://doi.org/10.1111/j.1749-6632.2003.tb07308.x

Ward, T. & Beech, A. (2006). An integrated theory of sexual offending. *Aggression and Violent Behavior, 11* (1), 44–63. https://doi.org/10.1016/j.avb.2005.05.002

Wong, S.C. & Olver, M.E. (2015). Risk reduction treatment of psychopathy and applications to mentally disordered offenders. *CNS Spectrums, 20* (3), 303–310. https://doi.org/10.1017/S1092852915000322

Wooditch, A., Tang, L.L. & Taxman, F.S. (2013). Which criminogenic need changes are most important in promoting desistance from crime and substance ise? *Criminal Justice and Behavior, 41* (3), 276–299. https://doi.org/10.1177/0093854813503543

26 Vollzugslockerungen und Lockerungsprognosen

Merten Neumann

26.1 Einleitung

Vollzugslockerungen (auch vollzugsöffnende Maßnahmen) ermöglichen es Inhaftierten, die Vollzugseinrichtungen unter bestimmten Bedingungen für eine begrenzte Zeit zu verlassen (vgl. Köhne & Lesting, 2012). Sie sind ein wichtiges Instrument im Rahmen der Straftäterbehandlung, denn sie bieten u. a. die Möglichkeit, Inhaftierte schrittweise auf die Entlassung vorzubereiten, bergen wichtige Informationen für zukünftige prognostische Einschätzungen und dienen als Motivation für die Inhaftierten, um an Angeboten im Rahmen des Vollzuges teilzunehmen. Vor allem Vollzugslockerungen ohne Aufsicht gehen aber auch mit einem Risiko für Entweichungen und erneute Straftaten einher. Vor diesem Hintergrund ergibt sich bei Vollzugslockerungen ein Spannungsfeld zwischen Behandlungs- und Sicherheitsaspekten (Dolde, 1994; Rasch, 1986), die bei jeder Gewährungsentscheidung gegeneinander abgewogen werden müssen (sog. „Zielkonflikt"). Für jeden Einzelfall muss das Risiko für die Allgemeinheit unter Voraussetzung der Gewährung einer bestimmten Vollzugslockerung mittels einer Lockerungsprognose abgeschätzt werden. Genau wie bei anderen Formen der Kriminalprognose bilden theoretische Annahmen und empirische Befunde die Grundlage für möglichst genaue prognostische Einschätzungen (s. Kap. 25 in diesem Band). Leider ist diese empirische und theoretische Basis im Kontext von Lockerungsprognosen in weiten Teilen noch sehr dürftig.

Dieses Kapitel soll einen Überblick über den aktuellen Forschungsstand geben und darlegen, welche Chancen und Risiken Vollzugslockerungen mit sich bringen, was momentan über die Praxis der Lockerungsgewährung bekannt ist und welche empirischen Erkenntnisse über Prädiktoren für Lockerungsmissbräuche existieren.

26.2 Rechtliche Grundlagen

Die gesetzlichen Grundlagen zur Ausgestaltung des Straf- und Maßregelvollzugs (im Folgenden sind unter dem Begriff „Maßregelvollzug" Unterbringungen nach den §§ 63 und 64 StGB zu verstehen) sind mittlerweile in Landesrecht festgehalten. Da sich die Vollzugsgesetze der Länder größtenteils an Bundesrecht orientieren, soll hier aber hauptsächlich auf das StVollzG eingegangen werden. Besonderheiten aus dem Maßregelvollzugsrecht werden an den entsprechenden Stellen erläutert. Abweichungen zu einzelnen Landesgesetzen sind möglich.

Der Gesetzgeber sieht sowohl im Straf- als auch im Maßregelvollzug die Möglichkeit vor, dass Lockerungen des Vollzuges gewährt werden können (Grünebaum & Volckart, 2015; Köhne & Lesting, 2012). Während die Lockerungen im Strafvollzug dazu dienen sollen, den Gestaltungsprinzipien des § 3 StVollzG (Angleichungsgrundsatz, Gegensteuerungsgrundsatz, Integrationsgrundsatz; s. z. B. Laubenthal, 2015) nachzukommen, sind sie im Maßregelvollzug darüber hinaus ein Instrument, um die Behandlung zu fördern und das Maß des Freiheitsentzuges an die tatsächliche Gefährlichkeit der Untergebrachten anzugleichen (Grünebaum & Volckart, 2015; Pollähne, 2018). Dabei kann eine regelmäßige Beschäftigung außerhalb der Einrichtung (unter Aufsicht: Außenbeschäftigung, ohne Aufsicht: Freigang) oder das Verlassen der Einrichtung für eine bestimmte Zeit innerhalb eines Tages (unter Aufsicht: Ausführung, ohne Aufsicht: Ausgang) erlaubt werden (§§ 11, 12, 15 StVollzG). Außerdem gibt es die Möglichkeit, für einen befristeten Zeitraum Urlaub zu gewähren (§§ 13, 124 StVollzG), bei dem es erlaubt ist, der Einrichtung länger als 24 Stunden fernzubleiben (vgl. Grünebaum & Volckart, 2015). Zudem können unter bestimmten Voraussetzungen auch weitere Formen von Lockerungen gewährt werden (Beispiele sind Begleitgänge, Gruppenausgänge, Besuche von Seminaren oder Kursen, Ferienlager; Grünebaum & Volckart, 2015; Köhne & Lesting, 2012). Im Maßregelvollzug gibt es darüber hinaus die Möglichkeit, unbefristeten Urlaub einzusetzen (das sog. Probewohnen; Grünebaum & Volckart, 2015).

Lockerungen können laut § 11 StVollzG gewährt werden, „wenn nicht zu befürchten ist, daß der Gefangene sich dem Vollzug der Freiheitsstrafe entziehen oder die Lockerungen des Vollzuges zu Straftaten mißbrauchen werde“ (für eine detaillierte Beschreibung von Lockerungen im Strafvollzug und deren Voraussetzungen s. Laubenthal, 2015; Köhne & Lesting, 2012). In Maßregelvollzugsgesetzen wird zudem häufig spezifiziert, dass Lockerungen für die Behandlung förderlich sein müssen (z. B. § 15 Nds. MvollzG; § 23 HmbMVollzG). Die Entscheidung über die Gewährung von Vollzugslockerungen liegt nach § 156 StVollzG grundsätzlich in der Hand der jeweiligen Anstaltsleitung. Bei unrechtmäßiger Nichtgewährung haben Inhaftierte die Möglichkeit, ihr Recht auf Vollzugslockerungen bei der zuständigen Strafvollstreckungskammer einzuklagen (§§ 109, 115 StVollzG).

Im Maßregelvollzug bilden Vollzugslockerungen einen festen Bestandteil der Behandlung und der Entlassvorbereitung. Verschiedene Lockerungsformen werden in den Kliniken in sog. Stufenplänen nach ihrer „Schwierigkeit“ gestaffelt (z. B. von Ausführung mit zwei Mitarbeitenden bis hin zu Langzeiturlaub außerhalb der Einrichtung; zu Stufenplänen s. z. B. Müller, Nedopil, Freisleder, Graf & Haller, 2017a; Pollähne, 2018). Patient*innen durchlaufen vor der Entlassung i. d. R. nacheinander alle Stufen (die Wahrnehmung einer Lockerungsstufe ohne Zwischenfälle ist dabei die Voraussetzung für das Voranschreiten im Stufenplan). Im Strafvollzug sind Vollzugslockerungen hingegen nicht so eng in den Vollzugsalltag eingebunden, sodass es keine Seltenheit darstellt, dass Inhaftierte ohne vorherige Lockerungen entlassen werden (Suhling & Rehder, 2009).

26.3 Zwecke von Vollzugslockerungen

Lockerungen verfolgen in der Vollzugspraxis vielfältige Zwecke. Die wichtigsten Aspekte können unter den Begriffen „Therapie“, „Motivation“ und „Erprobung“ zusammengefasst werden (Pollähne, 1994; Rasch, 1986; Wedler & Maaß, 2016):

Therapie. Vollzugslockerungen sind v. a. im Bereich des Maßregelvollzugs, aber auch im Strafvollzug, in erster Linie als Behandlungsmaßnahmen zu verstehen (z. B. Laubenthal, 2015). Sie bieten die Möglichkeit, Inhaftierte mit wachsenden Belastungen und Versuchungen in einem vergleichsweise kontrollierten Rahmen zu konfrontieren und mögliche Therapiefortschritte so in einem weniger strukturierten Umfeld zu erproben (z. B. Müller et al., 2017a; Müller et al., 2017b). Gratz (1986) vergleicht die Behandlung in einer geschlossenen Unterbringung mit einer Fahrschule, die nur aus Theoriekursen bestünde, und bezeichnet sie auch als „Schonmilieu“ (S. 158). Wischka (2015) nutzt zur Verdeutlichung die Analogie zu Chirurgen oder Flugschüler*innen, die im besten Fall während ihrer Ausbildung nicht nur Erfahrungen am Simulator sammeln sollten. Müller et al. (2017a) sprechen sogar davon, dass Lockerungen nicht „gewährt" werden sollten, sondern als „notwendige Behandlungsschritte" im Zweifelsfall eingefordert werden müssen (S. 372). Gerade kognitiv-behaviorale Behandlungsansätze, die sich im Bereich der Straftäterbehandlung bewährt haben (Landenberger & Lipsey, 2005; für eine Übersicht s. Kap. 34 in diesem Band), benötigen Erprobungsräume für das Voranschreiten der Therapie sowie für die Entwicklung neuer Verhaltensalternativen und Interessen (Wischka, 2015). Auch bei Betrachtung der Risk-Need-Responsivity-Prinzipien (Bonta & Andrews, 2017; s. a. Kap. 34 in diesem Band) wird deutlich, dass eine Anpassung der Eingriffsintensität (hier i. S. der Restriktion) an das Risikoniveau der Behandelten therapieförderlich ist (Andrews & Dowden, 2006). Erprobungsräume in Form von Vollzugslockerungen sind daher im Rahmen der Straftätertherapie nach Wischka (2015) „[u]nverzichtbar für eine wirksame Veränderung von Straftätern in Richtung prosozialen Verhaltens" (S. 505).

Motivation. Bei der Straftätertherapie stellt sich das Problem, dass die Patient*innen nicht immer freiwillig an der Therapie teilnehmen. Eine geringe Therapiemotivation i. S. einer nicht vorhandenen Behandlungsbereitschaft (zu den Begriffen „Therapiemotivation" und „Behandlungsbereitschaft" s. Dahle, 1994; Ward, Day, Howells & Birgden, 2004) stellt ein großes Hindernis dar. Die Förderung motivationaler Anreize und anderer Faktoren, die die Behandlungsbereitschaft erhöhen, ist daher im Rahmen der Straftätertherapie zur Erreichung des Vollzugszieles dringend geboten (Suhling, Pucks & Bielenberg, 2015). Die Aussicht auf Lockerungen bietet eine Möglichkeit bei den Inhaftierten, die Motivation an einer psychotherapeutischen oder medikamentösen Intervention teilzunehmen, durch einen extrinsischen Anreiz zu fördern (Müller et al., 2017a; Suhling et al., 2015). Ferner können Vollzugslockerungen einen Weg darstellen, um den Grad der Autonomie (die Möglichkeit zum selbstbestimmten Handeln; vgl. Deci & Ryan, 1995) von Inhaftierten im Vollzug zu steigern. Verschiedenste psychologische Theorien sehen Autonomie als eines der übergreifenden Grundbedürfnisse des menschlichen Erlebens an (z. B. Deci & Ryan, 2008; Ward & Brown, 2004). Die Inhaftierung im Strafvollzug oder die Unterbringung im Maßregelvollzug geht durch eine massive Fremdbestimmung und externe Kontrolle mit einem stark reduzierten Maß an Selbstbestimmung einher (vgl. Goffman, 1977; Sykes, 1974). Eine Steigerung von Selbstbestimmung und Kontrollerleben sollte negative Auswirkungen der Unterbringung auf die psychische Gesundheit abfedern, sich positiv auf die Behandlungsbereitschaft auswirken (Goodstein, MacKenzie & Shotland, 1984; Ward et al., 2004) und auch Gewalthandlungen im Vollzug vorbeugen (Wolter & Boxberg, 2016). Es ist aber darauf zu achten, dass die explizite Nutzung von Lockerungsmaßnahmen als Belohnung für „Wohlverhalten" nicht vom Gesetzgeber erwünscht ist (Köhne & Lesting, 2012).

Erprobung. Das Verhalten bei Lockerungen stellt eine wichtige Informationsgrundlage für Gutachter*innen und Gerichte bei der Einschätzung der zukünftigen Gefährlichkeit der Inhaftierten dar (Müller et al., 2017b; Wischka, 2015). In dem Sinne gelten im Rahmen des Maßregelvollzugs Vollzugslockerungen als Vorbereitung für die Aussetzung der Maßregel zur Bewährung (Grünebaum & Volckart, 2015). Auch im Bereich des Strafvollzuges hängen Lockerungsgewährungen mit Strafrestaussetzungen zur Bewährung zusammen. Wenn von den Anstalten keine Lockerungen gewährt werden, fehlt den Strafvollstreckungskammern eine wichtige Grundlage für eine prognostische Einschätzung und die Wahrscheinlichkeit für eine Strafrestaussetzung sinkt (Albrecht, Baltzer & Krehl, 2010; Suhling & Rehder, 2009).

Neben diesen Vorteilen, die Lockerungen im Rahmen des Vollzugs mit sich bringen, stellt sich die Frage, ob sich positive Einflüsse von Lockerungsgewährungen auch auf die Zeit nach der Entlassung nachweisen lassen. Diese Annahme ist auch deshalb von Relevanz, weil man davon ausgeht, dass Vollzugslockerungen zusätzlich die Resozialisierung erleichtern, indem sie eine Verbindung zu der Welt außerhalb des Vollzuges (z. B. in Form von sozialen Kontakten oder einer Arbeitsstelle) aufrechterhalten oder, bei einer langen Unterbringung, neu aufbauen (z. B. Albrecht et al., 2010). Hier ist die Studienlage aber leider nicht besonders aussagekräftig. Internationale Studien berichten, dass Lockerungsgewährungen während des Vollzugsverlaufs mit niedrigeren Rezidivraten nach Entlassung einhergehen und dass sich bei Lockerungsmaßnahmen mit Außenbeschäftigung auch positive Effekte auf die Einstellungschancen nach Entlassung ergeben (Baumer, O'Donnell & Hughes, 2009; Cheliotis, 2008). Bei einer kanadischen Studie an 27.098 Haftentlassenen zeigte sich unter Berücksichtigung von Variablen, die im Selektionsprozess der Lockerungsgewährung eine Rolle spielten, sogar ein signifikanter Effekt des Lockerungsausmaßes (Häufigkeit der Lockerungswahrnehmung) auf die Rückfälligkeit und die Chance, eine Anstellung zu finden (Helmus & Ternes, 2017). Studien aus Deutschland sind bei diesem Thema hingegen weniger eindeutig. Suhling und Rehder (2009) betrachteten 115 in den 1990er-Jahren in Niedersachsen inhaftierte Sexualstraftäter im offenen und geschlossenen Vollzug. Sie untersuchten sowohl den Einfluss der Vollzugsform als auch den Einfluss von Lockerungsgewährungen im geschlossenen Vollzug (keine/begleitete vs. unbegleitete) auf die Rückfälligkeit. Dabei zeigte sich ein positiver Einfluss des offenen Vollzuges auf die allgemeine Rückfälligkeit, aber kein Einfluss der Lockerungsgewährung auf die Rückfallraten.

Insgesamt zeigt sich, dass Lockerungen im Vollzug, zumindest theoretisch, wichtige Funktionen erfüllen. Aus internationalen Studien gibt es vorsichtige Hinweise, dass Lockerungsgewährungen auch positive Effekte in der Zeit nach Entlassung zeigen. In Anbetracht der nationalen Ergebnisse ist aber fraglich, ob diese Zusammenhänge so einfach auf Deutschland übertragen werden können. Zudem ist es möglich, dass einige der berichteten Effekte darauf zurückgehen könnten, dass Personen mit einem geringeren Rückfallrisiko eher gelockert werden (Kurlemann, 2019). Es fehlt an dieser Stelle an weiterer empirischer Prüfung, die auch diesen Selektionseffekt berücksichtigt.

26.4 Risiken von Vollzugslockerungen

Lockerungsmissbräuche können vielfältiger Natur sein. Einerseits umfasst der Begriff sehr niedrigschwellige Verhaltensweisen wie unerlaubten Suchtmittelkonsum oder verschiedene Weisungsverstöße (z. B. Verstoß gegen ein Kontaktverbot). Andererseits können Lockerungsmissbräuche aber auch Entweichungen und Straftaten während Lockerungen umfassen (vgl. Neumann et al., 2019). Der Entweichungsbegriff ist in Deutschland nicht einheitlich definiert. Gemeinhin versteht man darunter das unerlaubte Fernbleiben vom Gelände der Vollzugseinrichtung. Eine Entweichung während einer unbegleiteten Lockerung (weglaufen oder wegbleiben) nennt man auch passive Entweichung, während eine aktive Entweichung die „Überwindung" personaler (das Personal bei begleiteten Lockerungen) oder baulicher (bei einem „Ausbruch" aus geschlossener Unterbringung) Hindernisse voraussetzt (vgl. Neumann, 2020).

Bei der Betrachtung der folgenden Häufigkeitsangaben ist zu beachten, dass es sich um offizielle Angaben der Vollzugseinrichtungen handelt. Es ist davon auszugehen, dass einige Regelverstöße (darunter auch Lockerungsmissbräuche) nicht offiziell dokumentiert werden (Pachmann, 1979). Bei Entweichungen ist aber aufgrund der Offensichtlichkeit und der strikten Meldepflichten nicht zu erwarten, dass dieser Faktor stark ins Gewicht fällt.

Biedermann und Rettenberger (2020) betrachteten Lockerungsmissbräuche von Insassen, die zwischen 2013 und 2018 aus einer Sozialtherapeutischen Anstalt in Ludwigshafen entlassen wurden. Von 129 Insassen haben 109 Zugang zu Vollzugslockerung erhalten. Davon haben 11,9 % irgendeine Art des Lockerungsmissbrauches begangen. Zahlen aus dem niedersächsischen Maßregelvollzug zeigen, dass bei etwa 30 % der (überwiegend) erstmals gewährten unbegleiteten Lockerungen in dem Jahr nach der Gewährung der Lockerungsstufe irgendeine Form des Lockerungsmissbrauchs zu verzeichnen ist (Neumann et al., 2019).

Dünkel, Pruin, Beresnatzki und Treig (2018) berichten den prozentualen Anteil von Entweichungen während unbegleiteter Vollzugslockerungen an der Anzahl der gewährten Lockerungen für den Zeitraum von 1977 bis 2015 (s. a. Dünkel & Pruin, 2015). Bei dieser Verlaufsbetrachtung wird deutlich, dass die Entweichungszahlen kontinuierlich abnehmen, und um das Jahr 2015 zeigt sich bei allen untersuchten Lockerungsformen (Ausgang, Freigang, Urlaub) ein Anteil an Entweichungen von unter 0,5 %. Auch im Maßregelvollzug sind die Entweichungszahlen sowohl absolut als auch relativiert an den Belegungszahlen in den letzten Dekaden stark zurückgegangen (Neumann et al., 2019; Seifert & Leygraf, 2016). Im Jahr 2016 wurden im niedersächsischen Maßregelvollzug bspw. 0,4 Entweichungen während Lockerungen pro 10 Belegungen erfasst, während noch im Jahr 1999 ca. 0,9 Entweichungen pro 10 Belegungen gezählt wurden (Neumann, 2020).

Zwei Studien, die in einer forensischen Psychiatrie in Lippstadt durchgeführt wurden, geben Aufschluss darüber, wie häufig Entweichungsvorfälle und erneute Straftaten unter Berücksichtigung der wahrgenommenen Lockerungsmaßnahmen sind. Pollähne (1994) registrierte zwischen 1987 und 1990 eine Entweichung pro 500 Lockerungsmaßnahmen (bei im Mittel 20.000 Ausgängen ohne Begleitung und 5.000 Tagen Urlaub pro Jahr). Mahler, Pokorny und Pfäfflin (2000) analysierten alle Entweichungen über einen Zeitraum von fünf Jahren und registrierten 190 Entweichungsfälle von 86 Patient*innen bei 99.515 Lockerungsmaßnahmen (Anzahl der Lockerungsmaßnahmen ist eine Hochrechnung).

Harling (1997) betrachtete Lockerungsgewährungen und -missbräuche im niedersächsischen Strafvollzug in den Jahren 1990 und 1991. Sie berichtet davon, dass im Jahr 1991 von insgesamt 91.467 gewährten Lockerungsmaßnahmen 102 für Straftaten missbraucht wurden (0,11 %). Über den gesamten Betrachtungszeitraum konnten 264 Delikte während Lockerungen erfasst werden (davon 121 Diebstahlsdelikte, 26 Körperverletzungsdelikte, 3 Tötungsdelikte und 1 Sexualdelikt). Mahler et al. (2000) schätzten, dass bei etwa 0,02 % der Lockerungswahrnehmungen in der forensischen Psychiatrie Lippstadt ein Rückfalldelikt (insgesamt wurden 22 Taten erfasst, davon 10 Eigentumsdelikte, 4 Sexualdelikte und 2 Gewaltdelikte) stattgefunden hat. Im niedersächsischen Maßregelvollzug zeigt sich zudem, dass selbst bei Entweichungen nur in unter 10 % der Fälle auch eine Straftat begangen wird (Neumann, 2020; s. a. Mahler et al., 2000).

Man kann also festhalten, dass Entweichungen und erneute Straftaten während Lockerungen, v. a. im Vergleich zu der Anzahl an wahrgenommenen Lockerungsmaßnahmen, eine absolute Seltenheit darstellen (s. a. Biedermann & Rettenberger, 2020; Cheliotis, 2005; Gretenkord & Müller-Isberner, 1991; Köpke, 2010; Osborne, 1994; Scott & Meehan, 2017; Watson & Choo, 2020). Kommt es dennoch zu erneuten Straftaten, scheinen schwere Gewalt-, Sexual- oder gar Tötungsdelikte wiederum nur einen Bruchteil der Vorfälle auszumachen.

26.5 Lockerungsprognosen

Um die Vorteile von Vollzugslockerungen bestmöglich nutzen zu können und das Risiko für die Allgemeinheit möglichst gering zu halten, ist ein effektives Risikomanagement von zentraler Bedeutung. Unter Risikomanagement versteht man „das richtige Erkennen der richtigen Risikofaktoren zum richtigen Zeitpunkt und deren angemessene Behebung oder deren Ausgleich durch protektive Faktoren" (Müller et al., 2017a, S. 357). Dabei handelt es sich um ein kontinuierliches Zusammenspiel aus Prognose (Identifikation von Risikopotenzialen und Ressourcen) und Behandlung (Reduktion von Risikopotenzialen und/oder Aufbau von Ressourcen) über den gesamten Unterbringungszeitraum. Dazu gehört auch die Einschätzung der Wahrscheinlichkeit eines Zwischenfalls bei der Gewährung einer bestimmten Lockerungsstufe im Rahmen einer Lockerungsprognose (vgl. Nedopil, 2006a; Neumann et al., 2019). Diese erwarteten „Zwischenfälle", die einer Lockerungsgewährung im Weg stehen, sind schwierig zu definieren. Häufig werden unter dem Begriff nur erneute Straftaten oder Entweichungen gefasst, nach einigen Maßregelvollzugsgesetzen sind aber auch alle anderen Zwischenfälle gemeint, die den Behandlungsfortschritt gefährden würden (z. B. Suchtmittelkonsum; vgl. Grünebaum & Volckart, 2015). Die Lockerungsprognose unterscheidet sich also dahingehend von anderen Arten der Kriminalprognose, dass sie teilweise auf wenig gravierende Zwischenfälle fokussiert ist. Laubenthal (2015) verweist aber darauf, dass hier Vorsicht geboten ist, da „nicht jede noch so geringe Befürchtung eine Lockerungsverweigerung bedingen" (S. 389) kann. So bedürfe es „konkreter Hinweise auf eine nicht unerhebliche Gefahr" (S. 389). Meist steht daher die Vorhersage von Entweichungen und erneuten Straftaten im Vordergrund. Die Lockerungsprognose nimmt aber auch in Bezug auf den betrachteten Zeitrahmen eine Sonderstellung ein (vgl. Neumann et al., 2019). Es stellt sich die Frage, ob die eben besprochenen Zwischenfälle im Rahmen der spezifischen Lockerungsmaßnahmen auftreten werden. Nedopil (2006b) spricht daher bei der Lockerungsprognose von einer Kurzzeitprognose und mutmaßt, dass sich die für die Begutachtung relevanten Faktoren von anderen Prognosearten unterscheiden. Es ist davon auszugehen, dass durch die zeitlich kurzfristige Perspektive statische Faktoren in den Hintergrund treten und dynamische Faktoren an Bedeutung gewinnen (Stübner, Gross & Nedopil, 2006; zu statischen/dynamischen Faktoren s. Bonta & Andrews, 2017; Heffernan, Wegerhoff & Ward, 2019; Volbert & Dahle, 2010; sowie Kap. 25 in diesem Band).

Trotz allem sollten nach Nedopil (2006a) in einem ersten Schritt Hochrisikopersonen identifiziert werden, die sich v. a. durch hohe Werte auf der *Psychopathy-Checklist* (PCL-R; Hare, 2003; deutsche Version: Mokros, Hollerbach, Nitschke & Habermeyer, 2017) oder generell durch eine hohe Belastung mit statischen Risikofaktoren auszeichnen. Bei dieser Klientel sollten sich die Verantwortlichen des erhöhten Risikos bei Lockerungen bewusst sein und das Verhalten bei etwaigen Lockerungsmaßnahmen müsse streng überwacht werden. In einem zweiten Schritt schlägt Nedopil (2006a) vor, in einem hypothesengeleiteten Vorgehen relevante Lockerungshindernisse zu definieren, die sich überwiegend als fixierte dynamische Risikofaktoren verstehen lassen (Textbox 26.1).

Im Rahmen des Maßregelvollzugs wäre ein mögliches relevantes Lockerungshindernis das

Textbox 26.1:
Unterteilung dynamischer Risikofaktoren

(vgl. Hanson & Harris, 2001; Heffernan et al., 2019; Nedopil, 2006a)

Fixierte dynamische Risikofaktoren
Potenziell änderbare, aber zeitlich relativ stabile Faktoren. Spontane Veränderungen ohne gezielte Intervention sind eher unwahrscheinlich.
Bsp.: Kontakt zu dissozialen Peers, dysfunktionale Einstellungen, stabile Reaktionsmuster

Aktuell (akut) dynamische Risikofaktoren
Akute, zeitlich wenig stabile Faktoren. Starke, oft situationsbedingte Fluktuationen sind zu erwarten.
Bsp.: emotionale Zustände, Alkohol-/Drogenkonsum, Zugang zu (potenziellen) Opfern

Fortbestehen der Symptomatik einer psychischen Störung, während im Strafvollzug möglicherweise häufiger das Fortbestehen kriminalitätsförderlicher Einstellungen im Vordergrund stehen könnte (für eine Übersicht von möglichen Lockerungshindernissen s. Textbox 26.2). Lockerungshindernisse sollten bei jedem Fall individuell gewichtet werden und es sollte regelmäßig, wenn möglich vor jeder Lockerung, das Vorhandensein von relevanten Lockerungshindernissen geprüft werden. Das von Nedopil (2006a) postulierte Vorgehen fußt zwar z. T. auf empirischen Erkenntnissen, ist aber nicht selbst empirisch überprüft.

Textbox 26.2: Lockerungshindernisse während stationärer Unterbringungen
(nach Nedopil, 2006a)

Klinische Aspekte
- Fehlen von Krankheitseinsicht und Therapiemotivation
- Fortbestehen psychopathologischer Auffälligkeit (Symptomatik)
- Fortbestehen emotionaler Labilität und Impulsivität
- Fehlen von Copingmechanismen
- Entwicklung eines Hospitalisierungssyndroms
- Nichtansprechen auf Behandlung

Allgemeine Delinquenzbereitschaft (krimineller Lebensstil)
- Fortgesetzte, ausgeprägte Dissozialität auch innerhalb der Einrichtung
- Fortbestehen kriminogener Bedürfnisse
- Fortbestehen des Wunsches, eine kriminogene Umgebung aufzusuchen
- Fehlende Bereitschaft, sich mit der bisherigen eigenen Delinquenz auseinanderzusetzen

Soziale Fehlanpassung
- Fortbestehen von Substanzmissbrauch
- Mangel an Selbstwertgefühl und Selbstsicherheit
- Fortbestehen der Neigung, Verlockungen und Verführungen zu erliegen
- Fehlen von Copingstrategien bei Frustration und Verärgerung
- Fortbestehen einer infantilen Versorgungserwartung und die Unfähigkeit, eigene Anstrengungen zur Überwindung misslicher Situationen zu erbringen
- Fortbestehender Mangel an Zuverlässigkeit in der Alltagssituation des Maßregelvollzugs oder der therapeutischen Abteilung

Sexuelle Deviation
- Fortbestehen einer gefühlsmäßigen Identifikation mit Kindern
- Fortbestehen einer feindseligen Einstellung ggü. Frauen
- Rückzug aus sozialen Beziehungen
- Fortbestehen von Einsamkeit
- Fehlen von sorgendem Interesse für andere
- Fortgesetzte Präokkupation mit dem eigenen Geschlechtstrieb
- Fortbestehen sexueller Betätigung als Coping für andere Belastungen und Entwertungen
- Fortbestehende Intensität der abweichenden sexuellen Interessen
- Weiterbestehen der Überzeugung, zur sexuellen Aktivität berechtigt zu sein
- Weiterbestehen von „rape attitudes"
- Weiterbestehen von „child molester attitudes"

26.5.1 Prädiktoren für Lockerungsmissbräuche

Die Kriterien, die tatsächlich in der Praxis einer Lockerungsprognose zugrunde gelegt werden, sind bisher kaum systematisch erfasst. Kobbé (1992) berichtet, dass im deutschen Maßregelvollzug frühere erfolgreiche Lockerungen, eine stabile therapeutische Beziehung, keine medikamentöse Behandlung und eine derzeitige Diagnose einer nicht organischen Psychose eher mit Lockerungsgewährungen einhergehen, während ein gewalttätiges Sexualdelikt als Anlasstat, eine höhere Frequenz von Einzelgesprächen und frühere Straftaten bei Entweichungen eher gegen die Genehmigung für weitere Lockerungen sprechen. Eine Umfrage unter Kliniker*innen in deutschen forensisch-psychiatrischen Einrichtungen zeigte, dass für Lockerungsentscheidungen besonders fixierte dynamische Faktoren als wichtig erachtet wurden (Stübner et al., 2006; für weitere Befunde s. Helmus & Ternes, 2017; Pollähne, 1994). Eigentlich stellt sich dabei die Frage, ob die in der Praxis genutzten Prognosekriterien auch diejenigen sind, die tatsächlich mit einem erhöhten Risiko für Zwischenfälle bei Lockerungsmaßnahmen einhergehen (s.a. Lyall & Bartlett, 2010). Leider ist das kaum zu beantworten, da bei Studien zu Lockerungsmissbräuchen nur die Personen betrachtet werden können, die auch tatsächlich Lockerungen erhalten haben. Es kann also sein, dass Kriterien, die in der Praxis Anwendung finden, in den Studien nicht mehr auftauchen, da Personen mit diesem Risikomerkmal „herausgefiltert" wurden. Dennoch können diese Studien zumindest Aufschluss darüber geben, welche Kriterien bisher nicht berücksichtigt werden.

International und in Deutschland lassen sich v.a. Arbeiten finden, die versucht haben, Prädiktoren für Entweichungsvorfälle in forensisch-psychiatrischen Einrichtungen zu identifizieren. Campagnolo, Furimsky und Chaimowitz (2019) haben in einem Review englischsprachiger Literatur versucht, dahingehend Erkenntnisse zusammenzutragen. Dabei wurde v.a. deutlich, wie wenig gesicherte Befunde über das Themenfeld vorliegen, wie unsystematisch Lockerungsbegutachtungen zu großen Teilen durchgeführt werden und welche methodischen Schwächen die Studien aufweisen (kleine Stichproben, lückenhafte Datengrundlage, unpassende Kontrollgruppen, retrospektive Designs), die bisher zu dem Thema vorliegen. Nichtsdestoweniger lassen sich mit etwas Vorsicht einige (überwiegend statische) Risikofaktoren für Lockerungsmissbräuche (insbesondere Entweichungen) identifizieren: Eigentumsdelikte in der Delikthistorie (Mahler et al., 2000; Neumann et al., 2019), Gewaltdelikte in der Delikthistorie (Gacono, Meloy, Speth & Roske, 1997; Jöckel & Müller-Isberner, 1996; Moore & Hammond, 2000; Neumann et al., 2019), frühere Lockerungsmissbräuche und andere Regelübertretungen im Vollzug (Cullen et al., 2015; Kirchebner, Lau & Sonnweber, 2021; Neumann et al., 2019; Quinsey, Coleman, Jones & Altrows, 1997), vermehrter Drogen- und Alkoholkonsum (v.a. in Form einer Suchterkrankung; Cullen et al., 2015; Kirchebner et al., 2021; Martin, McGeown, Whitehouse & Stanyon, 2018; Neumann et al., 2019; Wilkie, Penney, Fernane & Simpson, 2014), jüngeres Alter (Kirchebner et al., 2021; Moore & Hammond, 2000) und Persönlichkeitsstörungen (Jöckel & Müller-Isberner, 1996; Mahler et al., 2000; Moore & Hammond, 2000).

In Bezug auf den Strafvollzug ist die Studienlage sehr viel überschaubarer. Einige der vielversprechenden Prädiktoren aus dem forensisch-psychiatrischen Kontext finden sich aber bei nicht psychiatrischen Stichproben wieder. So gibt es auch dort Hinweise auf den Einfluss jungen Alters, früherer Gewalt- oder Eigentumsdelikte, früherer Regelübertretungen während der Unterbringung (z.B. Entweichungen, Suchtmittelkonsum, aggressive Handlungen) und von einer Alkohol- oder Drogenproblematik (Biedermann & Rettenberger, 2020; Osborne, 1994; Ryan, 1997; für eine Übersicht s. Cheliotis, 2009).

Ein bisher ungelöstes Problem bei der Vorhersage von Entweichungsvorfällen scheint es zu sein, dass die statistischen Modelle zwar Fälle ohne Entweichung gut identifizieren können (hohe „negative-predictive power"), aber bei der Identifikation von Fällen mit Entweichung viele Fehler machen (niedrige „positive-predictive power"; Booth, Michel, Baglole, Healey & Robertson, 2021; Cullen et al., 2015; Kirchebner et al., 2021; Neumann et al., 2019; O'Shea & Dickens, 2015). Auf Basis von Untersuchungen, die sich mit der Motivation von Entweichungen beschäftigen, wird deutlich, dass viele Entweichungen eher spontan, aus akuter Frustration mit der Situation, einer akuten Symptomatik oder einem stressreichen Ereignis hervorgehen (Campagnolo et al., 2019; Martin et al., 2018; Mezey, Durkin, Dodge & White, 2015; Simpson, Penney, Fernane & Wilkie, 2015; Watson & Choo, 2020). Es ist denkbar, dass in den bisherigen statistischen Untersuchungen der Blick auf die Personenebene (Entweicher vs. Nichtentweicher), im Gegensatz zu einer Betrachtung einzelner Lockerungsmaßnahmen, zum einen die Wichtigkeit von statischen Risikofaktoren überschätzt hat und zum anderen eine Identifikation von vielen relevanten zeitlich nur sehr kurz wirksamen Faktoren (akut dynamische Faktoren wie z. B. Frustration oder Angst vor Mitgefangenen) unmöglich gemacht hat (vgl. Neumann et al., 2019).

Inwieweit sich klassische Prognoseinstrumente für die Vorhersage von Lockerungsmissbräuchen eigenen, ist noch unklar (Biedermann & Rettenberger, 2020; Campagnolo et al., 2019; Cullen et al., 2015; Dahle & Schmidt, 2014; Gacono et al., 1997; Martin et al., 2018; Wilkie et al., 2014). Spezielle Instrumente wie das *Leave/Abscond Risk Assessment* (LARA; Hearn, Ndegwa, Norman, Hammond & Chaplin, 2012), das *Leave Risk Assessment* (LRA; Hilterman, Philipse & de Graaf, 2011), das *Short Term Assessment of Risk and Treatability* (START; Webster, Martin, Brink, Nicholls & Desmarais, 2009) oder das *Booth Evaluation of Absconding Tool* (BEAT; Booth et al., 2021) wurden entweder noch nicht hinreichend validiert (im Falle von LARA, LRA und BEAT) oder zeigen im Rahmen der empirischen Prüfung keine zufriedenstellenden Ergebnisse in Bezug auf die Vorhersage von Entweichungen (O'Shea & Dickens, 2014; O'Shea & Dickens, 2015; O'Shea, Picchioni & Dickens, 2016). Wedler und Maaß (2016) weisen nachdrücklich darauf hin, dass die Nutzung von standardisierten Prognoseinstrumenten oder Checklisten im Lockerungsprozess wünschenswert wäre; „jedoch fehlen Verfahren, die ... als einheitliche Grundlage für Lockerungsentscheidungen herangezogen werden können“ (S. 549).

26.5.2 Momentanes Vorgehen bei Lockerungsprognosen

Lockerungsprognosen werden i. d. R. durchgeführt, wenn es um die Frage geht, ob in Zukunft eine bestimmte Lockerungsstufe (z. B. Ausgang) gewährt werden soll. Dabei werden hauptsächlich anstaltsintern prognostische Einschätzungen vorgenommen, z. B. von Anstaltspsycholog*innen im Strafvollzug oder den Bezugstherapeut*innen in forensisch-psychiatrischen Einrichtungen. Außerdem gibt es Fallkonferenzen, in denen Lockerungsentscheidungen in multiprofessionellen Teams erörtert werden. Nach eigenem Ermessen kann die Anstaltsleitung ihre Entscheidungskompetenz über die Lockerungsgewährung auch an ein solches Gremium abgeben (Feest & Walter, 2012). Unter bestimmten Voraussetzungen (s. z. B. Ausführungsbestimmungen zu § 15 Abs. 5 Nds. MVollzG) müssen oder können aber auch externe Prognostiker*innen mit einer Lockerungsprognose beauftragt werden.

Wurde eine Lockerungsstufe bewilligt, kann eine Vollzugseinrichtung immer noch aufgrund von akuten Risikopotenzialen die tatsächliche Wahrnehmung der Lockerung in einzelnen Fällen versagen. Auch hier wird also von den Mitarbeitenden der Vollzugseinrichtungen streng genommen vor jeder Vollzugslockerung eine kriminalprognostische Einschätzung verlangt.

Wie genau bei Lockerungsbegutachtungen i. d. R. vorgegangen wird, ist aber noch sehr wenig beforscht (für eine beispielhafte Beschreibung des Lockerungsprozesses in der Klinik für forensische Psychiatrie in Rostock s. Wedler & Maaß, 2016). Kobbé (1992) beschreibt, dass bereits Anfang der 90er-Jahre das Fehlen von einheitlichen Entscheidungskriterien für Lockerungsentscheidungen im Maßregelvollzug kritisiert wurde (zu dem geringen Standardisierungsgrad im Lockerungsprozess s. a. Köpke,

2010; Sklenarova, Neutze, Kretschmer & Nitschke, 2020). Neumann et al. (2019) haben gezeigt, dass der Lockerungsprozess in den Kliniken des niedersächsischen Maßregelvollzuges klar geregelt ist. Zwischen den Kliniken lassen sich aber deutliche Unterschiede hinsichtlich der Stufenabfolge im Lockerungsprozess und dem organisatorischen Ablauf des Begutachtungsprozesses identifizieren. Zudem zeigen sich z. T. Kommunikationsprobleme zwischen den Kliniken und juristischen Stellen (v. a. Staatsanwaltschaften).

26.5.3 Empfehlungen für die Lockerungsbegutachtung

Trotz der dürftigen empirischen Befundlage in Bezug auf Lockerungsprognosen sollen im Folgenden auf Basis der bisherigen theoretischen Überlegungen (v. a. in Anlehnung an Nedopil, 2006a) und empirischen Erkenntnisse einige Empfehlungen für die Lockerungsbegutachtung gegeben werden. Ganz allgemein sollten Lockerungsprognosen in ein kontinuierliches und möglichst standardisiertes Risikomanagement der Vollzugseinrichtung eingebettet sein (vgl. Müller et al., 2017b), damit Veränderungen relevanter dynamischer Faktoren erfasst, dokumentiert, bearbeitet und ggf. externen Prognostiker*innen zur Verfügung gestellt werden können. Die Lockerungsprognose ist immer eine wissenschaftlich fundierte Risikoeinschätzung. Faktoren, die keinen klaren Bezug zum Risiko für Lockerungsmissbräuche besitzen (z. B. die verbleibende Zeit in Unterbringung), sollten daher an dieser Stelle nicht berücksichtigt werden. Solche Faktoren können natürlich trotzdem zusammen mit dem ermittelten Risiko in die Entscheidungsfindung der Anstaltsleitung einfließen.

Eingangsdiagnostik. Zu Beginn der Unterbringung im Straf- oder Maßregelvollzug sollten im Kern zwei Ziele verfolgt werden. Einerseits sollte mithilfe von standardisierten Prognoseverfahren ein langfristiges Risiko ermittelt werden (besonders auf Grundlage der Belastung mit statischen Risikofaktoren). Hierbei spielt v. a. die Identifikation von Hochrisikopersonen eine zentrale Rolle. Andererseits empfiehlt es sich, eine individuelle Delinquenztheorie zu erstellen (s. die klinisch-idiografische Kriminalprognose nach Kap. 25 in diesem Band). Dabei ist relevant, dass erarbeitet wird, welche konkreten Bedingungsfaktoren bei der betreffenden Person für dissoziale Auffälligkeiten ursächlich sind. Es gilt im Hinblick auf die Lockerungsprognose v. a. zu identifizieren, welche dynamischen Faktoren Relevanz besitzen und inwieweit eine Änderung dieser Faktoren notwendig ist, um bestimmte Lockerungsstufen umsetzen zu können (dies kann sich bspw. in Bezug auf begleitete oder unbegleitete Lockerungen unterscheiden). Es sollte also die Frage gestellt werden, welche dynamischen Faktoren einer bestimmten Lockerungsstufe im Wege stehen. Dabei können bspw. die von Nedopil (2006a) definierten Lockerungshindernisse (s. Textbox 26.2) als Orientierung herangezogen werden. An dieser Stelle ist auch das zuvor ermittelte langfristige Risiko zu berücksichtigen. Bei Personen mit einer hohen Belastung durch statische Risikofaktoren sind ggf. bereits geringe Defizite bei dynamischen Risikofaktoren als Lockerungshindernisse zu werten. Die individuelle Delinquenztheorie und die Gewichtung der verschiedenen (dynamischen) Risikopotenziale kann sich natürlich im Laufe der Unterbringung und einer möglichen Therapie ändern und sollte, wenn nötig, angepasst werden.

Kontinuierliche Erfassung von Lockerungshindernissen. Nach der Identifikation relevanter dynamischer Faktoren sollten diese über den Verlauf der Unterbringung regelmäßig erhoben und dokumentiert werden, um mögliche negative Entwicklungen erkennen und beheben zu können, aber auch, um feststellen zu können, wann etwaige Lockerungshindernisse überwunden sind. In Zukunft könnten spezielle standardisierte Verfahren zur wiederholten Erfassung von dynamischen Risiko- und Schutzfaktoren helfen, dieses Vorgehen zu vereinheitlichen. Beispiele aus dem forensisch-psychiatrischen Bereich sind dafür etwa das START (Webster et al., 2009) oder das Instrument for Forensic Treatment Evaluation (IFTE; van der Veeken, Bogaerts & Lucieer, 2018). Wie bereits zuvor angesprochen, verhindert dieses Vorgehen nicht nur, dass eine Lockerungsstufe zu früh gewährt wird. Es hilft auch dabei, zu vermeiden, dass eine Lockerungsstufe zu lange verwehrt bleibt. Sind alle als relevant erachteten Lockerungshindernisse überwunden, ist die entsprechende Lockerungsstufe zu gewähren. Die Frage, ob alle relevanten Lockerungshindernisse überwunden sind und ob die Auswahl der Lockerungshindernisse sinnvoll vorgenommen wurde, ist dabei vor der Gewährung einer neuen Lockerungsstufe im besten Fall in einem multiprofessionellen Team zu erörtern und bei Hochrisikopersonen (v. a. vor der ersten Gewährung einer unbegleiteten Vollzugslockerung) durch eine externe prognostische Einschätzung zu überprüfen.

Berücksichtigung des akuten Risikos vor jeder Lockerungsgewährung. Nach der Gewährung einer bestimmten Lockerungsstufe gilt es (außer bei Langzeitlockerungen wie Urlaub), vor jeder Lockerungswahrnehmung die Erkenntnisse aus der langfristigen Risikoeinschätzung und der kontinuierlichen Erfassung dynamischer Faktoren mit einer tagesaktuellen Risikoeinschätzung zu integrieren. Dabei sollte darauf geachtet werden, ob eine akute Motivation für Entweichungen oder Straftaten vorliegt. Beispiele sind: starkes Craving (bei Personen mit Suchtproblematik), Angst vor anderen Personen in der Einrichtung, starke Frustration mit dem Verlauf oder den Umständen der Unterbringung, geäußerte Fluchtwünsche, aktuelle situative Faktoren der Lockerung (z. B. ehemaliges Opfer befindet sind im Lockerungsradius). Das Vorliegen eines akuten Risikos sollte nicht dazu führen, dass die Gewährung der Lockerungsstufe zurückgenommen wird. Vielmehr sollten die zugrunde liegenden Aspekte bearbeitet werden, sodass die Lockerungen schnellstmöglich wieder wahrgenommen werden können.

26.6 Abschließende Bewertung

Vollzugslockerungen bilden als Behandlungsmaßnahme einen wichtigen Bestandteil eines humanen Straf- und Maßregelvollzuges. Sie sind ein zentrales Element einer kognitiv-behavioral orientierten Straftätertherapie, bieten eine Motivation für Inhaftierte, an Angeboten oder Behandlungsmaßnahmen teilzunehmen, und liefern wertvolle Informationen für Prognostiker*innen und Gerichte.

Betrachtet man die Risiken, die mit Vollzugslockerungen einhergehen, wird deutlich, dass das Risiko für Lockerungsmissbräuche zwar besteht, aber zumindest im Kontext der momentan praktizierten Lockerungspraxis die Häufigkeit schwerwiegender Verstöße wie Entweichungen oder erneuter Straftaten im Vergleich zu der Anzahl an gewährten Lockerungen gering ist. Das bedeutet natürlich nicht, dass mit Lockerungen leichtfertig umgegangen werden sollte. Es legt aber nahe, dass es sinnvoll ist, Vollzugslockerungen liberaler zu gewähren und v. a. im Strafvollzug stärker in den Vollzugsalltag (und die Straftäterbehandlung) zu integrieren. Hürden im Lockerungsprozess sollten an jeder Stelle auf ihre Sinnhaftigkeit geprüft und, wenn möglich abgebaut werden. Ganz im Gegensatz dazu bekommt man bei der Betrachtung der tatsächlichen kriminalpolitischen Entscheidungen in Bezug auf Vollzugslockerungen mitunter den Eindruck, dass hier eine „emotionale Kriminalpolitik“ (Schüler-Springorum, 2002) vorherrscht, die von dem politischen Wunsch eines Strafvollzuges „ohne besondere Vorkommnisse“ (Dünkel et al., 2018, S. 45) und der Angst vor einer Skandalisierung von Zwischenfällen in den Medien (Albrecht et al., 2010; Cheliotis, 2009; Dünkel et al., 2018) geprägt ist. Eine restriktivere Lockerungspolitik führt zwangsläufig zu weniger Zwischenfällen und dieser Zugewinn an „Sicherheit“ wird gerne als Erfolgsnachweis der politischen Richtung in den Medien interpretiert (z. B. Rehn, 2008). Dabei werden aber die ausbleibenden positiven Aspekte von Vollzugslockerungen außer Acht gelassen.

Sinnvoller, als Lockerungen pauschal einzuschränken, wäre die Förderung eines empirisch und theoretisch fundierten Risikomanagements (vgl. Müller et al., 2017b). In Bezug auf Vollzugslockerungen zeigt sich dabei, dass wir bereits einige empirische Erkenntnisse haben, die Risikoprognosen zugrunde gelegt werden können. Es wird aber auch deutlich, dass noch viele Wissenslücken bestehen. Beispielsweise wurden in bisherigen Untersuchungen hauptsächlich statische Risikofaktoren für Lockerungsmissbräuche identifiziert, obwohl theoretische Überlegungen und auch Befunde zu den Motiven für Entweichungen darauf hindeuten, dass (akut) dynamische Risikofaktoren ebenfalls einen großen Einfluss auf das Auftreten von Lockerungsmissbräuchen haben sollten. Gerade in diesem Bereich scheint es daher sinnvoll, neue methodische Ansätze zu wählen, um das Forschungsfeld weiter voranzubringen.

26.7 Weiterführende Literatur

Pollähne, H. (2018). Das Maß des Freiheitsentzugs (Vollzugslockerungen). In H. Pollähne & H. Kammeier (Hrsg.), *Maßregelvollzugsrecht* (4. Aufl., S. 229–306). Berlin, Boston: De Gruyter.

Wedler, K. & Maaß, C. (2016). Lockerungsentscheidungen im Erwachsenen-Maßregelvollzug. In F. Häßler, W. Kinze & N. Nedopil (Hrsg.), *Praxishandbuch Forensische Psychiatrie: Grundlagen, Begutachtung, Interventionen im Erwachsenen-, Jugendlichen- und Kindesalter* (2. Aufl., S. 539–550). Berlin: MWV.

Wischka, B. (2015). Zur Notwendigkeit von Erprobungsräumen bei der Behandlung von Straftätern innerhalb und außerhalb der Mauern. In B. Wischka, W. Pecher & H. van den Boogaart (Hrsg.), *Studien und Materialien zum Straf- und Massregelvollzug: v.26. Behandlung von Straftätern: Sozialtherapie, Maßregelvollzug, Sicherungsverwahrung* (S. 487–509). Herbolzheim: Centaurus.

Literatur

Albrecht, P.-A., Baltzer U. & Krehl, C. (2010). Der schwierige Weg der Dritten Gewalt zwischen Freiheit und Sicherheit. *Forensische Psychiatrie, Psychologie, Kriminologie, 4* (1), 12–22. https://doi.org/10.1007/s11757-009-0036-9

Andrews, D.A. & Dowden, C. (2006). Risk principle of case classification in correctional treatment: A meta-analytic investigation. *International Journal of Offender Therapy and Comparative Criminology, 50* (1), 88–100. https://doi.org/10.1177/0306624X05282556

Baumer, E.P., O'Donnell, I. & Hughes, N. (2009). The porous prison. *The Prison Journal, 89* (1), 119–126. https://doi.org/10.1177/0032885508330430

Biedermann, L. & Rettenberger, M. (2020). Prävalenz und Vorhersage von intramuralem Fehlverhalten und Lockerungsmissbräuchen in der Sozialtherapie. *Monatsschrift für Kriminologie und Strafrechtsreform, 103* (4), 235–249. https://doi.org/10.1515/mks-2020-2059

Bonta, J. & Andrews, D.A. (2017). *The psychology of criminal conduct* (6th ed.). London, New York: Routledge Taylor & Francis Group.

Booth, B.D., Michel, S.F., Baglole, J.S., Healey, L.V. & Robertson, H. (2021). Validation of the Booth Evaluation of Absconding Tool (BEAT) for Assessment of Absconding Risk. *Journal of the American Academy of Psychiatry and the Law, 49* (3), 338–349.

Campagnolo, D., Furimsky, I. & Chaimowitz, G.A. (2019). Absconsion from forensic psychiatric institutions: a review of the literature. *International Journal of Risk and Recovery*, 2 (2), https://doi.org/10.15173/ijrr.v2i2.3920

Cheliotis, L.K. (2005). The prison furlough programme in Greece. *Punishment & Society, 7* (2), 201–215. https://doi.org/10.1177/1462474505050443

Cheliotis, L.K. (2008). Reconsidering the effectiveness of temporary release: A systematic review. *Aggression and Violent Behavior, 13* (3), 153–168. https://doi.org/10.1016/j.avb.2008.02.004

Cheliotis, L.K. (2009). Before the next storm: some evidence-based reminders about temporary release. *International Journal of Offender Therapy and Comparative Criminology, 53* (4), 420–432. https://doi.org/10.1177/0306624X08316710

Cullen, A.E., Jewell, A., Tully, J., Coghlan, S., Dean, K. & Fahy, T. (2015). A prospective cohort study of absconsion incidents in forensic psychiatric settings: Can we identify those at high-risk? *PLoS*

ONE, 10 (9). https://doi.org/10.1371/journal.pone.0138819

Dahle, K.-P. (1994). Therapiemotivation inhaftierter Straftäter. In M. Steller, K.-P. Dahle & M. Basqué (Hrsg.), *Straftäterbehandlung. Argumente für eine Revitalisierung in Forschung und Praxis* (Studien und Materialien zum Straf- und Maßregelvollzug, Bd. 2, 2. Aufl., S. 227–246). Herbolzheim: Centaurus.

Dahle, K.-P. & Schmidt, S. (2014). Prognostische Validität des Level of Service Inventory-Revised. *Forensische Psychiatrie, Psychologie, Kriminologie, 8* (2), 104–115. https://doi.org/10.1007/s11757-014-0256-5

Deci, E.L. & Ryan, R.M. (1995). Human autonomy. The basis for true self-esteem. In M.H. Kernis (Ed.), *Efficacy, agency, and self-esteem* (The Plenum Series in Social/Clinical Psychology, pp. 31–49). New York, NY: Plenum Press.

Deci, E.L. & Ryan, R.M. (2008). Self-determination theory: A macrotheory of human motivation, development, and health. *Canadian Psychology/Psychologie Canadienne, 49* (3), 182–185. https://doi.org/10.1037/a0012801

Dolde, G. (1994). Vollzugslockerungen im Spannungsfeld zwischen Resozialisierungsversuch und Risiko für die Allgemeinheit. In H. Jung & H. Müller-Dietz (Hrsg.), *Langer Freiheitsentzug – wie lange noch? Plädoyer für eine antizyklische Kriminalpolitik* (Schriftenreihe der Deutschen Bewährungshilfe e.V., Bd. 21, S. 105–123). Bonn: Forum-Verlag Godesberg.

Dünkel, F. & Pruin, I.R. (2015). Wandlungen im Strafvollzug am Beispiel vollzugsöffnender Maßnahmen – Internationale Standards, Gesetzgebung und Praxis in den Bundesländern. *Kriminalpädagogische Praxis, 43* (50), 30–45. Verfügbar unter https://boris.unibe.ch/87468/

Dünkel, F., Pruin, I.R., Beresnatzki, P. & Treig, J. (2018). Vollzugsöffnende Maßnahmen und Entlassungsvorbereitung – Gesetzgebung und Praxis in den Bundesländern. *Neue Kriminalpolitik, 30* (1), 21–50. https://doi.org/10.5771/0934-9200-2018-1-21

Feest, J. & Walter, J. (2012). § 156. Anstaltsleitung. In J. Feest & W. Lesting (Hrsg.), *StVollzG. Kommentar zum Strafvollzugsgesetz* (AK-StVollzG, 6. Aufl., S. 875–880). Köln: Heymann.

Gacono, C.B., Meloy, R., Speth, E. & Roske, A. (1997). Above the law: Escapes from a maximum security forensic hospital and psychopathy. *Journal of the American Academy of Psychiatry and the Law, 25* (4), 547–550.

Goffman, E. (1977). Asyle. *Über die soziale Situation psychiatrischer Patienten und anderer Insassen* (3. Aufl.). Frankfurt a.M.: Suhrkamp.

Goodstein, L., MacKenzie, D.L. & Shotland, R.L. (1984). Personal control and inmate adjustment to prison. *Criminology, 22* (3), 343–369. https://doi.org/10.1111/j.1745-9125.1984.tb00304.x

Gratz, W. (1986). *Die Praxis der Unterbringung zurechnungsfähiger geistig abnormer Rechtsbrecher* (Schriften zum Strafrecht, Bd. 3). Wien: Orac.

Gretenkord, L. & Müller-Isberner, R. (1991). Entweichungen aus dem Maßregelvollzug. Analyse eines Symptoms. *Monatsschrift für Kriminologie und Strafrechtsreform, 74* (5), 305–315.

Grünebaum, R. & Volckart, B. (2015). *Maßregelvollzug. Das Recht des Vollzuges der Unterbringung nach §§ 63, 64 StGB in einem psychiatrischen Krankenhaus und in einer Erziehungsanstalt* (8. Aufl.). Köln: Heymanns.

Hanson, R.K. & Harris, A.J. (2001). A structured approach to evaluating change among sexual offenders. *Sexual Abuse, 13* (2), 105–122. https://doi.org/10.1177/107906320101300204

Hare, R.D. (2003). *Manual for the Revised Psychopathy Checklist* (2. ed.). Toronto: Multi-Health Systems.

Harling, A. von (1997). *Der Mißbrauch von Vollzugslockerungen zu Straftaten. Eine empirische Untersuchung zur Bewährung der Lockerungspraxis am Beispiel Niedersachsens in den Jahren 1990 und 1991* (Neue kriminologische Studien, Bd. 16). München: Fink.

Hearn, D., Ndegwa, D., Norman, P., Hammond, N. & Chaplin, E. (2012). Developing the leave/abscond risk assessment (LARA) from the absconding literature. An aide to risk management in secure services. *Advances in Mental Health and Intellectual Disabilities, 6* (6), 280–290. https://doi.org/10.1108/20441281211285919

Heffernan, R., Wegerhoff, D. & Ward, T. (2019). Dynamic risk factors: Conceptualization, measurement, and evidence. *Aggression and Violent Behavior, 48*, 6–16. https://doi.org/10.1016/j.avb.2019.06.004

Helmus, L.M. & Ternes, M. (2017). Temporary absences from prison in Canada reduce unemployment and reoffending: Evidence for dosage effects from an exploratory study. *Psychology, Public Policy, and Law, 23* (1), 23–38. https://doi.org/10.1037/law0000104

Hilterman, E.L. B., Philipse, M.W. G. & de Graaf, N.D. (2011). Assessment of offending during leave: development of the leave risk assessment in a sample of Dutch forensic psychiatric patients. *International Journal of Forensic Mental Health, 10* (3), 233–243. https://doi.org/10.1080/14999013.2011.598601

Jöckel, D. & Müller-Isberner, R. (1996). Problemverhalten von Patienten des psychiatrischen Maßregelvollzugs. = Institutional management problems in insane offenders sentenced to hospital order treatment. *Krankenhauspsychiatrie, 7* (4), 151–154.

Kirchebner, J., Lau, S. & Sonnweber, M. (2021). Escape and absconding among offenders with schizophrenia spectrum disorder – an explorative analysis of characteristics. *BMC Psychiatry, 21* (1), 122. https://doi.org/10.1186/s12888-021-03117-1

Kobbé, U. (1992). Lockerungen im Maßregelvollzug am Beispiel des Westfälischen Zentrums für Forensische Psychiatrie Lippstadt – Ergebnisse eines Forschungsprojektes aus therapeutischer Sicht. In V. Schumann, P.-A. Albrecht & B. Dimmek (Hrsg.), *Das Risiko kalkulieren ... Patientenbeurteilung und Lockerungsentscheidung als implizite Gefährlichkeitsprognose* (Werkstattschriften zur Forensischen Psychiatrie, Bd. 4, S. 39–61). Lippstadt: Westfälisches Zentrum für Forensische Psychiatrie Lippstadt.

Köhne, M. & Lesting, W. (2012). § 11. Lockerungen des Vollzuges. In J. Feest & W. Lesting (Hrsg.), *StVollzG. Kommentar zum Strafvollzugsgesetz* (AK-StVollzG, 6. Aufl., S. 102–125). Köln: Heymann.

Köpke, M. (2010). *Lockerungsentscheidungen im Maßregelvollzug: Bedeutung von Einstellungen des Personals und individueller Faktoren der Patienten.* Dissertation, Universität Ulm.

Kurlemann, P.J. (2019). *Lockerungen als Maßnahme zur Prävention erneuter Straffälligkeit? Eine Untersuchung der Effekte von Lockerungen und ihr Einfluss auf die Legalbewährung haftentlassener Straftäter.* Masterarbeit, Universität Hildesheim.

Landenberger, N.A. & Lipsey, M.W. (2005). The positive effects of cognitive-behavioral programs for offenders: A meta-analysis of factors associated with effective treatment. *Journal of Experimental Criminology, 1* (4), 451–476. https://doi.org/10.1007/s11292-005-3541-7

Laubenthal, K. (2015). *Strafvollzug* (7. Aufl.). Berlin: Springer. https://doi.org/10.1007/978-3-642-54819-2

Lyall, M. & Bartlett, A. (2010). Decision making in medium security. Can he have leave? *Journal of Forensic Psychiatry & Psychology, 21* (6), 887–901. https://doi.org/10.1080/14789949.2010.500740

Mahler, J., Pokorny, D. & Pfäfflin, F. (2000). Wie groß ist die Gefährdung der öffentlichen Sicherheit bei Entweichungen aus dem Maßregelvollzug? *Recht & Psychiatrie, 18* (1), 3–11.

Martin, K., McGeown, M., Whitehouse, M. & Stanyon, W. (2018). Who's going to leave? An examination of absconding events by forensic inpatients in a psychiatric hospital. *The Journal of Forensic Psychiatry & Psychology, 29* (5), 810–823. https://doi.org/10.1080/14789949.2018.1467948

Mezey, G., Durkin, C., Dodge, L. & White, S. (2015). Never ever? Characteristics, outcomes and motivations of patients who abscond or escape: A 5-year review of escapes and absconds from two medium and low secure forensic units. *Criminal Behaviour and Mental Health, 25* (5), 440–450. https://doi.org/10.1002/cbm.1982

Mokros, A., Hollerbach, P., Nitschke, J. & Habermeyer, E. (2017). *PCL-R. Hare Psychopathy Checklist – Revised. Deutsche Version der Hare Psychopathy Checklist – Revised (PCL-R) von R.D. Hare.* Göttingen: Hogrefe.

Moore, E. & Hammond, S. (2000). When statistical models fail. Problems in the prediction of escape and absconding behaviour from high-security hospitals. *Journal of Forensic Psychiatry, 11* (2), 359–371.

Müller, J.L., Nedopil, N., Freisleder, F.J., Graf, M. & Haller, R. (2017a). *Forensische Psychiatrie. Klinik, Begutachtung und Behandlung zwischen Psychiatrie und Recht* (5. Aufl.). Stuttgart, New York: Thieme. https://doi.org/10.1055/b-005-146531

Müller, J.L., Saimeh, N., Briken, P., Eucker, S., Hoffmann, K., Koller, M. et al. (2017b). Standards für die Behandlung im Maßregelvollzug nach §§ 63 und 64 StGB. Interdisziplinäre Task-Force der DGPPN. *Der Nervenarzt, 88*, 1–29. https://doi.org/10.1007/s00115-017-0382-3

Nedopil, N. (2006a). *Prognosen in der Forensischen Psychiatrie – ein Handbuch für die Praxis* (3. Aufl.). Lengerich: Pabst Science Publ.

Nedopil, N. (2006b). Welchen Beitrag kann die neuere Prognoseforschung zur Verbesserung der Risikoeinschätzung leisten? *NeuroPsychiatrie, 20* (1), 15–22.

Neumann, M. (2020). Entweichungen während Lockerungen. Eine Verlaufsbetrachtung im niedersächsischen Maßregelvollzug. *Forum Strafvollzug, 69* (2), 118–121.

Neumann, M., Heintzsch, R., Glaubitz, C., Killig, L., Schumann, R. & Bliesener, T. (2019). *Analyse der*

Vollzugslockerungen im niedersächsischen Maßregelvollzug (KFN-Forschungsbericht 150). Hannover: Kriminologisches Forschungsinstitut Niedersachsen e.V. (KFN).

Osborne, W. (1994). *Validation of a Virginia work release risk prediction model: A methodology for the improvement of the reliability of correctional decision makers.* Dissertation, Virginia Commonwealth University, Richmond, VA.

O'Shea, L.E. & Dickens, G.L. (2014). Short-Term Assessment of Risk and Treatability (START): systematic review and meta-analysis. *Psychological Assessment, 26* (3), 990–1002. https://doi.org/10.1037/a0036794

O'Shea, L.E. & Dickens, G.L. (2015). Predictive validity of the START for unauthorised leave and substance abuse in a secure mental health setting: A pseudo-prospective cohort study. *International Journal of Nursing Studies, 52* (5), 970–979. https://doi.org/10.1016/j.ijnurstu.2015.02.007

O'Shea, L.E., Picchioni, M.M. & Dickens, G.L. (2016). The predictive validity of the Short-Term Assessment of Risk and Treatability (START) for multiple adverse outcomes in a secure psychiatric inpatient setting. *Assessment, 23* (2), 150–162. https://doi.org/10.1177/1073191115573301

Pachmann, C. (1979). Der Disziplinarvorfall in der Praxis. *Zeitschrift für Strafvollzug und Straffälligenhilfe, 28* (4), 226–230.

Pollähne, H. (1994). *Lockerungen im Maßregelvollzug. Eine Untersuchung am Beispiel der Anwendung des nordrhein-westfälischen Maßregelvollzugsgesetzes im Westfälischen Zentrum für Forensische Psychiatrie (Lippstadt)* (Frankfurter kriminalwissenschaftliche Studien, Bd. 44). Frankfurt a.M., Berlin: Lang.

Pollähne, H. (2018). Das Maß des Freiheitsentzugs (Vollzugslockerungen). In H. Pollähne & H. Kammeier (Hrsg.), *Maßregelvollzugsrecht* (4. Aufl., S. 229–306). Berlin, Boston: De Gruyter.

Quinsey, V.L., Coleman, G., Jones, B. & Altrows, I.F. (1997). Proximal antecedents of eloping and reoffending among supervised mentally disordered offenders. *Journal of Interpersonal Violence, 12* (6), 794–813. https://doi.org/10.1177/088626097012006002

Rasch, W. (1986). Die Funktionen von Lockerungen im Maßregelvollzug. In H. Pohlmeier (Hrsg.), *Forensische Psychiatrie heute. Prof. Dr. med. Ulrich Venzlaff zum 65. Geburtstag gewidmet* (S. 99–107). Berlin: Springer.

Rehn, G. (2008). Hamburger Strafvollzug – Wege und Irrwege. Zentrale Fakten einer verfehlten Strafvollzugspolitik. *Neue Kriminalpolitik, 20* (1), 34–36.

Ryan, J.E. (1997). Who gets revoked? A comparison of intensive supervision successes and failures in vermont. *Crime & Delinquency, 43* (1), 104–118. https://doi.org/10.1177/0011128797043001006

Scott, R. & Meehan, T. (2017). Critical incidents during leave from an Australian security hospital – A 12 Year Audit. *Psychiatry, Psychology and Law, 24* (1), 47–60. https://doi.org/10.1080/13218719.2016.1169572

Schüler-Springorum, H. (2002). Emotionale Kriminalpolitik. *Kriminalpädagogische Praxis, 30,* 77–83.

Seifert, D. & Leygraf, N. (2016). Entwicklung und Stand des psychiatrischen Maßregelvollzugs (§ 63 StGB). *Forensische Psychiatrie, Psychologie, Kriminologie, 10* (4), 233–242. https://doi.org/10.1007/s11757-016-0386-z

Simpson, A.I.F., Penney, S.R., Fernane, S. & Wilkie, T. (2015). The impact of structured decision making on absconding by forensic psychiatric patients: results from an A-B design study. *BMC Psychiatry, 15,* 103. https://doi.org/10.1186/s12888-015-0474-1

Sklenarova, H., Neutze, J., Kretschmer, T. & Nitschke, J. (2020). Granting leave to patients in Bavarian forensic-psychiatric hospitals: A survey to describe the current process and develop guidelines. *Frontiers in Psychiatry, 11,* 287. https://doi.org/10.3389/fpsyt.2020.00287

Stübner, S., Gross, G. & Nedopil, N. (2006). Inpatient risk management with mentally ill offenders: results of a survey on clinical decision-making about easing restrictions. *Criminal Behaviour and Mental Health, 16* (2), 111–123. https://doi.org/10.1002/cbm.619

Suhling, S., Pucks, M. & Bielenberg, G. (2015). Ansätze zum Umgang mit Gefangenen mit geringer Veränderungs- und Behandlungsmotivation. In B. Wischka, W. Pecher & H. van den Boogaart (Hrsg.), *Behandlung von Straftätern. Sozialtherapie, Maßregelvollzug, Sicherungsverwahrung* (Studien und Materialien zum Straf- und Maßregelvollzug, v.26, S. 233–293). Herbolzheim: Centaurus.

Suhling, S. & Rehder, U. (2009). Zum Zusammenhang zwischen Vollzugslockerungen, Unterbringung im offenen Vollzug und Legalbewährung bei Sexualstraftätern. *Forensische Psychiatrie, Psychologie, Kriminologie, 3* (1), 37–46. https://doi.org/10.1007/s11757-008-0107-3

Sykes, G. M. (1974). *The society of captives. A study of a maximum security prison*. Princeton, NJ: Princeton University Press.

van der Veeken, F.C. A., Bogaerts, S. & Lucieer, J. (2018). The Instrument for Forensic Treatment Evaluation: Reliability, factorial structure, and sensitivity to measure behavioral changes. *Journal of Forensic Psychology Research and Practice, 18* (3), 229–253. https://doi.org/10.1080/24732850.2018.1468675

Volbert, R. & Dahle, K.-P. (2010). *Forensisch-psychologische Diagnostik im Strafverfahren* (Kompendien Psychologische Diagnostik, Bd. 12). Göttingen: Hogrefe.

Ward, T. & Brown, M. (2004). The good lives model and conceptual issues in offender rehabilitation. *Psychology, Crime & Law, 10* (3), 243–257. https://doi.org/10.1080/10683160410001662744

Ward, T., Day, A., Howells, K. & Birgden, A. (2004). The multifactor offender readiness model. *Aggression and Violent Behavior, 9* (6), 645–673. https://doi.org/10.1016/j.avb.2003.08.001

Watson, T. M. & Choo, L. (2020). Understanding and reducing unauthorized leaves of absence from forensic mental health settings: a literature review. *Journal of Forensic Psychiatry & Psychology, 32* (2), 181–197.

Webster, C. D., Martin, M. L., Brink, J., Nicholls, T. L. & Desmarais, S. L. (2009). *Manual for the Short Term Assessment of Risk and Treatability (START) (Version 1.1)*. Coquitlam: British Columbia Mental Health & Addiction Services.

Wedler, K. & Maaß, C. (2016). Lockerungsentscheidungen im Erwachsenen-Maßregelvollzug. In F. Häßler, W. Kinze & N. Nedopil (Hrsg.), *Praxishandbuch Forensische Psychiatrie. Grundlagen, Begutachtung, Interventionen im Erwachsenen-, Jugendlichen- und Kindesalter* (2. Aufl., S. 539–550). Berlin: MWV.

Wilkie, T., Penney, S. R., Fernane, S. & Simpson, A. I. F. (2014). Characteristics and motivations of absconders from forensic mental health services: a case-control study. *BMC Psychiatry, 14*, 91. https://doi.org/10.1186/1471-244X-14-91

Wischka, B. (2015). Zur Notwendigkeit von Erprobungsräumen bei der Behandlung von Straftätern innerhalb und außerhalb der Mauern. In B. Wischka, W. Pecher & H. van den Boogaart (Hrsg.), *Behandlung von Straftätern. Sozialtherapie, Maßregelvollzug, Sicherungsverwahrung* (Studien und Materialien zum Straf- und Maßregelvollzug, v.26, S. 487–509). Herbolzheim: Centaurus.

Wolter, D. & Boxberg, V. (2016). The perception of imprisonment and its effects on inmate violence. In C. Reeves (Ed.), *Experiencing Imprisonment. Research on the experience of living and working in carceral institutions* (Routledge Frontiers of Criminal Justice, S. 156–175). London: Taylor and Francis. https://doi.org/10.4324/9781315764177-12

27 Entwicklungsorientierte Kriminalprävention

Andreas Beelmann

27.1 Einleitung

Mit dem Begriff „entwicklungsorientierte Kriminalprävention“ werden Programme und Maßnahmen beschrieben, die dissoziale Entwicklungskarrieren durch ein gezieltes Eingreifen im Entwicklungsverlauf zu verhindern oder abzuschwächen versuchen und sich dabei auf theoretische Modelle und empirische Erkenntnisse zur normalen und abweichenden Sozialentwicklung beziehen[75] (Beelmann, 2021; Tremblay & Craig, 1995). Entwicklungsorientierte Präventionsmaßnahmen stehen in der Tradition der angewandten Entwicklungswissenschaften (Brandtstädter & Lindenberger, 2007; Lerner, Jacobs & Wertlieb, 2005) und Entwicklungspsychopathologie (Cicchetti, 2016) sowie Arbeiten zur positiven Jugendentwicklung (Kurtines et al., 2008). Sie haben zudem einen engen Bezug zur Präventionswissenschaft mit einer populationsbezogenen und sozialpolitischen Perspektive (Welsh & Tremblay, 2020).

Konkret orientieren sich entwicklungsorientierte Präventionsmodelle an allgemeinen Prinzipien menschlicher Entwicklungsverläufe sowie (1) der Befundlage zu Risiko- und Schutzfaktoren dissozialer Entwicklungen, (2) geprüften Entwicklungsmodellen und Entwicklungstypologien dissozialen Verhaltens und (3) bisherigen Ergebnissen systematischer experimenteller Wirkungsforschung, um damit entsprechende Zielgruppen gezielt auszuwählen, Inhalte und Methoden der Programme zu bestimmen und den alters- und entwicklungsbezogenen Beginn (das Timing) der Maßnahmen festzulegen.

Entwicklungsorientierte Präventionsmaßnahmen lassen sich abgrenzen von situationsbezogenen Präventionsansätzen, die auf Veränderungen in der Gelegenheitsstruktur von Kriminalität abzielen (z. B. durch Videoüberwachung oder verstärkte Polizeikontrollen; s. Kap. 28 in diesem Band), sowie von der klassischen generalpräventiven Idee des Rechtssystems, das durch Abschreckung und Strafandrohung wirken soll (s. Übersichten Elliott & Fagan, 2017; Weisburd, Farrington & Gill, 2016; Welsh & Farrington, 2012).

Konzeptionell gehen Maßnahmen der entwicklungsorientierten Kriminalprävention von zwei grundlegenden Annahmen aus. Es sollte erstens ein hinreichendes Risiko bestehen, dass das zu vermeidende Problem (Kriminalität) tatsächlich im Laufe der Entwicklung auftritt. Zudem müssen die Stabilität dieser Probleme im Entwicklungsverlauf relativ hoch sein sowie gesicherte Erkenntnisse über frühe Risiken und Vorformen von Kriminalität vorliegen. Zweitens müssen – auf diesen Vorstellungen basierend – Möglichkeiten und Ansatzpunkte der Förderung und Prävention existieren, die in der Lage sind, einen negativen Entwicklungsverlauf zu stoppen, abzuschwächen oder gänzlich zu

---

75 Im Folgenden wird häufiger die Bezeichnung „Dissozialität“ als Oberbegriff unterschiedlicher Verhaltensprobleme (Aggression, Gewalt, Delinquenz, Kriminalität) und seltener der enge Kriminalitätsbegriff verwendet (vgl. Beelmann & Raabe, 2007).

vermeiden. Zur Rechtfertigung kriminalpräventiver Maßnahmen werden darüber hinaus häufig zwei zusätzliche Argumente vorgebracht (Lösel, 2012):

- Die Behandlung von bereits straffällig gewordenen Jugendlichen ist schwierig. Selbst für die erfolgreichsten Behandlungsmaßnahmen sind die Effekte, wie zahlreiche Metaanalysen zeigen, oft nur gering (Lipsey, 2011; Lipsey & Cullen, 2007; Wilson, 2016) und die Therapien trotz z. T. hoher Behandlungsintensitäten mit erheblichen Rückfallraten verbunden.
- Neben den Folgen für die betroffenen Personen, die sich u. a. in geringen schulischen und beruflichen Chancen niederschlagen, treten nicht unbeträchtliche Folgen für andere Menschen und unsere Sozialsysteme auf. Sie machen sich sowohl unmittelbar an den körperlichen, psychischen und materiellen Schädigungen von Opfern fest, schlagen sich aber auch in beträchtlichen gesellschaftlichen Kosten von Kriminalität nieder (Muñoz, Hutchings, Edwards, Hounsome & O'Ceilleachair, 2004; Welsh, Farrington & Gowar, 2015).

Umfangreiche epidemiologische und längsschnittliche Forschungen der letzten Jahrzehnte haben gezeigt, dass die genannten entwicklungsbezogenen Annahmen zur Prävalenz und Stabilität mehr als berechtigt sind (vgl. Beelmann, 2018a; Beelmann & Raabe, 2007; Farrington, Gaffney & Ttofi, 2017; Jolliffe, Farrington, Piquero, Loeber & Hill, 2017). Nach diesen Erkenntnissen können dissoziale Verhaltensprobleme als gravierende Entwicklungsstörungen betrachtet werden, die relativ häufig vorkommen und somit eine erhöhte Handlungsbereitschaft der Sozialgesellschaft erfordern. Dies ist keineswegs nur den oftmals im Fokus der Öffentlichkeit stehenden Amoktaten oder anderen besonders schwerwiegenden Formen von öffentlicher Gewalt geschuldet. Auch im sozialen Alltag von Kindern und Jugendlichen sind Probleme von Gewalt und Kriminalität offenbar weitverbreitet (Baier, Pfeiffer, Simonson & Rabold, 2009; Krieg, Rook, Beckmann & Kliem, 2020). Die Polizeiliche Kriminalstatistik (PKS; Bundeskriminalamt, 2021) weist für Jugendliche, Heranwachsende und Jungerwachsene im Altersbereich zwischen 14 und 25 Jahren seit Jahren die höchsten Belastungszahlen relativ zum Bevölkerungsanteil aus, selbst wenn seit einigen Jahren jeweils sinkende Zahlen zu verzeichnen sind (Baier, 2020; Baier, Krieg & Kliem, 2021). Zur Häufigkeit kommt ein beträchtliches Risiko der Chronifizierung dissozialer Karrieren. Vor allem für Kinder und Jugendliche, die bereits sehr früh in der Entwicklung sozial auffälliges Verhalten zeigen, besteht ein beträchtliches Risiko, längerfristig stabilen dissozialen und kriminellen Problemkarrieren zu folgen (Moffitt, 2015). Maßnahmen der entwicklungsorientierten Kriminalprävention setzen hier an und verfolgen das übergeordnete Ziel, das Neuauftreten (die Inzidenz) von Kriminalität unter Kindern und Jugendlichen zu reduzieren.

Inhaltlich und konzeptionell hat die entwicklungsorientierte Kriminalprävention in den letzten Jahrzehnten ganz wesentlich von der entwicklungspsychopathologischen Längsschnittforschung profitiert, die zahlreiche Risikofaktoren ausgemacht und die dynamischen Prozesse der Entstehung und Aufrechterhaltung dissozialer Problemkarrieren bis hin zur Kriminalität dargelegt hat (vgl. Beelmann & Raabe, 2007; Farrington, Gaffney & Ttofi, 2017; Jolliffe et al., 2017; Leschied, Chiodo, Nowicki & Rodger, 2008; Lösel & Farrington, 2012). Viele Präventionsmaßnahmen beziehen sich entsprechend diesen Erkenntnissen darauf, relevante Risikofaktoren zu verringern oder protektive Faktoren einer gesunden Sozialentwicklung zu stärken. Die Liste der untersuchten und bestätigten Faktoren ist lang. Sie reicht von individuellen Risiko- und Schutzfaktoren wie Temperamentsmerkmalen, geringer bzw. überdurchschnittlicher Intelligenz und sozialer Kompetenz über familiäre Merkmale wie die Psychopathologie der Eltern oder gute Erziehungskompeten-

Tabelle 27-1: Übersicht zu wichtigen Risiko- (R) und Schutzfaktoren (S) dissozialer Entwicklungsverläufe und möglichen Präventionsmaßnahmen in Anlehnung an Lösel (2004) und Lösel und Farrington (2012).

Bereich	Beispiele	Mögliche Präventionsmaßnahmen
Verhaltens-biologie	Erbanlagen (männliches Geschlecht), neurophysiologische und strukturelle Besonderheiten des ZNS (R); hohe Herzrate (S)	Zuverlässiges Risikoscreening als Voraussetzung für eine möglichst genaue Auswahl von Risikogruppen
Familie	Erziehungsmängel, fehlende Zuwendung, Misshandlung, Devianz (R); enge Beziehung zu mindestens einem Elternteil, hohe elterliche Aufsicht (S)	Elterntrainings, Psychotherapie der Eltern, Erziehungshilfe, ggf. Sorgerechtsentzug
Persönlichkeit und Leistung	Impulsivität, Aufmerksamkeitsdefizite, Intelligenzprobleme (R); überdurchschnittliche Intelligenz, einfaches Temperament (S)	Trainingsprogramme zur Förderung von Konzentration, kognitive Förderprogramme
Schule	Leistungsprobleme, Schulschwänzen, schlechtes Schulklima (R); hohe Bindung zur Schule, Unterstützung durch Lehrer*innen (S)	Kognitive Förderprogramme, Nachhilfeunterricht, Teamsupervision und Coaching
Denkmuster	Defizite der sozialen Informationsverarbeitung, deviante Einstellungen, inadäquates Selbstkonzept (R); nicht aggressive soziale Kognitionen, positive Einstellungen zur Familie und Schule (S)	Soziale Trainingsprogramme insbesondere mit Schwerpunkt auf soziale Problemlösung und Selbstkontrolle
Lebensstil	Unstrukturierte Freizeit, Konsum von Mediengewalt und Drogen (R); nicht deviante Freunde und Peergruppen (S)	Strukturierte Freizeitangebote, Programme zur Förderung von Medienkompetenzen, Drogenpräventionsmaßnahmen
Gemeinde	Soziale Desorganisation, Konzentration von Armut und Auffälligkeit (R); hohe Kohäsion und soziale Kontrolle (S)	Qualifizierte Sozialarbeit, Stadtteilarbeit
Gesellschaft	Soziale Labilisierung, Werteverfall, Individualisierung (R); geringe soziale Ungleichheit (S)	Ausweitung psychosozialer Dienste, Vermittlung sozialer Normen in Schulen, ausgleichende Sozialpolitik

zen bis hin zu sozialen und gesellschaftlichen Merkmalen wie desorganisierten Nachbarschaften und sozialer Ungleichheit (s. **Tab. 27-1**).

Zur Ableitung von Präventionsmaßnahmen aus Risiko- und Schutzfaktoren sind jedoch elaboriertere Überlegungen notwendig, als es auf den ersten Blick erscheinen mag (vgl. Beelmann, 2011). Zwar lassen sich z.B. soziale Trainingsprogramme relativ schlüssig mit den Forschungen zum Sozialverhalten oder Defiziten in der sozialen Informationsverarbeitung von dissozialen Kindern und Jugendlichen begründen, aber nicht alle aufgelisteten Faktoren eignen sich zu einer derart unmittelbaren Ableitung von entwicklungsorientierten Präventionsmaßnahmen. So ermöglichen bestimmte verhaltensbiologische Faktoren zwar die Auswahl von Risikoklientel. Für die inhaltliche Gestaltung von psychologisch-pädagogischen Präventionsmaßnahmen lassen sie sich jedoch nur sehr indirekt verwenden. Ähnliches gilt z. B. für gesellschaftliche Risikofaktoren, die eher sozialpolitische Interventionen nahelegen.

Für weiterführende Hinweise auf die Gestaltung von Präventionsmaßnahmen sollte daher auf entwicklungspsychopathologisch fundierte Entwicklungsmodelle oder empirisch bestätigte Entwicklungstypen dissozialen Verhaltens zurückgegriffen werden. Sie berücksichtigen nicht nur einzelne Ursachenfaktoren, sondern auch charakteristische Verlaufsmuster und altersbezogene Entwicklungsprozesse. So werden etwa unterschiedliche Typologien und Entwicklungspfade von Dissozialität angenommen (vgl. Beelmann, 2018a; Fairchild, van Goozen, Calder & Goodyer, 2013). Besonders relevant hat sich dabei die Unterscheidung zwischen persistent und vorübergehend auffälligen Kindern und Jugendlichen erwiesen, die auf Moffitt (1993, 2015) zurückgeht. Danach macht es sowohl ätiologisch als auch im Hinblick auf die Gestaltung und das Timing von Präventionsmaßnahmen einen Unterschied, ob Kinder frühzeitig und dauerhaft sozial auf-

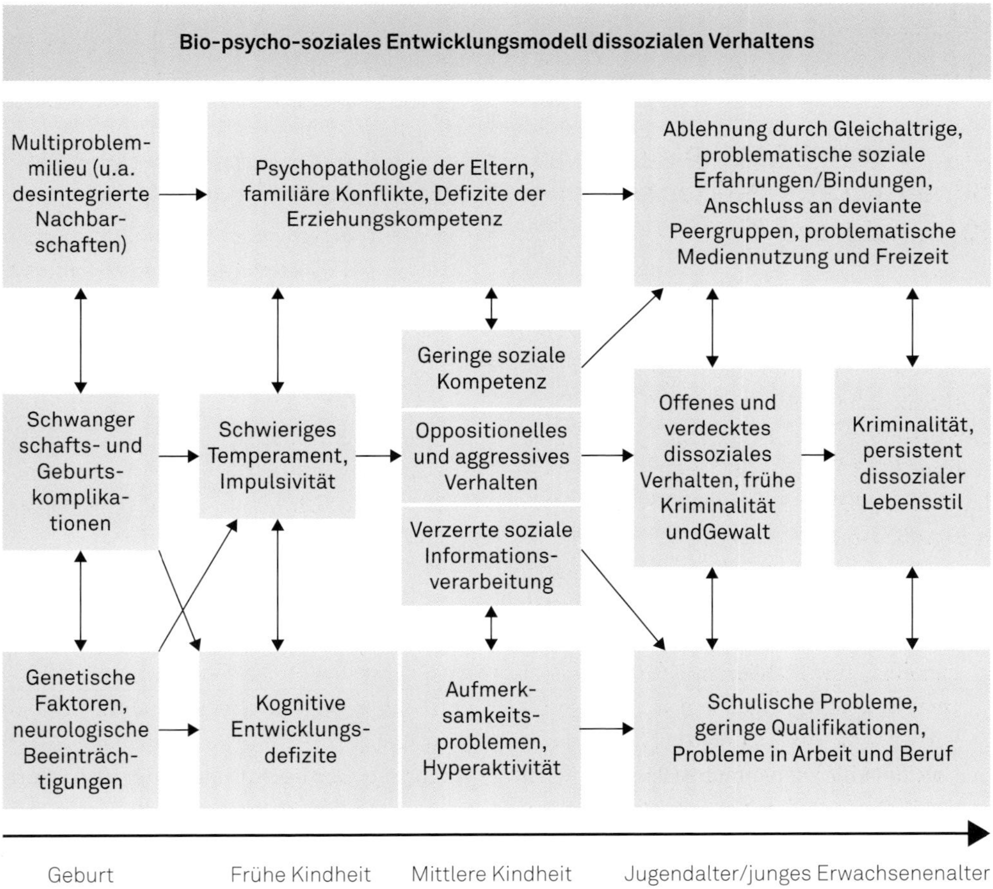

Abbildung 27-1: Bio-psycho-soziales Entwicklungsmodell dissozialen Verhaltens. Aus: Beelmann und Raabe (2007, S. 111).

fälliges Verhalten zeigen (persistenter Entwicklungsverlauf) oder „nur" während einer relativ begrenzten Phase im Jugendalter (jugendtypischer Verlauf). Derartige Vorstellungen haben die entwicklungsorientierte Kriminalprävention insbesondere im Hinblick auf einen möglichst frühzeitigen Beginn im Lebenslauf beeinflusst. Elaboriertere Entwicklungsmodelle versuchen zudem, abweichende Entwicklungsprozesse altersbezogen abzubilden (Beelmann & Raabe, 2007). **Abbildung 27-1** zeigt ein derartiges Modell, das von der Geburt bis ins Erwachsenenalter reicht und unterschiedliche Risikokonstellationen miteinander verbindet, die sich im Entwicklungsverlauf gegenseitig aufschaukeln. Ein solches Modell bietet verbesserte Möglichkeiten der Zuordnung von Entwicklungsphasen mit möglichen Risiken und den inhaltlichen Zielen von darauf abgestimmten Präventionsmaßnahmen.

27.2 Übersicht zu Ansätzen der entwicklungsorientierten Kriminalprävention

Zur Prävention von Dissozialität existiert mittlerweile eine Vielzahl von unterschiedlichen Vorschlägen und Konzepten (vgl. Beelmann, 2018b; Beelmann & Raabe, 2007; Elliott & Fagan, 2017; Sherman, Farrington, Welsh & MacKenzie, 2002; Welsh & Farrington, 2012; Weisburd et al., 2016). Sie lassen sich zunächst in drei große Gruppen unterteilen:

- *Sozial-, bildungs-, familien- und gesundheitspolitische Maßnahmen* wie z. B. finanzielle Unterstützungsleistungen für sozial schwache Familien, die Etablierung von umfangreichen Betreuungsangeboten (Ganztagsschulen) oder die Ausweitung von Gesundheitschecks bei Vorsorgeuntersuchungen haben das Ziel, die sozialen Rahmenbedingungen der Entwicklung von Kindern und Jugendlichen zu verbessern. Diese Maßnahmen sind insofern unspezifisch im Hinblick auf die Prävention von Kriminalität, weil sie allgemein zu verbesserten Entwicklungsbedingungen und zur Prävention einer breiten Palette von Entwicklungsrisiken – u. a. auch Risiken, die mit Kriminalität einhergehen – beitragen sollen.
- *Polizeiliche und kriminalpolitische Präventivmaßnahmen* sind oft der situativen Kriminalprävention verpflichtet. Sie dienen der Verhaltenskontrolle oder der Etablierung/Einhaltung gesetzlicher Standards und versuchen auf diese Art, sozial problematisches Verhalten in seiner Häufigkeit zu reduzieren oder eine angemessene staatliche Reaktion auf soziale Abweichung zu gewährleisten. Beispiele wären hier eine veränderte Waffengesetzgebung, der verstärkte Einsatz von Polizeistreifen in Risikogebieten, Maßnahmen der sog. technischen Kriminalprävention (etwa Videokontrollen auf Schulhöfen oder Kriminalitätsschwerpunkten) oder verstärkte gesetzliche Kontrolle von Gewalt in Medien.
- *Psychosoziale und pädagogische Maßnahmen* fokussieren auf systematische Formen der sozialen Bildung und Erziehung für Kinder und Jugendliche im Kontext von Schule, Familie und Kommunen und lassen sich zumeist der entwicklungsorientierten Kriminalprävention zuordnen. Zu unterscheiden sind individuelle, eltern- und familienzentrierte sowie schulzentrierte und kommunale Präventionsangebote (Farrington, Ttofi & Lösel, 2016; Gill, 2016), auf die im Folgenden ausführlicher eingegangen wird.

27.2.1 Individuelle Präventionsansätze

Kriminelles Verhalten von Kindern und Jugendlichen geht häufig mit einem gravierenden Mangel an sozialen Kompetenzen und Defiziten in der sozialen Informationsverarbeitung und Handlungssteuerung einher. Mit sozialen Kompetenzen sind Fertigkeiten einer Person gemeint, die es erlauben, jeweils alters- und situationsangemessen seine Interessen unter Berücksichtigung der Rechte anderer Personen umzusetzen (Beelmann, 2019). Soziale Kompetenzen sind bspw. bei der Kontaktaufnahme zu Gleichaltrigen, beim Aufbau von Freundschaften, beim Aushandeln unterschiedlicher Interessen und der Bewältigung von sozialen und schulischen Problemen bedeutsam. Trainingsprogramme fokussieren zumeist auf das Erlernen derartiger Verhaltenskompetenzen und die Verbesserung zugrunde liegender sozial-kognitiver Grundfertigkeiten wie dem sozialen Problemlösen oder der Selbst- und Impulskontrolle, die sich als wichtige Faktoren bei der Vermeidung dissozialer Verhaltensprobleme erwiesen haben.

Soziale Trainingsprogramme finden im Allgemeinen in der Gleichaltrigengruppe statt und werden als strukturierte Abfolge von Übungen und Rollenspielen oft unter Nutzung konkreter Trainingsmanuale durchgeführt. Die Programme lassen sich vergleichsweise leicht als Präventionsstrategie in Kindertagesstätten und Schulen umsetzen, weil sie i.d.R. ohne großen Aufwand implementiert werden können und mit relativ geringen Kosten verbunden sind. Es existieren mittlerweile zahlreiche Programme (vgl. Übersichten in Beelmann, 2019; Durlak, Domitrovich, Weissberg & Gulotta, 2015; Malti & Perren, 2015), wie bspw. international das PATHS-Curriculum (Kusché & Greenberg, 2012) oder im deutschen Sprachraum das EFFEKT-Kindertraining (Beelmann & Jaursch, 2015) und das Faustlos-Programm (Schick, 2015). Diese Programme weisen viele gemeinsame Übungs- und Förderelemente auf, wie etwa Übungen zur Identifikation von Emotionen bei sich und anderen, das schrittweise Erlernen nicht aggressiver Lösungen bei sozialen Problemen, die Kontrolle und Unterbrechung von Ärger- und Wutreaktionen mithilfe von Selbstinstruktionen sowie das Üben von angemessenem Sozialverhalten in kritischen Situationen (Kontaktaufnahme, Streitverhalten). Als Fördermethodik werden hypothetische Konfliktszenarien, Rollenspiele, Gruppendiskussionen und konkrete Anleitungen eingesetzt. Häufig werden auch Hausaufgaben gestellt, um die Generalisierung der gelernten Fertigkeiten in den sozialen Alltag zu gewährleisten.

Soziale Trainingsprogramme wurden häufig zur Dissozialitätsprävention eingesetzt und sind entsprechend in den letzten drei Jahrzehnten in zahlreichen Evaluationsstudien und unterschiedlichen Kontexten überprüft worden (vgl. Beelmann & Lösel, 2021; Durlak, Weissberg, Dymnicki, Taylor & Schnellinger, 2011; Lösel & Bender, 2012). In einschlägigen Metaanalysen überwiegen positive Ergebnisse, die sich sowohl beim Erlernen der sozial-kognitiven Grundlagen als auch beim Erwerb von sozialen Verhaltenskompetenzen zeigten. Dennoch sind soziale Trainingsprogramme auch kritisch diskutiert worden (z.B. Beelmann & Lösel, 2021). So waren etwa die durchschnittlichen Effektstärken geringer, wenn die Wirkungen auf aggressives, gewalttätiges und andere Formen dissozialen Problemverhaltens mit den Effekten auf sozial kompetentes Verhalten und sozial-kognitive Kompetenzen (z.B. Problemlösefertigkeiten) verglichen wurden (Beelmann & Lösel, 2007). Zudem wurden speziell Daten zur Prävention kriminellen Verhaltens sehr selten in Evaluationsstudien erhoben, sodass zuverlässige Aussagen über längerfristige kriminalitätspräventive Wirkungen bislang nur sehr eingeschränkt zu treffen sind. Hinzu kommt, dass nicht alle sozialen Trainingsprogramme über ein überzeugendes Wirksamkeitsprofil verfügen, sodass positive Effekte bei Anwendung von sozialen Trainingsmaßnahmen keineswegs zwangsläufig auftreten. Besonders günstige Effekte sind zu erwarten, wenn die Programme einen hohen Strukturierungsgrad aufweisen und sowohl konkrete Verhaltensübungen als auch sozial-kognitive Verarbeitungsmuster systematisch erlernt und geübt werden (multimodale Programme). Auf diese Weise können wichtige Risikofaktoren der Dissozialitätsentwicklung (soziale Kompetenzdefizite, verzerrte soziale Informationsverarbeitung) erfolgreich abgeschwächt und dissoziales Verhalten von Kindern und Jugendlichen frühzeitig verhindert werden. Allerdings ergaben sich deutlich höhere Wirkungen im Rahmen indizierter Präventionsanwendungen (d.h. für bereits problematische Gruppen) im Vergleich zu universellen und Risikogruppen (Beelmann & Lösel, 2021), wenn Erfolge im Hinblick auf dissoziale Verhaltensprobleme gemessen wurden. Für den präventiven Einsatz sozialer Trainingsprogramme bei bereits problematischen Gruppen spricht auch, dass sie im Rahmen der Therapie jugendlicher Straftäter erfolgreich eingesetzt wurden. Dort schnitten soziale, kognitiv-behavioral fundierte Trainingsverfahren wie etwa das *Reasoning-and-Rehabilitation-Programm* ebenfalls recht positiv ab. Nach einer metaanalytischen Zusammenfassung von 19 Studien zu diesem Programm ergab sich z.B. ein Rückgang der Rückfallraten jugendlicher Straftäter um immerhin 14 % im Vergleich zu einer Standardbehandlung und der Unterbringung im Strafvollzug (Tong & Farrington, 2008). Im deutschen Sprachraum wird in der sozialpädagogischen Praxis bei bereits dissozial auffälligen Jugendlichen auch eine Reihe von verschiedenen Sozialkursen (zumeist als Anti-Aggressions- oder Anti-Gewalttraining bezeichnet) angeboten, die durchaus einen konzeptionellen Bezug zu den sozialen Trainingsprogrammen in der Schule aufweisen. Dabei steht jedoch die Auseinandersetzung mit aggressivem und gewalttätigem Verhalten im Vordergrund. Zudem existiert eine große Bandbreite an Trainingskonzepten, deren Wirksamkeit bislang noch nicht hinreichend belegt wurde (Bliesener, 2021).

Weitere Individualansätze der Kriminalitätsprävention betreffen z.B. Konfliktlöseprogramme, intensiv- und freizeitpädagogische Maßnahmen sowie sportliche Aktivitäten. Diese Ansätze sind insgesamt weniger gut evaluiert und oft bei bereits kriminellen oder in anderer Hinsicht auffälligen Jugendlichen, also im Grunde selten präventiv, eingesetzt worden. Konfliktlöseprogramme haben sich allerdings bei Jugendlichen durchaus bewährt (Garrard & Lipsey, 2007), wobei die inhaltliche Nähe zu den sozialen Trainingsprogrammen relativ hoch ist. Dagegen ist der Nutzen intensivpädagogischer Maßnahmen (z.B. Überlebenstrainings, Bootcamps) oder freizeitpädagogischer Programme (z.B. Outdooraktivitäten) sehr schlecht abzuschätzen bzw. es überwiegen Nullwirkungen oder sie sind gar schädlich (Welsh & Rocque, 2014). In einschlägigen Metaanalysen finden sich v.a. dann Wirkungen, wenn zugleich strukturierte Beratungs- und Betreuungsdienste oder psychotherapeutische Maßnahmen angeboten werden (Lipsey, 2011). Präventive Wirkungen im Hinblick auf die langfristige Senkung von Kriminalitätsraten konnten bislang durch diese Ansätze noch nicht nachgewiesen werden.

Der Mangel an systematischer Forschung gilt auch für die Wirkung sportlicher Aktivitäten. Insbesondere das Training von Kampfsportarten (Judo, Karate, Boxen) – so die Annahme – soll dabei zu einer Senkung aggressiver und anderweitig auffälliger Verhaltensweisen gerade bei Risikokindern und -jugendlichen beitragen. Im Hintergrund dieser Annahme stehen zumeist kathartische Überlegungen eines Aggressionsabbaus, die allerdings mehr mit aktualgenetischen (d.h. konkret situationsbezogenen) als mit ontogenetischen (d.h. entwicklungsbezogenen) Überlegungen begründet werden. Überzeugende Evaluationsdaten zur Wirkung sportlicher Aktivitäten liegen für den Bereich des körperlichen Wohlbefindens und der kognitiven Leistungsfähigkeit bei Kindern und Jugendlichen vor (z.B. Sibley & Etnier, 2003). In Bezug auf eine gesunde Verhaltensentwicklung ist die Befundlage allerdings spärlich, sodass belastbare Beweise für eine kriminalitätssenkende Präventivwirkung sportlicher Aktivitäten bislang fehlen. Dies schließt selbstverständlich nicht aus, dass derartige Effekte existieren. Möglicherweise sind aber andere Prozesse und Faktoren als die sportliche Aktivität selbst wirksam. Vorzustellen wäre etwa, dass das strukturierte Lernen sozialer Regeln im Spiel, das Eingebundensein in eine soziale Gemeinschaft, die Verfügbarkeit sozialer und emotionaler Unterstützung durch Erwachsene

(z. B. Übungsleiter) oder das beiläufige Erlernen sozialer Kompetenzen in der Gleichaltrigengruppe für mögliche Effekte auf die Sozialentwicklung verantwortlich sind.

27.2.2 Eltern- und familienorientierte Ansätze

Eine zweite Gruppe von Präventionsmaßnahmen zielt auf die Eltern und die Familie als wichtige Sozialisationsagenten von Kindern und Jugendlichen ab. Besonders häufig sind sog. *Elterntrainings* im Bereich der Dissozialitätsprävention angewandt worden (Beelmann, 2007; Beelmann & Schulz, 2013). Unter Elterntrainings versteht man psychoedukative Bildungsmaßnahmen für Eltern, die i. d. R. in Kursform und in der Elterngruppe angeboten werden. Den Eltern sollen dabei grundlegendes Erziehungswissen und zentrale Erziehungskompetenzen wie positive Erziehungspraktiken (emotionale Unterstützung, Lob, aber auch kontrollierte Beaufsichtigung), die Vermittlung sozialer Regeln und der Umgang mit Problemverhalten der Kinder (z. B. Grenzen setzen) gelehrt werden. Konzeptionell beziehen sich Elterntrainings zumeist auf erziehungspsychologische Arbeiten zum autoritativen Erziehungsstil (Baumrind, 1989) und die Theorie der Zwangsinteraktionen (vgl. Patterson, Reid & Dishion, 1992), die speziell oppositionelles und aggressives Verhalten von Kindern auf einen Mangel an konsistentem elterlichem Erziehungsverhalten auf Regelverstöße bei einer gleichzeitig geringen sozialen und emotionalen Unterstützung zurückführen. Methodisch und didaktisch werden v. a. Gruppendiskussionen und Rollenspiele, z. T. auch filmische Demonstrationen und praktische Übungen zur Vermittlung von Erziehungskompetenzen genutzt. Mit dieser Zielsetzung haben sich in den letzten Jahren zahlreiche Elterntrainings etabliert (s. Übersichten in Beelmann 2007; Briesmeister & Schaefer, 1998; Heinrichs, 2021; van Ryzin, Kumpfer, Fosco & Greenberg, 2016), z. B. die international stark verbreiteten Programme Triple-P (Sanders, 1999; Sanders, Turner & McWilliam, 2016) und Incredible Years (Webster-Stratton, 2005, 2016) oder das EFFEKT-Elterntraining (Jaursch, Lösel, Stemmler & Beelmann, 2012), die allerdings ähnlich wie die bereits angesprochenen sozialen Trainingsprogramme viele gemeinsame Übungselemente aufweisen.

Zur Wirksamkeit von Elterntrainings liegen mittlerweile mehrere umfassende Metaanalysen vor, in denen die Ergebnisse zahlreicher, allerdings vorwiegend angloamerikanischer Evaluationsstudien zusammengefasst werden (vgl. z. B. Beelmann, Arnold & Hercher, 2023; Piquero et al., 2016). Insgesamt ist danach die Befundlage durchweg positiv (vgl. Beelmann & Raabe, 2009; Farrington, Gaffney, Lösel & Ttofi, 2017; Mingebach, Kamp-Becker, Christiansen & Weber, 2018). Die teilnehmenden Eltern lernen in Elterntrainings angemessene Erziehungsformen und erhöhen ihre Erziehungskompetenz, zudem lassen kindliche Verhaltensprobleme i. d. R. nach oder ihnen wird wirksam vorgebeugt. Dabei unterscheiden sich die verschiedenen Trainingsprogramme nur geringfügig (Beelmann, Arnold & Hercher, 2023). Nach den neuesten Metaanalysen sind das Hauptproblem von Elterntrainings allerdings ihre nachlassenden Langzeiteffekte. Beelmann, Arnold & Hercher (2023) zeigten z. B., dass die Wirksamkeit sowohl bei eltern- und familienbezogenen Kriterien (z. B. elterliche Supervision, effektives Grenzensetzen) als auch bei Dissozialitätsmaßen (oppositionelles, aggressives, delinquentes Verhalten) mit der Zeit beträchtlich abnahmen (z. B. bei Dissozialität von $d = 0.47$ direkt nach Trainingsende auf $d = 0.12$ bei Follow-up-Messungen von einem Jahr und länger). Außerdem schwankten die berichteten Effektstärken ähnlich wie in anderen Interventionsfeldern z. T. beträchtlich, sodass wichtige Erfolgsmoderatoren zu vermuten sind. So werden i. d. R. bei proximalen Erfolgskriterien (elterliches Stresserleben, elterliche Erziehungskompetenzen) die höchsten Effekte erzielt, während die Effekte speziell auf delinquentes Verhalten geringer waren. Problematisch war auch, dass die überwiegende Zahl der Erfolgskriterien auf elterlichen Einschätzungen beruhte und speziell delinquentes und kriminelles Verhalten sehr selten an harten Erfolgskriterien (z.B. begangene Straftaten) erfasst wurde.

Ein stringenter Nachweis von kriminalitätssenkenden Effekten liegt somit auch für Elterntrainings bislang nicht vor, wohl aber ein Einfluss auf wichtige entwicklungsbezogene Risikofaktoren (z.B. Erziehungskompetenzen, frühe dissoziale Verhaltensprobleme der Kinder). Eine Reihe von Ergebnissen weist aber auf weitere Probleme dieses Präventionsansatzes hin. So werden regelmäßig z.T. sehr geringe Inanspruchnahme- und hohe Abbruchraten gerade bei Eltern aus Hochrisikokontexten berichtet (Weisenmuller & Hilton, 2021). Einer Metaanalyse von Reyno und McGrath (2006) zufolge erwiesen sich bestimmte Teilnahmebarrieren (z.B. keine begleitende Kinderbetreuung, langer Weg zum Trainingsort), ein geringes Alter und eine psychopathologische Erkrankung der Mutter, die Schwere des Problemverhaltens des Kindes sowie ein geringes Familieneinkommen als die wichtigsten Prädiktoren eines Trainingsabbruchs. Zudem waren die Programme bei Hochrisikogruppen wohl auch deshalb weniger wirksam, weil diese Klientel offenbar nicht sehr gut mit dem üblichen Gruppenformat zurechtkam und stattdessen stärker von individuellen Trainingssitzungen profitierte (Lundahl, Risser & Lovejoy, 2006). Insgesamt machen diese Befunde deutlich, dass Elterntrainingsprogramme offenbar Hochrisikogruppen nur sehr eingeschränkt erreichen, obwohl gerade dort der vermeintlich größte Trainingsbedarf und das höchste Risiko einer kindlichen Fehlentwicklung vorliegen. Einige Studien zeigten aber, dass sich zusätzliche Maßnahmen wie begleitende Kinderbetreuung, ein Transportservice zum Trainingsort, die Bereitstellung von Essen und Erfrischungen, monetäre Anreize und Geschenkgutscheine, video- oder internetgestützte Beratungsangebote auf die grundsätzliche Teilnahmebereitschaft, die regelmäßige und kontinuierliche Teilnahme während der Sitzungen sowie schließlich auf die Wirksamkeit der Programme positiv auszahlen, ohne allerdings eine selektive Nutzung und einen vorzeitigen Abbruch durch die genannten Problemgruppen gänzlich verhindern zu können (Smokowski et al., 2018). Die optimale Gestaltung der Durchführungsbedingungen scheint daher für Elterntrainingsprogramme von besonderer Bedeutung zu sein.

Den Ansatz einer möglichst frühzeitigen entwicklungsorientierten Prävention dissozialer Problemkarrieren verfolgen familienbezogene *Frühpräventionskonzepte* besonders konsequent. Diese Maßnahmen bestehen i.d.R. aus verschiedenen Hilfsangeboten für Familien mit Vorschulkindern, die z.B. ein Training der elterlichen Erziehungskompetenzen, unterschiedliche Formen der Tagesbetreuung der Kinder, Hilfen bei der Kindespflege und -ernährung, allgemeine Informationen zur kindlichen Entwicklung, die kognitive Förderung der Kinder und frühe Kompensation biologischer Entwicklungsrisiken sowie die berufliche und soziale Förderung der Eltern einschließen (vgl. Reynolds, Rolnick, Englund & Temple, 2010). Oft ist der Fokus der Programme auf die Verbesserung der allgemeinen Entwicklungsbedingungen in belasteten oder benachteiligten Familien oder bei entwicklungsgefährdeten oder -beeinträchtigten Kindern ausgerichtet. Somit haben die Ansätze eher den Charakter einer allgemeinen Entwicklungsförderung statt einer spezifischen Form der Dissozialitätsprävention. Dennoch sind die Projekte auch aus kriminalitätspräventiver Sicht interessant, da sie an relevanten Risikofaktoren des Problemverhaltens ansetzen (z.B. Defizite der Erziehungskompetenz, kognitive Entwicklungsdefizite, soziale Benachteiligung) und umfassende Evaluationen mit z.T. sehr langen Follow-up-Zeiträumen vorliegen, bei denen u.a. auch Daten zur Delinquenz und Kriminalität als Erfolgskriterien erhoben wurden (vgl. Bilukka et al., 2005; Deković et al., 2011; Piquero et al., 2016).

Am eindrucksvollsten konnten kriminalitätspräventive Wirkungen derartiger Frühinterventionen bislang im Rahmen des sog. *High/Scope-Perry-Preschool-Programms* nachgewiesen werden, für das fast 35-jährige Follow-up-Untersuchungen vorliegen (vgl. Schweinhart, 2013; Schweinhart et al., 2005). Dieses Programm bestand aus wöchentlichen Hausbesuchen von ca. 90 Minuten Dauer und täglichen Gruppensitzungen mit den Kindern von 2,5 Stunden Dauer über einen Zeitraum von 30 Wochen, wobei ein Großteil der Kinder dieses Curriculum mit 4 und mit 5 Jahren (also zweimal) durchlief. In der geförderten Gruppe fanden sich im Erwachsenenalter bei Messungen mit 27 und 40 Jahren signifikant mehr Personen mit höheren Einkommen und formalem Schulabschluss, ein geringerer Prozentsatz an Personen, die Sozialleistungen in Anspruch nehmen mussten, sowie eine geringere Anzahl an Verurteilungen und Inhaftierungen für kriminelle Delikte (s. **Abb. 27-2**).

Andere Frühförderprogramme setzen noch früher im Entwicklungsverlauf an, z.B. bereits mit Geburt des Kindes, z.T. auch schon während der Schwangerschaft. So richtete sich das *Elmira-Prenatal Early-Infancy-Projekt* (vgl. Olds et al., 1998) bspw. an junge, unverheiratete Frauen einer Risikogruppe, die bereits während ihrer ersten Schwangerschaft und zusätzlich während der ersten zwei Lebensjahre des Kindes durch ausgebildete Krankenschwestern regelmäßig zu Hause besucht (im Durchschnitt ca. 30 Hausbesuche während dieser Zeit) und hinsichtlich ihres Gesundheitsverhaltens während der Schwangerschaft sowie in frühen Erziehungs-, Betreuungs- und Versorgungskompetenzen geschult wurden. Neben zahlreichen positiven Effekten auf Ebene der kindlichen Gesundheit und kognitiven Entwicklung konnten im Alter von 15 Jahren auch positive Effekte auf kriminelles Verhalten sowie den Tabak- und Alkoholkonsum festgestellt werden. Außerdem zeigten die Mütter eine geringere Rate an Misshandlungen des Kindes und nahmen insgesamt weniger Sozialleistungen in Anspruch. Der Ansatz wird mittlerweile in zahlreichen Ländern unter dem Namen Nurse-Family Partnership (NFP) umgesetzt (vgl. zusammenfassend: Olds, 2006, 2010). Neuere Evaluationen kommen allerdings eher zu gemischten Befunden (z.B. Lorber, Olds & Donelan-McCall, 2019).

Insgesamt betrachtet sind Frühpräventionsprogramme für Risikogruppen ein sehr loh-

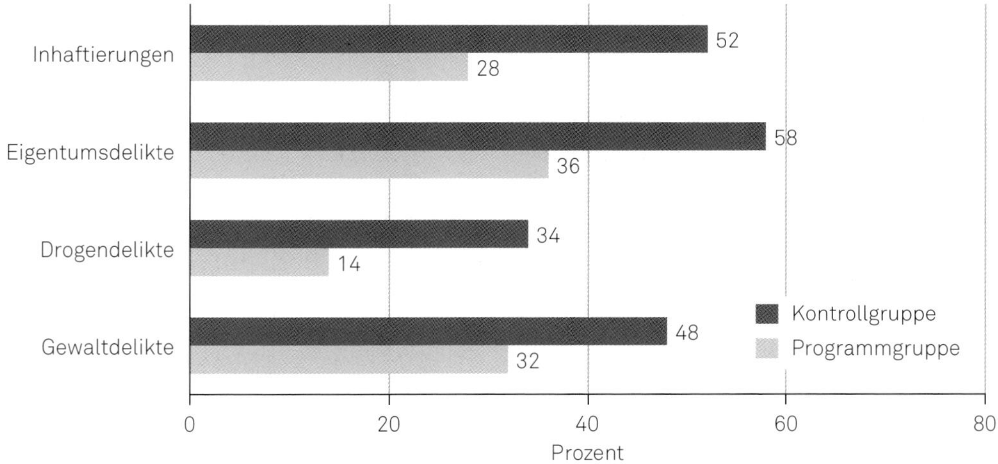

Abbildung 27-2: Effekte des High/Scope-Perry-Preschool-Programms auf die Kriminalität mit 40 Jahren (nach Schweinhart, 2013; Schweinhart et al., 2005). Aufgeführt sind jeweils die Lebenszeitprävalenzen verschiedener krimineller Delikte (vgl. Beelmann & Raabe, 2007, S. 186).

nender Ansatz in der Kriminalitätsprävention, der zumindest in den US-amerikanischen Studien dokumentierte Langzeiteffekte aufweist (vgl. Bilukka et al., 2005; Humayun & Scott, 2014; Reynolds et al., 2010). Allerdings konnten selbst mit derart umfangreichen Projekten nicht alle Risikofamilien erreicht und die Prävalenz problematischen Sozialverhaltens keineswegs vollständig reduziert werden (s. **Abb. 27-2**). Zudem blieben die oftmals sehr günstigen Ergebnisse der zitierten Programme bislang auf relativ wenige Einzelstudien beschränkt. In inhaltlich vergleichbaren Projekten wurden z. T. geringere oder auch gar keine Effekte auf die Kriminalität erzielt (vgl. z. B. Campbell, Ramey, Pungello, Sparling & Miller-Johnson, 2002). Gleichwohl handelt sich es um einen Förderansatz, der v. a. bei chronischen Risikokonstellationen bzw. bei Gruppen mit bereits vorhandenem Problemverhalten im Rahmen gezielter Präventionsmaßnahmen offenbar besser geeignet ist als etwa isolierte und zeitlich begrenzte Programme. Angesichts der hohen Intensität und der hohen Kosten stellt sich allerdings die Frage, ob man die Hilfen tatsächlich als Angebot für alle Kinder und Familien anbietet oder sich allein auf Hochrisikofamilien beschränken sollte. Die bisherige Befundlage zeigt, dass die höchsten Effekte umfassender Frühfördermaßnahmen v. a. bei bedürftigen Kindern und Familien zu erwarten sind. Zudem erwiesen sich die Projekte bei diesen Gruppen auch im Hinblick auf die Kosten-Nutzen-Effektivität als sehr lohnend (Reynolds et al., 2010). So konnte etwa in der bereits erwähnten *High/Scope Perry Preschool Study* ein (inflationsbereinigtes) Kosten-Nutzen-Verhältnis von etwa 1:16 Dollar festgestellt werden (Schweinhart, 2013). Dieses Ergebnis kam v. a. durch die Reduktion der Folgekosten kriminellen Verhaltens (Prozesskosten, Haftkosten) zustande, äußerte sich aber auch in zusätzlich gezahlten Steuern durch die Interventionsgruppenmitglieder und eingesparten Sozial- und Krankheitskosten. Ähnlich günstige Kosten-Nutzen-Relationen früher intensiver familienorientierter Programme werden auch in anderen Studien bestätigt (z. B. Reynolds, Temple, White, Ou & Robertson, 2011; zusammenfassend: Welsh et al., 2015). Diese Befunde sind angesichts der hohen Kosten, die dissoziale Verhaltensprobleme auch hierzulande verursachen (vgl. Ewerst, Reinhold, Vloet, Wenning & Bachmann, 2013; Glaubitz et al., 2016), besonders vielversprechend.

27.2.3 Schul- und kommunale Präventionsansätze

Eine letzte Gruppe von Präventionsansätzen setzt in der Schule und den Gemeinden als bedeutende Sozialisationssysteme an und versucht, diese außerfamiliären sozialen Lebensräume von Kindern und Jugendlichen positiv zu beeinflussen, um Problemen von Gewalt und Kriminalität zu begegnen. Insbesondere schulische Präventionskonzepte wurden in den letzten Jahren intensiv diskutiert, was einerseits mit den z. T. besorgniserregenden Ergebnissen großer Untersuchungen zur Schulgewalt (vgl. z. B. Baier et al., 2009), andererseits wohl auch mit den wiederholt aufgetretenen Amoktaten in Schulen zu tun hat. Zudem eignet sich der Schulkontext besonders gut für präventive Maßnahmen, u. a. weil dort eine große Anzahl von Kindern und Jugendlichen relativ einfach mit Präventionsangeboten erreicht werden kann (vgl. Beelmann, 2016; Beelmann & Karing, 2022).

Für den schulischen Kontext wurden zahlreiche Programme entwickelt (vgl. Jimerson, Nickerson, Mayer & Furlong, 2012). International große Aufmerksamkeit und Verbreitung hat z. B. der schulbezogene Gewaltpräventionsansatz von Olweus (2006) erfahren. Das Konzept wurde bereits Ende der 70er-Jahre in Norwegen entwickelt und ist mittlerweile in zahlreiche Sprachen übersetzt und in mehreren Ländern evaluiert worden (vgl. Limber, 2012). Der Ansatz von Olweus stellt den Versuch dar, Phänomenen der Gewalt im Kontext der Schule durch ein Bündel unterschiedlicher Maßnahmen zu begegnen. Grundsätzliches Ziel des Programms ist der konsequente Umgang mit Gewaltphänomenen im Schulkontext sowie die Etablierung eines durch Verantwortlichkeit und Wärme gekennzeichneten Schulklimas. Dazu werden Maßnahmen auf drei Ebenen vorgeschlagen. Sie betreffen die Schule (z.B. Schulkonferenz zum Thema Gewalt und Mobbing in der Schule), die Klasse (Festlegung von Klassenregeln gegen Gewalt) und die Individualebene (z.B. Gespräche mit Gewalttätern und -opfern). Diese und andere Maßnahmen sind darauf ausgerichtet, i.S. einer konsistenten und konsequenten Reaktion aller am Schulalltag beteiligten Personen gegenüber aggressivem und gewalttätigem Verhalten zu handeln.

Das Olweus-Programm wurde in zahlreichen Studien evaluiert, in denen oft eine Reduktion des gewalttätigen Verhaltens oder der Opferzahlen in der Schule erzielt werden konnte (Ttofi & Farrington, 2011). Allerdings wurden die in Norwegen erzielten Wirkungen in dieser Größenordnung in bislang keiner anderen Untersuchung bestätigt. Vor allem in methodisch anspruchsvollen Untersuchungen fiel die Effektbilanz deutlich negativer aus (Ferguson, San Miguel, Kilburn & Sanchez, 2007; Merrell, Gueldner, Ross & Isava, 2008). Derartige Unterschiede zwischen den Ergebnissen von Pilotstudien und denen aus Replikationsstudien unter anderen kulturellen und sozialen Rahmenbedingungen sind allerdings nicht selten und verweisen eindringlich auf die Notwendigkeit, Förder- und Präventionsansätze über den ursprünglichen Evaluationskontext hinaus zu überprüfen. Insgesamt wurde allerdings der Anti-Bullyingansatz auf unterschiedliche Programme übertragen und in neueren Reviews positiv evaluiert (Gaffney, Ttofi & Farrington, 2019), wenngleich die Befunde selten konsistent sind und durchschlagende Erfolge auf unterschiedlichen Erfolgskriterien oft ausbleiben (Alford & Derzon, 2012). Gleichwohl wurde der Ansatz seit einiger Zeit auch auf Cyberbullying in digitalen Medien (Internet, sog. soziale Medien) übertragen (Ansary, 2020; Slonje, Smith & Frisén, 2013). Dies scheint durch die zunehmende Bedeutung digitaler Kommunikationswege und die dort berichteten Mobbingfällen bei Jugendlichen (z.B. Kliem, Krieg & Baier, 2020) durchaus angebracht. Hier liegen allerdings bislang nur wenige aussagekräftige Untersuchungen vor, die gleichwohl das Potenzial dieses Ansatzes verdeutlichen (Gaffney, Farrington, Espelage & Ttofi, 2019).

Weitere umfangreiche schulische Präventionsprojekte sind in den letzten Jahren v.a. in den USA begonnen worden, darunter mit FAST-Track eine der größten Präventionsstudien (vgl. Conduct Problems Prevention Research Group, 2004a; Bierman et al., 2020). Das FAST-Track-Programm besteht aus einer Kombination von universellen und selektiven Präventionsmaßnahmen, bei denen kind-, eltern-, familien- und schulbasierte Strategien über einen Zeitraum von zehn Jahren (vom 1. bis zum 10. Schuljahr der Kinder und Jugendlichen) umgesetzt wurden (Bierman et al., 2020). Das universelle Präventionsprogramm bestand im Wesentlichen aus einem sozialen Trainingsprogramm, das standardmäßig in den Schulunterricht eingebettet wurde. Das selektive Präventionsprogramm für Hochrisikogruppen ist deutlich umfangreicher und enthielt mehrere zusätzliche Elemente, u.a. ein gruppenorientiertes Elterntraining, individuelle Hausbesuche in den Familien, ein umfangreiches Peertutoring und schließlich eine kognitive Zusatzförderung der Kinder. Zahlreiche Publikationen erbrachten z.T. sehr günstige Erfolgsbilanzen. Frühere Evaluationen erbrachten zum einen kleine Effekte beim universellen Vorgehen (Conduct Problems Prevention Research Group, 1999, 2010a), die vorwiegend bei Jungen und in Schulen mit günstigen Implementationsbedingungen auftraten. Bei der selektiven Prävention für Hochrisikogruppen konnte mittelfristig eine signifikant höhere Anzahl von Kindern ohne Probleme im Sozialverhalten (Conduct Problems Prevention Research Group, 2002, 2004b) sowie langfristig (bis zum Alter von 25) eine geringere Anzahl von Kindern und Jugendlichen mit internalisierenden und externalisierenden Störungen erreicht werden (Conduct Problems Prevention Research Group, 2011; Dodge et al., 2015). So wurde in der letzten Erhebungswelle im Alter von 25 Jahren in der Hochrisikogruppe eine Belastungsrate von 69 % in der Kontrollgruppe und 59 % in der Interventionsgruppe festgestellt. Auch im Hinblick auf begangene Straftaten und selbst berichtete Delinquenz (bis zum Alter 19) konnte eine geringere Fallanzahl, Schwere und ein späterer Beginn der Probleme festgestellt werden (Conduct Problems Prevention Research Group, 2010b). Diese Ergebnisse wurden allerdings auch methodisch kritisiert (Foster, 2013), u. a. wegen einer selektiven Berichterstattung signifikanter Ergebnisse.

Gleichwohl verbindet sich mit diesem Projekt die Hoffnung, dass umfangreiche Präventionsmaßnahmen sich auch längerfristig günstig auf die Entwicklung von Kindern und Jugendlichen auswirken. Die Annahme lässt sich jedenfalls aus anderen bereits abgeschlossenen schulischen Präventionsprojekten ableiten. Beim sog. *Seattle Social Development Project* (vgl. Hawkins, Catalano, Kosterman, Abbott & Hill, 1999; Hawkins, Kosterman, Catalano, Hill & Abbott, 2005) wurden die Effekte eines kombinierten Lehrer-, Schüler- und Elterntrainings untersucht, das einmal von der 1. bis zur 6. Klasse (frühe Präventionsbedingung) und einmal in der 5. und 6. Klasse (späte Präventionsbedingung) durchgeführt und mit einer nicht geförderten Kontrollgruppe verglichen wurde. Neben zahlreichen Positiveffekten beider Programme war besonders eindrucksvoll, dass allein die frühe intensive Förderung signifikante Erfolge im Hinblick auf Delinquenz und Drogenkonsum im Alter von 18 Jahren (also 12 Jahre nach Beendigung der Maßnahmen) aufwies. Diese Ergebnisse legen also nahe, möglichst früh, kontinuierlich und in verschiedenen Settings zu fördern, um entsprechende Langzeiteffekte zu erzielen. Eine jüngst veröffentlichte Nachfolgeuntersuchung bis ins mittlere Erwachsenenalter (Kosterman et al., 2019) konnte Langzeiteffekte auf die mentale Gesundheit (v. a. internalisierende Symptome) und einen besseren sozioökonomischen Status zeigen. Wirkungen auf externalisierende Probleme (Aggression, Gewalt), Delinquenz und Kriminalität wurden allerdings nicht berichtet, obwohl vermutet werden kann, dass diese Aspekte ebenfalls erfasst wurden. Insgesamt ergeben sich bei den schulischen Gewaltpräventionsprogrammen deutliche Hinweise auf positive und auch längerfristige Präventionseffekte. Einschlägige Metaanalysen (z. B. Durlak et al., 2011; Wilson & Lipsey, 2007) kommen jeweils zu positiven, allerdings eher kleinen Effekten auf die Aggressions-, Gewalt- oder Kriminalitätsentwicklung (vgl. zusammenfassend Beelmann & Raabe, 2009; Farrington, Gaffney, Lösel & Ttofi, 2017). Ein Problem scheinen die vergleichsweise hohen Anforderungen an die Umsetzungsqualität zu sein, die notwendig sind, um die intendierten Effekte zu erreichen. Hier sind weiterführende Untersuchungen notwendig, um die Schule als wichtiges und prinzipiell sehr gut geeignetes Präventionssetting optimal zu nutzen (Beelmann, 2016; Beelmann & Karing, 2022).

Dies dürfte ganz besonders auch für den Bereich der *kommunalen Kriminalprävention* gelten. Unter diesem Begriff sind verschiedenartige Initiativen zusammengefasst, deren gemeinsames Merkmal das Einwirken auf den sozialen Nahraum außerhalb von Schule und Familie ist (Gill, 2016; Welsh & Hoshi, 2002). Dazu gehören z. B. sog. *Gang-Intervention-Programme,* die darauf ausgerichtet sind, Jugendliche von devianten Gangs fernzuhalten oder sie aus ihnen herauszuholen, oder nachschulische Mentoren- oder Betreuungsprogramme, die eine ausgeweitete soziale Betreuung von gefährdeten Jugendlichen im Peerkontext anstreben. Derartige Programme sind sehr unterschiedlich im Zuschnitt und in ihren Wirkungen auf die Kriminalität. Insgesamt ist auch der Stand der Evaluation sehr begrenzt (Gill, 2016; Welsh & Hoshi, 2002). Gleichwohl weisen z. B. die genannten nachschulischen Mentoren- und

Betreuungsprogramme einige sehr vielversprechende Ergebnisse auf. So zeigte sich etwa beim *Big Brothers/Big-Sisters-Programm,* dass eine strukturierte und individuelle Betreuung durch nicht professionelle Betreuungspersonen während der späten Kindheit zu einer geringeren Dissozialität im Jugendalter führte (Tierney & Grossman, 1995). Derartig positive Befunde auf die Sozialentwicklung konnten jedoch in neueren, groß angelegten Studien nicht mehr bestätigt werden (Herrera, Grossman, Kauh & McMaken, 2011). Im deutschen Sprachraum wird über Einrichtungen der Kinder- und Jugendhilfe eine Fülle unterschiedlicher Dienste und Programme angeboten, die der familienorientierten und kommunalen Prävention durchaus vergleichbar sind. Systematische und qualitativ hochwertige Evaluationen sind hierzulande jedoch selten, obwohl in diesem Bereich beträchtliche staatliche Mittel fließen und nicht davon auszugehen ist, dass eine simple Übertragung von US-amerikanischen Präventionskonzepten unmittelbar möglich ist (vgl. Beelmann & Schmucker, 2008). Allgemein haben sich jedoch Maßnahmen, die die Peergruppe und entsprechende Risikofaktoren in den Fokus nehmen, durchaus zur Prävention von Drogenkonsum und Delinquenz bewährt (Fagan, 2021).

Besondere Aufmerksamkeit hat der in den USA entwickelte und zahlreichen anderen Ländern verbreitete Community-that-Cares(CTC)-Ansatz erfahren (Gloppen et al., 2015; Hawkins & Catalano, 1992). Das Konzept sieht eine optimale Vernetzung und die evidenzbasierte Auswahl von Präventionsmaßnahmen vor. Dazu wird zunächst versucht, eine Mobilisierung wichtiger Personen und Institutionen auf kommunaler Ebene und die Errichtung eines lokalen Präventionsrates zu erreichen. Im zweiten Schritt erfolgt eine systematische Erhebung von bedeutsamen Risikofaktoren und Problemen im konkreten Feld, auf deren Basis dann schließlich wichtige Präventionsziele und evidenzbasierte Präventionsmaßnahmen ausgewählt und im Kontext bestehender Versorgungsstrukturen umgesetzt werden. International konnte dieses Konzept in einer ersten groß angelegten randomisierten Kontrollstudie positiv im Hinblick auf die Reduktion von Inzidenzrate für Drogenkonsum und Delinquenz getestet werden (Hawkins et al., 2009). Im deutschen Sprachraum wurde der CTC-Ansatz in einem Modellversuch in Niedersachsen ebenfalls erfolgversprechend implementiert (vgl. Groeger-Roth, 2012; Groeger-Roth, Marks & Meyer, 2018). Solche Initiativen sind auch deshalb von hohem strategischem Nutzen, weil sich eine systematische Orientierung an Ergebnissen der internationalen Ursachen- und Evaluationsforschung hierzulande noch nicht genügend durchgesetzt hat.

27.3 Allgemeine Überlegungen zur entwicklungsorientierten Kriminalprävention

Wie in vielen sozialwissenschaftlichen Bereichen müssen die skizzierten Präventionskonzepte und Forschungsbefunde jeweils vor dem Hintergrund vielfältiger Überlegungen reflektiert und bewertet werden (vgl. Beelmann, 2012; Lösel, 2012). Folgende Aspekte sind von besonderer Bedeutung:

Forschungsmethodische Einflussgrößen. Zunächst müssen bei allen Forschungsbefunden vielfältige methodische Einflussgrößen bedacht werden, da sie die Resultate von Evaluationen massiv beeinflussen können (Beelmann & Raabe, 2009). Dies ist keineswegs allein dem Untersuchungsdesign geschuldet. Selbst vorbildlich konzipierte experimentelle Versuchsanordnungen ergeben nicht zwangsläufig unverzerrte Erfolgsparameter. So ist bspw. die ermittelte Wirksamkeit in hohem Maße von der Wahl der Erfolgskriterien abhängig und mutmaßlich jede Intervention kann positiv evaluiert werden, wenn nur ein entsprechend angepasstes Erfolgskriterium zugrunde gelegt wird. So konnten wir in einer Metaanalyse deutschsprachiger Präventionsstudien zeigen, dass v.a. das Wissen von Kindern und Jugendlichen erhöht wird, während handfeste Ergebnisse auf Basis der eigentlichen Präventionsanlässe deutlich geringer ausfielen (Beelmann, Pfost & Schmitt, 2014). Es empfiehlt sich daher, die Programme und deren Evaluationsergebnisse detailliert im Hinblick auf derartige Einflussfaktoren zu bewerten und ggf. kritisch zu hinterfragen. Ein weiteres Problem ist die mangelhafte Untersuchung von Langzeiteffekten. Dies ist nicht vorrangig ein Problem der Dauerhaftigkeit von Effekten, sondern betrifft bei präventiven Interventionen v.a. die Identifikation verzögerter oder später auftretender Effekte, die in der Prävention eigentlich eher zu erwarten sind als kurzfristige Wirkungen. Des Weiteren ist zu bedenken, dass angesichts der berichteten mittleren Effektstärken aus den zitierten Metaanalysen die Wirksamkeit von Präventionsmaßnahmen nicht überschätzt, aber natürlich auch nicht unterschätzt werden sollte. Es ist schlicht unrealistisch, dass mit einzelnen kleinen Förderprogrammen chronische Risikokonstellationen der Entwicklung kompensiert werden können. Gleichwohl können auch kleine Effekte bedeutsam sein und sich z.B. in einer leichten Reduktion der Basisrate schwer auffälliger Kinder und Jugendlicher äußern, die u.U. zu weniger gravierenden Opferzahlen oder beträchtlichen Kostenersparnissen im öffentlichen Kontext führen können. Im Rahmen der Erlangen-Nürnberger Präventions- und Interventionsstudie konnten wir z.B. zeigen, dass selbst kleine Effektstärken einer vorschulischen Präventionsmaßnahme eine deutliche Reduktion der Prävalenzrate von Kindern mit multiplen Verhaltensschwierigkeiten im schulischen Kontext zur Folge hatten (vgl. Lösel, Stemmler, Jaursch & Beelmann, 2009). Für eine differenzierte Bewertung von Programmen und Interventionen sollten daher integrative Befunde aus Metaanalysen herangezogen und verschiedene Argumentationsstränge sorgfältig gegeneinander abgewogen werden (vgl. dazu Beelmann & Raabe, 2009; Beelmann, 2014).

Kombination von Präventionsmaßnahmen. Eine wichtige Frage betrifft die Kombination von Präventionsmaßnahmen. Präventionsansätze werden noch immer zu oft unter Konkurrenzaspekten diskutiert. Mittlerweile liegen zahlreiche Ergebnisse aus unterschiedlichen Präventionsfeldern vor, die zeigen, dass kombinierte und aufeinander abgestimmte Präventionspakete besser abschneiden als einzelne Präventionsprogramme. So hat etwa die Forscher*innengruppe um Caroline Webster-Stratton ein umfangreiches Präventionspaket (Incredible Years) aus eltern-, kind- und schulorientierten Einzelprogrammen entwickelt und in zahlreichen Untersuchungen positiv evaluiert (zusammenfassend: Webster-Stratton, 2005, 2016). Weiterführende Kombinationen sind etwa mit Formen der technischen oder polizeilichen Kriminalprävention denkbar (s. Kap. 28 in diesem Band). So spräche bspw. nichts dagegen, verstärkte Videokontrollen in Schulen, in denen ein hohes Ausmaß an Gewalt und Kriminalität zu beobachten ist, mit den hier vorgestellten entwicklungsorientierten Strategien zu kombinieren. Die Maßnahmen müssen allerdings aufeinander abgestimmt werden, z.B. vorwiegend auf Verhaltenskontrolle ausgerichtete Strategien sollten um Maßnahmen zum systematischen Aufbau sozial kompetenter Verhaltensalternativen ergänzt werden.

Präventionsstrategische Überlegungen. Neben inhaltlichen sind für eine gute entwicklungsorientierte Kriminalprävention auch präventionsstrategische Überlegungen anzustellen. Ein wichtiger Aspekt betrifft z.B. die Frage, ob alle Mitglieder einer Zielgruppe (z.B. Schüler einer bestimmten Altersgruppe) erreicht oder nur bestimmte Risikogruppen ausgewählt werden sollen (universelle vs. gezielte Präventionsstrategien). Beide Ansätze haben spezifische Vor- und Nachteile, sodass die begründete Auswahl einer Strategie sowohl von Ergebnissen vergleichender Evaluationen als auch einer Reihe von grundlegenderen Überlegungen abhängt (Beelmann, 2015, 2018b). Ein Nachteil universeller Präventionsstrategien liegt bspw. darin, dass

i. d. R. nur geringe mittlere Effekte erzielt werden, weil ein Großteil der Zielgruppe die Maßnahme möglicherweise gar nicht nötig hat. Aktuelle Ergebnisse zu sozialen Trainingsprogrammen unterstreichen diese Überlegung (Beelmann & Lösel, 2021). Gezielt präventive Strategien sind dagegen besser auf die spezifischen Bedürfnisse bestimmter Personengruppen zugeschnitten. Für eine geeignete Auswahl von Zielpersonen ist jedoch spezifisches Wissen über die Existenz der Risiken sowie deren Vorhersagekraft im Hinblick auf die weitere Entwicklung notwendig. Zudem können durch Auswahlprozesse Stigmatisierungseffekte auftreten, die wiederum bei universellen Strategien vermieden werden können (vgl. detailliert: Beelmann & Raabe, 2007).

Zielgruppe Hochrisikofamilien. Eine besondere Herausforderung sind nach wie vor Zielgruppen aus dem Multiproblemmilieu, bei denen Entwicklungsrisiken kumulieren oder deren Kinder bereits früh in der Entwicklung eine ausgeprägte Symptomatik aufweisen. Hier ist i. d. R. nicht nur eine intensive Förderung mit unterschiedlichen Ansatzpunkten (Kinder, Eltern, Schule u. a.), sondern insbesondere eine niedrigschwellige Bereitstellung und optimale Vernetzung der Hilfsangebote unerlässlich, um substanzielle Erfolge zu erreichen (Beelmann & Karing, 2013). Das Potenzial, die Entwicklungschancen bei diesen Gruppen durch Frühfördermaßnahmen nachhaltig zu stärken, ist, wie dargestellt, vorhanden; außerdem dürfte sich ihre Anwendung langfristig auch aus Kostenüberlegungen lohnen.

Praxistransfer und Implementation von Präventionsmaßnahmen. Der Transfer von Präventionsmaßnahmen in die Praxis der psychosozialen Versorgung wird seit Längerem intensiv diskutiert (Beelmann, Malti, Noam & Sommer, 2018; Bromme & Beelmann, 2018). Viel zu oft kommen selbst wirksame Präventionsprogramme nicht über Pilotstudien in Forschungskontexten hinaus oder werden allein in Zeiten eingesetzt, in denen spektakuläre Einzelfälle von Gewalt und Kriminalität die Handlungsbereitschaft politischer Entscheidungsträger*innen herausfordern. Kommunale Präventionsstrategien wie der CTC-Ansatz (s. o.) sind zu dem Zweck entwickelt worden, genau dieses Problem systematisch anzugehen. Die Transferthematik betrifft allerdings nicht nur die nachhaltige Implementation in psychosoziale Versorgungsstrukturen. Zu den konstantesten Ergebnissen der Präventionsforschung gehört, dass die Implementations- und Durchführungsqualität die Wirksamkeit von Präventionsmaßnahmen nachhaltig beeinflussen können (vgl. Beelmann & Karing, 2014; Durlak & DuPre, 2008). Es kommt somit nicht nur darauf an, dass Präventionsinhalte aus empirisch fundierten Theorien und Befunden abgeleitet werden, sondern auch auf die optimale Gestaltung der Durchführungsbedingungen (Beelmann, 2015, 2018b). Dies betrifft eine breite Palette von Einflussgrößen, wie die Bereitstellung von Präventionsangeboten, die Ausbildung und das Engagement der Programmadministrator*innen sowie extraprogrammatische Faktoren wie die Einstellung der beteiligten Personen zum Präventionskonzept oder Probleme und Widerstände im Kontext der Institutionen (z. B. Schulen), in denen die Maßnahmen durchgeführt werden. So konnten bspw. Kam, Greenberg und Walls (2003) zeigen, dass allein der Zustimmungsgrad von Schuldirektor*innen zu einem Präventionsprogramm einen beträchtlichen Einfluss auf die Wirksamkeit einer sozialen Trainingsmaßnahme hatte, obwohl sie selbst gar nicht unmittelbar an der Umsetzung beteiligt waren. In ähnlicher Weise kann der stabile Befund interpretiert werden, dass Selbstevaluationen (d. h. Studien von Programmautor*innen) z. T. deutlich höhere Effekte ermitteln als Evaluationen durch Dritte (Beelmann & Raabe, 2009). Dies kann unterschiedliche Ursachen haben (z. B. bessere Implementation durch Autor*innen vs. selektive Berichterstattung), in jedem Fall bedarf es jeweils unabhängiger Replikationen der Befunde, am besten unter realen Praxisbedingungen, sowie einer detaillierten Überprüfung der Durchführungsqualität, um eine erfolgreiche Präventionsarbeit zu gewährleisten. Ein für die praktische Implementation besonders bedeutsames Thema ist die Forderung nach der konzepttreuen Durchführung bzw. der Möglichkeit und Notwendigkeit der Anpassung/Adaptation von Präventionsprogrammen an die konkreten Präventionskontexte. Klassische Ansichten, die eine konzeptgenaue Durchführung einfordern, sind mittlerweile der Einschätzung gewichen, dass eine gewisse Flexibilität durchaus angemessen ist und sich wirksamkeitsfördernd auswirkt (Malti, Noam, Beelmann & Sommer, 2016; Sundell, Beelmann, Hasson & von Thiele Schwarz, 2016). Insbesondere wurden kulturelle Anpassungen (z.B. beim Inhalt von Elterntrainings) oder Durchführungsanpassungen (z.B. die Verwendung unterschiedlicher Materialien) vorgeschlagen, die durchaus i.S. des Erfinders sind. Konzeptionelle Änderungen, die z.B. das theoretische Grundlagenmodell der Programme betreffen, sollten jedoch unbedingt vermieden werden.

Ausdehnung des Anwendungsbereichs und Alternativen der programmorientierten Förderung. Die bislang vorgestellten Präventionsmodelle beziehen sich i.d.R. auf die Prävention von Gewaltkriminalität. In den letzten Jahren wurde auch durch entsprechende gesellschaftliche Probleme z.B. die Radikalisierungsprävention zunehmend thematisiert (s. dazu Kap. 7 in diesem Band), bei der ebenfalls eine entwicklungsorientierte Perspektive lohnend erscheint. Ganz allgemein stellt sich die Frage, ob Prävention tatsächlich ausschließlich über mehr oder weniger standardisierte und punktuelle Programme mit Markennamen geschehen sollte, oder es nicht vielversprechender ist, auf Basis von Präventionsprinzipien oder einer alltagsintegrierten Förderung zu argumentieren. Der Programmansatz wurde in den letzten zwei Dekaden prominent vertreten und hat sich u.a. in unterschiedlichen Evidenzlisten (Verzeichnisse von wirksamen Programmen) niedergeschlagen, z.B. international in den sog. „Blueprints of Healthy Youth Development" (www.blueprintsprograms.org) und im deutschen Sprachraum in der „Grünen Liste Prävention" vom Landespräventionsrat Niedersachsen (www.gruene-liste-praevention.de). Verschiedene Autor*innen (z.B. Lipsey, 2017) argumentieren jedoch, dass der „Programmansatz" v.a. wegen seiner vielfältigen Implementationsprobleme gescheitert sei, und stattdessen eben gezielte Förderprinzipien aufgestellt und situationsspezifisch umgesetzt werden sollten. In dieser Frage sollte kein unangemessener Dualismus erzeugt werden. Programme können durchaus i.S. von Prinzipien genutzt und im Förderalltag in Schulen und anderswo angewandt werden. Gleichwohl hilft eine erweiterte Perspektive der Kriminalprävention im Hinblick auf jene Kompetenzen und bereitgestellte soziale Ressourcen, die notwendig sind, Kindern und Jugendlichen eine gesunde und glückliche Entwicklung zu ermöglichen, und für die gesamte Spanne der biografischen Entwicklung genutzt werden sollten, ganz i.S. einer positiven Jugendentwicklung (Benson & Scales, 2009; Lerner, 2004).

27.4 Weiterführende Literatur

Beelmann, A. & Raabe, T. (2007). *Dissoziales Verhalten bei Kindern und Jugendlichen. Erscheinungsformen, Entwicklung, Prävention und Intervention.* Göttingen: Hogrefe.

Elliott, D.S. & Fagan, A. (2017). *The prevention of crime.* New York, NY: Wiley-Blackwell.

Zwei Monografien als Einführung und Zusammenfassung von Ergebnissen, Konzepten und Theorien zur Entwicklung, Prävention und Intervention dissozialer Verhaltensprobleme.

Beelmann, A. & Raabe, T. (2009). The effects of preventing antisocial behavior and crime in childhood and adolescence: Results and implications of research reviews and meta-analyses. *International Journal of Developmental Science, 3,* 260–281. https://doi.org/10.3233/DEV-2009-3305

Farrington , D.P., Gaffney, H., Lösel, F. & Ttofi, M. (2017). Systematic reviews of the effectiveness of developmental prevention programs in reducing delinquency, aggression, and bullying. *Aggression and Violent Behavior, 33*, 91–106. https://doi.org/10.1016/j.avb.2016.11.003

Beide Artikel fassen metaanalytische Ergebnisse und Erkenntnisse zu Präventionsmaßnahmen aus Metaanalysen und anderen umfassenden Forschungsreviews zur Prävention von Dissozialität zusammen. Die Arbeit bietet einen kurzen und prägnanten Überblick zu Befunden und Problemen der Wirksamkeitsforschung in diesem Gebiet.

Weisburd, D., Farrington, D.P. & Gill, C. (Eds.). (2016). *What works in crime prevention and rehabilitation?* New York, NY: Springer. https://doi.org/10.1007/978-1-4939-3477-5

Sammelband mit zahlreichen aktuellen Übersichtsartikeln zu entwicklungsorientierter, kommunaler und situationsbezogener Kriminalprävention und Straftäter-Rehabilitation. Eine Kurzzusammenfassung findet sich bei Weisburd, Farrington und Gill (2017).

Melzer, W., Hermann, D., Sandfuchs, U., Schäfer, M., Schubarth, W. & Daschner P. (Hrsg.). (2015). *Handbuch Aggression, Gewalt und Kriminalität bei Kindern und Jugendlichen.* Bad Heilbrunn: Klinkhardt.

Walsh, M., Pniewski, B., Kober, M. & Amborst, A. (Hrsg.). (2018). *Handbuch evidenzbasierte Praxis in der deutschen Kriminalprävention – ein Leitfaden für Politik und Praxis.* Bonn: Nationales Zentrum für Kriminalprävention.

Zwei aktuelle deutschsprachige Sammelbände zu vielfältigen Aspekten von Dissozialität bei Kindern, Jugendlichen und Erwachsenen, darunter auch zur Dissozialitäts- und Kriminalprävention.

Literatur

Alford, A.A. & Derzon, J. (2012). Meta-analysis and systematic review of the effectiveness of school-based programs to reduce multiple violent and antisocial behavior outcomes. In S.R. Jimerson, A.B. Nickerson, M.J. Mayer & M.J. Furlong (Eds.), *Handbook of school violence and school safety. International research and practice* (2nd ed., pp. 593–606). New York, NY: Routledge & Francis Group.

Ansary, N.S. (2020). Cyberbullying: Concepts, theories, and correlates informing evidence-based practice for prevention. *Aggression and Violent Behavior, 50*, 101343. https://doi.org/10.1016/j.avb.2019.101343

Baier, D. (2020). Entwicklung der Jugendkriminalität im deutschsprachigen Raum. *Forensische Psychiatrie, Psychologie, Kriminologie, 14*, 141–148. https://doi.org/10.1007/s11757-020-00588-y

Baier, D., Krieg, Y. & Kliem, S. (2021). Kinder- und Jugenddelinquenz in Deutschland: Daten und Perspektiven. *Vierteljahresschrift für Heilpädagogik und ihre Nachbargebiete, 90*, 175–190.

Baier, D., Pfeiffer, C., Simonson, J. & Rabold, S. (2009). *Jugendliche in Deutschland als Opfer und Täter von Gewalt. Erster Forschungsbericht zum gemeinsamen Forschungsprojekt des Bundesministeriums des Innern und des KFN* (Forschungsbericht Nr. 107). Hannover: Kriminologisches Forschungsinstitut Niedersachsen.

Baumrind, D. (1989). Rearing competent children. In W. Damon (Ed.), *Child development today and tomorrow* (pp. 349–378). San Francisco, CA: Jossey-Bass.

Beelmann, A. (2007). Elternberatung und Elterntraining. In F. Linderkamp & M. Grünke (Hrsg.), *Lern- und Verhaltensstörungen. Genese, Diagnostik und Intervention* (S. 298–311). Weinheim: Psychologie Verlags Union.

Beelmann, A. (2011). The scientific foundation of prevention. The status quo and future challenges of developmental crime prevention. In T. Bliesener, A. Beelmann & M. Stemmler (Eds.), *Antisocial behavior and crime. Contributions of developmental and evaluation research to prevention and intervention* (pp. 137–164). Cambridge, MA: Hogrefe Publishing.

Beelmann, A. (2012). Perspektiven entwicklungsorientierter Kriminalprävention: Desiderate und zukünftige Herausforderungen. *Forensische Psychiatrie, Psychologie, Kriminologie, 6*, 85–93. https://doi.org/10.1007/s11757-012-0153-8

Beelmann, A. (2014). Möglichkeiten und Grenzen systematischer Evidenzakkumulation durch Forschungssynthesen in der Bildungsforschung. *Zeitschrift für Erziehungswissenschaften (Sonderheft: Von der Forschung zur evidenzbasierten Entscheidung), 17* (Supplement 4), 55–78. https://doi.org/10.1007/s11618-014-0509-2

Beelmann, A. (2015). Konstruktion und Entwicklung von Interventionsmaßnahmen. In W. Melzer, D. Hermann, U. Sandfuchs, M. Schäfer, W. Schubarth

& P. Daschner (Hrsg.), *Handbuch Aggression, Gewalt und Kriminalität bei Kindern und Jugendlichen* (S. 340–346). Bad Heilbrunn: Klinkhardt.

Beelmann, A. (2016). Wirksamkeit schulischer Gesundheitsförderung und Prävention. In L. Bilz, G. Sudek, J. Bucksch, A. Klocke, P. Kolip, W. Melzer, U. Ravens-Sieberer & M. Richter (Hrsg.), *Schule und Gesundheit* (S. 267–283). Weinheim: Beltz Juventa.

Beelmann, A. (2018a). Dissoziales Verhalten. In B. Gniewosz & P. Titzmann (Hrsg.), *Handbuch Jugend. Psychologische Sichtweisen auf Veränderungen in der Adoleszenz* (S. 472–489). Stuttgart: Kohlhammer.

Beelmann, A. (2018b). Entwicklungsorientierte Kriminalprävention: Konzeptionelle Grundlagen und Stand der Forschung. In M. Walsh, B. Pniewski, M. Kober & A. Amborst (Hrsg.), *Handbuch evidenzbasierte Praxis in der deutschen Kriminalprävention – ein Leitfaden für Politik und Praxis* (S. 385–404). Bonn: Nationales Zentrum für Kriminalprävention.

Beelmann, A. (2019). Sozial-emotionale Entwicklung im Vor- und Grundschulalter: Prävention und Intervention. In P. Noack & B. Kracke (Hrsg.), *Handbuch der Entwicklungs- und Erziehungspsychologie* (S. 147–161). Heidelberg: Springer VS.

Beelmann, A. (2021). Concept of and approaches toward a developmental prevention of radicalization: Promising strategies to keep young people away from political, religious and other forms of extremism. *Monatsschrift für Kriminologie und Strafrechtsreform, 104,* 298–309. https://doi.org/10.1515/mks-2021-0130

Beelmann, A., Arnold, L.S. & Hercher, J. (2023). Parent training programs for preventing and treating antisocial behavior in children and adolescents: A comprehensive meta-analysis of international studies. *Aggression and Violent Behavior, 68,* 101798. https://doi.org/10.1016/j.avb.2022.101798.

Beelmann, A. & Jaursch, S. (2015). Förderung sozialer Kompetenzen bei Vorschulkindern: Ein sozial-kognitives Trainingsprogramm zur Prävention kindlicher Verhaltensprobleme. In T. Malti & S. Perren (Hrsg.), *Soziale Kompetenz bei Kindern und Jugendlichen* (2. Aufl., S. 177–192). Stuttgart: Kohlhammer.

Beelmann, A. & Karing, C. (2013). Zur Effektivität präventiver Maßnahmen. Allgemeine Befunde, Wirksamkeitsfaktoren und die Förderung von Kindern und Jugendlichen in schwierigen Lebenssituationen. In B. Röhrle & H. Christiansen (Hrsg.), *Prävention und Gesundheitsförderung Bd. V. Hilfen für Kinder und Jugendliche in schwierigen Lebenssituationen* (S. 39–52). Tübingen: dgvt-Verlag.

Beelmann, A. & Karing, C. (2014). Implementationsfaktoren und -prozesse in der Präventionsforschung: Strategien, Probleme, Ergebnisse, Perspektiven. *Psychologische Rundschau, 65,* 129–139. https://doi.org/10.1026/0033-3042/a000215

Beelmann, A. & Karing, C. (2022). Bildungspsychologische Prävention. In C. Spiel, T. Götz, P. Wagner, M. Lüftenegger & B. Schober (Hrsg.), *Bildungspsychologie* (3. Aufl., S. 289–315). Göttingen: Hogrefe.

Beelmann, A. & Lösel, F. (2007). Entwicklungsbezogene Prävention dissozialer Verhaltensprobleme: Eine Meta-Analyse zur Effektivität sozialer Kompetenztrainings. In W. von Suchodoletz (Hrsg.), *Prävention von Entwicklungsstörungen* (S. 235–258). Göttingen: Hogrefe.

Beelmann, A. & Lösel, F. (2021). A comprehensive meta-analysis of randomized evaluations on the effect of child social skills training on antisocial behavior. *Journal of Developmental and Life-course Criminology, 7,* 41–65. https://doi.org/10.1007/s40865-020-00142-8

Beelmann, A., Malti, T., Noam, G. & Sommer, S. (2018). Innovation and integrity: Desiderata and future directions for prevention and intervention science. *Prevention Science, 19,* 358–365. https://doi.org/10.1007/s11121-018-0869-6

Beelmann, A., Pfost, M. & Schmitt, C. (2014). Prävention von Verhaltens- und Erlebensproblemen bei Kindern und Jugendlichen. Eine Meta-Analyse deutschsprachiger Evaluationsstudien. *Zeitschrift für Gesundheitspsychologie, 22,* 1–14.

Beelmann, A. & Raabe, T. (2007). *Dissoziales Verhalten bei Kindern und Jugendlichen. Erscheinungsformen, Entwicklung, Prävention und Intervention.* Göttingen: Hogrefe.

Beelmann, A. & Raabe, T. (2009). The effects of preventing antisocial behavior and crime in childhood and adolescence: Results and implications of research reviews and meta-analyses. *International Journal of Developmental Science, 3,* 260–281. https://doi.org/10.3233/DEV-2009-3305

Beelmann, A. & Schmucker, M. (2008). Wirksamkeit von Hilfen für gefährdete Familien nach dem SGB VIII (Kinder- und Jugendhilfegesetz). *Praxis der Rechtspsychologie, 18,* 148–173.

Beelmann, A. & Schulz, L. (2013). Elternbildung und Erziehungsberatung. In S. Andresen, C. Hunner-Kreisel & S. Fries (Hrsg.), *Erziehung und Bildung.*

Ein interdisziplinäres Handbuch (S. 85–91). Stuttgart: J. B. Metzler.

Benson, P. L. & Scales, P. C. (2009). Positive youth development and the prevention of youth aggression and violence. *International Journal of Developmental Science, 3,* 218–234 https://doi.org/10.3233/DEV-2009-3302

Bierman, K. L., Coie, J. D., Dodge, K. A., Greenberg, M. T., Lochman, J. E. et al. (2020). *The Fast Track Program for children at risk. Preventing antisocial behavior.* New York, NY: Guilford.

Bilukka, O., Hahn, R. A., Crosby, A., Fullilove, M. T., Liberman, A., Moscicki, E. et al. (2005). The effectiveness of early childhood home visitation in preventing violence. A systematic review. *American Journal of Preventive Medicine, 28* (S1), 11–39. https://doi.org/10.1016/j.amepre.2004.10.004

Bliesener, T. (2021). Prävention von Jugendkriminalität. *Recht der Jugend und des Bildungswesens, 69,* 293–310. https://doi.org/10.5771/0034-1312-2021-3-293

Brandtstädter, J. & Lindenberger, U. (Hrsg.). (2007). *Entwicklungspsychologie der Lebensspanne.* Stuttgart: Kohlhammer.

Briesmeister, J. M. & Schaefer, C. M. (Eds.). (1998). *Handbook of parent training. Parents as co-therapists for children's behavior problems* (2nd ed.). New York, NY: Wiley.

Bromme, R. & Beelmann, A. (2018). Transfer entails communication: The public understanding of (social) science as stage and play for implementing evidence-based prevention knowledge and programs. *Prevention Science, 19,* 347–357. https://doi.org/10.1007/s11121-016-0686-8

Bundeskriminalamt. (2021). *Polizeiliche Kriminalstatistik 2020.* Wiesbaden: Bundeskriminalamt. Verfügbar unter https://www.bka.de/DE/AktuelleInformationen/StatistikenLagebilder/Polizeiliche-Kriminalstatistik/pks_node.html

Campbell, F. A., Ramey, C. T., Pungello, E., Sparling, J. & Miller-Johnson, S. (2002). Early childhood education: Young adult outcomes from the Abecedarian project. *Applied Developmental Science, 6,* 42–57. https://doi.org/10.1207/S1532480XADS0601_05

Cicchetti, D. (Ed.). (2016). *Developmental Psychopathology* (Vol. 4: Risk, resilience, and intervention, 3rd ed.). Hoboken, NJ: Wiley. https://doi.org/10.1002/9781119125556

Conduct Problems Prevention Research Group. (1999). Initial impact of the Fast Track prevention trial for conduct problems: II. Classroom effects. *Journal of Consulting and Clinical Psychology, 67,* 648–657. https://doi.org/10.1037/0022-006X.67.5.648

Conduct Problems Prevention Research Group. (2002). Evaluation of the first 3 years of the Fast Track Prevention Trial with children at high risk for adolescent conduct problems. *Journal of Abnormal Child Psychology, 19,* 553–567.

Conduct Problems Prevention Research Group. (2004a). The Fast Track Experiment: Translating the developmental model into a prevention design. In J. B. Kupersmidt & K. A. Dodge (Eds.), *Children's peer relations. From development to intervention* (pp. 181–208). Washington, DC: American Psychological Association. https://doi.org/10.1037/10653-010

Conduct Problems Prevention Research Group. (2004b). The effects of the Fast Track program on serious problem outcomes at the end of elementary school. *Journal of Clinical Child and Adolescent Psychology, 33,* 650–661. https://doi.org/10.1207/s15374424jccp3304_1

Conduct Problems Prevention Research Group. (2010a). The effects of a multiyear universal social-emotional learning program: The role of student and school characteristics. *Journal of Consulting and Clinical Psychology, 78,* 156–168. https://doi.org/10.1037/a0018607

Conduct Problems Prevention Research Group. (2010b). Fast-Track intervention effects on youth arrests and delinquency. *Journal of Experimental Criminology, 6,* 131–157 https://doi.org/10.1007/s11292-010-9091-7

Conduct Problems Prevention Research Group. (2011). The effects of the Fast Track preventive intervention on the development of conduct disorders across childhood. *Child Development, 82,* 331–345. https://doi.org/10.1111/j.1467-8624.2010.01558.x

Deković, M., Slagt, M. I., Asscher, J. J., Boendermaker, L., Eichelsheim, V. I. & Prinzie, P. (2011). Effects on early prevention programs on adult criminal offending: A meta-analysis. *Clinical Psychology Review, 31,* 532–544. https://doi.org/10.1016/j.cpr.2010.12.003

Dodge, K. A., Bierman, K. L., Coie, J. D., Greenberg, M. T., Lochmann, J. E., McMahon, R. J. et al. (2015). Impact of early intervention on psychopathology, crime, and well-being at age 25. *American Journal of Psychiatry, 172,* 59–70. https://doi.org/10.1176/appi.ajp.2014.13060786

Durlak, J.A., Domitrovich, C.E., Weissberg, R.P. & Gulotta, T.P. (Eds.). (2015). *Handbook of social and emotional learning: Research and practice.* New York, NY: Guilford.

Durlak, J.A. & DuPre, E.P. (2008). Implementation matters: A review of research on the influence of implementation on program outcomes and the factors affecting implementation. *American Journal of Community Psychology, 41,* 327–350. https://doi.org/10.1007/s10464-008-9165-0

Durlak, J.A., Weissberg, R.P., Dymnicki, A.B., Taylor, R.D. & Schnellinger, K.B. (2011). The impact of enhancing students' social and emotional learning. A meta-analysis of school-based universal interventions. *Child Development, 82,* 405–432. https://doi.org/10.1111/j.1467-8624.2010.01564.x

Elliott, D.S. & Fagan, A. (2017). *The prevention of crime.* New York, NY: Wiley-Blackwell.

Ewerst, F., Reinhold, T., Vloet, T.D., Wenning, V. & Bachmann, C.J. (2013). Durch Jugendliche mit Störungen des Sozialverhaltens ausgelöste Krankenkassenausgaben. Eine gesundheitsökonomische Analyse von Versichertendaten einer gesetzlichen Krankenkasse. *Kindheit und Entwicklung, 22,* 41–47.

Fagan, A.A. (2021). Developmental prevention programs intended to change peer risk and protective factors: A review of the evaluation literature. *Journal of Developmental and Life-Course Criminology, 7,* 87–111. https://doi.org/10.1007/s40865-020-00138-4

Fairchild, G., van Goozen, S.H. M., Calder, A.J. & Goodyer, I.M. (2013). Research review: Evaluating and reformulating the developmental taxonomic theory of antisocial behavior. *Journal of Child Psychology and Psychiatry, 54,* 924–940. https://doi.org/10.1111/jcpp.12102

Farrington, D.P., Gaffney, H., Lösel, F. & Ttofi, M. (2017). Systematic reviews of the effectiveness of developmental prevention programs in reducing delinquency, aggression, and bullying. *Aggression and Violent Behavior, 33,* 91–106. https://doi.org/10.1016/j.avb.2016.11.003

Farrington, D.P., Gaffney, H. & Ttofi, M.M. (2017). Systematic reviews of explanatory risk factors for violence, offending, and delinquency. *Aggression and Violent Behavior, 33,* 24–36. https://doi.org/10.1016/j.avb.2016.11.004

Farrington, D.P., Ttofi, M.M. & Lösel, F.A. (2016). Developmental and social prevention. In D. Weisburd, D.P. Farrington & C. Gill (Eds.), *What works in crime prevention and rehabilitation* (pp. 15–75). New York, NY: Springer.

Ferguson, C.J., San Miguel, C., Kilburn, J.C. Jr. & Sanchez, P. (2007). The effectiveness of school-based anti-bullying programs: A meta-analytic review. *Criminal Justice Review, 32,* 401–414. https://doi.org/10.1177/0734016807311712

Foster, E.M. (2013). Reassessing findings from the Fast Track study: Problems of methods and analysis. *Journal of Experimental Criminology, 9,* 109–117. https://doi.org/10.1007/s11292-012-9172-x

Gaffney, H., Ttofi, M.M. & Farrington, D.P. (2019). Evaluating the effectiveness of school-bullying prevention programs: An updated meta-analytical review. *Aggression and Violent Behavior, 45,* 111–133. https://doi.org/10.1016/j.avb.2018.07.001

Gaffney, H., Farrington, D.P., Espelage, D.L. & Ttofi, M.M. (2019). Are cyberbulling intervention and prevention programs effective? A systematic and meta-analytical review. *Aggression and Violent Behavior, 45,* 134–153. https://doi.org/10.1016/j.avb.2018.07.002

Garrard, W.M. & Lipsey, M.W. (2007). Conflict resolution education and antisocial behavior in U.S. schools: A meta-analysis. *Conflict Resolution Quarterly, 25,* 9–38. https://doi.org/10.1002/crq.188

Gill, C. (2016). Community interventions. In D. Weisburd, D.P. Farrington & C. Gill (Eds.), *What works in crime prevention and rehabilitation* (pp. 77–110). New York, NY: Springer.

Glaubitz, C., Steglich, F., Koch, M., Klodt, H., Klatt, T., Hausmann, B et al. (2016). Was kostet Jugendkriminalität? Eine Annäherung. *Monatsschrift für Kriminologie und Strafrechtsreform, 99,* 1–17. https://doi.org/10.1515/mks-2016-990518

Gloppen, K.M., Brown, E.C., Wagenaar, B.H., Hawkins, J.D., Rhew, I.C. & Oesterle, S. (2015). Sustaining adoption of science-based prevention through community that care. *Journal of Community Psychology, 44,* 78–89. https://doi.org/10.1002/jcop.21743

Groeger-Roth, F. (2012). „Community that Care – CTC" in der Praxis. Ergebnisse und Erfahrungen aus dem Modellversuch SPIN in Niedersachsen. *Forum Kriminalprävention, 3,* 2–6.

Groeger-Roth, F., Marks, E. & Meyer, A. (2018). Erfahrungen des Landespräventionsrates Niedersachsen (LPR) bei der Umsetzung einer qualitätsorientierten und evidenzbasierten Präventionspraxis. In M. Walsh, B. Pniewski, M. Kober & A. Amborst (Hrsg.), *Handbuch evidenzbasierte Praxis in der deutschen Kriminalprävention – ein Leitfaden für Politik und Praxis* (S. 145–165). Bonn: Nationales Zentrum für Kriminalprävention. https://doi.org/10.1007/978-3-658-20506-5_9

Hawkins, J.D. & Catalano, R.F. (1992). *Communities that care*. San Francisco, CA: Jossey-Bass.

Hawkins, J.D., Catalano, R.F., Kosterman, R., Abbott, R. & Hill, K.G. (1999). Preventing adolescent health risk behavior by strengthening protection during childhood. *Archives of Pediatric and Adolescent Medicine, 153,* 226–234. https://doi.org/10.1001/archpedi.153.3.226

Hawkins, J.D., Kosterman, R., Catalano, R.F., Hill, K.G. & Abbott, R.D. (2005). Promoting positive adult functioning through social development intervention in childhood. Long-term effects from the Seattle Social Development Project. *Archives of Pediatrics and Adolescent Medicine, 159,* 25–31. https://doi.org/10.1001/archpedi.159.1.25

Hawkins, J.D., Oesterle, S., Brown, E.C., Arthur, M.W., Abbott, R.D., Fagan, A.A. et al. (2009). Results of a type 2 translational research trial to prevent adolescent drug use and delinquency. *Archives of Pediatrics and Adolescent Medicine, 163,* 789–798. https://doi.org/10.1001/archpediatrics.2009.141

Heinrichs, N. (2021). Elterntrainings. In A. Lohaus & H. Domsch (Hrsg.), *Psychologische Förder- und Interventionsprogramme für das Kindes- und Jugendalter* (2. Aufl., S. 391–412). Berlin: Springer.

Herrera, C., Grossman, J.B., Kauh, T.J. & McMaken, J. (2011). Mentoring in schools: An impact study of Big Brothers Big Sisters school-based mentoring. *Child Development, 82,* 346–361. https://doi.org/10.1111/j.1467-8624.2010.01559.x

Humayun, S. & Scott, S. (2014). Early intervention to prevent lifelong consequences of childhood antisocial behavior and social exclusion. In M. Israelashvili & J.L. Romano (Eds.), *Cambridge handbook of prevention science* (pp. 306–350). Cambridge: Cambridge University Press.

Jaursch, S., Lösel, F., Stemmler, M. & Beelmann, A. (2012). Elterntraining zur Prävention dissozialen Verhaltens: Grundlagen und eigene Beispiele. *Forensische Psychiatrie, Psychologie, Kriminologie, 6,* 94–101. https://doi.org/10.1007/s11757-012-0158-3

Jimerson, S.R., Nickerson, A.B., Mayer M.J. & Furlong M.J. (Eds.). (2012). *Handbook of school violence and school safety. International research and practice* (2nd ed.). New York, NY: Routledge & Francis Group. https://doi.org/10.4324/9780203841372

Jolliffe, D., Farrington, D.P., Piquero, A.R., Loeber, R. & Hill, K.G. (2017). Systematic review of early risk factors for life-course-persistent, adolescence-limited, and late-onset offenders in prospective longitudinal studies. *Aggression and Violent Behavior, 33,* 15–23. https://doi.org/10.1016/j.avb.2017.01.009

Kam, C.M., Greenberg, M.T. & Walls, C.T. (2003). Examining the role of implementation quality in school-based prevention using the PATHS Curriculum. *Prevention Science, 4,* 55–63. https://doi.org/10.1023/A:1021786811186

Kliem, S., Krieg, Y. & Baier, D. (2020). Allgemeine und spezifische Entwicklung von Cybermobbing unter Jugendlichen. *Kindheit & Entwicklung, 29,* 67–74. https://doi.org/10.1026/0942-5403/a000304

Kosterman, R., Hawkins, J.D., Hill, K.G., Bailey, J.A., Catalano, R.F. & Abbott, R.D. (2019). Effects of Social Development Intervention in childhood and adult life at ages 30 to 39. *Prevention Science, 20,* 986–995. https://doi.org/10.1007/s11121-019-01023-3

Krieg, Y., Rook. L., Beckmann, L. & Kliem, S. (2020). *Jugendliche in Niedersachsen. Ergebnisse des Niedersachsensurveys 2019* (Forschungsbericht Nr. 153). Hannover: Kriminologisches Forschungsinstitut Niedersachsen.

Kurtines, W.M., Ferrer-Wreder, L., Berman, S.L., Lorente, C.C., Silverman, W.K. & Montgomery, M.J. (2008). Promoting positive youth development. New directions in developmental theory, methods, and research. *Journal of Adolescent Research, 23,* 233–244.

Kusché, C.A. & Greenberg, M.T. (2012). The PATHS Curriculum: Promoting emotional literacy, prosocial behavior, and caring classrooms. In S.R. Jimerson, A.B. Nickerson, M.J. Mayer & M.J. Furlong (Eds.), *Handbook of school violence and school safety. International research and practice* (2nd ed., pp. 435–446). New York, NY: Routledge & Francis Group.

Lerner, R.M. (2004). *Liberty: Thriving and civic engagement among America's youth.* Thousand Oaks, CA: Sage.

Lerner, R.M., Jacobs, F. & Wertlieb, D. (Eds.). (2005). *Applied developmental science.* Thousand Oaks, CA: Sage.

Leschied, A., Chiodo, D., Nowicki, E. & Rodger, S. (2008). Childhood predictors of adult criminality: A meta-analysis drawn from the prospective longitudinal literature. *Canadian Journal of Crimino-*

logy and Criminal Justice, 50, 435–467. https://doi.org/10.3138/cjccj.50.4.435

Limber, S. P. (2012). The Olweus Bullying Prevention Program: An overview of its implementation and research basis. In S. R. Jimerson, A. B. Nickerson, M. J. Mayer & M. J. Furlong (Eds.), *Handbook of school violence and school safety. International research and practice* (2nd ed., pp. 369–381). New York, NY: Routledge & Francis Group.

Lipsey, M. W. (2011). Effective interventions for juvenile offenders. Using meta-analysis to bridge from research to practice. In T. Bliesener, A. Beelmann & M. Stemmler (Eds.), *Antisocial behavior and crime. Contributions of developmental and evaluation research to prevention and intervention* (pp. 181–198). Cambridge: Hogrefe Publishing.

Lipsey, M. W. (2017). Effective use of the large body of research on the effectiveness of programs for juvenile offenders and the failure of the model programs approachs. *Criminology & Public Policy,* 17, 189–198. https://doi.org/10.1111/1745-9133.12345

Lipsey, M. W. & Cullen, F. T. (2007). The effectiveness of correctional rehabilitation: A review of systematic reviews. *Annual Review of Law and Social Science,* 3, 297–320. https://doi.org/10.1146/annurev.lawsocsci.3.081806.112833

Lösel, F. (2004). Multimodale Gewaltprävention bei Kindern und Jugendlichen: Familie, Kindergarten, Schule. In W. Melzer & H.-D. Schwind (Hrsg.), *Gewaltprävention in der Schule: Grundlagen – Praxismodelle – Perspektiven* (S. 326–348). Baden-Baden: Nomos.

Lösel, F. (2012). Entwicklungsbezogene Prävention von Gewalt und Kriminalität. Ansätze und Wirkungen. *Forensische Psychiatrie, Psychologie, Kriminologie, 6,* 71–84. https://doi.org/10.1007/s11757-012-0159-2

Lösel, F. & Bender, D. (2012). Child social skills training in the prevention of antisocial development and crime. Crime prevention and public policy. In B. C. Welsh & D. P. Farrington (Eds.), *The Oxford handbook of crime prevention* (pp. 102–129). New York, NY: Oxford University Press. https://doi.org/10.1093/oxfordhb/9780195398823.013.0006

Lösel, F. & Farrington, D. P. (2012). Direct protective and buffering protective factors in the development of youth violence. *American Journal of Preventive Medicine, 43,* S8–S23. https://doi.org/10.1016/j.amepre.2012.04.029

Lösel, F., Stemmler, M., Jaursch, S. & Beelmann, A. (2009). Universal prevention of antisocial behavior. Short- and long-term effects of a child- and parent-oriented program. *Monatsschrift für Kriminologie und Strafrechtsreform, 92,* 289–307.

Lorber, M. F., Olds, D. L. & Donelan-McCall, N. (2019). The impact of a preventive intervention on persistent, cross-situational early onset externalizing problems. *Prevention Science, 20,* 684–694. https://doi.org/10.1007/s11121-018-0973-7

Lundahl, B., Risser, H. J. & Lovejoy, C. (2006). A meta-analysis of parent training: Moderators and follow-up effects. *Clinical Psychology Review, 26,* 86–104. https://doi.org/10.1016/j.cpr.2005.07.004

Malti, T. & Perren, S. (Hrsg.). (2015). *Soziale Kompetenz bei Kindern und Jugendlichen* (2. Aufl.). Stuttgart: Kohlhammer.

Malti, T., Noam, G. G., Beelmann, A. & Sommer, S. (2016). Toward dynamic adaptation of psychological interventions for child and adolescent development and mental health. *Journal of Clinical Child and Adolescent Psychology, 45,* 827–836. https://doi.org/10.1080/15374416.2016.1239539

Merrell, K. W., Gueldner, B. A., Ross, S. W. & Isava, D. M. (2008). How effective are school bullying intervention programs? A meta-analysis of intervention research. *School Psychology Quarterly, 23,* 26–42. https://doi.org/10.1037/1045-3830.23.1.26

Mingebach, T., Kamp-Becker, I., Christiansen, H. & Weber, L. (2018). Meta-meta-analysis on the effectiveness of parent-based interventions for the treatment of child externalizing behavior problems. *PLOS ONE, 13* (9), e0202855. https://doi.org/10.1371/journal.pone.0202855

Moffitt, T. E. (1993). Adolescence-limited and life-course-persistent antisocial behavior: A developmental taxonomy. *Psychological Review, 100,* 674–701. https://doi.org/10.1037/0033-295X.100.4.674

Moffitt, T. E. (2015). Life-course-persistent versus adolescence-limited antisocial behavior. In D. Cicchetti & D. J. Cohen (Eds.), *Developmental psychopathology: Vol. 3: Risk, disorder, and adaption* (2nd ed., 570–598). Hoboken, NJ: Wiley.

Muñoz, R. F., Hutchings, J., Edwards, R. T., Hounsome, B. & O'Ceilleachair, A. (2004). Economic evaluation of treatments for children with severe behavioural problems. *Journal of Mental Health Policy Economics, 7,* 177–189.

Olds, D. L. (2006). The nurse-family partnership: An evidence-based preventive intervention. *Infant Mental Health Journal, 27,* 5–25. https://doi.org/10.1002/imhj.20077

Olds, D.L. (2010). The nurse-family partnership: from trials to practice. In A.J. Reynolds, A.J. Rolnick, M.M. Englund & J.A. Temple (Eds.), *Childhood programs and practices in the first decade of life. A human capital integration* (pp. 49–75). Cambridge: Cambridge University Press. https://doi.org/10.1017/CBO9780511762666.004

Olds, D.L., Henderson, C.R., Cole, R., Eckenrode, J., Kitzman, H., Luckey, D.W. et al. (1998). Long-term effects of nurse home visitation on children's criminal and antisocial behavior: 15-year follow-up of a randomized controlled trial. Journal of the American Medical Association, 280, 1238–1244. https://doi.org/10.1001/jama.280.14.1238

Olweus, D. (2006). *Gewalt in der Schule. Was Lehrer und Eltern wissen sollten – und tun können* (2. Aufl.). Bern: Huber.

Patterson, G.R., Reid, J.B. & Dishion, T.J. (1992). *Antisocial boys.* Eugene, OR: Castalia.

Piquero, A.R., Jennings, W.G., Diamond, B., Farrington, D.P., Tremblay, R.E., Welsh, B. C et al. (2016). A meta-analysis update on the effects of early family/parent training programs on antisocial behavior and delinquency. *Journal of Experimental Criminology, 12,* 229–248. https://doi.org/10.1007/s11292-016-9256-0

Reyno, S.M. & McGrath, P.J. (2006). Predictors of parent training efficacy for child externalizing behavior problems – a meta-analytic review. *Journal of Child Psychology and Psychiatry, 47,* 99–111. https://doi.org/10.1111/j.1469-7610.2005.01544.x

Reynolds, A.J., Rolnick, A.J., Englund, M.M. & Temple, J.A. (Eds.). (2010). *Childhood programs and practices in the first decade of life. A human capital integration.* Cambridge: Cambridge University Press. https://doi.org/10.1017/CBO9780511762666

Reynolds, A.J., Temple, J.A., White, B.A.B., Ou, S.-R. & Robertson, D.L. (2011). Age 26 cost-benefit analysis of the Child-Parent Center early education program. *Child Development, 82,* 379–404. https://doi.org/10.1111/j.1467-8624.2010.01563.x

Sanders, M.R. (1999). Triple P – Positive Parenting Program: Toward an empirically validated multilevel parenting and family support strategy for the prevention of behavior and emotional problems in children. *Clinical Child and Family Psychology Review, 2,* 71–90.

Sanders, M.R., Turner, K.M. T. & Mc William, J. (2016). The Triple P-Positive Parenting Program: A community-wide approach to parenting and family support. In M.J. van Ryzin, K.L. Kumpfer, G.M. Fosco & M.T. Greenberg (Eds.), *Family-based prevention programs for children and adolescents. Theory, research, and large-scale dissemination* (pp. 134–159). New York, NY: Psychology Press.

Schick, A. (2015). Förderung sozial-emotionaler Kompetenzen in Kindergärten, Grundschulen und in der Sekundarstufe: Konzeption und Evaluation der Faustlos-Curricular. In T. Malti & S. Perren (Hrsg.), *Soziale Kompetenz bei Kindern und Jugendlichen* (2. Aufl., S. 193–207). Stuttgart: Kohlhammer.

Smokowski, P., Corona, R., Bacallo, M., Fortson, B.L., Marshall, K.J. & Yaros, A. (2018). Addressing barriers to recruitment and retention in the implementation of parenting programs: Lessons learned for effective program delivery in rural and urban areas. *Journal of Child and Family Studies, 27,* 2925–2942. https://doi.org/10.1007/s10826-018-1139-8

Schweinhart, L.J. (2013). Long-term follow-up of a preschool experiment. *Journal of Experimental Criminology, 9,* 389–409. https://doi.org/10.1007/s11292-013-9190-3

Schweinhart, L.J., Montie, J., Xiang, Z., Barnett, W.S., Belfield, C.R. & Nores, M. (2005). *Lifetime effects: The High/Scope Perry Preschool Study through age 40.* Ypsilanti, MI: HighScope Press.

Sherman, L.W., Farrington, D.P., Welsh, B.C. & MacKenzie, D.L. (Eds.). (2002). *Evidence-based crime prevention.* London: Routledge.

Sibley, B.A. & Etnier, J.G. (2003). The relationship between physical activity and cognition in children: A meta-analysis. *Pediatric Exercise Science, 15,* 243–256. https://doi.org/10.1123/pes.15.3.243

Slonje, R., Smith, P.K. & Frisén, A. (2013). The nature of cyberbullying, and strategies for prevention. *Computers in Human Behavior, 29,* 26–32 https://doi.org/10.1016/j.chb.2012.05.024

Sundell, K., Beelmann, A., Hasson, H. & von Thiele Schwarz, U. (2016). Novel programs, international adoptions, or contextual adaptations? Meta-analytical results from German and Swedish intervention research. *Journal of Clinical Child and Adolescent Psychology, 45,* 784–796. https://doi.org/10.1080/15374416.2015.1020540

Tierney, J.P. & Grossman, J.B. (1995). *Making a difference: An impact study of Big Brothers/Big Sisters.* Philadelphia, PA: Public/Private Ventures.

Tong, L.S.J. & Farrington, D.P. (2008). Effectiveness of „Reasoning and rehabilitation" in reducing reoffending. *Psicothema, 20,* 20–28.

Tremblay, R.E. & Craig, W.M. (1995). Developmental crime prevention. In M. Tonry & D.P. Farrington (Eds.), *Building a safer society: Strategic approaches to crime prevention* (Vol. 19, pp. 151–236). Chicago, IL: The University of Chicago Press.

Ttofi, M.M. & Farrington, D.P. (2011). Effectiveness of school-based programs to reduce bullying: A systematic and meta-analytic review. *Journal of Experimental Criminology, 7,* 27–56. https://doi.org/10.1007/s11292-010-9109-1

van Ryzin, M.J., Kumpfer, K.L., Fosco, G.M. & Greenberg, M.T. (Eds.). (2016). *Family-based prevention programs for children and adolescents. Theory, research, and large-scale dissemination.* New York, NY: Psychology Press.

Webster-Stratton, C. (2005). The Incredible Years: A training series for the prevention and treatment of conduct problems in young children. In E.D. Hibbs & P.S. Jensen (Eds.), *Psychosocial treatments for child and adolescent disorders. Empirically based strategies for clinical practice* (2nd ed., pp. 507–556). Washington, DC: American Psychological Association.

Webster-Stratton, C. (2016). The Incredible Years® series: A developmental approach. In M.J. van Ryzin, K.L. Kumpfer, G.M. Fosco & M.T. Greenberg (Eds.), *Family-based prevention programs for children and adolescents. Theory, research, and large-scale dissemination* (pp. 42–67). New York, NY: Psychology Press.

Weisburd, D., Farrington, D.P. & Gill, C. (Eds.). (2016). *What works in crime prevention and rehabilitation?* New York, NY: Springer. https://doi.org/10.1007/978-1-4939-3477-5

Weisburd, D., Farrington, D.P. & Gill, C. (Eds.). (2017). What works in crime prevention and rehabilitation? An assessment of systematic reviews. *Criminology & Public Policy, 16,* 415–449. https://doi.org/10.1111/1745-9133.12298

Weisenmuller, C. & Hilton, D. (2021). Barriers to access, implementation, and utilization of parenting interventions: Considerations for research and clinical applications. *American Psychologist, 76,* 104–115. https://doi.org/10.1037/amp0000613

Welsh, B.C. & Farrington, D.P. (Eds.). (2012). *The Oxford handbook of crime prevention.* New York, NY: Oxford University Press.

Welsh, B.C., Farrington, D.P. & Gowar, B.R. (2015). Benefit-cost analysis of crime prevention programs. *Crime and Justice, 44,* 447–516. https://doi.org/10.1086/681556

Welsh, B.C. & Hoshi, A. (2002). Communities and crime prevention. In L.W. Sherman, D.P. Farrington, B.C. Welsh & D.L. MacKenzie (Eds.), *Evidence-based crime prevention* (pp. 165–197). London: Routledge.

Welsh, B.C. & Rocque, M. (2014). When crime prevention harms. A review of systematic reviews. *Journal of Experimental Criminology, 10,* 245–266.

Welsh, B.C. & Tremblay, R.E. (2020). Early developmental crime prevention forged through knowledge translation: A window into a century of prevention experiments. *Journal of Developmental and Life-Course Criminology, 7,* 1–16.

Wilson, D.B. (2016). Correctional programs. In D. Weisburd, D.P. Farrington & C. Gill (Eds.), *What works in crime prevention and rehabilitation* (pp. 193–217). New York, NY: Springer.

Wilson, S.J. & Lipsey, M.W. (2007). School-based interventions for aggressive and disruptive behaviour. Update of a meta-analysis. *American Journal of Preventive Medicine, 33* (2), S130–S143.

28 Situative, opferorientierte und kommunale Kriminalprävention

Thomas Bliesener

28.1 Einleitung

Während Programme der entwicklungsorientierten Kriminalprävention (s. Kap. 27 in diesem Band) bei dem Täter oder potenziellen Täter ansetzen und versuchen, dissoziales Verhalten in seiner Entstehung oder Manifestation zu verhindern oder abzuschwächen (Bliesener, 2008), setzen die hier vorzustellenden Maßnahmen bei der dissozialen Handlung bzw. Tatsituation oder beim (potenziellen) Opfer des dissozialen Verhaltens an oder sie versuchen in einem sozialraumorientierten Ansatz, die verschiedenen Orientierungen zu integrieren.

Zunächst werden einige *situative Präventionsansätze* skizziert. Diese zielen im Wesentlichen darauf ab, mit zumeist technischen Mitteln Tatgelegenheiten zu reduzieren und Tatsituationen zu entschärfen (Clarke, 1992). Anschließend werden einige *opferorientierte Präventionsprogramme* beschrieben, die sich an (potenzielle) Opfer von devianten und delinquenten Handlungen richten, um (weitere) Viktimisierungen zu vermeiden oder deren Folgen zu minimieren. *Sozialraumorientierte Ansätze der Kriminalprävention* haben Gemeinden oder Wohnquartiere und ihre Bewohner*innen und Institutionen als Zielgruppe und versuchen, auf der sozialräumlichen Ebene Ressourcen und Kompetenzen zu schaffen oder zu mobilisieren, um kriminalitätsbegünstigende Bedingungen abzubauen und kriminalitätshemmende Faktoren zu stärken. Dabei können sowohl entwicklungsorientierte, opferorientierte und situative Ansätze miteinander verknüpft und gemeinsam realisiert werden.

Wie viele andere Klassifikationen auch, ist diese Unterscheidung eher prototypisch zu sehen, da in der Praxis die Grenzen zwischen den einzelnen Formen durchaus überlappen und die Übergänge zwischen den Ansätzen fließend sein können.

28.2 Situative Kriminalprävention

Der situative Präventionsansatz (teilweise auch als technische Kriminalprävention bezeichnet) folgt dem Leitgedanken, Tatgelegenheiten und ihre Strukturen zu reduzieren (Clarke, 1995; Lösel, 2004). Tatgelegenheiten sind die objektiven Bedingungen und von dem potenziellen Täter subjektiv wahrgenommenen Chancen für ein „erfolgreiches" kriminelles Handeln in einer konkreten Situation. Zu den situativ relevanten Faktoren zählen: das Vorhandensein von Zielobjekten krimineller Handlungen (z. B. ein hohes Beutegut), die Zugänglichkeit dieser Zielobjekte bzw. der notwendige Aufwand zur Tatbegehung (z. B. ein wehrloses Opfer), das Misserfolgsrisiko (durch Scheitern der Zielerreichung oder Entdeckung) und schließlich der erwartete Ertrag der Handlung (der materielle Ertrag, ebenso aber auch ein möglicher Statusgewinn innerhalb der abweichenden Peergruppe). Daran orientiert haben Clarke und andere (Clarke, 1995; Clarke & Eck, 2003; Cornish & Clarke, 2003) verschiedene Ansätze und Strategien situativer Kriminalprävention differenziert und in fünf Zielrichtungen klassifiziert (s. **Tab. 28-1**):

Tabelle 28-1: Techniken der situativen Prävention (nach Bullock, Clarke & Tilley, 2010, modifiziert).

Erhöhung des Aufwands	Erhöhung des Risikos	Reduktion des Gewinns	Reduktion von Auslösern	Reduktion der Entlastung
1. „Target hardening" • Wegfahrsperren in KFZ • Sprengsicherung von Bankomaten • elektronische Warensicherung	6. Verbesserung der Begleitung • nächtliches Ausgehen in Gruppen • Nutzung von Notfall- oder Begleit-Apps	11. Verbergen von Tatzielen • geschlechtsneutrale Telefonverzeichnisse • Tarnen einer Fahrzeugpanzerung	16. Vermeidung von Frustrationen • Leitung von Warteschlangen • Freundlichkeit des Servicepersonals	21. Aufstellen von Regeln • Umgangsregeln (Netiquette) • Nutzungsbestimmungen
2. Zugangskontrollen • elektronische Zugangskontrollen • Gepäckkontrollen	7. Förderung der natürlichen Überwachung • Verbesserung der Straßenbeleuchtung • Verbesserung der Einsichtsmöglichkeit	12. Entfernen von Zielobjekten • fest verbaute Elektronikgeräte in KFZ • Reduktion von Bargeldbeständen	17. Konfliktvermeidung • Trennung rivalisierender Gruppen • Einlassbeschränkung in Bars und Diskotheken	22. Anschlagen von Instruktionen • „Bitte keinen Müll hinterlassen" • „Privateigentum"
3. Ausgangskontrollen • elektronische Verlaufskontrollen • Ausgangstickets	8. Reduzierung der Anonymität • Reklamationshinweise zum Fahrstil am Fahrzeug • Registrierung des Bezugs gefährlicher Materialien • Personalisierung des Erwerbs von SIM-Karten	13. Identifikationsmarkierungen • Fahrradregistrierung • Gerätemarkierung	18. Reduktion von Anregungen • Kontrolle gewalthaltiger Pornografie • Verhinderung/Löschung von Hate-Crime-Postings	23. Gewissen ansprechen • Geschwindigkeitsanzeige im Wohngebiet • Slogans im ÖPNV: „Schwarzfahren ist eine Straftat"

Erhöhung des Aufwands	Erhöhung des Risikos	Reduktion des Gewinns	Reduktion von Auslösern	Reduktion der Entlastung
4. Umleitung von Täter*innen Straßensperren • Trenn- und Leitsysteme für Fussballfans • Auseinanderziehen von Kneipen und Lokalen	9. Raumüberwachung • Überwachungskameras für schwer einsehbare Bereiche • Belohnungen für Hinweise auf Täter*in	14. Störung des Hehlermarktes • Kontrolle von Pfandhäusern • Lizenzierung des Straßenhandels	19. Reduktion sozialen Drucks • Verbreitung stützender Slogans, z. B. „Fair geht vor" • Abtrennung von Rädelsführern	24. Stärkung der Normtreue • öffentliche Mülltonnen/Toiletten • Pfandsysteme für Verpackungen • Würdigung couragierten Eintretens gg. Gewalt
5. Kontrolle von Mitteln/Waffen • elektronische Erkennung von Kopiervorlagen • Ersatz von Trinkgläsern durch Pappbecher • begrenzte Abgabe gefährlicher Substanzen	10. Erhöhung der formalen Überwachung • Einbau von Alarmanlagen • Einsatz von Sicherheitspersonal • intelligente Videoüberwachung öffentlicher Räume	15. Nutzenreduktion • Reinigen von Graffiti • Sperren gestohlener Mobiltelefone/EC- und Kreditkarten • Gewinnabschöpfung nach §§ 73 ff StGB	20. Nachahmung verhindern • Vandalismusschäden unmittelbar beseitigen • Vermeidung von Darstellungen des Modus Operandi	25. Kontrolle des Alkohol- und Drogenkonsums • Atemtester in Lokalen/KFZ • alkoholfreie Veranstaltungen • Hinweis auf Folgeschäden

- Erhöhung des wahrgenommenen Aufwands für die Tatbegehung,
- Erhöhung des wahrgenommenen Entdeckungsrisikos,
- Reduktion des erwarteten Ertrags,
- Reduktion von auslösenden Bedingungen,
- Induktion von Schuld- oder Schamgefühlen,
- Reduktion von Entschuldigungs- und Entlastungsmöglichkeiten.

Wie die **Tab. 28-1** zeigt, lassen sich jeder der fünf Zielrichtungen jeweils fünf Techniken zuordnen, sodass sich insgesamt 25 Techniken ergeben. Bei genauer Inspektion wird aber deutlich, dass die Trennung bzw. Zuordnung einzelner Maßnahmen zu den fünf Strategien nicht immer eindeutig ist. So wird bspw. die unmittelbare Beseitigung von Vandalismusschäden sowohl die Nachahmung verhindern, vermutlich aber auch den Anreiz für den Täter reduzieren; die Anwesenheit von Sicherheitspersonal kann das Entdeckungsrisiko steigern, aber auch zur Folge haben, dass sich die Sensibilität und Anzeigebereitschaft von Unbeteiligten erhöht.

Weiterhin lassen sich auch bauliche und stadtplanerische Maßnahmen ausmachen, die kriminalpräventive Effekte haben. Dies gilt z. B. für die Verwendung von Lichtquellen mit hohen Blauanteilen in öffentlichen Toiletten, um Drogensüchtigen das Auffinden der Venen zu erschweren; die bauliche Auflockerung und Beteiligung der Anwohner an der Gestaltung von Freianlagen in Wohngebieten, um die Übernahme der Verantwortung zu stärken; die Verbreiterung von Einkaufspassagen, um der Bildung von Menschenmengen und darin verübten Taschendiebstählen zu begegnen (Kube, 2004).

Die Vertreter der situativen Kriminalprävention stützen sich im Wesentlichen auf die Theorie rationaler Entscheidungen (Cornish & Clarke, 1986), nach der der bzw. die Straftäterin als rationales Wesen handelt und die Möglichkeiten, den Nutzen und die Kosten von kriminellen und legalen Handlungen gegeneinander abwägt. Der Grundansatz der situativen Kriminalprävention lässt sich aber ebenso aus der Kontrolltheorie (Gottfredson & Hirschi, 1990) oder der Situational Action Theory (Wikström, 2010, 2014; s. Kap. 2 in diesem Band) ableiten.

Strategien und Maßnahmen der situativen Kriminalprävention wurden zunächst v. a. eingesetzt, um häufig vorkommende konventionelle Straftaten zu reduzieren (z. B. Fahrzeug-, Laden- und Einbruchdiebstahl, Gewalt in der Familie; Hermann, 2016). In jüngerer Zeit sind die Ansätze der situativen Kriminalprävention aber auch auf andere Deliktfelder (z. B. Internetkriminalität, sexueller Missbrauch; Janke & Bley, 2020; Wortley & Smallbone, 2006) übertragen worden und werden zunehmend auch zur Bekämpfung von Terroranschlägen (Clarke & Newman, 2009; Perry, Apel, Newman & Clarke, 2017) und der organisierten Kriminalität eingesetzt (Kirby & Penna, 2010).

Während für viele Maßnahmen der situativen Kriminalprävention im öffentlichen Raum kaum systematische Evaluationen vorliegen, sind andere bereits recht gut untersucht. Dazu gehört die Einrichtung von Videoüberwachungsanlagen im öffentlichen Raum. Welsh und Farrington (2003) haben die Befunde von 22 Evaluationsstudien zum Effekt der Videoüberwachung im öffentlichen Raum auf das Kriminalitätsaufkommen integriert. Metaanalytisch konnte insgesamt eine Reduktion des Kriminalitätsaufkommens um lediglich 4 % nachgewiesen werden. Während die Zahl der Gewaltdelikte in den überwachten Gebieten bzw. in öffentlichen Verkehrsmitteln nicht signifikant reduziert werden konnte, zeigte sich jedoch eine signifikante Reduktion der Straftaten an Kraftfahrzeugen in Parkhäusern und auf Parkplätzen.

Insbesondere durch den Einsatz künstlicher Intelligenz zeichnen sich hier aber neue Strategien und Einsatzgebiete (Koch, Held, Matzner & Krumm, 2015), deren Folgenabschätzung und Evaluation aber noch aussteht.

Andererseits lässt sich bei vielen Maßnahmen der situativen Kriminalprävention die

Wirkung nur schwer nachweisen, weil sie nur innerhalb eines Maßnahmenbündels realisiert werden (Lösel & Bliesener, 2006). Zudem ist die Übertragbarkeit spezifischer Erfahrungen auf andere Bereiche oft fraglich. Schließlich stellt sich bei den situativen Maßnahmen regelmäßig die Frage der Verschiebung von Kriminalitätsphänomenen. Da nicht das Täterverhalten an sich, sondern nur die Tatumstände verändert werden – die Täter sozusagen „vergrault" werden – ist strittig, ob Täter nicht allein andere Örtlichkeiten oder Opfer suchen, ihre Taktik verfeinern oder auf andere Delikte ausweichen (Repetto, 1974; Lösel, 2004). Guerette und Bowers (2009) haben untersucht, inwieweit dieses kritische Argument der Verschiebung gestützt wird. In einem systematischen Review haben sie über 100 vorliegende Evaluationsstudien analysiert und festgestellt, dass geringe Verschiebungseffekte zu beobachten sind, dass diese jedoch kleiner sind als die erzielte Kriminalitätsreduktion und dass sich zudem eine Diffusion des Nutzens nachweisen lässt, insofern, als substanzielle Reduktionen der Kriminalität auch in der Nachbarschaft der Gebiete auftraten, in denen die präventiven Maßnahmen realisiert wurden.

28.3 Opferorientierte Kriminalprävention

Opferorientierte Kriminalprävention schließt prinzipiell zunächst auch Maßnahmen ein, bei denen potenzielle Opfer z. B. über Viktimisierungsgefahren aufgeklärt und ihnen Verhaltensempfehlungen gegeben werden. Insoweit es sich hierbei um reine Aufklärungskampagnen und kurzzeitige Beratungen handelt (z. B. Aufklärungsangebote und Beratungen zum Schutz vor Einbruchdiebstahl oder vor „Phishing"-Attacken im Internet) sollen sie hier nicht weiter behandelt werden. Unter opferorientierten Programmen zur Kriminalprävention werden hier Konzepte verstanden, in denen mit pädagogisch-psychologischen Methoden spezifische Kompetenzen zur Vermeidung von Opfererfahrungen in der Familie, in der Schule, am Arbeitsplatz oder in der Öffentlichkeit über einen mittleren bis längeren Zeitraum vermittelt und trainiert werden. Zu diesen Programmen zählen zunächst eine Vielzahl von Selbstverteidigungskursen und Selbstbehauptungstrainings, insbesondere für Frauen zum Schutz vor sexuellen Übergriffen durch Männer, für Kinder zum Schutz vor sexuellem Missbrauch, aber auch für Kinder und Jugendliche zur Vermeidung von Gewaltviktimisierungen durch Gleichaltrige (Schulbullying).

Die Selbstverteidigungskurse für Frauen zeigen relativ konsistent eine positive Veränderung psychischer Faktoren (Ängstlichkeit, Viktimisierungsfurcht, Selbstwert und wahrgenommene Selbstwirksamkeit) und des Verhaltens (physische Kompetenz, Durchsetzungsfähigkeit, Vermeidungsverhalten; Brecklin, 2008). Ob allerdings derartige Programme tatsächlich die Viktimisierungsrate oder die Schwere der sexuellen Viktimisierung reduzieren können, ist bisher kaum hinreichend belegt. Bart und O'Brien (1985) konnten allerdings in einer Befragung von Opfern einer Vergewaltigung und Frauen, die einen Vergewaltigungsversuch abwehren konnten, zeigen, dass letztere fast doppelt so häufig zuvor einen Selbstverteidigungskurs gemacht hatten. Es scheint umgekehrt hingegen auch möglich, dass durch ein nachlassendes Vermeidungsverhalten gegenüber riskanten Situationen aufgrund des Trainings die objektive Viktimisierungsgefahr der Teilnehmenden sogar steigt (Ozer & Bandura, 1990).

In den letzten Jahren sind auch spezielle Programme für Kinder entwickelt worden, um sexuellen Missbrauch zu verhüten (Finkelhor & Dziuba-Leatherman, 1995). Diese Programme trainieren i. d. R. das Erkennen von Grenzüberschreitungen gegenüber der eigenen Person, den durchsetzungsstarken Widerstand, das Verlassen der Situation sowie das Berichten an vertraute Personen (McGath & Bogat, 1995). Eine entsprechende Umsetzung dieses Konzepts in Deutschland (Eck & Lohaus, 1993) zeigte positive Wirkungen auf die trainierten Verhaltensbereiche. Der Nachweis von günstigen Effekten auf die objektive Viktimisierungsgefahr oder die Wahrscheinlichkeit des Anvertrauens realer Missbrauchserfahrungen fehlt bisher allerdings. Einzelne Evaluationen weisen sogar darauf hin, dass die Beschäftigung mit dem Missbrauchsthema bei Kindern durchaus auch unspezifische Ängste schüren kann (Tikalsky, 2005). Zudem bleibt fraglich, ob rein opferbezogene Ansätze das dem Missbrauch innewohnende Machtungleichgewicht und die damit verbundenen engen Handlungsgrenzen des Opfers hinreichend berücksichtigen (Helming et al., 2011).

Eine primäre Opfererfahrung kann insbesondere, wenn sie von gravierender Art ist, zu weiteren Viktimisierungen führen. Solche sekundären Viktimisierungen können v. a. durch Fehlreaktionen der Strafverfolgungsinstanzen auftreten (Böök, 2019; Niehaus, Englich & Volbert, 2009). Die Folge ist, dass sich das Opfer selbst eine Mitschuld zuschreibt (Krahé & Scheinberger-Olwig, 2002). Eine erhebliche Belastung für viele Opfer stellt auch die Konfrontation mit dem Täter im Strafverfolgungsprozess dar (bei Gegenüberstellungen, in der Hauptverhandlung; Greve & Wilmers, 2005; s. a. Kap. 11 in diesem Band). Dies gilt besonders für Kinder, die Opfer von Sexualdelikten geworden sind und über emotional belastende, intime und traumatisierende Erlebnisse aussagen müssen (Volbert & Busse, 1995). Über einige prozessrechtliche Maßnahmen zur Verringerung des Belastungserlebens von Opferzeugen hinaus (z. B. Möglichkeit des Ausschlusses des Angeklagten während der Vernehmung eines Zeugen) wurden in den letzten Jahren auch Programme zur Vorbereitung sensibler Zeug*innen auf Gerichtsverhandlungen entwickelt und mit dem Gesetz zur Stärkung der Opferrechte im Strafverfahren (3. Opferrechtsreformgesetz) vom 21.12.2015 bundesweit die Möglichkeit der psychosozialen Prozessbegleitung vulnerabler Zeug*innen eingeführt (s. a. Kap. 13 in diesem Band).

28.4 Kommunale Kriminalprävention

Erste Ansätze einer sozialraumorientierten oder kommunalen Kriminalprävention finden sich in den Ursprüngen der gemeindebasierten Prävention der 1930er-Jahre in den USA (z. B. Chicago Area Project; Shaw & McKay, 1942). Der nachlassenden Kontroll- und Sozialisierungsfunktion der klassischen amerikanischen Nachbarschaft sollte durch die Mobilisierung von Erwachsenen für die Beaufsichtigung von Jugendlichen und durch die Vermittlung prosozialer Werte entgegengewirkt werden. Einen weiteren Anschub erhielt dieser Gedanke der kommunalen Kriminalitätsprävention u. a. durch die Erfolge öffentlicher Gesundheitsprogramme z. B. im Kampf gegen kardiovaskuläre Erkrankungen. In Deutschland dauerte es jedoch bis in die 1990er-Jahre, bis die Idee einer kommunalen Kriminalprävention Umsetzung fand (Hermann, 2016; Kerner, 2020).

Grundsätzlich werden unter dem Begriff der kommunalen Kriminalprävention alle Strategien und Maßnahmen gefasst, die dazu dienen, das Gemeinwesen zu stärken („empowering"), indem die sozialen, ökonomischen und physikalischen Bedingungen für die Entstehung von Kriminalitätsphänomenen verändert werden (Palumbo, Ferguson & Stein, 1997; Wachter, 2020). Diese Stärkung des Sozialraums folgt einer horizontalen und einer vertikalen Dimension. Bei der horizontalen Orientierung werden die sozialen Beziehungen und Vernetzungen zwischen Personen, Gruppen und Institutionen innerhalb der Gemeinde oder des Sozialraums verbessert, bei der vertikalen Orientierung wird die Vernetzung lokaler Gruppen und Institutionen mit einflussreichen und/oder finanzkräftigen Institutionen außerhalb der Gemeinde verstärkt (Hope, 1995; Kahl, 2020).

Bei der Betrachtung dieser sozialräumlich orientierten und gemeindebasierten Programme ist allerdings zu berücksichtigen, dass sie neben der Vermeidung oder Eindämmung von Kriminalitätsphänomenen auch andere wichtige Nebenziele verfolgen (Wachter, 2020). So dienen sie im Allgemeinen auch dazu, die Kriminalitätsfurcht der Bürger*innen zu verringern (Kerner, 2020; Schubert & Veil, 2011) oder ihre Lebensqualität zu erhöhen, z. B. indem öffentliche Räume wie Parkanlagen (wieder) genutzt werden oder das individuelle Freizeitverhalten (abendliche Spaziergänge) nicht durch furchtbegründete Vermeidungstendenzen eingeschränkt wird.

28.4.1 Gemeindemobilisierung

Der klassische Ansatz der Gemeindemobilisierung folgt dem Gedanken, Gemeindemitglieder und Institutionen anzuregen und darin zu unterstützen, gegen die Kriminalität in der eigenen Kommune vorzugehen (Abt, Blieffert, Floeting & Schröder, 2016). Die angezielten Risikofaktoren sind z. B. die geringe Bindung innerhalb der Gemeinde, die Desorganisation, die leichte Verfügbarkeit von Drogen und Waffen, als protektive Faktoren werden z. B. Verhaltensstandards etabliert. Beispielsweise wurden in Seattle Freiwilligengruppen geschult, Nachbarschaftstreffen zum Thema Kriminalitätsvorbeugung organisiert, eine Nachbarschaftszeitung herausgegeben und vorbeugende Maßnahmen ergriffen (z. B. Eigentumsmarkierungen, Registrierungen). Die Evaluation erbrachte (Lindsay & McGillis, 1986), dass im Vergleich zu einer ausgewählten ähnlichen (nicht äquivalenten) Gemeinde die Zahl der berichteten Einbrüche um 33 % (vs. 5 %) zurückging.[76] Der deutliche Rückgang der registrierten Wohnungseinbruchdiebstähle in Deutschland seit 2015 (Bundeskriminalamt, 2020) wird teilweise auch auf derart problemsensibilisierende Maßnahmen in der Bevölkerung zurückgeführt.

Einige dieser Mobilisierungsprogramme haben dagegen vornehmlich das Ziel, der kommunalen Verwahrlosung zu begegnen, indem Bürger*innen in gemeinsamen Aktionen öffentliche Plätze und Räume säubern, durch gestalterische Maßnahmen verschönern und Vandalismusschäden beseitigen. Kontrollierte Studien weisen darauf hin (Eck, 2002), dass solche Maßnahmen durchaus effektiv sein können und damit dem Broken-Window-Effekt (Wilson & Kelling, 1982; vgl. Streng, 1999) begegnet werden kann. Mit diesem Effekt wird ein Prozess beschrieben, in dem Phänomene der Unordnung und Verwahrlosung (Leerstände, Vandalismus, Vermüllung) dazu führen, dass die soziale Kontrolle und das bürgerschaftliche Engagement der Bewohner*innen reduziert wird. Dies begünstigt Kriminalität, erhöht die Unsicherheit und die Kriminalitätsfurcht und führt zu strukturellen Veränderungen der lokalen Bevölkerung (Wegzug von normkonformen Personen, Zuzug von devianten Personen; Figula, 2008). Experimentelle Untersuchungen haben den Effekt der Ausweitung von Normverstößen und den Zusammenhang zwischen Unordnung und Kriminalität klar bestätigen können (Keizer, Lindenberger & Steg, 2008). Allerdings zeigt sich in der Praxis auch, dass es mit fortschreitender kommunaler Verwahrlosung die Mobilisierung der Bewohner*innen immer schwieriger wird (Palumbo et al., 1997).

Für eines der verschiedenen bisher entwickelten Programme der kommunalen Kriminalprävention wird im Folgenden beispielhaft der Ansatz „Communities that Care" (CTC) vorgestellt. Der CTC-Ansatz wurde ursprünglich von der Social Development Research Group um Hawkins und Catalano an der Universität Washington in Seattle entwickelt (Catalano, Arthur, Hawkins, Berglund & Olson, 1998; Hawkins, Catalano & Miller, 1992). Mittlerweile ist der Ansatz auch außerhalb der USA verbreitet und wird seit Jahren auch in Deutschland realisiert (Farrington, Jonkman & Groeger-Roth, 2021). Ziel des Ansatzes ist es, jugendliches Problemverhalten (Gewalt, Delinquenz, Schul-

76 Allerdings konnten für ähnliche Programme in Chicago und San Diego kaum positive Effekte nachgewiesen werden (Pennell, Curtis, Henderson & Tayman, 1989).

versagen, Drogen, frühe Schwangerschaften, Depression und Suizid) zu reduzieren. CTC ist ein Steuerungsprogramm mit präventiver Langzeitstrategie, dessen Implementierung und Umsetzung i.d.R. mehr als 18 Monate dauert. Es fördert die Zusammenarbeit zwischen Behörden, Organisationen und Bewohner*innen eines Stadtteils bzw. einer Gemeinde, um lokale Strategien und Pläne zu entwickeln, die das Ziel haben, Familien zu stärken, die Schulsituation zu verbessern und ein stützendes Umfeld für Kinder und Jugendliche aufzubauen.

Das Programm beginnt i.d.R. mit einer sozialräumlichen Problem- und Bedarfsanalyse zur Erfassung vorliegender Risiko- und Schutzfaktoren, initiiert ressort- und institutionsübergreifende Netzwerke, stellt Informationen über effektive oder erfolgversprechende Interventionen bereit und unterstützt die Weiterentwicklung bestehender Angebotsstrukturen. Die Steuerungsinstrumente des CTC-Ansatzes bilden im Wesentlichen eine Lenkungsgruppe aus Akteur*innen mit Einfluss auf die örtliche Politik, die öffentliche Meinung und die lokale Ressourcenzuweisung und ein sog. Gebietsteam, in dem Vertreter*innen aus Jugendhilfe, Schule, Polizei, Justiz sowie aus Vereinen, Kirche, Lokalpolitik etc. repräsentiert sind. Das Gebietsteam hat die Aufgabe, den CTC-Prozess auszuführen und Bewohner, Eltern und Jugendliche in das Programm einzubinden. Das CTC-Programm gliedert sich in fünf Phasen: In einer Vorbereitungsphase wird u.a. die Bedarfsanalyse durchgeführt, dann werden Lenkungsgruppe und Gebietsteam gegründet und die Stadtteilbewohner*innen über das Programm informiert. Anschließend wird ein Gebietsprofil erstellt, das Daten zum Problemverhalten sowie zu Risiko- und Schutzfaktoren enthält. Auf dessen Basis wird ein CTC-Aktionsplan erstellt, der schließlich umgesetzt wird. Fester Bestandteil sind außerdem eine Prozessevaluation zur Nachbesserung des Aktionsplans sowie Maßnahmen zur langfristigen Sicherung des Rückhalts für den CTC-Prozess in der Kommune (Hawkins & Catalano, 2005; Quinby et al., 2008).

28.4.2 Programme gegen Schulbullying und Cybermobbing

Mit dem allgemeinen Anstieg der polizeilich registrierten Rohheitsdelikte in der Gesellschaft zu Beginn der 1990er-Jahre wurde auch die Entwicklung von Phänomenen der Gewalt und Aggression in der Schule in den Blick genommen. Einen Schwerpunkt bildeten dabei Programme zur Prävention des sog. Bullyings, ein Sammelbegriff für verschiedene Formen der physischen und psychischen Aggression unter Schüler*innen (Lösel & Bliesener, 1999; Kärnä et al., 2011). Einige dieser Programme zielen vornehmlich auf die Stärkung und Unterstützung der Opfer des Schulbullyings (z.B. sog. Buddy-Programme; McGill, Mihalic & Grotpeter, 1998), andere adressieren die Täter (Bullys), indem soziale Fertigkeiten, Empathie und ein angemessenes Konfliktlösungsverhalten mit (potenziellen) Tätern trainiert wird (Eisner, Jünger & Greenberg, 2006). Darüber hinaus wurden aber auch Programme entwickelt, die einem eher sozialräumlichen Ansatz folgen und die gesamte Schule als den Ort, an dem die meisten Schüler*innen den größten Teil ihrer Wachzeit verbringen, einschließlich der Elternschaft in das Programm einbeziehen.

Eines dieser schulisch-sozialräumlichen Programme und das wohl auch weltweit am weitesten verbreitete ist das von Olweus (1994, 1995) in Norwegen entwickelte *Bullying-Präventions-Programm (BPP)*. Das BBP setzt auf der Ebene der Schule, der Klasse und des Individuums an (Black, Washington, Trent, Harner & Pollock, 2010). Auf der Schulebene werden zunächst mittels Fragebogenerhebung bei den Schüler*innen das Ausmaß und die Formen der Gewalt erfasst. Die Ergebnisse werden schulweit vorgestellt und Maßnahmen und Projekte diskutiert. Eine Schulkonferenz beschließt anschließend einen auf die Schule angepassten Maßnahmenkatalog (z.B. hinsichtlich der Pausenaufsicht, der Gestaltung des Schulhofes, eines Kontakttelefons, schulinterner Lehrer*innenfortbildungen). Auf der *Klassenebene* werden konkrete Regeln gegen Gewalt eingeführt, deren Einhaltung überprüft wird. Zur Verbesserung des Klassenklimas werden v. a. kooperative Lernformen eingesetzt und das Thema Bullying wird handlungsorientiert im Unterricht behandelt. Auf der *individuellen Ebene* werden von den Lehrkräften intensive Gespräche mit den beteiligten Schüler*innen und ggfs. ihren Eltern geführt. Die Schule kann in problematischen Fällen auch Hilfen für den familiären Bereich organisieren, schließlich aber auch einen Schul- oder Klassenwechsel betroffener Schüler*innen einleiten.

Internationale Studien zeigen mehrheitlich positive Effekte des BPP (Zych & Farrington, 2019). Das *Center for the Study and Prevention of Violence* (CSPV) wertet regelmäßig die Evaluationsbefunde zu über 900 Präventionsprogrammen aus und zählt das BPP zu den 12 Modellprogrammen, deren Wirksamkeitsnachweise hohen wissenschaftlichen Standards genügen (Center for the Study and Prevention of Violence, 2010). Angesichts der Heterogenität der Befunde scheint es aber wesentlich, dass die Umsetzung des Gesamtkonzeptes und eine Implementierung des Programms auf allen drei Ebenen erfolgt (Ryan & Smith, 2009).

Während die körperliche Gewalt an Schulen in den letzten Jahren – eventuell aufgrund präventiver Anstrengungen – deutlich zurückgegangen ist (s. Kap. 3 in diesem Band), haben sich nicht körperliche Übergriffe unter Schüler*innen in den letzten Jahren vermehrt (Kliem, Krieg & Baier, 2020). Hierzu trägt die weitverbreitete Nutzung sozialer Medien unter jungen Menschen vermutlich wesentlich mit bei. Der Vergleich des klassischen Bullyings im schulischen Kontext mit den elektronisch vermittelten Übergriffen, dem sog. Cybermobbing/Cyberbullying, weist zwar neben einigen Parallelen auch einige grundlegende Unterschiede auf (Slonje & Smith, 2008), die subjektiven Folgen von erlebten Übergriffen in sozialen Medien haben jedoch ganz ähnliche Wirkungen auf das psychische Wohlbefinden der Betroffenen (Bonanno & Hymel, 2013). Vor diesem Hintergrund sind auch hier einige Ansätze zur Prävention des Cybermobbings für Kinder und Jugendliche entwickelt worden (Genta, Brighi & Guarini, 2009; Pieschl & Porsch, 2012; Schultze-Krumbholz, Zagorscak, Roosen-Runge & Scheithauer, 2018). Neben einer Sensibilisierung für die Gefährdung durch Preisgabe persönlicher Daten wird hier v. a. Kompetenz für den Umgang mit den Medien und den angebotenen Inhalten vermittelt. Evaluationen zur nachhaltigen Wirksamkeit dieser Programme stehen allerdings noch aus.

28.5 Weiterführende Literatur

Zych, I. & Farrington, D.P. (2019), Developmental preschool and school programs against violence and offending. In D.P. Farrington, L. Kazemian & A.R. Piquero (Eds.), *The Oxford Handbook of developmental and life-course criminology* (pp. 673–693). Oxford: Oxford University Press. https://doi.org/10.1093/oxfordhb/9780190201371.013.31

Der Beitrag liefert einen guten Überblick über verschiedene sozialräumliche und schulbasierte Programme der Kriminalprävention, führt die verschiedenen Ansätze in Beispielen aus und stellt wesentliche Evaluationsergebnisse vor.

Rössner, D., Bannenberg, B. & Coster, M. (2002). *Düsseldorfer Gutachten: Leitlinien wirkungsorientierter Kriminalprävention.* Düsseldorf: Landeshauptstadt Düsseldorf.

Basierend auf dem sog. Sherman-Report, werden vorliegende Ansätze der Kriminalprävention systematisch analysiert und hinsichtlich des Grades ihrer empirischen Bewährung klassifiziert. Die Ansätze werden hinsichtlich ihrer Effekte als sehr gut, befriedigend oder ungenügend klassifiziert, wobei auch die Qualität der Evaluation berücksichtigt wird.

Literatur

Abt, J., Blieffert, H., Floeting, H. & Schröder, A. (2016). *Sicherheit im Wohnumfeld und in der Nachbarschaft.* Hannover: Verbundprojekt transit.

Bart, P.B. & O'Brien, P.H. (1985). *Stopping rape: Successful survival strategies.* New York, NY: Pergamon Press.

Black, S., Washington, E., Trent, V., Harner, P. & Pollock, E. (2010). Translating the Olweus Bullying Prevention Program into real-world practice. *Health Promotion Practice, 11,* 733–740. https://doi.org/10.1177/1524839908321562

Bliesener, T. (2008). Prävention und Bewältigung von Delinquenz und Devianz. In F. Petermann & W. Schneider (Hrsg.), *Enzyklopädie der Psychologie* (C, V, 7; Angewandte Entwicklungspsychologie, S. 677–719). Göttingen: Hogrefe.

Bonanno, R.A. & Hymel, S. (2013). Cyber bullying and internalizing difficulties: Above and beyond the impact of traditional forms of bullying. *Journal of Youth and Adolescence, 42,* 685–697. https://doi.org/10.1007/s10964-013-9937-1

Böök, K. (2019). Opferschutz und Restorative Justice als ganzheitliche Aufgabe der Justiz?! In K. Höffler, C. Jesse & T. Bliesener (Hrsg.), *Opferorientierung im Strafvollzug* (Göttinger Studien zu den Kriminalwissenschaften, Band 34, S. 131–147). Göttingen: Universitätsverlag.

Brecklin, L.R. (2008). Evaluation outcomes of self-defense training for women: A review. *Aggression and Violent Behavior, 13,* 60–76. https://doi.org/10.1016/j.avb.2007.10.001

Bullock, K., Clarke, R.V. & Tilley, N. (2010). Introduction. In K. Bullock, R.V. Clarke & N. Tilley (Eds.), *Situational prevention of organised crimes* (pp. 1–16). Cullompton: Willan Publishing.

Bundeskriminalamt. (Hrsg.). (2020). *Polizeiliche Kriminalstatistik Bundesrepublik Deutschland Berichtsjahr 2020* (PKS 2020). Wiesbaden: Bundeskriminalamt. Verfügbar unter https://www.bka.de/DE/AktuelleInformationen/-StatistikenLagebilder/PolizeilicheKriminalstatistik/PKS2020/PKSTabellen/pksTabellen_node.html

Catalano, R.F., Arthur, M.W., Hawkins, J.D., Berglund, L. & Olson, J.L. (1998). Comprehensive community- and school-based interventions to prevent antisocial behavior. In R. Loeber & D.P. Farrington (Eds.), *Serious and violent juvenile offenders* (pp. 248–283). Thousand Oaks, CA: Sage.

Clarke, R.V. (1992). Introduction In. R.V. Clarke (Ed.), *Situational crime prevention: Successful case studies* (pp. 3–36). Albany, NY: Harrow & Heston.

Clarke, R.V. (1995). Situational crime prevention. In M. Tonry & D.P. Farrington (Eds.), *Building a safer society: strategic approaches to crime prevention. Crime and justice: A review of research* (Vol. 19, pp. 91–150). Chicago, IL: University of Chicago Press. https://doi.org/10.1086/449230

Clarke, R.V. & Eck, J. (2003). *Become a problem solving crime analyst.* Cullompton: Willan Publishing.

Clarke, R.V. & Newman, G.R. (2009). Reducing the opportunities for terrorism: Applying the principles of situational crime prevention. In W.G. K. Stritzke, S. Lewandowsky, D. Denemark, J. Clare & F. Morgan (Eds.), *Terrorism and torture. An interdisciplinary perspective* (pp. 86–107). Cambridge: Cambridge University Press. https://doi.org/10.1017/CBO9780511581199.006

Cornish, D.B. & Clarke, R.V. (1986). *The reasoning criminal: Rational choice perspectives on offending.* New York, NY: Springer. https://doi.org/10.1007/978-1-4613-8625-4

Cornish, D.B. & Clarke, R.V. (2003). Opportunities, precipitators and criminal decisions: A reply to Wortley's critique of situational crime prevention. In M. Smith & D.B. Cornish (Eds.), *Theory and practice in situational crime prevention* (pp. 151–196). Monsey, NY: Criminal Justice Press.

Center for the Study and Prevention of Violence (CSPV). (2010). *Blueprints for Violence Prevention. Overview.* Verfügbar unter http:\\www.colorado.edu/cspv/blueprints

Eck, J.E. (2002). Learning from experiences in problem-oriented policing and situational crime prevention. In N. Tilley (Ed.), *Evaluation for crime prevention* (Crime prevention studies, pp. 93–119). Monsey, NY: Criminal Justice Press.

Eck, M. & Lohaus, A. (1993). Entwicklung und Evaluation eines Präventionsprogramms zum sexuellen Missbrauch im Vorschulalter. *Praxis der Kinderpsychologie und Kinderpsychiatrie, 42,* 285–292.

Eisner, M., Jünger, R. &. Greenberg, M. (2006). Gewaltprävention durch die Förderung emotionaler und sozialer Kompetenzen in der Schule: Das PATHS/PFAD Curriculum. *Praxis der Rechtspsychologie, 16,* 144–168.

Farrington, D.P., Jonkman, H. & Groeger-Roth, F. (2021). *Delinquency and substance use in Europe.* Cham: Springer. https://doi.org/10.1007/978-3-030-58442-9

Figula, M. (2008). *Lokale Prävention von Kriminalität – Möglichkeiten und Grenzen kommunaler Kooperationsformen sowie einer bürger- und gemeinwesenorientierten Polizeiarbeit auf der Grundlage des „broken window"-Paradigmas.* Frankfurt a. M.: Verlag für Polizeiwissenschaften.

Finkelhor, D. & Dziuba-Leatherman, J. (1995). Victimization prevention programs: A national survey of children's exposure and reactions. *Child Abuse and Neglect, 19,* 129–139. https://doi.org/10.1016/0145-2134(94)00111-7

Genta, M. L., Brighi, A. & Guarini, A. (2009). European project on bullying and cyberbullying granted by Daphne II Programme. *Zeitschrift für Psychologie, 217* (4), 233–239.

Gottfredson, M. R. & Hirschi, T. (1990). *A general theory of crime.* Stanford, CA: Stanford University Press. https://doi.org/10.1515/9781503621794

Greve, W. & Wilmers, N. (2005). Bewältigung von Opfererfahrungen. Eine entwicklungspsychologische Perspektive. In K.-P. Dahle & R. Volbert (Hrsg.), *Entwicklungspsychologische Aspekte der Rechtspsychologie* (S. 359–369). Göttingen: Hogrefe.

Guerette, R. T. & Bowers, K. J. (2009). Assessing the extent of crime displacement and diffusion of benefits: A review of situational crime prevention evaluations. *Criminology, 47,* 1331–1368. https://doi.org/10.1111/j.1745-9125.2009.00177.x

Hawkins, J. D. & Catalano, R. F. (2005). *Investing in your community's youth: An introduction to the Communities That Care System.* Verfügbar unter http://www.sdrg.org/ctcresource/Community Building and Foundational Material/Investing in Your Community's Youth.pdf

Hawkins, J., Catalano, R. & Miller, J. (1992). Risk and protective factors for alcohol and other drug problems in adolescence and early adulthood: Implications for substance abuse prevention. *Psychological Bulletin, 112,* 64–105. https://doi.org/10.1037/0033-2909.112.1.64

Helming, E., Kindler, H., Langmeyer, A., Mayer, M., Entleitner, C. Mosser, P. et al. (2011). *Sexuelle Gewalt gegen Mädchen und Jungen in Institutionen.* München: Deutsches Jugendinstitut.

Hermann, D. (2016). Gewaltprävention auf den Ebenen Kommune, Land und Bund. In S. Voß & E. Marks (Hrsg.), *Internetdokumentation des Symposions „25 Jahre Gewaltprävention im vereinten Deutschland – Bestandsaufnahme und Perspektiven".* Berlin. Verfügbar unter www.gewalt-praevention.de/dokumentation

Hope, T. (1995). Community crime prevention. In M. Tonry & D. P. Farrington (Eds.), *Building a safer Society. Strategic approaches to crime and prevention* (Crime and Justice, 19, pp. 421–439). Chicago, IL: Chicago University Press.

Janke, L. & Bley, R. (2020). Prävention von Kinderpornographie. In M. Rauchert (Hrsg.), *Sexualdelikte im Wandel der Zeit* (Band 10, S. 53–85, Schriftenreihe der Fachhochschule für öffentliche Verwaltung, Polizei und Rechtspflege des Landes M-V.) Güstrow: Fachhochschule für öffentliche Verwaltung, Polizei und Rechtspflege des Landes Mecklenburg-Vorpommern.

Kahl, W. (2020). Neues aus der Kommunalen Kriminalprävention. In R. Haverkamp & F. Langlet (Hrsg.), *Auf den Spuren der Kommunalen Kriminalprävention in Deutschland* (S. 61–76). Tübingen: Institut für Kriminologie.

Kärnä, A., Voeten, M., Little, T. D., Poskiparta, E., Kaljonen, A. & Salmivalli, C. (2011). A large-scale evaluation of the KiVA Antibullying program: grades 4–6. *Child Development, 82,* 311–330. https://doi.org/10.1111/j.1467-8624.2010.01557.x

Keizer, K., Lindenberger, S. & Steg, L. (2008). The spreading of disorder. *Science, 322,* 1681–1685. https://doi.org/10.1126/science.1161405

Kerner, H.-J. (2020). Kommunale Kriminalprävention: Theorie- und Forschungsskizze in praktischer Absicht. In R. Haverkamp & F. Langlet (Hrsg.), *Auf den Spuren der Kommunalen Kriminalprävention in Deutschland* (S. 5–13). Tübingen: Institut für Kriminologie.

Kirby, S. &. Penna, S. (2010). Policing mobile criminality: Towards a situational crime prevention approach to organised crime. In K. Bullock, R. V. Clarke & N. Tilley (Eds.), *Situational prevention of organised crimes* (pp. 193–212). Cullompton: Willan Publishing.

Kliem, S., Krieg, Y. & Baier, D. (2020). Allgemeine und spezifische Entwicklung von Cybermobbing unter Jugendlichen. *Kindheit und Entwicklung, 29* (2), 67–74. https://doi.org/10.1026/0942-5403/a000304

Koch, H., Held, C., Matzner, T. & Krumm, J. (2015). *Intelligente Videoüberwachung: Eine Handreichung.* Tübingen: IZEW.

Krahé, B. & Scheinberger-Olwig, R. (2002). *Sexuelle Aggression.* Göttingen: Hogrefe.

Kube, E. (2004). Städtebau und Kriminalität. In H. Ostendorf (Hrsg.), *Effizienz von Kriminalprävention* (S. 76–87). Lübeck: Schmidt-Römhild.

Lindsay, B. & McGillis, D. (1986). Citywide community crime prevention: An assessment of the Seattle program. In D. P. Rosenbaum (Ed.), *Community crime prevention: Does it work?* (pp. 46–67). Beverly Hills, CA: Sage.

Lösel, F. (2004). Entwicklungsbezogene und technische Kriminalprävention: Konzeptuelle Grundlagen und Ergebnisse. In H. Schöch & J.-M. Jehle (Hrsg.), *Angewandte Kriminologie zwischen Freiheit und Sicherheit* (S. 175–203). Mönchengladbach: Forum.

Lösel, F. & Bliesener, T. (1999). School bullying in Germany. In P. K. Smith, Y. Morita, J. Junger-Tas, D. Olweus, R. Catalano & P. Slee (Eds.), *The nature of school bullying: A cross-national perspective* (pp. 224–249). London: Routledge.

Lösel, F. & Bliesener, T. (2006). Hooliganismus in Deutschland: Verbreitung, Ursachen und Prävention. *Monatsschrift für Kriminologie und Strafrechtsreform, 89,* 229–245. https://doi.org/10.1515/mks-2006-00041

McGath, M. P. & Bogat, G. A. (1995). Motive, intention and authority: Relating developmental research to sexual abuse education for preschoolers. *Journal of Applied Developmental Psychology, 16,* 355–369.

McGill, D. E., Mihalic, S. F. & Grotpeter, J. K. (1998). *Big brothers big sisters of America: Blueprints for violence prevention, II.* Boulder, CO: CSPV.

Niehaus, S. Englich, B. & Volbert, R. (2009). Psychologie des Strafverfahrens. In H.-L. Kröber, D. Dölling, N. Leygraf & H. Saß (Hrsg.), *Handbuch der forensischen Psychiatrie* (Band 4: Kriminologie und forensische Psychiatrie, S. 662–688). Darmstadt: Steinkopff. https://doi.org/10.1007/978-3-7985-1746-2_17

Olweus, D. (1994). Bullying at school: Long-term outcomes for victims and an effective school-based intervention program. In L. R. Huesmann (Ed.), *Aggressive behavior: Current perspectives* (pp. 97–130). New York, NY: Plenum Press.

Olweus, D. (1995). *Gewalt in der Schule.* Bern: Huber.

Ozer, E. M. & Bandura, A. (1990). Mechanisms governing empowerment effects: A self-efficacy analysis. *Journal of personality and Social Psychology, 58,* 472–486. https://doi.org/10.1037/0022-3514.58.3.472

Palumbo, D., Ferguson, J. L. & Stein, J. (1997). The conditions needed for successful community crime prevention. In S. P. Lab (Ed.), *Crime prevention at a crossroads* (pp. 79–98). Cincinnati, OH: Anderson Publishing.

Pennell, S., Curtis, C., Henderson, J. & Tayman, J. (1989). Guardian Angels: A unique approach to crime prevention. *Crime & Delinquency, 35,* 378–400. https://doi.org/10.1177/0011128789035003005

Perry, S., Apel, R., Newman, G. R. & Clarke, R. V. (2017). The situational prevention of terrorism: An evaluation of the Israeli West Bank barrier. *Journal of Quantitative Criminology, 33* (4), 727–751. https://doi.org/10.1007/s10940-016-9309-6

Pieschl, S. & Porsch, T. (2012). *Schluss mit Cybermobbing! Das Trainings- und Präventionsprogramm „Surf-Fair“.* Weinheim: Beltz.

Quinby, R. K., Hanson, K., Brooke-Weiss, B., Arthur, M. W., Hawkins, J. D. & Fagan, A. A. (2008). Installing the Communities That Care Prevention system: Implementation process and fidelity in a randomized controlled trial. *Journal of Community Psychology, 36,* 313–332. https://doi.org/10.1002/jcop.20194

Repetto, T. A. (1974). *Residential crime.* Cambridge, MA: Ballinger.

Ryan, W. & Smith, J. D. (2009). Antibullying programs in schools: How effective are evaluation practices? *Prevention Science, 10,* 248–259. https://doi.org/10.1007/s11121-009-0128-y

Schubert, H. & Veil, K. (2011). Kriminalprävention im Sozialraum. Explorative Validierung des ISAN-Präventionsmodells. *Monatsschrift für Kriminologie und Strafrechtsreform, 94,* 83–101. https://doi.org/10.1515/mks-2011-940203

Schultze-Krumbholz, A., Zagorscak, P., Roosen-Runge, A. & Scheithauer, H. (2018). *Medienhelden. Unterrichtsmanual zur Förderung von Medienkompetenz und Prävention von Cyberbullying* (2. Aufl.). München: Reinhardt.

Shaw, C. R. & McKay, H. D. (1942). *Juvenile delinquency and urban areas.* Chicago, IL: University of Chicago Press.

Slonje, R. & Smith, P. K. (2008). Cyberbullying: Another main type of bullying? *Scandinavian Journal of Psychology, 49,* 147–154. https://doi.org/10.1111/j.1467-9450.2007.00611.x

Streng, F. (1999). *Das „broken windows“-Paradigma: Kriminologische Anmerkungen zu einem neuen Präventionsansatz.* Erlangen-Nürnberg: Erlanger Universitätsreden.

Tikalsky, I. (2005). *Evaluation des Gewaltpräventionsprogramms „Schlau wie der Fuchs! – Kinder helfen sich und lassen sich helfen“.* Diplomarbeit, Institut für Psychologie, Universität Kiel.

Volbert, R. & Busse, D. (1995). Belastungen von Kindern in Strafverfahren wegen sexuellen Missbrauchs. In L. Salgo & C. Weber (Hrsg.), *Vom Umgang der Justiz mit Minderjährigen* (S. 73–93). Neuwied: Luchterhand.

Wachter, E. (2020). *Kommunale Kriminalprävention. Eine Evaluationsstudie.* Baden-Baden: Nomos. https://doi.org/10.5771/9783748907701

Welsh, B.C. & Farrington, D.P. (2003). Effects of closed-circuit television on crime. *Annals of the American Academy of Political and Social Science, 587,* 110–135. https://doi.org/10.1177/0002716202250802

Wikström, P.-O.H. (2010). Explaining crime as moral actions. In S. Hitlin & S. Vaisey (Eds.), *Handbook of the sociology of morality* (pp. 211–239). New York, NY: Springer.

Wikström, P.-O. (2014). Why crime happens. A Situational Action Theory. In G. Manzo (Ed.), *Analytical Sociology* (pp. 74–94). Hoboken, NJ: Wiley.

Wilson, J.W. & Kelling, G.L. (1982). The police and neighborhood safety: Broken windows. *Atlantic Monthly, 3,* 29–39.

Wortley, R. & Smallbone, S. (2006). Applying situational principles to sexual offences against children. *Crime Prevention Studies, 19,* 7–35.

Zych, I. & Farrington, D.P. (2019), Developmental preschool and school programs against violence and offending. In D.P. Farrington, L. Kazemian & A.R. Piquero (Eds.), *The Oxford Handbook of Developmental and Life-Course Criminology* (pp. 673–693). Oxford: Oxford University Press. https://doi.org/10.1093/oxfordhb/9780190201371.013.31

29 Intramurale Straftäterbehandlung

Daniela Hosser und Verena Boxberg

29.1 Einleitung

Der Resozialisierungsgedanke, d.h. das Anliegen, Straftäter im Vollzug einer Freiheitsstrafe nicht nur zu bestrafen und zu verwahren, sondern durch geeignete Maßnahmen auf eine Wiedereingliederung in die Gesellschaft vorzubereiten und zu einem künftigen Leben ohne Straftaten zu befähigen, ist im deutschen Strafrecht und im Strafvollzug fest verankert (Laubenthal, 2019). Das Vollzugsziel der Resozialisierung beruht auf der Überzeugung, dass kriminellem Verhalten nur dadurch wirkungsvoll begegnet werden kann, dass man die personalen und sozialen Ursachenfaktoren der Kriminalität ebenso wie aufrechterhaltende und auslösende Bedingungen identifiziert und diese modifiziert. Der Strafvollzug in Deutschland ist daher als Behandlungsvollzug zu verstehen (Endres & Breuer, 2018). Der Begriff der Straftäterbehandlung umfasst in diesem Sinne alle Bemühungen im Vollzug, die sozialen Teilhabechancen der Inhaftierten zu vermehren, negative Haftfolgen zu vermeiden und auf die Inhaftierten einzuwirken und sie zu motivieren, sich künftig gesetzeskonform zu verhalten.

Textbox 29.1: Intramurale Straftäterbehandlung

Zur intramuralen (von lat. „intra“ = „innen“ und „murus“ = „Mauer“) Straftäterbehandlung zählen im weitesten Sinne alle pädagogischen Maßnahmen zur Förderung der schulischen und beruflichen Qualifikation und Integration in Arbeit, Maßnahmen zur Gesundheitsfürsorge, Gesundheitsförderung und Suchtbehandlung, Beratungsangebote, seelsorgerische Betreuung, Krisenintervention, Mentorenprogramme, Maßnahmen zur Förderung von Sozialkompetenz, zur sozialen Integration und Angehörigenarbeit, Deradikalisierungsmaßnahmen, Sport-, Freizeit-, Kultur- und Bildungsmaßnahmen, Entlassungsvorbereitung, Übergangsmanagement und Nachsorge sowie alle sozial-, psycho- und kriminaltherapeutischen Behandlungsprogramme. Auch die Zuweisung zu Wohngruppen, die Gewährung von Lockerungen und Besuchsregelungen lassen sich darunter subsumieren. Im engeren Sinne wird der Begriff der Straftäterbehandlung für psychotherapeutische und sozialtherapeutische Maßnahmen gebraucht, die direkt an den Risiko- und Schutzfaktoren der Delinquenz ansetzen.

29.2 Die Entwicklung des Behandlungsgedankens

Historisch betrachtet, dominierte über Jahrhunderte der Vergeltungsgedanke das deutsche Justizsystem. Erst Mitte des 18. Jahrhunderts gingen von dem Strafrechtsreformer Cesare Beccaria (1998/1766) mit seiner Aussage: „Besser ist es, den Verbrechen vorzubeugen, als sie zu bestrafen ...“ erste Impulse in Richtung auf eine Berücksichtigung präventiver Gesichtspunkte im Justizwesen aus. Ende des 19. Jahrhunderts konnte sich der Resozialisierungsgedanke dann schließlich in der Strafrechtstheorie verankern. Bedeutender Fürsprecher war der deutsche Strafrechtslehrer Franz von Liszt (1851–1919), der die zweckgerichtete Spezialprävention forderte, d.h. die Anwendung solcher Strafen und Maßnahmen, die den jeweiligen Täter am wirkungsvollsten von weiteren Verbrechen abhalten (Liszt, 1905).

Mit dieser Forderung wurde zugleich erstmals die Frage nach Methoden und Nutzen von Behandlungsmaßnahmen für Straftäter sowie der Behandlungsprognose aufgeworfen. Bereits von Liszt unterschied, allerdings ohne jegliche empirische Fundierung, zwischen drei Tätertypen, auf die der Vollzug differenziert reagieren solle: besserungsfähige und besserungsbedürftige Delinquenten, die während einer mindestens einjährigen Freiheitsstrafe eine Behandlung erhalten sollten, nicht besserungsbedürftige Gelegenheitstäter, die lediglich durch Bewährungs- oder kurze, harte Haftstrafen abgeschreckt werden sollten, und die Gruppe der nicht besserungsfähigen Hangtäter, die in unbefristeten Haftstrafen zu verwahren seien (Liszt, 1905). Zusätzlich schlug von Liszt die Einrichtung eines progressiven Stufenvollzugs vor, der mit harten Restriktionen beginnt, den Inhaftierten bei guter Führung aber zunehmend Freiräume und Vergünstigungen gewährt.

Einzug in die Praxis hielt der Behandlungsgedanke jedoch erst nach dem Zweiten Weltkrieg. Durch fortschrittliche Behandlung Besserung der Straftäter zu erreichen, war das Ziel der beginnenden Reformbewegung. Nach einer anfänglichen Behandlungseuphorie des „Everything works" in den 1970er-Jahren, die zu weitreichender Umgestaltung und verbesserten Lebensbedingungen im Strafvollzug beitrug, entwickelte sich Anfang der 1980er-Jahre, bedingt durch begrenzte Behandlungseffekte und relativ stabile Rückfallraten, ein zunehmender Behandlungspessimismus. Dieser gipfelte in der hitzigen Debatte des „Nothing works?", die 1974 ein eher ernüchterndes Fazit von Robert Martinson hinsichtlich der Wirksamkeit intramuraler Straftäterbehandlung ausgelöst hatte (Martinson, 1974). „Nicht mehr Therapie, sondern weniger Gefängnis" – so bringt Spiess (2004, S. 14) die damalige Argumentation von Martinson auf den Punkt, die seine damaligen Kritiker aber zu einem Plädoyer für die erneute Prominenz des Strafgedankens im Vollzug ummünzten. Nachdem durch die Einführung evidenzbasierter Methoden Behandlungseffekte im Vollzug aber nicht länger ignoriert werden konnten, fokussiert die bis heute anhaltende Diskussion die Frage: „What works how with whom under which conditions?" (Steller, 1994), mit Blick auf die differenziellen Effekte unterschiedlicher Behandlungsprogramme bei verschiedenen Straftätergruppen und in verschiedenen Settings (Lösel, 1998; s.a. Kap. 34 in diesem Band).

Trotzdem werden immer wieder Zweifel an der Sinnhaftigkeit eines „Behandlungsvollzugs" geäußert (vgl. Dölling, 2000). Dazu trägt ein gesellschaftliches Klima bei, das vom Befürworten zunehmender Strafhärte in der Bevölkerung und starkem Sicherheitsdenken geprägt ist (Kury & Shea, 2011). Unter Verweis auf die konstant hohen Rückfallraten (Jehle, Albrecht, Hohmann-Fricke & Tetal, 2020) konstatiert man i.S. Martinsons aber auch, dass die realen Resozialisierungsmöglichkeiten des Strafvollzuges so begrenzt sind, dass folgerichtig das primäre Ziel des Strafvollzuges darauf auszurichten sei, den schädigenden Wirkungen des Freiheitsentzuges entgegenzuwirken (Alex & Feltes, 2009). Aus Sicht der kritischen Kriminologie wird ein (zu) weitreichender Behandlungsanspruch des Vollzuges außerdem abgelehnt, da ein solcher die Täter pathologisiere, einseitig von einem Defizitmodell der Person ausgehe und die sozialen Ursachen für kriminelles Verhalten verschleiere. Delinquenz ist eben nicht mit Behandlungsbedürftigkeit gleichzusetzen (vgl. Kaiser & Schöch, 2002, S. 168). Die Diskussion verdeutlicht jedenfalls, dass es Grenzen intramuraler Straftäterbehandlung sowohl hinsichtlich ihres Anspruchs als auch hinsichtlich ihrer Möglichkeiten gibt.

29.3 Rechtliche und institutionelle Rahmenbedingungen der intramuralen Straftäterbehandlung

Das Grundgesetz (Art. 74 GG) sah ursprünglich vor, dass die Regelung des Strafvollzugs in die Gesetzgebungskompetenz des Bundes fällt. Die Justizverwaltungen der Länder hatten die Vorgaben des Bundes auszuführen, die im Strafvollzugsgesetz (StVollzG) aufgeführt waren. Mit der Föderalismusreform, die 2006 in Kraft trat, ging die Strafvollzugsgesetzgebung jedoch in die Gesetzgebungskompetenz der Länder über. Die Bundesländer hatten nun eigene Gesetzesregelungen zur Ausführung des Strafvollzugs zu erlassen, sodass gesetzliche Vorgaben und Bestimmungen, z. B. hinsichtlich der Ausstattung des Vollzuges oder des Behandlungsangebots, zwischen den Ländern voneinander abweichen können (Laubenthal, 2019). Pauschale Aussagen über „den Strafvollzug" sind seither nur noch eingeschränkt möglich. Allerdings lehnen sich die Neuregelungen der Länder, zumindest in ihren Grundzügen, noch eng an die Grundsätze des StVollzG an.

29.3.1 Der gesetzliche Behandlungsauftrag

Der gesetzliche Behandlungsauftrag lässt sich entlang des § 2 StVollzG und der entsprechenden Ländergesetze definieren, denen zufolge der Vollzug der Freiheitsstrafe zwei Aufgaben dient: der Resozialisierung und dem Schutz der Allgemeinheit. Die Resozialisierung wird damit zur „Gestaltungsmaxime" des Strafvollzugs (Laubenthal, 2019, S. 109). Zur Umsetzung soll das Leben im Vollzug den allgemeinen Lebensverhältnissen so weit wie möglich angeglichen werden (Angleichungsgrundsatz), schädlichen Folgen des Freiheitsentzuges entgegengewirkt werden (Gegensteuerungsgrundsatz) und den Gefangenen geholfen werden, sich in das Leben in Freiheit einzugliedern (Integrationsgrundsatz). Diese Grundsätze geben die Mindestanforderungen an den Vollzug vor und definieren damit den Behandlungsrahmen.

Der Behandlungsbegriff selbst wird vom Gesetzgeber nicht klar definiert, als Behandlungsgrundsätze schreibt der Gesetzgeber aber Rückfallvermeidung, Gesunderhaltung, Wiedereingliederungshilfe und Förderung der Mitarbeitsbereitschaft vor. Die Straftäterbehandlung nur auf psychotherapeutische Maßnahmen zu reduzieren, würde den gesetzlichen Vorgaben demnach nicht gerecht.

Konkrete Vorgaben für die Behandlung von Straftätern macht der Gesetzgeber nur an wenigen Stellen. Straftäter, welche ihre Tat aufgrund seelischer Störungen im Zustand der Schuldunfähigkeit (§ 20 StGB) oder der verminderten Schuldfähigkeit (§ 21 StGB) begangen haben (s. Kap. 20 in diesem Band), werden zur Behandlung in ein psychiatrisches Krankenhaus (§ 63 StGB) oder eine Entziehungsanstalt (§ 64 StGB) eingewiesen. Im Falle verminderter Schuldfähigkeit kann der Täter neben einer Unterbringung im psychiatrischen Maßregelvollzug auch zu einer Freiheitsstrafe verurteilt werden, die i. d. R. im Anschluss an die psychiatrische Unterbringung zu verbüßen ist. Gesetzliche Vorgaben für die Behandlung finden sich darüber hinaus in § 9 StVollzG und in dem 1998 verabschiedeten Gesetz zur Bekämpfung von Sexualdelikten und anderen gefährlichen Straftaten. Darin wird die Einweisung bestimmter Gefangener in Sozialtherapeutische Anstalten gesetzlich vorgeschrieben; Sozialtherapeutische Anstalten sind von den übrigen Vollzugsanstalten getrennte Einrichtungen mit besonderen Behandlungsmöglichkeiten (s. Abschnitt 29.6.1). Nach § 9 Abs. 1 StVollzG ist ein Gefangener dorthin zu verlegen, wenn er wegen einer Straftat nach den §§ 174 bis 180 oder 182 des Strafgesetzbuches (Vergehen gegen die sexuelle Selbstbestimmung) zu einer Freiheitsstrafe von mehr als zwei Jahren verurteilt worden ist und die Behandlung in einer Sozialtherapeutischen Anstalt angezeigt erscheint. Während die Einweisung in die Sozialtherapie für Sexualstraftäter früher eine „Kannvorschrift“ war, ist dies mit der Verabschiedung des Gesetzes zur Bekämpfung von Sexualdelikten und anderen gefährlichen Straftaten nun verbindlich vorgeschrieben. Die Zustimmung des Gefangenen ist für die Verlegung nicht länger erforderlich. Lediglich wenn „der Zweck der Behandlung aus Gründen, die in der Person des Gefangenen liegen, nicht erreicht werden kann“, ist der Inhaftierte zurückzuverlegen. Nicht nur Sexualstraftäter, auch andere Gefangene können nach § 9 Abs. 2 mit ihrer Zustimmung in die Sozialtherapie verlegt werden, wenn die besonderen therapeutischen Mittel und sozialen Hilfen der Anstalt zu ihrer Resozialisierung angezeigt sind. In solchen Fällen muss die Sozialtherapeutische Anstalt der Verlegung jedoch zustimmen.

29.3.2 Behandlung im Zwangskontext

Eine Behandlung im Strafvollzug erfolgt unter Zwang und im Rahmen einer „totalen Institution“ (Goffman, 2009/1961; s. Textbox 29.2). Daraus leiten sich Besonderheiten ab, die Behandlungserfolge erschweren. Die deprivierenden Lebensbedingungen in Haft, die Sykes (1958) unter dem Stichwort „pains of imprisonment“ zusammenfasste, führen bei den Inhaftierten zur Frustration und Beeinträchtigungen des Selbstwertgefühls, aber auch zur Solidarität und Kohäsion mit den Mitgefangenen, die das gleiche Schicksal teilen (Hosser, 2008). In der Folge übernehmen neu inhaftierte Gefangene, im Zuge der Anpassung an das Leben in Haft, häufig die kriminellen Einstellungen und Verhaltensweisen ihrer Mitinsassen, die dem Resozialisierungsziel zuwiderlaufen. Dieser Prisonisierungsprozess (Hosser, 2008) führt zur Entstehung von Gefangenensubkulturen. Der Verhaltenskodex innerhalb der Gefangenensubkulturen untersagt den Mitgliedern eine Zusammenarbeit mit dem Vollzugspersonal; Zuwiderhandlungen können mit Sanktionen und Statusverlust innerhalb der Gefangenengruppe einhergehen. Gleichzeitig begünstigen die „pains of imprisonment“, die Entpersönlichung im Vollzug, der Wettbewerb um knappe Güter und die Hierarchien der Gefangenensubkulturen die Entstehung von Gewalt unter den Inhaftierten (Boxberg & Neubacher, 2019; Boxberg & Bögelein, 2015; Neubacher & Boxberg, 2018). Eigene biografische Gewalterfahrungen erhöhen die Wahrscheinlichkeit, gewalttätig gegenüber Mitgefangenen zu werden (Ernst & Neubacher, 2014). Häufige Gewalthandlungen und Übergriffe (Klatt, Hagl, Bergmann & Baier, 2016; Wirth, 2007a) machen das Gefängnis für viele Insassen zu einem unsicheren, von Angst gekennzeichneten Aufenthaltsort, der im Gegensatz zu therapeutischen Forderungen nach einem „sicheren Raum“ als Basis für Selbstöffnung und Selbstentwicklung steht.

Oft reicht auch die Haftzeit bei kurzen Haftstrafen nicht für eine eigentlich angebrachte Behandlung aus. Gleichzeitig stehen außerhalb des Vollzuges vielerorts nicht genügend Anlauf-

Textbox 29.2: Totale Institution

Mit dem von Erving Goffman (2009/1961) geprägten Begriff „totale Institution“ bezeichnet man Anstalten oder Einrichtungen, die das Leben und den Alltag ihrer Mitglieder umfassend regeln und kontrollieren, z. B. Gefängnisse, psychiatrische Einrichtungen, Kasernen und Klöster. In solchen Einrichtungen konzentriert sich das gesamte Leben der Insassen auf einen Ort, alle Tätigkeiten und der Tagesablauf sind genau vorgegeben und folgen formalen Regeln. Aus der strikten Reglementierung und dem damit einhergehenden Verlust von Freiheit und Handlungsautonomie sowie reduzierten Außenkontakten erwachsen soziale Konflikte. Es entsteht eine soziale Kluft zwischen Kontrollierenden und Kontrollierten, welche aufseiten der Insassen den sozialen Rückzug, Verweigerungshaltungen oder opportunistische Anpassung begünstigt.

stellen und Therapieplätze für diese Klientel zur Verfügung, sodass die Entlassung das Behandlungsende bedingt. Häufig scheitern die Inhaftierten dann letztlich am Transfer des Gelernten auf die Situation nach der Haftentlassung, wenn die Behandlung nicht bereits während der gesamten Vollzugszeit auf einen Transfer hin ausgerichtet wurde.

29.4 Behandlungsbedarf und Behandlungsindikation

Weil Kriminalität allein keinen Behandlungsbedarf bedingt, ist für jeden Gefangenen zu Haftbeginn die Behandlungsbedürftigkeit zu prüfen, sofern die voraussichtliche Haftdauer für eine Behandlung als ausreichend anzusehen ist. Im Rahmen der Behandlungsuntersuchung, die nach der Aufnahme in den Vollzug erfolgt, sind laut § 6 Abs. 1 StVollzG die Persönlichkeit und die Lebensverhältnisse des Gefangenen zu erforschen. Allerdings soll sich die Untersuchung laut § 6 Abs. 2 StVollzG auf solche Umstände beschränken, „deren Kenntnis für eine planvolle Behandlung des Gefangenen im Vollzug und für die Eingliederung nach seiner Entlassung notwendig ist“. Nach Abschluss der Behandlungsuntersuchung wird die Planung der Behandlung mit dem Gefangenen erörtert. Während der Vollzugsplan für jeden Gefangenen festschreibt, was während der Vollzugszeit mit ihm geschehen soll, regelt der Behandlungsplan als besonderer Teil des Vollzugsplans die anzustrebende therapeutische Behandlung durch die Fachdienste. Die Behandlungsplanung wird im Vollzugsplan festgehalten, der nach § 7 StVollzG zumindest Angaben über folgende Behandlungsmaßnahmen enthalten muss und regelmäßig fortgeschrieben wird:

- die Unterbringung im geschlossenen oder offenen Vollzug,
- die Verlegung in eine Sozialtherapeutische Anstalt,
- die Zuweisung zu Wohngruppen und Behandlungsgruppen,
- den Arbeitseinsatz sowie Maßnahmen der beruflichen Ausbildung oder Weiterbildung,
- die Teilnahme an Veranstaltungen der Weiterbildung,
- besondere Hilfs- und Behandlungsmaßnahmen,
- Lockerungen des Vollzugs,
- notwendige Maßnahmen zur Vorbereitung der Entlassung.

Eine therapeutische Behandlung gilt dann als indiziert, wenn *Therapiebedürftigkeit*, *Therapiefähigkeit* und *Therapiemotivation* vorliegen (Bosold, 2008). Allerdings fehlt auch hier eine klare Definition dieser Indikationskriterien, sodass die Behandlungszuweisung in der Praxis recht uneinheitlich gehandhabt wird.

29.4.1 Therapiebedürftigkeit

Als therapiebedürftig gelten Straftäter, die „ihre Lebensverhältnisse mit den von der Gesellschaft gebilligten Mitteln“ aufgrund „nachhaltiger Einflüsse auf die Persönlichkeitsentwicklung“ nicht gestalten können (Egg, 2007, S. 101). Davon ist auszugehen, wenn Störungen des Erlebens, Denkens und des Verhaltens sowie psychische Leidenszustände vorliegen, die mit den begangenen Delikten und der bisherigen Delinquenzentwicklung mutmaßlich in Verbindung stehen oder eine akute Gesundheitsgefährdung darstellen. Im Rahmen der vollzuglichen Eingangsdiagnostik sind das Vorliegen einer psychischen Störung und die Klärung des funktionalen Zusammenhangs mit der Straftat zu prüfen. Hierzu nutzt man i. d. R. klinische Screeninginstrumente, seltener standardisierte klinische Interviews. Zusätzlich führt man i. d. R. einen Intelligenztest sowie einen oder mehrere Persönlichkeitstests durch, wobei letztere klinisch relevante Interaktionsstile und forensisch bedeutsame Persönlichkeitszüge erfassen sollen.

Generell ist der Anteil therapiebedürftiger Straftäter im Justizvollzug überproportional hoch. Der Behandlungsbedarf übersteigt bei Weitem die zur Verfügung stehenden Möglichkeiten (Lehmann, 2012). Von Schönfeld et al. (2006, S. 838) berichteten für den geschlossenen Vollzug in NRW, dass 88 % der befragten Männer und Frauen mindestens eine aktuelle psychische Störung (DSM-IV-Achse I) und/oder Persönlichkeitsstörung (Achse II) aufwiesen. An erster Stelle standen substanzbezogene Störungen (ca. 70 %), vor Persönlichkeitsstörungen (ca. 50 %), Angst- (ca. 27 %) und affektiven Störungen (ca. 17 %). Eine Metaanalyse, in die Daten von 81 Studien aus 24 Ländern mit insgesamt 33.588 Inhaftierten einflossen, nennt 40–70 % Persönlichkeitsstörungen, 10–14 % Depressionen und 20 % Posttraumatische Belastungsstörungen (PTBS) (Fazel & Seewald, 2012; vgl. auch Fazel & Danesh, 2002).

Eine besondere Problemgruppe stellen suchtkranke Straftäter dar. Gegenwärtig wird der Anteil von Opioidkonsumenten bzw. -abhängigen unter den deutschen Straf- und Untersuchungsgefangenen stichtagsbezogen auf ca. 15.000 geschätzt (Stöver, 2021). Die bundeseinheitliche Erhebung zur stoffgebundenen Suchtproblematik im Justizvollzug, in die 12 von 16 Bundesländer einbezogen waren, bezifferte zum Stichtag 31.03.2018 den Anteil der Gefangenen und Verwahrten mit einer stoffgebundenen Suchtproblematik bei Haftantritt in einer JVA auf 44 % (Krebs, Konrad & Opitz-Welke, 2020; s. hierzu auch Kap. 31 in diesem Band). Die hohe psychische Belastung der Inhaftierten spiegelt sich auch in hohen Raten von selbstverletzendem Verhalten sowie versuchten und vollendeten Selbsttötungen wider. Der Suizid stellt im Strafvollzug die häufigste Todesursache dar. Die Suizidrate bei männlichen Inhaftierten ist 5,5-mal höher als in der männlichen Allgemeinbevölkerung, bei weiblichen Inhaftierten sogar 8,7-mal höher (Opitz-Welke & Konrad, 2022, S. 19; Schneider et al., 2021). Zur Prävention werden ein standardisiertes Suizidscreening bei Haftantritt, ein engmaschiges Monitoring bei Suizidrisiko, therapeutische und pharmakologische Behandlung, die Einrichtung von Mentor*innenprogrammen und bauliche Maßnahmen angeraten.

29.4.2 Therapiefähigkeit

Die Therapiefähigkeit wird von den kognitiven und den sprachlichen Möglichkeiten der Inhaftierten abhängig gemacht. In gewissen Fällen sind bei starker Substanzabhängigkeit oder bei einer schwerwiegenden psychischen Störung manche Maßnahmen kontraindiziert (Egg, 2007). Wo die Grenzen der Therapiefähigkeit genau zu ziehen sind, ist letztlich aber nur vor dem Hintergrund der Passung von Klient und Angebot zu beurteilen (vgl. hierzu auch Thalmann, 2013). Den Anstalten obliegt daher die Verantwortung, ihre Angebote auf die gegebenen Voraussetzungen der Inhaftierten abzustimmen (= adaptive Indikation), statt sich auf die Zuweisung „passender“ Inhaftierter zu existierenden Angeboten zu beschränken (= selektive Indikation; Dahle, 1997).

29.4.3 Therapiemotivation

Therapiemotivation wird häufig als eine Voraussetzung für eine Behandlungszuweisung betrachtet, kann im Zwangskontext der Haft jedoch nicht unbedingt vorausgesetzt werden (Schwarze & Schmidt, 2008; Suhling, Pucks & Bielenberg, 2012). Die Inhaftierten sind nicht freiwillig dort und viele Straftäter möchten sich mit den eigenen Straftaten auch nicht auseinandersetzen, sondern betrachten sich zu Unrecht in der Einrichtung befindlich. Zahlreiche Straftäter haben auch schon vor der aktuellen Inhaftierung negative Erfahrungen mit therapeutischen Angeboten gemacht oder haben keine oder nur unzutreffende Vorstellungen davon, wie eine therapeutische Behandlung in Haft aussehen kann. Misstrauen gegenüber den Vollzugsbediensteten und subkulturelle Einflüsse können die Behandlungsbereitschaft selbst bei vorhandenem Leidensdruck reduzieren. Dazu trägt bei, dass therapeutische Ansätze eigentlich ein Vertrauensverhältnis zwischen Klient und Behandler*in voraussetzen, das sich im Strafvollzug nur schwer herstellen lässt. Schließlich ist nicht nur die Schweigepflicht der Therapeut*innen im Vollzug eingeschränkt (Feil, 2012); überdies hängen vom Urteil der Behandelnden oftmals weitreichende Entscheidungen über Vollzugslockerungen oder vorzeitige Entlassungen ab.

Daher ist die Förderung und der Aufbau von Behandlungsmotivation das erste Behandlungsziel im Vollzug. Behandlungsexterne Anreize, wie die Gewährung von Vergünstigungen oder vorzeitige Haftentlassung im Falle erfolgreicher Behandlung, können die Therapiemotivation fördern, ebenso die Verdeutlichung behandlungsimmanenter Anreize (z.B. eine künftig erfolgreichere Lebensbewältigung; vgl. Dahle, 2003) und genaue Informationen über Behandlungsabläufe. In der Praxis werden auch Verfahren zur motivierenden Gesprächsführung eingesetzt, z.B. das *Motivational Interviewing* (McMurran, 2009; Miller & Rollnick, 2015; Körker & Veltrup, 2003). Ziel dieser Gesprächstechnik ist es, im Rahmen einer tragfähigen und von gegenseitigem Respekt geprägten Beziehung durch Herausforderung die Einsicht in die Behandlungsnotwendigkeit zu fördern, die Veränderungsmotivation zu erhöhen, Widerstände abzubauen und Verhaltensveränderungen zu erzielen (Arkowitz, Westra, Miller & Rollnick, 2010).

Generell müssen die angebotenen Behandlungsmaßnahmen bei der Problematik des Insassen indiziert sein. In ihrer Metaanalyse zeigten Andrews et al. (1990), dass Straftäterbehandlung dann erfolgreich ist, wenn sie den gesamten Problembereich umfasst (multimodal), hochstrukturiert und kognitiv-behavioral angelegt ist. Zudem muss sie dem RNR-Prinzip, d.h. dem Risiko-, Bedürfnis- und Ansprechbarkeitsprinzip folgen (Andrews, Bonta & Wormith, 2011; s. Textbox 29.3 und Kap. 34 in diesem Band). Nachfolgende Metaanalysen konnten die Gültigkeit dieser Prinzipien bestätigen (Bonta & Andrews, 2017; Koehler, Lösel, Humphreys & Akoensi, 2013; Landenberger & Lipsey, 2005; Lowenkamp, Latessa & Holsinger, 2006).

Textbox 29.3: „Risk-Need-Responsivity"(RNR)-Modell erfolgreicher Straftäterbehandlung

Risikoprinzip
Die Intensität der Behandlungsmaßnahmen muss mit der Gefährlichkeit des Täters und dem Rückfallrisiko korrespondieren. Bei Straffälligen mit hohem Risiko oder wenigstens mittlerem Risiko sind eingriffsintensive therapeutische Maßnahmen indiziert.

Bedürfnisprinzip
Behandlungsmaßnahmen sind effektiv, wenn sie auf die individuellen kriminogenen Bedürfnisse bzw. Risikofaktoren zugeschnitten sind. Nach Bonta und Andrews (2017) sind die wesentlichen Risikofaktoren (Central Eight): antisoziale Persönlichkeitszüge, kriminogene Einstellungen und ein kriminelles Umfeld als direkte kausale Faktoren sowie familiäre Probleme, Substanzmittelmissbrauch, Schwierigkeiten im Bereich Schule/Arbeit und ein ungünstiges Freizeitverhalten als zusätzlich erschwerende Risikobedingungen.

Ansprechbarkeitsprinzip
Die Behandlungsmaßnahmen sind nach den Befähigungen und Präferenzen der Klienten auszuwählen („responsivity principle"). Sie sollen bei der Zielerreichung (a) die Eigenheiten des begangenen Delikts berücksichtigen und (b) auf die kognitiven Voraussetzungen, Ängste, Ressourcen und die Behandlungsbereitschaft abgestimmt sein.

Trotz zahlreicher empirischer Befunde, die den Nutzen des RNR-Modells belegen, wird auch Kritik daran geäußert. Bemängelt wird, dass das Modell für die Behandlung wenig Orientierung biete, die Bedeutung der therapeutischen Beziehung vernachlässige, durch die Defizitorientierung demotivierend wirke und den Fokus einseitig auf Vermeidungsziele (Abkehr von der Kriminalität) anstelle von Annäherungszielen richte. Als Alternative zum RNR-Modell hat in den letzten Jahren das Good-Lives-Modell (GLM) an Aufmerksamkeit gewonnen (s. von Franqué & Briken, 2013; Ward & Maruna, 2007; s.a. Kap. 30 in diesem Band). Das GLM, das als Resozialisierungsmodell verstanden werden kann, basiert auf der Annahme, dass alle Menschen ein gutes Leben führen möchten und bestimmte Grundbedürfnisse („primary goods“) anstreben. Diese sind ein gesundes Leben, Wissen, Kompetenz in Spiel und Arbeit, Autonomie, innerer Friede, Verbundenheit, Gemeinschaft, Spiritualität, Glück und Kreativität. Werden die Mittel und Wege („secondary goods“), mit denen die primären Güter erreicht werden sollen, falsch gewählt, kann daraus kriminelles Verhalten erwachsen. Hier setzt dann auch die therapeutische Arbeit an. Die Klienten sind mit Ressourcen und Fähigkeiten auszustatten, die sie benötigen, um auf legalem Weg ein für sie sinnerfülltes Leben zu erreichen; sei es durch persönliche Veränderungen oder Veränderungen des sozialen Kontextes. Damit wird auf die intrinsische Motivation der Probanden abgezielt und der*die Therapeut*in unterstützend bei der Umsetzung selbst gewählter Ziele tätig.

Bisher wird das GLM in Deutschland vorwiegend in der Sozialtherapie eingesetzt und ist aber trotz positiver Anhaltspunkte (Mallion, Wood & Mallion, 2020) noch nicht hinreichend evaluiert. Bis dazu mehr bekannt ist, sollte das GLM als eine Erweiterung des RNR-Ansatzes betrachtet werden, der z.B. beim Übergangsmanagement i.S. einer langfristigen Lebensplanung eingesetzt werden kann.

29.5 Behandlungsmaßnahmen im Strafvollzug

Maßnahmen der schulischen und beruflichen Aus- und Weiterbildung sowie pädagogisch-psychologischen Angeboten kommt im Behandlungsvollzug die größte Bedeutung zu. Zu letzterem zählen u.a. Sozialkompetenztrainings, Anti-Gewaltprogramme, Suchtberatung und Suchttherapie, deliktspezifische und allgemein rückfallpräventive Programme sowie therapeutische Angebote für Inhaftierte mit psychischen Störungsbildern. Einige dieser Ansätze werden nachfolgend näher beschrieben; ausgespart sind Programme zur Behandlung von drogenabhängigen Straftätern, die in einem eigenen Kapitel dieses Buches behandelt werden (s. Kap. 31).

29.5.1 Schulische und berufliche Bildungsmaßnahmen

Da zahlreiche Inhaftierte keinen Schulabschluss und keine abgeschlossene Berufsausbildung haben, kommt schulischen und beruflichen Qualifizierungsmaßnahmen im Strafvollzug eine hohe Bedeutung zu (Theine & Elgeti-Starke, 2018; Müller-Dietz, 2018). Im Jugendstrafvollzug weisen bspw. neun von zehn Inhaftierten keine berufliche Qualifikation auf (Pauli, Stoll, Prätor, Lobitz & Wirth, 2019). Neben der Förderung der Allgemeinbildung und der Aufarbeitung grundlegender Wissensdefizite (u.a. durch Alphabetisierungs- oder Sprachkurse) werden der Erwerb von Schulabschlüssen, Berufsvorbereitungsmaßnahmen, Berufsausbildungen, berufliche Qualifizierungsmaßnahmen (z.B. Schweißerpässe) und arbeitstherapeutische Maßnahmen angeboten. Ziel ist es, den Inhaftierten nach ihrer Entlassung die Option auf eine geregelte und angemessene Arbeitstätigkeit zu bieten, die nicht nur den Lebensunterhalt sichert, sondern auch den Alltag strukturiert und mit Sinn erfüllt und die Persönlichkeitsentwicklung fördert (Müller-Isberner & Eucker, 2012). Weiterbildung und Arbeit sind hierbei im Vollzug gleichgestellt, d.h., dass Aus- und Weiterbildungsmaßnahmen anstelle einer Arbeitstätigkeit im Vollzug treten können und mit einer Ausbildungsbeihilfe honoriert werden. Darüber hinaus können Inhaftierte auch in ihrer Freizeit an Bildungsangeboten oder (Fern-)Unterricht teilnehmen (Müller-Dietz, 2018).

Empirische Untersuchungen zeigen, dass das Rückfallrisiko deutlich sinkt, wenn in Haft eine Weiterqualifizierung erfolgt und nach der Entlassung eine Vermittlung in Arbeit gelingt (Wirth, 2002, 2020). In einer Untersuchung aus Nordrhein-Westfalen betrug die Rückfallrate bei ehemals Inhaftierten, die in der Haft keinerlei berufliche Qualifikation erworben hatten, innerhalb von vier Jahren nach Entlassung knapp 75 %. Bei Strafgefangenen, die eine berufliche Teilqualifikation erworben hatten, lag die Quote bei 47 % und bei erworbenem Gesellen- oder Facharbeiterbrief sogar lediglich bei 36 %. Schulische Bildungsangebote in Haft erhöhen dabei die Wahrscheinlichkeit, dass die Vermittlung in eine geregelte Arbeitstätigkeit nach der Entlassung gelingt. Finden die Inhaftierten jedoch trotz ihrer Weiterbildung keinen Einstieg in die Arbeitswelt, bleiben die Rückfallquoten nahezu unverändert hoch (Wirth, 2009, S. 77). Auch internationale Metaanalysen weisen auf die Wirksamkeit schulischer und beruflicher Weiterqualifizierung hin (Bozick, Steele, Davis & Turner, 2018; Davis et al., 2014; McKenzie, 2006; Wilson, Gallagher & MacKenzie, 2000). In der Metaanalyse von Bozick et al. (2018), die 57 US-amerikanische Studien aus 37 Jahren (1980–2017) zusammenfasst, lag die Rückfallrate von Inhaftierten, die Bildungsprogramme in Haft durchlaufen hatten, im Vergleich zu solchen, die nicht teilgenommen hatten, bspw. um 28 % niedriger. In einer Metaanalyse europäischer Studien wurde eine Reduzierung der Rückfallrate um 8 % angegeben (Redondo Illescas, Sánchez-Meca & Garrido Genovés, 2001). Allerdings wäre es verkürzt, den Wert von Bildungsmaßnahmen im Strafvollzug allein auf die Rückfallprophylaxe zu reduzieren und ihre identitätsstiftende, selbstwertfördernde und sozial stabilisierende Wirkung außer Acht zu lassen (Müller-Dietz, 2018).

Zusammengenommen sprechen die Befunde für den Erfolg von Bildung und Qualifizierungsmaßnahmen im Vollzug. Damit diese Früchte tragen können, müssen die Maßnahmen aber die individuellen Lebens- und Lernerfahrungen der Inhaftierten aufgreifen, die Anforderungen des erwartbaren Sozialraums nach der Entlassung berücksichtigen und möglichst in der Vermittlung in den Arbeitsmarkt münden. Hierzu ist eine vorab vorgenommene Bildungs- oder Berufswegeplanung im Vollzug die beste Voraussetzung. Eine arbeitsmarktorientierte Entlassungsvorbereitung und ein organisationsübergreifendes Case- bzw. Übergangsmanagement sowie eine enge und kontinuierliche Zusammenarbeit zwischen den Vollzugsanstalten und den Arbeitsmarktakteuren sind notwendige Bedingungen des Gelingens. Formen des elektronisch unterstützten Lernens (E-Learning) und die Nutzung neuer Medien müssen dabei auch im Vollzug selbstverständlich in den Lernalltag integriert werden (Bode, 2019; Hammerschick, 2019; Theine & Elgeti-Starke, 2018).

29.5.2 Erwerb sozialer Kompetenzen

Idealerweise ist der Vollzug insgesamt so strukturiert, dass er den Inhaftierten im Haftalltag vielfältige Gelegenheiten zum sozialen Lernen bietet: im Bereich Aus- und Weiterbildung beim gemeinschaftlichen Erarbeiten von Inhalten, in Sport (Jugl, Bender & Lösel, 2021; Müller & Mutz, 2019) und Freizeit (de Bánffy-Hall, Eberhard & Ziegenmeyer, 2021) durch ungezwungenes gemeinsames Miteinander und beim Zusammenleben in Wohngruppen. Es werden aber auch in allen Einrichtungen standardisierte oder teilstandardisierte Gruppenprogramme zum Erwerb sozialer Kompetenzen angeboten, die das Sozialverhalten fördern sollen. Grob lassen sich stärker therapeutisch ausgerichtete und standardisierte Gruppenprogramme von niedrigschwelligeren und meist halb standardisierten sozialpädagogischen Programmen differenzieren. Während erstere überwiegend im Rahmen der

Sozialtherapie eingesetzt werden oder Tätern mit höherem Risiko vorbehalten bleiben, wenden sich letztere v.a. an Inhaftierte mit kürzeren Haftstrafen.

Zu den eingriffsintensiveren und bekanntesten Maßnahmen zählt das kognitiv-behaviorale *Reasoning-and-Rehabilitation-Programm* (R&R; Ross, Fabiano & Ewles, 1988), das weltweit verbreitet ist (Antonowicz & Parker, 2012) und in vielen Einrichtungen des Straf- und Maßregelvollzugs eingesetzt wird. Zielfertigkeiten, die im R&R angestrebt werden, sind Selbstkontrolle und Ärgermanagement, Perspektivübernahme, soziale Fertigkeiten und (interpersonelles) Problemlösen, kreatives und kritisches Denken sowie eine Werteentwicklung. Zweimal wöchentliche Gruppentreffen mit maximal sechs bis acht Teilnehmern über insgesamt 35 Sitzungen sind vorgesehen. Durch die Nutzung unterschiedlicher didaktischer Methoden wie Rollenspielen, Filmen, Spielen und Gruppendiskussionen folgt das Programm in besonderem Maße dem Ansprechbarkeitsprinzip (Gretenkord, 2012). Neben der Ursprungsform existieren inzwischen auch weitere Programmvarianten, z.B. eine Kurzfassung des R&R (R&R2; Young & Ross, 2007) sowie Ausarbeitungen für die Behandlung von Straftätern mit ADHS, geistigen Beeinträchtigungen oder psychiatrischen Problemen (Cullen et al., 2012; Young, Gudjonsson & Chick, 2010). In Metaanalysen (Joy Tong & Farrington, 2006) ließ sich eine rückfallreduzierende Wirkung nachweisen. Auch eine Evaluation im deutschen Strafvollzug (Hosser & Weber, 2021) sowie eine Evaluation des R&R2 bei Gewalttätern in der Schweiz (Baggio et al., 2020) weisen auf positive Veränderungen im Haftverlauf und eine rückfallreduzierende Wirkung hin.

Zu den niedrigschwelligen halb standardisierten Programmen zählen das Sozialtraining nach Otto (1994, 2003) und das „Gruppentraining Sozialer Kompetenzen" (GSK; Hinsch & Pfingsten, 2007). Das *Sozialtraining* nach Otto zielt bei den Teilnehmern v.a. auf das Erkennen von problematischen Verhaltensweisen ab, das Aufzeigen eigener Ressourcen und neuer Handlungsstrategien. In ca. 20 Sitzungen werden der Einstieg in den Arbeitsmarkt, der Umgang mit Geld und Schulden, zwischenmenschliche Beziehungen, der Umgang mit Alkohol und Drogen, der Umgang mit Rechten und Pflichten und die sinnvolle Freizeitgestaltung erörtert. In der Evaluationsstudie von Boxberg und Bosold (2009) mit nachträglich gebildeten Kontrollgruppen zeigte sich zwei Jahre nach der Haftentlassung in Survivalanalysen allerdings kein signifikanter Effekt auf die Legalbewährung. Nachweise rückfallvermeidender Effekte fehlen ebenso noch für das GSK (Hinsch & Pfingsten, 2007), das seit vielen Jahren in unterschiedlichsten Settings erfolgreich angewendet und für den Einsatz im Strafvollzug modifiziert wurde (Lewrick-Gönnecke, Kammann, Heinrichs & Hosser, 2009). Das modularisierte Programm besteht aus Übungen, die vorzugsweise Rollenspiele mit anschließendem Videofeedback umfassen. Eingeübt werden v.a. das Erfassen der Bedeutung von Selbstverbalisation und das Erkennen und Abschätzen lang- und kurzfristiger Folgen eigenen Handelns. Ein weiterer Schwerpunkt ist die Unterscheidung zwischen selbstsicherem, unsicherem und aggressivem Verhalten.

29.5.3 Deliktorientierte Behandlungsansätze

Im Prinzip ist jede „kriminaltherapeutische Behandlung" als deliktorientiert zu verstehen, da immer das Ziel verfolgt wird, künftige Straftaten zu verhindern (Suhling & Endres, 2016). Im engeren Sinne bezieht sich der Begriff „Deliktorientierung" jedoch auf die gezielte „Aufarbeitung" der Straftaten bzw. die intensive Auseinandersetzung der Täter mit dem eigenen Delikt (Borchard, 2020; Schwanengel & Endres, 2016; Suhling & Endres, 2016). Es geht darum zu erklären, welche personalen, sozialen und situationalen Faktoren in welcher Weise zur Tatbegehung beigetragen haben. Dabei sollen die Täter selbst erkennen, welche ihrer Verhaltensmuster und Eigenschaften die Tat erklären und auch zu erneuter Kriminalität führen könnten (Rossegger, Endrass, Urbaniok & Borchard, 2012). Durch die intensive Auseinandersetzung mit dem Tatgeschehen und dem eigenen Handeln werden deliktrelevante, aber oft unbewusste Tatmotive und Persönlichkeitsanteile aktualisiert und präsent gemacht, sodass sie dann bewusst reflektiert und modifiziert werden können (Urbaniok, 2012). Ein solcher deliktorientierter therapeutischer Zugang lässt sich sowohl im Einzel- als auch im Gruppensetting umsetzen.

Während die Deliktanalyse unzweifelhaft für die Kriminaldiagnose und -prognose bzw. das Risikomanagement unverzichtbar ist, wird bisweilen kritisch hinterfragt, inwiefern sie als therapeutischer Ansatz das Risiko für erneute Straftaten minimieren kann (Suhling & Endres, 2016). Befürchtet wird, dass die intensive Auseinandersetzung mit eigenen negativen Verhaltensweisen und Persönlichkeitsanteilen im Rahmen der üblichen Gruppensettings schaminduzierend, demotivierend und stigmatisierend wirken und auch zur Abstumpfung der Gruppenteilnehmer beitragen könnte (Schwanengel & Endres, 2016). Wie bei jeder therapeutischen Intervention dürfte es entscheidend vom jeweils angemessenen Grad der Auseinandersetzung mit dem Delikt, dem richtigen Zeitpunkt und dem therapeutischen Geschick abhängen, ob aus der Deliktarbeit Verstehen, Verantwortungsübernahme und Veränderungsmotivation erwachsen.

Behandlungsprogramme wie Anti-Gewalttrainings oder das Behandlungsprogramm für Sexualstraftäter (BPS; Wischka, Foppe, Griepenburg, Nuhn-Naber & Rehder, 2002) sind kognitiv-verhaltenstherapeutisch orientierte Gruppenprogramme, die jeweils deliktorientierte Module beinhalten – insbesondere zwecks Erarbeitung eines Deliktszenarios, welches Motive, Gedanken und Gefühle beim Täter im Vorfeld und während der Tat aufgetreten sind, zutage bringen soll. Ein weiteres Ziel ist die Vermittlung von Opferempathie. Nachfolgend werden ausgewählte deliktorientierte Behandlungsprogramme für Gewaltstraftäter vorgestellt und abschließend kurz auf den Täter-Opfer-Ausgleich eingegangen (zur Behandlung von Sexualstraftätern s. Kap. 30 in diesem Band).

29.5.3.1 Anti-Gewalttrainings

Speziell für Gewalttäter wurden Anti-Gewalttrainings konzipiert, die das Aggressionspotenzial reduzieren, das Ärger- und Risikomanagement verbessern und die Fähigkeiten zur Impulskontrolle stärken sollen. Es existieren unterschiedlichste Programmkonzeptionen (Bosold, Prasse & Lauterbach, 2006), die jedoch einige gemeinsame Ansatzpunkte haben. In der Regel ist der Ausgangspunkt dieser Gruppentrainings die Auseinandersetzung der Täter ihren Taten, ihrer Gewaltbiografie, den Gewaltauslösern und den Verhaltenskonsequenzen. Kosten und Nutzen des Gewalthandelns sollen aufgezeigt werden, wobei man die Täter mit den Folgen ihrer Gewalt und ihren Bagatellisierungs- und Neutralisierungsstrategien gezielt konfrontiert. Unterschiede bestehen im Hinblick auf den Einsatz von Konfrontationsübungen, den Strukturierungsgrad, den Einbezug sportlicher Übungen (zumeist Kampfkunst) oder Entspannungsverfahren, die Dauer der Sitzungen und des Gesamttrainings sowie die Ausbildung der Trainer (vgl. Bosold et al., 2006). Wie bereits bei den Maßnahmen zum Erwerb sozialer Kompetenzen ist die Studienlage zur Behandlungswirksamkeit der Anti-Gewaltmaßnahmen ebenfalls eher unbefriedigend und die Befunde heterogen. Überzeugende Belege für die Effektivität der Maßnahmen fehlen größtenteils.

Hierzulande ist das *Anti-Aggressivitäts-Training* (AAT; Weidner, 2008) recht verbreitet und wird ambulant, aber auch im Jugend- und Erwachsenenstrafvollzug durchgeführt. Das Kernkonzept des AAT, das in Gruppen mit ca.

acht Teilnehmern durchgeführt wird, umfasst v.a. Konfrontationsübungen, z.B. den „Heißen Stuhl“. Das Ziel dieser Konfrontation soll sein, „die Gewaltverherrlichung der Täter zu erschüttern, ihre Schuldgefühle zu wecken und Mitleid mit den Opfern zu fördern, denn ein Gewalttäter, der sich in das Leid der Opfer einfühlen kann, verliert seinen Spaß an der Gewalt und entwickelt Aggressivitäts-Hemmungen“ (Weidner, Kilb & Kreft, 2009, S. 12). Das Programm besteht aus drei Phasen: In der Integrationsphase stehen das Erarbeiten der Änderungsmotivation und das Identifizieren gewaltauslösender Faktoren im Mittelpunkt. In der Konfrontationsphase wird durch Einsatz gewaltauslösender Reize die Aggressivität getestet und hinterfragt, bis die Teilnehmer die Verantwortung für das eigene Handeln übernehmen. Gleichzeitig soll durch das Einnehmen der Opferperspektive das Empathieempfinden gestärkt und das Neutralisationsbedürfnis der Täter geschwächt werden. In der dritten Phase der Gewaltverringerung werden durch Übungen kognitive, mit Aggression verbundene Denkmuster umstrukturiert. Der Insasse soll lernen, dass Gewalt kein Zeichen von Stärke ist und umgekehrt eine gewaltfreie Lösung keine Feigheit darstellt. Inzwischen liegen verschiedene, meist kleinere Evaluationsstudien zum AAT mit heterogenen Ergebnissen vor (Walsh, 2017). Bei Selbstbefragungen der Teilnehmer, Trainer und Angehörigen finden sich positive Trainingseffekte (Schanzenbächer, 2003), jedoch mangelt es an Belegen für rückfallreduzierende Auswirkungen des Trainings. In der Studie von Bosold und Lauterbach (2010) mit Prä-Post-Messung und Kontrollgruppendesign zeigten sich nach Behandlungsabschluss bei den Trainingsteilnehmern eine verringerte Gewaltbereitschaft und eine gestiegene Verantwortungsübernahme für die eigene Tat. Eine Steigerung sozialer Kompetenzen war nicht festzustellen. Rückfällig wurden 25 % der Trainingsteilnehmer und 39 % der Kontrollgruppenmitglieder; im Hinblick auf erneute Gewalttaten zeigten sich jedoch keine Häufigkeitsunterschiede zwischen den Gruppen.

Eine Alternative stellt das Behandlungsprogramm für Gewaltstraftäter dar (BPG; Feelgood, 2008), ein manualisiertes verhaltenstherapeutisches Programm, das eine Übersetzung des australischen Violent Offender Therapeutic Program (VOTP) ist. Es beinhaltet deliktunspezifische Behandlungselemente wie z.B. Wahrnehmung und Kommunikation, Selbstkontroll- und Beruhigungsstrategien und deliktspezifische Inhalte, bei denen es direkt um die Straftat geht. Bei letzteren sollen für die Gewaltstraftat relevanten Risikoorte, Risikopersonen und Risikosituationen identifiziert werden, um Strategien zum Umgang damit zu erarbeiten. Wirksamkeitsnachweise existieren bisweilen nur für das VOTP. In verschiedenen Studien fanden die Forscher*innen bei den Teilnehmern nach Beendigung der Behandlung eine Reduktion der berichteten Aggression und des kriminellen Denkens sowie eine Erhöhung des Einfühlungsvermögens, der Empathie und der Fähigkeit zur Ärgerregulierung (vgl. Ware, Cieplucha & Matsuo, 2011). In einer australischen Rückfallstudie (Rahman, Poynton & Wan, 2018) zeigte sich, dass die Teilnehmer am VOTP im Vergleich zur Kontrollgruppe im Zeitraum von 24 Monaten nach Haftentlassung mit 69 % vs. 76 % seltener rückfällig und seltener erneut inhaftiert wurden (58 % vs. 68 %). Im Hinblick auf Gewaltrückfälle zeigten sich keine signifikanten Unterschiede.

Insgesamt ist die Befundlage zur Wirksamkeit der intramuralen Behandlung von Gewaltstraftätern dünn und die methodische Qualität der verfügbaren Studien eher gering. In der Metaanalyse von Papalia, Spivak, Daffern und Ogloff (2019), in die 27 Studien mit insgesamt 7.062 Gewaltstraftätern aus dem Straf- oder Maßregelvollzug eingingen, fand sich bei den behandelten Tätern aber im Vergleich zu unbehandelten Tätern eine signifikante Verringerung der allgemeinen Rückfallrate um 11,2 % und der Gewaltrückfälle um 10,2 %.

29.5.3.2 Restorative Justice im Strafvollzug

Der Ansatz der Restorative Justice versucht das gestörte Gerechtigkeitsgefüge nach einer Straftat wiederherzustellen. Hierzu sollen die direkt Beteiligten und Vertreter*innen der Gesellschaft in einer mediierten Situation zusammenkommen, miteinander in Beziehung treten und sich über die Tat, die Folgen und die Wiedergutmachung austauschen. Auf Täterseite soll Verantwortungsübernahme und Einsicht in das Leid der Opfer gefördert werden. Den Opfern von Straftaten ist es oft wichtig, eine Entschuldigung und Anerkennung für das ihnen zugefügte Unrecht zu erhalten. Organisatorisch kann dies im Rahmen eines Täter-Opfer-Ausgleichs (TOA) erfolgen, aber auch in Restorative-Justice-Konferenzen bzw. Mediationsgesprächen, bei denen Täter und unmittelbare Opfer, teilweise auch deren Familien und Vertreter*innen der Gemeinschaft zusammenkommen. Mitunter wird als Format auch ein Austausch zwischen mehreren Tätern und Opfern anderer Straftaten in einem Gruppensetting gewählt.

Eine Bewertung entsprechender Maßnahmen sollte immer aus vollzuglicher und restorativer Perspektive erfolgen. Sherman, Strang, Mayo-Wilson, Woods und Ariel (2015) stellten im Rahmen ihrer Metaanalyse zu Maßnahmen der Restorative Justice im ambulanten und stationären Setting rückfallvermindernde Auswirkungen fest. Auch andere Studien zeigen positive Veränderungen bei Tätern und Opfern auf (s. die Zusammenfassung bei Jesse, Jacob & Prätor, 2018; s. a. Schlupp-Hauck, Hartmann, Mayer & Kilchling, 2017).

29.5.4 Störungsspezifische psychotherapeutische Behandlungsansätze

In den letzten Jahren wird zunehmend der Versuch unternommen, therapeutische Behandlungsansätze, die spezifische psychische Störungen adressieren, für die Klientel und das Setting im Straf- und Maßregelvollzug anzupassen. Vor dem Hintergrund einer weit überdurchschnittlich hohen Anzahl von Inhaftierten mit ADHS (Baggio et al., 2018) wurde bspw. im angloamerikanischen Raum eine Version des R&R-Programms entwickelt (R&R2ADHD), die auf die besonderen Belange von Inhaftierten mit einer Aufmerksamkeits-Defizit-Hyperaktivitäts-Störung (Hosser, Jungmann & Zöllner, 2007; Young et al., 2011) zugeschnitten ist. Für Inhaftierte und Maßregelpatienten mit Posttraumatischen Belastungsstörungen (vgl. Hosser & Bosold, 2005) wurde das Programm FORNET konzipiert (Elbert, Hermenau, Hecker, Weierstall & Schauer, 2012). Es basiert auf der Narrativen Expositionstherapie (Schauer, Neuner & Elbert, 2011), die eine Reduktion traumatischer Stresssymptome und eine Verringerung der Aggressivität und Gewaltbereitschaft zum Ziel hat. Eine kürzlich erschienene Metaanalyse fand starke Behandlungseffekte bei erwachsenen und jugendlichen Straftätern mit hohen Effektstärken (Siehl, Robjant & Crombach, 2021).

Für die Behandlung von Inhaftierten mit Persönlichkeitsstörungen stehen verschiedene Programme zur Verfügung. Die Dialektisch-Behaviorale Therapie (DBT) nach Linehan für Patient*innen mit einer Borderline-Persönlichkeitsstörung und/oder einer antisozialen Persönlichkeitsstörung wurde für die Forensik adaptiert (DBT-F; Oermann, 2013). Bei den Patienten mit einer antisozialen Persönlichkeitsstörung soll v. a. die Subgruppe der dissozial-impulsiven Straftäter angesprochen werden, die sich durch die Suche nach Stimulation, Impulsivität, Verantwortungslosigkeit, einen parasitären Lebensstil sowie das Fehlen realistischer langfristiger Ziele auszeichnet. Wenngleich kontrolliert randomisierte Studien fehlen und damit die Effektivität der forensischen Modifizierung der DBT nicht ausreichend beurteilt werden kann, legen verschiedene Studien eine Wirksamkeit nahe. Beispielsweise konnten Drake und Barnoski (2006) bei 63 Jugendlichen eine Reduktion der Rückfälligkeit um 14 % zeigen. Für 64 Maßregelvollzugspatienten im deutschen Sprachraum zeigte sich eine Verbesserung in einer Vielzahl psychischer und somatischer Beschwerden sowie eine Zunahme der Fähigkeit zur Ärgerkontrolle (Rosenow, 2014).

Die Schematherapie von Jeffrey Young (Young, Klosko & Weishaar, 2008), die Bernstein, Arntz und De Vos (2007) an den forensischen Kontext angepasst haben, scheint für die Behandlung von Gefangenen mit schweren Persönlichkeitsstörungen und v. a. auch für Gefangene mit Psychopathie eine vielversprechende Maßnahme zu sein (Bernstein, Clercx & Keulen-De Vos, 2019). Sie lässt sich sowohl als Einzeltherapie als auch als gruppentherapeutisches Verfahren (begleitet von Einzeltherapie) implementieren (s. Knörnschild & Jacob, 2018 für eine Zusammenfassung der Vorgehensweise und der Einsatzmöglichkeiten im forensischen Setting). Anhand einer multizentrisch angelegten randomisierten Kontrollgruppenstudie (n = 103 in zwei randomisierten Gruppen) in sieben Kliniken (Bernstein et al., 2012) wurde die Schematherapie von 2007 bis 2015 evaluiert. Obwohl die Gesamtergebnisse der Studie noch nicht publiziert wurden, deutete sich bereits die Überlegenheit der Schematherapie gegenüber den sonstigen Behandlungsverfahren an (Rezk & Borchard, 2012), sodass die Schematherapie in den Niederlanden mittlerweile zur Behandlung persönlichkeitsgestörter Patienten im forensischen Setting empfohlen wird (Knörnschild & Jacob, 2018).

Insgesamt wurden in den letzten Jahren erhebliche Fortschritte in der Behandlung von persönlichkeitsgestörten Straftätern, auch solchen mit einer dissozialen Persönlichkeitsstörung, gemacht. In Metaanalysen haben sich v. a. modularisierte und hochstrukturierte Programme bewährt, auch der Therapieoptimismus der Therapeut*innen scheint ein relevanter protektiver Faktor zu sein (Fiedler, 2018).

29.5.5 Übergangsmanagement

Die Verantwortung des Vollzugs beschränkt sich nicht auf die Zeit der Inhaftierung. Vielmehr besteht sein Auftrag darin, auf ein Leben ohne Straftaten nach der Entlassung hinzuwirken. Hierzu gehört, bereits aus dem Vollzug heraus Sorge dafür zu tragen, dass die finanzielle Grundversorgung der Entlassenen gesichert ist, ihnen eine feste Unterkunft zur Verfügung steht und wenn möglich der Übergang in ein geregeltes Beschäftigungsverhältnis erfolgt. Die Angehörigen sind in die Entlassungsvorbereitung möglichst einzubeziehen; darüber hinaus sind schon während der Haft Kontakte zum*zur Bewährungshelfer*in und ggf. weiteren externen Ansprechpartnern relevanter Anlaufstellen herzustellen. Um dies zu leisten, ist ein professionelles Übergangsmanagement erforderlich, welches bereits während der Haft notwendige Maßnahmen plant (z. B. Berufswegeplanung) und die Umsetzung in Kooperation mit den unterschiedlichen Institutionen und Trägern nach der Entlassung gewährleistet. Dies setzt ein konsequent einzelfallorientiertes Vorgehen im Rahmen eines professionellen Fallmanagements voraus, damit die jeweiligen Eingliederungserfordernisse erfasst und die notwendigen Maßnahmen in die Wege geleitet werden können (DBH Fachverband für Soziale Arbeit, Strafrecht und Kriminalpolitik, 2012; Matt, 2016; Wirth, 2007b). Entsprechend wurde in nahezu allen Bundesländern inzwischen ein Übergangsmanagement etabliert (Wein, 2020). Häufig steht hierbei v. a. die berufliche (Wieder-)Eingliederung im Mittelpunkt (Wirth, 2020).

Verschiedene Forschungsarbeiten haben sich mit den Effekten des Übergangsmanagements beschäftigt (Dölling, 2011; Lewis, Maguire, Raynor, Vanstone & Vennard, 2007; Pruin, 2018). In der Metaanalyse von Ndrecka (2014), die 53 Studien einbezog, berichteten 72 % der Studien über eine rückfallreduzierende Wirkung, die im Durchschnitt bei sechs Prozentpunkten lag. Die Effekte variierten stark in

Abhängigkeit von der inhaltlichen Ausrichtung, der zeitlichen Erstreckung der Betreuung, der institutionellen Anbindung oder dem Rückfallrisiko der Straffälligen. Höhere Effekte wiesen u.a. Programme auf, die inhaltlich breit aufgestellt waren und verschiedene Problemlagen der Straffälligen miteinbezogen (z.B. Substanzmittelabhängigkeit, psychische Störungen), die Familien in die Arbeit integrierten und eine kontinuierliche Betreuungsleistung gewährleisteten. Insgesamt gibt es somit überzeugende Belege für die rückfallreduzierende Wirkung eines umfassenden Übergangsmanagements.

29.6 Spezifische Behandlungskontexte im Strafvollzug

29.6.1 Behandlung in sozialtherapeutischen Einrichtungen

Die Sozialtherapie wendet sich an besonders gefährliche und rückfallgefährdete Inhaftierte und stellt eine Sonderform des Strafvollzuges dar, die entweder in eigenen Sozialtherapeutischen Anstalten oder sozialtherapeutischen Abteilungen vollzogen wird. Am 31. März 2020 gab es in Deutschland 71 in Nutzung befindliche sozialtherapeutische Einrichtungen, darunter 20 im Jugendstrafvollzug und sechs im Frauenstrafvollzug (Etzler, 2020). Der Anteil an Haftplätzen in der Sozialtherapie, gemessen an allen anderen Haftplätzen im Justizvollzug, liegt bei 3,3% (Etzler, 2020). Entsprechend der sozialtherapeutischen Ausrichtung auf Risikotäter sind von den männlichen Inhaftierten 55% Sexualstraftäter, gefolgt von Tätern mit Tötungsdelikten (25%) und Eigentums- und Vermögensdelikten (13%). Bei den Frauen machen Tötungsdelikte mit 61%, gefolgt von Sexualdelikten (21%) den Schwerpunkt aus (Etzler, 2020). Die im Vergleich zum normalen Vollzug erheblich bessere personelle und räumliche Ausstattung der Sozialtherapie erlaubt, mehr Ressourcen in die kriminaltherapeutische Behandlung dieser Inhaftierten fließen zu lassen.

Vollzogen wird die Sozialtherapie meist auf Basis des Konzepts der Integrativen Sozialtherapie (Egg, 2007). Die sozialtherapeutische Einrichtung ist hierzu i.S. einer therapeutischen Gemeinschaft konzipiert und findet im Wohngruppenvollzug statt. Das soziale Lernen im Rahmen des gemeinschaftlichen Zusammenlebens und die zunehmende Übertragung von Verantwortung auf den einzelnen Inhaftierten stellen wesentliche Eckpfeiler der integrativen sozialtherapeutischen Behandlung dar, ebenso wie der Einbezug des Lebensumfeldes außerhalb des Vollzugs (Spöhr, 2009).

Im Wohngruppenvollzug, der teilweise auch im Regelvollzug und häufig im Jugendstrafvollzug praktiziert wird, soll ein besonders therapeutisches Behandlungsklima geschaffen werden, das auf den vier Wirkprinzipien einer therapeutischen Gemeinschaft basiert (vgl. Wischka, 2004). Die gemeinsame Gestaltung des Gruppenlebens und die Konfrontation mit und Diskussion über erwünschtes und unerwünschtes Verhalten ist dabei von besonderer Bedeutung. Erfahrene Mitglieder dienen Neuankömmlingen dabei als Rollenmodell. Schrittweise sollen die Mitglieder lernen, Verantwortung für ihr Verhalten und den Erfolg der Gruppe, aber auch für ihren eigenen Behandlungserfolg zu übernehmen. Sie sollen zu Experten ihrer eigenen Probleme werden.

Vergleichbar mit dem Regelvollzug gliedert sich der Behandlungsverlauf in der Sozialtherapie in mehrere Phasen (s. Wischka & van den Boogaart, 2018): Die Eingangsphase dient dem Vertrautwerden mit der Einrichtung, der Aufstellung des Behandlungsplans und der Herstellung von Behandlungsmotivation. Therapeutisch werden die motivierende Gesprächsführung (Miller & Rollnick, 2015) und Beziehungsarbeit (Sachse & Walburg, 2017) zur Förderung von Mitarbeitsbereitschaft genutzt (Endres & Groß, 2020). Die Behandlungsphase legt den Schwerpunkt auf die kriminaltherapeutische Behandlung, flankiert von Arbeit und Ausbildung und sonstigen Angeboten. Das Behandlungsangebot umfasst i. d. R. Einzel- und Gruppengespräche, themenzentrierte Gruppen (Umgang mit Partnerschaft, Arbeit, Geld, Alkohol), Sozialtrainingskurse, Angehörigenarbeit, deliktunspezifische (z. B. R&R) und deliktspezifische Programme. Bei der inhaltlichen Ausgestaltung der Behandlung stehen nach Wischka und van den Boogart (2018, S. 137 f.) „... immer wieder drei Schwerpunkte im Fokus: die Lebensgeschichte, die Straftaten und die aktuellen Beziehungen. Ausgehend vom zunehmenden Deliktverständnis und der Einsicht in verursachende und aufrechterhaltende soziale und situationale Faktoren können Strategien für die künftige Straffreiheit erarbeitet werden, in die persönliche Stärken, Bewältigungsstrategien, soziale Ressourcen, aber auch aktuelle Problemlagen und mögliche Schwierigkeiten nach der Haftentlassung einbezogen werden. In der Entlassungsphase, die stark ausdifferenziert ist, stehen die Ausgestaltung des sozialen Empfangsraums, die Etablierung eines Rückfallvermeidungsplans und das Übergangsmanagement im Fokus. Die Entlassung folgt einem Stufenkonzept, bei dem Lockerungen wie Ausführungen, Aus- und Freigänge sowie Regelurlaube schrittweise zunehmend eingesetzt werden. Allerdings stellte Etzler bei ihrer Stichtagserhebung 2020 fest, dass der Anteil an Inhaftierten, denen vollzugsöffnende Maßnahmen gewährt werden, seit Jahren sinkt und nur bei 81 % lag.

Metaanalysen zur Wirksamkeit sozialtherapeutischer Behandlung weisen auf eine signifikante Reduzierung der Rückfälligkeit hin, wobei die Effektstärken bei Werten von d = .10 (Lösel, 1996) bzw. d = .12 (Egg, Pearson, Cleland & Lipton, 2001) lagen. Dies entspricht einer Verringerung der Rückfallhäufigkeit von Sozialtherapiegruppen im Vergleich zur Behandlung im Regelvollzug um 10 % bzw. 12 %. Spezifisch bei Sexualstraftätern aus der Sozialtherapie wurde zwar eine Verringerung der allgemeinen Rückfälligkeit, nicht aber des Rückfalls mit Sexual- oder Gewaltstraftaten aufgezeigt (Lösel et al., 2020; s. a. Lischewski, 2018).

29.6.2 Behandlung im Frauenstrafvollzug

Der Anteil von Frauen unter den Inhaftierten ist gering und liegt in Deutschland seit Jahren bei knapp 6 %. Die geringe Anzahl an weiblichen Inhaftierten bringt es mit sich, dass den Bedürfnissen dieser Gruppe im Vollzugssystem und auch in der Vollzugsforschung nicht immer adäquat Rechnung getragen wird, da eine Binnendifferenzierung nach Alter, Deliktschwere oder Problemlagen bei Unterbringung und Behandlung kaum möglich ist.

Frauen und Männer werden in Deutschland getrennt voneinander in verschiedenen Anstalten bzw. Abteilungen untergebracht (s. § 140 Abs. 2 StVollzG), was mit dem grundrechtlichen Schutz des Intim- und Sexualbereichs begründet wird (Laubenthal, 2019). Deutschlandweit gibt es sieben Vollzugsanstalten für Frauen, neben insgesamt ca. 60 Abteilungen, die organisatorisch und räumlich überwiegend an Einrichtungen des sonstigen Strafvollzugs angeschlossen sind (Zolondek, 2007). Die Organisationsform als „Anhängsel" größerer Anstalten bedingt häufig (nicht nur) in Deutschland strukturelle Benachteiligungen (Zolondek, 2008), die dadurch entstehen, dass z. B. Sicherheitsbestimmungen, Besuchsregelungen, ärztliche Versorgung, Einkauf oder Angebote zur Aus- und Weiterbildung primär an den Belangen der Unterbringung männlicher Inhaftierter ausgerichtet sind (Michels, 2018). Die wenigen zentralen Frauenanstalten sind neben ihrer häufigen Wohnortferne zudem gekennzeichnet von einer Mischung aller Vollzugsformen in einer Anstalt (Neuber, 2020). Selbst der Jugendvollzug für weibliche Gefangene geschieht i. d. R. in einer Abteilung der zentralen Frauenvollzugsanstalten und hat angesichts weniger Haftplätze Schwierigkeiten, eigene jugendgemäße Konzepte zu entwickeln.

Um dennoch auch für die kleine Gruppe weiblicher Inhaftierter ein differenziertes Behandlungsangebot bereitzuhalten, wurden mancherorts koedukative Maßnahmen implementiert. Empirische Untersuchungen darüber, wie sinnvoll solche Maßnahmen sind, gibt es für den deutschen Strafvollzug allerdings nicht. In der Literatur werden gegensätzliche Eindrücke geschildert. Während Haverkamp (2009) den geringen Ausbau dieser Maßnahmen beklagt, konstatiert Jansen (2010), dass Jugendstrafgefangene mit solchen Maßnahmen oft überfordert sind. Ihrer Beobachtung nach überspielen die Inhaftierten „ihre Selbstzweifel durch sexualisierte Auffälligkeiten" und halten ihr „häufig überlegenes Leistungsvermögen" zurück, um die „Quelle männlicher Anerkennung nicht zu gefährden" (S. 64).

Besondere Behandlungsbedürfnisse der Frauen resultieren außerdem daraus, dass viele eigene Kinder haben und bis zur Inhaftierung in der Erziehungsverantwortung für diese standen. In einer europäischen Stichprobe hatten nahezu 70 % der inhaftierten Frauen eigene Kinder, von denen etwa 80 % minderjährig waren (Dünkel, 2009). Die Aufrechterhaltung sozialer Kontakte zu den Kindern und jetzigen Erziehungspersonen und der Einbezug des sozialen Umfeldes sind daher für die Frauen von hoher Bedeutung. Gerade bei kleinen Kindern besteht anderenfalls die Gefahr, dass es zur Entfremdung von der Mutter kommt, mit der möglichen Folge, dass die Kinder dauerhaft der Mutter entzogen bleiben. In Deutschland gibt es daher auch sieben Mutter-Kind-Einrichtungen, in denen die inhaftierten Mütter mit ihren Kindern bis zum Alter von ca. drei Jahren (im geschlossenen Vollzug) bzw. bis zur Schulpflicht der Kinder (im offenen Vollzug) untergebracht werden können (Junker, 2011). Die bestehenden 100 Plätze decken den Bedarf jedoch nicht vollständig ab (Birtsch & Rosenkranz, 1988); insbesondere die Jugendstrafgefangene, von denen ca. 20 % Mütter sind, kommen hier zu kurz (Beecken, 2021, S. 79). Für Väter fehlen entsprechende Einrichtungen sogar weitgehend, laut Neuber (2020) bietet gegenwärtig nur Sachsen die Möglichkeit, auch verurteilte Väter mit ihren Kindern unterzubringen.

Die Klientel im Frauenvollzug ist außerdem psychisch hoch belastet und weist einen entsprechend hohen Behandlungsbedarf auf (Halbhuber-Gassner & Grote-Kux, 2017). Ob dieser höher oder vergleichbar dem männlicher Inhaftierter ausfällt bzw. inwieweit sich in Zuschreibungen der Frauen als „stärker" therapie- und behandlungsbedürftig v. a. Geschlechterrollenstereotype ausdrücken, bleibt Gegenstand anhaltender Debatten (s. Neuber, 2020). Nationale und internationale Untersuchungen weisen jedenfalls darauf hin, dass inhaftierte Frauen häufig schwere psychische Probleme aufweisen, unter psychosomatischen Erkrankungen leiden und einen allgemein schlechteren Gesundheitszustand haben (Fazel & Baillargeon, 2011; Fischer-Jehle, 1991; Ochmann, 2018; Tyler, Miles, Karadag & Rogers, 2019). In Deutschland sind laut Michels (2018) die Hälfte der Frauen abhängig von intravenösen Drogen, hinzu kommen Alkohol- und Tablettenabhängigkeit und andere Süchte wie Kaufsucht. Der Anteil an Persönlichkeitsstörungen wird auf 80 % geschätzt, 40 % leiden unter Angststörungen. Fast alle inhaftierten Frauen haben körperliche (91 %), psychische (89 %) oder sexuelle Gewalt (57 %) erfahren (Michels, 2018, S. 387). Jedoch mangelt es meist an ausreichenden Behandlungsressourcen, um diesen Frauen wirkliche Hilfestellung zu bieten; so nutzen nur etwa 60 % der Jugendstrafgefangenen sozialpädagogische oder psychologische Angebote (Beecken, 2021, S. 91). Unwesentlich besser sind die Qualifizierungsmöglichkeiten; lediglich 42 % nutzen schulische und 21 % berufliche Weiterbildungsmaßnahmen (Beecken, 2021, S. 104 ff.). Überdies fehlen Studien zur Wirksamkeit von Behandlungsmaßnahmen im Frauenvollzug (Zolondek, 2007). International als Ansätze der *Best Practice* bewährt haben sich im Frauenstrafvollzug die Etablierung umfangreicher Besuchsmöglichkeiten (inklusive Langzeitbesuche), umfassende interne und externe Behandlungs- und Beratungsangebote für Inhaftierte mit Abhängigkeitserkrankungen und psychischen Störungen, die Einführung des Prinzips zunehmender

Selbstverantwortung („self-management") sowie ein positives Anstaltsklima, das von hoher Behandlungs- und Resozialisierungsorientierung gekennzeichnet ist (Zolondek, 2007).

29.7 Perspektiven der Straftäterbehandlung

Im intramuralen Bereich gibt es inzwischen ein vielfältiges Angebot unterschiedlichster Behandlungsmaßnahmen und zahlreiche Untersuchungen der letzten Jahre dokumentieren, dass Straftäterbehandlung wirkt und ihr Einsatz lohnend ist (s. Kap. 34 in diesem Band). Die Antwort auf die Frage, welche Form der Behandlung für wen unter welchen Umständen wirksam ist, lässt sich aber nach wie vor nicht beantworten. Selbst bei den bereits erfolgreich evaluierten Programmen ist größtenteils unklar, worauf ihre Wirkung zurückzuführen ist und welche Rolle dabei Merkmale des Programms (z. B. Modulinhalte, Behandlungsintensität), des sozialen Kontextes (z. B. Therapeut*in-Klient-Beziehung, Anstaltsklima), personale Merkmale der Teilnehmer (z. B. Alter, Persönlichkeit, Veränderungsbereitschaft) oder Merkmale der Evaluationsstudien (z. B. Design, Stichprobengröße) spielen (s. Lösel, 2020).

Zudem können selbst positive Veränderungen in Haft keine rückfallpräventive Wirkung entfalten, wenn die Lebensbedingungen nach der Haftentlassung zur Belastung und Destabilisierung beitragen und einen Rückfall in alte Gewohnheiten wahrscheinlich werden lassen. Behandlungsforschung sollte daher möglichst auch die Lebensbedingungen nach der Haftentlassung bzw. Risiko- und Schutzfaktoren des sozialen Empfangsraums miterfassen.

Antizipierbare Veränderungen der Vollzugslandschaft verlangen zudem im Hinblick auf Behandlungsangebote neue Lösungen. Beispielhaft sei hier auf die in einigen Anstalten große Zahl ausländischer Inhaftierter oder Inhaftierter mit Migrationshintergrund aus den unterschiedlichsten Kulturkreisen verwiesen, welchen oftmals der Zugang zu Behandlungsangeboten, insbesondere intensiveren kriminaltherapeutischen Maßnahmen im Gruppenkontext, aufgrund sprachlicher Defizite oder auch aufgrund der Unterschiedlichkeit kultureller Werte und Praktiken verwehrt bleibt. Auch die wachsende Anzahl älterer Inhaftierter über 60 Jahre verlangt besondere Aufmerksamkeit. Neben zunehmenden körperlichen und geistigen Beeinträchtigungen, welche die Zusammenfassung älterer Strafgefangener in speziell eingerichteten gerontologischen Abteilungen nahelegen, stellt sich hier die Frage, wie nach Beendigung der Arbeitstätigkeit mit dem Problem drohender Unterforderung bzw. der Förderung im kognitiven, sozialen und lebenspraktischen Bereich umzugehen ist (Meuschke, 2018). Die hohe Anzahl von Inhaftierten mit kurzen Haftzeiten verlangt danach auch für diese Gruppe effektive Behandlungsmaßnahmen zu etablieren oder aber den Mut, für diese Gruppe nach ambulanten Alternativen zur Haft zu suchen.

Die bisher erreichten Fortschritte in der Straftäterbehandlung geben jedenfalls keinen Anlass, sich entspannt zurückzulehnen. Vielmehr sollte das vorhandene Behandlungsangebot qualitätsgesteuert ausgeweitet und weiter auf die Bedarfe hin optimiert werden. Dabei sind auch die Rahmenbedingungen für eine langfristige Behandlungsforschung zu schaffen, die sich nicht auf Kennzahlen beschränkt, sondern nach einem tiefer gehenden Verständnis der Wirkfaktoren intramuraler Straftäterbehandlung strebt.

29.8 Weiterführende Literatur

Endrass, J., Rossegger, A., Urbaniok, F. & Borchard, B. (Hrsg.). (2012). *Interventionen bei Gewalt- und Sexualstraftätern: Risk-Management, Methoden und Konzepte der forensischen Therapie.* Berlin: Medizinisch Wissenschaftliche Verlagsgesellschaft.

Theoretische Grundlagen der therapeutischen Arbeit mit Straftätern und Behandlungsansätze für besondere Delikt- und Patientengruppen werden praxisorientiert beschrieben und im Hinblick auf ihre Effektivität eingeordnet.

Maelicke, B. & Suhling, S. (2018). *Das Gefängnis auf dem Prüfstand. Zustand und Zukunft des Strafvollzugs* (unter Mitarbeit von Kirstin Drenkhahn, Frank Arloth, Tobias Geiger, Johann Endres, Maike M. Breuer, Elisabeth Thein et al., Edition Forschung und Entwicklung in der Strafrechtspflege). Wiesbaden: Springer. https://doi.org/10.1007/978-3-658-20147-0

Wischka, B., Pecher, W. & van den Boogaart, H. (2015). *Behandlung von Straftätern: Sozialtherapie, Maßregelvollzug, Sicherungsverwahrung.* Herbolzheim: Centaurus.

Dargelegt werden Standards der Behandlung von Straftätern und Ergebnisse der Behandlungsforschung. Einen Schwerpunkt bilden Diagnostik, Prognostik und Therapie bei besonders rückfallgefährdeten Straftätern.

Literatur

Alex, M. & Feltes, T. (2009). Von der Pathogenie des Strafvollzugs. Rationale Erklärungen für ein irrationales Phänomen. In H.-J. Lange, H.P. Ohly & J. Reichertz (Hrsg.), *Auf der Suche nach neuer Sicherheit: Fakten, Theorie und Folgen* (2. Aufl., S. 89–104). Wiesbaden: Verlag für Sozialwissenschaften. https://doi.org/10.1007/978-3-531-91837-2_6

Andrews, D.A., Zinger, I., Hoge, R.D., Bonta, J., Gendreau, P. & Cullen, F.T. (1990). Does correctional treatment work? A clinically relevant and psychologically informed meta-analysis. *Criminology, 28,* 369–404. https://doi.org/10.1111/j.1745-9125.1990.tb01330.x

Andrews, D.A., Bonta, J. & Wormith, S. (2011). The Risk-Need-Responsivity (RNR) model: Does adding the Good Lives Model contribute to effective crime prevention? *Criminal Justice and Behavior, 38,* 735–755 https://doi.org/10.1177/0093854811406356

Antonowicz, D.H. & Parker, J. (2012). *Reducing recidivism – evidence from 26 years of international evaluations of reasoning & rehabilitation programs.* Waterloo: Wilfrid Laurier University.

Arkowitz, H., Westra, H.A., Miller, W.R. & Rollnick, S. (2010). *Motivierende Gesprächsführung bei der Behandlung psychischer Störungen.* Weinheim: Beltz PVU.

Baggio, S., Fructuoso, A., Guimaraes, M., Fois, E., Golay, D. & Heller, P. et al. (2018). Prevalence of attention deficit hyperactivity disorder in detention settings: A systematic review and meta-analysis. *Front Psychiatry, 9,* 331. https://doi.org/10.3389/fpsyt.2018.00331

Baggio, S., Weber, M., Rossegger, A., Endrass, J., Heller, P., Schneeberger, A. et al. (2020). Reducing recidivism using the reasoning and rehabilitation program: A pilot multi-site-controlled trial among prisoners in Switzerland. *International Journal of Public Health, 65,* 801–810. https://doi.org/10.1007/s00038-020-01372-9

Beccaria, C. (1998/1766). *Über Verbrechen und Strafe.* Frankfurt a.M.: Insel.

Beecken, J. (2021). *Weibliche Jugendstrafgefangene in Deutschland. Eine bundesweite Bestandsaufnahme mit vollzugspolitischen Reformvorschlägen.* Berlin: Duncker & Humblot. https://doi.org/10.3790/978-3-428-58095-8

Bernstein, D., Arntz, A. & De Vos, M. (2007). Schema focused therapy in forensic settings: Theoretical model and recommendations for best clinical practice. *International Journal of Forensic Mental Health, 6,* 169–183. https://doi.org/10.1080/14999013.2007.10471261

Bernstein, D.P., Clercx, M. & Keulen-De Vos, M. (2019). Schema therapy in forensic settings. In D. Polaschek, A. Day & C.R. Hollin (Eds.), *The Wiley international handbook of correctional psychology* (pp. 654–668). Oxford: Wiley-Blackwell.

Bernstein, D.P., Nijman, H.L.I., Karos, K., Keulen-de Vos, M., de Vogel, V. & Lucker, T.P. (2012). Schema therapy for forensic patients with personality disorders: Design and preliminary findings of a multicenter randomized clinical trial in the Netherlands. *The International Journal of Forensic Mental Health, 11* (4), 312–324. https://doi.org/10.1080/14999013.2012.746757

Birtsch, V. & Rosenkranz, J. (Hrsg.). (1988). *Mütter und Kinder im Gefängnis: Orientierungen und Ergebnisse zum Frauenstrafvollzug und zu Mutter-Kind-Einrichtungen im Strafvollzug.* Weinheim: Juventa.

Bode, L. (2019). Der Einsatz internetbasierter Medien im Strafvollzug. *NK Neue Kriminalpolitik, 31* (1), 30–45. https://doi.org/10.5771/0934-9200-2019-1-30

Bonta, J. & Andrews, D.A. (2017). *The psychology of criminal conduct* (6th. ed.). New York, NY: Anderson.

Borchard, B. (2020). Deliktorientierte Therapie – Bedeutung, Missverständnisse und Begriffsbestimmung. *Forensische Psychiatrie, Psychologie, Kriminologie, 14* (1), 50–57. https://doi.org/10.1007/s11757-019-00570-3

Bosold, C. (2008). Therapieindikation bei der Straftäterbehandlung. In M. Steller & R. Volbert (Hrsg.), *Handbuch der Rechtspsychologie* (S. 144–151). Göttingen: Hogrefe.

Bosold, C. & Lauterbach, O. (2010). Leben ohne Gewalt organisieren. Evaluation eines Trainings für Gewalttäter im Jugendstrafvollzug. *Forensische Psychiatrie, Psychologie, Kriminologie, 4,* 269–277. https://doi.org/10.1007/s11757-010-0073-4

Bosold, C., Prasse, A. & Lauterbach, O. (2006). Anti-Gewalt-Trainings im Jugendvollzug: Eine bundesweite Bestandsaufnahme. *Zeitschrift für Jugendkriminalrecht und Jugendhilfe, 17*, 27–37.

Boxberg, V. & Bögelein, N. (2015). Junge Inhaftierte als Täter und Opfer von Gewalt - Subkulturelle Bedingungsfaktoren. *Zeitschrift für Jugendkriminalrecht und Jugendhilfe, 26* (3), 241–247.

Boxberg, V. & Bosold, C. (2009). Soziales Training im Jugendstrafvollzug: Effekte auf die Sozial- und Legalbewährung. *Forensische Psychiatrie, Psychologie, Kriminologie, 3,* 237–243.

Boxberg, V. & Neubacher, F. (2019). Gewalt und Suizid unter jungen Frauen im Jugendstrafvollzug. In DVJJ (Hrsg.), *Herein-, Heraus-, Heran- - Junge Menschen wachsen lassen* (Dokumentation des 30. Deutschen Jugendgerichtstages vom 14. bis 17. September 2017 in Berlin, S. 447–466). Mönchengladbach: Forum Verlag Godesberg.

Bozick, R., Steele, J., Davis, L. & Turner, S. (2018). Does providing inmates with education improve postrelease outcomes? A meta-analysis of correctional education programs in the United States. *Journal of Experimental Criminology 14* (3), 389–428. https://doi.org/10.1007/s11292-018-9334-6

Cullen, A.E., Clarke, A.Y., Kuipers, E., Hodgins, S., Dean, K. & Fahy, T. (2012). A multisite randomized trial of a cognitive skills program for male mentally disordered offenders: Violence and antisocial behavior outcomes. *Journal of Consulting and Clinical Psychology, 80* (6), 1114–1120. https://doi.org/10.1037/a0030291

Dahle, K.-P. (1997). Therapie und Therapieindikation bei Straftätern. In M. Steller & R. Volbert (Hrsg.), *Psychologie im Strafverfahren* (S. 142–159). Bern: Huber.

Dahle, K.-P. (2003). Therapiemotivation inhaftierter Straftäter. In M. Steller, K.-P. Dahle & M. Basqué (Hrsg.), *Straftäterbehandlung: Argumente für eine Revitalisierung in Forschung und Praxis* (S. 231–250). Herbolzheim: Centaurus.

Davis, L.M., Steele, J.L., Bozik, R., Williams, M.W., Turner, S., Miles, J.N. et al. (2014). *How effective is correctional education, and where do we go from here? The results of a comprehensive evaluation.* Santa Monica, CA: Rand. https://doi.org/10.7249/RR564

DBH, Fachverband für Soziale Arbeit, Strafrecht und Kriminalpolitik. (2012). *Übergangsmanagement für junge Menschen zwischen Strafvollzug und Nachsorge: Handbuch für die Praxis.* Köln: DBH.

de Bánffy-Hall, A., Eberhard, D.M. & Ziegenmeyer, A. (Hrsg.). (2021). *Musik im Strafvollzug: Perspektiven aus Forschung und Praxis.* Münster: Waxmann.

Dölling, D. (2000). Täterbehandlung. Ende oder Wende? Eine Bilanz. In J.-M. Jehle (Hrsg.), *Täterbehandlung und neue Sanktionsformen* (S. 21–48). Mönchengladbach: Forum-Verlag Godesberg.

Dölling, D. (2011). Das Nachsorgeprojekt Chance. Einige Ergebnisse der Evaluation. In W. Stelly & J. Thomas (Hrsg.), *Erziehung und Strafe: Symposium zum 35-jährigen Bestehen der JVA Adelsheim* (S. 145–158). Mönchengladbach: Forum-Verlag Godesberg.

Drake, E.K. & Barnoski, R. (2006). *Recidivism findings for the juvenile rehabilitation administration's Dialectic Behavior Therapy program: Final report.* Olympia, WA: Washington State Institute for Public Policy.

Dünkel, F. (2009). International vergleichende Strafvollzugsforschung. In H.-J. Schneider (Hrsg.), *Besondere Probleme der Kriminologie* (Internationales Handbuch der Kriminologie, Band 2, S. 145–226). Berlin: de Gruyter.

Egg, R. (2007). Sozialtherapeutische Anstalt und Abteilungen im Justizvollzug. Mindestanforderung an Organisation und Ausstattung. Indikationen zur Verlegung. *Forum Strafvollzug, 56,* 100–103.

Egg, R., Pearson, F.S., Cleland, C.M. & Lipton, D.S. (2001). Evaluation von Straftäterbehandlungsprogrammen in Deutschland: Überblick und Meta-Analyse. In G. Rehn, B. Wischka, F. Lösel & M. Walter (Hrsg.), *Behandlung „gefährlicher Straftäter": Grundlagen, Konzepte, Ergebnisse* (S. 321–347). Herbolzheim: Centaurus-Verlag.

Elbert, T., Hermenau, K., Hecker, T., Weierstall, R. & Schauer, M. (2012). FORNET: Behandlung von traumatisierten und nicht-traumatisierten Gewalttätern mittels Narrativer Expositionstherapie. In J. Endrass, A. Rossegger, F. Urbaniok & B. Borchard (Hrsg.), *Interventionen bei Gewalt- und Sexu-*

altstraftätern: Risk-Management, Methoden und Konzepte der forensischen Therapie (S. 255–277). Berlin: Medizinisch Wissenschaftliche Verlagsgesellschaft.

Endres J. & Breuer M. M. (2018). Behandlungsmaßnahmen und -programme im Strafvollzug. In B. Maelicke & S. Suhling (Hrsg.), *Das Gefängnis auf dem Prüfstand* (S. 89–108). Wiesbaden: Springer.

Endres, J. & Groß, C. (2020). Sozialtherapie als Behandlungsform im Strafvollzug. In B.-D. Meier & K. Leimbach (Hrsg.), *Gefängnisse im Blickpunkt der Kriminologie* (S. 141–161). Berlin: Springer.

Ernst, A. & Neubacher, F. (2014). Kontinuität oder Diskontinuität? – Was erklärt Gewaltverhalten im Jugendstrafvollzug? In M.A. Niggli & L. Marty (Hrsg.), *Risiken der Sicherheitsgesellschaft – Sicherheit, Risiko & Kriminalpolitik* (S. 170–182). Mönchengladbach: Forum Verlag Godesberg.

Etzler, S. (2020). *Sozialtherapie im Strafvollzug. 2020: Ergebnisübersicht der Stichtageserhebung zum 31.03.2020.* Wiesbaden: Eigenverlag Kriminologische Zentralstelle.

Fazel, S. & Baillargeon, J. (2011). The health of prisoners. *The Lancet, 377,* 956–965. https://doi.org/10.1016/S0140-6736(10)61053-7

Fazel, S. & Danesh, J. (2002). Serious mental disorder in 23000 prisoners: A systematic review of 62 surveys. *The Lancet, 349,* 545–550. https://doi.org/10.1016/S0140-6736(02)07740-1

Fazel, S. & Seewald, K. (2012). Severe mental illness in 33588 prisoners worldwide. Systematic review and metaregression analysis. *The British Journal of Psychiatry, 200,* 463–473. https://doi.org/10.1192/bjp.bp.111.096370

Feelgood, S. (2008). *Behandlungsprogramm für Gewaltstraftäter (BPG).* Brandenburg a. d. H.: Sozialtherapeutische Anstalt.

Feil, M. G. (2012). Zwischen Scylla und Charybdis. Vertraulichkeit in der forensischen Psychotherapie. *Recht und Psychiatrie, 30,* 191–196.

Fiedler, P. (2018). Multimodale Psychotherapie der dissozialen Persönlichkeitsstörung: aktuelle Konzepte in der Straftäterbehandlung. *Forensische Psychiatrie, Psychologie, Kriminologie,12* (3), 229–237. https://doi.org/10.1007/s11757-018-0475-2

Fischer-Jehle, P. (1991). *Frauen im Strafvollzug: Eine empirische Untersuchung über Lebensentwicklung und Delinquenz strafgefangener Frauen. Bonn:* Forum-Verlag Godesberg.

Franqué, F von & Briken, P. (2013). Das „Good Lives Modell (GLM)“. *Forensische Psychiatrie, Psychologie, Kriminologie, 7,* 22–27. https://doi.org/10.1007/s11757-012-0196-x

Goffman, E. (2009/1961). *Asyle: Über die soziale Situation psychiatrischer Patienten und anderer Insassen* (16. Aufl.). Frankfurt a. M.: Suhrkamp.

Gretenkord, L. (2012). R&R – Das „Reasoning and Rehabilitation Programm“. In R. Müller-Isberner & S. Eucker (Hrsg.), *Praxishandbuch Maßregelvollzug* (S. 173–179). Berlin: Medizinisch Wissenschaftliche Verlagsgesellschaft.

Halbhuber-Gassner, L. & Grote-Kux, G. (Hrsg.). (2017). *Frauen in Haft. Spezielle Belastungen und Lösungswege.* Freiburg: Lambertus Verlag.

Hammerschick, W. (2019). Digitale Medien und E-Learning im Strafvollzug. *NK Neue Kriminalpolitik, 31* (1), 46–57. https://doi.org/10.5771/0934-9200-2019-1-46

Haverkamp, R. (2009). Geschlechtsspezifische Merkmale und Behandlung von Frauen im Strafvollzug. *Forum Strafvollzug – Zeitschrift für Strafvollzug und Straffälligenhilfe, 58,* 227–230.

Hinsch, R. & Pfingsten, U. (2007). *Gruppentraining sozialer Kompetenzen (GSK).* Weinheim: Beltz.

Hosser, D. (2008). Prisonisierungseffekte. In M. Steller & R. Volbert (Hrsg.), *Handbuch der Rechtspsychologie* (S. 172–179). Göttingen: Hogrefe.

Hosser, D. & Bosold, C. (2005). Posttraumatische Belastungsstörungen bei Inhaftierten. *Praxis der Rechtspsychologie, 15,* 68–84.

Hosser, D., Jungmann, T. & Zöllner, M. (2007). ADHS bei Inhaftierten. *Zeitschrift für Jugendkriminalrecht und Jugendhilfe, 18,* 244–252.

Hosser, D. & Weber, S. (2021). Das „Reasoning-and-Rehabilitation“-Programm im deutschen Strafvollzug – Einstellungs- und Verhaltensveränderungen im Behandlungsverlauf. *Forensische Psychiatrie, Psychologie, Kriminologie, 15* (4), 319–326. https://doi.org/10.1007/s11757-021-00686-5

Jansen, I. (2010). Mädchen in Haft – weit entfernt vom Gender Mainstream. *Betrifft Mädchen, 23,* 60–66.

Jehle, J. M., Albrecht, H. J., Hohmann-Fricke, S. & Tetal, C. (2020). *Legalbewährung nach strafrechtlichen Sanktionen: eine bundesweite Rückfalluntersuchung 2013 bis 2016 und 2004 bis 2016.* Mönchengladbach: Forum Verlag Godesberg.

Jesse, C., Jacob, S. & Prätor, S. (2018). Opferorientierung im Justizvollzug. In B. Maelicke & S. Suhling (Hrsg.), *Das Gefängnis auf dem Prüfstand* (S. 159–174, Edition Forschung und Entwicklung in der Strafrechtspflege). Wiesbaden: Springer.

Joy Tong, L.S. & Farrington, D.P. (2006). How effective is the „Reasoning and Rehabilitation“ programme in reducing reoffending? A meta-analysis of evaluations in four countries. *Psychology, Crime & Law, 12,* 3–24. https://doi.org/10.1080/10683160512331316253

Jugl, I., Bender, D. & Lösel, F. (2021). Do sports programs prevent crime and reduce reoffending? A systematic review and meta-analysis on the effectiveness of sports programs. *Journal of Quantitative Criminology*, Advanced online publication. https://doi.org/10.1007/s10940-021-09536-3

Junker, A. (2011). *Mutter-Kind-Einrichtungen im Strafvollzug: Eine bundesweite empirische Untersuchung zu den Rahmenbedingungen.* Berlin: LIT-Verlag.

Kaiser, G. & Schöch, H. (2002). *Strafvollzug.* Heidelberg: C.F. Müller.

Klatt, T., Hagl, S., Bergmann, M.C. & Baier, D. (2016). Violence in youth custody: Risk factors of violent misconduct among inmates of German young offender institutions. *European Journal of Criminology, 13* (6), 727–743. https://doi.org/10.1177/1477370816643733

Knörnschild, C. & Jacob, G. (2018). Schematherapie bei antisozialem Verhalten und Psychopathie. *Forensische Psychiatrie, Psychologie, Kriminologie, 12* (3), 256–265. https://doi.org/10.1007/s11757-018-0485-0

Koehler, J.A., Lösel, F., Humphreys, D.K., Akoensi, T.D. (2013). A systematic review and meta-analysis on the effects of young offender treatment programs in Europe. *Journal of Experimental Criminology, 9*,19–43. https://doi.org/10.1007/s11292-012-9159-7

Körker, J. & Veltrup, C. (2003). Motivational Interviewing: Eine Übersicht. *Suchttherapie, 4,* 115–124. https://doi.org/10.1055/s-2003-42230

Krebs, J., Konrad, N. & Opitz-Welke, A. (2020). Suchtmedizin unter kustodialen Bedingungen am Beispiel des Berliner Justizvollzuges. *Forensische Psychiatrie, Psychologie, Kriminologie, 14* (1), 85–94. https://doi.org/10.1007/s11757-019-00573-0

Kury, H. & Shea, E. (Eds.). (2011). *Punitivenesss – a global phenomenon?* (Punitivity: International Developments, Vol. 1). Bochum: Brockmeyer.

Landenberger, N.A. & Lipsey, M.W. (2005). The positive effects of cognitive-behavioral programs for offenders: A meta-analysis of factors associated with effective treatment. *Journal of Experimental Criminology, 1,* 451–476. https://doi.org/10.1007/s11292-005-3541-7

Laubenthal, K. (2019). *Strafvollzug* (8. Aufl.). Berlin: Springer. https://doi.org/10.1007/978-3-662-58637-2

Lehman, M. (2012). Psychiatric care in the German prison system. *International Journal of Prisoner Health, 3/4,* 131–140. https://doi.org/10.1108/17449201211285003

Lewis, S., Maguire, M., Raynor, P., Vanstone, M. & Vennard, J. (2007). What works in resettlement? Findings from seven pathfinders for short-term prisoners in England and Wales. *Criminology & Criminal Justice, 7,* 33–53. https://doi.org/10.1177/1748895807072475

Lewrick-Gönnecke, Y., Kammann, N., Heinrichs, N. & Hosser, D. (2009). Zur Differenzierung zwischen unsicheren und aggressiven Teilnehmern beim Gruppentraining Sozialer Kompetenzen (GSK) im Straf- und Maßregelvollzug. *Forensische Psychiatrie, Psychologie, Kriminologie, 3,* 47–55. https://doi.org/10.1007/s11757-008-0108-2

Lischewski, C. (2018). *Wirksamkeit der stationären Behandlung von Sexualstraftätern in Deutschland.* Bonn: Berichte des Nationalen Zentrums für Kriminalprävention.

Liszt, F. von (1905). Der Zweckgedanke im Strafrecht. In F. von Liszt (Hrsg.), *Strafrechtliche Vorträge und Aufsätze: Erster Band 1875–1891* (S. 126–179). Berlin: Guttenberg.

Lösel, F. (1996). Ist der Behandlungsgedanke gescheitert? Eine empirische Bestandsaufnahme. *Zeitschrift für Strafvollzug und Straffälligenhilfe, 45,* 259–267.

Lösel, F. (1998). Evaluation der Straftäterbehandlung: Was wir wissen und noch erforschen müssen. In R. Müller-Isberner & S. Gonzalez-Cabeza (Hrsg.), *Forensische Psychiatrie: Schuldfähigkeit, Kriminaltherapie, Kriminalprognose* (S. 29–50). Mönchengladbach: Forum-Verlag Godesberg.

Lösel, F. (2020). Entwicklungspfade der Straftäterbehandlung: skizzierte Wege und Evaluation der Zielerreichung. *Forensische Psychiatrie, Psychologie, Kriminologie, 14* (1), 35–49. https://doi.org/10.1007/s11757-020-00582-4

Lösel, F., Link, E., Schmucker, M., Bender, D., Breuer, M., Carl, L. et al. (2020). On the effectiveness of sexual offender treatment in prisons: A comparison of two different evaluation designs in routine practice. *Sexual Abuse, 32* (4), 452–475..

Lowenkamp, C.T., Latessa, E.J. & Holsinger, A.M. (2006). The risk principle in action: What have we learned from 13,676 offenders and 97 correctional programs? *Crime & Delinquency, 52,* 77–93. https://doi.org/10.1177/0011128705281747

Mallion, J. S., Wood, J. L. & Mallion, A. (2020). Systematic review of „Good Lives“ assumptions and interventions. *Aggression and Violent Behavior, 55,* 101510. https://doi.org/10.1016/j.avb.2020.101510

Martinson, R. (1974). What works? Questions and answers about prison reform. *Public Interest, 35,* 22–54.

Matt, E. (2016). *Übergangsmanagement und der Ausstieg aus Straffälligkeit: Wiedereingliederung als gemeinschaftliche Aufgabe.* Herbholzheim: Centaurus-Verlag.

McKenzie, D. L. (2006). *What works in corrections. Reducing the criminal activities of offenders and delinquents.* Cambridge: Cambridge University Press. https://doi.org/10.1017/CBO9780511499470

McMurran, M. (2009). Motivational interviewing with offenders: A systematic review. *Legal and Criminological Psychology, 4,* 21–40. https://doi.org/10.1348/135532508X278326

Meuschke, N. (2018). Der Lebensabend im Gefängnis. In B. Maelicke & S. Suhling (Hrsg.), *Das Gefängnis auf dem Prüfstand* (S. 403–422). Wiesbaden: Springer.

Michels, M. (2018). Straffällig gewordene Frauen. In B. Maelicke & S. Suhling (Hrsg.), *Das Gefängnis auf dem Prüfstand* (S. 381–401). Wiesbaden: Springer.

Miller, W. R. & Rollnick, S. (2015). *Motivierende Gesprächsführung: Motivational Interviewing* (3. Aufl.). Freiburg: Lambertus.

Müller, J. & Mutz, M. (2019). Sport im Strafvollzug aus der Perspektive der Inhaftierten: Ein systematisches Review qualitativer Forschungsarbeiten. *Sport und Gesellschaft, 16* (2), 181–207. https://doi.org/10.1515/sug-2019-0010

Müller-Dietz, H. (2018). Weiterbildung von Strafgefangenen. In R. Tippelt & A. von Hippel (Hrsg.), *Handbuch Erwachsenenbildung/Weiterbildung* (S. 1269–1278). Wiesbaden: Springer VS.

Müller-Isberner, R. & Eucker, S. (2012). Kriminaltherapeutische Methoden. In R. Müller-Isberner & S. Eucker (Hrsg.), *Praxishandbuch Maßregelvollzug* (S. 113–123). Berlin: Medizinisch Wissenschaftliche Verlagsgesellschaft.

Ndrecka, M. (2014). *The impact of reentry programs on recidivism: A meta-analysis.* Dissertation, University of Cincinnati.

Neubacher, F. & Boxberg, V. (2018). Gewalt und Subkultur. In B. Maelicke & S. Suhling (Hrsg.), *Das Gefängnis auf dem Prüfstand* (S. 195–216, Edition Forschung und Entwicklung in der Strafrechtspflege). Wiesbaden: Springer.

Neuber, A. (2020). Die Schmerzen des Freiheitsentzugs – für Frauen anders? In B.-D. Meier, K. Leimbach (Hrsg.), *Gefängnisse im Blickpunkt der Kriminologie* (S. 105–125). Berlin: Springer.

Ochmann, N. (2018). *Gesundheit hinter Gittern. Gesundheitsförderung und -versorgung aus Sicht von inhaftierten Frauen.* Wiesbaden: Springer VS. https://doi.org/10.1007/978-3-658-20777-9

Oermann, A. (2013). Dialektisch-Behaviorale Therapie im forensischen Setting. *Psychotherapie, 18* (1), 115–131.

Opitz-Welke, A. & Konrad, N. (2022). Suicides in the German prison system: Frequency, risk factors, and prevention. *Bundesgesundheitsblatt, Gesundheitsforschung, Gesundheitsschutz, 65* (1), 18–24. https://doi.org/10.1007/s00103-021-03460-4

Otto, M. (1994). Soziales Training. Konzepte, Rahmenbedingungen, Effekte. In M. Steller, K.-P. Dahle & M. Basqué (Hrsg.), *Straftäterbehandlung: Argumente für eine Revitalisierung in Forschung und Praxis* (S. 113–131). Pfaffenweiler: Centaurus.

Otto, M. (2003). Soziales Training. In M. Steller, K.-P. Dahle & M. Basqué. (Hrsg.), *Straftäterbehandlung. Studien und Materialien zum Straf- und Maßregelvollzug* (Vol. 2, S. 115–133). Herbolzheim: Centaurus.

Papalia, N., Spivak, B., Daffern, M. & Ogloff, J. R. (2019). A meta-analytic review of the efficacy of psychological treatments for violent offenders in correctional and forensic mental health settings. *Clinical Psychology: Science and Practice, 26* (2), e12282. https://doi.org/10.1111/cpsp.12282

Pauli, R., Stoll, K., Prätor, S., Lobitz, R. & Wirth, W. (2019). Schulische und berufliche Bildung im Jugendstrafvollzug. Ergebnisse einer länderübergreifenden Evaluation. *Forum Strafvollzug, 1,* 8–15.

Pruin, I. (2018). Prisoner resettlement in Germany: Regional disparities of the constitutional aim of social reintegration. In F. Dünkel, I. Pruin, A. Storgaard & J. Weber (Eds.), *Prisoner resettlement in Europe* (pp. 150–166). Milton: Routledge.

Rahman, S., Poynton, S. & Wan, W. (2018). Effect of the Violent Offender Treatment Program (VOTP) on offender outcomes, *The BOCSAR NSW Crime and Justice Bulletins,* 16.

Redondo Illescas, S., Sánchez-Meca, J. & Garrido Genovés, V. (2001). Treatment of offenders and recidivism: Assessment of the effectiveness of programs applied in Europe. *Psychology in Spain, 5,* 47–62.

Rezk, M. & Borchard, B. (2012). Behandlung von persönlichkeitsgestörten Gewalt- und Sexualstraftätern mit sehr hohem Rückfallrisiko. In J. Endrass, A. Rossegger, F. Urbaniok & B. Borchard (Hrsg.), *Interventionen bei Gewalt- und Sexualstraftätern: Risk-Management, Methoden und Konzepte der forensischen Therapie* (S. 279–291). Berlin: Medizinisch Wissenschaftliche Verlagsgesellschaft.

Rosenow, T. (2014). *Zur Wirksamkeit Dialektisch-Behavioraler Therapie (DBT) und Integrativ-Behavioraler Therapie (IBT) bei der Behandlung von Patienten im psychiatrischen Maßregelvollzug – eine Untersuchung zur Qualitätssicherung.* Dissertation, Universität Ulm.

Ross, R.R., Fabiano, E. & Ewles, C.D. (1988). Reasoning and Rehabilitation. *International Journal of Offender Therapy and Comparative Criminology, 32*, 29–36. https://doi.org/10.1177/0306624X8803200104

Rossegger, A., Endrass, J., Urbaniok, F. & Borchard, B. (2012). Thesen deliktpräventiver Therapien. In J. Endrass, A. Rossegger, F. Urbaniok & B. Borchard (Hrsg.), *Interventionen bei Gewalt- und Sexualstraftätern: Risk-Management, Methoden und Konzepte der forensischen Therapie* (S. 135–141). Berlin: Medizinisch-Wissentschaftliche Verlagsgesellschaft.

Sachse, R. & Walburg, M. (2017). *Umgang mit narzisstisch geprägten Klienten: Professionelles Fallverständnis und motivierende Therapie unter strafrechtlichen Bedingungen.* Köln: Psychiatrie Verlag. https://doi.org/10.5771/9783884149003

Schanzenbächer, S. (2003). *Anti-Aggressivitäts-Training auf dem Prüfstand.* Herbolzheim: Centaurus-Verlag.

Schauer, M., Neuner, F. & Elbert, T. (2011). *Narrative Exposure Therapy (NET): A Short-Term Interview for Traumatic Stress Disorders* (2. Aufl.). Göttingen: Hogrefe & Huber.

Sherman, L.W., Strang, H., Mayo-Wilson, E., Woods, D.J. & Ariel, B. (2015). Are restorative justice conferences effective in reducing repeat offending? Findings from a Campbell Systematic Review. *Journal of Quantitative Criminology, 31,* 1–24. https://doi.org/10.1007/s10940-014-9222-9

Schneider, B., Lindner, R., Giegling, I., Müller, S., Müller-Pein, H., Rujescu, D. et al. (2021). *Suizidprävention Deutschland.* Kassel: Deutsche Akademie für Suizidprävention e.V. (DASP).

Schlupp-Hauck, W., Hartmann, A., Mayer, S. & Kilchling, M. (2017). Täter-Opfer-Ausgleich im Justizvollzug. In K. Kriegel-Schmidt (Hrsg.), *Mediation als Wissenschaftszweig* (S. 273–284). Wiesbaden: Springer VS.

Schönfeld, C.E. von, Schneider, F., Schröder, T., Widmann, B., Botthof, U. & Driessen, M. (2006). Prävalenz psychischer Störungen, Psychopathologie und Behandlungsbedarf bei weiblichen und männlichen Gefangenen. *Der Nervenarzt, 77* (7), 830–841. https://doi.org/10.1007/s00115-005-1946-1

Schwanengel, F. & Endres, J. (2016). Kriminaltherapeutische Straftäterbehandlung. *Forum Strafvollzug, 65* (3), 158–162.

Schwarze, C. & Schmidt, A.F. (2008). Zwangskontexte. In M. Hermer & B. Röhrle (Hrsg.), *Handbuch der therapeutischen Beziehung* (Band II: Spezieller Teil, S. 1477–1507). Tübingen: DGVT.

Siehl, S., Robjant, K. & Crombach, A. (2021). Systematic review and meta-analyses of the long-term efficacy of narrative exposure therapy for adults, children and perpetrators. *Psychotherapy Research, 31* (6), 695–710. https://doi.org/10.1080/10503307.2020.1847345

Spiess, G. (2004). What works? Zum Stand der internationalen Wirkungsforschung zu Strafe und Behandlung im Strafvollzug. In H. Cornel & W. Nickolai (Hrsg.), *What works? Neue Ansätze der Straffälligenhilfe auf dem Prüfstand* (S. 12–50). Freiburg: Lambertus.

Spöhr, M. (2009). *Sozialtherapie von Sexualstraftätern im Justizvollzug: Praxis und Evaluation.* Mönchengladbach: Forum Verlag Godesberg

Steller M. (1994). Behandlung und Behandlungsforschung: Einführung. In M. Steller, K.-P. Dahle & M. Basque (Hrsg.), *Behandlung und Behandlungsforschung* (S. 3–12). Pfaffenweiler: Centaurus.

Stöver H. (2021). Konsum illegaler Drogen – ein wichtiges Feld der Prävention und Gesundheitsförderung. In M. Tiemann & M. Mohokum (Hrsg.), *Prävention und Gesundheitsförderung* (S. 1–11, online first). Berlin: Springer.

Suhling, S. & Endres, J. (2016). Deliktorientierung in der Behandlung von Straftätern. *RPsych Rechtspsychologie, 2* (3), 345–371.

Suhling, S., Pucks, M. & Bielenberg, G. (2012). Ansätze zum Umgang mit Gefangenen mit geringer Veränderungs- und Behandlungsmotivation. In B. Wischka, W. Pecher & H. van den Boogaart (Hrsg.), *Behandlung von Straftätern: Sozialtherapie, Maßregelvollzug, Sicherungsverwahrung* (S. 233–293). Herbolzheim: Centaurus. https://doi.org/10.5771/2365-1083-2016-3-345

Sykes, G.M. (1958). *The society of captives.* Princeton: Princeton University Press.

Thalmann, T. (2013). Therapiehemmnisse bei Straftätern. *Forensische Psychiatrie, Psychologie, Kriminologie, 7,* 171–176. https://doi.org/10.1007/s11757-013-0225-4

Theine, E. & Elgeti-Starke, B. (2018). Bildung und Qualifizierung. In B. Maelicke & S. Suhling (Hrsg.), *Das Gefängnis auf dem Prüfstand* (S. 109–128). Wiesbaden: Springer.

Tyler, N., Miles, H.L., Karadag, B. & Rogers, G. (2019). An updated picture of the mental health needs of male and female prisoners in the UK: prevalence, comorbidity, and gender differences. *Social Psychiatry and Psychiatric Epidemiology, 54* (9), 1143–1152. https://doi.org/10.1007/s00127-019-01690-1

Urbaniok, F. (2012). Deliktrekonstruktion. In J. Endrass, A. Rossegger, F. Urbaniok & B. Borchard (Hrsg.), *Interventionen bei Gewalt- und Sexualstraftätern* (S. 195–204). Berlin: MWV.

Walsh, M. (2017). Der Umgang mit jungen „Intensivtätern". Ein Review zu kriminalpräventiven Projekten in Deutschland unter Wirksamkeitsgesichtspunkten. *Zeitschrift für Jugendkriminalrecht und Jugendhilfe, 1,* 28–46.

Ward, T. & Maruna, S. (2007). *Rehabilitation: Beyond the risk paradigm.* London: Routledge. https://doi.org/10.4324/9780203962176

Ware, J., Cieplucha, C. & Matsuo, D. (2011). The Violent Offenders Therapeutic Programme (VOTP): Rationale and effectiveness. *Australasian Journal of Correctional Staff Development, 6,* 1–12.

Weidner, J. (2008). *AAT – Anti-Aggressivitäts-Training für Gewalttäter: Ein deliktspezifisches Behandlungsangebot im Jugendvollzug.* Norderstedt: Books on Demand.

Weidner, J., Kilb, R. & Kreft, D. (Hrsg.). (2009). *Gewalt im Griff 1: Neue Formen des Anti-Aggressivitäts-Trainings* (5. Aufl.). Weinheim: Juventa.

Wein, C. (2020). 2. aktualisierte Länderumfrage: Übergangsmanagement – im Verbund zum Erfolg. In B. Maelicke & C. Wein (Hrsg.), *Resozialisierung und Systemischer Wandel* (S. 57–80). Baden-Baden: Nomos.

Wilson, D.B., Gallagher, C.A., MacKenzie, D.L. (2000). A meta-analysis of correction-based education, vocation, and work programs for adult offenders. *Journal of Research in Crime and Delinquency, 37,* 347–368. https://doi.org/10.1177/0022427800037004001

Wirth, W. (2002). *Rückfallrisiko bei entlassenen Straftätern mindern – Wiedereingliederung in den Arbeitsprozess fördern.* o.O.: Arbeitsgruppe Kriminologischer Dienst des Justizministeriums des Landes Nordrhein-Westfalen.

Wirth, W. (2007a). Gewalt unter Gefangenen. Kernbefunde einer empirischen Studie im Strafvollzug des Landes NRW. *Bewährungshilfe, 54,* 185–206.

Wirth, W. (2007b). Ausbildungs- und Beschäftigungsintegration für Haftentlassene: die Entwicklungspartnerschaft MABiS.NeT. In A. Dessecker (Hrsg.), *Jugendarbeitslosigkeit und Kriminalität* (2. Aufl., S. 257–275). Wiesbaden: Eigenverlag Kriminologische Zentralstelle.

Wirth, W. (2009). 3-Säulenstrategie zur beruflichen Reintegration von Gefangenen. Erfahrungen mit einem systematischen Übergangsmanagement. *Forum Strafvollzug, 2,* 75–84.

Wirth W. (2020) Arbeitsmarktintegration 4.0: Geschichte der evidenzbasierten Weiterentwicklung des Übergangsmanagements für (ehemalige) Strafgefangene in Nordrhein-Westfalen. In B. Maelicke, T. Berger & J. Kilian-Georgus (Hrsg.), *Innovationen in der Sozialen Strafrechtspflege* (S. 325–356). Wiesbaden: Springer. https://doi.org/10.1007/978-3-658-30329-7_18

Wischka, B. (2004). Wohngruppenvollzug. In W. Pecher (Hrsg.), *Justizvollzugspsychologie in Schlüsselbegriffen* (S. 335–348). Stuttgart: Kohlhammer.

Wischka, B., Foppe, E., Griepenburg, P., Nuhn-Naber, C. & Rehder, U. (2002). *Behandlungsprogramm für Sexualstraftäter (BPS).* Lingen: Kriminalpädagogischer Verlag.

Wischka, B. & van den Boogaart, H. (2018). Sozialtherapie im Justizvollzug. In B. Maelicke & S. Suhling (Hrsg.), *Das Gefängnis auf dem Prüfstand* (S. 129–157). Wiesbaden: Springer.

Young, S.J., Adamou, M., Bolea, B., Gudjonsson, G., Müller, U., Pitts, M. et al. (2011). The identification and management of ADHD offenders within the criminal justice system: a consensus statement from the UK Adult ADHD Network and criminal justice agencies. *BMC Psychiatry, 11,* 32. https://doi.org/10.1186/1471-244X-11-32

Young, S., Gudjonsson, G. & Chick, K. (2010). A preliminary evaluation of reasoning and rehabilitation 2 in mentally disordered offenders (R&R2M) across two secure forensic settings in the United Kingdom. *Journal of Forensic Psychiatry & Psychology, 21,* 336–349. https://doi.org/10.1080/14789940903513203

Young, J.E., Klosko, J.S. & Weishaar, M.E. (2008). *Schematherapie: Ein praxisorientiertes Handbuch.* Paderborn: Junfermann.

Young, S. & Ross, R.R. (2007). *R&R2 for ADHD youths and adults: a prosocial competence training program*. Ottawa: Cognitive Centre of Canada.

Zolondek, J. (2007). *Lebens- und Haftbedingungen im deutschen und europäischen Frauenstrafvollzug.* Mönchengladbach: Forum Verlag Godesberg.

Zolondek, J. (2008). Aktuelle Daten aus dem Frauenstrafvollzug in Deutschland. *Forum Strafvollzug: Zeitschrift für Strafvollzug und Straffälligenhilfe, 57*, 36–41.

30 Therapie von Sexualstraftätern

Martin Schmucker

30.1 Einleitung

Sexualstraftaten wird mit besonderer Emotionalität begegnet. Sie betreffen nicht nur einen besonders intimen Bereich, gerade bei sexuellen Vergehen gegen Kinder sind auch Opfer betroffen, die als besonders schutzbedürftig betrachtet werden. Ein Sexualdelikt ist damit mehr noch als andere Delikte ein besonderer Affront gegen gesellschaftliche Werthaltungen. Eine Therapie, die immer als Hilfeangebot zu verstehen ist, steht allein damit vor der kritischen Situation, dass sie sich an Personen richtet, denen in den Augen vieler ein solches Angebot gar nicht zustehen sollte.

Ein weiteres Problem der Straftäterbehandlung ist, dass es sich bei Sexualdelinquenz nicht per se um ein klar umschriebenes klinisches Störungsbild handelt. Vielmehr handelt es sich zunächst schlicht um soziales Störverhalten. Hinter diesem Verhalten können zwar klinisch klassifizierbare Störungen stehen. In den Strafvollzugsgesetzen ist als Behandlungsziel aber nicht die störungsbezogene Therapie festgehalten, sondern die Resozialisierung: Die Klienten sollen befähigt werden, „künftig in sozialer Verantwortung ein Leben ohne Straftaten zu führen“ (z. B. § 2 StVollG). Sexualstraftäterbehandlung strebt nicht unbedingt eine „Heilung“ in einem medizinischen Sinne an, sondern eine Reduzierung der Rückfallgefahr.

Allerdings wird in den Strafvollzugsgesetzen für Sexualstraftäter eine besondere Behandlungsnotwendigkeit herausgestellt. Während für Straftäter, die wegen anderer Delikte in Haft sind, lediglich eine Behandlungsoption vorgesehen ist, gilt für wegen Sexualdelikten inhaftierte Täter eine Behandlungsobligation. Dieser Regelung liegt die Annahme zugrunde, dass adäquate Behandlung die Rückfallgefahr senkt. Im Folgenden werden Behandlungsstrategien vorgestellt, die diesem Ziel gerecht zu werden versuchen. Die Darstellung beschränkt sich auf Therapie im engeren Sinne, wenngleich auch andere psychosoziale Maßnahmen (z. B. Schul- und Berufsausbildung) zur Resozialisierung beitragen und i. d. R. in komplexen Settings wie Sozialtherapeutischen Anstalten ebenfalls von Bedeutung sind (Spöhr, 2009; s. a. Kap. 29 in diesem Band). Die Behandlung von Sexualstraftätern findet auch nicht nur im Strafvollzug statt, sondern auch im Maßregelvollzug oder in ambulanten Settings.

Die Sexualstraftätertherapie folgt keinem einheitlichen Modell. Vielmehr stehen verschiedene grundlegende Ansätze zur Verfügung, die wiederum in sich nur mehr oder weniger homogen sind. Während früher primär tiefenpsychologisch orientierte Ansätze dominierten, erfolgt die Behandlung heutzutage überwiegend unter Rückgriff auf verhaltenstherapeutische Prinzipien. Ihnen soll daher im Folgenden ein vergleichsweise breiter Raum gegeben werden.

30.2 Verhaltenstherapeutische Methoden

Wie in der allgemeinen verhaltenstherapeutischen Praxis hat auch bei der Behandlung von Sexualstraftätern ein Wandel von den klassischen verhaltenstherapeutischen Techniken hin zu komplexeren kognitiv-behavioralen Behandlungsformen stattgefunden, wenngleich diese in der forensischen Therapie erst mit einiger Verzögerung in den Fokus rückten (Marshall & Laws, 2003). Auch das in Deutschland am stärksten verbreitete Programm (Behandlungsprogramm für Sexualstraftäter, BPS, Wischka, Rehder & Foppe, 2012; für einen Überblick s. Spöhr, 2009) orientiert sich am kognitiv-behavioralen Ansatz.

Kognitiv-behaviorale Programme sind ihrem Namen gem. zum einen dadurch gekennzeichnet, dass sie die mit dem devianten Verhalten verbundenen kognitiven Prozesse zu beeinflussen suchen. Zum anderen zielen sie auf die Entwicklung konkreter Fertigkeiten. Ein weiteres Kennzeichen ist, dass nahe am Delikt gearbeitet wird. Es wird weniger eine allgemeine Persönlichkeitsveränderung angestrebt, sondern eine Analyse der spezifischen tatbegünstigenden Faktoren vorgenommen, um diese dann möglichst gezielt zu modifizieren. Das bedeutet nicht, dass allgemeinere Kompetenzen und Werthaltungen nicht Gegenstand der Behandlung sind, soweit sie als maßgeblich für die Delinquenz erscheinen.

Häufig erfolgt eine Unterscheidung von tatspezifischen und tatverbundenen Inhalten. **Tabelle 30-1** zeigt die so unterschiedenen Behandlungsinhalte in Anlehnung an Marshall, Marshall, Serran und Fernandez (2006). Unter tatspezifischen Inhalten werden jene Bereiche subsumiert, die bei allen Tätern als zentral erachtet und in jedem Fall thematisiert werden. Tatverbundene Inhalte beziehen sich dagegen auf Bereiche, die zwar nicht generell mit sexueller Devianz in Verbindung stehen, aber für einzelne Täter von wesentlicher Bedeutung sein können und daher auch therapeutisch bearbeitet werden müssen. Diese können sehr vielfältig sein.

Wie die Sexualstraftätertherapie als Ganzes ist auch die „kognitiv-behaviorale Therapie von Sexualstraftätern" kein fest umschriebenes Programm. Es gibt zahlreiche Umsetzungen kognitiv-behavioraler Programme, die sich mehr oder weniger stark unterscheiden. So wird nicht in allen Programmen jedes der in Tab. 30-1 genannten Ziele explizit fokussiert, mitunter werden nur die tatspezifischen Inhalte berücksichtigt, andernorts werden die Programme durch Inhalte ergänzt, die in Tab. 30-1 nicht aufgeführt sind.

Tabelle 30-1: Behandlungsinhalte (in Anlehnung an Marshall et al., 2006).

Tatspezifische Inhalte	Tatverbundene Ziele, z. B.
Aufarbeitung der Biografie	Substanzmissbrauch
Selbstwerterleben	Ärgerregulation
Verantwortungsübernahme/Empathie/ kognitive Verzerrungen	Kognitive Fertigkeiten
Deliktszenario („offense cycle")	Familiäre Probleme
Copingstile/-fertigkeiten	Sexualkunde
Soziale Fertigkeiten	Kommunikative Kompetenzen
Sexuelle Präferenzen	Weitere Problembereiche
Selbstmanagement/Relapse-Prevention	

30.2.1 Typische Behandlungsinhalte

30.2.1.1 Veränderung devianter sexueller Präferenzen

Vor allem in der frühen Phase der verhaltenstherapeutischen Behandlung von Sexualstraftätern stand die Modifikation devianter sexueller Präferenzen im Vordergrund. Von wesentlichem Einfluss für diese Fokussierung war die von McGuire, Carlisle und Young (1964) formulierte Annahme zur klassischen Konditionierung sexueller Präferenzen. Frühe sexuelle Erlebnisse seien von grundlegender Bedeutung für die Ausbildung stabiler sexueller Präferenzen, da sie im Laufe der sexuellen Entwicklung als masturbationsbegleitende Fantasien dienten. Handle es sich bei diesen frühen Erlebnissen um Episoden devianter Sexualität, resultierten mehr oder weniger zwingend deviante sexuelle Präferenzen. Die Devianz werde noch verstärkt, wenn die ursprüngliche Fantasie mit der Zeit ihre Kraft verliere und durch noch deviantere Fantasieinhalte angereichert werde. Verhaltenstherapeutische Behandlungen sehen daher vor, deviante Präferenzen zu löschen (z.B. mittels Techniken der systematischen Desensibilisierung) bzw. durch angemessenere zu ersetzen wie z.B. masturbatorische Rekonditionierungsmethoden (für einen Überblick s. z.B. Marshall, O'Brien & Marshall, 2009).

Wenngleich die Veränderung devianter Erregung mittels Konditionierungsstrategien in der neueren kognitiv-behavioralen Behandlung nicht mehr den zentralen Stellenwert einnimmt, zeigte sich in einer Bestandsaufnahme nordamerikanischer Programme, dass in ca. zwei Drittel auf solche Techniken zurückgegriffen wird (McGrath, Cumming, Burchard, Zeoli & Ellerby, 2010). In einer Bestandsaufnahme an deutschen sozialtherapeutischen Einrichtungen (Spöhr, 2009) wurde dies nicht explizit erfasst, was wiederum demonstriert, dass sie hier eine untergeordnete Rolle spielen. Dahinter steht auch eine Diskussion, ob deviante sexuelle Präferenzen überhaupt geändert werden können. Empirisch ist diese Frage nicht hinreichend gut untersucht. Angesichts der Relevanz sexueller Devianz als Risikofaktor für den Rückfall überrascht das und mahnt v.a. dazu an, diese Hypothese stärker in den Blick der Forschung zu nehmen (von Franqué & Briken, 2016).

30.2.1.2 Kognitive Restrukturierung

Bei Sexualstraftätern sind häufig Einstellungen zu beobachten, die das deviante Verhalten legitimieren. So mögen Missbrauchstäter der Meinung sein, dass sexuelle Erfahrungen mit Erwachsenen Kindern nicht schaden würden, womöglich sogar hilfreich für die Entwicklung seien, oder dass Kinder diese sexuellen Kontakte als angenehm empfänden und selbst suchen würden. Kinder werden ganz grundsätzlich als adäquate Sexualpartner verstanden. Auch bei sexuellen Gewalttätern finden sich gehäuft kognitive Verzerrungen (z.B. „Ich habe immer das Recht auf Sexualität", „Frauen, die Nein sagen, meinen eigentlich Ja" und weitere sog. Vergewaltigungsmythen). Sexuelle Gewalt und sexueller Missbrauch werden durch solche Überzeugungen erleichtert (Ryan, 2004). Neben allgemeinen devianzförderlichen Kognitionen zeigen sich bei Sexualstraftätern häufig auch unangemessene Vorstellungen in Bezug auf die konkrete Tat. Die Täter leugnen die Tat gänzlich oder zumindest ihre Problematik. Da es für die deliktorientierte Arbeit notwendig ist, dass die Täter das Unrecht ihres Handelns annehmen, stellt das Aufdecken und Verändern der Verzerrungen, die eine Leugnung oder Bagatellisierung der Tat beinhalten, gerade zu Beginn der Therapie einen wichtigen Teil dar. Es bleibt aber über die ganze Therapie immer relevant, da sich im Laufe der Sitzungen neue Verzerrungen zeigen können (Marshall et al., 2006).

Murphy (1990) entwickelte ein vierstufiges Vorgehen der kognitiven Restrukturierung:

- Verdeutlichung der deliktförderlichen Funktion solcher Verzerrungen,

- korrekte Darstellung der betreffenden Inhalte,
- Unterstützung bei der Identifikation der individuellen Verzerrungen und
- Herausforderung der und Konfrontation mit den Verzerrungen.

Das Aufdecken von Verzerrungen und ihre Konfrontation erfolgt dabei in Bezug auf die konkreten Delikte. Der Täter schildert seine Tat und Unstimmigkeiten oder Anmerkungen, die auf typische Verzerrungen hindeuten, werden kritisch hinterfragt. Diese Aufgabe fällt zum einen dem Therapeuten*der Therapeutin zu, der*die sich über unabhängige Unterlagen (Gerichtsurteil, Zeug*innenaussagen, polizeiliche Ermittlungsunterlagen usw.) ein klareres Bild über den tatsächlichen Tathergang bilden kann. Zum anderen wird gerade für diesen Bereich der Behandlung das Gruppensetting als sehr wertvoll erachtet. Während Sexualstraftäter zunächst Schwierigkeiten haben, die eigenen dysfunktionalen Einstellungen zu erkennen, zeigen sie ausgesprochenes Geschick, solche Verzerrungen bei anderen Tätern zu durchschauen. Für die Täter mag es außerdem leichter zu akzeptieren sein, von den anderen Gruppenmitgliedern konfrontiert zu werden, da sich diese in einer ähnlichen Situation befinden (vgl. Kunst & Hoyer, 2004). Das Gruppensetting bietet auch Gelegenheit zu indirektem Lernen, da die Verzerrungen der Täter oft sehr ähnlich sind. Die anderen Gruppenmitglieder müssen auf ihre eigenen Erfahrungen zurückgreifen, wenn sie den Schilderungen eines Gruppenmitgliedes folgen. Sie setzen sich daher zu jeder Zeit immer auch mit ihrer eigenen Tat und ihren eigenen Verzerrungen auseinander, wenn sie andere kritisch hinterfragen (Ware, Mann & Wakeling, 2009).

Der*die Therapeut*in fungiert insbesondere auch als Modell für die Art und Weise, mit der die Konfrontation erfolgen soll, und achtet darauf, dass die Regeln eines zwar unnachgiebigen, aber doch fairen Umgangs untereinander gewahrt bleiben. Die Konfrontation bezieht sich auf die Darstellung der Tat, nicht auf den Täter. Der Täter wird als Person respektiert und ihm soll die Möglichkeit gegeben werden, sich seinen Verzerrungen zu stellen. Unangemessene Konfrontation führt eher zu einer Verweigerungshaltung und ist demnach nicht zielführend.

30.2.1.3 Förderung von Empathie

Die Förderung der Empathie ist in fast allen Behandlungsprogrammen ein wesentlicher Bestandteil. Dabei ist Empathie als Therapieziel durchaus umstritten. In vielen Untersuchungen zeigt sich kein generelles Empathiedefizit bei Sexualstraftätern. Es lässt sich jedoch ein spezifisches Empathiedefizit in Bezug auf das eigene Opfer nachweisen, d.h., selbst Täter, die grundsätzlich in der Lage sind, empathisch zu empfinden, scheinen dies in Bezug auf eigene Opfer nicht zu tun (Marshall, Hudson, Jones & Fernandez, 1995). Dabei drängen sich Bezüge zu den kognitiven Verzerrungen auf: Wenn ein Täter die schädliche Wirkung seines Handelns auf sein Opfer leugnet, so gibt es für ihn keinen Anlass, Empathie für das Opfer zu entwickeln. In der Tat ergeben sich hohe Korrelationen zwischen der opferbezogenen Empathie und dem Vorliegen kognitiver Verzerrungen (Marshall, Hamilton & Fernandez, 2001). Empathieförderung als therapeutisches Ziel wird auch durch Befunde aus Rückfallstudien infrage gestellt, die keine systematischen Zusammenhänge der (allgemeinen) Empathiefähigkeit zur Rückfallgefährdung erkennen lassen (Hanson & Morton-Bourgon, 2005). Allerdings beantworten diese Studien nicht die Frage, inwieweit eine therapeutische Veränderung der opferbezogenen Empathie zu einer Verringerung der Rückfallgefährdung führt. Hudson, Wales, Bakker und Ward (2002) demonstrierten in einer Evaluationsstudie, dass gerade die Empathiefähigkeit eine der wenigen dynamischen Variablen war, deren positive Veränderung mit verringerten Rückfallzahlen einherging. Insofern dürfte die Empathieförderung ein sinnvolles therapeutisches Element sein, solange a) Empathie nicht als allgemeiner Trait verstanden wird, sondern in Bezug auf die konkreten Opfer betrachtet wird, und b) die Empathieförderung in einen breiteren Behandlungsrahmen eingebettet ist, der z. B. auch die Bewältigung von negativen Emotionen in Folge empathischen Einfühlens beinhaltet. Andernfalls mögen Empathietrainings den Therapiezielen entgegenlaufen, da z. B. die Bereitschaft, sich mit der eigenen Tat auseinanderzusetzen, reduziert wird (Hall, 1996; Hanson, 2003). Einen (seltenen) Sonderfall stellen überdies sadistische Täter dar, da bei diesen das Empfinden von Leid aufseiten des Opfers geradezu das Tatziel ist und ein Empathietraining somit kontraindiziert ist.

Die Entwicklung einer empathischen Reaktion durchläuft nach Marshall et al. (1995) vier Stufen: a) Wahrnehmung der Emotionen des Gegenübers; b) Übernahme der Perspektive des Gegenübers; c) emotionales Nachempfinden; und d) Versuch, das Leiden des Gegenübers zu mildern. In der Therapie werden sowohl kognitive Anteile (Stufen a und b) als auch die affektiven Komponenten (Stufe c) thematisiert. Typische Vorgehensweisen bestehen darin, dass die Gruppenteilnehmer eine belastende Situation exemplarisch schildern und die anderen Teilnehmer Gelegenheit haben, die beim Erzähler (aber auch bei sich selbst) auftretenden Emotionen zu beobachten. Zusätzliche Übungen können über Videoaufnahmen oder andere Medien ergänzt werden. Oft werden opferspezifische Informationen in Form von schriftlichen Berichten oder Darstellungen Dritter einbezogen (direkte Konfrontationen mit Opfern sind hingegen problematisch; vgl. Hall, 1996). Üblich ist auch die Aufgabe, die Tat aus der Sicht des Opfers zu rekonstruieren sowie (hypothetische) Briefe an die Opfer zu verfassen. Zu Beginn dient dies v. a. dem Training der Perspektivenübernahme (kognitiver Zugang), zum Abschluss rückt hingegen das Mitfühlen in den Mittelpunkt (affektiver Zugang). Eine weitere typische Methode sind Rollenspiele, die sich in ihrer Intensität unterscheiden können. Das sehr intensive „offense re-enactment", in dem der Täter die Rolle seines eigenen Opfers übernimmt und die Tat in Teilen nachgestellt wird, ist allerdings nicht unumstritten. Es besteht hier ein schmaler Grat zwischen Therapie und Viktimisierung des Täters durch unprofessionelles Handeln, ohne dass sich gegenüber weniger intensiven Rollenspielmethoden eine klare Überlegenheit in der Wirkung auf die Opferempathie zeigen lässt (Webster, Bowers, Mann & Marshall, 2005).

30.2.1.4 Deliktszenario

Was hier unter der Überschrift „Deliktszenario" zusammengefasst wird, findet sich in den verschiedenen Programmen auch unter diversen anderen Labels wie „Deliktzirkel", „Deliktrekonstruktion" oder „Entscheidungsketten" und in der englischsprachigen Literatur als „offense cycle", „offense chain" oder „pathways to offending". All diese Begriffe beziehen sich darauf, dass im Rahmen der Therapie gemeinsam mit dem Täter daran gearbeitet wird, die Tat in einen breiteren Kontext zu stellen und sie nicht als singuläres Ereignis zu begreifen, sondern als Folge von Entscheidungen und über die unmittelbare Tat hinausgehende Konstellationen (vorauslaufende Ereignisse, Gefühle, Fantasien etc.). Im Grunde geht es hier also um eine Problem- und Verhaltensanalyse, die Ansatzpunkte für die zu bearbeitenden Problembereiche anzeigt (Elsner, 2001). Ein grundsätzlicher Vorteil solcher Vorgehensweisen ist, dass die Therapie eng am Delikt orientiert bleibt. Die Rekonstruktion erfolgt i. d. R. mit Bezug zu einem mehr oder weniger strikt formulierten theoretischen Modell. Einen sehr populären Bezugsrahmen, der sich speziell auf Rückfallprozesse bezieht, stellt das Relapse-Prevention-Modell dar.

30.2.2 Relapse-Prevention

Das Prinzip der Relapse-Prevention (RP) wurde innerhalb der Suchttherapie entwickelt, aber bereits sehr früh für die Sexualstraftäterbehandlung adaptiert (Pithers, Marques, Gibat & Marlatt, 1983). Die ursprüngliche Entwicklung in der Suchtbehandlung sah das RP-Modell als Strategie vor, um Behandlungserfolge längerfristig zu konservieren. In diesem Sinne wird es in umfassenderen Behandlungsprogrammen für Sexualstraftäter als Ergänzung der Behandlung verwendet. Sehr häufig aber stellt das RP-Modell bei kognitiv-behavioralen Programmen heutzutage den Rahmen für die gesamte Therapie dar, innerhalb dessen dann verschiedene Interventionen eingebunden werden.

Rückfallmodell. Grundlegend für das Modell ist der Gedanke, dass sich Rückfälle über Vorstufen anbahnen. **Abbildung 30-1** stellt den Rückfallprozess dar, wie er im ursprünglichen RP-Modell gesehen wird. Vor dem Rückfall im engeren Sinne (Relapse) liegt eine Vorstufe, die als „Lapse" bezeichnet wird, zu übersetzen etwa mit „Fast-Rückfall". Dabei handelt es sich um Verhaltens- und Erlebensweisen, die noch keinen Rückfall i.e.S. darstellen, aber bereits in diese Richtung weisen (z.B. Konsum pornografischen Materials; Fantasieren sexueller Devianz).

Nach dem RP-Modell gehen den Lapses typische Hochrisikosituationen voraus. Darunter sind Situationen zu verstehen, in denen die Selbstkontrolle des Täters auf die Probe gestellt wird und ein erhöhtes Risiko für einen Rückfall besteht. Neben konkreten Risikosituationen (z.B. ein pädophiler Täter ist allein mit einem Kind) verstehen Pithers et al. (1983) darunter v.a. Situationen, die mit negativen emotiona-

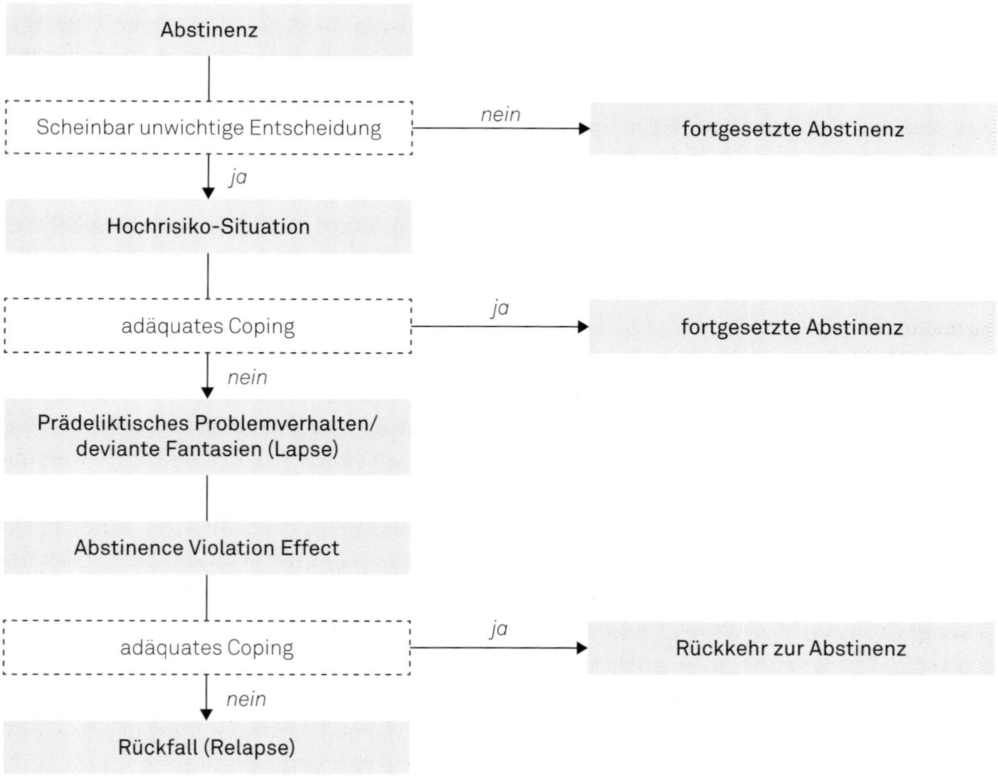

Abbildung 30-1: Relapse-Prevention-Modell nach Pithers et al. (1983).

len Zuständen (Trauer, Angst, Frustration etc.) verbunden sind, da Sexualstraftäter hier häufig auf sexualisierte Copingstrategien zurückgreifen (wie eben das Fantasieren devianter Sexualität). Kommt es zu einem Lapse, so besteht nach dem RP-Modell die Gefahr eines „abstinence violation effect“ (AVE): Attribuiert der Täter sein unangemessenes Verhalten internal und stabil, führt dies zu einem Verlust des Glaubens in seine Selbstkontrollfähigkeiten. Der Lapse kann darüber hinaus zu Schuldgefühlen führen, die als negativer emotionaler Zustand für sich selbst zu weiterem Risikoverhalten führen können. In der Folge erhöht sich die Wahrscheinlichkeit eines vollständigen Rückfalls.

Das Modell enthält eine Stufe, die den Hochrisikosituationen vorgelagert ist – die scheinbar unwichtigen Entscheidungen („seemingly unimportant decisions“, SUD). Darunter sind Entscheidungen zu verstehen, die nicht mit Rückfälligkeit in Verbindung zu stehen scheinen, aber die Wahrscheinlichkeit des Täters erhöhen, sich in Hochrisikosituationen wiederzufinden. So mag ein pädophiler Täter bei einem Spaziergang „zufällig“ einen Weg wählen, der an einem Kindergarten vorbeiführt. Nicht jede Hochrisikosituation wird durch vermeidbare Entscheidungen dieser Art provoziert, in vielen Fällen scheinen sich Sexualstraftäter jedoch Schritt für Schritt selbst in riskante Situationen zu manövrieren.

Der Rückfallprozess kann an jeder Stelle durch angemessenes Coping unterbrochen werden. Wann immer es gelingt, die Rückfallkette zu unterbrechen und zur Abstinenz zurückzukehren, fördert dies die Selbstwirksamkeitserwartungen des Täters und reduziert die Gefahr von Rückfällen über die aktuelle Situation hinaus.

Therapeutische Intervention. Die therapeutischen Ziele und Vorgehensweisen der RP-Behandlung orientieren sich an diesem Rückfall-Schema. Der Täter soll in die Lage versetzt werden, einen sich anbahnenden Rückfall frühzeitig zu erkennen und angemessen darauf zu reagieren (Pithers & Cumming, 1995). Dazu gehören verhaltensnahe Maßnahmen wie Stimuluskontrolle oder die Vermeidung von bzw. Flucht aus Hochrisikosituationen ebenso wie kognitive Methoden. Im Rahmen von Problemlösetrainings werden z. B. Reaktionssequenzen entwickelt, die dann in Hochrisikosituationen weitgehend automatisiert als Bewältigungsstrategie zur Verfügung stehen sollen. In allem steht die Idee im Vordergrund, dass ein Rückfall das Ergebnis von Entscheidungen ist, die vom Täter kontrollierbar sind.

Zudem wird der Täter während der Behandlung darauf vorbereitet, dass es trotz aller Bemühungen, dies zu vermeiden, zu Lapses kommen kann. Er soll sich nicht als „geheilt“, sondern seine Abstinenz als fortlaufende Herausforderung betrachten und eine realistische Bewertung möglicher Rückschläge entwickeln. Mit Methoden der kognitiven Umstrukturierung sollen die Reaktionen auf einen Lapse in eine Richtung gelenkt werden, die den AVE unterbinden (z. B. realistische Einschätzung des Problemverhaltens; Betrachtung, über welche Entscheidungen/Hochrisikosituationen es dazu gekommen ist; Abwägen von weiteren Handlungsalternativen, die weiteren Schaden verhindern; Aufsuchen von Hilfe usw.).

In der Regel liegt der Fokus von RP-Programmen bei diesen Aspekten der internalen Regulation. Mitunter tritt jedoch eine ausführlichere externale Dimension hinzu. Dabei soll ein Netzwerk, das Familie, Bewährungshelfer*in, Therapeut*in und andere Personen im Umfeld des Täters verknüpft, einerseits Anlaufstationen schaffen, andererseits der Überwachung des Täters hinsichtlich rückfallrelevanter Ereignisse dienen. Dadurch soll sichergestellt werden, dass Rückfallprozesse auch dann entdeckt werden, wenn der Täter sie, trotz aller Selbstkontrollbemühungen, zu verheimlichen oder rationalisieren versucht.

Kritik und Ergänzungen. Das RP-Modell wurde mit großer Begeisterung in der Sexualstraftäterbehandlung aufgenommen, recht schnell meldeten sich aber auch kritische Stimmen (s. z. B. Laws & Ward, 2006). Diese bezogen sich auf konzeptionelle Probleme (z. B. Schwierigkeit, Lapses und Relapse eindeutig voneinander zu differenzieren; Betrachtung von negativen emotionalen Zuständen als „Hochrisikosituationen"), aber auch auf praktische Probleme in der Therapie, die sehr stark um die Devianz kreist und häufig mehr Zeit mit der Erläuterung komplexer Konzepte wie dem AVE und der Tatrekonstruktion zur Identifikation von Risikokonstellationen verbringt als mit dem Aufbau von Kompetenzen zum konstruktiven Coping.

Das originale RP-Modell wurde von Ward und Hudson (2000) dahingehend kritisiert und erweitert, dass sie den Rückfallprozess nicht als einheitlich für alle Täter annehmen, sondern verschiedene Rückfallpfade postulieren: Je nachdem, ob die Täter die Tat überhaupt vermeiden wollen (vs. die deviante sexuelle Handlung als von vornherein erstrebenswert erachten) und ob aktive vs. passive Strategien beim Versuch der Tatvermeidung/Tatannäherung dominieren, sind für verschiedene Täter auch unterschiedliche Behandlungsschwerpunkte zu wählen.

30.2.3 Allgemeine Bewertung des kognitiv-behavioralen Ansatzes

Der Vorteil der modernen kognitiv-behavioralen Programme gegenüber den frühen verhaltenstherapeutischen Ansätzen liegt nicht zuletzt darin, dass sie ein komplexeres Ursachengefüge in Betracht ziehen und im Laufe der Behandlung eine ganze Reihe verschiedener – wenn auch verbundener – Ursachen aktiv bearbeiten.

30.2.3.1 Wirkungsevaluation

Obwohl die einzelnen Strategien und Inhalte hinsichtlich ihrer therapeutischen Prozesse z. T. nur wenig empirisch untersucht sind und eher aus der klinischen Erfahrung beurteilt werden, liegen eine Reihe von Evaluationen zu kognitiv-behavioralen Programmen als Gesamtstrategie vor. Insgesamt erweisen sich dabei kognitiv-behaviorale Programme als zielführend. Die durchschnittlichen Effektstärken der Behandlungen liegen bei etwa $d = .20$ (Schmucker, 2004; Schmucker & Lösel, 2017). Legt man die Basisrate sexueller Rückfälle bei 15 % an, so entspricht das einer Reduzierung der Rückfallrate auf knapp 11 %. Obwohl es sich dabei im Rahmen der gängigen Klassifikation lediglich um einen schwachen Effekt handelt, können diese Zahlen dem Vergleich mit anderen psychosozialen oder auch medizinischen Interventionen durchaus standhalten (Marshall & McGuire, 2003).

Die insgesamt günstigen Effekte kognitiv-behavioraler Programme in der Sexualstraftäterbehandlung stimmen mit den Erfahrungen aus der allgemeinen Straftäterbehandlung überein (z. B. Lösel, 2012) und sie sind auch in Bezug auf die im RNR-Modell der Straftäterbehandlung (Andrews, Bonta & Hoge, 1990; Bonta & Andrews, 2017) für die allgemeine Straftäterbehandlung postulierten Prinzipien effektiver Behandlung plausibel (s. a. Kap. 34 in diesem Band). Hanson, Bourgon, Helmus und Hodgson (2009) haben diese Prinzipien explizit in Bezug auf die Sexualstraftätertherapie empirisch bestätigt. Durch die gute Passung kognitiv-behavioraler Therapieinhalte mit empirisch belegten Faktoren der Rückfallgefährdung (vgl. z. B. Hanson & Bussière, 1998) wird das Bedürfnisprinzip regelmäßig erfüllt und die Konkretheit der Methoden und Modelle sowie ihr stark verhaltensorientierter Fokus dürften den Tätern i. S. des Ansprechbarkeitsprinzips regelmäßig besser entgegenkommen als sehr verbale Therapieformen.

Allerdings sind die Effekte zur Effektivität der kognitiv-behavioralen Programme von Studie zu Studie verschieden und es finden sich auch ausgesprochen kritische Befunde. So fanden Mews, Bella und Purver (2017) für das vormals in England und Wales flächendeckend umgesetzte SOTP, das einem klassischen kognitiv-behavioralen Programmschema folgt, in Bezug auf das Auftreten erneuter Sexualdelikte sogar signifikant höhere Rückfallraten. Generell liegen die Behandlungseffekte der Behandlung im Strafvollzug niedriger. Dies bestätigte sich auch in neueren Evaluationen aus Deutschland, in denen behandelte Sexualstraftäter keine geringeren Rückfallquoten aufwiesen als unbehandelte Kontrollprobanden (Schmucker, in Druck).

30.2.3.2 Negative vs. positive Ziele

Auch wenn der Rahmen des RNR-Modells das nicht erzwingt, so ist damit doch eine Perspektive der Programmplanung forciert worden, die sehr stark an Risikofaktoren orientiert ist und i.S. einer Reduzierung der Rückfallgefahr in erster Linie negative Therapieziele in den Fokus gerückt hat. Gerade bei den RP-Programmen ist diese Vermeidungsperspektive offensichtlich. Zunehmend wird aber die Frage gestellt, ob das Wirkpotenzial kognitiv-behavioraler Programme durch die einseitige Betonung des Risikomanagements nicht unnötig beschränkt bleibt (vgl. Suhling, 2007).

In neueren Programmen wird daher vermehrt die Ressourcenorientierung und die Setzung von Annäherungs- statt reiner Vermeidungsziele betont (z.B. Marshall, Marshall, Serran & O'Brian, 2011). In England erfolgte nach der ungünstigen Evaluation des SOTP eine Neukonzeption von Programmen, die stark auf der Forschung zu Desistance (Maruna, 2001) beruhen und die Förderung von Ressourcen i.S. der Entwicklung eines „New Me" im Blick haben (Ramsay, Carter & Walton, 2020). Auch die „dritte Welle" der kognitiven Verhaltenstherapie, deren Hauptmerkmal der Wechsel von einer primär symptombezogenen Perspektive hin zu einer umfassenderen Betrachtung kognitiver Prozesse in der Emotionsregulation und Selbstwahrnehmung ist, findet Stück für Stück Eingang in den forensischen Kontext (Byrne & Ní Ghráda, 2019).

30.3 Good-Lives-Modell

Ward und Kollegen (z.B. Ward, Mann & Gannon, 2007) haben ausgehend von der Kritik an primär risikoorientierten Behandlungsansätzen das „Good-Lives"-Modell (GLM) entwickelt. Es beruht auf humanistischen Überlegungen und geht davon aus, dass alle Menschen eine Reihe von geteilten, allgemeinen Primärzielen anstreben, die psychisches Wohlbefinden ermöglichen (sog. „primary goods", z.B. Freundschaft & Intimität, Autonomie etc.). Als sekundäre Güter werden Ressourcen verstanden, die das Erreichen der primären Güter erlauben. Mit ihrem Tun und Handeln erreichen Menschen die primären Güter mehr oder weniger effektiv. Sexualdelinquenz wird aus dieser Perspektive als Verhalten verstanden, das der Zielerreichung dienen soll, ohne allerdings in dieser Hinsicht besonders effektiv zu sein. Die Nutzung solch ineffektiver Mittel hat u.a. damit zu tun, dass keine angemessenen Mittel zur Verfügung stehen oder als zielführend erkannt werden. Therapie soll nun nach dem GLM in erster Linie dazu dienen, Einstellungen, Werthaltungen, Fertigkeiten und Ressourcen zur Verfügung zu stellen, die es einem Täter ermöglichen, ein „gutes Leben" zu führen. Anders formuliert: Der Täter soll in die Lage versetzt werden, seine Primärziele auf effektive Weise zu befriedigen, ohne anderen (oder sich selbst) Leid zuzufügen.

Viele Aspekte des GLM sind nicht vollkommen neu. Wenn im Rahmen einer GLM-basierten Behandlung z.B. soziale Fertigkeiten aufgebaut werden, um soziale Beziehungen zu stabilisieren, und auf diese Weise das Primärgut „Freundschaft" erreichbarer wird, so dürfte die konkrete therapeutische Arbeit kaum von einer Verhaltenstherapie zu unterscheiden sein. Die Besonderheit des GLM ist aber auch nicht so sehr in den konkreten therapeutischen Methoden zu sehen, sondern in der Perspektive, dass (für den Täter) eine Annäherung an gewünschte Ziele angestrebt wird. In dieser Hinsicht unterscheidet sich das GLM stark von risikoorientierten Konzeptionen. Eine Hoffnung des GLM ist, dass durch die positiven Ziele die Therapiemotivation der Klienten besser hergestellt werden kann.

Es gab und gibt lange Kontroversen, ob das GLM und das RNR-Modell miteinander vereinbar seien. Einerseits vertragen sich die humanistische Fundierung des GLM, die eigentlich eine weniger strukturierte Vorgehensweise und freie Entwicklungsräume für den Klienten vorsehen müsste, nicht mit einer an der Kontrolle von Risks und Needs orientierten Therapie, wie sie dem RNR-Modell naheliegt (vgl. Abracen & Looman, 2016). Andererseits kann man argumentieren, dass der Aufbau adäquater Handlungsstrategien, um Primärgüter zu erlangen, i.d.R. mit Risikofaktoren inkompatibel ist und so also auch eine Form des Risikomanagements impliziert. Bei einer weniger dogmatischen Betrachtung dürften sich die Ideen des GLM und RNR in der Therapieplanung durchaus gegenseitig befruchten.

Die großen Hoffnungen, die in das GLM gelegt werden, sind empirisch noch nicht fundiert. Evaluationen mit Bezug zur Rückfälligkeit liegen bislang nicht vor. In Bezug auf das Erreichen therapienaher Zielsetzungen scheinen sich GLM-basierte Intervention nicht von RP-Programmen zu unterscheiden und trotz des vermuteten motivationsfördernden Effekts der positiven Zielsetzungen zeigen sich keine konsistent niedrigeren Raten beim Therapieabbruch (Mallion, Wood & Mallion, 2020).

30.4 Andere psychotherapeutische Ansätze

30.4.1 Psychodynamisch orientierte Therapie

Im Unterschied zu den kognitiv-behavioralen Ansätzen, die stark auf konkrete Fertigkeiten bezogen sind und primär Verhaltenskontrolle anstreben, zielen psychodynamische Ansätze auf die grundlegende Persönlichkeitsorganisation. Sexuelle Devianz wird hier als psychischer Ausdruck und untrennbarer Bestandteil der Persönlichkeitsstruktur begriffen, die ihre Grundlage in frühkindlichen Konflikten hat. Die sexuelle Symptombildung, die sich in devianten Fantasien, aber auch Straftaten, zeigt, dient als Abwehr von aus diesen Konflikten resultierenden Ängsten. Die Devianz stabilisiert so – wenn auch nur kurzfristig – das psychische Gleichgewicht des Täters (Schorsch, Galedary, Haag, Hauch & Lohse, 1985). Im Rahmen der Therapie sollen diese Konflikte identifiziert und einer Lösung zugeführt werden. Die therapeutische Beziehung stellt dem Täter eine sichere Basis zur Verfügung, auf Grundlage derer er sich den innerpsychischen Konflikten stellen kann.

Während die grundsätzlichere Arbeit an der Persönlichkeit des Täters in der Idee nachhaltigeren Erfolg verspricht, deutet die zusammenfassende Betrachtung systematischer Evaluationsstudien an, dass tiefenpsychologisch orientierte Vorgehensweisen nur wenig Wirkung in Bezug auf die Rückfallgefährdung haben (Schmucker, 2004). Eine Ursache mag darin liegen, dass viele Täter Schwierigkeiten damit haben, den mitunter recht abstrakten Zugang nachzuvollziehen und sich darauf einzulassen. Ein weiterer Grund mag sein, dass der therapeutische Prozess in einer justiziellen Umgebung, die immer auch einen gewissen Zwangscharakter beinhaltet, schwieriger zu entfalten ist. Dieses Problem ergibt sich zwar für jede psychotherapeutische Behandlung, tritt aber bei psychodynamischen Konzepten stärker hervor, da die therapeutische Beziehung als zentraler Wirkmechanismus fungiert (Schorsch et al., 1985).

Wie für die Straftäterbehandlung im Allgemeinen scheint die klassische psychoanalytische Arbeit bei Sexualstraftätern meist nicht angemessen bzw. nicht möglich zu sein. Offenbar muss eine direktivere, stärker auf konkrete Problemlösung gerichtete Haltung eingenommen werden. Berner und Karlick-Bolten (1986) sowie Groth (1983) zeigen für solchermaßen strukturiertere Vorgehensweisen vergleichsweise gute Effekte mit Sexualstraftätern. Bei genauerer Betrachtung und unter Absehen von begrifflichen Unterschieden zeigen sich z.T. ohnedies erstaunliche Parallelen zwischen einer stärker strukturierten tiefenpsychologisch orientierten Arbeit und kognitiv-behavioralen Vorgehensweisen (Berner, 2001). Grundsätzlich werden auch in allen psychosozialen Interventionen Therapeutenvariablen als wesentlich erachtet. Das gilt auch für kognitiv-behaviorale Programme (s. z.B. Marshall et al., 2006), wenngleich ihnen dort nicht immer die gleiche zentrale Bedeutung zugemessen wird.

30.4.2 Systemische Ansätze

Im Verständnis systemischer Ansätze entwickelt sich Problemverhalten aus einem System heraus und wird durch dieses System stabilisiert. Eine Veränderung individuellen Problemverhaltens muss in der Konsequenz dadurch erfolgen, dass die Systemvariablen verändert werden. Besondere Relevanz hat diese Perspektive bei Inzesttaten, die oft aus einer sog. endogamen Familienstruktur heraus entstehen. Eine systemische Behandlung ist hier insbesondere deshalb geboten, da seitens der Familie – auch des Opfers – trotz des Missbrauchsgeschehens häufig ein starker Wunsch nach dem Erhalt der Familie besteht (Beier, 1995). Es ist unüblich, dass in solchen Fällen eine klassische Familientherapie mit der gesamten Familie stattfindet, da hier die Gefahr besteht, dass die familiären Machtstrukturen in der Therapie aufrechterhalten bleiben. Auch die üblichen Techniken wie Reframing, die das Problemverhalten im Lichte ihrer Funktion für das familiäre System definieren, sind problematisch, da dies von dem Täter als Gelegenheit aufgegriffen werden kann, seine Verantwortung abzulegen und die anderen Familienmitglieder in die Verantwortung zu ziehen. Vielmehr erfolgt eine mehrspurige Behandlung, bei der die Familienmitglieder getrennt voneinander behandelt werden und beim Täter insbesondere die Verantwortungsübernahme für die Tat in den Fokus gestellt wird (Bruder, 1999). Die systemische Perspektive kommt dennoch insofern zum Tragen, als diese „Einzeltherapien" koordiniert verlaufen und – falls eine Zusammenführung von den Beteiligten auch nach individueller Klärung gewünscht ist und sinnvoll erscheint – gemeinsame Sitzungen erfolgen (Price, 2004).

Die Familie ist auch außerhalb von Inzestdelikten ein geeignetes Interventionsfeld, wenn z.B. Verleugnungstendenzen des Täters innerhalb der Familie gestützt werden, und spielt darüber hinaus bei den externalen Kontrollen des Relapse-Prevention-Modells eine Rolle. Vor allem aber bei jugendlichen Sexualstraftätern wird häufig die Familie einbezogen. Borduin, Schaeffer und Heiblum (2009) stellen äußerst vielversprechende Befunde zur multisystemischen Therapie (MST) mit jugendlichen Sexualstraftätern dar. Eines der in der Behandlung angezielten Systeme ist die Familie. Allerdings geht es hier weniger um grundlegende familiäre Strukturen. Vielmehr werden die Eltern als Vermittler*innen der Therapie verstanden. Dazu werden ihre Erziehungskompetenzen gestärkt und in Bezug auf die Behandlungsziele geleitet. Neben der Familie werden aber auch andere Systeme berücksichtigt, in die der Jugendliche eingebunden ist (z.B. Schule, Peers). Die Eltern fungieren auch in Bezug auf diese Systeme als zentrale Vermittler der Intervention (z.B. indem sie dafür Sorge tragen, positive Peerbeziehungen zu stärken). Neben diesen systembezogenen Therapiezielen erfolgen auch umfangreiche direkte Interventionen, die am Jugendlichen ansetzen und in vielem dem kognitiv-behavioralen Vorgehen verbunden sind. Als Ideal wird jedoch angestrebt, dass die Eltern als Quasi-Therapeut*innen fungieren. So lässt sich also schwer beurteilen, wo die berichteten Erfolge ihre genaue Ursache haben. Möglicherweise liegen sie gerade in der breiten Perspektive, die der multisystemischen Therapie innewohnt. Zu den Evaluationsergebnissen muss allerdings kritisch angemerkt werden, dass sie bislang ausschließlich aus der Feder der Entwickler des Programms stammen. In einer Metaanalyse von van der Stouwe, Asscher, Stams, Deković und van der Laan (2014) zu jugendlichen Delinquenten allgemein zeigten sich aber ebenfalls signifikante, wenn auch mit d = 0.20 deutlich moderatere Effekte, die im typischen Rahmen der Straftäterbehandlung liegen.

30.5 Medikamentöse Behandlung

30.5.1 Antihormonelle Medikation

Das Ziel der medikamentösen Behandlung mit Antiandrogenen ist, den Sexualtrieb in seiner Gesamtheit zu dämpfen, indem der Testosteronspiegel gesenkt wird. In der Folge kommt es zu einer Reduktion sexueller Fantasien, der Erregungsfähigkeit und des Sexualverhaltens (Berner & Briken, 2007). In Europa erfolgt die Behandlung mit Cyproteronacetat (CPA; Androcur). In den USA kommt Medroxyprogesteronacetat (MPA; Provera) zum Einsatz. MPA hat keine antiandrogene Wirkung im engeren Sinne, aber einen antigonadotropen Effekt und wirkt so vermittelnd auf die Testosteronproduktion. Daneben sind Analoga des Gonadotropin-Releasing-Hormons (GnRH) eingesetzt worden, die über die Zeit zu einer Down-Regulation der GnRH-Rezeptoren der Hypophyse führen und so vermittelnd eine Reduzierung des Plasmatestosteronspiegels herbeiführen. Zudem erhöht es die Abbaurate von Testosteron und führt so zu einem vergleichbaren Effekt auf den Plasmatestosteronspiegel wie CPA.

Ein Problem der Behandlung mit CPA und MPA sind die relativ häufigen Nebenwirkungen. Die GnRH-Analoga scheinen zwar insgesamt besser verträglich zu sein, doch auch hier kann es zu unerwünschten Wirkungen kommen. Angesichts dieser Nebenwirkungen sowie der generellen sexuellen Dämpfung kommt es sehr viel häufiger zu Behandlungsabbrüchen als bei rein psychotherapeutischen Interventionen. Aufgrund der Reversibilität des antiandrogenen Effekts der Medikamente verliert sich die Wirkung nach Absetzen der Medikation und es werden oft erhebliche Anstiege der Rückfallzahlen beobachtet (z. B. Langevin et al., 1979). Grundsätzlich gilt daher, dass eine psychotherapeutische Begleitung notwendig ist. Dies geschieht häufig lediglich in Form supportiver Psychotherapie, die v. a. auf die Compliance zielt. Es dürfte jedoch sinnvoll sein, neben der Medikation eine vollständige Psychotherapie in eigenem Recht durchzuführen, die im Unterschied zur Medikation eine nachhaltige Wirkung verspricht. Es sollte also nicht die medikamentöse Therapie psychotherapeutisch begleitet werden, sondern allenfalls eine Psychotherapie bei Bedarf durch begleitende Medikation gestützt werden. Insbesondere bei Tätern, bei denen z. B. sehr einnehmende Fantasien und extreme Masturbationsfrequenz den psychotherapeutischen Zugang behindern, kann eine initiale antiandrogene Behandlung zu einer Entlastung führen und den psychotherapeutischen Zugang unterstützen. Prinzipiell ist die antihormonelle Medikation nur in jenen Fällen indiziert, in denen die deviante sexuelle Erregung als wesentliche Ursache des devianten Verhaltens auszumachen ist, und aus ethischen Gründen auch auf Fälle zu beschränken, bei denen eine schwerwiegende paraphile Störung vorliegt (Basdekis-Jozsa, Turner & Briken, 2013; Hall, 1996).

30.5.2 Psychopharmaka

In der Psychopharmakologie sind festgestellte Nebenwirkungen nicht selten Auslöser für eine neue Indikation. Eine Nebenwirkung von selektiven Serotonin-Reuptake-Hemmern (SSRI), die ansonsten bei depressiven und Angststörungen zum Einsatz kommen, besteht in der Reduzierung der sexuellen Appetenz, was ein Grund für die Anwendung in der Sexualstraftäterbehandlung darstellt. Daneben wird aber auch der positive Einfluss auf Zwänge als für Sexualstraftäter hilfreich betrachtet (Berner & Briken, 2007).

30.5.3 Evaluation

Für MPA gibt es eine Reihe kontrollierter Studien, die einen recht deutlichen Effekt zeigen. Allerdings sind diese Studien hinsichtlich ihres Designs überwiegend von schwacher Qualität, sodass ein eindeutiger Beleg für die Wirksamkeit aussteht (Schmucker, 2004; Schmucker & Lösel, 2017). Die Studien zur Wirkung von SSRI bei Sexualstraftätern bleiben weitgehend auf Fallberichte beschränkt oder beziehen sich lediglich auf psychometrische Maße (vgl. Adi et al., 2002). Es gibt keine kontrollierten Studien, die Rückfallmaße als Ergebniskriterium heranziehen, sodass die Wirkungsbeurteilung im Wesentlichen auf ungeprüften Kausalannahmen beruht, die mit Vorsicht zu interpretieren sind. Das Fehlen gut kontrollierter Studien ist aber auch dem Dilemma geschuldet, dass bei Medikamentenstudien sehr hohe ethische Richtlinien angelegt sind, die im forensischen Kontext kaum umzusetzen sind, wie Briken et al. (2017) eindrücklich berichten.

30.6 Weiterführende Literatur

Boer, D.P. (Ed.). (2016). *The Wiley Handbook on the theories, assessment, and treatment of sexual offending* (Vol. III: Treatment). Singapore: Wiley.

Proulx, J., Cortoni, F., Craig, L.A. & Letourneau, E.J. (Hrsg.). (2020). *The Wiley handbook of what works with sexual offenders.* Hoboken, NJ: Wiley-Blackwell. https://doi.org/10.1002/9781119439325

Zwei umfassende Handbücher, die sich umfangreich verschiedenen Themen rund um die Behandlung von Sexualstraftätern befassen und insbesondere auch speziellere Subgruppen berücksichtigen.

Marshall, W.L., Marshall, L.E., Serran, G.A. & O'Brien, M.D. (2011). *Rehabilitating sexual offenders: A strength-based approach.* Washington: APA.

Ausführliche Darstellung des von Marshall und Kollegen über lange Jahre entwickelte und international einflussreiche Behandlungsmodells, das neben der theoretischen Begründung der Intervention auch die konkrete praktische Umsetzung veranschaulicht.

Literatur

Abracen, J. & Looman, J. (2016). *Treatment of high-risk sexual offenders: An integrated approach.* Chichester: Wiley-Blackwell.

Adi, Y., Ashcroft, D., Browne, K., Beech, A., Fry-Smith, A. & Hyde, C. (2002). Clinical effectiveness and cost-consequences of selective serotonin reuptake inhibitors in the treatment of sex offenders. *Health Technology Assessment, 6,* 1–66. https://doi.org/10.3310/hta6280

Andrews, D.A., Bonta, J. & Hoge, R.D. (1990). Classification for effective rehabilitation. *Criminal Justice and Behavior, 17,* 19–51. https://doi.org/10.1177/0093854890017001004

Basdekis-Jozsa, R., Turner, D. & Briken, P. (2013). Pharmacological treatment of sexual offenders and its legal and ethical aspects. In K. Harrison & B. Rainey (Eds.), *The Wiley-Blackwell handbook of legal and ethical aspects of sex offender treatment and management* (pp. 302–320). Chichester: Wiley. https://doi.org/10.1002/9781118314876.ch18

Beier, K.M. (1995). *Dissexualität im Lebenslängsschnitt. Theoretische und empirische Untersuchungen zu Phänomenologie und Prognose begutachteter Sexualstraftäter.* Berlin: Springer. https://doi.org/10.1007/978-3-642-79601-2

Berner, W. (2001). Neue Entwicklungen in der Diagnostik und Therapie von Paraphilien. *Bewährungshilfe, 48,* 232–250.

Berner, W. & Briken, P. (2007). Störung der Sexualpräferenz (Paraphilie). *Bundesgesundheitsblatt – Gesundheitsforschung – Gesundheitsschutz, V50,* 33–43. https://doi.org/10.1007/s00103-007-0108-y

Berner, W. & Karlick-Bolten, E. (1986). *Verlaufsformen der Sexualkriminalität. 5-Jahres-Katamnesen bei 326 Sexualdelinquenten unter Berücksichtigung von Frühsozialisation, vorausgegangener Delinquenz, psychiatrisch-psychologischer Diagnostik und Therapie.* Stuttgart: Enke.

Bonta, J. & Andrews, D.A. (2017). *The psychology of criminal conduct* (6th ed.). Cincinnati, OH: Anderson.

Borduin, C.M., Schaeffer, C.M. & Heiblum, N. (2009). A randomized clinical trial of multisystemic therapy with juvenile sexual offenders: Effects on youth social ecology and criminal activity. *Journal of Consulting and Clinical Psychology, 77,* 26–37. https://doi.org/10.1037/a0013035

Briken, P., Müller, J.L., Berner, W., Bödeker, R.-H., Vollmann, J., Kasperk, C. et al. (2017). Vom Scheitern einer Studie in Maßregelvollzugskrankenhäusern. *Der Nervenarzt, 88,* 480–485. https://doi.org/10.1007/s00115-017-0301-7

Bruder, K.-J. (1999). Therapie für Männer, die ihr(e) Kind(er) sexuell mißbraucht haben. Der familienorientierte Ansatz von „Kindern im Zentrum“, Berlin – Konzept, Erfahrungen und Reflexionen. In G. Deegener (Hrsg.), *Sexuelle Gewalt. Therapie jugendlicher und erwachsener Täter* (S. 121–169). Weinheim: Beltz PVU.

Byrne, G. & Ní Ghráda, Á. (2019). The application and adoption of four „third wave“ psychotherapies for mental health difficulties and aggression within correctional and forensic settings: A systematic review. *Aggression and Violent Behavior, 46,* 45–55. https://doi.org/10.1016/j.avb.2019.01.001

Elsner, K. (2001). Gruppenbehandlung von Sexualstraftätern im Maßregelvollzug. In J. Hoyer & H. Kunst (Hrsg.), *Psychische Störungen bei Sexualdelinquenten* (S. 153–181). Lengerich: Pabst.

Groth, N.A. (1983). Treatment of the sexual offender in a correctional institution. In J.G. Greer & I.R. Stewart (Eds.), *The sexual aggressor* (pp. 160–176). New York, NY: Van Nostrand Reinbold.

Hall, G.C. N. (1996). *Theory-based assessment, treatment, and prevention of sexual aggression.* New York, NY: Oxford University Press. https://doi.org/10.1093/med:psych/9780195090390.001.0001

Hanson, R.K. (2003). Empathy deficits of sexual offenders: A conceptual model. *Journal of Sexual Aggression, 9,* 13–23. https://doi.org/10.1080/1355260031000137931

Hanson, R.K., Bourgon, G., Helmus, L. & Hodgson, S. (2009). The principles of effective correctional treatment also apply to sexual offenders: A meta-analysis. *Criminal Justice and Behavior, 36,* 865–891. https://doi.org/10.1177/0093854809338545

Hanson, R.K. & Bussière, M.T. (1998). Predicting relapse: A meta-analysis of sexual offender recidivism studies. *Journal of Consulting and Clinical Psychology, 66,* 348–362. https://doi.org/10.1037/0022-006X.66.2.348

Hanson, R.K. & Morton-Bourgon, K.E. (2005). The characteristics of persistent sexual offenders: A meta-analysis of recidivism studies. *Journal of Consulting and Clinical Psychology, 73,* 1154–1163. https://doi.org/10.1037/0022-006X.73.6.1154

Hudson, S.M., Wales, D.S., Bakker, L. & Ward, T. (2002). Dynamic risk factors: The Kia Marama evaluation. *Sexual Abuse: A Journal of Research and Treatment, 14,* 103–119. https://doi.org/10.1177/107906320201400203

Kunst, H. & Hoyer, J. (2004). Verhaltenstherapie bei Sexualstraftätern: Ein Überblick. *Verhaltenstherapie und Verhaltensmedizin, 25,* 23–37.

Langevin, R., Paitich, D., Hucker, S.J., Newman, S., Ramsay, G., Pope, S. et al. (1979). The effect of assertiveness training, Provera, and sex of therapist in the treatment of genital exhibitionism. *Journal of Behavior Therapy and Experimental Psychiatry, 10,* 275–282. https://doi.org/10.1016/0005-7916(79)90002-8

Laws, D.R. & Ward, T. (2006). When one size doesn't fit all: The reformulation of relapse prevention. In W.L. Marshall, Y.M. Fernandez, L.E. Marshall & G.A. Serran (Eds.), *Sexual offender treatment: Controversial issues* (pp. 241–254). New York, NY: John Wiley & Sons.

Lösel, F. (2012). Offender treatment and rehabilitation: What works? In M. Maguire, R. Morgan & R. Reiner (Eds.), *The Oxford handbook of criminology* (5th ed., pp. 986–1016). Oxford: Oxford University Press.

Mallion, J.S., Wood, J.L. & Mallion, A. (2020). Systematic review of „Good Lives“ assumptions and interventions. *Aggression and Violent Behavior, 55,* 101510. https://doi.org/10.1016/j.avb.2020.101510

Marshall, W.L., Hamilton, K. & Fernandez, Y.M. (2001). Empathy deficits and cognitive distortions in child molesters. *Sexual Abuse: A Journal of Research and Treatment, 13,* 123–130. https://doi.org/10.1177/107906320101300205

Marshall, W.L., Hudson, S.M., Jones, R.L. & Fernandez, Y.M. (1995). Empathy in sex offenders. *Clinical Psychology Review, 15,* 99–113. https://doi.org/10.1016/0272-7358(95)00002-7

Marshall, W.L. & Laws, D.R. (2003). A brief history of behavioral and cognitive behavioral approaches to sexual offender treatment: Part 2. The modern era. *Sexual Abuse: Journal of Research & Treatment, 15,* 93–120. https://doi.org/10.1177/107906320301500202

Marshall, W.L., Marshall, L.E., Serran, G.A. & Fernandez, Y.M. (2006). *Treating sexual offenders.* New York, NY: Routledge.

Marshall, W.L., Marshall, L.E., Serran, G.A. & O'Brien, M.D. (2011). *Rehabilitating sexual offenders: A strength-based approach.* Washington, DC: American Psychological Assoiation.

Marshall, W.L. & McGuire, J. (2003). Effect sizes in the treatment of sexual offenders. International *Journal of Offender Therapy and Comparative Cri-*

minology, 47, 653–663. https://doi.org/10.1177/0306624X03256663

Marshall, W.L., O'Brien, M.D. & Marshall, L.E. (2009). Modifying sexual preferences. In A.R. Beech, L.A. Craig & K.D. Browne (Eds.), *Assessment and treatment of sex offenders: A handbook* (pp. 311–327). Chichester: Wiley.

Maruna, S. (2001). *Making good: How ex-convicts reform and rebuild their lives.* Washington, DC: American Psychological Association.

McGrath, R., Cumming, G., Burchard, B., Zeoli, S. & Ellerby, L. (2010). *Current practices and emerging trends in sexual abuser management: The Safer Society 2009 North American Survey.* Brandon, VT: Safer Society Press.

Mews, A., Bella, L.D. & Purver, M. (2017). *Impact evaluation of the prison-based Core Sex Offender Treatment Programme* (No. 978-1-84099-783-5). London: Ministry of Justice.

McGuire, R.J., Carlisle, J.M. & Young, B.G. (1964). Sexual deviations as conditioned behaviour: A hypothesis. *Behaviour Research and Therapy, 2,* 185–190. https://doi.org/10.1016/0005-7967(64)90014-2

Murphy, W.D. (1990). Assessment and modification of cognitive distortions in sex offenders. In W.L. Marshall, D.R. Laws & H.E. Barbaree (Eds.), *Handbook of sexual assault: Issues, theories, and treatment of the offender* (pp. 331–342). New York, NY: Plenum Press. https://doi.org/10.1007/978-1-4899-0915-2_19

Pithers, W.D. & Cumming, G.F. (1995). Relapse prevention: A method for enhancing behavioral self-management and external supervision of the sexual aggressor. In B.K. Schwartz & H.R. Cellini (Eds.), *The sex offender* (Bd. 1: Corrections, treatment and legal practice, pp. 20–32). Kingston, NJ: Civic Research Institute.

Pithers, W.D., Marques, J.K., Gibat, C.C. & Marlatt, G.A. (1983). Relapse prevention with sexual aggressives: A self-control model of treatment and maintenance of change. In J.G. Greer & I.R. Stewart (Eds.), *The sexual aggressor* (pp. 214–239). New York, NY: Van Nostrand Reinbold.

Price, D.M. (2004). Rebuilding shattered families: Disclosure, clarification and reunification of sexual abusers, victims, and their families. *Sexual Addiction & Compulsivity, 11,* 187–221. https://doi.org/10.1080/10720160490903701

Ramsay, L., Carter, A.J. & Walton, J.S. (2020). Contemporary programs designed for the tertiary prevention of recidivism by people convicted of a sexual offense: A review, and the U.K. perspective. In J. Proulx, F. Cortoni, L.A. Craig & E.J. Letourneau (Eds.), *The Wiley handbook of what works with sexual offenders* (pp. 185–199). Hoboken, NJ: Wiley-Blackwell. https://doi.org/10.1002/9781119439325.ch11

Ryan, K.M. (2004). Further evidence for a cognitive component of rape. *Aggression and Violent Behavior, 9,* 579–604. https://doi.org/10.1016/j.avb.2003.05.001

Schmucker, M. (2004). *Kann Therapie Rückfälle verhindern? Metaanalytische Befunde zur Wirksamkeit der Sexualstraftäterbehandlung.* Herbolzheim: Centaurus. https://doi.org/10.1007/978-3-86226-426-1

Schmucker, M. (in Druck). Wirksamkeit intramuraler Behandlung. In S. Suhling & J. Endres (Hrsg.), *Behandlung im Strafvollzug. Ein Handbuch für Praxis und Wissenschaft.* Wiesbaden: Springer VS.

Schmucker, M. & Lösel, F. (2017). Sexual offender treatment for reducing recidivism among convicted sex offenders: A systematic review and meta-analysis. *Campbell Systematic Reviews, 13* (8). https://doi.org/10.4073/csr.2017.8

Schorsch, E., Galedary, G., Haag, A., Hauch, M. & Lohse, H. (1985). *Perversion als Straftat. Dynamik und Psychotherapie.* Berlin: Springer.

Spöhr, M. (2009). *Sozialtherapie von Sexualstraftätern im Justizvollzug: Praxis und Evaluation.* Berlin: Bundesministerium der Justiz.

Suhling, S. (2007). Positive Perspektiven in der Straftäterbehandlung – Warum zur Rückfallminderung mehr gehört als Risikomanagement. *Forum Strafvollzug, 56,* (4), 151–155.

van der Stouwe, T., Asscher, J.J., Stams, G.J. J.M., Deković, M. & van der Laan, P.H. (2014). The effectiveness of Multisystemic Therapy (MST): A meta-analysis. *Clinical Psychology Review, 34* (6), 468–481. https://doi.org/10.1016/j.cpr.2014.06.006

von Franqué, F. & Briken, P. (2016). Techniken masturbatorischer Rekonditionierung zur Veränderung pädophiler Interessen – eine systematische Übersicht. *Zeitschrift für Sexualforschung, 29* (3), 224–249. https://doi.org/10.1055/s-0042-114625

Ward, T. & Hudson, S.M. (2000). A self-regulation model of relapse prevention. In D.R. Laws, S.M. Hudson & T. Ward (Eds.), *Remaking Relapse Prevention with Sex Offenders: A Sourcebook* (pp. 79–101). Thousand Oaks, CA: Sage.

Ward, T., Mann, R.E. & Gannon, T.A. (2007). The good lives model of offender rehabilitation: Clinical implications. *Aggression and Violent Behavior,*

12, 87–107. https://doi.org/10.1016/j.avb.2006.03.004

Ware, J., Mann, R.E. & Wakeling, H.C. (2009). Group versus individual treatment: What is the best modality for treating sexual offenders? *Sexual Abuse in Australia and New Zealand, 1,* 70–78.

Webster, S.D., Bowers, L.E., Mann, R.E. & Marshall, W.L. (2005). Developing empathy in sexual offenders: The value of offence re-enactments. *Sexual Abuse: A Journal of Research and Treatment, 17,* 63–77. https://doi.org/10.1177/107906320501700107

Wischka, B., Rehder, U. & Foppe, E. (2012). *BPS-R Behandlungsprogramm für Sexualstraftäter – revidierte Fassung.* Lingen: Kriminalpädagogischer Verlag.

31 Behandlung substanzabhängiger Straftäter

Norbert Schalast

31.1 Sucht und Delinquenz

Dass sich in diesem Lehrbuch ein eigenständiges Kapitel mit der Behandlung rauschmittelabhängiger Straftäter[77] befasst, hat einen naheliegenden Hintergrund: Zwischen den Problemfeldern Substanzmissbrauch, -abhängigkeit und Delinquenz gibt es einen bedeutsamen Überschneidungsbereich. Anhand zahlreicher Quellen kann aufgezeigt werden,

- dass Anpassungs- und Entwicklungsprobleme junger Menschen sich gehäuft sowohl in einem Missbrauch von Rauschmitteln als auch strafbarem Verhalten manifestieren (Mulvey, Schubert & Chassin, 2010),
- dass Straftaten relativ häufig unter Alkohol- oder Drogeneinfluss begangen werden und entsprechend Täter bei der Festnahme häufig berauscht sind (Williams, 2012),
- dass sich bei einem beträchtlichen Teil der im Strafvollzug Einsitzenden Suchtprobleme feststellen lassen,
- dass Menschen, die sich wegen Suchtproblemen in Behandlung begeben, häufiger als der Durchschnitt der Bevölkerung strafrechtlich vorbelastet sind; sie berichten auch deutlich häufiger über eigene Tätlichkeiten im sozialen Nahraum (Livingston, 1986).

Laut Polizeilicher Kriminalstatistik 2019 (s. www.bka.de) waren im gleichen Jahr bei fast 3,124 Millionen aufgeklärten Straftaten in über 270.000 Fällen die Tatverdächtigen Konsumenten harter Drogen (8,6 %). In fast 313.000 Fällen (10 %) wurde im entsprechenden Erhebungsbogen „Alkoholeinfluss" angekreuzt.

Von den insgesamt etwa 484.000 wegen Körperverletzungsdelikten (§§ 223–227, 229, 231) Ermittelten standen 118.000 zur Tatzeit unter Alkoholeinfluss, 21.000 waren Konsumenten harter Drogen. Bei Diebstahl unter erschwerenden Umständen rekrutierte sich ein Viertel der 118.000 Tatverdächtigen aus den beiden Gruppen, mit einem deutlichen Überwiegen der Drogenabhängigen. Konsumenten harter Drogen finden sich naturgemäß besonders häufig auch unter Tätern, die wegen Verstößen gegen das Betäubungsmittelgesetz verfolgt werden.

Obwohl für eine Mehrzahl von Tatbeständen das Rauschmittel Alkohol etwas bedeutender erscheint als eine Abhängigkeit von illegalen Drogen, stellen sich die Verhältnisse bei Insassen des Strafvollzugs umgekehrt dar. In Nordrhein-Westfalen (Wirth, 2002) ergaben sich bei einem Drittel der Neuzugänge Hinweise auf akute Drogenabhängigkeit. Heroin und andere Opioide spielten dabei die größte Rolle. Eine Alkoholabhängigkeit war nach Einschätzung der Anstaltsärzte bei 8 % der Neuaufnahmen anzunehmen.

Für die Frage, wie Straftäter mit Suchtproblemen behandelt werden können, sind natürlich die kausalen Mechanismen von Belang, die dem Zusammenhang der Phänomene Sucht

77 Die Aussagen in diesem Beitrag beziehen sich überwiegend auf männliche Täter, die auch unter Gefangenen und im Maßregelvollzug stark überwiegen. Sie betreffend wird daher zumeist die männliche Form verwendet.

und Delinquenz zugrunde liegen. In früheren Zeiten haben sich Erklärungsansätze häufig darauf beschränkt, auf enthemmende Wirkungen des Alkohols und auf den Beschaffungsdruck bei der Abhängigkeit von harten Drogen zu verweisen. Dies greift jedoch zu kurz. Für verschiedene Rauschmittel haben die Mechanismen des Zusammenwirkens von Missbrauch bzw. Abhängigkeit einerseits und delinquentem Handeln andererseits durchaus unterschiedlichen Charakter.

31.1.1 Aspekte des Zusammenhangs von Alkoholmissbrauch und Straffälligkeit

Während, wie angegeben, bei etwa einem Zehntel aller (aufgeklärten) Straftaten der Täter oder die Täterin erkennbar Alkohol konsumiert hatte, ist der entsprechende Anteil bei bestimmten Straftatbeständen, v.a. Gewaltdelikten, noch deutlich höher. Dabei hat Alkohol ja keineswegs eine generell aggressionsinduzierende Wirkung. Für viele Menschen ist Alkohol ein Genussmittel, und die weit überwiegende Mehrzahl aller Trinksituationen mündet nicht in aggressive Auseinandersetzungen. Vielmehr erleichtert Alkohol generell den Ausdruck von Gefühlen, auch solchen positiver Art (Graham, West & Wells, 2000), was wohl einer der Gründe dafür ist, dass Menschen gern Alkohol trinken (Pernanen, 1991).

Pihl et al. (1993) diskutieren pharmakologische Wirkungen des Alkohols, die die Wahrscheinlichkeit aggressiven Verhaltens erhöhen können (Textbox 31.1). Der letzte der vier angeführten Aspekte mag verwundern, da Alkohol die Schmerzempfindlichkeit ja auch zu mindern vermag (was das Ausleben aggressiver Impulse ebenfalls erleichtert). Generell wird dem Alkohol eine hemmungsmindernde Wirkung zugeschrieben: Angetrunkene Menschen reagieren unbefangener, impulsiver und unvorsichtiger auf Aspekte der unmittelbaren Situation (Pernanen, 1991). Das Verhalten unter Alkoholeinfluss hat damit eine Eigenart, die generell für straffällige Menschen charakteristisch ist: Es werden weniger die langfristigen Konsequenzen von Handlungen berücksichtigt als vielmehr ihr kurzzeitiger Ertrag im Hinblick auf Spannungsreduktion und Bedürfnisbefriedigung (Gottfredson & Hirschi, 1990).

Der Hinweis auf Alkohol als psychomotorisches Stimulanz widerspricht gängigen Vorstellungen. So werden alkoholische Getränke durchaus gern als Einschlafhilfe eingesetzt, und ein Vollrausch geht in eine Art Terminalschlaf über. Doch gilt gerade für niedrigere Alkoholdosierungen sowie für die sog. Anflutungsphase, in der die Blutalkoholkonzentration steigt, dass Alkohol auch eine stimulierende und antriebssteigernde Wirkung hat. Hierfür können komplexe Einflüsse auf die Neurotransmitterverhältnisse von Bedeutung sein (Little, 2000).

Darüber hinaus spielen persönlichkeitsspezifische Faktoren im Zusammenhang mit ag-

Textbox 31.1: Wirkungen des Alkohols mit Relevanz für aggressives Verhalten (Pihl, Peterson & Lau, 1993)

- Als Anxiolytikum kann Alkohol die inhibitorischen Effekte von Furcht auf die Äußerung aggressiven Verhaltens mindern.
- Als psychomotorisches Stimulantium kann Alkohol evoziertes aggressives Verhalten potenzieren oder die Schwelle der Evozierung mindern.
- Die Beeinträchtigung bestimmter komplexer kognitiver Funktionen kann die Hemmungen, die von Lernerfahrungen ausgehen, mindern und die Fähigkeit des Planens und Abwägens im Hinblick auf mögliche negative Konsequenzen beeinträchtigen.
- Die Fähigkeit des Alkohols, das Schmerzempfinden zu steigern, kann die Wahrscheinlichkeit defensiver Aggression erhöhen.

gressionsbahnenden Wirkungen des Alkohols eine erhebliche Rolle. In Laborexperimenten konnte eine aggressionsfördernde Wirkung des Alkohols viel deutlicher bei den Personen beobachtet werden, die schon nüchtern eine niedrigere Aggressionsschwelle aufwiesen (Dougherty, Bjork, Bennett & Moeller, 1999). Die aggressionsfördernden Wirkungen sind, im Vergleich zu Kontrollpersonen, besonders ausgeprägt bei Menschen mit der Diagnose einer „antisozialen Persönlichkeitsstörung“ (Moeller, Dougherty, Lane, Steinberg & Cherek, 1998). Eine ASPS ist ihrerseits wiederum ein starker Risikofaktor für die Entwicklung einer Alkohol- und Drogenabhängigkeit (Moeller & Dougherty, 2001; Mulder, 2002). Generell sind Zusammenhänge zwischen Alkoholmissbrauch, negativen Affekten und Straffälligkeit am deutlichsten erkennbar bei Tätern mit Persönlichkeitsstörungen. Bei ihnen ist die Wahrscheinlichkeit chronischer Dysphorie und exzessiven Trinkens erhöht. Wills, Sandy und Yaeger (2002) wiesen auf das Problem der schwachen Selbst- und Affektregulation solcher Täter hin. Sie reagieren stärker – empfindlicher, frustrierter, gereizter – auf belastende Lebensereignisse, „sind stärker geneigt, Substanzgebrauch als Mittel der Bewältigung von Distress (Verzweiflung, innerer Not) einzusetzen, und nehmen Alkohol eher als ein brauchbares Mittel der Bewältigung wahr“ (S. 18, Übers. N. Sch.).

Verschiedene Typologien des Alkoholismus unterscheiden im Wesentlichen einen Typus des Trinkers, bei dem die Abhängigkeitsproblematik an sich im Vordergrund steht und ggf. zu (klinischen/therapeutischen) Interventionen führt, und einen Typus mit komplexer Persönlichkeitsproblematik und ebenfalls gravierendem Suchtmittelmissbrauch, der häufiger durch Delinquenz und Aggressivität unter Alkohol- oder Drogeneinfluss auffällt. Cloninger, Sigvardsson und Bohman (1996) sprachen vom letzteren Typus als Typ-2-Alkoholismus, der sich durch drei Temperamentsmerkmale auszeichne: erhöhter Reizhunger („novelty-seeking“), geringe Vorsicht („harm-avoidence“) und niedrige Belohnungsorientierung („reward-dependence“). Es handelt sich hierbei allerdings ganz allgemein um Risikofaktoren, die die Wahrscheinlichkeit delinquenten Verhaltens (einschließlich des Konsums illegaler Drogen) im Jugend- und jungen Erwachsenenalter erhöhen.

31.1.2 Drogenabhängigkeit und Kriminalität

Während der Alkohol für eine Bevölkerungsmehrheit ein – wenn auch nicht unproblematisches – Genussmittel darstellt, werden „Drogen“ generell stärker mit einem sozial unangepassten Lebensstil assoziiert. Substanzen, die aufgrund ihrer intensiven Wirkung rasch zu einer körperlichen oder psychischen Abhängigkeit führen, unterstehen den Beschränkungen des Betäubungsmittelgesetzes. Schon deshalb geht eine Abhängigkeit von harten Drogen häufig mit Delinquenz im weiteren Sinne einher.

Menschen, die etwa von Heroin abhängig sind, erleben aufgrund der steilen Pharmakokinetik der Substanz mehrfach täglich Entzugsbeschwerden. Der intensiven Drogenwirkung entspricht die schwere Entzugssymptomatik bei Unterbrechung oder Beendigung des Konsums. Zu den Entzugssymptomen gehören zunächst das Gefühl eines sich steigernden Drogenverlangens, später Unruhe, körperliche Reaktionen wie Schwitzen und Tränenfluss, Schlaflosigkeit, Puls- und Blutdruckanstieg, Muskel- und Gliederschmerzen. Gegebenenfalls machen Kreislaufstörungen und Krampfanfälle eine Intensivüberwachung beim körperlichen Entzug erforderlich (Nedopil, 2007).

Der Erwerb der illegalen Droge ist kostenträchtig, woraus ein erheblicher und kriminogener Beschaffungsdruck resultieren kann. Doch stützt der kriminologische Forschungsstand nicht die Vorstellung, dass zwischen Sucht und Delinquenz ein unidirektionaler und monokausaler Zusammenhang besteht. Drogenkarrieren verlaufen nicht nach einer einheitlichen Gesetzmäßigkeit (Kreuzer, 2015), und sozial abweichendes Verhalten lässt sich bei vielen Betroffenen schon vor der Manifestation von Suchtproblemen aufzeigen (Rautenberg, 1997).

Textbox 31.2 fasst Thesen zu den kausalen Zusammenhängen von Drogengebrauch und Kriminalität entsprechend einer Darstellung von Bean (2008) zusammen. Damit soll verdeutlicht werden, dass die ursächlichen Mechanismen komplex und vielfältig sind und Interventionen entsprechend auf verschiedenen Ebenen erfolgen können. Der Zusammenhang von Sucht und Kriminalität stellt sich bei den heroinabhängigen Angehörigen der Drogenszene („street heroin users“) am engsten dar, aber auch und gerade bei ihnen kann die Delinquenzquote durch Behandlung deutlich gemindert werden (Bean, 2008, S. 48).

Zu den wichtigen Risikofaktoren für eine Drogenabhängigkeit zählt eine Hyperkinetische Störung des Sozialverhaltens (F90.1 nach ICD-10) in der Vorgeschichte. Dem entspricht eine Kombination von ADHS (Aufmerksamkeitsdefizit-Hyperaktivitäts-Störung) und CD (Conduct Disorder, Störung des Sozialverhaltens) nach DSM-IV-TR (Rösler & Retz, 2008). Die Überschreitung der Grenze zum Konsum illegaler Drogen kann man bei diesen Personen als eine weitere Manifestation impulsiven und selbstgefährdenden Verhaltens ansehen. Andererseits wohnt diesem auch ein Moment von Selbstmedikation inne.

Textbox 31.2

Erklärungsmodelle zum Zusammenhang von Drogen und Kriminalität (Bean, 2008)

Drogengebrauch führt zu Straffälligkeit
- Beschaffungskriminalität infolge des zwanghaft erlebten Drogenverlangens
- Systemische Kriminalität – im Kontext von Drogenmarkt und Drogenhandel
- Pharmakologische Wirkungen senken die Schwelle für kriminelle Handlungen

Delinquenz führt zu Drogengebrauch
- Subkulturelle Theorie: Drogengebrauch wird im „Milieu“ gutgeheißen und trägt zum Status bei
- Umweltzentrierter Ansatz: Delinquenz und resultierender Drogengebrauch in verwahrlosten Stadtvierteln
- Selbstmedikation: Drogen werden von gestörten Persönlichkeiten zur Linderung psychischer Beschwerden eingesetzt

Gemeinsame Ätiologie
- Familiäre und sozioökonomische Deprivation als gemeinsame Ursache von Sucht und Kriminalität
- Bi-Direktionalität: Drogengebrauch und Delinquenz haben einen kausalen Zusammenhang und verstärken sich darüber hinaus gegenseitig
- Scheinzusammenhang: Delinquenz und Drogengebrauch treten ohne echte kausale Verknüpfung nebeneinander auf (am ehesten spielen Peergruppeneinflüsse eine Rolle)

31.2 Behandlungs- und Betreuungssettings

31.2.1 Strafvollzug

Eine methodisch strenge Erhebung von Wirth (2002) hatte in NRW bei männlichen Strafgefangenen in mindestens einem Drittel der Fälle eine Alkohol- oder Drogenabhängigkeit festgestellt. Eine aktuellere „Bundeseinheitliche Erhebung zur stoffgebundenen Suchtproblematik im Justizvollzug“ (Stoll, Bayer & Häßler, 2021) kam zu der Einschätzung, dass bei 27 % der männlichen Gefangenen (n = 39.699) eine „Substanzabhängigkeit“, bei 17 % ein „Substanzmissbrauch“ vorlägen.

Von den Abhängigen von illegalen Drogen befinden sich stets deutlich mehr im Strafvollzug als in stationärer Therapie (Kreuzer, 2002). Suchtspezifische Interventionen wären daher im Strafvollzug in hohem Maße geboten, doch werden die Möglichkeiten einer abstinenzorientierten Therapie in diesem Rahmen als eher ungünstig eingeschätzt (Lehmann, 2019; Preusker, 2002). Merkmale der totalen Institution machen anfällig gegenüber allen möglichen Formen abweichenden Verhaltens und drängen dazu, vorgegebene Regeln und Systeme zu unterlaufen (Kreuzer, 2002), und Gefängnisse gelten hinsichtlich des Gebrauchs von Suchtstoffen als „Hochrisikoumgebung". Maßnahmen der Schadensminderung zielen u.a. ab auf die Gefahren einer Virusinfektion oder der Ausbeutung durch eine drogenspezifische Subkultur (Preusker, 2002; Maelicke, 2014). Ein wichtiger Ansatz ist die Einrichtung sog. „drogenfreier Bereiche oder Abteilungen". In diesen Bereichen verpflichten die Gefangenen sich, auf Suchtmittelkonsum zu verzichten, und sie erklären sich mit regelmäßigen Kontrolluntersuchungen einverstanden. Ein Problem besteht darin, dass die völlige Ausgrenzung einer Gruppe von Klienten aus dem Gesamtkollektiv der Haftanstalt organisatorisch kaum möglich ist. Zudem stoßen entsprechende Angebote auf subkulturelle Gegenpropaganda (Kreuzer, 2002).

Einen wichtigen Stellenwert haben im Strafvollzug Beratungsangebote für Gefangene. Die frustrierende Haftsituation kann bei manchen Gefangenen eine Empfänglichkeit für Hilfsangebote erzeugen. Bei drogenabhängigen Gefangenen geht es in Beratungsgesprächen oft um die Frage, ob eine Strafzurückstellung nach dem Betäubungsmittelgesetz ermöglicht werden soll und ob sie Aussicht auf Erfolg verspricht. Auch der Aufenthalt auf einer drogenfreien Abteilung dient häufig der Vorbereitung einer solchen Maßnahme.

31.2.2 Strafzurückstellung nach § 35 BtMG

Stationäre, aber auch ambulante Behandlungen von straffälligen Drogenabhängigen erfolgen oft im Rahmen einer Strafzurückstellung nach dem Betäubungsmittelgesetz. Die §§ 35, 36 BtMG definieren hierfür einen flexiblen rechtlichen Rahmen. Eine Zurückstellung kann bei Strafen bis zu zwei Jahren erfolgen oder wenn bei längeren zeitigen Freiheitsstrafen oder Gesamtstrafen nur noch ein Strafrest von maximal zwei Jahren zu vollziehen ist. Die Zeit in der Behandlungseinrichtung kann auf die Strafe angerechnet werden, bis zwei Drittel der Strafe erledigt sind. Aus § 36 Abs. 2 StGB ergibt sich, dass sogar eine ambulante Behandlung auf die Strafe angerechnet werden kann, was in der Praxis eine Ausnahme sein dürfte.

Behandlungen im Rahmen einer Strafzurückstellung erfolgen in einem offenen Kontext, aber natürlich unter dem Druck, dass ein Widerruf der Strafaussetzung erfolgen kann, wenn die Behandlung abgebrochen wird. Zu den Erfolgen solcher Behandlungen, die im englischsprachigen Schrifttum als „quasi compulsory treatments" (QCT) bezeichnet werden, wurden Ergebnisse einer aufwendigen multizentrischen europäischen Studie publiziert. In sechs Ländern wurden unter den beiden Bedingungen „freiwillig" und „QCT" jeweils über 400 Klientinnen und Klienten bei Antritt der Therapie sowie 6, 12 und 18 Monate später interviewt. Für beide Gruppen fand sich ein starker Rückgang des (selbst berichteten) Drogenkonsums bei allen Nachuntersuchungsterminen. Ebenso war das kriminelle Verhalten in beiden Gruppen erheblich reduziert, wobei der Level für die QCT-Klienten durchgängig etwas höher lag. Ein enger Zusammenhang zwischen Gruppenzugehörigkeit und Behandlungsmotivation wurde nicht festgestellt. 78 % der QCT- und 65 % der „freiwilligen" Patienten gaben an, die Behandlung subjektiv unter Zwang angetreten zu haben. Behandlung unter dem Druck einer Strafzurückstellung, so die Schlussfolgerung, ist nicht weniger effektiv – aber auch nicht effektiver – als Behandlung auf freiwilliger Basis (McSweeney, Stevens, Hunt & Turnbull, 2007; Stevens et al., 2006).

31.2.3 Unterbringung in einer Entziehungsanstalt

Schon bei der Einführung des Maßregelrechts in das Strafgesetzbuch des Deutschen Reiches im Jahre 1933 wurde eine Sonderregelung für süchtige Straftäter getroffen, damals als „Unterbringung in der Trinkerheilanstalt". Im Rahmen einer Strafrechtsreform (2. StrRG, verkündet am 04.07.1969) wurde die Maßnahme im § 64 StGB geregelt. Die Regelungen zu Anordnung, Vollstreckung und Beendigung sind in den letzten 30 Jahren mit jeder sie betreffenden Rechtsreform komplexer geworden, § 64 StGB entsprechend umfangreicher.

Kurz zusammengefasst gilt für die Anordnung der Unterbringung, dass diese durch ein Strafgericht erfolgen soll, wenn der Beschuldigte im Zusammenhang mit Suchtproblemen straffällig wurde und infolge eben dieses „Hangs" zum Konsum im Übermaß weitere erhebliche Straftaten drohen. Voraussetzung ist allerdings, dass hinreichend konkrete Aussichten eines Behandlungserfolges anzunehmen sind. Die Höchstdauer der Unterbringung beträgt bei selbstständiger Anordnung (ohne zusätzliche Freiheitsstrafe) zwei Jahre. Sie erhöht sich, wenn zusätzlich auf eine Freiheitsstrafe erkannt wird. Eine vorzeitige Entlassung aus der Unterbringung in die Freiheit erfolgt erst, „wenn zu erwarten ist, dass der Untergebrachte keine rechtswidrigen Taten mehr begehen wird" (§ 67d StGB). Nicht selten, in etwa knapp der Hälfte der Fälle, erfolgen jedoch der Abbruch der Unterbringung und dann zumeist die Rückverlegung in den Strafvollzug, wenn die Aussichten eines Behandlungserfolges nach einiger Zeit nicht mehr ausreichend erscheinen (Berthold & Riedemann, 2018).

Im Rahmen einer multizentrisch angelegten Studie konnte unter Leitung des Verfassers eine Auswertung des rehabilitativen Ertrags dieser Maßregel durchgeführt werden. Beginnend im Jahr 2009 wurden dem Institut für forensische Psychiatrie in Essen aus 16 Kliniken in 6 Bundesländern konsekutiv pseudonymisierte Daten über mehr als 300 neu aufgenommene Patienten übermittelt. Das Vorgehen war in einem mühsamen Prozess mit der NRW-Datenschutzbehörde ausgehandelt worden. Die Kliniken übermittelten zu drei Zeitpunkten Daten an die Untersucherinnen und Untersucher: nach der Aufnahme, nach drei bis vier Monaten und anlässlich der Entlassung. Im Winter 2016/2017 stellte das Bundesamt für Justiz pseudonymisierte Bundeszentralregisterauszüge über alle Probanden zur Verfügung.

Auf der Basis eines Schemas von fünf Merkmalen (Alter, Substanzpräferenz, strafrechtliche Vorbelastung, Art des Anlassdelikts, Hafterfahrung) wurde zudem in einem strengen Verfahren zu jedem Patienten ein Vergleichsfall im Strafvollzug identifiziert. Diese Gefangenen betreffend stellte das Bundesamt später ebenfalls BZR-Auszüge zur Verfügung.

Hinsichtlich der Bewährungsquoten nach Entlassung in die Freiheit fand sich eine hochsignifikante und auch von der Effektgröße her beachtliche Differenz zugunsten der Maßregelgruppe. In der Gefangenenstichprobe bewährte sich über einen Zeitraum von 1000 Tagen etwa ein Drittel der Stichprobe (32,8 %),[78] in der Maßregelgruppe über die Hälfte (52,7 %; Schalast, Frey, Boateng, Dönisch-Seidel & Leygraf, 2019). Über einen Nachverfolgungszeitraum von vier Jahren erwies sich die Differenz der Bewährungsquoten als insgesamt stabil (Schalast, Frey, Nau, Boateng & Leygraf, 2021). Der Vergleich betraf selbstverständlich die Gesamtgruppen: Er beschränkte sich bei den Patienten nicht auf die aus der Klinik in die Freiheit Entlassenen, sondern berücksichtigte auch die erhebliche Teilgruppe (etwa 49 %), bei der eine „Erledigung der Unterbringung" mangels Erfolgsaussicht erfolgt war. Diese Patienten gelangten zumeist erst nach weiterer Haftverbüßung in die Freiheit. Beim Vergleich der beiden „Outcome-Gruppen" der Entziehungsanstalten (Bewährungsentlassung vs. Rückverlegung in die Haft)

---

78 Im Folgenden jeweils Kaplan-Meyer-Schätzer.

fand sich, wie üblich (z. B. Querengässer, Bulla, Hoffmann & Ross, 2017), eine weit geringere delinquente Rückfallquote bei den ersteren (29 % vs. 68 % Neueinträge nach 1.000 Tagen).

Eine Schlussfolgerung aus den Ergebnissen lautete, dass der Ertrag der Unterbringung weiter zu steigern wäre, wenn die Quote der „Erledigungen der Unterbringung" gesenkt werden könnte. Die Erledigungsentscheidungen lassen sich nicht ausschließlich mit der Problematik der Patienten erklären. Manche Kliniken erreichen relativ konstant höhere Raten von Bewährungsentlassungen als andere (Schalast, 2021).

31.3 Bausteine der Behandlung

Im Feld der Suchtbehandlung gelten gerade antisoziale Persönlichkeitszüge als Indikator ungünstiger Behandlungsaussichten (s. o.). Die hier dargestellten Überlegungen betreffen aber gerade Klienten mit dissozialen Tendenzen. Für Personen ohne eine Neigung zur Straffälligkeit im Zusammenhang mit Suchtmittelgebrauch und Abhängigkeit erübrigen sich spezielle Behandlungskonzepte und besteht keine spezifische Indikation einer gleichsam sozialtherapeutisch ausgerichteten Suchtbehandlung.

31.3.1 Zur therapeutischen Haltung

Die Qualität der therapeutischen Beziehung stellt allgemein einen wichtigen Prädiktor des Erfolgs therapeutischer Maßnahmen dar, was auch für den Suchtbereich beschrieben wurde (Luborsky, McLellan, Woody, O'Brian & Auerbach, 1985). Für eine produktive Behandlungs- oder Betreuungsbeziehung ist wesentlich, dass die Therapeutinnen und Therapeuten positives Interesse an ihren Patienten und Klienten entwickeln können. Gleichzeitig ist es wichtig, sie vollständig wahrzunehmen, Täuschungsmanöver, Unaufrichtigkeit usw. nicht zu ignorieren und ggf. die Auseinandersetzung darüber zu suchen, ohne die Betreffenden auf solche Fehlhaltungen zu reduzieren. Nicht tolerabel ist es, wenn die Grenzen anderer rücksichtslos überschritten werden. Straftäter erleben die Welt häufig aus einer Opferperspektive. Sie spüren nicht, wie andere bisweilen unter ihnen leiden, interessieren sich nicht dafür oder genießen es sogar. Auf Grenzüberschreitungen sollte deutlich persönlich und authentisch reagiert werden. Es gilt, i. S. von Sachsse (1996), eine „traumatisierte therapeutische Beziehung" zu vermeiden.

Andererseits gilt auch für diese Patienten, dass das Wecken von Hoffnung („installation of hope", Yalom & Leszcz, 2005, S. 1) ein zentraler therapeutischer Wirkfaktor ist. Im Hinblick darauf ist es, wie erwähnt, bedeutsam, dass Behandler all das aufmerksam registrieren, was als Ressource, Kompetenz, positives Bemühen des Klienten gewürdigt werden kann. Man weckt weder Hoffnung noch fördert man die therapeutische Beziehung, indem man primär mit Verhaltensdefiziten und dem früheren Sozialversagen konfrontiert. Doch scheint es immer noch forensische Kontexte zu geben, in denen die Konfrontation als Mittel der Motivierung favorisiert wird, um „Krankheitseinsicht" oder „Änderungsmotivation" zu erzeugen (Müller, 2005).

Patienten und Gefangene können auf wohlwollende Kontaktaufnahme misstrauisch reagieren, weil sie entsprechende Bemühungen in ihrer Lebensgeschichte schon zu häufig erlebt haben. Das ändert sich am ehesten, wenn Behandelnde auch deutlich machen, „wo die Grenze ist", und mit eigenem Ärger – wenn auch reflektiert – relativ offen umgehen. Keinesfalls kann toleriert werden, dass Klienten in einem Behandlungskontext Regeln des „Milieus" etablieren, Mitbeteiligte unterdrücken oder deren Abstinenz absichtlich gefährden.

In einem forensischen Kontext ist es auch wichtig, die von Patienten bzw. Klienten und Gefangenen ausgehenden Risiken realistisch einzuschätzen. Aspekte der kriminalprognostischen Beurteilung werden in Kap. 25 dieses

Bandes eingehend behandelt. Wichtiger als der Einsatz der – immer nur begrenzt aussagekräftigen und meist biografische Risikofaktoren fokussierenden – Prognoseinstrumente ist es, im Einzelfall zu verstehen, unter welchen Umständen welche Art von strafbaren Handlungen zu befürchten ist und welche Rolle in diesem Zusammenhang Suchtmittel haben. Aus einem solchen individuellen Kriminalitäts- und Risikomodell (Dahle, 2005) ergeben sich viel selbstverständlicher spezifische Hinweise zum therapeutischen Handlungsbedarf, s. hierzu das folgende Fallbeispiel I (Textbox 31.3).

Textbox 31.3: „Drogenverlangen als Risikofaktor"

Fallbeispiel I

Der 27-jährige Patient des Maßregelvollzugs gem. § 64 StGB wurde wegen Verstößen gegen das Betäubungsmittelgesetz (Handeltreibens) zu einer Freiheitsstrafe von 3 Jahren und der Unterbringung verurteilt. Er wurde gut 1,5 Jahre lang stationär behandelt und dann in eine Einrichtung zur Rehabilitation Suchtkranker dauerbeurlaubt. Er ist seit dem 17. Lebensjahr wegen unterschiedlicher, oft gemeinschaftlich begangener Straftaten verurteilt worden.

Er berichtet, dass sein Vater ebenfalls drogenabhängig gewesen sei und sich suizidiert habe, als er selbst 6 Jahre alt war. Die Mutter habe nicht erneut geheiratet, er sei ohne väterliche Bezugsperson aufgewachsen. Er sei ein schwieriger Junge gewesen und wegen seines unaufmerksamen Temperaments und aggressiv-störenden Verhaltens auf eine Sonderschule gewechselt. Nach Abschluss dieser Schule habe er eine Lehre im Metallbereich begonnen und nach 5 Monaten abgebrochen. Schon im Alter von 17 Jahren habe er gelegentlich Heroin geraucht und ab dem 19. Lebensjahr auch gespritzt.

Der Verfasser kommt als Vertreter einer forensischen Klinikambulanz ins Spiel, nachdem der Patient in die Rehaeinrichtung dauerbeurlaubt wurde. In dieser Einrichtung formuliert er zunächst die besten Vorsätze und beteiligt sich an allen Aktivitäten. Man spürt bei ihm aber auch Unzufriedenheit und einen Anspruch, dass die Welt sich um ihn kümmern und ihn zufriedenstellen muss. Nach 3 Wochen kommt es zu einem Drogenrückfall, er raucht Heroin. Brav teilt er dies den Betreuern mit („Ich habe das gleich aufgemacht"). Er kritisiert sein eigenes Verhalten ausdrücklich. Gegen einen Versuch, seine Gestimmtheit in der Rückfallsituation und seine Wirkungserwartungen zu klären, sträubt er sich jedoch gereizt. Die Beurlaubung in die Rehaeinrichtung wird zunächst unterbrochen und der Patient zur Stabilisierung in die Maßregeleinrichtung zurückbeordert.

Der Patient imponierte als Mensch mit schwachen Ressourcen und ausgeprägt regressiven Wünschen, bei dem immer ein Drogenverlangen aufzukommen droht, wenn die Dinge einige Zeit nicht so laufen wie erhofft. Man konnte sich kaum vorstellen, dass er das Behandlungsziel Abstinenz erreicht. Es wurde empfohlen, mit ihm über den Versuch einer medikamentösen Hilfestellung (Substitution, Naltrexon) zu verhandeln (s. 31.3.7).

31.3.2 Probleme der Behandlungsmotivation

Um einen Patienten adäquat unterstützen und mit ihm angemessene Therapieziele aushandeln zu können, ist eine detaillierte Analyse seines Problemverhaltens angezeigt. Es ist also sinnvoll, systematisch mit ihm zu untersuchen, unter welchen Bedingungen, in welcher Weise und mit welchem Ziel und Erfolg er Suchtmittel konsumiert hat. Eine ähnliche Analyse sollte bzgl. des delinquenten Verhaltens erfolgen. Beides kann bei der hier betrachteten Problemgruppe entwicklungsgestörter Menschen bereits ausgesprochen schwierig sein. Bekanntlich kommt es bei Suchtpatienten oft schnell nach der Einleitung einer stationären Therapie zu einem Abfall des Problembewusstseins (Petry, 1996). Diagnostische Fragen beziehen sich häufig auf peinliches und gesellschaftlich missbilligtes Verhalten, und Rauschmittelmissbrauch kann die Fähigkeit zur realistischen Selbstbeobachtung beeinträchtigen (Lindenmeyer, 2005, S. 63). Bei entwicklungsgestörten suchtkranken Straftätern ist meist schon primärpersönlich von Defiziten der Selbstwahrnehmung und geringer Introspektionsfähigkeit auszugehen. Zudem haben die Patienten/Klienten eine ausgeprägte Tendenz, die Ursachen problematischen Verhaltens außerhalb der eigenen Person zu lokalisieren, und es manifestiert sich oft prototypisch, was in der Psychoanalyse mit „unreifen Abwehrmechanismen" beschrieben wird. So kann man erleben, dass unzweifelhafte Tatsachen geleugnet werden, wenn sie in einem schwer erträglichen Widerspruch zum Selbstbild des Betreffenden stehen (s. Textbox 31.4).

Textbox 31.4:
„Weil nicht sein kann, was nicht sein darf"

Fallbeispiel II

Der zum Zeitpunkt der Erstauflage dieses Bandes 47-jährige Proband Herr P. war seit dem 20. Lebensjahr vielfach verurteilt worden und hatte insgesamt 8 Jahre Freiheitsstrafe verbüßt. Vorwiegend war es um Gewaltdelikte im Milieu gegangen. Zuletzt war er wegen Vollrausches (§ 323a StGB) zu einer Freiheitsstrafe von 3 Jahren und 8 Monaten sowie der Unterbringung in einer Entziehungsanstalt verurteilt worden. Der Anklagevorwurf hatte auf versuchten Totschlag gelautet. Herr P. hatte nach massivem Alkoholkonsum ohne erkennbaren äußeren Anlass in der eigenen Wohnung auf einen Trinkkumpan eingestochen. Dieser konnte noch auf die Straße flüchten, wo er kollabierte. Nur durch eine Notoperation wurde er gerettet.

Nach einem Haftaufenthalt von über 1 Jahr kam Herr P. in den Maßregelvollzug gem. § 64 StGB, aus dem nach 1,5 Jahren eine Langzeitbeurlaubung – zunächst in eine Wohneinrichtung für Haftentlassene und dann in eine eigene Wohnung – erfolgte. Der Verfasser wurde in die Nachsorge des Klienten einbezogen und begleitete ihn über das Ende der für 4 Jahre angeordneten Führungsaufsicht hinaus.

Bemerkenswert waren seine fast zwanghaften Bemühungen, sich nicht in Risikosituationen zu begeben, in denen er sich in der Vergangenheit als gewalttätig erlebt hatte. So durchquerte er die „Szene" sozial randständiger Menschen im Umfeld des Hauptbahnhofes stets schnellen Schrittes, ohne nach rechts und links zu schauen. An den Karnevalstagen begab er sich nicht unter die ausgelassen Feiernden. Zu konsequenter Abstinenz war er nicht fähig. Immer wieder kam es in Phasen dysphorischer Verstimmung zu Rückfällen.

Bemerkenswert war, dass Herr P. das Unterbringungsdelikt durchgängig leugnete, während der Hauptverhandlung, der Unterbringung und auch der Nachsorge. Die Tat, ohne Provokation auf einen schutzlosen Menschen einzustechen, widersprach seinem „Ehrenkodex", also hatte er sie nicht begangen. Der Verfasser forderte die Ermittlungsakten an und diskutierte mit Herrn P. eingehend die über jeden Zweifel erhabene Beweislage. Herr P. hielt an einer Konstruktion fest, dass das Tatopfer selbst in kriminelle Machenschaften verstrickt gewesen und wohl einer seiner Kontrahenten in die Wohnung eingedrungen sei. Er räumte für die Zeit der Tat einen „Blackout" ein, ohne jedoch seine Täterschaft in Erwägung zu ziehen. Fast 1 Jahr nach Beendigung des Nachsorgekontaktes übersandte Herr P. eine E-Mail, in der er – erkennbar angetrunken – beschwor, dass er den Geschädigten keinesfalls „angestochen" habe.

Auf die Nachsorgegespräche hatte Herr P. großen Wert gelegt und die verabredeten Termine sehr zuverlässig wahrgenommen. Er brachte die Führungsaufsicht auch zu einem erfolgreichen Abschluss. Die psychische

Funktion seines Leugnens einer beschämenden Tatsache konnte jedoch nicht bearbeitet werden.

Etliche Jahre später kam es zu einem Telefonat des Verfassers mit der alten Mutter des Herrn P. Sie stellte bei der Gelegenheit fest: „Er hat ja viel von Ihnen erzählt, hat große Stücke auf Sie gehalten. Im Gefängnis war er ewig nicht mehr."

Generell kann man davon ausgehen, dass die Behandlungsmotivation straffälliger Suchtkranker – v.a. i.S. eines Bedürfnisses nach Selbstkonfrontation und Selbsterforschung – eher gering ist. Unter den Bedingungen von Zwangsabstinenz erkennen sie rückblickend zwar zumeist Probleme im Zusammenhang mit ihrem Konsumverhalten und bringen auch eine allgemeine Veränderungsbereitschaft zum Ausdruck. Doch ziehen sie daraus häufig keine ausreichenden Konsequenzen oder tendieren zu einer oberflächlichen Zuversicht, nach dem Grundsatz „Irgendwann muss ich doch vernünftig werden" (Schalast, 2000). Das ändert nichts daran, dass – wie oben beschrieben – die Quoten delinquenter Rückfälligkeit durch eine therapeutisch ausgestaltete Alternative zum Strafvollzug deutlich gesenkt werden können.

31.3.3 Spezifische psychotherapeutische Interventionen

Untersuchungen haben darauf hingewiesen, dass unstrukturierte psychodynamische oder klientenzentrierte Behandlungen für substanzabhängige und straffällige Menschen wenig effektiv seien (vgl. Hollin, 1999; Springer, McNeece & Mayfield Arnold, 2003). Dies bedeutet nicht, dass die in den entsprechenden therapeutischen Schulen vermittelten basalen Kompetenzen und Prinzipien (therapeutische Grundhaltung, Wertschätzung, Empathie, Beziehungskompetenz) nicht auch für die Arbeit mit süchtigen Straftätern wesentlich sind. Sie verbessern die Fähigkeit, sich mit schwer entwicklungsgestörten Menschen flexibel und kreativ auseinanderzusetzen. Andererseits geht man davon aus, dass für die Arbeit mit diesen Klienten eine verlässliche Struktur besonders wichtig ist, die den Beteiligten Orientierung und einen gewissen Schutz bietet. Eine solche Strukturierung ist auch in einem tiefenpsychologisch orientierten Behandlungssetting möglich (Zimprichová, 2008).

Modernere Behandlungsprogramme haben häufig eine kognitiv-behaviorale Fundierung. Angestrebt wird weniger eine „Aufarbeitung" von Problemen und belastenden Erfahrungen als eine differenzierte Analyse des Verhaltensstiles und ein Erlernen sinnvoller sozialer, kommunikativer und emotionaler Fertigkeiten. Ein Skillstraining als Baustein eines strukturierten Behandlungsprogrammes wurde wohl erstmals im Rahmen der Dialektisch-Behavioralen Therapie (Bohus & Berger, 1996; Linehan, 1996) vorgestellt, einem ursprünglich für Borderline-Patienten entwickelten Behandlungskonzept. Es wird inzwischen auch im Maßregelvollzug eingesetzt, und aus der Praxis wird berichtet, dass gerade das Fertigkeitentraining von den Patienten als Bereicherung erlebt wird. Es zielt auf Bereiche der Selbst- und Verhaltensregulation, die auch bei Straftätern mit Suchtproblemen fast immer defizitär sind: Förderung der inneren Achtsamkeit, Verbesserung der zwischenmenschlichen Fertigkeiten und des Umgangs mit Gefühlen, Erhöhung der Stresstoleranz (Stiglmayr, Schehr & Bohus, 2002).

Auch modernere Ansätze der allgemeinen Suchtbehandlung haben häufig einen strukturierten Charakter und eine eher kognitiv-behaviorale Ausrichtung (Brueck & Mann, 2007; Lindenmeyer, 2005). Neben einer eingehenden Verhaltensanalyse und einem Modul zur Entwicklung und Festigung von Abstinenzmotivation wird in speziellen Sitzungen an individuellen Risikosituationen gearbeitet, ein Ablehnungstraining durchgeführt und eine individuelle Bewältigungsstrategie erarbeitet. Weitere Arbeitsmaterialien gelten der Rückfallprävention wie auch der Bewältigung eines Rückfalls oder „Ausrutschers".

Einen interessanten Baustein behavioraler Behandlungsprogramme stellen Expositionsübungen dar, bei denen sich Patienten gezielt mit Reizen konfrontieren, die Drogenverlangen hervorrufen. Die Konfrontation kann z.B. – nach sorgfältiger Instruktion und Vorbereitung – mit dem alkoholischen Lieblingsgetränk des Patienten erfolgen. Er nimmt, in Gegenwart der Therapeutin oder im Rahmen einer entsprechend vorbereiteten Kleingruppe, eine Flasche des Getränks in die Hand, schenkt sich ein Glas ein, riecht an ihm. Ziel ist es, automatisierte Verhaltensketten zu unterbrechen, Kontrollverlusterwartungen zu widerlegen und Bewältigungsmöglichkeiten zu stärken (Lindenmeyer, 2005, S. 83f.).

Eher fragwürdig ist es eigentlich, Patienten über lange Zeiträume zwangsweise und künstlich vor eben solchen Schlüsselreizen zu schützen. Abhängige berichten nicht selten, dass sie wie ferngesteuert in alte Gewohnheiten verfielen, wenn bestimmte äußere Umstände auf sie einwirkten. Natürlich sollten Patienten lernen, die für sie kritischen Situationen zu meiden (Stimuluskontrolle; s.a. Textbox 31.4). Aber anzustreben ist, dass sie auch ihre Möglichkeiten verbessern, konditionierte Verhaltensketten zu unterbrechen (Reaktionskontrolle). Ein wichtiger Nebeneffekt ist darin zu sehen, dass Expositionsübungen das Problembewusstsein wiederbeleben können. Nach einigen Monaten in stationärer Behandlung erfährt man von Patienten nicht selten, dass sie „überhaupt keinen Suchtdruck" mehr verspürten. Häufig sehen sie darin eine Bestätigung dafür, „nicht wirklich abhängig" zu sein.

Selbsthilfegruppen, die nach den Prinzipien der Anonymen Alkoholiker arbeiten, gelten als besonders effektiv im Hinblick auf das Erreichen langfristiger Abstinenz. Dies ist aber auch Folge einer Selbstselektion der Teilnehmenden, weil Betroffene mit relativ intaktem sozialem Hintergrund und geringerer Persönlichkeitsgestörtheit eher fähig sind, sich an solche Gruppen zu binden und von ihnen zu profitieren. Im Hinblick auf straffällige Menschen ist die Bilanz solcher Angebote – v.a. als singulärer Behandlungsmaßnahme – ungünstiger. Ganz besonders gilt dies für junge Straffällige (Springer et al., 2003, S. 111).

31.3.4 Arbeit an traumatischen Erfahrungen

Prävalenz, Diagnostik und Behandlung posttraumatischer Störungen stellten etliche Jahre ein Modethema der psychiatrischen Forschung dar. Dies betraf auch die Bedeutung v.a. chronischer und multipler Traumatisierungen für soziale Fehlanpassungen und dissoziale Entwicklungen (vgl. Dimmek, 1998). Inhaftierte berichten deutlich häufiger über Erfahrungen von Gewalt und Vernachlässigung als der Durchschnitt der Bevölkerung (Goff, Rose, Rose & Purves, 2007), und Angaben über traumatische Erfahrungen gehen bei ihnen mit höheren Prävalenzraten für Suchtprobleme und Persönlichkeitsstörungen einher, v.a. dissozialen Störungen (Drießen, Schroeder, Widmann, von Schönfeld & Schneider, 2006).

Eine Annäherung an Erfahrungen, welche nicht verarbeitet werden konnten, welche die Betreffenden in Anspannung versetzen und heftige Affekte mobilisieren können, ist in Behandlungen sinnvoll. Eine Art Dogma der Traumatherapie war lange die Forderung, vor einer Konfrontation mit traumatischen Erinnerungen müsse unbedingt eine Stabilisierung – Aufbau von Strategien zur Regulation von Affekten und zur Kontrolle von Symptomen – erfolgen (Reddemann, 2003). Neuner (2008) vertrat die Ansicht, dass unmittelbar traumafokussierende Therapieverfahren zweckmäßiger seien. Dem Patienten werde sonst signalisiert, dass die Annäherung an das Trauma hochgefährlich sei, und bestimmte potenziell entlastende Erfahrungen würden unnötig verzögert. Andererseits haben stabilisierende imaginative Übungen, wie etwa Reddemann (2003) sie im Rahmen von Traumaarbeit vorgeschlagen hat, einen eigenständigen Wert. Auch forensische Patienten können für solche (meditativen, selbstberuhigenden) Behandlungsbausteine sehr empfänglich sein.

Im Grunde ist in der therapeutischen Arbeit angemessen, was die Therapeutin*der Therapeut mit einem sicheren Gefühl und wohlwollendem Interesse am Patienten begleiten kann. Ein Vorgehen, das die „Konfrontation“ (mit Verfehlungen, Widersprüchen, Widerständen) zum dominierenden Prinzip macht, ist – wie oben schon ausgeführt – unangemessen. Behandelnden, die dazu tendieren, fehlt es meist an gründlicher Ausbildung und Selbsterfahrung. Leider war Konfrontation gerade in der Suchtbehandlung lange Zeit ein vielgeübter Interventionsmodus. Moos (2005) stellte in Untersuchungen zur Suchttherapie fest, dass 7–15 % der Patientinnen und Patienten, die eine Suchtbehandlung absolvieren, sich verschlechtern. Sie verlassen die Therapie z. B. mit weniger Abstinenzhoffnung und -motivation. Als Merkmale, die das Risiko einer Verschlechterung erhöhen, identifizierte er u. a.: viel Konfrontation und Kritik in der therapeutischen Interaktion, Mangel an Bindung zwischen Patient und Behandelnden und generell ein Defizitmodell vom Patienten.

Gerade ein forensischer Behandlungskontext verleitet dazu, die nicht freiwilligen Patienten als Defizitwesen zu betrachten. Eine Aufgabe der therapeutischen Bezugspersonen muss es gerade sein, Stärken und Ressourcen im Patienten zu erspüren, die diesem gar nicht bewusst sind. Damit offen, authentisch und „konfrontativ“ umzugehen ist ein Weg, so etwas wie „therapeutische Beziehung“ zu stiften und zu stärken.

31.3.5 Rechtsbewusstsein

An anderer Stelle hat der Verfasser, Bezug nehmend auf Fabricius (1991), dargestellt, dass die Förderung der Gewissensbildung oder des Rechtsbewusstseins ein Anliegen in der Behandlung süchtiger Straftäter sein sollte (Schalast, 2006). Die Straffälligkeit der Betreffenden ist ja nicht einfach nur ein Ausfluss gestörter Emotionalität und süchtiger Bindung. Vielmehr fehlt es meist auch an der Internalisierung von Regeln und Normen, die in entsprechend kritischen Situationen ein Tathemmnis bilden könnten. Die Förderung von Gewissensstrukturen ist etwas anderes als die Bearbeitung deliktfördernder Haltungen und Einstellungen, die natürlich ebenfalls sinnvoll ist: Im Durchschnitt sollen Behandlungsprogramme effektiver sein, die über ein kognitiv-behaviorales Element verfügen und gezielt versuchen, deliktfördernde Haltungen und Einstellungen zu verändern (Lösel, 1998; s. a. Kap. 34 in diesem Band).

Die Förderung von Gewissensstrukturen erfordert jedoch darüber hinaus, dass Patienten über einen längeren Zeitraum ein relativ transparentes und gerechtes Behandlungssystem erleben und ein glaubwürdiges, respektables Gegenüber, welches Identifikationsmöglichkeiten bietet. Natürlich gehört es in der Praxis zu den täglichen Erfahrungen, dass Patienten/Klienten den Sinn von Grenzen nicht einsehen und auf Versagungen verärgert reagieren. Darin kann die prägende Erfahrung zum Ausdruck kommen, dass elterliche Reaktionen und Sanktionen aus Stimmungen heraus willkürlich und inkonsistent erfolgten und als ungerecht erlebt wurden (Koglin & Petermann, 2008). Hinsichtlich Berechenbarkeit und Konsequenz sollten Behandler gleichsam ein Gegenmodell verkörpern. Sie sollten auch ihre eigenen Werthaltungen offensiv vertreten. Wenn sie das Verhalten eines Patienten unfair oder verletzend erleben, so sollten sie sich die in ihnen aufsteigenden Gefühle nicht verbieten. Dabei kann die Konfrontation mit Grenzen und Werten nur als ein Entwicklungsanreiz wirken, wenn Mitarbeiterinnen und Mitarbeiter sich durch eine unterstützende und interessierte Haltung über einen gewissen Zeitraum „Beziehungskredit“ (vgl. Sachse, 2006) erarbeitet haben.

31.3.6 Medikamentöse Hilfestellung

Überlegungen zu sinnvollen medikamentösen Maßnahmen zur Schadensbegrenzung oder Risikominderung bei suchtkranken Straftätern sollen an dieser Stelle nur stichwortartig ergänzt werden. Die Literatur hierüber ist – gerade was die Abhängigkeit von illegalen Drogen betrifft – besonders umfangreich.

Das bedeutendste Einsatzgebiet von Medikamenten ist die Substitutionsbehandlung Opiatabhängiger. Laut Drogen- und Suchtbericht 2019 der Bundesregierung (S. 20 u. S. 91) waren am Stichtag 01.07.2018 79.400 Abhängige in Substitutionsprogramme einbezogen. Im gleichen Jahr bewilligte die Deutsche Rentenversicherung 16.413 Drogenabhängigen eine stationäre Entwöhnungsbehandlung.

Substitutionsmittel haben stets eine gegenüber Opiaten flachere Pharmakokinetik und eine deutlich längere Halbwertszeit, sodass eine tägliche Einzeldosis zur Vermeidung von Entzugssymptomen ausreichend ist. Die wichtigsten in Deutschland eingesetzten Substitutionssubstanzen sind *Methadon* und *Buprenorphin.* Beide verdrängen Heroin von den Opiatrezeptoren und scheinen im Hinblick auf Opiatfreiheit ähnlich wirksam zu sein, bei einer etwas ungünstigeren Haltequote und einem etwas günstigeren Nebenwirkungsspektrum des *Buprenorphins* (Mattick et al., 2003). Zur Praxis der Substitutionsbehandlung sei auf Havemann-Reinecke et al. (2006) und die Richtlinien der Bundesärztekammer (2017) verwiesen. In Zukunft wird auch die Option einer heroingestützten Behandlung gerade bei therapeutisch schwer erreichbaren Drogenabhängigen weiter an Bedeutung gewinnen (Frick, Wiedermann, Schaub, Uchtenhagen & Rehm, 2010).

Eine Alternative zum Einsatz eines Opiatagonisten wie *Methadon* stellt der Opiatantagonist *Naltrexon* dar. Die Substanz hat selbst keine psychotropen Effekte und kein Suchtpotenzial. Die Einnahme führt durch die Blockierung von Opiatrezeptoren dazu, dass entsprechende Drogen nicht mehr berauschen. Damit stellt *Naltrexon* für Drogenabhängige eine eher unattraktive Alternative zu einer Substitution dar. Entsprechend hat sich auch gezeigt, dass die Haltequote einer alleinigen Naltrexonbehandlung, im Vergleich etwa zum *Methadon,* gering ist. Anders sind die Ergebnisse jedoch, wenn *Naltrexon* im Rahmen strukturierter (Nachsorge-)Programme eingesetzt wird (Farren, 1997). Kunøe et al. (2009) berichten sehr positive Erfahrungen mit der inzwischen verfügbaren *Naltrexon*-Depotmedikation bei Opioidabhängigen, wobei die untersuchten Patienten auch von einer allgemein cravingmindernden Wirkung des Medikaments profitierten.

Bei Alkoholabhängigkeit kommen zum einen sog. Anti-Cravingmedikamente zum Einsatz, zum anderen hat die Anwendung von *Disulfiram* als Aversivmedikament eine Tradition. Unter den in den letzten Jahren eingeführten Anti-Cravingsubstanzen gilt v.a. die Wirkung von *Acamprosat* als gesichert. Solche Medikamente stellen keinen Ersatz für eine psychosoziale Behandlung dar, sie sollten vielmehr neben der Unterstützung durch Therapeuten oder Selbsthilfegruppen eingesetzt werden (Smolka, Kiefer & Mann, 2003). *Acamprosat* erhöht die Abstinenzquoten nach einer Entgiftungs- oder Entwöhnungsbehandlung, doch ist Voraussetzung für einen Nutzen die relativ stabile Motivation des Klienten, alkoholfrei leben zu wollen.

Das schon erwähnte *Disulfiram* erzeugt durch die Hemmung eines Enzyms eine Alkoholunverträglichkeit. Wird dennoch Alkohol konsumiert, so hat dies unangenehme Folgen wie Übelkeit, Schwindel und Tachykardie. Die Nutzen-Risiko-Bilanz des Medikamentes wurde zeitweise kritisch bewertet. Es erlebte in den 90er-Jahren eine Renaissance im Rahmen eines ambulanten Intensivbehandlungsprogramms für stark gefährdete Alkoholiker, für das gute Wirkungsnachweise erbracht wurden (Krampe et al., 2005). Eine Indikation wird gerade auch bei delinquenzgefährdeten Trinkern gesehen (Fuller & Gordis, 2004). Stolpmann und Müller (2008) diskutieren den Einsatz des Medikamentes bei Patienten des Maßregelvollzugs. Disulfiram ist leider derzeit in Deutschland nicht mehr zugelassen, kann von Apotheken jedoch beschafft werden. Es besteht Konsens, dass die Anwendung in strukturierte Nachsorgeprogramme eingebettet sein sollte (Reker, 2019). Klienten sollten von nahestehenden Menschen zur regelmäßigen Einnahme angehalten werden.

Medikamentöse Hilfestellungen liefern keine Patentlösungen für die schwierige, auf Stabilisierung und soziale Integration abzielende Arbeit mit delinquenten Rauschmittelabhängigen. Dass jedoch Einrichtungen wie die Entziehungsanstalten gem. § 64 StGB bis vor einigen Jahren fast ausschließlich strikt abstinenzorientiert gearbeitet haben, ist problematisch. In Anbetracht der relativ hohen „Erledigungsquoten" erscheint es wahrscheinlich, dass der therapeutische Ertrag dieser aufwendigen Intervention durch Einbeziehung medikamentöser Optionen zumindest graduell verbessert werden könnte (vgl. Schalast, 2009, 2019).

31.4 Fazit

Die Entwicklungsprobleme und psychosozialen Defizite substanzabhängiger Straffälliger sind praktisch immer komplex und gravierend. Behandlungsbemühungen sollten nicht einseitig auf das Behandlungsziel Abstinenz fixiert sein. Schadensbegrenzung und Risikominderung können auch erreicht werden bei Personen, für die das Ziel einer vollständigen Suchtmittelfreiheit nicht realistisch ist, und zwar durch psychosoziale wie auch medikamentöse Maßnahmen bzw. deren Kombination. Während in Bezug auf die verbalen Bekundungen und guten Vorsätze vieler Klienten eine gewisse Distanz geboten ist, muss die therapeutische Haltung doch von freundlichem Interesse geprägt sein und müssen Behandlungsprogramme einen unterstützenden und ressourcenfördernden Charakter haben. Es ist zum einen das Prinzip des Herauswachsens aus Sucht und Kriminalität („maturing out", „growing out", vgl. Winnick, 1962), aus dem sich die Hoffnung auf einen Nutzen von Interventionen ableiten lässt. Zum anderen konnte die Essener Evaluationsstudie (Schalast et al., 2021) für die forensischen Entziehungsanstalten zeigen, dass mittels entsprechenden Aufwandes und geeigneter Behandlungskonzepte die Quote der nach Freiheitsentzug erneut straffälligen Abhängigen substanziell gesenkt werden kann.

31.5 Weiterführende Literatur

Lindenmeyer, J. (2005). *Alkoholabhängigkeit. Fortschritte der Psychotherapie* (2. Aufl.). Göttingen: Hogrefe.

Kompakte praxisnahe Darstellung eines kognitiv-verhaltenstherapeutischen Behandlungskonzepts für Alkoholabhängige. Bausteine des Programms können in der ambulanten Behandlung wie auch in forensischen Institutionen eingesetzt werden.

Schalast, N. (Hrsg.). (2019). *Straffällige mit Suchtproblemen.* Lengerich: Pabst.

Ein Handbuch mit Beiträgen über verschiedene Aspekte des Umgehens mit Suchtproblemen im Strafvollzug und im §-64-Maßregelvollzug (Stichworte: Evaluation, Nachsorge, Frauen, klinische Erfahrungen). Enthält eine Aufstellung der Erhebungsinstrumente der Essener Evaluationsstudie.

Schalast, N., Frey, M., Nau, B., Boateng, S. & Leygraf, N. (2021). Zum Ertrag der Unterbringung in einer Entziehungsanstalt und zu methodischen Einwänden gegen die Essener Evaluationsstudie. *Psychiatrische Praxis. 48,* 412–420. https://doi.org/10.1055/a-1540-5378

Fasst die wesentlichen methodischen Charakteristika und Ergebnisse der Evaluationsstudie zum §-64-Maßregelvollzug zusammen.

Literatur

Bean, P.H. (2008). *Drugs and crime* (3rd ed.). Cullompton: Willan Publishing.

Berthold, D. & Riedemann, C. (2018). Behandeln wir eigentlich noch die Richtigen? *Forensische Psychiatrie, Psychologie, Kriminologie, 25,* 74–90.

Bohus, M. & Berger, M. (1996). Die Dialektisch-Behaviorale Psychotherapie nach M. Linehan. *Nervenarzt, 67,* 911–923. https://doi.org/10.1007/s00115 0050072

Brueck, R. & Mann, K. (2007). *Alkoholismusspezifische Psychotherapie. Manual mit Behandlungsmodulen.* Köln: Deutscher Ärzteverlag.

Bundesärztekammer. (2017). *Richtlinien zur Durchführung der substitutionsgestützten Behandlung Opioidabhängiger.* Zugriff am 11. April 2021 unter https://www.bundesaerztekammer.de/fileadmin/user_upload/downloads/pdf-Ordner/RL/Substitution.pdf

Cloninger, C.R., Sigvardsson, S. & Bohman, M. (1996). Type I and type II alcoholism: An update. *Alcohol Health & Research World, 20,* 18–23.

Dahle, K.P. (2005). *Psychologische Kriminalprognose. Wege zu einer integrativen Beurteilung der Rückfallwahrscheinlichkeit.* Herbolzheim: Centaurus.

Dimmek, B. (1998). *Vom ungeliebten Kind zum psychisch kranken Rechtsbrecher?* Lengerich: Pabst.

Dougherty, D.M., Bjork, J.M., Bennett, R.H. & Moeller, F.G. (1999). The effects of a cumulative alcohol dosing procedure on laboratory aggression in men and women. *Journal of Studies on Alcohol, 60,* 322–329. https://doi.org/10.15288/jsa.1999.60.3 22

Drießen, M., Schroeder, T., Widmann, B., von Schönfeld, C.E. & Schneider, F. (2006). Childhood trauma, psychiatric disorders, and criminal behaviour in prisoners in Germany: A comparative study in incarcerated women and men. *Journal of Clinical Psychiatry, 67,* 1486–1492. https://doi.org/10.408 8/JCP.v67n1001

Drogen- und Suchtbericht. (2019). Zugriff am 27. September 2022 unter https://www.bundesgesund heitsministerium.de/service/publikationen/de tails/drogen-und-suchtbericht-2019.html

Fabricius, D. (1991). Mindestanforderungen an eine resozialisierende Sozialtherapie. *Monatsschrift für Kriminologie, 74,* 197–209.

Farren, C.K. (1997). The use of Naltrexone, an opiate antagonist, in the treatment of opiate addiction. *Irish Journal of Psychological Medicine, 14,* 31–34. https://doi.org/10.1017/S0790966700002895

Frick, U., Wiedermann, W., Schaub, M., Uchtenhagen, A. & Rehm, J. (2010). Heroingestützte Behandlung in der Schweiz im Langzeitverlauf 1994–2007: Einflussfaktoren auf den Behandlungserfolg. *Psychiatrische Praxis, 37,* 175–182. https://doi.org/10.1055/s-0029-1223424

Fuller, R.K. & Gordis, E. (2004). Does disulfiram have a role in alcoholism treatment today? *Addiction, 99,* 21–24. https://doi.org/10.1111/j.1360-04 43.2004.00597.x

Goff, A., Rose, E., Rose, S. & Purves, D. (2007). Does PTSD occur in sentenced prison populations? A systematic literature review. *Criminal Behaviour and Mental Health, 17,* 152–162. https://doi.org/10.1002/cbm.653

Gottfredson, M.R. & Hirschi, T. (1990). *A general theory of crime.* Stanford, CA.: Stanford University Press. https://doi.org/10.1515/9781503621794

Graham, K., West, P. & Wells, S. (2000). Evaluating theories of alcohol-related aggression using observations of young adults in bars. *Addiction, 95,* 847–863.https://doi.org/10.1046/j.1360-0443.2000.9 568473.x

Havemann-Reinecke, U., Küfner, H., Schneider, U., Günthner, A., Schalast, N. & Vollmer, H.C. (2006). Opioidbezogene Störungen: Postakutbehandlung. In L.G. Schmidt, M. Gastpar, P. Falkai & W. Gaebel (Hrsg.), *Evidenzbasierte Suchtmedizin* (S. 193–239). Köln: Deutscher Ärzteverlag.

Hollin, C.R. (1999). Treatment programs for offenders. *International Journal of Law and Psychiatry, 22,* 361–372. https://doi.org/10.1016/S0160-2527 (99)00015-1

Koglin, U. & Petermann, F. (2008). Inkonsistentes Erziehungsverhalten – ein Risikofaktor für aggressives Verhalten? *Zeitschrift für Psychiatrie, Psychologie, Psychotherapie, 56,* 285–291. https://doi.org/1 0.1024/1661-4747.56.4.285

Krampe, H., Stawicki, S., Wagner, T., Ribbe, K., El Kordi, A., Niehaus, S. et al. (2005). ALITA – Ambulante Langzeit-Intensivtherapie für Alkoholkranke. *Psychoneuro, 31,* 507–512. https://doi.org/10.1055/s-2005-922239

Kreuzer, A. (2002). Bedingungen der strafrechtlichen Praxis in stationären Einrichtungen. In DHS & R. Gaßmann (Hrsg.), *Suchtprobleme hinter Mauern* (S. 35–63). Freiburg: Lambertus.

Kreuzer, A. (2015). Zusammenhänge zwischen Drogen und Kriminalität. *Forensische Psychiatrie, Psychologie, Kriminologie, 9,* 3–9. https://doi.org/10.10 07/s11757-014-0297-9

Kunøe, N., Lobmaier, P.H., Vederhus, J.K., Hjerkinn, B., Hegstad, S., Gossop, M. et al. (2009). Naltrexone implants after in-patient treatment for opioid dependence: Randomised controlled trial. *British Journal of Psychiatry, 194,* 541–546. https://doi.org/10.1192/bjp.bp.108.055319

Lehmann, M. (2019). Suchtprobleme bei Gefangenen: Situation und Perspektiven. In Schalast, N. (Hrsg.), *Straffällige mit Suchtproblemen* (S. 17–28). Lengerich: Pabst.

Lindenmeyer, J. (2005). *Alkoholabhängigkeit* (2. Aufl., Reihe Fortschritte der Psychotherapie, Bd. 6). Göttingen: Hogrefe.

Linehan, M.M. (1996). *Dialektisch-behaviorale Therapie der BPS.* München: CIP-Medien.

Little, H.J. (2000). Alcohol as a stimulant drug. *Addiction, 95,* 1751–1753. https://doi.org/10.1046/j.1360-0443.2000.951217512.x

Livingston, L.R. (1986). Measuring domestic violence in an alcoholic population. *Journal of Sociology and Social Welfare, 13,* 934–953.

Lösel, F. (1998). Evaluation in der Straftäterbehandlung. Was wir wissen und noch erforschen müssen. In R. Müller-Isberner & S. Gonzales Cabeza (Hrsg.), *Forensische Psychiatrie – Schuldfähigkeit, Kriminaltherapie, Kriminalprognose* (S. 29–50). Mönchengladbach: Forum Verlag.

Luborsky, L., McLellan, A.T., Woody, G.E., O'Brian, C.P. & Auerbach, A. (1985). Therapist success and its determinants. *Archives of General Psychiatry, 42,* 602–611. https://doi.org/10.1001/archpsyc.1985.01790290084010

Maelicke, B. (2014). Wie Wasser von Klippe zu Klippe geworfen – der organisierte Beziehungsabbruch als Systemfehler der Resozialisierung. In M. Lehmann, M. Behrens & H. Dress (Hrsg.), *Gesundheit und Haft* (S. 11–13). Lengerich: Pabst.

Mattick, R.P., Ali, R., White, J.M., O'Brien, S., Wolk, S. & Danz, C. (2003). Buprenorphine versus methadone maintenance therapy: A randomized double-blind trial with 405 opoid-dependent patients. *Addiction, 98,* 441–452. https://doi.org/10.1046/j.1360-0443.2003.00335.x

McSweeney, T., Stevens, A., Hunt, N. & Turnbull, P.J. (2007). Twisting arms or a helping hand? Assessing the impact of „coerced“ and comparable „voluntary“ drug treatment options. *British Journal of Criminology, 47,* 470–490. https://doi.org/10.1093/bjc/azl087

Moeller, F.G., Dougherty, D.M., Lane, S.D., Steinberg, J.L. & Cherek, D.R. (1998). Antisocial personality disorder and alcohol-induced aggression. *Alcoholism: Clinical and Experimental Research, 22,* 1898–1902. https://doi.org/10.1111/j.1530-0277.1998.tb05896.x

Moeller, F.G. & Dougherty, D.M. (2001). Antisocial personality disorder, alcohol, and aggression. *Alcohol Research & Health, 25,* 5–11.

Moos, R.H. (2005). Iatrogenic effects of psychosocial interventions for substance use disorders: Prevalence, predictors, prevention. *Addiction, 100,* 595–604. https://doi.org/10.1111/j.1360-0443.2005.01073.x

Müller, J.L. (2005). Motivation oder Aussichtslosigkeit? Konzept und 1-Jahres-Evaluation einer suchtforensischen Aufnahme-, Diagnostik- und Motivationsstation. *Psychiatrische Praxis, 32,* 205–207.

Mulder, R.T. (2002). Alcoholism and personality. *Australian and New Zealand Journal of Psychiatry, 36,* 44–52. https://doi.org/10.1046/j.1440-1614.2002.00958.x

Mulvey, E.P., Schubert, C.A. & Chassin, L. (2010). *Substance use and delinquent behavior among serious adolescent offenders.* Washington, DC: Office of Juvenile Justice and Delinquency Prevention. Zugriff am 5. April 2021 unter https://www.ojp.gov/pdffiles1/ojjdp/232790.pdf

Nedopil, N. (2007). *Forensische Psychiatrie* (3. Aufl.). Stuttgart: Thieme.

Neuner, F. (2008). Stabilisierung vor Konfrontation in der Traumatologie – Grundregel oder Mythos? *Verhaltenstherapie, 18,* 109–118. https://doi.org/10.1159/000134006

Pernanen, K. (1991). *Alcohol in human violence.* New York, NY: Guilford Press.

Petry, J. (1996). Suchtentwicklung und Motivationsdynamik. *Psychotherapeut, 41,* 225–235. https://doi.org/10.1007/s278-1996-8109-6

Pihl, R.O., Peterson, J.B. & Lau, M.A. (1993). A biosocial model of the alcohol-aggression relationship. *Journal of Studies on Alcohol, 54* (Suppl. 11), 128–139. https://doi.org/10.15288/jsas.1993.s11.128

Preusker, H. (2002). Suchtprobleme im Justizvollzug. In R. Gaßmann (Hrsg.), *Suchtprobleme hinter Mauern* (S. 123–129). Freiburg: Lambertus.

Querengässer, J., Bulla, J., Hoffmann, K. & Ross, T. (2017). Outcomeprädiktoren forensischer Suchtbehandlungen Teil II. *Recht & Psychiatrie, 35,* 139–146.

Rautenberg, M. (1997). *Zusammenhänge zwischen Devianzbereitschaft, kriminellem Verhalten und Drogenmissbrauch* (Schriftenreihe des Bundesministeriums für Gesundheit, Band 103). Baden-Baden: Nomos Verlagsgesellschaft.

Reddemann, L. (2003). *Imagination als heilsame Kraft* (2. Aufl.). Stuttgart: Klett-Cotta.

Reker, M. (2019). Win-Win-Situation für suchtkranke Straftäter aus der Perspektive des Community Reinforcement Approach. In N. Schalast (Hrsg.),

Straffällige mit Suchtproblemen (177–192). Lengerich: Pabst.

Rösler, M. & Retz, W. (2008). ADHS, Antisoziale Persönlichkeitsstörung und Delinquenz – Welche Zusammenhänge sind erkennbar? *Zeitschrift für Psychiatrie, Psychologie, Psychotherapie, 56,* 121–132. https://doi.org/10.1024/1661-4747.56.2.121

Sachse, R. (2006). *Therapeutische Beziehungsgestaltung.* Göttingen: Hogrefe.

Sachsse, U. (1996). Die traumatisierte therapeutische Beziehung. *Gruppenpsychotherapie und Gruppendynamik, 32,* 350–365.

Schalast, N. (2000). *Therapiemotivation im Maßregelvollzug gemäß § 64 StGB. Patientenmerkmale, Rahmenbedingungen, Behandlungsverläufe.* München: Wilhelm Fink Verlag.

Schalast, N. (2006). Suchtkranke Rechtsbrecher. In H.L. Kröber, D. Dölling, N. Leygraf & H. Sass (Hrsg.), *Handbuch der Forensischen Psychiatrie* (Bd. 3, S. 326–349). Darmstadt: Steinkopff.

Schalast, N. (2009). Drogenabhängige Patienten im Maßregelvollzug gemäß § 64 StGB: Verbesserung der Quote erfolgreicher Behandlung durch suchtspezifische Medikation? *Forensische Psychiatrie, Psychologie, Kriminologie, 3,* 294–301. https://doi.org/10.1007/s11757-009-0017-z

Schalast, N. (2019). Ergebnisse der Essener Evaluationsstudie. In N. Schalast (Hrsg.), *Straffällige mit Suchtproblemen* (S. 29–150). Lengerich: Pabst.

Schalast, N. (2021). Zur Debatte um die Reform der gesetzlichen Voraussetzungen einer Unterbringung in der Entziehungsanstalt. *Forensische Psychiatrie, Psychologie, Kriminologie.* Zugriff am 8. April 2021 unter https://link.springer.com/article/10.1007/s11757-021-00652-1 https://doi.org/10.1007/s11757-021-00652-1

Schalast, N., Frey, M., Boateng, S., Dönisch-Seidel, U. & Leygraf, N. (2019). Was rechtfertigt eine Behandlungsmaßregel für Täter mit Suchtproblemen? *Recht & Psychiatrie, 37,* 141–146.

Schalast, N., Frey, M., Nau, B., Boateng, S. & Leygraf, N. (2021). Zum Ertrag der Unterbringung in einer Entziehungsanstalt und zu methodischen Einwänden gegen die Essener Evaluationsstudie. *Psychiatrische Praxis, 48,* 412–420. https://doi.org/10.1055/a-1540-5378

Smolka, M.N., Kiefer, F. & Mann, K. (2003). Fortschritte in der Behandlung von Alkoholabhängigen: die medikamentöse Rückfallprophylaxe. *Münchner Medizinische Wochenschrift, 145,* 65–69.

Springer, D.W., McNeece, C.A. & Mayfield Arnold, E. (2003). *Substance abuse treatment for criminal offenders.* Washington, DC: American Psychology Association.

Stevens, A., Berto, D., Frick, U., Hunt, N., Kerschl, V., McSweeney et al. (2006). The relationship between legal status, perceived pressure and motivation in treatment for drug dependence: Results from a European study of quasi-compulsory treatment. *European Addiction Research, 12,* 197–209. https://doi.org/10.1159/000094422

Stiglmayr, C., Schehr, K. & Bohus, M. (2002). Fertigkeiten-Training im Rahmen der Dialektisch-behavioralen Therapie für Borderline-Störungen. *Persönlichkeitsstörungen, 6,* 126–134.

Stoll, K., Bayer, M. & Häßler, U. (2021). Gefangene mit einer stoffgebundenen Suchtproblematik. *Forum Strafvollzug, 21,* 12–17.

Stolpmann, G. & Müller, J. (2008). Ist Disulfiram (Antabus®) zur Behandlung von Patienten mit Alkoholproblemen im Maßregelvollzug indiziert? *Psychiatrische Praxis, 35,* 40–43. https://doi.org/10.1055/s-2006-951859

Williams, N. (2012). *Alcohol and crime.* Zugriff am 21. September 2021 unter www.civitas.org.uk/content/files/factsheet-alcoholcrime.pdf

Wills, T.A., Sandy, J.M. & Yaeger, A.M. (2002). Moderators of the relation between substance use level and problems: Test of a self-regulation model in middle adolescence. *Journal of Abnormal Psychology, 111,* 3–21. https://doi.org/10.1037/0021-843X.111.1.3

Winnick, C. (1962). Maturing out of narcotic addiction. *Bulletin on Narcotics, 14,* 1–7.

Wirth, W. (2002). Das Drogenproblem im Justizvollzug – Zahlen und Fakten. *Bewährungshilfe, 49,* 104–122.

Yalom, I.D. & Leszcz, M. (2005). *The theory and practice of group psychotherapy* (5th ed.). New York, NY: Basic Books.

Zimprichová, D. (2008). Therapievereinbarungen in der Maßregelklinik in Marsberg. In F. Lackinger, G. Dammann & B. Wittmann (Hrsg.), *Psychodynamische Psychotherapie bei Delinquenz* (S. 134–144). Stuttgart: Schattauer.

32 Behandlung psychisch kranker Straftäter im Maßregelvollzug

Sabine Nowara

32.1 Einleitung

Hat ein Straftäter zum Zeitpunkt der Begehung einer Straftat an einer psychischen Erkrankung oder Störung gelitten und war diese Tat symptomatisch, sodass er von einem Gericht als schuldunfähig oder vermindert schuldfähig i. S. der §§ 20/21 StGB beurteilt wurde, wird durch das Gericht die Unterbringung in einem psychiatrischen Krankenhaus gem. § 63 StGB angeordnet. Voraussetzung ist allerdings, dass die vorliegende psychische Erkrankung überdauernd ist und aufgrund dessen weitere erhebliche Straftaten zu erwarten sind, sodass der Täter für die Allgemeinheit gefährlich ist.

Die Behandlung psychisch kranker Straftäter findet in einem spezialisierten forensisch-psychiatrischen Krankenhaus statt und nur in Ausnahmefällen auch in einem allgemein-psychiatrischen Krankenhaus. Spezialisierte Krankenhäuser bieten den Vorteil, dass sie sowohl ein differenziertes Behandlungsangebot als auch die notwendigen räumlichen Sicherungen vorhalten. Wegen der Unterbringung in einem psychiatrischen Krankenhaus wird die Therapie manchmal (fälschlich) als psychiatrische Kriminaltherapie (z. B. Müller-Isberner, 2002) bezeichnet. Tatsächlich handelt es sich um eine Behandlung durch ein multiprofessionelles Team und multidisziplinäre Strategien in Form von psychotherapeutischer, medikamentöser, ergo- und sozio-/milieutherapeutischer Behandlung. Zweck der Behandlung im Maßregelvollzug ist die Besserung und Sicherung der Untergebrachten. Die Unterbringung wird beendet, wenn „erwartet werden kann, dass der Untergebrachte keine rechtswidrigen Taten mehr begehen wird" (§ 67d Abs. 2 StGB). Der Beschluss über die Aussetzung der Unterbringung zur Bewährung bzw. die Erledigung wird seitens der zuständigen Strafvollstreckungskammer gefasst (s. a. Kap. 12 in diesem Band), nachdem zuvor eine Stellungnahme der behandelnden Klinik gem. § 67e StGB eingeholt worden ist, in manchen Fällen wird außerdem ein externes Prognosegutachten (s. a. Kap. 25 in diesem Band) angefordert.

Bis Mitte der 1980er-Jahre erschöpfte sich die Unterbringung im Maßregelvollzug gem. § 63 StGB fast ausschließlich in einer Verwahrung der Untergebrachten. Die Psychiatrie-Enquête stellte 1975 fest, dass im Rahmen der psychiatrischen Versorgung die der psychisch kranken Straftäter eine „Schlusslichtposition" einnahm. In den einzelnen Bundesländern gab es keine spezielle Gesetzgebung für den Maßregelvollzug. Es mangelte an den äußeren Rahmenbedingungen für eine angemessene Therapie, die baulichen Voraussetzungen waren ausgesprochen schlecht, die personelle Ausstattung völlig unzureichend. Ob und welche Behandlung ein Untergebrachter erhielt, war stärker von Zufälligkeiten abhängig als von einer konsequenten Zielsetzung (Nowara, 1997).

Eine entscheidende Wende trat nach der Psychiatrie-Enquête 1975 und einem Gutachten von Rasch (1984) über das Psychiatrische Landeskrankenhaus in Lippstadt-Eickelborn, in dem zu diesem Zeitpunkt alle psychisch kranken Straftäter Westfalens untergebracht waren, ein. Zeitgleich begannen die Bundesländer,

Maßregelvollzugsgesetzgebungen auf den Weg zu bringen. Bereits bestehende Kliniken wurden umgebaut und neue Einrichtungen wurden unter Einbeziehung therapeutischer Aspekte gebaut. Die Häuser wurden nicht mehr als Krankenstationen konzipiert, sondern sollten den Bedürfnissen der z. T. auf mehrere Jahre Untergebrachten gerecht werden.

Die personelle Ausstattung wurde sowohl quantitativ als auch qualitativ verändert. In allen Berufsgruppen wurde die Anzahl der Mitarbeitenden aufgestockt. Zudem wurde auf eine bessere Qualifikation der einzelnen Mitarbeitenden geachtet. Um die Qualität der Arbeit zu sichern und den Mitarbeitenden Entlastung zu verschaffen, wurde umfassende Supervision angeboten. Außerdem haben die meisten Einrichtungen begonnen, die Abteilungen auf den Grundlagen eines sozialtherapeutisch orientierten Behandlungskonzeptes – in Wohngruppen – umzustrukturieren (vgl. Eickmann, 1984). Zielsetzung ist dabei, ein therapeutisches Klima zu schaffen, in dem die Patienten im Alltag innerhalb der Therapie Erlerntes umsetzen und einüben können, sowie einer Hospitalisierung durch weitgehende Eigenständigkeit entgegenzuwirken. Seit Anfang der 1980er-Jahre hat bundesweit eine Entwicklung eingesetzt, um die Situation im Maßregelvollzug mit der Zielsetzung einer effizienten und strukturierten Behandlung zu verbessern.

32.2 Psychisch kranke Straftäter im Maßregelvollzug

Nach den Angaben des Statistischen Bundesamtes in Wiesbaden (2015) waren zum Stichtag 01.01.2013 insgesamt 6.633 Personen im Maßregelvollzug gem. § 63 StGB untergebracht, davon waren 509 weiblich. (Die Angaben beziehen sich auf das frühere Bundesgebiet einschließlich Gesamt-Berlin.) Laut dem Kerndatensatz für den Maßregelvollzug (2021) waren 2019 im Durchschnitt 5.397 Patienten und Patientinnen gem. § 63 StGB untergebracht.

Im § 20 StGB sind die juristischen Eingangsvoraussetzungen genannt (krankhafte seelische Störung, Intelligenzminderung, schwere andere seelische Störung), unter die Erkrankungs- bzw. Störungsbilder fallen, an denen Patienten des Maßregelvollzuges leiden können (s. Kap. 20 in diesem Band). Dies sind psychiatrische Erkrankungen im engeren Sinne, wie schizophrene und affektive Psychosen sowie hirnorganische Störungen, die unter das Merkmal der krankhaften seelischen Störung fallen, Intelligenzminderungen – häufig einhergehend mit einer deutlichen Verhaltensstörung und/oder einer Störung der Sexualpräferenz (Paraphilien wie Exhibitionismus oder Pädophilie) – und Persönlichkeitsstörungen, die das Merkmal der schweren anderen seelischen Störung erfüllen (mit und ohne Intelligenzminderung), bei denen häufig ebenfalls eine Störung der Sexualpräferenz vorliegt. Die begangenen Delikte reichen von Tötungsdelikten über Gewalttaten gegen andere Personen bis zu Brandstiftungen und Eigentumsdelikten. Entgegen der öffentlichen Meinung, die diesen Anteil häufig überschätzt, liegt der Anteil von Sexualstraftätern bei etwa 30 %.

32.3 Grundsätzliche Behandlungsprobleme: Äußerer Zwang und Therapiemotivation

Der Aufenthalt und die Behandlung der Untergebrachten erfolgen nicht freiwillig, sondern grundsätzlich auf eine Anordnung der Unterbringung durch ein Gericht. Dies unterscheidet die Behandlung grundlegend von allgemeinen psychotherapeutischen Angeboten, seien sie stationärer oder ambulanter Art. Während die klassische Psychotherapie eine „zwangsweise" Behandlung ablehnt, zeigt die klinisch-therapeutische Erfahrung im Maßregelvollzug jedoch, dass auch auf unfreiwilliger Basis eine wirksame Psychotherapie stattfinden kann. Entscheidend ist dabei jedoch, dass es gelingt, die Patienten zu einer Mitarbeit zu motivieren und sie möglichst aktiv in das Behandlungskonzept einzubinden.

Der wichtigste Baustein ist die Motivation der Untergebrachten, die eine konstruktive Mitarbeit erst ermöglicht. Nach Rauchfleisch (1991, 2017) ist es ein charakteristisches Kriterium der therapeutischen Arbeit mit Delinquenten, dass die Entwicklung einer Motivation und der Aufbau eines tragfähigen Arbeitsbündnisses nicht Voraussetzungen, sondern wesentliche Ziele der Behandlung sind. Ein umfassendes Konzept zur Therapiemotivation hat Dahle (1995) vorgelegt. Er zeigt auf, dass sich Therapiemotivation aus verschiedenen Faktoren zusammensetzt, z.B. dem Belastungserleben durch persönliche Probleme und Konflikte, Problemkognitionen, aber auch die Bewertung von Therapie, um nur einige zu nennen. Auf alle diese Faktoren kann im therapeutischen Prozess Einfluss genommen werden. Darüber hinaus versteht Dahle Therapiemotivation als interaktiven Prozess zwischen allen an der Therapie Beteiligten und der Institution. Dementsprechend reicht es nicht aus, die sog. „Motivationsarbeit" einer Therapie voranzustellen. Vielmehr ist sie integraler Bestandteil der gesamten Therapie und hat damit über den gesamten Therapieverlauf einen mehr oder minder großen Stellenwert.

32.4 Die Behandlung

Die Behandlung der Patienten erfolgt interdisziplinär durch Psychologen, Ärzte, Pädagogen, Sozialarbeiter*innen, Krankenpflegepersonal, das im günstigsten Fall über eine entsprechende Zusatzausbildung verfügt, und verschiedene Ergotherapeut*innen. Dabei sollten diese Maßnahmen in einem für die Therapie förderlichen Klima eingebettet sein, das v.a. auch Tendenzen der Subkultur – ein Großteil der Patienten hat bereits Hafterfahrungen – entgegenwirkt. Das therapeutische Personal im engeren Sinne, Psycholog*innen und Ärzt*innen, sollte eine abgeschlossene Psychotherapieausbildung haben bzw. sich in einer solchen Ausbildung befinden.

Die Grundvoraussetzungen für eine effektive Behandlung sind eine differenzierte Diagnosestellung und Behandlungsplanung sowie eine kompetente Durchführung der Behandlung, die bei Bedarf immer wieder i.S. eines hypothesengeleiteten Prozesses überprüft und ggf. modifiziert werden sollte. Dies wird in den meisten Kliniken dadurch sichergestellt, dass zu Beginn der Behandlung ein differenzierter Behandlungsplan erstellt wird, in dem die Einweisungsdiagnose nochmals überprüft, eine Delikthypothese formuliert und Behandlungsstrategien und -ziele festgelegt werden. Im Rhythmus von einem halben Jahr wird dieser Plan dann überprüft, ergänzt und modifiziert. Zielsetzung der Behandlung im Maßregelvollzug ist eine Besserung – im besten Fall eine Heilung – der Störung, sodass eine Verringerung der Gefährlichkeit des Untergebrachten erreicht wird. Allein eine positive Veränderung des Zustandsbildes ohne eine deutliche Minderung von Gefährlichkeit für die Allgemeinheit würde keine Entlassung aus dem Maßregelvollzug zur Folge haben können. Jedoch ist eine Entlassung dann möglich, wenn die Gefährlichkeit reduziert ist, jedoch keine Heilung erfolgt ist, sondern lediglich eine Besserung des Zustandsbildes.

Die Behandlung der Patienten erfolgt überwiegend durch

- verschiedene psychotherapeutische Maßnahmen im Einzel- und im Gruppensetting,
- psychoedukative Verfahren,
- Sozio- und Milieutherapie,
- Ergotherapie
- und – bei vorliegender Indikation – durch die Gabe von Medikamenten.

Eine angemessene Behandlung erreicht eine Minderung der Rückfallkriminalität im Vergleich zu Kontrollgruppen von ca. 40% (vgl. Übersicht bei Müller-Isberner, 2002). Sie sollte auf drei Hauptprinzipien beruhen, dem Risiko-, dem Bedürfnis- und dem Ansprechbarkeitsprinzip („risk principle", „need principle", „responsivity principle"; s. Kap. 29, Textbox 29.3 in diesem Band).

Eine Vernachlässigung dieser Aspekte in der Form, dass überwiegend Sanktionen zum Einsatz kommen und die angewendeten Verfahren unangemessen sind, kann schlimmstenfalls sogar zu einer Erhöhung des Rückfallrisikos führen (Andrews et al., 1990). Als weniger erfolgversprechend haben sich hingegen allgemeine Ziele, wie Selbstwertveränderung oder Minderung von Ängsten etc., erwiesen, die bei antisozialen Kontakten sogar kontraindiziert sein können (Bender & Lösel, 1997).

Die Prinzipien sollen gewährleisten, dass intensivere Behandlungsangebote für Fälle mit hohem Risiko vorbehalten sein sollen (Risikoprinzip). Die Behandlung muss außerdem auf die Klientenmerkmale abzielen, die kriminogene Faktoren darstellen (Bedürfnisprinzip). Das Ansprechbarkeitsprinzip richtet sich auf die angemessene Art und Weise der Vermittlung der Behandlung.

32.5 Die Behandlung von Patienten mit psychotischen Erkrankungen

Böker und Häfner (1973) fanden in einer grundlegenden Studie, dass Personen, die an einer psychischen Erkrankung litten, auf die Gesamtgruppe betrachtet im Vergleich zur Allgemeinbevölkerung keine erhöhte Gewaltkriminalität zeigten. Jedoch besteht bei an Schizophrenie Erkrankten ein höheres Gewalt- und Delinquenzrisiko als bei Gesunden, wie verschiedene Studien zeigen (vgl. Übersicht bei Müller & Nedopil, 2017). Während Patienten mit depressiven Psychosen überwiegend zu autoaggressiven, suizidalen Handlungen neigen, nur in seltenen Fällen bspw. auch zum sog. erweiterten Suizid, ist das Risiko für die Begehung eines Gewaltdeliktes bei Patienten mit einer schizophrenen Psychose um den Faktor fünf erhöht. Hierbei handelt es sich meist um Patienten, die z. B. an einem Verfolgungswahn leiden und im Rahmen eines akuten Wahnerlebens Körperverletzungsdelikte oder gar eine Tötung begehen. Allerdings ist auch für diese Klientel zu berücksichtigen, dass sich die Taten in den meisten Fällen nicht allein aus der Krankheit erklären lassen, sondern dass außerdem kriminogene Faktoren eine Rolle spielen, wie z. B. zusätzlicher Suchtmittelkonsum oder auch prämorbide Persönlichkeitsauffälligkeiten, insbesondere dissoziale Persönlichkeitszüge. Häufiger entstammen die schizophren erkrankten Maßregelpatienten im Vergleich zu entsprechenden Patienten aus der Allgemeinpsychiatrie den unteren sozialen Schichten und verfügen über ein geringeres schulisches und berufliches Bildungsniveau (Leygraf, 1988).

Bei Patienten mit psychotischen Erkrankungen kann auf die in der allgemeinen Psychiatrie entwickelten Behandlungskonzepte zurückgegriffen werden, die vielfach erprobt und recht gut handhabbar sind (vgl. Stockert, Vogel, Wanner & Tussetschläger, 1987, aber auch DGPPN-Leitlinien zur Behandlung der Schizophrenie, Gaebel, Hasan & Raabe, 2019). Die Hauptbehandlungsziele richten sich dabei nach den Krankheitsphasen (Akut-, Stabilisierungs- und Remissionsphase). Bei den Maßregelpatienten ergeben sich dabei häufig Probleme in Form von fehlender oder mangelnder Compliance gegenüber der notwendigen Medikation, einem geringen Ansprechen auf die neuroleptische Behandlung und/oder durch die zudem vorhandene Sucht- oder Persönlichkeitsproblematik.

Unter dem Gesichtspunkt der Reduktion von Gefährlichkeit haben in den letzten Jahren auch verhaltenstherapeutische Ansätze in Verbindung mit der Gabe von Neuroleptika zu erheblichen Fortschritten geführt (vgl. Übersicht bei Bauer, 2002a). Das „Integrierte psychologische Therapieprogramm für schizophrene Patienten“ (IPT, vgl. Bauer, 2002a) bspw. besteht aus fünf Unterprogrammen, die bei den Patienten die kognitive Differenzierung, die soziale Wahrnehmung, die verbale Kommunikation, die sozialen Fertigkeiten und ein interpersonelles Problemlösen in jeweils zunehmendem Komplexitätsgrad entwickeln sollen. Innerhalb der einzelnen Programme spielt der angemessene

Umgang mit Emotionen und Affekten eine besondere Rolle, da bei schizophrenen Patienten Störungen vermehrt in emotional belastenden Situationen auftreten.

Außerdem wird versucht, bei den Patienten auf psychoedukativem Weg, in dem Zusammenhänge zwischen der eigenen Lebensgeschichte, Stress fördernden Faktoren und aktuellen Belastungssituationen aufgezeigt werden, eine Krankheitseinsicht zu erreichen. Dies führt dazu, dass die Patienten eine bessere Compliance entwickeln, im Idealfall erkennen sie frühe Symptome einer erneuten Exacerbation rechtzeitig und suchen sich dann Hilfe.

Die Behandlung ist darauf abgestellt, den Patienten nicht wie früher einen reizarmen Schonraum bereitzustellen, sondern sie zu aktivieren und ihre Chancen für eine Rehabilitation zu verbessern. Um einer sog. Residualsymptomatik vorzubeugen, wird deshalb auf ein eher aktivierendes Stationsmilieu geachtet und ein Angebot von Arbeits- und Beschäftigungstherapie, Sport und Freizeitaktivitäten, aber auch zum Training lebenspraktischer Fertigkeiten vorgehalten. Außerdem muss bei den Patienten die Bereitschaft für eine spätere ambulante Weiterbehandlung aufgebaut werden. Diese dient v.a. einer Rezidivprophylaxe und der Sicherstellung der Fortsetzung der medikamentösen Behandlung.

Die psychopharmakologische Behandlung erfolgt sowohl durch klassische Neuroleptika als auch durch die neueren sog. atypischen Neuroleptika. Zielsetzung ist in der akuten Krankheitsphase die Reduktion sog. produktiver Symptome, wie Wahnvorstellungen oder Halluzinationen, in der Langzeitbehandlung dienen sie der Stabilisierung und sollen Krankheitsrezidiven vorbeugen. Während die klassischen Neuroleptika häufig deutliche Nebenwirkungen in Form von extrapyramidal-motorischen Störungen haben (wie Blick- und Zungenkrämpfe, Hyperkinese, Rigor etc.), die die Patienten als sehr beeinträchtigend erleben, fehlen diese bei den sog. atypischen Neuroleptika weitgehend. Der Gabe von letzteren sind jedoch in einigen Fällen aufgrund fehlender Compliance der Patienten häufig Grenzen gesetzt, sodass der Verabreichung von Depotneuroleptika Vorrang gegeben wird. Diese haben den Vorteil, dass es sich um jeweils einmalige Gaben in größeren zeitlichen Abständen handelt. Ihre Verabreichung in Form von Injektionen ist gut zu kontrollieren.

Neben der Behandlung der psychischen Erkrankung bzw. Störung steht im Maßregelvollzug die Aufarbeitung der Einweisungstat im Vordergrund. Diese ist jedoch i. d. R. bei Patienten mit einer psychotischen Erkrankung nicht indiziert. Psychotische Patienten haben ihre Tat meist im Zustand der Schuldunfähigkeit und aus wahnhaften Motiven heraus begangen. Häufig handelt es sich bei den Opfern um sehr nahe Familienangehörige. Wenn durch die Akutbehandlung die Wahnsymptomatik zurückgetreten ist, entwickeln diese Patienten oft massive Schuldgefühle, die dazu führen können, dass sie suizidal werden. Hier ist eine stützende Therapie angezeigt, die einerseits die krankhaften Hintergründe der Tat verdeutlichen hilft und andererseits dem Patienten seine eigene Verantwortung für eine Fortsetzung der Behandlung nahelegt, um der Gefahr einer vergleichbaren Tat im Rahmen einer erneuten Exacerbation vorzubeugen.

32.6 Die Behandlung von Patienten mit Persönlichkeitsstörungen

Die Täter, die wegen einer Persönlichkeitsstörung in den Maßregelvollzug kommen, sind im Erkenntnisverfahren – im Gegensatz zu denen, die ihr Delikt auf der Grundlage einer krankhaften seelischen Störung begangen haben – in fast allen Fällen als vermindert schuldfähig beurteilt worden. Der Anteil der Patienten, die wegen einer Persönlichkeitsstörung als Hauptdiagnose im Maßregelvollzug untergebracht sind, betrug in etwa die Hälfte. (Leygraf, 1988, fand ca. 44 % in den alten Bundesländern; Dahle, 1995, berichtet von etwa 55 % in den neuen Bundesländern. Laut einer Erhebung in Nordrhein-Westfalen, Kerndatensatz im Maßregelvollzug, 2021, waren es dort lediglich rund 16 %.) Die meisten dieser Patienten leiden an einer dissozialen Persönlichkeitsstörung, es finden sich aber häufig auch kombinierte Persönlichkeitsstörungen mit narzisstischen Störungen, histrionischen und Borderline-Persönlichkeitsstörungen. Viele dieser Patienten haben außerdem eine Suchtproblematik.

Folgt man den diagnostischen Kriterien des ICD-10 (Dilling & Freyberger, 2019) für eine Persönlichkeitsstörung, so handelt es sich um tief verwurzelte, anhaltende Verhaltensmuster, die sich in starren Reaktionen auf unterschiedliche persönliche und soziale Lebenslagen zeigen. Diese Personen weisen deutliche Abweichungen im Wahrnehmen, Denken, Fühlen und in ihren Beziehungen zu anderen auf. Die Verhaltensmuster sind meistens stabil und beziehen sich auf vielfältige Bereiche von Verhalten und psychischen Funktionen. Problematisch ist dabei, dass diese Personen – insbesondere auch solche mit dissozialen und narzisstischen Zügen – ihre Auffälligkeiten selbst nicht unbedingt als störend, sondern als zu sich gehörend erleben, was besondere therapeutische Probleme aufwirft, da sie sich selbst häufig nicht als gestört erleben. Außerdem spiegeln sich die spezifischen Interaktionsmuster Persönlichkeitsgestörter auch in der Therapie wider, was spezielle Anforderungen an die Therapeut*innen stellt.

Persönlichkeitsstörungen werden den schweren anderen seelischen Störungen i.S. des § 20 StGB zugerechnet. Dabei ist der Schweregrad der Störung von besonderer Bedeutung, da sich diese ansonsten nicht schuldmindernd auswirken könnte. Kernberg (1988) hat unter psychodynamischen Gesichtspunkten ein Modell zur Schwereeinschätzung einer Persönlichkeitsstörung vorgelegt. Er berücksichtigt als Kriterien das Ausmaß der Ich-Leistung, die Art des primär benutzten psychodynamischen Abwehrmechanismus und die Fähigkeit zur Realitätsanpassung. Es ist davon auszugehen, dass je größer die Defizite in der Persönlichkeitsorganisation sind, umso schwieriger werden Fortschritte in der Therapie zu erreichen sein und umso problematischer wird eine soziale Integration bzw. eine zukünftige Straffreiheit.

In den Mindestanforderungen für Schuldfähigkeitsgutachten (Boetticher, Nedopil, Bosinski & Saß, 2005) findet sich ein interdisziplinärer Ansatz zur Operationalisierung des Schweregrades einer Persönlichkeitsstörung, die sich schuldmindernd auswirkt. Es wird darauf abgehoben, dass nur dann, „wenn die durch die Persönlichkeitsstörung hervorgerufenen psychosozialen Leistungseinbußen mit den Defiziten vergleichbar sind, die im Gefolge forensisch relevanter krankhafter seelischer Verfassungen auftreten“ (S. 7), von einer schweren anderen seelischen Abartigkeit (seit 2021: Störung) gesprochen werden könne.

Die Behandlung persönlichkeitsgestörter Patienten erfolgt überwiegend durch psychotherapeutische Verfahren. Diese sind angelehnt an die S2-Leitlinien für Persönlichkeitsstörungen (Gaebel & Falkai, 2009).

Dabei haben sich in den letzten Jahren *kognitiv-behaviorale Ansätze* gegenüber anderen therapieschulenspezifischen Behandlungsformen als überlegen erwiesen (vgl. Übersicht Eucker, 2002a).

Während traditionelle verhaltenstherapeutische Methoden den Prinzipien des operanten und klassischen Konditionierens folgen und kognitive Prozesse nicht mit berücksichtigen, zielen kognitiv-behaviorale Methoden auf eben diese Prozesse ab. Zu den klassischen Methoden zählen:

- *Token-Economies:* Sozial erwünschtes Verhalten wird mithilfe generalisierter Verstärker, sog. Tokens, zeitkontingent verstärkt. Neben ethischen Problemen besteht die Schwierigkeit der mangelnden Generalisierung und Stabilität außerhalb der Klinik, sodass die Methode heute deutlich seltener Anwendung findet.
- *Therapieverträge,* in denen festgelegt wird, unter welchen Bedingungen z.B. die Patien-

ten was von den Behandlern zu erwarten haben und umgekehrt.

- *Aversionsverfahren,* in denen problematisches Verhalten dadurch abzubauen versucht wird, dass es mit einem aversiven Reiz gekoppelt wird, was insbesondere in der früheren Behandlung von Sexualstraftätern eingesetzt wurde.
- Bei der *Umkonditionierung* werden nach der Vorgehensweise des klassischen Konditionierens Verfahren eingesetzt, um eine Entkoppelung von sexuell devianten Reizen mit sexueller Erregung zu erreichen und stattdessen eine Koppelung von nicht devianten sexuellen Reizen mit sexueller Erregung zu erzielen.
- In der *Gestaltung des therapeutischen Milieus* werden lerntheoretische Prinzipien genutzt, um prosoziales Verhalten unmittelbar zu verstärken und eine strukturierte Umgebung zu gestalten.

Heute kommen in der Behandlung *multimodale Therapieprogramme* zum Einsatz. Kognitiv-behaviorale Methoden werden zum Aufbau von Verhaltensfertigkeiten eingesetzt, aber auch, um kognitive Prozesse anzusprechen. Dazu gehören das *Training sozialer Fertigkeiten,* das durch Techniken des Instruktionslernens, durch Rollenspiele, aber auch durch Einübung mit gezielter Rückmeldung durchgeführt wird. Bei der Anwendung verdeckter Konditionierungsmethoden wird davon ausgegangen, dass interne Prozesse denselben Lerngesetzmäßigkeiten unterliegen wie offen beobachtbares Verhalten. In der Vorstellung werden deliktvorbereitende Planungen und Fantasien mit negativen Konsequenzen gekoppelt, um sie auf diese Weise abzubauen. Dieses Verfahren wird auch häufig in der Sexualstraftäterbehandlung eingesetzt.

Bei der *kognitiven Umstrukturierung* werden dysfunktionale Denkmuster, z.B. Schwarz-Weiß-Denken, Übergeneralisieren, irrationale Überzeugungen, durch funktionale Gedankenmuster ersetzt. Daneben kommen Verfahren, wie die Rational-Emotive Therapie von Ellis (1977) und die Identifikation von über 50 „antisozialen Denkmustern" und deren Ersetzen durch prosoziale Denkmuster (Yochelson & Samenow, 1976) zum Einsatz.

Ein besonderes Problem insbesondere bei dissozialen Persönlichkeitsstörungen stellt die mangelnde oder fehlende Empathie der Täter dar. Diese zeigt sich nicht zuletzt in den teilweise ausgesprochen grausamen Delikten und dem fehlenden Mitgefühl mit den Opfern. Beim *Empathietraining* zum Aufbau von Empathie wird darauf abgezielt, dass sich der Täter der Folgen seiner Tat für das Opfer bewusst wird und sich in dessen Empfindungen einzufühlen lernt. Dies wird unterstützt durch Informationen über die Folgen der Taten für die Opfer, das Lesen von Opfer-Berichten, eine vollständige und offene Darstellung der eigenen Delikte im Rahmen von eigenen Aufzeichnungen. Dabei kommt es darauf an, die Perspektive des Opfers sowohl kognitiv als auch im Rahmen erlebnisaktivierender Übungen einzunehmen.

Darüber hinaus sollen prosoziale Werte entwickelt werden, was z.B. durch eine geführte Gruppendiskussion über moralische Dilemmata geschehen kann. Durch ein Problemlösetraining sollen Probleme zunächst erkannt und dann alternative, angemessene Lösungen erarbeitet werden.

Außerdem dominieren integrierte Programme, sog. *Relapse-Prevention-Modelle,* deren vorrangiges Behandlungsziel die *Selbstkontrolle* ist, was auf Methoden der Selbstmanagement-Therapie nach Kanfer (1977) zurückgeht. In diesem Modell wird angenommen, dass jedem problematischen – also auch kriminellen – Verhalten eine Verhaltenskette vorangeht. Die Patienten üben, beim ersten Auftreten devianter Impulse oder am Beginn bestimmter Verhaltensketten sowie für jedes Stadium der Verhaltenskette ihre Impulse zu kontrollieren, um scheinbar automatisierte Abläufe so früh wie möglich zu unterbrechen und stattdessen alternative Verhaltensmuster einzusetzen (vgl. Eucker, 2002b;

Marshall & Anderson, 1996; s. a. Kap. 31 in diesem Band).

Eines der am häufigsten verwendeten kognitiv-behavioralen Behandlungsprogramme ist das *Reasoning-and-Rehabilitation-Programm* (R&R; Gretenkord, 2002, s. a. Kap. 34 in diesem Band). Dieses Programm besteht aus 35 vorstrukturierten Sitzungen von je zwei Stunden Dauer. Kognitive Fertigkeiten werden mit verschiedenen anderen Techniken, wie Spielen, Denkaufgaben etc., kombiniert. Das Programm ist keine Psychotherapie in dem Sinne, dass auf die Probleme Einzelner eingegangen wird, sondern es geht um das Erlernen von Fertigkeiten, mit deren Hilfe die Teilnehmenden selbst besser mit ihren Problemen umgehen können.

Die Module des R&R-Programms bestehen aus:

- Problemlösen, in dem Probleme erkannt, deren möglichen Folgen antizipiert und deren Lösungen sowie die Kommunikation derselben erarbeitet werden,
- dem Einüben sozialer Fertigkeiten,
- dem Erlernen von Verhandlungsfertigkeiten, um flexibles Verhalten in unterschiedlichen Situationen zu erlernen,
- dem Umgang mit Emotionen, um durch Kontrolle von Gefühlen nicht überschwemmt zu werden. Zum Beispiel sollen im „Kontroll-Selbstgespräch" anstelle destruktiver Selbstgespräche konstruktive Selbstinstruktionen gesetzt werden; zudem werden in einem „Ärger-Tagebuch" Auslöser, Situationen, Stärke und Dauer von Ärger festgehalten,
- dem Einüben von kreativem Denken, um die Flexibilität in Problemsituationen zu erhöhen,
- der Vermittlung von Werten, die durch das Lernen am Modell und ein regelmäßiges Verstärken von prosozialen Äußerungen und Verhaltensweisen erfolgt. Bei aller Unterschiedlichkeit möglicher Bezugssysteme wird die Rücksichtnahme auf die Belange anderer Personen herausgestellt, wobei Empathie eine entscheidende Rolle spielt.
- Im kritischen Urteilen soll jeder Denkprozess kritisch danach beurteilt werden, ob er schlüssig ist und auf den notwendigen und zutreffenden Informationen beruht.
- Schließlich dienen die Fertigkeiten im Überblick dazu, bisher erlernte Strategien zu üben und miteinander zu kombinieren, um Probleme zu lösen und für die eigene Situation anzuwenden.
- Kognitive Übungen sollen außerdem dazu beitragen, dass erlernte Fertigkeiten trainiert werden.

Ein Überblick über die Wirksamkeit des Trainings kognitiver Fertigkeiten bei Straftätern allgemein findet sich bei Hollin und Palmer (2009).

Nicht wenige persönlichkeitsgestörte Patienten leiden an einer emotional instabilen Persönlichkeitsstörung. Sie haben also die Tendenz, impulsiv zu handeln, ohne Berücksichtigung von Konsequenzen und mit wechselnder, instabiler Stimmung. Ausbrüche intensiven Ärgers können zu oft gewalttätigem und explosiblem Verhalten führen. Im ICD-10 wird dabei zwischen dem impulsiven Typ und dem Borderline-Typ unterschieden.

Kernberg, Dulz und Sachsse (2000) sehen als zentrales Merkmal der Borderline-Persönlichkeit ein durchgehendes Muster von Instabilität im Bereich der Stimmung und Affektivität, von mangelnder Regulation der Affekte und der Handlungsimpulse. Diese Personen leiden an massiven Stimmungsschwankungen, wobei das impulsive Verhalten der Spannungsabfuhr dient. Ziel der Behandlung sind die Reorganisation und Festigung der fragilen und gestörten Identität der Patienten sowie die Verbesserung von Affektregulation und Impulskontrolle.

Linehan (1996) geht i. S. der biosozialen Lerntheorie von Millon (1981) davon aus, dass die Borderline-Persönlichkeitsstörung v. a. eine Dysfunktion der Affektregulation ist. Nach dieser Hypothese besteht eine transaktionale Beziehung zwischen der Disposition zur affektiven

Dysregulation aufgrund eines hypersensitiven Nervensystems – als biologischer Konstante – und der Unfähigkeit, die Emotionen gegenüber der Außenwelt zu modulieren – als sozialer Konstante. Dieses Problem entwickelt sich aufgrund einer „invalidierenden Umgebung" umso stärker, wenn das hypersensitive Kind keine Unterstützung erfährt, sondern seine Emotionen missachtet werden, es gewalttätige Kommunikationserfahrungen macht, häufig auch sexuelle Gewalterfahrungen. Durch die Reaktionen seines Umfeldes lernt das Kind nicht, eigene Gefühle adäquat zu benennen, sie zu beeinflussen und sich auf sie zu verlassen.

So reagiert ein hypersensitives Nervensystem bereits bei geringfügigen emotionalen Stimuli mit einem starken Erregungsanstieg, der mit einer sofortigen und sehr intensiven Reaktion einhergeht. Gleichzeitig ist der Erregungsrückgang stark verlangsamt. Dadurch bleiben die Patienten in ihren Affekten verhaftet bzw., diese laden sich immer wieder neu auf. Aufgrund der hohen Reaktivitätsrate kommt es zu extremen Reaktionen. Der dysregulierte psychophysiologische Spannungspegel kann schließlich nicht mehr reguliert werden, sodass es zum Ausbruch kommt. Eine Form der Spannungsregulierung ist das selbstverletzende Verhalten, aber auch die Aggression nach außen, die auf die beobachtende Person aufgrund ihrer Heftigkeit sehr bedrohlich wirkt und/oder auch tatsächlich ist, da es bei derartigen Zuständen zu fremdaggressivem Verhalten kommen kann.

Ein Konzept der Dialektisch-Behavioralen Therapie der Borderline-Störung (DBT) nach Linehan hat Bauer (2002b) für Maßregelvollzugspatienten vorgestellt:

- In der *Vorbereitungsphase* wird der Patient über die spezifische Charakteristik der Borderline-Störung aufgeklärt sowie über Art und Dauer der DBT. Daneben wird eine Verhaltensanalyse von bisherigen Therapieabbrüchen und früheren Suizidversuchen durchgeführt, um mögliche auslösende Ereignisse für suizidale Krisen in die Therapie einbeziehen zu können.
- In der *ersten Therapiephase* ist das Ziel die Reduktion selbstschädigender Verhaltensweisen sowie die Reduzierung therapiegefährdender Verhaltensweisen. Außerdem sollen Verhaltensweisen, die die Lebensqualität einschränken (wie Substanzmissbrauch, antisoziale Verhaltensweisen etc.), reduziert werden. Das Training zum Aufbau von Verhaltensfertigkeiten erfolgt meist in der Gruppe und umfasst die Module „Innere Achtsamkeit" (bewusste Konzentration auf die Gegenwart), „Stresstoleranz" (Aushalten von Belastungen), „Emotionsregulation" (Erlernen bewussten Umgangs mit Gefühlen) und „zwischenmenschliche Fertigkeiten" (Training sozialer Kompetenz).
- Während der *zweiten Therapiephase* werden in vier Schritten das Posttraumatische Belastungssyndrom behandelt und die Verhaltensweisen, die mit der posttraumatischen Belastung zusammenhängen, reduziert.

Bauer (2002b) weist hinsichtlich der Behandlung von Borderline-Patienten im Maßregelvollzug darauf hin, dass die therapeutische Umgebung nicht ihrerseits eine invalidierende sein darf. Wenn die gesamte Station nach einem solchen Konzept ausgerichtet ist, bedeutet dies eine deutliche Entlastung für das gesamte Team in der schwierigen Arbeit mit Borderline-Patienten. Ein weiteres Problem birgt jedoch die Institution des Maßregelvollzugs an sich. In der Dialektisch-Behavioralen Therapie der Borderline-Störung wird empfohlen, einen stationären Aufenthalt so kurz wie möglich zu halten, da er per se wie ein hoher Verstärker bei Borderline-Patienten wirkt. Dies ist aufgrund der häufig langen Unterbringungsdauern im Maßregelvollzug schwierig und die Struktur und Reglementierung innerhalb dieser Kliniken bergen die Gefahr einer Verfestigung einer solchen Störung.

Linehan (2016) hat basierend auf der Dialektisch-Behavioralen Therapie ein verhaltenstherapeutisches Skillstraining entwickelt, das sehr wirksam für verschiedene Problembereiche ist und auch zunehmend ganz oder in Teilen im Maßregelvollzug Anwendung findet. Es soll helfen, problematische Muster bzgl. Verhalten, Emotionen, Gedanken und zwischenmenschlichen Interaktionen zu verändern.

Kernberg (2001) hingegen schlägt die übertragungsfokussierte, psychodynamische Psychotherapie der Borderline-Persönlichkeit vor, die auf das Hier und Jetzt fokussiert und eine störungsorientierte Modifikation der psychoanalytischen und tiefenpsychologisch fundierten Psychotherapie darstellt. Allerdings ist deren Anwendung bei Patienten mit einer antisozialen Persönlichkeitsstörung möglicherweise kontraindiziert. Dagegen vertritt Rauchfleisch (2017) die Auffassung, dass jede Person einer Psychotherapie zugänglich ist und gerade antisozial persönlichkeitsgestörten Tätern unter allen Umständen zuteilwerden sollte.

Immer wieder werden auch - begleitend - Behandlungsansätze mit Medikamenten bei Persönlichkeitsgestörten versucht, wenn es sich um Patienten mit hoher emotionaler Instabilität, erheblicher aggressiver Anspannung und geringer Impulskontrolle handelt. Unter der niedrig dosierten Gabe von Neuroleptika können derartigen Symptomen die Spitzen genommen werden, was die therapeutische Ansprechbarkeit erhöhen kann. Jedoch ist die diesbezügliche Forschungslage (bislang) nicht sehr evident (vgl. Völlm, Stoffers-Winterling & Lieb, 2017).

Ein großer Teil von Patienten mit Persönlichkeitsstörungen ist wegen eines Sexualdelikts im Maßregelvollzug untergebracht. Bei ihnen kommen Behandlungsformen zur Anwendung, wie sie auch von Schmucker (s. Kap. 30 in diesem Band) beschrieben werden (vgl. auch Übersicht bei Nowara & Leygraf, 1998; Pierschke, 2004), sodass hier nicht darauf eingegangen werden soll. In den letzten Jahren kommen auch verstärkt Konzepte wie das Good-Lives-Modell (Ward, Mann & Gannon, 2007) und das von Marshall und Marshall (2014) zum Einsatz, die sich auf die Stärken der Patienten und die Förderung ihrer Kompetenzen konzentrieren. Gleichzeitig soll das Bewusstsein für mögliche Risikosituationen geschärft werden.

Ein grundsätzliches Problem im Umgang mit im Maßregelvollzug untergebrachten persönlichkeitsgestörten Tätern besteht darin, dass die meisten therapeutischen Konzepte auf einen bestimmten Zeitraum angelegt sind und die Unterbringungsdauer im Maßregelvollzug in den allermeisten Fällen deutlich länger ist. Zudem gibt es eine Reihe von Persönlichkeitsgestörten, bei denen - bei allem therapeutischen Optimismus - irgendwann keine weiteren Verbesserungen im deliktrelevanten Bereich erzielt werden können. In diesem Fall bleibt dem Maßregelvollzug die Aufgabe der Sicherung, wenn aus Gründen der weiteren Gefährlichkeit des Patienten keine Entlassung erfolgen kann.

Nach niederländischem Vorbild wurden deswegen in den letzten Jahren Langzeitabteilungen („longstay-units") gegründet, die das Ziel haben, eine humane, in medizinisch-ethischer Hinsicht akzeptable Unterbringung zu schaffen (z. B. Sagel-Grande, 2006). Diese Abteilungen sind milieutherapeutisch orientiert und sollen Schäden durch die weitere Unterbringung möglichst vermeiden und den Patienten, bei denen sich doch weitere Veränderungen abzeichnen, den Weg zurück auf eine Behandlungsstation offenhalten.

32.7 Die Behandlung intelligenzgeminderter Patienten

Personen mit einer sehr schweren Intelligenzminderung treten strafrechtlich eher selten in Erscheinung, da sie meist nicht zu einer eigenständigen Lebensführung in der Lage sind und deshalb in beschützenden Einrichtungen leben. Dieser Rahmen verhindert zum einen Straftaten, zum anderen werden Handlungen, die in einem solchen Rahmen geschehen, häufig nicht zur Anzeige gebracht und somit statistisch nicht erfasst.

Im Maßregelvollzug befinden sich Personen mit einer leichten oder mittelgradigen Intelligenzminderung. Diese hat häufig eine mangelnde Flexibilität im Umgang mit sozialen Situationen zur Folge, führt leicht zu Frustrationserlebnissen oder einer Herabsetzung der Hemmschwelle gegenüber bestimmten Verführungssituationen. Ein planendes Vorausschauen und Antizipieren von Konsequenzen sind nur bedingt möglich.

In früheren Zeiten hatte ein großer Teil der Maßregelvollzugspatienten als zusätzliche oder Hauptdiagnose die einer Intelligenzminderung, ohne dass diese durch psychologische Testverfahren objektiviert worden wäre (Leygraf, 1988). Auch später wurde diese Diagnose häufig beibehalten, selbst wenn die Patienten zwischenzeitlich einen Schulabschluss nachgeholt oder gar eine Ausbildung begonnen hatten (Nowara, 1995). Insofern ist eine entsprechende Diagnostik, wenn sie nicht bereits im Unterbringungsgutachten durchgeführt wurde, in jedem Fall differenziert nachzuholen. Dabei ist festzustellen, in welchen Bereichen Defizite bei den Patienten bestehen (intellektuelle Defizite, Teilleistungsschwächen und/oder Reiferückstände), die sie an ihrer Orientierung an Verhaltensnormen beeinträchtigen. Neben der Bestimmung des allgemeinen Intelligenzniveaus durch einen der anerkannten Leistungstests sind das allgemeine Anpassungsverhalten, der sprachliche und motorische Entwicklungsstand, Alltagsfertigkeiten und die emotionale und soziale Reife zu bestimmen. Ressourcen und auch Teilleistungsstärken der Patienten sind zu ermitteln, um diese im Rahmen der Behandlung entsprechend zu unterstützen und zu fördern.

Konstruktive Behandlungsansätze zeigen z. B. Ahlemeyer und Knappheide (2003) auf, in denen Patienten zunächst so weit zu fördern sind, dass eine Psychotherapie auf einfachem Niveau und damit eine Deliktbearbeitung möglich sind.

Grundsätzlich sollte ein Behandlungsprogramm sich jedoch nicht nur an den kognitiven Fähigkeiten, sondern am gesamten Leistungsniveau der zu Behandelnden orientieren (Karcher, 2017) und die verbale Kommunikation nicht das Hauptmedium darstellen (Schmidt-Quernheim, 2008). Deshalb sollten primär heilpädagogische Maßnahmen statt psychotherapeutischer Interventionen im engeren Sinne durchgeführt werden. Die Behandlungssettings sollten höhere Therapiefrequenzen und kürzere Therapieeinheiten umfassen, dabei weniger komplex sein und mehr kreative Aktivitäten einbeziehen (Whitehouse, Tudway, Look & Kroese, 2006).

In der Behandlung Intelligenzgeminderter ist allgemein wichtig, dass in den Behandlungsprogrammen die eingeschränkten Fähigkeiten der Patienten berücksichtigt werden, ohne sie dadurch zu stigmatisieren. Ziele der Behandlung sind dabei u. a. die Förderung der Selbstständigkeit und der Eigenverantwortlichkeit, des Sozialverhaltens, das Erlernen einer Struktur für den Freizeitbereich, aber auch eine Verbesserung der Körperwahrnehmung sowie ggf. eine Verbesserung der motorischen Fähigkeiten.

32.8 Psychisch kranke Straftäterinnen

Der Anteil der im Maßregelvollzug untergebrachten Frauen betrug lange Zeit maximal 5 %, im Jahre 2019 waren es im Durchschnitt – bezogen auf alle Unterbringungsgrundlagen (§§ 63, 64 StGB, § 126a StPO) 7,5 % (Kerndatensatz, 2021). Die Geschlechterverteilung im Maßregelvollzug entspricht etwa der des Strafvollzuges (6 %; Statistisches Bundesamt, 2018) und nicht der, wie sie sonst im Bereich der klinischen Psychiatrie zu finden ist, wo sie recht ausgeglichen ist. Aufgrund der geringen Anzahl an Frauen fehlt es – nach wie vor – in den meisten Einrichtungen an speziell ausgerichteten Stationen und Behandlungskonzepten, wie sich aus der Forderung nach genderresponsiven Behandlungsprogrammen auch 2019 noch ergibt (de Vogel, Boumann, ter Horst, Lancel & Stam, 2019).

Psychisch kranke Straftäterinnen unterscheiden sich in diagnostischer Hinsicht von den männlichen Untergebrachten durch einen deutlich höheren Anteil an psychotischen Erkrankungen (gut 50 %, Nowara, 1993; 49 % in einer forensischen Klinik im Rheinland, Schlabbers, 2019) und bzgl. ihrer Delikte dadurch, dass sie zu fast 50 % Tötungsdelikte begangen hatten (Nowara, 1993). In den letzten Jahren waren an Gewaltdelikten stärker Körperverletzungsdelikte und versuchte Tötungen vertreten, während vollendete Tötungsdelikte zurückgegangen sind, ohne dass diese Angaben konkreter beziffert wurden (Traub & Szabo, 2019; in der genannten Klinik gesamt 40 %).

Im Gegensatz zu den männlichen Patienten ist ein großer Teil der Frauen zuvor nicht strafrechtlich in Erscheinung getreten, sondern erstmals mit dem Unterbringungsdelikt. Bei den Tötungsdelikten bzw. versuchten Tötungen, die durch die Frauen begangen werden, handelt es sich überwiegend um sog. Beziehungstaten, d.h., die Opfer waren die eigenen Kinder oder die Partner. Diesen Taten sind meist schwere Konfliktlagen vorausgegangen.

Weil die Frauen eine so kleine Gruppe darstellen, ist es häufig schwierig, ein spezielles Behandlungsangebot für sie vorzuhalten. Sie bringen aber im Durchschnitt günstigere frühere Sozialisationsbedingungen und höhere lebenspraktische Fertigkeiten sowie – nicht zuletzt rollentypisch geprägt – eine größere Anpassungsleistung an die Behandlungsvoraussetzungen mit, jedoch auch Probleme, die gerade mit ihrer spezifisch weiblichen Sozialisation verknüpft sind. Anknüpfend an die Erkenntnisse der geschlechtsspezifischen Unterschiede (wie besondere Anpassung, eher passiv-aggressive und/oder autoaggressive Verhaltensweisen etc.) sollte die Psychotherapie psychisch kranker Straftäterinnen gestaltet werden. Neben den Aspekten des Erkennens und Verstehens der Dynamik des Deliktes und der zugrunde liegenden psychischen Erkrankung sollte die spezifisch weibliche Sozialisation thematisiert werden. Bei der kritischen Bearbeitung des traditionellen Rollenbildes, das trotz aller emanzipatorischer Fortschritte immer noch weitverbreitet ist, liegt ein Schwerpunkt auf der Wahrnehmung und Akzeptanz von Aggressionen. Dabei ist der angemessene Umgang mit Aggressionen ein Lernziel.

Sind die Lebenspartner*innen oder die Kinder Opfer einer Tötung geworden, so ist hier die spezifische Partnerbeziehung zu bearbeiten. Häufig handelt es sich bei den Taten psychodynamisch gesehen um die Konstellation eines sog. erweiterten Suizides. Im Störungsbild zeigen sich dann häufig Depressionen und/oder es haben sich Aggressionen über lange Zeit aufgestaut, die keine angemessene Abfuhr gefunden und sich im Delikt schließlich eruptiv entladen haben. Nicht zu vernachlässigen sind auch Delikte an Kindern durch Nicht- oder Mangelversorgung bzw. Tötungen aus narzisstischen Motiven im Rahmen von Partnerschaftstrennungen.

Ein weiteres Problem besteht darin, dass ein großer Teil der Frauen in ihrer Kindheit oder später Opfer sexuellen Missbrauchs geworden sind (auch: de Vogel et al., 2019). Dies wird von den Frauen häufig zunächst nicht berichtet, weil sie den Täter auch im Nachhinein noch schützen wollen. Dieses Verhalten charakterisiert zugleich das Selbstbild dieser Frauen, Mitverantwortung oder gar Schuld für den Missbrauch bei sich zu suchen bei gleichzeitiger übergroßer emotionaler Abhängigkeit. Teilweise werden auch weiter fortbestehende Ängste vor Rache geäußert (vgl. Steinhage, 1989).

Hinsichtlich sozio- und milieutherapeutischer Maßnahmen bedürfen Frauen z. T. anderer Schwerpunktsetzungen als Männer, die häufig ein lebenspraktisches Training benötigen, bei dem sie erst lernen, sich selbst zu versorgen. Die meisten Frauen kennen sich gerade in diesem Bereich aber gut aus, sodass die (Über-)Versorgungsstrukturen im Maßregelvollzug eher die Gefahr einer Hospitalisierung in sich bergen. Vorhandene Selbstständigkeit sollte deshalb weitgehend gefördert werden. Dagegen kommt der allgemeinen Förderung sozialer Kompetenzen durchaus ein größerer Stellenwert zu.

Problematisch erweist sich die Versorgung häufig hinsichtlich der Arbeits-, Ausbildungs-

und Beschäftigungsmöglichkeiten, da die Angebote der Kliniken auf die männlichen Patienten zugeschnitten sind.

Obwohl die Gefahr, die von psychisch kranken Frauen ausgeht, deutlich geringer für die Allgemeinheit ist, sind die Sicherungsbedingungen meist überflüssigerweise für die Patientinnen genauso streng wie bei den männlichen Untergebrachten. Das wirft die Frage auf, ob hier nicht (unbewusste) Bestrafungsaspekte mit eine Rolle spielen.

Gleich selten wie im Strafvollzug kommt es im Maßregelvollzug bei den Frauen zu Zwischenfällen und Entweichungen bei Ausgängen, Ausführungen und Lockerungen allgemein. Zwar begehen auch die Patientinnen direkte gewalttätige Übergriffe innerhalb der Einrichtungen (de Vogel et al., 2019), jedoch sind diese nach Erfahrung der Autorin ebenfalls viel seltener als bei den Männern. Die meisten aggressiven Handlungen von Frauen sind deutlich subtiler oder von passiv-aggressiver Natur. Beispielsweise werden persönliche Gegenstände von Mitpatientinnen zerstört, anstatt diese direkt körperlich zu attackieren.

Bei der Rehabilitation besteht das Problem, dass Nachsorgeeinrichtungen gerade Frauen, die aus dem Maßregelvollzug entlassen werden, größere Ressentiments entgegenbringen. Hier spielen möglicherweise Vorurteile dergestalt eine Rolle, dass psychisch kranke Frauen, die ein massives Delikt begangen haben, doch gefährlicher sein könnten. Dabei ist ihre Legalprognose, wenn sie ein Beziehungsdelikt begangen haben, in den meisten Fällen deutlich besser, da es eher unwahrscheinlich ist, dass sich bestimmte Beziehungskonstellationen – gerade wenn die Frauen sich durch die Therapie weiterentwickelt haben – nochmals wiederholen.

Bezüglich der Einschätzung der Legalprognose psychisch kranker Straftäterinnen ist anzumerken, dass die herkömmlichen standardisierten Verfahren an Männern orientiert sind und bislang lediglich ein Verfahren, das *Female Additional Manual* (FAM; de Vogel, de Fries Robbè, van Kalmthout & Place, 2014) in Ergänzung zum HCR-20/HCR-20V3 (Douglas, Hart, Webster & Belfrage, 2013) speziell für die Anwendung bei Frauen bestimmt ist. Dabei finden spezifische Risikofaktoren Berücksichtigung wie u.a. Prostitution, Probleme bei der Kindererziehung, frühe Schwangerschaft (< 20 Jahre) etc.

32.9 Der Weg durch eine Maßregelvollzugsklinik

Die Unterbringung im Maßregelvollzug ist zeitlich nicht begrenzt. Dies wirft Probleme bzgl. der Dauer und der Frequenz therapeutischer Maßnahmen auf. Klare klinische Richtwerte und empirisch abgesicherte Daten gibt es dazu bislang nicht (vgl. Pfäfflin, Roß, Sammet & Weber, 1998).

Die Behandlung beginnt mit der Aufnahme auf einer baulich besonders gesicherten Station, wo die Untergebrachten zunächst eine diagnostische Phase durchlaufen. Außerdem wird ein erster Behandlungsplan erstellt, und es erfolgt eine allgemeine Beobachtung zur Abschätzung des Risikos und die Beurteilung, welche weiterführende Station zur Behandlung am geeignetsten ist.

Anschließend erfolgt die Weiterverlegung auf eine Therapiestation, die auf das Störungsbild des Untergebrachten sowie sein Behandlungsprogramm spezialisiert ist. Im Laufe der Zeit erfolgte in nahezu allen Kliniken eine Differenzierung der Stationen und Abteilungen nach Krankheits- bzw. Störungsbildern. Während es früher häufig zu vielfältigen Verlegungen der Untergebrachten, teils aus organisatorischen, teils aus disziplinarischen Gründen, gekommen ist, wird heute versucht, eine Behandlungskonstanz zu erreichen, um für die meist auch schwer beziehungsgestörte Klientel eine Beziehungskonstanz zu gewährleisten. Die Differenzierung der Stationen bietet außerdem den Vorteil in der Behandlung, dass nicht nur die verschiedenen Formen der Psychotherapie (Einzel- und Gruppenbehandlung) speziell auf die Störungsbilder abgestellt werden können, sondern im Idealfall das gesamte Stationssetting mit seiner Sozio- und Milieutherapie.

Während des Aufenthaltes auf den Therapiestationen besteht ab dem Zeitpunkt, ab dem es unter Gefährlichkeitsaspekten verantwortet werden kann, für die Untergebrachten die Möglichkeit, Lockerungen zu erhalten. Diese sind meist als Stufenprogramme konzipiert, sollten aber individuell auch flexibel gehandhabt werden können (s. a. Kap. 26 in diesem Band). Das Ziel der Lockerungen ist die Bewährung des Patienten in Freiheit, die Funktion der Lockerungen sind schrittweise „Belastungserprobungen". Einstieg in Lockerungen bilden meist begleitete Ausgänge, die schrittweise bis zu Beurlaubungen ausgedehnt werden können.

Lockerungen bergen die Gefahr, dass es bei den Patienten zu Rückfällen bzw. erneuten Straftaten kommt. Trotzdem sind sie ein unverzichtbares Behandlungsinstrument. Allerdings kann in den letzten Jahren beobachtet werden, dass mit der Gewährung von Lockerungen (wieder) deutlich restriktiver umgegangen wird. Dies hat neben anderen Gründen mit zur Konsequenz, dass die Unterbringungsdauern wieder länger werden, da die Strafvollstreckungskammern eine Entlassung häufig mit dem Hinweis auf nicht stattgefundene Verhaltenserprobungen ablehnen.

Die letzte Behandlungsphase hat zum Ziel, die Untergebrachten zu rehabilitieren und ihre Integration in das Leben außerhalb des Maßregelvollzugs vorzubereiten. Es gilt, ein angemessenes Entlassungsumfeld für die Untergebrachten zu suchen. Ein großer Teil von ihnen kann nicht direkt allein in Freiheit leben, sondern benötigt ein betreutes Umfeld.

32.10 Ambulante Nachsorge

Unabhängig vom Entlassungsraum benötigen die meisten auf Bewährung entlassenen Patienten eine ambulante forensische Nachsorge, die in den Bewährungsauflagen festgelegt werden kann. Eine solche Nachsorge muss speziell auf ehemalige Maßregelvollzugspatienten zugeschnitten sein (Nowara, 1992; als umfassender Überblick: Freese, 2003, Freese & Schmidt-Quernheim, 2014). Beispielsweise müssen die Mitarbeitenden der Ambulanz die ehemaligen Patienten auch in ihrem Entlassungsumfeld aufsuchen können, da diese gerade dann, wenn es zu Schwierigkeiten kommt, aus Angst vor einem Widerruf der Aussetzung der Maßregel zur Bewährung häufig nicht mehr die Ambulanz aufsuchen.

Auch muss ein Austausch zwischen der stationären Einrichtung und dem Nachsorgeteam gewährleistet sein, der bereits vor der Entlassung des Patienten beginnt, um einen gleitenden Übergang zu ermöglichen. Das Team sollte interdisziplinär aus Therapeuten, Psychologen und Fachärzt*innen wie aus Mitarbeitenden des Pflegedienstes und des Sozialdienstes zusammengesetzt sein. Es muss flexibel arbeiten können und die entsprechenden therapeutischen Bedürfnisse der Patienten abdecken. Nur so kann es in Krisensituationen angemessen reagieren und eine mögliche Gefahrensituation abschätzen. Vergleichbar dem Vorgehen in der stationären Behandlung sind individuelle Therapie-, Nachsorge- oder Wiedereingliederungspläne zu erstellen und regelmäßig fortzuschreiben (Freese & Schmidt-Quernheim, 2014).

Im Notfall sollte außerdem eine kurzfristige vorübergehende stationäre Aufnahmemöglichkeit bestehen. Für diese Möglichkeit gibt es durch eine zwischenzeitliche Neuregelung der Führungsaufsicht, der alle auf Bewährung aus dem Maßregelvollzug entlassenen Patienten unterstehen, eine gesetzliche Grundlage (§ 68b StGB Weisungen). Eine gut funktionierende ambulante Nachsorge erleichtert nicht nur die Integration entlassener Patienten, sondern sie hilft auch, das Risiko für die Gesellschaft zu minimieren.

32.11 Weiterführende Literatur

Blackburn, R. (1993). *The psychology of crimal conduct. Theory, research and practice.* Chichester: John Wiley & Sons.

Theoretischer Hintergrund und Übersicht über verhaltenstherapeutische Methoden und deren Anwendung in der Behandlung von Straftätern.

Dulz, B., Briken, P., Kernberg, O.F. & Rauchfleisch, U. (Hrsg.). (2017). *Handbuch der Antisozialen Persönlichkeitsstörung.* Stuttgart: Schattauer.

Überblick über Grundlagen, Klassifikation und Diagnostik, Symptomatologie und Therapie.

Endrass, J., Rossegger, A., Urbaniok, F. & Borchard, B. (Hrsg.). (2012). *Interventionen bei Gewalt- und Sexualstraftätern. Risk-Management, Methoden und Konzepte in der forensischen Psychiatrie.* Berlin: Medizinisch Wissenschaftliche Verlagsgesellschaft.

Spezifische Interventionstechniken deliktpräventiver Therapien.

Müller, J.L. et al. (2017). Standards für die Behandlung im Maßregelvollzug nach §§ 63 und 64 StGB. *Nervenarzt.* https://doi.org/10.1007/s00115-017-0382-3

Umfassender Überblick über Kriminaltherapie, die Organisation des Maßregelvollzuges und die Praxis der Behandlung sowie besondere Behandlungsprobleme bei einzelnen Patientengruppen. Zudem werden rechtliche Fragen und Begutachtungsfragen erörtert.

Stolpmann, G. (2001). *Psychiatrische Maßregelbehandlung. Eine Einführung.* Göttingen: Hogrefe.

Praxisorientierte Einführung in die Maßregelbehandlung gem. § 63 StGB und Darstellung verschiedener therapeutischer Ansätze sowie Behandlungsvorschläge in typischen Situationen während der Maßregelunterbringung.

Wischka, B., Pecher, W. & van de Boogart, H. (Hrsg.). (2012). *Behandlung von Straftätern – Sozialtherapie, Maßregelvollzug, Sicherungsverwahrung.* Herbolzheim: Centaurus Verlag.

Standards bei der Behandlung von Straftätern und Ergebnisse aus der Behandlungsforschung.

Literatur

Ahlemeyer, H. & Knappheide, J. (2003). *Die Behandlung intelligenzgeminderter Rechtsbrecher im Westfälischen Zentrum für Forensische Psychiatrie Lippstadt.* Unveröffentlichtes Konzept. Lippstadt: Zentrum für Forensische Psychiatrie Lippstadt.

Andrews, D., Zinger, I., Hoge, R.D., Bonta, J., Gendreau, P. & Cullen, F.T. (1990). Does correctional treatment work? A clinically relevant and psychologically informed meta-analysis. *Criminology, 28,* 369–404. https://doi.org/10.1111/j.1745-9125.1990.tb01330.x

Bauer, P. (2002a). Das integrierte psychologische Therapieprogramm für schizophrene Patienten (IPT). In R. Müller-Isberner & L. Gretenkord (Hrsg.), *Psychiatrische Kriminaltherapie* (Band 1, S. 7–17). Lengerich: Pabst.

Bauer, P. (2002b). Dialektisch-Behaviorale Therapie der Borderline-Störung (DBT). In R. Müller-Isberner & L. Gretenkord (Hrsg.), *Psychiatrische Kriminaltherapie* (Band 1, S. 60–72). Lengerich: Pabst.

Bender, D. & Lösel, F. (1997). Protective and risk effects of peer relations and social support on antisocial behaviour in adolescents from multi-problem milieus. *Journal of Adolescence, 20,* 661–678. https://doi.org/10.1006/jado.1997.0118

Boetticher, A., Nedopil, N., Bosinski, H.A. G. & Saß, H. (2005). Mindestanforderungen für Schuldfähigkeitsgutachten. *Neue Zeitschrift für Strafrecht, 2,* 57–62.

Böker, W. & Häfner, H. (1973). *Gewalttaten Geistesgestörter. Eine psychiatrisch-epidemiologische Untersuchung in der Bundesrepublik Deutschland.* Berlin: Springer.

Dahle, K.P. (1995). *Zur Versorgung forensisch-psychiatrischer Patienten in den neuen Bundesländern. Bestandsaufnahme und Empfehlungen.* Baden-Baden: Nomos.

de Vogel, V., Boumann, Y.H. A., ter Horst, P., Lancel, M. & Stam, J. (2019). Gewalttätige Frauen: eine Multicenter-Studie über Genderunterschiede in der Forensischen Psychiatrie. In U. Kobbé (Hrsg.), *Lilith im Maßregelvollzug. Ein frauenforensischer Praxisreader* (S. 41–60). Lengerich: Pabst.

de Vogel, de Fries Robbè, M., van Kalmthout, W. & Place, C. (2014). *Female additional manual. additional Guidelines to the HCR-20V3 for assessing risk for violence in women.* Utrecht: Van der Hoeven Kliniek.

Dilling, H. & Freyberger, H. J. (Hrsg.). (2019). *Taschenführer zur ICD-10-Klassifikation psychischer Störungen* (9. Aufl.). Bern: Hogrefe. https://doi.org/10.1024/85992-000

Douglas, K. S., Hart, S. D., Webster, C. D. & Belfrage, H. (2013). *Die Vorhersage von Gewalttaten mit dem HCR-20V3: Benutzerhandbuch, deutsche Version* (Hrsg./Übers.: Bolzmacher, M., Born, P. Eucker, S., von Franqué, F., Holzinger, B., Kötter, S., Müller-Isberner, R. & Schmidbauer, W.). Gießen: Institut für forensische Psychiatrie Haina.

Eickmann, F. (1984). Psychologisch-pädagogische Behandlungskonzepte bei psychisch kranken Straftätern. In G. Blau & H. Kammeier (Hrsg.), *Straftäter in der Psychiatrie. Situation und Tendenzen des Maßregelvollzuges* (S. 58–76). Stuttgart: Enke.

Ellis, A. (1977). *Die Rational-emotive Therapie. Das innere Selbstgespräch bei seelischen Problemen und seine Veränderung.* München: Pfeiffer.

Eucker, S. (2002a). Verhaltenstherapeutische Methoden. In R. Müller-Isberner & L. Gretenkord (Hrsg.), *Psychiatrische Kriminaltherapie* (Band 1, S. 7–17). Lengerich: Pabst.

Eucker, S. (2002b). Relapse Prevention. In R. Müller-Isberner & L. Gretenkord (Hrsg.), *Psychiatrische Kriminaltherapie* (Band 1, S. 18–28). Lengerich: Pabst.

Freese, R. (2003). *Ambulante Versorgung psychisch kranker Straftäter.* Lengerich: Pabst.

Freese, R. & Schmidt-Quernheim, F. (2014). Mindeststandards forensischer Nachsorge. Qualitätskriterien in forensisch-psychiatrischen Nachsorgeambulanzen. *Forensische Psychiatrie, Psychologie, Kriminologie, 3,* 191–198. https://doi.org/10.1007/s11757-014-0259-2

Gaebel, W. & Falkai, P. (2009). *S2-Leitlinien für Persönlichkeitsstörungen.* Darmstadt: Steinkopff.

Gaebel, W., Hasan, A. & Raabe, F. (Hrsg.). (2019). *S3-Praxisleitlinien in Psychiatrie und Psychotherapie. Band 1: Behandlungsleitlinie Schizophrenie.* Darmstadt: Steinkopff.

Gretenkord, L. (2002). Das Reasoning and Rehabilitation Programm (R&R). In R. Müller-Isberner & L. Gretenkord (Hrsg.), *Psychiatrische Kriminaltherapie* (Band 1, S. 29–40). Lengerich: Pabst.

Hollin, C. R. & Palmer, E. J. (2009). Cognitive skills programmes for offenders. *Psychology, Crime & Law, 15,* 147–164. https://doi.org/10.1080/10683160802190871

Kanfer, F. H. (1977). Selbstmanagement-Methoden. In F. H. Kanfer & A. P. Goldstein (Hrsg.), *Möglichkeiten der Verhaltensänderung* (S. 350–406). München: Urban & Schwarzenberg.

Karcher, H. S. (2017). *Intelligenzgeminderte im psychiatrischen Maßregelvollzug: Auswertung der forensischen Basisdokumentation Baden-Württemberg.* Dissertation, Universität Ulm.

Kernberg, O. F. (1988). *Schwere Persönlichkeitsstörungen.* Stuttgart: Klett-Cotta.

Kernberg, O. F. (2001). Die übertragungsfokussierte (oder psychodynamische) Psychotherapie von Patienten mit einer Borderline-Persönlichkeitsstörung. In J. F. Clarkin, F. E. Yeomans & O. F. Kernberg (Hrsg.), *Psychodynamische Therapie der Borderline-Persönlichkeit. Manual zur Transference Focused Psychotherapy (TFP)* (S. 447–460). Stuttgart: Schattauer.

Kernberg, O. F., Dulz, B. & Sachsse, U. (Hrsg.). (2000). *Handbuch der Borderline-Störungen.* Stuttgart: Schattauer.

Kerndatensatz im Maßregelvollzug – Tabellenband 2019. NRW-Daten. Version 26.03.2021/V2.

Leygraf, N. (1988). *Psychisch kranke Straftäter. Epidemiologie und aktuelle Praxis des psychiatrischen Maßregelvollzuges.* Berlin: Springer. https://doi.org/10.1007/978-3-642-83486-8

Linehan, M. M. (1996). *Dialektisch-Behaviorale Therapie der Borderline-Persönlichkeitsstörung.* München: CIP-Medien.

Linehan, M. M. (2016). *Handbuch der Dialektisch-Behavioralen Therapie. Zur Behandlung psychischer Störungen. Skills Training Manual* (2. Aufl.). München: CIP-Medien.

Marshall, W. L. & Anderson, D. (1996). An evaluation of the benefits of relapse prevention programs with sexual offenders. *Sexual Abuse: A Journal of Research and Treatment, 8,* 209–221. https://doi.org/10.1177/107906329600800305

Marshall, W. L. & Marshall, L. E. (2014). *A strength-based treatment for sexual offenders: a manual.* Kingston: Rockwood Psychological Services.

Millon, T. (1981). *Disorders of Personality: DSM-III, Axis II.* New York, NY: Wiley.

Müller-Isberner, R. (2002). Psychiatrische Kriminaltherapie. In R. Müller-Isberner & L. Gretenkord (Hrsg.), *Psychiatrische Kriminaltherapie* (Band 1, S. 1–6). Lengerich: Pabst.

Müller, J. L. & Nedopil, N. (2017). *Forensische Psychiatrie. Klinik, Begutachtung und Behandlung zwischen Psychiatrie und Recht.* Stuttgart: Thieme.

Nowara, S. (1992). Bemerkungen zum ambulanten Behandlungskonzept im Maßregelvollzug. *Recht & Psychiatrie, 10,* 26–31.

Nowara, S. (1993). Psychisch kranke Straftäterinnen. In N. Leygraf, R. Volbert, H. Horstkotte & S. Fried (Hrsg.), *Die Sprache des Verbrechens – Wege zu einer klinischen Kriminologie, Festschrift für Wilfried Rasch* (S. 266–275). Stuttgart: Kohlhammer.

Nowara, S. (1995). *Gefährlichkeitsprognosen bei psychisch kranken Straftätern* (Neue Kriminologische Studien, Bd. 15). München: Wilhelm Fink.

Nowara, S. (1997). Stationäre Behandlungsmöglichkeiten im Maßregelvollzug nach § 63 StGB und der Einsatz von Lockerungen als therapeutisches Instrument. *Monatsschrift für Kriminologie und Strafrechtsreform, 80,* 116–123.

Nowara, S. & Leygraf, N. (1998). Therapiemaßnahmen bei Sexualstraftätern. *Deutsches Ärzteblatt, 95,* A-88–90.

Pfäfflin, F., Roß, T., Sammet, N. & Weber, F. (1998). Psychotherapie mit Straftätern. In H.-L. Kröber & K.-P. Dahle (Hrsg.), *Sexualstraftaten und Gewaltdelinquenz* (S. 153–168). Heidelberg: Kriminalistik Verlag.

Pierschke, R. (2004). Ätiologie und Symptomatologie von Sexualstraftaten. *Psychotherapie im Dialog, 5,* 150–154. https://doi.org/10.1055/s-2003-814905

Rasch, W. (1984). *Krank und/oder kriminell? Maßregelvollzug in Westfalen-Lippe.* Bielefeld: Landschaftsverband Westfalen-Lippe.

Rauchfleisch, U. (1991). *Begleitung und Therapie straffälliger Menschen.* Mainz: Grünewald.

Rauchfleisch, U. (2017). Psychodynamische Behandlungsansätze. In B. Dulz, P. Briken, O. F. Kernberg & U. Rauchfleisch (Hrsg.), *Handbuch der Antisozialen Persönlichkeitsstörung* (S. 393–398). Stuttgart: Schattauer.

Sagel-Grande, I. (2006). Longstay. In St. Barton (Hrsg.), *„... weil er für die Allgemeinheit gefährlich ist!“ Prognosegutachten, Neurobiologie, Sicherungsverwahrung* (S. 187–204). Baden-Baden: Nomos.

Schlabbers, R. (2019). Eine Dekade Frauenforensik (§ 63 StGB) in Bedburg-Hau. In U. Kobbé (Hrsg.), *Lilith im Maßregelvollzug. Ein frauenforensischer Praxisreader* (S. 213–221). Lengerich: Pabst.

Schmidt-Quernheim, F. (2008). Behandlung von Intelligenzgeminderten. In F. Schmidt-Quernheim & T. Hax-Schoppenhorst (Hrsg.), *Professionelle forensische Psychiatrie* (2. Aufl., S. 152–165). Bern: Huber.

Statistisches Bundesamt. (Hrsg.). (2015). *Strafvollzugsstatistik: Im psychiatrischen Krankenhaus und in der Entziehungsanstalt aufgrund strafrichterlicher Anordnung Untergebrachte (Maßregelvollzug). Stand 01.01.2013.* Wiesbaden: Statistisches Bundesamt.

Statistisches Bundesamt. (2018). *Rechtspflege. Strafvollzug – Demographische und kriminologische Merkmale der Strafgefangenen zum Stichtag 31.03* (Fachserie 10, Reihe 4.1). Wiesbaden: Statistisches Bundesamt.

Steinhage, R. (1989). *Sexueller Missbrauch an Mädchen. Ein Handbuch für Beratung und Therapie.* Reinbek: Rowohlt.

Stockert, R. von, Vogel, B., Wanner, W. & Tussetschläger, B. (1987). Die Behandlung schizophren Kranker im Maßregelvollzug. *Forensia, 8,* 195–206.

Traub, H.-J. & Szabo (2019). Frauen im Maßregelvollzug in Deutschland. In U. Kobbé (Hrsg.), *Lilith im Maßregelvollzug. Ein frauenforensischer Praxisreader* (S. 187–212). Lengerich: Pabst.

Völlm, B., Stoffers-Winterling, J. & Lieb, K. (2017). Pharmakotherapie. In B. Dulz, P. Briken, O.F. Kernberg & U. Rauchfleisch (Hrsg.), *Handbuch der Antisozialen Persönlichkeitsstörung* (S. 557–566). Stuttgart: Schattauer.

Ward, T. Mann, R. & Gannon, T.A. (2007). The good lives model of rehabiltation: Clinical imlications. *Journal of Sexual Agression, 10,* 153–169. https://doi.org/10.1080/13552600412331290102

Whitehouse, R.M., Tudway, J.A., Look, R. & Kroese, B.S. (2006). Adapting individual psychotherapy for adults with intellectual disabilities: A comparative review of the cognitive-behavioural and psychodynamic literature. *Journal of Applied Reserach in Intellectual Disabilities, 19,* 55–65. https://doi.org/10.1111/j.1468-3148.2005.00281.x

Yochelson, S. & Samenow, S.E. (1976). *The criminal personality* (Vol. 1: A Profile for Change). New York, NY: Aronson.

33 Übergangs- und postmurales Risikomanagement

Klaus-Peter Dahle und Ronja Heintzsch

33.1 Einleitung

Obwohl die Bewährungshilfe hierzulande bereits seit den 1950er-Jahren und die Führungsaufsicht immerhin seit den 1970er-Jahren gesetzlich verankerte Institutionen sind und insoweit auf eine gewisse Tradition in der Betreuung von Maßregelvollzugs- und Haftentlassenen zurückblicken können, verstärken sich seit einigen Jahren die Bemühungen um die postmurale Nachsorge haftentlassener Rechtsbrecher. So wurden seit Anfang der 2000er vor dem Hintergrund eines anhaltend hohen Sicherheitsbedürfnisses der Bevölkerung (Rohrbach, 2014) eine Vielzahl von Programmen implementiert und einige neue Institutionen geschaffen, die die Wiedereingliederung haftentlassener Täter *überwachen* und *unterstützen* sollen. Die Unterscheidung zwischen *überwachenden* und *unterstützenden* Aufgaben ist hierbei hervorzuheben, da sie einen Einfluss auf die Risikobeurteilung und den Fokus des jeweiligen Akteurs ausübt. Allen gemein ist dabei das Ziel einer nachhaltigen Prävention einschlägiger und sonstiger strafrechtlicher Rückfälle. Vermieden werden soll ein sog. „Drehtür-Justizvollzug", bei dem Entlassene innerhalb kurzer Zeit rückfällig werden und in die Vollzugsanstalt zurückkehren (Urwyler et al., 2020). Die vom Bundesgesetzgeber und auf Landesebene implementierten Nachsorgestrukturen adressieren v. a. Haftentlassene mit erhöhten Rückfallrisiken. Es handelt sich insoweit um einen am Risk-Need-Responsivity-Modell (RNR-Modell; Bonta & Andrews, 2017) orientierten risikofokussierten Ansatz der Rückfallprävention. Die Täter werden dabei hinsichtlich ihrer Rückfallrisiken („risks") und Risikomerkmale („needs") eingeschätzt, um hieraus Umfang und Stoßrichtung von Maßnahmen abzuleiten, mit denen das Rückfallrisiko minimiert werden soll. Neben dem risikoorientierten Ansatz des RNR verfolgt das Good-Lives-Modell (GLM; Ward & Mann, 2004; Ward, Mann & Gannon, 2007) einen stärkenorientierten Ansatz der Rehabilitation, der mittlerweile ebenfalls Einzug in die Nachsorge gefunden hat. Hier steht neben einer Reduktion der Rückfallrisikofaktoren der Aufbau eines hinreichend zufriedenstellenden und stabilen Lebensumfelds im Vordergrund, welches die Zielgruppe zu einer Abkehr vom vormalig delinquenten Lebensstil bewegen soll. In gewisser Weise war dies über lange Zeit der primäre Blickwinkel, aus dem v. a. die Bewährungshilfe ihre Klientel betrachtet hat, bis auch in deren Arbeit risikoorientierte Steuerungsinstrumente vermehrt Einzug gehalten haben.

Eine einheitliche Definition des Begriffs „Übergangsmanagement" hat sich bislang noch nicht durchgesetzt. Auch in der Abgrenzung zum Begriff „postmurales Risikomanagement" verschwimmen bisweilen die Grenzen. Zu heterogen sind dafür die Konzepte der einzelnen Bundesländer, die zwar alle auf den Bestimmungen des Strafgesetzbuches fußen, jedoch teilweise unterschiedliche Modelle und Spezialabteilungen eingerichtet haben. Die nachfolgend getroffenen Definitionen können somit in der Praxis der einzelnen Bundesländer abweichen oder synonym verwendet werden.

Der Begriff *Übergangsmanagement* soll hier definiert werden als all jene Maßnahmen und

Kooperationen zwischen entlassenden und nachsorgenden Einrichtungen, die den möglichst nahtlosen Übergang vom Vollzug in die Freiheit gewährleisten sollen. Diese Maßnahmen beginnen idealerweise bereits intramural (z. B. 6–12 Monate vor dem absehbaren Entlassungstermin) und sind nach erfolgreicher Übergabe in das Entlassungsnetzwerk abgeschlossen.

Unter einem *postmuralen Risikomanagement* werden hier die sich an das Übergangsmanagement anschließenden, länger andauernden Maßnahmen und Kooperationen zwischen Führungsaufsichtsstelle, Bewährungshilfe, forensisch-therapeutischen Ambulanzen, Präventionsabteilungen der Polizei und ggfs. weiteren Versorgungs- und Hilfeeinrichtungen verstanden, die darauf abzielen, das Rückfallrisiko nach erfolgter Entlassung möglichst gering zu halten. Das postmurale Risikomanagement dauert damit bis zum Ende der Führungsaufsicht bzw. Bewährungszeit an.

33.2 Rechtliche Rahmenbedingungen

Mit der Einführung des Begriffs der „Führungsaufsicht" in den 1970er-Jahren wurde die bis dato geltende „Polizeiaufsicht" abgelöst. Die Führungsaufsicht stellt seither eine nicht freiheitsentziehende ambulante Maßregel der Besserung und Sicherung von im Regelfall zwei bis fünf Jahren Dauer dar, die der Besserung und Sicherung rückfallgefährdeter Personengruppen dient (Dessecker, 2015). Sie kann unter bestimmten Voraussetzungen bei konkreten Gefährdungslagen unbefristet verlängert werden (§ 68c StGB).

Das „Gesetz zur Reform der Führungsaufsicht und zur Änderung der Vorschriften über nachträgliche Sicherungsverwahrung" vom 13.04.2007 (BT-Drs. 16/1993 vom 28. Juni 2006, 16/4740 vom 20. März 2007/BGBI I S. 513) diente insbesondere dem Ziel, die bestehenden Regeln zu vereinfachen und zu vereinheitlichen. Überdies wurde eine juristische Grundlage geschaffen, welche jene Täter adressiert, „deren gesellschaftliche Wiedereingliederung nach ihrer Entlassung aus dem Straf- oder Maßregelvollzug aus unterschiedlichen Gründen gefährdet erscheint und die daher im Besserungs- und im Sicherungsinteresse in besonderem Maße kontrollierender Begleitung und Unterstützung bedürfen" (Gesetzesentwurf der Bundesregierung vom 13. April 2007). Unter den 13 Neuerungen des Reformgesetzes waren u. a. die Erweiterung des Weisungskatalogs, die Schaffung der Möglichkeit stationärer Kriseninterventionen nach § 67 h StGB, die Einführung der Möglichkeit einer unbefristeten Führungsaufsicht, die Einführung der Strafbewehrung bestimmter Weisungsverstöße nach § 145a StGB sowie die begriffliche Einführung forensischer Ambulanzen zur Nachsorge von Haft- und Maßregelvollzugsentlassenen in den Gesetzestext, wobei letztere jedoch aktuell noch nicht in allen Bundesländern vollständig realisiert wurden.

33.2.1 Rechtliche Rahmenbedingungen der Führungsaufsicht

Das Gesetz sieht zunächst Führungsaufsicht bei denjenigen Personen vor, gegen die wegen bestimmter Delikte eine zeitige Freiheitsstrafe von mindestens 6 Monaten verhängt wurde und bei denen eine erhöhte Rückfallgefahr besteht (§ 68 StGB Abs. 1). Automatisch tritt sie ein bei Personen mit entweder vorangegangener Freiheitsstrafe oder Gesamtfreiheitsstrafe von mindestens zwei Jahren aufgrund vorsätzlicher Delikte oder vorangegangener Freiheitsstrafe oder Gesamtfreiheitsstrafe von mindestens einem Jahr aufgrund von Straftaten gegen die sexuelle Selbstbestimmung, soweit diese vollständig vollstreckt wurden. Hiervon kann allerdings abgesehen werden, wenn die Erwartung besteht, dass die Person auch ohne Führungsaufsicht keine Straftaten mehr begehen wird (§ 86f StGB). Eine Führungsaufsicht tritt auch bei der Bewährungsaussetzung oder Erledigung freiheitsentziehender Maßregeln der Besserung und Sicherung ein (§ 68 Abs. 2 StGB). Aufgaben und Befugnisse der Akteure sowie das Zusammenspiel zwischen der Führungsaufsichtsstelle, der Bewährungshilfe und den forensischen Ambulanzen regelt § 68a StGB. Hierauf wird an späterer Stelle näher eingegangen.

33.2.2 Arten von Weisungen

Den unter Führungsaufsicht stehenden Personen können durch das Gericht Weisungen auferlegt werden, die für die Dauer der Führungsaufsicht oder für kürzere Zeit zu befolgen sind. Das verbotene oder verlangte Verhalten ist dabei vom Gericht genau zu bestimmen (§ 68b StGB). Eine übliche Weisung für entlassene Sexualstraftäter mit Kindesmissbrauchsdelikten ist bspw. das Verbot, sich an Orten aufzuhalten, die Anreiz zu weiteren Straftaten bieten könnten. Hierbei können als verbotene Orte etwa Spielplätze, Schulen oder auch öffentliche Schwimmbäder definiert sein. Auch die Wohnungsnahme in unmittelbarer Nähe zu Kindergärten und Schulen oder das Konsumieren von Suchtstoffen können untersagt werden. Weiterhin kann das Gericht u. a.

- verlangen, keinen Kontakt zu Opfern, zu Mittätern oder zu prokriminellen Milieus aufzunehmen,
- die Ausübung bestimmter Tätigkeiten untersagen (z. B. wenn diese Kontakte mit Kindern beinhalten),
- das Mitführen und Tragen bestimmter Gegenstände (z. B. Kabelbinder, Baseballschläger, Maske, Waffen) in der Öffentlichkeit verbieten oder
- verlangen, sich regelmäßig bei einer Ärztin oder einem Arzt, einer Psychotherapeutin oder einem Psychotherapeuten oder einer forensischen Ambulanz vorzustellen.

Eine neuere Form der Weisung stellt die elektronische Aufenthaltsüberwachung (EAÜ) dar, welche seit dem 01. Januar 2011 gesetzlich verankert ist (§ 68b Abs. 1 S. 1 Nr. 12 StGB). Sie erfolgt in Form einer sog. „elektronischen Fußfessel“, die im Falle einer Manipulation oder bei Abbruch des Funkkontakts einen Alarm an die überwachende Behörde aussendet. Diese Weisung wird hauptsächlich bei Gewalt- und Sexualstraftätern, ehemals Sicherungsverwahrten, sowie bei ehemaligen Maßregelvollzugspatienten, deren Maßregel für erledigt erklärt wurde, eingesetzt, von denen die erhöhte Gefahr zur erneuten Begehung erheblicher Delikte ausgeht. Seit 2017 wird ihr Einsatz auch bei extremistischen Straftätern diskutiert (Baur, 2017; Bräuchle, 2016).

Bestimmte Weisungen während der Führungsaufsicht sind strafbewehrt, Verstöße können mit einer Freiheitsstrafe von bis zu drei Jahren oder mit Geldstrafe geahndet werden (§ 145a StGB). Hierzu gehören z. B. die Nichtbeachtung von Kontakt- oder Ortsverboten oder die Nichtbeachtung der oben genannten Vorstellungsweisung bei therapeutisch tätigen Personen oder Institutionen. Darüber hinaus gibt es auch nicht strafbewehrte Weisungen, wozu insbesondere eine Therapieweisung zählt, aber auch Vorgaben, die sich auf Ausbildung, Arbeit, Freizeit, Schuldenregulierung oder die Erfüllung von Unterhaltspflichten beziehen können (Baur, 2017). Zu beachten ist, dass sich die strafbewehrte Vorstellungsweisung bei einer Therapeutin oder einem Therapeuten von der nicht strafbewehrten Therapieweisung dadurch unterscheidet, das erstere nicht mit der Vorgabe verbunden ist, sich auch therapeutisch behandeln zu lassen.

33.3 Die Akteure im Netzwerk

33.3.1 Führungsaufsichtsstelle

Gesetzlich ist die Führungsaufsichtsstelle (FAS) als überwachende und betreuende Institution konzipiert (§ 68a StGB), wobei der überwachenden und koordinierenden Rolle in der Praxis die größere Bedeutung zukommt. Sie kann im postmuralen Risikomanagement als zentraler „Case-Manager" verstanden werden, der die Erfüllung von Weisungen überwacht, Informationen über Verstöße sammelt, diese bewertet und gröbere Verstöße ggfs. an das zuständige Gericht meldet. Nach § 463 a StPO ist die FAS befugt, von allen öffentlichen Behörden Auskunft über den Verurteilten zu verlangen und Ermittlungen vorzunehmen oder durch andere Behörden vornehmen zu lassen. Ferner können durch die Leitung der Aufsichtsstelle Aufenthaltsermittlungen und polizeiliche Kontrollen angeordnet werden oder Ausschreibungen zur Aufenthaltsermittlung veranlasst werden. Sie ist nicht befugt, polizeiliche Beobachtungen selbst durchzuführen, da es sich um eine Justizverwaltungsbehörde und nicht um eine Strafvollstreckungs- oder Strafverfolgungsbehörde handelt (Dahle, Konrad & Tamm, 2020). Kommt die entlassene Person einer Vorstellungsweisung bei einem der Akteure im System (Bewährungshilfe, forensische Ambulanz, Polizeidienststelle, FAS) nicht nach, kann die FAS beim zuständigen Gericht einen Vorführungsbefehl anregen.

33.3.2 Bewährungshilfe

Die Bewährungshilfe ist gesetzlich als helfende und betreuende Instanz konzipiert (§ 68a StGB). Im Gegensatz zur FAS soll sie primär den Resozialisierungsprozess des ehemaligen Straffälligen begleiten und fördern. Andererseits gehört es auch zum Auftrag der Bewährungshilfe, im Einvernehmen mit dem Gericht die Erfüllung von Auflagen und Weisungen zu überwachen und grobe und hartnäckige Verstöße zur Meldung zu bringen. Ferner berichtet sie in regelmäßigen Zeitabständen über die Lebensführung der verurteilten Person (§ 56d StGB). Insoweit hat sie also auch Kontrollfunktionen zu erfüllen. Im Selbstverständnis der Bewährungshilfe soll v.a. auch „Hilfe zur Selbsthilfe" geleistet werden. Klassischerweise sind hier Sozialarbeiter bzw. Sozialarbeiterinnen und Sozialpädagoginnen bzw. Sozialpädagogen tätig, die mit den Klienten Einzelgespräche führen, sie bei behördlichen Angelegenheiten unterstützen, ihnen Hilfsangebote weitervermitteln und einen Überblick über deren Wohn-, Arbeits- und generelle Lebenssituation behalten. Insofern tragen sie zum Netzwerk des postmuralen Risikomanagements v.a. mit sozialarbeiterischen bzw. -pädagogischen Mitteln bei. In einigen Bundesländern wurden in jüngerer Zeit in der Bewährungshilfe aber auch Spezialabteilungen geschaffen (z.B. die Dienstgruppe Sicherheitsmanagement [SIMA] in Berlin), die sich auf definierte Hochrisikoklienten konzentrieren (z.B. Sexualstraftäter, entlassene Sicherungsverwahrte, Klienten mit EAÜ-Anordnung). Sie verfügen über einen besseren Betreuungsschlüssel als die herkömmliche Bewährungshilfe und sind in der Betreuung und Beurteilung ihrer Klientel gesondert geschult (Dahle et al., 2020).

Psychologinnen und Psychologen sind bei der Bewährungshilfe nur selten unmittelbar beteiligt. Eine Ausnahme stellen die genannten Spezialabteilungen dar, die mitunter psychologisch unterstützt werden.

33.3.3 Forensische Ambulanzen

Mit der Reform der Führungsaufsicht von 2007 wurden durch den Gesetzgeber forensische Ambulanzen begrifflich in den Kreis der Institutionen aufgenommen, die sich um die unter Führungsaufsicht stehenden Personen kümmern. Bis dahin hatten sich bereits forensische Institutsambulanzen (FIA) etabliert, die weitgehend an den psychiatrischen Maßregelvollzug angegliedert waren und deren Zielgruppe mithin aus ehemaligen Patienten der forensischen Psychiatrie bestand. Mit Stand von 2013 existierten deutschlandweit 69 solcher Einrichtungen, in denen die forensische Nachsorge von 5.895 entlassenen Personen betrieben wurde (Freese, 2014).

In Abgrenzung zu den Ambulanzen des Maßregelvollzugs wurde im Gefolge der o.g. Führungsaufsichtsreform von 2007 in den letzten Jahren die Einrichtung psychotherapeutischer Fachambulanzen (PFA) gefördert, in denen (auch) justizvollzugsentlassene Gewalt- (25 %) und Sexualstraftäter (70 %) und ehemals Sicherungsverwahrte betreut werden (Dessecker, 2015; Schwarze, Denzler & Klein, 2017). Sie bieten damit zusätzliche Kapazitäten, entlassene Straftäter des Regelvollzugs zu behandeln, und fügen dem postmuralen Fallmanagement haftentlassener Risikotäter einen therapeutischen Baustein hinzu. 42 % der in den Fachambulanzen behandelten ehemaligen Straftäter stehen einer Erhebung von 2015 zufolge zeitgleich unter Führungsaufsicht (Schwarze et al., 2017).

In der Praxis gibt es sowohl zentral organisierte Fachambulanzen als auch dezentral organisierte kleinere Einrichtungen (z.B. Brandenburg) sowie Nachsorgeangebote von niedergelassenen Therapeutinnen und Therapeuten, die in eigener Praxis entlassene Straftäter empfangen (z.B. Hessen; Carl & Schmucker, 2017). Hierbei wird an einigen Standorten so verfahren, dass mithilfe eines Screenings Personen mit eher niedrigem Rückfallrisiko an niedergelassene Therapeutinnen oder Therapeuten vermittelt werden, während solche mit mittleren bis hohen Risiken in den Fachambulanzen behandelt werden (Schwarze et al., 2017). Auch verfügen nicht alle Bundesländer bislang über psychotherapeutische Fachambulanzen für Haftentlassene (z.B. Niedersachsen), sodass bei Bedarf an entsprechende Therapiepraxen vermittelt werden muss – deren Arbeitsschwerpunkt dann in der im engeren Sinne therapeutischen Begleitung liegt – oder man bindet sie in besonderen Fällen an eine FIA an.

Wenngleich die Grenzen also mancherorts fließend sind (so z.B. in Berlin), bestehen somit unterschiedliche Ambulanzen für die aus dem psychiatrischen Maßregelvollzug und dem Justizvollzug entlassenen Täter. Gemein ist beiden eine enge Zusammenarbeit mit der Bewährungshilfe sowie ihre therapeutische Expertise, die sie in das Nachbetreuungssystem einbringen. Deshalb gehören die Ambulanzen zu den betreuend-helfenden Akteuren, erfüllen darüber hinaus aber auch Kontrollfunktionen (z.B. Suchtmittelscreenings).

In eine Ambulanz aufgenommen wird, wer vorher eine entsprechende Weisung durch das Gericht erhalten hat. Dies kann bedeuten, sich für die Dauer der Bewährungszeit in der zuständigen Ambulanz in bestimmten Abständen vorzustellen (Vorstellungsweisung) oder sich gem. § 68b Abs. 1 S. 1 Nr. 11 StGB dort therapeutisch behandeln zu lassen (Therapieweisung). Idealerweise unterstützen die Einrichtungen die Gerichte bei der Auswahl einer solchen Weisung.

Der Aufgabenkreis der Ambulanzen kann das Verabreichen und Verschreiben von Psychopharmaka umfassen, die Durchführung und Überwachung einer antiandrogenen Behandlung oder die psychotherapeutische Behandlung von Patientinnen und Patienten mit Persönlichkeitsstörungen. Häufig werden sowohl Einzel- als auch Gruppentherapien angeboten, wobei Konzepte, genaue Zielgruppe und der Aufgabenkreis je nach Standort variieren. Wurden die Entlassenen in eine eigene Wohnung entlassen, können die Mitarbeitenden vieler Ambulanzen Vor-Ort-Besuche bei den Patienten durchführen, insbesondere, wenn Hinweise auf eine sich anbahnende psychische Krise bestehen (Dahle et al., 2020). Wurden die Entlassenen in eine betreute Wohnform entlassen, führen sie Besuche in der Einrichtung durch, stehen in engem Austausch mit den dortigen Betreuenden und bieten ggfs. forensische Expertise und Supervision an. Viele forensische Ambulanzen pflegen auch Kontakte zu beruflichen Wiedereingliederungshilfen und Wohnheimen und vereinbaren „Runde Tische" zur gemeinsamen Fallbesprechung und Behandlungsplanung entlassener Strafgefangener.

Im Gegensatz zu den meisten übrigen Akteuren im Netzwerk unterliegen die Mitarbeiterinnen und Mitarbeiter der Ambulanzen der beruflichen Schweigepflicht gem. § 203 StGB. Fällt in Rahmen ihrer Arbeit auf, dass der betreute Täter grob gegen eine Weisung verstoßen hat oder in eine Krise geraten ist, haben sie dies jedoch an die Führungsaufsichtsstelle zu melden. Die grundsätzlich geltende Schweigepflicht entfällt auch dann, wenn eine Offenbarung notwendig ist, „um der verurteilten Person zu helfen, nicht wieder straffällig zu werden", sowie in Krisensituationen, die eine Intervention erfordern, oder wenn dies zur Abwehr einer erheblichen gegenwärtigen Gefahr für Leib und Leben, die körperliche Unversehrtheit, die persönliche Freiheit oder die sexuelle Selbstbestimmung Dritter erforderlich ist (§ 68 a Abs. 8 StGB). Sie hat überdies zu offenbaren, ob die verurteilte Person ihrer Vorstellungs- bzw. Therapieweisung nachkommt.

In forensischen Institutsambulanzen und psychotherapeutischen Fachambulanzen sind vorrangig approbierte Therapeutinnen und Therapeuten, Psychologinnen und Psychologen sowie Sozialarbeiter und Sozialarbeiterinnen, mitunter Ärztinnen und Ärzte oder auch Pflegekräfte tätig. Ihre Aufgaben umfassen u. a.: Risikoeinschätzung, Diagnostik, Motivationsförderung, Einzel-/Gruppen-/Paartherapie, Verlaufsevaluation, Teilnahme an gemeinsamen Fallkonferenzen, Zusammenarbeit mit der entsendenden Maßregelvollzugsklinik bzw. JVA und der Bewährungshilfe, Vor-Ort-Besuche bei Patientinnen und Patienten.

33.3.4 Spezielle Präventionsabteilungen innerhalb der Landespolizeibehörden

Eine Fokussierung der forensischen Nachsorge auf entlassene Sexualstraftäter schlägt sich neben den bereits erwähnten Spezialabteilungen der Bewährungshilfe und einigen hierauf spezialisierten psychotherapeutischen Fachambulanzen in dem Umstand wieder, dass seit Anfang bis Mitte der 2000er-Jahre mehr und mehr Bundesländer innerhalb ihrer Landespolizeibehörden spezielle Präventionsabteilungen und Programme zur Überwachung rückfallgefährdeter Sexualstraftäter etablierten. Diese Spezialabteilungen dienen vorrangig der Prävention erneuter einschlägiger Rückfälle nach Entlassung. Die Zielgruppe umfasst dabei Personen, die 1) wegen Straftaten gegen die sexuelle Selbstbestimmung, 2) wegen Mordes oder Totschlags mit sexuell motiviertem Hintergrund oder 3) wegen eines der vorgenannten Delikte wegen Vollrausches verurteilt worden sind. Im Gegensatz zu anderen Akteuren im Nachsorgenetzwerk, die nur im begrenzten Rahmen die Einhaltung von Weisungen kontrollieren, verfügen die Präventionsabteilungen über die Befugnis, polizeiliche Maßnahmen zu ergreifen, und tragen im Nachsorgenetzwerk damit mit ihren besonderen repressiven Möglichkeiten zur Rückfallprävention bei. Zu diesen Möglichkeiten gehören Gefährderansprachen und Observationen in Fällen konkreter Gefahr, erkennungsdienstliche Maßnahmen, die Entnahme von DNA-Proben, gezielte Warnhinweise an konkret Gefährdete (potenzielle Tatopfer), Ermittlungen sowie Überprüfungs- und Überwachungsmaßnahmen. Dabei führt die Dienststelle „SPREE" beim Landeskriminalamt Berlin auch eigenständige Rückfallrisikoeinschätzungen der Entlassenen durch und leitet diese an die jeweilige Führungsaufsichtsstelle weiter (Dahle et al., 2020). Sie bedient sich hierfür eines speziell zu diesem Zweck entwickelten und validierten Prognosetools, das mehrere standardisierte Verfahren integriert. Andernorts werden die Abteilungen mit Einschätzungen der Rückfallrisiken durch die entsendende Vollzugseinrichtung versorgt.

Als eines der ersten Programme wurde die „Haft-Entlassenen-Auskunfts-Datei-Sexualstraftäter" (HEADS) in Bayern im Oktober 2006 eingerichtet, die seit 2008 auch in Brandenburg und Bremen, seit 2011 in Thüringen übernommen wurde. HEADS verfolgt insbesondere das Ziel, den Informationsfluss zwischen

Justiz, Polizei, Maßregelvollzug und Bewährungshilfe über die Daten aus der Haft entlassener gefährlicher Sexualstraftäter zu verbessern. Mittlerweile ist durch die nahezu deutschlandweite Etablierung vergleichbarer Programme und die Vernetzung der Landeskriminalämter untereinander auch ein Informationsfluss über die Bundesländergrenzen hinweg möglich (z. B. bei Wohnortswechsel entlassener Sexualstraftäter). In der Datei sind für die zuständigen Polizeistellen jene Unterlagen hinterlegt, die eine Risikoeinschätzung und eine Ableitung der notwendigen Überwachungsmaßnahmen möglich machen sollen.

Niedersachsen schuf 2007 die „Konzeption zum Umgang mit rückfallgefährdeten Sexualstraftätern" (K.U.R.S.), die 2010 von Baden-Württemberg und Nordrhein-Westfalen übernommen wurde. In dieser Konzeption werden drei Risikogruppen unterschieden:

- A: Täter mit hoher Gefährlichkeit, keine protektiven risikorelevanten Bedingungen,
- B: Täter mit hoher Gefährlichkeit, protektive risikorelevante Bedingungen,
- C: alle anderen Personen, die nicht unter A oder B fallen.

Die Einteilung in eine der Kategorien wird dabei nicht von der Polizei, sondern durch die entsendende Vollzugseinrichtung vorgenommen, z. T. aber auch extern beim Prognosezentrum der Justiz Niedersachsen in Auftrag gegeben. Mit Ende der Führungsaufsicht werden Straftäter wieder aus der K.U.R.S.-Datenbank herausgenommen.

Aufgabe von Psychologinnen und Psychologen ist es, bei der Einstufung der Haftentlassenen in eine Risikokategorie zu unterstützen. Mitunter führen sie bei ungewöhnlichen Fällen oder kritischen Entwicklungen auch Fallsupervisionen und Beratungen durch (z. B. durch Polizeipsychologinnen und -psychologen). Ansonsten gibt es eher wenig Berührungspunkte mit den Präventionsabteilungen der Landeskriminalämter.

33.4 Kooperation der Akteure im Nachsorgenetzwerk

33.4.1 Ablauf des Übergangsmanagements

Anhand dreier kurzer Fallvignetten soll beispielhaft der mögliche Ablauf des Übergangs aus verschiedenen Vollzugsformen in die Nachsorge illustriert werden:

Fall I: Herr K. hat im Regelvollzug eine Freiheitsstrafe von einem Jahr wegen Diebstahls geringwertiger Sachen im wiederholten Rückfall verbüßt. Die Führungsaufsicht tritt in diesem Fall wegen mangelnder Erheblichkeit der bei einem etwaigen Rückfall bedrohten Rechtsgüter nicht ein.

Fall II: Herr F. wird nach zweijähriger Suchtbehandlung in einer Maßregelklinik nach § 64 StGB aus einer Entziehungsanstalt zur Bewährung entlassen. Bei dem Anlassdelikt handelte es sich um eine schwere Körperverletzung mit Todesfolge. Rund sechs Monate vor dem absehbaren Entlassungstermin informiert die Klinik neben der Bewährungshilfe auch die forensische Nachsorgeambulanz, da die Staatsanwaltschaft einen entsprechenden Weisungsantrag signalisiert hat. Es findet ein gemeinsamer Vorstellungstermin statt, die Akten werden zur Einsichtnahme übergeben, die in der Ambulanz zuständige Therapeutin sucht den Untergebrachten im Folgenden zum Kennenlernen einmal in der Klinik auf. Bei zwei weiteren Terminen besucht er sie dann im Rahmen von Ausgängen in der Ambulanz. Mit Entlassung wird die Führungsaufsicht angeordnet und auf drei Jahre befristet. Herr F. bekommt einen Bewährungshelfer bestellt und wird vom Gericht angewiesen, sich regelmäßig in der forensischen Institutsambulanz vorzustellen, dort in Abständen seine Abstinenz mittels Haarprobe nachzuweisen sowie (mit seinem Einverständnis) unterstützende psychotherapeutische Gespräche in Anspruch zu nehmen. Als er bald mehrfach mit Alkohol rückfällig wird und er in eine schwere Krise zu geraten droht, informiert die Ambulanz die FAS, die bei Gericht eine befristete Wiederaufnahme nach § 67h StGB zur Krisenintervention in der Entziehungsanstalt für zwei Monate erwirkt. Der weitere Verlauf ist ohne weitere Krisen und die Führungsaufsicht endet nach drei Jahren plangemäß.

Fall III: Herr A. wird nach vollständiger Verbüßung seiner Freiheitsstrafe aus einer Sozialtherapeutischen Anstalt (SothA) entlassen, nachdem er dort wegen schweren sexuellen Missbrauchs von Kindern im mehrfachen Wiederholungsfall eine Therapie absolviert hat. Bei ihm tritt die Führungsaufsicht automatisch ein und wird auf vier Jahre befristet, zusätzlich wird ein Bewährungshelfer bestellt. Auch hier hat aber zuvor eine Übergabe an die zuständige Ambulanz sowie an die Bewährungshilfe stattgefunden. Zusätzlich erstellte die SothA eine abschließende prognostische Risikoeinschätzung und leitete diese an die Polizeibehörde weiter. Da man zur Einschätzung einer hohen Rückfallgefährdung entsprechend der Risikokategorie A (K.U.R.S.) gelangt war, fand noch vor der Entlassung ein „Runder Tisch“ mit den Akteuren im Nachsorgenetzwerk und der Therapeutin der SothA statt, wo man beschloss, beim Gericht die folgenden Weisungen anzuregen: sich regelmäßig in einer psychotherapeutischen Fachambulanz für die Dauer der Führungsaufsicht vorzustellen, sich (auf freiwilliger Basis) weiterbehandeln zu lassen, sich von Orten fernzuhalten, die vermehrt Gelegenheit für Kinderkontakte bieten (u. a. Spielplätze und Schwimmbäder), und das Verbot von Beschäftigungen, die den Kontakt zu Kindern beinhalten. Nach Entlassung aus der Sozialtherapie wird er automatisch in das Programm K. U.R.S in seinem Bundesland aufgenommen. Über eine auf Sexualstraftäter spezialisierte Spezialabteilung verfügt die Bewährungshilfe dieses Bundeslandes nicht, sodass er einer für ihn entsprechend den Zuordnungsregeln des Landes zuständigen Bewährungshelferin zugeteilt wird.

33.4.2 Kooperation der Akteure untereinander

Zwischen den verschiedenen Akteuren im postmuralen Nachsorgenetzwerk bestehen Kooperationen unterschiedlicher Stärke (s. **Abb. 33-1**). Als zentrale Schaltstelle steht die Führungsaufsichtsstelle in Kommunikation mit nahezu allen Akteuren: Zu den Präventionsabteilungen der Polizei sowie der Bewährungshilfe liegen enge Verbindungen vor und es findet ein Austausch von Informationen über die ehemaligen Gefangenen statt, insbesondere bei Neuaufnahmen, Krisen und Weisungsverstößen. Zu den Ambulanzen und entsendenden Einrichtungen bestehen weniger intensive Verbindungen, im Falle der Ambulanzen erfolgt z. T. eine indirekte Kommunikation über die Bewährungshilfe (Dahle et al., 2020) und nur in Ausnahmefällen ein direkter Kontakt. Die verurteilenden Gerichte können gem. § 68a Abs. 5 StGB sowohl der FAS als auch der Bewährungshilfe Anweisungen erteilen.

Die forensischen Institutsambulanzen bzw. psychotherapeutischen Fachambulanzen sowie die Bewährungshilfe pflegen naturgemäß relativ enge Verbindungen zu den entsendenden Einrichtungen (JVA, MRV, SothA) und tauschen sich mit diesen v. a. im Rahmen des Übergangsmanagements über die Verurteilten aus. Es besteht ferner ein relativ enger Kontakt zwischen den Ambulanzen und der Bewährungshilfe, die häufig erster Ansprechpartner für die Ambulanzen ist und über Weisungsverstöße direkt informiert wird (Dahle et al., 2020; Schwarze et al., 2017). Mit den Präventionsabteilungen der Polizei und den Gerichten besteht seitens der Ambulanzen ein eher loser Kontakt, der vorrangig in akuten Krisenfällen aktiviert wird.

Die Bewährungshilfe unterhält neben ihren engen Kooperationen mit der Führungsaufsichtsstelle und den Ambulanzen einen engen Kontakt zu den Präventionsabteilungen der Polizei, mit denen ebenfalls ein steter Datenabgleich sowie ein Austausch von Risikoeinschätzungen erfolgt.

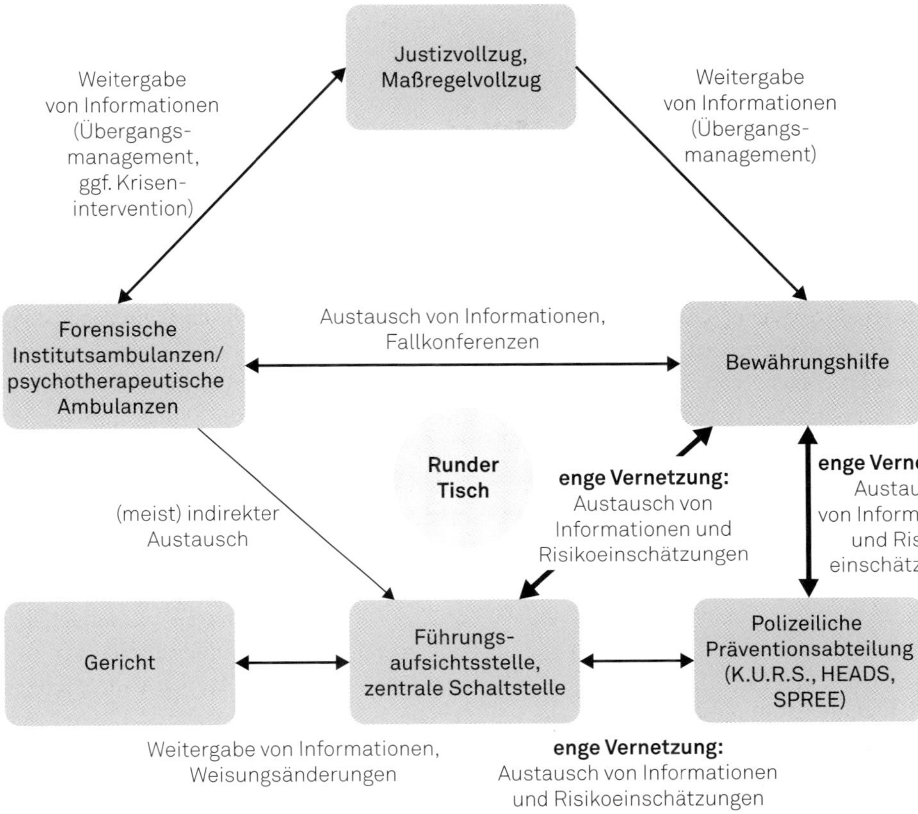

Abbildung 33-1: Kooperationsstrukturen im forensischen Nachsorgenetzwerk.
Anm.: Die Stärke der Pfeile symbolisieren die Intensität des Austauschs.

Vor allem zu Betreuungsbeginn und bei Risikoklientel finden vielerorts im Vorfeld sog. „Runde Tische“ zur gemeinsamen Abstimmung der Akteure in Form von Fallkonferenzen statt. In besonderen Fällen finden solche Abstimmungen im Verlauf der Führungsaufsicht auch regelmäßig statt.

33.4.3 Probleme

Angesichts der Vielzahl von Akteuren im Nachsorgenetzwerk und dessen Komplexität, aber auch in Anbetracht der relativ kurzen Zeit nach der Erweiterung des Systems, verwundert es wenig, dass z. T. noch Überschneidungen zwischen einzelnen Kompetenzbereichen und teilweise gegenseitige Missverständnisse über die jeweiligen Kompetenzen, Möglichkeiten, Zuständigkeiten und Begrenzungen vorliegen. Bemängelt wird einerseits, dass nicht standardmäßig Übergaben von der entsendenden Einrichtung an alle Akteure im Nachsorgenetzwerk erfolgen, wodurch es mitunter zu Informationsverlusten kommt. Eine Überlappung besteht auch zwischen der Bewährungshilfe und den Sozialarbeiterinnen und Sozialarbeitern in den forensischen Institutsambulanzen, deren Aufgaben teilweise ähnlich gelagert sind (Dahle et al., 2020). Darüber hinaus werden Risikoprognosen von bis zu vier verschiedenen Akteuren im System erstellt (entsendende Einrichtung, Bewährungshilfe, polizeiliche Präventionsabteilung, forensische/psychotherapeutische Ambulanz), die jedoch nicht immer zentral zusammengeführt und miteinander abgeglichen werden. Während zwar ein Austausch zwischen Bewährungshilfe und Polizei stattfindet, erscheinen die Ambulanzen nicht immer in den Abgleich von Risikoprognosen mit der Polizei eingebunden, wenngleich die dort tätigen Therapeutinnen und Therapeuten oft über fundierte Kenntnisse in der Anwendung von Prognosemethoden verfügen. Andererseits unterliegen sie teilweise Schweigepflichtskautelen, die nicht jedem Akteur des Systems geläufig sind (Dahle et al., 2020). In Bezug auf das Know-how kriminaltherapeutischer Behandlung ist weiterhin kritisch zu hinterfragen, inwieweit niedergelassene Psychotherapeutinnen und -therapeuten über ausreichend fundiertes Fachwissen für die Besonderheiten einer forensischen Klientel verfügen und kriminogene Faktoren in der Behandlung adäquat adressiert werden (Rettenberger, Kessler & Bockshammer, 2017).

Auf der anderen Seite ist festzuhalten, dass im forensischen Nachsorgenetzwerk die traditionellen Einrichtungen der Bewährungshilfe und der Führungsaufsicht auf vergleichsweise neue Akteure treffen. Insoweit mag es nicht überraschen, dass es Zeit bedarf, Kooperationsroutinen zu etablieren und ein gegenseitiges realistisches Verständnis von den jeweiligen Möglichkeiten und Grenzen in der Nachsorge, den jeweiligen Arbeitsweisen und nicht zuletzt der jeweiligen besonderen Expertise, die die einzelnen Akteure für die nachsorgende Rückfallprävention einbringen können, zu entwickeln. Immerhin wurden durch die Entwicklungen der vergangenen Jahre das Institut der Führungsaufsicht durch gesetzlich verankerte Sanktionsmöglichkeiten geschärft und die traditionell primär sozialarbeiterischen und sozialpädagogischen Mittel der Bewährungshilfe durch die therapeutischen Kompetenzen der Ambulanzen und durch die stärker repressiven Möglichkeiten der polizeilichen Präventionsarbeit deutlich erweitert. Insoweit verfügt das Nachsorgenetzwerk über unterschiedliche Expertise und Eingriffsmöglichkeiten, dessen Zusammenspiel sich aber an einigen Stellen noch einspielen muss.

33.5 Wirksamkeit

Zunehmend wurde in den vergangenen Jahren die Wirksamkeit ambulanter Nachsorge in den unterschiedlichen Bundesländern evaluiert, wobei der Schwerpunkt bislang auf den traditionsreicheren forensischen Institutsambulanzen lag. Die Ergebnisse der forensischen Ambulanzen zeigen ein teilweise heterogenes Bild: Sauter, Voss und Dahle (2015) fanden für die Dauer der Betreuung haft- und maßregelvollzugsentlassener Risikotäter in der Berliner Ambulanz ein um 85% reduziertes Rückfallrisiko im Vergleich zu gematchten Entlassenen aus der Zeit vor der Eröffnung der Einrichtung. Nach Auslaufen der Führungsaufsicht und der Betreuung glichen sich die Rückfallzahlen jedoch bald wieder an. Tatsächlich wiesen Täter in der Behandlungsgruppe zuletzt sogar nominell mehr Anzeigen auf als jene, die sich in der Vergleichsgruppe befanden (69% vs. 59%). Eine Evaluation forensischer Maßregelvollzugsambulanzen in Bayern konnte hingegen ein um bis zur Hälfte reduziertes Rückfallrisiko bei entlassenen, ambulant behandelten Patienten finden (Butz, 2016). Auch frühere Evaluationen der Ambulanzen des Maßregelvollzugs ergaben meist positive Effekte, wenngleich die methodische Qualität gem. der *Maryland Scientific Methods Scale* oft schwach war (Überblick bei Sauter, Seewald & Dahle, 2017).

Literatur

Baur, A. (2017). Stellungnahme zum Gesetzentwurf der Bundesregierung zur Ausweitung der elektronischen Aufenthaltsüberwachung auf extremistische Straftäter im Rahmen der Führungsaufsicht. *Kriminalpolitische Zeitschrift, 2*, 119–123.

Bonta, J. & Andrews, D.A. (2017). *The psychology of criminal conduct* (6th ed.). New York, NY: Routledge.

Bräuchle, A. (2016). *Die elektronische Aufenthaltsüberwachung gefährlicher Straftäter im Rahmen der Führungsaufsicht* (Tübinger Schriften und Materialien zur Kriminologie, Band 37). Tübingen: Institut für Kriminologie der Universität Tübingen.

Butz, M. (2016). *Forensisch-psychiatrische Nachsorge in Bayern: Eine Untersuchung zu Deliktrückfällen und Prognosefaktoren bei bedingt entlassenen Maßregelvollzugspatienten (§§ 63, 64 StGB)*. Dissertation, Universität Regensburg.

Carl, L. & Schmucker, M. (2017). Evaluation der psychotherapeutischen Fachambulanzen für Gewaltstraftäter in Bayern. *Bewährungshilfe, 2,* 175–190.

Dahle, K.-P., Konrad, N. & Tamm, A. (2020). *Entwicklung eines institutionsübergreifenden evidenzbasierten Rahmenkonzepts für das postmurale Risikomanagement haft- und maßregelvollzugsentlassener Risikotäter in Berlin*. Berlin: unveröffentlichter Forschungsbericht.

Dessecker, A. (2015). *Die Entwicklung der Führungsaufsicht seit 1974.* Zugriff am 17. Januar 2022 unter http://www.dbh-online.de/sites/default/files/doku/vortraege/dessecker_entwicklungfuehrungsaufsicht.pdf

Freese, R. (2014). Zum Stand der forensischen und forensisch-psychiatrischen Nachsorge in der Bundesrepublik Deutschland (Daten aus der sog. Pfingstabfrage 2013). *Forensische Psychiatrie, Psychologie, Kriminologie, 8,* 137–144. https://doi.org/10.1007/s11757-014-0260-9

Rettenberger, M., Kessler, A. & Bockshammer, T. (2017). Die dezentral organisierte Versorgungsstruktur ambulanter Nachsorge entlassener Sexualstraftäter: Methodische Aspekte, Wirksamkeit und Möglichkeiten der Verbesserung. *Bewährungshilfe, 2,* 162–174.

Rohrbach, M. P. (2014). *Die Entwicklung der Führungsaufsicht unter besonderer Berücksichtigung der Praxis in Mecklenburg-Vorpommern* (Schriften zum Strafvollzug, Jugendstrafrecht und zur Kriminologie, Band 49). Mönchengladbach: Forum Verlag Godesberg.

Sauter, J., Seewald, K. & Dahle, K.-P. (2017). Wirksamkeit ambulanter forensischer Nachsorge – Was wissen wir wirklich? Übersichtsarbeit über den aktuellen Forschungsstand in der Bundesrepublik Deutschland. *Bewährungshilfe, 61* (2), 146–161.

Sauter, J., Voss, T. & Dahle, K.-P. (2015). Wirksamkeit ambulanter Nachsorge bei Strafvollzugsentlassenen. Erste Evaluation der Forensisch-Therapeutischen Ambulanz für Gewalt- und Sexualstraftäter in Berlin. *Nervenarzt, 86* (5), 571–578.

Schwarze, C., Denzler, R. & Klein, R. (2017). Ambulante Behandlung zur Rückfallprävention von Sexual- und Gewaltstrafen. *Bewährungshilfe, 2,* 101–117.

Urwyler, T., Noll, T., Bürgi, S., Sidler, C., Treuthardt, D., Schmalbach, S. et al. (2020). Die Führungsaufsicht und ihre potenziellen Alternativen – Übergangsmanagement bei Straftätern mit hohem Risikopotential am Ende einer Freiheitsstrafe oder freiheitsentziehenden therapeutischen Massnahme. *Jusletter, 3.* https://doi.org/10.38023/374c3375-fb5f-48b8-a950-8e00075aad29

Ward, T. & Mann, R. E. (2004). Good lives and the rehabilitation of offenders: A positive approach to sex offender treatment. In A. Linley & S. Joseph (Eds.), *Positive psychology in practice* (pp. 598–616). New Jersey, NJ: John Wiley & Sons.

Ward, T., Mann, R. E. & Gannon, T. (2007). The good lives model of offender rehabilitation: Clinical implications. *Aggression and Violent Behavior, 12* (1), 87–107. https://doi.org/10.1016/j.avb.2006.03.004

34 Evaluation der Straftäterbehandlung

Friedrich Lösel

34.1 Einleitung

Die Behandlung von Straftätern ist ein zentrales Thema der Kriminalpolitik. Sie wird mit verschiedenen Begriffen diskutiert, z.B. auch unter dem Stichwort „Resozialisierung". Der vorliegende Beitrag ist nicht den begrifflichen und rechtstheoretischen Grundlagen gewidmet, sondern der Frage der empirischen Evaluation. Grundsätzlich geht es um das Ziel der positiven Spezialprävention, d.h. die Vermeidung erneuter Straffälligkeit. Dies ist ein altes Kernthema des Strafrechts und psychosozialer Interventionsmaßnahmen (Lösel, 2022a). Schon Beccaria (1764) plädierte dafür, nicht nur grausame Strafen abzuschaffen, sondern v.a. die Täter von weiteren Delikten abzuhalten. Im 19. Jahrhundert hat von Liszt (1882/83) in seinem Marburger Programm ein zukunftsorientiertes Strafrecht formuliert, das primär der Verhinderung künftiger Verbrechen dienen sollte.

Das Ziel der positiven Spezialprävention (Rückfallvermeidung), steht im Kontext anderer Strafzwecke wie Schuldausgleich, negativer und positiver Generalprävention, negativer Spezialprävention (Abschreckung), Sicherung der Allgemeinheit und Wiedergutmachung. Polarisierungen wie „Therapie statt Strafe" sind deshalb zu pauschal. Unter der Behandlung von Straffälligen ist nicht nur Psychotherapie zu verstehen. Die Maßnahmen umfassen z.B. auch professionelle Beratung, Sozialarbeit, schulische und berufliche Bildung, soziale Trainings, Betreuung durch Mentoren, Sportpädagogik usw. (s.a. Kap. 29 in diesem Band). Resozialisierung bedeutet auch nicht, dass ein früherer Zustand wiederhergestellt wird, denn bei manchen Probanden gab es bereits Defizite in der primären Sozialisation, sodass auch vor der Straffälligkeit die Integration in die Gesellschaft fraglich war. Das Ziel, dass verurteilte Straftäter künftig ein Leben ohne Straftaten führen sollen, entspricht nicht nur dem deutschen Strafvollzugsgesetz und seinen Varianten in den Bundesländern, sondern ist auch rechtstheoretisch am besten gerechtfertigt. Natürlich gibt es psychologisch bedeutsame Zwischenziele wie Kompetenzen und Verhaltensdispositionen, aber eine Persönlichkeitsveränderung ist kein Selbstzweck der Behandlung.

Im Folgenden wird zuerst ein Überblick über die Entwicklung der evidenzorientierten Straftäterbehandlung gegeben (Stichwort: „What works"). Dann werden verschiedene Arten von Interventionen kurz beschrieben und evaluiert. Ein weiterer Abschnitt widmet sich aktuellen Diskussionen von „What works". Anschließend wird ein Modell der komplexen Einflüsse auf die Wirksamkeit von Behandlungsmaßnahmen vorgestellt. Schlussfolgerungen und Perspektiven runden den Beitrag ab.

34.2 Die Entwicklung von „Nothing works" zu „What works"

Über lange Zeit fehlte es an kontrollierten Studien zur Wirksamkeit der Straftäterbehandlung. Anfangs gab es insbesondere tiefenpsychologisch ausgerichtete Ansätze. Nach Freud war die klassische „Redekur" der Psychoanalyse für Personen mit dissozialen Problemen nicht indiziert, sondern ein mehr erzieherischer Ansatz. Dem entsprachen z. B. die Arbeiten von Aichhorn (1925) und Healy und Bronner (1936) mit jungen Delinquenten.

In den 1960er-Jahren wurde die Straftäterbehandlung deutlich ausgebaut und evaluiert, insbesondere in Nordamerika. Dabei hatte Kalifornien eine Vorreiterrolle inne (Palmer, 1992). Es ist im Hinblick auf Pendelbewegungen in der Kriminalpolitik lehrreich, dass gerade dieser US-Staat 1994 wieder eine sehr punitive Politik einführte („Three strikes and you are out"). Auch in der Kriminalpolitik in Deutschland gab es Schwankungen. In den 1960er-Jahren entwickelte sich ein Behandlungsoptimismus, der 1969 zur Einführung der Sozialtherapeutischen Anstalt (SothA) als Maßregel der Besserung und Sicherung (§ 65 StGB a. F.) führte. Hier wollte man u. a. jungerwachsene Hangtäter, Sexualtäter und persönlichkeitsgestörte Täter behandeln. Man verschob aber das Inkrafttreten des § 65 StGB a. F. mehrfach und 1984 wurde er ersatzlos gestrichen. Seit 1985 erfolgt die Verlegung in eine SothA nach § 9 des Strafvollzugsgesetzes als eine vollzugsinterne Möglichkeit. Einerseits sprachen finanzielle Gründe gegen einen starken Ausbau der Sozialtherapie. Andererseits gab es auch kritische Argumente aus unterschiedlichen kriminalpolitischen Lagern. So galten für punitiv eingestellte Kreise die Haftbedingungen als zu komfortabel. Protagonisten eines primär an der Tatschwere orientierten Strafrechts befürchteten eine zu informelle Sanktionspraxis. Teilweise ähnlich kritisierten Vertreter des Labeling-Ansatzes eine Beeinflussung der Persönlichkeit. Zur Sozialtherapie in Deutschland s. Lösel (2022b).

International besonders einflussreich waren die empirischen Ergebnisse von Lipton, Martinson und Wilks (1975); vorab veröffentlicht durch Martinson (1974). Diese systematische Forschungssynthese evaluierte 231 Studien und kam zu dem Ergebnis, dass es keine stichhaltigen Belege für die Wirksamkeit der Straftäterbehandlung gebe. Das Schlagwort des „Nothing works" war allerdings irreführend, denn die eigentliche Botschaft war nicht die Wirkungslosigkeit, sondern dass es zu wenige methodisch gute Studien gab. Es gab auch Kritik an Lipton et al. (1975) und positivere Folgerungen (Gendreau, 1981; Palmer, 1975). Martinson (1979) selbst revidierte teilweise seine frühere Sichtweise. Ein Manko der Arbeit von Lipton et al. (1975) war es, dass keine quantitative Metaanalyse durchgeführt wurde, sondern nur ein „vote counting", d. h., es wurden nur die Signifikanzen der einzelnen Studien gezählt. Da die statistische Aussagekraft bei kleinen Stichproben gering ist, gab es in vielen Primärstudien keine Signifikanz. So berichteten Whitehead und Lab (1989) wenige signifikante Effekte. In einer Reanalyse mit Effektstärkenberechnung ergab sich aber ein mittlerer positiver Effekt (Lösel, 1995a).

Auch in Deutschland trugen die ersten Evaluationen der Sozialtherapie (z. B. Dünkel, 1979; Egg, 1979; Rasch & Kühl, 1978) zu einer gewissen Ernüchterung bei. Der Ausbau des sozialtherapeutischen Strafvollzugs stagnierte. Die Betonung der Resozialisierung im Strafvollzugsgesetz von 1977 änderte daran wenig. In den 1990er-Jahren gab es dann international eine Renaissance der Straftäterbehandlung (vgl. Lösel, 1993; Palmer, 1992). Diese wurde durch eine bessere theoretische Fundierung der Behandlung, vermehrte Evaluationsforschung und insbesondere systematische Metaanalysen gefördert. Die Metaanalysen zeigten insgesamt signifikant positive Effekte der Straftäterbehandlung (z. B. Andrews et al., 1990; Lipsey, 1992a; Lösel, Köferl & Weber, 1987), die sich in späteren Überblicken bestätigten. In **Tab. 34-1** sind exemplarisch die mittleren Effekte einiger Metaanalysen dargestellt.

Die Analysen überlappen sich teilweise, umfassen aber insgesamt Hunderte von Primärstudien zu unterschiedlichen Behandlungsansätzen und Zielgruppen. Alle durchschnittlichen Effekte sind positiv. Ihre Größenordnung variiert meist zwischen $d = 0.20 \pm 0.10$ (etwa $r = .10 \pm .05$). Es gibt zuweilen auch größere Effekte,

Tabelle 34-1: Mittlere Effekte einiger Metaanalysen zur Straftäterbehandlung.

	Anzahl der Studien	Effekt-stärke (d)*
Programme für Gewalt- und allgemeine Straftäter		
Andrews et al. (1990): verschiedene Programme (s/a)	154	.20
Dowden und Andrews (1999): verschienene Programme, weibliche Personen (s/a)	45	.28
Gannon, Olver, Mallion und James (2019): verschiedene Programme (s/a)	33	.28
Landenberger und Lipsey (2005): kogn.-behaviorale (CBT) Programme (s/a)	58	.24
Lipton, Pearson, Cleland und Yee (2002): therapeut. Gemeinschaften u. Milieutherapie (s/a)	42	.28
Lösel et al. (1987): Sozialtherapeutische Anstalten (s)	18	.22
Petrosino (1997): verschiedene Programme, randomisierte Studien (s/a) b	115	.20
Redondo, Sánchez-Meca und Garrido (1999): verschiedene Programme in Europa (s/a)	32	.24
Programme für jugendliche und jungerwachsene Straftäter		
De Swart et al. (2012): primär kognitiv-behaviorale Programme (s/a)	27	.36
Koehler, Lösel, Humphreys & Akoensi (2013): verschiedene Programme in Europa	25	.16
Latimer, Dowden und Morton-Bourgon (2003): verschiedene Programme (s/a)	176	.18
Lipsey (1992a; 1992b): verschiedene Programme (s/a)	397	.10
Lipsey und Wilson (1998): verschiedene Programme, schwer Delinquente (s/a)	200	.12
Whitehead und Lab (1989): verschiedene Programme (s/a)	50	.24
Behandlungsprogramme für Sexualstraftäter c		
Aos, Phipps, Barnoski und Lieb (2001): verschiedene Programme (s/a)	14	.19
Gannon et al. (2019): deliktspezifische Behandlung (s/a)	44	.24
Hanson et al. (2002): psychosoziale Programme (s/a)	43	.12
Lösel und Schmucker (2005): psychosoziale u. biologische Programme (s/a)	80	.28
Hanson, Burgon, Helmus und Hodgson (2009): psychosoziale Programme (s/a)	23	.23
Schmucker und Lösel (2017): psychosoziale Programme, valide Studien (s/a)	29	.20

Anmerkungen: * Cohen-d-Koeffizienten; teilweise umgerechnet aus Odds Ratios oder Phi; teilweise Ergebnisse aus Fixed- und Random-Modellen gemittelt; teilweise in den Metaanalysen auch Studien enthalten, bei denen Behandlungs- und Kontrollgruppen nicht äquivalent sind; s: stationär, a: ambulant; b: Effekt ohne Gewichtung nach Stichprobengröße, bei Gewichtung geringer; c: Rückfälle mit Sexualdelikten; Effekte bei anderen Delikten teilweise größer.

z. B. zur Sexualtäterbehandlung, aber diese sind eher untypisch (Lösel & Schmucker, 2017). Im Sinne von Cohen (1988) sind die Effekte in **Tab. 34-1** klein. Ihre praktische Bedeutung hängt auch von der Basisrate der Rückfälle in der jeweiligen Population ab. Geht man z. B. nach dem Binomial Effect Size Display (BESD) von einer Erfolgswahrscheinlichkeit von 50 % aus, so bedeutet d = 0.20, dass in der unbehandelten Kontrollgruppe (KG) 55 % rückfällig werden und in der Treatment-Gruppe (TG) 45 %. Dies ist ein nicht trivialer Unterschied von 10 Prozentpunkten oder 18 %. Obwohl das BESD oft verwendet wird (z. B. Lipsey & Cullen, 2007; Wilson, 2016), ist es nicht immer adäquat. Zum Beispiel betrugen in der Metaanalyse von Schmucker und Lösel (2015) die Rückfallraten für Sexualdelikte nur 9 % in der TG und 12,4 % in der KG, was einer Reduktion von 3.4 Prozentpunkten bzw. 27 % entspricht.

Die genannten mittleren Effekte sind geringer als ansonsten in der Psychotherapieforschung, wo sie teilweise d > .60 betragen (Lipsey & Wilson, 1993; Smith, Glass & Miller, 1980). Dies ist jedoch plausibel: Denn erstens betrifft ein Teil der Metaanalysen zur Straftäterbehandlung nicht nur therapeutische Maßnahmen im engeren Sinn. Zweitens bestehen bei vielen schwerwiegend Delinquenten multiple Probleme wie Substanzmissbrauch oder Persönlichkeitsstörungen, die schwer zu behandeln sind. Drittens beruht die Teilnahme an Behandlungsmaßnahmen oft nicht auf einem Leidensdruck, sondern wird u. a. durch die Aussicht auf bessere Haftbedingungen und eine vorzeitige Entlassung beeinflusst (Dahle, 1995). Zum Vierten sind die Rahmenbedingungen in Gefängnissen ungünstiger als ansonsten in der stationären oder ambulanten Psychotherapie. Fünftens ist die Rückfälligkeit ein distales (entferntes) Erfolgskriterium, nicht sehr sensitiv für Veränderungen und bei offiziellen Daten durch das Dunkelfeld verzerrt. Und sechstens werden gerade beim Kriterium des Rückfalls oft mehrjährige Bewährungszeiträume überprüft, was bei Katamnesen in der sonstigen Psychotherapieforschung eher selten ist.

Da die gesellschaftlichen Kosten einer früh beginnenden und lang dauernden kriminellen Karriere bei mehreren Millionen Dollar/Euro liegen können (Cohen & Piquero, 2009), sind auch kleine Behandlungseffekte nicht nur im Hinblick auf den Opferschutz, sondern auch unter Kosten-Nutzen-Gesichtspunkten relevant (Welsh & Farrington, 2000).

Neben den Ergebnissen der Metaanalysen trugen auch andere Einflüsse zu einer Renaissance der Straftäterbehandlung bei. So stiegen in den USA und anderen Ländern zeitweise die Inhaftierungsraten deutlich an. Dadurch erhöhten sich die Kosten, was ein wichtiger Faktor für politische Veränderungen ist (Kingdon, 2003). Neben ambulanten Sanktionen wurde deshalb die Reduktion der Rückfallraten (wieder) ein zentraler kriminalpolitischer Ansatz. Eine andere wichtige Entwicklung war es, dass spektakuläre Fälle von Sexual- und Gewaltdelikten die Öffentlichkeit und Politik stark sensibilisierten. In Deutschland kam es in 1998 zu einer ungewöhnlich raschen Strafrechtsreform. Die damals eingeführten Regelungen zur Strafverschärfung und zugleich Behandlung bei gravierenden Sexualdelikten hatten zwar keine klare Evidenzbasis (Lösel, 2000), doch wurde seither die Sozialtherapie stark ausgebaut. Während es 1997 nur 20 SothAn in Deutschland gab, sind es inzwischen 72 (Etzler, 2020). Darunter befinden sich sechs SothAn für Frauen und 21 für junge Täter, da man erkannt hat, dass auch viele junge Gewalttäter nicht nur eine Entwicklungsverzögerung haben, sondern stärker therapeutische Ansätze benötigen (Lösel & Bliesener, 1997). Die meisten SothAn sind an den Regelvollzug angegliederte Abteilungen. Insgesamt gibt es knapp 2.400 Haftplätze. Gegenüber den ursprünglichen Zielgruppen hat sich eine deutliche Verschiebung in Richtung Sexualtätern ergeben (ca. 50 % der Insassen).

34.3 Effekte verschiedener Interventionen

Die positiven Gesamteffekte in Metaanalysen waren zwar für die Revitalisierung der Straftäterbehandlung bedeutsam. Die wichtigere Frage war und ist aber, welche Interventionen relativ konsistente und größere Effekte zeitigen als andere. Im Folgenden werden einige kurz dargestellt.

34.3.1 Strafe, Abschreckung und Überwachung

Da alle Ansätze der Straftäterbehandlung in das System der Strafjustiz eingebettet sind, ist zuerst zu fragen, inwieweit die punitiven Maßnahmen alleine das Rückfallrisiko senken. Leider gibt es nur wenige methodisch fundierte Studien dazu, da einer Randomisierung rechtliche Grenzen entgegenstehen.

Quasiexperimentelle Studien haben mittels Propensity Score Matching gezeigt, dass eine erstmalige Inhaftierung im Vergleich zu ambulanten Sanktionen die Rückfallrate nicht vermindert, sondern eher einen leicht kriminogenen Effekt hat (Wermink, Blokland, Nieuwberta, Nagin & Tollenaar, 2010). Forschungssynthesen legen nahe, dass Gefängnis vs. ambulante Sanktionen oder längere vs. kürzere Freiheitsstrafen tendenziell eher höhere Rückfallraten haben (Nagin, Cullen & Lero-Jonson, 2009). Durlauf und Nagin (2011) folgerten, dass der Aufenthalt im Gefängnis keine spezialpräventive (abschreckende) Wirkung auf die Inhaftierten hat, sondern das Rückfallrisiko etwas erhöht. Aber nicht alle Evaluationen bestätigten einen kriminogenen Effekt der Gefängnisstrafe (Killias, Villettaz & Zoder, 2006). Längere Haftstrafen können bereits durch das fortgeschrittene Alter der Täter zu einer Senkung des Rückfallrisikos beitragen und eventuelle positive Effekte von Rehabilitationsmaßnahmen werden in der Abschreckungsforschung kaum einbezogen (Lösel, 2007; Ministry of Justice, 2013). Allerdings legt auch die Behandlungsforschung tendenziell stärkere Effekte im ambulanten Kontext nahe (Lipsey & Cullen, 2007; Koehler & Lösel, 2022; Schmucker & Lösel, 2015).

Primär auf Abschreckung zielende Programme sind insgesamt wenig wirksam. Dies gilt z. B. für die Schock-Inhaftierung („scared straight"), in der jugendliche Täter kurz in Gefängnisse mit Schwerverbrechern gebracht werden (Lipsey & Wilson, 1998; Petrosino, Turpin-Petrosino & Buehler, 2003). Ähnliches zeigt sich bei „Bootcamps" mit einem harten Regime und militärischem Drill. Im Mittel ergab sich hier keine Reduzierung der Rückfallraten (Aos, Miller & Drake, 2006; MacKenzie, 2006). Nur wenn auch erzieherische und therapeutische Komponenten enthalten sind, scheinen positive Wirkungen zu bestehen.

Ähnliche Ergebnisse zeichnen sich bei der intensiven Überwachung ab. Auch hier stammen die kontrollierten Evaluationen v. a. aus Nordamerika. Im Vergleich zur „normalen" Intensität der Bewährungsauflagen sowie zu Geldstrafen oder Diversionsmaßnahmen fanden Forschungssynthesen uneinheitliche oder leicht negative Effekte (Aos et al., 2006; Lipsey & Wilson, 1998). Die intensive Überwachung in der Gemeinde sollte aber nicht isoliert betrachtet werden. Eine stärkere Kontrolle ist dann wirksam, wenn sie von Behandlungsmaßnahmen begleitet wird (Aos et al., 2006; Drake, 2011). Es muss auch berücksichtigt werden, dass durch Überwachung Verstöße gegen Auflagen öfter zu entdecken sind. Dies gilt ähnlich für die elektronische Fußfessel („electronic monitoring"). Hier gibt es zwar einige ermutigende Befunde, in kontrollierten Studien zeichnet sich aber kein wesentlicher Effekt auf die Rückfälligkeit ab (Aos et al., 2006; Renzema & Mayo-Wilson, 2005). Das gilt auch für die deutsche Forschung (Meuer & Woessner, 2018), wobei zudem methodische und praktische Probleme bestehen (Haverkamp, Schwedler & Wößner, 2012).

Es kann hier nicht näher auf die Abschreckungsforschung eingegangen werden (dazu Nagin, Cullen & Lero-Jonson, 2018). Die Befunde sind nicht einheitlich, in der Tendenz scheinen aber abschreckende Maßnahmen *allein* kaum spezialpräventiv zu wirken. Dies entspricht den juristischen Auffassungen zu einer gewissen Austauschbarkeit der Sanktionen (Streng, 2012).

34.3.2 Kognitiv-verhaltenstherapeutische Programme

Vergleichsweise gut replizierte Befunde zu „What Works" zeigen kognitiv-verhaltenstherapeutische Programme (KVT; „cognitive-behavioral treatment": CBT). Diese Ansätze basieren auf Theorien des sozialen Lernens, der sozialen Informationsverarbeitung, des sozialen Problemlösens sowie Handlungstheorien und Theorien des moralischen Denkens. Zumeist handelt es sich um strukturierte und in Manualen dokumentierte Programme, die Selbstkontrolle, Ärger- und Wutregulation, soziale Fertigkeiten, Perspektivenübernahme, prosoziale Einstellungen, Konfliktlösefähigkeiten und ähnliche Kompetenzen fördern sollen (Bonta & Andrews, 2017). Je nach Zielgruppe variiert die Intensität zwischen 20 und 200 Stunden. Überwiegend handelt es sich um stationär oder ambulant durchführbare Gruppentrainings (z.B. Ross & Ross, 1995; Travers, Wakeling, Mann & Hollin, 2013). In Deutschland sind manche dieser Programme adaptiert worden. Andere basieren auf konfrontativen Ansätzen (Weidner, 1995), deren Wirkung allerdings fraglich ist (Boxberg & Bosold, 2009; s.a. Kap. 29 in diesem Band).

KVT- bzw. CBT-Programme sind grundsätzlich wirksam (Andrews et al., 1990; Bonta & Andrews, 2017; Aos et al., 2006; Hollin & Palmer, 2009; Koehler, Lösel, Humphreys & Akoensi, 2013; Landenberger & Lipsey, 2005; Lipsey & Cullen, 2007; Lipsey & Wilson, 1998; Redondo, Sánchez-Meca & Garrido, 2002; Tong & Farrington, 2006). Je nach Programmart, Zielgruppe und Untersuchungsdesign können sie die Rückfallraten um ca. 10 bis 20 % senken. Kein einzelnes Programm hat sich als klar überlegen erwiesen, doch sind v.a. Module zur Ärger- und Wutkontrolle, zum sozialen Problemlösen und zum Training sozialer Fertigkeiten wichtig (Jolliffe & Farrington, 2009; Landenberger & Lipsey, 2005).

CBT-Interventionen sind breit indiziert, insbesondere bei schwerwiegender Kriminalität und Gewalttätern. Auch bei Tätern mit Alkohol- und Drogenproblemen sind erwünschte Effekte nachgewiesen (Lipsey & Wilson, 1998; Pearson & Lipton, 1999), aber bislang zu wenig in Europa (Koehler et al., 2013). Die Ergebnisse bei Sexualstraftätern fielen überwiegend positiv aus (Hanson et al., 2002; Lösel & Schmucker, 2005; Schmucker & Lösel, 2015, 2017; s.a. Kap. 30 in diesem Band). Auch bei weiblichen Straftätern liegen positive Evaluationsergebnisse vor (z.B. Dowden & Andrews, 1999).

34.3.3 Therapeutische Gemeinschaften und Sozialtherapie

Diese Formen der Behandlung sind komplexer als CBT-Programme und beziehen stärker das jeweilige soziale Umfeld ein. Die Konzepte der „therapeutic community (TC)" unterscheiden sich erheblich, insbesondere auch darin, ob sie mehr demokratisch oder strukturiert und hierarchisch sind (Cullen, Jones & Woodward, 1997; Lipton, 2010). Milieutherapeutische Ansätze sind ähnlich wie TCs und zielen darauf ab, einen familienähnlichen sozialen Kontext zu schaffen, der strukturierend, anregend, reflexiv oder betreuend ist. In den TCs sollen die Teilnehmenden zusammenleben, voneinander lernen, gleichberechtigte Beziehungen haben, intensiv kommunizieren, sich um Offenheit in der Lösung von Problemen bemühen, sensitiv für psychische Vorgänge und gruppendynamische Prozesse sein und gemeinsame Regeln befolgen.

Den hierarchisch strukturierten TCs ähnelt die deutsche Sozialtherapeutische Anstalt (SthA), die aber mehr Merkmale des Regel-Strafvollzugs hat. In den SthAn legt man besonders Wert auf ein therapeutisches Anstaltsklima, gute

Beziehungen zwischen den Gefangenen und dem Personal, individual- und gruppentherapeutische Sitzungen, die sukzessive Übernahme von Eigenverantwortung, Kontakte mit der Außenwelt und stufenweise Lockerungen bis hin zur Arbeit außerhalb der Anstalt (s. Kap. 30 in diesem Band; Lösel, 2022b). Es werden auch spezifische strukturierte Programme angeboten, z. B. CBT.

Etliche Studien zeigen positive Effekte von TCs, Milieutherapie und SthAn (Egg, Pearson, Cleland & Lipton, 2000; Lipton et al., 2002; Lösel, 1995b; Lösel et al., 1987). Die Maßnahmen scheinen sowohl bei gewalttätigen als auch drogenabhängigen Tätern die Rückfallrate zu reduzieren (Mitchell, Wilson & MacKenzie, 2007; Pearson & Lipton, 1999). Bei Sexualtätern müssen spezifischere Programme hinzukommen (Lösel, 2000; Schmucker & Lösel, 2017). Insgesamt sind die Effekte bei den TCs weniger konsistent und niedriger als bei CBT-Programmen (Aos et al., 2001). Dabei muss bedacht werden, dass die typischen Zielgruppen besonders schwierig sind, z. B. Täter mit Persönlichkeitsstörungen, Substanzmissbrauch und multiplen psychischen Problemen. Die deutschen SothAn haben einen Schwerpunkt in der Behandlung von Sexualtätern. Die Ergebnisse hierzu sind gemischt (Lösel, 2022b). Die offiziellen Rückfallraten mit Sexualdelikten sind inzwischen so niedrig (5–7 %), dass kaum signifikante Behandlungseffekte nachgewiesen werden können (Lösel, 2020). Bei nicht sexuellen Rückfällen sind die Basisraten größer und es zeichnen sich auch positivere Effekte ab (Lösel et al., 2020). In der Praxis kommt es nicht zuletzt darauf an, was in der Behandlung tatsächlich geschieht (Ortmann, 2002).

34.3.4 Psychodynamisch-tiefenpsychologische Ansätze

Wie oben erwähnt, hielt Sigmund Freud die klassische Psychoanalyse bei dissozialen Klienten für nicht geeignet. Psychodynamische Interventionen allein werden auch heutzutage in der Straftäterbehandlung seltener verwendet als z. B. CBT, sie sind jedoch teilweise ein Element in sozialtherapeutischen Ansätzen. Tiefenpsychologische Konzepte von Otto Kernberg oder Heinz Kohut erwiesen sich allgemein bei Persönlichkeitsstörungen als hilfreich. Dabei bestehen auch Ähnlichkeiten zur CBT nach Beck (Beck, Davis & Freeman, 2015). Diese ist auch bei theoretisch anders ausgerichteten Ansätzen der Straftäterbehandlung bedeutsam (Lipsey, 2009). Andrews et al. (1990) haben bei psychodynamischen Interventionen keine signifikanten Effekte gefunden, andere Metaanalysen dagegen schon (z. B. Lipsey & Wilson, 1998; Redondo et al., 1999, 2002), wenngleich geringere als bei CBT (Koehler et al., 2013). Wegen der Heterogenität und geringen Strukturierung sind kontrollierte Evaluationen hier schwieriger, sollten aber vermehrt durchgeführt werden.

34.3.5 Multisystemische Therapie (MST) und familienorientierte Programme

Multisystemische Therapie (MST; Henggeler, Schoenwald, Borduin, Rowland & Cunningham, 2009) und Funktionale Familientherapie (FFT; Sexton & Turner, 2010) werden v. a. bei jungen Straftätern eingesetzt. Die MST ist strukturiert und manualisiert, aber nicht so standardisiert wie viele CBT-Programme. Je nach Fall wird mit den Jugendlichen, ihrer Familie, Peergruppe, Schule, Nachbarschaft sowie den sozialen Diensten gearbeitet. Man orientiert sich an allgemeinen therapeutischen Prinzipien, auch mit Methoden der CBT. Wichtig ist der soziale Kontext (das System), in dem sich die Verhaltensprobleme entwickelt und verfestigt haben. Neben Defiziten wird auch auf vorhandene Stärken und sukzessive Verantwortungsübernahme im System geachtet. Wichtig sind Kontinuität der Betreuung (sechs Monate), Evaluation, Rechenschaftspflicht und Generalisierung des Gelernten.

Metaanalysen haben im Mittel positive Effekte der MST gezeigt (Aos et al., 2001; Ogden & Hagen, 2006; van der Stouwe, Asscher, Stams, Dekovic & van der Laan, 2014). Zur FFT liegen weniger kontrollierte Ergebnisse vor (z. B. Gordon, Graves & Arbuthnot, 1995). Trotz insgesamt positiver Ergebnisse zur MST gibt es auch Studien, die keine signifikanten Effekte fanden (z. B. Sundell et al., 2008) oder Probleme im Evaluationsdesign sowie der Selbstevaluation monierten (Littell, 2006).

34.3.6 Beratung und Fallarbeit

In der Praxis werden häufig schwach strukturierte Beratungsgespräche mit den delinquenten Probanden geführt. Dies geschieht z. B. in der sozialpädagogischen Fallarbeit, wobei u. a. psychodynamische, humanistische oder eklektische Konzepte einfließen. Man zielt darauf ab, eine Bindung zu den Probanden aufzubauen, therapeutische Basismerkmale wie Akzeptanz, Empathie und Offenheit zu realisieren und kriminogene Bedürfnisse und Motive zu reflektieren. In den tiefenpsychologischen Ansätzen geht es auch darum, grundlegende Konflikte und Abwehrmechanismen zu bearbeiten. Wie erwähnt, sind klassisch-psychoanalytische Ansätze bei vielen Delinquenten nicht indiziert. Ähnliches gilt für nondirektive Gesprächstherapien bei impulsiven Personen (Beutler & Harwood, 2000). Merkmale der therapeutischen Beziehung und Kooperation sind aber auch in CBT-Programmen, TCs und der Sozialtherapie wichtig. Sie repräsentieren eine therapeutische „Philosophie" für den Umgang mit Delinquenten (Lipsey, 2009). Vor diesem Hintergrund werden in jüngster Zeit auch die individualisierten Betreuungskontakte und Beratungsgespräche in der Bewährungshilfe stärker erforscht (vgl. Chadwick, Dewolf & Serin, 2015; Ugwudike, Raynor & Annison, 2018). Es ist z. B. sinnvoll, dass sich die Inhalte auch an dem orientieren, was intramural z. B. in CBT-Programmen gelernt wurde. Das an CBT orientierte kanadische STICS-Programm zeigte in dieser Hinsicht gute Erfolge, eine Replikation aber keine signifikanten Ergebnisse (Bonta, Rugge, Bourgon & Wanamaker, 2019).

34.3.7 Schematherapie

Die Schemaorientierte Therapie hat Ähnlichkeiten zur CBT und wird u. a. bei Persönlichkeitsstörungen angewandt (Valente & Roediger, 2020). Darin sind Elemente der kognitiven Psychologie nach Piaget, der Tiefenpsychologie und der CBT enthalten. Es bestehen auch Beziehungen zur Forschung über aggressionsfördernde Schemata in der sozialen Informationsverarbeitung (z. B. Lösel, Bliesener & Bender, 2007). In der Schematherapie sollen kriminogene Erinnerungen, Emotionen, Kognitionen und Körperempfindungen therapeutisch aufgearbeitet und modifiziert werden. Kleinere Studien zur Therapie von Straftätern sind ermutigend (Elsner & König, 2016); mehr gut kontrollierte Evaluationen wären wünschenswert.

34.3.8 Mentorenprogramme

Mentor*innen gibt es in der Straftäterbehandlung v. a. bei jungen Probanden. Sie kommen z. B. aus dem kirchlichen Bereich, von NGOs oder Vereinen. Manchmal werden auch resozialisierte Delinquente einbezogen. Mentoren sollen eine tragfähige Beziehung aufbauen, Probleme besprechen und als Vorbild wirken. Außer Einzelfall-Erfahrungen gibt es hierzulande dazu kaum systematische Daten. Internationale Studien zeigten kleine erwünschte Effekte i. S. geringerer Delinquenz als in den Kontrollgruppen (Tolan et al., 2013). Inwieweit langfristig Rückfälle verhindert werden, ist aber fraglich (Jolliffe & Farrington, 2008). Mentorenprogramme scheinen eher erfolgversprechend zu sein, wenn sie im Rahmen eines breiteren therapeutischen Ansatzes stattfinden und die Mentoren gut geschult werden.

34.3.9 Schulische und berufliche Bildung

Viele Straftäter haben Defizite in der elementaren Schuldbildung, beruflichen Bildung und Erwerbstätigkeit (s.a. Kap. 29 in diesem Band). Deshalb gelten schulische und berufliche Maßnahmen als ein wesentlicher Beitrag zur Resozialisierung, auch in Kombination mit i.e.S. therapeutischen Maßnahmen. Sie sind so selbstverständlich, dass es überraschend wenige kontrollierte Evaluationen gibt. Diese zeigen, dass schulische und berufliche Programme die Rückfallrate verringern (Bozick, Steele, Davis & Turner, 2018, MacKenzie, 2006, Wilson, Gallagher & MacKenzie, 2000), während Arbeitsbeschaffung allein oft nicht ausreicht. Wichtig ist, dass erworbene Qualifikationen tatsächlich auf dem Arbeitsmarkt nutzbar sind und auch psychosoziale Kompetenzen vermittelt werden, um z.B. bei Widrigkeiten einen Arbeitsplatz zu behalten.

34.3.10 Sport- und Abenteuerprogramme

Sportangebote für Straftäter sind weitverbreitet. Sportliche Betätigung kann Erfolgserlebnisse vermitteln, die Leistungsmotivation stärken, Disziplin einüben, Kooperation fördern, Aktivitätsbedürfnisse befriedigen, zur physischen Gesundheit und zum Selbstwert beitragen (vgl. Jugl, Bender & Lösel, 2021). Manche Sportprogramme zielen primär auf Disziplin und quasimilitärischen Drill. Wie oben bei den Bootcamps erwähnt, sind diese nicht wirksam. Das hat sich auch in Deutschland gezeigt (Endres et al., 2016). Bei den von Delinquenten gerne praktizierten Kraft- und Kampfsportarten muss manchmal mit kontraproduktiven Effekten gerechnet werden (Lösel & Bliesener, 2003). Insgesamt legt unsere Metaanalyse zu Sportprogrammen positive Effekte nahe, insbesondere bei Mannschaftssport (Jugl et al., 2021). Es sind allerdings mehr gut kontrollierte Studien erforderlich. Hinsichtlich Abenteuer- und Outdoorprogrammen fanden Wilson und Lipsey (2000) in einer Metaanalyse kleine erwünschte Effekte.

34.3.11 Wiedergutmachung und Restorative Justice (RJ)

Programme der RJ zielen einerseits auf Konfliktlösung und Wiedergutmachung des seelischen und/oder materiellen Schadens der Opfer. Andererseits sollen die Straftäter Empathie für die Opfer entwickeln, ernsthaft bereuen und Verhaltensänderungen anstreben. Die Programme sind facettenreich und umfassen z.B. den professionell angeleiteten Täter-Opfer-Ausgleich (TOA) und andere Mediationstreffen (Sherman & Strang, 2007). In Deutschland haben Dölling, Entdorf und Hermann (2015) gezeigt, dass der TOA v.a. bei Körperverletzungsdelikten (60%) eingesetzt wird. In 38% der Fälle wurde von den Beteiligten eine Konfliktregelung konstatiert. Es mangelt aber an kontrollierten Evaluationen zur Rückfälligkeit. In England fanden Shapland et al. (2008) weniger Rückfälle, aber keinen Zusammenhang mit dem Schweregrad. Positive Effekte scheint es insbesondere bei Mediation unter professioneller Anleitung zu geben (Sherman & Strang, 2007), aber nicht bei allen Tätergruppen. Es kann sinnvoll sein, RJ mit CBT-Programmen zu kombinieren (auch im Strafvollzug).

34.3.12 Meditations- und Entspannungsprogramme

In letzter Zeit werden international in der Straftäterbehandlung vermehrt Konzepte wie *Mindfulness* eingeführt. Dabei geht es ähnlich wie bei Yoga auf neuropsychologischer Basis darum, sich zu entspannen, eigene psychische und körperliche Funktionen zu erfahren und Stress abzubauen. Da auch Straftäter (insbesondere in Haft) häufig unter Stress stehen, könnten diese Ansätze auch hier sinnvoll sein. Es gibt einige positive Evaluationsergebnisse, eine Metaanalyse von Fix und Fix (2013) erbrachte aber keine signifikanten Effekte hinsichtlich Aggressivität. Ein anderer Ansatz ist die *Naikan*-Therapie. Sie stammt aus Japan und soll die Selbsterkenntnis in meditativer Kontemplation fördern. In Japan hat der Ansatz bei (jungen) Straftätern Erfolge in der Rückfälligkeit gezeitigt. Inzwischen gibt es auch im Strafvollzug im deutschsprachigen Raum Erprobungen (Reiss, 2016). Nach positiven Erfahrungsberichten stehen aber kontrollierte Evaluationsstudien noch aus.

34.3.13 Religiöse und künstlerische Aktivitäten

In der Literatur wird nicht zu Unrecht angemerkt, dass es in der Resozialisierung von Straftätern zahlreiche Aktivitäten gibt, die über den evidenzorientierten Ansatz von „What works" hinausgehen, aber in der Praxis wichtige Beiträge leisten können. Dazu gehören z. B. künstlerische Angebote wie Malen und Theaterspiel (Brayford, Cowe & Deering, 2010). Solche Aktivitäten können für die Gefangenen eine sinnstiftende Funktion haben und zu einem positiven Anstaltsklima beitragen. Ähnliches gilt für spirituelle Angebote, wie sie z. B. seitens der Kirchen gemacht werden (Boddie & Cnaan, 2006). Aus der Resilienz-Forschung ist bekannt, dass die positive Erfahrung von Sinn im Leben zur Bewältigung von Problemen und Abkehr von delinquenten Entwicklungen beitragen kann (vgl. Lösel & Bender, 2003, 2017). Sinnstiftende Maßnahmen überlappen sich teilweise mit CBT, Beratung, TC und Meditation. Wie bei den künstlerischen Aktivitäten besteht noch keine systematische Evaluationskultur wie in anderen Bereichen von „What works". Neuerdings gibt es vereinzelt kontrollierte Evaluationen zu religiösen Ansätzen, die erfolgversprechend sind (z. B. Haviv, Weisburd, Hasisi, Shoham & Wolfowicz, 2020, in Israel).

34.3.14 Kombination von medikamentöser und psychosozialer Behandlung

Die neurobiologische Forschung zur Aggressivität hat deutliche Fortschritte gemacht (Lösel & Remschmidt, 2014; Raine, 2013). Auf dieser Basis kann pharmakologische Behandlung nicht nur in forensischen Kliniken indiziert sein. Zum Beispiel ist eine Anti-Androgentherapie bei manchen Sexualtätern erfolgversprechend (Lösel & Schmucker, 2005; Voß, Klemke, Schneider-Njepel & Kröber, 2016). Die Medikation bei ADHS-Probanden (Lichtenstein et al., 2012) oder selektive Serotonin-Wiederaufnahmehemmer (Bellino, Rinaldi, Bozzatello & Bogetto, 2011) scheinen ebenfalls erwünschte Effekte zu haben. Positive Effekte auf die Rückfallraten zeigte auch die Substitutionstherapie bei drogenabhängigen Tätern (Koehler, Humphreys, Akoensi, Sánchez de Ribera & Lösel, 2014). Zur Sexualtäterbehandlung mangelt es an gut kontrollierten medikamentösen Wirkungsstudien (Schmucker & Lösel, 2017; s. a. Kap. 30 in diesem Band). Beachtung erfordern auch eventuelle unerwünschte Nebenwirkungen (z. B. bei SSRIs). Medikamentöse Therapie betrifft im Strafvollzug nur indizierte Fälle und ist i. d. R. mit psychosozialen Maßnahmen kombiniert (analog zur Depressionsbehandlung in anderen Kontexten).

34.4 Das RNR-Modell und seine praktische Umsetzung

Es konnten hier nur einige Behandlungsansätze kurz vorgestellt werden. Auf den ersten Blick mutet dies wie ein wenig sortierter Werkzeugkasten an, aus dem sich die Praxis bedienen kann. Dies spiegelt einerseits die Realität wider, doch gibt es auch Prinzipien, die über einzelne Arten von Interventionen hinausgehen. Hier spielt das Risk-Need-Responsivity-Modell eine zentrale Rolle (Andrews et al., 1990; Bonta & Andrews, 2017). Das RNR-Konzept basiert auf empirisch fundierten sozial-lerntheoretischen, kognitiv-verhaltenstherapeutischen und anderen klinisch-psychologischen Überlegungen. Es postuliert, dass eine angemessene Straftäterbehandlung drei Prinzipien erfüllen muss: Erstens muss sie dem Grad des Rückfallrisikos der Probanden entsprechen (Risikoprinzip/„risk principle"). Zweitens muss die Maßnahme auf die spezifischen kriminogenen Faktoren bzw. Bedürfnisse der Straftäter abgestimmt sein (Bedürfnisprinzip/„need principle"). Drittens muss eine angemessene Intervention auf die jeweiligen Denk- und Lernweisen der Zielgruppe zugeschnitten sein (Ansprechbarkeitsprinzip/„responsivity principle"). Allerdings gehen RNR-Programme teilweise von einer gruppenbezogenen statt individuell spezifischen Ansprechbarkeit aus.

Bei Andrews et al. (1990) reduzierten Behandlungen, die alle drei Prinzipien erfüllten, die Rückfallraten um bis zu 60 %. Neuere Befunde legen eine realistischere Differenz von 20 bis 30 % gegenüber den KGn nahe (Bonta & Andrews, 2017). Es konnte auch gezeigt werden, dass die Effektstärke mit der Anzahl der erfüllten Prinzipien ansteigt. Während bei drei Prinzipien die Wirkung am größten war, hatten Programme, die keines der Prinzipien realisierten, sogar leicht negative Effekte (Bonta & Andrews, 2017; Hanson et al., 2009; Koehler et al., 2013).

Neben den drei RNR-Prinzipien hat man weitere Merkmale angemessener Behandlungen herausgearbeitet (vgl. Andrews, Bonta & Wormith, 2011; Lösel, 1995a). Auf dieser Basis wurden in etlichen Ländern Kriterien für die Akkreditierung von Maßnahmen entwickelt, insbesondere in Großbritannien/England und Wales (vgl. Maguire, Grubin, Lösel & Raynor, 2010). Aktuell sind folgende relevant (hier verkürzt und sinngemäß übersetzt):

1) Ist das Programm evidenzbasiert und/oder gibt es eine solide Forschungsgrundlage, dass es die Rückfälligkeit reduziert bzw. die Abkehr von Kriminalität (Desistance) fördert?
2) Werden Faktoren behandelt, die für erneute Straftaten und Desistance relevant sind?
3) Zielt das Programm auf eine adäquat definierte und ausgewählte Population von Teilnehmern?
4) Werden neue Fertigkeiten vermittelt (und nicht nur das Bewusstsein erhöht)?
5) Werden Motivation und Engagement gefördert und vorzeitiger Abbruch verhindert?
6) Wird das Programm wie intendiert von qualifiziertem Personal durchgeführt und gibt es Maßnahmen zur Qualitätssicherung?
7) Gibt es eine fortlaufende systematische Evaluation (Prozess und Wirkung)?

Nach solchen Kriterien wurden zahlreiche institutionelle und ambulante Programme entwickelt, akkreditiert und implementiert. Die Programme betreffen u. a. Probanden mit Gewaltdelikten, Sexualdelikten, häuslicher Gewalt, Alkoholproblemen, Radikalisierung und Terrorismus, Lernbehinderungen etc. Auch TCs wurden akkreditiert. Detaillierte Programmmanuale zu den einzelnen Programmen, standardisierte Diagnoseverfahren (z. B. OASys), Personaltraining und Supervision (einschließlich Videoanalysen) sowie Prozess- und Wirkungsevaluationen sollen die Qualität der Interventionen sicherstellen. Ein Problem ist es, dass zwar viel Geld in die Behandlung, aber nur wenig in die Evaluation investiert wird (vgl. Maguire et al., 2010). Das ist in Deutschland genauso. Die wenigen gut kontrollierten Studien in Großbritannien zeigten einerseits positive Effekte, z. B. von CBT-Programmen (Travers et al., 2013). Es gab aber auch ein spektakuläres negatives Ergebnis bei den Teilnehmern des weitverbreiteten Sex Offender Treatment Programme (SOTP), in dem die Kontrollgruppe in einem Propensity Score Matching besser abschnitt (Mews, Di Bella & Purver, 2017). Der Autor dieses Kapitels war in UK in die Beurteilung dieser Studie eingebunden und trotz methodischer Bedenken (z. B. keine Information über eventuelle Paraphilien) kam das Gremium letztlich zu der Einschätzung, dass es eine relativ fundierte Studie ist. Die intensive Diskussion der Studie in den Medien und der Wissenschaft zeigte, dass die Frage „What works?" nicht allzu pauschal gestellt werden sollte. Nach unseren Metaanalysen der Sexualtäterbehandlung waren gerade reine Gruppentherapien in Gefängnissen (wie beim SOTP) nicht sehr erfolgversprechend (Schmucker & Lösel, 2015, 2017). Auch andere Reviews (Gannon et al., 2019) legten nahe, dass die Ergebnisse von Mews et al. (2017) untypisch waren. Man muss deshalb vermehrt Replikationen durchführen und jene Faktoren differenziert herausarbeiten, die für erfolgreiche Interventionsergebnisse bedeutsam sind (vgl. Lösel, 2018).

In der Evaluation der Straftäterbehandlung betreffen gut kontrollierte Studien meist einzelne spezifische Programme (vgl. Lösel, 2007). Tatsächlich stehen aber die psychosozialen Interventionen i. d. R. im Kontext anderer Maßnahmen zur Resozialisierung. Diese Pfade („pathways") betreffen 1. die Hilfe beim Wohnraum nach der Entlassung; 2. die schulische und berufliche Qualifikation sowie Arbeitsplatzbeschaffung; 3. die Förderung der seelischen und körperlichen Gesundheit; 4. die Behandlung von Alkohol- und anderen Drogenproblemen; 5. die Regulierung von Finanzen- und Schuldenminderung; 6. die Beziehung zu Familie und Kindern und schließlich 7. die psychosoziale Therapie im engeren Sinne. Bei weiblichen Straffälligen kommen noch die Unterstützung bei sexuellem Missbrauch oder Vergewaltigung sowie Probleme der Prostitution hinzu.

Diese Resozialisierungspfade sind in vielen Ländern ähnlich. Hinsichtlich der Evaluation von „What works" ergibt sich das Problem, dass oft ein komplexes „Paket" von Maßnahmen eingesetzt wird, das schwer zu evaluieren ist. Erforderlich wären sehr große Kohorten von Probanden, die unterschiedliche Konfigurationen von Maßnahmen erhalten oder nicht erhalten hatten. Lösel et al. (1987) haben dieses Problem hinsichtlich der ebenfalls sehr komplexen Sozialtherapie dahingehend beschrieben, dass man insbesondere im Fall des Misserfolgs nicht sagen kann, woran es im Einzelnen gelegen hat und was ggf. zu ändern sei. Indirekte Hinweise auf Erfolge der What-works-Strategie legen Längsschnittvergleiche von landesweiten Rückfallraten nahe. Sie sanken z. B. in England und Wales von 2000 bis 2010/11 v. a. bei Freiheitsstrafen von 1 bis 4 Jahren (wo es die meisten Behandlungsangebote gab). Ähnliche Phänomene gibt es in Deutschland, z. B. hinsichtlich der verringerten Rückfallraten mit Sexualdelikten (s. 34.3.3). Ob das auf die vermehrten Behandlungsprogramme, härtere Sanktionen, die stärkere gesellschaftliche Ächtung der Sexualdelinquenz, auf den verbreiteten Zugang zu Pornografie und Prostitution oder andere Faktoren zurückzuführen ist, lässt sich nicht stichhaltig sagen. Aussagekräftiger sind kontrollierte Programmevaluationen, die aber wiederum vor dem o. g. Problem eines zu isolierten „silo approach" (Maguire et al., 2010) stehen.

34.5 Kritik am What-works-Ansatz

Zur empirisch fundierten, RNR-orientierten Straftäterbehandlung gibt es auch Kritik (vgl. Ward & Maruna, 2007). Ward und Brown (2004) wandten ein, dass diese Ansätze

- keine positive Belohnung der Abkehr (Desistance) von der Kriminalität vermitteln,
- die Identität und das bewusste Handeln der Personen vernachlässigen,
- weitgehend auf einem psychometrischen Modell basieren,
- die Bedeutung spezifischer Erfahrungen ignorieren,
- die therapeutischen Beziehungen zu wenig berücksichtigen und
- oft nach dem Motto „One size fits all" implementiert werden.

Die nähere Betrachtung zahlreicher Programme zeigt, dass die ersten vier Argumente zu pauschal bzw. unzutreffend sind, während die letzten beiden Punkte teilweise zutreffen. Es wurden auch andere pauschale Monita gegen den What-works-Ansatz vorgebracht (s. Lösel,

2012a; Maguire et al., 2010). Alternativ propagierte man u.a. das „Good-Lives-Modell" (GLM; Ward & Brown, 2004; Franqué & Briken, 2013). Hierbei geht man davon aus, dass es bei Straftätern dann positive Entwicklungen gibt, wenn ihnen eine Lebensführung möglich ist, in der allgemein-menschliche Grundbedürfnisse befriedigt werden können, insbesondere: 1. Leben und Gesundheit, 2. Wissen über und Verständnis für andere Menschen und die materielle Umwelt, 3. Exzellenz bzw. Erfolg in der Arbeit und im Spiel, 4. Autonomie und Selbstbestimmung in den Zielen (ohne andere zu beeinträchtigen), 5. innerer Frieden und emotionale Ausgeglichenheit, 6. soziale Verbundenheit, Familien- und Freundschaftsbeziehungen, 7. Spiritualität und Sinnerleben, 8. glücklich sein und 9. Kreativität.

Das GLM enthält Überlegungen aus der Humanistischen Psychologie. Anstelle von Defiziten und Risiken werden konstruktive Lebensziele und eventuelle Stärken des Individuums betont. Auf die umfangreiche empirische Resilienz-Forschung seit den 1980er-Jahren wird allerdings nicht Bezug genommen (dazu Lösel & Bender, 2003; Werner & Smith, 1992). Das GLM ist mehr ein philosophisch-rahmentheoretisches Konzept als ein evidenzbasiertes Modell. In der Praxis bleibt die Frage, durch welche psychischen, sozialen und materiellen Faktoren die Probanden bislang an der Befriedigung der o.g. Grundbedürfnisse gehindert waren. Es ist gerade das Anliegen von What-works-Programmen, Kompetenzen zu fördern, die solche Behinderungen (auch Defizite) vermindern. Nach Andrews et al. (2011) geht das GLM kaum über das hinaus, was im erweiterten RNR-Modell enthalten ist. Zu diesem liegt aber eine umfangreiche empirische Bestätigung vor, die beim GLM noch fehlt.

Als eine andere Alternative zu „What works" ist das „Desistance-Paradigm" vorgeschlagen worden (vgl. McNeill, 2006, 2016). Statt auf spezifischen Behandlungsprogrammen liegt hier der Fokus auf den Schutzfaktoren in der „natürlichen" Entwicklung und den sozialen Institutionen. Zu den Faktoren, die zu Wendepunkten in Kriminalitätskarrieren beitragen, gehören z.B. die Bindung an prosoziale Personen (z.B. eine Partnerin), ein festes Arbeitsverhältnis, die Abkehr von Routineaktivitäten durch neue Situationen, kognitive Umstrukturierungen und Sinn gebende Erfahrungen (vgl. Bottoms & Shapland, 2011; Laub & Sampson, 2007; Lösel & Bender, 2003; Lösel & Farrington, 2012; Maruna, 2001; Sampson & Laub, 1993). Konzeptionelle Unterschiede zum What-works-Ansatz bestehen u.a. darin, dass die aktive Gestaltung der eigenen Entwicklung betont wird, in der Diagnostik eher ein Dialog über Stärken und Schwächen angestrebt wird und mit den Probanden gemeinsame Aufgaben zur Bewältigung von Problemen angegangen werden (McNeill, 2016).

Die Prozesse solcher Änderungen sind komplex. Ähnlich wie bei den Risikofaktoren wirken multiple Einflüsse zusammen. Gute Absichten und erste Schritte in der Änderungsmotivation werden oft behindert, z.B. durch Alkohol- und Drogenprobleme, deviante soziale Netzwerke oder kritische Lebensereignisse. Zwar geben langfristig selbst die meisten sog. Intensivtäter ihre kriminelle Laufbahn auf (Laub & Sampson, 2007), doch sind v.a. im Jugend- und jungen Erwachsenenalter die Rückfallraten hoch. Die „natürlichen" protektiven Prozesse sind zweifellos wichtig. Es ist aber dafür eigentlich kein Paradigmenwechsel erforderlich (vgl. Lösel, 2012c), denn die Resozialisierungsprogramme wollen ja gerade zur Desistance beitragen. Dementsprechend scheinen sich die grundsätzlichen Ansätze in letzter Zeit anzunähern. In der Forschung ist es erforderlich, die korrelativen Daten aus Abkehrprozessen in wirksame Interventionen umzusetzen und diese in Evaluationsstudien zu überprüfen. Auch die Programme zur Motivationsförderung (z.B. Motivational Interviewing, MI; Miller & Rollnick, 2002) und die am Personal ansetzenden fallorientierten Programme (z.B. Skills for Engagement and Development, SEED; Copsey, 2011) entsprechen sowohl dem „What works" als auch dem Desistance-Konzept. Hier wie dort ist letztlich wesentlich, ob die angestrebten positiven Entwicklungen eintreten.

34.6 Multiple Einflüsse und komplexe Wirkungsprozesse

Auch wenn die Diskussion über Paradigmen der Resozialisierung teilweise allzu pauschal verlief, sollte der What-works-Ansatz weiterentwickelt werden. Dazu gehört, dass der Fokus nicht auf einzelne Programme verengt werden darf. Die Metaanalysen zeigen große Unterschiede in den Effekten von Primärstudien zu identischen oder sehr ähnlichen Programmen (z.B. Lipsey & Wilson, 1998; Schmucker & Lösel, 2015, 2017; Tong & Farrington, 2006) und die Programminhalte klären nur einen Teil der Ergebnisvarianz auf (Lösel, 2018). Viele andere Einflüsse können eine Rolle spielen, von denen einige in **Abb. 34-1** zusammengefasst sind.

34.6.1 Merkmale des Programms

Inhalt des Programms: Wie dargestellt, ist der Inhalt der Behandlungsmaßnahmen für den Effekt bedeutsam. Allerdings beziehen sich die Evaluationen meist auf das jeweilige Konzept und nicht dessen tatsächliche Umsetzung (Lösel, 1995a; Shaffer & Pratt, 2009). Viel zu selten wird der Einfluss einzelner Programmmodule analysiert. Dies ist v.a. bei multimodalen Interventionen ein Problem, weil dann unklar bleibt, woran es z.B. bei ausbleibendem Erfolg gelegen hat. Deshalb ist die deskriptive Validität von Evaluationen sehr wichtig (Lösel & Köferl, 1989). Sie hängt auch deutlich mit der Effektstärke zusammen (Lösel & Schmucker, 2005; Schmucker & Lösel, 2017).

Qualität der Durchführung: Die Integrität oder Zuverlässigkeit der Programmimplementierung ist ein zentraler Faktor für die Wirkung (Hollin, 1995; Lösel & Wittmann, 1989). Effekte der Straftäterbehandlung sind dann größer,

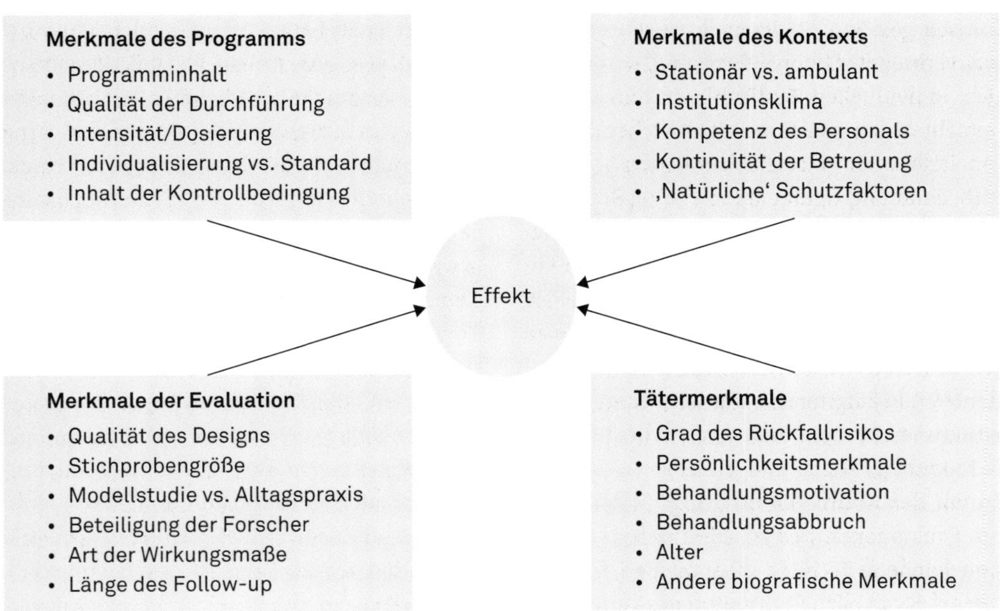

Abbildung 34-1: Modell verschiedener Einflussfaktoren auf die Effektstärke in Evaluationsstudien zur Straftäterbehandlung; nach Lösel (2012a).

wenn grundsätzlich angemessene Programme auch zuverlässig durchgeführt werden (z. B. Andrews & Dowden, 2006; Lipsey, Landenberger & Wilson, 2007). Zur Qualitätssicherung tragen u. a. die Auswahl, Schulung und Supervision des Personals bei. Eine Metaanalyse von Gannon et al. (2019) legt nahe, dass Programme dann wirksamer sind, wenn psychologische Fachkräfte einbezogen werden. Hierzu sind aber mehr gut kontrollierte Studien erforderlich.

Programmintensität: Nach dem RNR-Modell muss die Behandlungsintensität dem Rückfallrisiko entsprechen (Bonta & Andrews, 2017). Intensivere Programme (mit längerer Dauer, häufigeren Sitzungen) zeigen insbesondere bei Gruppen mit höherem Risiko bessere Effekte (Latimer et al., 2003; Lipsey et al., 2007). In der neueren Praxis werden standardisierte Programme stufenweise differenziert, je nach dem Rückfallrisiko der Zielgruppen. Wie intensiv Programme sein sollten, muss auch unter Kosten-Nutzen-Gesichtspunkten beurteilt werden, denn auch in der Psychotherapie in anderen Bereichen gilt nicht immer „Viel hilft viel“.

Individualisierung: Ein zu sehr standardisiertes Vorgehen („One size fits all“) wird zu Recht kritisch gesehen. Es ist auch fraglich, ob das weitverbreitete Gruppenformat in Programmen den individuellen Bedürfnissen ausreichend gerecht wird. Dazu gibt es überraschend wenig empirische Befunde. Hinsichtlich der Sexualtäterbehandlung argumentieren Ware, Mann und Wakeling (2009) für die Behandlung in Gruppen. Die Metaanalyse von Schmucker und Lösel (2015) legt aber nahe, dass es wirksamer ist, wenn individualisierte Elemente eingebaut werden. Dem entspricht z. B. auch das Konzept der MST. In jüngster Zeit werden z. B. auch stark strukturierte Programme durch individualisierte Module („i-packs“) angereichert.

Inhalt der Kontrollbedingung: In den meisten Evaluationen werden die Einflüsse auf die unbehandelte KG nicht näher thematisiert (z. B. „Regel-Strafvollzug“, „Treatment as usual“). Es hängt aber auch von den Ergebnissen in der KG ab, ob sich Behandlungseffekte ergeben oder nicht (Lösel & Egg, 1997; Lösel in Farrington et al., 2020). Da Konzepte des What-works-Ansatzes inzwischen auch in den Regel-Strafvollzug eingeflossen sind, ist mit verbesserten Kontrollbedingungen zu rechnen. Diese und striktere Evaluationen können zu dem nur scheinbar paradoxen Ergebnis führen, dass neuere Studien teilweise geringere Effekte zeigen als ältere (Lösel & Schmucker, 2005; Schmucker & Lösel, 2017; Tong & Farrington, 2006).

34.6.2 Behandlungskontext

Stationäre vs. ambulante Maßnahmen: In etlichen Metaanalysen ergaben sich größere Effekte bei Programmen, die in der Gemeinde durchgeführt wurden (Bonta & Andrews, 2017; Koehler et al., 2013; Lipsey & Cullen, 2007; Schmucker & Lösel, 2015). Dies dürfte sowohl auf negative Einflüsse der Inhaftierung zurückzuführen sein (Durlauf & Nagin, 2011) als auch auf Schwierigkeiten der Wiedereingliederung (Lösel, Pugh, Markson, Souza & Lanskey, 2012). Grundsätzlich ist der Transfer von Lerninhalten in den Alltag bei stationären Maßnahmen schwieriger als bei ambulanten. Zu betonen ist, dass sich geringere Effekte im stationären Kontext auf Vergleiche mit ebenfalls institutionalisierten KGn beziehen und nicht auf identische Programme im Strafvollzug vs. der Gemeinde. Auch sind Unterschiede in den Täterpopulationen zu berücksichtigen, die z. B. bei Drogenabhängigen einen intensiven Begleitprozess in der Gemeinde erfordern (Taxman & Belenko, 2012). Eine Auswertung von Metaanalysen durch Koehler und Lösel (2022) legt nahe, dass z. B. bei Sexualdelinquenz ambulante Behandlungsprogramme wirksamer sind als stationäre (jeweils im Vergleich mit der KG im gleichen Kontext). Dies trifft aber nicht für substanzabhängige Täter zu. Eine Erklärung wäre, dass bei Sexualtätern im Strafvollzug keine Realitätstests in Risikosituationen möglich sind, während bei substanzabhängigen Probanden in der Gemeinde nicht selten die Behandlung abgebrochen wird.

Institutionsklima: Wie bereits Moos (1975) gezeigt hat, ist ein positives Institutionsklima wichtig. In Gefängnissen, in denen Merkmale wie wechselseitiger Respekt, Unterstützung, Humanität und positive Beziehungen ausgeprägt sind, gibt es weniger Konflikte, Suizidversuche und andere Probleme (Liebling, 2005). Durch ein gutes Management von situativen Risikofaktoren kann auch die Gewalt in Einrichtungen vermindert werden (Cooke, Wozniak & Johnstone, 2008). Auty und Liebling (2019) haben gezeigt, dass das Institutionsklima mit den aggregierten Rückfallraten der jeweiligen Gefängnisse zusammenhängt. Auch in Deutschland wird in letzter Zeit dem Organisationsklima im Strafvollzug vermehrt Aufmerksamkeit geschenkt (Guéridon, 2020). Studien zu Interaktionseffekten mit spezifischen Behandlungsprogrammen stehen noch aus. Ein Schritt in diese Richtung sind Institutionsvergleiche i. S. des Benchmarking (Suhling & Guéridon, 2016). Carl, Lauchs, Schmucker und Lösel (2019) haben unterschiedliche Rückfallraten zwischen den bayerischen SothAn festgestellt. Unter Berücksichtigung von Drittvariablen zeigte sich aber, dass diese Varianz weitgehend auf den Risikograd der jeweiligen Klientel zurückzuführen ist.

Personalfaktoren: Aus der Psychotherapieforschung weiß man, dass die Beziehung zwischen Therapeut*innen und Klienten mindestens ebenso bedeutsam ist wie die Behandlungsmethode (Orlinsky, Grawe & Parks, 1994). Dies ist auch in der Straftäterbehandlung wichtig (Lösel, 1995a; Ward & Maruna, 2007). Die Effekte sind dann größer, wenn das Personal eine gute Beziehung zu den Probanden aufbaut, sie adäquat bekräftigt, soziale Kompetenz und ähnliche Fähigkeiten besitzt (Dowden & Andrews, 2004). Dementsprechend muss das Personal sorgfältig ausgewählt, geschult und supervidiert werden (Gendreau, Goggin & Smith, 1999). Auch der Strafvollzug sollte die „implementation science" nutzen (vgl. Albers, Shlonsky & Mildon, 2020).

Kontinuität in der Betreuung: Behandlungsprogramme sind wahrscheinlich wirksamer, wenn sie nicht isoliert von anderen Maßnahmen durchgeführt werden. Ähnlich wie in der klinischen Pharmakologie und der Technik kommt es auf das Zusammenspiel von verschiedenen Faktoren an. So hat sich gezeigt, dass Programme im Gefängnis dann wirksamer sind, wenn zugleich Maßnahmen für den Übergang in die Freiheit, die Nachsorge und die Rückfallvermeidung bereitstehen (Farrall & Calverley, 2006; Maguire & Raynor, 2006). Eine aktuelle deutsche Studie zeigt, dass die ambulanten Behandlungsprogramme nach der Entlassung aus dem Strafvollzug v. a. bei jenen Probanden effektiv sind, die vorher keine oder wenig Behandlung erhalten haben (Carl & Lösel, 2021).

Natürliche Schutzfaktoren: Die Forschung zur Resilienz und Desistance weist auf die „natürlichen" Schutzfaktoren hin (vgl. Farrall, 2002; Lösel & Bender, 2003; Maruna, 2001; Sampson & Laub, 1993). Zum Beispiel hängt die Qualität der Beziehung und der Kontakt zur Familie vor, während und nach der Inhaftierung mit einer gelungenen Reintegration zusammen (Lösel et al., 2012; Markson, Lösel, Souza & Lanskey, 2015). Solche Ressourcen können die Erfolgswahrscheinlichkeit anderer Maßnahmen erhöhen, weshalb Besuchsregelungen für Angehörige intensiv eingebunden werden sollten. In Ansätzen wie der MST oder FFT bei jungen Straftätern spielt die Familie ebenfalls eine zentrale Rolle.

34.6.3 Tätermerkmale

Risikograd: Überwiegend zeigt sich, dass Behandlungseffekte bei einem mittleren bis hohen Rückfallrisiko größer sind als bei geringem Risiko (Bonta & Andrews, 2017; Koehler et al., 2013; Lipsey, 2009; Lipsey & Wilson, 1998; Lösel & Schmucker, 2005; Schmucker & Lösel, 2017). Dies ist insofern plausibel, als bei höherem Risiko die Basisrate des Rückfalls und damit der „Spielraum" für Effekte größer ist als bei geringem Risiko. Bei besonders hohem Risiko (z. B. psychopathischen oder schwer antisozial gestörten Tätern) scheinen die Erfolgsaussichten aber wieder geringer zu werden. Wahrscheinlich besteht ein umkehrt u-förmiger Zusammenhang zwischen Risikograd und Behandlungseffekt (Lösel, 1996).

Persönlichkeitsfaktoren: Bei psychopathischer Persönlichkeitsstruktur ist eine Behandlung besonders schwierig (Lösel, 1998; Salekin, Worley & Grimes, 2010). Unangemessene Interventionen können hier sogar zu negativen Effekten führen (Rice, Harris & Cormier, 1992). Allerdings spricht das nicht gegen sinnvolle auf diese Zielgruppe zugeschnittene Ansätze (z.B. Lösel & Schmucker, 2014; Polaschek, 2014; Tew & Atkinson, 2013). Ähnlich wie bei Sexualtätern mit Paraphilien kann wahrscheinlich nicht die Grundstörung beseitigt werden, aber durch die Anleitung zu nicht kriminellen Aktivitäten und angemessene Kontrolle lassen sich Rückfälle eventuell reduzieren. Metaanalysen legen nahe (Wilson, 2016), dass zumindest einige Studien bei schwer dissozialen Probanden erfolgversprechende Ergebnisse zeigen. Differenzierte Behandlungsangebote sind auch bei Minderbegabung sowie schweren psychischen Störungen erforderlich (s. dazu Kap. 32 in diesem Band).

Behandlungsmotivation: Die Änderungsmotivation der Probanden ist eine wesentliche Voraussetzung für den Erfolg von Interventionen. Während man Therapiemotivation früher statisch und dichotom („vorhanden" vs. „nicht vorhanden") gesehen hat, gilt sie heute als ein dynamisches, mehrdimensionales und von Interaktionen beeinflusstes Konstrukt (Dahle, 1995; McMurran, 2002; Porporino, 2010). Viele What-works-Programme enthalten Module zur Motivationsförderung wie z.B. motivierende Interviews (Miller & Rollnick, 2002) oder Strategien, um zeitweise Rückfalltendenzen zu bewältigen (Prochaska & Levesque, 2002). Deshalb können die Effekte ursprünglich freiwilliger vs. verpflichtender Behandlung ähnlich ausfallen (Koehler et al., 2013; Schmucker & Lösel, 2015). Eine Studie von Carl und Lösel (2021) legt nahe, dass das Engagement in der Behandlung wesentlicher ist als verschiedene Eingangsmerkmale. Es sollte deshalb systematisch erfasst und kontinuierlich gefördert werden. Auch in Deutschland werden Programme zur Motivationsförderung erprobt (Breuer, Gerber, Buchen-Adam & Endres, 2014). Mehr Evaluation wäre wünschenswert.

Behandlungsabbruch: Die Gründe des Abbruchs von Behandlungen können im Täter selbst, dem Programm oder dem Umfeld liegen. Abbrecher weisen nicht nur erhöhte Rückfallraten auf (Carl & Lösel, 2021; Lipsey & Cullen, 2007; Olver, Stockdale & Wormith, 2011); sondern schneiden auch schlechter ab als die KGn. Wenn Programme mit mehr Abbrechenden geringere Effekte zeigen (Koehler et al., 2013), kann dies auf eine unangemessene Auswahl der Zielgruppe oder Schwierigkeiten der Implementierung hinweisen. Außerdem werden in etlichen Studien Intent-to-treat-Analysen vorgenommen und Abbrecher der TG zugeordnet, was zu geringeren Effekten führt (Jolliffe & Farrington, 2009; Lipsey & Wilson, 1998). Da Abbrüche zur Fremd- und Selbststigmatisierung beitragen können, sollten sie so weit wie möglich vermieden werden.

Alter der Probanden: Vergleiche der Behandlungswirkung in verschiedenen Altersgruppen werden kaum vorgenommen. Als Tendenz zeichnet sich ab, dass die Effekte in jüngeren Tätergruppen etwas größer sind als bei älteren (Lipsey & Cullen, 2007; Redondo et al., 2002). Dies kann einerseits auf die höhere Rückfall-Basisrate bei jüngeren Delinquenten zurückgeführt werden (Lösel, 2012b), andererseits ist die Kriminalität noch weniger verfestigt. In Deutschland gibt es sinnvollerweise auch SothAn im Jugendstrafvollzug (de facto meist jungerwachsene Insassen). Hierzu sind mehr empirische Evaluationen nötig (z.B. Carl & Lösel, 2021).

Weibliche Probanden: Das Gros der Behandlungsforschung betrifft männliche Straftäter. Adäquate Programme (insbesondere CBT) scheinen aber auch bei weiblichen Probanden zu wirken (Bonta & Andrews, 2017; Dowden

& Andrews, 1999; Zahn, Day, Mihalic & Tichavsky, 2009). Die Risikofaktoren in der Entwicklung weiblicher Delinquenz sind teilweise ähnlich wie bei der männlichen (z.B. Lösel & Stemmler, 2012, Moffitt, Caspi, Rutter & Silva, 2001). Bei straffälligen Frauen spielen aber sexueller Missbrauch, konflikthafte Intimbeziehungen, Prostitutionserfahrungen, Drogen- und internalisierende psychische Probleme eine besondere Rolle (Kawamura-Reindl & Weber, 2021). Durch die geringere Zahl von weiblichen Gefangenen ist es schwieriger, differenzierte Behandlungsansätze anzubieten (Haverkamp, 2015). Immerhin gibt es inzwischen in Deutschland sechs SothAn für Frauen (Etzler, 2020). Mehr Forschung zur Praxis geschlechtssensibler Programme und zum Anstaltsklima in Frauenanstalten ist nötig.

Ethnische und nationale Minoritäten: Zu den aktuell wichtigsten Herausforderungen der Behandlung gehören ethnische und nationale Minderheiten im Strafvollzug. In den USA legen Studien nahe, dass afroamerikanische Probanden in ähnlicher Weise von Programmen profitieren können wie weiße (Landenberger & Lipsey, 2005; Usher & Stewart, 2011; Wilson, Lipsey & Soydan, 2003). Im Zuge der vermehrten Aufmerksamkeit für Rassismus und für indigene Gruppen ist hier besondere Sensibilität erforderlich (vgl. Lammy, 2017). Die ausländischen Erfahrungen und Ergebnisse lassen sich auch nicht einfach auf Deutschland übertragen, da die Insassenpopulationen sehr vielfältig sind. Gefangene aus über 100 Ländern bilden wegen häufiger Sprachprobleme, Drogenentzug, Gewaltneigung und ethnischer Konflikte ein spezifisches Problem für den Behandlungsvollzug. In SothAn sind ethnische und nationale Minoritäten unterrepräsentiert (Carl & Lösel, 2021). Mehr Personal mit Migrationshintergrund, kulturell adaptierte und mehrsprachige Programme können helfen, doch ist dies angesichts der heterogenen Population nur sehr begrenzt möglich. Die Behandlungspraxis und -forschung stehen hier vor immensen Herausforderungen.

34.6.4 Merkmale der Evaluation

Methodisches Design: Effektstärken in der Straftäterbehandlung hängen deutlich mit methodischen Merkmalen zusammen. Der Einfluss der allgemeinen Designqualität ist aber weniger konsistent als in anderen kriminologischen Bereichen. Während dort RCTs mit geringeren Effekten einhergingen (Weisburd, Lum & Petrosino, 2001), zeigten Metaanalysen zur Straftäterbehandlung unterschiedliche Zusammenhänge (Koehler et al., 2013; Lipsey & Cullen, 2007; Lösel, 1995a; Lösel & Schmucker, 2005; Schmucker & Lösel, 2017). Wahrscheinlich überlagern andere methodische Moderatorvariablen einen allgemeinen Designeffekt (Lösel, 2007). Die Qualität eines Forschungsdesigns ist nicht eindimensional, sondern enthält verschiedene Kriterien (Lösel & Köferl, 1989). Im Rahmen des Designs spielt auch die Analysemethode eine Rolle. In einem Methodenvergleich fanden Lösel et al. (2020) teilweise unterschiedliche Ergebnisse in einem Propensity Score Matching vs. einem Matching mittels eines Risikoinstruments.

Stichprobengröße: Relativ konsistent zeigen sich größere Effekte in kleinen vs. großen Studien (Koehler et al., 2013; Lipsey et al., 2007; Lipsey & Wilson, 1998; Lösel & Schmucker, 2005; Schmucker & Lösel, 2015). Dies kann auf einen sog. Publikationseffekt zurückzuführen sein, indem Autoren, Herausgeber und Gutachter*innen signifikante Effekte bevorzugen, die wegen der geringeren Teststärke bei kleinen Stichproben größer sein müssen als bei großen. Es gibt jedoch auch Anzeichen dafür, dass bei kleineren Studien die Programmdurchführung und Qualitätssicherung besser ist.

Modellprojekte vs. Routinepraxis: In der Tendenz wurden größere Effekte in Modellprojekten als in der Alltagsroutine festgestellt (Bonta & Andrews, 2017; Koehler et al., 2013; Lipsey & Landenberger, 2006; Lipsey & Wilson, 1998; Lösel & Schmucker, 2005; Wilson, 2016). Dies ist ein allgemeines Phänomen bei psychosozialen Interventionen, weshalb zwischen der „efficacy“ in Demonstrationsstudien und der „effectiveness“ in der Regelversorgung unterschieden wird. In den Modellprojekten wird wahrscheinlich mehr auf die Qualität der Durchführung geachtet, das Personal ist besonders engagiert und die Teilnehmer werden gezielt ausgewählt.

Beteiligung der Forscher am Programm: Wenn die Evaluation von Wissenschaftler*innen vorgenommen wird, die selbst an der Entwicklung und/oder Durchführung der Programme beteiligt waren, werden tendenziell größere Effekte berichtet (z. B. Lipsey & Landenberger, 2006; Lipsey & Wilson, 1998; Lösel & Schmucker, 2005; Schmucker & Lösel, 2015). Auch dieser Befund deckt sich mit jenen in anderen Interventionsfeldern (Eisner, 2009; Petrosino & Soydan, 2005). Die Gründe können in der Datenauswertung aber auch einer besseren Implementierung liegen. Es sollten mehr unabhängige und multizentrische Evaluationen erfolgen, was aber sehr kostspielig ist.

Art der Wirkungsmaße: Obwohl Kriterien des offiziellen Rückfalls etliche Probleme aufweisen (Maguire, 2012), sind sie für die Politik und Praxis besonders wichtig. Sie stehen deshalb auch in diesem Beitrag im Vordergrund. Was den Rückfall betrifft, so zeigten manche Studien, dass auch bei nicht signifikantem dichotomem Rückfall erwünschte Effekte vorlagen. Zum Beispiel war die Rückfälligkeit zeitlich verzögert und/oder weniger schwerwiegend (z. B. Lösel & Pomplun, 1998; Morales, Garrido, Sanchez-Meca, 2010; Olver, Lewis & Wong, 2013). Wird die Schwere des Rückfalls an den erneuten Strafen festgemacht, gehen dabei nicht nur die aktuellen Delikte, sondern auch die kriminelle Vorgeschichte und Unterschiede zwischen Gerichten ein. Wir haben deshalb einen deliktbezogenen „Harm-Index“ entwickelt, der sich an den objektiven Strafrahmen orientiert (Lauchs, Link & Lösel, 2020). In einer Evaluation an rückfälligen Sexualtätern zeigte sich in der TG ein stärkerer Rückgang der Deliktschwere gegenüber der KG (Link & Lösel, 2022). In manchen Studien wird auch die eventuell sensitivere erfragte Delinquenz verwendet (vgl. Lösel & Schmucker, 2005). Hier bestehen aber ähnliche Probleme wie bei anderen Selbstauskünften. So zeigten sich in Persönlichkeits- oder Einstellungsfragebögen mehr Behandlungseffekte (vgl. Lipsey, 1992b; McDougall, Perry, Clarbour, Bowles & Worthy, 2009; Schwedler & Wößner, 2012). Solche Indikatoren sind einerseits direkter auf die Programminhalte bezogen, aber anfällig für soziale Erwünschtheit und positive Selbstdarstellung. Dementsprechend hängen derartige Erfolgsindikatoren kaum mit der späteren Kriminalität zusammen (Barnett et al., 2012; Lipsey, 1992b; Schwedler & Schmucker, 2012). Schwerer durchschaubare Tests, nicht reaktive Indikatoren und Verhaltensbeobachtungen durch das Personal sollten daher vermehrt eingesetzt werden.

Länge des Bewährungszeitraums: In angelsächsischen Studien werden oft nur kurze Follow-up-Zeiträume von 1 bis 2 Jahren verwendet. In dieser Periode ist zwar das Rückfallrisiko besonders hoch und Unterschiede zwischen TG und KG können plausibler auf den direkten Einfluss des Programms bezogen werden. Tendenziell zeigt sich, dass mit der Länge des Follow-up-Zeitraums die Effektstärken der Behandlung geringer werden (Lösel, 1995a; Schmucker & Lösel, 2015). Dies muss nicht nur auf mangelnde Programmeffekte zurückzuführen sein, sondern es können auch Defizite in der Nachbetreuung und unkontrollierbare Stressoren nach der Entlassung eine Rolle spielen. Außer bei der seltenen sexuellen Rückfälligkeit kann als Faustregel gelten, dass nach etwa vier Jahren ohne erneute Straftaten die meisten Probanden kaum mehr auffällig werden.

34.7 Schlussfolgerungen und Perspektiven

Die obigen Ausführungen haben gezeigt, dass im Rahmen des What-works-Ansatzes Fortschritte in der Straftäterbehandlung gemacht wurden. Bei adäquaten Programmen und zuverlässiger Durchführung zeichnet sich ab, dass durch etliche Maßnahmen die Rückfallraten signifikant gesenkt werden können. Zu den empirisch relativ gut fundierten Ansätzen gehören u.a. kognitiv-verhaltenstherapeutische Programme, strukturierte therapeutische Gemeinschaften, multisystemische Programme sowie schulische und berufliche Bildungsmaßnahmen. Andere Ansätze sind erfolgversprechend, müssen aber noch mehr evaluiert werden. Allerdings werden mit einzelnen Rehabilitationsmaßnahmen nicht generell bestimmte Effekte erzielt. Vielmehr hängt die Wirksamkeit von zahlreichen Merkmalen der Behandlung, des Kontexts, der Teilnehmer und der Evaluationsmethode ab. Dies erlaubt keine einfachen linearen Kausalannahmen. Wie in anderen Lebensbereichen (vgl. Brockmann, 2021) gilt es, komplexe Beziehungsmuster besser zu verstehen und danach zu handeln. In der Praxis (und auch der Wissenschaft) kann wohl kaum jemand alle relevanten Faktoren in seinem*ihrem Handeln simultan berücksichtigen. Deshalb hat Lösel (2018) vorgeschlagen, je nach Kontext i.S. der kognitiven Psychologie mit den 7+/- 2 wichtigsten Faktoren aus dem o.g. Modell zu beginnen.

In der dritten Phase des What-works-Ansatzes (Lösel, 2012c) sollten die Behandlungsmaßnahmen differenziert evaluiert und die Ergebnisse und Erfahrungen praktisch umgesetzt werden. Dazu gehört z.B. Folgendes:

- differenzierte theoretische Fundierung von Programmen,
- mehr kontrollierte Evaluation zur Alltagspraxis (statt Modellprojekten),
- in Ergänzung von Kontrollgruppenstudien auch Behandlungsvergleiche und praxisbezogenes Benchmarking,
- mehr Prozessevaluationen zur Programmdurchführung und Qualitätssicherung,
- stärker systemorientierte Ansätze statt isolierter Analyse einzelner Programme,
- Beachtung der Beziehung zwischen Behandlungsprogrammen und dem institutionellen Kontext,
- stärkere Differenzierung und Individualisierung von Maßnahmen,
- Förderung der therapeutischen Beziehungen und Motivationsprozesse,
- vermehrte Integration von natürlichen Schutzfaktoren in Behandlungsmaßnahmen,
- stärkere Berücksichtigung neurobiologischer Erkenntnisse in der Behandlung,
- Beachtung von kulturellen und nationalen Unterschieden zwischen den Probanden und Ausbau entsprechender Programme,
- soweit rechtlich möglich mehr direkte Vergleiche zwischen ambulanten und stationären Maßnahmen,
- Analyse und Beachtung von Kosten-Nutzen-Aspekten.

Selbstverständlich können diese und andere Strategien nur schrittweise umgesetzt werden. Soweit dies geschieht, ist zu erwarten, dass das Prinzip eines zukunftsorientierten Strafrechts i.S. von Beccaria und von Liszt weiter gestärkt wird.

34.8 Weiterführende Literatur

Einen umfassenden Überblick zu unserem Thema geben Bonta und Andrews (2017). In dieser Monografie wird auf theoretische Konzepte, Methoden der Diagnostik und Behandlung sowie deren empirische Evaluation eingegangen (mit einem besonderen Bezug zum RNR-Modell). Lipsey und Cullen (2007) und Lösel (2012a) geben kompakte Informationen über die wichtigsten Ergebnisse der What-works-Forschung. Der Band von Ward und Maruna (2007) enthält eine kritische Diskussion von Teilen der What-works-Literatur. Mit der Kritik an RNR und „What works" setzen sich Andrews et al. (2011) empirisch fundiert auseinander. Der von Weisburd, Farrington und Gill (2016) herausgegebene Band befasst sich sowohl mit der Rehabilitation als auch der Prävention. Über die empirische Evaluation der Sozialtherapie in Deutschland informiert Lösel (2022b). Auch die jährlichen Berichte der Kriminologischen Zentralstelle zur Sozialtherapie im Strafvollzug sind zu empfehlen.

Literatur

Aichhorn, A. (1925). *Verwahrloste Jugend: Die Psychoanalyse in der Fürsorgeerziehung.* Wien: Internationaler Psychoanalytischer Verlag.

Albers, B., Shlonsky, A. & Mildon, R. (Eds.). (2020). *Implementation science 3.0.* Cham: Springer Nature. https://doi.org/10.1007/978-3-030-03874-8

Andrews, D.A., Bonta, J. & Wormith, S. (2011). The Risk-Need-Responsivity (RNR) model: Does adding the Good Lives Model contribute to effective crime prevention? *Criminal Justice and Behavior, 38,* 735–755. https://doi.org/10.1177/0093854811406356

Andrews, D.A. & Dowden, C. (2006). Risk principle of case classification in correctional treatment: A meta-analytic investigation. *International Journal of Offender Therapy and Comparative Criminology, 50,* 88–100. https://doi.org/10.1177/0306624X05282556

Andrews, D.A., Zinger, I., Hoge, R.D., Bonta, J., Gendreau, P. & Cullen, F.T. (1990). Does correctional treatment work? A clinically relevant and psychologically informed meta-analysis. *Criminology, 28,* 369–404. https://doi.org/10.1111/j.1745-9125.1990.tb01330.x

Aos, S., Miller, M. & Drake, E. (2006). *Evidence-based public policy options to reduce future prison construction, criminal justice costs, and crime rates.* Olympia, WA: Washington State Institute of Public Policy.

Aos, S., Phipps, P., Barnoski, R. & Lieb, R. (2001). *The comparative costs and benefits of programs to reduce crime.* Olympia, WA: Washington State Institute of Public Policy.

Auty, K.M. & Liebling, A. (2019). Exploring the relationship between prison social climate and reoffending. *Justice Quarterly, online first.*

Barnett, G.D., Wakeling, H.C., Mandeville-Norden, R. & Rakestrow, J. (2012). How useful are psychometric scores in predicting recidivism for treated sex offenders? *International Journal of Offender Therapy and Comparative Criminology, 56,* 420–446. http://doi.org/10.1177/0306624X11403125

Beccaria, C. (1764). *Dei delitti e delle pene* [Of crimes and punishments]. Livorno: Marco Coltellini.

Beck, A.T., Davis, D.D. & Freeman, A. (Eds.). (2015). *Cognitive therapy of personality disorders* (3rd ed.). New York, NY: Guilford Press.

Bellino, S., Rinaldi, C., Bozzatello, P. & Bogetto, F. (2011). Recent approaches to pharmacotherapy of personality disorders. *Neuropsychiatry, 1,* 259–273. https://doi.org/10.2217/npy.11.17

Beutler, L.E. & Harwood, T.M. (2000). *Prescriptive psychotherapy: A practical guide to systematic treatment selection.* New York, NY: Oxford University Press. https://doi.org/10.1093/med:psych/9780195136692.001.0001

Boddie, S.C. & Cnaan, R.A. (2006). Setting the context: Assessing the effectiveness of faith-based social services. *Journal of Religion and Spirituality in Social Work, 25,* 5–18.

Bonta, J. & Andrews, D.A. (2017). *The psychology of criminal conduct* (6th ed.). Cincinatti, OH: Anderson.

Bonta, J., Rugge, T., Bourgon, G. & Wanamaker, K.A. (2019). A conceptual replication of the Strategic Training Initiative in Community Supervision (STICS). *Journal of Experimental Criminology, 15,* 397–419. https://doi.org/10.1007/s11292-019-09371-4

Bottoms, A. & Shapland, J. (2011). Steps towards desistance among young male adult offenders. In S. Farrall, M. Hough, S. Maruna & R. Sparks (Eds.), *Escape routes: Contemporary perspectives on life after punishment.* Milton Park: Routledge.

Boxberg, V. & Bosold, C. (2009). Soziales Training im Jugendstrafvollzug: Effekte auf die Sozial- und Legalbewährung. *Forensische Psychiatrie, Psychologie, Kriminologie, 3,* 237–243. https://doi.org/10.1007/s11757-009-0008-0

Bozick, R., Steele, J., Davis, L. & Turner, S. (2018). Does providing inmates with education improve postrelease outcomes? A meta-analysis of correctional education programs in the United States. *Journal of Experimental Criminology,14,* 389–428. https://doi.org/10.1007/s11292-018-9334-6

Brayford, J., Cowe, F. & Deering, J. (Eds.). (2010). *What else works? Creative work with offenders.* Cullompton: Willan.

Breuer, M.M., Gerber, K., Buchen-Adam, N. & J. Endres (Hrsg.). (2014). *Kurzintervention zur Motivationsförderung.* Lengerich: Pabst.

Brockmann, D. (2021). *Im Wald vor lauter Bäumen: Unsere komplexe Welt besser verstehen.* München: dtv.

Carl, L., Lauchs, L., Schmucker, M. & Lösel, F. (2019). „Benchmarking“ in der Sozialtherapie: Vergleiche zwischen sozialtherapeutischen Abteilungen für Sexualstraftäter in Bayern. *Forensische Psychiatrie, Psychologie, Kriminologie, 13,* 371–379. https://doi.org/10.1007/s11757-019-00553-4

Carl, L. & Lösel, F. (2021). Therapieauflagen und Nachsorge bei haftentlassenen Sexualstraftätern: Prädiktoren und Zusammenhänge mit der Rückfälligkeit. *Monatsschrift für Kriminologie und Strafrechtsreform, 104* (4), 394–405. https://doi.org/10.1515/mks-2021-0142

Chadwick, N., Dewolf, A. & Serin, R. (2015). Effectively training community supervision Officers: A meta-analytic review of the impact on offender outcome. *Criminal Justice & Behavior, online first.* https://doi.org/10.1177/0093854815595661

Cohen, J. (1988). A power primer. *Psychological Bulletin, 112,* 155–159. https://doi.org/10.1037/0033-2909.112.1.155

Cohen, M.A. & Piquero, A.R. (2009). New evidence on the monetary value of saving a high risk youth. *Journal of Quantitative Criminology, 25,* 25–49. https://doi.org/10.1007/s10940-008-9057-3

Cooke, D.J., Wozniak, E. & Johnstone, L. (2008). Casting light on prison violence in Scotland: Evaluating the impact of situational risk factors. *Criminal Justice and Behavior, 35,* 1065–1078. https://doi.org/10.1177/0093854808318867

Copsey, M. (2011). *The Offender Engagement Programme.* London: NOMS & Probation Service.

Cullen, E., Jones, L. & Woodward, R. (Eds.). (1997). *Therapeutic communities for offenders.* Chichester: Wiley.

Dahle, K.-P. (1995). *Therapiemotivation hinter Gittern.* Regensburg: Roderer.

De Swart, J.J.W., Van den Broek, H., Stams, G.J.J.M., Asscher, J.J., Van der Laan, P.H., Holsbrink-Engels, G.A. et al. (2012). The effectiveness of institutional youth care over the past three decades: A meta-analysis. *Children & Youth Services Review, 34,* 1818–1824. https://doi.org/10.1016/j.childyouth.2012.05.015

Dowden, C. & Andrews, D.A. (1999). What works for female offenders: A meta-analytic review. *Crime and Delinquency, 45,* 438–452. https://doi.org/10.1177/0011128799045004002

Dowden, C. & Andrews, D.A. (2004). The importance of staff practices in delivering effective correctional treatment: A meta-analysis of core correctional practices. *International Journal of Offender Therapy and Comparative Criminology, 48,* 203–214. https://doi.org/10.1177/0306624X03257765

Dölling, D., Entdorf, H. & Hermann, D. (2015). *Kriminologisch-ökonomische Evaluation der fachlichen Qualität der Bewährungs- und Gerichtshilfe sowie des Täter-Opfer-Ausgleichs in Baden-Württemberg.* Berlin: LIT Verlag.

Drake, E. (2011). *What works in community supervision? Interim report.* Olympia, WA: Washington State Institute of Public Policy.

Dünkel, F. (1979). Sozialtherapeutische Behandlung und Rückfälligkeit in Berlin-Tegel. *Monatsschrift für Kriminologie und Strafrechtsreform, 62,* 322–337.

Durlauf, S.N. & Nagin, D.S. (2011). Imprisonment and crime: Can both be reduced? *Criminology & Public Policy, 10,* 13–54. https://doi.org/10.1111/j.1745-9133.2010.00680.x

Egg, R. (1979). *Sozialtherapie und Strafvollzug. Eine empirische Vergleichsstudie zur Evaluation sozialtherapeutischer Maßnahmen.* Frankfurt a.M.: Haag & Herchen.

Egg, R., Pearson, F.S., Cleland, C.M. & Lipton, D.S. (2000). Evaluations of correctional treatment programs in Germany: A review and meta-analysis. *Substance Use & Misuse, 35,* 1967–2009. https://doi.org/10.3109/10826080009148247

Eisner, M. (2009). No effects in independent prevention trials: Can we reject the cynical view? *Journal of Experimental Criminology, 5,* 163–183. https://doi.org/10.1007/s11292-009-9071-y

Elsner, K. & König, A. (2016). Schemaorientierte Psychotherapie mit forensischen Patienten. *Forensische Psychiatrie, Psychologie, Kriminologie, 10,* 4–13. https://doi.org/10.1007/s11757-015-0354-z

Endres, J., Breuer, M.M. & Stemmler, M. (2016). „Intention to treat" oder „treatment as received" – Umgang mit Abbrechern in der Forschung zur Straftäterbehandlung. Methodische Überlegungen und Beispiele aktueller Studien. *Forensische Psychiatrie, Psychologie, Kriminologie, 10,* 45–55. https://doi.org/10.1007/s11757-015-0348-x

Etzler, S. (2020). *Sozialtherapie im Strafvollzug 2019: Ergebnisübersicht zur Stichtagserhebung zum 31.03.2020.* Wiesbaden: Kriminologische Zentralstelle.

Farrall, S. (2002). *Rethinking what works with offenders: Probation, social context and desistance from crime.* Cullompton: Willan.

Farrall, S. & Calverley, A. (2006). *Understanding desistance from crime: Theoretical directions in resettlement and rehabilitation.* Maidenhead: Open University Press.

Farrington, D.P., Lösel, F., Braga, A.A., Mazerolle, L., Raine, A., Sherman, L.W. et al. (2020). Experimental criminology: Looking back and forward on the 20th Anniversary of the Academy of Experimental Criminology. *Journal of Experimental Criminology, 16,* 649–673. https://doi.org/10.1007/s11292-019-09384-z

Fix, R.L. & Fix, S.T. (2013). The effects of mindfulness-based treatments for aggression: A critical review. *Aggression and Violent Behavior, 18,* 219–227. https://doi.org/10.1016/j.avb.2012.11.009

Franqué, F., von & Briken, P. (2013). Das „Good Lives Modell (GLM)“. *Forensische Psychiatrie, Psychologie und Kriminologie, 7,* 22–27 https://doi.org/10.1007/s11757-012-0196-x

Gannon, T.A., Olver, M.E., Mallion, J.S. & James, M. (2019). Does specialized psychological treatment for offending reduce recidivism? A meta-analysis examining staff and program variables as predictors of treatment effectiveness. *Clinical Psychology Review, 17. Online first.* https://doi.org/10.1016/j.cpr.2019.101752

Gendreau, P. (1981). Treatment in corrections: Martinson was wrong. *Canadian Psychology, 22,* 332–338. https://doi.org/10.1037/h0081224

Gendreau, P., Goggin, C. & Smith, P. (1999). The forgotten issue in effective correctional treatment: Program implementation. *International Journal of Offender Therapy and Comparative Criminology, 43,* 180–187. https://doi.org/10.1177/0306624X99432005

Gordon, D., Graves, K. & Arbuthnot, J. (1995). The effect of functional family therapy for delinquents on adult criminal behavior. *Criminal Justice and Behavior, 22,* 60–73. https://doi.org/10.1177/0093854895022001005

Guéridon, M. (2020). Stand und Herausforderungen der Forschung zum Anstaltsklima im deutschen Justizvollzug – zwischen vielversprechenden Anfängen und drohender Verzettelung. *Monatsschrift für Kriminologie und Strafrechtsreform, 103,* 269–284. https://doi.org/10.1515/mks-2020-2049

Hanson, K., Burgon, G., Helmus, L. & Hodgson, S. (2009). The principles of effective correctional treatment also apply to sexual offenders: A meta-analysis. *Criminal Justice and Behavior, 36,* 865–891. https://doi.org/10.1177/0093854809338545

Hanson, R.K., Gordon, A., Harris, A.J. R., Marques, J.K., Murphy, W., Quinsey, V.L. et al. (2002). First report of the collaborative outcome data project on the effectiveness of psychological treatment for sex offenders. *Sexual Abuse: A Journal of Research and Treatment, 14,* 169–194. https://doi.org/10.1177/107906320201400207

Haverkamp, R. (2015). Kriminalität junger Frauen und weiblicher Jugendvollzug. *Neue Kriminalpolitik, 27,* 301–318. https://doi.org/10.5771/0934-9200-2015-3-301

Haverkamp, R., Schwedler, A. & Wößner, G. (2012). Die elektronische Aufsicht von als gefährlich eingeschätzten Entlassenen. *Recht & Psychiatrie, 30,* 9–20.

Haviv, N., Weisburd, D., Hasisi, B., Shoham, E. & Wolfowicz, M. (2020). Do religious programs in prison work? A quasi-experimental evaluation in the Israeli prison service. *Journal of Experimental Criminology, 16,* 505–533. https://doi.org/10.1007/s11292-019-09375-0

Healy, W. & Bronner, A. (1936). *New light on delinquency and its treatment.* New Haven, CT: Yale University Press.

Henggeler, S.W., Schoenwald, S.K., Borduin, C.M., Rowland, M.D. & Cunningham, P.B. (2009). *Multisystemic treatment of antisocial behavior in children and adolescents* (2nd ed.). New York, NY: Guilford Press.

Hollin, C.R. (1995). The meaning and implications for programme integrity. In J. McGuire (Ed.), *What works: Reducing re-offending* (pp. 195–208). Chichester: Wiley.

Hollin, C. & Palmer E.J., (2009). Cognitive skills programmes for offenders. *Psychology Crime and Law, 15,* 147–164. https://doi.org/10.1080/10683160802190871

Jolliffe, D. & Farrington, D.P. (2008). *The influence of mentoring on reoffending.* Stockholm: Swedish National Council for Crime Prevention.

Jolliffe, D. & Farrington, D.P. (2009). *Effectiveness of interventions with adult male violent offenders.* Stockholm: Swedish National Council for Crime Prevention.

Jugl, I., Bender, D. & Lösel, F. (2021). Do sports programmes prevent crime and reduce reoffending? A systematic review and meta-annalysis on the effectiveness of sports programmes. *Journal of Quantitative Criminology, online first.* https://doi.org/10.1007/s10940-021-09536-3

Kawamura-Reindl, G. & Weber, L. (2021). *Straffällige Frauen: Erklärungsansätze, Lebenslagen und Hilfeangebote.* Weinheim: Beltz & Juventa.

Killias, M., Villettaz, P. & Zoder, I. (2006). *The effects of custodial vs. non-custodial sentences on reoffending: A systematic review of the state of knowledge.* Verfügbar unter www.campbellcollaboration.org/reviews_crime_justice/index.php

Kingdon, J. (2003). *Agendas, alternatives, and public policies* (3rd ed.). New York. NY: Longman.

Koehler, J.A., Humphreys, D.K., Akoensi, T.D., Sánchez de Ribera, O. & Lösel, F. (2014). A systematic review and meta-analysis on the effects of European drug treatment programmes. *Psychology, Crime and Law, 20,* 584–602. https://doi.org/10.1080/1068316X.2013.804921

Koehler, J. & Lösel, F. (2022). *Can prisons reduce reoffending? A meta-evaluation of custodial and community treatment programs.* Paper for journal publication.

Koehler, J. A., Lösel, F., Humphreys, D. K. & Akoensi, T. D. (2013). A systematic review and meta-analysis on the effects of young offender treatment programs in Europe. *Journal of Experimental Criminology, 9,* 19–43. https://doi.org/10.1007/s11292-012-9159-7

Lammy, D. (2017). *The Lammy review: An independent review into the treatment of, and outcomes for, Black, Asian and minority ethnic individuals in the criminal justice system.* London: UK Ministry of Justice. Verfügbar unter https://assets.publishing.service.gov.uk/government/uploads/system/uploads/attachment_data/file/643001/lammy-review-final-report.pdf

Landenberger, N. A. & Lipsey, M. W. (2005). The positive effects of cognitive-behavioral programs for offenders: a meta-analysis of factors associated with effective treatment. *Journal of Experimental Criminology, 1,* 451–476. https://doi.org/10.1007/s11292-005-3541-7

Latimer, J., Dowden, C. & Morton-Bourgon, K.E. (2003). *Treating youth in conflict with the law: A new meta-analysis* (Research Report 03YJ-3e). Ottawa: Department of Justice.

Laub, J. H. & Sampson, R. J. (2007). *Shared beginnings, divergent lives: Delinquent boys to age 70.* Cambridge, MA: Harvard University Press.

Lauchs, L., Link, E. & Lösel, F. (2020). Die Erfassung der Deliktschwere in Evaluationsstudien zur Straftäterbehandlung: Entwicklung eines strafrahmenorientierten Ansatzes. *Monatsschrift für Kriminologie und Strafrechtsreform, 103,* 300–314. https://doi.org/10.1515/mks-2020-2060

Lichtenstein, P., Halldner, L., Zetterqvist, J., Sjölander, A., Serlachius, E., Seena Fazel, S. et al. (2012). Medication for attention deficit–hyperactivity disorder and criminality. *New England Journal of Medicine, 367,* 2006–2014. https://doi.org/10.1056/NEJMoa1203241

Liebling, A. (2005). *Prisons and their moral performance: a study of values, quality, and prison life.* Oxford: Oxford University Press.

Link, E. & Lösel, F. (2022). Development and application of an offense severity index in the evaluation of treatment of individuals convicted of sexual crimes. *Psychology, Crime and Law. Online first.* https://doi.org/10.1080/1068316X.2022.2032054

Lipsey, M.W. (1992a). Juvenile delinquency treatment: A meta-analytic inquiry into variability of effects. In T. D. Cook, H. Cooper, D. S. Cordray, H. Hartmann, L.V. Hedges, R.L. Light, T.A. Louis & F. Mosteller (Eds.), *Meta-analysis for explanation* (pp. 83–127). New York, NY: Russell Sage Foundation.

Lipsey, M.W. (1992b). The effect of treatment on juvenile delinquents: Results from meta-analysis, in F. Lösel, D. Bender & T. Bliesener (Eds.), *Psychology and law: International perspectives* (pp. 131–143). Berlin: de Gruyter. https://doi.org/10.1515/9783110879773.131

Lipsey, M.W. (2009). The primary factors that characterize effective interventions with juvenile offenders. *Victims and Offenders, 4,* 124–147. https://doi.org/10.1080/15564880802612573

Lipsey, M.W. & Cullen, F.T. (2007). The effectiveness of correctional rehabilitation: A review of systematic reviews. *Annual Review of Law and Social Science, 3,* 297–320. https://doi.org/10.1146/annurev.lawsocsci.3.081806.112833

Lipsey, M.W. & Landenberger, N.A. (2006). Cognitive-behavioral interventions. In B.C. Welsh & D.P. Farrington (Eds.), *Preventing crime: What works for children, offenders, victims, and places* (pp. 57–71). Dordrecht: Springer.

Lipsey, M.W., Landenberger, N.A. & Wilson, S. (2007). *Effects of cognitive-behavioral programs for criminal offenders. Systematic review for the Campbell Collaboration.* Verfügbar unter www.campbellcollaboration.org/reviews_crime_justice/index.php https://doi.org/10.4073/csr.2007.6

Lipsey, M.W. & Wilson, D.B. (1993). The efficacy of psychological, educational, and behavioral treatment: Confirmation from meta-analysis. *American Psychologist, 48,* 1181–1209. https://doi.org/10.1037/0003-066X.48.12.1181

Lipsey, M.W. & Wilson, D.B. (1998). Effective intervention for serious juvenile offenders. In R. Loeber & D.P. Farrington (Eds.), *Serious and violent juvenile offenders* (pp. 313–345). Thousand Oaks, CA: Sage.

Lipton, D.S. (2010). A therapeutic distinction with a difference: Comparing American concept-based therapeutic communities and British democratic therapeutic community treatment for prison inmates. In R. Shuker & E. Sullivan (Eds.), *Grendon and the emergence of forensic therapeutic communi-*

ties: Developments in research and practice (pp. 61–77). Chichester: Wiley. https://doi.org/10.1002/9780470661444.ch4

Lipton, D.S., Martinson, R. & Wilks, J. (1975). *The effectiveness of correctional treatment.* New York, NY: Praeger.

Lipton, D.S., Pearson, F.S., Cleland, C.M. & Yee, D. (2002). The effects of therapeutic communities and milieu therapy on recidivism. In J. McGuire (Ed.), *Offender rehabilitation and treatment* (pp. 39–77). Chichester: Wiley.

Liszt, F. von (1882/83). *Der Zweckgedanke im Strafrecht.* Berlin: de Gruyter.

Littell, J.H. (2006). The case for Multisystemic Therapy: Evidence or orthodoxy? *Children and Youth Services Review, 28,* 458–472. https://doi.org/10.1016/j.childyouth.2005.07.002

Lösel, F. (1993). The effectiveness of treatment in institutional and community settings. *Criminal Behaviour and Mental Health, 3,* 416–437. https://doi.org/10.1002/cbm.1993.3.4.416

Lösel, F. (1995a). The efficacy of correctional treatment: A review and synthesis of meta-evaluations. In J. McGuire (Ed.), *What works: Reducing reoffending* (pp. 79–111). Chichester: Wiley.

Lösel, F. (1995b). Increasing consensus in the evaluation of offender rehabilitation? Lessons from research syntheses. *Psychology, Crime and Law, 2,* 19–39. https://doi.org/10.1080/10683169508409762

Lösel, F. (1996). Changing patterns in the use of prisons: An evidence-based perspective. European *Journal on Criminal Policy and Research, 4,* 108–127. https://doi.org/10.1007/BF02750732

Lösel, F. (1998). Treatment and management of psychopaths. In D.J. Cooke, A.E. Forth & R.B. Hare (Eds.), *Psychopathy: Theory, research and implications for society* (pp. 303–354). Dordrecht: Kluwer.

Lösel, F. (2000). The efficacy of sexual offender treatment: A review of German and international evaluations. In P.J. van Koppen & N.H. M. Roos (Eds.), *Rationality, information and progress in psychology and law* (pp. 145–170). Maastricht: Metajuridica Publications.

Lösel, F. (2007). Doing evaluation in criminology: Balancing scientific and practical demands. In R.D. King & E. Wincup (Eds.), *Doing research on crime and justice* (2nd ed., pp. 141–170). Oxford: Oxford University Press.

Lösel, F. (2012a). Offender treatment and rehabilitation: What works? In M. Maguire, R. Morgan & R. Reiner (Eds.), *The Oxford handbook of criminology* (5th ed., pp. 986–1016). Oxford: Oxford University Press. https://doi.org/10.1093/he/9780199590278.003.0033

Lösel, F. (2012b). What works in correctional treatment and rehabilitation for young adults? In F. Lösel, A.E. Bottoms & D.P. Farrington (Eds.), *Young adult offenders: Lost in transition?* (pp. 74–112). Milton Park: Routledge. https://doi.org/10.4324/9780203128510

Lösel, F. (2012c). Towards a third phase of „what works" in offender rehabilitation. In R. Loeber & B.C. Welsh (Eds.), *The future of criminology* (pp. 196–203). New York, NY: Oxford University Press. https://doi.org/10.1093/acprof:oso/9780199917938.003.0025

Lösel, F. (2018). Evidence comes by replication, but needs differentiation: The reproducibility issue in science and its relevance for criminology. *Journal of Experimental Criminology, 14,* 257–278. https://doi.org/10.1007/s11292-017-9297-z

Lösel, F. (2020). Entwicklungspfade der Straftäterbehandlung: Skizzierte Wege und Evaluation der Zielerreichung. *Forensische Psychologie, Psychiatrie, Kriminologie, 14,* 35–49. https://doi.org/10.1007/s11757-020-00582-4

Lösel, F. (2022a). Historische Entwicklung der psychosozialen Behandlung und ihre Wirksamkeit. In J. Endres & S. Suhling (Hrsg.), *Behandlung im Strafvollzug.* Heidelberg: Springer (in Druck).

Lösel, F. (2022b). Effektivität der Behandlung in der Sozialtherapie. In H. Dressing, E. Habermeyer, D. Seifert & S. Lau (Hrsg.), *Praxishandbuch Forensische Psychiatrie* (S. 308–319). München: Elsevier.

Lösel, F. & Bender, D. (2003). Protective factors and resilience. In D.P. Farrington & J. Coid (Eds.), *Prevention of adult antisocial behaviour* (pp. 130–204). Cambridge: Cambridge University Press.

Lösel, F. & Bender, D. (2017). Protective factors against crime and violence in adolescence. In P. Sturmey (Ed.), *The Wiley handbook of violence and aggression* (vol. 1, pp. 313–327). New York, NY: Wiley.

Lösel, F. & Bliesener, T. (1997). Zur Altersgrenze strafrechtlicher Verantwortlichkeit von Jugendlichen aus psychologischer Sicht. *DVJJ-Journal, 8,* 388–395.

Lösel, F. & Bliesener, T. (2003). *Aggression und Delinquenz unter Jugendlichen: Untersuchungen von kognitiven und sozialen Bedingungen.* Neuwied: Luchterhand.

Lösel, F., Bliesener, T. & Bender, D. (2007). Social information processing, experiences of aggression in social contexts, and aggressive behavior in adolescents. *Criminal Justice and Behavior, 34,* 330–347. https://doi.org/10.1177/0093854806295833

Lösel, F. & Egg, R. (1997). Social-therapeutic institutions in Germany: Description and evaluation. In E. Cullen, L. Jones & R. Woodward (Eds.), *Therapeutic communities in prisons* (pp. 181–203). Chichester: Wiley.

Lösel, F. & Farrington, D.P. (2012). Direct protective and buffering protective factors in the development of youth violence. *American Journal of Preventive Medicine, 43* (2S1), 8–23. https://doi.org/10.1016/j.amepre.2012.04.029

Lösel, F. & Köferl, P. (1989). Evaluation research on correctional treatment in West Germany: A meta-analysis. In H. Wegener, F. Lösel & J. Haisch (Eds.), *Criminal behavior and the justice system: Psychological perspectives* (pp. 334–355). New York, NY: Springer. https://doi.org/10.1007/978-3-642-86017-1_21

Lösel, F., Köferl, P. & Weber, F. (1987). *Meta-Evaluation der Sozialtherapie.* Stuttgart: Enke.

Lösel, F., Link, E., Schmucker, M., Bender, D., Breuer, M., Carl, L. et al. (2020). On the effectiveness of sexual offender treatment in prison: A comparison of two different evaluation designs. *Sexual Abuse: A Journal of Research and Treatment, 32* (4), 452–475. https://doi.org/10.1177/1079063219871576

Lösel, F. & Pomplun, O. (1998). *Jugendhilfe statt Untersuchungshaft: Eine Evaluationsstudie zur Heimunterbringung.* Pfaffenweiler: Centaurus. https://doi.org/10.1007/978-3-86226-422-3

Lösel, F., Pugh, G., Markson, L., Souza, K. & Lanskey, C. (2012). *Risk and protective factors in the resettlement of imprisoned fathers with their families. Final research report.* Norwich: Ormiston Children and Families Trust.

Lösel, F. & Remschmidt, H. (2014). Neurowissenschaften und Kriminologie/Neurosciences and Criminology: Editorial. *Monatsschrift für Kriminologie und Strafrechtsreform, 97,* 327–332. https://doi.org/10.1515/mks-2014-975-602

Lösel, F. & Schmucker, M. (2005). The effectiveness of treatment for sexual offenders: A comprehensive meta-analysis. *Journal of Experimental Criminology, 1,* 117–146. https://doi.org/10.1007/s11292-004-6466-7

Lösel, F. & Schmucker, M. (2014). Psychopathie: Ein zentrales Thema der „Neurokriminologie". *Monatsschrift für Kriminologie und Strafrechtsreform, 97,* 487–503. https://doi.org/10.1515/mks-2014-975-615

Lösel, F. & Schmucker, M. (2017). Treatment of sexual offenders: Concepts and empirical evaluations. In T. Sanders (Ed.), *The Oxford handbook on sex offences and sex offenders* (pp. 392–414). New York, NY: Oxford University Press.

Lösel, F. & Stemmler, M. (2012). Continuity and patterns of externalizing and internalizing behavior problems in girls: A variable- and person-oriented study from preschool to youth age. *Psychological Test and Assessment Modeling, 54,* 307–319.

Lösel, F. & Wittmann, W. (1989). The relationship of treatment integrity and intensity to outcome criteria. *New Directions for Program Evaluation, 42,* 97–107. https://doi.org/10.1002/ev.1518

MacKenzie, D.L. (2006). *What works in corrections? Reducing the criminal activities of offenders and delinquents.* Cambridge: Cambridge University Press. https://doi.org/10.1017/CBO9780511499470

Maguire, M. (2012). Criminal statistics and the construction of crime. In M. Maguire, R. Morgan and R. Reiner (Eds.), *The Oxford handbook of criminology* (5th ed., pp. 206–244). Oxford: Oxford University Press.

Maguire, M., Grubin, D., Lösel, F. & Raynor, P. (2010). „What works" and the Correctional Services Accreditation Panel: Taking stock from an inside perspective. *Criminology and Criminal Justice, 10,* 37–58. https://doi.org/10.1177/1748895809352651

Maguire, M. & Raynor, P. (2006). How the resettlement of prisoners promotes desistance from crime: Or does it? *Criminology and Criminal Justice, 6,* 19–38. https://doi.org/10.1177/1748895806060665

Markson, L., Lösel, F., Souza, K. & Lanskey, C. (2015). Male prisoners' family relationships and resilience in resettlement. *Criminology and Criminal Justice, 15,* 423–441. https://doi.org/10.1177/1748895814566287

Martinson, R. (1974). What works? Questions and answers about prison reform. *The Public Interest, 35,* 22–54.

Martinson, R. (1979). New findings, new views: A note of caution regarding the sentencing reform. *Hofstra Law Review, 7,* 243–258.

Maruna, S. (2001). *Making good: How ex-convicts reform and rebuild their lives.* Washington, DC: American Psychological Association.

McDougall, C., Perry, A.E., Clarbour, J., Bowles, R. & Worthy, G. (2009). *Evaluation of HM Prison Service Enhanced Thinking Skills Programme. Ministry of Justice Research Series 3/09.* London: Ministry of Justice.

McMurran, M. (2002). Motivation to change: Selection criterion or treatment need? In M. McMurran (Ed.), *Motivating offenders to change* (pp. 3–13). Chichester: Wiley.

McNeill, F. (2006). A desistance paradigm for offender management. *Criminology and Criminal Justice, 6,* 39–62. https://doi.org/10.1177/1748895806060666

McNeill, F. (2016). Desistance and criminal justice in Scotland. In H. Croall, G. Mooney & R. Munro (Eds.), *Crime, Justice and Society in Scotland* (pp. 200–216). Milton Park: Routledge.

Meuer, K. & Woessner, G. (2018). Does electronic monitoring as a means of release preparation reduce subsequent recidivism? A randomized controlled trial in Germany. *European Journal of Criminology, 17,* 563–584. https://doi.org/10.1177/1477370818809663

Mews, A., Di Bella, L. & Purver, M. (2017). Impact evaluation of the prison-based core sex offender treatment programme. London: UK Government. Verfügbar unter https://assets.publishing.service.gov.uk/government/uploads/system/uploads/attachment_data/file/623876/sotp-report-web-.pdf

Miller, W. & Rollnick, S. (2002). *Motivational interviewing: preparing people for change* (2nd ed.). New York, NY: Guilford.

Ministry of Justice. (2013). *Proven re-offending statistics quarterly bulletin: July 2010 to June 2011, England and Wales.* London: Ministry of Justice.

Mitchell, O., Wilson, D. B. & MacKenzie, D. L. (2007). Does incarceration-based drug treatment reduce reoffending? A meta-analytic synthesis of research. *Journal of Experimental Criminology, 3,* 353–375. https://doi.org/10.1007/s11292-007-9040-2

Moffitt, T. E., Caspi, A., Rutter, M. & Silva, P. A. (2001). *Sex differences in antisocial behavior: Conduct disorder, delinquency, and violence in the Dunedin Longitudinal Study.* Cambridge: Cambridge University Press. https://doi.org/10.1017/CBO9780511490057

Moos, R. (1975). *Evaluating correctional and community settings.* New York, NY: Wiley.

Morales, L. A., Garrido, V. & Sanchez-Meca, J., (2010). *Treatment effectiveness in secure corrections of serious (violent or chronic) juvenile offenders.* Stockholm: Swedish National Council for Crime Prevention.

Nagin, D. S., Cullen, F. T. & Lero-Jonson, C. (2018). *Deterrence, choice, and crime: Contemporary perspectives.* New York, NY: Routledge.

Nagin, D. S., Cullen, F. & Lero-Jonson, C. (2009). Imprisonment and reoffending. *Crime and Justice: A Review of Research, 38,* 115–200. https://doi.org/10.1086/599202

Ogden, T. & Hagen, K., (2006). Multisystemic treatment of serious behavior problems in youth: Sustainability of effectiveness two years after intake. *Child and Adolescent Mental Health, 11,* 142–149. https://doi.org/10.1111/j.1475-3588.2006.00396.x

Olver, M. E., Lewis, K. & Wong, S. C. P. (2013). Risk reduction treatment of high-risk psychopathic offenders: The relationship of psychopathy and treatment change to violent recidivism. *Personality Disorders, 4,* 160–167. https://doi.org/10.1037/a0029769

Olver, M. E., Stockdale, K. C. & Wormith, J. S. (2011). A meta-analysis of predictors of offender treatment attrition and its relationship to recidivism. *Journal of Consulting and Clinical Psychology, 79,* 6–21. https://doi.org/10.1037/a0022200

Orlinsky, D. E., Grawe, K. & Parks, B. K. (1994). Process and outcome in psychotherapy. In A. E. Bergin and S. L. Garfield (Eds.), *Handbook of psychotherapy and behavior change* (4th ed., pp. 270–376). New York, NY: Wiley.

Ortmann, R. (2002). *Sozialtherapie im Strafvollzug: Eine experimentelle Längsschnittstudie zu den Wirkungen von Strafvollzugsmaßnahmen auf Legal- und Sozialbewährung.* Freiburg i. Br.: Edition iuscrim.

Palmer, T. (1975). Martinson revisited. *Journal of Research in Criminology, 12,* 133–152. https://doi.org/10.1177/002242787501200206

Palmer, T. (1992). *The re-emergence of correctional intervention.* Newbury Park, CA: Sage. https://doi.org/10.4135/9781483326009

Pearson, F. S. & Lipton, D. S., (1999). A meta-analytic review of the effectiveness of correction-based treatments for drug abuse. *Prison Journal, 79,* 384–410. https://doi.org/10.1177/0032885599079004003

Petrosino, A. (1997). *„What works?" revisited again: A meta-analysis of randomized field experiments in individual-level interventions.* Doctoral dissertation, Rutgers University, School of Criminal Justice, Newark, NJ.

Petrosino, A. & Soydan, H. (2005). The impact of program developers as evaluators on criminal recidivism: Results from meta-analyses of experimental and quasi-experimental research. *Journal of Experimental Criminology, 1,* 435–50. https://doi.org/10.1007/s11292-005-3540-8

Petrosino, A., Turpin-Petrosino, C. & Buehler, J. (2003). Scared straight and other juvenile awareness programs for preventing juvenile delinquency: A systematic review of randomized experimental evidence. *Annals of the American Academy of Social and Political Science, 589,* 41–62. https://doi.org/10.1002/14651858.CD002796

Polaschek, D.L. L. (2014). Adult criminals with psychopathy: Common beliefs about treatability and change have little empirical support. *Current Directions in Psychological Science, 23,* 296–301. https://doi.org/10.1177/0963721414535211

Porporino, F. (2010). Bringing sense and sensitivity to corrections: From programmes to „fix" offenders to services to support desistance. In J. Brayford, F. Cowe & J. Dering (Eds.), *What else works? Creative work with offenders* (pp. 61–85). Cullompton: Willan.

Prochaska, J.O. & Levesque, D.A. (2002). Enhancing motivation of offenders at each stage of change and phase of therapy. In M. McMurran (Ed.), *Motivating offenders to change* (pp. 57–73). Chichester: Wiley.

Raine, A. (2013). *The anatomy of violence: The biological roots of crime.* New York. NY: Pantheon.

Rasch, W. & Kühl, K.P. (1978). Psychologische Befunde und Rückfälligkeit nach Aufenthalt in der sozialtherapeutischen Modellanstalt Düren. *Bewährungshilfe, 25,* 44–57.

Redondo, S., Sánchez-Meca, J. & Garrido, V. (1999). The influence of treatment programmes on the recidivism of juvenile and adult offenders: A European meta-analytic review. *Psychology, Crime and Law, 5,* 251–278. https://doi.org/10.1080/10683169908401769

Redondo, S., Sánchez-Meca, J. & Garrido, V. (2002). Crime treatment in Europe: A review of outcome studies. In J. McGuire (Ed.), *Offender rehabilitation and treatment: Effective programmes and policies to reduce re-offending* (pp. 113–141). Chichester: Wiley. https://doi.org/10.1002/9780470713464.ch4

Reiss, W. (2016). *Selbstbetrachtung hinter Gittern: Naikan im Strafvollzug in Deutschland und Österreich.* Baden-Baden: Tectum Verlag.

Renzema, M. & Mayo-Wilson, E. (2005). Can electronic monitoring reduce crime for moderate to high-risk offenders? *Journal of Experimental Criminology, 1,* 215–237. https://doi.org/10.1007/s11292-005-1615-1

Rice, M.E., Harris, G.T. & Cormier, C.A. (1992). An evaluation of a maximum security therapeutic community for psychopaths and other mentally disordered offenders. *Law and Human Behavior, 16,* 399–412. https://doi.org/10.1007/BF02352266

Ross, R.D. & Ross, D.R. (Eds.). (1995). *Thinking straight: The Reasoning and Rehabilitation program for delinquency prevention and offender rehabilitation.* Ottawa: Air Training and Publications.

Salekin, R.T., Worley, C. & Grimes, R.D. (2010). Treatment of psychopathy: A review and brief introduction to the mental model approach for psychopathy. *Behavioral Sciences and the Law, 28,* 235–266. https://doi.org/10.1002/bsl.928

Sampson, R.J. & Laub, J.H. (1993). *Crime in the making: Pathways and turning points through life.* Cambridge, MA: Harvard University Press.

Schmucker, M. & Lösel, F. (2015). The effects of sexual offender treatment on recidivism: An international meta-analysis of sound quality evaluations. *Journal of Experimental Criminology, 11,* 597–630. https://doi.org/10.1007/s11292-015-9241-z

Schmucker, M. & Lösel, F. (2017). Sexual offender treatment for reducing recidivism among convicted sex offenders: a systematic review and meta-analysis. Campbell Systematic Reviews. https://www.campbellcollaboration.org https://doi.org/10.4073/csr.2017.8

Schwedler, A. & Schmucker, M. (2012). Verlaufsmessung im sozialtherapeutischen Behandlungsvollzug: Wie sinnvoll sind allgemeine Persönlichkeitsmaße? *Monatsschrift für Kriminologie und Strafrechtsreform, 95,* 269–280. https://doi.org/10.1515/mks-2012-950403

Schwedler, A. & Wößner, G (2012). Veränderungen kriminogener Faktoren bei Sexual- und Gewaltstraftätern in Sozialtherapie und Regelvollzug. *Forensische Psychiatrie, Psychologie, Kriminologie, 7,* 47–55.

Sexton, T. & Turner, C.W. (2010). The effectiveness of Functional Family Therapy for youth with behavioral problems in a community practice setting. *Journal of Family Psychology, 24,* 339–348. https://doi.org/10.1037/a0019406

Shaffer, D.K. & Pratt, T.C. (2009). Meta-analysis, moderators, and treatment effectiveness: The importance of digging deeper for evidence of program integrity. *Journal of Offender Rehabilitation, 48,* 101–119. https://doi.org/10.1080/10509670802640891

Shapland, J., Atkinson, A., Atkinson, H., Dignan, J., Edwards, L., Hibbert, J. et al. (2008). *Does restorative justice affect reconviction?* (Ministry of Justice Research Series no. 10/08). London: National Offender Management Service.

Sherman, L.W. & Strang, H. (2007). *Restorative justice: The evidence.* London: The Smith Institute.

Smith, M.L., Glass, G.V. & Miller, W.R. (1980). *The benefits of psychotherapy.* Baltimore, MD: John Hopkins Press.

Streng, F. (2012). *Strafrechtliche Sanktionen: Die Strafzumessung und ihre Grundlagen* (3. Aufl.). Stuttgart: Kohlhammer.

Suhling, S. & Guéridon, M. (2016). Vergleiche zwischen sozialtherapeutischen Einrichtungen: „Benchmarking" als Evaluationsansatz im Strafvollzug. *Forensische Psychiatrie, Psychologie, Kriminologie, 10,* 32–44. https://doi.org/10.1007/s11757-015-0355-y

Sundell, K., Hansson, K., Löfholm, C.A. Olsson, T., Gustle, L.H. & Kadesjö, C. (2008). The transportability of multisystemic therapy to Sweden: Short-term results from a randomized trial of conduct-disordered youths. *Journal of Family Psychology, 22,* 550–560. https://doi.org/10.1037/a0012790

Taxman, F.S. & Belenko, S. (2012). *Implementing evidence-based practices in community corrections and addiction treatment.* New York, NY: Springer. https://doi.org/10.1007/978-1-4614-0412-5

Tew, J. & Atkinson, R. (2013). The Chromis programme: from conception to evaluation. *Psychology, Crime & Law, 19,* 415–431. https://doi.org/10.1080/1068316X.2013.758967

Tolan, P., Henry, D., Schoeny, M., Bass, A., Lovegrove, P. & Nichols, E. (2013). Mentoring interventions to affect juvenile delinquency and associated problems. *Campbell Systematic Review.* Verfügbar unter www.campbellcollaboration.org/reviews_crime_justice/index.php https://doi.org/10.4073/csr.2013.10

Tong, L.S.J. & Farrington, D.P. (2006). How effective is the Reasoning and Rehabilitation programme in reducing offending? A meta-analysis of evaluations in four countries. *Psychology, Crime and Law, 12,* 3–24. https://doi.org/10.1080/10683160512331316253

Travers, R., Wakeling, H.C., Mann, R.E. & Hollin, C.R. (2013). Reconviction following a cognitive skills intervention: An alternative quasi-experimental methodology. *Legal and Criminological Psychology, 18,* 48–65. https://doi.org/10.1111/j.2044-8333.2011.02026.x

Ugwudike, P., Raynor, P. & Annison, J. (Eds.). (2018). *Evidence-based skills in criminal justice.* Bristol: Policy Press.

Usher, A. & Stewart, L. (2011). *The effectiveness of correctional programs with diverse offenders: A meta-analytic study* (Research Report R 246). Ottawa: Correctional Service of Canada. Verfügbar unter https://www.csc-scc.gc.ca/research/005008-0246-eng.shtml

Valente, M. & Roediger, E. (2020). *Schematherapie.* Stuttgart: Kohlhammer.

van der Stouwe, T., Asscher, J.J., Stams, G.J., Dekovic, M. & van der Laan, P.H. (2014). The effectiveness of Multisystemic Therapy (MST): A meta-analysis. *Clinical Psychology Review, 43,* 468–481. https://doi.org/10.1016/j.cpr.2014.06.006

Voß, T., Klemke, K., Schneider-Njepel, V. & Kröber, H.L. (2016). Wenn ja, wie lange? – Dauer antiandrogener Behandlung von Sexualstraftätern mit paraphilen Störungen. *Forensische Psychiatrie, Psychologie, Kriminologie, 10,* 21–31. https://doi.org/10.1007/s11757-015-0346-z

Ward, T. & Brown, M. (2004). The good lives model and conceptual issues in offender rehabilitation. *Psychology, Crime and Law, 10,* 243–257. https://doi.org/10.1080/10683160410001662744

Ward, T. & Maruna, S. (2007). *Rehabilitation: Beyond the risk-paradigm.* London: Routledge. https://doi.org/10.4324/9780203962176

Ware, J., Mann, R.E. & Wakeling, H.C. (2009). Group versus individual treatment: What is the best modality for treating sexual offenders? *Sexual Abuse in Australia and New Zealand, 1,* 70–78.

Weidner, J. (1995). *Anti-Aggressivitäts-Training für Gewalttäter* (3. Aufl.). Bad Godesberg: Forum.

Weisburd, D., Lum, C.M. & Petrosino, A. (2001). Does research design affect study outcomes in criminal justice? *The Annals of the American Academy of Political and Social Science, 578,* 50–70. https://doi.org/10.1177/0002716201578001004

Weisburd, D., Farrington, D.P. & Gill, C. (Eds.). (2016). *What works in crime prevention and rehabilitation: Lessons from systematic reviews.* New York, NY: Springer. https://doi.org/10.1007/978-1-4939-3477-5

Welsh, B.C. & Farrington, D.P. (2000). Correctional intervention programs and cost benefit analysis. *Criminal Justice and Behavior, 27,* 115–133. https://doi.org/10.1177/0093854800027001007

Wermink, H., Blokland, A., Nieuwberta, P., Nagin, D. & Tollenaar, N. (2010). Comparing the effects of community service and short-term imprisonment on recidivism: A matched samples approach. *Journal of Experimental Criminology, 6,* 325–349. https://doi.org/10.1007/s11292-010-9097-1

Werner, E.E. & Smith, R.S. (1992). *Overcoming the odds.* Ithaca, NY: Cornell University Press. https://doi.org/10.7591/9781501711992

Whitehead, J.T. & Lab, S.P. (1989). A meta-analysis of juvenile correctional treatment. *Journal of Research in Crime and Delinquency, 26,* 276–295. https://doi.org/10.1177/0022427889026003005

Wilson, D.B. (2016). Correctional programs. In D. Weisburd, D.P. Farrington & C. Gill (Eds.), *What works in crime prevention and rehabilitation: Lessons from systematic reviews* (pp. 193–217). New York, NY: Springer.

Wilson, D.B., Gallagher, C.A. & MacKenzie, D.L. (2000). A meta-analysis of correction-based education, vocation, and work programs for adult offenders. *Journal of Research on Crime and Delinquency, 37,* 347–368. https://doi.org/10.1177/0022427800037004001

Wilson, D.B., Lipsey, M.W. & Soydan, H. (2003). Are mainstream programs for juvenile delinquency less effective with minority youth than majority youth? A meta-analysis of outcomes research. *Research on Social Work Practice, 13,* 3–26. https://doi.org/10.1177/1049731502238754

Wilson, S.J. & Lipsey, M.W. (2000). Wilderness challenge programs for delinquent youth: A meta-analysis of outcome evaluations. *Evaluation and Program Planning, 23,* 1–12. https://doi.org/10.1016/S0149-7189(99)00040-3

Zahn, M.A., Day, J.C., Mihalic, S.F. & Tichavsky, L. (2009). Determining what works for girls in the juvenile justice system. *Crime and Delinquency, 55,* 266–293. https://doi.org/10.1177/0011128708330649

Die Autorinnen und Autoren

Dr. Lea Babucke, Universität Hamburg, Fakultät für Rechtswissenschaft, Schlüterstraße 28, 20146 Hamburg, E-Mail: lea.babucke@uni-hamburg.de

Dr. Rainer Balloff, IGF Institut Gericht & Familie, Stephanstraße 25, 10559 Berlin, E-Mail: dr.balloff@t-online.de

Prof. Dr. Andreas Beelmann, Institut für Psychologie der Universität Jena, Humboldtstraße 26, 07743 Jena, E-Mail: Andreas.Beelmann@uni-jena.de

Prof. Dr. Thomas Bliesener, Universität Göttingen, Institut für Soziologie und zugleich Kriminologisches Forschungsinstitut Niedersachsen e.V., Lützerodestraße 9, 30161 Hannover, E-Mail: Thomas.Bliesener@kfn.de

Prof. Dr. Verena Boxberg, Studiengangsleitung Soziale Arbeit, Hochschule Fresenius Online Plus GmbH, Im MediaPark 4d, 50670 Köln, E-Mail: Verena.boxberg@hs-fresenius.de

Dr. Maike M. Breuer, Kriminologischer Dienst des bayerischen Justizvollzugs, c/o JVA Erlangen, Schuhstraße 41, 91052 Erlangen, E-Mail: maike.breuer@jv.bayern.de

Claudia Brockmann, LKA Hamburg, Bruno-Georges-Platz 1, 22297 Hamburg, E-Mail: claudia.brockmann@polizei.hamburg.de

Prof. Dr. Klaus-Peter Dahle, Institut für Psychologie der Universität Hildesheim, Universitätsplatz 1, 31141 Hildesheim, E-Mail: klauspeter.dahle@uni-hildesheim.de

Dr. Johann Endres, Kriminologischer Dienst des bayerischen Justizvollzugs, c/o JVA Erlangen, Schuhstraße 41, 91052 Erlangen, E-Mail: johann.endres@jv.bayern.de

Prof. Dr. Werner Greve, Universität Hildesheim, Institut für Psychologie, Universitätsplatz 1,, 31141 Hildesheim, E-Mail: wgreve@uni-hildesheim.de

Marie J. Hamatschek, Universität Hildesheim, Institut für Psychologie, Schützenallee 41b, 31134 Hildesheim, E-Mail: marie.hamatschek@uni-hildesheim.de

Dr. Petra Hänert, Homannstraße 17, 24106 Kiel, E-Mail: p_haenert@yahoo.de

Ann-Sophie Haupt, Robert-Koch-Straße 3, 56727 Mayen, E-Mail: annsophie.haupt@outlook.de

Ronja Heintzsch, Stiftung Universität Hildesheim, Institut für Psychologie, Universitätsplatz 1, 31141 Hildesheim, E-Mail: heintzsch@uni-hildesheim.de

Prof. Dr. Dietmar Heubrock, Universität Bremen, Institut für Psychologie, Arbeitsbereich Rechtspsychologie, Grazer Straße 2, 28359 Bremen, E-Mail: heubrock@uni-bremen.de

Prof. Dr. Daniela Hosser, Technische Universität Braunschweig, Institut für Psychologie, Humboldtstraße 33, 38106 Braunschweig, E-Mail: Daniela.Hosser@tu-bs.de

Dr. Cathleen Kappes, Universität Hildesheim, Institut für Psychologie, Universitätsplatz 1, 31141 Hildesheim, E-Mail: kappes@uni-hildesheim.de

Prof. Dr. Günter Köhnken, Institut für Psychologie der Universität Kiel, Olshausenstraße 75, 24118 Kiel, E-Mail: koehnken@psychologie.uni-kiel.de

Prof. Dr. Robert J.B. Lehmann, Medical School Berlin, Rüdesheimer Straße 50, 14197 Berlin, E-Mail: robert.lehmann@medical-school-berlin.de

Prof. Dr. Dr. h.c. Friedrich Lösel, Universität Erlangen-Nürnberg, Institut für Psychologie & Institute of Criminology, Cambridge University (UK), Bismarckstraße 1, 95054 Erlangen, E-Mail: friedrich.loesel@fau.de; fal23@cam.ac.uk

Prof. Dr. Norbert Nedopil, Klinik für Psychiatrie und Psychotherapie, Abteilung Forensische Psychiatrie, Nußbaumstraße 7, 80336 München, E-Mail: Norbert.Nedopil@med.uni-muenchen.de

Merten Neumann, Kriminologisches Forschungsinstitut Niedersachsen, Lützerodestraße 9, 30161 Hannover, E-Mail: Merten.Neumann@kfn.de

Prof. Dr. Sabine Nowara, Lauenburger Straße 12, 45731 Waltrop, E-Mail: sabine.nowara@t-online.de

Prof. Dr. Margit E. Oswald (em.), Universität Bern, Institut für Psychologie, Fabrikstraße 8, CH-3012 Bern, E-Mail: margit.oswald@unibe.ch

Prof. Dr. Martin Rettenberger, Kriminologische Zentralstelle (KrimZ), Luisenstraße 7, 65185 Wiesbaden, E-Mail: m.rettenberger@krimz.de

Melanie S. Richter, Universität Hildesheim, Institut für Psychologie, Schützenallee 41b, 31134 Hildesheim, E-Mail: melanie.richter@uni-hildesheim.de

Dr. Josef A. Rohmann, Universität Tübingen, Abt. Psychiatrie, Psychosomatik, Psychotherapie im Kindes- und Jugendalter, 72076 Tübingen, E-Mail: rohmann@ja-rohmann.de

Farina Rühs, Universität Hildesheim, Institut für Psychologie, Universitätsplatz 1, 31141 Hildesheim, E-Mail: ruehsf@ni-hildesheim.de

Dr. Joseph Salzgeber, Gesellschaft für wissenschaftliche Gerichts- und Rechtspsychologie, Rablstraße 45, 81669 München, E-Mail: salzgeber@gwg.info

Dr. Melanie Sauerland, Maastricht University, FPN CPS FP, P. O. Box 616, NL-6200 MD Maastricht, E-Mail: melanie.sauerland@maastrichtuniversity.nl

Dr. Norbert Schalast, Universität Duisburg-Essen, Institut für Forensische Psychiatrie, Postfach 103043, 45030 Essen, E-Mail: norbert.schalast@uni-due.de

Dr. Stefanie Schmidt, Akademie für interkulturelle Kompetenz, Marienplatz 13 B, 87509 Immenstadt, E-Mail: stefanie.schmidt@afik.de

Dr. Martin Schmucker, Universität Erlangen-Nürnberg, Nägelsbachstraße 49c, 91054 Erlangen, E-Mail: martin.schmucker@fau.de

Prof. Dr. Siegfried Sporer, Institute of Evidence-based Legal Psychology, Altmühlenweg 9, 35469 Allendorf (Lumda), E-Mail: sporer@psychol.uni-giessen.de

Prof. Dr. Max Steller, Freie Universität Berlin, Institut für Forensische Psychiatrie, Oranienburger Straße 285, 13437 Berlin, E-Mail: max.steller@charite.de

Prof. Dr. Renate Volbert, Psychologische Hochschule Berlin, Am Köllnischen Park 2, 10179 Berlin, E-Mail: r.volbert@phb.de

Prof. Dr. Peter Wetzels, Universität Hamburg, Fakultät für Rechtswissenschaft, Schlüterstraße 28, 20146 Hamburg, E-Mail: peter.wetzels@jura.uni-hamburg.de

Dr. Helen Wyler, Forensisch-Psychiatrischer Dienst, Falkenplatz 16/18, CH-3012 Bern, E-Mail: helen.wyler@unibe.ch

Sachwortverzeichnis

J

K

L

M

S

Anzeigen